DIREITO DO TRABALHO

DIREITO DO TRABALHO

2020 • Vigésima Edição

António Monteiro Fernandes
Professor da Faculdade de Direito da Universidade Nova de Lisboa
e da Faculdade de Direito da Universidade Lusófona de Lisboa

ALMEDINA

DIREITO DO TRABALHO

AUTOR

António Monteiro Fernandes

EDITOR

EDIÇÕES ALMEDINA, S.A.

Rua Fernandes Tomás, nºs 76-80

3000-167 Coimbra

Tel.: 239 851 904 · Fax: 239 851 901

www.almedina.net · editora@almedina.net

Design de colecção: FBA.

Capa: Edições Almedina

PRÉ-IMPRESSÃO

EDIÇÕES ALMEDINA, SA

IMPRESSÃO E ACABAMENTO

Novembro, 2020

DEPÓSITO LEGAL

ALMEDINA | GRUPOALMEDINA

BIBLIOTECA NACIONAL DE PORTUGAL – CATALOGAÇÃO NA PUBLICAÇÃO

FERNANDES, António Monteiro, 1940-

Direito do trabalho. – 20ª ed. – (Manuais universitários)
ISBN 978-972-40-8920-1

CDU 349

À memória de Meu Pai
À memória dos meus Irmãos Ronald
e Sandro,
A mis Hermanos Jesús y Alberto,
A Luisa, minha Mulher,
e ao meu Filho Pedro
– tudo gente do Direito do Trabalho

ABREVIATURAS

Ac. STA	Acórdão do Supremo Tribunal Administrativo (3ª Secção – Contencioso do Trabalho e Previdência Social).
AD	Acordãos Doutrinais do Supremo Tribunal Administrativo», publicação mensal, Lisboa.
BMJ	«Boletim do Ministério da Justiça».
Bol. Fac. Dir.	«Boletim da Faculdade de Direito da Universidade de Coimbra».
Bol. MT	«Boletim do Ministério do Trabalho».
BTE	«Boletim do Trabalho e Emprego».
CCiv.	Código Civil.
«Col.»	«Colecção de Acórdãos do Supremo Tribunal Administrativo – Secção do Contencioso do Trabalho e Previdência Social».
CJ	«Colectânea de Jurisprudência».
CCom.	Código Comercial.
CCT	Convenção colectiva de trabalho.
CSoc	Código das Sociedades Comerciais.
CP	Código Penal.
CPC	Código do Processo Civil.
CPT	Código do Processo de Trabalho.
CRP	Constituição da República Portuguesa.
CT	Código do Trabalho.
Dec.	Decreto.
DL	Decreto-Lei.
DLRI	«Giornale di Diritto del Lavoro e Relazioni Industriali».
DR	«Diário da República».
ESC	«Estudos Sociais e Corporativos».
ET	*Estatuto de los Trabajadores* (Espanha), contido na Lei 8/1980, de 10 de Março.

IRC	Instrumentos de regulamentação colectiva.
L	Lei.
LBRL	Livro Branco das Relações laborais.
LCT	Regime jurídico do *contrato individual de trabalho* (Decreto-Lei nº 49 408, de 24 de Novembro de 1969).
LDT	Regime jurídico da *duração do trabalho* (Decreto-Lei nº 409/71, de 27 de Setembro).
LG	Regime jurídico do *exercício do direito à greve* (Lei nº 65/77).
LRCT	Regime jurídico das *relações colectivas de trabalho* (Decreto-Lei nº 519-C1/79, de 29 de Dezembro).
PE	Portaria de extensão.
PCT	Portaria de condições de trabalho.
PDT	"Prontuário de Direito do Trabalho".
QL	«Questões Laborais».
RdA	«Recht der Arbeit».
RC	Tribunal da Relação de Coimbra.
RCM	Regulamento de condições mínimas.
RCT	Regulamentação do Código do Trabalho de 2003 (L. 35/2004, de 29 de Julho).
RDES	«Revista de Direito e Estudos Sociais».
RE	Regulamento de extensão.
RJT	«Revista Jurídica do Trabalho».
RL	Tribunal da Relação de Lisboa.
ROA	«Revista da Ordem dos Advogados».
RP	Tribunal da Relação do Porto.
TC	Tribunal Constitucional.
TFUE	Tratado sobre o Funcionamento da União Europeia.
TJUE	Tribunal de Justiça da União Europeia.
TUE	Tratado da Uniãi Europeia.

NOTA – Sempre que as referências a decisões dos tribunais não contenham indicação de origem, deve entender-se que são acessíveis no site www.dgsi.pt.

NOTA À 20ª EDIÇÃO

A instabilidade legislativa, no domínio do Direito do Trabalho, continua a manifestar-se: em dez anos de vigência, o Código do Trabalho sofreu nada menos de dezoito alterações, operadas por outros tantos diplomas ditados por razões conjunturais ou por súbitas guinadas de política legislativa. Neste balanço, nem sequer são consideradas medidas de carácter transitório e muito datado, com as quais se tem procurado responder às consequências imediatas, no plano laboral, da situação de pandemia declarada no primeiro trimestre deste ano.

A exposição doutrinal deste ramo de Direito oferece a dificuldade específica de se ter que manter, em permanência, uma postura de vigilância sobre os prováveis e dificilmente previsíveis desígnios do legislador, uma vez que dos seus gestos pode resultar a inutilização ou a parcial obsolescência do que, em cada momento, se escreve. O Direito do Trabalho está particularmente exposto à "maldição" de von Kirchmann: três palavras do legislador chegam para destruir bibliotecas inteiras – quanto mais um modesto manual universitário... E, apesar de o processo de elaboração das leis do trabalho ser hoje consideravelmente aberto ao conhecimento público, o facto de esse processo articular fases de muito diversa natureza – o trabalho de gabinete ministerial, a discussão pública, a concertação social, as negociações de bastidores, de novo a filtragem de gabinete, o trabalho em comissão parlamentar, os debates no plenário da Assembleia – gera, por vezes, situações de imprevisibilidade e até, paradoxalmente, de menor transparência. O processo legislativo que conduziu à L. 93/2019 ofereceu disso um bom exemplo.

A presente edição – a 20ª, surgida, por absoluta coincidência, em 2020 – é um produto do esforço continuado de acompanhamento e análise daquelas sucessivas versões da legislação do trabalho básica, e tornou-se também oportuna pelo esgotamento da edição anterior. Surge no momento algo ingrato em que se multiplicam as medidas conjunturais, de emergência, com epidérmica incidência em institutos juslaborais, e em que, como quase sempre, circulam rumores de novas modificações legislativas. A percepção de que essas eventuais alterações (previsíveis no que toca, em particular, ao regime jurídico do teletrabalho) não afectarão, no essencial, a exposição da matéria levou-nos a não retardar – sabe-se lá por quanto tempo, e com que utilidade! – a publicação desta edição. Mantêm-se, no entanto, dois traços característicos das imediatamente anteriores: o seu objectivo fundamentalmente pedagógico, e a relevância atribuída à jurisprudência na construção teórica dos principais institutos juslaborais.

Lisboa, outubro de 2020

A.M.F.

NOTA À 19ª EDIÇÃO

A história deste livro começou a escrever-se no remoto ano de 1970, quando as necessidades dos estudantes que frequentavam a primeira disciplina de direito do trabalho, incluída em curso de licenciatura, que existiu em Portugal – a licenciatura em Finanças, no então chamado Instituto Superior de Ciências Económicas e Financeiras –, levou a que das aulas fossem coligidos e publicados apontamentos, sob a forma tradicional de "sebenta" em fascículos. Dirigida a estudantes de um curso não jurídico, a exposição da matéria era feita de modo sintético e pouco elaborado, mas já ousando adoptar uma estrutura lógica semelhante à dos exemplos mais conhecidos da manualística europeia.

Com origem nesse primeiro texto, mas em função do desenvolvimento e do aprofundamento impostos pelo ensino da cadeira na Faculdade de Direito de Lisboa, viria a surgir, em 1977, a 1ª edição impressa deste livro, ainda sob o título "Noções Fundamentais de Direito do Trabalho". Desde então, até 1988, várias edições resultaram da actividade exercida naquela Faculdade.

A partir desse ano, o autor continuou a ensinar a disciplina, mas de novo em diversos cursos de licenciatura não jurídicos, no Instituto Superior de Ciências do Trabalho e da Empresa – hoje Instituto Universitário de Lisboa. Mesmo assim, não deixou de proceder, com intervalos de dois/três anos, à revisão e actualização do texto, corrigindo inexactidões, gralhas e omissões – que sempre, insidiosamente, ficavam aninhadas nas páginas de cada edição –, mas, sobretudo, evidenciando e analisando as alterações legislativas intercorrentes e mudando frequentemente – mas fundadamente – de opinião jurídica.

A reflexão sobre tão problemática região do Direito foi alimentada e estimulada pelo facto de, a certa altura, ter passado a exercer, de novo, a docência em Faculdades de Direito – primeiro, na Universidade Lusíada do Porto, e, mais recentemente, também na Universidade Lusófona de Lisboa. Por último, em fase da vida que as pessoas sensatas reservam ao repouso e o lazer, encetou uma nova experiência docente, na Faculdade de Direito da Universidade Nova de Lisboa.

Entretanto, e não obstante a teimosa subvalorização da disciplina nos planos de estudos de quase todas as Faculdades de Direito, ela foi atraindo, progressivamente, gerações de novos docentes, doutorados e empenhados em carreiras académicas brilhantes. Como seria natural e desejável, alguns deles produziram manuais de fôlego e de notória qualidade, pondo termo, relativamente cedo, ao monopólio das velhas "Noções Fundamentais" ... Estas, por seu lado, tinham, entretanto, mudado de nome, para o mais simples (e ambicioso) "Direito do Trabalho" que hoje ostenta na sua capa.

Os autores da bibliografia essencial que hoje existe em Portugal neste domínio conhecem bem as penas de quem, tendo obra publicada, vê, com frequência embaraçosa, surgir alterações legislativas – próprias da instabilidade que se instalou no Direito do Trabalho dos nossos dias – e jorrar constantemente a linfa de uma jurisprudência cujos rumos é indispensável acompanhar, para além do manancial da "nova doutrina" que se revela nas páginas de duas ou três revistas prestigiosas e numa grande quantidade de monografias, muitas delas resultantes de teses universitárias. A necessidade de revisão e actualização surge, por vezes, poucos dias depois da saída de uma edição, e, quase sempre, alguns meses mais tarde, mas trata-se de tarefa tão exigente (e, de certo modo, inglória) que, não raro, se prefere a reimpressão e, com ela, um razoável adiamento...

Na 18ª edição e, sobretudo, na que agora se publica, torna-se notória uma inflexão no sentido da especial valorização do contributo da jurisprudência para a construção e o desenvolvimento dos institutos fundamentais deste ramo de direito. Sendo bem sabido que as decisões dos tribunais, incluindo as do Supremo, não constituem, em geral, precedentes vinculantes, é indiscutível o papel da casuística na concretização de tantos e tantos conceitos indeterminados de que, compreensivelmente, numa área do ordenamento tão sensível dos pontos de vista ideológico e social, a legislação e a própria contratação colectiva fazem uso abundante. Alguém, experiente e sumamente lúcido, afirmou já que estudar direito é lidar com "leis e casos". Encontrar-se-á pelas páginas deste livro, a cada passo, o rasto dessa sábia concepção. Faz-se, inclusivamente, a experiência de abrir muitos subcapítulos com a súmula de um acórdão, tão recente quanto possível, alusivo à respectiva matéria.

Por sua parte, o autor deste livro é, de cada vez, assaltado pela tentação de baixar os braços e deixar que a edição corrente seja a última, tendo a sua existência porventura alongada por uma ou duas reimpressões de pequena tiragem. No entanto, sempre acabou por prevalecer o propósito de o manter em vida, com aptidão pedagógica e qualidade científica, procedendo a mais uma revisão/actualização, e desafiando-se a pôr em causa algumas opiniões anteriormente sustentadas. Também desta vez – esgotada que está a edição comemorativa dos

40 anos passados sobre a primeira – surgiu a tentação, e de novo ela foi vencida, graças ao estímulo de familiares e de novos e antigos alunos, mas, sobretudo, ao gosto – que não esmorece – de questionar incessantemente o que antes se considerou definitivo.

Foram consideradas na presente edição as alterações ao Código do Trabalho introduzidas pela recentíssima L. 93/2019.

O autor confessa, no entanto, que continua a não saber escrever em conformidade com o novo acordo ortográfico.

Lisboa, Setembro de 2019

A.M.F

LIVRO I

INTRODUÇÃO
DIREITO INDIVIDUAL DO TRABALHO

I PARTE
INTRODUÇÃO

Capítulo 1
O DIREITO DO TRABALHO

I. O objecto do Direito do Trabalho[1].

1. O trabalho e o Direito: uma breve nota introdutória; 2. Um Direito de "certo" trabalho; 3. Trabalho auto e hetero-organizado; 4. Trabalho subordinado, dependente, por conta alheia...; 5. A realidade portuguesa; 6. Direito do Trabalho e autonomia privada individual; 7. A dimensão colectiva do Direito do Trabalho.

1. *O trabalho e o Direito: uma breve nota introdutória.* A palavra trabalho pode ser, como se sabe, usada em diversos sentidos: como esforço, como produto do esforço, como tarefa individualizada, como actividade, como função, como profissão, como emprego... Para o Direito, o trabalho é actividade humana decorrente da aplicação de esforço físico e psíquico tendo em vista a realização de uma finalidade lícita e útil. Falta acrescentar que, na perspectiva da ordem jurídica, e como melhor se verá um pouco adiante, só assume relevo o trabalho que se inscreve em relações sociais, isto é, efectuado em proveito alheio.

A necessidade de uma definição juridicamente congruente do conceito de trabalho decorre, pelo menos, de duas circunstâncias: definido como produto da aplicação de esforço e da concretização de aptidões, o trabalho confina, de um lado, com o jogo, com o lúdico, e, do outro, com actividades ilícitas. Essa contiguidade só pode clarificar-se através de qualificações por vezes muito subtis, de

[1] Veja-se, sobre o tema, a exposição lapidar de BERNARDO XAVIER, *Manual de Direito do Trabalho*, Lisboa (2014)33 ss..

ordem finalística ou intencional, ou, simplesmente, de ordem ético-social. Jogar futebol pode ser diversão e trabalho; a exibição do corpo pode ser trabalho e delito. Definir "trabalho", na perspectiva do direito, não é tão dispensável como, por vezes, se supõe.

A saliência jurídica do trabalho situa-se em vários planos. Ela resulta, antes do mais, de se tratar – em qualquer das suas modalidades – de uma forma de expressão e de implicação da personalidade do agente, entrando assim em contacto potencial com uma área crucial da ordem jurídica, que é a da tutela dos direitos fundamentais da pessoa. Essa interferência torna-se tanto mais provável quanto é certo que o trabalho, em qualquer das formas por que se apresenta na vida social, é, sob o ponto de vista económico, um factor de produção com custos associados, tendendo-se, naturalmente, a encará-lo como um "bem" que tem um "preço" e, por aí, a derivar para o seu tratamento como uma "mercadoria" sujeita a leis de oferta e procura num mercado próprio – o "mercado de trabalho". Nas palavras luminosas de Alain Supiot, "a noção moderna de trabalho só aparece a partir do momento em que o trabalho é tratado como uma mercadoria pelo pensamento económico"; e o problema está em que "o trabalho não é uma mercadoria, é inseparável da pessoa do trabalhador"; há pois aqui "uma ficção económica que coloca ao direito um enigma temível"[2].

Por outro lado, o trabalho é o meio pelo qual muita gente obtém o rendimento de que carece para subsistir. Esse acesso ao rendimento pode fazer-se sob várias modalidades, e, em alguns casos, efectivar-se segundo esquemas em que o agente – isto é, a pessoa que trabalha – surge em posição de vantagem e controla a seu gosto a relação entre a medida do esforço e a medida do ganho. É o que ocorre, com frequência – mas não sempre –, na área das chamadas "profissões liberais". Contudo, na vasta maioria das situações, a realidade é outra. A relação entre trabalho e contrapartida económica é, mais frequentemente, definida e controlada pelo beneficiário, naturalmente (e legitimamente) em conformidade com o seu interesse. Assim, os termos de "troca" nas "relações de trabalho" – que podem, como a seguir notaremos, assumir diversas estruturas e configurações jurídicas – expõem-se a situações de desequilíbrio, traduzidas na tendencial desvalorização do trabalho, que podem conflituar com os fundamentos axiológicos do ordenamento jurídico e requerer deste alguma resposta.

Em terceiro lugar, e em conexão lógica com as duas observações precedentes, o trabalho – seja ele, sob o ponto e vista jurídico, "subordinado" ou "autónomo" (e já veremos o que isto pode significar) – desenvolve-se, frequentemente, no contexto de relações de poder: poder de quem dele beneficia sobre quem o realiza. Trata-se, pois, de situações de supremacia de um sujeito privado

[2] Alain Supiot, *Crítica do direito do trabalho*, trad. port., Lisboa, 2016, 6 e 8.

sobre outro, muito para além do esquema de créditos e de débitos que resulte da relação estabelecida entre ambos, e simplesmente decorrente da assimetria dos interesses contratuais. A ordem jurídica não pode deixar de atender a tais fenómenos e de interferir nas modalidades em que eles porventura se revelem socialmente infundados ou eticamente repreensíveis.

Todavia, a circunstância de todo o trabalho em proveito alheio se revestir de potencial saliência jurídica não implica a existência de um corpo normativo unitário correspondente.

2. *Um Direito de "certo" trabalho.* A designação de Direito do Trabalho parece, num primeiro relance, inteiramente esclarecedora quanto à matéria de que se trata: um conjunto de normas cujo objecto é o *trabalho humano*, nas várias modalidades em que ele se apresenta na vida social.

Sendo um ramo de Direito, tender-se-ia a pensar que as normas que o constituem são, na sua totalidade, produtos da actividade legislativa do Estado. De posse da noção de que essas normas incidem sobre o trabalho, julgar-se-ia, porventura, com perfeita legitimidade, que o seu sentido deveria ser essencialmente regulador do comportamento das pessoas que trabalham, em nome da racionalidade das organizações e da ética das profissões. Sabendo-se como são diversificadas as formas pelas quais o trabalho humano se organiza e concretiza – o do operário na fábrica, o do agente de polícia, o dos que exercem as suas actividades «por conta própria», o da dona de casa (ou dono, também...) que garante a satisfação das necessidades familiares, o do estudante, o do militar, o do voluntário social, o do programador informático que trabalha no domicílio «em rede» com várias empresas, o do médico dum serviço hospitalar, o do sacerdote, o do jogador profissional de futebol, o do operador de tradução simultânea, o do actor de teatro ou de cinema, e por aí adiante –, e havendo decerto princípios comuns a salvaguardar, não seria absurdo partir do princípio de que as normas de Direito do Trabalho fossem de aplicação comum a todas essas formas de actividade.

Será, então, correcta a noção de que nele se contêm as normas reguladoras de todas as formas pelas quais o trabalho se revela e concretiza na vida social?

A resposta é negativa. *O Direito do Trabalho não é o Direito de todo o trabalho.* Não cabem no seu objecto todas as modalidades de exercício de uma actividade humana produtiva ou socialmente útil. Só *uma* dessas modalidades é tratada pelas suas normas. Importa, por isso, apontar, um a um, os caracteres diferenciadores dessa forma de organização e realização de trabalho[3].

[3] É certo, porém, que, como atrás se disse, quase todas as modalidades de que o Direito do Trabalho se desinteressa são *relevantes para o Direito,* constituem objecto de regulamentação no âmbito

Como ramo de Direito, o seu domínio é o dos fenómenos de *relação;* excluem-se dele as actividades desenvolvidas pelos indivíduos para satisfação imediata de necessidades próprias (a preparação de refeições, a arrumação da casa, a condução de meio de transporte pessoal, o preenchimento de documentação contabilística ou fiscal relativa aos rendimentos próprios, etc.). Mas essas mesmas actividades podem entrar no objecto do Direito do Trabalho se forem realizadas *em proveito alheio,* isto é, para satisfação imediata de necessidades de outra pessoa (e, ainda assim, em benefício indirecto de quem as realiza, se forem remuneradas)[4].

Em segundo lugar, tratar-se-á apenas de formas de trabalho *livre,* voluntariamente prestado; afastam-se assim as actividades *forçadas ou compelidas,* isto é, de um modo geral, aquelas que não se fundam num compromisso livremente assumido mas numa imposição externa (da lei ou da autoridade pública). É óbvio que esse compromisso pode ser determinado por necessidades prementes e iniludíveis, como são as de subsistência, que redundam em limitação séria da liberdade psicológica; as pessoas são, neste sentido," obrigadas a trabalhar para subsistir". Mas a "liberdade" que está em causa na definição do objecto deste ramo de Direito é uma liberdade formal: consiste na possibilidade abstracta de aceitar ou recusar um compromisso de trabalho, de escolher a profissão ou género de actividade (art. 47º CRP), e de concretizar tais escolhas mediante negócios jurídicos específicos (ao contrário do que ocorre na prestação de serviço militar obrigatório, no trabalho realizado sob requisição civil, no trabalho penitenciário)[5]. Por isso, o Direito do Trabalho desenvolve-se em torno de um

de outros ramos ou sectores do ordenamento jurídico (Direito Civil, Direito Comercial, Direito Administrativo...). Advirta-se, de resto, que algumas dessas modalidades tradicionalmente excluídas da área jurídico-laboral vão sendo progressivamente atraídas para ela, como se observará a propósito da tendência expansiva deste ramo de Direito.

[4] Parece despicienda, sob o ponto de vista jurídico, a preocupação, frequentemente reflectida na literatura jurídico-laboral, de definir os contornos do *trabalho em sentido jurídico,* como alguns dizem; com efeito, "não é pensável nenhuma conduta humana permitida e conforme aos bons costumes que não possa ser objecto de uma obrigação de trabalho" – Zöllner, *Arbeitsrecht,* 3ª ed., Munchen (1983) 44.

[5] Princípio fundamental da ordem jurídico-laboral é o da *liberdade de trabalho,* um princípio de conteúdo complexo como o demonstram as formulações de documentos internacionais como a *Declaração Universal dos Direitos do Homem* de 1948 (ratificada por Portugal em 1978), ao referir-se à "livre escolha do trabalho"; o *Pacto Internacional Sobre os Direitos Civis e Políticos* de 1976 (ratificado em 1978), proibindo a escravidão, a servidão e o trabalho forçado ou obrigatório (com excepções neste último caso); o *Pacto Internacional Sobre os Direitos Económicos, Sociais e Culturais* de 1976 (ratificado em 1978), exigindo que o direito ao trabalho se concretize por "um trabalho livremente escolhido ou aceite"; a *Convenção Europeia dos Direitos do Homem* de 1950 (também ratificada em 1978), com a interdição da escravidão, da servidão, do trabalho forçado e obrigatório; e a *Carta Social Europeia,*

contrato – *o contrato de trabalho* – que é o título jurídico típico do exercício dessa liberdade.

Temos pois, desde já, que o Direito do Trabalho só regula o trabalho livre e em proveito alheio.

Mas há que acrescentar outras notas delimitadoras da área de incidência deste ramo de Direito. E a primeira é a de que só lhe interessa o trabalho *remunerado*, isto é, aquele que se realiza mediante uma contrapartida económica fornecida pelo seu beneficiário directo. O trabalho gratuito só comporta três possibilidades na sua relação com o Direito: ou é juridicamente indiferente, quando se insere no quadro de relações familiares, afectivas, de cortesia, de filantropia; ou se apresenta sob formas ilícitas e liminarmente rejeitadas pela ordem jurídica, que assim se abstém de regular as condições da sua realização (servidão, trabalho forçado); ou, enfim, surge de modo inespecífico, como objecto de uma doação ou de um contrato de outra natureza, sujeitando-se às regras gerais que sejam aplicáveis a tais figuras jurídicas[6].

3. *Trabalho auto e hetero-organizado.* O trabalho livre, em proveito alheio e remunerado traduz-se sempre na *aplicação* de aptidões pessoais, de natureza física, psíquica e técnica; para a pessoa que o realiza, trata-se de "fazer render" essas aptidões, de as concretizar (em proveito alheio, recorde-se) de modo a obter, em contrapartida, um benefício económico.

Este objectivo pode ser alcançado, desde logo, mediante a *auto-organização* do agente: tendo em vista a obtenção de um resultado pretendido por outra pessoa, ele programa a sua actividade no tempo e no espaço, combina-a com os meios técnicos necessários, socorre-se, eventualmente, da colaboração de outras pessoas, e fornece, enfim, esse resultado. É o advogado que defende um cliente num processo judicial; é o contabilista que, no seu gabinete de assessoria fiscal, trata a documentação de várias empresas; é o mecânico de automóveis que, em oficina própria, faz reparações; é o arquitecto que, no seu "atelier", elabora projectos para empresas de construção; é o fotógrafo profissional que faz trabalhos para agências de publicidade, jornais e revistas. Em tais situações, o agente *dispõe da sua aptidão profissional* de acordo com o seu critério, define para si próprio as condições de tempo, de lugar e de processo técnico em que aplica esse potencial: auto-organiza-se, autodetermina-se, trabalha com *autonomia*.

Mas o mesmo indivíduo poderá aplicar as suas aptidões (a sua força de trabalho) numa actividade *organizada e dirigida por outrem*, isto é, pelo beneficiário

elaborada em 1961 no âmbito do Conselho da Europa (ratificada em 1991), ao referir-se a "um trabalho livremente empreendido".

[6] Cfr. Galvão Telles, *Contratos civis* in "Rev. Fac. Dir. Lisboa", vols. IX-X p. 69.

do trabalho – deixando, com isso, de ser responsável pela obtenção do resultado desejado. Dentro de certos limites de tempo e de espaço, caberá então ao destinatário do trabalho determinar o "quê" (função), o "quando", o "onde" e o "como" da actividade a realizar pelo trabalhador; pode *dispor*, assim, da força de trabalho deste, mediante uma remuneração. Retomando os exemplos de há pouco, é o advogado do contencioso de uma empresa, é o mecânico de automóveis que trabalha numa oficina pertencente a outra pessoa, é o contabilista pertencente aos serviços financeiros de uma sociedade, é o arquitecto integrado no quadro de pessoal de uma construtora... O que caracteriza este outro esquema é, visivelmente, o facto de o trabalho ser *dependente:* é dirigido por outrem, e o trabalhador integra-se numa *organização* alheia. Trata-se de trabalho *juridicamente subordinado,* porque esta relação de dependência não é, como se verá, meramente factual: o Direito reconhece-a, legitima-a e estrutura sobre ela o tratamento das situações em que ocorre.

São as relações de trabalho *subordinado* que delimitam o âmbito do Direito do Trabalho: as situações caracterizadas pela autonomia de quem realiza trabalho em proveito alheio estão fora desse domínio e são reguladas no âmbito de outros ramos de Direito.

Posto isto, importa notar ainda que *nem todo* o trabalho dependente ou juridicamente subordinado é objecto de regulação pelo Direito do Trabalho: o estatuto dos trabalhadores *da função pública* assume, como adiante se observará, características diferenciadas relativamente ao das pessoas envolvidas em relações jurídico-privadas de trabalho; não pertence ao Direito do Trabalho, mas ao Direito Administrativo.

Em suma: o Direito do Trabalho regula as *relações jurídico-privadas de trabalho livre, remunerado e subordinado.*

4. *Trabalho subordinado, dependente, por conta alheia...* Como se disse, o Direito do Trabalho não *cria* este modelo de relação de trabalho: limita-se a recolhê-lo da experiência social, reconhecendo-o e revestindo-o de um certo tratamento normativo. A dependência ou subordinação que caracteriza esse modelo não é uma imposição legal, é um dado da realidade: quando alguém transmite a outrem a disponibilidade da sua aptidão laboral (em vez de se reservar a possibilidade de dispor dela num processo autodeterminado e auto-organizado), está não só a assumir o compromisso de *trabalhar* mas também o de *se submeter à vontade alheia* quanto às aplicações dessa aptidão. Está a obrigar-se a proceder em conformidade com os *actos de disposição* (ordens, instruções, regras de organização e disciplina) que a outra pessoa efectue. Esses actos de disposição, por muito variável que seja a sua amplitude, são sempre necessários: a força de trabalho não é um objecto que transite de mão em mão – é um conjunto de atributos da personalidade do seu detentor[7]. O seu uso por outrem não pode ser imediato, passa pela vontade de quem a detém: a efectiva utilização da força de trabalho de A por B implica a *obediência* de A a B. E porque essa utilização só pode, na maioria nos casos, fazer-se em articulação com outros meios (trabalho de outras pessoas, utilização de equipamentos, instalações e energias, etc.), ela passa pela integração de A numa *organização* estruturada e mantida por B. Surge, assim, o trabalho *hetero-determinado, subordinado ou dependente* como realidade pré-jurídica, que constitui a chave do processo de aplicação do Direito do Trabalho.

Numa outra perspectiva, fala-se também do trabalho *por conta alheia* para caracterizar, com uma dominante económica ou patrimonial, o mencionado modelo de relação de trabalho. Trata-se de um elemento definitório e delimitador expressamente utilizado pela lei espanhola (art. 1º ET) e cujo significado tem sido proposto em termos diferenciados na doutrina do país vizinho: a "alienidade" (*ajenidad*) consiste em "trabalhar sem assumir os riscos do trabalho" (alienidade nos riscos) (Bayon Chacón), em que "os frutos do trabalho são atribuídos inicial e directamente a pessoa distinta da que executou o trabalho" (alienidade nos frutos) (Alonso Olea), ou em que "a utilidade patrimonial do trabalho se atribui a pessoa distinta do próprio trabalhador, isto é, o empresário" (alienidade na utilidade económica) (Montoya Melgar)[8].

Esta maneira de encarar as coisas sugere duas breves anotações. Ela coloca em evidência o facto de, no trabalho subordinado, o resultado ou fruto dele ser objecto de uma atribuição *originária* a pessoa diferente do trabalhador: este não apenas se sujeita à determinação da sua actividade por outrem, mas ainda perde o controlo dos resultados dela, o que implica, afinal, o cruzamento das várias acepções atribuídas à "alienidade". O resultado da actividade e o risco da sua frustração escapam originariamente ao trabalhador[9].

Mas a nota essencial da relação de trabalho subordinado – ou, por outras palavras, aquela que justifica a sua exclusividade como chave aplicativa e expli-

[7] Cfr. Wlotzke, *Leistungspflicht und Person des Arbeitnehmers in der Dogmatik des Arbeitsvertrages*, RdA (1965) 180 ss.; Smuraglia, *La persona del prestatore nel rapporto di lavoro*, Milano (1967).

[8] Cfr. Alonso Olea/Mª Emília Casas baamonde, *Derecho del Trabajo*, 16ª ed., Madrid (1998) 56-58.

[9] Neste termos, pode dizer-se que a noção de trabalho por conta alheia não está ausente do critério delimitador da lei portuguesa. O Cód. Civ. define o *contrato de prestação de serviço* (gerador de relações de trabalho autónomo) como aquele pelo qual "uma das partes se obriga a proporcionar à outra certo resultado do seu trabalho" (art. 1154º); o *contrato de trabalho*, por seu turno, atribui ao trabalhador a obrigação de "prestar a sua actividade intelectual ou manual a outra pessoa" (art. 1152º Cód. Civ. e art. 1º LCT). No primeiro caso, existe uma obrigação de resultado (que implica o controlo originário dele pelo devedor); no segundo, uma obrigação de actividade (que envolve *ab initio* a perda ou renúncia a esse controlo: o trabalhador não domina a obtenção do resultado e não é responsável por ela).

cativa da ordem jurídica laboral – está no elemento *subordinação ou dependência*. A fórmula do trabalho por conta alheia, embora não desprezível na caracterização das situações laborais típicas, revela certa insuficiência instrumental perante fenómenos de fronteira, como o trabalho domiciliário, o trabalho temporário e as actividades próprias das profissões liberais, se exercidas com base em contrato de trabalho[10].

5. *A realidade portuguesa*. As situações abrangidas pelo Direito do Trabalho correspondem ao modelo largamente dominante no mercado de trabalho. Numa população total de 10.280 milhares de pessoas, a população ocupada, em 2019, distribuía-se do seguinte modo (em milhares):

População activa	**5.252,6**
População ocupada	**4.895,3**
Trabs. por conta alheia	**4.084,8**
c/contrato sem termo	**3.235,8**
c/ contrato a termo	**718,8**
c/ outros contratos	**130,2**
Trabs. por conta própria	**810,5**

Fonte: Estatística de Emprego, INE

Assim, mais de 80% da população ocupada são trabalhadores por conta de outrem, exercem a sua actividade remunerada em regime de subordinação, estariam, pois, cobertos pela regulamentação laboral.

Há, no entanto, que ter presente o facto de uma parte dessa "regulamentação laboral" ser exterior à legislação geral do trabalho, isto é, ao Código do Trabalho e sua regulamentação. Referimo-nos aos antigos funcionários públicos que, como adiante se verá, se encontram hoje vinculados por "contratos de trabalho em funções públicas", dotados de regime legal próprio (L. 35/2014, de 20 de Junho); e, ainda, aos funcionários que se mantêm em "regime de nomeação". Trata-se, em qualquer dos casos, e em sentido lato, de trabalhadores por conta de outrem que as estatísticas de emprego não distinguem com clareza. Assim, em 2019 (4º trimestre), contavam-se como trabalhadores das Administrações Públicas (Central, Regional e Local) 698,6 milhares de indivíduos. Assim, a lei laboral geral cobrirá, efectivamente, cerca de 3,4 milhões de pessoas ocupadas, ou seja, perto de 70% da população ocupada.

[10] De resto, a lei espanhola invoca, cumulativamente com a *ajenidad, a dependência* do trabalhador na execução do trabalho (art. 1º ET).

Deve, todavia, assinalar-se um conjunto de factores que aponta no sentido de um progressivo desgaste do referido paradigma, em especial na configuração que, manifestamente, serve de referência a boa parte da legislação do trabalho em vigor. Que configuração é essa?

Em primeiro lugar, a do *trabalho em empresa industrial ou comercial estruturada*, estabilizada sob os pontos de vista geográfico e funcional. A empresa como organização hierarquizada, que funciona num espaço edificado (fábrica, loja, oficina, escritório) onde um conjunto de pessoas trabalha sob a direcção de um ou mais "chefes", é uma concepção há muito subjacente ao regime do contrato de trabalho. Ela já dominava inteiramente a chamada "lei do contrato de trabalho" (LCT) que, em duas versões sucessivas, vigorou desde 1967, e continua a ser, embora com atenuações, o paradigma adoptado pelo Código do Trabalho (CT).

Depois, e como corolário dessa configuração da empresa, a *relação de trabalho estável ou permanente* (isto é, de duração indeterminada) *e a tempo completo*, tendendo para o preenchimento integral da vida profissional das pessoas. Ainda hoje é manifesta a preferência da lei por esse tipo de relações de trabalho – veja-se, nomeadamente, a excepcionalidade atribuída ao uso dos contratos de trabalho a termo resolutivo (art. 140º CT).

Ora, do lado das entidades empregadoras, há que notar que, em 2019[11],um pouco mais de 3,3 milhões de trabalhadores por conta de outrem estavam ocupados em actividades do sector terciário (comércio e serviços), expostas a formas de organização do trabalho instáveis, flexíveis, frequentemente fragmentárias, porventura até com separação do local de trabalho em relação à instalação da empresa: veja-se o caso paradigmático do *teletrabalho*[12]. De um modo geral, a evolução da economia tem ameaçado os fundamentos do emprego estável, quer em si mesmo, quer no que toca às condições de trabalho.

Vejamos a questão do lado dos trabalhadores. Se é verdade, como se disse, que mais de 80% (precisamente 83,4%) das pessoas ocupadas em 2019 eram trabalhadores subordinados estatisticamente reconhecidos – e já veremos o que isto pode querer dizer –, e se é certo que, desses, cerca de 79% tinham contratos de duração indeterminada, o que, desde logo, confirma a ideia de validade do paradigma descrito, é também certo que a percentagem dos trabalhadores com contrato a termo tem descrito uma trajectória quase sempre ascendente, ainda que muito suave, atingindo, na mesma altura, os 17,6%.

Por outro lado, o número de trabalhadores por conta própria registados (e que, enquanto tais, não estariam abrangidos pela legislação do trabalho) apro-

[11] Fonte: PORDATA (Base de Dados Portugal Contemporâneo), acessível em <pordata.pt>.

[12] Sobre o tema, veja-se R. Fiolhais, *Sobre as implicações juridico-laborais do teletrabalho subordinado em Portugal*, Lisboa (1998).

ximou-se dos 800 mil, o que sugere uma inflexão nas preferências sociais no tocante à «organização» das actividades profissionais. Dir-se-ia: a diminuição da capacidade de oferta, pela economia, de postos de trabalho subordinado é correspondida, em paralelo, pelo aumento do número daqueles que assumem a iniciativa da organização e da promoção da sua própria actividade, em regime de autonomia.

Sendo correctas todas estas constatações de facto, e sendo exactas as interpretações que elas primariamente sugerem, estar-se-á perante sinais claros de crise do emprego tradicional[13], com óbvias consequências na extensão do território coberto pelas leis do trabalho.

Essas inferências devem, em todo o caso, ser temperadas pela consideração do *alto grau de inefectividade* que as leis do trabalho atingiram em Portugal. A procura afanosa de flexibilidades e de economias imediatas, a fraqueza crónica dos sistemas de fiscalização, a insignificância das sanções aplicáveis por violação da lei do trabalho, os relativos vagares da justiça laboral, a cooperação dos próprios trabalhadores, na mira de benefícios imediatos ou da prevenção de desvantagens – eis alguns dos factores que convergiram no sentido de uma situação generalizada de desvalorização dos imperativos legais na gestão das relações de trabalho. Desenvolveu-se, assim, uma situação que poderá denominar-se de «desregulação de facto»[14].

Essa desregulação assenta, frequentemente, na *dissimulação do paradigma laboral* sob a capa de qualificações aparentes, com que se visa alcançar o maior nível de flexibilidade e de economia de custos na utilização da força de trabalho.

[13] Não se tratará já do desequilíbrio pontual do mercado de trabalho relacionado com uma conjuntura económica desfavorável, nem de dificuldades generalizadas de emprego resultantes do não encaixe das qualificações profissionais existentes no mercado relativamente às novas necessidades estruturais da economia, mas da progressiva perda de densidade de um modo de utilização do trabalho na organização e no funcionamento das actividades económicas. Em torno desta constatação se têm desenvolvido notórias projecções e extrapolações, com carácter mais ou menos radical. Vejam-se, nomeadamente, W. Bridges, *Jobshift*, Londres (1996), e J. Rifkin, *The end of work: the decline of the global labor force and the dawn of the post-market era*, Nova Iorque (1995). Mas devem ser registadas inúmeras e enfáticas refutações directas de tal corrente de pensamento. Vejam-se, nomeadamente, quanto à literatura francesa: AA. VV., *Le travail, quel avenir?*, Paris (1997); D. Schnapper, *Contre la fin du travail*, Paris (1997); A.-M. Grozelier, *Pour en finir avec la fin du travail*, Paris (1998). Para uma outra visão prospectiva, no horizonte de 2015, a partir da verificação das mesmas tendências, veja-se também o relatório *Le travail dans vingt ans* (1995), elaborado pela Comissão BOISSONAT constituída pelo Comissariado Geral do Plano francês; e, mais recentemente, o relatório para a Comissão Europeia intitulado *Au-delà de l'emploi. Transformations du travail et devenir du droit du travail en Europe* (dir. Alain Supiot), Paris (1999). Existe tradução portuguesa, Coimbra (2003).

[14] Sobre o ponto, pode ver-se A. Monteiro Fernandes, *Os sentidos de uma revisão «flexibilizante» das leis do trabalho*, «Questões Laborais» nº 13 (1999) 45 ss..

Por outras palavras: existem, na realidade, muitas mais relações de trabalho subordinado (pertencentes, de pleno direito, ao domínio de aplicação das leis laborais) do que as aparências formais, artificialmente criadas com intentos simulatórios, ou simplesmente explicáveis pela falta de informação, deixam perceber.

É necessário ter isto presente na interpretação dos dados relativos ao volume de trabalho autónomo nas estatísticas de emprego – as quais, até por se basearem normalmente em inquéritos, não supõem, necessariamente, a qualificação tecnico-jurídica rigorosa das situações registadas.

Existe, como se disse, a tendência para o «auto-emprego», nomeadamente o exercício de actividades profissionais por conta própria, não só como consequência da escassez da oferta de postos de trabalho subordinado, mas também como expressão de novas atitudes relativas à realização profissional, menos valorizadoras da segurança e mais voltadas para a iniciativa e para o risco (fala-se, a esse respeito, de "empreendedorismo").

Não obstante isso, há percepções sociais muito fortes, como a da utilização corrente de expedientes (por exemplo, o dos «recibos verdes») para a satisfação de normais necessidades de trabalho no quadro da organização empresarial com dissimulação da existência de trabalho subordinado, que dão consistência à suposição de que *uma grande parte do contingente de trabalhadores autónomos «isolados»* – cuja estimativa seria sempre inútil, por fantasiosa, à falta de dados sérios – *é constituída por verdadeiros trabalhadores subordinados.* Esses trabalhadores estarão, na prática (embora não de direito), subtraídos ao alcance da legislação do trabalho, do regime contributivo da Segurança Social, e ainda, porventura, de uma parte dos encargos fiscais aplicáveis.

O Direito do Trabalho é, pois, o ramo de Direito que regula o trabalho subordinado, hétero-determinado ou não-autónomo. À prestação de trabalho com esta característica corresponde, como se disse, um título jurídico próprio: *o contrato de trabalho.* É através dele que "uma pessoa se obriga, mediante retribuição, a prestar a sua actividade a outra ou outras pessoas, no âmbito de organização e sob a autoridade destas" (art. 11º CT).

O ordenamento legal do trabalho surgiu e desenvolveu-se como uma reacção ou "resposta" às consequências da *debilidade contratual* de uma das partes (o trabalhador), perante um esquema negocial originariamente paritário como qualquer contrato jurídico-privado. Tal é a sua fundamental razão de ser. A disparidade originária entre os contraentes deve-se não só à diferente natureza das *necessidades* que levam cada um a contratar (a subsistência própria e familiar, no caso do trabalhador; a satisfação de necessidades de trabalho, por parte do empregador), mas também às condições do *mercado de trabalho* (predominantemente desfavoráveis à procura de emprego). Mas, para além da desigualdade inicial, o próprio desenvolvimento das relações de trabalho, se meramente coberto pelo acordo dos sujeitos e pelo regime geral dos contratos, acentua a debilidade da posição do trabalhador, em virtude da subordinação e do correspondente estatuto de "poder" ou "autoridade" do empregador. Assume aqui particular acuidade, como possível instrumento da supremacia deste último, a faculdade de romper unilateralmente o contrato – perspectiva perante a qual se reproduzem os factores da fraqueza originária do trabalhador.

6. *Direito do Trabalho e autonomia privada individual.* O Direito do Trabalho apresenta-se, assim, ao mesmo tempo, sob o signo da *protecção ao trabalhador*[15] e como um conjunto de *limitações à autonomia privada individual.* O contrato de trabalho é enquadrado por uma constelação de normas que vão desde as condições pré-contratuais, passam pelos direitos e deveres recíprocos das partes, atendem com particular intensidade aos termos em que o vínculo pode cessar, e vão até aspectos pós-contratuais (como a preferência na readmissão e a abstenção de concorrência).

É, pois, traço de carácter do Direito do Trabalho a *desvalorização da estipulação individual das condições de trabalho* – da chamada "individualização" do conteúdo da relação de trabalho[16]. Se a liberdade formal do candidato ao emprego é pressuposto do contrato, como meio de acesso ao *trabalho livre* – com exclusão do trabalho forçado, servil ou compelido –, a liberdade real de estipulação está, pelo lado do trabalhador, originariamente condicionada. As condições do contrato, na medida em que se encontram na disponibilidade dos contraentes, são, em regra, ditadas pelo empregador, a quem cabe, também, a iniciativa do processo negocial e, depois, já na fase de execução do contrato, a determinação concreta da posição funcional do trabalhador.

Assim, uma característica genética deste ramo de Direito consiste em *reduzir o campo da definição de condições de trabalho por estipulação individual*, enquadrando, através de um sistema de limitações imperativas, o protagonismo do empregador na definição dessas condições.

Por outro lado, o contrato de trabalho, como instrumento regulador, revela insuficiências noutros campos, inclusivamente na perspectiva dos emprega-

[15] Esta linha de actuação mantém-se, não obstante a evolução verificada na condição social do trabalho; ela vai ajustando a trajectória a novos problemas, sem todavia se descaracterizar: cfr. SCHMID, *Grundzüge cit.* 1.

[16] Como se assinalará relativamente a várias matérias, este "traço de carácter" tem vindo, sobretudo a partir do CT 2003, a atenuar-se, na linha de evolução que conduz, pouco a pouco, este ramo de Direito para longe da sua originária fisionomia e razão de ser. A lei do trabalho tende, hoje, significativamente, a ser meramente *supletiva* no que toca às garantias dos trabalhadores, e a ser fortemente *imperativa* no respeitante às limitações dos direitos dos mesmos trabalhadores, no interesse do empregador. A L. 23/2012 constitui um momento culminante dessa tendência.

dores: a vantagem de tornar os custos do factor trabalho "concorrencialmente neutros" e a necessidade de racionalizar as condições de trabalho nas empresas, mediante a sua (ao menos tendencial) uniformização, não se compadecem com a simples contratação individual, antes solicitam a padronização normativa em termos que se sobreponham à atomização contratual[17].

No entanto, a evolução desfavorável das condições económicas e do emprego - uma constante nas últimas três décadas - tende a alterar significativamente o papel atribuído à legislação do trabalho. Os constrangimentos estabelecidos por essa legislação à largueza do poder de decisão dos empregadores - com a justificação acima referida - passaram a ser denunciados como *causa* das dificuldades económicas e do crescimento do desemprego, carecendo de imperiosa "flexibilização". Instalou-se também a convicção de que essas limitações legais eram responsáveis pela chamada "segmentação" do mercado de trabalho (entre trabalhadores protegidos, ditos *insiders*, com contratos de trabalho de duração indeterminada, e empregados precários, ou simplesmente desempregados, denominados *outsiders*), cuja eliminação se apresentou como uma nova causa "social" a promover - naturalmente, através da generalização da desprotecção. Por outro lado, desenvolveu-se e impôs-se a ideia de *instrumentalidade económica* da lei laboral, isto é, a ideia de que as normas devem ser modificadas e ajustadas no sentido de potenciarem a eficiência das organizações e a sua competitividade.

A tendência evolutiva deste ramo de Direito aponta, assim, no sentido do progressivo apagamento dos mencionados traços do seu perfil genético. Como melhor se mostrará em vários pontos da matéria, a *individualização* das condições de trabalho foi introduzida pelo Código do Trabalho em vários domínios fundamentais. O Direito do Trabalho vai sendo, por estes vários modos, desviado da sua natureza e da sua vocação.

7. *A dimensão colectiva do Direito do Trabalho.* Para além das *relações individuais* fundadas no contrato de trabalho entre um empregador e um trabalhador, o Direito do Trabalho cobre também as *relações colectivas* que se estabelecem entre organizações de trabalhadores (com destaque para as associações sindicais) e empregadores, organizados ou não.

Essas relações apresentam, entre outras, a peculiaridade de, em simultâneo, serem objecto de regulamentação - porque exprimem a actuação de conflitos de interesses - e de terem, elas próprias, um importante potencial normativo, visto tenderem para o estabelecimento de regras aplicáveis às relações de tra-

[17] Cfr. ZÖLLNER 2 55., que, a propósito, aponta a existência de um "défice funcional" do contrato de trabalho, suprido pelo Direito do Trabalho com os meios que lhe são próprios: lei e autonomia colectiva.

balho em certo âmbito. As formas de acção colectiva laboral – a negociação, os meios conflituais – são reguladas pelo ordenamento do trabalho, na dupla perspectiva da "normalização" social e da "formalização" jurídica: as normas do chamado direito colectivo do trabalho visam oferecer meios de racionalização e disciplina dos conflitos de interesses colectivos profissionais e definir as condições da recepção, na ordem jurídica, das determinações que eles venham a produzir[18]. Esse sector do Direito do Trabalho fundamenta-se no reconhecimento liberdade sindical, da autonomia e da autotutela colectivas.

Ainda na esfera dos fenómenos colectivos laborais, o Direito do Trabalho regula também as formas de organização e acção colectiva dos trabalhadores no interior da empresa, já não especificamente voltadas para a determinação das condições de trabalho, mas sim para a participação na vida da organização. É o que se passa com o regime das comissões de trabalhadores e dos seus direitos de informação, consulta e "controlo de gestão". Ao ocupar-se de tal matéria, o ordenamento laboral assume um papel directamente condicionante do modo por que se estruturam e funcionam as empresas, isto é, dos termos em que a iniciativa económica dos empresários pode ser exercida. Ele apresenta-se assim numa feição organizatória ou estruturante, não já relativamente às relações de trabalho, mas à própria empresa.

[18] Medidas legislativas sobre as relações colectivas de trabalho fizeram parte, por todo o lado, da camada primária na formação do ordenamento laboral moderno. Essas intervenções assumiram, primeiro, carácter fundamentalmente repressivo – constituindo emanações típicas do liberalismo económico –, mas foram transitando para o domínio da tolerância e, depois, do reconhecimento dos fenómenos colectivos laborais. Nisto se traduziu, além do mais, o poderoso impulso do associativismo operário na formação do Direito do Trabalho industrial.

II. As funções do Direito do Trabalho.

8. A função compensatória e tutelar; 9. A função garantística; 10. A função padronizadora; 11. A função de ajustamento.

8. *A função compensatória e tutelar*. A determinação das condições por que hão-de pautar-se as relações individuais de trabalho, realizada por uma via formalmente paritária (o contrato, produto de duas vontades abstractamente livres), é, na vasta maioria dos casos, dominada por quem oferece a oportunidade da ocupação, visando uma finalidade económico-organizativa (o preenchimento de um posto de trabalho), e não por quem procura essa oportunidade, com objectivos sobretudo atinentes à sua esfera pessoal (a subsistência própria e da família, a realização profissional).

Fala-se, por isso, da normal debilidade contratual do trabalhador, consistente na desvalorização da sua vontade real no processo de formação do contrato. Em muitos casos, essa vontade tende a ser distorcida pela pressão da necessidade ou pelo receio de desvantagens várias, quando não vê a sua expressão útil reduzida à mera adesão a uma proposta, seja ela individualizada ou integrada por cláusulas contratuais gerais.

A função mais correntemente atribuída ao Direito do Trabalho é, justamente, a de "compensar" a debilidade contratual originária do trabalhador, no plano individual [19].

A assunção dessa finalidade diferencia o Direito do Trabalho no quadro geral do Direito Privado. Nesse quadro geral (e, nomeadamente, no direito comum das obrigações e dos contratos), o padrão de que se parte é de índole paritária, isto é, assume-se a igualdade originária dos sujeitos quanto às oportunidades e capacidades objectivas de realização de interesses próprios; os desequilíbrios de vantagens serão valorados como consequências do diferente aproveitamento dessas oportunidades e capacidades.

No Direito do Trabalho, o padrão de referência é marcado pela desigualdade originária dos sujeitos, ou seja, pela diferença de oportunidades e capacidades objectivas de realização de interesses próprios, e daí que a finalidade «compensadora» seja assumida como um pressuposto da intervenção normativa.

Este objectivo é prosseguido, em primeiro lugar, como já se notou, pela *limitação da autonomia privada individual*, isto é, pelo condicionamento da liberdade de estipulação no contrato de trabalho. Uma parte do espaço originário dessa

[19] Fala-se, a esse respeito, de uma «finalidade compensadora» do ordenamento laboral: A. Martin Valverde/F. Rodriguez-Sañudo Gutierrez/J. Garcia Murcia *Derecho del Trabajo, 25ª ed.*, Madrid (2016) 54.

liberdade é barrada pela definição normativa de condições *mínimas* de trabalho: a vontade do legislador supre o provável défice de um dos contraentes.

Em segundo lugar, e tendo em conta que a subordinação e a dependência económica do trabalhador são susceptíveis de limitar ou eliminar a sua capacidade de exigir e fazer valer os seus direitos na pendência da relação de trabalho, o ordenamento laboral *estrutura e delimita os poderes de direcção e organização do empregador*, submetendo-os a controlo externo (administrativo, judicial e sindical). Legitima-se, assim, a «autoridade patronal», mas, do mesmo passo, são contidos os poderes fácticos do dono da empresa e do dirigente da organização dentro dos limites de faculdades juridicamente configuradas e reguladas.

Em terceiro lugar, o ordenamento laboral organiza e promove a *transferência do momento contratual fundamental do plano individual para o colectivo*. O reconhecimento da liberdade sindical e da autonomia colectiva e o favorecimento da regulamentação do trabalho por via da contratação colectiva tendem a reconduzir o contrato individual a um papel restrito: o de simples facto gerador da relação de trabalho, sem influência significativa nos termos em que ela se desenvolverá. Dado que, entre os sujeitos colectivos (sindicatos e associações patronais ou empresas), não existem relações de subordinação ou dependência, a determinação das condições de trabalho por essa via é, em si mesma, tendencialmente «compensadora», no sentido já visto. Só o não será, realmente e em todos os casos, porque as conjunturas políticas e económicas, nomeadamente as que incidem sobre o mercado de trabalho, influem poderosamente na relação de poderes contratuais entre esses sujeitos colectivos.

Em quarto lugar, o Direito do Trabalho estrutura um complexo *sistema de tutela dos direitos dos trabalhadores* que tende a suprir a sua diminuída capacidade individual de exigir e reclamar. A arquitectura desse sistema integra meios e processos administrativos (em particular, os que respeitam à actuação da inspecção do trabalho), meios jurisdicionais (tribunais especializados que seguem regras processuais especiais) e meios de autotutela colectiva (acção sindical na empresa, meios de luta laboral).

9. *A função garantística*. Mas a orientação protectiva do Direito do Trabalho não esgota a sua razão de ser e a sua função económica e social.

Em muitas situações, de resto, essa orientação teria reduzido ou nulo sentido útil. Existem relações de trabalho em cuja génese e em cujo desenvolvimento dificilmente se podem encontrar os factores de enfraquecimento da posição do trabalhador que justificam o papel protectivo do ordenamento laboral.

A escassez da oferta de mão-de-obra em alguns segmentos do mercado de trabalho – nomeadamente pelo elevado nível de qualificação técnica que implicam – pode inverter a relação de poderes contratuais a favor dos trabalhadores e reconduzir às estipulações individuais o momento regulador decisivo. Nas funções de direcção das empresas, ou na situação dos quadros técnicos superiores, ou ainda nos trabalhos caracterizados por elevada especialização, o peso do poder patronal no quotidiano das relações de trabalho tende a desvanecer-se (no caso dos dirigentes, é assumido por estes em delegação). E, todavia, tratar-se-ia sempre de trabalhadores subordinados, sob a cobertura do ordenamento laboral.

Para além dessa função de protecção, o Direito do Trabalho tem também a de promover a específica *realização, no domínio das relações laborais, de valores e interesses reconhecidos como fundamentais na ordem jurídica global*. Este vector deriva da constatação do elevado grau de implicação da *pessoa* do trabalhador na relação de trabalho e põe em relevo a necessidade de o desenvolvimento dessa relação não afectar negativamente a sua vida, a sua integridade física e psíquica, a sua dignidade moral e social, garantindo-lhe, nalguma medida, a realização pessoal e a afirmação da cidadania.

Nesta perspectiva, o ordenamento laboral liga-se muito estreitamente à esfera dos direitos fundamentais consagrados pela CRP. Como se verá, esse ordenamento está, entre nós, amplamente constitucionalizado. O elenco dos direitos, liberdades e garantias constitucionais contém o que poderíamos designar por «constituição laboral», integrada por um conjunto de referências enquadrantes para quase todos os domínios do direito individual e colectivo do trabalho: é a Constituição como "complexo normativo federador e integrador do actual Direito do trabalho"[20-21]. Resulta daí, além do mais, que a produção legislativa laboral pertence, em quase todos os temas, à área da competência reservada da Assembleia da República[22]. Além disso, o Código do Trabalho compreende – no que é marcadamente original – um conjunto de disposições de garantia dos chamados "direitos de personalidade" no cenário das relações de trabalho (arts. 14º a 22º).

[20] É a feliz formulação de Bernardo Xavier, no seu estudo *A Constituição portuguesa como fonte de Direito do Trabalho e os direitos fundamentais dos trabalhadores*, in AA.VV., *Estudos de Direito do Trabalho em Homenagem ao Professor Manuel Alonso Olea*, Coimbra (2004) 163 ss..

[21] A «constituição laboral» desempenha, também, uma função «reinterpretativa» e integradora da legislação ordinária do trabalho, que contribuiu para a continuidade, sem rupturas, de uma parte da regulamentação anterior a 1974, incluindo a importantíssima LCT de 1969. Esta pôde vigorar, em grande parte, até à publicação do Código do Trabalho em 2003.

[22] Esta reserva de competência, se, por um lado, valoriza e dignifica o ordenamento do trabalho como instrumento de realização de valores e interesses constitucionalmente tutelados, prejudica os interesses da maleabilidade e da adequação que, na evolução do Direito do Trabalho, assumem notório relevo.

10. *A função padronizadora.* Uma terceira função do Direito do Trabalho diz respeito ao funcionamento da economia: é a de garantir uma certa *padronização das condições de uso da força de trabalho.* Essa padronização tem um duplo efeito regulador: condiciona a concorrência entre as empresas, ao nível dos custos do factor trabalho; e limita a concorrência entre trabalhadores, na procura de emprego e no desenvolvimento das relações de trabalho.

Neste sentido se tem dito que o ordenamento laboral actua à margem do mercado e, não raro, contra o mercado. Ele limita a plena flexibilidade no uso do trabalho que decorreria do livre funcionamento das leis do mercado, tendo como contrapartida a salvaguarda de uma certa ordem social no domínio das relações económicas.

Suscita-se aí, naturalmente, o problema da efectividade de um conjunto de padrões normativos que se confronta com a força dos factos e o jogo dos interesses económicos[23]. Essa é uma questão crucial, e de grande actualidade, para o desenho das perspectivas de evolução do Direito do Trabalho.

A superação do problema passaria, para alguns, pela assunção de uma definida instrumentalidade económica do ordenamento laboral: as normas deveriam ser configuradas (e modificadas) em função dos objectivos de política económica visados em cada conjuntura. Mas uma tal visão seria contraditória com as duas anteriormente indicadas, as quais oferecem, afinal, a razão de existência de um ramo de Direito autónomo com este objecto.

11. *A função de ajustamento.* O favorecimento da efectividade das normas de trabalho não pode, contudo, passar ao lado da racionalidade económica: essas normas devem respeitar a adequação e a compatibilidade às exigências da gestão das empresas e às condições gerais da economia. Não há emprego sem empresa. A promoção dos direitos fundamentais e das garantias dos trabalhadores tem os limites da viabilidade da empresa e esta supõe a inexistência de obstáculos insuperáveis à actuação da organização nos ambientes próprios – nos mercados em que se insere. As normas laborais devem, assim, procurar a realização dos princípios e dos valores sociais inalienáveis, nos «ambientes» micro e macroeconómicos reais – sob pena de ficarem inaplicadas, ou mal aplicadas, e de se tornarem ineficazes, por falharem a função social que as explica e justifica.

A lei do trabalho tem, pois, também, uma função de *ajustamento* do modo por que se organizam e estruturam as relações de trabalho face à evolução das condições reais da economia e das empresas. Abre, assim, possibilidades de adequação do objecto e do conteúdo do contrato de trabalho que seriam inviáveis à luz do direito comum dos contratos.

[23] Cfr. J.-C. Javillier, *L'évolution des relations professionnelles et du droit du travail dans un monde en changement,* Genève (1996) 67 ss..

As normas laborais são, pois, necessariamente orientadas por considerações de *adequação* e de *compatibilidade*. Mas essa referenciação forçosa não se confunde com a *instrumentalidade* económica e gestionária a que se tem pretendido remeter o papel fundamental do Direito do Trabalho.

Na verdade, desde meados da década de oitenta do século passado, a evolução deste ramo de Direito, em Portugal como nos restantes países da Europa[24], seguiu, em paralelo com as linhas de desenvolvimento determinadas pelas funções inerentes à sua natureza e razão de ser, uma orientação diferente, progressivamente acentuada e, finalmente, predominante: a da colocação das suas possíveis funcionalidades e técnicas regulatórias ao serviço de uma concepção liberal da economia e de uma gestão competitiva das empresas. Essa linha evolutiva começou por se apresentar, discretamente, como uma resposta conjuntural a situações de dificuldade económica e financeira; depois, alastrou e tornou-se dominante, como uma imposição inarredável da globalização e da cultura de competitividade, beneficiando de oportunidades abertas por sucessivas crises de emprego, e impelida pela implantação praticamente universal de uma ideologia económica ultraliberal. Esses desenvolvimentos adquiriram uma dinâmica tal que grande parte das aquisições da segunda metade do século passado entrou em rápida reversão, como adiante se assinalará. Por isso se fala de um novo legislador do trabalho e da substituição, em curso, do ordenamento laboral clássico por um "direito do mercado de trabalho e da gestão do pessoal nas empresas", liberto de valores ético-sociais e exclusivamente orientado para a instrumentalidade económica.

[24] Sobre o caso de *Espanha*, veja-se Fernando Suarez González, *Las reformas laborales*, nos "Anales de la Real Academia de Ciencias Morales y Políticas", Ano LXIII, nº 88, madrid (2011) 251 ss..

III. O conteúdo do Direito do Trabalho.

12. O "tripé" laboral; 13. O sistema contra-ordenacional; 14. Os núcleos de regulamentação.

12. *O "tripé" laboral.* A prestação de trabalho subordinado pode estar na origem de (e servir de fundamento a) relações jurídicas de diversa natureza. Destacando as que envolvem interesses propriamente laborais, podemos enumerar as seguintes:

a) relação individual de trabalho (cujos sujeitos são o trabalhador e a entidade empregadora, e cujo facto determinante é o contrato celebrado entre estes);

b) relação entre o empregador e o Estado (cujo conteúdo consiste em certo número de deveres que ao primeiro incumbe observar no desenvolvimento da relação individual, deveres inspirados na tutela dos interesses gerais que relevam do trabalho e cujo cumprimento é fiscalizado pela administração estadual do trabalho e sancionado por meios de natureza pública);

c) relação colectiva de trabalho (em que os sujeitos da relação individual aparecem considerados do ângulo das *categorias* em que se inserem; destas relações pode, designadamente, resultar a regulamentação de relações individuais, por via de convenção colectiva).

Nas relações do primeiro tipo, estão em jogo interesses meramente *individuais* e *privados*: nas do segundo, interesses *públicos* (além das conveniências particulares do dador de trabalho); nas do terceiro, interesses *colectivos,* de classe, de categoria profissional ou de ramo de actividade económica.

13. *O sistema contra-ordenacional.* Mais directamente ligadas às condições em que o trabalho é concretamente prestado são as dos dois primeiros tipos. Com efeito, o trabalhador empenha, em diversos graus, a sua personalidade na conduta laboral, uma vez que se vincula à aplicação das suas aptidões – físicas, psíquicas e propriamente técnicas – na realização de fins alheios. O empregador, por seu turno, como é sabido, coloca-se na posição de poder dispor das referidas aptidões, de as utilizar, orientando-as conforme o sentido que melhor convenha aos seus interesses, e, no exercício de tal poder, estará naturalmente a exercer influência sobre a esfera pessoal do trabalhador. O pano de fundo é constituído por uma relação psicossociológica desnivelada, em que o trabalhador se apresenta não apenas como «fornecedor» de um factor produtivo, mas também como pessoa *dependente* de outra nos planos psicológico e social. Tal dependência pode ser potenciada, sobretudo quando se trata de trabalhadores com salários baixos ou fracas qualificações profissionais, pela perspectiva de benefícios imediatos em troca do não exercício de direitos.

Por todas essas razões, não é raro que o trabalhador contribua, com a sua conduta omissiva ou com o seu silêncio, para a neutralização de disposições legais que visam protegê-lo contra riscos que o trabalho gera para a sua integridade física e psíquica, ou garantir-lhe benefícios em horizonte mais amplo.

Tais serão os fundamentos em que se apoiam as exigências legais (dirigidas aos empregadores) de que sejam efectuadas *comunicações* ou obtidas *autorizações* da administração estadual do trabalho para a prática de certos actos (arts. 68º/5, 144º/2 e 3, e 216º/3 CT, entre outros), bem como as de determinada *forma* para o exercício de poderes patronais (art. 353º/ 1 e 2, para o poder disciplinar; art. 99º, para o poder regulamentar), e, sobretudo, um número importante de *limitações* ao exercício destes poderes (arts. 328/2º e 331º, nomeadamente, quanto ao poder disciplinar).

A inobservância de muitas das normas de direito do trabalho é sancionada por meios que mobilizam relações jurídico-públicas envolvendo os sujeitos do contrato de trabalho. O CT trata, no seu Livro II, da responsabilidade penal e contra-ordenacional resultante da violação das suas normas.

No âmbito *penal,* são tratados os crimes de utilização indevida de trabalho de menor (art. 82º), violação da autonomia e da independência sindicais (art. 407º), retenção de quota sindical (art. 459º), violação do direito à greve (art. 543º), prática do *lock-out* (art. 545º) e desobediência (a determinação da Inspecção-Geral do Trabalho) (art. 547º), prevendo-se, expressamente (art. 546º), que as pessoas colectivas e entidades equiparadas são responsáveis, nos termos gerais, pelos crimes aí previstos.

Os arts. 548º e seguintes estabelecem o regime geral das *contra-ordenações laborais* e as *regras processuais* a observar na sua aplicação.

A noção legal de contra-ordenação laboral é a seguinte: "o facto típico, ilícito e censurável que consubstancie a violação de uma norma que consagre direitos ou imponha deveres a qualquer sujeito no âmbito de relação laboral e que seja punível com coima" (art. 548º). A leitura deste enunciado sugere, desde logo, que tanto o empregador como o trabalhador podem ser alvo da aplicação de coimas. E o art. 551º/2 ("quando um tipo contra-ordenacional tiver por agente o empregador...") confirma-o implicitamente. No entanto, o empregador é, normalmente, responsável pelas contraordenações laborais, ainda que resultantes de actos dos seus trabalhadores no exercício das respectivas funções (art. 551º/1). As contra-ordenações são, na generalidade, comportamentos imputáveis àqueles que têm o poder e a responsabilidade de organizar e dirigir o trabalho. Contudo, a circunstância de todo o regime contra-ordenacional estar construído sobre a hipótese normal – a de se tratar de infracções patronais – não exclui a possibilidade de violação pela qual seja responsável, neste mesmo plano, o trabalhador[25].

14. *Os núcleos de regulamentação.* A partir do isolamento daqueles três tipos de relações jurídicas assentes na prestação de trabalho, a doutrina tem destacado, no conjunto das normas que constituem o conteúdo do direito do trabalho, três *núcleos* de regulamentação: o das *normas (de direito privado) reguladoras da relação individual entre o dador de trabalho e o trabalhador,* definidoras dos direitos e deveres recíprocos que eles assumem por virtude do contrato e sancionadas por meios de direito privado (a sua inobservância pode dar origem ao *dever de indemnizar* o prejudicado ou à *invalidade* do próprio contrato); o dos *preceitos (de direito público) alusivos às relações entre o empregador e o Estado,* definidores dos deveres que ao primeiro incumbe observar, dos meios de controlo e das sanções correspondentes ao seu incumprimento, e fundados na defesa do interesse geral[26]; finalmente, as *normas reguladoras das relações colectivas de trabalho,* votadas à tutela dos interesses colectivos, de categoria profissional e ramo de actividade.

Assinale-se que estes núcleos – cuja destrinça, como se notou, é produto de elaboração doutrinal – surgem imbricados no direito positivo, sobretudo os dois primeiros (em que simultaneamente se insere, por vezes, um mesmo artigo da lei), em termos de se tornar, muitas vezes, consideravelmente dificultosa a tarefa de qualificação dos preceitos segundo este critério.

O meio mais seguro de identificação consiste ainda em se verificar a natureza dos instrumentos sancionatórios correspondentes: se a lei estabelece uma multa ou uma coima para a inobservância de certo preceito, conclui-se que, pelo menos em parte, ele pertence ao núcleo das normas de natureza publicística; só que, por vezes, o comportamente exigido pela disposição legal em causa pode ser, ao mesmo tempo, um meio de satisfação do interesse público e do interesse particular do trabalhador[27] – razão por que, além da sanção penal administrativa ou «contra-ordenacional», pode haver ainda lugar a uma indemnização ao lesado.

[25] Com referência à lei anterior (L. 116/99, de 4/8, que continha o regime geral das contra-ordenações laborais), sustentámos em edições precedentes deste livro que o círculo dos possíveis responsáveis excluía os trabalhadores. Essa visão, embora reflectisse o próprio enunciado legal (art. 4º/1 daquele diploma), não cobria todas as realidades, nomeadamente certas infracções ao regime de trabalho nos transportes rodoviários. Cfr., sobre o assunto, J. Soares Ribeiro, *Análise do novo regime geral das contra-ordenações laborais,* QL nº 15, 2000, 12 ss..

[26] Este núcleo costuma ser designado, abreviadamente, por direito de protecção do trabalho. Nalguns sistemas, como o alemão e o francês, ele é objecto de diplomas autónomos e de um tratamento doutrinal específico.

[27] É o caso do direito a férias. A violação desse direito constitui contra-ordenação grave, punida com uma coima e, ainda, dá ao trabalhador o direito a uma compensação pecuniária (art. 246º CT).

IV. As fronteiras móveis do Direito do Trabalho.

15. A tendência expansiva do Direito do Trabalho; 16. O trabalho autónomo economicamente dependente; 17. As relações individuais de emprego público; 18. Os direitos colectivos no emprego público

15. *A tendência expansiva do Direito do Trabalho.* O objecto do Direito do Trabalho define-se, como foi referido, em torno da prestação de trabalho subordinado, livre, remunerado, no quadro de uma relação contratual jurídico-privada.

Para lá destas fronteiras, existem modalidades jurídicas de *prestação de trabalho em benefício de outrem* cuja regulação escapa ao domínio do Direito do Trabalho. Mas as fronteiras não são fixas: o ordenamento (privatístico) do trabalho tende a alastrar a fenómenos que, originariamente, por não corresponderem de modo integral às características do trabalho assalariado (juridicamente subordinado), estão excluídos do seu âmbito.

Aponta-se correntemente, por isso, uma *tendência expansiva* do Direito do Trabalho, no sentido de "responder à necessidade de tutela proveniente de figuras sociais conformes à que foi tomada como modelo na fase originária da sua construção, independentemente dos caracteres técnico-jurídicos do compromisso de prestar trabalho"[28]. Por outras palavras, trata-se de retomar, como factores de legitimação, as ideias de *debilidade contratual* e de *dependência económica* que a adopção do modelo da subordinação jurídica, dados os desenvolvimentos historicamente verificados na condição jurídico-económica do salariato, fez perder quase inteiramente de vista.

Essa tendência manifesta-se, em particular, quanto a duas modalidades de prestação de trabalho tradicionalmente excluídas do objecto do Direito do Trabalho.

16. *O trabalho autónomo economicamente dependente.* A primeira, aliás englobando numerosas espécies, é a que genericamente se designa por trabalho *autónomo ou autodeterminado.* Caracteriza-se por a *actividade* do prestador ser programada e conduzida pelo seu próprio critério de organização e funcionalidade, tendo em vista a obtenção de *um resultado devido* a outrem. Assim, como exemplos, podem citar-se as actividades características do médico, do advogado, do empreiteiro ou subempreiteiro de construção civil, do gestor de uma carteira de títulos, do produtor independente de programas de televisão, do cabeleireiro, do mediador de seguros, etc..

[28] GHEZZI/ROMAGNOLI, *Il rapporto di lavoro*, Bologna (1984) 32. Cfr. também ZÖLLNER 51.

As relações de trabalho autónomo, pela simples razão de que nelas *não existe subordinação jurídica* do fornecedor de trabalho relativamente ao beneficiário final do respectivo resultado, estão fora do objecto do Direito do Trabalho. Isto significa, desde logo, que o ordenamento laboral não tem com tais situações uma conexão imediata e estrutural.

Mas o que latamente se designa por "trabalho autónomo" corresponde a uma grande diversidade de estatutos socioeconómicos. É sobretudo necessário reconhecer com nitidez a divisória para lá da qual se encontra o trabalho *autodeterminado* mas *dependente*[29].

Considere-se a situação do alfaiate que, em sua casa, e porventura com o auxílio de familiares, produz peças de vestuário para um armazém ou um estabelecimento de "pronto-a-vestir", utilizando fazendas, figurinos, até mesmo instrumentos de trabalho, fornecidos pela empresa que lhe absorve totalmente a produção para a lançar no mercado. Pense-se, ainda, no pequeno representante comercial que dedica todo o seu tempo à colocação no mercado de produtos de certa marca ou fabricados por determinada empresa. Encare-se, enfim, a imagem do profissional de reparação de pneus que, na sua pequena oficina, se ocupa em regime de exclusividade nas obras que lhe são remetidas por uma empresa de transportes rodoviários.

Em todos estes casos, existe, decerto, trabalho autónomo, no sentido de autodeterminado – mas, simultaneamente, uma *dependência económica* que, em regra, envolve debilidade contratual. Veremos adiante – nomeadamente a propósito do art. 10º CT – como se estrutura essa relação de dependência e que postura assume perante ela o ordenamento laboral português.

A radicação da subordinação jurídica (no sentido correspondente à hétero-determinação) como critério delimitador do Direito do Trabalho levaria a deixar sem tutela juslaboral essas situações. Todavia, verifica-se uma tendência em sentido oposto, ainda que afirmada com intensidade diversa de ordenamento para ordenamento: essa tendência aponta, como se especificará mais à frente, no sentido de *estender* a tais modalidades de trabalho os dispositivos fundamentais da protecção juslaboral.

O processo de "juridificação laboral" dessas modalidades poderia desenvolver-se por dois caminhos: o da *amplificação* ou "enriquecimento" do conceito operatório de subordinação, mediante a introdução de características tiradas da posição socioeconómica do prestador de trabalho (como no caso italiano e,

[29] Sobre a diferente aptidão delimitadora dos conceitos de subordinação *(Unselbständigkeit)* e dependência *(Abhängigkeit)*, vd. Zöllner 45. A subordinação é, no entanto, correntemente descrita, na literatura alemã, como "dependência pessoal»: cfr. Schmid 11; Söllner 1; Gaul, *Das Arbeitsrecht in Betrieb*, 8ª ed., Heidelberg (1986), I 29.

de certo modo, no espanhol)[30]; ou o da manutenção da subordinação no seu perfil clássico, procedendo-se à *assimilação* ou *equiparação*, para efeitos limitados e específicos, das situações de dependência económica à relação de trabalho subordinado. A primeira perspectiva é, afinal, a da "recuperação", pelo Direito do Trabalho, de terrenos considerados pertencentes à sua originária esfera vocacional[31], e, neste sentido, traduz-se numa diligência re-legitimadora da tutela juslaboral. A segunda é a da "exportação" [32] de princípios e normas protectivas do ordenamento do trabalho para domínios que lhe seriam alheios, isto é, a da projecção ou influência *externa* desse ordenamento, com base numa similitude de situações meramente ditada pela comum *carência de tutela*.

Qualquer destas maneiras de encarar o problema comporta, decerto, razões para se pôr em causa o acerto da afirmação de uma verdadeira "tendência expansiva" do Direito do Trabalho. Mas também qualquer delas evidencia, a partir do próprio critério delimitador central (a subordinação), a relativa indeterminação ou "mobilidade" das fronteiras do ordenamento laboral.

17. *As relações individuais de emprego público.* Do objecto do Direito do Trabalho estão também excluídas as relações jurídico-públicas de trabalho, que hoje dispõem de um quadro jurídico muito diferente do tradicional. A actual Lei Geral do Trabalho em Funções Públicas (LGTFP), aprovada pela L. 35/2014, de 20 de junho, prevê três possibilidades quanto à constituição do "vínculo de emprego público" – o contrato de trabalho em funções públicas, a nomeação e a comissão de serviço (art. 6º/3).

Note-se que a LGTFP define o seu próprio âmbito de aplicação com base na noção geral de "trabalho em funções públicas". Ora cabe indagar o que deve entender-se por "funções públicas". Parece insuficiente definir essa noção pelo critério da natureza das entidades servidas, como o faz aquele diploma legal (art. 6º/2). A inerência da prestação de trabalho ao processo de realização dos *fins públicos* (atribuições) prosseguidos por cada organismo ou departamento parece logicamente inarredável. Que sejam considerados no exercício de funções públicas o encarregado da manutenção eléctrica do edifício de um ministério ou o jardineiro que trata dos espaços anexos a uma escola ou a um hospital públicos afigura-se claramente aberrante. Não raro, de resto, entidades celebram contratos de trabalho comuns ("nos termos do Código do Trabalho") com pessoas destinadas a prestar serviços desse tipo. Questão diferente é a do regime aplicável

[30] Cfr. Carinci/de Luca Tamajo/Tosi/Treu, *Il rapporto di lavoro* cit. 15 55; Montoya Melgar, *Derecho del Trabajo* cit. 304 ss..

[31] Cfr. Ghezzi/Romagnoli, *Il rapporto di lavoro* cit., 32 ss..

[32] Carinci/de Luca Tamajo/Tosi/Treu, *Il rapporto* cit. 19.

a estes contratos, com respeito pelos constrangimentos a que os organismos públicos estão sujeitos em matéria de emprego permanente. A questão complica-se ainda pelo facto de a lei prever uma categoria de empresas públicas (sujeitas ao regime contido no Código do Trabalho) que é a das "entidades públicas empresariais", as quais são, indiscutivelmente, "empregadores públicos" pois têm personalidade jurídico-pública...

A generalidade dos empregos públicos é correspondida, no que toca à situação das pessoas empregadas, por *contratos de trabalho em funções públicas* (art. 7º). Este é, pois, o título jurídico largamente predominante no emprego público. A *nomeação* é reservada a funções especificamente inerentes à soberania: quadros permanentes das Forças Armadas, diplomatas, serviços de informações de segurança, investigação criminal, segurança pública, inspecção (art. 8º/1). A *comissão de serviço* destina-se, em particular, aos cargos dirigentes (art. 9º/1).

Embora a configuração exterior do vínculo de emprego público apresente notória similitude com a da relação jurídico-privada de trabalho – o trabalhador coloca ao dispor de outrem a sua aptidão laboral, pelo que é retribuído, ficando sujeito a uma autoridade hierárquica no exercício da sua actividade –, assume nela um particular relevo a natureza dos interesses ou fins prosseguidos pela entidade empregadora, na medida em que a prestação de trabalho lhes está instrumentalmente cingida. Assim, o art. 269º/1 CRP dispõe enfaticamente que, "no exercício das suas funções, os trabalhadores da Administração Pública e demais agentes do Estado e outras entidades públicas *estão exclusivamente ao serviço do interesse público*, tal como é definido, nos termos da Lei, pelos órgãos competentes da Administração". O que avulta aqui é, em todo o caso, a *inserção orgânica* e *funcional* do trabalhador no processo de realização dos *fins públicos* a cargo da entidade à qual está vinculado[33].

A titulação contratual (*ope legis*, diga-se) do emprego da vasta maioria das pessoas que se encontram ao serviço de organismos da Administração Central, Regional e Local enquadra-se numa evolução, verificada em Portugal como noutros países, no sentido da *privatização do emprego público.*

Na verdade, o regime jurídico do contrato de trabalho em funções públicas é, em muito larga medida, tributário do regime jurídico geral do contrato de trabalho, constante do Código do Trabalho. A LGTFP é, em grande parte, uma reprodução do Código, e, adicionalmente, declara aplicáveis ao contrato de trabalho em funções públicas numerosas disposições do mesmo Código (art. 4º).

A verdade, porém, é que, em aspectos fundamentais, a regulamentação da modalidade dominante do emprego público revela a sua exterioridade em relação ao ordenamento jurídico-laboral geral.

[33] Cfr. já BIGOTTE CHORÃO, *Direito de Trabalho*, cit. 19 ss..

Desde logo, a sua aplicação não deixa de estar condicionada pelas *incompatibilidades* e *impedimentos* impostos pela garantia de imparcialidade no exercício de funções públicas (arts. 19º e segs.). Depois – e apenas por referência à dimensão individual do emprego público –, mecanismos importantes de tutela, como a conversão do contrato a termo em contrato sem termo, quando o primeiro é celebrado em violação da lei, são expressamente excluídos (art. 63º/2). Ao invés, são instituídas garantias como a exigência de *concurso publicitado* para o recrutamento (art. 33º), que não são impostas pela lei nas relações de trabalho privadas. Para além disso, a competência para julgar os litígios emergentes do contrato de trabalho em funções públicas é atribuída aos *tribunais administrativos e fiscais*, o que, além do mais, envolve uma lógica judicativa diferente da dos tribunais comuns na aplicação das normas laborais.

Considera-se, por isso, que – não obstante as semelhanças formais – o regime jurídico do contrato de trabalho em funções públicas se encontra fora do âmbito do Direito do Trabalho.

Num outro plano, mas sempre dentro da esfera de actuação ou de controlo do Estado ou de outros entes públicos, situa-se o *sector público empresarial*, constituído pelas *empresas públicas* e pelas *empresas participadas*, cujo regime se encontra, actualmente, definido no DL 133/2018, de 3 de outubro.

As empresas públicas são "organizações empresariais constituídas sob a forma de sociedade de responsabilidade limitada nos termos da lei comercial, nas quais o Estado ou outras entidades públicas possam exercer, isolada ou conjuntamente, de forma direta ou indireta, influência dominante" (art. 5º/1 do diploma cit.). São organizações económicas através das quais os organismos públicos actuam no mercado, com ou sem finalidade lucrativa. Pertencem ainda a essa categoria (art. 13º/1) as *entidades públicas empresariais* que são "pessoas colectivas de direito público, com natureza empresarial, criadas pelo Estado para prossecução dos seus fins" (art. 56º).

As relações de trabalho entre as empresas públicas (incluindo as entidades públicas empresariais) e os seus empregados são de natureza jurídico-privada e regem-se pelo Código do Trabalho (art. 17º do diploma cit.).

As empresas participadas, por seu turno, são "organizações empresariais em que o Estado ou quaisquer outras entidades públicas, de caráter administrativo ou empresarial, detenham uma participação permanente, de forma direta ou indireta, desde que o conjunto das participações públicas não origine influência dominante" (art. 7º/1). Por maioria de razão, as relações de trabalho em que são partes encontram-se no âmbito de aplicação do Código do Trabalho.

No entanto, o panorama laboral no chamado "sector público" apresenta-se pouco claro. Em suma, existem hoje, basicamente, três estatutos jurídicos:

a) o aplicável aos trabalhadores "em regime de nomeação", que é substancialmente idêntico ao antigo estatuto dos funcionários públicos;

b) o do "contrato de trabalho em funções públicas", que cobre todo o universo restante da administração directa e indirecta do Estado e as administrações regionais e autárquicas;

c) e, ainda, o do contrato de trabalho comum, regulado pelo Código do Trabalho, aplicável, em geral, ao pessoal do "sector empresarial do Estado".

Este último grupo está, porém, mergulhado na ambiguidade jurídica. Com efeito, e para referir apenas um exemplo relativamente recente, a L. 55-A/2010, de 31 de Dezembro (lei do Orçamento para 2011), introduziu "normas excepcionais, de carácter temporário, relativas ao regime retributivo e às valorizações remuneratórias dos titulares de órgãos sociais e dos trabalhadores, independentemente do seu vínculo contratual ou da natureza da relação jurídica de emprego". Tratava-se de medidas de austeridade justificadas pelo estado das contas públicas. E, desde logo, a mesma lei orçamental impunha, em todo o universo compreendido nas três alíneas indicadas, uma redução remuneratória, e a aplicação dos regimes de subsídio de refeição, ajudas de custo e transporte, remuneração de trabalho suplementar e nocturno estabelecidos para o contrato de trabalho em funções públicas. Por outras palavras, a "contratualização" das relações de emprego público parece não valer em todas as direcções que, naturalmente, comportaria; e, mais do quem isso, as próprias relações de trabalho jurídico-privadas, envolvendo empresas públicas, e *sujeitas à lei geral do trabalho*, foram atingidas por tais medidas, como se se tratasse de emprego público.

18. *Os direitos colectivos no emprego público.* A aproximação de regimes entre as relações de emprego privadas e públicas é também visível no campo dos direitos colectivos. Assim, tanto a *liberdade sindical* como o *direito de greve*, reconhecidos pelos arts. 55º/1 e 57º/1 CRP, abrangem os trabalhadores da função pública[34-35].

No que respeita à *contratação colectiva*, a situação é menos clara. O regime do contrato de trabalho em funções públicas prevê expressamente a regulamentação deste contrato por *acordos colectivos* de duas modalidades: o *a.c. de carreira* e o *a.c. de empregador público* (art. 13º LGTFP). No entanto, essa previsão não é estendida às outras formas de constituição de vínculos de emprego público (nomeação e comissão de serviço). Não parece que isso baste para fundamentar a privação do "direito de contratação colectiva" a que se refere, de modo indiferenciado, o art. 56º/3 CRP[36]. De resto, a própria LGTFP o esclarece de modo

[34] Note-se que o reconhecimento da liberdade sindical neste âmbito já decorreria da ratificação, por Portugal, em 1977, da Convenção nº 87 da O.I.T..

[35] O regime especial do exercício da liberdade sindical dos "trabalhadores em funções públicas" contém-se nos arts. 337º ss. L. 35/2014, de 20 de Junho.

[36] Tratar-se-ia, em todo o caso, da actuação legislativa dos princípios constantes da Convenção nº 151 da OIT, ratificada pelo Estado português em 1980 (L. 17/80, de 15/7).

inequívoco: o art. 347º/1 reconhece aos "trabalhadores com vínculo de emprego público", sem distinção, o "direito de negociação colectiva".

O exercício desse direito está regulado nos arts. 347º e segs. da lei citada, em termos parcialmente diferentes dos do Código do Trabalho. Na verdade, e desde logo, o art. 347º/3 contempla dois tipos diferentes de processo negocial, conforme o produto final visado: *o acordo que se destina a integrar actos legislativos ou regulamentos administrativos* (e cuja eficácia fica, pois, dependente da prática destes actos) e *o acordo colectivo directamente aplicável aos trabalhadores com contrato de trabalho em funções públicas.*

O *primeiro tipo* tem por objecto "o estatuto dos trabalhadores com vínculo de emprego público" (art. 350º), independentemente da modalidade da sua constituição, e abrangendo, portanto, o contrato, a nomeação e a comissão de serviço. O grosso das matérias integrantes do regime laboral a que esses trabalhadores ficam sujeitos é definido por este tipo de acordo, cujo efeito fundamental consiste em *obrigar* o Governo a "adoptar as medidas legislativas ou administrativas adequadas ao seu *integral e exacto cumprimento*, no prazo máximo de 180 dias" (art. 354º/1). Se se tratar de matérias enquadradas na reserva relativa de competência da Assembleia da República, o acordo vincula o Governo a apresentar propostas de autorização legislativa no prazo de 45 dias.

Nestes termos, não se tratando ainda de verdadeiras convenções colectivas de trabalho – pois, como se disse, a sua eficácia, no tocante à situação dos funcionários, fica dependente de transposição legal ou regulamentar –, estes acordos têm uma força vinculativa que, por um lado, se exprime numa "eficácia contratual imediata"[37] (o Governo fica obrigado a cumprir o que acordou) e, por outro, se traduz numa restrição do poder de decisão normativa estatal. De resto, em caso de desacordo irremediável no processo de negociação, o Governo fica legitimado a tomar, sobre a matéria, "a decisão que entender adequada" (art. 354º/2).

O *segundo tipo* integra-se já na categoria dos instrumentos de regulamentação colectiva convencionais (art. 347º/3-b)) – são os *acordos colectivos* propriamente ditos –, aplicando-se, contudo, somente a trabalhadores com contrato de trabalho em funções públicas. O seu objecto é limitado pela lei a certas matérias (art. 355º/1), mas a sua eficácia normativa depende apenas do depósito e publicação, em termos idênticos aos estabelecidos pelo Código do Trabalho.

Também a garantia do *direito de greve* só está expressamente consagrada e desenvolvida no regime do contrato de trabalho em funções públicas (arts. 394º e ss. L. 35/2014 cit.), mas o art. 57º CRP é bastante para que ela abranja os restantes domínios do emprego público.

[37] F. Liberal Fernandes, ob. e loc. cit..

A aproximação do estatuto dos trabalhadores "em funções públicas" ao regime geral das relações de emprego privado é, assim, procurada através de tentativas de compatibilização entre os princípios da supremacia especial, do primado do interesse público e da unilateralidade (esta atenuada, em certa medida, pela intervenção parlamentar na elaboração do orçamento do Estado), por um lado, e a afirmação de um novo tipo de consciência profissional dos trabalhadores em funções públicas. Assiste-se, deste modo, ao apontado fenómeno de "exportação" de princípios e soluções normativas do ordenamento laboral para o regime do emprego público, sem que, apesar disso, este resulte essencialmente descaracterizado.

Capítulo 2
A FORMAÇÃO E A EVOLUÇÃO DO DIREITO DO TRABALHO[1]

I. A juridificação das relações de trabalho.

19. O sentido geral da juridificação; 20. O protagonismo da lei.

19. *O sentido geral da juridificação.* Com o conceito de "juridificação", abarca-se o conjunto dos "processos pelos quais o Estado intervém em áreas da vida social (relações industriais, instrução, família, bem-estar social, comércio) com métodos que limitam a autonomia dos indivíduos ou dos grupos na determinação dos seus negócios"[2].

[1] De notar que a história do Direito do Trabalho português constitui ainda um campo de investigação relativamente pouco explorado. Não pode no entanto ignorar-se o notável esforço de pesquisa empreendido por M. C. Tavares da Silva (*Direito do Trabalho,* Lisboa (1964/65) 300--443), graças ao qual se dispõe de um contributo ímpar para o estudo das origens e evolução do nosso sistema, no quadro do desenvolvimento das ideias e dos factos sociais, políticos e económicos contemporâneos. Pena é que tal texto, bem como a obra em que se integra, permaneça pouco acessível numa versão copiografada (e incompleta) das lições proferidas pela autora no antigo Instituto de Estudos Sociais. Mais recentemente, merece referência o interessante, e, em muitos pontos, original, excurso pela formação histórica do Direito do Trabalho de Bernardo Xavier, no seu *Curso de Direito do Trabalho,* 3ª ed., vol. I, Lisboa, 2004, sobretudo 45-110. Veja-se também P. Romano Martinez, *Direito do Trabalho,* 6ª ed., Coimbra (2013) 59 ss..

[2] Clark/Wedderburn, *La giuridificazione nel diritto del lavoro britannico,* DLRI (1986), nº 30, 279. Mas note-se que a aplicação da noção implica um "juízo de relação entre complexo ou instituto normativo, propósito da norma e comportamento regulado". O "grau" de juridificação não é pois mera questão de quantidade da produção normativa: supõe a análise das "disfunções entre norma e comportamento regulado" (inefectividade); das "relações de equilíbrio entre norma e sistemas

Foram as formas extremas e particularmente gritantes de exploração, emergentes da organização da produção em termos fabris, que forçaram os poderes públicos, por todo o lado em que o surto da industrialização ocorria, a abandonar a "neutralidade" exigida pelos princípios do liberalismo económico e intervir no domínio das condições em que o trabalho era prestado nas fábricas. Essas intervenções resumiram-se, de início, aos aspectos que mais impressionavam a opinião pública e mobilizavam a filantropia ou as primeiras forças contestatárias da época – o trabalho de menores e de mulheres, as condições de higiene e segurança nas instalações fabris. Mas o seu principal alcance consistiu na quebra da mencionada posição de neutralidade, e na abertura de todo um caminho de produção legislativa que levou à sedimentação do Direito do Trabalho moderno.

Esta sedimentação corresponde, na verdade, a um processo de adensamento da intervenção do Estado na regulação do trabalho subordinado, no quadro mais vasto da progressiva amplificação das suas funções nos domínios económico e social.

As dimensões e a multiplicidade das facetas dessa intervenção fizeram já perder de vista a matriz originária – que lhe era dada por um desígnio de *protecção marginal*, isto é, por um cuidado de prevenção social relativamente a situações delimitadas, de extrema carência ou de manifesto abuso, que as primeiras fases da industrialização geraram –, mas nem por isso deixa de ser exacto que o Direito do Trabalho permaneceu, ao logo de todo o seu processo de formação e desenvolvimento – com particular incidência na segunda metade do século XX –, vivamente marcado pela sua índole de "reacção aos problemas sociais do sistema existente"[3]. Mais recentemente, como já se anotou, constata-se uma linha evolutiva em sentido de certo modo inverso – o da tentativa de integração do ordenamento do trabalho na engrenagem dos mercados, como instrumento de gestão do sistema.

20. *O protagonismo da lei.* O desenvolvimento do Direito do Trabalho operou-se, entre nós, sob o impulso dominante da lei. Mas esse desenvolvimento só foi possível quando se afirmou claramente o desígnio de protecção "tipológica", isto é, centrada na tipificação de uma situação laboral – estruturada pela subordinação jurídica – como objecto de regulação, enquanto característica de um modo de inserção na vida social e económica e não já na perspectiva fragmentária, assistencial e humanitária dos primeiros tempos, em que se tratou sobretudo de acorrer a situações de emergência social. Como se notará, a óptica de protecção

regulados" (heteronomia e autonomia); e da "destinação da norma a promover fenómenos de auto-regulação": GIUGNI, *Giuridificazione e deregolazione nel diritto del lavoro italiano*, DLRI (1986), nº 30, 319.

[3] ZÖLLNER 13. Essa reacção traduz-se na já referida *função protectiva* e numa *função reguladora e pacificadora*, tendente à "conservação do *status quo* social", segundo a exposição de DÄUBLER, *Das Arbeitsrecht*, I (1985) 43 ss..

tipológica surge relativamente tarde, com a legislação da segunda década deste século e, sobretudo, com o ordenamento laboral corporativo, na perspectiva que lhe era própria.

O ponto de partida do processo de formação do Direito do Trabalho (como ramo autónomo de Direito) esteve no *primado do contrato de trabalho* como instrumento de regulação das situações do empregador e do trabalhador, na linha das concepções liberal-individualistas que serviram de suporte à Revolução Industrial. Esse processo de formação e autonomização conduziu à *desvalorização da autonomia privada individual* (o contrato de trabalho está, em geral, remetido a uma função genética perante a relação de trabalho e, não raro, a uma existência presumida) e à *revalorização da autonomia privada colectiva*, acompanhada de uma *afirmação legislativa* mais ou menos extensa e orgânica, conforme o cariz de cada sistema jurídico nacional.

O Direito do Trabalho encontra-se, no entanto, numa fase longa de reponderação e reconstrução[4], em que podem inserir-se a iniciativa da elaboração do Código do Trabalho, a da sua revisão em 2009, e a constante afirmação de novos projectos de alteração, em que transparecem manifestações de desgaste do perfil genético deste ramo de Direito, nomeadamente a revalorização da estipulação individual de regras de trabalho.

[4] Cfr., nomeadamente, B. Veneziani, *Stato e autonomia colletiva*, Bari (1986), 25 ss.; T. Treu, Il *futuro del diritto del lavoro: contrattualismo, interventismo, liberismo*, "JUS" (1985) 387 ss..

II. A proto-história: O Código Civil de 1867.

21. Os tipos contratuais; 22. A resolução de litígios.

21. *Os tipos contratuais.* Se deixarmos à margem o primeiro diploma legal que, entre nós, se preocupou com os «estabelecimentos insalubres, incómodos e perigosos» (o *Decreto de 3 de Outubro de* 1860) – pois que ele assentava em cuidados de *salubridade pública*, não em ideias de protecção da integridade e sanidade dos trabalhadores – pode afirmar-se que pelo *Código Civil de* 1867 foi feita a primeira abordagem legislativa dos problemas do trabalho subordinado. Mas em que termos? Naturalmente focando os tipos predominantes, à época, de relações de trabalho por conta de outrem: o *serviço doméstico*, o chamado *serviço salariado* e a *aprendizagem*.

O contrato de «serviço salariado» – definido, no art. 1391º daquele Código, como «o que presta qualquer indivíduo a outro, dia por dia, ou hora por hora, mediante certa retribuição, relativamente a cada dia ou a cada hora, que se chama salário» – constituía afinal a fórmula pela qual se operava a afectação de mão de obra à incipiente indústria manufactureira de então, sem esquecer, como é óbvio, o seu uso no domínio da actividade agrícola. Vale a pena examinar os preceitos consagrados pelo Código a este contrato (aliás, trata-se apenas de cinco artigos), para reconhecer não só a ainda escassa atenção que, como título negocial, ele merecia, mas sobretudo a simetria ou paridade *formal* que se procurava imprimir aos estatutos do assalariado e da «pessoa servida». Pode-se, assim, afirmar que essa regulamentação reflectia não só a atitude de não-intervenção no condicionamento das relações de trabalho, própria do legislador liberal, mas também a importância ainda relativamente escassa que a indústria manufactureira tinha em Portugal, em 1867. O contrato de serviço salariado desconhecia a continuidade de uma relação de trabalho. Reflectia a baixa exigência de qualificação que a indústria da época requeria da sua mão de obra.

Algo de diverso se passava – por razões de ordem económica e sociológica que não vamos abordar aqui – com a segunda modalidade prevista: o *serviço doméstico*. Nos termos do art. 1370º, ele era definido como «o que é prestado temporariamente a qualquer indivíduo por outro, que com ele conviva, mediante retribuição». O regime deste contrato – cujos sujeitos eram sugestivamente designados, na lei, como «amo» e «serviçal» – estendia-se por mais vinte artigos, constituindo assim uma disciplina algo pormenorizada para uma modalidade de relação de trabalho cuja importância não se restringia ao domínio da organização familiar, pois se projectava igualmente no campo da actividade agrícola (os chamados «criados de lavoura»). Note-se que, quanto ao essencial, esse regime permaneceu aplicável ao trabalho doméstico, apesar de revogado o Código em que se inseria, até à publicação de diploma específico (hoje o DL 235/92, de 24/10). O serviço doméstico era, à face da lei, o protótipo da relação de trabalho continuativa, ainda que limitada no tempo. Reflectia a estabilidade do ambiente em que, por regra, se desenvolvia – o da organização familiar.

O terceiro tipo de contrato – o de *aprendizagem* – só impropriamente se poderá incluir no mesmo campo, pois o Código definia-o fundamentalmente a partir da obrigação de ensino – a troco da prestação de trabalho a cargo do aprendiz – como resulta da leitura do art. 1424º: «Chama-se contrato de prestação de serviço de ensino, ou contrato de aprendizagem, aquele que surge entre maiores e menores devidamente autorizados, pelo qual uma das partes se obriga a ensinar à outra uma indústria ou ofício». Citamo-lo, no entanto, porque tal tipo contratual servia (e serve ainda) em muitos casos como meio de acesso (disfarçado) ao trabalho de menores, em condições mais favoráveis do que as que regem as relações de trabalho subordinado. Basta notar que nem sequer é da essência deste contrato a existência de retribuição do contrato prestado (em proveito do «mestre» – empresário) pelo aprendiz[5].

E a tanto se pode resumir a cobertura normativa assegurada pelo CCiv. de 1867 às relações de trabalho subordinado. Nem a realidade social e económica da época reclamariam mais do que isso: nada de semelhante a uma "revolução industrial" tinha ocorrido no país.

22. ***A resolução de litígios.*** Cabe, ainda, assinalar a instituição, por uma lei de Agosto de 1889, dos *tribunais de árbitros-avindores,* uma curiosa experiência no domínio da resolução de litígios profissionais que era, ao mesmo tempo, testemunho do carácter rudimentar da legislação do trabalho existente. Esses órgão arbitrais (pois disso essencialmente se tratava) eram, com efeito, compostos de representantes dos patrões e dos trabalhadores. A sua competência era descrita, na referida lei, deste modo: «em geral, todas as controvérsias sobre a execução de contratos ou convenções de serviço, em assuntos industriais ou comerciais entre patrões, de uma parte, e os seus operários ou empregados, da outra; ou entre operários ou empregados entre si quando trabalham para o mesmo patrão; e em especial os que disserem respeito a salários, preço e qualidade da mão-de-obra, horas de trabalho, contratadas ou devidas, observância de estipulações especiais, imperfeição na qualidade da matéria-prima fornecida ou por modificação nas indicações de trabalho; indemnização pelo abandono da fábrica, ou por licenciamento ou abandono antes de findo o trabalho ajustado e indemnização por não cumprimento do contrato de aprendizagem».

[5] O regime do contrato de aprendizagem encontra-se actualmente no DL 205/96, de 25/10, que acentua, na caracterização do contrato, o elemento *formação profissional,* e o submete a um conjunto de requisitos e formas de controlo destinado, manifestamente, a prevenir a dissimulação do mero assalariamento de menores e a garantia a articulação da aprendizagem com outros vectores da política de emprego.

II. Os primeiros passos. A I República[6].

23. Trabalho de mulheres e menores, descanso semanal; 24. Novas leis avulsas.

23. *Trabalho de mulheres e menores, descanso semanal.* Foi, porém, com o Dec. de 14 de Abril de 1891, regulador do *trabalho de menores e mulheres* (idade mínima de admissão, proibição de trabalhos penosos ou perigosos, duração máxima do trabalho, etc.), que se abriu verdadeiramente o ciclo de uma produção legislativa específica, e declaradamente impelida por propósitos protectivos, no campo das relações de trabalho. Note-se que a generalidade dos sistemas de Direito do Trabalho radica igualmente em medidas legislativas sobre essas matérias.

Ao longo da década de noventa, surgiram vários diplomas legais e regulamentares particularmente relacionados com os problemas de segurança e salubridade das condições trabalho, sem que, todavia, resulte sequer esboçado um sistema específico de responsabilidade pelos acidentes e doenças profissionais.

Mas é já em 1907 que, com o Decreto de 3 de Agosto, se ergue novo marco da legislação laboral: a consagração expressa do princípio da *obrigatoriedade do descanso semanal* («pelo menos 24 horas consecutivas de descanso em cada semana»), em regra coincidente com o domingo.

24. *Novas leis avulsas.* Logo a seguir à proclamação da República, surgiu o reconhecimento (e a regulamentação) do *direito à greve* (e também ao *lock-out*), pelo Dec. 6 de Dezembro de 1910. Convém notar que as chamadas «coligações» eram até então configuradas como crimes e punidas pelo Código Penal (art. 277º).

Noutra área, cabe assinalar a Lei nº 83, de 24 de Julho de 1913, que instituiu um tratamento específico para o problema da *responsabilidade por acidentes de trabalho*, de acordo com a teoria do risco profissional, então em voga – embora o fizesse apenas para determinadas actividades industriais. Só seis anos mais tarde, com o Dec. nº 5 637, de 10 de Março de 1919, vem a ser generalizado aquele regime, com a obrigatoriedade do seguro contra acidentes.

Em 22 de Janeiro de 1915, aparecem diplomas fundamentais que, pela primeira vez, instituem *regimes de duração de trabalho para o comércio* (Lei nº 295) *e para a indústria* (Lei nº 296), excluídos, neste caso, os estabelecimentos com 5 ou menos operários. O período máximo diário era fixado, por qualquer dessas leis, em 10 horas.

[6] Vd. Mário Júlio de Almeida Costa/Rui Manuel de Figueiredo Marcos, *A Primeira República no Direito Português*, Coimbra (2010) 57 ss..

Esse regime foi alterado logo quatro anos depois, pelo Dec. nº 5 616 de 10 de Maio de 1919 (data aliás marcada por um verdadeiro surto de leis relacionadas com problemas de trabalho) que, designadamente, estabeleceu os *períodos máximos diário de oito horas e semanal de quarenta e oito*, para a função pública, as actividades comerciais e industriais. Note-se que a jornada de oito horas já, pelo menos desde as últimas décadas do século passado, constituía uma pretensão repetidamente afirmada em manifestações de trabalhadores – e estava, de resto, legalmente consagrada, desde 1891, mas apenas para os manipuladores de tabacos.

Desde então, até ao advento do "Estado Novo", não abrandou a produção legislativa e, sobretudo, regulamentar, no tocante às relações de trabalho. No entanto, de harmonia com o critério de destacar apenas os momentos fulcrais dessa produção, anotaremos de seguida a *primeira referência legal à contratação colectiva* – cujos antecedentes são, de resto, muito pouco conhecidos – feita pelo Dec. nº 10 415, de 27 de Dezembro de 1924 que, aliás, tinha outro objectivo: autorizar a constituição de uniões e federações de associações de classe. A estes organismos era expressamente reconhecida capacidade «para celebrar contratos colectivos de trabalho» (art. 3º), sem que a lei cuidasse de caracterizar o fenómeno ou de lhe regular as consequências.

III. O ordenamento laboral corporativo.

25. Uma abordagem "sistémica"; 26. A segunda vaga legislativa.

25. *Uma abordagem "sistémica"*. Ao derrube da I República, pelo movimento de 28 de Maio de 1926, seguiu-se um período de relativa pobreza na legislação do trabalho (até 1933) – mas, de qualquer modo, logo assinalado pelo regresso à *proibição da greve* (Decreto nº 13138, de 15 de Fevereiro de 1927).

Os alicerces jurídicos do sistema corporativo foram, como se sabe, lançados em 1933, com a Constituição Política e o chamado "Estatuto do Trabalho Nacional" (Decreto-Lei nº 23 048, de 23 de Setembro daquele ano). Sob a égide desses diplomas, particularmente o segundo, e na linha dos princípios programáticos por eles enunciados em referência à quase totalidade da problemática das relações de trabalho, verificou-se posteriormente uma vasta produção legislativa, com carácter orgânico, que constituiu o primeiro conjunto sistemático registado pela história do Direito do Trabalho português.

A estruturação do ordenamento laboral corporativo fez-se sob o impulso de duas ideias-força, uma explicitada no Estatuto – a de *solidariedade* entre a propriedade, o capital e o trabalho – e outra apenas implícita nele, mas largamente evidenciada na produção legislativa e na prática administrativa subsequentes: a do primado da protecção legal da situação *individual* do trabalhador, em contraponto com o condicionamento e a contenção das formas de acção colectiva laboral (controlo administrativo das convenções colectivas, proibição da greve e do *lock-out)*.

O princípio solidarístico (art. 11º do Estatuto) – estreitamento ligado à exigência de paz *social* (art. 5º) – exprimia-se, ao nível da empresa, pela cunhagem do princípio da *colaboração* ("o trabalhador intelectual ou manual é colaborador nato da empresa onde exerça a sua actividade e é associado aos destinos dela pelo vínculo corporativo" – art. 22º). Mas temperava-o a consagração do *primado dos interesses do capital* sobre os do trabalho ("o direito de conservação ou amortização do capital da empresa e o do seu justo rendimento são condicionados pela natureza das coisas, não podendo prevalecer contra ele os interesses ou os direitos do trabalho" – art. 16º).

O sistema legislativo enquadrado pelos princípios da Constituição de 1933 e do Estatuto do Trabalho Nacional tem os seus pontos fulcrais nos seguintes diplomas:

a) DL 23870, de 18 de Maio de 1934 – punição da greve e do *lock-out* (revogado expressamente em 1974);

b) DL 24402, de 24 de Agosto de 1934 – regime da duração do trabalho (que, com alterações parciais, vigorou até 1971);

c) L 1942, de 27 de Julho de 1936 – regime dos acidentes de trabalho e doenças profissionais (revogado em 1965);

d) L 1952, de 10 de Março de 1937 – primeiro regime jurídico específico do contrato individual de trabalho (que se manteve em vigor até 1967);

e) DL 36173, de 6 de Março de 1947 – regime jurídico da contratação colectiva (que perdurou, com alterações, até 1969).

A notória longevidade destes diplomas não pode explicar-se simplesmente pelo intrínseco conservadorismo do regime. Eles reflectiam, no tocante às situações de cariz individual, uma considerável abertura a ideias colhidas na doutrina e na jurisprudência de outros países europeus, que ofereciam um suporte dogmático bastante estável. [7] No domínio das soluções regulamentares, as leis dos anos trinta e quarenta puderam manter-se próximas da actualidade normativa, porque eram já de início relativamente avançadas. Esses factores conjugam-se com a lentidão do desenvolvimento das estruturas económicas e sociais entre as décadas de 30 e 60.

26. *A segunda vaga legislativa.* Sobretudo a partir de 1965, as alterações verificadas, nos domínios político e económico, no quadro do regime então vigente, determinaram um movimento de modernização do sistema de leis do trabalho que gerou, entre outros, os seguintes diplomas:

a) DL 47 032, de 27 de Maio de 1966, substituído depois pelo DL 49 408 de 24 de Novembro de 1969 – regime jurídico do contrato individual de trabalho, ainda parcialmente em vigor;

b) DL 409/71, de 27 de Setembro – regime de duração do trabalho;

c) DL 49212, de 28 de Agosto de 1969 – regime das relações colectivas (substituído em 1976);

d) L 2 127, de 3 de Agosto de 1965, e Dec. 360/71, de 21 de Agosto – regime de acidentes de trabalho e doenças profissionais (substituído em 1997).

[7] Note-se, por exemplo, como a concepção comunitária das relações de trabalho permaneceu de pé, na doutrina e na jurisprudência alemãs, até fins dos anos sessenta. Cfr. DÄUBLER, *Das Arbeitsrecht,* 307 ss..

IV. O Direito do Trabalho na transição e na crise.

27. Uma transição suave; 28. A nova política legislativa; 29. A legislação pós-revolucionária: as décadas de 70 e 80; 30. A viragem para a flexibilidade.

27. *Uma transição suave.* Com a abolição do regime corporativo, ou seja, após 25 de Abril de 1974, dir-se-ia estar aberto um largo caminho de renovação do ordenamento jurídico-laboral português. E logo o DL 203/74, de 15 de Maio (Programa do Governo Provisório), na esteira do Programa do Movimento das Forças Armadas (publicado em anexo à Lei Constitucional nº 3/74, de 14 de Maio), previu em termos genéricos um vasto conjunto de medidas legislativas relacionadas com o domínio do Direito do Trabalho (por exemplo: extinção do sistema corporativo e sua substituição por um aparelho administrativo; revogação do Estatuto do Trabalho Nacional; garantias da liberdade sindical; estabelecimento de novos mecanismos de resolução de conflitos colectivos de trabalho; criação de um salário mínimo nacional; etc).

É sabido que, no entanto, essas perspectivas de renovação legislativa não foram correspondidas. O Estatuto do Trabalho Nacional não chegou a ser expressamente revogado; o regime jurídico do contrato individual de trabalho contido no DL 49408, de 24/11/69 (a LCT), manteve-se em grande parte em vigor durante décadas, até à elaboração do Código do Trabalho; a disciplina legal das relações colectivas de trabalho só em 1976 foi modificada (DL 164-A/76, de 28 de Fevereiro), e renovada em 1979 (pelo DL 519-C1/79, de 31/12), mas sempre sob forte influência do modelo regulatório corporativo; não chegou a ser instituído um verdadeiro salário mínimo nacional (caracterizado pela adequação e pela suficiência), mas apenas um sistema de retribuições mínimas garantidas; o regime dos acidentes de trabalho e doenças profissionais manteve-se em vigor por mais de duas décadas: só recentemente foi revisto (L 100/97, de 13/9) e agora incorporado no CT (arts. 281º e segs.), mas de acordo com os pressupostos doutrinais antigos; a jurisdição do trabalho conserva traços essenciais da fisionomia que tinha antes de 1974, apesar do enorme crescimento do número e da complexidade dos litígios[8].

28. *A nova política legislativa.* De qualquer modo, há que reconhecer a *inexistência de uma crise aguda de validade ou de operacionalidade do corpo normativo anterior a Abril*

[8] Mereceria aqui referência a criação das *comissões de conciliação e julgamento*, pelo DL 463/75 de 27/8. Porém (e após larga controvérsia em torno da sua constitucionalidade), foram extintas pela L 82/77, de 6/12 (nº 2 do art. 83º), enquanto órgãos jurisdicionais, ao mesmo tempo que se operava a integração dos tribunais do trabalho (como tribunais de competência especializada, encarregados de exercer a «jurisdição social») na orgânica judiciária. Mais tarde, as CCJ foram eliminadas também como instâncias conciliatórias pré-judiciais (DL 115/85, de 18/4).

de 1974 (quer na parte legislativa, quer na de origem convencional), não obstante a crise dos pressupostos ideológicos e das estruturas económicas e sociais a que se referenciava. Sumariamente, dir-se-á que as mesmas leis – e, por algum tempo, as próprias convenções outorgadas pelos sindicatos corporativos – continuaram a ser aplicadas.

A circunstância de a legislação então existente reunir já características de transição – no que especialmente respeitava ao estatuto individual do trabalhador subordinado – ajuda a explicar esse fenómeno de substancial «confirmação» e manutenção que, em relação a ela, se verificou após a mudança de regime político.

Mas não pode subestimar-se o significado de duas orientações político-jurídicas que aí se enxertaram, em conjunturas que não favoreciam a imediata apreensão do seu alcance.

A primeira dessas orientações ou inspirações foi a do *igualitarismo*, manifestando-se, por exemplo, através de limitações ao acréscimo dos salários mais elevados e da interdição de certos complementos retributivos; o estreitamento dos leques salariais e a uniformização de estatutos profissionais instalaram-se como *leitmotiv* da negociação colectiva e da experiência quotidiana das relações de trabalho.

A segunda directriz consistiu no *enfraquecimento da posição de supremacia e controlo do empregador na relação individual de trabalho*, e positivou-se sobretudo na legislação sobre o despedimento individual. Emanada, na parte mais significativa e relevante, entre meados de 1975 e princípios de 1976, essa legislação parece ter tido inspiração complexa. Ela serviu, com efeito:

a) dois objectivos *conjunturais* – o de prevenir a hemorragia de empregos que a situação sócio-política tornava iminente e o de conter a diversidade de regimes convencionais sobre a cessação do contrato de trabalho, especialmente no que respeitava ao montante das indemnizações;

b) e uma meta *estrutural* menos ostensiva, não obstante a sua transcendência político-jurídica: a de *limitar o poder patronal*, privando-o do seu instrumento decisivo que é o despedimento imediato sem dependência de motivo grave e objectivo.

Acessoriamente, acentuava-se a «processualização» do poder disciplinar, em termos que, de resto, flutuaram acentuadamente em sucessivas revisões legislativas, mas sem jamais resultar desfocada a particularidade de se lhe conferir relevância substancial – isto é, incidência dos vícios processuais na própria validade das medidas disciplinares, sem margem para suprimento judicial.

29. *A legislação pós-revolucionária: as décadas de 70 e 80.* Para além do que especialmente se referiu à temática da cessação do contrato de trabalho, a produção legislativa que se verificou a partir de meados de 1974 foi marcada, fundamentalmente, por conveniências de conjuntura e pela ausência de uma inspiração homogénea.

É possível, apesar de tudo, descobrir alguns vectores significativos nesse manancial de intervenções regulamentares:

a) Um desses vectores – muito ligado à situação vivida em 1974/75 e desactivado na década de oitenta – foi o da *limitação de benefícios ou regalias contratuais*, incidindo na negociação colectiva e nas estipulações individuais, mas tendo sobretudo em vista a primeira, com provável fundamento na percepção do desequilíbrio de poderes negociais (favorável, na época, às organizações de trabalhadores). São exemplos marcantes as restrições à redução dos períodos normais de trabalho (DL 505/74, de 1 de Outubro), os condicionamentos do aumento de salários (por último, o DL 409/78, de 19 de Dezembro) e da atribuição de benefícios pecuniários complementares (interdição do pagamento de impostos pela entidade empregadora, limitação dos valores acessórios da retribuição base, etc.). O traço mais impressivo que se distinguia nesse feixe de intervenções do legislador era o do impedimento de soluções mais favoráveis aos trabalhadores; traço que, não obstante a sua índole conjuntural, viria a ser mais tarde retomado em certa legislação de emergência ou *de crise*, como veremos; traço que, em suma, reflectiu o desajustamento da contratação colectiva à situação real do aparelho produtivo.

b) Outra linha de força foi, sem dúvida, a da *"constitucionalização» do ordenamento laboral*, a partir de 1976; mas ela não se condensou tanto na reformulação de institutos já adquiridos e estruturados como na especificação, pela lei ordinária, de directrizes constitucionais incidentes em zonas lacunosas do ordenamento. São exemplos salientes a *proibição dos despedimentos sem justa causa ou por motivos políticos ou ideológicos*, estabelecida no art. 52º da CRP, que originou a tentativa penosa (e, em boa parte, votada à inanidade) de encaixe da realidade factual dos «saneamentos» e «afastamentos compulsivos» nos moldes formais da cessação dos contratos de trabalho (DL 40/77, de 29/1); a *fixação de retribuições mínimas garantidas*, iniciada antes da CRP (pelo DL 217/74, de 27/5) e prosseguida, depois da sua publicação, a ritmo normalmente anual; a *proibição de discriminação com base no sexo* (DL 392/79, de 20/9). Mas o movimento de «constitucionalização» assumiu particular relevo e substância no terreno dos *fenómenos colectivos laborais:* foram os ajustamentos à lei sindical, derivados do acolhimento constitucional do pluralismo (DL 773/76, de 27/10); foi a regulamentação do exercício do direito de greve e a proibição legal do *«lock-out»* (L 65/77, de 26/8); foi o regime da participação das organizações de trabalhadores na elaboração das leis do trabalho (L16/79, de 26/5); foram, enfim, o estatuto das comissões de trabalhadores e a disciplina do controlo de gestão (L 46/79, de 12/9). Assentes em precários consensos políticos e sociais, sem falar do carácter frequentemente difuso e ambíguo do armamento conceitual utilizado, esses diplomas manifestavam fundamentalmente o propósito de consolidar na experiência social concreta alguns axiomas tidos por estruturais na chamada «constituição social». Todavia, alguns deles terão correspondido sobretudo a desígnios pragmáticos de racionalização ou «normalização» de realidades pré-constitucionais: é o que, com alguma segurança, se poderá afirmar a propósito do exercício do direito de greve e da actividade das comissões de trabalhadores.

c) Terceira via de desenvolvimento: a do esboço de uma *legislação laboral de emergência ou de crise,* exprimindo o acolhimento de prioridades técnico-organizativas, nomeadamente as que se relacionavam com a eficiência do aparelho produtivo. Tratava-se de medidas declaradamente conjunturais, implicando a neutralização temporária de garantias sociais estabelecidas, embora balanceada com dispositivos compensatórios de índole assistencialista; visavam, de um modo geral, ajustar a realidade das organizações produtivas ao seu potencial de emprego, aligeirando os custos do trabalho e libertando as cadeias de execução dos excedentes que as condicionavam. Contudo, apareciam destituídas de uma inspiração coerente e, até, de condições operatórias adequadas; e, sobretudo, ao contrário do que ocorria noutros ordenamentos, caracterizavam-se pela ausência de consenso social e político, e, consequentemente, por uma limitada efectividade. Ocupou, neste quadro, uma posição central o regime da *declaração de empresas em situação económica difícil,* especialmente no que toca à possibilidade da temporária inaplicação de convenções colectivas e da suspensão de contratos individuais de trabalho (DL 353-H/77 e 353-I/77, de 29/8), assim como o regime de apoio financeiro a empresas atingidas por «catástrofes ou outras ocorrências graves» (DL 230/79, de 23/7) cujo âmbito de aplicação parecia revestir-se de considerável elasticidade. O modelo veio a cristalizar no regime da *suspensão do contrato de trabalho e da redução dos períodos de trabalho* (DL 398/83, de 2/11). Situando-se numa zona de fractura da evolução do nosso ordenamento laboral, esta legislação «de emergência» estendia, como se notou, as suas raízes ao período de 1974/75, devendo por isso articular-se, lógica e funcionalmente, com a adopção da técnica de *dupla imperatividade* por alguns outros diplomas importantes (como os que contêm o regime da cessação do contrato de trabalho e a disciplina dos feriados, férias e faltas).

30. *A viragem para a flexibilidade.* Em 1989/91, surgiram os primeiros afloramentos de uma política legislativa descompressora do espaço de manobra dos empregadores na organização e direcção do trabalho. Sob a inspiração de um neo-liberalismo político-económico cuja voga não deixou de aumentar desde a segunda metade dos anos oitenta, desenhou-se então uma mudança de percurso na evolução do direito do trabalho português. As ideias-força que imprimiram essa reorientação foram as de *flexibilização e adaptabilidade das condições de uso da força de trabalho.*

Se, por um lado, é forçoso reconhecer que essa inflexão político-jurídica foi sempre marcada por uma certa gradualidade e pela preocupação de manter uma postura formal de garantia da situação dos trabalhadores, é verdade também que, ao menos numa primeira fase, ela se limitou aos aspectos *quantitativos* da política de flexibilização. A perspectiva dominante foi a de flexibilidade *externa*, referente aos modos de recrutar e eliminar efectivos. Destacaram-se, nesse quadro, os regimes da contratação a termo (arts. 41º ss. DL 64-A/89, de 27/2) e do trabalho temporário (DL 358/89, de 17/10), quanto aos meios de *aquisição de* recursos humanos; a reforma da disciplina jurídica da cessação do contrato de trabalho (feita a dois tempos: DL 64-A/89, de 27/2, e DL 400/91, de 16/10), assim como a previsão do regime de pré-reforma (DL 261/91, de 25/7), quanto à *eliminação* de efectivos.

Mas também a flexibilidade *interna* – respeitante aos modos de utilização da força de trabalho disponível na empresa – foi encarada, a partir de 1991, através da concretização legislativa de um acordo de concertação social, o chama «Acordo Económico e Social», subscrito em fins de 1990. Assim, e entre outras medidas, surgiram alterações ao regime do direito a férias (DL 397/91, de 16/10) e à disciplina do trabalho suplementar (DL 398/91, de 16/10), além da consagração da figura (importada do regime da função pública) da comissão de serviço, para certos cargos e funções, nomeadamente de chefia (DL 404/91, de 16/10). Sob a influência de orientações ou tendências internacionalmente consagradas, registou-se a reconsideração, em moldes flexíveis, dos períodos normais de trabalho máximos (L 2/91, de 17/1), a reformulação da disciplina do trabalho de menores (DL 396/91, de 16/10) e, ainda, a longamente esperada regulamentação do trabalho no domicílio (DL 440/91, de 14/11).

Mais tarde, e também na linha da adaptabilidade das organizações de trabalho, ocorreu, igualmente na sequência de um acordo obtido em processo de concertação social, a redução da semana de trabalho para 40 horas efectivas (L 21/96, de 23/7). E, em resposta parcial às novas preocupações relacionadas com a *desregulação* e a *inefectividade dos regimes laborais*, foram criadas medidas de antídoto a algumas formas de trabalho ilegal (Ls 38/96 e 39/96, de 31/8).

A adopção de um número importante de compromissos legislativos, através do «Acordo de Concertação Estratégica» firmado em fins de 1996, levou a que, em 1998 e 1999, tivessem sido publicados vários diplomas, de importância muito desigual para o desenvolvimento do sistema de direito do trabalho. O programa legislativo desse acordo compreendia, antes do mais, operações que sempre teriam que ser realizadas: a transposição de directivas europeias sobre *despedimento colectivo* (Dir. 92/56), *organização do tempo de trabalho* (93/104), *protecção dos jovens no trabalho* (94/33), *comités europeus de empresa* (94/45) e *licença parental* (96/34). Essa transposição foi feita, respectivamente, pelas Ls. 32/99, de 18/5; 73/98, de 10/11; 58/99, de 30/6; 40/99, de 9/6; e 142/99, de 31/8.

Na perspectiva do combate ao surto crescente de incumprimento das normas de trabalho, foi também publicado um novo regime das *sanções laborais*, cujo núcleo central constava da L. 116/99, de 4/8.

Outros diplomas, referentes a aspectos particularizados do regime das relações de trabalho (exemplo: a modificação do modo de determinação do período de trabalho nocturno, pelo DL 96/99, de 23/3), podiam ainda, de algum modo, embora sem obedecerem a uma estratégia legislativa definida, inserir-se na tendência flexibilizante que se manifestou ao longo da década de noventa.

V. O Código do Trabalho e a nova legislação de emergência.

31. A ideia da codificação; 32. Os códigos de 2003 e 2009; 33. As reformas laborais de 2011-2014 – e a sequência.

31. *A ideia da codificação.* A acumulação de diplomas legais que assim se foi processando, ao sabor das necessidades conjunturais e das oscilações políticas, conduziu a um estado de notória desorganização do "sistema" de direito do trabalho português. Oriundas de épocas sociais, económicas e políticas diferentes, frequentemente elaboradas sem grandes primores de técnica legislativa, quando não portadoras de deficiências gramaticais e de imprecisões semânticas, essas leis não facilitavam o acesso ao direito nem a consistente aplicação das normas. O Código do Trabalho apareceu, em 2003, como forma de superação desse quadro desorganizado.

Independentemente da forma que viesse a ser adoptada, a reorganização dos materiais legislativos existentes era há muito uma necessidade consensualmente admitida. Tal consenso exprimiu-se, por fim, no texto do "Acordo de Concertação Estratégica" que foi assinado em fins de 1996: aí se preconizava a constituição de uma "equipa técnica" para "proceder ao levantamento, análise e sistematização das várias peças dessa legislação e propor as reformulações consideradas necessárias". Já em 2000, foi criada, por iniciativa governamental, a "Comissão de Análise e Sistematização da Legislação Laboral", que apresentou, em Setembro de 2001[9] e em Maio de 2002, relatórios e anteprojectos "consolidados" respeitantes ao direito individual e ao direito colectivo.

Finalmente, em Julho de 2002, foi apresentado pelo Governo um anteprojecto que, após apreciação pública, discussão em concertação social, debate parlamentar e análise no Tribunal Constitucional, veio a originar o novo Código do Trabalho, aprovado pela L. 99/2003, de 27/8.

32. *Os códigos de 2003 e 2009.* O CT surge impelido por três ideias-força: a de *sistematização e concentração das normas laborais*, a de *aumento da flexibilidade da organização do trabalho*, e a de *descongelamento da contratação colectiva.*

Quanto à primeira, de entre as várias fórmulas concebíveis, foi escolhida a da codificação. Apesar das objecções que podiam ser-lhe opostas – a codificação foi sempre uma via desaconselhada em direito do trabalho –, a opção acabou por ser acolhida pacificamente, como contraponto para a situação de desorga-

[9] O relatório de 2001 foi publicado em volume pelo então Ministério do Trabalho e da Solidariedade, sob o título *Revisão da Legislação laboral*, Lisboa, (2002).

nização que se manteve e desenvolveu por longos anos. É hoje inegável a melhoria que daí decorre para o acesso às normas por parte dos seus destinatários. Por outro lado, a autonomia sistemática e dogmática do Direito do Trabalho resulta reforçada.

No que toca à flexibilização, as alterações introduzidas pelo CT foram relativamente modestas: incidem, essencialmente, sobre os domínios da mobilidade funcional e geográfica, e também sobre o da organização dos tempos de trabalho, como se assinalará nos lugares próprios. Um aspecto negativo, nomeadamente do ponto de vista da adaptabilidade das normas às condições concretas das actividades económicas, reside na inexistência de qualquer esforço de revisão do paradigma de referência (trabalho juridicamente subordinado) e na escassa sensibilidade às formas novas, ditas "atípicas", de prestação e organização do trabalho.

No tocante à negociação colectiva, a modificação mais importante consistiu na previsão da caducidade das convenções anteriores, certo tempo depois da sua denúncia – criando, assim, um mecanismo de pressão para a negociação e a obtenção de acordos novos.

A L. 99/2003, de 27 de Agosto, que aprovou a primeira versão do Código, previa expressamente (art. 20º) a sua revisão após alguma experiência aplicativa. Essa revisão foi meticulosamente organizada e preparada, nomeadamente através da publicação de um *Livro Verde sobre as Relações Laborais* (2006), reunindo fundamentalmente um vasto conjunto de dados e informações sobre a situação laboral no país, e um *Livro Branco das Relações Laborais* (2007) que oferecia um quadro de sugestões e propostas de alteração legislativa.

A verdade é que a revisão de 2009, para além da modificação profunda da sistematização do Código, não inflectiu sensivelmente em nenhuma das orientações acima referidas. No entanto, a estratégia da revisão foi completada por propósitos de *combate à fraude laboral* e à *precariedade artificial*, com relevo particular para a L. 107/2009, de 14/09.

Entretanto, o propósito de compactar a legislação laboral acabou por se revelar inviável. A nova sistematização do Código incorporou nele muitas normas que estavam fora do de 2003, mas obrigou a uma intrincadíssima teia de revogações parciais e diferidas da legislação que se pretendia substituir, e, ao longo de 2009, à publicação de uma série de diplomas avulsos sobre as mesmas matérias. O balanço final desta operação – afinal, iniciada em 2003 – não é entusiasmante quanto às virtualidades da codificação em Direito do Trabalho.

33. *As reformas laborais de 2011-2014 – e a sequência.* Por seu turno, a emergência financeira e económica que se desenvolveu a partir de 2008 gerou novas oportunidades de alteração das leis laborais, inspiradas sobretudo em propósitos de maior flexibilidade e de redução dos custos do trabalho. Surgiram assim, medidas "extraordinárias" como a redução de compensações por cessação dos contratos de trabalho futuros (L. 53/2011, de 14 de Outubro), os regimes de renovação extraordinária de contratos a termo (Ls. 3/2012, de 10 de Janeiro, e 76/2013, de 7 de Novembro), e, ainda recentemente, um largo conjunto de modificações ao Código (Ls. 23/2012, de 25 de Junho; 69/2013, de 30/8; e 27/2014, de 8/5) que serão referenciadas nos lugares próprios. Independentemente do facto de estas medidas legislativas se orientarem por desígnios político-jurídicos contrastantes com a inspiração geral da codificação, sempre se notará que esta pôde, ainda assim, manter-se como unidade central do sistema e, nessa medida, cumprir o seu papel como via de acesso ao ordenamento laboral.

A estratégia económica subjacente a essa legislação – a chamada "desvalorização interna", apontada aos custos do trabalho – conduziu a uma situação de recessão, acompanhada de altos níveis de desemprego, que começou a ser revertida em 2015, superado que estava o pico da crise e alterado, também, o sentido geral das políticas públicas. No entanto, as profundas modificações que a legislação de trabalho, sob o signo da austeridade, tinha sofrido não foram, no essencial, tocadas no âmbito dessa inflexão política. Houve, apenas, a reposição de feriados obrigatórios que tinham sido eliminados (L. 8/2016, de 1 de Abril). Pode, assim, dizer-se que a "austeridade laboral" é um dado assumido pelas principais forças políticas, independentemente do sentido da marcha da economia e das finanças públicas.

Confirma-o a recente L. 93/2019, de 4 de Setembro, que alterou algumas normas do CT. Como se notará nos lugares próprios, essas alterações em nada afectam o *statu quo* estabelecido em 2012, sob o ponto de vista do equilíbrio dos interesses em presença.

De resto, foram publicados alguns diplomas sobre matérias soltas, em relação com as reformas anteriores: L. 28/2015, de 14 Abril, sobre o reconhecimento da identidade de género no quadro da igualdade no acesso ao emprego; L. 120/2015, de 1 de Setembro, sobre os direitos ligados à maternidade e à paternidade; L. 28/2016, de 23 de Agosto, sobre matéria de saúde e segurança no trabalho, e ainda sobre as agências privadas de colocação e as empresas de trabalho temporário; L. 73/2017, de 16 de Agosto, sobre medidas de prevenção do assédio; L. 14/2018, de 19 de Março, sobre os direitos dos trabalhadores em caso de transmissão da empresa ou estabelecimento. Nos lugares próprios se tratará de cada uma destas matérias.

Capítulo 3
AS FONTES[1]

I. Noções gerais.

A) As fontes em sentido estrito e em sentido lato. – 1. Fontes e factos reguladores; 2. O papel da jurisprudência e da doutrina. **B) As espécies de fontes.** – 3. Fontes autónomas e heterónomas; 4. Fontes internacionais e internas.

A) As fontes em sentido estrito e em sentido lato.

1. *Fontes e factos reguladores.* Usa-se a expressão *fontes de direito* em vários sentidos. Reteremos somente a acepção técnico-jurídica, segundo a qual se trata dos *modos de produção e revelação de normas jurídicas*, ou seja, dos instrumentos pelos quais essas normas são estabelecidas e, do mesmo passo, expostas ao conhecimento público.

Ao lado das fontes em sentido técnico, assumem grande relevo no Direito do Trabalho outros *factos reguladores* ou *conformadores* das relações laborais, que fornecem critérios de solução destituídos da autoridade das normas jurídicas, mas com forte penetração modeladora na experiência social daquelas relações. Queremos aludir a elementos como as *cláusulas contratuais gerais*, cujo regime é aplicável aos "aspectos essenciais do contrato de trabalho" quando o contrato

[1] Sobre o tema, veja-se, amplamente, Bernardo Xavier, *Curso de Direito do Trabalho*, cit., 457 ss. e *Manual de Direito do Trabalho* cit., 233 ss.; Júlio Gomes, *Direito do Trabalho*, vol. I, Coimbra, 2007, 43 ss.. Para uma abordagem mais sintética, vd. João Leal Amado, *Contrato de Trabalho*, 4ª ed., Coimbra (2014) 41 ss..

seja celebrado por adesão (art. 105º CT); os *actos organizativos* e *directivos* do empregador, quando assumam forma genérica (regulamentos, ordens de serviço, etc.); os *usos* e as *práticas* laborais, sobretudo quando gerados no quadro da empresa; as *correntes jurisprudenciais* desenvolvidas pelos tribunais superiores (Relações e STJ), a chamada *doutrina dominante*, nacional e estrangeira (esta com especial projecção num País, como o nosso, em que a elaboração teórica do Direito de Trabalho é escassa).

Trata-se de um acervo muito heterogéneo de elementos, sem que entre eles possa definir-se uma relação hierárquica[2], e devendo, por outro lado, sob o ponto de vista técnico-jurídico, reconhecer-se a subordinação de todos às fontes em sentido próprio. A projecção reguladora desses factos manifesta-se fundamentalmente no plano sociojurídico, e só assume um significado singular neste ramo de Direito na medida em que ele se caracteriza por *um nexo particularmente intenso com a realidade social:* a efectivação do ordenamento laboral, correspondendo por certo ao "momento" crucial da sua dimensão jurídica – a actuação sobre o caso concreto –, implica exigências de *amplitude* e *adequação* especialmente acentuadas.

A realidade laboral não é apenas multímoda e marcada pelo particularismo; é também um objecto de regulação muito difícil de cingir por comandos gerais e abstractos, pois opõe à vocação de efectividade destes a influência directa das leis do mercado, da racionalidade gestionária, das convicções dominantes e das relações de poder social. A consequente "abertura ao concreto" que o ordenamento do trabalho manifesta não é mais do que uma condição de efectividade. Aí intervêm os factos não-normativos, todavia dotados de aptidão conformadora sobre as relações laborais, e que é preciso, como se disse, não arvorar na condição de fontes de direito em sentido técnico. Eles exprimem, quando muito, o sentido da *compreensão* e *assimilação* sociais das normas de Direito do Trabalho; ou seja, a configuração *operatória* por elas assumida perante a realidade socio-económica que é o seu alvo.

2. *O papel da jurisprudência e da doutrina.* A peculiaridade do processo português de formação e evolução do Direito do Trabalho como disciplina científica e como matéria de aprendizagem universitária explica, pelo menos em parte, o papel que desempenham as decisões dos tribunais e a literatura especializada na elaboração de soluções para os casos concretos que surgem no mundo laboral.

Na verdade, e como já se observou, ocorreu em Portugal uma situação singular: existiu, desde relativamente cedo (para um país em que não ocorreu uma "revolução industrial"), isto é, desde os anos trinta do século passado, um *sistema* legal especificamente votado á regulação das relações individuais e colectivas de

[2] Cfr. ZÖLLNER, *Arbeitsrecht* cit., 62.

trabalho, já tecnicamente sofisticado, com o seu centro numa noção de contrato de trabalho construída sobre a de subordinação jurídica; em correspondência com o relevo legal e prático desse ordenamento dotado de identidade e de função social diferenciadas, surgiu uma jurisdição especializada, com magistratura própria, para os litígios laborais; mas não ocorreu um paralelo reconhecimento da autonomia científica da matéria, nem a sua recepção nos planos dos cursos de licenciatura em Direito. Assim, os juízes e os advogados careciam de formação de base em matéria de Direito do Trabalho, mas tinham que o interpretar e aplicar pelos seus meios, recorrendo, nomeadamente, à literatura estrangeira, sobretudo italiana, francesa e espanhola. Uma grande parte dos escassos estudos publicados entre os anos trinta e sessenta do século XX tinham como autores magistrados e advogados.

No fundo, porventura, a legislação laboral era tida como perfeitamente inteligível a partir dos quadros conceptuais e principiológicos civilísticos: nada mais seria necessário – pensava-se – para habilitar à compreensão e aplicação correctas desse ramo de Direito menor. Do mesmo passo, ao menos como efeito colateral, dispensava-se o preenchimento de espaços no ensino universitário com matérias mais expostas a abordagens ideológicas indesejáveis e, por essa via, ao debate político sobre o modelo social e económico que, na época, se pretendia impor[3].

Só algum tempo depois da revolução de 1974 se operou, verdadeiramente, a recepção da disciplina na Universidade, como matéria de formação básica dos juristas. Essa recepção não foi entusiástica: a postura tradicional das faculdades de Direito face a este ramo do ordenamento – de desconfiança e de desvalorização relativa – manteve-se até hoje, em medida mais ou menos acentuada conforme as Escolas. No entanto, permitiu que, em relativamente poucos anos, se desenvolvesse um surto importante da produção científica sobre a matéria, e, inclusivamente, a multiplicação de manuais universitários de grande qualidade.

[3] A primeira dessas razões – a da suficiência da formação civilística básica para o acesso fácil ao Direito do Trabalho – parece continuar a merecer aceitação, três décadas depois da queda do regime corporativo. A disciplina, hoje leccionada em todas as faculdades de Direito e também em escolas superiores de Economia e de Gestão, continua a ter um estatuto de menoridade e de quase superfluidade, remetida a estreitos espaços nos planos de estudos e nos horários de aulas. Apesar de se contar hoje com um número significativo de professores habilitados e com uma abundante doutrina juslaboral qualificada, e não obstante o peso relativo que os litígios de trabalho têm assumido, a Universidade portuguesa mantém a sua “desconfiança” perante a matéria, continua a discutir a sua autonomia científica e dogmática e a reservar-lhe escassa relevância nos planos de estudos. Daí, também, a procura que os cursos de pós-graduação sobre a disciplina sempre tiveram em Portugal.

Destacaremos os seguintes:

- António Menezes Cordeiro, *Direito do Trabalho*, ed. Almedina, vol. I, Coimbra (2018), 1018 págs.; vol. II, Coimbra (2019), 1127 págs.;
- Bernardo da Gama Lobo Xavier, *Manual de Direito do Trabalho*, ed. Verbo, 4ª ed., Lisboa (2020) 1050 págs.;
- João Leal Amado/Milena Rouxinol/Joana Vicente/Catarina Santos/Teresa Moreira, *Direito do Trabalho. Relação individual*, Coimbra (2019) 1136 págs.;
- Júlio Vieira Gomes, *Direito do Trabalho*, vol. I, ed. Coimbra Editora, Coimbra (2007) 1137 págs.;
- Luis Menezes Leitão, *Direito do Trabalho*, ed. Almedina, 5ª ed., Coimbra (2016) 700 págs.;
- Maria do Rosário Palma Ramalho, *Tratado de Direito do Trabalho*, ed. Almedina, *Parte I*, 4ª ed., Coimbra (2015) 618 págs.; *Parte II*, 6ª ed., Coimbra (2016) 1034 págs.; *Parte III*, 2ª ed., Coimbra (2015) 558 págs.; *Parte IV*, Coimbra (2019) 830 págs.;
- Pedro Romano Martinez, *Direito do Trabalho*, ed. Almedina, 8ª ed., Coimbra (2017) 1355 págs..

A verdade, porém, é que, antes do surto doutrinal que se desenvolveu sobretudo nos anos noventa e seguintes, existia, pelas razões indicadas, um importante filão jurisprudencial, resultado de uma sedimentação de várias décadas. A construção teórica de diversos institutos foi basicamente alimentada pelas tendências decisionais mais significativas, valoradas na sua qualidade intrínseca e não porque existisse, no nosso sistema, qualquer mecanismo de precedentes judiciais vinculativos: como se sabe, as decisões de qualquer das instâncias carecem de autoridade que condicione a acção de outros tribunais.

Sendo isso verdade, é também indiscutível que os precedentes decisionais, mormente os que resultam da actividade continuada do Supremo Tribunal de Justiça, exercem uma influência muito significativa nas orientações adoptadas em qualquer das instâncias jurisdicionais. A repetição de soluções em sucessivos processos sobre casos semelhantes – às vezes não tão semelhantes quanto podem parecer – conduz a uma certa "inércia" judicativa, ou seja, a uma postura essencialmente conservadora, pouco construtiva, por parte dos tribunais. Na verdade, as construções jurídicas de origem propriamente judiciária são escassas[4], o que ajuda a explicar o facto de as orientações jurisprudenciais serem sobretudo utilizadas como suportes argumentativos.

[4] E algumas delas, altamente contestáveis, como a concepção do contrato de trabalho com base na cumulação da subordinação jurídica e da dependência económica, demoraram várias décadas para serem abandonadas.

Em contrapartida, é muito frequente, em qualquer das instâncias, a sustentação de decisões na doutrina científica: as citações da literatura jurídica tida por mais autorizada abundam nos textos das decisões, e muito particularmente nas do STJ[5]. Esta constatação não se revestiria de particular relevância se não houvesse casos relativamente frequentes em que posições doutrinais, subscritas por autores mais influentes, são incorporadas no silogismo decisório como se pudessem legitimamente constituir elementos das suas premissas. Deve, porém, temperar-se a percepção negativa que estes casos suscitam: de um modo geral, as citações são meramente confirmativas ou reiterativas de aquisições teóricas mais ou menos vulgarizadas, adquirindo, dessa maneira, mero valor ornamental.

Em todo o caso, pode dizer-se que, especialmente (mas não só) no campo do Direito do Trabalho, existe uma "relação comutativa" entre a jurisprudência e a doutrina, ou entre os tribunais e as universidades. As correntes decisionais que se vão formando, particularmente em relação a problemas de interpretação da lei, são objecto de profunda consideração pela doutrina: os autores adoptam posições de aceitação ou oposição perante essas tendências jurisprudenciais (elas próprias, muitas vezes, assentes em opiniões académicas), mas nunca de indiferença.

No entanto, a influência efectiva das orientações jurisprudenciais sobre as opiniões dominantes na doutrina não é tão profunda como noutros países da área cultural da *civil law* (dois exemplos: a Espanha e a França); em Portugal, pode dizer-se que a relação comutativa entre a doutrina e a jurisprudência é tendencialmente desequilibrada em detrimento desta última. Por outras palavras: a doutrina pesa mais na conformação das decisões, do que a jurisprudência é atendida na construção teórica dos institutos.

De qualquer modo, nem a doutrina nem a jurisprudência podem, no nosso sistema, aspirar ao reconhecimento como fontes de direito em sentido técnico.

B) As espécies de fontes.

3. *Fontes autónomas e heterónomas.* Existem tipos de fontes comuns à generalidade dos ramos de Direito. A *lei (ou o decreto lei)* é justamente um deles. Não cabe neste lugar um exame detalhado desses tipos comuns, embora se não deixe de indicar os diplomas neles enquadrados que, pelo seu conteúdo, pertencem ao Direito do Trabalho. Há, por outro lado, neste ramo de Direito, pelo menos um tipo

[5] Esta circunstância é mais facilmente explicável no que respeita à primeira instância: a avaliação periódica do mérito dos magistrados é, de facto, influenciada pelo tamanho e pela densidade teórica das decisões, o que empurra os juízes para uma erudição por vezes supérflua – e para maiores demoras nas decisões.

privativo de fonte: a *convenção colectiva,* nas suas várias modalidades. Ser-lhe-á dedicada especial atenção, não só como *fonte de direito* mas também como *produto de negociação.*

Podem assim distinguir-se, no nosso domínio, fontes *heterónomas* e fontes *autónomas.* As primeiras (de que a lei constitui exemplo) traduzem intervenções externas – do Estado – na definição das condições de trabalho e aspectos conexos, ou seja, na composição dos interesses de empregadores e trabalhadores. As segundas (as convenções colectivas) constituem formas de auto-regulação de interesses, isto é, exprimem soluções de equilíbrio ditadas pelos próprios titulares daqueles, os trabalhadores e os empregadores, colectivamente organizados ou não.

4. *Fontes internacionais e internas.* Numa outra perspectiva, as fontes de Direito do Trabalho podem repartir-se em duas categorias fundamentais: a das fontes *internacionais* e a das fontes *internas.* Enquanto estas são o produto de mecanismos inteiramente regulados pelo ordenamento jurídico interno de cada país, as primeiras resultam do estabelecimento de relações internacionais, no âmbito de organizações existentes ou fora dele (isto é, através de negociação directa, bilateral ou plurilateral, entre Estados). Mas cabe, antes do mais, referir – como cúpula do sistema das fontes de Direito do Trabalho – a Constituição da República Portuguesa.

II. A Constituição[6].

5. O trabalho na Constituição; 6. Os direitos fundamentais dos trabalhadores; 7. Os matizes do quadro constitucional.

5. *O trabalho na Constituição.* A importância que os temas juslaborais assumem na Constituição de 1976 (e que se mantém após as alterações de 1982, 1989 e 1997) justifica amplamente que se lhe dedique particular atenção, mesmo no quadro limitado das fontes específicas de Direito do Trabalho. Há, no entanto, que traçar uma divisória entre dois tipos de posturas constitucionais a esse respeito: o primeiro exprime sobretudo a projecção, no texto da lei fundamental, das tensões ideológicas e sociais que caracterizaram a atmosfera da sua elaboração, permanecendo em boa medida após as revisões (como exemplifica, no art. 55º/1, a dispensável afirmação da liberdade sindical como "condição e garantia da construção da (...) unidade *(dos trabalhadores)* para defesa dos seus direitos e interesses"); o segundo, verdadeiramente constitucional e estruturante, representa, nos seus diferentes traços, a fisionomia do "Estado Social" querido pelo legislador constituinte, desenvolvendo um feixe de direitos fundamentais dos trabalhadores "enquanto tais" e projectando-se, necessariamente, no desenho de muitos institutos do Direito do Trabalho.

Para além disso (ou antes disso), há ainda que ter em conta vários direitos fundamentais de carácter "inespecífico", que podem ser postos em jogo nas relações laborais – como exemplos, o direito de resistência (art. 21º CRP), o direito à integridade pessoal (art. 25º) e outros direitos pessoais (art. 26º), os direitos inerentes á protecção de dados pessoais (art. 35º), a liberdade de expressão e informação (art. 37º), a liberdade de consciência, de religião e de culto (art. 41º)[7].

6. *Os direitos fundamentais dos trabalhadores.* Os preceitos constitucionais com directa incidência no âmbito do Direito do Trabalho encontram-se, quase todos, nos Títulos II *(Direitos, liberdades e garantias)* e III *(Direitos e deveres económicos, sociais e culturais).* De acordo com o art. 17º, esse conjunto é abrangido pelo regime

[6] Veja-se, com particular interesse, o estudo de Bernardo Xavier, *A Constituição portuguesa como fonte de Direito do Trabalho e os direitos fundamentais dos trabalhadores*, in AA.VV., *Estudos de Direito do Trabalho em Homenagem ao Professor Manuel Alonso Olea*, Coimbra (2004) 163 ss.; vd. Ainda P. Romano Martinez, *Direito do Trabalho* cit., 154 ss.. Acerca do papel dos principios constitucionalmente consagrados na formação e desenvolvimento do Direito do Trabalho, vd. L. Mengoni/U. Romagnoli/G. Giugni/T. Treu, *Costituzione, lavoro , pluralismo sociale,* Milão (1998).

[7] Com grande interesse para a temática dos direitos fundamentais no Direito do Trabalho, ver F. Gamillscheg, *Die Grundrechte im Arbeitsrecht,* Berlim (1989), e J. João Abrantes, *Contrat de travail et droits fondamentaux,* Frankfurt am Main (2000).

dos direitos, liberdades e garantias, com especial saliência para o princípio da *aplicação directa* (art. 18º/1), isto é, da desnecessidade de intervenção mediadora da lei ordinária. Assim, as normas em causa vinculam imediatamente "as entidades públicas e privadas" (art. 18º/1).

A aplicabilidade directa tem, pelo menos, duplo alcance. É óbvio que as disposições constitucionais de incidência juslaboral não reúnem, todas elas, características operatórias que permitam reconhecer-lhes uma função regulamentar ou preceptiva imediata: umas sim (como, por exemplo, o art. 56º/3: «Compete às associações sindicais exercer o direito de contratação colectiva (...)»), outras não (entre elas o art. 58º/1: «Todos têm direito ao trabalho»). Quanto a este último grupo, a que pertence grande parte das normas consagradoras dos clássicos *direitos fundamentais* (dos trabalhadores)[8], não basta o facto de lhe faltar a aptidão dos comandos concretos para recusar a sua vinculatividade imediata, em certo sentido: no de que tanto o Estado (a quem são dirigidos, em regra, esses preceitos) como os particulares podem ser alvo de sanções por condutas positivas ou omissivas contrárias ao conteúdo valorativo das mesmas normas[9].

7. *Os matizes do quadro constitucional.* Tendo presentes os vários domínios em que se desdobra a temática juslaboral, é necessário reconhecer que o grande peso *regulamentar* da CRP se faz sentir sobretudo na área do chamado Direito Colectivo. A lei fundamental não se limita aí a definir grandes princípios enquadrantes ou estruturantes: assume, antes, um papel directamente conformador quanto a alguns temas, como o das organizações de trabalhadores (comissões de trabalhadores e associações sindicais) e o dos conflitos colectivos. O tratamento de problemas relativos a qualquer desses domínios implica, quase sempre, a utilização de preceitos constitucionais.

Funcionando basicamente a título de referência valorativa, e não já como dispositivo regulamentar, surge o complexo normativo que sobretudo respeita à dimensão individual do trabalho: a liberdade de escolha de profissão (art. 47º/1), a segurança no emprego (art. 53º), o direito ao trabalho e o dever de trabalhar (art. 58º/1 e 2) e, em geral, os direitos dos trabalhadores (art. 59º).

> A diferente postura do legislador constitucional perante as áreas do colectivo e do individual pode compreender-se à luz das exigências operatórias que se impunham à lei fundamental no processo de transição do sistema corporativo para o regime laboral democrático.

[8] Vd., sobre o tema, J. Caupers, *Os direitos fundamentais dos trabalhadores e a Constituição*, Coimbra (1985).

[9] Assinale-se, neste sentido, o disposto no art. 22º quanto à responsabilidade civil do Estado e outras entidades públicas, em regime de solidariedade com os funcionários e agentes, por actos ou omissões que violem os direitos, liberdades e garantias.

Na verdade, como se salientou atrás, a legislação ordinária sobre as relações individuais de trabalho tinha evoluído, na última década do corporativismo, em sentido convergente com as tendências gerais de desenvolvimento dos sistemas europeus.

Pelo contrário, todo o sistema de relações colectivas – abrangendo as organizações, a contratação e os conflitos – entrou em colisão com o novo regime político e as transformações sociais e culturais que lhe vieram associadas. Os sindicatos corporativos, não obstante a operacionalidade revelada nos últimos anos do regime de que constituíam pedra angular, estavam enquadrados por uma legislação incompatível com a liberdade sindical; as convenções colectivas eram sujeitas a aprovação (homologação) ministerial: os conflitos confinavam apertadamente com a ilegalidade. A lei fundamental teve, em 1976, um decisivo papel na transformação dessas estruturas normativas (neutralizando, de passagem, os excessos da legislação imediatamente gerada pela mudança de regime político) em conformidade com princípios básicos como os da liberdade sindical, da autonomia e da autotutela colectivas. Bem se entende que esse papel devesse traduzir-se em intervenções abertamente reguladoras e conformadoras, sem prejuízo do espaço deixado à lei ordinária.

Pode, em suma, dizer-se que a CRP desenvolve, relativamente ao sistema de regulação do trabalho, uma duplicidade de funções. Em primeiro lugar, uma função verdadeiramente *preceptiva,* quer *na* afirmação de direitos fundamentais que se expõem a compressões e mesmo a negações no ambiente das relações de trabalho subordinado, quer na regulação directa dos fenómenos colectivos laborais; depois, uma função de *controlo* da legislação laboral ordinária, ao estabelecer directrizes básicas para os diversos institutos juslaborais. Daqui resulta o facto de o teste de constitucionalidade se ter tornado um momento fundamental dos processos legislativos em matéria de trabalho.

III. As fontes internacionais.

A) Convenções internacionais gerais.

a) No quadro da Organização das Nações Unidas.

8. *A Declaração Universal e os Pactos Internacionais.* Com natureza idêntica à dos tratados internacionais clássicos[10], surge, antes de mais, um conjunto de instrumentos convencionais que, pelo conteúdo, visam a definição "constitucional" de uma "ordem social internacional" à escala global. Como é natural, algumas delas surgiram no âmbito da ONU e foram aprovadas pela respectiva Assembleia Geral.

Refira-se, em primeiro lugar, a *Declaração Universal dos Direitos do Homem*, de 1948 [11], que assume o carácter de uma proclamação ou declaração de princípios sem carácter vinculante, mas tem para nós o interesse especial de constituir um referencial básico para a determinação do conteúdo, extensão e limites dos direitos fundamentais constitucionalmente consagrados. Com efeito, o art. 16º/2 CRP dispõe: "Os preceitos constitucionais e legais relativos aos direitos fundamentais devem ser interpretados e integrados de harmonia com a Declaração Universal dos Direitos do Homem". Entre esses *direitos fundamentais* encontram-se os "direitos, liberdade e garantias dos trabalhadores" (arts. 53º a 57º CRP) e os direitos económicos e sociais (arts. 58º e 59º, artº 63º CRP), que estruturam a "constituição laboral" e têm, por conseguinte, um significado preponderante na configuração do ordenamento jurídico do trabalho.

Na Declaração Universal, são proclamados os princípios do direito ao trabalho, da liberdade de escolha de trabalho, da igualdade de tratamento, da protecção no desemprego, do salário equitativo e suficiente, da liberdade sindical, do

[10] G. Lyon-Caen/A. Lyon-Caen, *Droit social internacional et européen*, 7ª ed., Paris (1991) 136.
[11] Com publicação no *Diário da República* por Aviso de 9 de Março de 1978.

direito ao repouso e aos lazeres, da limitação da duração do trabalho e do direito a férias (arts. 23º e 24º). Antes mesmo de se perfilar como referencial interpretativo e integrativo, a Declaração foi, manifestamente, utilizada como modelo para a própria redacção dos preceitos constitucionais alusivos àqueles temas.

Com incidência em temas básicos relacionados com o trabalho (escravidão, servidão, trabalho forçado; liberdade sindical), cabe referir de seguida o *Pacto Internacional sobre os Direitos Civis e Políticos*, concluído em Nova Iorque, em 1966, e entrado em vigor dez anos depois [12]. Nos preceitos com interesse para o Direito do Trabalho (arts. 8º e 22º) ele é, praticamente, a reprodução – para um âmbito mais vasto – do texto dos arts. 4º e 11º da Convenção Europeia dos Direitos do Homem (Roma, 1950) a que adiante nos referiremos. O art. 8º assume um relevo particular pelo facto de traçar, com clareza, a fronteira entre o trabalho forçado e o trabalho obrigatório, com indicação das modalidades em que este é admitido.

Na mesma altura, foi também aprovado na Assembleia Geral da ONU um *Pacto Internacional sobre os Direitos Económicos, Sociais e Culturais*[13], que integra a explicitação do conteúdo do direito ao trabalho e da liberdade de trabalho (art. 6º), a reiteração dos princípios de equidade e suficiência dos salários e do direito ao repouso (art. 7º), e da liberdade sindical (8º). A liberdade sindical surge aqui já encarada dos ângulos individual e colectivo (ou seja, como liberdade de constituição e inscrição, mas outrossim como liberdade de acção colectiva organizada) e, no mesmo artigo, é consagrado o direito de greve, sem alusão ao locaute. Este *Pacto* distinguiu-se também pelo facto de expressamente consagrar os princípios de igualdade de género (em geral e no trabalho) e da igualdade de oportunidades na evolução profissional (arts. 3º e 7º/c).

b) No quadro do Conselho da Europa.

9. *A Convenção Europeia dos Direitos do Homem.* Uma das linhas de actuação do Conselho da Europa[14] consiste no lançamento de compromissos internacionais a subscrever pelos Estados-Membros, numa perspectiva de aprofundamento da democracia e de desenvolvimento dos direitos humanos. Cobrindo uma enorme variedade de temas, foram concluídas, até ao fim de 2013, 214 convenções.

[12] Aprovado para ratificação pela L. 29/78, de 12/6.

[13] Aprovado para ratificação pela L. 45/78, de 11/7.

[14] Recorde-se que o Conselho da Europa é uma organização fundada em 1949, com objectivos essencialmente politicos – de promoção da estabilidade e da paz na Europa, com base na difusão dos princíoos democráticos e dos direitos humanos –, e que integra 47 Estados europeus, entre os quais a totalidade dos aderentes à União Europeia. Tem a sua sede em Estrasburgo. Portugal aderiu em Setembro de 1976.

Algumas delas revestem-se de interesse imediato para a configuração dos sistemas nacionais de regulação do trabalho.

No domínio dos direitos civis e sociais, deixando transparecer forte influência da Declaração Universal, surgiu, antes de mais, a *Convenção Europeia dos Direitos do Homem*, concluída em Roma, 1950[15]. Trata-se de um instrumento vinculativo para os Estados ratificantes, e instituiu um órgão jurisdicional específico para a apreciação de eventuais violações das suas disposições: o Tribunal Europeu dos Direitos do Homem (arts. 19º e segs.).

O artº 4º estabelece a proibição da escravatura, da servidão e do trabalho forçado ou obrigatório – orientação que viria, pouco depois, a ser reassumida no âmbito da Organização Internacional do Trabalho, através da Conv. 105 (1957).

Por seu turno, o artº 11º consagra a liberdade sindical, mas apenas no tocante à liberdade de constituição de sindicatos e de filiação individual, na linha da Conv. 87 da O.I.T. (1948), ou seja, não sendo considerada a dimensão colectiva dessa liberdade.

A Convenção Europeia trata, com efeito, somente de direitos *individuais* que têm como contrapartidas deveres de acção ou abstenção dos Estados. Por isso, o Tribunal apenas julga comportamentos das autoridades públicas nacionais, mediante queixas dos cidadãos.

De qualquer modo, deve reconhecer-se que, no tocante ao ordenamento jurídico do trabalho, a vocação "normativa" da Convenção Europeia traduz-se numa projecção bastante modesta[16].

10. *A Carta Social Europeia*. Uma década mais tarde, foi aprovada, ainda no âmbito do Conselho da Europa, a *Carta Social Europeia*[17]. Trata-se de um documento caracterizado por certo hibridismo: ele combina, com efeito, o estilo de uma proclamação de princípios com sentido puramente programático (Parte I) e o teor de uma série de compromissos vinculativos para os Estados ratificantes (Parte II), sendo que a ratificação é considerada compatível com a assunção meramente parcial de tais obrigações (Parte III)[18].

[15] Aprovada para ratificação pela L. 65/78, de 13/10.

[16] Mas vide, em geral, M. ALMEIDA ANDRADE, *O papel da Convenção Europeia dos Direitos do Homem na protecção dos direitos fundamentais no âmbito comunitário*, in "Documentação e Direito Comparado" nºs 45/46, Lisboa (1991) 35 ss..

[17] A Carta Social Europeia originária foi adoptada em 1961 e ratificada pelo Estado português em 1991. Uma nova versão – a Carta Social Europeia Revista – foi adoptada em 1996 e ratificada por Portugal em 2001. Referimo-nos no texto a esta última.

[18] O carácter preceptivo da Carta é, de resto, acentuado pela instituição de mecanismos de controlo da sua aplicação que foram manifestamente decalcados sobre o modelo da O.I.T. Vd. a Parte IV da Carta e cfr. G. LYON-CAEN/A. LYON-CAEN 142 ss..

A Carta Social Europeia é um documento claramente ambicioso na amplitude e na profundidade do seu conteúdo. Na parte vinculativa, desenvolve-se como um conjunto de obrigações a assumir pelos Estados ratificantes – obrigações de legislar, de criar serviços, de promover consultas às organizações laborais, de actuar administrativamente, no sentido da efectivação dos princípios e das garantias consagradas na parte programática (Parte I). Nestes termos, a Carta, como convenção internacional, vale sobretudo enquanto produto de um esforço «codificador», à escala europeia, de directrizes que já então estavam acolhidas, dispersamente, por cerca de uma centena de convenções da O.I.T.[19].

A Carta Social Europeia tende, no entanto, a ser pouco valorizada na sua projecção normativa. Na manualística nacional, são-lhe, em regra, dedicadas breves e pálidas referências. O carácter híbrido que atrás se mencionou sugere tratar-se, basicamente, de um "acto doutrinário"[20] destituído de verdadeira aptidão regulatória. É notório o contraste entre a valorização atribuída à Convenção Europeia dos Direitos do Homem – porventura pela circunstância de ter, como se disse, ao serviço da sua efectividade um órgão jurisdicional muito activo – e a secundarização da CSE. Contribui também para este fenómeno o facto de se tratar de direitos sociais, matéria em que as vinculações internacionais tendem a ser vistas como menos rigorosas e, sobretudo, menos coercíveis.

Cremos, no entanto, que deve reconhecer-se à Carta Social Europeia alcance bem mais relevante. Várias disposições da Parte II, para além do facto de estabelecerem vinculações dos Estados no sentido de procederem de certos modos, em vista da realização dos princípios e direitos alinhados na Parte I, compreendem na sua estrutura verdadeiras proposições normativas susceptíveis de invocação em situações concretas. Não se trata nelas de meras formulações aspiracionais ou da sinalização de objectivos sociais para um futuro distante e incerto, mas de verdadeiras normas, com características de objectividade e concretismo suficientes para a sua directa aplicação.

Um exemplo marcante: o art. 4º, sob o título "direito a uma remuneração justa"[21], e, explicitamente, no sentido de "assegurar o exercício efectivo" desse direito, compromete os Estados ratificantes a *reconhecerem* certos direitos específicos: o direito dos trabalhadores a "uma remuneração suficiente para lhes assegurar, assim como às suas famílias, um nível de vida decente", o direito a

[19] Deve, porém, reconhecer-se à Carta Social Europeia a primazia da proclamação do *direito de greve* numa convenção internacional: cfr. G. Lyon-Caen/A. Lyon-Caen, 144. Na verdade, o *Pacto Internacional sobre os Direitos Económicos, Sociais e Culturais,* que retomou essa postura, só surgiria década e meia mais tarde.

[20] Bernardo Xavier, *Manual* cit., p. 230.

[21] Vide Luisa Teixeira Alves, *El cumplimiento de la Carta Social Europea en matéria de salários. Un estudio comparado de los ordenamientos laborales portugués, español e italiano,* Barcelona (2014).

"uma taxa de remuneração acrescida para as horas de trabalho suplementar", o direito "dos homens e mulheres a uma remuneração igual para um trabalho de valor igual", o direito a "um prazo razoável de pré-aviso no caso de cessação do emprego"... Qualquer destas disposições oferece critérios e define valorações que os Estados ratificantes se comprometem a cumprir, pelos meios que lhes são próprios – a legislação, a jurisdição e a prática administrativa. No caso do Estado português, por exemplo, as violações do art. 4º da Carta são várias e continuadas: a remuneração mínima mensal garantida por lei não é uma "remuneração suficiente"; há casos, admitidos por lei, em que o trabalho excedente do período normal não é remunerado com adequado acréscimo (banco de horas, isenção de horário); a lei admite que o contrato de trabalho cesse no período experimental, ou caduque em certos casos, sem qualquer aviso prévio.

Ora a ratificação da Carta, compreendendo o art. 4º, vincula o Estado português a proceder, na ordem interna, em conformidade com esse preceito, e com a interpretação que dele faz o Comité Europeu de Direitos Sociais[22]. Isso contende, desde logo, com a legislação, em cuja elaboração as vinculações decorrentes da Carta Social Europeia são, praticamente, ignoradas ou desvalorizadas. Depois, há que contar com a possibilidade de certas disposições da Carta serem invocadas pelos cidadãos perante os tribunais nacionais, como critérios de decisão de casos concretos. Os tribunais são órgãos de soberania, desenvolvem um dos vectores da actividade do Estado e estão, por conseguinte, abrangidos por tal vinculação, no sentido de que lhes cumpre julgar situações concretas segundo os critérios decisórios que dali decorrem.

B) As convenções da O.I.T.[23]

11. *A O.I.T. e os seus instrumentos.* As principais fontes internacionais de Direito do Trabalho português são as convenções celebradas sob os auspícios da Organização Internacional do Trabalho (O.I.T.).

Fundada em 1919, com a paz de Versailles, na órbita da Sociedade das Nações, a O.I.T. passou a ser, após a 2ª Guerra Mundial, uma agência especializada da Organização das Nações Unidas. Trata-se de uma organização *tripartida* – quer dizer: nela

[22] Sob a designação de "Comité de Peritos Independentes", foi instituída, pela Parte IV da primeira Carta Social Europeia, uma instância de controlo do cumprimento da Carta, que veio a assumir, em 1988, o nome de "Comité Europeu de Direitos Sociais". Este organismo, mantido e reforçado pela Carta Revista, produz jurisprudência interpretativa e explicitadora dos preceitos da Carta com base na qual os Estados ratificantes são declarados cumpridores ou violadores da mesma. Notar-se-á, contudo, que a Carta não trouxe aparelhada – como a Convenção Europeia dos Direitos do Homem, surgida no mesmo quadro institucional – uma instância judicial capaz de emitir decisões coercivas perante os Estados ratificantes.

[23] Sobre o tema, veja-se Jean-Michel Servais, *Normes internationales du travail*, Paris (2004).

têm assento representantes dos governos, das entidades patronais e dos trabalhadores dos vários países membros - que tem como objectivo preparar convenções ou recomendações referentes aos diversos problemas suscitados pelas relações de trabalho, a fim de influenciar as legislações internas no sentido de uma melhoria progressiva dos padrões existentes nesse domínio. Para além disso, assegura assistência técnica aos governos e desenvolve amplas actividades de pesquisa nos domínios económico, social e técnico das relações de trabalho. Portugal é membro-fundador da Organização.

As *convenções* e as *recomendações* diferem, como é óbvio, pelo grau de vinculação que delas resulta: só no primeiro caso se trata de verdadeiras normas susceptíveis de integração nas legislações internas; no segundo caso, há meras directrizes ou princípios programáticos sem verdadeiro carácter normativo[24].

A importância das recomendações não deve, porém, ser subestimada. Elas exprimem directrizes gerais que, embora num primeiro momento não sejam susceptíveis de obter o consenso internacional necessário à aprovação de uma convenção, podem vir a estar na origem de um instrumento deste tipo. Exemplo característico desta situação é a Rec. 98, de 1954, e a Conv. 132, de 1970, sobre férias remuneradas. Noutros casos, a recomendação desempenha uma função complementar relativamente a uma convenção, recolhendo directrizes adicionais que nela não puderam figurar: vejam-se a Conv. 158 e a Rec. 166, ambas de 1982, sobre a cessação da relação de trabalho por iniciativa do empregador.

E, de qualquer modo, a recomendação não é irrelevante sob o ponto de vista da vinculação internacional dos Estados: em certos termos, naturalmente menos exigentes do que para as convenções, os Estados têm um dever de diligência relativamente à transposição das directrizes constantes de uma recomendação para as legislações nacionais[25].

12. *A recepção na ordem jurídica interna.* Vigora no direito português, relativamente às normas constantes de convenções internacionais, o sistema da *recepção automática* na ordem jurídica interna. O art. 8º/2 CRP dispõe, com efeito: «As normas constantes de convenções internacionais regularmente ratificadas ou aprovadas vigoram na ordem interna após a sua publicação oficial e enquanto vincularem internacionalmente o Estado português». Decorre deste preceito que as regras constantes das convenções *ratificadas* (e/ou *aprovadas*) pelo Estado português, e publicadas no «Diário da República», passam a integrar o Direito

[24] Vd. LEON-ELI TROCLET, *Eléments de droit social européen*, Bruxelas (1963) 64 ss..
[25] Cfr. G. LYON-CAEN/A. LYON-CAEN, *Droit social international et européen*, cit. 133.

interno *independentemente da transposição do seu conteúdo para a lei ordinária interna* (se ela fosse necessária, estar-se-ia perante o sistema da «transformação»).

A primeira condição dessa recepção consiste, naturalmente, *na entrada das convenções na ordem internacional,* a qual se opera, em regra (conforme indicação expressa de cada uma delas) doze meses após o registo da ratificação de *dois* Estados membros da Organização.

A segunda condição é a da *aprovação* (que incumbe à Assembleia da República ou ao Governo, conforme se trate ou não de matéria da competência reservada do primeiro daqueles órgãos) e a *ratificação* (pelo Presidente da República, conforme o art. 135º *b)* CRP).

A terceira reside na *publicação* do texto da convenção no «Diário da República», que aliás coincide com a do instrumento de ratificação e define o momento a partir do qual se opera a recepção na ordem interna.

Mas porque esta depende, nos termos do art. 8º/2 CRP, da *vinculação internacional do Estado português,* há ainda que considerar o prazo (em regra de doze meses) que cada convenção estabelece para esse efeito – prazo que se conta desde a data do *registo da ratificação* pelo director-geral da O.I.T. Só nesse momento se acham reunidas todas as condições determinantes da recepção automática das normas da convenção na ordem jurídica portuguesa.

A vinculação internacional do Estado português pode cessar com a *denúncia* da convenção, nos termos que esta defina; no plano interno, a eficácia da denúncia (que se produz a partir do respectivo registo pelo director-geral da Organização) equivale à da revogação das normas incorporadas em consequência da ratificação.

A riqueza da produção normativa da O.I.T. e o facto de Portugal ter ratificado um elevado número de convenções não bastam para garantir a efectividade das respectivas normas na ordem interna portuguesa (ou na de qualquer outro Estado membro da organização). Embora se trate de textos cuidadosamente elaborados, tendo em conta a diversidade dos ordenamentos nacionais, é verdade que só raramente eles se apresentam em condições de exequibilidade imediata; não obstante o efeito jurídico automático da ratificação, a emissão de lei ordinária interna em conformidade tem sido frequentemente condição da aplicabilidade das disposições da convenção. De resto, a ratificação só surge, na maioria dos casos, quando se entende que o direito interno já está de harmonia com o conteúdo da convenção. Assim, o efeito transformador dos actos normativos da O.I.T. assume proporções relativamente modestas.

13. *A temática das convenções.* As convenções da O.I.T., que se aproximam das duas centenas, cobrem uma enorme diversidade temática, situando-se em níveis variados de generalidade: encontramos convenções sobre a protecção contra os riscos de intoxicação com benzeno (Conv. 136, de 1971), e em geral, sobre a segurança, saúde dos trabalhadores e ambiente de trabalho (Conv. 155, de 1981); sobre os certificados de capacidade dos pescadores (Conv. 125, de 1966) e sobre consultas tripartidas para promover a execução das normas internacionais do trabalho (Conv. 144, de 1876).

Este enorme acervo normativo não está codificado, embora a Organização (através do *Bureau International du Travail*, ou B.I.T., seu órgão executivo) tenha publicado uma compilação sob o título de *Código Internacional do Trabalho*. Na verdade, a heterogeneidade e a inorganicidade do seu conteúdo são incompatíveis com a ideia de codificação.

É, no entanto, possível descortinar grandes linhas de orientação geral – ou, se se quiser, um feixe de ideias-força – no conjunto das convenções, cujas raízes devem procurar-se, sobretudo, no conteúdo da *Declaração de Filadélfia* (1944), que relançou a Organização para o pós-guerra.

Entre essas grandes directrizes, podem ser assinaladas as seguintes:

a) a *liberdade de trabalho*, que está subjacente às Conv. 29 (1930) e 105 (1957) sobre o trabalho forçado ou obrigatório;

b) a *não-discriminação*, seja com base na raça, na cor, no sexo, na religião, na opinião política ou na origem social (Conv. 19, de 1925; 100, de 1951; e, sobretudo, 111, de 1958);

c) a *liberdade sindical*, nas suas dimensões individual e colectiva, que é tratada pelas Conv. 87 (1948) e 98 (1949), e ainda, com menor generalidade, pelas Conv. 135 (1971) e 151 (1978), além de uma referente à promoção da contratação colectiva (Conv. 154, de 1981);

d) a *limitação da duração do trabalho*, tema da primeira convenção, aprovada em 1919 (para a indústria), e regulado num grande número de convenções sectoriais;

e) a *política de emprego*, que foi também uma das preocupações inicialmente afirmadas (Conv. 2, de 1919) e que deu origem a um certo número de convenções gerais e sectoriais, com especial relevo para a Conv. 122 (1964) sobre a política de emprego, e a Conv. 168 (1988) sobre a promoção do emprego e a protecção no desemprego;

f) a *protecção da higiene, da segurança e da saúde no trabalho*, inicialmente centrada na prevenção e reparação de acidentes e progressivamente desenvolvida, através da aprovação de numerosas convenções sectoriais, até adquirir a dimensão global na Conv. 155 (1981) sobre a segurança, saúde dos trabalhadores e ambiente de trabalho.

De entre os grandes temas sobre os quais tem incidido a acção normativa da OIT, destacam-se, porém, quatro, que a Organização privilegiou: a *erradicação do trabalho forçado ou obrigatório* (objecto das Conv. 29 e 105), *a liberdade de associação laboral e de negociação colectiva* (Conv. 87 e 98), *a igualdade salarial e a não-discriminação no acesso ao emprego e no trabalho* (Conv. 100 e 111) e a *erradicação do trabalho infantil* (Conv. 138 e 182). Essas oito convenções foram designadas "convenções fundamentais": a OIT empenhou-se numa vasta campanha para obter a ratificação universal de todas elas, campanha que ainda decorre e que está perto de alcançar êxito pleno. Outras quatro convenções, de natureza instrumental, foram declaradas "prioritárias", tendo havido uma solicitação específica aos Estados membros para que as ratifiquem: referem-se à Inspecção do Trabalho (Conv. 81), à Inspecção do Trabalho na Agricultura (Conv. 129), às Consultas Tripartidas sobre as Normas Internacionais do Trabalho (Conv. 144) e à política de emprego (Conv. 122).

Muito recentemente – na Conferência Internacional do Trabalho de 2019 – foi aprovada a Conv. 190, sobre *a violência e o assédio no mundo do trabalho*. O facto de a Organização ter alvejado este tema reflecte a sua actualidade e a sua premência social. A violência e o assédio no trabalho são encarados como violações de direitos humanos, como comportamentos discriminatórios e como atentados contra a saúde e a segurança no trabalho. Como é próprio das convenções da OIT, o texto consagra obrigações para os Estados membros, no sentido da prevenção e da repressão dos fenómenos considerados.

C) O direito do trabalho europeu.

14. *A ordem jurídica europeia.* A União Europeia[26] é uma comunidade jurídica, dispõe de uma ordem jurídica própria[27]: integra órgãos competentes para a criação de normas que se destinam a serem acolhidas nos ordenamentos internos dos Estados membros, possui uma organização judiciária e modelos processuais adequados à efectivação daquelas normas.

Essa ordem jurídica engloba um conjunto de disposições pertencentes ao âmbito do Direito do Trabalho[28].

Há, porém, que ter presente, para avaliar e compreender o alcance desse acervo normativo, esta consideração liminar: todo o processo da construção europeia foi, desde o Tratado de Roma (que designaremos por TCE, com a numeração resultante do Tratado de Amsterdão), orientado por uma finalidade essencial, a de *criar* e *orga-*

[26] Designação consagrada com o Tratado de Maastricht (1992) para a Comunidade Económica Europeia, sublinhando o desígnio da criação de uma união económica, monetária e política.

[27] Everling, Zur *Bedeutung des Europaischen Gemeinschaftsrecht*, introd. de *Europarecht von* A-Z, 2ª ed., Munchen (1993) XXXVI.

[28] Vd. M. Fuchs/F. Marhold, *Europäisches Arbeitsrecht*, 4ª ed., Wien (2014).

nizar um *mercado interno* no espaço geográfico comunitário. A temática das relações de trabalho estava necessariamente implicada na realização desse objectivo: ela respeitava não só à dimensão social da Comunidade (melhoria das condições de vida e de trabalho, numa perspectiva de "igualização no progresso": art. 136º TCE), mas também e sobretudo ao desígnio económico da tendencial uniformização das condições de troca e de fluidificação da concorrência no âmbito comunitário. A vertente social da construção europeia surgiu quase sempre como condição instrumental da "organização do mercado"[29] e ainda, de certa forma, como fundamento de acções complementares ou supletivas relativamente aos efeitos sociais positivos que se esperavam do funcionamento do mercado comum europeu. As duas referências fundamentais do ordenamento jurídico europeu, no que toca ao trabalho e ao emprego, foram o abatimento de obstáculos à circulação das pessoas e a prevenção de distorções da concorrência no mercado interno.

Daí que o TCE fosse particularmente afirmativo, neste domínio, acerca da efectivação do princípio da *livre circulação dos trabalhadores* (art. 39º), implicando a *não discriminação com base na nacionalidade* (art. 39º/2), a *coordenação dos regimes de segurança social* (art. 42º) e a instituição de um suporte financeiro (o Fundo Social Europeu) para o fomento do emprego e da *mobilidade geográfica e profissional dos trabalhadores* (arts. 146º e ss.). Nestas bases assentou um conjunto de regulamentos (particularmente acerca do acesso aos vários sistemas de segurança social) prontamente editado, pouco depois da celebração do Tratado. Por outro lado, a legislação europeia sobre temas laborais, que só tardiamente começou a ser produzida, visou sobretudo a harmonização normativa, condição de fluidez da concorrência[30].

15. *Os temas sociais no Tratado de Roma.* Não se pode dizer que o acto constitutivo da Comunidade fosse desprovido de preocupações sociais autónomas: elas revelavam-se, sobretudo, na afirmação do princípio da *igualdade de remunerações entre os trabalhadores masculinos e os trabalhadores femininos num mesmo trabalho* (art. 141º TCE). Mas é lícito afirmar-se que os aspectos sociais do Tratado assumiam, basicamente, uma função *organizatória* no projecto de criação de um mercado comum europeu. Por outras palavras, tratar-se-ia exclusivamente de temas sociais – e, em particular, laborais – na exacta medida em que esse tratamento constituísse pressuposto inarredável da realização do objectivo económico fundamental que era o do mercado interno europeu. Por isso se chegou a falar da "frigidez social" dos fundadores da Comunidade[31].

[29] G. LYON-CAEN/A. LYON-CAEN, *Droit social international et européen* cit. 172.

[30] Sobre tudo isto, veja-se M. FUCHS/F. MARHOLD, ob. cit., 2 ss..

[31] G. F. MANCINI, *Principi fondamentali di diritto del lavoro nell'ordinamento delle Comunità Europee*, in *Il lavoro nel diritto comunitario e l'ordinamento italiano*, Pádua, 1988, 26.

De resto, o Tratado assentava no postulado de que a competência para a regulação das relações sociais de trabalho permaneceria, fundamentalmente, nos Estados membros: a competência dos órgãos comunitários era, nesse domínio, a excepção e não a regra. Em geral, preconizava-se "uma *colaboração estreita entre os Estados membros* no domínio social, nomeadamente nas matérias relativas ao emprego, *ao direito do trabalho* e às *condições de trabalho*, à formação e ao aperfeiçoamento profissionais, *à* segurança social, à protecção contra os acidentes e as doenças profissionais, à higiene no trabalho, ao direito sindical e às negociações colectivas entre empregadores e trabalhadores" (art. 137º) – uma colaboração que seria promovida "através de estudos, pareceres e pela organização de consultas" (mesmo art. *in fine*).

Mas, para além disto, há que considerar que o TCE preconizava a *aproximação legislativa* entre os Estados membros, relativamente às matérias"que tenham incidência directa no estabelecimento ou no funcionamento do mercado comum" (art. 94º). Entre essas matérias, havia por certo que contar com as referentes ao regime das relações de trabalho, até porque das disparidades que aí se verifiquem pode resultar o"falseamento das condições de concorrência" (art 96º). Essa harmonização, ou "aproximação das disposições legislativas, regulamentares e administrativas dos Estados membros" (art. 94º), envolve a prática de *actos normativos comunitários* (directivas), alguns dos quais pertencem manifestamente ao âmbito do Direito do Trabalho[32].

16. *O desenvolvimento da dimensão social da construção europeia.* O enquadramento dessa acção normativa foi profundamente alterado com o Tratado da União Europeia (Maastricht, 1992). Como anexo a esse tratado, surgiu um Protocolo sobre a Política Social, subscrito por somente onze Estados membros (dada a recusa da Grã-Bretanha), que servia de suporte a um Acordo sobre a Política Social[33].

Quase duas décadas depois, as ideias fundamentais desses documentos figuram nos textos dos tratados fundamentais: hoje (após o Tratado de Lisboa) o Tratado da União Europeia (TUE) revisto e o Tratado sobre o Funcionamento da União Europeia (TFUE)[34].

[32] Na versão originária do Tratado, essas directivas tinham que ser todas aprovadas, no Conselho de Ministros, por *unanimidade* (art. 100º). O Acto Único Europeu (1987) introduziu um art. 100º-A (art. 95º, na numeração do tratado de Amsterdão) admitindo a deliberação por *maioria qualificada*, mas com exclusão das disposições fiscais, das relativas à livre circulação das pessoas e das referentes aos *direitos e interesses dos trabalhadores assalariados* (nº 2 do art. cit.).

[33] O Acordo baseou-se, declaradamente, no propósito de "prosseguir na via traçada pela Carta Social de 1989" (Carta Comunitária dos Direitos Sociais Fundamentais dos Trabalhadores, atrás referida).

[34] Os textos consolidados foram publicados no JOUE nº C115, de 9 de Maio de 2008 e podem ser também consultados, por exemplo, em *europa.eu/documentation/legislation/index_pt.htm*.

O artº 151 do TFUE é, desde logo, bem explícito na afirmação de *objectivos sociais comunitários:* a promoção do emprego, a melhoria das condições de vida e de trabalho, uma protecção social adequada, o diálogo social, o desenvolvimento dos recursos humanos de modo a permitir um nível de emprego elevado e duradouro e a luta contra as exclusões. Embora ressalvando, no segundo parágrafo do mesmo artigo, a "diversidade das práticas nacionais" e a "capacidade concorrencial da economia da União", o TFUE (sempre na esteira do protocolo social de Maastricht) confere uma acentuação nova – já não estritamente instrumental – à acção comunitária no domínio social.

Esta perspectiva desenvolve-se em duas concretizações importantes:

a) o *alargamento das competências comunitárias* no domínio social: já se admite o estabelecimento de prescrições mínimas sobre matérias que englobam, para além do ambiente de trabalho, as condições de trabalho, a segurança social e a protecção social dos trabalhadores, a protecção dos trabalhadores em caso de despedimento, a informação e a consulta dos trabalhadores, a representação e defesa colectiva dos trabalhadores e dos empregadores, as condições de emprego de nacionais de países terceiros, a integração das pessoas excluídas do mercado de trabalho e a igualdade entre homens e mulheres (art. 153/1 do TFUE);

b) a tendencial *generalização do método da maioria qualificada* – que se integra no "processo legislativo ordinário" (art. 294 do TFUE) – nas decisões a tomar sobre várias daquelas matérias, ficando de fora a segurança social, a protecção no despedimento, a representação colectiva e as condições de emprego de nacionais de países terceiros (art. 153/2).

Importa assinalar o facto de a intervenção normativa comunitária, assente em *maioria qualificada,* poder ter por objecto as "condições de trabalho" – uma expressão que começou por ser usada num sentido limitado às exigências do ambiente de trabalho, mas que hoje se tem, liquidamente, por compreensiva do conjunto das regras sobre as relações individuais de trabalho[35]. Este novo espaço de actuação é triplamente limitado: a intervenção comunitária só pode traduzir-se em "prescrições mínimas aplicáveis progressivamente" (art. 153/2-*b* do TFUE); permanecem, apesar de tudo, dependentes de *unanimidade* várias matérias importantes e sensíveis (exactamente por o serem); finalmente, mantêm-se *excluídas* da competência comunitária as remunerações (art. 153/5). Mas o alcance destas restrições não põe em causa o facto essencial: passou a ser viável a intervenção comunitária, mediante actos normativos (directivas) decididos por

[35] Cfr. ROCCELLA/TREU, *Diritto del lavoro della Comunità Europea*, Pádua (1992) 32.

maioria qualificada, sobre a generalidade dos temas compreendidos no regime das relações individuais de trabalho[36].

Relativamente à dimensão *colectiva* das relações de trabalho, o TFUE (na senda do Tratado de Masstricht) articula duas perspectivas inteiramente diversas para dois domínios fundamentais aí compreendidos: relativamente à negociação colectiva, admite-se regulamentação comunitária, embora assente em unanimidade[37]; quanto aos conflitos colectivos, ou melhor, às formas de luta laboral, exclui-se em absoluto a competência comunitária (art. 153/5).

Todavia, foi fundamentalmente no tocante à produção de normas no âmbito do direito do trabalho comunitário que se afirmaram, a partir do Tratado de 1992, particularidades importantes.

A adopção e a actuação de medidas comunitárias no domínio da política social passaram, na verdade, a estar cingidas por uma trama processual que pode, esquematicamente, descrever-se nos seguintes termos (agora nos arts. 154 e 155 do TFUE):

a) consulta prévia da Comissão aos parceiros sociais a nível comunitário sobre a "possível orientação" de uma eventual proposta a apresentar;

b) decisão da Comissão sobre o carácter "desejável" da medida;

c) segunda consulta aos parceiros sociais sobre o conteúdo da proposta de directiva apresentar ao Conselho;

d) possibilidade de *iniciativa negocial* dos parceiros sociais sobre a matéria, visando a conclusão de um acordo a nível comunitário em vez da emissão da directiva projectada;

e) possibilidade de *transposição* de uma directiva ou de um acordo europeu (art. 153/3) por contratação colectiva a nível nacional.

A enfatização do papel dos parceiros sociais, a nível comunitário e no plano nacional, apresenta-se como um adensamento e uma concretização, no domínio dos instrumentos jurídicos disponíveis, da ideia de "diálogo social", que correspondeu, primeiro, a uma prática desencadeada em 1985, sem enquadramento institucional (o "diálogo social" de Val Duchesse), e, depois, foi incorporada no

[36] Um elenco semelhante de matérias encontrava-se no artº 118º do Tratado de Roma (art. 137º no Tratado de Amsterdão), mas como objecto de "colaboração estreita entre Estados membros" a promover pela Comissão.

[37] Não se vê que possa excluir-se a negociação colectiva do âmbito da referência, constante da al. *f)* do nº 1 do artº 153 do TFUE, à "representação e defesa colectiva dos interesses dos trabalhadores e das entidades patronais". Seria absurdo considerar que tais menções apenas cobrem o aspecto estático das organizações, deixando de lado o que lhes confere sentido e razão de ser – a *actividade representativa* que tipicamente se exprime pela negociação (já que as acções conflituais estão excluídas, como se diz no texto).

TCE, pelo Acto Único Europeu (art. 118º-B), figurando hoje nos arts. 154/1 e 155/1 do TFUE: "À Comissão caberá (...) tomar todas as medidas necessárias para facilitar o seu (*dos parceiros sociais ao nível da União*) diálogo", o qual "pode conduzir, se estes o entenderem desejável, a relações contratuais, incluindo acordos". A partir do protocolo Maastricht, essa possibilidade foi desenvolvida e explicitada a tal ponto que o próprio sistema de fontes comunitárias sofreu uma significativa reconfiguração. Adiante veremos como.

Por outro lado, a vertente social da União foi consideravelmente acentuada – ainda que apenas ao nível dos textos – com o Tratado de Lisboa. A Carta dos Direitos Fundamentais da União Europeia, aprovada em Dezembro de 2007, consagra, entre outros direitos e liberdades fundamentais, um conjunto de direitos sociais. Ela parecia destinada a manter-se no nível proclamatório em que se quedou a Carta Comunitária dos Direitos Sociais Fundamentais dos Trabalhadores (1989). Todavia, o Tratado da União Europeia revisto inclui uma disposição (o art. 6º/1) que confere à Carta "o mesmo valor jurídico que os Tratados", incorporando-a, por conseguinte, no "acervo constitucional" da União.

17. ***Direito originário e derivado.*** A ordem jurídica comunitária desenvolve-se em dois níveis hierárquica e funcionalmente relacionados: o do *direito comunitário originário* e o do direito *comunitário derivado.*

O direito comunitário originário, como a própria designação inculca, é integrado pelo conteúdo dos tratados que instituíram o perfil constitucional das Comunidades (os de Paris, 1951, e Roma, 1957; o Acto Único Europeu, 1987, e o Tratado da União Europeia, 1992; o Tratado de Amsterdão, 1997; o Tratado de Nice, 2001; e, finalmente, o Tratado de Lisboa, 2007, que, por seu turno, produziu os novos Tratados da União Europeia e Sobre o Funcionamento da União Europeia), definindo a sua orgânica, as competências dos vários órgãos e as regras de funcionamento; e, por outro lado, os actos de adesão dos vários Estados membros, correspondentes às várias fases do seu alargamento (o de 1972, quanto à Dinamarca, à Irlanda e ao Reino Unido; o de 1979, relativo à Grécia; o de 1985, respeitante à adesão de Portugal e Espanha; o de 1994, referente à Áustria, à Finlândia e à Suécia[38]; o de 2003, abrangendo Chipre, Eslováquia, Eslovénia, Estónia, Hungria, Letónia, Lituânia, Malta, Polónia, República Checa; o de 2005, assinado pela Bulgária e a Roménia; e o de 2013, referente à Croácia).

Nos termos do art. 8º/2 CRP, a adesão de Portugal determinou a *recepção automática do Direito comunitário originário no Direito interno,* com as consequentes limitações da soberania. Este efeito está, de resto, assumido nos ordenamentos jurídicos de todos os Estados membros.

[38] Também a Noruega subscreveu este tratado de adesão, mas acabou por não o ratificar.

O direito comunitário derivado ou secundário é o conjunto das normas emitidas pelos órgãos comunitários dotados de competência para o efeito. É a legislação comunitária "ordinária". O art. 16º TUE estabelece, a esse propósito, o seguinte: "O Conselho exerce, juntamente com o Parlamento Europeu, a função legislativa (...)".

Quanto às modalidades de actos jurídicos pelos quais se exprime a actividade das instituições europeias, o art. 288 do TFUE refere "regulamentos, directivas, decisões, recomendações e pareceres". Este elenco compreende fontes não vinculativas, que são as recomendações e os pareceres, e fontes vinculativas: os regulamentos, as directivas e as decisões.

18. *Os instrumentos normativos: regulamentos e directivas.* O *regulamento* tem carácter geral, é obrigatório em todos os seus elementos e directamente aplicável em todos os Estados membros (2º parágrafo do artº 288 do TFUE). É uma verdadeira "lei europeia", à qual devem, directamente, obediência não só as autoridades nacionais (administrativas e judiciárias), mas também os cidadãos de cada país. Se, por vezes, os regulamentos só se tornam aplicáveis mediante a emissão de normas de execução a nível nacional, o mesmo ocorre com algumas leis internas. Existem, de resto, também a nível comunitário, regulamentos de execução com a mesma finalidade.

Por seu turno, a *directiva* caracteriza-se, genericamente, pelo facto de definir aos Estados membros um "resultado a alcançar", cabendo-lhes escolher e actuar os instrumentos, nomeadamente normativos, adequados à obtenção daquele. A directiva assume natureza *vinculante* para os Estados: cria-lhes a obrigação de concretizarem, ou pôrem em prática, pelos meios adequados, a orientação definida (*transposição* para a ordem jurídica interna).

A escolha desses meios é, no entanto, da competência de cada Estado; o teor de uma lei nacional concretizadora da directiva pode ser diferente do de outra. Daí que se possa dizer que "as directivas não constituem, por si, direito comunitário uniforme"[39]. No entanto, a prática comunitária, nomeadamente no domínio jurídico-laboral, tem revelado desvios em relação ao modelo hoje configurado pelo artº 288: algumas directivas são tão pormenorizadas que quase não deixam espaço para particularização por diplomas próprios de cada Estado[40]. Perante tal fenómeno, a jurisprudência do Tribunal de Justiça tem encarado o problema dos efeitos das mencionadas directivas (criação de direitos e obrigações para os particulares?) de modo evolutivo: já foi afirmada a natureza "regula-

[39] Roccella/Treu 57.

[40] É o caso das directivas sobre os despedimentos colectivos, a transmissão de empresas ou estabelecimentos e a insolvência do empregador.

mentar" das directivas "pormenorizadas" (e, portanto, a sua aplicabilidade pelos particulares face aos tribunais nacionais), e tende-se, recentemente, para uma visão mais mitigada, segundo a qual elas só são oponíveis ao Estado, às empresas públicas e concessionárias de serviço público (isto é, a um conjunto amplificado de entidades relativamente às quais actuaria o dever de concretização inerente às directivas)[41].

O instrumento típico de transposição de uma directiva para a ordem jurídica interna de um Estado membro é a *lei* em sentido lato, ou seja, o produto da actividade normativa estatal (ainda que, tecnicamente, possa revestir o carácter de regulamento). É o que, aliás, decorre do facto de os *destinatários* das directivas, nos termos do art. 288º TFUE, serem *os Estados*, que ficam como responsáveis e garantes da concretização delas.

Todavia, como se viu, na sequência do Acordo sobre Política Social, anexo ao Tratado de Maastricht, o art. 153/3 TFUE estabelece formalmente a possibilidade de concretização de directivas por *convenção colectiva:* "Qualquer Estado membro pode confiar aos parceiros sociais, a pedido conjunto destes, a execução" de directivas[42] ou acordos sociais celebrados nos termos do art. 155. No entanto, o Estado permanece, como se disse, responsável pela garantia dos resultados definidos pelas directivas.

Assinale-se, assim, a função *alternativa* que está atribuída ao diálogo social europeu, relativamente à emissão de directivas sobre matérias do "domínio da política social" (art. 154º/2). O conjunto das regras contidas nos arts. 154 e 155 do TFUE coloca nas mãos dos parceiros sociais europeus a faculdade de *obstarem* ao desenvolvimento de um projecto de directiva, lançando um processo negocial sobre o mesmo tema com vista à conclusão de um *acordo* que pode adquirir o valor de directiva, mediante uma decisão do Conselho, sob proposta da Comissão (art. 155/2).

Resta referir, de entre os actos comunitários de natureza vinculativa, as *decisões*. Nos termos do artº 288º (4º parágrafo) TFUE, "a decisão é obrigatória em todos os seus elementos. Quando designa destinatários, só é obrigatória para estes". Esta noção já sugere que o elemento distintivo das decisões está no seu carácter individual e não geral: elas têm, em princípio, destinatários concretamente identificados, que podem ser Estados e/ou particulares, admitindo-se, inclusivamente, que produzam certos efeitos entre os destinatários e terceiros.

[41] Cfr. ROCCELLA/TREU, *Diritto del Lavoro* cit. 58-59; G. LYON-CAEN/A. LYON-CAEN, *Droit Social International* cit 167-168.

[42] De resto, trata-se de uma possibilidade já antes discutida, e admitida em certos termos pelo Tribunal de Justiça, tendo nomeadamente em conta a relevância dominante que a contratação colectiva assume nalguns países europeus (como o Reino Unido).

19. *O acervo normativo.* O pecúlio comunitário, no que toca ao Direito do Trabalho, é notoriamente modesto[43]. Constituem-no alguns regulamentos e directivas concernentes a condições da *livre circulação dos trabalhadores* (proibição de discriminação no acesso ao emprego, igualdade de tratamento em matéria de condições de trabalho entre nacionais dos Estados membros) e um pequeno número de *directivas* sobre aspectos específicos do regime das *relações individuais de trabalho.*

Bem diferentes seriam as perspectivas abertas pela *Carta Comunitária dos Direitos Sociais Fundamentais dos Trabalhadores,* de 1989. Elaborada na sequência do Acto Único Europeu, surgiu como uma declaração de orientação política (subscrita somente por onze dos doze Estados membros) sem o valor de fonte de direito; o seu sentido fundamental poderia encontrar-se na enfatização da vertente social da integração europeia. A sua utilidade mais notória residiu no programa de acção que a acompanhava e que veio a ser parcialmente concretizado por projectos de medidas da Comissão Europeia, muitos deles com destino incerto. Quanto ao conteúdo, a Carta Comunitária apresentava-se como proclamação de uma série de princípios que, de uma forma ou de outra, estavam já adquiridos em instrumentos convencionais com carácter obrigatório, nomeadamente a Carta Social Europeia e as convenções da O.I.T.

De entre as directivas referentes às relações individuais de trabalho, três surgiram enquadradas num período caracterizado pelo desenvolvimento de grave crise de desemprego (a partir de meados da década de 70) determinada pelas subidas do preço do petróleo e pela crise económica generalizada que se lhes seguiu.

Foi, em primeiro lugar, a *Directiva 75/129,* de 17/2/75, sobre os *despedimentos colectivos* (que veio a ser alterada pela *Directiva 92/56,* de 24/06/92 e pela *Directiva 98/59,* de 20/7/98)[44]. Dois anos depois, surgiu a *Directiva 77/187,* de 14/2/77, referente à manutenção dos direitos dos trabalhadores em caso de *transmissão de empresas ou estabelecimentos*[45], que veio a ser modificada pela *Directiva 98/50,* de 29/6/98, e substituída pela *Directiva 2001/23,* de 12/3/2001. Seguiu-se a *Directiva 80/987,* de 20/10/80, relativa à protecção dos trabalhadores face à *insolvência do empregador* (falta ou atraso do pagamento de salários)[46], mais tarde alterada pela Directiva *87/164,* de 2/3/87 e, muito recentemente, substituída pela *Directiva 2008/94,* de 22/10/2008.

[43] Veja-se, sobre o tema, Sabina Pereira dos Santos, *Direito do Trabalho e Política Social na União Europeia, Lisboa,* 1999.

[44] J.O.L 245, de 26/8/92.

[45] J.O.L 61, de 5/3/77.

[46] J.O.L 283, de 28/10/80.

Estes três actos comunitários ficaram conhecidos como "directivas reestruturação"; o seu carácter pontual e desgarrado de qualquer estratégia regulatória é evidente. A sua elaboração ocorreu tendo como pano de fundo uma postura geral de *abstenção normativa* da Comunidade em matéria laboral.

Foi, no entanto, por essa época que se desencadeou o aluvião da igualdade de género como *mainstreaming* - isto é, tendência forte e transversal à toda acção normativa comunitária no domínio social - que não mais deixou de se afirmar.

Pertencem a esse movimento inicial a *Directiva 75/117*, de 19/2/75, sobre igualdade de remuneração; a *Directiva 76/297*, de 14/2/76, relativa à igualdade no acesso ao emprego, na formação e nas condições de trabalho; a *Directiva 79/7*, de 19/12/78, referente à igualdade perante os regimes de segurança social; a *Directiva 86/378*, de 12/8/86, sobre a igualdade na aplicação de regimes profissionais de segurança social; e a *Directiva 86/613*, de 19/12/86, relativa à igualdade na protecção da maternidade no trabalho independente.

Após o Acto Único Europeu - que introduziu a possibilidade de legislação adoptada por maioria qualificada, em matéria de saúde e segurança no trabalho -, surgiu a fundamental *Directiva 89/391*, de 29/6/89, *directiva-quadro* nessa matéria, da qual veio a derivar um vasto conjunto de directivas sobre riscos profissionais específicos.

Para além desse relevante tema, a produção normativa comunitária sobre as relações de trabalho manteve a sua modéstia e o seu carácter pontual. As directivas aprovadas resultavam de longos e complexos processos de negociação, em que se salientava a relutância de alguns Estados membros perante a criação de regimes uniformes ou comuns nesse domínio - ou, simplesmente, perante a emissão de quaisquer normativos a nível europeu. No entanto, e apesar de tudo, ocorreu certa reanimação dos temas sociais na regulamentação comunitária, em parte explicável pelo impulso do programa de acção anexo à Carta Comunitária dos Direitos Sociais Fundamentais dos Trabalhadores (1989)[47].

Resultaram daí alguns actos comunitários no início dos anos noventa: a *Directiva 91/533*, de 18/10/91, sobre o *dever de informação dos empregadores* acerca das condições aplicáveis ao contrato de trabalho[48]; a *Directiva 92/204*, de 4/2/92, referente à *protecção da dignidade no trabalho, incluindo o combate ao assédio sexual*; e a *Directiva 93/104*, de

[47] Veja-se, sobre o tema, P. RODIÈRE, *Droit social de l'Union Européenne*, Paris (1998) 101 ss..

[48] J.O.L 288, de 18/10/91. Esta directiva e a que, em 1992, alterou a referente aos despedimentos colectivos, constituem concretizações do programa de acção, anexo à Carta Comunitária dos Direitos Sociais Fundamentais dos Trabalhadores (1989), programa de que constam diversos outros actos comunitários ainda não consumados.

31/12/93, sobre a *organização do tempo de trabalho*[49], que veio a ser revista e substituída pela *Directiva 2003/88*, de 4/11/2003.

É indiscutível que o Tratado de Maastricht e os que se lhe seguiram quer pelo alargamento das matérias sujeitas a simples maioria qualificada, quer pela abertura a acordos sociais normativos a nível europeu, ofereceu importante impulso à produção de directivas laborais. A década de noventa e mesmo os primeiros anos do novo milénio revelam, nesse plano, uma dinâmica sem precedentes, e também, diga-se, sem seguimento na actualidade.

Aí se inscrevem as *Directivas 96/34*, de 3/6/90[50], e *97/81*, de 15/12/97 [51], que formalizaram, em conformidade com o processo estabelecido pelo Acordo sobre Política Social anexo ao Tratado de Maastricht, dois acordos-quadro celebrados pelos parceiros sociais a nível comunitário – respectivamente, sobre a *licença parental* [52] e o *trabalho a tempo parcial* [53]. Bem se poderá retomar aqui o juízo de que o interesse principal destas directivas «é largamente exterior ao seu conteúdo»[54] e reside no facto de constituírem manifestações primeiras de um novo modo de produzir direito social comunitário. A esses acordos, seguiram-se o referente ao *contrato de trabalho a termo*, formalizado pela *Directiva 99/70*, de 28/6/99, e ainda outro, respeitante à *organização do tempo de trabalho do pessoal móvel da aviação civil*, acolhido pela *Directiva 2000/79*, de 27/11/2000. Mais recentemente, e após longo processo de negociação, surgiu, em resultado da frustração do acordo pretendido, a *Directiva 2008/104*, de 19/11/2008, sobre o *trabalho temporário*.

Sob o ponto de vista substancial, merecem sobretudo destaque: a *Directiva 92/85*, de 19/10/92, sobre a *protecção das trabalhadoras grávidas, puérperas ou lactantes*[55]; a *Directiva 94/33*, de 22/6/94, relativa à *protecção dos jovens no trabalho*[56]; a *Directiva 96/71*, de 21/1/97, sobre o destacamento de trabalhadores no âmbito de uma prestação de

[49] A transposição desta Directiva para o nosso direito interno operou-se com a L. 73/98, de 10/11, cujo conteúdo, inserido no Código do Trabalho, será analisado no lugar próprio.

[50] J.O. L 145, de 19/6/96.

[51] J.O. L 14, de 20/1/98.

[52] Esta Directiva – ou o conteúdo do acordo-quadro por ela formalizado – foi transposta para a L. 4/84, de 5/4, na versão resultante da L. 142/99, de 31/8 (art. 17º), que tem correspondência nos arts. 33º e segs. CT.

[53] As orientações consagradas nesse acordo-quadro foram acolhidas pela L. 103/99, de 26/7, cujo conteúdo foi recolhido nos arts. 150º e segs. CT.

[54] P. Rodière 363.

[55] J. O. L 348, de 28/11/92. A transposição foi assegurada pela L. 142/99, de 31/8; a matéria está hoje compreendida nos arts. 33º e segs. CT.

[56] J. O. L 216, de 20/8/94. A transposição foi realizada pela L. 58/99, de 30/6; actualmente, a matéria está inserida nos arts. 66º e segs. CT.

serviço[57]; a *Directiva 97/80*, de 20/1/98, respeitante ao ónus da prova da discriminação sexual. Assumem, enfim, particular relevo, como expressões de uma preocupação relativa ao desenvolvimento de formas de representação e participação dos trabalhadores na vida da empresa: a *Directiva 94/45*, de 22/9/94, respeitante à instituição de um *conselho de empresa europeu* ou de um *procedimento de informação e consulta dos trabalhadores*, em empresas e grupos de empresas de dimensão comunitária (isto é, transnacionais)[58], a qual veio a ser reformulada pela *Directiva 2009/38*, de 6/5/2009; a *Directiva 2001/86*, de 8/10/86, sobre o *envolvimento dos trabalhadores na sociedade europeia*; e a *Directiva 2002/14*, de 11/3/2002, respeitante a um *quadro geral de informação e consulta dos trabalhadores*.

A partir do ano 2000, retomou forte saliência a produção normativa baseada nos princípios da *igualdade e não discriminação*. Nesse mesmo ano, surgiram as *Directivas 2000/43*, de 26/06 (igualdade de tratamento independentemente da raça e da origem étnica) e *2000/78*, de 27/11 (quadro geral da igualdade de tratamento no emprego e na ocupação); depois, foi publicada a *Directiva 2002/73*, de 23/09 (igualdade de tratamento de homens e mulheres no emprego, na formação, na promoção e nas condições de trabalho); enfim, esse conjunto foi globalmente reformulado (*recast*) pela *Directiva 2006/54*, de 05/06 (igualdade de tratamento de homens e mulheres no respeitante ao emprego e à actividade profissional) que, de algum modo, codificou as disposições relativas à matéria. Estes diplomas abordavam, em especial, o *assédio* (geral ou sexual) como comportamento discriminatório, colocando-o no âmbito de aplicação da regra de inversão do ónus da prova estabelecida pela citada Dir. 97/80. Deve inscrever-se na mesma perspectiva a mais recente Dir. 2019/1158, de 20 de junho, relativa à conciliação entre a vida profissional e a vida familiar dos progenitores e cuidadores, pois ela redunda no reforço da igualdade entre homens e mulheres.

Numa linha diferente de produção de normas, cabe referir os chamados "acordos autónomos", cuja primeira manifestação foi o acordo sobre o *teletrabalho*, celebrado em 16 de julho de 2002. Os parceiros sociais decidiram não solicitar a formalização desse acordo através de directiva. Ele deverá ser concretizado, a nível nacional, através daquilo que hoje o art. 155/2 TFUE designa pela expressão "os processos e práticas próprios dos parceiros sociais", ou seja, através de contratação colectiva e dos meios promocionais de que disponham as associações sindicais e de empregadores. Trata-se, assim, de "um produto da

[57] Vd. Júlio Gomes, *Algumas reflexões sobre o destacamento de trabalhadores na jurisprudência do Tribunal de Justiça*, RDES, nºs 3-4 (2012) 43 ss..

[58] J. O. L 254, de 30/9/94. Esta directiva foi transposta para o direito interno português pela L. 40/99, de 9/6, cujo conteúdo essencial se mantém integrado no CT de 2003 (arts. 471º e segs.) e na L. 35/2004 (RCT), arts. 365º a 395º.

autonomia colectiva em estado puro"[59], indicador de uma via alternativa de regulação laboral europeia. Com idêntica natureza, foram depois concluídos acordos sobre o *"stress" no trabalho* (2004), *assédio e violência no trabalho* (2007), *mercados de trabalho inclusivos* (2010); e, ainda mais recentemente, um importante acordo sobre *digitalização* (2020).

Ao longo de mais de três décadas, o movimento das directivas "laborais" foi registando sucessivas modificações, revogações e consolidações. Podemos hoje destacar as seguintes directivas em vigor:

Directiva	Data	Tema
89/391/CEE	12/06/89	Saúde e segurança no trabalho
91/533/CEE	14/10/91	Dever de informação ao trabalhador (rev. a partir de 1/8/2022)
92/85/CEE	19/10/92	Protecção de grávidas, puérperas e lactantes
96/71/CE	16/12/96	Destacamento de trabalhadores numa prestação de serviço
97/81/CE	15/12/97	Trabalho a tempo parcial (acordo-quadro)
98/59/CE	01/09/98	Despedimento colectivo
99/70/CE	28/06/99	Trabalho por tempo determinado (acordo-quadro)
00/78/CE	27/11/00	Quadro geral de igualdade no emprego e no trabalho
01/23/CE	12/03/01	Manutenção de direitos dos trabalhadores na transmissão da empresa
02/14/CE	11/03/02	Quadro geral de informação e consulta dos trabalhadores
03/88/CE	04/11/03	Organização do tempo de trabalho
06/54/CE	05/07/06	Igualdade de oportunidades no emprego e no trabalho (ref.)
08/94/CE	22/10/08	Protecção dos trabalhadores na insolvência do empregador
08/104/CE	19/11/08	Trabalho temporário
09/38/CE	06/05/09	Conselhos de empresa europeus
10/18/CE	08/03/10	Licença parental (acordo-quadro revisto)
14/54/UE	06/04/14	Exercício de direitos dos trabalhadores na livre circulação
18/957/UE	28/06/18	Alterações da Dir. 96/71/CE (destacamento)
19/1152/UE	20/06/19	Condições de trabalho transparentes e previsíveis
19/1158/UE	20/06/19	Conciliação vida-trabalho

[59] Massimo Roccella/Tiziano Treu, *Diritto del lavoro della Comunità Europea*, 5ª ed., Pádua, 2009, p. 257.

IV. As fontes internas.

A) O elenco legal.

20. *Fontes comuns e específicas.* Encontra-se no art. 1º CT a indicação das fontes internas *específicas* do Direito do Trabalho.

Não são, pois, aí referidos os tipos de fontes que são *comuns* à generalidade dos ramos de Direito e alimentam também o Direito do Trabalho. Incluem-se no elenco das fontes comuns as *leis constitucionais,* como as que aprovaram e reviram várias vezes a Constituição da República Portuguesa, a qual inclui diversos preceitos relativos às questões laborais, mas também as *leis ordinárias* comuns – isto é, não especificamente dirigidas à «regulamentação do trabalho» – com particular relevo para o Código Civil, na parte referente ao regime comum dos contratos e das obrigações. Tenha-se presente que o contrato de trabalho, aparte os aspectos particularizados na legislação laboral propriamente dita, está coberto pelas normas daquele regime comum. Neste sentido, o Direito do Trabalho é direito privado especial.

Tratando somente das fontes "específicas", o art. 1º CT refere, apenas, os *instrumentos de regulamentação colectiva de trabalho* e os *usos laborais.*

De entre os instrumentos de regulamentação colectiva, haverá que destacar as convenções colectivas, que constituem uma contribuição própria do Direito do Trabalho para o elenco das fontes de direito. O reconhecimento de carácter normativo às cláusulas acordadas entre as associações sindicais e as associações de empregadores ou empresas implica algumas particularidades, nomeadamente as que derivam do facto de essas cláusulas se aplicarem, não segundo um critério categorial ou outro apontado a uma caracterização genérica dos destinatários, mas com base no "princípio da filiação", segundo o qual são abrangidos por uma convenção apenas os membros das associações subscritoras (art. 496º CT).

Ao lado das convenções, produtos da negociação colectiva, figuram actos normativos da Administração: a portaria de extensão e a portaria de condições de trabalho, a que se refere o art. 2º/4.

A noção de "instrumento de regulamentação colectiva de trabalho" – de antiga tradição legislativa – abrange, pois, realidades de natureza bem distinta. Não pode sequer falar-se, verdadeiramente, de um regime comum que confira unidade a essa noção. O que é comum aos referidos "instrumentos" é o facto de as normas por eles estabelecidas não terem âmbito genérico, mas particularizado por certos perímetros de interesses colectivos – o do sector, o da profissão, o da empresa.

Quanto aos usos, a formulação do art. 1º é consideravelmente diversa da que constava da lei anterior ao CT. O art. 12º LCT tratava dos "usos da profissão do trabalhador e das empresas" em preceito próprio e separado (o seu nº 2), declarando-os simplesmente "atendíveis" mediante três condições negativas: não contrariarem as normas legais e convencionais, não serem contrários aos "princípios da boa fé" e não ter sido convencionada outra coisa por escrito. No CT, os "usos laborais" são, aparentemente, colocados no mesmo plano de normatividade que os instrumentos de regulamentação colectiva, ficando apenas sob a condição de compatibilidade com a boa fé. Adiante procuraremos esclarecer o alcance desta inflexão.

B) As leis do trabalho.

a) Da legislação avulsa ao Código do Trabalho.

21. *A noção de "leis do trabalho"*. Com a designação de "leis do trabalho" podem ser abrangidas, no seu conjunto, as «fontes estaduais», ou seja, todas as normas jurídicas (de regulamentação do trabalho), criadas e emitidas pelos órgãos do Estado dotados de competência para o efeito, o que inclui as leis ordinárias, os decretos-leis, os decretos regulamentares[60].

[60] Sobretudo nas décadas de setenta e oitenta do século passado, diversas medidas de política laboral foram traduzidas nas chamadas *resoluções* do Conselho de Ministros, de tão várias amplitude e projecção que, nuns casos, visavam solucionar dificuldades ou conflitos concretos e, noutros,

Excluem-se as normas emitidas pelo Ministro do Trabalho (anteriormente, sob a forma de "regulamentos de condições mínimas"; doravante, com a designação de "portarias de condições de trabalho"), por pressuporem uma atribuição (e delimitação) de competência pela lei e, também, por estarem submetidos a regras que, na aparência, pelo menos, lhes conferem algum parentesco com as convenções colectivas (sendo, em conformidade, inseridas na mesma "família", a dos instrumentos de regulamentação colectiva).

22. *A legislação avulsa.* Foram numerosos os diplomas legais publicados antes de 25 de Abril de 1974 que, total ou parcialmente, se mantiveram em vigor até à publicação do Código do Trabalho. O labor legislativo posterior à deposição do regime corporativo dedicou considerável atenção ao ordenamento jurídico do trabalho. Mesmo assim, porém, e como já se sugeriu, nada existia que se assemelhasse a um novo sistema normativo; inclusivamente, algumas das providências legislativas adoptadas no período revolucionário assumiram alcance meramente conjuntural, reflectindo as indefinições e incertezas do processo político e a frequente necessidade de pronta resposta legislativa a problemas decorrentes de tentativas de transformação das estruturas económicas, fora de uma concepção ou projecto globalmente construído. Assim, as alterações do sistema jurídico-laboral processavam-se através de medidas parcelares e, frequentemente, instáveis – com novas mudanças ou revogações a curto prazo – traduzindo, por outro lado, uma importante acumulação de experiências ditadas pela própria evolução das realidades sociais e económicas.

A partir de meados da década de oitenta, boa parte dos diplomas legais sobre matéria laboral resultou, quer da obrigação de transpor directivas comunitárias para a ordem jurídica interna, quer de programas legislativos constante acordos de concertação social.

De qualquer modo, o panorama da legislação do trabalho, à passagem para o terceiro milénio, era confuso e heterogéneo: tratava-se de um número importante de diplomas, produzidos em conjunturas e segundo lógicas diversas.

23. *A codificação.* Esse panorama foi grandemente alterado com o aparecimento do Código do Trabalho, em Agosto de 2003. Esse código foi complementado

continham proposições de carácter geral. Por outro lado, é sabido que a CRP não prevê as *Resoluções* no âmbito da competência legislativa do Governo (art. 198º). A nosso ver, tais documentos assumiam carácter idêntico ao dos *despachos conjuntos* (embora de todos os Ministros), carecendo, portanto, do valor de diplomas legislativos. O seu alcance normalmente programático ajustava-se à concretização da competência do Conselho de Ministros *enquanto tal*, sobretudo em alguns dos aspectos focados pelo art. 200º CRP. Importa salientar as *resoluções* pelas quais o Conselho de Ministros reconhece a necessidade da requisição civil (art. 4º/1 DL 637/74, de 20/11).

e regulamentado, no ano seguinte, pela L. 35/2004, de 29 de Julho. Com a L. 7/2009, de 12 de Fevereiro, foi aprovado o actual Código do Trabalho – resultante da revisão do de 2003 –, cobrindo todos os grandes temas do regime das relações individuais e colectivas de trabalho, e compreendendo ainda princípios básicos em matéria de segurança, higiene e saúde no trabalho e de acidentes de trabalho e doenças profissionais – domínios confiados a legislação específica extravagante –, além do regime da responsabilidade contra-ordenacional. Para além disso, o CT compreende um conjunto de disposições sobre direitos fundamentais (direitos de personalidade, igualdade e não discriminação) com os quais se pretende ligar a dimensão de cidadania ao estatuto dos trabalhadores subordinados.

Sob o ponto de vista sistemático, o CT compreende dois Livros – o Livro I, respeitante à "parte geral", em que se trata das fontes e da aplicação das normas (Título I), do regime do contrato de trabalho (Título II) e do direito colectivo (Título III); o Livro II, reunindo as normas respeitantes à "responsabilidade penal e contra-ordenacional".

No entanto, o CT não é exaustivo. Manteve, durante períodos variáveis, em vigor muitas disposições do anterior Código e da sua regulamentação. Para além da previsão de diplomas regulamentares – cuja publicação, em muitos casos, condicionava a substituição da legislação anterior e, por conseguinte, o início de vigência de partes do Código (art. 12º da lei preambular) –, havia que referir o grande número de remissões para legislação especial. Não se impediu, assim, uma significativa dispersão legislativa.

Pode pois dizer-se que, para além das vantagens evidentes que acarretou, em matéria de acessibilidade das normas, a codificação do Direito do Trabalho continuou a ser, em Portugal, um desígnio muito incompletamente realizado.

No entanto, a "reforma laboral" de 2011/2012[61] – ditada por compromissos assumidos a nível internacional, através do chamado "Memorando de Entendimento" com a "troika"[62], e ainda, também no âmbito nacional, pelo "Com-

[61] Trata-se, como atrás se informou, de um conjunto de diplomas legais publicados entre Outubro de 2011 e Junho de 2012: a L. 53/2011, de 14/10, que estabeleceu um novo sistema de compensações em diversas modalidades de cessação do contrato de trabalho, aplicável apenas aos novos contratos; a L. 3/2012, de 10/1, que instituiu um primeiro regime de renovação extraordinária dos contratos de trabalho a termo certo, o qual veio a ser estendido pela L. 76/2013, de 7/11; e a L. 23/2012, de 25/6, que modificou um grande número de artigos do Código do trabalho; e, ainda, a L. 69/2013, de 30/8, que operou nova redução das compensações pela cessação do contrato de trabalho.

[62] Sob o título eufemístico "*Memorando de entendimento sobre as condicionalidades de política económica*", consistiu num acordo concluído, em Maio de 2011, entre o governo português da época, e uma "troika" constituída por representantes do Fundo Monetário Internacional, do Banco Central Europeu e da Comissão Europeia; o acordo foi ainda apoiado por dois partidos então na oposição

promisso sobre o Crescimento, a Competitividade e o Emprego" subscrito no quadro da concertação social[63] – traduziu-se, na quase totalidade, por alterações ao Código do Trabalho, não implicando, por isso, maior dispersão legislativa.

O mesmo se pode dizer acerca da legislação publicada nos últimos anos, e já referida atrás: consistiu em alterações pontuais ao Código do Trabalho que, deste modo, permanece como peça central do sistema, sem que tenha aumentado o volume da legislação extravagante. No entanto, deve sublinhar-se a excessiva instabilidade legislativa decorrente das sucessivas modificações ao Código. Se, por um lado, essa circunstância confirma que a codificação não é factor de cristalização normativa, por outro, ela coloca em evidência o défice de previsibilidade e de estabilidade no mundo das relações de trabalho – importante para empregadores e trabalhadores – que se tem acentuado nos últimos anos.

b) A participação na elaboração das leis do trabalho.

1) O regime de apreciação pública.

24. *O tipo de participação.* A CRP institucionaliza um certo tipo de *participação* das comissões de trabalhadores (art. 54º/4 *d)*) e das associações sindicais (art. 56º/2 *a)*) na elaboração da «legislação do trabalho» – noção que, como veremos a seguir, importa determinar, dado que a inobservância do procedimento participativo pode originar a inconstitucionalidade dos diplomas legais relativamente aos quais se verifique.

Importa ter em conta duas notas preliminares.

A primeira diz respeito à *natureza* e ao *alcance* da participação de que se trata. A CRP não a especifica, deixando assim espaço à actuação da lei ordinária. Naturalmente, o aspecto crucial desta determinação respeita ao peso que se atribua aos pontos de vista formulados pelas organizações participantes no processo legislativo, ou seja, à questão de saber se se tratará de uma participação meramente consultiva (ou seja, da formulação de opiniões não vinculativas) ou de uma verdadeira co-decisão normativa (em tais termos que não possa prevalecer uma norma projectada contra o parecer de uma organização participante).

A questão é tratada nos arts. 469º ss. CT. Os projectos de diplomas legais são previamente publicados para que, desse modo, as «comissões de trabalhadores ou as respectivas comissões coordenadoras, as associações sindicais e as associações de empregadores» (art. 470º) tenham a oportunidade de se pronunciarem

– o PSD e o CDS-PP – que, logo de seguida, venceriam eleições antecipadas e se coligariam num novo governo.

[63] Recorde-se que o acordo foi subscrito pelas quatro confederações patronais (CIP, CCP, CAP, CTP) e por somente uma das centrais sindicais (a UGT).

sobre o seu conteúdo, devendo as suas opiniões ser «tidas em conta pelo legislador como elementos de trabalho» (art. 475º/1). Ou seja, esses pareceres não têm carácter vinculativo.

O alcance deste tipo de participação situa-se, essencialmente, no plano político. O processo legalmente estabelecido para o seu exercício implica a abertura de um importante espaço de debate social antes do acabamento de qualquer medida legislativa no domínio laboral. O legislador terá querido, com a fisionomia que atribuíu ao processo participativo, enfatizar a importância de que se reveste a procura de um mínimo de consenso social para a eficácia (e até a efectividade, que respeita ao grau de observância que venham a ter) das normas de direito do trabalho. Deixou, com efeito, de ser possível legislar «de surpresa», ou com total unilateralismo, em matéria de relações laborais[64].

A segunda nota preliminar diz respeito à *titularidade* deste direito de participação. Como se viu, ele é atribuído, pela CRP, somente às comissões de trabalhadores e às associações sindicais. Em conformidade com essa postura da lei fundamental, a L. 16/79 (que primeiramente regulou o tema) tratava sempre das «organizações de trabalhadores» como titulares do direito de participação[65]. Mas a L. 36/99, de 26/5, estendeu esse direito às associações patronais, acolhendo assim uma prática que era corrente há muito tempo: a de se tomar em conta, com expressa referência nos preâmbulos dos diplomas, as posições assumidas, durante a «apreciação pública», por essas organizações[66]. Saltava aos olhos a artificialidade do modo por que o reconhecimento desse direito era feito pela L. 36/99. A preocupação de «separar» o direito das organizações de traba-

[64] Mas também é verdade que deste procedimento participativo, e dos seus naturais corolários sócio-políticos, decorre uma perda importante de adaptabilidade da legislação do trabalho, não só às rápidas mudanças que ocorrem na sociedade e na economia, mas também aos factores de inefectividade que condicionam a realização das suas finalidades.

[65] Deve, todavia, assinalar-se que a própria L. 16/79 já sugeria uma amplificação do direito de participação. A publicação prévia dos projectos de diplomas legais destinava-se, nos termos do art. 4º/1 dessa lei, a possibilitar a apreciação pelas organizações de trabalhadores e, ainda, a permitir «mais ampla divulgação» (fórmula que, de resto, perdurou no CT: art. 527º/1). Várias disposições da mesma lei referiam-se, expressamente, à «apreciação pública» dos projectos, o que era manifestamente mais do que a participação das organizações de trabalhadores. E o art. 7º/2 já impunha (como hoje o CT) que o «resultado da apreciação pública» fosse publicado no preâmbulo ou relatório do diploma legal – o que sempre foi feito, na prática, através da indicação das posições das organizações de trabalhadores e das associações patronais.

[66] O preâmbulo do DL 64-A/89, de 27/2 (regimes jurídicos da cessação do contrato de trabalho e do contrato a termo), revogado pelo CT, procurava justificar a atenção dada às posições das associações patronais com o argumento de que a participação dessas organizações «é igualmente assegurada pela ratificação de diversas Convenções da Organização Internacional do Trabalho, em que é garantido o tripartismo e a obrigação de consulta aos dois parceiros sociais (sic), tendo estas garantias integrado a ordem jurídica interna, por força do nº 2 do artigo 8º da Constituição».

lhadores do direito das associações patronais, porventura com base no facto de só um deles ser constitucionalmente consagrado (pelo menos de modo explícito), tinha expressão simbólica na L. 36/99: ela não se limitava a introduzir uma alteração à L. 16/79, remetia para ela; e ia ao ponto de configurar (em anexo) um modelo de impresso próprio para as associações patronais se pronunciarem[67]. O CT institui um regime homogéneo para o conjunto das organizações laborais.

25. *O conceito normativo de "legislação do trabalho".* Há razões para se duvidar de que os contornos da "legislação do trabalho", para o efeito da aplicação das regras concretizadoras do direito de participação, coincidam com as fronteiras tradicionais Direito do Trabalho. É certo que, no enunciado legal, nada sugere *imediatamente* a não coincidência; mas uma aproximação sistemática um pouco mais detida põe em causa essa primeira suposição.

Não se pode excluir *a priori* que o conceito normativo de *legislação do trabalho* abranja domínios e matérias que, não pertencendo ao território tradicional do ordenamento juslaboral na sua estrita demarcação técnica, manifestam suficiente identidade de razão funcional para que quanto a eles actue o peculiar modo de produção normativa que se tem em vista.

De resto, essa possibilidade é, de algum modo, imposta pelas virtualidades lógicas da noção legal. Entre os domínios expressamente apontados pelo art. 469º CT, conta-se o do "direito colectivo de trabalho" que abrange, na própria sistemática do Código, os regimes das organizações de trabalhadores e empregadores, dos instrumentos de regulamentação colectiva e dos conflitos colectivos, incluindo os processos de resolução e o exercício do direito de greve. Ora qualquer destas matérias interessa ao estatuto jurídico dos trabalhadores com funções públicas. De resto, a L. 59/2008, reguladora do contrato de trabalho em funções públicas, reconhece o direito de participação às associações sindicais (art. 310º) e às comissões de trabalhadores (art. 232º do regulamento anexo). Mas, para além do contrato de trabalho, o emprego público pode ser constituído por nomeação e por comissão de serviço. Não é concebível que as organizações de trabalhadores nessas situações estejam privadas do direito de participação na elaboração da legislação que as tenha por objecto. Parece difícil recusar que, por exemplo, uma providência legislativa referente à negociação colectiva nesse domínio – embora esteja sujeita a regime especial – se contém na noção de legislação do trabalho assim desenhada e, como tal, sujeita ao processo participativo que a CRP e a lei estabelecem, com o fito na *substância social das*

[67] A medida corporizada na L. 36/99 foi objecto de expressa consideração no âmbito do «Acordo de Concertação Estratégica» de 1996. Essa lei constituía, pois, um produto de «concertação legislativa», fenómeno que estudaremos adiante.

matérias reguladas e não na *configuração jurídico-formal* das modalidades em que podem manifestar-se.

O conceito de legislação do trabalho é susceptível de abranger as matérias que contendem com o problema vital da *efectividade* das normas. A efectividade assume, no Direito do Trabalho, mais que noutros domínios da ordem jurídica, alcance verdadeiramente substancial dado que contende com a consistência (com a expressão prática) dos direitos laborais, sendo, por isso, um factor *constitutivo ou conformador* da realidade das relações de trabalho. A organização judiciária do trabalho e o correspondente regime processual devem considerar-se funcionalmente compreendidos no conceito de legislação do trabalho. Idêntico entendimento se apresenta como válido quanto aos dispositivos inerentes às modalidades de intervenção da administração estadual do trabalho. Para além disso, notar-se-á o facto de o Tribunal Constitucional considerar que pertence ao âmbito da legislação do trabalho, para estes efeitos, o regime da representação dos trabalhadores nos órgãos de gestão das empresas – embora se tratasse de posição muito controvertida no próprio seio daquele órgão jurisdicional[68].

É, em suma, uma compreensão ampla da noção de legislação do trabalho – compatível com o carácter não taxativo da enumeração do art. 469º/1 CT – que parece ajustar-se ao seu alcance operatório – o qual consiste em proporcionar a expressão de certos interesses colectivos (identificados pela alusão aos "trabalhadores e empregadores, enquanto tais") no âmbito dos processos legislativos em que a consistência e a viabilidade desses interesses sejam *especificamente* afectados. Ficam, assim, naturalmente excluídas as "matérias de que são destinatários os cidadãos em geral", embora o correspondente projecto "autonomize na sua vocação normativa determinados grupos ou entidades ou tenha por objecto assunto que também a estes interessem"[69].

26. *O sentido da participação.* O reconhecimento formal, às comissões de trabalhadores e às associações sindicais, do direito de participação na elaboração da legislação do trabalho provém da primeira versão da CRP (art. 56º *d*) e art. 58º *a*)), cujos termos se mantiveram, aliás, *ipsis verbis*, embora com diversa colocação, nas versões posteriores da lei fundamental.

Deve, no entanto, apontar-se uma diferença na formulação constitucional, com possíveis consequências na delimitação do sentido funcional da participação das comissões de trabalhadores. Estas eram definidas (art. 54º/1) por referência à defesa dos interesses dos trabalhadores e à intervenção democrática deles na vida da empresa, mas com a designação de finalidades de ordem sócio-

[68] Ac. TC nº 117/86, *DR* 1ª série, de 19/5/86.

[69] Parecer PGR nº 219/78, de 16/11.

-política – «o reforço da unidade das classes trabalhadoras e a sua mobilização para o processo revolucionário de construção do poder democrático dos trabalhadores». Esta referência foi eliminada, como se sabe, na revisão de 1982. E a alteração não parece destituída de alcance para a determinação do *sentido* de participação; esta resulta assim polarizada em pressupostos de natureza mais marcadamente sócio-profissional, incluindo aqueles que decorrem do enquadramento dos trabalhadores em organizações técnico-laborais que funcionam como suportes do emprego. Embora outras interpretações sejam possíveis – e, porventura, até mais conformes com o "espírito" do compromisso constitucional de 1982 –, parece dever entender-se que a intervenção das comissões de trabalhadores resultou "politicamente" desvalorizada ou rarefeita[70].

27. *O mecanismo de participação.* Sob o ponto de vista processual, a participação engloba três momentos sucessivos:

a) a *publicação dos projectos e propostas* de diplomas nos boletins oficiais adequados, com indicação do prazo para apreciação pública, que não será, em regra, inferior a 30 dias (art. 473º);

b) o *anúncio*, através dos órgãos de comunicação social, da publicação feita (art. 472º/3);

c) a *indicação dos resultados da apreciação pública*, no preâmbulo do diploma (quando se trate de decreto-lei ou decreto regional) ou no relatório anexo ao parecer da comissão parlamentar ou da comissão da assembleia regional (quando o diploma emanar da Assembleia da República ou de uma assembleia regional) (art. 475º).

O art. 470º CT estabelece que não pode ser discutido ou votado, no seio do órgão legislativo, nenhum projecto ou proposta de diploma sem que tenha sido propiciada a intervenção das organizações de trabalhadores e empregadores.

[70] Com isso, bem se poderá dizer engrandecido o problema de legitimidade suscitado pela existência de uma duplicidade de canais de representação dos interesses dos trabalhadores – nomeadamente no que respeita ao processo de formação das leis do trabalho. A duplicidade torna-se particularmente ostensiva – sem que possa, em rigor, descortinar-se um critério de diferenciação funcional entre as intervenções das comissões de trabalhadores e das associações sindicais – no paralelismo com que a CRP e a lei encaram e regulam a participação das duas instâncias no processo legislativo. A taxa de sindicalização parece ser, em Portugal, relativamente baixa – estimativas não oficiais apontam para números não superiores a 25% –, mas a verdade é que a presença das comissões, pujante no início da década de oitenta, foi perdendo expressão e está hoje reduzida a algumas dezenas de empresas. Mesmo esta ponderação não permite disfarçar a perplexidade que, sob o ponto de vista da legitimação, sempre despertará o sistema de intervenções paralelas que a CRP, após sucessivas revisões, persistiu em manter neste domínio.

A inobservância deste imperativo constitui fundamento de *inconstitucionalidade formal*[71].

Poderia duvidar-se – como já se assinalou – de que tal consequência seja comum às hipóteses de inobservância do direito de participação das organizações de trabalhadores e de empregadores. Relativamente a estes últimos, esse direito não tem suporte constitucional, resulta de uma opção do legislador ordinário; não pareceria viável garanti-lo pela via da inconstitucionalidade. Todavia, se bem olharmos os dados da questão, torna-se claro que ela não tem consistência real.

Independentemente do formal reconhecimento desse direito de participação, primeiramente pela mencionada L. 36/99, agora pelo CT, a verdade é que *ele já existia*, no próprio quadro primitivo de aplicação da L. 16/79. Embora o regime contido neste diploma se reportasse, fundamentalmente, às condições de exercício da participação das organizações de trabalhadores no processo legislativo, certo é que ele punha de pé um mecanismo destinado a originar uma *apreciação pública generalizada*.

O texto do diploma era, a esse respeito, perfeitamente explícito: por um lado, esclarecia-se, no art. 4º/1, que a publicação prévia se destina não só a permitir a participação pelas organizações de trabalhadores, mas também a garantir «mais ampla divulgação»; depois, designava-se, repetidamente, o período durante o qual podiam ser emitidos pareceres sobre os projectos publicados como «prazo de apreciação pública», manifestamente por entidades que podiam não ser organizações de trabalhadores; enfim, o mesmo decorria dos tratamentos dados às «posições das organizações de trabalhadores» (art. 7º/1) e ao «resultado da apreciação pública» (art. 7º/2), sugerindo que se tratava de realidades com distintas naturezas e amplitudes.

Resultava daí que, para além da explícita estruturação constitucional de um direito das comissões de trabalhadores e das associações sindicais, a L. 16/79 abria, desde logo, espaço para uma generalizada possibilidade de participação na elaboração das leis do trabalho, um espaço em que cabiam, indistintamente, todas as entidades potencialmente interessadas (incluindo associações patronais e até empregadores isolados) na providência legislativa em preparação. A lei estruturava assim um direito de participação homogéneo e comum a esses potenciais interessados.

[71] Observam Gomes Canotilho/Vital Moreira (cit., 149) que este direito de participação não é «um simples meio de pressão institucional com eficácia política mas não jurídica», dado que a sua violação (isto é, a omissão das condições legalmente necessárias à formulação de pareceres pelas organizações de trabalhadores) envolve inconstitucionalidade dos diplomas em cuja elaboração se verifique. Vd. também Barros Moura, *Notas para uma introdução ao Direito do Trabalho*, ed. copiog., Lisboa (1980) 194. Em sentido oposto – defendendo que se está perante um «lobby» institucionalizado mas pondo de parte a hipótese de inconstitucionalidade –, v. Lucas Pires, artº 56º, alínea d) (Direito das comissões de trabalhadores de participar na elaboração da legislação do trabalho e dos planos económico-sociais que contemplam o respectivo sector), in *Estudos sobre a Constituição*, 1º vol., Lisboa (1977) 376 ss..

A experiência concreta dos processos legislativos correspondeu a esta abertura. Tal correspondência traduziu-se não só no aproveitamento, pelos interessados, da abertura à «apreciação pública», mas também – como atrás se disse – pelo expresso reconhecimento, nos preâmbulos de vários diplomas legais, da atendibilidade das opiniões recebidas de organizações patronais.

Assim, o próprio regime da L. 16/79 era (e sempre foi, de resto, considerado) o *regime da apreciação pública prévia* dos diplomas legais enquadráveis no conceito legal de «legislação do trabalho». O CT não faz mais do que formalizar esse dado da experiência reguladora e aplicativa, configurando um só e homogéneo direito de participação. A inobservância desse regime não parece pensável apenas relativamente às associações patronais. O incumprimento das obrigações em que se traduz a relevância da participação importa sempre a neutralização do direito de participação em geral, com consequências também comuns.

2) A concertação legislativa.

28. *A concertação social.* Mas existe um outro mecanismo de participação na elaboração da legislação do trabalho: é a chamada «concertação social». O CT menciona-o no próprio capítulo em que se trata dessa participação, embora como uma mera possibilidade (art. 471º). Mas a passagem dos projectos legislativos em matéria de trabalho pelo processo de concertação social está há muito consagrada entre nós como uma fase necessária da elaboração das leis laborais.

Desde logo, à Comissão Permanente de Concertação Social (CPCS), integrada no Conselho Económico e Social (CES), devem ser apresentados, para apreciação, todos os projectos legislativos do Governo em matéria socio-laboral, designadamente de legislação de trabalho. Estabelece-o o art. 4º do Regulamento Interno da CPCS[72] que, por ter sido elaborado no seu seio, é, ele próprio, um compromisso de concertação entre o Governo e as confederações sindicais e patronais.

E a verdade é que – para além dos "acordos tripartidos" que serviram, nomeadamente, de suportes ao Código do Trabalho de 2003, à sua revisão de 2009 e à "reforma laboral" de 2011/2012 –, alguns acordos formais de concertação social (o Acordo Económico e Social, de 1990, o Acordo de Concertação Social de Curto Prazo, de 1996, e o Acordo de Concertação Estratégica, também de 1996) integravam *programas de produção legislativa*, com diversa amplitude, mas tendo em comum o facto de corporizarem verdadeiros compromissos trilaterais de política legislativa, ou seja, de traduzirem a pré-contratação de diplomas a elaborar[73].

[72] Publicado no *Diário da República*, II série, nº 204 (31/8/93) 9144 (183-186).

[73] Cfr. o nosso estudo *Aspectos jurídicos da concertação social*, in *Os acordos de concertação social em Portugal (I – Estudos)*, CES, Lisboa (1993) 91 ss.; sobre o sentido e o conteúdo dos compromissos legislativos

Acresce que, nesta última modalidade, a própria *concretização* dos compromissos legislativos assumidos é regulada, nos respectivos acordos, de modo a garantir a participação dos parceiros sociais na fase anterior ao processo legislativo formal, isto é, na própria fase de elaboração dos anteprojectos de diplomas pelo Governo. Tal participação (normalmente efectivada através das chamadas «comissões de acompanhamento», criadas pelos acordos para controlo do seu cumprimento) tem assumido graus de intensidade diversos, desde a mera apreciação consultiva até a negociação detalhada e exaustiva dos textos.

29. *A concertação sobre leis do trabalho.* O tipo de participação que se verifica na concertação social sobre legislação do trabalho distingue-se, claramente, do que está regulado nos arts. 469º e segs. CT.

O primeiro traço distintivo reside, justamente, no facto de a concertação legislativa não ser resultante de um imperativo legal (susceptível de condicionar a regularidade formal do processo legislativo), mas de compromissos políticos assumidos no próprio quadro da negociação trilateral.

A inobservância de tais compromissos, por parte de quem exerce a iniciativa da produção legislativa (o Governo), só se expõe a sanção política, e não é susceptível de afectar a validade jurídica dos diplomas.

Em segundo lugar, a apreciação pública imposta pelo CT insere-se no processo de *decisão legislativa final* (antecede a apreciação em Conselho de Ministros dos projectos de decretos-lei, ou à votação das propostas de lei na Assembleia da República), ao passo que a concertação actua em *fase preliminar*, na decisão de iniciativa e na elaboração dos anteprojectos.

Depois, a apreciação pública deve ser promovida, conforme os casos, pelo Governo (quanto aos projectos de decretos-lei) e pela Assembleia da República (relativamente às propostas de lei); a concertação é um mecanismo exclusivamente aplicável nos *processos de decisão do Governo*, como parte que é do esquema trilateral de negociação. Quando se trata de leis da Assembleia da República, os resultados da concertação realizada na fase de elaboração das respectivas propostas pelo Governo são juridicamente indiferentes para a decisão legislativa final: as propostas são tomadas como meras expressões da iniciativa legislativa do Governo.

Finalmente, se a apreciação pública constitui um processo «aberto» de consulta, capaz de acarretar para o processo legislativo contributos de um número indeterminável de organizações e entidades, inclusivamente de indivíduos interessados, a concertação é um processo «fechado» de negociação, em que partici-

assumidos no âmbito do Acordo Económico e Social de 1990, veja-se, no mesmo volume, o estudo de FURTADO MARTINS, *O Acordo Económico e Social e a evolução do direito do trabalho português* (117 ss.).

pam exclusivamente certas organizações (as confederações sindicais e patronais com assento na CPCS), independentemente da natureza e amplitude dos interesses em jogo na legislação discutida.

A concertação legislativa, para além das vantagens seguras que traz à legislação do trabalho, sob o ponto de vista político, suscita dificuldades e acarreta inconvenientes sob o ponto de vista da legitimidade constitucional. Com efeito, o que é negociado e acordado é um conjunto de decisões que cabem no âmbito da competência do Governo; formalmente, só este se vincula por tais acordos. No entanto, como vimos, a competência para aprovar as leis pertence à Assembleia da República, que, naturalmente, não está representada nas negociações. O Governo propõe, de acordo com aquilo a que se obrigou perante os parceiros sociais, mas, sob o ponto de vista formal, a Assembleia não está obrigada a aprovar tais propostas legislativas. Contudo, a experiência da legislação concertada mostra que, na discussão parlamentar dessas propostas, o argumento fundamental é o da intangibilidade dos acordos – traduzindo-se em privar o Parlamento, *de facto*, do poder de conformação normativa que a Constituição lhe confere.

É bom exemplo disso o acordo, celebrado em Junho de 2018, que estabelecia um largo programa de alterações ao CT. O Governo tratou de concretizar esse programa, remetendo uma proposta de lei à Assembleia da República. Mas ela deparou com a oposição de vários partidos, e cruzou-se com outras, de sentido oposto, gerando-se um impasse que durou cerca de um ano. A aprovação da proposta (L. 93/2019, de 4 de Setembro) só se tornou possível pela acção conjugada dos partidos mais ligados aos parceiros sociais subscritores do acordo.

C) Os "instrumentos de regulamentação colectiva".

a) Noções gerais.

30. *O "conjunto" dos instrumentos de regulamentação colectiva.* A chamada «regulamentação colectiva de trabalho» abrange, como é sabido, os instrumentos de índole convencional, autónoma (contratos colectivos, acordos colectivos, acordos de empresa, acordos de adesão), os de natureza administrativa, heterónoma (portarias de condições de trabalho, portarias de extensão), e ainda as decisões arbitrais, que assumem uma fisionomia semiautónoma.

A consideração unitária de um conjunto aparentemente tão heterogéneo sob o ponto de vista jurídico é possibilitada pela circunstância de que os seus diversos elementos descendem de uma mesma ordem de exigências sociais – a da adequação dos regimes de prestação de trabalho às características dos vários sectores, empresas e profissões, numa perspectiva de gradual melhoria das condições em que tal prestação é realizada –, e situam-se num mesmo ângulo de observação e actuação sobre as realidades do trabalho, que é o ângulo das "colectividades", dos grupos organizados, dos interesses colectivos.

Entre esses vários instrumentos podem estabelecer-se relações lógicas e funcionais modeladas, em cada momento, por opções de política contratual das organizações sindicais e patronais, e de política laboral dos Governos. Essas escolhas podem, nomeadamente, apontar para níveis mais ou menos elevados de intervenção administrativa na regulamentação do trabalho.

Assim é que, por exemplo, a "portaria de regulamentação do trabalho", que era encarada na lei, antes de 1979[74], como sucedâneo de uma convenção possível mas cuja negociação estivesse bloqueada, reproduzindo, não raro, as soluções sobre as quais fora obtido acordo[75], passou a ser vista pelo legislador como instrumento de superação de impasses negociais (na LRCT)[76], e volta agora a ser tratada, no CT, sob a designação de "portaria de condições de trabalho", como substitutivo de uma convenção impossível (art. 517º), nomeadamente por inexistência de interlocutores negociais.

A portaria de extensão, por seu turno, é um mero instrumento de alargamento do âmbito de aplicação de uma convenção colectiva; está-lhe, por isso, funcionalmente associada. Em princípio, destinar-se-á a suprir as insuficiências de cobertura das convenções colectivas, uma vez que estas só são directamente aplicáveis aos filiados nas associações subscritoras.

Também as PE podem ter graus de utilização variável, como resulta da relativa maleabilidade do critério enunciados no art. 514º. Embora, na maioria das situações, as PE tenham sido emitidas com extremos cuidados de respeito pelas fronteiras da autonomia colectiva, não se pode ignorar que, nalguns casos, ocorridos no passado, foram utilizadas PE para alargar o âmbito de convenções celebradas por sindicatos minoritários, com o propósito aparente de desencorajar (ou, pelo contrário, acelerar) processos de negociação paralelos conduzidos por sindicatos maioritários. Por outro lado, mais recentemente, como a seguir se observará, foram estabelecidos requisitos para a emissão de PE que redundaram numa forte diminuição da sua frequência.

Enfim, a decisão arbitral surge como o produto de uma iniciativa das partes interessadas num processo negocial, quando se trate de arbitragem voluntária, ou do Ministro da área laboral, no caso de arbitragem obrigatória; é pois, ainda ela, um sucedâneo da convenção colectiva; normalmente, até, recai sobre uma

[74] Ou seja: no primeiro regime legal da contratação colectiva surgido na sequência do período revolucionário, o qual foi estabelecido pelo DL 164-A/76, de 28 de Fevereiro.

[75] O carácter «para-negocial» da PRT denunciava-se também na exigência legal da constituição de uma «comissão técnica» com a participação (sendo possível) de «assessores designados pelas entidades patronais e pelos trabalhadores interessados» (nº 5 do artº 36º LRCT).

[76] Por isso, a LRCT colocava a portaria de regulamentação entre os meios de resolução de conflitos negociais.

parte limitada da matéria negocial, ficando depois a constituir mero complemento do acordo obtido quanto ao restante.

É, pois, lícito – numa perspectiva não estritamente técnico-jurídica – englobar numa observação simultânea e articulada essas várias formas de «regulamentação colectiva de trabalho». É o que faz o CT, ao desenhar a categoria dos "instrumentos de regulamentação do trabalho" (art. 2º) dotada de algumas regras comuns (arts. 476º ss.). No entanto, vistas as coisas de outro ângulo, essa agregação pode ser considerada mistificatória, uma vez que existe uma abissal diferença de relevância jurídica e social entre, por um lado, a convenção colectiva de trabalho, e, por outro, os chamados "instrumentos de regulamentação colectiva não negociais".

31. Os *"instrumentos de regulamentação colectiva do trabalho não negociais"*. Entre as fontes estaduais do Direito do Trabalho incluem-se, no sistema português, as normas (de regulamentação do trabalho) emitidas pelo Ministro da área laboral, dentro da competência que por lei lhe está atribuída.

Trata-se de *actos genéricos* da Administração – por isso qualificados como "instrumentos de regulamentação colectiva de trabalho não negociais" (vd. art. 2º/4 CT) – pelos quais são criadas normas jurídico-laborais aplicáveis às relações de trabalho dentro de certas categorias de empresas e de trabalhadores, e, por vezes também, com um domínio geográfico limitado (o distrito, por exemplo). A circunstância de o seu âmbito de aplicação ser definido, precisamente, por *categorias*, nos mesmos termos das convenções colectivas, explica que tais actos normativos sejam, juntamente com aquelas, abarcados pela designação de «instrumentos de regulamentação colectiva de trabalho», embora esta devesse ser, em rigor, exclusivamente aplicada aos actos normativos resultantes do uso da chamada *autonomia colectiva* pelas associações de trabalhadores e de entidades patronais.

Estes instrumentos "não negociais" podem destinar-se a alargar o âmbito originário de aplicação de convenções colectivas e decisões arbitrais *(portaria de extensão)*, ou ter por objecto a definição directa das condições de trabalho a praticar em certo sector *(portaria de condições de trabalho)*.

b) Portarias de extensão.

32. *Noção.* As portarias de extensão (PE), são, como se disse, instrumentos administrativos de alargamento do âmbito originário de convenções colectivas e decisões arbitrais – efeito que pode ser também obtido por um meio convencional, o «acordo de adesão» (art. 504º CT).

Uma PE pode ser emitida quando existem, *no âmbito sectorial e profissional* de aplicação de uma convenção colectiva ou decisão arbitral, empregadores e trabalhadores *não abrangidos por essa nem por outra convenção* (art. 515º).

Embora, em qualquer caso, a função da PE seja a de suprir a inexistência de cobertura convencional de certo universo laboral mediante o aproveitamento de uma regulamentação pactícia pré-existente, a verdade é que assume sempre particular relevo a efectivação da *igualdade de tratamento* no domínio objectivo e/ou subjectivo de aplicação da convenção ou decisão existente[77]. Daí que a extensão seja sobretudo justificável pela "identidade ou semelhança económica e social das situações no âmbito da extensão e no do instrumento a que se refere" (art. 514º/2 CT).

33. *Os requisitos*. A prioridade deste objectivo poderia, inclusivamente, conduzir à frustração de alguma iniciativa negocial autónoma de associações sindicais que não tivessem outorgado a convenção a que se refere a PE. Prevenindo essa possibilidade, o art. 515º CT restringe a emissão de uma PE aos casos de falta de instrumento negocial, e o art. 484º afasta a aplicação da PE se, no seu âmbito, surgir uma convenção colectiva.

As entidades atingidas pela extensão dispõem de um *direito de oposição*, cujo exercício é facilitado pela obrigatoriedade da publicação do projecto de PE no BTE (art. 516º/2). Tal oposição obriga a uma reponderação das consequências económicas da extensão, mas não obsta à emissão desta última – apenas impõe que, para além do ministro da área laboral, também o ministro "responsável pelo sector de actividade" a subscreva (art. 516º/1).

Voltaremos ao tema, na parte respeitante ao Direito Colectivo do Trabalho[78], abordando diversas questões que se suscitam a propósito das portarias de extensão no seu relacionamento com a negociação colectiva, ou seja, em suma, com o exercício da autonomia colectiva por parte das organizações laborais.

c) Portarias de condições de trabalho.

34. *Noção e requisitos*. As portarias de condições de trabalho (PCT), por seu turno, são actos administrativos de conteúdo genérico (normativo)[79], da competência do Ministro do Trabalho e do Ministro da tutela ou responsável pelo sector de actividade (art. 518º/1 CT).

A lei define os pressupostos da emissão de PCT: inexistência de associações sindicais ou de empregadores, verificação de "circunstâncias sociais e económicas que o justifiquem" – não sendo possível o recurso a regulamento de extensão (art. 517º).

[77] Cfr. Barros Moura, *Notas para uma introdução* cit. 311.

[78] Livro II, III Parte, cap. 29, I D).

[79] A exemplo do que se entendia acerca das "portarias de regulamentação do trabalho", antecessoras das PCT, estas são, pela razão referida no texto, e de acordo com orientação jurisprudencial pacífica, insusceptíveis de impugnação contenciosa.

O CT manifesta aqui (desde 2003) uma importante inflexão de política legislativa.

A lei anterior ao CT de 2003 (veja-se, em especial, o art. 36º DL 519-C1/79, de 29/12) fixava com algum rigor, e de forma exaustiva, os pressupostos da emissão de "portarias de regulamentação do trabalho" (PRT), antecessoras dos RCM. Podia ser elaborada uma PRT se ocorresse uma destas situações: inexistência de associações sindicais ou patronais, recusa de uma das partes (num processo de contratação colectiva) em negociar, prática de actos ou manobras manifestamente dilatórias. Para além da situação de "vazio representativo" (em que a PRT surgia como verdadeiro sucedâneo de uma convenção impossível), as hipóteses consideradas sugeriam que o legislador atribuía às PRT o papel de "desbloqueador" de processos negociais em que há sinais de falta ou deficiência de vontade contratual de uma ou ambas as partes. O regime das PRT estava, na LRCT, arrumado no capítulo dos "conflitos colectivos de trabalho" (arts. 30º ss.), ao lado dos mecanismos clássicos de resolução desses conflitos (a conciliação, a mediação e a arbitragem) - como uma espécie de "arbitragem pública" a cargo do Governo.

No actual regime das PCT (tal como já no dos RCM no CT de 2003), a definição dos pressupostos da sua emissão é feita por uma fórmula vaga ("estando em causa circunstâncias económicas e sociais que o justifiquem"), que reconduz a decisão ao produto de um juizo amplamente discricionário do Ministro do Trabalho; por outro lado, o regime das PCT não surge incorporado na regulamentação dos processos de resolução de conflitos colectivos (522º ss. CT). A PCT não é, pois, configurada como um instrumento de superação de conflitos - função que, de resto, nunca verdadeiramente desempenhou na vigência da lei anterior a 2003 -, mas como um verdadeiro instrumento de intervenção regulamentar administrativa, utilizável ao serviço da política laboral pública. Neste sentido, parece verificar-se uma reaproximação à matriz corporativa da regulamentação do trabalho por via administrativa.

Todavia, a elaboração de uma PCT não implica o afastamento dos interlocutores negociais - se existirem. Eles são chamados a fazerem-se representar, através de "assessores", numa "comissão técnica", constituída por despacho do Ministro do Trabalho, e que é ou pode ser uma sede informal de concertação dos interesses em presença. Finalmente, a referida inflexão tem um alcance reduzido, pelo facto de que este tipo de instrumento de regulamentação de trabalho é, há vários anos, de uso extremamente raro.

d) As convenções colectivas de trabalho.

35. *Noção.* Na generalidade dos sistemas de Direito do Trabalho, a regulamentação por via convencional ocupa lugar proeminente, muito embora lhe caibam funções algo variáveis conforme a natureza e a estrutura do regime de relações sociais e económicas em vigor. O principal instrumento desse tipo de regulamentação é a convenção colectiva de trabalho – um *acordo celebrado entre associações de empregadores e de trabalhadores, ou entre empresas e organizações representativas de trabalhadores.* Ao primeiro caso, aplica-se o rótulo de «contrato colectivo» (em que agem associações de ambos os lados); ao segundo, o de «acordo colectivo» (em que intervém uma pluralidade de empregadores para diferentes empresas) e o de «acordo de empresa» (de que é parte um só empregador para uma empresa ou estabelecimento), conforme o disposto no art. 2º/3 CT. Este catálogo tem-se mantido nos mesmos termos há décadas; mas as duas primeiras designações provêm já da tradição legislativa anterior a 1974.

Trata-se, através de tais convenções, de estabelecer, para determinado sector da actividade económica, um regime particularizado e complexo, abarcando a regulamentação das relações de trabalho propriamente ditas e a disciplina de certos aspectos complementares que, no seu conjunto, definem juridicamente a *situação profissional* dos trabalhadores envolvidos.

36. *A convenção colectiva como acordo normativo.* A convenção colectiva (CCT) tem uma faceta *negocial* e uma faceta *regulamentar.*

Por um lado, resulta de um *acordo* obtido através de negociações, valendo como uma fórmula de equilíbrio (sempre transitória) entre os interesses colectivos dos trabalhadores e dos empregadores envolvidos. Daí decorrem, como seus efeitos (segundo o modelo comum dos contratos), *obrigações* recíprocas entre os próprios contraentes – o sindicato, de um lado; a associação patronal ou a empresa, do outro. Ao sentido genérico dessas obrigações – que, em grande parte, se destinam a servir de suporte à manutenção de uma *trégua social* – refere-se o art. 492º/2-*a)* CT. A CCT é, em suma, um contrato gerador de obrigações entre as partes.

Mas, por outro lado, a CCT é também um acto normativo: do acordo nascem normas jurídicas incidentes sobre os contratos individuais do trabalho vigentes ou futuros, dentro do seu âmbito de aplicação (art. 496º CT). Tem, assim, uma função regulamentar: as cláusulas convencionadas condicionam directamente o conteúdo dos contratos individuais no seu âmbito, no duplo sentido de que preenchem os pontos deixados em claro pelas partes (superando as consequências do carácter frequentemente elementar das estipulações individuais) e, sendo de carácter imperativo, se substituem às condições, individualmente contratadas, que delas divirjam (art. 121º/2 CT)[80].

[80] Não existe, também, desnível hierárquico entre as modalidades de convenção: Ac. Rel. Coimbra 19/7/79 (CJ 79, 4,1144). Note-se que, na lei anterior ao Código de 2003, essa substituição só era estabelecida para o caso de o contrato de trabalho conter tratamento menos favorável ao trabalha-

Estas duas facetas *(obrigacional e regulamentar)* articulam-se em qualquer CCT, condicionando-se entre si. Mas reveste-se de algum interesse a destrinça entre elas: como se verá um pouco adiante, é orientação jurisprudencial dominante que se apliquem critérios de interpretação diferentes à parte normativa e à parte obrigacional das convenções.

Dado que, no enquadramento próprio, será estudado o regime das relações colectivas, no qual se inserem os problemas referentes à negociação colectiva (ou seja, aos aspectos *contratuais* da CCT), aborda-se aqui somente o essencial acerca do tema da regulamentação colectiva (quer dizer, os aspectos *normativos* da CCT), particularmente o conteúdo e as condições de eficácia destes instrumentos.

O conteúdo normativo ou regulamentar das convenções é, de longe, o mais importante, inclusivamente do ponto de vista quantitativo: o grosso das cláusulas de uma convenção tem esse carácter. O aspecto contratual releva sobretudo como processo *genético* de um complexo de normas, cujo âmbito pessoal de aplicação pode tornar-se, em certa medida (não totalmente), indiferente às vicissitudes do acordo que o gerou. É o que, nomeadamente, resulta do disposto no art. 498º a propósito dos efeitos da transmissão da empresa ou estabelecimento: a convenção colectiva porventura aplicável (subscrita pelo ou em representação do transmitente) passa a aplicar-se ao adquirente (eventualmente não filiado na associação outorgante e alheio à celebração da convenção), tal como o restante regime (legal) a que estão sujeitas as relações de trabalho na empresa ou estabelecimento. Se uma das entidades subscritoras desaparecer (tratando-se de uma associação sindical ou de uma associação de empregadores), julgamos dever entender-se, na linha dessa lógica, que o conteúdo normativo da convenção continua a aplicar-se no mesmo âmbito pessoal até ao fim da sua vigência.

O DAR define como causa de caducidade de uma convenção colectiva a extinção da associação sindical ou associação de empregadores que a tenha subscrito (art. 502º/1-c)).

Não seria, porém, exacto sustentar que o acordo entre sujeitos colectivos (a convenção propriamente dita) é mero facto gerador das normas que nele se contêm. A convenção é, também, para certos efeitos, *suporte de vigência* dessas normas. Se ocorre a renovação sucessiva da convenção, nos termos do art. 499º CT, a regulamentação por ela estabelecida vigora indefinidamente; se a convenção

dor do que o fixado por regra imperativa. A formulação do CT 2003 articulou-se com a regra do art. 4º/1, segundo a qual os instrumentos de regulamentação colectiva podiam fazer variar em qualquer dos sentidos o regime legal, desde que este não seja imperativo. Adiante, no texto, será analisada a inflexão de política legislativa que assim se manifestou, bem como a evolução operada, na matéria pela revisão de 200.

caduca, nas condições definidas pelo art. 501º, as normas deixam automaticamente de vigorar, com algumas ressalvas especificadas no nº 8 desse artigo, ou resultantes de acordo das partes.

Assim, deve reconhecer-se que o regime jurídico da convenção colectiva cria uma relação complexa entre o *acordo* e a *norma*, dominada por preocupações de pragmatismo e eficiência, com alguns aspectos enigmáticos que impedem uma construção estruturada e homogénea.

37. *O conteúdo obrigatório das convenções.* Define a lei certos *elementos identificativos* de cada CCT que, por isso, nela devem figurar obrigatoriamente: a designação das entidades celebrantes, o nome e qualidade em que intervêm os representantes das entidades celebrantes, a área e âmbito de aplicação, a data da celebração, a identificação da convenção alterada, o prazo de vigência acordado (art. 492º/1). Sem eles, não é possível, ou pode suscitar dúvidas sérias, a determinação do campo de aplicação da convenção no tempo e no espaço. Daí que a sua omissão seja considerada um obstáculo à própria eficácia do clausulado, estando sujeita a controlo *administrativo: o depósito* da CCT no Ministério do Trabalho, sem o qual não há publicação (nem, por conseguinte, entrada em vigor), pode ser recusado na falta de qualquer das referidas indicações (art. 494º/4-*c*)).

O citado art. 492º inclui no "conteúdo obrigatório" das convenções outras referências, já não relacionadas com a determinação exacta do seu campo de aplicação, mas sim com propósitos de acompanhamento e controlo dos respectivos efeitos económicos e sociais: valores remuneratórios acordados, estimativa do número de trabalhadores e empregadores abrangidos. Entretanto, também a omissão desses elementos pode, nos termos do art. 492º, justificar a recusa do depósito.

38. *A interpretação das convenções.* As cláusulas das convenções colectivas são, frequentemente, pouco claras quanto ao seu sentido. Para além de imperfeições de redacção, contribuem para as dúvidas que os textos convencionais suscitam certas ambiguidades intencionais, que são, muitas vezes, o preço dos acordos. De qualquer modo, é necessário proceder à interpretação desses textos no sentido de garantir a sua mais correcta aplicação. Mas a convenção colectiva, como se disse, produz efeitos normativos (relativamente aos contratos de trabalho abrangidos) e efeitos obrigacionais (nas relações entre as entidades subscritoras) – é ao mesmo tempo *norma* e *negócio jurídico*. Devem então seguir-se quanto ao seu conteúdo os cânones da interpretação da lei (art. 9º CCiv.) ou os da interpretação negocial (arts. 236º ss. CCiv.)?

A parte negocial das convenções é, como se assinalou, muito menos importante do que a parte normativa, tanto em termos quantitativos como sob o ponto de vista da relevância social e económica. Mas a circunstância de se tratar de *normas* fundadas num *acordo* – e um acordo que se estabelece entre vontades colectivas formadas e expressas por certas entidades concretas, e não por essa abstracção que é "o legislador" – confere à sua interpretação aspectos particulares relativamente à da lei[81].

Assim, a lei *exige* (art. 492º/3) que as convenções colectivas tratem da constituição e do funcionamento de *comissões paritárias* – compostas por "igual número de representantes das entidades celebrantes" (art. 493º/1) – "para interpretar e integrar as suas cláusulas". A preferência dada a este dispositivo sugere que o legislador, sem distinguir entre parte normativa e parte negocial, pretende favorecer a descoberta da *vontade real dos contraentes,* ainda que a "interpretação" obtida pela comissão paritária seja, ela própria, o produto de uma nova negociação desenvolvida no seu seio. Com efeito, a "deliberação" interpretativa da comissão, quando tomada por unanimidade, considera-se parte integrante da convenção (art. 493º/3). Na realidade, interpretar ou integrar a convenção é (ou deve ser) criar um *conteúdo convencional* que se acrescenta ao existente, e que deve enquadrar-se na fórmula de *equilíbrio contratual* adoptada pelas entidades subscritoras.

Pareceria, pois, que a resposta mais conforme ao desígnio do legislador é a de aplicar os critérios interpretativos preconizados para os negócios jurídicos, independentemente da natureza das cláusulas em questão.

Cremos, no entanto, que o argumento extraído da previsão legal da instituição de uma comissão paritária para a interpretação e integração da convenção colectiva não tem o peso que aparenta. Essa previsão só significa que, segundo a lei, as partes podem, se quiserem, manter o controlo dos possíveis desenvolvimentos do regime convencionado, por via interpretativa ou integrativa, como que prolongando a sua negociabilidade por todo o período de vigência. Isso não contende necessariamente com o critério a seguir nas operações interpretativas a desenvolver por terceiros, perante as normas constantes do instrumento negociado, incluindo (se existirem) as deliberações unânimes da comissão paritária.

[81] Isso é reconhecido e explicado claramente por ROMANO MARTINEZ (*Direito do Trabalho* cit., 1162) que, como outros, parece defender uma posição mista quanto ao critério de aplicação dos regimes convencionais, combinando os arts. 9º e 236º CCiv.. Assim, se é certo que adere à opinião segundo a qual a interpretação das convenções deve ser "objectivada", por aplicação do art. 9º, não deixa de ponderar (citando MENEZES CORDEIRO, *Manual* cit., 306) que "das negociações havidas podem, nalguns casos, retirar-se elementos importantes para a interpretação das regras constantes da convenção colectiva de trabalho" – ou seja, para o apuramento da vontade negocial real dos contraentes. Esta posição de Romano Martinez constitui testemunho das dúvidas (que partilhamos) acerca da relação existente entre acordo e norma na convenção colectiva de trabalho – dúvidas que julgamos insusceptíveis de resolução plena face ao direito positivo.

Todavia, a jurisprudência pronuncia-se, firmemente, no sentido de que "a interpretação das cláusulas de conteúdo regulativo das convenções colectivas de trabalho deve obedecer às regras próprias da interpretação da lei", uma vez que se trata de claúsulas "dotadas de generalidade e abstracção" e "susceptíveis de produzir efeitos na esfera jurídica de terceiros"[82]. Concede-se ainda, nalguns arestos, que os critérios de interpretação dos negócios jurídicos sejam utilizados para as cláusulas de natureza obrigacional[83]. Aquela tese deriva de uma consideração prevalentemente *regulamentar* da convenção colectiva de trabalho – com larga tradição, oriunda do regime corporativo e mantida após a abolição deste –, oferecendo ao operador a facilidade de se confrontar com a objectividade de um "texto" a que é possível ligar um significado literal e um "espírito", mas desvalorizando os mecanismos complexos pelos quais são definidas as suas cláusulas, as labirínticas versões e contra-versões oferecidas pelas partes negociadoras e os condicionamentos (negociais) que, muitas vezes, levam a formulações intencionalmente imprecisas ou ambíguas.

Esta orientação jurisprudencial é, além do mais, tributária do entendimento segundo o qual a convenção colectiva, enquanto acordo, tem sobretudo uma função genética em relação às normas nela contidas, as quais ganham como que "vida própria" (como normas, e não como estipulações) a partir do momento em que são geradas. Daí a possibilidade (ou mesmo necessidade) de, na interpre-

[82] Cfr. STJ 07/10/2008 – P. 08S1329 (Alves Cardoso), STJ 05/04/2011 – P. 4319/07.1TTLSB.L1.S1 (Pinto Hespanhol), STJ 30/04/2014 – P. 3230/11.6TTLSB.S1 (Melo Lima), STJ 25/03/2015 – P. 3243/11.8TTLSB.S1 (António Leones Dantas), STJ 26/10/2017 – P. 35457/15.6T8LSB.L1.S1 (Ana Luísa Geraldes) e STJ 19/03/2019 – P. 1148/16.5T8BRG.G1.S1 (Chambel Mourisco).

[83] Esta orientação mista foi, segundo cremos, inicialmente proposta por Bernardo Xavier, *Curso de Direito do Trabalho* cit. 620. Na jurisprudência, vd, nomeadamente, STJ 09/06/2010 – P. 3976/06.0TTLSB.L1.S1 (Vasques Dinis) e STJ 19/04/2012 – P. 142/09.7TTCSC.L1.S1 (Fernandes da Silva). Trata-se, porém, de entendimento já antigo e consolidado. Veja-se, por exemplo, STJ 11/04/2000 – P. 99S267 (Almeida Deveza), de que extraímos o seguinte trecho: "Estando em causa normas de natureza meramente obrigacional, destinadas a regular as relações entre as partes outorgantes, nomeadamente no que toca à verificação do cumprimento da convenção e dos meios de resolução dos conflitos decorrentes da sua aplicação e revisão, tais normas têm características tipicamente negociais, devendo-lhes, por isso, aplicar as regras de interpretação dos negócios jurídicos (Cfr art. 5º, al a) do citado Dec.-Lei 519-C1/79). Mas, se se estiver perante uma norma de conteúdo regulativo – as que constituem as mais abundantes e imediatamente aplicáveis aos contratos individuais de trabalho que vierem a ser celebrados sob a sua vigência, bem como ao conteúdo e efeitos futuros dos contratos anteriormente concluídos – como as que disciplinam a duração do trabalho –, a convenção colectiva de trabalho objectiva-se, devendo essas normas serem tratadas como uma lei. Os comandos jurídicos dessas normas são gerais, abstractos e destinam-se a um número indeterminado de pessoas, na medida em que não é estática a taxa de sindicalização, pelo que tais normas podem considerar-se autênticas normas jurídicas. Nesse domínio devem aplicar-se a essas normas das convenções colectivas de trabalho as regras gerais relativas à interpretação da lei".

tação, utilizar métodos "objectivantes", desvalorizando a vontade real dos contraentes. Como vimos atrás, esse pressuposto (função limitadamente genética do acordo) é confirmado por algumas soluções do direito positivo, mas infirmado por outras, como as que respeitam ao ciclo de vigência e caducidade das convenções – em que a "vigência" das normas depende da dos acordos.

Entendemos – tudo considerado – que a convenção colectiva, na sua globalidade, se submete harmoniosamente às regras sobre interpretação da lei oferecidas pelo art. 9º CCiv.[84] – tanto mais que nelas surge como meta a reconstituição do "pensamento legislativo", e a "unidade do sistema jurídico" a ter em conta não pode deixar de atender ao contexto oferecido pela globalidade da convenção a interpretar. Ou seja: provavelmente, na maioria dos casos, os dois métodos interpretativos conduzirão a resultados idênticos.

A tese mista, segundo a qual devem ser aplicadas as regras de interpretação da lei às cláusulas de carácter normativo e as da interpretação negocial às de natureza obrigacional, depara, além do mais, com a dificuldade de que, em geral, se trata, não propriamente de partes distintas do clausulado, mas da *dualidade de efeitos* de uma mesma proposição negociada. Tome-se como exemplo um regime criador de um seguro de saúde para os trabalhadores abrangidos, comparticipado pelos trabalhadores e gerido com intervenção do sindicato. Esse clausulado, na sua globalidade, compreende, por um lado, o *compromisso* da empresa face ao sindicato, e, por outro, as *normas*, aplicáveis aos actuais e futuros trabalhadores, respeitantes às contribuições e aos benefícios. É difícil conceber que, para efeitos diferentes, se apliquem aos mesmos textos critérios interpretativos distintos.

A interpretação da convenção colectiva pode, de resto, ser objecto de uma acção judicial, com processo especial regulado nos arts. 183º ss. CPT. Se o STJ for chamado a decidir sobre recurso, estabelece o art. 186º que o respectivo acórdão tem o valor ampliado de revista, sendo publicado no *Diário da República* (1ª série) e no *Boletim do Trabalho e Emprego*.

39. *Publicação e entrada em vigor.* As CCT só entram em vigor após a sua publicação no *Boletim do Trabalho e Emprego*, em termos idênticos aos estabelecidos para os diplomas legais (art. 519º). Significa isto, além do mais, que, na falta de menção expressa, a convenção entra em vigor no quinto dia após a publicação (art. 2º L 6/83, de 29/7).

O art. 519º/3 CT obriga à publicação integral dos instrumentos de regulamentação colectiva que sejam objecto de três alterações. Trata-se de uma medida aconselhada pelas dificuldades de fixação dos textos em vigor, à medida que vão sendo publicadas alterações parciais, muitas vezes sobrepostas,

[84] Neste sentido, M. Rosário Palma Ramalho, *Tratado* cit., Parte I 293.

dos clausulados originários. A publicação integral não afecta, naturalmente, a diferenciação de períodos de eficácia dos acordos parciais que se encontrem em vigor.

D) Os usos laborais[85].

40. *Noções gerais.* A lei inclui no elenco das "fontes específicas" de Direito do Trabalho os "usos laborais que não contrariem o princípio da boa fé" (art. 1º CT).

O enunciado do Código é, desde 2003, diferente da que pertencia à tradição legislativa anterior. Com efeito, na LCT de 1969 (art. 12º/2), os "usos da profissão do trabalhador e das empresas" eram declarados "atendíveis... salvo se outra coisa for convencionada por escrito"; e essa *atendibilidade* era ainda condicionada pela conformidade com as "normas" (legais, convencionais e administrativas) e com os "princípios da boa fé".

A formulação adoptada na codificação de 2003, e mantida na revisão de 2009, suscita grandes dificuldades de interpretação. Importa verificar se ela representa, simplesmente, uma inflexão estilística ou se, pelo contrário, envolve uma verdadeira alteração do estatuto dos usos laborais no domínio das fontes de direito.

A expressão "usos laborais" acomoda, sem dificuldades de maior, a anterior referência aos usos "das profissões e das empresas". E que se queria, na lei de 1969, sinalizar com esta expressão, qualificada como era pela ideia de "atendibilidade"?

Tratava-se, meramente, de *práticas usuais, normais ou tradicionais,* definidoras de soluções comuns ou uniformes para questões práticas que podem suscitar-se nas das relações de trabalho, e constatáveis pela observação da realidade do modo por que se desenvolvem essas relações neste ou naquele sector de actividade e, sobretudo, nesta ou naquela empresa.

O que caracteriza as referidas práticas é a repetição, a continuidade, que define uma "solução padronizada", mas não um imperativo incontornável. É-lhes estranha a «convicção generalizada de juridicidade», elemento subjectivo do costume como fonte de direito[86].

[85] O tema é objecto de abordagens muito diferentes, a partir de distintos ângulos de observação. Veja-se o tratamento que lhe é dado, segundo perspectiva original e controversa, por Bernardo Xavier, *Manual de Direito do Trabalho,* 2ª ed., Lisboa (2014) 284 ss.. Vd. também Menezes Cordeiro, *Direito do Trabalho,* I 301 ss.; P. Romano Martinez, *Direito do Trabalho* cit. 185 ss.; M. Rosário Ramalho, *Tratado* cit., Parte I 241 ss.; Luis Menezes Leitão, *Direito do Trabalho* cit. 85 ss.. É de importância fundamental a monografia de Tiago Cochofel Azevedo, *Da relevância jurídica dos usos laborais,* Lisboa, 2012, 300 pp..

[86] Cfr. A. J. Motta Veiga, *Lições de Direito do Trabalho,* 8ª ed., Lisboa (2000) 102.

41. *Os usos na lei antiga.* A LCT referia-se à mera *atendibilidade* dos usos. Aí, apareciam, de facto, como meras práticas *habituais* (referentes ao local do pagamento da retribuição, ao processo de admissão do trabalhador, etc.), que não se revestiam de características preceptivas, mas exprimiam uma "normalidade" e podiam, por isso, ser utilizadas como *elemento de interpretação e integração das estipulações individuais* (ou seja: destinado a preencher condições a que as partes se não referiram, ou a fixar o sentido de estipulações menos claras, de harmonia com a "solução normal"). Tratar-se-ia, em suma, dos chamados "usos interpretativos", instrumentos de reconstrução da vontade contratual em casos de omissão ou obscuridade das estipulações. Ainda assim, porém, sempre sustentámos que a sua aplicação só seria admissível, ou, dito de outro modo, que eles só seriam "atendíveis", no caso de não haver, nas fontes enumeradas pela LCT, disposições supletivas aplicáveis.

A função dos usos seria, pois, a seguinte: não havendo, sobre certo aspecto da relação de trabalho, disposição imperativa ou supletiva da lei ou de regulamentação colectiva, nem manifestação expressa da vontade das partes, entende-se que estas quiseram, ou teriam querido, adoptar a conduta usual no que respeita a esse ponto[87] – e daí, talvez, que não tivessem curado de se exprimir sobre o ponto.

A importância deste elemento integrador resulta-lhe, fundamentalmente, da *informalidade* que caracteriza, por via de regra, a constituição da relação jurídica de trabalho: o contrato correspondente é, como se mostrou, puramente consensual; as estipulações negociais reduzem-se, normalmente, ao mínimo indispensável e podem ser verbais. Em certas modalidades de trabalho subordinado, os usos (no sentido de práticas tradicionais) assumem até uma importância singular, pela própria natureza do quadro sociocultural em que se inserem: é o caso, nomeadamente, do trabalho agrícola[88].

42. *Os usos no Código Civil.* Mas é preciso assinalar que o art. 3º/1 CCiv. considera, ele também, "atendíveis" os usos não contrários aos princípios da boa fé, "quando a lei o determine". A relevância dos usos depende, aí, de remissão legal. Neste sentido, pode dizer-se que o uso preenche um dos sentidos normativos possíveis (ou um elemento do critério de valoração) que uma disposição legal compreende. Porém o nº 2 do mesmo artigo coloca os usos em posição subordinada às "normas corporativas", que, em leitura actualizada, correspon-

[87] Pode igualmente ser atribuída uma função *interpretativa* aos usos laborais relativamente às estipulações expressas. O sentido a dar às cláusulas pouco claras poderá ser procurado *também* mediante o recurso às práticas habituais na profissão, na empresa ou no ramo de actividade em causa, sem que isso importe a dispensa da utilização dos restantes critérios de interpretação dos negócios jurídicos. Cfr. HUECK/NIPPERDEY 134 ss..

[88] Vejam-se as Bases XV, XVII/2, XXXIV/3 e XXXVI/2 da PRT para a Agricultura, pub. no BTE 1ª série, nº 21, de 876/79.

dem às convenções colectivas de trabalho. Nestes termos, os usos aparecem como fonte *mediata* de direito: a solução de casos concretos com base neles depende de expressa remissão legal e da não contrariedade de disposição convencional colectiva.

Essa remissão não é invulgar na legislação do trabalho. O CT contém várias disposições que apontam os usos como elemento definitório de condições de trabalho: vejam-se, a título de exemplo, os arts. 197º/2-*a)* (interrupções de trabalho compreendidas no tempo de trabalho), 154º/3-*b)* (subsídio de refeição dos trabalhadores a tempo parcial), 258º/1 (composição da retribuição), 260º/ /1-*a)* (ajudas de custo), 260º/3-*a)* (gratificações), 278º/1 (periodicidade do pagamento da retribuição).

43. *Os usos no Código do Trabalho.* Mas o art. 1º CT vai, manifestamente, além disso: a relevância dos usos ou práticas empresariais não depende de remissão legal expressa. Poderia entender-se que o art. 1º CT contém uma "remissão legal geral" para os usos laborais. Mas não parece que isso corresponda ao sentido do preceito. A lei não assume aí a fisionomia de "norma em branco" a preencher por via remissiva: ela reconhece a certas realidades a natureza de padrões vinculantes aos quais estão "sujeitos" os contratos de trabalho.

Na verdade, com o CT, a modificação da linguagem utilizada – os usos deixam de ser meramente "atendíveis", os contratos de trabalho passam a estar-lhes "sujeitos" – inculca que o legislador tem em vista realidades diferentes, e, sobretudo, um grau de vinculação diverso. Se os contratos estão "sujeitos" aos usos, não podem, aparentemente, afastar-se do padrão que eles definem. Não haverá então aí meras práticas usuais ou normais – tratar-se-á de soluções *obrigatórias* para os contraentes, às quais se não poderá sobrepor a vontade deles. Se assim é, os usos surgem como factor limitativo da liberdade de estipulação, ao lado das normas imperativas da lei e das convenções colectivas.

44. *O uso vinculante.* Há, com efeito, práticas generalizadas (na empresa) que são susceptíveis, pelas características de que se revestem, e nomeadamente pela expectativa de continuidade que geram, de fundamentar obrigações de conduta (positiva ou abstensiva) das partes.

> Sem que a convenção colectiva de trabalho aplicável o estabeleça, o empresário divide, anualmente, pelos trabalhadores, em partes iguais, 10% do resultado líquido da empresa antes de impostos. Fá-lo há vários anos, obedecendo ao mesmo critério. Nem a lei, nem os contratos individuais prevêm tal prática. Pode o empregador, após vários anos desta prática, deixar de atribuir esse benefício a todos, ou a alguns, ou passar a atribuí-lo em prestações desiguais? A sua repetição, a sua constância, são

susceptíveis de tornar a prática obrigatória, isto é, de servir de fundamento a expectativas de ganho juridicamente relevantes.

Numa empresa hoteleira, desde a sua entrada em funcionamento, nenhum trabalhador goza férias entre Maio e Outubro, ou seja, durante a época alta, mas é livre de marcar e gozar as férias fora desse período (isto é, o empregador não se lhe opõe). Isso não consta de nenhuma convenção colectiva, nem dos contratos individuais, nem de regulamento interno. Assenta, simplesmente, na compreensão colectiva da necessidade da empresa. O empregador organiza o trabalho e planeia o negócio no pressuposto de que não tem que recrutar pessoal adicional para a época alta. A situação dura há anos. A sua permanência e a legítima expectativa de continuidade com base na qual o empregador se tem conduzido, em domínio que a própria lei confia ao consenso das partes (art. 217º/1 CT), é de molde a converter a prática em vinculação[89].

Está-se perante uma possibilidade diferente da anteriormente referida: a de uma prática repetida no âmbito de uma organização se tornar vinculante para os elementos da mesma organização.

Esta possibilidade depende, manifestamente, de diversas condições objectivas[90]: a *generalidade* (não pode tratar-se de práticas individuais, mas adoptadas para (e por) a colectividade dos trabalhadores), a *fixidez* (a prática deve manter sempre as suas características), a *constância* (deve ser repetida, permanente, e não pontual ou descontínua) e a *incondicionalidade*, isto é, a inexistência de indicações que obriguem, em termos de boa fé, a autonomizar cada uma das ocorrências de tais práticas, por estar sujeita à verificação de certas circunstâncias[91].

Depois, depende da sua conformidade com as disposições imperativas da lei e da convenção colectiva eventualmente aplicável. Uma prática ilegal, mesmo

[89] Assinale-se que a conversão em modelo obrigatório de conduta supõe a inexistência de conflito com a lei ou com convenção colectiva aplicável. O uso não é atendível, nem pode tornar-se vinculante, se for contrário, não apenas ao "princípio da boa fé", mas também às fontes de direito propriamente ditas.

[90] Seguimos aqui a síntese de J. Le Goff, *Droit du travail et société – 1. Les relations individuelles de travail*, Rennes (2001) 95.

[91] Exemplificando: se, em deliberações anuais da administração de uma empresa, se manifesta um propósito de actualização salarial dos seus trabalhadores nos mesmos termos da Função Pública, mas dependente das condições financeiras da empresa, o facto de esta ter efectuado tal actualização salarial durante alguns anos não constitui uso relevante – STJ 26/09/2007 – P. 07S1266 (Maria Laura Leonardo): se o empregador estabeleceu, por via regulamentar interna, que os complementos de reforma poderiam ser periodicamente actualizados se, quando e na medida em que a situação da empresa o permitisse, a circunstância de tal actualização ter sido efectuada durante um certo número de anos não basta para se considere existente um uso da empresa susceptível de vincular o empregador a manter essas actualizações para futuro – STJ 29/11/2005 – P. 05S2556 (Fernandes Cadilha).

que generalizada e repetida, não pode ascender à dignidade que lhe é reconhecida pelo art. 1º CT. De igual modo, um uso pode ser suprimido em consequência de alteração legislativa ou convencional que o contrarie.

Finalmente, o uso (e a vinculação que se lhe associa) tem que estar de acordo com a boa fé: esta é, afinal, o fundamento do seu carácter vinculativo. A vinculação deriva do facto de ser legítima, atendível (conforme à boa fé), a expectativa de continuidade da prática da empresa[92]. Essa expectativa está ligada ao valor ou desvalor da prática em si mesma. Uma prática repetida porque o empregador a vai tolerando (por exemplo, a entrada ao serviço com atraso, ou a violação da proibição de fumar) não pode transformar-se em uso vinculante. Nem estaria de acordo com a boa-fé a formação de uma vinculação se o empregador, tendo instituído um benefício para os trabalhadores (por exemplo, um prémio) a título precário e reversível, e renovando a concessão explicitamente como tal em cada ano, se esquece num certo ano de o fazer.

O grau de reiteração (o número de vezes, ou de anos, em que a prática foi mantida) entendido na jurisprudência como suficiente para fundamentar a vinculação do empregador, no sentido de lhe dar continuidade enquanto durar a relação de trabalho, é assaz variável. Não parece possível extrair da casuística um critério minimamente seguro[93]. Assim, por exemplo, o pagamento do subsídio de refeição durante as férias, ao longo de 40 anos, constitui uso relevante[94], decidindo-se de modo semelhante acerca da concessão da terça-feira de Carnaval a todos os trabalhadores, sindicalizados ou não, desde 1994[95]. Em sentido oposto, considerou-se, muito recentemente, que "dez anos e nove meses é tempo insuficiente para se concluir no sentido da existência de uma regra subjacente à prática do empregador que durante esse lapso de tempo, anualmente, contratualizou um seguro coletivo de saúde em benefício dos seus trabalhadores"[96]; noutro processo, decidiu-se que quatro anos não são tempo bastante para que a concessão da terça-feira de Carnaval constitua uso relevante[97]; e ainda noutro, considerou-se insuficiente o período de três anos em que a entidade empregadora, depois de afastado o regime convencional que qualificava a pausa diária de 60 minutos como tempo de trabalho, continuou a considerá-la como tal[98].

[92] Colocando, de forma impressiva, as práticas vinculantes no âmbito da *Treu und Glauben*, vd. Zöllner, *Arbeitsrecht*, 3ª ed., München (1983) 67-68.

[93] Vejam-se, sobre o ponto, as lúcidas e úteis reflexões de Tiago Cochofel de Azevedo, *ob. cit.* 116.

[94] STJ 27/11/2018 – P. 12766/17.4T8LSB.L1.S1 (Ribeiro Cardoso).

[95] STJ 17/11/2016 – P. 1032/15.0T8BRG.G1.S1 (Gonçalves Rocha).

[96] STJ 27/03/2019 – P. 18047/16.3T8LSB.L1.S1 (Chambel Mourisco).

[97] STJ 09/03/2017 – P. 401/15.0T8BRG.G1.S1 (Chambel Mourisco)

[98] STJ 21/03/2019 – P. 26175/16.9T8LSB. L1.S1 (Ribeiro Cardoso). Lê-se neste acórdão: "Os usos correspondem a práticas sociais reiteradas, não acompanhadas da convicção de obrigatoriedade

Nestas decisões, atendeu-se às circunstâncias concretas das diversas situações e à natureza das prestações ou benefícios de que se tratava. Mas o sentido final delas parece dever mais à sensibilidade do que a uma racionalidade estrita e escrutinável[99].

45. *A polivalência dos usos.* Parece, pois, que os usos laborais, independentemente dos termos em que têm sido referenciados pela lei, podem surgir em diversas vestes e com distintas funções jurídicas.

Assim, e em primeiro lugar, temos os *usos interpretativos*, a que aludia expressamente o art. 12º LCT, mas que, em rigor, não necessitariam de menção expressa para serem "atendíveis": sendo práticas normais, tradicionais ou correntes, e reflectindo soluções reveladas pela realidade social, são naturalmente utilizáveis para ultrapassar as dificuldades de interpretação e as omissões que os contratos revelem. A vinculação dos contraentes à observância dessas soluções "normais" pode, apesar de tudo, ligar-se à vontade deles, pois nada impediria que as afastassem por manifestações de vontade em sentido diverso.

Em segundo lugar, surgem os *usos integradores da lei*, apontados pelo art. 3º CCiv., e que, constituindo também soluções de normalidade, assum o aspecto particular de que a lei os incorpora como instrumento de valoração da realidade. As "ajudas de custo" são elemento da retribuição do trabalhador na medida em que assim "se devam considerar pelos usos" (art. 260º/1-a); a periodicidade do pagamento da retribuição poderá ser diferente da semana, quinzena ou mês se houver uso nesse sentido (art. 278º/1). Por definição, trata-se sempre de casos de remissão legal expressa, pelo que a vinculatividade decorre da lei e não de características próprias da prática em causa.

Finalmente, há que referir os *usos laborais autónomos*, que são vinculantes por si mesmos ou em função das características que certas práticas assumem. A repetição, a uniformidade e a continuidade dessas práticas, aliadas à sua lici-

e mantidas por um período de tempo considerável "de forma a permitir que se possa concluir no sentido da existência de uma regra que leve os trabalhadores a adquirir legitimamente a convicção de que, no futuro e definitivamente, a mesma será aplicada".

[99] Outros exemplos podem encontrar-se na jurisprudência posterior à primeira codificação (isto é, à introdução da ideia de que os contratos de trabalho ficam "sujeitos" aos usos): "Embora se tenha provado que a empregadora englobou o subsídio de isenção de horário de trabalho nas pensões de reforma de outros trabalhadores, entre 1990 e 1996, não se configura uma prática continuada, durante um período significativo, que possa considerar-se um uso da empresa" (STJ 05/05/2010 – P. 3870/06.5TTLSB.L1.S1 (Pinto Hespanhol); "Constitui um uso laboral vinculativo e relevante como fonte de direito a prática constante, uniforme e pacífica que a empresa adoptou durante cerca de 13 anos relativamente aos seus trabalhadores afectos ao regime de dois turnos rotativos, de remunerar e contar o período de 30 minutos para refeição como tempo de trabalho" (STJ 07/05/2007 – P. 06S2576 (Mário Pereira).

tude e à razoabilidade da expectativa de que se mantenham, transformam-nas em padrões de comportamento exigíveis. O carácter vinculante destas práticas é-lhes intrínseco, e pode ser, ou não, explicitamente reconhecido pela lei. Parece ser este o alvo principal da menção constante do art. 1º CT.

Em qualquer destas configurações, os usos laborais são, como de início se observou (nº 1 deste cap.), *factos reguladores ou conformadores* das relações de trabalho em certos âmbitos, e muito particularmente no da empresa concreta, sem, verdadeiramente, assumirem a natureza de "fontes intencionais" deste ramo de Direito.

V. A hierarquia das fontes[100].

A) A relação entre as fontes internacionais e as fontes internas.

46. *A supremacia das fontes internacionais.* A primeira questão que o tema da hierarquia das fontes de Direito do Trabalho suscita é a da relação existente entre as fontes internacionais (em especial, as convenções da O.I.T. e o direito comunitário derivado respeitante à matéria laboral), após a sua recepção nos termos do art. 8º/2 CRP, e as fontes internas deste ramo de Direito.

O ponto só releva no tocante às leis ordinárias, visto que a supremacia das normas constitucionais relativamente ao direito internacional recebido se mostra indiscutível. Mas deverá considerar-se, por exemplo, uma convenção da O.I.T. ratificada como prevalente sobre um decreto-lei que disponha sobre o mesmo assunto em termos divergentes? A resposta afirmativa[101] implicaria que o regime do decreto-lei fosse tido por inaplicável[102], mesmo se *posterior* à ratificação da convenção. No entendimento oposto, as duas fontes encontram-se no mesmo nível hierárquico, aplicando-se o efeito revogatório da mais recente[103].

O argumento fundamental da primeira tese - o de que a norma interna contrária à norma internacional recebida entra em conflito com a própria CRP, na medida em que esta consagra a recepção automática - não se afigura convincente.

Na verdade, o problema só adquire corpo, na prática, quando a norma interna seja posterior à recepção da norma internacional (no caso oposto, não há dúvida de que a norma interna resulta revogada); e, sendo assim, verificar-se-á, meramente, o confronto entre dois mecanismos de geração de direito interno, ambos constitucionalmente regulados.

[100] Vd. sobre o tema J. Leal Amado, *Contrato de trabalho*, 4ªed., Coimbra (2014)51 ss..

[101] Cfr. Gomes Canotilho/Vital Moreira, *Constituição* cit., I 92-93; F. Ribeiro Lopes, *Direito do Trabalho* cit. 50-56; A. Menezes Cordeiro, *Direito do Trabalho* cit. 293.

[102] Embora, como assinalam os constitucionalistas, não seja claro o tipo de vício a apontar nesse caso: cfr. Gomes Canotilho/Vital Moreira, *Constituição* cit., 193.

[103] Cfr. Barros Moura, *Notas para uma Introdução* cit. 171-174.

Só que a CRP garante, no art. 8º/2, a *vigência* das normas internacionais recepcionadas "enquanto vincularem internacionalmente o Estado português"; não é, pois, viável cindir o plano da vigência interna e da vinculação externa – como se imporia na lógica da tese que parifica as normas internacionais recebidas às normas internas. E daí que optemos pelo entendimento contrário, isto é, pelo da supremacia hierárquica das fontes internacionais, com a óbvia ressalva da Constituição, que é o fundamento da recepção delas.

B) A hierarquia das fontes internas.

47. *A questão da hierarquia.* As fontes de Direito do Trabalho arrumam-se segundo uma ordem de *prioridade na aplicação* a atender nos casos em que se verifique coincidência nos domínios espacial, pessoal ou material de algumas delas. Se, por exemplo, o CT estabelece, para o regime de adaptabilidade com base em convenção colectiva, a semana máxima de trabalho de sessenta horas (art. 204º), e uma convenção colectiva para a indústria de panificação fixar esse limite em sessenta e cinco horas, qual dos regimes deverá aplicar-se aos trabalhadores desta actividade?

Nem sempre é fácil a resposta. Com efeito, prontamente se constata que existe, entre as fontes aludidas, uma graduação respeitante à sua solenidade ou dignidade formal e à própria amplitude dos interesses tutelados: nestes dois planos, a lei tem prioridade ante a convenção colectiva, por exemplo; esta última, como se sabe, não provém de órgãos dotados de competência normativa originária e aparece, funcionalmente, referenciada a *interesses colectivos sectoriais,* de ramo de actividade ou categoria profissional.

Por seu turno, a lei (em sentido material) parte normalmente de interesses mais gerais, concretizando princípios aplicáveis a qualquer relação de trabalho, seja qual for a natureza deste ou o sector de actividade a que respeite. O CT visa a generalidade das relações de trabalho. As regras contidas no Código constituem, por assim dizer, a moldura dentro da qual poderão surgir regimes de trabalho particularizados – é o que expressamente estabelece o art. 9º CT.

Para além do primado da norma constitucional, o princípio hierárquico determina que seja atribuída prioridade à lei (em qualquer modalidade), seguindo-se a convenção colectiva de trabalho e, finalmente, os usos (quer na sua função integradora, quer como fonte de obrigações). No entanto, esse princípio sofre, ou pode sofrer, em Direito do Trabalho, desvios mais ou menos importantes.

48. *A hierarquia das fontes na lei antiga.* Na LCT, encontrava-se uma afirmação expressa da articulação hierárquica das fontes de Direito do Trabalho. O art. 13º/1 LCT estabelecia o seguinte: «As fontes de direito superiores prevalecem sempre sobre as fontes inferiores, salvo na parte em que estas, sem oposição daquelas, estabelecem tratamento mais favorável para o trabalhador»[104]. Este enunciado ligava-se a um elenco de fontes, contido no art. 12º LCT, que englobava, em sucessão (correspondente a uma "ordem de precedência"), vários elementos: as normas legais de regulamentação do trabalho, as emitidas pelo Ministro do Trabalho dentro da competência atribuída por lei (PRT e PE) e as convenções colectivas de trabalho.

Estava, pois, claro que a ordenação hierárquica das fontes era a seguinte: lei/regulamentação administrativa/convenção colectiva. Em princípio, as regras definidas por convenção colectiva teriam que ser conformes às disposições correspondentes da lei. A relação entre regulamentação administrativa e convenção assumia relevo praticamente nulo, dado que a primeira supunha, em regra, a inexistência da segunda.

Complementarmente, havia ainda que tomar em conta o art. 6º do DL 519-C1/79, já citado, segundo o qual os instrumentos de regulamentação colectiva do trabalho não podiam (sob pena de invalidade) "contrariar normas legais imperativas" nem "incluir qualquer disposição que importe para os trabalhadores tratamento menos favorável do que o estabelecido por lei".

Por outro lado, o art. 13º/1 LCT continha uma segunda pro-posição, segundo a qual uma fonte inferior podia "prevalecer" sobre uma fonte superior, mediante a verificação de duas condições: não haver "oposição" da fonte superior; e resultar da fonte inferior um tratamento mais favorável para o trabalhador.

A referida disposição requeria, naturalmente, o esclarecimento de duas questões: primeiro, a de saber em que poderia consistir a "oposição" da fonte superior; segundo, que papel seria o da noção de "tratamento mais favorável ao trabalhador".

49. *Os tipos de normas.* Quanto à primeira questão era evidente que – como já sugeria a leitura do art. 6º DL 519-C1/79, acima referido – a "oposição" da lei à aplicação de uma regra constante de convenção colectiva só podia ocorrer quando entre esta regra e a correspondente norma da lei existisse *conflito*, tratando-se de norma legal *imperativa*. Se a convenção era mais favorável ao trabalhador, mas a norma da lei era do tipo *imperativo-fixo*, ou estabelecia uma vantagem *máxima* para os trabalhadores, a convenção deparava com a *oposição* da lei e não podia prevalecer. Mas se, ao invés, se tratasse de norma legal *dispositiva* ou definidora de uma vantagem *mínima* para os trabalhadores, o conflito seria, naquele caso, inexistente, não podendo falar-se de oposição da lei. A cláusula mais favorável da convenção situar-se-ia no espaço oferecido pelo legislador à regulação por fontes inferiores.

Temos, assim, em suma, que da interpretação combinada do art. 13º/1 LCT e do art. 6º DL 519-C1/79 resultavam as seguintes consequências:

[104] Sobre a problemática envolvida, vd. N. Aliprantis, *La place de la convention collective dans la hierarchia des normes*, Paris (1980).

a) tratando-se de norma legal imperativa-fixa, não era viável qualquer variação de regime por instrumento de regulamentação colectiva;

b) tratando-se de norma legal definidora de vantagem mínima (para o trabalhador), valia e prevalecia regime mais favorável estabelecido por instrumento de regulamentação colectiva;

c) tratando-se de norma legal definidora de vantagem máxima, não era viável (salvo se expressamente autorizado pela lei) regime menos favorável fixado por instrumento do tipo referido (art. 6º DL 519-C1/79).

50. *O critério do "tratamento mais favorável"*. A segunda questão que o art. 13º/1 LCT suscitava era a do sentido da menção que aí se fazia ao "tratamento mais favorável ao trabalhador".

A questão era, já então, muito pertinente. Não faltava quem opusesse reservas à utilização de um princípio de favorecimento na aplicação de normas reguladoras de uma relação contratual como a de trabalho. A invocação do sentido protector que historicamente marcou a formação e o desenvolvimento do Direito do Trabalho pôde tentar alguns operadores jurídicos a usar o critério do tratamento mais favorável de modo inadmissível, para resolver dúvidas em matéria de facto, para escolher uma das interpretações possíveis da norma aplicável, ou até mesmo para identificar, de entre normas supostamente concorrentes, aquela que deveria ser aplicada. A jurisprudência guarda exemplos vários da utilização indiscriminada de um "princípio" que teria o seu afloramento no art. 13º/1 LCT.

Que alcance poderia atribuir-se à referência ao "tratamento mais favorável" no contexto desse preceito?

Sempre defendemos que este papel consistia em munir o intérprete da *presunção* de que a norma a interpretar admitia a *especificação em mais* (no sentido da maior vantagem para o trabalhador); ou seja, por outras palavras, a presunção de que se tratava de *norma definidora de condições mínimas,* imperativa-limitativa. Assim, o princípio do tratamento mais favorável assumiria fundamentalmente o sentido de que as normas jurídico-laborais, *mesmo as que não denunciassem expressamente o carácter de preceitos imperativos mínimos* (na perspectiva do interesse do trabalhador), deveriam ser *em princípio* consideradas como tais. Tal presunção estaria de acordo com aquela que se entendia ser a orientação geral da legislação do trabalho, no sentido da protecção do contraente débil nas relações laborais.

51. *A relação entre as fontes no Código do Trabalho*. A posição do legislador alterou-se, de modo muito significativo, com o CT. Há, no entanto, uma importante diferença entre as soluções consagradas na versão de 2003 e na de revisão de 2009, como, em seguida, se evidenciará.

Não é feita, no CT, nenhuma específica afirmação de uma ordem hierárquica das fontes – que sempre seria, de facto, desnecessária, dadas as regras contidas nos arts. 1º e 3º CCiv.. Por outro lado, o art. 3º/1 do CT revisto (em termos praticamente iguais aos da versão de 2003) regula, em termos gerais, a relação funcional entre fontes nos seguintes termos: "As normas legais reguladoras do contrato de trabalho podem ser afastadas por instrumento de regulamentação colectiva de trabalho, salvo quando delas resultar o contrário".

A primeira constatação que este enunciado suscita é a de que não está em causa o primado da lei imperativa. Tal como na LCT, em que se falava de "oposição" da lei, o CT obsta ao "afastamento" das normas legais por fonte inferior, quando daquelas normas "resultar o contrário", isto é, que *não podem ser afastadas*. São duas maneiras de dizer a mesma coisa. De resto, o art. 478º CT mantém a interdição de cláusulas de instrumentos de regulamentação colectiva que contrariem normas legais imperativas.

Não está, portanto, em causa a prevalência das disposições do CT que estabelecem (de modo imperativo) vantagens mínimas ou máximas para os trabalhadores. A imperatividade de tais limites opõe uma barreira intransponível à sua alteração por fontes de nível inferior.

Restam duas diferenças importantes para o regime anterior ao Código.

A primeira consiste na (implícita) admissibilidade de disposições *menos favoráveis*, estabelecidas por instrumentos de regulamentação colectiva, quando as disposições legais em confronto sejam de natureza dispositiva ou estabeleçam vantagens máximas para os trabalhadores.

A segunda ressalta do enunciado legal: o "tratamento mais favorável ao trabalhador" deixa de constituir referencial interpretativo, nos termos expostos. No CT, o ponto de partida da operação interpretativa-qualificativa incidente sobre a norma legal (para se saber se pode aplicar-se a fonte inferior de conteúdo diferente) já não é a presunção de que essa norma admite variação em sentido mais favorável ao trabalhador, mas a de que *admite variação em qualquer dos sentidos*. Tal presunção só é afastada se da norma legal resultar inequivocamente que nenhuma variação é legítima, ou que só o será num dos sentidos possíveis (ou seja, usando as palavras da lei, se dela "resultar o contrário").

Tal é a "posição de princípio" adoptada pelo legislador em 2003, e mantida (como tal) na revisão de 2009 (art. 3º/1).

No entanto, o Código revisto restringe fortemente o alcance dessa directriz geral. O art. 3º/3 repõe a prevalência do tratamento mais favorável relativamente a um largo elenco de matérias, no qual se compreende tudo o que pode considerar-se essencial na construção do estatuto socio-laboral derivado para o trabalhador do contrato de trabalho. A L. 93/2019, de 4 de Setembro, acrescenta a essa lista os regimes do pagamento e das garantias da retribuição e a compensação económica pelo trabalho suplementar. Trata-se, manifestamente, no domínio dos princípios, de uma solução de compromisso que, todavia, acaba por representar, sob o ponto de vista prático, um verdadeiro retorno à situação anterior ao Código[105].

De resto, cremos que a questão suscitada pelo art. 3º CT (como a que o art. 13º LCT levantava) é, sob o ponto de vista prático, muito menos importante do que o calor do debate em torno dela indica. Esse debate é alimentado sobretudo pelo valor simbólico da antiga afirmação de um "princípio do tratamento mais favorável ao trabalhador" a que se atribuía alcance argumentativo em muitas situações de interpretação e aplicação da lei.

Na verdade, o que prevalece em absoluto, na compreensão e aplicação da lei laboral, é o sentido da vontade do legislador, expressa em cada norma ou regime. Se se está perante uma norma *imperativa fixa*, ela não admite tratamento mais nem menos favorável ao trabalhador – o referido princípio não pode intervir no processo interpretativo-aplicativo. Se a norma, devidamente interpretada, pertencer à categoria das *normas mínimas* (como, por exemplo, a que se contém no art. 238º/1: "O período anual de férias tem a duração mínima de 22 dias úteis"), a admissibilidade de uma cláusula de convenção colectiva ou mesmo de um contrato individual de trabalho que consagre o direito a período mais dilatado de

[105] Esta afirmação mereceu a crítica de J. Leal Amado, no seu *Contrato de Trabalho*, 4ª ed., Coimbra (2014), 63, n. 72: "esta última afirmação parece-me algo excessiva. A meu ver, a tónica terá de ser colocada na regra de princípio. E a verdade é que, enquanto regra de princípio, o *favor laboratoris* foi liquidado em 2003 e não foi ressuscitado em 2009". Ousamos, no entanto, dizer que a crítica parece pouco consistente com o seu objecto. O *regime* estabelecido no art. 3º/3, quanto à lista de matérias "protegidas", é exactamente igual ao que vigorava, em geral, antes do Código 2003. Essa *lista* incorpora, praticamente, todos os domínios pertencentes ao perímetro prioritário da tutela jusaboral. Por outro lado, e passando aos pressupostos da análise do problema, a "regra de princípio" do *favor laboratoris* – usando expressão do mesmo Autor – não tinha,nem nunca teve na nossa lei, segundo cremos,o alcance de só permitir a *melhoria* das condições legais ("relativamente imperativas") por convenção colectiva. Essa restrição, quando existia, resultava, directamente, *da própria estrutura de cada norma*, do sentido próprio do comando nela contido, e não de uma "regra de princípio" como a que constou do art. 13º/1. Esta funcionava, essencialmente, como instrumento interpretativo, quando se tratasse de apurar aquela estrutura e aquele sentido normativo. É essa, também,a serventia do antigo art. 4º/1 e do actual art. 3º/1 do Código. Nenhum destes preceitos qualifica (como derrogável ou não, e em que sentido) qualquer norma legal, nem autoriza *directamente* o estabelecimento de regimes convencionais num sentido ou noutro. As referidas disposições destinam-se, simplesmente, a fornecer uma resposta (que, sem dúvida, conflitua directamente com a dogmática própria do Direito do Trabalho)para as *dúvidas insanáveis de interpretação* que porventura ocorram acerca da estrutura e do sentido normativo deste ou daquele preceito legal. Ora, relativamente à lista de matérias constante do nº 3 do referido artigo, essa resposta voltou a ser a que era antes do Código de 2003. Daí a afirmação que fazemos no texto.

férias não resultará de nenhum princípio de favorecimento dos trabalhadores, mas da postura permissiva da lei; do mesmo modo, a rejeição de uma cláusula que fixe período inferior a 22 dias úteis não decorrerá de tal princípio, mas, directamente, da proibição legal inscrita na expressão "duração mínima". Finalmente, se a norma em causa for uma *norma máxima* (como as constantes das als. a) e b) do art. 366º, sobre o cálculo da compensação por despedimento colectivo), nenhum princípio de tratamento mais favorável será capaz de legitimar uma cláusula de uma convenção colectiva que estabeleça valores superiores, pois ela estará a violar um claro imperativo legal. Este conjunto de ponderações é hoje tão válido, como era perante os antigos enunciados legais em que se aludia ao "princípio do tratamento mais favorável ao trabalhador".

O acalorado debate social que se gerou em torno do art. 3º situa-se, pois, num plano meta-jurídico, desenvolvendo-se sob o impulso de ideias diferentes quanto à função social e económica do Direito do Trabalho e, conjugadamente, da substância axiológica deste ramo de Direito.

II PARTE
O CONTRATO DE TRABALHO

Capítulo 4
O CONTRATO DE TRABALHO

I. A noção legal[1-2].

A) Duas definições para uma realidade. – 1. O art. 11º CT e o art. 1154º CCiv.. – **B) Objecto do contrato: a actividade do trabalhador.** – 2. Actividade e disponibilidade; 3. Actividade *versus* resultado; 4. Uma diferenciação ultrapassada; 5. A prática de actos jurídicos; 6. A relevância da finalidade; 7. A diligência devida. – **C) Sujeitos: o trabalhador e a entidade empregadora.** – 8. As designações do prestador de trabalho; 9. Os rótulos do beneficiário do trabalho. **D) Retribuição.** – 10. As designações da contrapartida económica do trabalho. – **E) Subordinação jurídica.** – 11. Noção; 12. Um estado potencial; 13. Subordinação jurídica e dependência técnica; 14. Subordinação jurídica e dependência económica; 15. O elemento organizatório da subordinação.

A) Duas definições para uma realidade.

1. *O art. 11º CT e o art. 1154º CCiv.* O Código do Trabalho oferece uma noção do contrato de trabalho. Como já foi dito, o Direito de Trabalho tem o seu campo de actuação delimitado pela situação de trabalho subordinado. E esta delimitação é feita em termos práticos pela conformação de um certo tipo de contrato

[1] Vd. Júlio Gomes, *Direito do Trabalho*, cit., 81 ss.; P. Romano Martinez, *Direito do Trabalho* cit., 271 ss.; J. Leal Amado, *Contrato de trabalho*, 4ª ed., Coimbra (2013) 65 ss..

[2] Cfr. Bernardo Xavier, *Manual de Direito do Trabalho* cit., 305 ss..

que é aquele em que se funda a prestação de tal modalidade de trabalho: trata-se do *contrato individual de trabalho ou,* mais correntemente, *contrato de trabalho.*

É decerto por isso que o regime jurídico do contrato individual de trabalho, constante do Título II do Livro I do Código do Trabalho, abre com a definição desse contrato (art. 11º):

"Contrato de trabalho é aquele pelo qual uma pessoa singular se obriga, mediante retribuição, a prestar a sua actividade a outra ou outras pessoas, no âmbito de organização e sob a autoridade destas".

Consta também do Código Civil (art. 1152º) uma definição do contrato de trabalho, que não coincide inteiramente com a que acima se transcreveu. Em lugar da expressão "no âmbito de organização e e sob a autoridade destas", figura uma outra: "sob a autoridade e direcção desta". Para além do plural utilizado relativamente à parte do empregador – em conformidade com a previsão da hipótese de pluralidade de empregadores, desenhada no art. 101º do CT –, salienta-se a substituição da ideia de "autoridade" pela de "âmbito de organização". Esta diferença possibilitou alguma legítima especulação acerca dos propósitos do legislador, quer no sentido de que se visaria um alargamento do domínio do Direito do Trabalho, quer no de que ele ficaria restrito às relações de trabalho em contexto empresarial. Voltar-se-á ao assunto. Agora apenas importa salientar que a ideia de "âmbito de organização" aponta exclusivamente para o domínio do poder de organização do trabalho que integra a típica posição patronal no contrato de trabalho, e que a omissão da ideia de "autoridade" pretendeu reflectir a desvalorização da existência ou inexistência de actos directivos na caracterização das situações que podem enquadrar-se na noção de contrato de trabalho.

Importa desde já analisar a noção contida no art. 11º do CT, focando cada um dos seus elementos fundamentais.

B) Objecto do contrato: a actividade do trabalhador[3].

2. *Actividade e disponibilidade.* O primeiro elemento a salientar consiste na natureza da prestação a que se obriga o trabalhador. Trata-se de uma prestação de

[3] Não é, obviamente, rigoroso dizer-se que o objecto do contrato de trabalho consiste na obrigação a cargo do trabalhador. Dele faz parte também o débito salarial. Mas, em sentido menos exacto, há muito se salienta que a obrigação laboral é na verdade o «objecto *característico* do contrato de trabalho» [Santoro-Passarelli, *Nozioni di diritto del lavoro* (Nápoles) 1964, 16ª ed., 125]. Com efeito, o que distingue o contrato de trabalho defronte de outros tipos negociais é, como se sugeriu já, a circunstância de nele se fundar a obrigação de *trabalho subordinado* (o dever retributivo é comum a outros contratos) – donde, também, o recorte do seu regime específico em função das exigências postas pelo ciclo vital daquela obrigação.

actividade, que se concretiza, pois, em *fazer algo* que é justamente a aplicação ou exteriorização da força de trabalho tornada disponível, para a outra parte, por este negócio.

Este traço característico constitui um primeiro elemento fornecido pela lei para a distinção entre as relações de trabalho subordinado e as relações de trabalho autónomo.

Neste segundo caso, porque o fornecedor de força de trabalho mantém o controlo da aplicação desta, isto é, da *actividade correspondente,* o objecto do seu compromisso é apenas o *resultado* da mesma actividade - só este é *devido* nos termos pré-determinados no contrato; os meios necessários para o tornar efectivo em tempo útil estão, em regra, *fora do contrato,* são de livre escolha e organização por parte do trabalhador.

No contrato de trabalho, pelo contrário, o que está em causa é a própria *actividade*[4] do trabalhador, que a outra parte organiza e dirige no sentido de um resultado, o qual (aí) está por seu turno *fora do contrato;* assim, nomeadamente, e por princípio (sujeito, no entanto, a restrições que serão oportunamente indicadas), o trabalhador que tenha cumprido diligentemente a sua prestação não pode ser responsabilizado pela frustração do resultado pretendido.

Cabe, no entanto, sublinhar que o dizer-se que é a actividade do trabalhador que preenche, do seu lado, o objecto do contrato não esgota a realidade. Em certas situações, o trabalhador cumpre a sua obrigação contratual embora esteja inactivo. Na prática das relações laborais, são frequentes descontinuidades mais ou menos longas na actividade do trabalhador, sem que por isso ele deixe de observar o comportamento contratualmente devido.

Em primeiro lugar, existem situações em que o próprio objecto do contrato de trabalho aparece definido sem referência imediata a uma *concreta* actividade, no sentido de conjunto ou série de *actos* com alguma expressão física.

> É o que ocorre nos serviços de vigilância de instalações fora dos períodos de laboração e com as estruturas de socorros nos aeroportos. Os trabalhadores estão obrigados à presença e à disponibilidade; o cumprimento das suas obrigações contratuais não se esgota na efectiva actuação perante as emergências que surjam. Tal actuação concreta nem sequer depende da vontade directiva do empregador; é aleatória como o são as situações a combater. É claro que, mesmo nas hipóteses

[4] Como se notará, esta fundamental distinção é feita, no CCiv., justamente pelo critério da *actividade* e do *resultado* (cfr. arts. 1152º e 1154º); esse critério tem, de resto, larguíssima tradição na jurisprudência, sendo, em muitos casos, a chave das decisões. Vejam-se, por exemplo, os Acs. STJ 02/05/2007 - P. 06S4368 (Pinto Hespanhol), 18/12/2008 - P. 08S2314 (Mário Pereira), 04/03/2009 - P. 08S2571 (Sousa Grandão), 19/05/2010 - P. 295/07.9TTPRT.S1 (Vasques Dinis), 22/09/2010 - P. 4401/04.7TTLSB.S1 (Mário Pereira), 11/07/2012 - P. 3360/04.0TTLSB.L1.S1 (Fernandes da Silva), entre muitos outros - todos disponíveis em <www.dgsi.pt>.

apontadas, o cumprimento do contrato implica uma certa tensão da vontade e, portanto, um imperativo de *diligência* – que, quando menos, se traduz na atenção e na prontidão necessárias. Mas só forçadamente se avistará aí uma "actividade" em sentido próprio, a não ser a que se componha do conjunto de actos preparatórios e condicionantes da referida prontidão.

Outro tipo de situações a considerar caracteriza-se pela *inactividade pura*: compreendem-se nele os casos de inexecução do trabalho estipulado por causa ligada à empresa. A lei prevê expressamente tal possibilidade, contando como tempo de trabalho as interrupções de actividade dessa espécie (art. 197º/2-*c*)).

Num estaleiro de reparação naval, as obras a realizar em certo dia apenas requerem cinco soldadores; os restantes poderão, embora presentes no estaleiro, ficar parados nesse dia ou em parte dele, a não ser que o empregador encontre tarefas compatíveis para lhes atribuir. Um estabelecimento comercial encerra por dois dias para limpeza e arranjo das montras, trabalhos que ocuparão apenas alguns dos seus empregados; os outros ficarão sem prestar serviço efectivo durante aquele período. Em qualquer dos casos, não há incumprimento da obrigação de trabalho. Aqueles trabalhadores inactivos permanecem, com efeito, *à disposição do empregador* e aí reside o essencial da chamada obrigação de trabalho.

Na verdade, aquilo a que o trabalhador se obriga é, fundamentalmente, a colocar e manter a sua força de trabalho (conjunto de aptidões psíquicas e físicas) *disponível* pela entidade patronal, em certos termos e dentro de certos limites qualitativos e quantitativos, enquanto o contrato vigorar. É óbvio que tal disponibilidade contém a *necessitas* do serviço efectivo (se, quando, onde e como o empregador determinar), mas o serviço efectivo não esgota o comportamento devido pelo trabalhador com base no mesmo contrato. É o que, com toda a clareza, estabelece o art. 197º/1 CT: tempo de trabalho é todo aquele em que "o trabalhador exerce a actividade *ou permanece adstrito à realização da prestação*".

A noção de disponibilidade, no contexto das relações de trabalho, pode ser tomada em duas acepções diferentes e gerar, com isso, alguma confusão. Por um lado, a disponibilidade pode significar o *poder de dispor* das aptidões profissionais e pessoais do trabalhador, que este conserva durante a execução de um contrato de prestação de serviço, mas aliena ou transmite ao celebrar um contrato de trabalho. Por isso se fala aí de *hétero-disponibilidade*. Em rigor, a "transacção" que se efectua com este último contrato é a desse poder de dispor *versus* uma contrapartida económica. Em última análise, o objectivo visado pelo empregador é a *actividade* resultante da aplicação das referidas aptidões pessoais e profissionais do trabalhador, mas o *objecto imediato* do contrato é o poder de dispor delas, isto é, de ditar as modalidades (tempo, modo) dessa aplicação. É por isso que o trabalhador pode cumprir o contrato, apesar de inactivo no tempo e no local pré-definidos para a prestação de trabalho – sempre que tal inactividade seja determinada pelo empregador.

Numa outra perspectiva, fala-se de disponibilidade no sentido de *prontidão* do trabalhador para a execução do trabalho. Neste sentido, é verdade que o trabalhador cumpre mantendo-se disponível e em condições de prontamente iniciar actividade. Parece existir equivalência parcial[5] entre esta ideia e a que consta do segmento final do citado art. 197º CT: o trabalhador "permanece adstrito à realização da prestação". A conexão com a noção de diligência devida (veja-se adiante) é clara: a disponibilidade do trabalhador para o exercício da actividade é uma das vertentes da diligência inerente ao cumprimento cabal do seu compromisso. Mas parece inegável que a disponibilidade, no sentido aludido, não se limita a ser uma expressão de diligência; ela tem, no ciclo de execução do contrato, um valor próprio e autónomo: o estado de prontidão para o trabalho não é, simplesmente, uma manifestação psicológica do trabalhador – é uma vantagem funcional específica para o empregador, na gestão da força de trabalho em contextos flutuantes ou irregulares.

3. *Actividade* versus *resultado*. Quando a lei aponta a actividade do trabalhador como objecto do contrato, não está a assumir que só há cumprimento se e enquanto o trabalhador esteja activo, mas apenas a estabelecer o contraponto com a definição do art. 1154º do CCiv. que coloca o acento tónico no *resultado* da actividade. Quer-se assim significar que é esse – a actividade, *não o resultado* – o especial modo de concretização da força laboral que interessa directamente ao contrato de trabalho. Consequentemente, a referenciação do vínculo à *actividade* indica que o trabalhador *não suporta o risco* da eventual frustração do resultado pretendido pela contraparte.

Como se notará um pouco adiante, o fim visado pelo empregador não é irrelevante na execução do contrato de trabalho, pois pode ser tomado em conta na determinação do comportamento devido pelo trabalhador, se e na medida em que for conhecido ou cognoscível por ele. Mas a consideração do fim ou resultado da actividade vale apenas (dentro desses limites) no quadro da apreciação da diligência a empregar pelo trabalhador; a obtenção ou a prestação do resultado não relevam em si, directamente, para a determinação do cumprimento ou incumprimento do contrato.

Assim, por exemplo, se um vendedor de uma firma que se dedica ao comércio de electrodomésticos vê diminuir o número ou o volume das transacções por si realizadas, num período de crise generalizada de consumos, não pode concluir-se que

[5] A equivalência não será total porque a ideia de "adstrição" envolve conotações de constrangimento ou limitação da liberdade pessoal que não são essenciais na "disponibilidade".

exista deficiência no cumprimento das suas obrigações contratuais: à entidade empregadora cabe suportar o risco correspondente[6].

4. *Uma diferenciação ultrapassada.* Na definição do Código, não existe a referência ao carácter «manual» ou «intelectual» da actividade a que o trabalhador se obriga. Essa referência, incluída na definição do art. 1º LCT, era redundante e, portanto, dispensável. No entanto, ela explicava-se pelo facto de, na legislação anterior à LCT (particularmente na L 1952, de 10/3/37, que primeiro regulou entre nós o contrato de trabalho), ser expressamente feita a distinção entre os trabalhadores manuais *(operários, assalariados)* e os trabalhadores intelectuais *(empregados)*, dando-se-lhes tratamento diferenciado (mais favorável aos empregados), nomeadamente no que toca a períodos de férias e indemnizações por despedimento. De resto, a distinção é ainda hoje corrente noutros países (França e Alemanha, por exemplo). A LCT tinha já eliminado a utilidade da diferenciação, estabelecendo um tratamento uniforme para os trabalhadores subordinados. O Código não tinha motivos para retomar essa referência.

5. *A prática de actos jurídicos.* A actividade visada no contrato de trabalho pode ser parcial ou totalmente constituída pela prática de *actos jurídicos, em nome ou por conta do empregador.* É o que, desde logo, ocorre com os advogados que exercem funções no quadro do serviço de contencioso de uma empresa. Mas tal possibilidade tem âmbito bastante mais vasto do que à primeira vista pode supor-se: o empregado de balcão num estabelecimento de venda ao público, a empregada doméstica que adquire géneros num supermercado para a casa onde trabalha, são trabalhadores em cujas funções se integra a conclusão de negócios jurídicos em nome e por conta dos seus empregadores. A tais situações se reporta expressamente o art. 115º/3 CT, esclarecendo que, nelas, «o contrato de trabalho concede ao trabalhador os necessários poderes (de representação do empregador) (...)»[7]. O simples facto de a prestação de trabalho contratada envolver a prática de tais actos basta para se considerar implícita nas estipulações a atribuição de poderes de representação específicos ao trabalhador.

6. *A relevância da finalidade.* O trabalhador não se obriga apenas a dispender mecanicamente certa «quantidade» de energia, cuja aplicação compete ao empregador determinar em cada momento. Como se notou, ele deve, antes do

[6] Cfr. Ac. Rel. Coimbra 22/4/82 (CJ, 82, 2, 145).

[7] Tendo em vista as situações em que uma actividade jurídica (por conta do empregador) preenche o objecto do contrato, propôs SANTORO-PASSARELLI a designação de «contrato de trabalho gestório» – cfr. *Nozioni* 68.

mais, colocar e manter sob o domínio do empregador a disponibilidade da sua força de trabalho.

Mas, quando se trate de aplicar essa força de trabalho, não basta a simples prática de actos segundo o modelo ou a espécie definidos pelo credor, para que o trabalhador cumpra a sua obrigação contratual. Torna-se evidente a possibilidade de o trabalhador *não cumprir* essa obrigação, apesar de exercer efectivamente a *sua* actividade de acordo com o modelo acordado com o empregador. Um certo tipo de greve (a *greve de zelo)* caracteriza-se mesmo, *grosso modo,* pela ocorrência de comportamentos individuais com tal aspecto. Na verdade, a prestação de trabalho é *instrumental* em relação aos fins da entidade patronal: é a *finalidade* (o resultado previsto e desejado pelo empregador e que constitui a sua motivação negocial) que confere sentido, forma e limites – como objecto de uma obrigação – à *actividade* comprometida pelo trabalhador.

Já vimos que a obtenção do *resultado* da actividade não está, em regra, dentro do círculo do comportamento devido pelo trabalhador; esse resultado ou efeito pode, todavia, constituir elemento *referencial* necessário ao próprio recorte do comportamento devido, em termos que procuraremos definir um pouco adiante.

Por outro lado, o fim da actividade só é, neste plano, relevante *se e na medida em que for ou puder ser conhecido pelo trabalhador.* Já se vê que tal conhecimento pode ser impossível quanto ao escopo *global e terminal* visado pelo empresário-empregador; todavia, o processo em que a actividade do trabalhador se insere é naturalmente pontuado por uma série de objectivos *imediatos,* ou, na terminologia dos autores alemães, fins *técnico-laborais (arbeitstechnische Zwecke)*, os quais, ou uma parte dos quais (pelo menos os *directamente condicionados* pela execução do trabalho), se pode exigir – e presumir – que sejam nitidamente representados pelo trabalhador.

Desde logo, essa finalidade (conhecida do trabalhador) releva para o entendimento da *boa fé* no cumprimento da sua obrigação (art. 126º CT). Se o trabalhador executa a sua actividade de modo a contrariar ou impossibilitar, intencionalmente, o resultado a que ela se destina, estará a violar a boa fé na execução do contrato.

Mas o fim visado pela actividade contratada releva ainda para a definição da diligência que o trabalhador deve empregar na sua prestação.

7. *A diligência devida.* A relevância do *fim* da actividade comprometida pelo trabalhador manifesta-se, fundamentalmente, no elemento *diligência* que integra o comportamento por ele devido com base no contrato. Ele fica, nos próprios termos da lei, obrigado a «realizar o trabalho com zelo e diligência» (art. 128º/ /1-*c*) CT).

Em sentido normativo, a diligência pode genericamente definir-se como «o grau de esforço exigível para determinar e executar a conduta que representa o cumprimento de um dever»[8]. No que concerne à prestação de trabalho, a diligência devida varia fundamentalmente com a *natureza* desse trabalho[9], com o nível da *aptidão técnico-laboral* do trabalhador para aquele e com o *objectivo imediato* visado (tal como atrás o mencionamos).

É perante estas «circunstâncias de cada caso» (art. 487º C. Civ.) que se determina a diligência requerida pelo cumprimento da obrigação do trabalhador. E determina-se, no nosso sistema, *em abstracto*, ou seja, pelo padrão de «um bom pai de família» (art. cit.). Segundo a doutrina que temos por preferível, toma-se em conta a «diligência que teria uma pessoa média colocada na situação concreta em que se encontra o agente, com o seu grau de cultura, de força, de preparação profissional, e *é em função da tensão e do esforço da vontade* (...) *que essa pessoa teria tido, que se julga a tensão e o esforço de vontade que o agente teve*»[10] na execução das tarefas cometidas pelo empregador.

De modo algum poderíamos, pois, autonomizar um «dever de diligência» perante a obrigação principal assumida pelo trabalhador: a diligência constitui um elemento integrador da conduta pela qual essa obrigação é cumprida. Ela está, inclusivamente, presente na disponibilidade ou prontidão para a execução o trabalho, por parte de um trabalhador temporariamente inactivo por motivo ligado à empresa[11].

É por isso que a lei qualifica como possível "justa causa de despedimento" invocável pelo empregador o "desinteresse repetido pelo cumprimento, com a diligência devida, de obrigações inerentes ao exercício do cargo ou posto de trabalho a que (*o trabalhador*) está afecto" (art. 351º/2-d) CT). Na verdade, como expressão de empenho e de tensão da vontade do indivíduo, correspondente ao seu perfil psicofísico e às exigências da actividade contratada, a redução da diligência envolve, por natureza, uma potencial relevância disciplinar.

Coloca-se num outro plano a situação agora[12] caracterizada como "inadaptação" do trabalhador e que decorre de modificação superveniente e não culposa da prestação de trabalho – isto é, do desempenho do trabalhador (art. 375º/2). Do regime legal parece resultar com clareza que as hipóteses visadas são as de perda de capacidades e aptidões do trabalhador, para além do compatível com os padrões de rendimento pretendidos pela empresa. Na verdade, a execução

[8] Pessoa Jorge, *Ensaio sobre os pressupostos da responsabilidade civil*, Lisboa (1968) 76.

[9] Vd. de Tommaso, *Valore e valutazione della diligenza del prestatore di lavoro subordinato*, «Il diritto dell'economia», Milão (1970) nº 3, 429 ss..

[10] Pessoa Jorge, *Ensaio* 100.

[11] Vd. supra nº 2.

[12] Em resultado das alterações ao CT introduzidas pela L. 23/2012, de 25 de Junho.

defeituosa ou insuficiente da prestação de trabalho pode resultar da perda de capacidade física ou mental, consequência de desgaste excessivo, de *stress* ou, simplesmente, do envelhecimento do trabalhador, não havendo, pois, diminuição da sua diligência nem do seu empenho na execução do trabalho. Sem que haja lugar a qualquer imputação disciplinar, a lei, na sua forma actual, configura tais situações como possíveis fundamentos de despedimento.

C) Sujeitos: o trabalhador e a entidade empregadora.

Na terminologia legal mais utilizada entre nós, os sujeitos do contrato de trabalho designam-se por *trabalhador e empregador*.

8. *As designações do prestador de trabalho.* Relativamente ao primeiro termo, notar-se-á apenas que ele traduz o carácter de generalidade que a correspondente situação foi ganhando, depois de, noutras épocas, se terem diferenciado, no plano verbal, vários «tipos» de trabalhadores (empregados, assalariados, etc.).

De resto, as designações utilizadas em concreto variam bastante, não só por razões tradicionais, mas também por conotação ideológica. Assim, é da tradição o uso do termo «operário» para designar o trabalhador fabril da indústria; a designação de «criado» (doméstico e de lavoura) quando ocorre coabitação com o empregador; a de «assalariado» para os trabalhadores agrícolas[13]; a de «empregado» para a generalidade dos trabalhadores não-fabris da indústria e dos serviços. Pode ter, por outro lado, uma conotação ideológica o rótulo de «colaborador» - aliás com apoio na lei (art. 126º/2 CT) - bastante generalizado na linguagem corrente; e o de «produtor», consagrado nalguns sistemas latino-americanos. Essa diversidade não impede, no entanto, que o denominador comum seja, entre nós, presentemente, a palavra *trabalhador.*

Do ponto de vista do Direito do Trabalho, o trabalhador é apenas *aquele que, por contrato, coloca a sua força de trabalho à disposição de outrem, mediante retribuição*[14].

[13] Note-se que o termo geralmente empregue na França, inclusivamente nos textos legais, não é *travailleur*, mas sim *salarié.*

[14] A delimitação do âmbito deste ramo de Direito pode ser realizada com base no conceito de *contrato de trabalho* (como é de uso na Itália, em França, e entre nós, a partir da própria lei) ou no de *trabalhador* (como ocorre, nomeadamente, na Alemanha). No primeiro caso, será corrente dizer-se que o Direito do Trabalho «regula as relações de trabalho subordinado»; no segundo, entender-se-á que ele «não é o direito especial de certos negócios jurídicos, como o contrato de trabalho» mas lhe pertencem «todas as normas jurídicas que vigoram precisamente porque as pessoas directa ou indirectamente envolvidas são trabalhadores» (Hueck-Nipperdey 5). A questão básica não muda de natureza e sentido com estes cambiantes do ângulo de observação: trata-se sempre de apontar a situação de trabalho subordinado como alvo do ordenamento jurídico laboral.

9. *Os rótulos do beneficiário do trabalho.* Considerações semelhantes se podem formular acerca das designações aplicadas à outra parte – isto é, àquele que, através do contrato, adquire a disponibilidade da força de trabalho alheia, devendo pagar uma retribuição –, a partir de uma raiz fortemente implantada desde os primórdios da industrialização: a noção de «patrão». Este termo resumia em si as ideias de supremacia ou *autoridade absoluta* e de *paternalismo* que caracterizaram, aos olhos de grandes massas de trabalhadores, a figura do dono da fábrica no sistema de manufactura. Por longo período, na legislação portuguesa, a designação utilizada foi a de *entidade patronal* – com o que não só se terá procurado atenuar um pouco a ressonância daquele termo, mas sobretudo cobrir as hipóteses, cada vez mais frequentes, de tal posição ser ocupada por uma pessoa colectiva. No entanto, a crescente despersonalização de tal estatuto conduz a que se acentue antes o elemento empresa (e fala-se então – como na Itália – de "empresário" contraposto a trabalhador) ou o facto de se tratar de fonte da ocupação ou emprego, e usa-se, então, no quadro de certos sistemas estrangeiros, os rótulos «empregador» (França) e «dador de trabalho» (Alemanha, Itália). Recentemente, a legislação portuguesa tem adoptado a expressão *entidade empregadora*.

Entidade patronal, empregador ou entidade empregadora é a *pessoa individual ou colectiva que, por contrato, adquire o poder de dispor da força de trabalho de outrem, no âmbito de uma empresa ou não, mediante o pagamento de uma retribuição.*

D) Retribuição.

10. *As designações da contrapartida económica do trabalho.* É elemento *essencial* do contrato individual de trabalho que, em troca da disponibilidade da força de trabalho, seja devida ao trabalhador uma retribuição[15], normalmente em dinheiro (embora possa ser paga, parcialmente, em géneros – art. 259º/1 CT). Qualquer forma de trabalho gratuito é, como se sabe, excluída deste âmbito.

[15] A jurisprudência é unânime no reconhecimento do carácter essencial da retribuição no contrato de trabalho; mas tal reconhecimento foi, por muito tempo, expresso em termos de se estabelecer uma pretensa equivalência entre a onerosidade do contrato e a existência de *subordinação económica* por parte do trabalhador – transformada esta, por tal via, em elemento característico ou requisito do contrato de trabalho, ao lado da subordinação jurídica. Cfr., neste sentido, entre outros, Ac. STJ 19/1/84 (BMJ 333, 338), Ac. Rel. Coimbra 29/10/85 (CJ 85, 4, 113) e Ac. Rel. Lisboa 29/04/92 (www.dgsi.pt). O rasto dessa concepção encontra-se ainda na jurisprudência mais actual: veja-se, por exemplo, o Ac. STJ 22/04/2010 – P. 506/06.8TTGRD.C1.S1 (Mário Pereira). Ora, sendo óbvio que a dependência económica pressupõe a retribuição, já não é invariavelmente seguro que a existência desta coloque o trabalhador em situação de dependência económica. Tal situação requer, nomeadamente, que a vinculação a certo empregador seja exclusiva e que o salário constitua o único ou o principal rendimento do trabalhador – o que, naturalmente, nem sempre ocorre, sobretudo nos tempos actuais, no quadro do contrato de trabalho. Nesta perspectiva, vd. Ac. STJ 14/11/90 (AD 350, 261).

Anote-se, por outro lado, que o termo *retribuição* não é o único usado para designar a prestação devida pela entidade patronal. As normas reguladoras do contrato de trabalho, desde o Código Civil de 1867, recorreram a nomes diversos: *salário* (vd., por exemplo, o DL 292/75, de 16 de Junho, já revogado), *ordenado* (tal era a designação utilizada, relativamente aos empregados, pela L 1952), *soldada* (para o serviço doméstico, no CCiv. 1867), *vencimento* (para «serviços prestados no exercício das artes e profissões liberais», também no CCiv. 1867).

Em capítulo próprio serão examinados os problemas fundamentais da teoria jurídica do salário.

E) Subordinação jurídica[16].

11. *Noção.* Para que se reconheça a existência de um contrato de trabalho, é fundamental que, na situação concreta, ocorram as características da subordinação jurídica por parte do trabalhador[17].

A subordinação jurídica consiste numa *relação de dependência necessária da conduta pessoal do trabalhador na execução do contrato face às ordens, regras ou orientações ditadas pelo empregador, dentro dos limites do mesmo contrato e das normas que o regem* [18].

O dizer-se que esta subordinação é *jurídica* comporta dois significados: primeiro, que se trata de um elemento *reconhecido* e mesmo *garantido* pelo Direito (nomeadamente, como se verá, pela atribuição de um *poder disciplinar* à entidade patronal); segundo, que, ao lado *desse* tipo de subordinação, outras formas de dependência podem surgir associadas à prestação de trabalho, sem que, todavia, constituam elementos distintivos do contrato em causa, como em seguida se notará.

12. *Um estado potencial.* A subordinação pode não transparecer em cada instante do desenvolvimento da relação de trabalho. Muitas vezes, a aparência é de autonomia do trabalhador, que não recebe ordens directas e sistemáticas da entidade patronal; mas, a final, a análise circunstanciada de tais situações conduz à verificação de que existe, na verdade, subordinação jurídica.

[16] Vd. Savino, *La subordinazione nel rapporto di lavoro,* Torino (1944); Spagnuolo Vigorita, *Subordinazione e diritto del lavoro. Problemi storico-critici,* Napoli (1967); Pedrazzoli, *Democracia industriale e subordinazione. Poteri e fattispecie nel sistema giuridico del lavoro,* Milano (1984). Entre nós, vd. Júlio Gomes, *Direito do Trabalho* cit., 101 ss..

[17] Cfr., entre muitos outros, Ac. STJ 6/3/91 (AD 354, 813), 01/10/2008, 14/01/2009 (ambos acessíveis em www.dgsi.pt).

[18] A relevância do elemento pessoal na subordinação – cfr., por exemplo, Santoro-Passarelli, 66 – explica que nomeadamente os autores alemães se refiram a uma «dependência pessoal» *(persönliche Abhängigkeit),* embora sem a considerarem elemento distintivo seguro entre as categorias fundamentais «trabalho autónomo» e «trabalho subordinado». Cfr. Hueck-Nipperdey 3-4.

Um dos motivos pelos quais a aparência das situações concretas pode ser enganadora consiste no facto de ser suficiente, para que haja subordinação, um estado de dependência *potencial* do trabalhador (conexo à *disponibilidade* que o patrão obteve pelo contrato), não sendo necessário que essa dependência se manifeste ou explicite em actos de autoridade e direcção efectiva. O trabalho é realizado de acordo com os conhecimentos técnicos e a experiência do trabalhador, abstendo-se o empregador de o dirigir efectivamente. A ausência de ordens resulta da sua desnecessidade ou mesmo do interesse do empregador em beneficiar plenamente das aptidões do empregado. Isto é tanto mais real quanto mais se avança na sofisticação e diferenciação das qualificações profissionais. Muitos trabalhadores conhecem melhor o trabalho que têm a realizar do que o empregador. No entanto, este conserva o poder de se quiser ou lhe convier, dar ordens e instruções aos mesmos trabalhadores. A ausência de comportamentos directivos não é normativamente determinada, é um mero dado de facto.

A noção de "direcção potencial" está adquirida em todos os sistemas. Entre nós, já se recolhia de um Ac. S.T.A. de 22/6/43, segundo o qual «existe a subordinação jurídica do trabalhador para com um patrão logo que este tenha o direito de lhe dar ordens ou de dirigir ou fiscalizar o seu serviço, não se exigindo que de facto e permanentemente o faça»[19].

Neste sentido, observava, há muito, MAZZONI[20]: «Quanto mais o trabalho se refina e assume carácter intelectual, mais difícil é estabelecer uma nítida diferenciação, porque a subordinação tende a atenuar-se cada vez mais, na relação de trabalho subordinado, e a avizinhar-se daquela genérica supervisão, por parte do empregador, que se encontra também na relação de trabalho autónomo e que corresponde a um direito do comitente».

13. *Subordinação jurídica e dependência técnica.* Para além das situações em que, *de facto*, não ocorrem comportamentos directivos do empregador, há que considerar aquelas em que constituem objecto de contrato de trabalho (e, por conseguinte, são exercidas em subordinação jurídica) actividades cuja natureza implica a salvaguarda absoluta da *autonomia técnica* do trabalhador (p. ex. um médico ou um engenheiro): é a possibilidade admitida pelo art. 116º CT. Em

[19] Esta orientação jurisprudencial é, na verdade, muito antiga. Vejam-se, por exemplo, os Acs. STA 5/4/49 («Col.» XI, 202), 3/3/53 («Col.» XV, 111), 8/7/58 («Col.» XX, 623), 5/11/63 (AD 25º, 83), mas também o Ac. Rel. Porto 15/12/80 (CJ 80, 5, 157) e no Ac. Rel. Évora 23/10/90 (CJ 90, 4, 304). Muito mais recentemente, a ideia continua a ressoar na jurisprudência. Veja-se, por exemplo, os Acs. STJ 15/09/2010 – P. 4119/04.0TTLSB.S1 (VASQUES DINIS) e 09/12/2012 – P. 247/10.4TTVIS.C1.S1 (FERNANDES DA SILVA).

[20] *Manuale* I 249.

tais casos, o trabalhador apenas ficará adstrito à observância das directrizes mais gerais do empregador em matéria de organização do trabalho (local, horário, normas de procedimento burocrático, regras disciplinares): *existe subordinação jurídica sem dependência técnica*[21].

O reconhecimento legal dessa possibilidade - não sendo mais do que o reflexo da evolução sofrida, no plano sociológico, pelas chamadas «profissões liberais», em confronto com novas formas de organização económica e social[22] - acarreta, naturalmente, um acréscimo de dificuldades. Passa a ser necessário, perante cada situação concreta, saber-se ao certo se o médico, o advogado ou o engenheiro actuam, perante a entidade que aproveita os seus serviços, como seus empregados ou, ao invés, como «profissionais livres», isto é, trabalhadores autónomos. Tendo em consideração a natureza de tais profissões, deve-se *presumir* que os negócios tendo por objecto actividades próprias delas são contratos de prestação de serviço, isto é, negócios constitutivos de relações de trabalho autónomo[23]. De resto, persistem, amiúde, nessas mesmas situações de trabalho subordinado, resquícios do conteúdo tradicional dos contratos de prestação de serviço, em cujos moldes se vazava, com prevalência, o exercício das chamadas profissões liberais. [24]Apontaremos, entre eles, o regime de retribuição por tarefa e a correlativa maleabilidade do esquema de duração do trabalho.

14. *Subordinação jurídica e dependência económica.* A subordinação jurídica também se não confunde com a de *dependência económica.*

Esta revela-se por dois traços fundamentais e normalmente associados: o facto de quem realiza o trabalho, exclusiva e continuamente, para certo beneficiário, encontrar na retribuição o seu *único ou principal meio de subsistência* (há assim uma dependência da *economia do trabalhador* perante a do mesmo beneficiário); e, de outro ângulo, o facto de a actividade exercida, ainda que em termos de autonomia técnica e jurídica, *se inserir num processo produtivo dominado por outrem* (verificando-se pois dependência sob o ponto de vista da *estrutura* do mesmo processo).

Isto pode ocorrer até quando o trabalhador é juridicamente autónomo, exercendo a sua actividade em estabelecimento próprio - se, porventura, todo o produto dessa actividade se destina a inserir-se num processo produtivo mais amplo, promovido e dominado por certa entidade. P. ex.: o alfaiate que, em sua

[21] Cfr. Ac. Rel. Porto 15/12/80 (CJ 80, 5,167) e Ac. Rel. Lisboa 31/1/90 (CJ 90, 1, 198). Mais recentemente, veja-se o Ac. STJ 04/05/2011 - P. 3304/06.5TTLSB.S1 (Fernandes da Silva) (www.dgsi.pt).

[22] Veja-se, nomeadamente, Brun-Galland, *Droit du travail*, Paris (1958) 355 ss..

[23] Cfr. uma referência, neste sentido, em Pires de Lima-Antunes Varela II 464.

[24] Vejam-se as posições sustentadas por Valadas Fernandes e Sequeira Zilhão no II Congresso dos Advogados Portugueses, in ROA, 86, III, 915 ss..

casa, faz exclusivamente casacos e calças para um estabelecimento de pronto-a-vestir. Existe aí *dependência económica sem subordinação jurídica*. Adiante se verá como tal tipo de situações solicita tratamento paralelo ao do trabalho subordinado, face ao carácter verdadeiramente *salarial* de que se reveste o rendimento do trabalho. Para já, assinale-se que o art. 10º CT «equipara», de algum modo, aquele contrato ao contrato de trabalho.

Pode, por outro lado, *não existir dependência económica* (no primeiro dos sentidos indicados, pelo menos) *no trabalho subordinado*. Um médico pode ser empregado no serviço de saúde de uma empresa, mas auferir o essencial do seu rendimento no consultório. O mesmo pode ocorrer em quase todas as actividades profissionais, que podem ser exercidas em qualquer dos dois regimes (subordinação e autonomia) ou em ambos.

15. *O elemento organizatório da subordinação*. Vimos que a subordinação jurídica não é o mesmo que a dependência técnica, a necessidade de cumprir ordens quanto à execução do trabalho; nem equivale ou compreende a dependência económica, a debilidade contratual em que o trabalhador pode encontrar-se por razões económicas. Um trabalhador subordinado, coberto pelo Direito do Trabalho, pode – por várias razões – não ter ordens para cumprir e ser economicamente independente.

Há, pois, uma progressiva desvalorização dos comportamentos directivos na caracterização do trabalho subordinado. Se se adoptar como critério identificativo a ocorrência de ordens e instruções pelas quais o trabalhador, em regime de obediência, paute o seu comportamento na execução do contrato, deixar-se-á à margem da regulamentação laboral um número crescente de situações de verdadeiro "emprego", em tudo merecedoras do mesmo tratamento. Na verdade, a subordinação consiste, essencialmente, no facto de uma pessoa exercer a sua actividade em proveito de outra, no quadro de uma organização de trabalho (seja qual for a sua dimensão) concebida, ordenada e gerida por essa outra pessoa. O elemento organizatório implica que o prestador de trabalho está adstrito a observar os parâmetros de organização e funcionamento definidos pelo beneficiário, submetendo-se, nesse sentido, à autoridade que ele exerce no âmbito da organização de trabalho, ainda que execute a sua actividade sem, *de facto*, receber qualquer indicação conformativa que possa corresponder à ideia de "ordens e instruções" – nem, porventura, o beneficiário estar em condições (técnicas ou práticas) de a formular.

O elemento chave de identificação do trabalho subordinado há-de, pois, encontrar-se no facto de o trabalhador não agir no seio de uma organização própria, antes se integrar numa *organização de trabalho alheia*, dirigida à obtenção de fins igualmente alheios (que tanto pode ser uma empresa como um lar de família), o que implica, da sua parte, a submissão às regras que exprimem o poder de organização do empregador – à *autoridade* deste, em suma, derivada da sua posição na mesma organização.

É nesta perspectiva que, como atrás assinalámos, se entende o enunciado, nessa parte, da definição legal do contrato de trabalho adoptada no Código revisto: a (muito) antiga referência à "direcção" do empregador é substituída pela alusão ao facto de o trabalho ser executado "no âmbito de organização" dele, e, naturalmente, sob a sua "autoridade".

II. A diferenciação do contrato de trabalho[25].

A) Importância da distinção e dificuldades operatórias.

> **"Um trabalhador que celebrou um contrato de trabalho, por escrito, em agosto de 1993, para exercer funções de Diretor de Relações Públicas de um Clube de Futebol, com horário de trabalho flexível, sem exclusividade por sua autorização, em que os poderes diretivo e disciplinar e a autoridade do Réu eram meramente potenciais, e que a partir de abril de 2006 passou faturas de uma sociedade unipessoal, de que era sócio, e a partir de dezembro de 2006 até maio de 2013, data da cessação do vinculo, emitiu recibos verdes, para poder receber a sua remuneração, por proposta do empregador, mas cuja atividade continuou a ser a mesma e a ser executada da mesma forma que o era antes dessa data, e cuja remuneração se manteve fixa e no mesmo montante e os respetivos subsídios de férias e de Natal também continuaram a ser-lhe pagos, não deixou o vínculo jurídico existente entre ambos, a partir de abril de 2006, de ser de subordinação jurídica, ou seja, de 23.08.1003 a 23.05.013, a relação jurídica existente entre as partes configurou sempre um verdadeiro e único contrato de trabalho". (de STJ 26/10/2017 – P. 1175/14.7TTLSB.L1.S1, rel. Ferreira Pinto).**

16. *A necessidade da qualificação.* Como se disse logo de início, o Direito do Trabalho não recobre todo o trabalho, nem mesmo todas as modalidades em que alguém beneficia da força de trabalho de outrem, mediante uma contraprestação pecuniária. Só a prestação de trabalho numa relação de certa estrutura lhe interessa: trata-se do *trabalho subordinado.* Significa isto que espécies importantes de relações sociais baseadas na aplicação da força de trabalho são deixadas à

[25] Veja-se Bernardo Xavier, *Manual de Direito do Trabalho* cit., 351 ss.; J. Leal Amado, *Contrato de trabalho* cit., 77 ss..

margem do Direito de Trabalho – o que, em princípio, redunda na sua sujeição às regras gerais do direito privado referentes às obrigações e aos contratos, ou seja, na ausência de qualquer protecção legal *específica* para quem fornece, no quadro dessas relações, a força de trabalho em proveito alheio[26].

Constitui por isso tarefa decisiva e delicada a da *determinação concreta do trabalho subordinado* – ou, noutros termos, da *identificação do contrato de trabalho* que, como se assinalou, é o facto gerador e o suporte da mencionada relação.

17. *As dificuldades da qualificação.* Como se depreende do exemplo acima, tal tarefa depara, frequentemente, com sérias dificuldades, dada a extrema variabilidade das situações concretas, e até em consequência do carácter informal do contrato de trabalho. A subsunção dos factos na noção de trabalho subordinado é, muitas vezes, inviável. Há que recorrer, amiúde, como adiante se explicará, a métodos aproximativos, baseados na interpretação de indícios.

Essas dificuldades são ainda consideravelmente acrescidas pela circunstância de certas relações em que tudo sugere a inexistência de subordinação evidenciarem, vistas de outro ângulo, traços de debilidade económica, por parte de quem fornece o trabalho, de todo o ponto idênticos aos que moveram o legislador laboral. E a inversa também ocorre: situações estruturalmente correspondentes à de trabalho subordinado (e, portanto, fundadas em verdadeiro *contrato de trabalho*) podem estar bem longe do quadro de carência e debilidade contratual que esteve na origem do Direito do Trabalho e constitui o motor do seu desenvolvimento. Pense-se, por exemplo, no director de empresa, no quadro superior, no médico ou no membro do contencioso.

Pode causar também dificuldades de qualificação a *variabilidade* dos *regimes de retribuição* praticados nas relações de trabalho subordinado, de par com a bivalência desses regimes, alguns dos quais, na verdade, comuns a certas espécies de trabalho autónomo. É o caso da retribuição à peça ou por tarefa que, muito embora sugerindo fortemente que o objecto do contrato é o resultado «peça» ou «tarefa», não raro surge como fórmula especial de pagamento da actividade do trabalhador, exercida em termos de subordinação jurídica.

[26] A explicação clássica do facto de não carecer normalmente o trabalho autónomo de protecção idêntica à do subordinado é a de que aquele, «requerendo mais elevadas capacidades (mesmo criativas), é menos frequente, portanto mais procurado e, daí, tendencialmente mais bem retribuído», além de que «o trabalhador autónomo suporta um risco». – GHIDINI, *Diritto del Lavoro*, Padova (1971) 183. A realidade actual afasta-se, contudo, desse paradigma. Assume importância crescente o trabalho autónomo economicamente dependente, procurado pelas empresas para obterem economias nos custos do trabalho, e em que ocorrem relações muito semelhantes às do trabalho juridicamente subordinado. A desprotecção é, assim, nos nossos dias, muito menos justificável do que décadas atrás.

Enfim, cabe apontar as dificuldades *provocadas:* é corrente o uso de expedientes simulatórios, destinados a disfarçar a natureza das relações de trabalho e a evitar a qualificação de contrato de trabalho. Normalmente, esses expedientes visam a criação da aparência de autonomia na execução do trabalho. Alguns deles serão versados nos pontos próprios da nossa exposição.

B) Os tipos contratuais: contrato de trabalho e contrato de prestação de serviço.

18. *O binómio no Código Civil.* A destrinça fundamental entre o trabalho subordinado e o trabalho autónomo, situada no plano dos conceitos operatórios, reflecte-a a lei na conformação de correspondentes *tipos de contratos* por ela definidos em termos que já supõem um critério (o legal) de demarcação dos dois campos e, portanto, de delimitação do ambito do Direito do Trabalho.

Já se sabe que o tipo de contrato especificamente destinado a cobrir o trabalho subordinado é o *contrato de trabalho,* cujos elementos característicos se procurou apontar atrás. Ele aparece definido, no CCiv. (art. 1152º), nos exactos termos que foram usados no art. 10º CT de 2003, agora ajustados, nos termos vistos, pela revisão de 2009.

Esse ajustamento expor-se-ia a críticas[27] dirigidas, pelo menos, a três pontos: primeiro, o carácter indesejável da não coincidência entre as definições constantes do CCiv. e do CT; depois, a equivocidade da referência a "organização" no art. 11º CT; e, finalmente, a persistência da fórmula antiga ("autoridade e direcção") em preceitos do CT, após a revisão de 2009 (trata-se, nomeadamente, dos arts. 6º/1-a) e 116º). Julgamos que essas objecções têm algum fundamento, mas não total razão. A não coincidência dos enunciados dos arts. 1152º CCiv. é decerto indesejável, mas, sob o ponto de vista operatório, não suscita dificuldades acrescidas, nomeadamente as que poderiam decorrer de dúvidas respeitantes à amplitude da noção legal. A referência à "organização" diz claramente respeito a um poder de actuação do empregador e não a qualquer entidade orgânica em que o trabalhador se insira; ela coincide, de resto, com a que tem figurado, há décadas, sem problemas, no art. 1º/1 do *Estatuto de los Trabajadores* espanhol. A persistência da fórmula tradicional no CCiv. terá resultado de menor cuidado na revisão de 2009, mas serve para reforçar a ideia de que as realidades visadas são exactamente as mesmas, tendo o ajustamento do art. 11º visado apenas actualizar os contornos dessa importantíssima noção legal de modo a melhorar a sua aptidão qualificativa.

[27] Nomeadamente em P. Romano Martinez/L.M. Monteiro/J. Vasconcelos/P. Madeira de Brito/G. Dray/L. Gonçalves da Silva, *Código do Trabalho Anotado,* 9 ed., Coimbra, 2013, p. 133 s..

Acerca do contrato de trabalho, limita-se o legislador civil a acrescentar (art. 1153º) que ficará sujeito a regime especial (hoje, fundamentalmente, o do Código do Trabalho). Assim, a menção feita pelo CCiv. a este tipo de contrato, na parte em que trata «dos contratos em especial» (Título II do Livro II), acaba por desempenhar praticamente o papel de termo de comparação (logo, de distinção) relativamente a outro tipo (ou espécie) de contratos em que, estando igualmente envolvido o trabalho em proveito alheio, todavia não concorre a subordinação jurídica do fornecedor desse trabalho, e que é definido no art. 1154º - o «contrato de prestação de serviço». A lei define-o nestes termos: «aquele em que uma das partes se obriga a proporcionar à outra certo resultado do seu trabalho intelectual ou manual, com ou sem retribuição». Avulta, neste enunciado, a contraposição fundamental do *resultado do trabalho* (como objecto do contrato) à *actividade*, em si mesma, que caracteriza o contrato de trabalho[28-29].

A colocação do acento tónico no *resultado* do trabalho significa, além do mais, que o *processo* conducente à produção dele, a *organização dos meios* necessários e a *ordenação da actividade* que o condicionam, estão, em princípio, *fora do contrato*, não são *vinculados* - mas antes determinados pelo próprio fornecedor do mesmo trabalho[30]. É claro que, em última análise, tais contratos se traduzem numa *alienação de trabalho* (o que, justamente, se incorpora no resultado devido) - só que esse trabalho não é dominado e organizado pelo beneficiário final (que apenas controla o *produto*), e sim por quem o fornece: trabalho *autónomo*, portanto.

A exterioridade dos *meios* utilizados (e, nomeadamente, das actividades empregues), relativamente à vinculação do prestador de serviço, pode não ser

[28] De acordo com um critério semelhante, distinguem-se na doutrina alemã os dois tipos contratuais que, nos termos do BGB, têm por objecto o trabalho remunerado. De um lado, o «contrato de serviços» (*Dienstvertrag*), visando o «trabalho como tal» (*die Arbeit als solche*) ou, na terminologia de VON GIERKE, «um actuar» (*ein Wirken*) - o que leva a incluir no âmbito de tal conceito o contrato de trabalho, não directamente invocado por aquele código. De outro lado, o «contrato de obra» (*Werkvertrag*) cujo objecto é um «resultado do trabalho» (*Arbeitserfolg*) ou «uma obra» (*ein Werk*). Tal dicotomia oferece as mesmas dúvidas a que se refere o texto. Vd. HUECK-NIPPERDEY 119 ss.. Cabe, por outro lado, lembrar a conhecida raiz romanística da destrinça (aí nas formas de *locatio conductio operarum e locatio conductio operis*). Cfr., sobre este ponto, BIGOTTE CHORÃO 131 ss..

[29] O critério do resultado tem, desde há muito, feito carreira na nossa jurisprudência: vd. por exemplo Acs. Rel. Coimbra 13/12/78 (CJ 78, 5, 1515), Rel. Porto 30/4/79 (CJ 79, 2, 529), Rel. Évora 10/1/84 (CJ 84, 1, 315), Ac. STJ 26/9/90 (AD 348, 1622), Ac. STJ 14/11/90 (AD 350, 261), Ac. STJ 6/3/91 (AD 354, 813) e Ac. STJ 8/5/91 (AD 365, 678); e, mais recentemente, os Acs. STJ 02/05/2007 - P. 06S4368 (PINTO HESPANHOL), 18/12/2008 - P. 08S2314 (MÁRIO PEREIRA), 04/03/2009 - P. 08S2571 (SOUSA GRANDÃO), 19/05/2010 - P. 295/07.9TTPRT.S1 (VASQUES DINIS), 22/09/2010 - P. 4401/04.7TTLSB.S1 (MÁRIO PEREIRA), 11/07/2012 - P. 3360/04.0TTLSB.L1.S1 (FERNANDES DA SILVA), entre muitos outros - todos disponíveis em <www.dgsi.pt>.

[30] Cfr. Ac. Rel. Évora 10/1/84 (CJ 84, 1, 315), Ac. STJ 25/7/86 (BMJ 359, 513) e Ac. Tribunal de Conflitos 11/1/89 (AD 344-345, 1133).

absoluta – e daí que, mais uma vez, o critério fundado na distinção entre obrigações de meios e obrigações de resultado se revista de notória relatividade na distinção entre contrato de trabalho e contrato de prestação de serviço. Pode dar-se o caso de o trabalhador autónomo se encontrar contratualmente obrigado a utilizar certos materiais, ou a seguir um dado modelo ou figurino, ou até a realizar pessoalmente a actividade necessária à consecução do resultado. Mas tratar-se-á então de condições *contratualmente estabelecidas,* fundadas no consenso das partes e não na autoridade directiva (supra-ordenação) de uma perante a outra. Dentro dos limites traçados pelas estipulações contratuais, a escolha dos meios e processos a utilizar, bem como a sua organização no tempo e no espaço, cabe ao prestador de serviço. Em regra, pode ele até socorrer-se da actividade de outras pessoas, em regime de subordinação (contratos de trabalho) ou de autonomia (subempreitadas), para a efectivação do fim visado.

Para além disso, a proximidade entre os dois tipos contratuais tende a ser enfatizada pela valorização de traços comuns, ou pretensamente comuns, por parte de alguma jurisprudência. É o caso do Ac. STJ 16/01/2014 – P. 9242/06.4TBOER.L1.S1 (Álvaro Rodrigues) em que se considerou "patente a existência de vários pontos de afinidade entre o contrato de trabalho e o contrato de prestação de serviços de carácter técnico, não só pelo facto de ambos serem celebrados *intuitu personae,* como também porque ambos têm como objecto a prestação de determinadas actividades (trabalhos ou serviços) gerando-se uma relação de confiança pessoal entre os sujeitos contratuais imprescindível à manutenção do vínculo (...)". Sem que se possa negar, evidentemente, a ocorrência de tais características em certas situações singulares – e dando-se de barato a verificação de que, porventura, se trate de relações de trabalho subordinado... –, afigura-se um pouco temerário propor a sua generalização, mesmo no âmbito limitado dos "serviços de carácter técnico", cuja caracterização diferencial parece também, de qualquer modo, assaz difícil.

19. *As modalidades da prestação de serviço.* Conforme indica o art. 1155º CCiv., são modalidades do contrato de prestação de serviço o mandato, o depósito e a empreitada. E estes tipos contratuais aparecem definidos e regulados nas disposições subsequentes.

Assim, o contrato de *mandato*[31] é aquele pelo qual uma das partes se obriga a praticar um ou mais actos jurídicos por conta da outra (art. 1157º) e presume-se gratuito – ou seja, não retributivo – salvo se os actos a praticar forem próprios da profissão do mandatário (p. ex. se ele for advogado) – art. 1158º/1. Avulta aqui a natureza do

[31] Pires de Lima-Antunes Varella, II, 467 ss..

serviço a prestar (ou, noutros termos, do resultado a proporcionar): trata-se de actos jurídicos, ou seja, actos produtivos de efeitos jurídicos (celebração de contratos, actos integrados num processo judicial, requerimentos, etc.), efeitos esses que interessam ao mandante, e que, havendo prévia atribuição de poderes de representação ao mandatário, se vão imediatamente produzir na esfera jurídica do mesmo mandante, como se fosse ele a praticar os actos em causa.

O contrato de *depósito*[32] é aquele pelo qual «uma das partes entrega à outra uma coisa, móvel ou imóvel, para que a guarde, e a restitua quando for exigida» (art. 1185º), presumindo-se gratuito, isto é, sem remuneração do depositário, excepto se este fizer disso profissão – como é o caso dos bancos que aceitam o depósito de jóias e outros bens não permutáveis (art. 1186º).

A terceira modalidade do contrato de prestação de serviço é o contrato de *empreitada*[33], porventura até a mais importante, quer pela sua frequência real, quer pela proximidade que, nalgumas das suas formas concretas, ele mostra relativamente ao contrato de trabalho. A lei define-o do seguinte modo (art. 1207º): «Empreitada é o contrato pelo qual uma das partes se obriga em relação à outra a realizar certa obra, mediante um preço». Afirma-se aqui, em termos mais concretos, a ideia de *obra*, isto é, de «produto» em que se incorpora o trabalho (fornecido pelo empreiteiro), e a de *retribuição* (preço), agora já como elemento característico do contrato. E cabe notar que tanto se está perante uma empreitada no caso da construção de um prédio como no da elaboração de um parecer económico ou no da confecção de certo número de fatos para um estabelecimento de pronto-a-vestir – referindo apenas três exemplos. Como é óbvio, nalgumas dessas situações poderá verificar-se grande semelhança com outras que merecem a qualificação de contratos de trabalho; é porventura aqui que a destrinça se mostra, amiúde, mais delicada.

[32] Pires de Lima-Antunes Varella, II, 512 ss..
[33] Pires de Lima-Antunes Varella, II, 543 ss..

C) A determinação da subordinação.

> **"1. Não se configura como contrato de trabalho aquele em que a trabalhadora se obrigou a prestar serviços de manutenção informática, nos Sectores de Facturação e Controlo de Contas-Correntes de Mercadorias e Passageiros, se estiver provado:**
>
> **a) que não tinha férias remuneradas, nem auferia subsídios de férias nem de Natal;**
>
> **b) que emitia "recibos verdes";**
>
> **E se não estiver provado:**
>
> **a) que era obrigada a cumprir determinado horário de trabalho, mas apenas a estar disponível nos dias úteis e às horas de expediente da empresa;**
>
> **b) que recebia ordens, mas tão somente orientações e directivas, das chefias daqueles Sectores;**
>
> **c) que era obrigada a justificar as faltas, mas que apenas devia comunicar previamente as suas ausências;**
>
> **d) que as faltas injustificadas a faziam incorrer em sanção disciplinar, mas somente numa sanção de natureza económica.**
>
> **2. Tratando-se de contrato escrito, o *nomen iuris* que lhe foi dado pelas partes e o regime que nele foi consignado para regular a relação jurídica entre elas estabelecida, não sendo decisivos para a qualificação jurídica da mesma, não deixam de ser importantes para apurar a vontade real das partes, sobretudo se estas forem pessoas instruídas e cultas." – STJ 17/10/2007 – P. 07S2187 (Sousa Peixoto).**

20. *A subsunção.* A evolução da doutrina e da jurisprudência, no quadro de diversos sistemas jurídicos, nomeadamente o português, conduziu a uma sensível depuração da metodologia utilizável na despistagem da subordinação.

O caminho seguido passou pelo reconhecimento de que, quanto a este ponto, o discurso definitório ou conceitual, constituindo obviamente um pressuposto metodológico, não permite contudo esgotar as necessidades operatórias envolvidas na *qualificação* das situações concretas. Deve ter-se presente que essa qualificação provoca o enlace da situação concreta com um regime jurídico limitativo da liberdade contratual e, por isso, exposto a manobras simulatórias.

Sendo a subordinação definida (pelo art. 11º CT) por referência ao "âmbito de organização" e à «autoridade» do empregador, ou construída (pela doutrina) como um estado de *heterodeterminação* em que o prestador de trabalho se coloca, nem assim fica o julgador munido de instrumentos suficientes e seguros para a qualificação dos casos concretos. Já percorremos as razões dessa dificuldade.

A *determinação* da subordinação não se pode, na maioria dos casos, fazer por mera subsunção nesse conceito. A subordinação é um *conceito-tipo* que se determina por um conjunto de características[34] que podem surgir combinadas, nos casos concretos, de muitas maneiras.

Os tribunais têm que ultrapassar a dificuldade porque, por um lado, não podem abster-se de decidir, e, por outro, devem identificar a legislação aplicável aos casos concretos. Como já vimos, essa identificação joga, fundamentalmente, com o regime juridico-laboral do contrato de trabalho e o regime civilístico do contrato de prestação de serviço.

21. *O método tipológico*[35]. Para cumprirem o dever de decidir os litígios (dever que não tem por objecto a qualificação jurídica da situação controvertida, mas a escolha da lei adequada e a sua aplicação), os tribunais utilizam um "método tipológico" que lhes permite, em certa medida, ultrapassar as dificuldades resultantes da já referida perda de visibilidade da subordinação nas relações de trabalho concretas.

O ponto de que parte esse método é o *tipo legal* cujos elementos essenciais se encontram compendiados na definição do art. 10º CT: prestação de actividade remunerada, em regime de subordinação contratualmente fundado. No entanto, o conceito de subordinação que aí é colocado no centro da qualificação não é nem podia ser rígido, é, necessariamente, um conceito "aberto": evolui, como se notou, com o desenvolvimento das formas de organização da produção, das tecnologias e dos níveis de instrução e formação dos trabalhadores, e comporta gradações correspondentes à natureza das actividades. Mas, em qualquer das modalidades possíveis, é sempre o reflexo do seu "facto genético" que é o compromisso de transferência para outrem (alienação) da possibilidade de dispor – no sentido de coordenar, organizar e direccionar para certos resultados – de um conjunto de aptidões profissionais da pessoa que trabalha. Trata-se de um conceito verdadeiramente essencial ao tipo contratual em causa, e, como tal, "indisponível"[36] – no sentido de não poder ser afastado sem que o tipo contratual resulte também excluído.

A circunstância de essa noção de subordinação não ter uma correspondência empírica precisa e só raramente permitir a subsunção, isto é, o estabelecimento de uma identidade clara entre a situação concreta e o tipo legalmente estabelecido, não exclui a possibilidade de se referenciarem características de facto – ou indícios – correspondentes à "normalidade" das relações de trabalho subordi-

[34] Cfr. ZÖLLNER, *Arbeitsrecht* cit. 48.

[35] Para uma diferente explanação metodológica, veja-se BERNARDO XAVIER, *Manual de Direito do Trabalho* cit., 360 ss..

[36] Parafraseamos a formulação lapidar de MASSIMO D'ANTONA (*Le metamorfosi della subordinazione*, in *Il lavoro delle riforme*, Roma, 2000, p. 285): trata-se de "uma noção indisponível e ao mesmo tempo aberta, ou seja, capaz de 'aprender' com a evolução da realidade".

nado. Notar-se-á que esses indícios são, por assim dizer, exteriores ao tipo, são sintomas e não elementos estruturais dele (por exemplo, o facto de o trabalho ser realizado em instalação do beneficiário e não do trabalhador, ou o facto de a remuneração ser fixa e paga mensalmente). A aproximação ao tipo faz-se, pois, pela procura de *indícios*[37] que são outras tantas expressões empíricas da subordinação, segundo *id quod plerumque accidit*[38] ou, melhor, de acordo com o modelo prático em que se traduz o trabalho subordinado em estado puro.

Deste modo, a determinação da subordinação, feita através daquilo que alguns caricaturam como uma «caça ao indício»[39], não é configurável como um juízo subsuntivo ou de correspondência biunívoca, mas como um mero *juízo de aproximação*[40] entre dois «modos de ser» analiticamente considerados: o da situação concreta e o do *modelo típico* da subordinação.

Nem todos os "índices" utilizados pelos tribunais merecem a mesma atendibilidade. Alguns deles correspondem a elementos exteriores ao conteúdo da relação contratual e correntemente usados na dissimulação do contrato de trabalho; não podem, assim, considerar-se decisivos ou sequer relevantes no exercício do método tipológico, uma vez que só a título confirmativo (relativamente a uma decisão fundada num conjunto de outros elementos) merecem ser tomados em conta. Entre esses índices de duvidosa relevância podem citar-se: a inscrição na segurança social como independente, o uso de "recibos verdes", a denominação de "contrato de prestação de serviço" utilizada no documento contratual, o não gozo de férias e o não pagamento do correspondente subsídio, entre outros[41].

[37] SÖLLNER, *Grundriss* cit. 19/20.

[38] Cfr. CARINCI/TAMAJO/TOSI/TREU, 2, 15 ss..

[39] GHEZZI/ROMAGNOLI, *Il rapporto* cit. 33. Os Autores acrescentam, no mesmo tom, que "o juiz faz bem em procurar rivalizar com Sherlock Holmes".

[40] CARINCI/TAMAJO/TOSI/TREU 22/23.

[41] A jurisprudência oferece vários exemplos dessa prática que se nos afigura criticável. Amostra verdadeiramente emblemática é a do Ac. STJ 16/03/2005 – Proc. 04S4754 (SOUSA PEIXOTO), em que se decidiu haver contrato de prestação de serviço no caso de um professor de música fundamentalmente porque estava "colectado nas finanças como profissional liberal", "estava inscrito na segurança social como trabalhador independente", "dava quitação das importâncias recebidas através do chamado "recibo verde"", "não tinha que justificar as faltas", "não gozava férias nem recebia subsídio de férias nem de Natal", "a retribuição lhe era paga em função do número de aulas lectivas efectivamente dadas", "simultaneamente prestava idêntico serviço a outra entidade", "havia contratos escritos que as partes haviam denominado de "contratos de prestação de serviços"", e pouco mais. Em perspectiva semelhante, vd. Acs. STJ 2/12/2013 – P. 460/11.4TTBCL.P1.S1 (ISABEL SÃO MARCOS), e 15/1/2014 – P. 32/08.0TTCSC.S1 (MÁRIO BELO MORGADO). Mas, em contrapartida, a fragilidade desses índices também é reconhecida, quando de outros factores decorre, com segurança, a qualificação laboral: "...Neste quadro fáctico, não assume relevo jurídico significativo

Esta metodologia não comporta, porém, uma consideração puramente analítica e quantitativa dos índices de subordinação e de autonomia (no sentido de se decidir com base na simples "contagem" para apuramento da "maioria" de uns ou de outros). O valor indiciário desta ou daquela característica varia com a natureza da actividade e com o peso relativo que em concreto lhe deva ser atribuído. Por exemplo: a existência ou inexistência de um horário obrigatório tem um valor diferente no caso de um operário industrial e no de um quadro superior de uma empresa de serviços. Isto significa, antes do mais, que cada um dos elementos de facto em causa não tem valor absoluto, em si mesmo; o seu potencial indiciário depende da relação que cada um tenha com as restantes características da situação concreta (a inexistência de ordens tem significados diferentes, e contrastantes, consoante se trate, ou não, de actividades tecnicamente autónomas por natureza; o exercício da actividade médica em instalação alheia assume valor sintomático distinto segundo se trate de assistir doentes internados ou dar consultas em gabinete). Em suma, cada "índice" deve ser encarado conforme a "função" que desempenha no quadro da situação a qualificar[42]. Depois, e em consequência, os índices apurados devem ser encarados globalmente, compondo uma "imagem" confrontável com os tipos em alternativa, para o efeito de se verificar a maior proximidade a um deles.

Repare-se, mais uma vez, que o objectivo da operação é o de identificar a lei aplicável: o uso deste método permite ao tribunal reconhecer que *existe uma semelhança suficiente entre o tipo e o caso concreto para que lhes seja aplicado o mesmo*

o formalismo observado no pagamento da contrapartida pela actividade laboral prestada, ou seja, a emissão de «recibos verdes», nem que a ré não tenha procedido a descontos para a Segurança Social nas quantias pagas ao autor e, igualmente, que a ré não tenha pago ao autor qualquer quantia a título de retribuição de férias, subsídios de férias ou de Natal, procedimentos que decorriam, naturalmente, da configuração que a ré pretendia dar à relação jurídica como contrato de prestação de serviço" - STJ 12/03/2009 - P. 08S3440 (Pinto Hespanhol). Nessa mesma perspectiva, é curiosa a distinção que se faz na doutrina espanhola entre índices de trabalho assalariado *fortes* (a prestação exclusiva ou dominante de trabalho a uma mesma empresa e o pagamento por esta de uma remuneração fixa e periódica), os índices *médios* (trabalho nas instalações da empresa, sujeição a horário, não exercer poderes patronais e receber ordens da empresa) e os índices *fracos* (regime de segurança social, etc.) - J. Martinez Girón/A. Arufe Varela, *Derecho crítico del Trabajo*, 3ª ed., A Coruña, 2014, p. 50.

[42] A propósito da qualificação das situações concretas perante o binómio subordinação/autonomia, tem sido enunciado e proposto, no quadro de outros ordenamentos, mas em termos semelhantes aos expostos no texto (pois que o problema é comum e o quadro conceptual também), um método "tipológico-funcional" destinado a superar a tendência para a utilização mecânica e quantitativa dos índices que alguma jurisprudência revela. Cfr. Luca Nogler, *Die typologisch-funktionale Methode am Beispiel de Arbeitnehmerbegriffs*, ZESAR (Zeitschrift für europäisches Sozial- und Arbeitsrecht), 2009, nº 10, pp. 459 ss..

regime jurídico. É também por isso que a determinação da subordinação constitui matéria de facto, e não de direito[43].

22. *Os indícios de subordinação*. No elenco de indícios de subordinação, é geralmente conferido – agora com acrescida razão, dado o facto de a definição legal, expressamente, valorizar esse aspecto – ênfase particular aos que respeitam ao chamado «momento organizatório» da subordinação[44]: a vinculação a *horário* de trabalho, a execução da prestação em *local* definido pelo empregador, a existência de controlo externo do *modo* de prestação, a obediência a *ordens*, a sujeição à disciplina da empresa – tudo elementos retirados da situação típica de *integração* numa organização técnico-laboral predisposta e gerida por outrem. Acrescem elementos relativos à modalidade de *retribuição* (em função do tempo, em regra), à propriedade dos *instrumentos de trabalho* e, em geral, à disponibilidade dos *meios complementares* da prestação. São ainda referidos[45] indícios de carácter *formal* e externo, como a observância dos regimes fiscal e de segurança social próprios do trabalho por contra de outrem, ou ainda a denominação atribuída pelas partes ao contrato e o teor do respectivo clausulado.

Como atrás se assinalou, cada um destes elementos, tomado de per si, reveste-se de patente relatividade. Alguns deles, mesmo, não merecem grande atendibilidade, pela circunstância apontada de que se trata, de acordo com a experiência existente, de meios correntemente utilizados na dissimulação do contrato de trabalho. É o caso da denominação atribuída ao contrato e dos regimes fiscal e contributivo aplicados ao trabalhador. Estes elementos são indicativos da intenção das partes, mas não excluem que essa intenção seja simulatória.

A decisão sobre a natureza jurídica do contrato assenta na *realidade* das relações que a partir dele se desenvolvem entre os contraentes, confrontada com cada um dos dois tipos negociais aplicáveis ao trabalho realizado em proveito alheio. As partes são livres de escolherem a modalidade de relação contratual que mais convenha à concretização dos seus interesses, mas não são livres de decidirem sobre o regime jurídico aplicável à modalidade escolhida – e é justamente a selecção desse regime que está em causa no binómio contrato de trabalho/contrato de prestação de serviço. Por outras palavras: as partes podem decidir se estabelecerão ou não uma relação de trabalho subordinado, mas não podem resolver que, havendo subordinação, se aplique o regime do trabalho

[43] (Cfr. Ac. Rel. Coimbra 20/11/80 (BMJ 303, 276), Ac. Rel. Évora 4/7/85 (BTE, 1986,1020) e Ac. STJ 6/3/91 (AD 354, 813).

[44] SCHAUB, *Arbeitsrechts-Handbuch*, 5ª ed., München (1983) 33 ss..

[45] Cfr. ainda SCHAUB, *ob* e loc. cits.. Na jurisprudência portuguesa, vd., nomeadamente, o Ac. STJ 17/2/94, CJ 94, 1, 294.

autónomo. E a questão de saber *se há ou não* subordinação resolve-se por um juízo de realidade, não por declaração dos contraentes[46].

Por outro lado, o juízo a fazer é, como se disse, um juízo de *globalidade*, conduzindo a uma representação *sintética* da tessitura jurídica da situação concreta e à comparação dela com os tipos referidos[47]. Não existe nenhuma fórmula que pré-determine o doseamento necessário dos vários índices, desde logo porque cada um deles pode assumir um valor significante muito diverso de caso para caso.

O próprio conjunto dos traços que integram o chamado «momento organizatório» de subordinação carece de valor absoluto na identificação do contrato de trabalho: a subordinação não é corolário *forçoso* de *qualquer* tipo ou grau de articulação da prestação de trabalho na organização da empresa. O contrato de prestação de serviço pode harmonizar-se com a *inserção funcional* dos resultados da actividade (art. 1154º do Cód. Civ.) no metabolismo da organização empresarial[48].

Resta fazer uma última observação acerca da pesquisa sobre a natureza da relação de serviço. Tratando-se de uma relação mais ou menos duradoura, fundada num negócio de execução continuada, é também uma relação dinâmica, cujo conteúdo pode ir sofrendo alterações, em função da prática, à medida que se desenvolve[49]. A natureza da relação, e a identidade do vínculo, podem não

[46] Inseria-se aqui uma questão, a que voltaremos, suscitada pelo regime da acção especial de reconhecimento da existência de contrato de trabalho, instituída pela L. 63/2013, de 27/8, conforme a versão primitiva dos arts. 186º-K a 186º-R do CPT. Tratava-se da questão de saber se nessa acção, instaurada pelo Ministério Público, podem prevalecer a desistência do trabalhador ou a transacção entre ele e o empregador no sentido de que o contrato controvertido é de prestação de serviço.

[47] No *common law* britânico, e pela razão óbvia que consiste na importância que os métodos casuísticos nele assumem, o critério dominante para a identificação do *contract of service* (ou, mais precisamente, da relação *employee-employer*) parece ser hoje o critério indiciário ou «múltiplo» (*multiple test*). Este surgiu e desenvolveu-se a partir da insuficiência e dificuldade de aplicação do critério da subordinação ou do «controlo» (*control test*) que teve, e continua ainda a ter, larga nomeada na jurisprudência britânica. Assinale-se, enfim, o avanço recente de um critério baseado na existência ou inexistência de incorporação na empresa ou organização técnico-laboral alheia (*organisation test*), ao qual se tende, pelo menos, a conferir um alcance complementar no âmbito do método tipológico. Cfr. Drake, *Labour Law*, Londres (1973) 23 ss.; P. Davies/M. Freedland, *Labour Law. Text and Materials*, 2ª ed., London (1986) 83.

[48] Cfr. Ghera, *Diritto del Lavoro* cit. 49 ss..

[49] Cfr. STJ 15/09/2010 – P. 1977/06.8TTLSB.L1.S1 (Sousa Grandão): "Nos contratos de execução continuada torna-se particularmente importante, quando não decisiva, a indagação sobre o comportamento dos contratantes ulterior à sua celebração, em ordem a saber que tipo contratual veio a ser por eles efectivamente implementado, sendo que prevalece a execução efectiva, caso se vislumbre contradição entre o acordado e o realmente executado."

ser os mesmos no momento em que é celebrado o contrato, porventura formalmente, e sem qualquer simulação, e num outro momento a que se reporte uma pretensão jurídica de um dos contraentes. Um contrato de prestação de serviço, estabelecido entre um profissional e uma empresa, origina uma relação que, sendo originariamente de trabalho autónomo, pode evoluir – sem que haja alteração formal do estipulado – no sentido de uma progressiva incorporação do profissional na empresa, da sua inserção numa equipa ou numa cadeia hierárquica – no sentido, em suma, da sua passagem a um regime de subordinação. O movimento inverso é igualmente plausível. Uma pretensão fundada na situação mais recente não pode, correctamente, ser resolvida pela lei escolhida em função da natureza originária do contrato. Numa relação deste tipo, cuja natureza jurídica está associada à realidade dos factos através dos quais ela se vai desenvolvendo, num período mais ou menos longo, a escolha da lei aplicável há-de fundar-se na pesquisa da qualificação atribuível ao contrato no momento a que se reporta a pretensão discutida.

D) As presunções de existência de um contrato de trabalho[50].

"1 – Na relação existente entre a pessoa que presta uma atividade e outra ou outras que dela beneficiam, provada a existência de duas ou mais das circunstâncias caracterizadoras dessa relação previstas nas várias alíneas do nº 1 do artigo 12º do Código do Trabalho, presume-se a existência de contrato de trabalho;
2 – A presunção prevista no número anterior não impede o beneficiário da atividade prestada de demonstrar que, apesar da ocorrência daquelas circunstâncias, a relação em causa não é uma relação de trabalho subordinado.
3 – Não afasta a presunção referida no número 1 o facto de o pagamento do valor do serviço prestado pelo trabalhador ser calculado com base no número de horas prestadas e de nunca ter recebido quaisquer valores a título de subsídio de férias ou de Natal.(...)" – STJ 07/09/2017 – P. 2242/14.2TTLSB.L1.S1 (António Leones Dantas).

23. *A utilidade das presunções.* Das dificuldades que a qualificação laboral envolve, e dos meios correntemente utilizados para as ultrapassar, ressalta claramente a importância operatória de que se revestem as *presunções* neste domínio-chave para a aplicação do ordenamento do trabalho. Tratar-se-á, como diz o art. 349º CCiv., de tirar certas ilações "de um facto conhecido para firmar um facto desconhecido".

[50] Sobre o tópico, veja-se Bernardo Xavier, *Manual* cit., 348 ss..

A Recomendação 198 (2006) da OIT, sobre a "relação de emprego", preconizou a criação de "uma presunção legal de que existe uma relação de trabalho subordinado (*employment relationship*) quando estão presentes um ou mais índices relevantes" e forneceu uma lista de possíveis índices referentes aos termos em que o trabalho é prestado e remunerado. Tal medida inserir-se-ia no quadro de "políticas nacionais de protecção dos trabalhadores numa relação de emprego", visando, nomeadamente, o combate às formas de dissimulação do trabalho subordinado.

A presunção da existência de contrato de trabalho pode surgir a propósito de dois problemas: o da consideração da existência de um contrato de trabalho em *situações que não se fundam em manifestações expressas de vontade das partes*, e o da qualificação laboral de outras situações, em que *as declarações das partes, ou outros elementos indicativos, apontem para a identificação de outro tipo contratual*[51].

A circunstância de o contrato de trabalho estar coberto pelo princípio da liberdade de forma (art. 110º CT) e a fluidez do mercado de trabalho conduzem a que, como se notará adiante, as relações de trabalho se estabeleçam, em muitos casos, sem que possam detectar-se declarações expressas de vontade das partes: na maioria dos casos, o contrato assenta em uma ou mesmo duas manifestações de vontade tácita[52]. Esse «silêncio» de uma ou de ambas as partes não dispensa o julgador de se pronunciar sobre a existência da relação contratual e sobre a sua qualificação, para escolher o regime jurídico aplicável.

Para tal efeito, serve a definição do art. 11º CT: se, no caso concreto, existe uma pessoa que presta a outra a sua actividade manual ou intelectual, mediante retribuição, e estando a primeira sob a autoridade e o domínio organizacional da segunda, conclui-se, mesmo sem suporte declarativo expresso, a existência de um contrato de trabalho. O elemento não detectável por observação dos factos – a existência de um *contrato* gerador de uma *obrigação* que, dessa forma, se cumpre – é adquirido pelo julgador, através de um juízo de normalidade que se traduz por uma *presunção judicial* (art. 351º CCiv.). Essa conclusão pode ser neutralizada se, por exemplo, se provar que o trabalho é realizado a título puramente facultativo e ocasional, no quadro de uma relação familiar ou de amizade.

A via presuntiva está, pois, presente na prática judiciária quotidiana, na identificação do contrato de trabalho, embora a lei não se lhe refira a esse propósito, como ocorre no ordenamento espanhol. É uma das funções implícitas da noção contida no art. 11º CT, e correspondente a uma necessidade operatória absolu-

[51] Cfr. A. Martin Valverde/F. Rodriguez-Sanudo Gutierrez/J. Garcia Murcia, *Derecho del trabajo* cit. 462.

[52] Referimo-nos, naturalmente, aos contratos de duração indeterminada. Para os contratos de trabalho a termo, que hoje constituem um meio de recrutamento utilizado pelas empresas com grande frequência, a lei requer forma escrita. O mesmo ocorre com as situações de trabalho temporário.

tamente imperiosa, dado o modo por que se apresentam, na realidade social, as relações de trabalho.

Numa segunda perspectiva, a presunção judicial pode funcionar também na diferenciação do contrato de trabalho face a tipos negociais próximos ou alternativos. É, justamente, o que ocorre, a nosso ver, na aplicação do método indiciário ou tipológico atrás descrito.

Com efeito, o juizo de proximidade entre o conceito-tipo (contrato de trabalho) e a situação concreta a qualificar – hoje corrente na jurisprudência – traduz-se numa *inferência* de certos elementos da relação de trabalho subordinado *não verificados* (em particular, a subordinação) mas indispensáveis à sua identificação ou diferenciação, a partir de factos adquiridos ou provados (a existência de um horário de trabalho, a regularidade da retribuição, a propriedade das instalações e equipamentos, etc.). É uma presunção judicial, correspondente também à descrição do art. 351º CCiv..

A qualificação vem, deste modo, a resultar da integração de elementos do conceito-tipo que estão verificados, com outros que são inferidos, isto é, adquiridos por presunção.

24. *A presunção legal*[53]. Existem, por outro lado, *presunções legais* (art. 350º CCiv.) da existência de contrato de trabalho. Com efeito, em determinadas hipóteses, é a própria lei que liga à verificação de certos factos uma conclusão (provisória ou defiinitiva) sobre factos desconhecidos.

Partindo da constatação de que determinadas características das relações de trabalho andam normalmente associadas à existência de subordinação, a lei pode estabelecer que, perante elas, o julgador *presuma* a existência de trabalho subordinado, embora ressalvando a possibilidade de prova em contrário (isto é, de prova da existência de trabalho autónomo).

As presunções legais da existência de contrato de trabalho estão admitidas em várias legislações estrangeiras.

É o caso, nomeadamente, do art. 8º/1 do Estatuto dos Trabalhadores espanhol: o contrato de trabalho «presumir-se-á existente entre todo aquele que presta um serviço por conta e dentro do âmbito de organização e direcção de outro e o que o recebe em troca de uma retribuição àquele». Trata-se, aqui, de uma presunção legal.

São também configuráveis presunções legais da *não-existência* de contrato de trabalho. Em França, uma lei de 1994 (conhecida como "lei Madelin") introduziu no

[53] Veja-se Bernardo Xavier, *Manual de Direito do Trabalho* cit., 366 ss.; Luis Menezes Leitão, *Direito do Trabalho* cit. 133; P. Romano Martinez, *Direito do Trabalho* cit.337 ss; A. Menezes Cordeiro, *Direito do Trabalho*, II 161 ss..

Code du travail uma dessas presunções, que, muito criticada pela doutrina, acabou por ser eliminada em 2000.

A presunção legal, quando existe, tem influência na atribuição do ónus da prova: face à alegação e prova, pelo trabalhador, da execução de uma actividade remunerada em proveito de outrem, caberia ao empregador demonstrar a inexistência de trabalho subordinado. Para a objecção usual de que se trataria de provar factos negativos existe resposta segura: o que se trata de provar é *a existência de uma relação de trabalho autónomo*, ou seja, factos positivos excludentes da subordinação[54].

Entre nós, o art. 12º CT, após a revisão de 2009, consagra uma verdadeira (ainda que pouco eficiente) presunção legal da existência de contrato de trabalho. A base dessa presunção é constituída pela verificação de "algumas" - isto é, pelo menos duas - de entre cinco características factuais da relação a qualificar: a actividade ser realizada em lugar pertencente ao beneficiário da prestação, ou por ele determinado; serem dele os equipamentos e instrumentos de trabalho; haver um horário imposto pelo mesmo beneficiário; ser periodicamente paga uma quantia certa como contrapartida do trabalho; e, porventura, o prestador ser dirigente ou chefe na estrutura da empresa. Constatada a ocorrência de "alguns" destes traços, passará a caber ao empregador o encargo de provar a existência de uma situação de trabalho por conta própria, ou autónomo.

Disse-se atrás que a revisão do CT instituiu uma *verdadeira* presunção legal da existência de contrato de trabalho. A afirmação precisa de ser explicada. A versão inicial do CT (de 2003) parecia consagrar também, no seu art. 12º, uma tal presunção legal. Mas tratava-se de uma simples aparência, como o seu quê de bizarro. Aquele artigo estabelecia, com efeito, que se presumia ter sido celebrado um contrato de trabalho quando se verificassem, *cumulativamente*, cinco condições: a inserção do prestador de trabalho numa organização do beneficiário da actividade e a realização da prestação sob as orientações deste; que o trabalho fosse realizado na empresa beneficiária ou em local por ela controlado, com observância de horário previamente definido; a prática de retribuição em função do tempo de trabalho ou a dependência económica do prestador de trabalho face ao seu beneficiário; o fornecimento dos

[54] No entanto, o alcance desta presunção foi dramatizado - pecando por excesso - pelo facto de se ter convertido num instrumento de acção inspectiva com consequências que ultrapassaram o desígnio inicial da sua consagração no CT. Com efeito, o art. 15º-A da L. 107/2009, de 14 de Setembro, acrescentado pela L. 63/2013, de 27 de Agosto, determina que o mero preenchimento de condições constantes do art. 12º/1 CT basta para que a Autoridade para as Condições de Trabalho lavre auto e notifique o ermpregador para "regularizar a situação" (isto é, corrigir o tratamento da relação de trabalho de acordo com a legislação laboral) ou contra-argumente sobre a natureza do contrato.

instrumentos de trabalho pelo beneficiário da actividade; e, finalmente, que uma situação com essas características dure, sem interrupção, mais de noventa dias.

A leitura do preceito conduzia a uma conclusão perturbadora: o primeiro dos suportes da "presunção de contrato de trabalho" preencheria já o essencial da noção legal desse contrato; a verificação das quatro primeiras condições permitiria alicerçar, mais do que uma presunção (ilidível, nos termos do art. 350º/2 CCiv.), a *certeza* da existência de contrato de trabalho; e o quinto elemento da enumeração legal (duração superior a noventa dias) parecia inteiramente destituído de aptidão qualificativa.

Tratava-se, pois, se tanto, de presunção *iuris et de iure*, embora o teor da lei não apontasse nesse sentido. De qualquer modo, as razões que podiam conferir a uma presunção de contrato de trabalho uma utilidade concreta para o afinamento da aplicação das normas laborais não eram atendidas. Pelo contrário: a exigência da verificação *cumulativa* das características enumeradas – sendo uma delas, já de si, concludente, e outra manifestamente imprópria (a de duração da situação) – podia levar a que se suscitassem dúvidas sobre a qualificação de situações que, sem esse preceito, os tribunais considerariam, liquida e correctamente, cobertas pelas leis do trabalho.

Com a L. 9/2006, de 20/3, o art. 12º CT foi modificado, mas, na realidade, pouco melhorado. Passou a constituir base da "presunção" a verificação de que "o prestador esteja na dependência e inserido na estrutura organizativa do beneficiário da actividade e realize a sua prestação sob as ordens, direcção e fiscalização deste, mediante retribuição". Não se estava aqui perante elementos concretos de facto susceptíveis de prova, mas de conceitos normativos e abstractos; e, no fim de contas, não se oferecia uma presunção, mas uma definição (uma segunda definição) do contrato de trabalho. Continuava, pois, a não existir no CT uma verdadeira presunção da existência de contrato de trabalho.

25. *A aplicação da presunção no tempo*[55]. O aparecimento das presunções legais da existência de contrato de trabalho originou uma jurisprudência constante – em todas as instâncias – no sentido de que elas só seriam utilizáveis para a qualificação dos contratos celebrados na vigência das correspondentes normas, ou seja, do Código de 2003 (primeira versão da presunção), da L. 9/2006 (segunda versão) e do Código de 2009 (terceira versão, actualmente em vigor). A fundamentação de tal entendimento – por referência àquela primeira versão – resumia-se assim: "(...) O artigo 12º do Código do Trabalho estabelece a presunção de que as partes celebraram um contrato de trabalho assente no preenchimento cumulativo de cinco requisitos, o que traduz uma valoração dos factos que importam o

[55] Sobre o ponto, e em sentido semelhante ao do texto, vd. J. Leal Amado, *Contrato de trabalho* cit. 90 n. 112.; Joana Vicente, *Noção de contrato de trabalho e presunção de laboralidade*, in Paulo Morgado de Carvalho (coord.), *Código do Trabalho – A Revisão de 2009*, Coimbra (2011) 68 ss..

reconhecimento dessa presunção, por conseguinte, só se aplica aos factos novos, às relações jurídicas constituídas após o início da sua vigência, que ocorreu em 1 de Dezembro de 2003"[56].

Com o respeito devido, não podemos acompanhar esta posição dos tribunais[57].

Ela procura legitimação nas disposições transitórias constantes das leis preambulares dos Códigos de 2003 (art. 8º/1 L. 99/2003) e de 2009 (art. 7º/1 L. 7/2009), segundo as quais os respectivos regimes eram aplicáveis aos contratos celebrados antes da sua entrada em vigor, "salvo quanto a condições de validade e a efeitos de factos ou situações totalmente passados anteriormente (*àquela entrada em vigor*)". Ora não se vê que se trate aqui de condições de validade do contrato de trabalho, nem de *factos ou situações totalmente passados*. Não se trata, também, de uma nova *valoração* de factos, no sentido de lhes ser referido um diferente juízo normativo. As noções do contrato de trabalho e do contrato de prestação de serviço são as mesmas, os seus elementos e características fundamentais não mudaram. Não há nada, nas bases da presunção, que seja novo em relação a essa noção e a essas características. Trata-se, simplesmente, de uma directriz para a distribuição do ónus da prova na pesquisa da qualificação de um contrato para se determinar a lei aplicável – um contrato que, sendo de execução continuada (como o é o contrato de trabalho e o pode ser o contrato de prestação de serviço), gerou uma relação de facto que serve de suporte a uma *realidade jurídica actual*, e que pode ter, inclusivamente, evoluído ao longo do tempo, desde a sua celebração inicial, determinando eventual modificação da sua natureza.

A presunção é um instrumento meramente adjuvante da qualificação que é necessária para que se saiba qual a lei a aplicar, problema que se suscita *em relação a certo momento* e cuja solução deve reportar-se a esse momento, com os meios disponíveis. É por se constatar que o contrato revela o seu conteúdo *actual* por

[56] Ac. STJ 05/02/09 – P. 08S2584 (PINTO HESPANHOL). Como se diz no texto, a orientação em causa é constante. Entre numerosas decisões de todas as instâncias, salientam-se as seguintes: Acs. STJ 18/12/2008 – P. 08S2572 (PINTO HESPANHOL), 14/01/2009 – P. 08S2578 (PINTO HESPANHOL), 22/09/2011 – P. 192/07.8TTLSB.L1.S1 (SAMPAIO GOMES) e 19/04/2012 – P. 30/08.4TTLSB.L1.S1 (PINTO HESPANHOL). Veja-se ainda, sempre nesse sentido, o Ac. Rel. Porto 21/05/2012 – P. 1567/09.3TTPRT.P1 (PAULA LEAL DE CARVALHO).

[57] Não podemos também sufragar a opinião convergente de MENEZES CORDEIRO (*Direito do Trabalho*, II 164), fundada nesta ponderação: "Não se concebe, em face da igualdade, da tutela da confiança e do respeito pela vontade das partes, que contratos não-laborais passem a laborais e inversamente, ao abrigo das flutuações do legislador ordinário". Como o Autor afirma, "os preceitos relativos aos indícios de laboralidade não pretendem modificar a natureza das situações sobre que incidam". A presunção legal de laboralidade, como é sabido, não conduz a uma conclusão sobre a natureza da situação a qualificar – limita-se, como é normal, a inverter o ónus da prova de factos que possibilitem essa qualificação.

certos *factos ou situações actuais* (e não "totalmente passados") que o legislador autoriza a presunção e altera, com isso, a repartição do ónus da prova. Supomos, pois, que é aplicável aos contratos existentes em cada momento a presunção que nesse momento conste da lei vigente.

E) O combate à simulação.

26. *Os procedimentos de combate à simulação do trabalho autónomo.* A fuga ao Direito do Trabalho explica a proliferação de situações que são formalmente apresentadas como sendo de trabalho autónomo (contratos de prestação de serviço), sendo, na realidade, relações de trabalho subordinado disfarçadas. A elevada quantidade de trabalhadores considerados independentes nas estatísticas oficiais (perto de um milhão, como atrás se informou) encontra nisso uma boa parte da explicação. Muitos casos não são detectados porque os próprios trabalhadores, necessitados de trabalho para viver, colaboram nos expedientes de dissimulação do contrato de trabalho.

O art. 12º/2 CT qualifica de "contra-ordenação muito grave imputável ao empregador" a simulação de trabalho autónomo "que possa causar prejuízo ao trabalhador ou ao Estado" – condição difícil de entender, pois, a curto ou longo prazo, tal "prejuízo" é garantido, tanto para um como para o outro. E o nº 3 do mesmo artigo comina, para a reincidência, a privação de subsídios ou outros benefícios públicos (nomeadamente fiscais) por dois anos. Finalmente, a lei responsabiliza solidariamente pelo pagamento da coima as sociedades agrupadas com a infractora e os gerentes, administradores ou directores (nº 4).

Estas cominações têm a sua efectividade na dependência da detecção dos casos de simulação, que, enquanto deixada à iniciativa do trabalhador, é muito improvável.

A L. 107/2009, de 14 de Setembro, atribuía, no seu art. 2º/2, à Autoridade para as Condições de Trabalho (ACT) e ao Instituto da Segurança Social (ISS) competência para os respectivos procedimentos contra-ordenacionais.

27. *A acção judicial de reconhecimento da existência de contrato de trabalho.* Mas o quadro normativo do combate ao falso trabalho autónomo alterou-se significativamente com a publicação da L. 63/2013, de 27 de Agosto.

Este diploma estruturou um mecanismo próprio para o reconhecimento e a certificação da existência de contrato de trabalho, compreendendo uma fase administrativa – no âmbito da competência da Autoridade para as Condições de Trabalho (ACT) – e uma fase judicial, que se concretiza através de uma acção especial: a acção de reconhecimento da existência de contrato de trabalho (arts. 186º-K a 186º-R do CPT).

Em síntese, a sequência é a seguinte: se, perante a análise da situação, a ACT considera haver contrato de trabalho, comunica-o ao empregador; se este concorda e, portanto, aceita aplicar ao trabalhador em causa o regime do contrato de trabalho, a questão fica encerrada; se não, a ACT participa o caso ao MP, com os fundamentos da sua posição; se o MP concorda, instaura a referida acção judicial; se o empregador não contesta, é logo decidida a existência de contrato de trabalho; caso contrário, a acção prossegue até à sentença, que declara, ou não, a existência de contrato e trabalho. Desta sentença há sempre recurso (com efeito devolutivo) para a Relação.

Em esquema, o procedimento desenvolve-se assim:

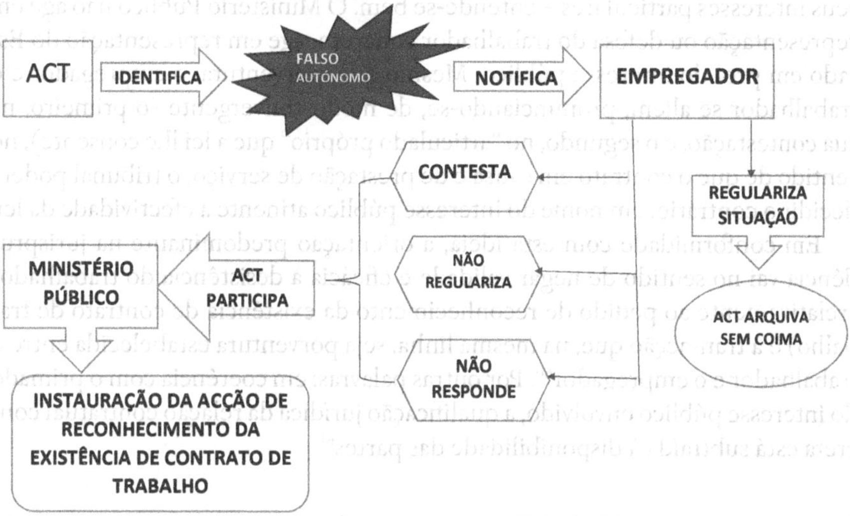

Nos termos do art. 186º-K/1, cabem em exclusivo ao Ministério Público a competência e a legitimidade para desencadear a acção de reconhecimento da existência de contrato de trabalho. O processo é estruturado como acção movida pelo Ministério Público contra o empregador, remetendo-se o trabalhador à posição de mero terceiro.

Apesar de o reconhecimento da existência de contrato de trabalho, se for decidido pelo tribunal, aproveitar ao trabalhador – no sentido de lhe abrir o acesso aos direitos e garantias consagrados pela legislação do trabalho –, ele tem apenas a possibilidade de intervir a título secundário, já depois de apresentados os articulados iniciais (petição do Ministério Público e contestação do empregador), e, aliás, em moldes um tanto enigmáticos (art. 186º-L/4). Notar-se-á apenas que, podendo apresentar "articulado próprio", o trabalhador conserva a faculdade de se opor à posição do Ministério Público, sustentando que o contrato discutido é de prestação de serviço e não de trabalho[58].

Este regime processual parece, assim, exclusivamente fundado no interesse público que se liga ao combate às várias formas de disfarce da existência de relações de trabalho subordinado, as quais, como notam os tribunais, "para além de afectarem o trabalhador subordinado em alguns dos seus direitos, prejudicam, igualmente, interesses do Estado, de natureza fiscal e de segurança social"[59]. O ponto central a considerar é que a dissimulação do contrato de trabalho redunda na inaplicação em concreto das normas laborais, na neutralização da sua efectividade, o que não pode deixar de considerar-se lesivo do interesse público.

Nesta perspectiva, certa desvalorização da vontade das partes – ligada aos seus interesses particulares – entende-se bem. O Ministério Público não age em representação ou defesa do trabalhador concreto, age em representação do Estado em prol do interesse público. Mesmo que, porventura, o empregador e o trabalhador se aliem, pronunciando-se, de modo convergente (o primeiro, na sua contestação, e o segundo, no "articulado próprio" que a lei lhe consente), no sentido de que o contrato em causa é de prestação de serviço, o tribunal poderá decidir o contrário, em nome do interesse público atinente à efectividade da lei.

Em conformidade com esta ideia, a orientação predominante na jurisprudência vai no sentido de negar validade e eficácia à desistência do trabalhador (relativamente ao pedido de reconhecimento da existência de contrato de trabalho) e à transacção que, na mesma linha, seja porventura estabelecida entre o trabalhador e o empregador[60]. Por outras palavras: em coerência com o primado do interesse público envolvido, a qualificação jurídica da relação contratual concreta está subtraída à disponibilidade das partes[61].

[58] Face ao disposto no art. 328º do CPCiv., essa possibilidade afasta a aplicação do estatuto do assistente. Cfr. João Correia/Albertina Pereira, *Código de Processo do Trabalho anotado à luz da reforma do processo civil*, Coimbra (2015), p. 323.

[59] Passagem extraída do Ac. Rel. Coimbra 26/09/2014 – P. 160/14.3TLRA.C1 (Ramalho Pinto), mas ideia constante na jurisprudência dos anos mais recentes. Em sentido próximo, mas mais abrangente, tem-se ponderado também que está em causa "proteger essencialmente um interesse público, um interesse social em ver-se consagrada uma sociedade justa e em que o cumprimento da lei faz que não tenhamos de ser todos penalizados pelo incumprimento de alguns" – Ac. Rel Porto 13/04/2015 – P. 175/14.1T8PNF.P1 (Paula Leal de Carvalho).

[60] Cfr. nomeadamente os Acs. Rel. Lisboa 02/12/2015 – P. 2204/14.0TTLSB.L1-4 (José Eduardo Sapateiro); Rel. Porto 13/04/2015 – P. 175/14.1T8PNF.P1 (Paula Leal de Carvalho) e 29/06/2015 – P. 549/14.8TTMTS.P1 (Domingos de Morais); Rel. Coimbra 26/09/2014 – P. 160/14.3TLRA.C1 (Ramalho Pinto) e 07/05/2015 – P. 859/14.4T8CTB.C1 (Ramalho Pinto); Rel. Évora 09/07/2015 – P. 2655/14.0T8STB.E1 (Acácio André Proença); Rel Guimarães 12/03/2015 – P. 569/14.2TTGMR.G1 (Manuela Fialho).

[61] Esta directriz jurisprudencial – baseada na interpretação do art. 186-O/1 CPT – foi posta em causa perante o Tribunal Constitucional, com fundamento em alegadas violações da liberdade de

No entanto, a própria lei já forneceu razões sólidas contra esse entendimento. O art. 186º-O/1, na versão originária que dele foi oferecida pela L. 63/2013, previa que o julgamento fosse antecedido de uma audiência de partes – entendendo-se como tais, no contexto do preceito, o empregador e o trabalhador – na qual seria tentada a conciliação. A lei não era clara acerca do alcance e das consequências de tal diligência, que o juiz estava obrigado a realizar, aparentemente sem qualquer participação do Ministério Público. Na mesma versão originária, figurava um nº 2 que parecia trazer implícita a ideia de que, se a tentativa de conciliação tivesse êxito, o processo terminaria por transacção. O texto dizia, com efeito, assim: "Frustrando-se a conciliação, inicia-se imediatamente o julgamento..." Mas a inconsistência era tão notória que essa norma foi eliminada após alguns anos de vigência[62].

Mesmo assim, a coerência do regime legal (que diz respeito a uma acção instaurada *pelo Ministério Público*) não ficou assegurada. Na verdade, manteve-se a exigência da tentativa de conciliação, sugerindo-se que a questão era colocada na disponibilidade do trabalhador e do empregador. A ambiguidade da lei ofereceu até apoio um entendimento jurisprudencial minoritário, adoptado sobretudo na Relação de Lisboa[63], que deduzia da possibilidade de conciliação a admissibilidade da desistência do pedido pelo trabalhador. Mas tratava-se de uma posição, a nosso ver, insustentável. Admitia-se a desistência de um pedido por parte de quem o não fez (o Ministério Público é quem introduz a petição inicial), lançando para plano recuado o interesse público (motor central deste modelo processual) e ignorando, do mesmo passo, toda a gama de possibilidades de conluio (assente na necessidade económica do trabalhador) que, em tantos casos, conduzem à simulação contratual.

Hoje a questão está inteiramente esclarecida na lei. Pela L. 107/2019, de 6 de junho, foi novamente alterado o art. 186º-O CPT, com a eliminação da tentativa prévia de conciliação e, portanto, a passagem directa ao julgamento e, a final, à emissão da sentença que, no caso de reconhecer a existência de contrato de trabalho, deve também fixar a data do início da relação laboral.

escolha da profissão, do direito de acção e do direito a um processo equitativo, e do princípio da igualdade. A hipótese de inconstitucionalidade foi, no entanto, rejeitada em todas essas dimensões: ver Ac. TC 85/2016, no DR 46/2016, série II, de 7/3/2016.

[62] Pela L. 55/2017, de 17 de Julho.

[63] Veja-se, nomeadamente, o Ac. Rel. Lisboa 20/04/2016 – 2203/14.1TTLSB.L1-4 (Seara Paixão). A decisão não foi, porém, unânime: veja-se também a declaração de voto de Maria João Romba.

III. As «situações equiparadas» ao trabalho juridicamente subordinado.

A) O art. 10º CT: a noção de «situações equiparadas». – 28. O trabalho autónomo economicamente dependente; 29. O sentido da equiparação. – **B) O regime legal do trabalho no domicílio.** – 30. Uma lacuna antiga; 31. O regime legal.

A) O art. 10º CT: a noção de «situações equiparadas»[64].

28. *O trabalho autónomo economicamente dependente.* Já referimos atrás a existência de situações de trabalho *formalmente* autónomo (em que o trabalhador auto-organiza e auto-determina a actividade exercida em proveito alheio), mas que são *materialmente* próximas das de trabalho subordinado, induzindo necessidades idênticas de protecção. São aquelas em que o trabalhador se encontra *economicamente dependente* daquele que recebe o produto da sua actividade.

A dependência económica suscita ao legislador preocupações idênticas às que se ligam à subordinação jurídica. A função compensatória do Direito do Trabalho (face a situações que, na origem, são de desigualdade material) é aqui também, solicitada. Mas a verdade é que, por razões já apontadas, a subordinação jurídica (e só ela) continua a ser a chave aplicativa do ordenamento laboral.

A questão de saber se, e como, pode assegurar-se às situações de trabalho economicamente dependente uma tutela semelhante à do trabalho juridicamente subordinado – questão que, bem vistas as coisas, põe em causa a razão de ser e a adequação social do Direito do Trabalho –, para além de ser muito discutida na doutrina juslaboral, tem tido respostas diversas nas próprias legislações. Vale a pena referir os exemplos italiano e alemão, como amostras de duas posturas distintas ante o problema.

Na Itália, a lei processual do trabalho admitiu a extensão de algumas garantias próprias do trabalho subordinado a situações (como as dos agentes e representantes comerciais) de dependência económica[65]; e a lei sobre o trabalho no domicílio (L 877, de 18/12/73) adoptou um conceito próprio de subordinação que combina a obrigação de «observar as directivas sobre as modalidades de execução, as características e os requisitos do trabalho» com a inserção deste «na execução parcial, no acabamento ou na laboração total de produtos objecto da actividade do empresário comitente» (art. 1º). Este conceito de subordinação, sobre o qual se discutiu se era

[64] Vd. Júlio Gomes, *Direito do Trabalho* cit., 191 ss..

[65] A doutrina italiana construiu, a propósito, a noção de «para-subordinação». Vd., em geral, G. Santoro Passarelli, *Il lavoro «parasubordinato»*, Milão (1979).

mais ou menos amplo que o de subordinação jurídica, pretende *converter em regra a colocação do trabalho domiciliário no campo da protecção laboral*[66].

A solução da lei alemã é a de criar uma figura específica – a das «pessoas assimiladas a trabalhadores» – caracterizada pela dependência económica e por merecer protecção social identicamente aos trabalhadores subordinados. São os traços da definição oferecida pela lei sobre a contratação colectiva (art. 12º). Está nela implícita a inexistência de subordinação («dependência pessoal») por parte do trabalhador. E a função do conceito de «pessoa assimilada a trabalhador» é a de servir de chave de acesso à aplicação de normas ou regimes contidos em *algumas* leis do trabalho, que expressamente o referem: a lei da contratação colectiva, a lei das férias, a lei dos tribunais do trabalho. Mas o pressuposto é o de que *a legislação do trabalho não lhes é, em princípio, aplicável*. E casos tipicamente englobados no conceito de «pessoas assimiladas» são os do trabalhador no domicílio e do industrial caseiro[67].

Para os efeitos da aplicação do regime jurídico da segurança social, a situação de dependência económica tem definição precisa: tem-se por existente quando uma entidade beneficia de "mais de 50% do valor total da atividade do trabalhador independente"[68]. Quando o trabalhador independente depende economicamente de uma só entidade, tem acesso ao regime do subsídio de desemprego[69]. Quando a instituição competente da segurança social apura uma situação de dependência económica, para além de retirar dessa constatação consequências no domínio contributivo, comunica tal constatação à ACT para averiguação da verdadeira natureza do vínculo existente[70].

29. *O sentido da equiparação.* O art. 10º CT aborda essas situações caracterizando-as exactamente assim: "situações em que ocorra prestação de trabalho por uma pessoa a outra, sem subordinação jurídica, sempre que o prestador de trabalho deva considerar-se na dependência económica do beneficiário da actividade".

O enunciado do art. 10º CT – que tem as suas raízes da LCT de 1969 – traduz o reconhecimento da proximidade material entre essas situações e a do trabalhador subordinado, estendendo-lhes certos regimes próprios do estatuto deste último: "as normas legais respeitantes a direitos de personalidade, igualdade e não discriminação e segurança e saúde no trabalho".

O CT de 2003, na esteira da lei de 1969, previa também, no seu art. 13º, os "contratos equiparados", mas mantinha a indefinição – que já vinha daquele antigo

[66] Cfr. Carinci/de Luca Tamajo/Tosi/Treu, *Il rapporto di lavoro subordinato* cit. 331 ss..

[67] Cfr. G. Schaub 38 ss..

[68] Art. 140º/1 do Código dos Regimes Contributivos (CRC), com a redacção dada pelo DL 2/2018, de 2 de Janeiro.

[69] Art. 141º/2 CRC, com a redacção dada pela L. 20/2012, de 14 de maio.

[70] Art. 150º/5 CRC, aditado pela L. 55-A/2010, de 31 de Dezembro.

diploma legal – quanto às consequências jurídicas desse reconhecimento. Embora declarando as situações descritas sujeitas aos «princípios definidos neste Código», o CT logo precisava que lhes caberia «regulamentação em legislação especial». Entretanto – e tratava-se aí de inovação do Código – esclarecia-se que estavam, "nomeadamente", em causa os "princípios" respeitantes aos direitos de personalidade, à igualdade e não discriminação, e à segurança, higiene e saúde no trabalho.

Não faltou quem entendesse (ainda ao abrigo da LCT) que a referência aos «princípios» da lei tinha sentido útil imediato – o de fornecer os meios necessários à integração da lacuna existente, no ordenamento, quanto aos respectivos contratos[71]. Por nossa parte, não vimos maneira de extrair do art. 2º LCT (e, depois, do art. 13º CT de 2003) mais do que um «projecto» do legislador, no sentido de vir a regulamentar os mesmos contratos em moldes semelhantes ou de harmonia com inspiração idêntica (segundo os mesmos «princípios») à do regime do contrato de trabalho.

Assim, o expediente utilizado pelo legislador português era já, como ocorreu na Alemanha, o da «equiparação» ou "assimilação». Todavia, e ao contrário do exemplo germânico, não ligava à equiparação consequências jurídicas precisas, nomeadamente quanto às *normas* aplicáveis. Revelando sensibilidade a certas carências de protecção, o legislador português não ia, porém, tão longe que as concretizasse em soluções jurídicas operatórias[72]. Só com a revisão de 2009 se deu esse passo, embora sem ampliar a sua extensão.

B) O regime legal do trabalho no domicílio[73].

30. *Uma lacuna antiga.* Existia, pois, no domínio da LCT, uma lacuna de regulamentação no tocante às situações de trabalho em regime de dependência económica. Essa lacuna subsistiu intacta por mais de duas décadas, reflectindo as enormes dificuldades de que a realização do «projecto» do legislador se revestia. Podem apontar-se, entre outras, as seguintes: a presença dominante do trabalho domiciliário na área da economia paralela e do mercado de trabalho informal, refractária por natureza a injunções legais e institucionais; a necessidade de articular a tutela e o controlo das condições de trabalho com a salvaguarda da privacidade pessoal e familiar.

[71] BERNARDO XAVIER 38-39.

[72] Ressalvava-se o regime da reparação de acidentes de trabalho e doenças profissionais: o art. 18º L. 99/2003 (que aprovou o CT 2003) estendia expressamente o seu âmbito aos «trabalhadores que prestem a sua actividade mediante contrato equiparado ao contrato de trabalho», assim como, em geral, aos que "sem subordinação jurídica, desenvolvam a sua actividade na dependência económica da pessoa servida".

[73] Vd. Sobre o tema JÚLIO GOMES, *Direito do Trabalho* cit., 196 ss.; P. ROMANO MARTINEZ, *Direito do Trabalho* cit., 332 ss..

Essa carência normativa encontra-se superada, no respeitante ao trabalho no domicílio, actualmente, pela L. 101/2009, de 8 de Setembro[74].

31. *O regime legal.* O regime em causa toma como *referencial* o sistema de ideias básicas em que assenta a disciplina do contrato de trabalho, sem, todavia, proceder a uma verdadeira *extensão* dos seus dispositivos regulamentares.

Assim, e sem embargo do intuito manifesto de contribuir para a «formalização» do fenómeno, a lei abstém-se de definir forma específica para os contratos que tenham por objecto a prestação de trabalho no domicílio. Exige-se apenas que o «beneficiário da actividade» (designação que substitui a da lei anterior, geradora de equívocos: "dador de trabalho") mantenha, «no estabelecimento em cujo processo produtivo se insere a actividade realizada», *o registo* dos trabalhadores domiciliários ocupados (art. 12º/1).

A lei atribui a ambos os contraentes *deveres acessórios* que, à semelhança dos consagrados no domínio do contrato de trabalho, têm em conta a estreiteza dos contactos que o vínculo proporciona entre as suas esferas de interesses. Assim, o *trabalhador* tem um dever de sigilo quanto às técnicas e aos modelos de que lhe seja dado conhecimento (art. 4º/4) e um amplo dever de custódia relativo às matérias-primas e equipamentos utilizados (art. 4º/5). O beneficiário da actividade, por seu turno, deve respeito pela privacidade e pela autodisponibilidade do trabalhador e da sua família (art. 4º/1).

No tocante a *remuneração do trabalho,* institui-se um sistema articulador do «tempo médio de execução do bem à peça ou serviço» – equivalente ao normalmente consumido na execução de trabalho semelhante no estabelecimento do beneficiário da actividade – e de um valor remuneratório de referência, que pode ser o convencionalmente definido para a categoria que corresponda, na empresa, a esse trabalho, ou o da retribuição mensal mínima garantida (art. 7º).

Está nisto patente a intenção de prevenir o «barateamento» especulativo do trabalho utilizado pela empresa ao recorrer ao trabalhador no domicílio. No mesmo sentido, de resto, estendem-se a estas situações o regime de contribuições e benefícios de segurança social dos trabalhadores por conta de outrem (art. 15º), e o regime dos acidentes de trabalho e doenças profissionais aplicável aos mesmos trabalhadores (art 5º/1)[75].

Matéria particularmente complexa é a da *cessação dos contratos* que têm por objecto a prestação de trabalho no domicílio: a utilização do padrão regulatório do

[74] Esta lei absorveu, na substância, o regime do trabalho domiciliário que se continha nos arts. 14º a 26º da L. 35/2004.

[75] Como se disse, estão abrangidos pelo regime de reparação dos danos emergentes de acidentes de trabalho os trabalhadores vinculados por «contrato equiparado» ao contrato de trabalho.

contrato de trabalho parece inadequada. Mas o legislador procurou manifestamente uma plataforma de equilíbrio entre a salvaguarda de alguma «certeza» ou «estabilidade» da ocupação do trabalhador domiciliário e a flexibilidade inerente ao uso de tal recurso pelas empresas.

Assim, prevê-se uma panóplia de formas de desvinculação que procura corresponder a todas as hipóteses configuráveis: a *denúncia* por qualquer das partes, para o termo da «execução da incumbência de trabalho»; a *caducidade* resultante da inexistência de encomendas por certo tempo (60 dias consecutivos); a *resolução* por incumprimento, promovida por qualquer das partes; a mesma *resolução* pelo beneficiário da actividade, com «motivo justificativo» e mediante aviso prévio, ou pelo trabalhador, apenas com observância de aviso prévio (nºs 1 a 5 do art. 10º).

As consequências económicas da cessação do contrato são diversificadas (art. 11º):

a) no caso de *caducidade* por falta de trabalho, é devida ao trabalhador uma indemnização dependente da duração que o contrato tenha tido;

b) tratando-se de *resolução pelo beneficiário da actividade* (invocando incumprimento ou motivo justificado), a insubsistência do fundamento obriga-o ao pagamento de uma compensação fixada nos mesmos termos;

c) na hipótese de *denúncia* sujeita a aviso prévio, a inobservância total ou parcial deste obriga a parte promotora a compensar a outra pelo período de aviso prévio em falta[76].

[76] O facto de a remuneração ser, nos termos do art. 6º, calculada em função do resultado e não do tempo gera uma aparente incongruência no modo de determinação destas compensações. O legislador procura superá-la, estabelecendo que a base de cálculo é uma *remuneração média mensal* apurada nos 12 últimos meses ou nos de execução do contrato (art. 9º/3).

IV. Caracterização jurídica do contrato de trabalho[77].

A) Contrato sinalagmático. - 32. O sinalagma; 33. O caso das faltas ao trabalho. - **B) Contrato consensual.** - 34. A regra; 35. Os desvios à regra; 36. As consequências dos vícios de forma. **C) Contrato duradouro ou de execução duradoura.** - 37. Noção; 38. O contraste entre a lei e os factos.

A) Contrato sinalagmático.

> **"1 - Nos termos do artigo 11º do Código do Trabalho, são elementos estruturantes do contrato de trabalho, entre outros, a obrigação de prestação de uma actividade, por uma das partes, e a obrigação de retribuição dessa actividade, pela outra;**
> **2 - Os elementos referidos no número anterior são interdependentes e causalmente interligados entre si, o que permite considerar o contrato de trabalho como um contrato sinalagmático;**
> **3 - Não pode ser considerado como contrato de trabalho o negócio jurídico bilateral em que uma parte entrega à outra, periodicamente, quantitativos monetários, mesmo sendo o pagamento titulado por documentos denominados "recibos de remunerações", sem que essa entrega seja motivada pela prestação de uma actividade concreta pelo destinatário e que vise a respectiva retribuição." - STJ 12/03/2015 - P. 339/10.7TTCSC.L1.S1 (António Leones Dantas).**

32. *O sinalagma.* Dizem-se sinalagmáticos ou bilaterais os contratos pelos quais «ambas as partes contraem obrigações, havendo entre elas correspectividade ou nexo causal»[78], isto é, surgindo reciprocamente condicionadas, segundo a vontade das partes. Assim, cada um dos sujeitos do contrato se compromete a realizar certa prestação *para que* e *se* o outro efectivar uma prestação que ao primeiro interessa. É o que sucede no contrato de compra e venda - e no contrato de trabalho[79].

Com efeito, da noção legal transcrita resulta claramente que são elementos *definidores* e, portanto, *essenciais* deste contrato a obrigação de trabalho e a obrigação de retribuir, ligadas por um nexo de condicionalidade recíproca. Este nexo não releva, porém, somente na formação do contrato, isto é, no momento em que os sujeitos assumem aquelas obrigações, pois projecta-se no desenvolvimento da relação jurídico-laboral.

[77] Veja-se J. Leal Amado, *Contrato de trabalho* cit., 73 ss..

[78] M. Andrade, *Teoria Geral da Relação Jurídica*, vol. II, Coimbra (1964) 43.

[79] Cfr. AC. Rel. Porto 27/4/81 (CJ, 81, 2, 152).

É por isso que, no regime da suspensão do contrato de trabalho, se entende que a formulação do art. 295º/1 CT – "durante a redução ou suspensão mantêm-se os direitos, deveres e garantias das partes na medida em que não pressuponham a efectiva prestação de trabalho" – contém implícito o *princípio* segundo o qual sem prestação de trabalho não há direito a salário. Este princípio sofre, como se verá, desvios explícitos relativamente a certas modalidades de suspensão do contrato (em que, por conseguinte, não há trabalho mas há direito a retribuição) – veja-se, em especial, o art. 309º/1. Mas a lei nada diz a esse respeito para o caso de a suspensão assentar em impossibilidade da prestação do trabalho por facto ligado ao trabalhador: não há desvio ao princípio, este aplica-se em pleno.

33. *O caso das faltas ao trabalho.* No regime legal das faltas, porém, vigora, há muito tempo, a regra oposta: as faltas justificadas não determinam a perda da retribuição, salvo em determinadas situações que se podem definir pelo traço comum de ao trabalhador serem presumivelmente assegurados *rendimentos sucedâneos do salário* (art. 255º CT).

Decerto que a presente orientação da lei nesse ponto reflecte uma desvalorização progressiva do clássico sinalagma entre trabalho e salário. Mas assume ainda um outro significado, que se relaciona com a caracterização do *comportamento devido* pelo trabalhador com base no contrato – e, nesta perspectiva, não colide com o carácter sinalagmático do mesmo contrato.

Já se notou, com efeito, que a obrigação laboral não se efectiva, *essencialmente,* pela execução material do trabalho, mas sim pela colocação e permanência do trabalhador na disponibilidade da contraparte; ora esta situação de disponibilidade comporta-se dentro dos limites do *exigível* e harmoniza-se, por isso, com situações eventuais de *ausência justificada* – quer dizer, situações em que a comparência do trabalhador se não possa ter por socialmente exigível, *não prejudicando tais faltas a disponibilidade por ele devida,* na medida em que o é.

B) Contrato consensual.

34. *A regra.* Para que certos contratos sejam válidos, a lei exige que na sua celebração sejam observadas determinadas formalidades (por exemplo, documento escrito). Não basta que a vontade dos sujeitos seja declarada por qualquer meio: a lei estabelece «que a declaração de vontade negocial só tem eficácia quando realizada através de certo tipo de comportamento ou acções declarativas. Esse tipo é que constitui a forma negocial»[80]. Quando a lei formula, quanto a certo contrato, uma tal imposição está-se perante um contrato *formal.*

[80] M. Andrade, *ob. cit.*, 48.

Não é essa, porém, a regra válida para a generalidade dos contratos, e para o contrato de trabalho em particular. Este, segundo o art. art. 110º CT, "não depende da observância de forma especial, salvo quando a lei determinar o contrário" - diz-se, por isso, que é um contrato *consensual*[81].

A liberdade de forma, assim reconhecida, exprime uma opção, feita pelo legislador, entre as vantagens de celeridade e maleabilidade no estabelecimento das relações de trabalho e a conveniência (particularmente acentuada, como é óbvio, pela natureza protectiva de muitas normas de direito do trabalho e pela necessidade de fiscalização da sua observância) de se dispor de meios de prova concludentes sobre o conteúdo das estipulações.

35. *Os desvios à regra.* Este último aspecto não é, todavia, negligenciado pela lei no que diz respeito a certos pontos mais melindrosos da situação em que os sujeitos do contrato se colocam. Assim, exige-se forma escrita em casos como os previstos pelos arts. 103º/1 (promessa de contrato de trabalho), 104º (contrato de trabalho de adesão), 135º (condição e termo suspensivos), 136º e 137º (pactos de não concorrência e de permanência), 141º (contrato de trabalho a termo), 153º (contrato de trabalho a tempo parcial), 162º (contrato de trabalho em comissão de serviço), 166º (contrato de teletrabalho subordinado), 181º (contrato de trabalho temporário), 288º (acordo de cedência ocasional) todos CT. Além disso, a natureza de certas actividades susceptíveis de constituírem objecto de contrato de trabalho (como a dos médicos) impõe a necessidade de, na celebração deste, ser utilizado documento escrito, designadamente para efeitos de controlo da observância das regras deontológicas da profissão[82].

Finalmente, há que referir a exigência de forma escrita no contrato de trabalho para que seja possível invocar, com base nele, certos regimes especiais. São os casos da dispensa temporária de contribuições de segurança social e da atribuição de incentivos à criação de emprego para jovens à procura do primeiro emprego e desempregados de longa duração (DL 89/95, de 6/5, e DL 34/96, de 18/4). A exigência legal surge aí fundamentada em necessidades de prova e, ainda, no propósito de garantir a consistência dos contratos celebrados.

36. *As consequências dos vícios de forma.* As consequências da inobservância dessas exigências formais não são idênticas para todos os casos. Assim, se é certo que a falta de forma escrita determina a *invalidade total* do contrato celebrado com

[81] Cfr. Ac. Rel. Lisboa 16/11/83 (CJ, 83, 5. 183).

[82] Coisa semelhante, embora por motivos diversos, sucede no respeitante aos «contratos entre empresas ou entidades que realizam espectáculos ou divertimentos públicos e os profissionais de espectáculos e estagiários», os quais, nos termos do art. 18º D 43190, *«serão obrigatoriamente reduzidos a escrito»*.

um médico para o exercício de actividade própria da profissão[83], é igualmente verdadeiro que a inobservância dessa forma no contrato a termo apenas vicia a aposição de termo, ou seja, implica mera invalidade *parcial* – o contrato vale sem termo (art. 147º CT).

Por outro lado, a falta de forma escrita nos casos previstos pelo DL 89/95 e pelo DL 34/96, acima referidos, não contende, obviamente, com a validade dos contratos, mas apenas com a produção dos *efeitos derivados* da celebração deles – concretamente, com a invocabilidade, pelo empregador, dos correspondentes benefícios.

C) Contrato duradouro ou de execução duradoura.

37. *Noção.* Quando duas pessoas celebram um contrato de compra e venda, ficam obrigadas a executar duas prestações (a entrega da coisa vendida e o pagamento do preço) que, em princípio, se esgotam num só momento, são *instantâneas*.

Não acontece o mesmo noutros contratos, cuja execução se protrai no tempo, por as prestações implicarem uma conduta continuada ou uma série de actos e comportamentos: está-se, então, perante contratos duradouros ou de execução duradoura, entre os quais alinha o contrato de trabalho.

Da própria noção legal do art. 11º CT ressalta esta característica: a obrigação de actividade que o trabalhador assume implica, de certo modo, *continuidade* (uma «actividade» é, logicamente, uma série de actos que se entendem no tempo); a *situação* de subordinação (e o correlativo exercício de poderes de organização e autoridade pelo empregador) tem carácter duradouro, supõe a integração estável de uma das partes na organização de meios predisposta pela outra. Até pode acontecer que o contrato dure pouco tempo, mas, enquanto vigorar, ele recobre uma "situação", uma "continuidade" e não apenas o momento em que duas prestações se realizam e esgotam.

38. *O contraste entre a lei e os factos.* Esta «continuidade» que é própria do contrato de trabalho está na origem da *regra* segundo a qual o contrato de trabalho tem, por assim dizer, "naturalmente", duração indeterminada. Essa regra, derivada da adesão do legislador à directriz de política legislativa que valoriza a estabilidade ou segurança do emprego, está expressamente consagrada no art. 140º/1 CT: "O contrato de trabalho a termo resolutivo só pode ser celebrado para a satisfação de necessidade temporária da empresa e pelo período estritamente necessário à satisfação dessa necessidade".

[83] Mas cfr. Ac. STJ 5/2/82 (AD 244, 554).

Por isso se diz que, no contrato de trabalho, «o termo vale como elemento acidental do negócio»[84], e se entende, tradicionalmente, que este contrato se destina a perdurar até que ocorram «determinadas circunstâncias declaradas, pela lei ou pelos contraentes, idóneas a extinguir a relação que ele disciplina»[85].

De resto, a potencial durabilidade do contrato de trabalho pode relacionar-se com relevantes interesses das partes.

Assim, sob o ponto de vista do *trabalhador*, o carácter duradouro do contrato faz surgir o interesse na *estabilidade;* encarado deste ângulo, o vínculo tem por alcance a atribuição de uma determinada *situação* económica e social ao trabalhador, não só dentro dos limites da organização laboral mas também com reflexos no seu círculo familiar e social. Na mesma perspectiva, a cessação do contrato significará a destruição de um «quadro de vida» – a quebra de um processo contínuo de angariação de meios de subsistência, o apagamento de perspectivas de «carreira», uma crise de «segurança», em suma.

Também do lado do *empregador* se manifestam interesses ligados à perdurabilidade do contrato. Esses interesses, é certo, concorrem com os da adaptabilidade da organização de trabalho. Mas ambos devem ser reconhecidos: se o empregador tem vantagem em ajustar a duração do contrato à necessidade efectiva de trabalho, é verdade também que a participação contínua do trabalhador no processo de realização de escopos alheios gera a sua progressiva identificação com esses escopos e desenvolve assim as suas aptidões específicas, «reforçando e cimentando o complexo dos actos volitivos de apego e de fidelidade à empresa, e atenuando a subordinação»[86]. Nesta medida, a continuidade pode ser um factor favorável à adaptabilidade.

Contudo, a realidade tem-se distanciado desse paradigma legal. Longe de constituir um "acidente" que recai sobre certos contratos de trabalho, o termo resolutivo passou, nas últimas décadas, à normalidade estatística. Voltaremos ao ponto mais adiante. Mas agora importa, desde já, assinalar que o legislador mostrou não ser insensível a evolução referida: o contrato a termo surge, no CT revisto, não simplesmente como um contrato a que é aposta uma cláusula acessória, mas como uma *modalidade* diferenciada do contrato de trabalho (arts. 139º ss.).

[84] Riva Sanseverino *Diritto del Lavoro* 279.

[85] Riva Sanseverino loc. cit.

[86] Cassi, *La durata della prestazione di lavoro,* II, Milão, (1961)110.

V. As cláusulas acessórias[87]

39. Ideia geral; 40. A condição; 41. A condicionalidade do contrato de trabalho.

> **"II – A concretização e determinação do conteúdo de condição resolutiva, atinente ao desempenho do trabalhador, aposta em contrato de trabalho a termo, decorre das regras da boa fé, expressas no artigo 102º do CT, e da própria determinabilidade do negócio jurídico.**
>
> **III – A concretização e determinação de condições (suspensivas ou resolutivas), apostas em contratos de trabalho reduzidos a escrito, são essenciais para, na respectiva acção de apreciação judicial do despedimento, o tribunal – única entidade para decidir sobre o despedimento laboral – puder ajuizar, correcta e objectivamente, da legalidade e alcance jurídico de tais condições (suspensivas ou resolutivas)". – Rel. Porto 07/11/2016 – P. 6295/15.8T8VNG-A.P1 (Domingos Morais).**

39. *Ideia geral.* São elementos acidentais do contrato de trabalho o termo e a condição; significa isto, em suma, que eles não participam do conteúdo essencial ou típico deste contrato: podem ser nele introduzidos, por vontade das partes, mas, se o não forem, o contrato manterá a sua identidade característica.

A importância de que estes elementos acidentais se revestem, à face do regime jurídico do contrato de trabalho, é muito desigual: o termo tem aqui um relevo muito mais acentuado, de tal modo que, como se observará, tenha dado origem àquilo que pode considerar-se uma modalidade atípica de contrato de trabalho. Ser-lhe-á, por isso, dedicado tratamento mais extenso no domínio dos contratos de trabalho "atípicos" (cap. 4).

40. *A condição.* De harmonia com a formulação do art. 270º CCiv., designa-se por *condição* «um acontecimento futuro e incerto» ao qual as partes subordinem «a produção dos efeitos do negócio jurídico ou a sua resolução». Teremos assim, respectivamente, uma condição *suspensiva* ou uma condição *resolutiva.*

Exemplo da primeira será o seguinte: um empresário teatral contrata um actor para desempenhar certo papel numa peça, se para ela obtiver financiamento; enquanto este não surgir, a eficácia do contrato está suspensa. Para exemplificação da segunda: um operário adoece gravemente e deixa o serviço por essa razão; a entidade patronal recruta outro para o substituir, ficando entendido que este contrato cessará se e quando o primeiro puder regressar ao trabalho.

[87] Vd. Bernardo Xavier, *Manual de Direito do trabalho* cit, 657 ss.; J. Leal Amado, *Contrato de trabalho* cit., 103 ss..

41. *A condicionalidade do contrato de trabalho.* Assinale-se que nem todos os negócios suportam a estipulação de condições: há contratos «incondicionáveis» (o de casamento, por exemplo). Será o de trabalho um deles?

Quanto à condição suspensiva, não há qualquer dúvida: o já citado art. 135º CT admite-a, desde que estipulada por escrito.

No que toca à condição resolutiva, a lei é omissa e há que preencher a lacuna pelos meios usuais.

Poderia sustentar-se[88] que a inclusão de tal cláusula traduz, basicamente, um acordo das partes quanto aos pressupostos da cessação do contrato (só que se trata de pressupostos incertos no momento da estipulação), acordo esse admissível nos mesmo termos em que o é o de revogação do contrato de trabalho com ou sem prazo (art. 349º).

Tal posição seria decerto a mais plausível num contexto legislativo diverso do actual[89]; com efeito, em sentido oposto jogava, desde 1976, a interdição do termo incerto (art. 1º/1 DL 781/76), e joga, desde então, a garantia constante do art. 53º CRP, conferindo extrema saliência, no plano político-jurídico, à preocupação de estabilidade ou segurança do emprego, reflectindo-se na posição que o legislador ordinário assumiu em face da contratação de trabalho a termo.

Ora, em sentido favorável à admissão da condição resolutiva no contrato de trabalho pode aduzir-se que essa condição se traduz, no plano prático, em consequências muito próximas das do termo incerto, admitido pela lei para um número relativamente vasto de hipóteses. A diferença funcional entre as duas figuras, sob o ponto de vista da precariedade do emprego, não é gigantesca: no termo, é certo que irá ocorrer, não se sabendo *a priori* quando; na condição, não é certo se irá ocorrer, nem quando. Enquanto o contrato a termo incerto está destinado a cessar, o contrato sob condição resolutiva é, no fundo, de duração indeterminada – pode até eternizar-se. Por isso, a actual admissibilidade da contratação a termo incerto levar-nos-ia a encarar como susceptível de legitimar a aposição de condição resolutiva a ocorrência de situação enquadrável na tipologia abrangida pelo art. 140º/3 CT – elenco de que fazem parte hipóteses mais próximas da condição do que do termo.

Os grandes obstáculos a essa tese encontram-se...na letra da lei – ou, melhor, naquilo que nela não está. O enunciado das cláusulas acessórias admitidas no contrato de trabalho, constante do art. 135º CT (em que, como regra, são aceites apenas cláusulas suspensivas), a excepcionalidade atribuída à aposição de termo resolutivo (art. 140º/1) e a inconsideração da condição resolutiva entre as possíveis causas de caducidade do contrato (art. 343º) manifestam, com

[88] Foi a tese defendida nas primeiras edições deste livro.

[89] Veja-se M. C. Tavares da Silva 594.

inegável clareza, um pensamento legislativo em que a admissibilidade dessa condição não dispõe de qualquer espaço – quase como se, para o legislador, isso fosse uma evidência sem necessidade de explicitação. É, assim, forçoso reconhecer, à luz do direito positivo, que o contrato de trabalho não suporta condição resolutiva.

De resto, era essa, há muito tempo, a posição dominante da jurisprudência[90]. Recentemente, porém, algumas decisões adoptaram perspectiva mais matizada, excluindo apenas a admissibilidade de condição resolutiva quando esta seja "genérica e indeterminável", de modo a abrir largo espaço ao arbítrio patronal no que respeita à cessação do contrato[91]. E, em certas situações, como a dos praticantes desportivos, entende-se não haver impedimento jurídico à aposição de condição resolutiva, mormente quando corresponda a interesses objectivamente relevantes de ambos os contraentes[92].

[90] Vejam-se, por exemplo, STJ 22/10/82 – P. 000265 (Miguel Caeiro) e STJ 24/05/2000 – P. 00S058 (Almeida Deveza).

[91] Cfr. RP 11/07/2016 – P. 6295/15.8T8VNG-A.P1 (Domingos Morais).

[92] Cfr. RP 12/07/2017 – P. 4725/15.8T8MTS.P1 (Jerónimo Freitas).

VI. A invalidade do contrato de trabalho[93].

42. Noções gerais; 43. A particularidade do contrato de trabalho; 44. O regime legal.

> **"1. Se o empregador fizer cessar um contrato de trabalho nulo ou anulável, invocando a sua invalidade, a cessação será considerada lícita e o trabalhador terá apenas direito às prestações correspondentes ao tempo em que o contrato esteve em execução; se não invocar esse vício e fizer cessar o contrato através de um acto unilateral que não consubstancie a invocação desse vício, e a cessação da relação vier a ser qualificada como despedimento ilícito e o contrato declarado inválido, por sentença judicial, a declaração da ilicitude do despedimento confere àquele o direito aos salários que ele normalmente auferiria desde a data da cessação do contrato até à data do trânsito em julgado da sentença.**
> **2. Neste caso, ao contrário do que sucede no regime-regra da ilicitude do despedimento, o tribunal não pode determinar a reintegração do trabalhador, pois não pode declarar a invalidade do contrato e ao mesmo tempo declarar que o contrato se mantém.**
> **3. E se o direito à reintegração não se equaciona, a indemnização de antiguidade em substituição da reintegração está também necessariamente fora de causa, pois afastada a aplicação do efeito directo da ilicitude (a reintegração), não é, nem natural nem logicamente, possível, ponderar-se a opção alternativa, ou seja, a da substituição da reintegração pela indemnização." – Rel Lisboa 19/05/2010 – P. 1438/07.8TTLSB.L1-4 (Ferreira Marques).**

42. *Noções gerais.* A falta de capacidade dos sujeitos e a inidoneidade do objecto, além de outros vícios que tenham afectado a formação do contrato[94], reflectem-se sobre a sua validade, quer tornando-o nulo quer fazendo-o anulável.

A diferença entre as duas sanções consiste em que a primeira é «invocável a todo o tempo por qualquer interessado e pode ser declarada oficiosamente pelo tribunal» (art. 286º CCiv.), ao passo que a segunda só pode ser arguida pelas «pessoas em cujo interesse a lei a estabelece e só dentro do ano subse-

[93] Veja-se, para maior desenvolvimento: Raúl Ventura, *Nulidade total e nulidade parcial do contrato de trabalho*, «O Direito» nº 94 e *Regime das nulidades do contrato de trabalho*, ESC nº 6; Brito Correia, *Efeitos jurídicos dos contratos de trabalho executados*, Lisboa (1970); Dell'Olio, *La prestazione di fatto del lavoro subordinato*, Padova (1970); Magno, *Estinguibilità del rapporto di lavoro per vizi genetici*, Roma (1980); Däubler 121 ss.; Júlio Gomes, *Direito do Trabalho* cit., 515 ss..

[94] Designadamente os *vícios da vontade* e as *divergências entre a vontade e declaração*, cujo regime geral não sofre, neste domínio, desvios apreciáveis. Vejam-se os arts. 240º ss. CCiv.

quente à cessação do vício que lhe serve de fundamento» (art. 287º/1 CCiv.). De resto, «tanto a declaração de nulidade como a anulação têm efeito retroactivo, devendo ser restituído tudo o que tiver sido prestado ou, se a restituição em espécie não for possível, o valor correspondente» (art. 289º/1). Tais são as grandes linhas do regime da nulidade e da anulabilidade, conforme se encontra definido na lei civil.

43. *A particularidade do contrato de trabalho.* Mas, no contrato de trabalho, há que atender a certas particularidades. O CT (arts. 122º e 123º), mantendo a orientação que provinha da LCT, adopta perante o tema posições semelhantes às que, na generalidade dos sistemas, tem inspirado a singular relevância da *execução* do contrato – que, em certa tradição doutrinal alemã, corresponde às ideias de «relações factuais de trabalho» (HUECK) ou de «incorporação do trabalhador» (NIKISCH)– nos casos em que seja posta em causa a validade do vínculo *jurídico* respectivo.

Suponha-se, na verdade, que um contrato de trabalho celebrado (e começado a executar) em 1 de Março é declarado nulo – por insuficiência de idade do trabalhador – em 30 de Abril. A regra do art. 289º/1 CCiv. determina que o trabalhador restitua ao empregador os valores recebidos, a título de retribuição, entre aquelas duas datas[95]; e o empregador, por seu turno, na patente impossibilidade de restituir... o trabalho prestado, teria que entregar o valor deste – que se traduziria, afinal, conforme o ajuste feito, na *retribuição paga*.

Desse modo, o próprio funcionamento do mecanismo montado pela lei civil conduziria à *neutralização dos efeitos da nulidade relativamente ao período em que o contrato foi executado*: o trabalhador, depois de devolver o salário, recebê-lo-ia de novo; e, quanto ao trabalho prestado, nem mesmo seria possível a restituição.

A doutrina – sobretudo na Alemanha – encontrou nisto a razão, porventura mais sólida, para conferir um relevo, de certo modo *autónomo*, à relação «factual» ou «posta em prática» pelo trabalhador e pelo empregador[96].

A solução proposta é bastante pacífica em si mesma (que não no tocante aos fundamentos invocados), independentemente dos quadros teóricos de partida. Ela consiste, afinal, em se fazer funcionar a invalidade somente *para futuro*, deixando portanto incólumes os efeitos que o contrato tenha produzido até à correspondente declaração. E assim, no exemplo apresentado, nenhuma «restituição» teria lugar quanto ao período de 1 de Março a 30 de Abril.

[95] O que, só por si, constituiria já resultado inaceitável em face do carácter essencial que, segundo as próprias concepções do legislador, o salário assume na economia do trabalhador.

[96] Cfr. DÄUBLER 122 ss.; ZÖLLNER 126 ss..

44. *O regime legal.* Assim, dos citados arts. 122º e 123º decorre que, declarado nulo ou anulado o contrato de trabalho:

a) ele produz efeitos *como se fosse válido* em relação ao tempo durante o qual esteve em execução;

b) produzem efeitos, nos termos do respectivo regime legal, os *actos extintivos* (mútuo acordo, despedimento, rescisão pelo trabalhador) praticados naquele período;

c) se o contrato foi celebrado com estipulação de termo, as consequências normais da aposição de tal cláusula no respeitante ao regime da cessação do vínculo deixam de se produzir, substituindo-se-lhes os regimes do despedimento ilícito ou da denúncia pelo trabalhador sem aviso prévio;

d) produzem efeitos os *actos modificativos inválidos* (mudanças de categoria ou de local de trabalho, alterações de horário de trabalho ou do período normal de trabalho, em qualquer caso sem observância das condições legais) desde que "não afectem as garantias do trabalhador"[97].

[97] Esta posição do CT deve ser sublinhada, pois contraria o direito anterior. O art. 15º/2 LCT só salvaguardava os efeitos dos actos modificativos praticados até à declaração de invalidade do contrato, *desde que esses actos não fossem, eles próprios, inválidos.* O CT adopta uma formulação mais flúida, que ressalva "as garantias" do trabalhador, menção pouco explícita e rigorosa, sem excluir a eficácia dos actos inválidos.

Capítulo 5
CONTRATOS DE TRABALHO "ATÍPICOS"

I. A ideia de "atipicidade".

1. Contratos atípicos e contratos especiais.

1. *Contratos atípicos e contratos especiais.* Podemos falar de contratos de trabalho "atípicos" por referência ao tipo contratual que, na lógica do ordenamento jurídico do trabalho (não necessariamente na lógica dos factos), corresponde à estrutura da relação individual de trabalho considerada "normal" e susceptível de cobrir a grande massa das situações de trabalho subordinado. Esse tipo é, como se sabe, caracterizado pela estabilidade – não apenas quanto à duração do vínculo, mas também no que toca à natureza do trabalho e ao tempo e ao local da sua execução –, pela continuidade, pelo regime de tempo completo e pela inserção numa organização (empresarial ou não) de dimensão apreciável. A título de ilustração deste último ponto, note-se como se apresentam em termos de excepcionalidade certas soluções destinadas às microempresas (como a do art. 392º).

A "atipicidade" não deve, pois, confundir-se com a realidade, aludida no art. 9º do CT, dos contratos sujeitos a regime especial – ou contratos especiais de trabalho –, em razão da natureza do trabalho ou das condições particulares em que é realizado. Trata-se dos contratos de trabalho doméstico[1], de trabalho a

[1] DL 235/92, de 24 de Outubro.

bordo[2], de trabalho portuário[3], de trabalho rural[4], de trabalho dos profissionais de espectáculos[5] e dos desportistas profissionais[6], que dispõem de regimes próprios constantes de diplomas separados. Os contratos "atípicos" encontram-se regulados no CT e submetem-se ao quadro geral de valorações em que assenta a codificação.

Assim, a expressão "contratos atípicos" é aqui usada apenas com fins expositivos, reflectindo o facto de o próprio regime jurídico do contrato de trabalho dedicar a certas relações laborais tratamento específico, não afastando, todavia, nos aspectos essenciais, o enquadramento normativo geral.

Por outro lado, essa "atipicidade" é puramente jurídica; no plano dos factos, as coisas podem apresentar-se de modo diferente, surgindo como "normais" esquemas pensados pelo legislador como especiais ou mesmo excepcionais. É esse o caso paradigmático do contrato de trabalho a termo. Sob o ponto de vista jurídico, ele é um contrato de trabalho em que, em circunstâncias excepcionais, é inserida uma cláusula acessória de termo. Na realidade, porém, o contrato a termo ganhou foros de "normalidade", como instrumento jurídico de admissão de trabalhadores, e transformou-se numa "modalidade" de vínculo alternativa em relação ao contrato de trabalho de duração indeterminada.

[2] DL 74/73, de 1 de Março, alterado pelo DL 104/89, de 6 de Abril, para a marinha mercante; L. 15/97, de 31 de Maio, para a pesca.

3 L. 3/2013, de 14 de Janeiro.

[4] Embora lhe seja aplicável o regime geral constante do CT, permanece aparentemente em vigor uma PRT publicada em 08/06/1979. A existência de um regime espedial para este género de trabalho é há muito problemática, mas parece dever hoje ter resposta negativa.

[5] L. 4/2008, de 7 de Fevereiro, alterada pela L. 105/2009, de 14 de Setembro, e pela L. 28/2011, de 16 de Junho.

[6] L. 28/98, de 18 de Novembro.

II. O contrato de trabalho a termo[7].

A) O domínio legal da contratação a termo. – 2. O termo; 3. A visão do legislador; 4. Os dados da realidade; 5. As directrizes básicas; 6. Termo certo e incerto. – **B) A justificação do termo.** – 7. A tipologia legal; 8. A indicação do motivo; 9. As situações especiais. – **C) A renovação do contrato a termo.** – 10. A renovação automática e as cláusulas de não renovação; 11. A renovação e a exigência de motivo justificativo; 12. As renovações extraordinárias; 13. A renovação e a exigência de forma escrita. – **D) A sucessão de contratos a termo.** 14. O art. 143º do Código do Trabalho; 15. As excepções. – **E) As consequências da estipulação ilegal do termo.** – 16. A invalidade da estipulação de termo; 17. A caducidade da estipulação de termo.

A) O domínio legal da contratação a termo.

"I – O contrato de trabalho a termo resolutivo é sempre excepcional, só podendo ser celebrado para a satisfação de necessidades temporárias da empresa e pelo período estritamente necessário à satisfação dessas necessidades, as quais deverão ser indicadas e fundamentadas no escrito contratual, considerando-se sem termo o contrato em que faltem ou sejam insuficientes essas indicações.

II – Deve considerar-se como suficientemente satisfeita a exigência da justificação, nos termos formalizados no contrato celebrado entre as partes, a cláusula com o seguinte teor: *o contrato é celebrado ao abrigo da alínea g) do nº 2 do art. 129º do Código do Trabalho, para satisfação de necessidades temporárias da 1ª contratante, motivadas pela execução de serviço determinado, precisamente definido e não duradouro, em virtude do contrato de prestação de serviços temporário, no âmbito do qual a 1ª contratante se obriga a prestar à (...) serviços de recolha e distribuição diários de envios postais na área do código postal referido (...).*

III – E deve, igualmente, considerar-se satisfeita a exigência da relação entre a justificação invocada e o termo estipulado quando se previne, no contrato, que este é *celebrado pelo prazo de 363 dias, com início em 3.11.2008 e término em 31.10.2009, prazo que se prevê necessário à satisfação das necessidades referidas* na cláusula transcrita em II.

IV – As referidas cláusulas tornam apreensível, por um lado, a razão por que se lançou mão da vinculação precária e compreensível, por outro lado, a relação entre o motivo invocado e o termo estipulado." – STJ 19/09/2012 – P. 406/10.7TTVCT.P1.S1 (Fernandes da Silva).

[7] Veja-se, para informação sobre o modo de tratar este tipo de contratos de trabalho noutros ordenamentos, Menghini, *Il lavoro a termine*, Milão (1980); Schaub, *Arbeitsrecht* cit. 163 ss.; Alonso Olea, *Derecho del Trabajo* cit. 396 ss.. Na nossa doutrina, Júlio Gomes, *Direito do Trabalho* cit., 580 ss.; M. Rosário Ramalho, *Tratado* cit., 223 ss.; J. Leal Amado, *Contrato de trabalho* cit. 103 ss..

2. *O termo.* «Se for estipulado que os efeitos do negócio jurídico comecem ou cessem a partir de certo momento» – seguindo a formulação do art. 278º CCiv. –, diz-se que ao mesmo negócio foi aposto um *termo*, respectivamente, *suspensivo* (inicial) ou *resolutivo* (final)[8].

Assim, um trabalhador pode celebrar, em 1 de Janeiro, um contrato de que conste uma cláusula segundo a qual só estará obrigado a comparecer ao serviço em 15 do mesmo mês (termo suspensivo ou inicial); como pode, no mesmo contrato, estipular-se que cessará em 31 de Dezembro seguinte (termo resolutivo ou final).

A primeira cláusula é admitida pelo art. 135º CT, embora com a exigência de que conste de documento escrito. A segunda cabe no âmbito do regime instituído pelos arts. 139º ss. CT. Como já se assinalou, a revisão de 2009 fez-se eco do fenómeno de «banalização» do contrato de trabalho a termo resolutivo, não já como negócio em que é estipulada uma simples cláusula acessória, mas como "modalidade" de contrato de trabalho, isto é, como uma das formas (atípicas, em todo o caso) em que ele pode surgir. A compreensão do alcance desta postura do legislador impõe algumas observações complementares.

3. *A visão do legislador.* Já resultava do art. 10º da LCT de 1969 (há muito revogado) que, *como regra*, o contrato de trabalho não tivesse duração prefixa. A existência de termo final devia manifestar-se em «estipulação escrita» ou decorrer «da natureza do trabalho ou dos usos». O contrato a termo já então era, sob o ponto de vista legal, um instrumento de uso excepcional.

Recordamos esse antigo preceito porque ele exprimia, já então, a vocação de perdurabilidade atribuída pelo ordenamento a tal contrato. Essa vocação, na perspectiva do legislador, continua de pé, mesmo após a publicação do CT: o art. 140º/1 restringe o uso do contrato a termo à "satisfação de necessidade temporária da empresa e pelo período estritamente necessário à satisfação dessa necessidade". Também é verdade que – um pouco contra a voz corrente – a consideração excepcional desta forma de contratação é ainda confirmada pelos dados da realidade social: a imensa maioria dos vínculos laborais (perto de 80%) continua a ser de duração indeterminada.

[8] Refira-se também a destrinça entre *termo estabilizador* (prazo antes de cujo esgotamento se acha vedada a desvinculação unilateral sem justa causa), que era o visado antigamente no art. 10º LCT, e *termo limitativo* (prazo durante o qual a referida faculdade se mantém, extinguindo-se o contrato por caducidade, quando aquele se esgota sem anterior desvinculação das partes). Cfr. R. Ventura, *A extinção da relação jurídica de trabalho*, ROA, 1950. nºs 1 e 2, 225.

Perdurabilidade não pode equivaler a perpetuidade[9]: a regra da duração indeterminada articula-se com a possibilidade da *desvinculação unilateral* [10]. De outro modo, a relação de trabalho poderia colocar o trabalhador num estado de servidão, de absoluta carência de liberdade; e, sob o ponto de vista do empregador, poderia gerar situações incomportáveis de encargos sem contrapartida, à margem de toda a racionalidade empresarial.

Por isso, o art. 1371º CCiv. de 1867 feria de nulidade «o contrato de prestação de serviço doméstico, estipulado por toda a vida dos contraentes»[11], e tal preceito entendia-se extensivo aos restantes tipos de contrato de trabalho[12].

De resto, a aposição de termo final envolve, de certo modo, uma consolidação do contrato pelo tempo estipulado: qualquer dos sujeitos (nomeadamente o trabalhador) só pode legitimamente desvincular-se antes do termo se ocorrer justa causa ou, então, indemnizando o outro por valor equivalente ao que teria que pagar-lhe se o contrato cumprisse o destino previsto (art. 393º CT).

4. *Os dados da realidade.* Por outro lado, é também indiscutível que uma vasta maioria (mais de 80%) das admissões ao emprego se faz através do contrato a termo resolutivo. Este tornou-se a modalidade «normal» de acesso ao trabalho, apesar da dimensão actual do período de experiência nos contratos de duração indeterminada. Tal realidade desenvolveu-se aceleradamente, desde fins da década de setenta do século XX, em grande parte à margem da lei, mas também beneficiando de uma espécie de tolerância ou consenso social resultante das dificuldades existentes no mercado de trabalho. A opção sistemática do legislador, na revisão de 2009 – consistente, como se assinalou, na consideração do contrato a termo como uma "modalidade" do contrato de trabalho com perfil e função social próprios – é consequência manifesta dessa realidade. Todavia, essa posição não pôs em causa nem desvalorizou a concepção fundamental segundo a qual a pré-definição da duração dos contratos de trabalho deve correlacionar-se com a duração prevista ou previsível das funções que se destinem a preencher. Assim, funções de carácter permanente ou estrutural nas organizações devem

[9] Vd. M. C. Tavares da Silva 585.

[10] Como no lugar próprio se notará, essa possibilidade só existe verdadeiramente, no estado actual da legislação, para o trabalhador – não para a entidade patronal que, nos contratos sem prazo, só pode validamente desvincular-se em situações anómalas e excepcionais (despedimento por justa causa, despedimento colectivo).

[11] Como se assinalou, as disposições do CCiv. antigo que regulamentavam o contrato de serviço doméstico mantiveram-se aplicáveis até 1980.

[12] M. C. Tavares da Silva, *loc. cit.*.

ser providas com trabalhadores contratados em regime de duração indeterminada, ao passo que o contrato a termo se admite apenas para as actividades de natureza transitória ou com uma dimensão temporal definida.

5. *As directrizes básicas.* A disciplina do contrato de trabalho a termo encontra-se hoje, como foi dito, nos arts. 139º ss. CT[13]. São três as ideias mestras deste regime, abstraindo dos aspectos que especificamente respeitam à cessação dos vínculos em causa:

a) admissibilidade do contrato a termo certo e incerto;

b) exigência de uma razão objectiva e explícita para a celebração de contratos a termo, certo ou incerto, e independentemente da duração;

c) permissão do encadeamento de contratos a termo certo, sujeita a limites gerais quanto ao número de renovações (três) e à duração total do vínculo (dois anos); a L. 93/2109 introduz ainda uma nova regra – a de que a duração total das renovações não pode exceder a do período inicialmente estipulado (art. 149º/4) – a qual parece inviabilizar as renovações automáticas.

6. *Termo certo e incerto.* Como se sabe, existe termo *certo* quando se trata de um momento ou acontecimento que seguramente ocorrerá em momento rigorosamente determinado (*certus an, certus quando*): uma data de calendário, o acesso à maioridade de um indivíduo. Fala-se, ao invés, de termo *incerto* para significar um evento que seguramente (em condições normais) ocorrerá, mas em momento indeterminado (*certus an, incertus quando*).

Constituem exemplos de termo incerto a conclusão de uma obra, a morte de um indivíduo, a saída do cartaz de uma peça de teatro.

O já citado art. 10º LCT admitia ambas as modalidades, o mesmo resultando do contemporâneo art. 100º/1 *b*) LCT, que determinava a caducidade do contrato «alcançando-se o fim ou concluindo-se a tarefa para que foi celebrado». Estas hipóteses são, de resto, aquelas que usualmente relevam, a título de termo incerto, no contrato de trabalho: «pressupõe-se nesses casos que a declaração do objectivo da ocupação não traduz apenas o motivo da admissão mas também há-de ser tomada no sentido de uma fixação de termo, devendo ser assim igualmente entendido pelo trabalhador»[14]. Só que, além do mais, a circunstância de apenas o empregador ter, normalmente, conhecimento global da finalidade visada ou da extensão das tarefas

[13] Com várias alterações introduzidas pela L. 93/2019, já citada. Sobre o tema, ainda com interesse actual, vd. J. J. Nunes Abrantes, *Breve apontamento sobre o novo regime jurídico do contrato de trabalho a prazo*, sep. da «Revista Jurídica», Lisboa (1990) 241 ss..

[14] Nikisch 550.

em causa implica que a definição do seu términus dependa, em regra, de *declaração* daquele (não uma declaração extintiva, como se verá, a explicitação de uma apreciação factual) - e daí a abertura de uma larga margem de arbítrio quanto ao estabelecimento da duração efectiva do contrato, com riscos sérios para a estabilidade do emprego que, apesar de tudo, o aprazamento do contrato fundamenta.

Decerto por isso, o antigo regime jurídico do contrato a termo, publicado em 1976 (DL 781/76), admitia apenas a estipulação de termo *certo* ou "prazo".

Esta posição da lei era fortemente limitativa da adaptação entre os recursos humanos das empresas e as necessidades efectivas (permanentes ou temporárias) da laboração. Tal dificuldade tornar-se-ia particularmente sensível em sectores de actividade económica que, por sua natureza, e em função dos usos, postulam grande flexibilidade no recurso à força de trabalho - como a construção civil, os espectáculos, as actividades sazonais.

Em 1989, um novo diploma legal (o DL 64-A/89, de 27/02) passou a admitir a contratação de trabalho a termo incerto. Fê-lo, todavia, numa postura restritiva e cautelar: eram tipificadas, dentro da lista de hipóteses a que, em geral, se liga a possibilidade da celebração do contrato de trabalho a termo, aquelas, em reduzido número, que se considerava justificarem a aposição de termo incerto.

Com o Código do Trabalho, a área de admissibilidade do contrato a termo incerto passou a coincidir, praticamente, com a do contrato a termo certo. O cotejo dos nºs 1 e 2 do art. 140º evidencia que a lei apenas exclui da aplicação de termo incerto a situação de substituição de tempo completo que passe, a prazo, para o regime de tempo parcial, além das hipóteses atípicas "contempladas no nº 4 do mesmo artigo: a de lançamento de nova actividade ou início de laboração de uma empresa ou estabelecimento, e a de contratação de pessoa em situação de desemprego de muito longa duração. A proximidade de regimes acentua-se com a fixação de um limite temporal para o contrato a termo incerto: quatro anos (art. 148º/5).

Essa proximidade é, *de iure condendo*, claramente injustificável. Enquanto o termo certo é um facto concretamente definido (uma data, o momento final de um prazo, uma ocorrência objectivamente verificável), a eficácia resolutiva do termo incerto é ou pode ser, em muitos casos, dependente de uma apreciação subjectiva do empregador, que, então, *decide* pôr fim ao contrato. O regime legal da caducidade do contrato a termo incerto é sugestivo: o contrato caduca "quando, *prevendo-se* a ocorrência do termo, *o empregador comunique a cessação...*" (art. 345º/1 CT); e, quando vários trabalhadores tenham sido contratados por essa via, "a comunicação (...) deve ser feita, *sucessivamente*, a partir da *verificação da diminuição gradual da respectiva ocupação* ..." (nº 2 do mesmo art.). O contrato a termo incerto, sendo, sem dúvida, um instrumento necessário para a gestão de certos empreendimentos e para actividades sazonais, oferece, no entanto, um espaço mais alargado ao poder de disposição do empregador sobre os postos de trabalho em causa do que o contrato a termo certo.

Entretanto, é verdade que a lei estabelece uma diferença fundamental entre os dois tipos de contratação a termo. Como adiante se verá mais a fundo, a possibilidade de justificação da contratação a termo por situação não contemplada na tipologia do art. 140º/2, mas susceptível de se considerar concretização da cláusula geral do nº 1 do mesmo artigo, só se verifica relativamente ao termo certo; quanto ao termo incerto, a indicação do nº 3 deve reputar-se exaustiva.

A faculdade de aprazamento de vínculos laborais pode acarretar uma extrema instabilidade do emprego e da vida do trabalhador, sem qualquer justificação social ou económica. Com o propósito de conservar o máximo de liberdade de decisão quanto ao volume de trabalho disponível, o empregador não deixaria, em muitos casos, de optar por sucessivos vínculos de curta vigência, ainda que desvalorizando factores importantes como a qualificação e a fidelização dos trabalhadores. Tal situação traduzir-se-ia na plena instabilidade do emprego, em contradição directa com a "garantia" constante do art. 53º CRP.

O CT contém um conjunto de dispositivos destinados a contrariar essa tendência para a generalização do emprego instável.

Antes do mais, restringe a validade da aposição de prazo curto (inferior a seis meses) (art. 148º/2). Depois, exige, em geral, forma escrita e impõe regras de conteúdo, nomeadamente no tocante à evidenciação do *motivo* da contratação a termo. Enfim, limita a *duração total* da vinculação precária (por vários títulos), restringindo o número de renovações.

Por outro lado, a lei admite, no art. 142º CT (com redacção alterada pela L. 23/2012 e, mais recentemente, pela L. 93/2019), a hipótese de contratos de muito curta duração (duração máxima: 35 dias) em todos os casos de "acréscimo excepcional e substancial da actividade da empresa cujo ciclo anual apresenta irregularidades decorrentes do respectivo mercado ou de natureza estrutural que não seja passível de assegurar pela sua estrutura permanente" (ficando assim muito alargado o âmbito deste tipo de contrato, que antes era admitido apenas "em actividade sazonal agrícola ou para a realização de evento turístico de duração não superior a 15 dias"), mas estabelece, para tais casos, um limite para a contratação a termo com o mesmo empregador, no mesmo ano civil (70 dias de trabalho). Este limite é aplicável a toda a vinculação a termo entre as mesmas pessoas (seja qual for a sua duração) de que faça parte um contrato de muito curta duração.

Este regime suscita naturais dúvidas de aplicação. A importância das consequências deveria requerer uma maior precisão no desenho das hipóteses consideradas. Na verdade, a fórmula adoptada é susceptível de cobrir qualquer actividade económica, organizada ou não. O propósito da lei parece ser, assim, o de generalizar a possibilidade dos contratos de curta duração, visando, aparentemente, combater o trabalho não declarado em todos os terrenos e sectores de actividade. Não haverá, pois, nenhuma intenção limitativa quanto ao âmbito de aplicação da figura, ao contrário do que acontecia na vigência do regime anterior.

Importa notar que os contratos em causa podem ser meramente verbais, não se exigindo a indicação do motivo, mas apenas uma comunicação formal à segurança social de que o motivo da contratação não tem que constar.

Quanto ao que deva considerar-se "curta duração", o art. 142º fixa um limite de 35 dias que, só por si, exprime a amplitude da previsão do legislador, sem prejuízo, no entanto, do limite anual de 70 dias, que pode ser atingido por um só contrato. Na verdade, esse limite pode ser esgotado através da renovação automática, ou do emprego de períodos separados no tempo. Não se vê razão para que se considere inaplicável a este tipo de contratos a termo o regime da sucessão de contratos consagrado no art. 143º do CT. A noção de "muito curta duração" confina, de resto, com a realidade dos contratos de duração inferior a 6 meses, que, embora limitados quanto à possibilidade do seu uso, estão sujeitos ao regime integral do contrato a termo.

B) A justificação do termo.

> **"I – Devendo o contrato a termo constar de documento escrito, a indicação do motivo justificativo da sua celebração constitui uma formalidade "ad substantiam", pelo que a sua insuficiência não pode ser suprida por outros meios de prova.**
> **II – Ocorre a invalidade do termo se o documento escrito se limita a dizer que o contrato é celebrado «considerando que nos termos do disposto no nº 2, alínea f), do artº 140º do Código do Trabalho, aprovado pela Lei 7/2009, de 12 de Fevereiro, a factualidade consubstancia o acréscimo excepcional de actividade da empresa, que legitima a celebração do presente contrato a termo resolutivo (termo certo) (...)».**
> **– STJ 24/02/2015 – P. 178/12.0TTCLD.L1.S1 (Gonçalves Rocha).**

7. *A tipologia legal.* A celebração do contrato de trabalho a termo resolutivo implica a observância de forma escrita e o documento respectivo deve conter um conjunto preciso de indicações (art. 141º/1), entre as quais a do "motivo justificativo" do termo estipulado (al. *e*) deste art.).

A lei exige não só que exista *motivo* ou *justificação* da celebração do contrato a termo, mas também que ela seja enquadrável no art. 140º.

Este artigo contém, antes do mais, uma *cláusula geral* que, à luz da ideia de excepcionalidade do contrato a termo que impregna todo o regime legal, define o perímetro dentro do qual podem abrigar-se situações invocáveis para aquela justificação: "necessidades temporárias, objectivamente definidas pela entidade empregadora". O traçado desse perímetro não pode ser alargado nem reduzido por convenção colectiva (art. 139º). O fundamento constante de qualquer contrato individual a termo tem que caber dentro dele.

Depois, o art. 140º/2 desenrola uma *tipologia não exaustiva* ("nomeadamente...") de situações que, *a priori*, são consideradas determinantes de "necessidade temporária da empresa" – desde a substituição de trabalhadores temporariamente impedidos até à execução de "obra, projecto ou outra actividade definida e temporária". Essa tipologia, como resulta do art. 139º, pode ser alargada, reduzida ou modificada por convenção colectiva.

É verdade que a enumeração constante do art. 140º/2 tem sido, em geral, *usada* como exaustiva – sendo também certo que dificilmente se consegue conceber uma situação de necessidade temporária de trabalho que não esteja aí contemplada. No entanto, é indiscutível que a cláusula geral do nº 1 é o lugar onde se guarda o *critério* da lei quanto à admissibilidade da contratação a termo. Qualquer situação susceptível de lhe corresponder, não estando compreendida na tipologia do nº 2, é forçosamente bastante para preencher a justificação dessa contratação, desde que respeitadas as exigências do art. 141º/3. A sistemática do art. 140º indica, com efeito, que os preceitos fundamentais, para a selecção dos motivos invocáveis, são os dos nºs 1 e 4.

Assim, se a situação concreta não preencher nenhuma das hipóteses enumeradas no art. 140º/2 e 4, nem for enquadrável no nº 1 do mesmo artigo, ou, ainda, se não constar do contrato a "indicação do motivo justificativo", a consequência é a mesma: tem-se por inválida a estipulação do termo e o vínculo é considerado de duração indeterminada (art. 147º/1)[15].

Esta solução, que provém da regulamentação anterior ao Código, confere particular seriedade à exigência de justificação do termo. A não ser assim, o problema da consistência dessa justificação suscitar-se-ia apenas, em regra, depois de uma das partes (o empregador, por princípio) dar como terminada a vinculação por esgotamento do prazo; e com isso ficaria a descoberto a consistência das expectativas do trabalhador *na constância do vínculo*, valor claramente atendido pelo legislador como prioritário neste tipo de contratos de trabalho.

Como se disse, este regime não se aplica aos *contratos de muito curta duração*, os quais são admitidos nas actividades sazonais agrícolas e em "eventos turís-

[15] Sobre a exigência de «motivo objectivo» para o aprazamento, no sistema alemão, vd. DÄUBLER, *ob. cit.*, 763 ss..

ticos" (art. 142º). Nesses casos, é dispensada a forma escrita e não é também exigida a indicação do motivo justificativo, bastando-se a lei com uma comunicação, em formulário electrónico, aos serviços da segurança social, de que constem a identificação e o domicílio dos contraentes, a actividade contratada e a retribuição, a data de início do trabalho e o respectivo local (veja-se o nº 2 do artigo citado).

8. *A indicação do motivo.* A exigência legal de justificação da aposição de termo poderia ser facilmente iludida se bastasse incluir no contrato de trabalho a menção de alguma das fórmulas genéricas que o art. 140º estabelece. Foi, aliás, esse o expediente utilizado outrora, com enorme frequência, para facilitar a mais ampla utilização deste tipo de contrato no recrutamento corrente de trabalhadores para as empresas.

A indicação de que o contrato era celebrado a termo "por acréscimo excepcional de actividade da empresa", ou com fundamento na "execução de tarefa ocasional ou serviço determinado precisamente definido e não duradouro" era tida por suficiente para "legitimar" esse recurso, e serviu para dar cobertura a uma das grandes vias de precarização das relações de trabalho[16].

Uma intervenção legislativa anterior anterior à codificação exigiu que a indicação do motivo justificativo do contrato a termo contivesse a menção *concreta* dos "factos e circunstâncias que integram esse motivo" (art. 3º L. 38/96, de 31 de Agosto). Assim, tornou-se claro aquilo que, de algum modo, já se podia deduzir das formulações iniciais da lista de situações justificativas, como condição de consistência e efectividade dessa exigência legal[17]. A simples utilização de uma das fórmulas genéricas constantes dessa lista não permitiria a apreciação externa da veracidade e da validade do motivo evocado.

Na mesma linha, o art. 141º/3 CT exige a "menção expressa dos factos" que integram o motivo, "devendo estabelecer-se a relação entre a justificação invocada e o termo estipulado".

[16] A expansão do fenómeno, que praticamente se traduziu na neutralização dos constrangimentos legais à contratação a termo, beneficiou, inclusivamente, de algum contributo da jurisprudência. Algumas decisões admitiram, por exemplo, que funções permanentes na empresa fossem preenchidas, em certas circunstâncias, por trabalhadores a prazo (veja-se, nomeadamente, o Ac. Rel. Lisboa 17/10/92, no BTE 2ª série, 4-5-6/92, 827). Também a não concretização do motivo justificativo, inclusivamente tratando-se da substituição temporária de um trabalhador, foi admitida, por exemplo, no Ac. Rel Coimbra 27/5/93, CJ 93, 3, 89.

[17] Com efeito, já era, apesar de tudo, esse o entendimento corrente na jurisprudência: Acs. Rel. Évora 8/11/94 (CJ 94,5, 298) e 8/12/94 (BMJ 442, 277), Acs. Rel. Porto 20/3/95 (CJ 95, 2, 246) e 11/3/96 (CJ 96, 2, 255), Ac. Rel. Lisboa 13/7/95 (CJ 95, 4, 152).

Assim, não basta invocar a «substituição temporária de um trabalhador», é necessário identificar esse trabalhador e indicar a natureza do impedimento; não basta referir-se um «acréscimo temporário de actividade», é exigido que se concretize o tipo de actividade em que se verifica intensificação e a causa desta. É necessário, em suma, que a indicação requerida permita duas coisas: a verificação externa da conformidade da *situação concreta* com a tipologia do art. 140º; e a *realidade* e a *adequação* da própria justificação invocada face à duração estipulada para o contrato[18].

Na verdade, a exigência legal da indicação de motivo justificativo é uma consequência do carácter excepcional que a lei atribui à contratação a termo[19] e do princípio de tipicidade funcional que se manifesta no art. 140º: o contrato a termo só pode ser (validamente) celebrado para certos fins e na medida em que estes o justifiquem.

Finalmente, deve sublinhar-se que a existência e a indicação formal do motivo da contratação a termo só podem ser consideradas requisitos da validade do termo *no próprio momento da celebração do contrato*. A formulação da lei não deixa, a este respeito, espaço para dúvidas: trata-se de requisitos da *celebração* do contrato – não da sua vigência em cada momento do prazo estipulado. O que é necessário é que, *no momento da estipulação*, exista de facto uma situação de "necessidade temporária" de trabalho, e que o termo estipulado corresponda à duração previsível, *nesse momento*, da mesma necessidade. Se, porventura, o motivo indicado no contrato deixar de existir antes de atingido o termo, o vínculo continuará de pé: é *um contrato que deve ser observado nos seus termos*, uma vez que a sua celebração respeitou a lei. Nenhuma disposição do regime do contrato de trabalho a termo impõe, explícita ou implicitamente, uma espécie de "monitorização" da subsistência do motivo ao longo da duração do contrato, para, no caso de ele deixar de existir, se produzir a cessação do vínculo – nem a conversão deste em contrato sem termo, se continuar a vigorar após o desaparecimento do motivo. Tudo isto pressupõe, naturalmente, a *veracidade* e a *idoneidade* do motivo que justificou a contratação a termo, pela duração *prevista*.

É claro que o desenvolvimento factual da relação de trabalho pode vir a fornecer indicações de que, *no momento da estipulação do termo*, o motivo invocado não foi verídico ou não reunia características adequadas à duração prevista. Mas essa é uma situação diferente da gerada por uma alteração das circunstâncias existentes naquele momento inicial e que foram correctamente ponderadas e reflectidas no contrato.

[18] Como aplicações deste critério, podem ver-se os Acs. 16/03/2003 – P. 02S4179 (Ferreira Neto), 18/06/2008 – P. 08S936 (Pinto Hespanhol) e 28/04/2010 – P. 182/07.0TTMAI.S1 (Vasques Dinis).

[19] Cfr., lapidarmente, Ac. STJ 9/2/93 (AD 379, 831).

Note-se, todavia, que o que se acaba de observar respeita somente ao contrato a termo *certo*. Na verdade, o contrato a termo incerto tem a sua vigência (enquanto tal) dependente da subsistência do motivo justificativo da sua celebração, porque este coincide com o próprio termo estipulado. Assim, o contrato caduca, mediante comunicação do empregador (art. 345º/1), quando cesse a necessidade temporária de trabalho que o motivou. E se o trabalhador permanecer, depois desse momento, ao serviço do empregador, o contrato converte-se em vínculo sem termo (art. 147º/2-c) CT).

9. *As situações especiais*. Para além das situações em que ocorrem necessidades temporárias de trabalho, a lei admite o uso do contrato de trabalho a termo por razões muito diferentes dessas. O contrato a termo surge aí como instrumento ao serviço de finalidades que pouco ou nada têm que ver com a transitoriedade do trabalho. Referimo-nos às hipóteses contempladas no art. 140º/4 CT, com a redacção dada pela L.93/2019: o lançamento de nova actividade ou o início de laboração de uma empresa ou estabelecimento pertencente a empresa com menos de 250 trabalhadores. Na anterior redacção, contemplava-se também a contratação de trabalhador à procura de primeiro emprego, desempregado de longa duração ou em outra situação contemplada em sede de política de emprego, mas estas situações passaram a ter diverso tratamento, como no lugar próprio se assinala: ficam cobertas por um regime especial do período de experiência, também introduzido pela L. 93/2019. Permanecem apenas no âmbito da contratação a termo os desempregados de muito longa duração (mais de dois anos).

O primeiro grupo de hipóteses parece mais problemático, face à concepção legal da contratação a termo. Entende-se que a incerteza inicial de um novo empreendimento justifique cautelas na contratação de pessoal, mas o regime legal conduz a que, praticamente, qualquer empresa ou estabelecimento possa iniciar a laboração com um quadro de pessoal integralmente preenchido através de contratos a termo e manter-se assim durante os primeiros dois anos de existência (art. 148º/1-b)).

Neste tipo de situações, suscita-se o problema de saber por quanto tempo deverá considerar-se relevante a situação de incerteza ou de risco que se trata de contemplar. Na verdade, a contratação a termo, na situação contemplada no art. 140º/4-a), gerou originariamente dúvidas sérias quanto à duração máxima, na sua dupla dimensão: *por quanto tempo se pode contratar assim*, e *qual a duração máxima de tais contratos*. A lei, na versão dada pela L. 93/2019, parece suficientemente clara. O art. 140º/4-a) define um prazo máximo de dois anos durante o qual o contrato pode ser celebrado com este fundamento, e o art. 148º/4 indica que esse prazo é também o da duração máxima, isto é, que, seja qual for a data da celebração, o contrato celebrado com tal motivação não pode vigorar para além de dois anos contados a partir do lançamento ou início de actividade. Só assim se garante a articulação minimamente equilibrada da facilidade concedida aos novos empreendimentos com a política restritiva do recurso à contratação a termo.

De resto, o próprio momento primário do "lançamento" ou do "início de laboração" é ou pode ser muito difícil de definir. Se faltarem elementos factuais suficientes para uma localização temporal precisa desse momento, ele poderá fixar-se no início de vigência do primeiro contrato celebrado com tal justificação. Esse facto pode, na verdade, ser tomado como "sinal" de partida para o "processo" de lançamento ou início de laboração de um empreendimento – um sinal concreto, dado pelos próprios interessados, e não uma abstracta determinação legal.

C) A renovação do contrato a termo.

> **"1. O contrato de trabalho a termo certo caduca no final do prazo estipulado, ou da sua renovação, desde que o empregador ou o trabalhador comunique à outra parte a vontade de o fazer cessar, por escrito, respectivamente 15 ou oito dias antes de o prazo expirar – art. 344º, nº 1, do Código do Trabalho/2009 – comunicação prévia que constitui pressuposto necessário de operação da caducidade.**
> **2. As partes podem acordar que o contrato de trabalho a termo certo não fica sujeito a renovação. Na ausência dessa estipulação e de declaração de qualquer das partes que o faça cessar, feita com a antecedência prévia legalmente estabelecida, o contrato renova-se no final do termo, por igual período, considerando-se como único contrato aquele que seja objecto de renovação.**
> **3. Provando-se que a empregadora e o trabalhador outorgaram, entre si, um contrato de trabalho a termo certo, com início em 16.1.2009 e pelo prazo de 18 meses, que cessaria, por caducidade, mediante aviso prévio, por escrito, com pelo menos 15 dias de antecedência, e que, por carta de 7 de Julho de 2010, a empregadora informou o trabalhador de que o mesmo caducaria em 15 desse mês de Julho, tal comunicação é intempestiva, ocorrendo assim a renovação automática do contrato, por igual período.**
> **4. Esta comunicação extintiva do vínculo, não actuando como caducidade do contrato, por intempestiva, consubstancia uma forma de cessação da relação laboral equivalente a um despedimento ilícito." – STJ 10/09/2013 – P. 1104/10.7TTCBR.C1.S1 (Fernandes da Silva)**

10. *A renovação automática e as cláusulas de não renovação.* As necessidades de ajustamento da força de trabalho disponível às exigências da laboração da empresa, mesmo no contexto da execução de tarefas ou obras concretamente determinadas, podem ser correspondidas pelo recurso ao expediente de vinculações a termo certo sucessivamente renovadas.

> Uma empresa de construção inicia a execução de uma empreitada (p. ex., uma ponte) prevista para durar dois anos. Necessita de contratar pessoal técnico e operários em grande quantidade, para além daqueles que figura no seu quadro permanente, com vista à satisfação das exigências concretas (e temporárias) da edificação de uma ponte. Passado o período previsto, verifica-se que a obra está incompleta e requer mais seis meses de trabalhos. À empresa convirá *renovar* aqueles contratos por seis meses, ou mais, se for previsível novo atraso. O que decerto não lhe interessará é permitir que os mesmos contratos passem a ficar libertos de termo, o que equivaleria a integrar os trabalhadores em causa nos seus quadros, e portanto a coberto da hipótese de despedimento sem justa causa.

O expediente referido, ou seja, o encadeamento de contratos a prazo ou celebração de contratos em cadeia (*Kettenverträge*, na terminologia alemã) é de legitimidade muito discutida, pelo menos no tocante à extensão dos fundamentos que podem coonestá-lo[20]; e nalguns sistemas é mesmo vedado, com fundamento na necessidade de evitar que seja defraudada a protecção do trabalhador contra o despedimento nos contratos de duração indeterminada[21]; ou estabelecem-se, quanto à cadeia de contratos, exigências idênticas às que valem para os contratos sem prazo[22], o que vem a traduzir-se no mesmo.

O art. 149º CT admite, no entanto, o encadeamento de vínculos laborais, apenas se estabelecendo, no art. 148º, como regra, os limites de três renovações e (na nova redacção dada pela L. 93/2019) dois anos para a duração global da série. Para além disso, a duração total das renovações tem como limite o período pelo qual o contrato foi inicialmente celebrado (art. 149º/4).

Atente-se, por outro lado, na previsão, no art. 149º/1, de cláusulas de não renovação, cujo alcance consiste na paralisação do mecanismo de renovação automática estabelecido no nº 2 do mesmo artigo. Essas cláusulas invertem a lógica do regime geral: se as partes nada declararem até ao fim do termo estipulado, o contrato extingue-se por caducidade nesse momento. Se se quiser manter a vinculação, terá que haver novo acordo nesse sentido, mas com o mesmo conteúdo contratual – um caso particular de renovação convencional. Com efeito, se o conteúdo fosse outro, estar-se-ia perante novo contrato, sujeitando-se ao condicionamento do art. 143º (regime da sucessão de contratos a termo).

[20] A jurisprudência alemã exige «motivo objectivo» para cada segmento da cadeia: DÄUBLER 768.
[21] CAMERLYNCK/LYON-CAEN, *Droit du Travail* 119.
[22] Cfr. GHIDINI 362.

Uma significativa inflexão legal é a que decorre da redacção dada pela L. 93/2019 ao art. 344º/2. Anteriormente, no silêncio da lei, era corrente o entendimento de que a estipulação (e a actuação) da cláusula de não renovação implicaria a inexistência do direito à compensação pela cessação do contrato no seu termo. A base lógica desse entendimento era clara: a caducidade do contrato opera, nesse caso, com apoio num consenso das partes, e não em iniciativa do empregador. Só nos estritos termos do art. 344º/1 se poderia imputar a este último a cessação do vínculo e a perda do emprego, ainda que precário, até então exercido pelo trabalhador. A solução acolhida no art. 344º/2 não segue essa lógica, e, a nosso ver, muito acertadamente: a compensação só deixa de ser devida se o contrato cessa em virtude de declaração do trabalhador.

O legislador ponderou, decerto, que o circunstancialismo próprio da contratação a termo obriga a desvalorizar o "consenso" gerador do contrato, enquanto fundamento de um equilíbrio de interesses e de capacidades de afirmação de vontade. Só em moldes ficcionais se pode considerar que a circunstância de o contrato primitivo cessar por efeito da cláusula de não renovação corresponde a um resultado consensualmente desejado pelos contraentes. A cláusula de não renovação, em si mesma, é, na esmagadora maioria (se não totalidade) dos casos, a expressão do interesse e da vontade unilaterais do empregador – e muito mais o seria se ainda significasse, sem mais, a exoneração da compensação. Assim, esta consequência só se ajustaria à realidade no caso de o contrato se não renovar por vontade unilateral do trabalhador. A lacuna de regulamentação que existia no art. 149º (ou no art. 344º, tanto monta) foi, deste modo, preenchida pelo próprio legislador, como que por "extensão analógica" do regime que constava da anterior redacção do art. 344º/2.

Por outro lado, e de modo inovatório, a lei determina a consideração, na aplicação dos limites de duração dos vínculos a termo, dos tempos correspondentes a outras formas de contratação de trabalho envolvendo os mesmos sujeitos e o mesmo posto de trabalho ou função: trabalho temporário e prestação de serviço (art. 148º/5). Trata-se de solução inspirada, como outras, no propósito de combater a onda de precariedade que, sob diversas formas, invadiu o mercado de trabalho. Ela tem como consequência que um só contrato a termo, por exemplo de seis meses, pode esgotar a duração máxima da vinculação precária admitida.

11. *A renovação e a exigência de motivo justificativo.* Um outro aspecto importante do regime da renovação de contratos a termo, e em que se verificou inovação por parte do Código do Trabalho, encontra-se no art. 149º/3: aí se estabelece expressamente que "a renovação do contrato está sujeita à verificação da sua admissibilidade, nos termos previstos para a sua celebração". Trata-se, obviamente, da existência (ou da subsistência) do "motivo justificativo" em que se apoiou a aposição do termo.

Pode pois entender-se que o encadeamento é justificado – não havendo lugar à invalidade da estipulação de prazo – quando «de antemão se verifica existir apenas uma necessidade de ocupação temporária, sem que, todavia, se possa prever com segurança a sua duração»[23], como ocorre no exemplo acima apontado. Mas isso implica que se trate do *mesmo motivo justificativo* da celebração do contrato a termo. Na verdade, só assim se respeitará a referência legal ao momento da "celebração" do contrato.

Assim, do art. 149º resulta que a *renovação automática* deixa de ser considerada se, no momento em que deveria ocorrer, o motivo justificativo constante do contrato originário já não existir.

Isso não significa que – tratando-se de termo certo – o contrato deva cessar automaticamente no momento em que o mesmo motivo desapareça, sob pena de conversão em contrato sem termo. De modo algum. A relevância do motivo indicado cinge-se ao momento da celebração do contrato e da estipulação do termo – ou ao da sua renovação automática.

Por outro lado, a *renovação convencional* (não automática), ou seja, efectuada através de acordo expresso das partes (por período diferente do estipulado de início), implica novo escrito e nova indicação de motivo[24]. No fundo, trata-se de um outro contrato a termo, cuja duração é, no entanto, considerada para a aplicação dos limites constantes do art. 148º (número de renovações e duração global).

12. *As renovações extraordinárias.* A L. 3/2012 instituiu um regime de *renovação extraordinária* dos contratos a termo certo que atinjam o limite de duração até ao fim do primeiro semestre de 2013. Assim, para além das três renovações e da duração total fixada no art. 148º/1, esses contratos podem ainda ser renovados mais duas vezes, desde que o acréscimo de vigência não ultrapasse 18 meses nem vá além de 31 de Dezembro de 2014 (art. 2º da lei citada). Feitas as contas, os contratos em causa passam a poder ser renovados, no máximo, cinco vezes e durar, no total, quatro anos e meio, se tiverem sido celebrados antes de 1 de Julho de 2010.

Tratava-se, manifestamente, de uma medida conjuntural, ditada pelo propósito de estimular a estabilização de situações de emprego que, de outro modo, num clima económico deprimido e inseguro, poderiam cessar a breve trecho, engrossando o volume do desemprego.

[23] É a antiga formulação de NIKISCH 553.

[24] Preferiríamos falar aí de "prorrogação", pois, justamente, o contrato inicial não se reproduz inteiramente e, nesse sentido, não se "renova" – mas a linguagem da lei tem que prevalecer...

Na mesma perspectiva, e porque as condições entretanto não mudaram, a L. 76/2013, de 7 de Novembro, veio admitir, para os contratos a termo que atinjam o limite de duração nos dois anos seguintes à entrada em vigor da mesma lei (ou seja, até Novembro de 2015), duas renovações extraordinárias, com a duração máxima de 12 meses.

13. *A renovação e a exigência de forma escrita.* O contrato a termo é, como se notou já, um negócio formal. Trata-se de uma exigência de forma ad *substantiam* ou *ad essentiam*, mas apenas no tocante à cláusula de duração.

O art. 3º/2 L. 38/96, de 31 de Agosto, exigia também expressamente a forma escrita para a "prorrogação do contrato a termo por período diferente do estipulado inicialmente". Esse diploma (em que se tratava dessa e doutras matérias) foi revogado pelo CT de 2003, mas a regra acima mencionada continua de pé. Com efeito, o art. 149º/3 sujeita à forma escrita a "renovação do contrato" no caso de "se estipular período diferente" do inicial.

De que situações se trata? Na sequência da celebração de um contrato a termo, e como que dentro do ciclo de renovações automáticas admitidas por lei, surge frequentemente o fenómeno da extensão do vinculo por período diferente do inicialmente acordado, sem que quanto a ele fosse observada qualquer formalidade.

Por exemplo: um contrato de seis meses renovado automaticamente por outros seis, e tendo, por isso, durado doze meses, é agora *prorrogado por mais quatro*, dado que é essa a previsão da necessidade de trabalho, e isto como se se observasse a possibilidade legal de uma segunda renovação. A prorrogação é ajustada verbalmente, ou objecto de mera comunicação escrita do empregador ao trabalhador, como se estivesse, de algum modo, «coberta» pelo contrato inicial.

A lei prevê, no entanto, duas hipóteses de vinculação laboral transitória não titulada por contrato escrito.

Uma era e continua a ser a de renovação automática *ope legis*, resultante da falta de declaração das partes em contrário (art. 149º/2).

Outra é, como se sabe, a do contrato de trabalho de muito curta duração: não superior a 35 dias (art. 142º, com a redacção dada pela L. 93/2019). Esta possibilidade passou a ser admitida com bastante largueza, cobrindo praticamente todos os tipos de actividade expostos a irregularidades ou flutuações de mercado. Basta, nessas hipóteses, comunicação electrónica à Segurança Social contendo os elementos fundamentais do contrato.

Para além da automática, o CT individualiza, como vimos, uma outra forma de renovação – a *renovação convencional*, que decorre de novo acordo das partes e que estabelece para o vínculo um acréscimo de duração que pode ser ou não igual á anteriormente estipulada.

Essa renovação carece, pois, de forma escrita, e está sujeita às restantes exigências formais do art. 141º. Há novo ajuste contratual e é nele que se funda a extensão da vinculação.

Entre as exigências respeitantes à "renovação por prazo diferente" inclui-se, como foi assinalado, a da indicação do motivo justificativo (art. 149º/3).

D) A sucessão de contratos a termo.

"I – A sucessão de contratos a termo é regulada no Código do Trabalho de 2009 de modo a impedir uma espiral da contratação a termo, pretendendo o legislador evitar que a cessação dum contrato de duração limitada seja seguida duma nova contratação a termo, seja do mesmo ou doutro trabalhador, implicando esta violação a conversão do contrato em contrato de duração indeterminada, conforme advém do artigo 147º, nº 1, alínea d) do mesmo diploma.

II – Face ao disposto no nº 1 do artigo 143º do CT, a proibição de celebração de sucessivos contratos a termo depende da existência dos seguintes requisitos:

a. que a cessação do primeiro contrato seja devida a razões não imputáveis ao trabalhador;

b. inexistência dum período de espera correspondente a um terço da duração do contrato anterior;

c. esta proibição só vale para as situações em que se pretende o preenchimento do mesmo posto de trabalho.

III – Afectar um trabalhador a um determinado posto de trabalho significa encarregá-lo da realização de um conjunto de tarefas que, mercê do processo de divisão e organização de trabalho, foram, em dado momento, autonomizadas no seio da organização produtiva, não bastando o exercício das mesmas funções para que se possa concluir pela existência do mesmo posto de trabalho, pois a ideia de individualização do posto de trabalho (um posto, um homem), liga-o às funções prestadas por um trabalhador num determinado contexto organizativo e numa concreta estrutura hierárquica em que esteja inserido.

IV- Não estamos perante o preenchimento do mesmo posto de trabalho se o A foi contratado para exercer as funções de carteiro no CDP de ... para substituição duma trabalhador a faltar por doença, quando no contrato a termo anterior havia sido contratado para exercer essas funções no CDP de ..., para satisfação de necessidades temporárias de serviço por motivo de substituição de trabalhadores na situação de férias, pois estava integrado numa organização de trabalho diversa, com hierarquias distintas e num local de trabalho também diferente." – STJ 26/05/2015 – P. 960/11.6TTLRS.L1.S1 (Gonçalves Rocha).

14. *O art. 143º do Código do Trabalho.* As limitações legais referentes ao número de renovações e à duração total dos vínculos a termo, quando se trata de funções duradouras, seriam torneáveis através da celebração de sucessivos contratos de duração determinada, com o mesmo ou ouros trabalhadores. O art. 143º condiciona tal prática – sem, de resto, a impedir totalmente –, impondo uma descontinuidade entre duas situações desse tipo relativas ao mesmo posto de trabalho. É, assim, forçoso um "intervalo" entre contratos a termo, equivalente a um terço da duração do precedente.

De resto, a lei impõe esse intervalo também quando a satisfação da mesma necessidade de trabalho seja procurada por outras vias: trabalho temporário ou prestação de serviço. E vai ao ponto de atingir, para além do empregador primitivo, outras sociedades com as quais ele esteja de algum modo associado, e que poderia surgir, na sucessão de contratos a termo, como empregadores aparentes.

A uma primeira leitura, pode supor-se que o regime só se aplica quando se trate do mesmo trabalhador – não quando a "sucessão" de contratos envolve um trabalhador diferente. Nesta perspectiva, a *ratio* do preceito seria a mesma que a da al. j) do art. 129º/1 CT, onde se proíbe ao empregador a prática de fazer cessar ficticiamente o contrato com um trabalhador para logo a seguir o admitir de novo, visando defraudar a lei. Mas também é plausível o entendimento de que o mesmo regime se aplicará quando se trate de admitir trabalhador diferente – visando, então, impedir o sistemático preenchimento de postos de trabalho (na verdade, permanentes) através de vínculos precários. Cremos que a segunda leitura é a correcta, por duas razões: o primeiro tipo de situações estava já coberto e sancionado no art. 129º, e, afinal, também cabe no âmbito da segunda interpretação, sob o ponto de vista do combate ao recurso sistemático ao contrato a termo.

Este conjunto de soluções filia-se, claramente, na mesma directriz fundamental que está implícita no art. 140º/1: para o preenchimento de necessidades de trabalho duradouras, o instrumento *normativamente* adequado é o contrato de trabalho de duração indeterminada. Assim, a descontinuidade forçada que resulta da aplicação do art. 143º surge como uma espécie de *sanção* para o mau uso da contratação a termo.

15. *As excepções.* Esse regime só não se aplica no caso de o primitivo contrato a termo cessar por motivo imputável ao trabalhador, isto é, por decisão unilateral deste ou por razões disciplinares. Isto implica que se trate da cessação precoce do contrato, isto é, anterior ao esgotamento do termo, ou do impedimento da renovação automática, sendo esta legalmente possível e desejada pelo empregador. Por outro lado, a sucessão é admissível em certos casos elencados no nº 2 do mesmo artigo: quando se trate de cobrir nova ausência de um trabalhador cuja substituição justificou o contrato primitivo; quando ocorra acréscimo excepcional da actividade da empresa ou actividade sazonal; e quando o trabalhador anteriormente contratado o tivesse sido por estar à procura do primeiro emprego[25].

E) As consequências da estipulação ilegal do termo.

> **"(...) 4. Não tendo a entidade empregadora provado a veracidade do motivo justificativo da celebração do contrato de trabalho a termo consignado na cláusula 1ª do instrumento de renovação do contrato e uma vez que o motivo indicado na cláusula 2ª do mesmo instrumento não faz parte do elenco de casos referidos no nº 1 do artigo 41º da LCCT, falece motivo justificativo válido para a estipulação do termo nessa renovação do contrato, o que tem como consequência a nulidade da aposição da respectiva cláusula acessória do termo, mantendo-se o contrato válido, mas passando a ter duração indeterminada, o que implica a aquisição pelo trabalhador da qualidade de trabalhador permanente.**
>
> **5. Nesta conformidade, a entidade empregadora não podia fazer cessar unilateralmente sem justa causa o contrato, uma vez que este era um contrato sem termo, por ser nulo o termo ajustado no instrumento de renovação do contrato, pelo que a carta dirigida pela empregadora ao trabalhador, em que aquela lhe comunicava, nos termos do nº 1 do artigo 46º da LCCT, que o contrato de trabalho a termo certo, «cujo prazo termina em 7 de Dezembro de 2002, não será renovado», equivale a um despedimento ilícito." – STJ 05/10/2006 – P. 06S012 (Pinto Hespanhol).**

16. *A invalidade da estipulação de termo.* A sanção comum às situações de incumprimento do regime legal do contrato a que foi aposta a cláusula acessória de termo é a que decorre da neutralização dessa cláusula: o contrato "considera-se" celebrado sem termo. Na verdade, tratar-se-á da invalidade ou da caducidade da estipulação do termo.

É o que se dispõe no art. 147º/1 para a inobservância da *forma e do conteúdo obrigatório* de tais contratos: não redução a escrito, falta da assinatura e identificação das partes, omissão das datas de início do contrato e da prestação de trabalho, omissão ou insuficiência da indicação de motivo justificativo.

Estas falhas determinam a invalidade da cláusula de termo e, por conseguinte, o contrato vigora com duração indeterminada.

A mesma consequência deriva da verificação da hipótese considerada no art. 147º/1-*a*): a de a aposição do termo visar "iludir as disposições que regulam o contrato sem termo", nomeadamente as que condicionam a cessação deste por decisão unilateral do empregador. Pode, com efeito, ser invocado no contrato a termo um motivo justificativo enquadrável no elenco do art. 140º, mas não

[25] Esta última solução merece reservas: ela parece permitir uma sucessão indefinida de vínculos a termo para este tipo de trabalhadores, o que ode assumir dimensões discriminatórias.

ser produzida (pelo empregador: art. 140º/5) prova dos factos que o suportam, ou provar-se, ao invés, a intenção de fraude à lei. Essa intenção pode coexistir com um motivo invocável: algumas das hipóteses enumeradas no art. 140º comportam margens de manipulação suficientes para isso. Em tal caso – diz o art. 147º/1-*a*) – "considera-se sem termo o contrato de trabalho", ou seja, tem-se por inválida a cláusula de termo.

O mesmo tratamento terá, nos termos do art. 147º/1-*d*), um contrato celebrado a termo com um trabalhador que tenha estado na mesma situação, ou que suceda a outro contratado a termo, sem observância do intervalo fixado pelo art. 143º/1, tratando-se do preenchimento do mesmo posto de trabalho[26]. Fora das situações descritas nas quatro alíneas do nº 2 – e que cobrem, de resto, um campo bastante vasto de possibilidades –, o legislador presume que a sucessão de contratos a termo para o mesmo trabalho se destina a dissimular uma situação funcional de natureza permanente.

Nesses casos, ocorre aquilo que poderíamos designar por *requalificação* do contrato, através da desconsideração (por invalidade) da estipulação do termo.

17. *A caducidade da estipulação de termo.* Há, depois, um segundo grupo de casos em que, embora o contrato tenha sido regularmente celebrado com termo, o seu desenvolvimento é feito em violação de condicionamentos legais. O legislador fala, então, da *conversão* do contrato (que era, como se disse, legalmente a termo) (art. 147º/2). Na realidade, a nosso ver, trata-se da caducidade da cláusula de termo, resultante de circunstâncias supervenientes que a colocam em colisão com a lei.

Incluem-se nesse grupo os casos em que o contrato se renova sem que subsista o motivo justificativo inicialmente invocado, e ainda, sendo a "renovação" feita por prazo diferente do originário, se não for cumprida a exigência de forma escrita (art. 149º/4). A mesma consequência terá a ultrapassagem dos limites legais referentes ao número de renovações e à duração total da vinculação a termo (art. 148º). Finalmente, se o contrato tiver sido celebrado a termo incerto, a continuação da prestação de trabalho para além da data da caducidade indicada pelo empregador ou decorridos 15 dias sobre a verificação do termo.

Apesar da diferença de conceitos, o regime é o mesmo: em qualquer destes casos, a antiguidade do trabalhador conta-se desde o início da prestação de trabalho, como se tivesse havido, desde então, um contrato de duração indeterminada (art. 147º/3).

[26] Cfr. supra, nºs 14 e 15 deste capítulo.

III. O trabalho temporário[27]

18. Noção; 19. A "cisão" do empregador; 20. As modalidades de cedência de pessoal; 21. A estrutura do trabalho temporário; 22. Os condicionamentos legais.

> **"1 - O contrato de utilização de trabalho temporário, nos termos do artigo 177º, nº 1. al. b) e nº 2 do Código do Trabalho deve conter o motivo justificativo do recurso àquela forma de trabalho com menção expressa dos factos que integram aquele motivo justificativo e que permitam o estabelecimento da relação entre a justificação invocada e o termo estipulado no contrato;**
> **2 - Não satisfaz as exigências decorrentes dos dispositivos legais citados no número anterior, a indicação no contrato, como motivo justificativo, do conteúdo de uma norma legal acrescido de referências a acumulações temporárias de actividade que não permitam estabelecer qualquer relação entre essas acumulações e a sujeição do contrato a termo indeterminado.**
> **3 - A insuficiência da justificação inserta no contrato de utilização para o recurso ao trabalho temporário acarreta a nulidade do contrato, considerando-se, nos termos do nº 5 do artigo 177º do Código do Trabalho, que o trabalho é prestado ao utilizador em regime de contrato de trabalho sem termo." - STJ 19/11/2014 - P. 4154/11.2TTLSB. L1.S1 (António Leones Dantas).**

18. *Noção*. A lei recorre à designação de «trabalho temporário» para apontar a situação típica em que uma empresa cede, a título oneroso ou gratuito, e por tempo limitado, a outra empresa a disponibilidade da força de trabalho de certo número de trabalhadores. Na prática corrente, tais relações são também designadas, com maior ou menor impropriedade, como «locação de mão-de-obra», «empreitada de mão-de-obra», etc.. O que particulariza este modelo perante a empreitada é que há uma cedência da disponibilidade de um ou mais trabalhadores por parte do seu empregador a outra empresa que efectivamente os utiliza em seu proveito: o pessoal cedido, embora seja remunerado pela entidade cedente, fica funcionalmente integrado na organização da empresa utilizadora e, nomeadamente, enquadrado pela sua direcção ou chefia.

Trata-se de um expediente a que amiúde recorrem, sobretudo, as empresas com unidades industriais em que, periodicamente, são forçosos grandes trabalhos de revisão, limpeza e reparação de máquinas, e ainda as empresas de serviços cuja actividade regista fases de «ponta» acentuada – em ambos os casos

[27] Sobre o tema, veja-se a monografia fundamental e pioneira de M. Regina Redinha, *A relação laboral fragmentada: estudo sobre o trabalho temporário*, Coimbra (1995). Vd. também Bernardo Xavier, *Manual de Direito do Trabalho* cit., 419 ss.; J. Leal Amado, *Contrato de trabalho* cit. 135 ss..

se visando cobrir necessidades *previsíveis* (e até programadas) de acréscimo da força de trabalho disponível, sem as desvantagens económicas e funcionais do alargamento dos quadros de pessoal próprio. Mas a utilização do trabalho temporário é muito mais vasta, surgindo muitas vezes como alternativa para a contratação a termo, em todo o tipo de actividades profissionais.

O fenómeno da «cedência de mão-de-obra» não surge numa configuração única. Ele ocorre em múltiplas modalidades: há «cedência» no caso de empresas cujo objecto consiste, *exclusivamente,* no fornecimento de pessoal qualificado para tarefas transitórias de que outras empresas carecem; mas existe também quando organizações produtivas da indústria ou do comércio «prestam serviços» a outras mediante o destacamento de trabalhadores seus, tratando-se, ou não, de sociedades coligadas (cfr. arts. 481º ss. CSoc); e verifica-se, ainda, em certas formas de «descentralização» empresarial, caracterizadas pela formação, em torno de uma organização produtiva, de uma «coroa» de empresas aparentes cujo papel consiste, somente, em colocar à disposição daquela trabalhadores contratados *ad hoc.*

19. *A "cisão" do empregador.* Estas situações possuem características que, naturalmente, as colocam em contacto com a figura do contrato de trabalho. Elas traduzem, por assim dizer, esquemas atípicos de circulação da força de trabalho, os quais, todavia, implicam a subordinação jurídica. A atipicidade deriva-lhes da cisão, operada no estatuto do empregador, entre a *obrigação de pagar o salário* (que permanece na entidade cedente) e a *utilização directa dos serviços do trabalhador* (que cabe ao cessionário).

O primeiro problema que se suscita é, pois, o da determinação das posições jurídicas envolvidas. A circunstância de o trabalhador «cedido» se integrar na organização da empresa utilizadora, ficando sob as ordens da hierarquia desta e obrigado a ater-se às regras de disciplina interna aí vigente, sugere dúvidas como as que se referem à *titularidade do poder disciplinar* e à *responsabilidade pelas contribuições de segurança social.*

Mas, antes disso, o esquema do «trabalho temporário» suscita dúvidas, no plano da *política legislativa,* quanto à atitude a tomar (de proibição, de aceitação controlada, de liberalização) pelo ordenamento laboral.

A fragmentação da posição jurídica da entidade empregadora, a consequente perda de nitidez da situação contratual do trabalhador e a inerente debilitação de direitos e garantias, colocam em evidência traços anti-sociais do trabalho temporário que, nalguns países, levaram à proibição da sua prática. Todavia, por outro lado, esse esquema oferece vantagens significativas às empresas e a muitos profissionais.

As empresas que se vêem perante uma específica necessidade de trabalho muito limitada no tempo são libertas dos encargos e dos riscos do recrutamento directo: a via do trabalho temporário permite-lhes aceder a trabalhadores cujas aptidões e qualificações são atestadas por outra entidade, a qual, além disso, se encarrega de todas as tarefas de administração correspondentes. Os trabalhadores que dispõem de qualificações específicas e de fracções de tempo utilizável têm, deste modo, acesso a oportunidades de trabalho que, de outro modo, seriam mais difíceis de localizar.

Entre vantagens e inconvenientes, o legislador pode, como se disse, adoptar posturas diversas. Caso interessante é o da *Espanha*, onde à proibição geral e expressa da cedência de trabalhadores, estabelecida pelo art. 43º do Estatuto dos Trabalhadores, sucedeu, já na década de noventa, a abertura de uma excepção para a actividade das «empresas de trabalho temporário» legalizadas e controladas[28].

As dúvidas acima referidas têm na lei resposta explícita. Nos termos do art. 185º/4 do CT, "o exercício do poder disciplinar cabe à empresa de trabalho temporário"; e o art. 27º do Código Contributivo da Segurança Social[29] estabelece que, para os efeitos da sua aplicação, "as empresas de trabalho temporário são consideradas entidades empregadoras dos trabalhadores temporários"[30].

No entanto, a atribuição do exercício do poder disciplinar à ETT tem aspectos problemáticos. Tratar-se-á de averiguar e julgar factos ocorridos no âmbito da empresa utilizadora, cuja potencial relevância disciplinar decorrerá da inobservância de regras ou de usos próprios desta última organização. Aparentemente, a empresa utilizadora, face à conduta considerada infractora do trabalhador, pode limitar-se a "expulsá-lo" de imediato, "devolvendo-o" à ETT – e colocando esta perante a opção de agir ou não disciplinarmente contra ele. A lei nada diz a este respeito. Limita-se a prever uma espécie de "período experimental" inicial durante o qual a prestação do trabalhador temporário pode ser recusada, naturalmente por razões de aptidão ou outro tipo de conveniência (art. 188º/2). As situações de (real ou suposta) infracção disciplinar não estão aí contempladas. O que resulta do art. 185º/4 é que a ETT actuará mediante participação do utilizador, conduzindo um processo disciplinar que, em grande medida, envolverá o apuramento e a valoração de factos e circunstâncias referentes á realidade interna do mesmo utilizador. A relevância da questão é apenas diminuída pela curta duração que as relações de trabalho temporário normalmente têm.

[28] Hoje reguladas por diploma próprio: a L. 14/1994, de 1 de Junho, conhecida como lei das empresas de trabalho temporário (LETT). Cfr., para uma síntese do regime respectivo, A. MARTIN VALVERDE/F. RODRIGUEZ SAÑUDO GUTIERREZ/ J. GARCIA MURCIA, *Derecho del Trabajo* cit. 444.

[29] L. 110/2009, de 16 de Setembro, com várias alterações posteriores.

[30] De resto, o mesmo resulta do facto de a caução a prestar pelas ETT garantir o pagamento de contribuições para a segurança social, nos termos do art. 190º do CT.

Relativamente à garantia do pagamento dos salários devidos aos trabalhadores temporários, assim como dos inerentes encargos sociais, a actual redacção do art. 174º/2 do CT[31] institui um amplo esquema de *responsabilidade subsidiária* que inclui, para além da ETT, a entidade utilizadora, os seus gerentes, administradores e directores, e ainda as sociedades que com aquela tenham relações de participação recíproca, de domínio ou de grupo.

20. *As modalidades de cedência de pessoal.* Entre nós, o trabalho temporário está legalmente regulado (arts. 172º a 192º CT) no sentido do acolhimento da realidade – em si mesma muito anterior à lei[32] – e da sujeição dessa realidade a controlo administrativo.

O fenómeno da cedência de pessoal – ou da relação de trabalho triangular – é considerado pela lei em duas modalidades: a do *trabalho temporário como objecto de uma actividade empresarial* (arts. 172º a 192º CT) e a de *cedência ocasional de trabalhadores por uma empresa a outra* (arts. 288º ss. CT).

No primeiro caso, trata-se da actividade das empresas de trabalho temporário (ETT), cujo regime específico de exercício e licenciamento se encontra no DL 260/2009, de 25/9.

No segundo caso, está-se perante situações em que as empresas ou entidades de qualquer sector, não constituídas como ETT, cedem a terceiros a utilização temporária de trabalhadores seus.

Assim, enquanto a cedência de pessoal pode constituir o negócio de uma empresa (ETT), pode também, em certas situações, surgir como uma ocorrência isolada na vida de empresas que se dedicam a qualquer ramo de actividade. O regime jurídico a que este último tipo de situações – cedência ocasional – está submetido será abordado mais adiante.

Na sua configuração típica e regular, ou seja, quando se enquadrem na actividade das ETT, as situações de cedência de pessoal são tratadas pela lei como decomponíveis em dois vínculos contratuais articulados entre si: *o contrato de utilização de trabalho temporário*, que se estabelece entre uma entidade fornecedora ou cedente e uma entidade utilizadora (arts. 175º ss. CT) e *o contrato de trabalho temporário*, que é um verdadeiro contrato de trabalho a termo resolutivo entre a entidade cedente e um trabalhador e que está sujeito a regime idêntico

[31] Introduzida pela L. 28/2016, de 23 de Agosto.

[32] Existia já jurisprudência relativamente abundante sobre o tema, utilizando designações não estabilizadas (contrato de cessão de trabalho, locação de mão-de-obra, contrato de trabalho temporário, contrato temporário), mas reflectindo um curioso esforço de enquadramento conceitual que sobrevalorizava o papel (juslaboral) da entidade cedente, concentrando nela, cautelarmente, o essencial da posição patronal. Cfr. as decisões citadas em Abílio Neto, *Contrato de trabalho – Notas práticas*, 16ª ed., Lisboa (2000) 378 ss..

ao do contrato a termo (art. 180º ss.). A articulação funcional entre os dois é enfatizada pela lei: o contrato de trabalho temporário só pode ser celebrado nos casos em que é admissível o contrato de utilização (art. 180º/1), e que estão enumerados no art. 175º[33]. Quando se fala de "trabalho temporário", é desta estrutura contratual complexa que se trata, e que só em parte releva de um regime propriamente laboral. Com efeito, o contrato de utilização é um negócio comercial entre duas empresas, sujeito a alguns condicionamentos impostos pelas suas implicações laborais, isto é, pelas consequências que tem na situação do trabalhador envolvido.

Acresce uma terceira possibilidade: a de *contrato de trabalho por tempo indeterminado para cedência temporária* (arts. 183º e 184º). A ETT celebra com um trabalhador um contrato de trabalho sem termo, ou seja, estabelece com ele um *vínculo permanente,* ficando com a faculdade (expressamente estipulada: art. 183º/1-*b*)) de o ceder temporariamente, através de sucessivos contratos de utilização, a empresas que dele necessitem. Pode isso justificar-se sobretudo quando se trate de qualificações raras no mercado ou que exijam um esforço importante de formação do trabalhador pela ETT. Nesses casos, haverá ou poderá haver períodos em que não ocorre cedência. Para tais períodos, a lei prevê duas hipóteses: ou o trabalhador presta normalmente trabalho à própria ETT e como tal é remunerado ou, não havendo tal possibilidade, recebe uma "compensação", cujo valor é fixado pela convenção colectiva aplicável (se existir) ou equivale a dois terços da última retribuição auferida ou da remuneração mínima mensal garantida, conforme o mais elevado (art. 184º/2). Naturalmente, esta modalidade – que implica uma vinculação continuada do trabalhador e custos permanentes para a ETT – só raramente ocorrerá na prática.

21. *A estrutura do trabalho temporário.* Como já salientámos, o aspecto central do trabalho temporário consiste na *cisão* da posição contratual do empregador: a direcção e organização do trabalho pertencem ao *utilizador* (modo, lugar, duração do trabalho e suspensão do contrato), e o trabalhador deve obediência aos dispositivos e prescrições de higiene, segurança e saúde no trabalho, assim como às condições de acesso aos equipamentos sociais da *empresa utilizadora*; mas as obrigações contratuais (nomeadamente as remuneratórias), os encargos sociais, e, inclusivamente, o exercício do poder disciplinar, pertencem à entidade que é parte no contrato de trabalho temporário: a *empresa cedente.* É o que resulta do art. 185º CT.

[33] Esta articulação funcional é, porém, limitada: o contrato de utilização pode «cobrir» vários contratos de trabalho temporário; a cessação de cada um destes não afecta a vigência daquele (art. 188º).

"A qualidade de empregador não pertence a quem exerce sobre o trabalhador o poder de direcção, mas sim ao fornecedor de mão-de-obra"[34]. Sob o ponto de vista jurídico, o vínculo laboral estabelece-se, não com quem recebe o trabalho e dele tira proveito imediato, mas com quem o cede a terceiro, remunerando directamente o trabalhador. Diz-se, por isso, que o trabalho temporário se traduz numa relação triangular (trabalhador-cedente-utilizador); mas, no que respeita à estrutura contratual em que assenta, melhor parece dizer que se trata de uma relação *angular*, visto que não a integra qualquer contrato entre o trabalhador e o utilizador. A obrigação de prestar o trabalho, que o trabalhador cumpre no âmbito da organização do utilizador, é uma obrigação assumida por ele *perante o cedente*, quer com fundamento no contrato de trabalho temporário, quer (na cedência ocasional) sob a cobertura do normal contrato de trabalho e da declaração de concordância a que alude o art. 289º/1-*c*).

Mas isso não exclui a existência de uma *relação jurídica autónoma entre o trabalhador e o utilizador*: nos termos do art. 185º CT, o primeiro fica "sujeito ao regime aplicável ao utilizador no que respeita ao modo, lugar, duração do trabalho e suspensão do contrato de trabalho, segurança e saúde no trabalho e acesso a equipamentos sociais"; o segundo, por seu turno, deve elaborar o horário de trabalho e marcar as férias devidas, e, entre outros aspectos, "deve informar o trabalhador temporário dos postos de trabalho disponíveis na empresa ou estabelecimento para funções idênticas". Essa relação jurídica tem o seu suporte formal nos dois contratos que organizam a situação de trabalho temporário, mas o facto que a gera é a integração (temporária) do trabalhador na organização do utilizador.

Assim, a situação típica de trabalho temporário pode representar-se graficamente do seguinte modo:

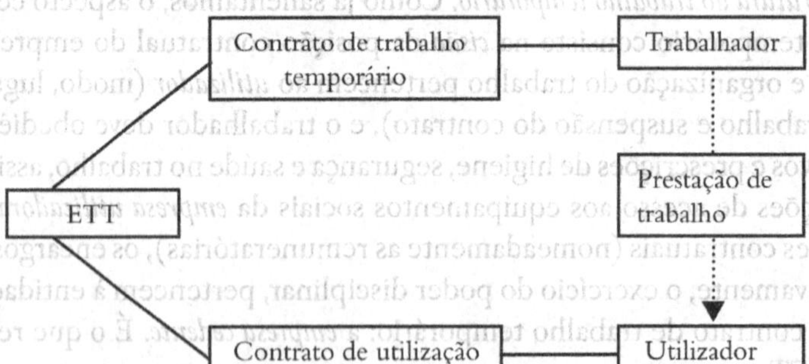

[34] Javillier, *Droit du Travail*, Paris (1978) 231. Já nesse sentido, cfr. Ac. STA 11/6/75 (AD 166, 55) iniciador da posição da jurisprudência sobre o assunto, e Ac. STJ 24/1/90 (AD 347, 1435).

Mas o que verdadeiramente caracteriza o trabalho temporário é a estrutura obrigacional que envolve os três personagens.

Há, aqui, que considerar dois laços distintos: *por um*, o trabalhador coloca-se à disposição do cedente, aceita prestar o trabalho a terceiro, sob a direcção deste, e recebe do cedente o salário; *por outro*, o cedente transfere a força de trabalho de que dispõe para o utilizador, mediante um preço, em regra horário. Assim:

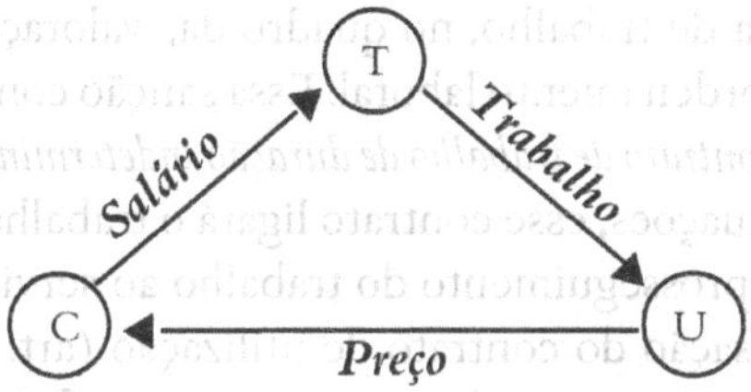

22. *Os condicionamentos legais*. No que toca às condições de trabalho, a lei faz valer um princípio de *igualdade de tratamento* dos trabalhadores cedidos em relação aos que se ocupam na entidade utilizadora. Assim, impõe a aplicação ao trabalhador cedido do regime aplicável no âmbito do utilizador "no que respeita ao modo, lugar, duração do trabalho e suspensão do contrato de trabalho, segurança e saúde no trabalho e acesso a equipamentos sociais" (art. 185º/2). Em matéria salarial, o trabalhador cedido tem direito à retribuição mínima que for mais elevada, entre as aplicáveis na entidade cedente e na cessionária (arts. 185º/5 e 6).

Além disso, e de modo algo redundante, o novo nº 10 do art. 185º, introduzido pela L. 93/2019, determina, sem restrições, a aplicação ao trabalhador temporário da convenção colectiva que abrange os do utilizador com as mesmas funções (art. 185º/10).

Por outro lado, a utilização do esquema do trabalho temporário está, como se disse, legalmente limitada e condicionada. Assim, e nomeadamente: as ETT carecem de licença, cuja concessão, pelo serviço público de emprego, depnde do preenchimento de requisitos de idoneidade, organização e capacidade financeira, além da prestação de caução para poderem exercer a actividade (arts. 5º ss. DL 260/2009, de 25 de Setembro, com alteração pela L. 28/2016, de 23 de Agosto); o contrato de utilização de trabalho temporário só pode ser celebrado em certas situações legalmente tipificadas (art. 175º/1) e com duração máxima dependente do fundamento invocado (nº 3 do mesmo artigo); o contrato de utilização está sujeito a forma escrita e tem conteúdo obrigatório (art. 177º); o contrato de trabalho temporário só é admissível nas situações em que pode haver contrato de utilização, e deve ser reduzido a escrito, com conteúdo obrigatório (arts. 180º e 181º).

Para além disso, o art. 182º/2, com a redacção dada pela L. 93/2019, limita a seis o número de renovações do contrato de trabalho temporário a termo certo, excepto nos casos de substituição de trabalhador ausente por causa não imputável ao empregador (nº 3 do mesmo artigo).

A sanção mais significativa para a inobservância de tais condições é a que corresponde à «atipicidade» do trabalho temporário, como esquema contratual de utilização da força de trabalho, no quadro das valorações que continuam a prevalecer no nosso ordenamento laboral. Essa sanção consiste na consideração legal da *existência de contrato de trabalho de duração indeterminada.*

Na maioria das situações, esse contrato ligará o trabalhador à *entidade utilizadora*: são os casos do prosseguimento do trabalho ao serviço desta, por mais de dez dias além da cessação do contrato de utilização (art. 178º/4)[35], da falta de contrato de utilização escrito ou da omissão (ou insuficiência) dos motivos da sua celebração (art. 177º/6)[36].

O DAR acrescenta a este conjunto o caso de haver cedência sem que tenha sido celebrado contrato de trabalho temporário ou contrato de trabalho por tempo indeterminado para cedência temporária (art. 173º/5).

O contrato sem termo considera-se existente entre o trabalhador e a *empresa de trabalho temporário* quando a cedência é feita sem contrato de trabalho temporário (art. 173º/5), ou quando este é celebrado sem observância da forma escrita[37] ou sem indicação suficiente de motivo justificativo (art. 181º/2).

Uma hipótese também considerada pela lei é da celebração de contrato de utilização com "empresa de trabalho temporário" não autorizada: considera-se, estranhamente, existir contrato sem termo *com esta empresa* (art. 173º/3), que pode mesmo ter deixado de existir, e não com o utilizador, que celebrou com aquela um contrato à margem da lei. Com efeito, o contrato de utilização deve conter os dados do alvará da licença da empresa cedente (art. 177º/1-a*) in fine*).

Para além destas consequências de natureza civil, as infracções ao regime legal do trabalho temporário são sancionadas através de coimas.

Para além disso, a citada L. 28/2016 alterou a redacção do art. 174º CT, impondo a responsabilidade subsidiária da empresa de trabalho temporário, do utilizador, dos respetivos gerentes, administradores ou diretores, assim como

[35] Sobre o ponto: STJ 04/05/2011 – P. 2773/06.8TTLSB.L1.S1 (Sampaio Gomes); STJ 22/06/2017 – P. 5571/13.9T2SNT.L1.S1 (Chambel Mourisco).

[36] STJ 19/11/2014 – P. 4154/11.2TTLSB.L1.S1 (António Leones Dantas).

[37] Veja-se STJ 17/03/2010 – P. 514/05.6TTCBR.C1.S1 (Sousa Peixoto).

das sociedades que com a empresa de trabalho temporário ou com o utilizador se encontrem em relação de participações recíprocas, de domínio ou de grupo, pelos créditos do trabalhador e pelos encargos sociais correspondentes, assim como pelo pagamento das respectivas coimas. A mesma lei modificou o art. 13º DL 260/2009, de 25 de Setembro (empresas de trabalho temporário e agências privadas de colocação)[38], responsabilizando solidariamente o utilizador, os respectivos gerentes, administradores ou directores, e as sociedades que com aquele se encontrem em relação de participações recíprocas, de domínio ou de grupo, "pelo incumprimento, por parte da empresa de trabalho temporário, dos encargos e obrigações legais relativas aos trabalhadores, bem como pelo pagamento das respetivas coimas".

[38] Já antes alterado pelas Ls. 5/2014, de 12 de Fevereiro, e 146/2015, de 9 de Setembro.

IV. O contrato de trabalho em comissão de serviço[39].

23. A noção laboral de comissão de serviço; 24. O âmbito de utilização da comissão de serviço; 25. O acordo de comissão de serviço; 26. A cessação da comissão de serviço e suas consequências.

> **"(...) II – O regime da comissão de serviço instituído pelo DL nº 404/91 de 16 de Outubro veio permitir o exercício de funções de direcção, sem que daí resultasse o direito do trabalhador à aquisição da categoria profissional correspondente, possibilitando-se às empresas o desempenho destas funções, sem que se produzisse o efeito estabilizador da aquisição da respectiva categoria.**
>
> **III – Estabelecendo os sucessivos AE/CTT, desde 1981, que os cargos de direcção e chefia, dada a sua especificidade, não farão parte dos grupos profissionais e serão exercidos em comissão de serviço, cargos a preencher por concurso aberto a todos os seus trabalhadores que reúnam os respectivos requisitos, com a submissão do trabalhador a processo concursal, acordado entre a empresa e os sindicatos, e posterior nomeação pela empresa, ficam satisfeitos os valores da certeza e da segurança jurídica que o documento escrito, referido no artigo 3º do DL nº 404/91, visa realizar.**
>
> **IV – Sendo válida a comissão de serviço celebrada entre os CTT e os trabalhadores, o desempenho de cargos de direcção não atribui o direito a uma nova categoria, pelo que o seu regresso à categoria anterior não envolve a violação do princípio da irreversibilidade do estatuto profissional." – STJ 22/05/2013 – P. 1138/09.4TTVNG. P1.S1 (Maria Clara Sottomayor).**

23. *A noção laboral de comissão de serviço.* A correlação estabelecida pela lei entre o exercício continuado de certas funções e a «aquisição» do estatuto profissional que lhes esteja ligado sofre um importante desvio quando se torna aplicável o regime de *comissão de serviço.*

O art. 161º CT contempla a atribuição ao trabalhador de certas funções – genericamente caracterizáveis por «uma especial relação de confiança» – a título *reversível.*

Com alguma tradição na regulamentação colectiva e na prática de certas empresas, o dispositivo da comissão de serviço radica, no entanto, principalmente

[39] Cfr. Jorge Leite, *Comissão de Serviço,* Questões Laborais, Ano VII-2000, nº 16, 152 ss.; M. Irene Gomes, *A Comissão de Serviço,* in *A Reforma do Código do Trabalho,* Coimbra (2004) 365 ss..

no regime da função pública[40], embora tenha assumido feição própria no ordenamento jurídico do trabalho.

A comissão de serviço pode constituir uma modificação temporária de uma relação de trabalho preexistente (comissão de serviço *interna* ou *superveniente*) ou o regime segundo o qual o próprio contrato de trabalho é celebrado (comissão de serviço *externa* ou *originária*).

O que caracteriza esse dispositivo é a *transitoriedade* da função e a *reversibilidade* do respectivo estatuto contratual.

Na comissão de serviço interna, o trabalhador detém uma categoria básica ou «de origem», relativamente à qual funciona em pleno a tutela estabilizadora já indicada; exerce, contudo, por tempo pré-determinado ou não, uma função diversa da que aquela categoria reflecte, acedendo a um título profissional e a um estatuto laboral (nomeadamente remuneratório) que, como essa função, podem cessar a qualquer momento (art. 163º CT). Dá-se, então, o retorno à categoria de base e ao correspondente estatuto (com eventual descida na valorização relativa das funções e no montante da retribuição).

Mas, como se disse, a comissão de serviço pode surgir também em contrato de trabalho novo, ou seja, como regime *originário* da relação de trabalho: o trabalhador é, então, admitido na empresa em regime de comissão de serviço – situação prevista na al. *c*) do nº 1 do art. 164º. Como no primeiro caso, trata-se de uma situação assumidamente transitória ou contingente: aplica-se-lhe também a regra da possibilidade de cessação a todo o tempo (art. 163º). O seu destino normal é a cessação do contrato de trabalho em simultâneo com o fim da comissão; no entanto, a lei admite que seja acordada a permanência do trabalhador ao serviço da empresa para além desse momento (art. 162º/2). A circunstância de que não se aplicam à comissão de serviço os mecanismos de protecção da segurança do emprego confere a estas situações foros de atipicidade.

24. *O âmbito de utilização da comissão de serviço.* Por razões que decorrem do exposto, a aplicação do regime da comissão de serviço não depende simplesmente da vontade dos contraentes, embora tenha que ser consensualizada. O acordo é necessário, mas não suficiente. O exercício de funções segundo essa fórmula só pode ter lugar dentro de um âmbito limitado pela lei, segundo um critério em que são excepcionalmente valorizados os suportes psicológicos da vinculação, isto é, a *confiança pessoal* entre comitente (o empregador, o superior hierárquico) e comitido (o trabalhador).

[40] Aí, com efeito, desde o DL 191-F/79, de 26/6, o provimento do «pessoal dirigente» é feito sob a exclusiva forma de comissão de serviço (art. 4º). Veja-se, no mesmo sentido, o art. 19º L. 2/2004, de 15/1.

Assim, o art. 161º permite o exercício em comissão de serviço de «cargos de administração ou equivalentes, de direcção ou chefia dependentes da administração ou de director-geral ou equivalente» e, ainda, a «funções de secretariado pessoal» dos titulares desses cargos, ou outras previstas em instrumento de regulamentação colectiva, "cuja natureza também suponha especial relação de confiança".

A este elenco, foi acrescentada pela L. 23/2012, de 25/6, a referência a "funções de chefia"[41], relativamente às quais parece assim dispensar-se não só a dependência directa da administração ou de director-geral, mas também qualquer "especial relação de confiança" com os titulares desses cargos. O princípio que assim aflora é o de que o exercício de funções de chefia – sejam elas quais forem – é, por natureza, "não-categorial", precário, dependente das contingências da organização e das conveniências da gestão em cada momento. Deste modo, alarga-se a todos os níveis da hierarquia das organizações a possibilidade de exercício em comissão de serviço – ou seja, por outras palavras, a possibilidade de excluir em absoluto a "aquisição" de categorias inerentes a cargos hierárquicos[42].

A estranha referência a "cargo de administração ou equivalente" – uma vez que tais cargos não são exercidos em regime de contrato de trabalho, mas de mandato – permanece, não menos estranhamente, desde que, pelo já remoto DL 404/91, de 16/10, foi introduzida no campo das relações de trabalho privadas esta figura. Justificadamente propôs Coutinho de Abreu que se interprete "restritivo-teleologicamente" esta norma (então, o art. 244º do CT 2003) "excluindo do seu campo de aplicação os titulares de órgãos de administração das sociedades"[43].

25. *O acordo de comissão de serviço*. Como se disse, o exercício de funções nesse regime – quer na comissão interna, quer na externa – pressupõe *acordo escrito* entre o empregador e o trabalhador. A ausência de documento escrito determina a inaplicabilidade do regime legal específico da comissão de serviço, nomeadamente no que toca à sua cessação e respectivos efeitos. Isto significa que a situação profissional inerente à "missão" confiada (a título supostamente temporário) ao trabalhador se torna irreversível, adquirindo solidez categorial[44].

[41] O art. 4º da lei citada "esclarece" que essa menção diz apenas respeito "ao exercício de *novas funções de chefia*, com início após a entrada em vigor da presente lei" (itálico nosso). Esta indicação é enigmática. Significará que as funções de chefia desse tipo, anteriormente exercidas, *não podem* passar a ser (naturalmente com suporte em acordos) cobertas por comissões de serviço?

[42] STJ 22/05/2013 – P. 1138/09.4TTVNG.P1.S1 (Maria Clara Sottomayor): "Sendo válida a comissão de serviço celebrada entre ... e os trabalhadores, o desempenho de cargos de direcção não atribui o direito a uma nova categoria, pelo que o seu regresso à categoria anterior não envolve a violação do princípio da irreversibilidade do estatuto profissional".

[43] J. M. Coutinho de Abreu, *Governação das sociedades comerciais*, Coimbra, 2006, p. 74.

[44] STJ 24/01/2018 – P. 2137/15.2T8TMR.E1.S1 (António Leones Dantas).

Do acordo escrito deve constar, nomeadamente (art. 162º/3-*c*) e *d*)):

a) tratando-se de trabalhador já ao serviço da empresa, «a actividade que exerce, bem como, sendo diversa, a que vai exercer após cessar a comissão";

b) se o trabalhador for admitido em regime de comissão de serviço, mas para permanecer depois ao serviço da empresa, «a actividade que vai exercer após cessar a comissão».

A omissão dessas indicações no acordo não tem por efeito a sua invalidade, até porque existem soluções naturais para a cessação da comissão. Tratando-se de comissão interna, o trabalhador regressará, simplesmente, à situação anterior à comissão; tratando-se de comissão externa, a cessação desta determinará a cessação do contrato, conferindo ao trabalhador, como se dirá, o direito a indemnização (art. 164º/1-c)).

Assim, o regime de comissão de serviço pode surgir em três configurações: com fundamento num acordo "intercalar", celebrado entre trabalhador e empregador no decurso de uma relação de trabalho estável (comissão de serviço interna); com fundamento num contrato de trabalho cujo objecto é o exercício de funções em comissão de serviço (comissão de serviço externa), mas que pode ter um de dois destinos, conforme o estipulado: ou apresentar-se, desde logo, como de duração limitada à do exercício das funções em causa.

26. *A cessação da comissão de serviço e suas consequências.* A *cessação* da comissão de serviço pode ser decidida por qualquer das partes, não carecendo de fundamentação expressa[45]; mas a parte promotora da cessação deve dar pré-aviso à outra (30 ou 60 dias, conforme a comissão tenha durado até dois anos ou mais de dois anos) (art. 163º/1). Este regime aplica-se tanto na comissão interna como na externa, o que significa que se admite (quanto a este último caso) a possibilidade do despedimento sem necessidade de invocação de motivo.

A dispensa de motivação da declaração extintiva por parte do empregador foi questionada, por duas vezes, perante o Tribunal Constitucional. Está-se aí perante um despedimento *ad nutum* que, aparentemente, conflitua com o art. 53º CRP. O diploma que instituiu o regime da comissão de serviço (DL 404/91, de 16 de

[45] No entanto, a motivação não é irrelevante. Cfr. STJ 22/03/2003 - P. 02S2771 (Fernandes Cadilha), com referência à lei antiga, mas com validade actual: "Numa interpretação conforme à Constituição, a norma do artigo 4º, nº 1, do Decreto-Lei nº 404/91, de 16 de Outubro – que admite que a comissão de serviço para cargos de direcção e de confiança, no âmbito das relações laborais de direito privado, possa ser feita cessar a todo o tempo –, deve entender-se em sentido restritivo, de modo a excluir que possam ser invocados como fundamentos para a cessação da comissão de serviço razões que objectivamente representem factores de discriminação ilegítimos, e designadamente razões de natureza política (artigo 13º, nº 1, da Constituição)".

Outubro) foi, desde logo, objecto de controlo preventivo de constitucionalidade, por esse motivo. O TC pronunciou-se[46] no sentido de que as funções a que se restringe a utilização do regime de comissão de serviço (tanto interna como externa) – funções directivas e de especial confiança – justificavam um regime específico de cessação, desligado da tutela da segurança do emprego. A similitude com outros ordenamentos – em que existe um estatuto laboral próprio para dirigentes e quadros superiores – foi invocada no acórdão. Suscitada a questão de novo a propósito do art. 163º/1 CT, o TC decidiu manter a orientação anteriormente definida[47].

A inobservância (total ou parcial) do aviso prévio por qualquer das partes obriga-a a indemnizar a outra pelo período em falta, além de eventual responsabilidade por prejuízos (art. 163º/2). A base de cálculo da indemnização só pode ser o valor da retribuição devida pela função exercida em comissão de serviço. Todavia, no caso de comissão de serviço interna, ou de comissão de serviço externa que não determine a cessação do contrato, esse valor tem, evidentemente, que ser deduzido das retribuições auferidas pelo trabalhador na nova actividade. O mecanismo definido no art. 401º, para que remete o art. 163º/2, é de natureza puramente "repositiva", visa recuperar a situação económica que ocorreria se o prazo fosse integralmente respeitado, e nada mais. Trata-se de atribuir ao trabalhador o que ele ganharia se a comissão de serviço tivesse durado até ao fim do período de aviso prévio – situação em que ele, obviamente, não auferiria a nova remuneração. A hipótese de, com referência ao período de aviso prévio em falta, pagamento cumulativo das duas remunerações (a da comissão de serviço e a da nova função) redundaria em evidente enriquecimento sem causa.

Exemplo: Se um dirigente, que nesse cargo auferia 5000, vê cessar a sua comissão de serviço sem observância do aviso prévio devido de 60 dias, passando a uma actividade remunerada com 2000, terá direito a uma indemnização de 6000.

Como se observou, com ressalva do caso de extinção do contrato por efeito imediato da cessação da comissão, esta tem sempre por consequência a passagem do trabalhador a funções que correspondam à actividade contratualmente prevista (art. 164º/1-*a*)).

Mas o trabalhador, confrontado com a decisão da entidade empregadora de pôr termo ao exercício das suas funções de confiança, pode preferir a desvinculação definitiva. A lei reconhece-lhe o direito de *resolver* o contrato – e, nesse caso, como no de cessação do vínculo por efeito directo do termo da comissão, deve ser-lhe paga indemnização de antiguidade (art. 164º/1-*b*) e *c*)).

[46] Ac. TC 64/91, no *DR*, 1ª série-A, de 11/04/91.

[47] Ac. TC 338/2010, no DR, 1ª série, de 08/11/2010.

V. O contrato de trabalho intermitente[48].

27. Noção; 28. O regime específico.

27. *Noção.* Nos termos do art. 157º CT, pode ser acordada entre um empregador e um trabalhador a prestação de trabalho em regime de *intermitência*, isto é, sendo essa prestação «intercalada por um ou mais períodos de inactividade». Tal possibilidade existe apenas quando se trate de "empresa que exerça actividade com descontinuidade ou intensidade variável"[49].

O trabalho em regime de intermitência é mais um dos dispositivos desenhados pelo legislador na perspectiva da flexibilização das regras de trabalho. A descontinuidade ou a variável intensidade das necessidades de trabalho, em muitas empresas, é um facto inegável e cada vez mais saliente, à medida que se acentua a volubilidade dos mercados. Mas, para além disso, há sectores em que essas oscilações são particularmente profundas e pertencem à natureza característica das respectivas actividades. Exemplo óbvio é o da exploração de infra-estruturas turísticas.

Para os profissionais de espectáculos, existe um regime específico da intermitência (art. 8º L. 4/2008, de 7 de Fevereiro, com a redacção alterada pela L. 28/2011, de 16 de Junho) que, nos aspectos por ele contemplados, prevalece, como norma especial, sobre a disciplina do CT nesta matéria. De resto, os princípios inspiradores dos dois regimes são idênticos.

[48] Veja-se, sobre o tema: M. Rosário Ramalho, *Tratado* cit., Parte II 314 ss.; J. Leal Amado, *Contrato de trabalho* cit., 145 ss..

[49] Importa não confundir esta noção com a de "trabalho acentuadamente intermitente" que, ao abrigo do regime jurídico da duração do trabalho instituído pelo DL 409/71, de 27/09, abria a possibilidade de, por convenção colectiva, serem alargados, praticamente sem restrições, os períodos normais de trabalho. O caso típico, objecto de numerosas decisões judiciais, foi o das guardas de passagem de nível. Pode exemplificar-se com o seguinte acórdão: " I – O carácter intermitente de um desempenho profissional não pode ser aferido em função da mera disponibilidade do trabalhador face ao empregador. – II – As guardas das passagens de nível ficam libertas de qualquer prestação nos períodos que intercedem entre a passagem de um e outro combóio, pois que só nestes momentos de passagem lhes cabe fechar as cancelas, que logo reabrem, e fazer aos maquinistas a sinalização adequada. – III – Nos intervalos que medeiam entre a passagem das composições, as guardas das passagens de nível nada fazem para a entidade empregadora, sendo-lhes permitido utilizar esse tempo como muito bem lhes apetecer, com a óbvia limitação de se conservarem na zona de trabalho, pelo que a sua actividade laboral caracteriza-se como "acentuadamente intermitente". – STJ 21/10/98 – P. 98S180 (Manuel Pereira). A "intermitência" de que aí se tratava era relativa à própria estrutura da prestação de trabalho. O contrato de trabalho intermitente respeita a realidades muito diferentes: a prestação de trabalho estrutura-se de modo normal (continuado), mas existem períodos em que, sem quebra do vínculo, ela simplesmente não existe.

O paradigma legal é, como se sabe, o da continuidade, regularidade e linearidade da execução do contrato de trabalho. O regime deste contrato está, tradicionalmente, conformado de acordo com essa visão das relações laborais. Nos seus estritos termos, ele leva, por um lado, a que, nas actividades mais atingidas pelas oscilações de mercado (hoje praticamente todas), se generalize a utilização de vínculos precários; e, por outro lado, a que, nos períodos de redução ou paragem de actividade, as empresas se separem de muitos trabalhadores nelas formados, e esses trabalhadores fiquem perante a incerteza do seu futuro profissional.

O regime de trabalho intermitente permite que os contratos de trabalho se mantenham, ajustando-se o ciclo da sua execução ao das necessidades efectivas de trabalho que a empresa experimenta, sem que esta se desligue do seu «capital humano» nem o trabalhador viva uma situação de precariedade e incerteza.

28. *O regime específico*. O contrato de trabalho intermitente é celebrado por escrito (art. 158º) e, necessariamente, com duração indeterminada (art. 157º/2). A ideia fundamental é, justamente, a de configurar uma relação de trabalho cuja *estabilidade* é conseguida através da *intermitência*.

A organização dos tempos de trabalho e de inactividade está confiada a estipulações das partes, devendo figurar no contrato apenas uma indicação: a do número de horas de trabalho ou a do número de dias a tempo completo a prestar por ano (art. 158º/1-b)). No entanto, o art. 159º/2 (na redacção dada pela L. 93/2019), impõe um mínimo (também anual): cinco meses de trabalho a tempo completo, sendo três consecutivos.

A questão fundamental que se suscita no âmbito de um tal regime é, naturalmente, a dos efeitos remuneratórios do contrato de trabalho intermitente.

Durante os períodos de execução do trabalho, não se suscitam grandes dúvidas: é aplicável o regime retributivo normal e correspondente à actividade prestada.

Nos períodos inactividade, o trabalhador tem direito a receber do empregador uma *compensação retributiva* que, não estando fixada em instrumento de regulamentação colectiva, será, no mínimo, de 20% da retribuição base normal (art. 160º/1). Entretanto, e apesar de o contrato de trabalho se manter em vigor (em estado semelhante ao da suspensão a que se referem os arts. 294º ss.), o trabalhador pode exercer outra actividade remunerada (art. 160º/3), com respeito pelo dever de lealdade consagrado no art. 128º/1-*f*)). Nos termos do art. 160º/3, na redacção dada pela L. 93/2019, o rendimento obtido com esse trabalho é dedutível na compensação retributiva.

VI. O contrato de trabalho a tempo parcial.

29. Noção; 30. As questões específicas; 31. A política legislativa; 32. A definição legal; 33. O regime específico do tempo de trabalho; 34. O princípio da proporcionalidade; 35. A política de incentivação.

> **"(...) II - O artigo 153º do CT/2009 identifica os vários requisitos necessários para que o contrato de trabalho possa ser exercido a tempo parcial, entre os quais, de acordo com a alínea b) do seu nº 1, a indicação do período normal de trabalho diário e semanal, com referência comparativa a trabalho a tempo completo, requisito este que tem por objetivo obstar a abusos inaceitáveis por parte da entidade empregadora, colocando no seu livre arbítrio a atribuição, ou não, de um número mínimo de horas de trabalho diário ou semanal, como ainda, do mesmo modo, de não atribuição de qualquer trabalho por largos períodos de tempo ou a atribuição de meras "migalhas" retributivas.**
>
> **III - Constando do contrato celebrado que o trabalhador ficaria sujeito a um horário "em tempo parcial, até doze horas diárias e até trinta e duas horas semanais, nos termos do Contrato Coletivo de Trabalho aplicável", tal indicação, não sendo infirmada por outra prova, sendo superior em termos comparativos o horário de trabalho a tempo completo, permite ter por ilidida a presunção estabelecida no nº 2 do artigo 153º no que se refere em particular ao número de horas semanal contratado, que deverá ser tido como sendo o de 32 horas, daí decorrendo, por consequência, que se esteja nesse caso perante um contrato de trabalho a tempo parcial, com esse horário." - Rel. Porto 20/11/2017 - P. 5730/16.2T8PRT.P1 (Nelson Fernandes).**

29. *Noção.* O paradigma em torno do qual se desenvolve o regime legal das relações de trabalho subordinado é o de que a duração da prestação de trabalho corresponde à totalidade do período de trabalho que é normal na organização e na função (tempo completo). Todavia, a duração do trabalho estipulada pode ser inferior à normal. Razões do interesse do empregador e do trabalhador convergem, por vezes, nesse sentido. Estar-se-á então perante um contrato de trabalho a tempo parcial.

Existem, não raro, volumes de trabalho que não justificam a utilização plena da jornada de trabalho de uma pessoa, mas que também não são racionalmente garantidos pelo simples recurso a trabalho suplementar dos já empregados. Em actividades com curvas de produtividade pronunciadas e longas, pode ser mais vantajoso contratar duas pessoas para ocuparem, sucessivamente, um posto de trabalho, obtendo, desse modo, o melhor rendimento de cada uma delas.

Trabalhadores com qualificações que lhes permitem a pluriactividade poderão preferir não entregar toda a sua jornada de trabalho a um só empregador, ou ocupar uma parte dela em actividades por conta própria. Trabalhadores com responsabilidades de família terão, por vezes, necessidade de obter emprego que lhes ocupe apenas algumas horas por dia, possibilitando a conciliação da vida profissional com a familiar.

Genericamente, pode dizer-se que existe trabalho a tempo parcial sempre que a prestação de trabalho contratada tem uma duração diária e/ou semanal inferior à que é normal na mesma organização e actividade.

É claro que situações desse tipo não dependem de regulamentação específica para poderem existir e para disporem de regime jurídico adequado. O trabalho a tempo parcial – ou em *part-time* – é uma prestação de trabalho cuja única particularidade consiste em se situar abaixo da duração normal. Ora a lei só cuida, como é sabido, de fixar limites superiores à duração do trabalho. Nada impede que um contrato de trabalho seja celebrado para a prestação de actividade durante meia hora por dia, ou num só dia por semana.

Uma situação destas estaria sempre sujeita ao conjunto das disposições gerais da regulamentação individual do trabalho, havendo apenas que respeitar um princípio de *proporcionalidade* no tocante a certos aspectos quantitativos dessa regulamentação, e sobretudo em relação à medida da retribuição. Nessa perspectiva se situava a lei anterior ao CT (art. 43º LDT): o trabalho a tempo parcial, sendo objecto característico de negociação colectiva, devia ser correspondido por remuneração não inferior «à fracção da retribuição do trabalho a tempo completo correspondente ao período de trabalho ajustado».

30. *As questões específicas.* Todavia, um tal tratamento jurídico enfermava de excessivo simplismo. Uma análise mais detalhada e profunda do fenómeno evidencia que existem necessidades de regulamentação muito para além do mero princípio de proporcionalidade remuneratória.

Desde logo, suscita-se esta questão: qual é o limite do trabalho a tempo parcial? Imagine-se que a generalidade dos trabalhadores de uma empresa presta 40 horas de serviço por semana; mas três deles trabalham apenas 39 horas. Há aqui *part-time*? A 40ª hora desses trabalhadores será suplementar ou normal?

Outras dúvidas: no plano remuneratório, terão os trabalhadores a tempo parcial os mesmos direitos que os de *full-time*? Deverá ser-lhes igualmente pago o subsídio de refeição, por exemplo? Poderão os trabalhadores passar do regime de trabalho a tempo completo para o de tempo parcial, e regressar ao inicial, consoante as suas conveniências (por exemplo familiares), ou com base considerações de oportunidade para a empresa? Um trabalhador a tempo parcial é totalmente livre de exercer a actividade profissional como lhe aprouver (por exemplo a favor de uma empresa concorrente do seu primeiro empregador) no tempo livre de que dispõe?

31. *A política legislativa*. A definição de uma política legislativa consistente sobre esta matéria reveste-se de notórias dificuldades.

A necessidade de esclarecer algumas das questões aludidas explica, em parte, o aparecimento de um primeiro regime legal detalhado do trabalho a tempo parcial – a L. 103/99, de 26/7 –, que o CT veio a absorver quase integralmente.

Dizemos "quase", porque o CT deixou de lado uma parte do diploma de 1999 que tinha inspiração e finalidades específicas: nessa parte, ligava-se, manifestamente, a considerações de política de emprego, nomeadamente à convicção de que algumas oportunidades de trabalho poderiam ser criadas através da chamada «partilha do posto de trabalho». Foi nessa perspectiva que o Acordo de Concertação Estratégica de 1996 integrou no capítulo das *medidas de política activa de emprego* a de «incentivar o trabalho a tempo parcial, desde que voluntário e reversível e quando daí resulte a contratação de novos trabalhadores»[50]. E aí reside a explicação do carácter promocional que o diploma de 1999 assumiu em relação ao desenvolvimento da prática do trabalho a tempo parcial.

Ora o CT abstém-se de prosseguir essa acção promocional, limitando-se a fornecer o quadro normativo fundamental de um particular arranjo a que pode obedecer a relação de trabalho.

Mas o diploma de 1999 tinha outra inspiração, esta oriunda do direito comunitário. Tratava-se da Directiva 97/81/CE, de 15/12[51], que formalizou[52] um acordo-quadro celebrado, em 6/7/97, pelos parceiros sociais a nível comunitário[53], configurando o trabalho a tempo parcial como instrumento de *flexibilidade*.

Com efeito, e antes do mais, esta modalidade de prestação de trabalho pode ser um instrumento de *flexibilidade* para o empregador[54]. Desde logo, de flexibilidade pré-contratual e externa, ou seja, no tocante ao leque de opções oferecido pela lei para a decisão de contratar um trabalhador. O empregador tem a possibilidade de ajustar o volume de trabalho adquirido à necessidade produtiva que o motiva a contratar. Depois, também, flexibilidade interna e pós-contratual, na gestão da força de trabalho disponível, desde que a lei não impeça o recurso a horas suplementares ou

[50] *Acordo de Concertação Estratégica*, edição do Conselho Económico e Social, Lisboa (1997) 122. O sentido dessa medida era explicitado mais atrás: «partilhar o tempo de trabalho disponível por mais empregos» (p. 63).

[51] Veja-se o *Jornal Oficial* nº L 14, de 20/1/98.

[52] Em conformidade com o Acordo sobre a Política Social anexo ao Tratado de Maastricht: vd. *supra* § 5.

[53] Cfr. P. Rodière, *Droit Social de l'Union Européenne*, Paris (1998) 364 ss..

[54] Cfr., sobre isto, em síntese, A. Mazeaud, *Droit du travail*, Paris (1998) 287.

complementares[55], e admita o cômputo da duração normal do trabalho em termos de média, ou seja, com adaptabilidade do horário.

Por outro lado, o regime legal deve viabilizar a *partilha* de postos de trabalho já existentes, ou seja, o desdobramento do período normal de trabalho completo cumprido por um trabalhador em dois segmentos, assegurados por dois trabalhadores. Um tal resultado só é, porém, concebível se for aceite por ambas as partes no contrato de trabalho originário.

Ora a partilha, para o empregador, pode ter alguma vantagem sob o ponto de vista da produtividade, mas cria um acréscimo de exigência no tocante à organização e gestão do trabalho.

Por outro lado, as únicas razões imagináveis (em termos de plena liberdade de escolha) para que um trabalhador a tempo completo aceite a partilha do seu horário e a consequente «divisão» do seu salário são razões da conveniência «activa» desse trabalhador: designadamente, o desejo de diversificar a vida profissional (pluriactividade) e o de conciliar melhor a vida profissional com as responsabilidades familiares. Ora estes desígnios tornar-se-ão muito dificilmente realizáveis se existir a possibilidade do recurso a horas adicionais (pagas com acréscimo ou sem ele) ou adaptabilidade dos horários de trabalho – isto é, se o trabalho a tempo parcial não for rigidamente estruturado.

Todas estas questões devem estar presentes na análise de um qualquer regime legal do trabalho a tempo parcial, nomeadamente o que se contém nos arts. 150º ss. CT.

32. *A definição legal.* O art. 150º CT define trabalho a tempo parcial como aquele em que o período normal de trabalho semanal é «inferior ao praticado a tempo completo em situação comparável», sendo certo que pode incidir em todos ou apenas alguns dias da semana, sem prejuizo do descanso semanal (nº 3 do mesmo art.).

Esta definição foi introduzida pela revisão de 2009. Com efeito, a primeira versão do CT, na linha da lei anterior, estabelecia um tecto de 75% para o trabalho a tempo parcial – limitação na verdade pouco razoável quando se toma como referência o tempo completo em situação comparável (idêntico trabalho, mesmo estabelecimento ou mesma empresa). De qualquer modo, oa fixação de um *plafond* pode ainda ser feita por convenção colectiva (art. 150º/6).

Esclarece o art. 150º que há *situações comparáveis* [56] quando os trabalhadores, no mesmo estabelecimento, prestem idêntico tipo de trabalho, ou o confronto

[55] São horas «complementares» as que podem ser exigidas ao trabalhador, sem majoração remuneratória, isto é, pagas pelo salário-hora normal, para além da duração do trabalho inicialmente ajustada.

[56] Outros critérios de comparação podem ser definidos por instrumento de regulamentação colectiva (art. 150º/6).

seja feito com trabalhador ocupado noutro estabelecimento da mesma empresa onde se desenvolva idêntica actividade (nº 4). Não sendo praticável nenhuma das hipóteses, "atende-se", como diz o nº 5, "ao disposto em instrumento de regulamentação colectiva de trabalho ou na lei para trabalhador a tempo completo e com as mesmas antiguidade e qualificação".

Este último mecanismo de comparação (que, é certo, constitui uma solução de recurso) expõe-se a críticas sérias. Não sendo estabelecida nenhuma conexão (semelhança, identidade, proximidade, complementaridade) entre o meio de trabalho em que está o trabalhador a tempo parcial e o âmbito de aplicação do instrumento de regulamentação colectiva que, em última análise, será utilizado, fica-se sem saber que critério deverá presidir à escolha deste último. Pode, com efeito, haver, para a mesma área geográfica, várias convenções colectivas (respeitantes a actividades muito diferentes) que prevejam a mesma categoria profissional, com idênticas exigências de habilitação e qualificação. Parece que se trata de um expediente gerador, no mínimo, de incerteza jurídica.

A prestação de trabalho nesta modalidade pode fundar-se em contrato de trabalho, quando se trate de admitir um trabalhador (art. 153º), ou em acordo novatório de um contrato de trabalho já existente, quando é o caso de alteração do tempo de trabalho, ou seja, da aludida «partilha» do posto de trabalho (art. 155º)[57]. Em qualquer dos casos, a lei exige a observância de forma *escrita*.

Mesmo que, como se verificou no passado em bastantes casos, a convenção colectiva de trabalho aplicável restrinja ou proíba o recurso a trabalho a tempo parcial, os contratos e acordos novatórios celebrados com esse objecto são válidos e prevalecem sobre tais disposições convencionais (art. 151º). Igualmente, se novas convenções vierem a opor restrições ou impedimentos à realização desses negócios, verão, pela mesma norma, frustrado tal objectivo.

Tanto o contrato como o acordo novatório podem ser celebrados a termo ou por período indeterminado. Pode suscitar-se a questão de saber qual a consequência do esgotamento desse período. Consistirá ela na *automática* reversão da situação, isto é, regresso ao regime de tempo completo – consequência natural do acordo inicialmente estabelecido, mas susceptível de causar perturbação ao interesse de uma ou de ambas as partes? Ou dependerá a reversão de novo acordo? Ou, ainda, poderá ela ser determinada por vontade unilateral de qualquer das partes?

O Código de 2003 conferia ao trabalhador o direito de reversão, desde que o termo fosse *inferior a três anos*[58], podendo, pois, ele retomar, atingido o termo,

[57] Caso particular de passagem do tempo completo ao tempo parcial é o que se prevê como «direito» dos trabalhadores com filhos menores de 12 anos (art. 55º CT).

[58] O art. 186º/4 do CT de 2003, em que o ponto era tratado, podia, apesar de tudo, suscitar alguma dúvida em torno da sua interpretação. Indagava-se se, ao referir o «máximo de três anos»,

a prestação de trabalho a tempo completo[59]. A lógica da solução era a de que, prolongando-se significativamente a prática do regime de tempo parcial, a situação deveria considerar-se estabilizada, salvo se as partes concordassem na reversão.

O Código revisto oferece à questão uma resposta linear (art. 155º/4): o trabalhador tem o *direito de reversão* após o esgotamento do prazo, seja este qual for. O princípio da reversibilidade do regime de trabalho a tempo parcial só assim fica devidamente salvaguardado.

O princípio fundamental, no que toca à estruturação do regime jurídico aplicável às situações de trabalho a tempo parcial, é o da *igualdade de tratamento* em relação ao trabalho a tempo completo, ressalvada (pela própria natureza das coisas) a proporcionalidade, quando aplicável (veja-se *infra*), e eventuais «razões objectivas», porventura definidas em instrumento de regulamentação colectiva de trabalho[60], que justifiquem tratamento diferenciado (art. 154º/1 e 2).

33. *O regime específico do tempo de trabalho.* A disciplina jurídica da duração do trabalho, nesta modalidade, compreende poucos aspectos específicos.

Em primeiro lugar, notar-se-á que a lei prevê, expressamente, a hipótese de o trabalho a tempo parcial ser organizado através de *horários adaptáveis*, ou seja, de modo desigual de semana a semana (art. 150º/2), ou mesmo, como se notou, por uma distribuição não regular nos dias da mesma semana (art. 150º/3). A duração convencionada poderá, pois, nos termos gerais, ser tornada computável por média de um período de referência. É obvio que tal possibilidade se mostra contraditória com as razões que podem levar os trabalhadores a aceitar este regime de trabalho.

O segundo aspecto a salientar, no domínio das regras sobre o tempo de trabalho, é a admissibilidade do recurso a trabalho suplementar, dentro de certo limite quantitativo (oitenta horas por ano), mas, praticamente, sem restrições quanto aos motivos de tal utilização (art. 228º/1-*c*)). Sabe-se, com efeito, que a menção a "acréscimos eventuais de trabalho" equivale à abertura de espaço não controlável para qualquer juízo de conveniência do empregador.

a lei estava a fixar um limite ao termo convencionável, em harmonia com o art. 139º do mesmo Código, ou a estabelecer o termo máximo atendível para o reconhecimento do direito de reversão. Nesta segunda perspectiva, o acordo novatório por mais de três anos seria legal mas irreversível. Como resulta do texto, a interpretação que nos parecia plausível era esta última.

[59] A reversão pode, fóra de tal hipótese, decorrer de novo acordo. O empregador tem um dever de informação sobre as possibilidades de mudança de regime que existam na empresa (art. 156º/2).

[60] No regime anterior à codificação de 2003 (L. 103/99, cit.), as «razões objectivas» invocadas como justificação de tratamentos desiguais só seriam atendíveis se estivessem especificamente definidas em convenção colectiva.

Por outro lado, esse limite legal pode ser ampliado, por acordo individual escrito, até às cento e trinta horas/ano e, por instrumento de regulamentação colectiva, até às duzentas horas/ano (art. 228º/3). A largueza com que este recurso é admitido permite prever situações de confusão quanto à sua natureza e ao regime aplicável: horas suplementares em regime de tempo parcial? horas normais em regime de tempo completo? A "normalidade" com que, em muitos casos, o trabalho suplementar é utilizado abre espaço para a ambiguidade.

34. *O princípio da proporcionalidade.* Quanto à *retribuição* do trabalho a tempo parcial, o princípio básico é, naturalmente, o da *proporcionalidade.* O art. 154º/3-*a*) dispõe que o trabalhador a tempo parcial tem direito «à retribuição base e outras prestações, com ou sem carácter retributivo, previstas na lei ou em instrumento de regulamentação colectiva de trabalho ou, caso sejam mais favoráveis, às auferidas por trabalhador a tempo completo numa situação comparável, *na proporção do respectivo período normal de trabalho semanal*».

Todavia, o subsídio de refeição é objecto de tratamento específico, como bem se compreende: quando previsto em geral, ele é devido integralmente aos trabalhadores a tempo parcial que prestem, pelo menos, cinco horas de serviço por dia (art. 154º/3-*b*)).

Esta solução chama a atenção para dois aspectos do princípio da proporcionalidade.

Primeiro: este princípio supõe a «divisibilidade» das situações jurídicas subjectivas, como tipicamente ocorre com o direito à retribuição. Não é concebível a proporcionalidade (eventualmente no sentido de uma «atenuação») a propósito da exigência de processo disciplinar para despedimento, ou do direito do trabalhador a ocupação efectiva, ou do direito a um complemento de abono de família por cada filho.

Mas a «indivisibilidade» (e, portanto, a inaplicação do princípio da proporcionalidade) pode ser só aparente. A proporção entre o período normal completo e o período de trabalho parcial pode agir na *raiz* (ou na base de cálculo) de certos direitos.

Veja-se o caso do direito a férias, cuja duração (em dias úteis) não está obviamente sujeita à proporcionalidade, no sentido de poder ser «dividido», mas que realiza «organicamente» a proporcionalidade pelo facto de cada dia de férias significar menos tempo livre do que no regime de tempo completo. Por isso – e bem – o CT não contém nenhuma regra específica do trabalho a tempo parcial em matéria de férias pagas.

Outro exemplo é-nos dado pelas situações de trabalho remunerado com acréscimo, em particular os vários tipos de trabalho suplementar (art. 268º): as taxas de acréscimo aplicáveis são exactamente as mesmas, pois incidem sobre o valor da retribuição horária (art. 271º) e as horas de trabalho são «iguais» no tempo parcial e no tempo completo. Quanto ao descanso compensatório a que esse trabalho dê direito, as regras aplicáveis são exactamente as mesmas (art. 229º), mas a proporcionalidade é por elas realizada, quer no tocante ao número de horas de trabalho que serve de fundamento a um dia de descanso, quer pelo que respeita ao tempo livre que esse dia representa.

Finalmente, assinale-se que, em caso de acidente de trabalho, as prestações devidas ao trabalhador são calculadas com base na retribuição que lhe corresponderia se trabalhasse a tempo inteiro (art. 71º/9 L. 98/2009, de 04/09), o que "bem se compreende, uma vez que o acidente de trabalho não afeta apenas a capacidade de trabalho para aquela atividade desempenhada a tempo parcial, mas também para qualquer outra atividade que o trabalhador pudesse exercer no período normal de trabalho, diminuindo-lhe a capacidade de ganho durante todo o tempo possível de desempenho da correspondente atividade profissional"[61].

35. *A política de incentivação.* Como se disse, a L. 103/99, de 26/7, assumia[62] um papel promocional e *incentivador* do recurso ao trabalho a tempo parcial.

Uma parte dos incentivos visava a já referida *partilha do posto de trabalho* e tinha como destinatários ambos os sujeitos no contrato de trabalho.

O *trabalhador* era assim estimulado a encarar uma nova forma de estruturar a vida profissional (pluriactividade) ou de a articular com a vida familiar. A atitude incentivadora da lei terá estado relacionada com a propensão relativamente baixa dos trabalhadores estáveis a tempo completo para a passagem ao regime de trabalho a tempo parcial. Para o *empregador*, como se disse atrás, a partilha pode ser uma medida vantajosa, em certas circunstâncias, mas brigará sempre com tendências conservadoras na organização do trabalho e introduzirá factores de complexidade acrescida na gestão da empresa. Daí que a lei ligasse a esta situação um quadro «comum» de incentivos, válido também para os casos de *criação de postos de trabalho*[63] por via de contrato de trabalho a tempo parcial.

Para além disso, a lei estimulava também os *desempregados* beneficiários de subsídio de desemprego a aproveitarem oportunidades de trabalho a tempo parcial, garantindo-lhes a manutenção de um «subsídio de desemprego parcial» (art. 11º/3 DL 119/99, de 14/4).

O regime do trabalho a tempo parcial constante do CT não abrange essa vertente incentivadora e promocional – o que se afigura correcto, tendo em conta que os estímulos anteriormente consagrados assumiam natureza previdencial e não eram, portanto, integráveis no regime das relações contratuais de trabalho.

[61] Trecho extraído de STJ 17/12/2015 – P. 187/11.7TUVCT.G1.S1 (PINTO HESPANHOL).

[62] Desde logo, a própria epígrafe da lei esclarecia que nela se tratava de regular o trabalho a tempo parcial e estabelecer «incentivos à sua dinamização».

[63] É óbvio que, sendo o posto de trabalho partilhado, surgem duas oportunidades de trabalho e de ganho, mas não é criado nenhum novo posto de trabalho.

VII. O contrato de trabalho com pluralidade de empregadores[64].

36. Grupo de empresas e pluralidade de empregadores; 37. A pluralidade de empregadores; 38. A formação e a "administração" do contrato de trabalho; 39. A redução da pluralidade à unidade.

> **"I - A cedência de trabalhadores só é lícita se for temporária. Por outro lado, entre outras exigências, esta figura, pressupõe que, em princípio, durante o prazo de duração da cedência ocasional, o trabalhador exerça funções exclusivamente ao serviço da empresa cessionária.**
> **II - Embora a LCT não previsse, expressamente, a figura da pluralidade de empregadores, nada impedia que um trabalhador se vinculasse, em simultâneo (originária ou sucessivamente) com vários empregadores, dirigindo todos eles o seu trabalho, ao abrigo do mesmo vínculo, sendo decisivo, no domínio de vigência daquela lei, o critério da subordinação jurídica.**
> **III - Resultando provado que, a partir de Março de 2001 e até à data da cessação do seu contrato de trabalho (ocorrida em 8 de Junho de 2008), o trabalhador passou, indistintamente, a cumprir ordens e a prestar o seu trabalho a favor de dois empregadores, não estamos perante um quadro de cedência de trabalhador.**
> **IV - Perante o trabalhador, ambos os empregadores são cotitulares de todas as obrigações decorrentes do contrato, inclusive as que decorram de um despedimento ilícito (art. 92º, nº 3, do Código de Trabalho de 2003)." - STJ 28/01/2015 - P. 170/09.2TTOAZ.P1.S1 (Mário Belo Morgado).**

36. *Grupo de empresas e pluralidade de empregadores.* A configuração do contrato de trabalho pode ser influenciada por fenómenos característicos da constituição e desenvolvimento de *grupos económicos* em que uma pluralidade de *empresários* (sociedades comerciais) se articula mediante relações de interdependência gestionária e financeira, o que pode ocorrer de harmonia com fórmulas jurídico-económicas variadas[65].

O regime das *sociedades coligadas* (arts. 481º ss. CSoc.) prevê os esquemas de simples participação (art. 483º/1), participações recíprocas (art. 485º), domínio (art. 486º/1) e grupo (arts. 488º ss.). Quanto às sociedades em relação de grupo, configura a lei as situações de domínio total, inicial ou superveniente (arts. 488º e 489º), de

[64] Cfr. P. Romano Martinez, *Direito do Trabalho* cit., 387 ss..

[65] Veja-se, sobre o tema, Catarina Carvalho, *Da mobilidade dos trabalhadores no âmbito dos grupos de empresas nacionais*, Porto (2001); J. N. Zenha Martins, *A descentralização produtiva e os grupos de empresas ante os novos horizontes laborais*, QL 18 (2001) 190 ss.; M.Rosário Ramalho, *Grupos empresariais e societários. Incidências laborais*, Coimbra (2008).

grupo paritário (art. 492º/1) e de subordinação (art. 493º/1). Estes diversos arranjos ou combinações, incidentes sobre a estrutura do capital e os poderes de gestão das sociedades envolvidas, não afectam contudo a entidade jurídica de cada uma delas[66], que assim permanece apta a assumir o papel de empregador relativamente a certo número de trabalhadores[67].

As vicissitudes que podem afectar a evolução e o destino de cada sociedade coligada, assim como as possibilidades de gestão articulada dos recursos humanos abrangidos pela coligação, conferem notória acuidade à tutela da posição dos trabalhadores e à definição de responsabilidades comuns no seio da mesma coligação. Exemplos de tais vicissitudes são: a extinção de uma das empresas, subsistindo as restante do mesmo grupo; a chamada de trabalhadores de uma empresa a prestarem serviço noutra ou noutras do grupo; a mora no pagamento de salários numa empresa do grupo, e só nessa.

A consideração da personalidade jurídica de cada uma das sociedades agrupadas leva a que não seja, em geral, viável encarar o grupo como empregador. Pode ser que lhe caiba esse papel sob o ponto de vista económico e organizacional, mas, juridicamente, cada uma das sociedades é, em princípio, centro autónomo de imputação de direitos e obrigações. Esta configuração continua a prevalecer entre nós, embora com algumas atenuações. Veja-se, por exemplo, o art. 501º CSoc., referente ao regime de subordinação, mas extensivo, por força do art. 491º, à modalidade de domínio total: a sociedade dominante *(directora)* é responsável pelas obrigações da subordinada, anteriores ou posteriores ao contrato de subordinação (ou à criação do domínio total), mas essa responsabilidade "não pode ser exigida antes de decorridos 30 dias sobre a constituição em mora da sociedade subordinada". Trata-se, como é óbvio, de um dispositivo *inespecífico* perante as exigências juslaborais acima apontadas, mas que pode seguramente utilizar-se em defesa dos interesses dos trabalhadores afectados. Por outro lado,

[66] É o entendimento antigo da jurisprudência: recorde-se, por exemplo, o Ac. STA 19/11/74 (AD 159, 405).

[67] De resto, como assinala J. N. Zenha Martins, haverá que ainda que "atentar na emergência crescente de formas de cooperação empresarial de nível horizontal que proliferam a um ritmo vertiginoso (*v.g.* consórcios, agrupamentos complementares de empresas, associações em participação) e que do ponto de vista material podem defraudar a tutela juslaboral" – *A descentralização produtiva* cit. 214. A verdade é que a existência de parte plúrima do lado patronal, no contrato de trabalho, está admitida há muito, desde que se verifiquem as características da subordinação jurídica relativamente a cada empregador. O regime do CT, longe de resolver os complexos problemas do contrato de trabalho executado no seio do grupo de empresas (vd. a monografia fundamental de Catarina Carvalho, *Da mobilidade dos trabalhadores no âmbito dos grupos de empresas nacionais. Perspectiva das relações individuais de trabalho*, Coimbra, 2001), introduz elementos para uma abordagem restritiva da pluralidade de empregadores.

o art. 334º do CT consagra a responsabilidade solidária das sociedades coligadas pelos créditos laborais, vencidos há mais de três meses, de trabalhadores de qualquer delas[68].

Não há dúvida, porém, sobre a insuficiência de um mero dispositivo de responsabilidade por dívidas.

> Se o grupo X é constituído pelas sociedades A, B e C, titulares de empresas porventura pertencentes a diferentes ramos de actividade, mas intercomunicantes nos planos financeiro e de gestão, a dissolução da sociedade C e o encerramento da empresa correspondente poderão levar ao despedimento dos trabalhadores nela ocupados. Outra hipótese ainda: o trabalhador *Y*, vinculado à sociedade *B*, é transferido para *A*; do ponto de vista estritamente legal, a operação pode traduzir-se num *despedimento* e na celebração de *novo contrato* – iniciando-se também nova contagem da antiguidade...

Contra tais consequências, tem-se desenhado (aliás, timidamente) uma orientação no sentido da consideração *global* dos agrupamentos económicos (isto é, da chamada "desconsideração da personalidade jurídica" de cada uma das sociedades envolvidas), para certos efeitos e em certos termos, sob o ponto de vista dos contratos de trabalho[69-70].

No direito positivo, o enquadramento das relações de trabalho no seio dos grupos de empresas está, essencialmente, confiado à figura da "pluralidade de empregadores". Ela foi manifestamente concebida como meio de tornear as dificuldades resultantes de uma consideração atomística dos vínculos laborais que se desenvolvem no seio dos grupos empresariais, sem necessidade de os reconhecer, *enquanto tais*, como centros de imputação de direitos e obrigações.

37. *A pluralidade de empregadores.* A perspectiva particular em que o legislador do trabalho se posicionou ante as referidas realidades é, pois, da "pluralidade de empregadores" (art. 101º do CT).

O pressuposto das estatuições contidas nesse artigo é o de que um trabalhador se obriga a "prestar trabalho a vários empregadores entre os quais exista uma relação societária de participações recíprocas, de domínio ou de grupo" (art. 101º/1) ou que, independentemente da natureza societária, «tenham estruturas organizativas comuns" (art. 101º/2). É necessário que o contrato de trabalho seja escrito, que todos os empregadores sejam identificados e que esteja designado aquele que representa os demais "no cumprimento dos deveres e no exercício

[68] Cfr. STJ 06/02/2019 – P. 4/14.6TTBRR.L1.S1 (Ferreira Pinto).

[69] Como expressão dessa tendência, a propósito da *tutela da antiguidade*, vd. Ac. Rel. Lisboa 24/10/84 (CJ, 84, 4, 185).

[70] Cfr. J. N. Zenha martins, *ob. cit.* 220 ss..

dos direitos emergentes do contrato de trabalho" (art. 101º/2-*c*)). A estatuição fundamental do art. 101º encontra-se no nº 3: os empregadores em causa "são solidariamente responsáveis pelo cumprimento das obrigações decorrentes do contrato de trabalho (...) cujo credor seja o trabalhador ou terceiro".

Mas a hipótese considerada está muito longe de corresponder à grande massa dos casos carecidos de solução: normalmente, trata-se de trabalhadores vinculados contratualmente a *uma* só empresa, porventura antes ou independentemente do facto de ela entrar em relações de grupo e semelhantes, e que são utilizados e "geridos" no interior da estrutura empresarial policêntrica, sujeitando-se às vicissitudes que nela se podem verificar. O conjunto das exigências, materiais e formais, definidas pelos dois primeiros números do art. 101º – assente no pressuposto (erróneo) de que se tratava de criar uma possibilidade nova – tende a reduzir excessivamente o alcance da previsão legal e, por conseguinte, a utilidade da figura regulada. Em todo o caso, quer na doutrina[71], quer na jurisprudência[72], parece estabilizado um entendimento mais funcional da pluralidade de empregadores: basta que, ocorrendo um dos requisitos do nº 1 (relação societária entre vários empregadores ou existência de estruturas organizativas comuns), naturalmente necessário para conferir o carácter de "conjunto" à "pluralidade", se prove que o trabalhador presta, em regime de subordinação, serviço a todos ou vários dos empregadores envolvidos, e independentemente da formalização imposta pelo nº 2, para que o regime do art. 101º seja aplicável.

38. *A formação e a "administração" do contrato de trabalho.* O primeiro traço distintivo do contrato de trabalho com pluralidade de empregadores é que se trata de um único contrato com uma parte plúrima. Não se trata, pois, de um feixe de vínculos jurídicos distintos entre si, unificados apenas por constarem de um só instrumento e terem num dos pólos uma mesma pessoa. Por razões atinentes à viabilidade prática da fórmula, o contrato tem por efeito um encadeamento de vinculações que envolve o conjunto dos empregadores abrangidos. A pluralidade implica, por assim dizer, a "agregação jurídica" desses empregadores, e a consequente necessidade de regulação interna da utilização dos serviços do trabalhador por cada um deles.

[71] Vejam-se, em especial, os estudos de Catarina Carvalho sobre esta matéria: *Contrato de trabalho e pluralidade de empregadores* (QL, 2005), *O equívoco jurisprudencial quanto à (in)admissibilidade do contrato de trabalho com pluralidade de empregadores antes da vigência do Código do Trabalho – Comentário ao acórdão do STJ de 18/05/2006* (QL, 2007) e *As perplexidades suscitadas pela regulamentação positiva de uma figura não inovadora: o contrato de trabalho celebrado com pluralidade de empregadores* ("Prontuário de Direito do Trabalho", 2011).

[72] Vejam-se, nomeadamente, os Acs. 01/04/2009 – P. 08S3254 (Vasques Dinis) e 29/02/2012 – P. 163/09.0TTMTS.P1.S1 (Gonçalves da Rocha).

Nesta configuração, o contrato de trabalho está, como se disse, sujeito a forma escrita (art. 101º/2) e é assinado, para além do trabalhador, por todos os empregadores implicados (al. a) do mesmo nº). Deve constar dele a "indicação do empregador que representa os demais no cumprimento dos deveres e no exercício dos direitos emergentes do contrato de trabalho" (alínea c)). Há, pois, um "empregador principal", que se apresenta em primeira linha face a terceiros (nomeadamente a Segurança Social) e ao qual compete assegurar a gestão do contrato.

Com efeito, a pluralidade de empregadores impõe – sob pena de eclosão de conflitos de interesses entre os vários empregadores quanto aos moldes e aos tempos e locais da utilização dos serviços do trabalhador – a necessidade de uma "disciplina interna" no grupo de empregadores, e de um controlo unificado do funcionamento das relações de trabalho enquadradas pelo contrato. Estão aí em causa os poderes patronais de organização do trabalho no tempo e no espaço, e até de disciplina. A fórmula constante da referida al. c) não é esclarecedora, mas evidencia que, na pluralidade de empregadores, há um que "representa" os outros, o que parece significar que exerce em nome e por conta deles os poderes patronais, assumindo assim uma posição dominante – pelo menos no que respeita à gestão do pessoal – no seio do grupo. Caber-lhe-á, nomeadamente, definir e alterar o horário de trabalho do trabalhador, promover a mobilidade geográfica eventualmente necessária, aplicar as medidas de prevenção de riscos de saúde, assegurar o pagamento do salário e dos encargos sociais, gerir a carreira profissional, exercer a acção disciplinar (mediante participações dos empregadores directamente afectados).

Isso pressupõe um *acordo prévio entre os empregadores*, quer quanto à designação do "principal", quer quanto às regras e modalidades de utilização dos serviços do trabalhador a contratar. A situação daí resultante terá algumas semelhanças com a do trabalho temporário, na medida em que o empregador designado como "representante" dos demais assume uma posição semelhante à da ETT, e os restantes empregadores praticamente se limitam ao enquadramento do trabalhador nos períodos em que cada utiliza os seus serviços. Esta semelhança parece poder justificar que certas lacunas de regulamentação, analisadas com todas as cautelas, sejam preenchidas por analogia através das regras que integram o regime jurídico do trabalho temporário.

39. *A redução da pluralidade à unidade.* Duas hipóteses se suscitam em que a pluralidade de empregadores deriva para a vinculação do trabalhador a um só deles.

A primeira é a de se dissolver o grupo empresarial em causa, cessando a coligação societária em que ele se fundava, ou deixando de haver "estruturas organizativas comuns". É o caso considerado no nº 4 do art. 101º: o contrato de trabalho não cessa, ficando, em princípio, o trabalhador vinculado ao empregador "principal". Deste modo, o contrato com pluralidade de empregadores converte-se num contrato de trabalho comum.

A segunda situação é contemplada no nº 5 do mesmo artigo: a de celebração do contrato com pluralidade de empregadores sem que exista entre eles qualquer dos nexos associativos a que alude o nº 1 do art. 101º. Ainda nesse caso, a lei atende à necessidade de protecção da continuidade do emprego, abstendo-se de atingir o contrato com uma radical invalidade. O que deixa de relevar é a agregação jurídica dos empregadores envolvidos; eles passam a ser considerados separadamente, sendo oferecida ao trabalhador a possibilidade de escolher aquele a que preferir ficar vinculado.

VIII. O contrato de trabalho subordinado à distância (teletrabalho)[73].

40. Noção; 41. A "tele-subordinação"; 42. O regime legal do teletrabalho; 43. Teletrabalho originário e superveniente.

40. *Noção.* Tudo o que até aqui se expôs assenta no pressuposto de que o trabalho subordinado se realiza em instalação do empregador ou em local por ele definido no momento da celebração do contrato. Vimos já que esse pressuposto se manifesta, nomeadamente, na presunção de contrato de trabalho estabelecida pelo art. 12º CT. Ora a verdade é que o trabalho *subordinado* pode ser prestado fora de qualquer localização pertencente à esfera de domínio do empregador. É o que ocorre no *teletrabalho.*

Nos termos do art. 165º CT, teletrabalho é "a prestação laboral realizada com subordinação jurídica, habitualmente fora da empresa e através do recurso a tecnologias de informação e de comunicação".

Trata-se de uma definição bastante defeituosa; mas e, pelo menos, clarifica que se trata de uma modalidade de *trabalho juridicamente subordinado.* Estão fora do campo de observação do legislador (e, portanto, do âmbito desta noção) todas as formas de prestação de serviço que, embora utilizando sistematicamente processos electrónicos de comunicação, deixam intacta a auto-organização dos profissionais envolvidos e se desenvolvem a coberto de relações contratuais cujo objecto são os resultados ou os produtos de tais actividades.

41. *A "tele-subordinação".* As coisas não são, porém, tão claras como parecem. A verdade é que o legislador, ao referir-se, no art. 166º/1, à "prestação subordinada de teletrabalho", sugere a possibilidade de teletrabalho autónomo. E essa possibilidade é claramente configurável. Mas há que distingui-la da de simples trabalho no domicílio. Para que haja teletrabalho, não parece que baste a realização de trabalho fora da esfera geográfica de domínio e controlo directo do empregador. Se um programador informático ou um contabilista prestam serviços autónomos a uma empresa, trabalhado em sua casa ou em gabinete próprio, não há necessariamente teletrabalho. É ainda preciso que a relação entre o beneficiário da actividade e o profissional se processe "à distância" mediante o uso de processos electrónicos de comunicação (*on line*). Só que a inexistência de subordinação importará a neutralidade jurídica dessa relação funcional.

[73] Sobre o tema, veja-se Júlio Gomes, *Direito do Trabalho* cit., 736 ss.; Pedro Romano Martinez, *Direito do Trabalho*, 4ª ed., Coimbra (2007) 675 ss.; Maria do Rosário Palma Ramalho, *Direito do Trabalho*, vol. II, Coimbra (2006) 277 ss..

Na verdade, o que reclama a atenção do legislador é o facto de a subordinação se exprimir, de modo particularmente intenso e invasivo, através do uso de tecnologias de controlo à distância.

Parece, por outro lado, um tanto débil e vaga a referência a "tecnologias de informação e de comunicação". É verdade que a este enunciado é hoje atribuído um significado que aponta, essencialmente, para os domínios da informática e da electrónica. Mas a verdade é que tecnologias de informação e comunicação existem há muito, com distintas características e diferentes graus de sofisticação. A expressão não é, pois, inteiramente esclarecedora.

Na verdade, o que distingue o teletrabalho, na sua pureza, é o facto de a subordinação jurídica se concretizar, não no plano da relação presencial entre trabalhador e a sua chefia ou o empregador, mas mediante o uso de instrumentos e processos comunicacionais de direcção, seguimento e controlo da actividade do trabalhador *à distância* (ainda que ele possa encontrar-se em instalações da empresa, o que não corresponde à hipótese normal). Por outras palavras: o sistema de trabalho organiza-se de modo que o empregador ou a chefia têm, em cada momento (de um "horário de trabalho"), a possibilidade de transmitir instruções, acompanhar directamente a sua execução e realizar eventuais acções correctivas, sem que se achem na presença um do outro. Trabalhador e empregador estão, durante o período de trabalho, permanentemente ou não, *ligados* embora não na presença um do outro.

Um arranjo destes comporta graus de intensidade da subordinação que podem ser imensamente mais elevados que os da normal organização de trabalho na instalação da empresa. A admissibilidade legal do teletrabalho confina com a proibição legal do uso de meios de vigilância a distância no local de trabalho (art. 20º CT), sendo certo que esta última não é absoluta. Mais do que os riscos de violação da privacidade (art. 170º), que também existem, o teletrabalho induz riscos de hiper-subordinação, uma vez que a "presença" do empregador e/ou da hierarquia não é visualizável nem previsível pelo trabalhador.

42. *O regime legal do teletrabalho.* Toda a disciplina jurídica do teletrabalho (arts. 165º a 171º CT) assenta, como se disse, no pressuposto de que existe subordinação jurídica. Assim, as normas sobre o contrato de trabalho são-lhe integralmente aplicáveis. As regras específicas que se contêm nos artigos indicados resumem-se ao necessário para assimilar, na medida do possível, a situação de tais trabalhadores à dos restantes ao serviço do mesmo empregador.

Assim, e desde logo, no plano das relações *individuais*, afirma-se um princípio de *igualdade de tratamento* (art. 169º), nomeadamente no tocante à formação e à evolução profissional, aos limites dos períodos normais de trabalho e outras condições de trabalho, à prevenção e à cobertura de riscos profissionais. Na mesma perspectiva, a dimensão *colectiva* da situação dos trabalhadores é acautelada no que respeita à participação na vida sindical (capacidade eleitoral activa e passiva, participação em reuniões sindicais no local de trabalho, acesso a informação sindical) (art. 171º).

Por outro lado, e sempre de acordo com a configuração normal de uma relação de trabalho subordinado, *presume-se*, na falta de estipulação expressa sobre a propriedade dos instrumentos de informação e comunicação, que eles pertencem ao empregador, e atribui-se ao trabalhador um dever de custódia desenhado com especial rigor (art. 168º).

Finalmente, a lei toma em conta o carácter potencialmente invasivo da relação de teletrabalho no que respeita à vida pessoal e familiar do trabalhador. Para além do dever de *cuidado* que implica, para o empregador, a necessidade de proporcionar "boas condições de trabalho, tanto do ponto de vista físico como psíquico"[74], a lei impõe-lhe o respeito da *privacidade* do trabalhador e da sua família, disciplinando, inclusivamente, eventuais visitas ao respectivo domicílio (art. 170º).

43. *Teletrabalho originário e superveniente.* A relação de teletrabalho subordinado pode estabelecer-se por contrato – envolvendo a admissão do trabalhador ao serviço da empresa – ou por acordo novatório[75] relativamente a um contrato de trabalho pré-existente (art. 166º/1), caso em que a duração desse acordo não pode exceder três anos (art. 167º). Assim, o teletrabalhador pode ser admitido como tal ou passar a essa situação em certo momento. Esta segunda hipótese pode até ocorrer por iniciativa do trabalhador, sem que o empregador tenha a faculdade de se lhe opor: no caso de se tratar de vítima de violência doméstica (art. 166º/2, com remissão para o art. 195º).

Em qualquer das modalidades, o negócio jurídico que tenha por objecto a prestação de teletrabalho está sujeito a forma escrita e deve conter um conjunto de menções impostas pela lei (art. 166º/3). Este nível de exigência formal parece significar que o legislador pretende assegurar meios idóneos de prova e de controlo das situações de teletrabalho, tendo em conta os riscos que induzem.

[74] Este enunciado legal causa alguma perplexidade. Se o local de trabalho está, por definição, fora da esfera de domínio do empregador, entende-se mal que este deva cuidar do ambiente físico de trabalho. Já quanto às condições psíquicas de trabalho parece poder encontrar-se utilidade no preceito, tendo em conta as características do teletrabalho e as formas de pressão psicológica que ele pode comportar.

[75] A lei fala, a este respeito, de "contrato", mas nada parece indicar que se trate de uma vinculação autónoma relativamente ao contrato de trabalho pré-existente entre os mesmos empregador e trabalhador – nem a consideração de tal autonomia representaria qualquer facilidade para o tratamento futuro da relação de trabalho.

Capítulo 6
A FORMAÇÃO DO CONTRATO DE TRABALHO

I. O quadro jurídico do recrutamento.

1. Recrutamento e admissão; 2. A recolha de informação e o princípio da boa fé; 3. A boa fé e a protecção da privacidade; 4. Um direito de mentir?; 5. A escolha do trabalhador a contratar; 6. A promessa de contrato de trabalho.

1. *Recrutamento e admissão.* A formação do contrato de trabalho é sempre precedida de um *processo,* mais ou menos complexo e formal (na maioria das vezes, simples e informal), que, em geral, se designa por *recrutamento.* Em teoria, esse processo traduz-se no confronto dos interesses e das vontades dos futuros empregador e trabalhador. Na realidade, trata-se de um processo dominado pelo interesse e pela vontade do empregador, na medida em que o seu *motor* não é a procura de emprego (por parte de um profissional que dele necessita para viver), mas sim o desejo de preencher um posto de trabalho (por parte de um empresário ou responsável por uma organização). A este último cabe a fundamental decisão de admitir um trabalhador, mas pertence também o poder factual de definir o perfil técnico, habilitacional e mesmo psicológico da pessoa que deverá preencher o posto de trabalho, e ainda de desenhar, pelo menos em projecto, as grandes prestações contratuais (actividade contratada e retribuição). A negociação (individual) destas prestações só muito raramente ocorre. Daí que o recrutamento consista, em regra, num conjunto de iniciativas e de operações, conduzidas pelo futuro empregador, no sentido de fundamentar a escolha do candidato ao emprego com o qual será celebrado o contrato de trabalho.

Embora, frequentemente, sejam utilizados os termos como sinónimos, *recrutamento* e *admissão* correspondem a noções e a momentos diferentes no processo de lançamento da relação individual de trabalho. A admissão consiste num conjunto de momentos jurídicos e factuais que se inicia com a celebração do contrato, e que se completa com a definição da função conferida ao trabalhador e na atribuição do respectivo posto de trabalho. Neste sentido, entende-se por *posto de trabalho* a localização do trabalhador na organização, definida pela função e pelos meios assinalados ao trabalhador em concreto para o seu desempenho (local, equipamentos, posição na organização).

2. *A recolha de informação e o princípio da boa fé.* Visando basicamente preparar a escolha do trabalhador a contratar, o recrutamento consiste num conjunto de procedimentos, mais ou menos extenso e sofisticado, para a obtenção, por cada um dos envolvidos (candidato ao emprego e futuro empregador), de *informação* útil acerca do outro. Mais uma vez, no entanto, prevalecem aqui o interesse e as conveniências do empregador: é sobretudo da recolha de dados sobre a pessoa do trabalhador que se trata. Ao longo do processo, o trabalhador irá formando percepções acerca das características da empresa, da sua cultura, do seu clima social, mas a finalidade do recrutamento é, como se disse, a preparação da escolha da pessoa com a qual o contrato de trabalho irá ser celebrado.

Tem certamente em vista essa finalidade – e, em geral, a garantia da consistência da informação obtida ao longo do processo – a referência à *boa fé* que o art. 102º do CT liga à formação do contrato de trabalho, reproduzindo, aliás, quase literalmente, o texto do art. 227º CCiv.. O candidato ao emprego e o futuro empregador devem proceder "segundo as regras da boa fé" no processo de recrutamento, isto é "tanto nos preliminares como na formação" do contrato. As regras da boa fé a atender são aqui, fundamentalmente, os imperativos de *transparência* e *veracidade* na prestação de informações, de modo a que nenhum dos futuros contraentes seja induzido em erro, não sendo assim viciada a sua vontade contratual. A prestação de informações falsas, ou a omissão de dados essenciais, podem constituir, nos termos do art. 253º/1 CCiv., dolo ilícito, susceptível de fundamentar a anulabilidade do contrato (art. 254º CCiv.), para além da responsabilidade por prejuízos a cargo do autor da conduta enganadora (art. 102º CT).

Há, todavia, que ter ainda em conta a ressalva constante do art. 253º/2 CCiv.. Nos processos de recrutamento, é verdadeiramente usual a prestação de informações empoladas acerca das aptidões do candidato ao emprego; existem técnicas de elaboração de *curricula vitae* destinadas a engrandecer ou enfatizar referências favoráveis e a desvanecer dados menos positivos, por exemplo no tocante às competências linguísticas ou à natureza das experiências profissionais anteriores. Tratar-se-á, normalmente, de práticas consideradas legítimas "segundo as concepções dominantes no comércio jurídico" e, como tais, insusceptíveis de preencherem dolo ilícito – justamente por se entender que o destinatário de tais práticas não é ou não deve ser induzido em erro por elas.

3. *A boa fé e a protecção da privacidade.* Como se disse, o recrutamento visa, sob o ponto de vista de quem o promove, a recolha de informação pessoal acerca do candidato ao emprego. Por outro lado, este último está obrigado, nos termos descritos, a prestar essa informação com verdade, evitando induzir em erro o futuro empregador.

No entanto, estes imperativos, filiados, de algum modo, na protecção da liberdade de iniciativa económica (art. 61º CRP), confrontam-se com outros, pelo menos tão salientes, que dizem respeito à *tutela da privacidade* das pessoas em geral e dos candidatos ao emprego ou já empregados em particular (arts. 16º a 22º CT). Como se diz no lugar próprio, essa tutela concentra-se fundamentalmente na *protecção de dados pessoais*, traduzindo-se na proibição da exigência de certas informações (art. 17º/1), em restrições ao tratamento de dados biométricos (art. 18º) e na interdição da realização ou exigência de testes ou exames médicos para comprovação de condições físicas ou psíquicas do candidato ao emprego, para além dos que são prescritos pela legislação em matéria de prevenção de riscos profissionais (art. 19º).

4. *Um direito de mentir?* É a este respeito que se tem suscitado a questão de saber se, perante a exigência, pelo empregador, de informação protegida nos termos do art. 17º - por exemplo, no sentido de saber se uma candidata ao emprego se encontra grávida –, existe o "direito de mentir", com o alcance de que uma resposta inverídica seja insusceptível de ser considerada comportamento ilícito que possa envolver responsabilidade pré-contratual ou, mais tarde, responsabilidade disciplinar.

A questão não é pacífica, longe disso. Na opinião de M. Rosário Ramalho, deve reconhecer-se o direito a mentir ao trabalhador interpelado ilegitimamente pelo empregador, invocando abuso de direito por parte deste (ao exigir informação sobre matéria protegida) e, ainda, o facto de a mentira ser "o meio substancial de defesa" da privacidade "sem sacrifício do direito ao trabalho"[1]. Por seu lado, Menezes Cordeiro recusa categoricamente qualquer hipótese de direito a mentir: "O Direito não pode nunca aceitar tal construção. Com mentiras não há soluções justas. No Direito privado, ninguém tem um direito prévio à

[1] *Tratado* cit., Parte II 146.

celebração der um contrato. A decisão de contratar é inteiramente livre, de lado a lado.(...)"[2]

Convém ter presente que a hipótese a considerar é, exclusivamente, a de o empregador colocar o trabalhador perante uma pergunta ilegítima, que a lei o proíbe de formular. Na verdade, as questões referidas no art. 17º podem ser, nos termos desse mesmo artigo, legitimamente colocadas – quando, como diz a lei, "sejam estritamente necessárias e relevantes" para avaliar a aptidão do trabalhador ou quando "particulares exigências inerentes à natureza da actividade profissional" justifiquem a necessidade de as esclarecer previamente, sendo fornecida por escrito a respectiva fundamentação.

O problema acima enunciado diz, pois, respeito às situações em que nada justifica, objectivamente, a indagação do empregador – a não ser o propósito de aplicar um critério eliminatório que a ordem jurídica reprova. Na medida em que se torne claro este último intento, a resposta verídica do(a) candidato(a) ao emprego, ou mesmo a recusa de responder, conduzirá a resultado juridicamente inadmissível. Daí que – com naturais dúvidas, inspiradas pelo carácter eticamente negativo que se associa, em geral, à mentira – se entenda que, face à pergunta ilegítima, a resposta inverídica é o único meio que permite atingir o resultado útil e desejado pelo ordenamento: que não seja negado o acesso ao emprego por razões da vida privada do candidato, ou pela gravidez da candidata. E mais: que o eventual despedimento no período experimental se sujeite ao escrutínio sobre o seu fundamento (não sendo admissível a invocação nem daqueles motivos nem da mentira), assim como todo o tipo de tratamento negativo (nomeadamente disciplinar) dispensado ao trabalhador ou à trabalhadora pelo empregador no decurso da relação de trabalho seja submetido ao mesmo controlo.

5. *A escolha do trabalhador a contratar*. De entre os candidatos seleccionados – por preencherem os necessários requisitos psicofísicos, técnicos e habilitacionais –, o empregador é, em princípio, *livre* de escolher o que mais lhe agradar ou convier. Mesmo que, porventura, exista uma ordenação (elaborada pela entidade que conduziu o processo de selecção) segundo os méritos pessoais ou profissionais detectados, o empregador não está obrigado a optar pelo primeiro classificado. Ainda e sempre com fundamento na liberdade de iniciativa empresarial, o seu critério, mesmo que ditado por razões emocionais ou afectivas, prevalece sobre qualquer outro.

Opõe-se-lhe, no entanto, um limite: o da *não-discriminação*. Desde o momento do arranque do processo de recrutamento (com o anúncio do posto de trabalho a preencher: art. 30º/2) até ao momento da escolha final, o empregador

[2] *Direito do Trabalho*, I 567.

tem que abster-se de condutas ou decisões discriminatórias, entendendo-se como tais as que se fundem nalgum dos factores indicados no art. 24º/1 do CT. Tendo em conta que, nesta matéria, o ónus da prova recai sobre o empregador (art. 25º/5), este pode ter que demonstrar a existência de *razões objectivas* subjacentes à escolha feita, o que reduz consideravelmente a largueza do seu espaço de decisão nesta matéria.

6. *A promessa de contrato de trabalho*[3]. O CT prevê expressamente (art. 103º) a hipótese de *promessa* de contrato de trabalho, exigindo documento assinado pelo promitente ou promitentes, mas especificando – em razão da peculiaridade do vínculo laboral – que não lhe é aplicável o mecanismo de suprimento judicial, configurado pelo art. 830º/1 CCiv. para o caso de incumprimento da promessa.

A promessa pode ser, frequentemente, confundida com o próprio contrato de trabalho, visto que, não raro, fica entendido entre os contraentes que só em momento posterior ao da celebração do contrato começarão a produzir-se os seus efeitos (início do trabalho, crédito retributivo).

> Exemplo: em 8 de Janeiro de 2014, foi celebrado por escrito um contrato de trabalho entre A e B, ficando a constar dele que B se apresentaria para iniciar funções no dia 1 de Fevereiro do mesmo ano.

Existem, com efeito, situações em que, após o estabelecimento de consenso acerca da *futura* admissão do trabalhador ao serviço de um empregador, uma das partes aparece a denunciar tal consenso, pretendendo que, assim, se opera a frustração de uma promessa de contrato e não a resolução de um contrato já celebrado.

Quando tal iniciativa pertence ao empregador, a opção entre essas duas qualificações assume particular relevo: o não cumprimento da promessa é, decerto, indutor de responsabilidade por prejuízos, mas não judicialmente suprível, dada a inaplicabilidade do art. 830º CCiv. O efeito prático-jurídico visado (neutralização do vínculo) consuma-se.

Mas se, ao invés, a situação for encarada como de ruptura do contrato de trabalho, haverá despedimento individual que, nos termos da lei, pode ser declarado ilícito e ver inutilizados os seus efeitos, mediante a reintegração do trabalhador (art. 389º/1-*b*) CT).

A verdade, porém, é que tanto a promessa de contrato de trabalho como a atribuição de eficácia diferida ao mesmo contrato estão sujeitas a rigorosas exigências de forma: a promessa há-de, como se viu, constar de *documento* de que conste a «declaração, *em termos inequívocos*, da vontade de o promitente ou

[3] Vd. Júlio Gomes, *Direito do Trabalho* cit., 468 s.; Bernardo Xavier, *Manual* cit., 658.

promitentes se obrigarem a celebrar» o contrato definitivo, e, ainda, a «actividade a prestar e correspondente retribuição» (art. 103º/1)[4]; a condição e o termo suspensivos devem ser estipulados "por escrito" (art. 135º).

Estes dois preceitos esgotam as hipóteses em que o compromisso de emprego *pode não ter efeitos imediatos:* a de esse compromisso representar uma simples promessa de contrato e a de lhe ser aposto termo ou condição; hipóteses que, em todo o caso, importa tornar *claramente identificáveis e comparáveis,* através de documento explícito. Não se compreenderia, em suma, que, para além das situações prevenidas nos arts. 103º e 135º, restasse espaço para alguma outra possibilidade de não coincidência entre o consenso negocial e o início da sua eficácia; nem mesmo a eventual invocação de usos da profissão ou da empresa seria de atender, face ao que a propósito dispõe o art. 1º CT.

Assim, não existindo, *formal* e *inequivocamente,* promessa de contrato, nem estipulação *formal* de termo ou condição, o contrato de trabalho produz os efeitos que lhe são próprios *a partir do momento em que é celebrado.*

[4] Cfr. Ac. Rel. Évora 14/1/80 (CJ 80, 1, 283), Acs. Rel. Lisboa 26/2/86 (CJ 86, 1, 148) e 17/4/91 (CJ 91, 2, 227); e ainda o importante Ac. STJ 11/3/92 (AD 376, 470).

II. Pressupostos subjectivos e objectivos[5].

A) Os pressupostos subjectivos: capacidade das partes. - *a) Capacidade jurídica.* - 7. Idade e escolaridade; 8. Os trabalhadores estrangeiros. - *b) Capacidade para o exercício de direitos.* - 9. A "maioridade" laboral; 10. Incapacidades inespecíficas. - *c) Os efeitos das incapacidades.* - 11. As invalidades. - **B) Os pressupostos objectivos: determinabilidade, possibilidade física, licitude.** - *a) Preliminares.* - 12. Noções gerais. - *b) Determinabilidade.* - 13. Noção; 14. A determinação da função. - *c) Possibilidade física.* - 15. O carácter pessoal da prestação de trabalho; 16. O contexto da prestação. - *d) Licitude.* - 17. A natureza e o fim da actividade; 18. A ilicitude em função da pessoa do prestador.

A) Os pressupostos subjectivos: capacidade das partes.

a) Capacidade jurídica.

7. *Idade e escolaridade.* Já se sabe que a qualidade de trabalhador subordinado (que se assume pela celebração do contrato de trabalho) só pode recair sobre uma pessoa física ou singular. Significa isto que as pessoas colectivas não possuem a correspondente capacidade jurídica: não podem ser titulares dos direitos e das obrigações próprios do trabalhador[6].

A capacidade jurídica para o trabalho não é originária. Depende da articulação entre factores de *idade* e de *escolaridade*. «A idade mínima de admissão para prestar trabalho é de 16 anos», diz o art. 68º/2 CT[7]. Além desse requisito, a lei exige que o menor tenha concluído a escolaridade obrigatória (que é de doze anos) ou esteja a frequentar o ensino secundário e, naturalmente, tenha as necessárias "capacidades físicas e psíquicas". Para além disso, pode ser admitido ao emprego um menor com menos de 16 anos com a escolaridade obrigatória concluída, desde que se trate de «trabalhos leves que consistam em tarefas simples e definidas» que «não sejam susceptíveis de o prejudicar no que respeita à integridade física, segurança e saúde, assiduidade escolar, participação em programas de orientação ou de formação, capacidade para beneficiar da instrução

[5] Cfr. BERNARDO XAVIER, *Manual de Direito do Trabalho* cit., 649 ss..

[6] Não se trata aqui da capacidade jurídica referente à qualidade do empregador; as poucas especialidades de que o tema pode revestir-se face às regras gerais do direito civil escapam, ainda assim, ao domínio juslaboral.

[7] Essa idade mínima já resultava do DL 396/91, de 16/10. Ao abrigo desse regime, chegou-se à fixação do limite mínimo de 16 anos por forma evolutiva: ela foi atingida em 1 de Janeiro do ano seguinte àquele em que foi concluída pelo primeiro grupo de alunos a escolaridade obrigatória de 9 anos, fixada pela L. 46/86, de 14/10 - ou seja, em 1 de Janeiro de 1997.

ministrada, ou ainda ao seu desenvolvimento físico, psíquico, moral, intelectual e cultural» (art. 68º/3)[8].

Para além da idade – e independentemente dela –, também, como se disse, a *escolaridade* condiciona o acesso ao emprego. Mesmo que tenha mais de 16 anos, o menor não deve, em princípio, assumir a qualidade de trabalhador se não tiver completado a escolaridade obrigatória e não possuir qualificação profissional. Os desvios a este princípio são, actualmente, condicionados pela frequência (em paralelo com a prestação de trabalho) de curso que garanta a escolaridade obrigatória e/ou a qualificação profissional (art. 69º/1)[9].

8. *Os trabalhadores estrangeiros.* A *nacionalidade* não contende com a capacidade jurídica no tocante às relações de trabalho de direito privado. O art. 15º/1 CRP estabelece um princípio geral que vale também neste domínio: «Os estrangeiros e os apátridas que se encontrem ou residam em Portugal gozam dos direitos e estão sujeitos aos deveres do cidadão português»[10]. Este princípio dispensa, como se vê, a reciprocidade que é de uso tomar em conta nesta matéria. Pode, pois, suceder que seja legalmente recusado o emprego a cidadãos portugueses num país cujos nacionais terão, em Portugal, oportunidades de trabalho idênticas às dos naturais.

O acesso ao emprego em Portugal por trabalhadores estrangeiros está hoje regulado pelos arts. 4º e 5º CT.

O regime legal assenta na *igualdade de direitos* no exercício da actividade profissional, entre um estrangeiro e um português, desde que o primeiro "esteja autorizado a exercer uma actividade profissional subordinada em território português".

A lei divide, depois, os estrangeiros em dois grupos: o primeiro grupo, relativamente ao qual não exige a lei formalidades específicas para a contratação, é integrado pelos «nacionais dos países membros do espaço económico europeu»

[8] O CT não especifica que tipos de trabalho podem estar cobertos pela fórmula legal transcrita no texto. Essa indicação consta ainda dos arts. 115º ss. L. 35/2004 (lei regulamentar do CT de 2003), que continua a definir os «trabalhos leves» por um enunciado genérico: eles devem consistir em «tarefas simples e definidas que não exijam esforços físicos ou mentais susceptíveis de por em risco a integridade física, a saúde e o desenvolvimento físico, psíquico e moral do menor» (art. 115º/1). Mais esclarecedora e precisa é a definição das actividades proibidas, constante dos arts. 116º ss. do mesmo diploma.

[9] Os arts. 68º a 70º do Código do Trabalho têm hoje a redacção que lhes foi dada pela L. 47/2012, de 29 de Agosto.

[10] O princípio vale, como se disse, fundamentalmente na área das relações jurídico-privadas. Os números seguintes do art. 15º CRP exceptuam ou tratam de maneira especial os direitos políticos, o acesso a funções públicas, o acesso à titularidade de órgãos de sobernia, o serviço nas forças armadas, a carreira diplomática, etc..

(os da União Europeia e os que restam da antiga E.F.T.A.), e dos países que pratiquem a igualdade de tratamento em matéria de livre exercício de actividade profissionais; o segundo grupo, sujeito a exigências formais mais apertadas, é composto pelos restantes cidadãos estrangeiros.

Esta divisão implica, como se sugeriu, uma certa diferenciação de tratamento, embora apenas no plano formal.

No primeiro grupo, os contratos de trabalho são celebrados e extintos exactamente nos mesmos termos que os dos cidadãos portugueses. A igualdade de regime é integral. Tudo quanto a entidade empregadora tem a fazer é indicar, nos mapas de pessoal, o tipo de trabalhadores estrangeiros a que esses pertencem.

No que respeita ao segundo grupo, a lei exige que o contrato seja celebrado sob forma *escrita* e compreenda um conjunto de indicações, sendo acompanhado de documento comprovativo da legalidade da residência ou permanência em território português (art. 5º/1 CT). Além disso, o contrato escrito deve ser remetido à Inspecção-Geral do trabalho antes de iniciada a actividade (art. 5º/5 CT). O conteúdo destes contratos de trabalho está, pois, sujeito a controlo administrativo.

Do exposto não resultam, como se vê, verdadeiras restrições à capacidade jurídica dos estrangeiros no tocante à aquisição da qualidade de trabalhador em território português[11].

b) Capacidade para o exercício de direitos.

9. *A "maioridade" laboral.* Quanto à capacidade para o exercício – isto é, à possibilidade de uma pessoa exercer por si própria os direitos de que é titular –, a regra é, como se sabe, a de que ela se adquire com a *maioridade,* isto é, ao completarem-se 18 anos (arts. 122º e 130º CCiv.)[12].

Ora, no que respeita aos direitos e deveres próprios do trabalhador subordinado, a capacidade de exercício adquire-se aos 16 anos, com a escolaridade obrigatória concluída, embora com ressalva da possibilidade de oposição dos representantes legais do (então) menor (art. 70º/1 CT). Antes dessa idade, ou não estando concluída a escolaridade, o menor só pode assumir a qualidade de trabalhador, nos casos permitidos, se o correspondente contrato for celebrado com autorização escrita do seu representante legal (art. 70º/2). Mas, em qualquer das situações, o menor que trabalhe pode receber directamente a retribuição, salvo se os representantes legais se opuserem por escrito (art. 70º/3).

[11] Nem mesmo subsiste a imposição do limite de 10% de mão-de-obra não portuguesa nas empresas nacionais, constante do regime legal anterior ao Código (DL 97/77, de 17/3).
[12] Redacção dada pelo DL 496/77, de 25/11.

10. *Incapacidades inespecíficas.* Como se sabe, são também incapazes para o exercício de direitos os *interditos* (art 138º ss. CCiv.), os *inabilitados* (art. 152º ss.), *os insolventes* (art. 1313º CPC) e os *falidos* (art. 1135º CPC).

Recorde-se que, no tocante à *mulher casada,* a LCT de 1969 (art. 117º/2) estabelecia ainda uma limitação à plena capacidade de exercício no domínio laboral: o marido podia *opor-se* à celebração ou à manutenção do contrato (quando já celebrado), «alegando razões ponderosas», desde que não estivesse separado judicialmente ou de facto da mulher. Este preceito resultou prejudicado pela consagração constitucional do *princípio da igualdade dos cônjuges* (art. 36º/3 CRP) que penetrou também no CCiv. através do DL 496/77, de 25/11. O art. 1677º-D, introduzido por este diploma no Código, dispõe: «Cada um dos cônjuges pode exercer qualquer profissão ou actividade sem o consentimento do outro». De resto, mais tarde o art. 117º LCT foi abrangido por disposição revogatória expressa do DL 136/85, de 3/5 (art. 40º/1).

Quanto à capacidade para o exercício correspondente à qualidade de empregador, nada diremos aqui por se tratar de tema sem particularidades significativas do ponto de vista juslaboral.

c) Os efeitos das incapacidades.

11. *As invalidades.* Quando seja celebrado um contrato de trabalho por quem (pessoa colectiva ou singular) não disponha da correspondente *capacidade jurídica,* o contrato é *nulo.* Adiante se observarão os aspectos peculiares que assume, neste domínio, o regime da *invalidade,* de que a nulidade é um tipo. É, de todo o modo, a sanção para um contrato de trabalho celebrado com um menor de 10 anos ou que não possua habilitações literárias exigidas, nos termos há pouco anotados.

Se, em vez disso, faltar a *capacidade para o exercício de direitos* que se requer para a conclusão do contrato, a sanção é, em regra, a *anulabilidade* do contrato, cujas características e regime serão também oportunamente estudados.

É a esta dualidade de sanções que alude a lei quando, em preceitos como o do art. 122º/1 CT, trata do «contrato de trabalho *declarado nulo* ou *anulado...*».

B) Os pressupostos objectivos: determinabilidade, possibilidade física, licitude.

a) Preliminares.

12. *Noções gerais.* De harmonia com o art. 280º CCiv., são os seguintes os requisitos gerais do objecto do negócio: *possibilidade física e legal, não contrariedade à lei, determinabilidade, não contrariedade à ordem pública, e conformidade aos bons costumes.*

A possibilidade legal propriamente dita tem escasso interesse como requisito a que deve obedecer o objecto do contrato de trabalho. Como é sabido, diz-se que é legalmente impossível somente «aquilo a que a lei põe um obstáculo tão completo e intransponível como aquele que as leis da natureza põem à realização de certos factos materiais»[13]. O que apenas pode verificar-se, quanto ao objecto de um negócio jurídico, se ele consistir na «produção de quaisquer efeitos jurídicos»[14], isto é, quando o mesmo objecto seja constituído pela *conclusão válida* de outro negócio jurídico. Se este último for ferido, pela lei, de invalidade, é claro que o objecto do primeiro se mostra impossível. Ilustração clássica do que se diz são os chamados contratos promessa. Quando muito, no contrato de trabalho, pode pôr-se o problema quando – nos termos do art. 115º/3 CT – «a natureza da actividade envolver a prática de negócios jurídicos»; o tema levanta, contudo, dificuldades que desaconselham o seu tratamento neste lugar.

No plano doutrinal, pode conceber-se um só pressuposto objectivo (sob a designação de *licitude*) que abranja os requisitos, exigidos pelo art. 280º CCiv., de *não contrariedade à lei, não contrariedade à ordem pública e conformidade com os bons costumes.* Estes últimos, embora não tomem como referência preceitos legais, partem de complexos valorativos que impregnam a ordem jurídica e que, aliás, fornecem muitas vezes o critério para a qual a lei remete, preenchendo assim o seu conteúdo normativo. Não vemos, portanto, razão séria que contrarie a agregação de todas estas exigências na chamada *licitude,* aliás de acordo com certa tradição doutrinal[15].

b) Determinabilidade.

13. *Noção.* É necessário que o objecto do contrato esteja *determinado* para que as obrigações sobre ele incidentes possam ser cumpridas; mas isso é obviamente compatível com a *indeterminação inicial* do mesmo objecto. No momento da celebração do contrato, bastará uma referência *genérica* ou *alternativa* ao conteúdo concreto da prestação a realizar; tudo está em que, mais tarde, seja viável a determinação, segundo um critério legal ou constante do próprio contrato: basta, em suma, que o objecto deste seja *determinável.*

É evidente o carácter socialmente inadmissível de um contrato pelo qual um trabalhador se comprometa a fazer *seja o que for,* isto é, coloque ao dispor da outra parte *todas* as suas energias e aptidões, admitindo as mais variadas e díspares aplicações. Um tal negócio repugnaria ao senso jurídico e à consciência moral, pois, se o trabalhador se obriga a realizar, em proveito (e sob a autoridade e

[13] MANUEL ANDRADE, *Teoria Geral da Relação Jurídica* 329.

[14] ID., *idem.*

[15] M. ANDRADE 332 ss..

a direcção) do empregador, *toda e qualquer actividade*, coloca-se numa situação praticamente servil, com perda total da sua autonomia pessoal. Precisamente porque lhe é exigível que, na execução da actividade prometida, aplique todas as energias e aptidões correspondentes, importa limitar ou definir, quantitativa e qualitativamente, o campo dessas aplicações: *é necessário que o trabalho subordinado ocupe, na vida do devedor, um espaço limitado, de modo que o crédito laboral se não apresente como algo de semelhante a um direito sobre a sua pessoa.* Assim, há razões peculiares, neste campo, que jogam no sentido da delimitação do compromisso de trabalho, através do regime da actividade contratada e da tutela do local e do tempo de trabalho.

14. *A determinação da função.* A propósito dos poderes do empregador, foi já examinada a função que lhe cabe na determinação do objecto do contrato. Partindo do modelo das obrigações genéricas, é-lhe atribuído um «poder de escolha» cuja amplitude coincide com o que denominámos *poder determinativo da função.* A indeterminação da prestação de trabalho – enquanto «objecto de contrato» – resolve-se, com efeito, através da *atribuição de certo posto ou função na empresa*, isto é, mediante a opção por um dos *tipos de actividade* que se achem contidos no *género* de trabalho convencionado. Como é óbvio, a atribuição da função implica, por outro lado, a *descrição* das actividades que ela comporta, para conhecimento do trabalhador. Ora a determinação do objecto condiciona a *exigibilidade* do cumprimento da correspondente obrigação[16]; e assim, se a mera determinação *da função* basta para este efeito, o trabalhador ficará em estado de incumprimento se não aceitar tal função ou não executar as actividades nela abrangidas – independentemente de haver, ou não, ordens ou instruções do dador de trabalho.

Repare-se, na verdade, que é através daquela «escolha» que o credor se vincula a aceitar, como integrando um cumprimento pontual, a actividade que o trabalhador concretamente exerça, dentro dos limites da função. É ainda sobre o momento em que se realiza tal escolha que incidem certas intervenções da lei, destinadas a integrar ou condicionar o *critério* a que ela deverá obedecer (art. 118º/1 CT). Enfim, pode também dizer-se que é na determinação da função que se concretiza a *integração do trabalhador na organização de meios* predisposta à obtenção dos resultados visados: é, em suma, o «momento organizatório», em que se concentra o débito laboral no âmbito de uma concreta «organização de meios».

A *conformação da prestação concreta* pelo empregador (através de ordens, instruções, etc.) *pode não ocorrer, nem ter cabimento* (vd. art. 116º), sem que haja lugar para a suposição de que o objecto do contrato fica por determinar e de que o cumprimento da obrigação correspondente não pode ser exigido.

[16] M. Andrade, *Teoria geral das obrigações* cit. 191.

*c) **Possibilidade física.***

15. *O carácter pessoal da prestação de trabalho.* Para que o contrato de trabalho seja válido, exige-se que seja *fisicamente possível* a actividade estipulada. Este requisito entende-se em termos de abranger condições bastante diversas, materiais ou naturais, isto é, derivadas da «natureza das coisas»[17], cuja falta implica a inexequibilidade da prestação.

De harmonia com orientação que já provinha do Código de 1867 (art. 67º), o art. 401º/3 CCiv. dispõe: «Só se considera impossível a prestação que o seja relativamente ao objecto e não apenas em relação à pessoa do devedor». É a regra geral de que só a impossibilidade *objectiva* da prestação (verificando-se, bem entendido, desde o início[18]) poderá afectar a validade do negócio. Tal regra deixa à margem os casos em que a prestação só seja impossível para o devedor concreto, isto é, *subjectivamente.*

Contudo, como se observou na altura própria, a prestação de trabalho é pessoal e presume-se *infungível.* É a actividade de *certo* trabalhador – enquanto aplicação das *suas* energias e aptidões, inseparáveis da *sua* pessoa – que o contrato tem por objecto. Por ser assim, tem-se entendido que a própria impossibilidade *subjectiva* da prestação de trabalho afecta a validade do contrato[19], bastando que a realização da actividade estipulada seja impedida pelas características pessoais do trabalhador (quer delas decorra um *obstáculo positivo,* quer o impedimento resulte da *inexistência* de virtualidades naturais indispensáveis)[20]. Será, pois, nulo o contrato pelo qual alguém se obrigue a transportar às costas barras de aço com o peso de uma tonelada, ou um surdo se comprometa a desempenhar funções de telefonista.

16. *O contexto da prestação.* Há, todavia, que considerar ainda o *elemento finalístico* da prestação de trabalho e a consequente inserção do trabalho numa organização de meios e num «programa» de produção de utilidades. Esta inserção confere ao trabalho um certo revestimento circunstancial que, nomeadamente, se explicita através da fixação de condições de *tempo* e de *lugar.* É *em presença do conjunto das estipulações definidoras do condicionamento material da prestação* que a sua possibilidade natural deve ser apreciada – precisamente porque, nos termos

[17] M. ANDRADE 328.
[18] Na verdade, a impossibilidade *superveniente* da prestação de trabalho tem tratamento diverso, que se encontra, em certas modalidades, regulada nos arts. 294º ss. CT.
[19] Veja-se M. C. TAVARES DA SILVA 638.
[20] A mesma doutrina vale para a determinação da *impossibilidade superveniente definitiva* da prestação de trabalho – que, todavia, acarreta a *caducidade* do contrato (art. 343º/*b*) CT) – assim como para a impossibilidade superveniente *temporária,* que constitui o fundamento da suspensão do contrato por impedimento prolongado (art. 294º/1).

observados, esse condicionamento «penetra» no objecto do dever laboral, delimitando o âmbito do compromisso do trabalhador.

Assim, a actividade prometida (p. ex. a construção de um muro), possível em si mesma, será impossível se ao contrato for aposto um prazo demasiado curto, ou se tiver que ser realizada em local inacessível ao trabalhador, ou ainda (noutras hipóteses) se este tiver que efectivá-la sozinho.

d) Licitude.

17. *A natureza e o fim da actividade.* O objecto do contrato não deve ser «contrário à lei», diz o art. 280º/1 CCiv.. Em termos gerais – recordemo-lo –, está nessas condições o objecto de um negócio jurídico «quando viola uma disposição da lei, isto é, quando a lei não permite uma combinação negocial com aqueles efeitos (...) ou sobre aquele objecto mediato»[21]. Será o caso de um indivíduo se comprometer, por «contrato», a espancar os devedores de outro; ou de uma mulher que se obriga a seduzir homens casados, para que outra possa exercer chantagem sobre eles. Trata-se de contratos nulos por ilicitude do objecto (art. 124º CT).

No entanto, a actividade prometida pode ser *lícita em si mesma;* e, todavia, ter que se considerar ilícita por virtude de certos elementos conexos ou concomitantes. Tal é, em primeiro lugar, o caso em que a actividade é atingida pela ilicitude do fim a que se destina. Um exemplo clássico: *A*, fingindo instalar um estabelecimento de fabrico e venda de chaves, contrata *B*, serralheiro, para nele trabalhar; *A* utiliza a actividade deste para obter chaves falsas que lhe permitem praticar assaltos. O trabalho de *B*, apesar de lícito em si mesmo, constitui condição necessária e directa do fim ilícito visado por *A*. Insere-se pois num processo todo dominado pela ilicitude dos objectivos em vista.

Será naturalmente regra que o trabalhador *conheça*, pelo menos nos seus traços fundamentais, os fins (contrários à lei) em vista dos quais tenha sido contratado – e em tal hipótese não restará sombra de dúvida acerca da ilicitude *da própria actividade, em si mesma considerada.*

Todavia, o escopo ilícito pode ser *oculto* ao trabalhador, nem por isso deixando de existir o nexo de condicionalidade entre a tarefa (lícita) e o fim (ilícito) do dador de trabalho. Aqui, apenas se poderá dizer que a actividade é ilícita em razão do *fim* (um fim *alheio* ao agente, mas em cuja efectivação ele *se obrigou* a participar *diligentemente...).* Tanto basta para justificar que o art. 124º estabeleça

[21] Mota Pinto, *Notas sobre alguns temas da doutrina geral do negócio jurídico, segundo o novo Código Civil*, Lisboa (1967) 186.

regime igual para os casos de *actividade ilícita* e de *fim ilícito*[22]: a invalidade do contrato e um mecanismo sancionatório da «parte que conhecia a ilicitude».

18. *A ilicitude em função da pessoa do prestador.* Outros casos em que a licitude do trabalho em si mesmo não obsta a que se considere ilícito o objecto do contrato relacionam-se com certas actividades perante as quais a lei estabelece proibições ou limitações fundadas em elementos conexos *à pessoa do trabalhador.*

Trata-se, nomeadamente, de casos em que relevam a *idade* e o *sexo.* Assim, o art. 68º, por um lado, e o art. 62º/5, por outro, envolvem a possibilidade do condicionamento, limitação ou proibição do exercício de certos tipos de actividade, respectivamente, por menores e por mulheres grávidas, puérperas ou lactantes. Há *determinadas actividades* cuja realização está vedada aos menores, por serem perigosas «para o seu desenvolvimento físico, psíquico, moral, intelectual e cultural». Identicamente, qualquer mulher nas referidas condições está impedida de exercer *certos trabalhos* «susceptíveis de apresentarem um risco específico" para a sua segurança e saúde ou para as do nascituro. É evidente que não se trata aqui de autênticas incapacidades para o exercício, pois a natureza de tais situações arreda a possibilidade de suprimento pelos meios conhecidos (representação legal e assistência); as normas referidas pressupõem até tratar-se de pessoas capazes juridicamente e para o exercício de direitos «laborais», nos termos já assinalados.

Nessas hipóteses, o que se verifica é a *ilicitude do objecto* do contrato, muito embora se entre, na determinação dessa ilicitude, com elementos ligados à pessoa do trabalhador. É o *modo de ser da actividade prometida* que, em último termo, determina a proibição; e o que está em jogo, na atitude que a lei exprime, é a defesa da *integridade* do trabalhador, valores que, nos casos dos menores e das mulheres, assumem particular melindre. É só esta *maior intensidade* dos riscos envolvidos em certos tipos de trabalho que conduz o legislador a proibi-los ou condicioná-los *expressamente;* bem vistas as coisas, *a defesa dos referidos valores impõe-se, em geral, para quaisquer trabalhadores e seja qual for o género de actividade estipulado* (vd., designadamente, o art. 127º/1-*c*), *g*) e *h*), e o nº 2 do mesmo artigo). Ora certamente se reconhecerá que é ferido de nulidade por ilicitude do objecto (e não por incapacidade) o contrato pelo qual um indivíduo se comprometa a realizar uma actividade suicida ou que lhe cause graves ferimentos (p. ex. atirar-se de um precipício durante a rodagem de um filme).

[22] Assinale-se que, de harmonia com o art. 281º CCiv., os motivos do contrato só relevam (sendo ilícitos) quando sejam *comuns* a ambas as partes.

III. As formas de celebração do contrato de trabalho.

A) Contrato oral e escrito. – 19. As vias do consenso; 20. O consenso informal; 21. O consenso formal. – **B) O contrato de trabalho por adesão.** – 22. Adesão e regulamento interno; 23. O mecanismo da adesão; 24. A protecção contra abusos. – **C) O dever de informação do empregador.** – 25. O art. 106º CT.

A) Contrato oral e escrito.

19. *As vias do consenso.* Como é sabido, a formação de qualquer contrato resulta de duas declarações negociais: a *proposta* e a *aceitação.* Conforme se conclui, além do mais, do disposto nos arts. 233º e 234º CCiv., da proposta – que exprime a iniciativa de um dos sujeitos – devem constar todos os elementos do negócio, de modo que, para a sua conclusão, baste a *pura e simples aceitação* do seu destinatário. Se este incluir, na sua declaração, aditamentos, limitações ou outras modificações ao conteúdo da proposta, considera-se que a *rejeita* e, quando muito («se a modificação for suficientemente precisa» – diz o art. 233º), tem-se tal declaração por equivalente a nova proposta. Ora, no nosso domínio e por razões já anotadas, o proponente é, em regra, o empregador: a iniciativa da celebração do contrato liga-se, funcionalmente, por princípio, a uma carência de força de trabalho, antes que à necessidade de obtenção do salário. Não se trata, como é óbvio, de uma regra absoluta, desde logo porque a estrutura do mercado de trabalho pode introduzir-lhe importantes limitações.

A proposta do contrato de trabalho e a sua aceitação assumem, basicamente, três formas:

a) proposta verbal e aceitação expressa (verbal) ou tácita;

b) proposta e aceitação escritas;

c) proposta manifestada através de contrato-tipo, que pode ser o regulamento interno (por parte do empregador), e aceitação, por adesão expressa ou tácita, do trabalhador.

20. *O consenso informal.* O contrato de trabalho é, como se disse, um contrato *consensual,* pois «não depende da observância de forma especial, salvo quando se determinar o contrário» (art. 110º CT). Assim, as situações mais correntes são as de o contrato ser formado por duas declarações *orais* (ou verbais, se se quiser), portanto expressas[23]. A hipótese de *proposta e aceitação verbais* predomina larga-

[23] Esclarece o art. 217º/1 CCiv.: «A declaração negocial pode ser expressa ou tácita: é expressa, quando feita por palavras, escrito ou qualquer outro meio directo de manifestação da vontade, e tácita quando se deduz de factos que, com toda a probabilidade, a revelam».

mente, salvo na constituição de relações de trabalho no contexto de empresas de maior dimensão. A aceitação tácita ocorrerá «logo que a conduta da outra parte (*o trabalhador, em regra*) mostre a intenção de aceitar a proposta» (art. 234 CCiv.).

Assim, por exemplo, se uma pessoa declara a um jardineiro que pretende encarregá-lo de tratar do seu jardim mediante a retribuição *x*, o contrato de trabalho considera-se concluído logo que o destinatário de tal proposta comece a exercer a actividade visada, embora não tendo declarado expressamente a sua aceitação.

21. *O consenso formal.* A *proposta e a aceitação por escrito* têm lugar, pelo menos, nos casos em que – de harmonia com a ressalva do art. 110º – a lei expressamente impõe essa forma.

Já vimos atrás que o próprio CT impõe a forma escrita a diversas modalidades "atípicas" de contrato de trabalho, como o contrato a termo resolutivo. Para além delas, a mesma exigência vale também, nomeadamente, para *o contrato de trabalho de profissionais de espectáculos* (art. 10º/1 L. 4/2008, de 7/2), o *contrato de trabalho a bordo* ou de *matrícula* (art. 186º/§ 2 D. 45 969, de 15/10/64) e o *contrato de trabalho desportivo* (art. 5º/2 L. 28/98, de 26/6), entre outros.

Mesmo fora do âmbito em que há exigência legal de forma, as declarações tendentes à conclusão de um contrato de trabalho são, frequentemente, escritas. Isso pode resultar, ou da própria vontade dos sujeitos (fala-se, então, de uma forma convencional – art. 223º CCiv.), do simples facto da inexistência de contacto pessoal entre eles (casos em que é normal que tanto a proposta como a aceitação sejam transmitidas por carta) ou até de usos das empresas, que se encontram sobretudo nas de maior dimensão.

B) O contrato de trabalho por adesão[24].

" (...) II – Os contratos de adesão são um modelo de contratação que se explica, em parte, pela contratação em massa, mas que corresponde, também, a exigências de racionalização, de segurança e de confiança dos particulares aderentes.

III – A lei impõe ao proponente das cláusulas contratuais gerais um conjunto de deveres destinados a tutelar a parte presumivelmente mais débil da relação contratual, i.e., o mero aderente.

IV – Entre eles, destaca-se o dever de comunicar (art. 5º da LCCG) integral, prévia e adequadamente o conteúdo dessas cláusulas aos aderentes que se limitem a subscrevê-las ou a aceitá-las e o dever de informação relativamente a aspetos carecidos de clarificação (art. 6º da LCCG).

[24] Veja-se P. Romano Martinez, *Direito do Trabalho* cit., 417 ss.; M. Rosário Ramalho, *Tratado* cit., Parte II 130 ss.; Menezes Leitão, *Direito do Trabalho* cit. 239 ss...

V – Ambos constituem uma emanação da exigência duma formação de vontade negocial isenta de vícios e do princípio da boa-fé, radicando, ultimamente, no direito dos consumidores à informação assegurado pelo art. 60º, nº 1, da CRP.

VI – O dever de comunicação caracteriza-se como uma obrigação de meios e impõe que o predisponente desenvolva uma atividade que, em função da importância, extensão e complexidade das cláusulas contratuais gerais por si empregues, se revele razoavelmente adequada a que o aderente tome efetivo conhecimento das mesmas, sem que, para tanto, empenhe mais do que uma comum diligência (art. 5º, nº 2, da LCCG).

VII – O dever de informação importa, para o predisponente, a obrigação de prestar aos aderentes as indicações e explicações que se devam ter como razoáveis sobre o conteúdo das cláusulas predispostas que careçam de aclaramento. Trata-se de uma concretização legislativa que resultaria já da boa-fé na fase pré-contratual.

VIII – A intensidade e modo de cumprir esse dever dependem das particulares circunstâncias do caso, podendo ter-se como referência as necessidades que seriam sentidas por um aderente normal que use de comum diligência. – STJ 19/12/2018 – P. 857/08.7TVLSB.L1.S2 (MARIA DO ROSÁRIO MORGADO).

22. *Adesão e regulamento interno.* Modalidade especial de contrato escrito é a do chamado *contrato de adesão.* Trata-se de uma modalidade de contratação, utilizada em muitos outros domínios do comércio jurídico – nomeadamente nos seguros, nos fornecimentos de água, electricidade, gás, telecomunicações, etc. –, que assenta na formulação, por um dos contraentes, de uma proposta-tipo, integrada por cláusulas contratuais gerais, e na aceitação pura, sem negociação, e eventualmente tácita, por parte do destinatário. Este modo de celebração de contratos sintetiza-se na fórmula corrente "é pegar ou largar". Naturalmente, a proposta-tipo é, neste caso, apresentada pelo empregador ao candidato a emprego[25]. Ela pode assumir a natureza de um conjunto de *cláusulas contratuais gerais,* usado pelo empregador para, de modo padronizado, manifestar a sua vontade contratual aos candidatos a emprego que venham a participar em processos de recrutamento para a empresa; como pode constituir *clausulado individualizado*, dirigido à contratação de *certo trabalhador*, e "cujo conteúdo previamente elaborado o destinatário não pode influenciar"[26].

A circunstância de a noção legal do "contrato de trabalho de adesão" referir apenas o regulamento interno e a "adesão expressa ou tácita ao mesmo regulamento" como suportes do vínculo não significa que seja esse o único instru-

[25] Sobre o tema, em geral, pode ver-se C. FERREIRA DE ALMEIDA, *Contratos I*, 3ª ed., Coimbra (2005) 157 ss..

[26] Art. 1º/2 DL 446/85, de 25 de Outubro, com a redacção dada pelo DL 249/99, de 7 Julho.

mento admissível para o efeito. Qualquer documento em que estejam reunidas as condições contratuais que o empregador está disposto a praticar e que seja apresentado a um candidato a emprego em concreto, ou usado em geral para a contratação de empregados por uma empresa, destinando-se a ser, globalmente, aceite ou recusado – sendo, pois, claro que não há espaço para qualquer participação deste último na conformação do conteúdo do contrato a celebrar –, deve considerar-se idóneo para servir de base ao contrato por adesão.

Oportunamente se assinalou que o regulamento interno, quando existe, pode desempenhar duas funções diferentes: a de *forma de expressão do poder organizativo (regulamentar)* do empregador (art. 99º CT) e a de meio de *manifestação da vontade contratual* desta, no contexto da celebração do contrato de trabalho por adesão (art. 104º/1)[27].

A alusão ao regulamento interno, no art. 104º CT, explica-se, assim, pelo facto de que esse instrumento do poder do empregador inclui ou pode incluir regras alusivas às carreiras na empresa, ao horário, à retribuição, às férias, etc., que constituem elementos próprios do conteúdo do contrato – isto é, dos contratos de trabalho que o titular da empresa está na disposição de celebrar. Assim, o regulamento pode funcionar, nessa parte, como uma «proposta-tipo» da entidade patronal. Mas, para que assim seja, é necessário que reúna as características de uma proposta contratual, isto é, que contenha todos os elementos essenciais de um contrato de trabalho – actividade contratada, local de trabalho, valor e composição da retribuição, duração do trabalho diária e semanal.

23. *O mecanismo da adesão.* Para que um contrato se conclua basta que certo trabalhador dê a sua *adesão* (ou seja, a sua aceitação global) ao conteúdo da proposta. Esta adesão pode ser expressa (designadamente por uma assinatura aposta a um documento de que ela conste) ou tácita, por exemplo, através do mecanismo indicado no art. 104º/2. Vale, nos termos desse preceito, como adesão tácita *(presumida)*, a falta de oposição do trabalhador (que deve ser deduzida por escrito) «no prazo de 21 dias, a contar do início da execução do contrato ou da divulgação do regulamento, se esta for posterior»[28].

[27] O tratamento das duas funções do regulamento – contratual e técnico-disciplinar – em preceitos legais separados só surgiu com a segunda versão da LCT, publicada em 1969. O modelo de regulação então adoptado foi mantido nas duas versões do Código.

[28] A segunda hipótese prevista – publicação do regulamento posterior ao «início da execução do contrato» – suscita o problema de saber se haverá aí lugar a um *novo contrato,* conforme ao teor do regulamento, com a cessação do vínculo por força do qual o trabalho fora anteriormente prestado. Na verdade, a lei parece admitir que essa publicação exprima uma *proposta de alteração dos contratos existentes* com a generalidade do pessoal ao serviço do dador de trabalho; daí que a não-oposição

Significa isto que a lei define um critério para a adesão tácita (de que a presumida é uma das modalidades), descrevendo uma conduta que poderá servir-lhe de suporte. Quando menos, é de supor que se trata da indicação de uma base mínima para que a adesão se presuma; com efeito, o prazo de 21 dias fixado no art. 104º/2 funda-se na necessidade de se ter como certo o *efectivo conhecimento,* por parte do trabalhador, do conteúdo do documento de que conste a proposta, e de se garantir, além disso, que o mesmo trabalhador tenha feito sobre ele a conveniente *ponderação.*

24. *A protecção contra abusos.* A celebração do contrato de trabalho por adesão oferece, naturalmente, oportunidade para abusos: se, mesmo havendo negociação, esta é normalmente viciada pelo desnível de capacidade contratual entre quem oferece emprego e quem o procura, esse desequilíbrio acentua-se fortemente se o conteúdo do contrato, definido pelo empregador, é, à partida, inegociável. São, por isso, no caso do contrato de trabalho, reforçadamente justificáveis as cautelas estabelecidas pelo regime das *cláusulas contratuais gerais* (DL 446/86, de 25/10, com as alterações introduzidas pelos DLs 220/95, de 31/08, e 249/99, de 7/7), em cuja previsão indiscutivelmente cabem as disposições regulamentares do empregador que este pretenda usar como proposta de contrato de trabalho. O art. 105º CT declara expressamente aplicável esse regime aos "aspectos essenciais do contrato de trabalho".

Pode, desde logo, questionar-se o significado desta última expressão. Na verdade, como se disse, as cláusulas contratuais gerais relevam aqui somente quando integram os elementos necessários para que, mediante a adesão, o contrato fique concluído. Esses elementos correspondem, naturalmente, aos "aspectos essenciais" desse mesmo contrato, e foram indicados acima.

Por outro lado, importa evidenciar em que consiste esse regime. Impõe a prévia comunicação integral das referidas cláusulas, de modo a possibilitar o «conhecimento completo e efectivo por quem use de comum diligência» (art. 5º), assim como a informação e esclarecimento de aspectos menos claros, por parte do proponente (art. 6º). Por outro lado, é estabelecido um longo rol de *cláusulas proibidas,* muitas das quais transponíveis para o domínio da relação de trabalho (arts. 15º e segs.).

dos trabalhadores, nos 30 dias seguintes, permita presumir a sua adesão – isto é, a conclusão de contratos em conformidade com os termos do regulamento. Mas não cremos que isto autorize a suposição de que os trabalhadores que recusem a sua adesão – opondo-se por escrito às cláusulas do regulamento publicado – ficam automaticamente *desvinculados* (do contrato que tinham). A publicação do regulamento pode valer como uma *proposta geral de alteração dos contratos,* mas não como um *meio de cessação dos mesmos.*

Entretanto, o art. 3º/1-*e*) do diploma citado excluiu do seu âmbito de aplicação as cláusulas de instrumentos de regulamentação colectiva de trabalho, quando reproduzidas ou objecto de remissão nessas propostas-tipo. A *ratio* desse afastamento parecia clara: as cláusulas das convenções colectivas (pois é delas que, essencialmente, se trata) resultam de negociações que são, por definição, equilibradas, ainda que possam reflectir diferentes correlações de forças entre os sindicatos e os empregadores. Não poderá, razoavelmente, falar-se de abusos, imposições ou imponderações a propósito de tais regimes convencionais. No entanto, de modo surpreendente, o CT veio inflectir essa orientação: o citado art. 105º considera aplicável o regime das cláusulas contratuais gerais, mesmo na parte em que o conteúdo do contrato de trabalho "se determine por remissão para instrumento de regulamentação colectiva de trabalho"[29].

Para além do elenco de cláusulas proibidas, o diploma cria um meio judicial de defesa dos destinatários – *a acção inibitória* – para a qual dispõem de legitimidade activa, no domínio laboral, as associações sindicais (art. 25º/1 *b*).

C) O dever de informação do empregador[30].

25. *O art. 106º CT.* Como se disse, a liberdade de forma no contrato de trabalho (como noutro qualquer) traduz a preferência do legislador pela facilidade ou simplicidade no estabelecimento de relações de trabalho, sobre a conveniência de se garantir a certeza e a consistência das condições estipuladas. De resto, há que contar com o facto de que o contrato de trabalho, como se anotou várias vezes, só em medida muito limitada constitui o instrumento modelador das condições em que se desenvolverão as relações entre as partes: a lei e, sobretudo, a contratação colectiva (esta, naturalmente, mais mutável do que aquela) preenchem grande parte do conteúdo regulatório característico do contrato de trabalho. A exigência de forma legal para este contrato não significaria, assim, um reforço importante para a certeza e a consistência das posições contratuais.

É nesta lógica que deve ser situado o regime contido nos arts. 106º ss. CT[31]. Ele começa por impor, em termos paralelos, às entidades empregadoras e aos trabalhadores *deveres de informação recíproca*[32].

[29] Vd, Júlio Gomes, *Direito do Trabalho* cit., 471 ss.; M. Rosário Ramalho, *Tratado*, Parte II 134 ss..

[30] Vd. sobre o tema Júlio Gomes, *Direito do Trabalho* cit., 480 ss.; Menezes Cordeiro, *Direito do Trabalho* cit., II 739 ss.; M. Rosário Ramalho, *Tratado* cit, Parte II 146 ss..

[31] Este artigo reflecte a transposição , para a ordem jurídica interna, da Dir. 91/533/CEE, de 14 de outubro. No entanto, recentemente, a matéria foi abordada, em termos muito mais amplos, pela Dir. 2019/1152/EU, de 20 de junho, relativa a condições de trabalho transparentes e previsíveis na União Europeia. No que toca ao conteúdo da informação a prestar pelo empregador ao trabalhador, a nova norma europeia define tópicos que não estão contemplados no art. 106º CT. O prazo

No que toca ao empregador, a informação a prestar refere-se aos "aspectos relevantes do contrato de trabalho" – ou seja, basicamente, às "regras do jogo" a que a relação entre as partes irá submeter-se. Essas regras, ou resultam de normas (lei, convenção colectiva) ou da vontade do empregador. Entende-se, assim, que caiba a este último tornar o trabalhador ciente do que serão as condições de trabalho a praticar. Este dever estende a sua projecção desde a fase pré-contratual – em que, como vimos, impera a necessidade de informação recíproca –, passando pelos momentos iniciais do contrato e mantendo-se actuante por toda a vigência deste[33]. De resto, também ao trabalhador é imposto um dever de informação – "sobre aspectos relevantes para a prestação da actividade laboral" – que cobre, certamente a fase pré-contratual, e se mantém ao longo da duração da relação de trabalho, embora tendo por objecto sobretudo a prevenção ou o alerta de avarias ou acidentes susceptíveis de afectarem a normalidade da laboração. De qualquer modo, o essencial destes deveres recíprocos estaria já coberto pelas alusões da lei à boa fé, quer na formação do contrato (art. 102º), quer na sua execução (art. 126º).

No entanto, esse paralelismo dos deveres de informação – um tanto forçado, diga-se – desvanece-se nos preceitos subsequentes sobre a matéria (art. 106º/3, arts. 107º e segs.). Eles tratam, essencialmente, de uma obrigação específica e autónoma do empregador – o dever de *informação inicial* ao trabalhador sobre os aspectos relevantes da relação de trabalho. O objecto mínimo dessa obrigação é detalhadamente definido no nº 3 do mesmo artigo, devendo constar de um ou vários *documentos escritos* (art. 107º/1) a entregar ao trabalhador dentro dos 60 dias subsequentes ao início da execução do contrato (art. 107º/4).

É óbvio que a natureza consensual do contrato de trabalho não resulta afectada por esta imposição legal[34] – antes, de certo modo, se reforça, visto que é retirado à alternativa oposta grande parte do seu fundamento. A informação que

de transposição da citada directiva termina em 1 de agosto de 2022, data até à qual esse artigo do Código deve ser revisto.

[32] O nº 2 do mesmo art. 106º, revelando uma aguda preocupação de simetria, impõe ao trabalhador, também, "o dever de informar o empregador sobre aspectos relevantes", já não do contrato, mas "para a prestação da actividade laboral". Mais adiante, o art. 109º/3 estende essa obrigação às "alterações relevantes para a prestação da actividade laboral". Trata-se de um dever geral de informação cuja delimitação se há-se fazer, pelo menos, tendo em atenção a tutela dos "direitos de personalidade" abordados nos arts. 14º e segs. CT. Por outro lado, a lei não estabelece (a simetria tem os seus limites) um correlativo dever geral de informação, a cargo do empregador, sobre as circunstâncias e os factores da vida da empresa que podem condicionar a prestação de trabalho, e até a subsistência futura do contrato.

[33] Assinalem-se, por exemplo, as especiais obrigações de informação aos trabalhadores que a lei impõe nos casos de encerramento da empresa por decisão do empregador (art. 311º CT).

[34] O próprio preâmbulo do 5/94, de 11/1, de que derivou este regime esclarece que as exigências por ele instituídas «não modificam as regras existentes sobre a forma do contrato de trabalho».

o empregador deve prestar por escrito ao trabalhador (e que este, naturalmente, pode verificar e contestar) constitui sucedâneo bastante para um contrato escrito com um clausulado pormenorizado. Por outro lado, o legislador quis também recusar a redundância: se o contrato de trabalho está reduzido a escrito, e contém todos os elementos de informação que o art. 106º/3 requer, o dever de informação «considera-se cumprido» (art. 107º/3).

IV. O período experimental[35].

> **"1. O período experimental corresponde à fase inicial de execução do contrato e destina-se a permitir, a ambas as partes, aferirem, na prática, do seu interesse na prossecução e manutenção do vínculo contratual, podendo em caso negativo fazê-lo cessar sem necessidade de prévio aviso ou de invocação de justa causa, não havendo direito a qualquer indemnização – art. 111º e 114º nº 1 do CT/2009.**
> **2. O nº 4 do art. 112º do CT é uma disposição inovadora do CT/2009, que veio permitir que o período experimental possa ser reduzido ou excluído, nas situações ali previstas, e radica a sua razão de ser "na presumida desnecessidade da sujeição do novo contrato ao normal período experimental, por as partes já terem um conhecimento mútuo que justificará a sua redução ou exclusão".**
> **3. Deve ter-se por excluído, nos termos do nº 4 do art. 112º do CT, o período experimental de trinta dias, aposto no contrato a termo certo celebrado pelas partes em 7.03.2012, uma vez que a Autora já tinha iniciado funções na Ré em 2.01.2012, mediante um contrato sem termo, e que exerceu continuamente até 7.03.2012, o que permitiu às partes terem conhecimento mútuo que torna desnecessário um novo período experimental." – Rel. Lisboa 06/04/2014 – P. 685/12.5TTLRS.L1-4 (Seara Paixão).**

A) A experiência como regra

26. *Razão de ser.* O carácter duradouro da relação de trabalho põe em movimento relevantes interesses das partes. Do ponto de vista do *empregador,* interessa que a situação resultante do contrato só se *estabilize* se, na verdade, o trabalhador contratado mostrar que possui as aptidões laborais procuradas; do ângulo do *trabalhador,* pode ser que as condições concretas do trabalho, na organização em que se incorporou, tornem intolerável a permanência indefinida do vínculo assumido. O contrato de trabalho é celebrado em contexto de grande indeter-

[35] Veja-se, para maior desenvolvimento: Pupo Correia, *Da experiência no contrato de trabalho,* Supl. Bol. Fac. Dir., XVIII (1970); Raúl Ventura, *O período de experiência nos contratos de trabalho,* «O Direito» (1961) nº 4, 247 ss.; M. C. Tavares da Silva 595 ss.; Martin Valverde, *El periodo de prueba en el contrato de trabajo,* Madrid (1976); Schaub 170 ss.; Bernardo Xavier, *Manual de Direito do Trabalho* cit., 661 ss.; Júlio Gomes, *Direito do Trabalho* cit. 486 ss.; J. Leal Amado, *Contrato de trabalho* cit., 197 ss..

minação. Quanto a ambas as partes, só o desenvolvimento factual da relação de trabalho pode esclarecer, com alguma nitidez, a compatibilidade do contrato com os respectivos interesses, conveniências ou necessidades. Daí que a lei considere, justamente, experimental o período inicial da execução do contrato de trabalho (art. 111º/1 CT)[36].

27. *A experiência como regra.* A necessidade dessa experiência (ou «período de prova») existe sobretudo nos contratos de duração indeterminada. Se há prazo estipulado, é de presumir que a força de trabalho se destine a um objectivo concreto e delimitado, em relação ao qual é mais fácil estabelecer previamente a adequação entre o homem e a função; por outro lado, a própria circunstância de o contrato ter vida limitada, quer dizer, durabilidade restrita, torna menos graves os eventuais desajustamentos que se venham a manifestar. Daí que, na lei anterior à codificação (art. 44º LCT), o período experimental constituísse regra nos contratos sem prazo e excepção nos de duração determinada. Relativamente aos primeiros, poderia ser *excluída, por escrito,* a experiência; quanto aos segundos, poderia ser *estipulada, também por escrito,* a existência do período de prova.

Não é, porém, assim no CT (arts. 111º-112º). O período de experiência constitui a *regra* em qualquer modalidade de contrato de trabalho. Para que não exista, é necessário acordo expresso das partes. Exceptuam-se apenas os contratos em comissão de serviço. Neste último caso, é exigida estipulação expressa. Compreende-se que assim seja: a atribuição de uma "missão" específica a certa pessoa supõe a existência de dados que garantem o acerto da escolha.

Por outro lado, a lei admite a *exclusão* do período experimental por acordo escrito entre as partes (art. 111º/3), e a sua *redução* tanto por acordo escrito a nível individual como por instrumento de regulamentação colectiva de trabalho (art. 112º/5)[37]. Apesar das observações anteriores, não custa aceitar a solução quando se pondera que, pela via do aprazamento, podem efectivamente surgir e desenvolver-se vínculos prolongados, porventura mesmo destinados a perder a limitação no tempo. Mas afigura-se difícil entender a posição do legislador enquanto *generalizada* aos contratos a termo, independentemente da extensão deste: alguns desses vínculos vigência tão curta que a existência de um período de prova será, na prática, claramente aberrante.

[36] Assinale-se que, na L. nº 1952, de 10/3/37, o período experimental era previsto em termos de funcionar apenas *em benefício da entidade patronal* (§ único do art. 12º, arts. 14º e 15º); só com o DL 47 032, de 27/5/66, e depois com o DL 49 408 (actual L.C.T.) surgiu legalmente consagrada a *bilateralidade da experiência.* Cf. M. C. Tavares da Silva 595 ss.. Curiosa, ainda, a designação de "quarentena contratual" usada em certa jurisprudência – Ac. Rel. Lisboa 15/6/94 (CJ 94, 3, 177).

[37] Parece resultar liquidamente do regime do CT que os períodos de experiência não podem ser aumentados, por qualquer das vias convencionais admitidas para a redução e eliminação.

B) O regime legal

28. *Os períodos de experiência.* Nos contratos de duração indeterminada, a duração do período de experiência é diversificada em função da natureza das actividades que constituem objecto do contrato (art. 112º): para a generalidade dos casos, é de 90 dias; quando se trate de «cargos de complexidade técnica, elevado grau de responsabilidade ou que pressuponham uma especial qualificação», de «funções de confiança», a duração da experiência é de 180 dias; para pessoal de direcção e quadros superiores, é de 240 dias[38]. Note-se que a muito recente Dir. 2019/1152, já citada, impõe um limite máximo absoluto de *seis meses*, que deverá ser assumido pela nossa lei dentro do prazo de transposição (1 de agosto de 2022).

Numa inflexão táctica, a lei (art. 112º/1-b), na redacção dada pela L. 93/2019) estende a aplicação do período de 180 dias aos trabalhadores à procura do primeiro emprego e aos desempregados de longa duração, grupos que, anteriormente, estavam contemplados como casos especiais de contratação a termo. Pode pôr-se a questão de saber se a solução aumenta ou diminui a instabilidade do emprego desses trabalhadores.

Como se disse, também nos contratos a termo tem cabimento o período experimental: ele será de 30 ou 15 dias consoante a duração prevista do contrato (superior, ou não, a 6 meses) (art. 112º/2). Quando exista nos contratos em comissão de serviço, não pode exceder 180 dias (art. 112º/3).

Tal como no regime do contrato a termo certo, também no cômputo do período de experiência se incluem outros tempos de trabalho anteriores da mesma pessoa, na mesma função ou com o mesmo objecto, em proveito do mesmo beneficiário, por títulos diversos (contrato a termo, trabalho temporário, prestação de serviço) (art. 112º/4).

29. *A liberdade de desvinculação.* O que representa, na prática, a existência de período experimental?

Como se verá, a cessação do contrato, por acto *unilateral* de qualquer das partes, é rodeada de condicionamentos, restrições e cautelas, que se fundam na gravidade de que pode revestir-se, dado o carácter duradouro da relação de trabalho, face às expectativas de estabilidade dos sujeitos – sobretudo, é claro, o trabalhador. *Ora estas limitações à liberdade de desvinculação não valem no período experimental:* nos termos do art. 114º CT, durante aquele período é livre a ruptura do contrato – a lei adopta a presunção de que a cessação do contrato é deter-

[38] O Código do Trabalho de 2009, na versão aprovada pela Assembleia da República, elevava para 180 dias o prazo geral, o que se traduzia no aumento para o dobro do período aplicável às funções menos qualificadas. A alteração veio a ser declarada inconstitucional pelo Ac. TC 632/2008, de 23/12/2008 – P. 977/2008 (*DR* 1ª série, nº 6, de 09/01/2009), com fundamento na diminuição da garantia da segurança do emprego estabelecida pelo art. 53º CRP.

minada por inaptidão do trabalhador ou por inconveniência das condições de trabalho oferecidas pela empresa.

No entanto, não pode excluir-se a hipótese de *abuso de direito*. O art. 53º CRP não é neutralizado pelo regime da experiência[39]. Confirma-o, além do mais, a jurisprudência constitucional[40]. Um despedimento realizado nesse período pode ser discriminatório, fundado em motivos ideológicos, ou em razões estranhas às relações de trabalho, ou simplesmente arbitrário – e, sendo assim, não poderá considerar-se coberto pela "franquia" do art. 114º, recaindo sobre ele o regime geral do despedimento.

Para que o período de experiência desempenhe a função que lhe corresponde no pensamento da lei, é necessário que o contrato esteja a ser executado, isto é, que se inicie a prestação de trabalho no seio da organização. Por isso, a lei estabelece que ele «corresponde ao tempo inicial de *execução* do contrato» (art. 111º/1) e não, como outrora se entendia, à primeira fase da *vigência* do vínculo. Na verdade, como se sabe, entre a celebração (e o início da eficácia jurídica) do contrato de trabalho, de um lado, e o começo da prestação de trabalho (isto é, da relação factual entre as partes), por outro lado, pode mediar algum tempo. Só o segundo momento é compatível com a finalidade do instituto[41].

De notar que a L. 93/2019 alterou o art. 112º/4, de modo a abranger no tempo considerado de "execução do contrato", para este efeito, os períodos de "estágio profissional para a mesma actividade".

Na mesma perspectiva, o despedimento declarado antes desse momento, sem observância do condicionamento geral da lei, será ilícito: o período experimental não se iniciou, não existe portanto a liberdade de desvinculação a que alude o art. 114º/1[42].

[39] Não falta, aliás, quem o considere "no limiar da inconstitucionalidade": cfr. J. Leal Amado, *Contrato de trabalho* cit., 201.

[40] Na verdade, o Ac. TC 632/2008, já citado, recorreu à lógica do artr. 53º para declarar inconstitucional um aumento do período experimental.

[41] O art. 28º/1 DL 372-A/75, de 16 de Julho, chegou a restringir o período experimental aos «primeiros quinze dias de vigência do contrato». No entanto, a incongruência que daí ressaltava (e que, por certo, se relaciona com uma postura político-legislativa globalmente adversa à liberdade de desvinculação unilateral pelo empregador; basta dizer que o período-regra era de quinze dias) era já sentida e ultrapassada pela jurisprudência: veja-se, por exemplo, o Ac. Rel. Lisboa 20/1/88 (CJ 88, 1, 175), em que, ao arrepio da lei, se fixava o início do período de expenência no «início da prestação efectiva de trabalho». Na mesma linha, mas de modo mais harmonizável com o texto legal, o Ac. STJ 25/6/86 (AD 299, 1417) configurava como abuso de direito o despedimento no período experimental sem que tivesse sido dada oportunidade para o início da prestação de trabalho.

[42] De modo congruente, tem que se tomar em conta a execução do contrato para o decurso do período experimental. Este suspende-se durante qualquer impedimento temporário do trabalhador

Todo este esquema legal é, porém, susceptível de ser afastado por acordo das partes; trata-se, pois, de um tema em que a lei atende, através de normas supletivas, aos interesses *privados* em jogo. Assim, como se viu, pode não haver período experimental[43], ou ser de algum modo limitada a liberdade de desvinculação das partes no seu decurso.

30. *A frustração da experiência*. A experiência pode, contudo, falhar, não sendo esclarecedora nem concludente para qualquer dos sujeitos. Pode dar-se que o empregador, no seu decurso, trate o trabalhador com particular deferência e urbanidade, lhe ofereça um ambiente de trabalho agradável e salubre, se mantenha dentro dos limites das faculdades resultantes do contrato – e altere depois, progressivamente, essas condições, à medida que a relação de trabalho se estabiliza. O trabalhador pode declarar aptidões que não possui, exercer durante a experiência a sua actividade por forma diligente e hábil – vindo mais tarde a revelar um rendimento normal muito inferior, ou uma imperícia inesperada.

A preocupação de responder a tais situações manifestou-se na LCT de 1969, a qual, para além do período experimental, mantinha a possibilidade, para ambos os sujeitos, de fazer cessar unilateralmente o contrato, com base na inaptidão para o trabalho ou na deficiência das condições oferecidas pela empresa, preenchendo, assim, uma situação de justa causa (arts. 102º/*a* e 103º/*b*)).

No entanto, depois de 1976, a referência à «manifesta inaptidão do trabalhador para as funções ajustadas» deixou de figurar no elenco das situações indicadas pela lei como possíveis justas causas de despedimento pelo empregador.

Dir-se-ia que a inclusão da "inadaptação do trabalhador" entre as causas de cessação do contrato por iniciativa do empregador[44], muito especialmente após a alteração operada pela L. 23/2012, de 25 de Junho, veio alterar o cenário da questão.

A verdade é que as situações aí visadas pressupõem, numa das modalidades, a mudança dos moldes e requisitos técnicos da prestação de trabalho, ou seja, a modificação das condições objectivas em que o vínculo foi contraído, ou, noutra modalidade, uma "modificação substancial da prestação realizada pelo trabalhador" (art. 375º/1 e 2 CT) – ambas por referência, como é óbvio, à situação

ou da empresa. Cfr. Acs. Rel. Porto 18/4/88 (CJ 88, 2, 245) e Rel. Lisboa 18/1/95 (CJ 95, 1, 174). Por outro lado, não se conta evidentemente no período experimental o período de formação anterior à celebração do contrato: Ac. STJ 16/10/2010 – P. 832/08.1TTSTB.E1.S1 (Pinto Hespanhol).

[43] Mas é sempre exigível, para o efeito, acordo escrito: Ac. Rel. Lisboa 8/5/96 (CJ 96, 3, 157), Ac. STJ 25/9/96 (AD 420, 1501).

[44] Primeiro, pelo DL 400/91, de 16/10, apenas para os casos de modificação do posto de trabalho – regime que se manteve praticamente inalterado, nas duas versões do CT, até à L. 23/2012, como se assinalará no lugar próprio.

existente no início das relações de trabalho, quando a experiência se efectivou. Para que a «inadaptação» possa ser invocada, mostra-se, com efeito, necessário que seja "superveniente" e que «tenham sido introduzidas modificações no posto de trabalho» derivadas da alteração dos processos de fabrico, da tecnologia ou dos equipamentos utilizados, ou se verifique uma modificação (negativa) do desempenho funcional do trabalhador, e, ainda, que a este tenha sido facultada formação adequada. Não se trata, pois, da inaptidão *originária* – ou seja, daquela que o período de experiência se destina a apurar.

Todavia, não há dúvida de que a segunda modalidade de "inadaptação" – na realidade, equivalente a "inaptidão" – pode permitir superar o problema da frustração da experiência, por parte do empregador, sobretudo quando se trate de situações em que o nível de desempenho mantido durante a experiência manifeste uma quebra sensível após o termo desta.

31. *Falta de diligência e inaptidão.* A frustração da experiência, no tocante à relação entre o trabalhador e a função que lhe é atribuída, deve ser encarada de dois ângulos diversos.

Há, com efeito, que distinguir claramente a *inaptidão* ou *imperícia* da *negligência* ou diminuição da diligência inerente à natureza da função. Neste segundo caso, está-se perante um aspecto que releva da *vontade* do trabalhador; no primeiro, trata-se de uma questão de *capacidade mental, técnica e/ou física* para as tarefas ajustadas[45].

No tocante à *diligência* como aspecto do comportamento devido pelo trabalhador, a sua relevância reflecte-se na verificação do cumprimento pontual do débito laboral (art. 128º/1-c) CT), encontra remédio correctivo ou expulsivo pela via da acção disciplinar. Na verdade, são possíveis justas causas de despedimento a repetida quebra de diligência devida na prestação de trabalho e as reduções anormais de produtividade (vd. art. 351º/2-*d*) e *m*)).

Pelo contrário, a carência originária de aptidões do trabalhador para a função ajustada só releva, segundo cremos, em sede de *erro* sobre as qualidades do outro sujeito; mas a função do período experimental traduz-se, justamente, a nosso ver, na neutralização da relevância que tal erro assumiria nos termos gerais (art. 251º CCiv.), pois faz cristalizar a presunção de que, muito embora as características do trabalhador não fossem exactamente conhecidas pelo empregador no momento da celebração do contrato, o decurso de certo tempo de execução terá permitido avaliá-las suficientemente, em condições normais. Ora, segundo

[45] Cfr. Ghidini 542; Barreiro, *Diligencia y negligencia en el cumplimiento de las obligaciones*, Madrid (1981).

cremos, isto só não será válido se houver *actuação dolosa* do trabalhador, quer na preparação e conclusão do vínculo (tornando-o anulável e induzindo responsabilidade civil: art. 254º CCiv., art. 102º CT), quer na fase de experiência (induzindo acção disciplinar que pode conduzir ao despedimento, por violação do *dever de lealdade* já versado). Digamos, em suma, que a inaptidão originária apenas relevará, após o período de prova, se revestida de *dolo* do trabalhador – ou seja, excepcionalmente[46].

Quanto à perda de capacidades superveniente, ela poderá encontrar resposta no novo regime da "inadaptação", como se disse.

Mas a verdade é que as situações de *frustração da experiência,* nos termos aludidos mais atrás, relacionam-se, na maioria dos casos, *com a diligência,* não com a aptidão mental, técnica ou física para a função acordada. A diligência encontra-se, pela sua mesma conexão à *vontade* do trabalhador, muito mais exposta a expedientes enganadores do que a perícia para as tarefas especificamente visadas no contrato.

[46] A questão merece, no entanto, ser reponderada à luz da modificação do regime do despedimento por inadaptação, operada, como no lugar próprio se assinalará, pela L. 23/2012.

III PARTE
O CONTEÚDO DA RELAÇÃO INDIVIDUAL DE TRABALHO

Capítulo 7
OS DIREITOS FUNDAMENTAIS EM AMBIENTE DE TRABALHO[1]

I. Visão geral.

1. Os direitos fundamentais dos trabalhadores: específicos e inespecíficos; 2. Direitos fundamentais e contrato de trabalho.

1. *Os direitos fundamentais dos trabalhadores: específicos e inespecíficos.* A Constituição consagra, nos arts. 53º e seguintes, um conjunto de direitos fundamentais cuja titularidade é atribuída aos trabalhadores *enquanto tais*, e que são fundamentais não só por beneficiarem da especial dignidade dos "direitos, liberdades e garantias" constitucionalmente acolhidos, mas também por servirem de fundamento ao próprio sistema legal do trabalho. Na verdade, a regulamentação das relações de trabalho mergulha as suas raízes nesse limitado território do complexo constitucional: para além dos alicerces do Direito colectivo, que são abordados nos arts. 54º a 57º da Lei Fundamental, há que ter em conta a projecção dos arts. 53º (segurança do emprego) e 59º (direitos dos trabalhadores), que fornecem a linha orientadora de, praticamente, todos os principais institutos compreendidos no regime das relações individuais de trabalho.

[1] Ver, sobre o tema, as monografias fundamentais de José João Abrantes, *Contrato de trabalho e direitos fundamentais*, Coimbra (2005) e Paula Quintas, *Os direitos de personalidade consagrados no Código do Trabalho na perspectiva exclusiva do trabalhador subordinado – Direitos (des)figurados*, Coimbra (2013); na manualística: Júlio Gomes, *Direito do Trabalho* cit., 265 ss.; Bernardo Xavier, *Manual* cit., 477 ss.; M. Rosário Ramalho, *Tratado* cit. Parte II 386 ss.; Menezes Cordeiro, *Direito do Trabalho* cit. 534 ss.; Romano Martinez, *Direito do Trabalho* cit. 373 ss..

Para utilizar uma famosa dicotomia[2], trata-se de *direitos fundamentais específicos* dos trabalhadores – direitos constitucionais que só são reconhecidos aos cidadãos se e quando adquiram a qualidade de trabalhadores.

Há, porém, outros direitos fundamentais que, embora estejam reconhecidos à generalidade dos cidadãos – sendo, por isso, *inespecíficos* –, se revestem de matizes particulares no contexto das relações de trabalho subordinado. Na verdade, o cenário das relações de trabalho – normalmente o da empresa – é um daqueles em que alguns direitos fundamentais gerais se expõem a situações de compressão ou mesmo lesão grave. Existe, em suma, uma área em que se confundem ou sobrepõem os direitos inerentes à capacidade jurídica das *pessoas*, os direitos e liberdades reconhecidos aos *cidadãos*, e os direitos dos *trabalhadores* enquanto tais. Essa área é a dos *direitos fundamentais inespecíficos*, que M. C. PALOMEQUE LÓPEZ define com grande clareza: "direitos atribuídos com carácter geral aos cidadãos, que são exercidos no seio de uma relação jurídica laboral por cidadãos que, ao mesmo tempo, são trabalhadores e, portanto, se convertem em verdadeiros direitos laborais em razão do sujeito e da natureza da relação jurídica em que se fazem valer"[3].

2. *Direitos fundamentais e contrato de trabalho*. Concorrem para isso várias circunstâncias, entre as quais podem ser indicadas as seguintes: *primeiro*, a de a relação de trabalho ser uma relação de poder de uma pessoa sobre outra, sendo que esse poder é, ele próprio, juridicamente revestido e dotado de instrumentos que podem ser usados de várias maneiras; *segundo*, a de à subordinação jurídica se associar, normalmente, a dependência económica, o que acresce a vulnerabilidade de um dos personagens da relação de trabalho relativamente ao interesse económico e às restantes motivações possíveis do outro; *terceiro*, a de a relação de trabalho ser, por natureza, limitativa da liberdade de acção do trabalhador (liberdade de movimentos no espaço, liberdade de organização do tempo) e confinante, quando não abertamente conflituante, com outras esferas da existência pessoal dele, nomeadamente a familiar; e *quarto*, a de a execução do contrato de trabalho envolver uma implicação profunda da pessoa do trabalhador, nas suas várias dimensões, que não apenas as técnico-profissionais.

A redução do quadro jurídico das relações de trabalho às dimensões de um contrato e das obrigações nele fundadas seria, perante esse quadro de circunstâncias, insuficiente.

[2] Proposta por M. C. PALOMEQUE LÓPEZ, *Derechos fundamentales generales y relación laboral: los derechos laborales inespecíficos* in AA. VV., *El modelo social en la Constitución Española de 1978*, Madrid, 2003, pp. 229-248.

[3] Id., id..

A insuficiência de uma aproximação estritamente contratualista resulta da necessidade de incorporar, no "ambiente" da relação de trabalho, para além das consequências obrigacionais do vínculo voluntariamente assumido por empregador e trabalhador, elementos "meta-contratuais" que são os respeitantes à *tutela da personalidade* dos trabalhadores, não estritamente nesta qualidade, mas na perspectiva da *cidadania*.

A CRP[4] consagra um rol bastante vasto de direitos, liberdades e garantias dos cidadãos enquanto tais – desde o direito à vida (art. 24º) e à integridade pessoal (art. 25º) até à liberdade de consciência, religião e culto (art. 41º) e a liberdade de criação cultural (art. 42º).

Alguns desses direitos, antes mesmo de serem atributos de cidadania, são elementos inalienáveis da capacidade jurídica das *pessoas* e encontram, por isso, acolhimento no próprio do Código Civil (arts. 70º e segs.). E, tendo em conta o que se assinalou atrás sobre a especial vulnerabilidade que alguns desses direitos inespecíficos manifestam no ambiente das relações de trabalho subordinado – ou seja, quando o cidadão assume a qualidade de trabalhador –, não surpreende que o Código do Trabalho igualmente se ocupe deles, como adiante se observará.

A Constituição desempenha, pois, nesta parte, a função de fonte "específica" de Direito do Trabalho[5],no sentido do art. 1º CT, ao configurar, por um lado, direitos fundamentais privativos da condição de trabalhador e susceptíveis de pautarem a acção do legislador ordinário na regulação das relações individuais e colectivas de trabalho[6], e, por outro, ao consagrar direitos não especificamente laborais, mas susceptíveis de gerarem necessidades particulares de tutela no âmbito das relações de trabalho.

[4] Desenvolvendo aquilo que designa como a "cartografia constitucional relativa ao trabalho", veja-se BERNARDO XAVIER, *A Constituição portuguesa como fonte de Direito do Trabalho e os direitos fundamentais dos trabalhadores*, em AA. VV., *Estudos de Direito do Trabalho em homenagem ao Professor Manuel Alonso Olea*, Coimbra (2004), especialmente 181 ss..

[5] A propósito disto se tem falado da existência de uma "Constituição laboral", destacável no conjunto do ordenamento constitucional.

[6] A legislação ordinária do trabalho está, por isso, sempre sujeita a um escrutínio particularmente intenso e rigoroso de constitucionalidade material.

II. Os "direitos de personalidade" no Código do Trabalho[7].

3. A "contratualização" dos direitos fundamentais; 4. Os condicionamentos organizacionais dos direitos fundamentais.

3. *A "contratualização" dos direitos fundamentais.* A "transposição" dos direitos fundamentais inespecíficos para o domínio especificamente laboral é realizada pelo próprio Código do Trabalho, sob a epígrafe "direitos de personalidade" (arts. 14º a 22º).

A "transposição" não seria necessária para garantir eficácia plena a esses direitos. Bastaria constarem do texto constitucional.

Mas o facto de a lei laboral os retomar tem duplo alcance.

Por um lado, fá-los penetrar no conteúdo das relações de trabalho, criando novas referências para a definição dos comportamentos devidos pelas partes. Há, pois, como que uma "absorção contratual" dos direitos fundamentais, no sentido de que os poderes patronais e os deveres dos trabalhadores são por eles dimensionados. Isso é particularmente relevante no que respeita a práticas de direcção e controlo em que os poderes do empregador podem desafiar abertamente a privacidade e a própria dignidade pessoal do trabalhador: vejam-se as regras sobre protecção de dados pessoais (art. 17º), sobre testes e exames médicos (art. 19º), sobre meios de vigilância a distância (art. 20º) e sobre o uso de meios de comunicação da empresa (art. 22º). Mas o ângulo de observação desse fenómeno deve abrir-se a manifestações já presentes, desde há muito, na legislação do trabalho: as obrigações impostas ao empregador em matéria de ambiente de trabalho (sob os pontos de vista físico e moral), as prescrições relativas à saúde e segurança nos locais de trabalho, inclusivamente as expressões do direito ao repouso e ao lazer – todos integráveis na tutela da vida e da integridade fisica e psíquica dos trabalhadores – são outras tantas incrustações dos direitos fundamentais na moldura contratual das relações de trabalho. A circunstância de se tratar, quase na totalidade, de matéria indisponível não é suficiente para repelir a ideia de absorção contratual: o contrato de trabalho é, em enorme parte, uma módulo pré-definido, que não supõe realmente negociação nem um analítico acordo de vontades. Por outro lado, a ideia de "contratualização" permite colocar (também) no plano da responsabilidade contratual as consequências das agressões aos referidos direitos[8].

[7] Cfr. Bernardo Xavier, *Manual de Direito do Trabalho* cit., 480 ss..

[8] Em torno deste tema, veja-se o ensaio fundamental de Luca Nogler, *La "deriva" risarcitoria della tutela dei diritti inviolabili della persona del lavoratore dipendente*, in *Mobbing, organizzazione, malattia professionale* (dir. F. Carinci/R. De Luca Tamajo/P. Tosi/T. Treu),*Quaderni di Diritto del Lavoro e delle Relazioni Industriali*, nº 29 (2006), 63 ss..

4. *Os condicionamentos organizacionais dos direitos fundamentais.* Por outro lado, a incorporação de certos direitos fundamentais dos trabalhadores na lei laboral permite definir-lhes condições ou limitações derivadas do enquadramento organizacional em que vão operar[9]. Vejamos dois exemplos. No art. 17º/1, admite-se que o empregador exija ao candidato a emprego informações relativas à sua vida privada, se "estritamente necessárias e relevantes para avaliar da respectiva aptidão no que respeita à execução do contrato de trabalho". O apuramento da aptidão para o trabalho é, assim, tratado como factor condicionante da privacidade. O art. 19º/1 proíbe ao empregador a exigência de testes ou exames médicos para verificação das condições físicas ou psíquicas do trabalhador, "salvo quando estes tenham por finalidade a protecção e segurança do trabalhador ou de terceiros, ou quando particulares exigências inerentes à actividade o justifiquem". Os riscos associados ao exercício de certas actividades justificam, pois, segundo a lei, que o empregador tenha a possibilidade de controlar o estado físico e psíquico do trabalhador, penetrando também desse modo na esfera da sua intimidade pessoal.

Tais ressalvas parecem chocar directamente com o art. 18º/2 CRP, que estabelece o princípio de que só são admitidas restrições expressamente previstas pela própria lei fundamental. A verdade é que a formulação constitucional destes direitos é, frequentemente, irrestrita, e, naturalmente, nunca sensível à realidade do trabalho na empresa. Assim, as limitações admitidas pelo CT têm que legitimar-se através da aplicação (necessariamente problemática, ainda que imperiosamente exigida pela natureza das coisas) de um critério de admissibilidade de *limites não expressamente autorizados* aos direitos fundamentais[10]. Essa legitimação parece não oferecer dificuldades quando os limites ou reservas se fundamentam em interesses gerais, como o da preservação da saúde e segurança no trabalho ou o da salvaguarda da vida e da integridade física ou psíquica do próprio trabalhador, mas já se afigura duvidosa quando se trata de sobrepor interesses económico-produtivos, como o "normal funcionamento da empresa" (art. 14º) ou a avaliação da aptidão do trabalhador para a prestação do trabalho (art. 17º/1-*a*)), a alguns desses direitos fundamentais.

As observações que se seguem vão percorrer os direitos e liberdades especificamente considerados nos arts. 14º a 22º do CT, procurando evidenciar aquilo que pode considerar-se ser o "valor acrescentado" da intervenção do legislador laboral na tutela substantiva dos direitos de personalidade.

[9] A constitucionalidade dessas restrições poderia ser posta em causa, e daí que tivessemos sugerido a conveniência da sua submissão ao controlo do Tribunal Constitucional.

[10] Sobre o tema, veja-se a obra fundamental de Jorge Reis Novais, *As restrições aos direitos fundamentais não expressamente autorizadas pela Constituição*, Coimbra (2003).

III. Liberdade de expressão

5. Que liberdade?; 6. A tutela da reputação do empregador; 7. O "normal funcionamento da empresa"; o "*whistleblowing*".

> **"I. O trabalhador goza tanto no âmbito da empresa, como fora dele, de liberdade de expressão, ainda que tal liberdade não seja ilimitada, havendo que atender aos deveres de respeito, urbanidade e probidade;**
> **II. Na aferição da gravidade de afirmações ofensivas para um administrador há que ponderar as circunstâncias concretas do caso, como sejam, o facto de tais afirmações serem proferidas no Facebook pelo trabalhador em momento de indignação e sem identificar o seu empregador e a ausência de danos graves para o empregador." – STJ 27/11/2018 – P. 4053/15.9T8CSC.L1.S2 (Júlio Gomes).**

5. *Que liberdade?* Um trabalhador pode manifestar e divulgar, nomeadamente por correio electrónico dirigido a colegas de trabalho, opiniões negativas acerca de medidas ou políticas de gestão adoptadas pela administração ou por dirigentes da empresa, considerando-as, por exemplo, lesivas ou ruinosas? Será licito à entidade empregadora desencadear contra ele acção disciplinar ou penalizá-lo de qualquer modo por esse motivo? A convicção corrente, se não unânime, é de que o trabalhador (desde que não seja delegado sindical[11] ou membro da comissão de trabalhadores) não pode agir daquela maneira. É, inclusivamente, invocada a "perda de confiança" como possível fundamento para uma crise contratual.

Ora a lei protege não só a liberdade de "expressão", mas também a liberdade de "divulgação do pensamento e opinião". A referência ao "âmbito da empresa", constante do art. 14º, não limita a amplitude dessa divulgação – significa que uma liberdade reconhecida em geral é também vigente no quadro das relações de trabalho na empresa e sobre matérias respeitantes a esta. Na verdade, a abordagem deste tópico no CT – de resto, feita sem qualquer diferenciação quanto a conteúdos – seria difícil de entender se não visasse, até em primeira linha, assuntos relacionados com o ambiente de trabalho. O princípio que a lei consagra é, pois, o da liberdade de expressão e divulgação de pensamento e opinião sobre todos os assuntos, incluindo os respeitantes à empresa e às relações de trabalho. Mas essas expressão e divulgação podem concretizar-se dentro ou fora da empresa, inclusivamente através da comunicação social.

[11] Quando as denúncias e críticas públicas se inserem "pela melhoria das condições de trabalho no estabelecimento", correspondendo à verdade dos factos, e ainda que delas resulte denegrimento da imagem da entidade empregadora, a sua prática por delegados sindicais nunca será justificativa de despedimentos. – STJ 06/03/2019 – Pº 296/17.9T8FAR.E1.S1 (António Leones Dantas).

6. *A tutela da reputação do empregador*. Essas liberdades são limitadas pelo "respeito dos direitos de personalidade (...) do empregador, incluindo as pessoas singulares que o representam, e do normal funcionamento da empresa". Que direitos de personalidade são esses?

Antes do mais, considere-se o "direito ao bom nome e reputação" consagrado no art. 26º/1 da CRP. Entre-se em conta com a expressão genérica do art. 70º/1 do CC: "ofensa à (...) personalidade física ou moral"; e, ainda, com a protecção do "direito à integridade física e moral" a que se refere o art. 15º do CT. Se a crítica constituir directamente e sem fundamento bastante ofensa ou agravo reputacional às pessoas responsáveis pela gestão ou direcção da empresa, está-se fora da liberdade de expressão. A "divulgação" merece valoração autónoma: uma crítica, com circulação interna, pode ser legítima e intocável; mas a sua divulgação por toda a empresa ou mesmo no exterior pode constituir forma de denegrimento e de quebra de reputação para as pessoas responsáveis pelas medidas[12].

Reveste-se, neste plano, de particular interesse a orientação jurisprudencial – desenvolvida fora do âmbito juslaboral – que distingue entre "crítica objectiva" e "crítica pessoal"[13], incidindo a primeira sobre medidas, projectos, estudos, trabalhos de qualquer natureza, e a segunda sobre pessoas em concreto, seus perfis, suas aptidões. A "crítica objectiva", para mais formulada por quem tem interesse na viabilidade e na prosperidade futura da empresa, é sempre lícita, mesmo que, porventura, infundada, e que, por inerência, se projecte sobre pessoas responsáveis pelo objecto de crítica.

Contra este entendimento, não é, a nosso ver, invocável – em princípio – o argumento da "tutela da confiança". Salvo nos casos (dirigentes, altos cargos de assessoria) em que pode reconhecer-se na relação de trabalho um carácter essencialmente fiduciário, a confiança só releva enquanto referida à expectativa do bom cumprimento do contrato pelo trabalhador. A mencionada "crítica objectiva" não porá em causa, fora dos casos em que releva especificamente a "confiança pessoal", a previsão de cumprimento pontual das obrigações contratuais por parte do trabalhador.

7. *O "normal funcionamento da empresa"; o "whistleblowing"*. Um outro limite à liberdade de expressão é a salvaguarda do "normal funcionamento da empresa". Parece querer-se prevenir situações em que o trabalhador pretenda fazer-se ouvir por outros, podendo originar interrupção ou irregularidade no processo de laboração.

[12] Cfr. STJ 28/05/2014 – Pº 2786/11.8TTLSB.L1.S1 (Fernandes da Silva).

[13] Cfr., nomeadamente, STJ 07-03-2007 – P. 07P440 (Oliveira Mendes) e RL 24-01-2013 – P. 2507/10.2TDPRT.L1-9 (Fernando Estrela).

Mas há sobretudo que contar com as limitações que derivam de deveres específicos dos trabalhadores enquanto partes nos contratos de trabalho e elementos da empresa, particularmente os deveres de lealdade e de urbanidade. Em sentido lato, pode dizer-se que está também aqui em causa o "normal funcionamento da empresa", uma vez que se trata de regras de comportamento inerentes à inserção dos trabalhadores na organização produtiva.

Com efeito, pelo dever de lealdade, o trabalhador deve abster-se de exercer a liberdade de expressão de pensamento e opinião em sentido incompatível com o interesse contratual da entidade empregadora – por exemplo, denegrindo, sem fundamento objectivo, a qualidade dos bens ou serviços por ela produzidos. Um exemplo retirado da experiência judiciária ainda recente: uma empregada de uma residência para idosos comenta, em conversa com terceiros, que "não recomendaria a ninguém" essa residência[14]. Também pelo dever de urbanidade, o trabalhador deve pautar o exercício da liberdade de expressão por padrões normais de correcção, abstendo-se de utilizar formas verbais ou estilos de discurso susceptíveis de ofenderem a sensibilidade de uma pessoa normal.

Estes deveres do trabalhador podem entrar em tensão com obrigações, de natureza cívica, como a de denúncia de condutas criminosas por parte do empregador (*whistleblowing*). Há que ter em conta que essa denúncia pode redundar, meramente, na formação de suspeitas e, em último termo, não vir a ser confirmada. É evidente que a tutela do "bom nome e reputação" da entidade empregadora tem aqui que ser chamada à equação. Por um lado, o trabalhador denunciante cumpre um dever moral e cívico; por outro, põe em causa, de forma porventura irremediável, a imagem e a reputação do empregador. A jurisprudência tende a valorizar autonomamente este último aspecto, mesmo que a denúncia seja factualmente verídica[15].

[14] RP 15-02-2016 – P. 276/13.3TTSTS.P1 (Jorge Loureiro).

[15] Cfr. STJ 27/05/2004 – P. 04ª1704 (Azevedo Ramos): "Pouco importa que o facto afirmado ou divulgado corresponda ou não à verdade, contanto que seja susceptível, perante as circunstâncias do caso, de diminuir a confiança na capacidade e na vontade da pessoa para cumprir as suas obrigações ou de abalar o prestígio de que a pessoa goze ou o bom conceitoem que seja tida". Tratava-se de acusações de um sindicato de médicos contra a administração de um hospital, nomeadamente a de que "tinha uma máquina avariada há vários meses e que, por incompetência e incúria, estava a provocar mortes de doentes perfeitamente evitáveis". Esta valoração é aplicada a certos comportamentos de representantes sindicais e ao impacto destes nas respectivas relações de trabalho. Mais recentemente, foi decidido na mesma linha o caso de uma carta subscrita por um delegado sindical que acusava o administrador da empresa de ter uma "relação promíscua" com uma empregada, referindo várias situações concretas. O Supremo apreciou a situação, essencialmente, com base no "carácter ofensivo" da carta e na defesa da "honra e consideração das pessoas visadas", não curando da veracidade dos factos apontados.- STJ 07/04/2013 – P. 7583/11.8T2SNT.L1.S1 (Maria Clara Sottomayor).

A questão é de grande importância, na perspectiva do combate à corrupção: a protecção dos *whistleblowers* é elemento-chave na estratégia desse combate. Em termos legais, essa protecção é assegurada genericamente aos trabalhadores em funções públicas ou ao serviço de empresas públicas e privadas[16], por apelo ao regime das sanções disciplinares abusivas. No cenário internacional, tanto a conv. OIT 158[17] como a Convenção da ONU contra a Corrupção, em vigor desde 2005[18], e, especialmente, a Convenção de Direito Civil sobre Corrupção, adoptada em 1999 no quadro do Conselho da Europa[19], preconizam a protecção de autores de denúncias de actos ilícitos do empregador, e em particular de actos de corrupção, desde que aqueles se encontrem de *boa fé* e tenham *fundamentos razoáveis* para as suspeitas apresentadas. Assim, mesmo denúncias que venham a revelar-se infundadas podem não excluir a protecção legal. No entanto, a tutela existente é considerada insuficiente para incentivar a denúncia de actividades ilícitas dos empregadores por parte de trabalhadores[20].

[16] L. 19/2008, de 21 de Abril, art. 4º: "1 – Os trabalhadores da Administração Pública e de empresas do sector empresarial do Estado, assim como os trabalhadores do sector privado, que denunciem o cometimento de infrações de que tiverem conhecimento no exercício das suas funções ou por causa delas não podem, sob qualquer forma, incluindo a transferência não voluntária ou o despedimento, ser prejudicados. – 2 – Presume-se abusiva, até prova em contrário, a aplicação de sanção disciplinar aos trabalhadores referidos no número anterior, quando tenha lugar até um ano após a respectiva denúncia. (...)".

[17] No art. 5, declara-se não constituir fundamento para despedimento uma queixa ou participação do trabalhador em procedimento contra o empregador "envolvendo alegada violação de leis ou regulamentos", ou o recurso a "autoridades administrativas competentes".

[18] Art. 33: "Cada Estado Parte considerará incorporar na sua ordem jurídica interna as medidas apropriadas a proporcionar proteção contra qualquer tratamento injustificado a qualquer pessoa que relate de boa fé e com base em motivos razoáveis às autoridades competentes quaisquer fatos relativos a crimes definidos em conformidade com a Convenção."

[19] Art. 9: "Cada Parte deverá assegurar, no seu direito interno, protecção adequada contra qualquer sanção injustificada para empregados que tenham motivos razoáveis para suspeitar de corrupção e que transmitam de boa fé a sua suspeita a pessoas autoridades responsáveis."

[20] Sobre o ponto, pode ver-se o relatório *Uma alternativa ao silêncio. Country report: Portugal*, elaborado pela "Transparecy International" e financiado pela Comissão Europeia. O relatório é acessível em <www.transparency.org>.

IV. Direito à integridade física e moral

8. Um "concentrado" de garantias; 9. A posição do empregador.

8. *Um "concentrado" de garantias.* O conteúdo deste direito cruza-se com o de outras situações subjectivas, podendo sintetizar-se como o "direito a não agressão ou ofensa ao corpo ou ao espírito"[21] do seu titular. Este direito pode ser lesado em situações tão diferentes como o assédio – com previsão própria no art. 29º do CT – ou a atribuição ao trabalhador de tarefas susceptíveis de, face à sua constituição física e ao seu estado de saúde – na medida em que este seja conhecido pelo empregador – representarem risco agravado de segurança e saúde no trabalho.

Pode, pois, considerar-se que o direito à integridade física e moral representa a tutela integrada dos direitos de personalidade no seu conjunto. Derivação imediata da referência axiológica que é a dignidade no trabalho, esse direito aparece como uma figura poliédrica, susceptível de compreender a tutela da privacidade, do direito ao bom nome e reputação, da protecção de dados pessoais, da confidencialidade das mensagens, e até a interdição de todas as práticas susceptíveis de constituírem assédio no trabalho, para além das obrigações legalmente impostas aos empregadores no domínio da saúde e segurança no trabalho.

9. *A posição do empregador.* É um pouco enigmático o facto de, no texto do art. 15º, o direito à integridade física e moral, de acordo com a apresentação simétrica adoptada, neste domínio, pelo legislador, ser referido, em primeiro lugar, ao empregador e às pessoas singulares que o representem. O enunciado parece querer sugerir que sobre estas pessoas recai, nas relações de trabalho, o risco primordial de lesão da integridade física ou moral. É-lhes decerto devido o reconhecimento desse direito, mas nos termos gerais que sempre resultariam do art. 70º do CC – não com fundamento em características ou factores específicos das relações de trabalho. Na verdade, o empregador não expõe tão amplamente a sua pessoa nessas relações como os trabalhadores; esta garantia carece, quanto a ele, de "laboralidade", é apenas a garantia geral das pessoas. Por esta razão, a formulação do art. 15º afigura-se um tanto mistificatória. Nos termos desse preceito, e em suma, o trabalhador tem o direito de não ser forçado a trabalhar em condições susceptíveis de pôrem em risco a sua vida, ou de ocasionarem lesões ou doenças no seu corpo, assim como o direito de ser protegido, no ambiente

[21] Jorge Miranda/Rui Medeiros, *Constituição Portuguesa Anotada*, T. I, 2ª ed., Coimbra (2010) 556.

de trabalho, contra todas as formas de assédio, de desrespeito, de difamação ou injúria capazes de afectarem gravemente a sua sensibilidade moral. Neste sentido, é um direito que gera, para o empregador, *deveres de cuidado* (como adiante se assinalará) e critérios necessários quanto ao exercício de alguns dos seus poderes, que, assim, se apresentam como poderes-deveres – nomeadamente o poder disciplinar – relativamente a trabalhadores que pratiquem actos de assédio ou outros comportamentos susceptíveis de afectarem a integridade física ou moral de companheiros de trabalho, hierarquias ou subordinados [22].

[22] Nessa mesma perspectiva, vejam-se as alterações introduzidas nos arts. 29º, 127º, 283º e 394º do CT pela L. 73/2017, de 16 de agosto.

V. Reserva da intimidade da vida privada[23]

10. O conteúdo do direito à reserva da intimidade; 11. Os limites da privacidade; 12. A centralidade da defesa da privacidade.

10. *O conteúdo do direito à reserva da intimidade.* A lei (art. 16º do CT) define com razoável clareza o conteúdo do "direito à reserva da intimidade da vida privada": é um direito que se traduz numa garantia ou salvaguarda contra certos comportamentos de terceiros. Esses comportamentos consistem, essencialmente, no acesso a dados ou informações de carácter "íntimo ou pessoal", e na divulgação desses dados ou informações, por qualquer meio – desde os veículos tradicionais de comunicação social até às redes sociais – envolvendo assim uma indesejada transposição do que é pessoal e íntimo para a esfera do conhecimento público. "A tutela do direito à intimidade da vida privada desdobra-se em duas vertentes: a protecção contra a intromissão na esfera privada e a proibição de revelações a ela relativas"[24]. Fala-se, a este respeito, na jurisprudência, de um "direito de resguardo".

Contudo, em rigor, a definição constante do art. 16º/2 merece uma leitura mais ampla. Referindo-se a "aspectos atinentes à esfera íntima e pessoal", a norma não se circunscreve a "dados" ou "informações" – como sejam os respeitantes a características físicas ou psíquicas da pessoa, a factos ou circunstâncias, actuais ou passados, da sua vida pessoal ou familiar. O "direito de resguardo" abrange, necessariamente, a protecção da imagem e do comportamento íntimo, em cada instante, do titular do direito. A obtenção, por um terceiro, de imagens e/ou sons da pessoa em espaço privado, como uma casa-de-banho ou um quarto de hotel, não podendo, em princípio, qualificar-se como "recolha de dados", está, evidentemente, coberta pela salvaguarda legal. Todo o acto ou comportamento de terceiro que implique a transposição, indesejada pela pessoa, de aspectos da sua vida do espaço privado para o domínio público é susceptível de caber na previsão do art. 16º/2. Por outro lado, a amplitude da noção de "vida privada" não pode ser definida de modo restritivo: o Tribunal Europeu dos Direitos do

[23] Tal como a outros propósitos, o legislador coloca aqui em plano de paridade o trabalhador e o empregador, como pessoas protegidas pela reserva da intimidade da vida privada. Trata-se de uma paridade mistificatória, uma vez que o empregador só em medida muito limitada, ou mesmo nula, implica a sua pessoa na relação de trabalho. O enviesamento civilista manifesta-se neste como noutros pontos, como resquício da subtil tentativa, esboçada no Código de 2003, de desvalorizar a função compensatória e protectiva do Direito do Trabalho e reconduzir o regime do contrato de trabalho ao direito comum dos contratos. Na realidade, a afirmação especificamente laboral do direito à reserva da intimidade da vida privada só faz verdadeiro sentido com referência à situação do trabalhador, que compromete na relação de trabalho boa parte da sua esfera pessoal de vida.

[24] STJ 25-09-2003 – P. 03B2361 (Oliveira Barros).

Homem tem entendido que essa noção pode abranger "as actividades de natureza profissional e de negócios", incluindo - dizemos nós - a procura de novos empregos ou o lançamento de projectos empresariais.

Mais uma vez, pode suscitar-se neste dominio a hipótese do reconhecimento, em certas condições e dentro de certos limites, de um "direito de mentir" ou de ocultar informações pertencentes à esfera pessoal do trabalhador. Num caso não muito antigo, esse tipo de "resguardo" foi reconhecido como admissível pelo STJ: o trabalhador fez contacto telefónico com um director de outra empresa, como candidato a mudança de emprego, e respondeu negativamente quando o actual empregador lhe perguntou se o telefonema tinha esse destinatário; conhecida a realidade dos factos, o trabalhador foi despedido, mas o despedimento acabou por ser considerado ilícito por falta de justa causa[25].

11. *Os limites da privacidade.* A lei aponta os domínios porventura mais marcantes da vida privada que devem considerar-se especialmente vedados ao acesso e à divulgação por e para terceiros: a vida familiar, afectiva e sexual, o estado de saúde, as convicções políticas e religiosas. Trata-se, além do mais, de domínios especificamente capazes de determinarem comportamentos discriminatórios em relação à pessoa protegida, tratando-se de trabalhador ou candidato ao emprego. É, assim, notória a conexão funcional entre a afirmação deste direito e a do direito à igualdade no acesso a emprego e no trabalho, abordado no art. 24º.

Em todo o caso, a jurisprudência não deixa de apontar a relatividade (ou, o que é o mesmo, do carácter não absoluto) da exigência de reserva da intimidade da vida privada, a partir de dois ângulos de observação. Por um lado, a relatividade derivada do possível confronto com outros direitos fundamentais, nomeadamente os direitos à saúde e à segurança; por outro, a relatividade que decorre

[25] STJ 07/05/2007 - Pº 07S1443 (Bravo Serra). Na fundamentação do acórdão, discorria-se deste modo: "Restará, desta arte, o atinente à pergunta formulada à autora pelo gerente da ré no sentido de saber se ela tinha estado em contacto telefónico com o director geral da cliente Empresa-B e a resposta negativa a essa pergunta, sendo que, como se demonstrou, a autora, efectivamente, levou a efeito tal contacto. Neste específico ponto, e não esquecendo o que ficou apurado (...)(atribuição, à autora, de um telemóvel, nunca lhe tendo sido dada qualquer instrução de utilização do mesmo ou de proibição de fazer chamadas que não fossem exclusivamente profissionais), (...). Mas, mesmo que porventura se entendesse que não estaria em causa uma comunicação de índole pessoal, e que sobre a autora impendia o dever de responder afirmativamente à pergunta formulada pelo seu superior, o que se torna inequívoco é que, numa tal hipotisada situação, o comportamento da autora consistente na dação de uma resposta negativa, num campo em que, como se viu, não pode ser afastada a reserva da intimidade de comunicações, não pode, num prisma objectivo, ser portadora de uma carga de desvalor tal que possa conduzir a um juízo de inviabilidade ou impossibilidade de manutenção da relação laboral, por se antever como insuportável pela entidade empregadora essa manutenção" (itálico nosso).

da evolução das concepções prevalentes na vida social. "A privacidade não é um espaço material estabilizado e fixo, na medida em que existe uma "relatividade histórico-cultural" da privacidade, isto é, a oscilação das fronteiras entre o privado e o público ao ritmo das transformações civilizacionais"[26]. Pense-se nos grandes ajustamentos da noção de privacidade que são tornados imperiosos pelo desenvolvimento fulgurante das redes sociais.

12. *A centralidade da defesa da privacidade.* O direito à reserva da intimidade da vida privada – como direito de resguardo face a intromissões no espaço privado das pessoas e face a revelações do conhecimento que seja obtido através de tais intromissões – desenvolve-se através de várias disposições com objecto específico, na subsecção do CT que trata dos "direitos de personalidade". Não é outra a matriz dogmática das normas relativas à protecção de dados pessoais (art. 17º), ao tratamento de dados biométricos (art. 18º), aos testes e exames médicos (art. 19º), à instalação e ao uso de meios de vigilância a distância (arts. 20º e 21º) e à confidencialidade de mensagens do aceso a informação (art. 22º). Destes tópicos se tratará um pouco adiante. Por outro lado, já se assinalou a estreita conexão que existe entre esse direito, na titularidade do trabalhador ou do candidato ao emprego, o princípio da igualdade e não discriminação, que se desenvolve nos arts. 23º a 28º.

Deve, assim, reconhecer-se que a protecção da vida privada constitui o epicentro de quase toda a abordagem, feita no CT, à matéria dos direitos fundamentais no contexto da relação de trabalho. Uma abordagem que começa por ser paritária, isto é, protegendo por igual o empregador e o trabalhador (no tocante à liberdade de expressão e ao direito à integridade física e moral), mas se torna, por imperativo da natureza das coisas, unidirecional, isto é, apontada à salvaguarda da posição do trabalhador. Bem se entende que assim seja, uma vez que uma das características da relação de trabalho subordinado consiste na forte implicação da pessoa do trabalhador, e dado que existem várias razões para que o empregador possa ter forte (e até nem sempre ilegítimo) interesse em penetrar na esfera de vida pessoal do mesmo trabalhador e adquirir algum controlo sobre ela.

A noção central, nesta matéria, é a de que *a esfera pessoal abrange o local de trabalho*, ou seja, a de que a protecção da privacidade deve, em princípio, cobrir comportamentos do trabalhador no tempo e no espaço em que presta o seu trabalho. Esta especial "privacidade" confrontar-se-á, inevitavelmente, com os direitos e prerrogativas do empregador no tocante à direcção e supervisão do trabalho, exigindo *critérios de compatibilização* que à jurisprudência caberá estruturar em função das características de cada caso.

[26] Cfr., nomeadamente, STJ 28-09-2011 – P. 22/09.6YGLSB.S2 (Santos Cabral).

VI. Protecção de dados pessoais

13. A noção de "dados pessoais"; 14. O estado de saúde e a gravidez; 15. Os testes e exames médicos.

13. *A noção de "dados pessoais".* A protecção de dados pessoais assume, nesta parte do CT, uma compleição própria e requer atenção específica. Veja-se a definição de dados pessoais, constante do art. 4º do Regulamento (UE) 2016/679,do Parlamento Europeu e do Conselho, de 27 de abril: "informação relativa a uma pessoa singular identificada ou identificável ("titular dos dados"); é considerada identificável uma pessoa singular que possa ser identificada, directa ou indirectamente, em especial por referência a um identificador, como por exemplo um nome, um número de identificação, dados de localização, identificadores por via electrónica, ou a um ou mais elementos específicos da identidade física, fisiológica, genética, mental, económica, cultural ou social dessa pessoa singular". Esta é a definição hoje vigente na ordem jurídica portuguesa, uma vez que a antiga Lei de Protecção de Dados Pessoais (L. 67/98, de 26/10), que continha uma definição em termos semelhantes, mas não coincidentes com os daquela, foi recentemente revogada, em bloco, pela L. 58/2019, de 8 de agosto, que contém disposições destinadas a assegurar a execução, na ordem jurídica nacional, daquele Regulamento[27].

A protecção de dados pessoais constitui uma das vertentes da tutela jurídica do direito à reserva da intimidade da vida privada. Sendo objecto de um direito não absoluto, a sua regulamentação tem – como se afirma no preâmbulo do citado Regulamento europeu – que se articular com "o respeito pela vida privada e familiar, pelo domicílio e pelas comunicações, a liberdade de pensamento, de consciência e de religião, a liberdade de expressão e de informação, a liberdade de empresa, o direito à acção e a um tribunal imparcial, e a diversidade cultural, religiosa e linguística". Essa "articulação" é tentada, em especial, por um conjunto de disposições contidas nos arts. 16º ss., e sobretudo nos arts. 24º ss., L. 58/2019. Salienta-se, em particular, o art. 28º, que disciplina o tratamento de dados pessoais dos trabalhadores pelo empregador "para as finalidades e com os limites definidos no Código do Trabalho". Entre os aspectos aí considerados, a lei trata da utilização de dados obtidos por diversos "meios tecnológicos de vigilância à distância" (nº 4), em termos que abordaremos um pouco adiante.

[27] A L. 67/98 tinha transposto para a ordem jurídica interna a Dir. 95/46/CE, de 24/10. Com a publicação e entrada em vigor do Reg. UE 2016/679, de 27/04, aquela lei continuou vigente em tudo o que não contrariasse este regulamento, até que fosse publicada lei de execução dele – que veio a ser a L. 58/2019, citada no texto.

14. *O estado de saúde e a gravidez.* No CT, a protecção de dados pessoais dos trabalhadores aparece, em primeira linha (no art. 17º), direcionada às informações relativas à "vida privada" em geral, e, especificamente, à "saúde ou estado de gravidez". O princípio é o da proibição da exigência ou recolha de tais informações pelo empregador. No entanto, o art. 29º L. 58/2019 tempera, desde logo, essa proibição pelo acolhimento de um "princípio de necessidade". O conhecimento da gravidez pode ser necessário, ou mesmo indispensável, quando se trate de preencher um posto de trabalho que envolve exposição a elementos ou produtos potencialmente nocivos para a saúde da grávida e para o desenvolvimento do nascituro. A informação sobre uma doença crónica do trabalhador pode ser vital para a exclusão de certas tarefas ou da actividade em certos locais ou ambientes.

De resto, o art. 17º CT situa-se na mesma perspectiva, ao consagrar ressalvas impostas pela compatibilização da tutela da privacidade com outros direitos de natureza fundamental – ressalvas essas que, em todo o caso, requerem justificação por escrito. Mesmo nessas situações excepcionais, há condicionamentos imperativos a observar: as informações sobre o estado de saúde ou a gravidez só podem ser prestadas a um médico, e este limitar-se-á a transmitir ao empregador se há ou não aptidão para o trabalho. Um pouco mais amplamente, o art. 29º/2 L. 58/2019 admite que o tratamento dos dados de saúde – sendo "necessário para efeitos de medicina preventiva ou do trabalho, para a avaliação da capacidade de trabalho do empregado", nos termos do art. 9º/2 do Regulamento europeu – seja efectuado por "profissional obrigado a sigilo" ou por "outra pessoa sujeita a dever de confidencialidade".

Quanto a exames ou testes destinados a apurar aquilo que o empregador pretende saber, há que atender a outras normas, contidas no art. 19º, que referiremos adiante.

Para além disso, o mesmo art. 17º consagra a directriz fundamental de que o trabalhador, tendo fornecido informações de carácter pessoal, mantém sobre elas um "direito de controlo", isto é, de verificação da sua extensão, da sua exactidão e actualidade, assim como da finalidade com que foram obtidas. Na verdade, para além das informações que, por excepção ao princípio da "proibição de perguntar", o trabalhador é obrigado, com base na boa fé, a fornecer ou a a permitir que sejam obtidas, nada impede que, voluntariamente, preste outras ao empregador. O "direito de controlo" refere-se particularmente a estas.

15. *Os testes e exames médicos.* Com carácter mais restrito, cabe mencionar a proibição da realização ou exigência de "testes e exames médicos" para "comprovação das condições físicas ou psíquicas" de candidatos ao emprego ou trabalhadores (art.19º). Importa notar, antes do mais, que é proibida, em absoluto, a exigência de tais testes ou exames para determinar a gravidez. Depois, não estão, naturalmente, abrangidos pela proibição legal os testes "psicotécnicos" e as entrevistas, dirigidos ao apuramento dos perfis psicológicos de candidatos ao emprego e à verificação do seu ajustamento às características dos postos de trabalho a preencher. Os testes e exames a que se refere o art. 19º do CT são procedimentos clínicos destinados a avaliar o estado de saúde do trabalhador ou candidato ao emprego. Eles são, obviamente, permitidos e até obrigatórios quando se trate de cumprir exigências da legislação sobre saúde e segurança no trabalho, como, de resto, se previne na primeira parte do art. 19º/1. E são, ainda, permitidos – mediante fundamentação escrita – por razões de segurança ou outras exigências específicas da actividade em causa.

O princípio é, porém – repete-se –, o da proibição. Tal proibição, como as constantes dos arts. 17º e 18º, implica responsabilidade contraordenacional, mas significa também que o trabalhador pode recusar, legitimamente, sem se expor a consequências jurídicas negativas, o fornecimento das informações e a realização dos testes e exames médicos pretendidos pelo empregador. Nalguns casos, pode, inclusivamente, como sustentámos, gerar-se um "direito de mentir" – por exemplo, face a perguntas sobre se a candidata ao emprego está grávida. A mera recusa de resposta não é, nesses casos, bastante para a protecção dos bens jurídicos que determina a proibição legal. Sendo o objectivo da lei tornar irrelevante a informação sobre a gravidez, a recusa teria, geralmente, a mesma consequência (provavelmente negativa) que a resposta afirmativa, em relação ao acesso ao emprego. A "mentira", indesejável e censurável em geral, pode revelar-se o único meio útil de salvaguarda da reserva da vida privada e da igualdade no acesso ao emprego.

VII. Meios de vigilância à distância

16. O âmbito da proibição legal; 17. Os meios; 18. As excepções; 19. O caso do teletrabalho.

16. *O âmbito da proibição legal.* Também relativamente à utilização de "meios de vigilância a distância no local de trabalho, mediante o emprego de equipamento tecnológico, com a finalidade de controlar o desempenho profissional do trabalhador", o princípio legal é o da *proibição* (art. 20º do CT). Esta proibição, encarada isoladamente, torna-se quase incompreensível face ao reconhecimento legal do poder de direcção do empregador (art. 97º do CT) – poder esse que, naturalmente, engloba faculdades de controlo e supervisão da actividade do trabalhador. O que permite entender essa proibição – aliás, não absoluta – é o seu enquadramento legal, no regime da protecção da reserva da intimidade da vida privada. Da exposição da pessoa do trabalhador – enquanto tal – no cumprimento do contrato de trabalho, envolvendo limitações da sua liberdade, não resulta a sua robotização: resta sempre um irredutível espaço de privacidade, que se pode exprimir por comunicações telefónicas, conversas com companheiros de trabalho, pequenas interrupções de actividade sem quebra do tempo de trabalho (art. 197º/2), gestos ou expressões de agrado ou desagrado, etc.[28]. A vigilância a distância é indiferenciada quanto ao seu objecto e aos seus resultados – permite intromissões na privacidade que não seriam legítimas no exercício normal dos poderes de controlo e supervisão do empregador. Daí a proibição legal.

Desde logo, porém, se esclarece que só é proibido o "emprego de equipamento tecnológico" nessa vigilância – ou seja, o uso de meios que dispensam a presença física do empregador, da hierarquia ou de outro pessoal de controlo, e que não sejam imediatamente percepcionáveis pelo trabalhador, mantendo-o na ignorância do facto de estar a ser vigiado. O texto legal sobre esta matéria leva a supor que os meios de vigilância a distância considerados pelo legislador são apenas os circuitos fechado de televisão, com ou sem gravação de imagem e som (art. 20º/3).

Mas, como se sabe, há outras possibilidades, nomeadamente a da utilização do GPS no controlo da localização de viaturas de serviço em cada momento.

A jurisprudência tem oscilado sobre o ponto. O STJ tem reconhecido como tais somente os meios de "captação à distância de imagem, som, ou som e imagem", exemplificando com "câmaras de vídeo, equipamento audiovisual, micro-

[28] Veja-se, pelo seu carácter lapidar, RL 07/03/2012 – P. 24163/09.0T2SNT.L1-4 (José Luis Sapateiro).

fones dissimulados ou mecanismos de escuta e registo telefónico"[29]. Nessa perspectiva, o Supremo tem decidido que "não se pode qualificar o dispositivo de GPS instalado no veículo automóvel atribuído a um técnico de vendas como meio de vigilância a distância no local de trabalho, já que esse sistema não permite captar as circunstâncias, a duração e os resultados das visitas efectuadas aos seus clientes, nem identificar os respectivos intervenientes"[30] e, noutro caso, que o GPS instalado numa viatura de serviço "não ofende os direitos de personalidade do trabalhador, nomeadamente a reserva da intimidade da sua vida privada e familiar"[31]. Em consequência, tem sido rejeitada, quanto aos meios de geolocalização global (GPS), a qualificação de "meios de vigilância à distância", considerando-se que as decisões sobre o seu uso cabem no poder de direcção do empregador.

É de supor que tal entendimento se baseie no facto de o art. 20º/3, ao regular a afixação nos locais de trabalho de avisos sobre a utilização de tais meios, mencionar apenas (embora "nomeadamente" ...) a existência de circuito fechado de televisão e a gravação de imagem e som. Os Tribunais de Relação, porém, não têm acolhido essa orientação decisória da instância superior, sustentando que o GPS é, ou pode ser, um meio de vigilância à distância, enquadrável na hipótese de que trata o art. 20º. Em especial, a Relação do Porto tem entendido que essa utilização "implica uma limitação ou restrição do direito à reserva da intimidade da vida privada do trabalhador", devendo submeter-se ao mesmo condicionamento estabelecido na lei para os outros meios de vigilância a distância[32].

Percebe-se a posição do Supremo, mas o carácter permanente do controlo de movimentos que o GPS permite é, a nosso ver, argumento forte em apoio da posição oposta.

É certo que o empregador, no quadro dos seus poderes de direcção, tem sempre a faculdade de "controlar o desempenho profissional do trabalhador". O que está em causa não é esse controlo, mas, por um lado, a possibilidade de *invasão da esfera íntima* do trabalhador (desconhecedor do facto de estar a ser observado) e, por outro, a eventualidade da *recolha de dados pessoais* (que são objecto

[29] Vejam-se os Acs. STJ 22/05/2007 - P. 07S054 (Pinto Hespanhol) e 13/11/2013 - P. 73/12.3TTVNF.P1.S1 (Mário Belo Morgado).

[30] STJ 22/05/2007 - P. 07S054 (Pinto Hespanhol).

[31] STJ 13/11/2013 - P. 73/12.3TTVNF.P1.S1 (Mário Belo Morgado).

[32] Cfr. Os Acs. Rel Porto 22/04/2013 - P. 73/12.3TTVNF.P1 (António José Ramos), Rel. Évora 08/05/2014 - P. 273/11.3TTSTR.E1 (Paula do Paço), Rel. Guimarães 03/03/2016 - P. 20/14.7T8VRL.G1 (Manuela Fialho) e Rel. Porto 05/12/2016 - P. 20/14.8T8AVR.P1 (Domingos Morais).

de especial protecção, nos termos do art. 17º) através dos meios nele utilizados[33]. Ora o GPS corresponde inteiramente à noção de "vigilância à distância", não parecendo congruente com a *ratio* do art. 20º (e com o seu antecedente, o art. 26º CRP) a limitação aos meios de recolha de som e imagem[34]. Tudo está nas modalidades e nos fins da sua utilização.

17. *Os meios*. A noção de "vigilância a distância" significa, como se disse, que é exercida sem a presença física do empregador ou hierarquia junto do trabalhador, e que este se não apercebe, ou pode não se aperceber, de que está a ser observado o seu comportamento. A referência ao "emprego de equipamento tecnológico" é, naturalmente, muito vaga; como se viu, a lei menciona apenas os circuitos internos de televisão, assim como os meios complementares de gravação de imagem e som. Parece que a lei encara sobretudo as tecnologias de informação e comunicação baseadas na electrónica – o que leva a excluir do seu âmbito a vigilância do trabalhador por meios mais primitivos, como os binóculos ou o telescópio... Por outro lado, parece necessário diferenciar, como admissíveis, práticas como o *voice recording* que é utilizado correntemente no contacto comercial com clientes. Um acórdão relativamente recente da Relação Lisboa considerou tal prática como legítima, por ser realizada pelo próprio trabalhador[35].

18. *As excepções*. Também aqui, porém, se excepcionam da proibição os casos em que estejam em causa "a protecção e segurança de pessoas e bens" ou "particulares exigências inerentes à natureza da actividade". Se virmos bem, estas "excepções" permitem legitimar praticamente todas as situações em que o empregador pode ter interesse (legítimo ou não) em vigiar com permanência o comportamento do trabalhador. É certo que a utilização de tais meios tem que ser formalmente justificada, levada ao *conhecimento prévio* do trabalhador, e, sobretudo, *autorizada* pela Comissão Nacional de Protecção de Dados Pessoais. Mas a consideração de razões de segurança de pessoas e bens e de características especiais da actividade é susceptível de abrir um vasto leque de situações excepcionadas. De resto, a vigilância a distância regularmente efectuada permite, de acordo com jurisprudência dominante, obter prova útil e legítima de actos ilícitos do trabalhador (como de terceiros), com relevância disciplinar ou

[33] Cfr. o estudo de Catarina Sarmento e Castro, *A protecção dos dados pessoais dos trabalhadores (II)*, QL nº 20 (2002)139 ss..

[34] Do citado Ac. Rel. Guimarães 03/03/2016 recolhe-se, pela sua expressividade, o seguinte trecho: "a realidade, se fosse absolutamente claro que a lei só se referia a meios de captação de imagem e som – e não parece que seja –, ultrapassou a previsão normativa(...)".

[35] RL 22/05/2013 – P. 2567/12.1TTLSB.L1-4 (Francisca Mendes).

criminal[36]. O que, em suma, parece vedado pelo regime legal é a possibilidade de, a partir da informação recolhida pelos meios de vigilância à distância, serem tiradas consequências no tocante à avaliação do desempenho do trabalhador, nomeadamente quando desta avaliação dependam a sua evolução profissional ou a atribuição de benefícios económicos (prémios de desempenho).

O Tribunal Europeu dos Direitos do Homem adoptou, recentemente, posição radical quanto à possibilidade de uso não previamente revelado de vídeo-vigilância em locais de trabalho, quando existem fundadas suspeitas de furto ou de outros comportamentos ilícitos por parte de trabalhadores. Num processo concluído em 2018[37], o TEDH apreciou a situação de um conjunto de empregadas de caixa num supermercado espanhol, que foram despedidas após verificação, por aquele e por outros meios probatórios, de que furtavam artigos da loja. Os tribunais espanhóis, em todas as instâncias, consideraram que, havendo fundadas suspeitas de furto, o uso (encoberto) de vídeo-vigilância com esse objectivo era adequado, necessário e proporcionado, no confronto com a privacidade das mesmas trabalhadoras. Tomaram também em consideração o facto de que, em simultâneo com algumas câmaras não reveladas, funcionavam outras que eram do conhecimento dos trabalhadores do supermercado; e ainda o facto de que a verificação da prática de furtos pelas trabalhadoras tinha sido feita também por testemunhos e outros meios de prova. O TEDH entendeu, no entanto, por maioria, ter havido violação do art. 8 da Convenção Europeia para a Protecção dos Direitos Humanos e das Liberdades Fundamentais, em que se consagra o "direito ao respeito pela vida privada e familiar". Entre os fundamentos da decisão, destaca-se a seguinte ponderação: "a vídeo-vigilância oculta de um trabalhador no seu local de trabalho deve ser considerada, enquanto tal, como uma intrusão considerável na sua vida privada. Ela redunda na documentação gravada e reproduzível da conduta de uma pessoa no seu local de trabalho, de que ele ou ela, estando obrigado(a) pelo contrato de trabalho a prestar o trabalho nesse local, não pode afastar-se". Com base nesta consideração, o Tribunal entendeu que a "vida privada", no sentido do art. 8 da Convenção, era afectada por aquelas medidas. Note-se que o efeito prático da decisão consistiu na atribuição a cada uma das trabalhadoras de uma indemnização por danos não patrimoniais (de 4.000 euros), além de uma importância relativa às despesas judiciais, ficando fora de questão a licitude dos despedimentos.

[36] RP 04/02/2013 - P. 229/11.6TTLMG.P1 (João Diogo Rodrigues) e RC 06/02/2015 - P. 359/13.0TTFIG-A.C1 (Azevedo Mendes).

[37] Sent. de 9 de Janeiro de 2018, no caso *Lopez Ribalda e outros v. Espanha*, acessível em <https://hudoc.echr.coe.int>.

19. *O caso do teletrabalho.* Esta proibição legal deve, por outro lado, ser confrontada com a previsão do teletrabalho no quadro das "modalidades do contrato de trabalho". No art. 165º do CT, o teletrabalho é definido como "a prestação laboral realizada com subordinação jurídica, habitualmente fora da empresa e através do recurso a tecnologias de informação e de comunicação". Desta definição resulta que a subordinação e, por conseguinte, os poderes de direcção e supervisão do empregador se concretizam "à distância", com a continuidade própria da relação de trabalho, o que (deixados de lado a telepatia e outros fenómenos paranormais) só é possível mediante a permanente comunicação on line entre o empregador e o trabalhador. Daí que o teletrabalho constitua uma modalidade legalmente autorizada de vigilância à distância por parte do empregador – e daí o cuidado do legislador com a específica protecção da privacidade do teletrabalhador (art. 170º do CT).

VIII. Confidencialidade de mensagens e de acesso a informação

20. O espaço de privacidade no trabalho; 21. As directrizes jurisprudenciais.

20. *O espaço de privacidade no trabalho.* É ainda dentro do vasto perímetro da reserva da intimidade da vida privada que se deve localizar e entender o "direito de reserva e confidencialidade" com que, nos termos do art. 22º do CT, são protegidos as "mensagens de natureza pessoal" e o próprio "acesso a informação de carácter não profissional" proporcionado pela utilização do correio electrónico. A primeira nota a salientar é que se trata do uso de meios e sistemas pertencentes ao empregador, e destinados a servirem como suportes da prestação de trabalho. É com este direito de propriedade e esta destinação que se confrontam as necessidades pessoais do trabalhador em matéria de comunicação. O pressuposto do regime legal é o de que esses meios da empresa são, em princípio, livremente utilizáveis pelos trabalhadores, a coberto da garantia de reserva e confidencialidade, isto é, sem que o empregador ou a hierarquia disponham da faculdade de aceder ao conteúdo das mensagens e informações de carácter não profissional, mesmo que se trate de investigar uma eventual infracção disciplinar[38].

Ressalta, assim, do regime legal neste ponto a salvaguarda de um "espaço de privacidade" no tempo e no local de trabalho. A subordinação e a disponibilidade pessoal que ela envolve não aborvem todas as dimensões da vida pessoal do trabalhador, no local e no tempo de trabalho. Em especial, as restrições da liberdade pessoal que decorrem do compromisso contratual não podem gerar uma "situação de incomunicabilidade" para o trabalhador. Se o empregador, no uso da faculdade a que se refere o art. 22º/2, estabelece regras de utilização dos meios de comunicação da empresa, essas regras não podem ir ao ponto de privarem o trabalhador da comunicação pessoal com o exterior – por exemplo, proibindo totalmente o uso do correio electrónico com mensagens de natureza não profissional. Essas regras podem definir restrições – "imposição de limites, tempos de utilização, acessos ou sítios vedados aos trabalhadores"[39], mas não a exclusão absoluta da comunicação pessoal.

21. *As directrizes jurisprudenciais.* Um acórdão verdadeiramente marcante do STJ[40] desenvolveu um conjunto de directrizes aplicativas do princípio de confidencialidade estabelecido pelo art. 22º do CT, que, pode dizer-se, se tornaram

[38] Vejam-se, sobre casos emblemáticos, os Acs. STJ 05/07/2007 – P. 07S043 (Mário Pereira) e Rel. Lisboa 07/03/2012 – P. 24163/09.0T2SNT.L1-4 (José Eduardo Sapateiro).

[39] RL 05/06/2008 – P. 2970/2008-4 (LEOPOLDO SOARES).

[40] STJ 05/07/2007 – P. 07S043 (Mário Pereira).

consensuais e que deixam pouco espaço para dúvidas ou interrogações. Aí se esclareceu, nomeadamente:

a) Que o empregador não pode aceder ao conteúdo de mensagens pessoais e de informação não profissional, mesmo quando esteja em causa investigar e provar uma eventual infracção disciplinar;

b) Que as mensagens pessoais não são apenas as relativas à vida familiar, afectiva, sexual, à saúde e às convicções políticas e religiosas (vd. art. 16º), mas podem ser também referentes a aspectos da vida da empresa tratados em termos e com intenção de privacidade;

c) Se, não tendo regulado a matéria, o empregador acede ao teor dessas mensagens, não pode agir disciplinarmente contra o emissor com fundamento no seu conteúdo.

Um dos corolários do disposto no art. 22º é, pois, o de que o estabelecimento de "regras de utilização dos meios de comunicação" da empresa condiciona e delimita o direito de acesso aos conteúdos comunicacionais emitidos e recebidos pelos trabalhadores e o consequente controlo disciplinar dos inerentes comportamentos. Tais regras, porém, não podem – como já se sugeriu – excluir o uso de contas de correio electrónico pessoais (do próprio trabalhador) mediante utilização de computador e do acesso à rede pertencentes à empresa. Por outro lado, a pessoalidade das comunicações não deriva tanto da natureza do seu conteúdo como da intenção e consciência do emissor, conforme o que resulte do contexto. Por isso, a confidencialidade não pode cobrir mensagens emitidas "em aberto" , tornando-se acessíveis a qualquer pessoa na empresa ou no departamento, independentemente da natureza do seu conteúdo[41].

[41] RL 25/01/2017 – P. 2330/16.0T8LSB-4 (LEOPOLDO SOARES).

IX. A proibição do assédio (*mobbing*).

22. A proibição legal; 23. A necessidade de uma definição; 24. Assédio e discriminação; 25. A noção legal; 26. A relevância dos "efeitos" do assédio; 27. A "intenção" como elemento do assédio; 28. O assédio sexual.

" (...) III - Não é toda e qualquer violação dos deveres da entidade empregadora em relação ao trabalhador, mesmo que consubstancie um exercício arbitrário de poder de direção, que pode ser considerada assédio moral, exigindo-se que se verifique um objectivo final ilícito ou, no mínimo, eticamente reprovável, para que se tenha o mesmo por verificado.
IV - O assédio moral pressupõe comportamentos real e manifestamente humilhantes, vexatórios e atentatórios da dignidade do trabalhador, aos quais estão em regra associados mais dois elementos: certa duração; e determinadas consequências.
V - De acordo com o disposto no art. 29º, nº 1, do CT, no assédio não tem de estar presente o "objetivo" de afetar a vítima, bastando que este resultado seja "efeito" do comportamento adotado pelo "assediante".
VI - Apesar de o legislador ter (deste modo) prescindido de um elemento volitivo dirigido às consequências imediatas de determinado comportamento, o assédio moral, em qualquer das suas modalidades, tem em regra associado um objetivo final ilícito ou, no mínimo, eticamente reprovável." - STJ 21/04/2016 - P. 299/14.5T8VLG. P1.S1 (Mário Belo Morgado).

22. *A proibição legal*[42]. O art. 29º proíbe[43] o "assédio" no ambiente de trabalho, oferecendo uma definição bastante longa: "comportamento indesejado, nomeadamente o baseado em factor de discriminação, praticado aquando do acesso ao emprego ou no próprio emprego, trabalho ou formação profissional, com o objectivo ou o efeito de perturbar ou constranger a pessoa, afectar a sua dignidade, ou de lhe criar um ambiente intimidativo, humilhante ou desestabilizador" (art. 29º/2).

[42] Sobre o tema, veja-se Júlio Gomes, *Algumas reflexões sobre a evolução recente do conceito jurídico de assédio moral (laboral)*, in PDT, nº 90, Set.-Dez. 2011, 71 ss.; P. Freitas Pinto, *O assédio moral na jurisprudência nacional*, in *Direito do trabalho + Crise = Crise do Direito do trabalho* (coord. Catarina Carvalho/Júlio Gomes), Coimbra (2011), 441 ss.; para além da monografia fundamental de Rita Garcia Pereira, *Mobbing ou assédio moral no trabalho. Contributo para a sua conceptualização*, Coimbra (2009).

[43] A versão originária do art. 29º não continha nenhuma proibição expressa. Ela constava somente ...do título da divisão em que o artigo se inseria (*Proibição de assédio*). Foi somente com a alteração do art. 29º pela L. 73/2017, de 16 de Agosto, que foi incuída (no nº 1) a norma proibitiva. Antes, havia que deduzir (embora facilmente) a proibição e o objecto da sanção que o mesmo artigo estabelecia.

Essa proibição expressa, para além do efeito enfatizante que lhe está associado, reflecte-se no regime legal de vários institutos, após modificações introduzidas pela L. 73/2017, de 16 de Agosto.

Entre estas, assumem particular importância as que integram a protecção especial dos *denunciantes* de situações de assédio e das *testemunhas* por eles indicadas. Essas pessoas não podem ser sancionadas disciplinarmente com base em depoimentos produzidos no âmbito dos respectivos processos judiciais ou contraordenacionais, a não ser que tenham agido com dolo (novo nº 6 do art. 29º). O seu despedimento, com invocação de qualquer causa disciplinar, presume-se abusivo se pronunciado dentro de um ano após a denúncia (art. 331º/2-b)).

Para além desses aspectos, a L. 93/2019 integrou o assédio no rol dos comportamentos patronais ofensivos do dever de respeito (art. 127º/1-a)), enquadrou-o no regime das sanções abusivas (art. 331º/1-d)) e qualificou-o como justa causa culposa de resolução do contrato pelo trabalhador (art. 394º).

23. *A necessidade de uma definição.* A construção de uma definição é, neste domínio, essencial, quer para viabilizar a prevenção e a punição de certas condutas reprováveis, quer para as qualificar de modo diferencial relativamente a outros comportamentos infractores de direitos e garantias dos trabalhadores[44]. Está-se num domínio muito fluido, o da "intimidade" das relações de trabalho, em que podem ocultar-se, sob condutas materialmente idênticas, intenções e resultados muito diversos. O destaque legal da figura implica que a primeira questão jurídica a considerar seja a da sua conceptualização. Um mesmo tipo de acções pode constituir assédio, ou exercício arbitrário do poder de direcção[45], ou lesão do direito à integridade física e moral[46], ou mera violação do dever de respeito e urbanidade (art. 127º/1-*a*)), ou infracção contra uma das várias proibições constantes do art. 129º, ou sanção disciplinar abusiva (art. 331º) – ou, simplesmente, a expressão (juridicamente neutra) de antipatias, más relações pessoais ou até mesmo maus estados de espírito de um ou outro dos personagens que actuam no cenário da relação de trabalho (empregador, chefias/dirigentes, trabalhador, companheiros de trabalho)[47]. A qualificação de cada situação concreta implica consequências muito diferentes.

[44] Note-se que, como a própria definição legal permite entender, o assédio pode não ser exercido pelo empregador ou por um superior hierárquico sobre um trabalhador. Também entre companheiros de trabalho pode existir, assumindo relevância juslaboral, nomeadamente como justa causa de despedimento: vejam-se as als. *b*), *c*) e *i*) do art. 351º/1.

[45] Cfr. Ac. Rel. Lisboa 13/04/2011 – P. 71/09.4TTVFX.L1-4 (Natalino Bolas).

[46] Cfr., nomeadamente, Acs. STJ 21/04/2010 – P. 1030/06.4TTPRT.S1 (Vasques Dinis) e 23/11/2011 – 2412/06.7TTLSB.L1.S1 (Fernandes da Silva).

[47] Vd. STJ 03/01/2018 – P. 4279/16.8T8LSB.L1.S1 (Gonçalves Rocha), onde se rejeitou – a nosso ver, com toda a justeza – alegação de assédio com base em mudança de local de trabalho, alteração

24. *Assédio e discriminação.* No Código de 2003, as consequências eram particularmente sérias. Seguindo a orientação (extremamente discutível) do direito comunitário[48], declarava-se: "Constitui discriminação o assédio a candidato a emprego e a trabalhador" (art. 24º/1). Assim, todo o regime da discriminação no acesso ao emprego e no trabalho seria aplicável aos casos de assédio, nomeadamente a repartição do ónus da prova: o empregador tinha que provar que o comportamento adoptado não era discriminatório (art. 23º/3). O Código de 2009 alterou os dados da questão, abstendo-se de estabelecer a correspondência entre assédio e discriminação e limitando-se a declarar aplicável ao primeiro o regime indemnizatório estabelecido para o segundo. Assim, cabe ao trabalhador provar os factos que permitam integrar os elementos constitutivos do assédio. Essa alteração legislativa encontra justificação na consideração óbvia de que nem sempre os comportamentos integradores de assédio são relacionáveis com factores de discriminação; mas não há dúvida de que a mudança do enunciado legal representou uma degradação da protecção contra o assédio, ao repor o principal encargo da prova sobre os ombros do trabalhador, relativamente a circunstâncias que, amiúde, se desenvolvem fora da sua esfera de domínio e conhecimento.

A Directiva 2006/54/CE, que, por último, compendiou as normas referentes à matéria, reitera a posição de que, para os respectivos efeitos, "o conceito de discriminação inclui (...) o assédio e o assédio sexual" (art. 2º/2). A mesma directiva estabelece, nos termos já anteriormente conhecidos, que cabe às alegadas vítimas provar "elementos de facto constitutivos da presunção de discriminação directa ou indirecta" (noções que englobam o assédio), recaindo sobre o demandado a prova de que "não houve violação do princípio da igualdade de tratamento".

Desde logo se recolhe desses textos que a distinção entre igualdade e não discriminação não ficou bem resolvida no pensamento subjacente às mencionadas directivas. Essa confusão pode estar também na origem da defeituosa correspondência entre o âmbito em que as directivas da igualdade consideram a inversão do ónus da prova (isto é, *todo o assédio*) e o perímetro, muito mais estreito, dentro do qual o nosso Código faz actuar essa mesma inversão (*só o assédio discriminatório*).

É que, como se sabe, a "igualdade de tratamento" - objectivo fundamental das directivas - não se esgota na não discriminação. A discriminação supõe a

de horário (que, por o mesmo ter sido acordado, não foi aceite nem cumprida pelo trabalhador), aviso de possível extinção do posto de trabalho e imposição do gozo de férias em certas datas (sem oposição do trabalhador).

[48] Art. 2º Dir. 76/207/CEE, de 9/2/76, com a redacção dada pela Dir. 2002/73/CE, de 23/09/2002.

motivação por um factor discriminatório, de entre os muitos que, por exemplo, o art. 24º do Código do Trabalho recolheu. A (ilícita) *desigualdade de tratamento* – contra a qual, no fundo, pretende investir o direito europeu – pode, decerto, assumir carácter discriminatório, mas também pode não ter esse carácter, por não se estar em presença de um factor de discriminação.

Um dos motores da desigualdade de tratamento pode ser, justamente, o assédio. Em tais casos, mesmo não havendo discriminação em sentido próprio e rigoroso, as directivas europeias querem accionar a inversão do ónus da prova: o lesado só tem que provar factos indiciários da desigualdade de tratamento e do efeito de assédio que eles comportam. É claro que a desigualdade de tratamento implica comparação, e essa pode mostrar-se inviável, por não haver, justamente, "situações comparáveis" – ou seja, quando a posição da alegada vítima for singular na organização. Nesse caso, o assediado terá que construir a presunção com factos directamente correspondentes à definição normativa de assédio, cabendo igualmente ao demandado provar factos que evidenciem o carácter não assediante do seu comportamento.

Ora, retornando à nossa lei, julga-se que o teor do art. 29º do Código do Trabalho, redundando na reserva do expediente da inversão do ónus da prova às situações de assédio discriminatório, e deixando assim a descoberto desse recurso a maioria das situações merecedoras de idêntico nível de tutela, viola a obrigação de transposição das pertinentes directivas comunitárias.

25. *A noção legal.* Mas a definição do art. 29º não parece poder constituir o instrumento de *diferenciação* que é necessário. Nela cabem, praticamente, todas as situações que o mau relacionamento entre chefes e empregados, ou entre companheiros de trabalho, pode gerar. Encontramos na jurisprudência sinais fortes do reconhecimento dessa insuficiência da definição legal (que, de resto, é comum aos Códigos de 2003 e de 2009). Com efeito, os tribunais têm procurado isolar os elementos de uma noção capaz de servir as suas finalidades operatórias[49].

Entrando em conta com o texto da lei e os contributos da jurisprudência, parece possível identificar os seguintes traços estruturais da noção de assédio no trabalho:

a) Um *comportamento* (não um acto isolado) indesejado, por representar incómodo injusto ou mesmo prejuízo para a vítima (exº: redução à inactividade e ao isolamento, sem razão objectiva);

[49] Constituem exemplos notáveis desse labor os Acs. Rel. Lisboa 14/09/2011 – P. 429/09.9TTLSB.L1-4 (Maria João Romba), Rel. Porto 26/09/2011 – P. 540/09.6TTMTS.P1 (António José Ramos) e Rel. Coimbra 23/11/2011 – P. 222/11.9T4AVR.C1 (Manuela Fialho).

b) Uma *intenção* de, com esse comportamento, exercer *pressão moral* sobre o outro, tirando partido de algum factor seu de *debilidade* ou menor resistência (desde logo, a dependência económica e o receio do desemprego; mas também, em não poucos casos, uma especial vulnerabilidade psicológica ou mesmo física; ou até situações da vida privada cuja divulgação se receia), ou, no mínimo, a *desconsideração* da possibilidade de tal efeito[50];

c) Uma relação de *causalidade adequada* entre esse comportamento e efeitos perturbadores, constrangedores, atentatórios da dignidade ou geradores de clima social negativo para o destinatário (ficando à margem todos os comportamentos integráveis em padrões de normalidade no contexto social concreto);

d) Um *objectivo final* ilícito ou eticamente reprovável, consistente na obtenção de um efeito psicológico na vítima, desejado pelo assediante (submissão total à vontade do assediante, penalização por actos legítimos da vítima, indução à resolução do contrato ou ao abandono do trabalho, aceitação de uma modificação negativa das condições de trabalho).

26. *A relevância dos "efeitos" do assédio.* A definição do art. 29º prescinde do elemento *intencional* na identificação do assédio.

É verdade que a referência aos "efeitos" da conduta assediante, para além da intencionalidade pura, permite enquadrar e valorar negativamente situações em que o agente se comporta com indiferença ou inconsideração pelas prováveis consequências da sua actuação sobre a vítima[51]. A enfatização dos "efeitos" imediatos dos comportamentos gera uma acentuação dos *deveres de cuidado* que impendem sobre o empregador ou o responsável pela organização, em particular aqueles que têm expressa consagração no art. 127º do CT. Trata-se dos deveres de respeito, "urbanidade e probidade", do de "proporcionar boas con-

[50] O elemento intencionalidade, apesar de muito debatido, tem sido tomado na nossa jurisprudência como requisito da existência de assédio. Cfr., por exemplo, o Ac. STJ 29/10/2013 - P. 298/07.3TTPRT.P3.S1 (Mário Belo Morgado): "Não se apurando materialidade que suficientemente permita concluir no sentido de uma intencional conduta persecutória da entidade empregadora, dirigida a atingir os valores da dignidade profissional e/ou da integridade física ou psíquica do trabalhador, não pode considerar-se integrada a figura do assédio moral". Se, como fenómeno psicológico, a intenção dificilmente pode ser provada em si mesma, ela pode decerto ser apurada através da descoberta de motivações susceptíveis de a ela conduzirem.

[51] Exemplo desse tipo de ponderação é o Ac. Rel. Lisboa 15/02/2012 - P. 830/06.0TTVFX.L1-4 (Filomena Carvalho): "O mobbing ou assédio moral é percebido como uma prática insana de perseguição metodicamente organizada, temporalmente prolongada, dirigida normalmente contra um só trabalhador que, por consequência, se vê remetido para uma situação e desesperada, violentado e frequentemente constrangido a abandonar o seu emprego, seja por iniciativa própria ou não". De qualquer modo, o elemento intenção está aí presente na ideia de acção "metodicamente organizada".

dições de trabalho, do ponto de vista físico e moral" e do de "prevenir riscos e doenças profissionais, tendo em conta a protecção da segurança e saúde do trabalhador". A especial posição em que a proibição do assédio coloca o empregador está hoje desenvolvida em várias alterações ao CT introduzidas pela L. 73/2017, de 16 de Agosto. Assim:

a) Nas empresas com 7 ou mais trabalhadores, é exigida a adopção de códigos de conduta adequados à prevenção e ao combate ao assédio (nova al. k) do art. 127º/1);

b) O empregador é obrigado a exercer a acção disciplinar sempre que tenha conhecimento de alegadas situações de assédio (nova al. l) do mesmo artigo e nº);

c) O empregador suporta a responsabilidade pela reparação dos danos emergentes de doenças profissionais resultantes de assédio (novo nº 8 do art. 283º).

Os responsáveis da organização não estão pois, apenas, "proibidos de assediar" – têm obrigações de *prevenção* e mesmo *reparação* relativamente aos casos em que comportamentos de chefias intermédias ou companheiros de trabalho sejam susceptíveis de enquadramento na noção de assédio. O uso do poder disciplinar nesses casos é devido. O ressarcimento dos danos sofridos pelo assediado, nomeadamente não patrimoniais, é atribuído ao empregador, quando o assediante seja dirigente ou chefia da vítima, mediante invocação da norma civilística que responsabiliza o devedor "pelos actos...das pessoas que utiliza para o cumprimento da obrigação" (art. 800º/1 do CC).

Todos estes aspectos do regime legal giram em torno dos *efeitos* dos comportamentos alegadamente assediantes.

27. *A "intenção" como elemento do assédio.* No entanto, não se vê que a figura autonomizada pela lei possa, enquanto tal, prescindir inteiramente do elemento *intenção*. Percebe-se a razão pela qual a lei se basta com a produção, no imediato, de certos efeitos, ainda que não queridos ou mesmo não representados pelos agentes. Essa é também a lógica das definições europeias de assédio. E, enquanto estas se mantiverem, o legislador português estará cingido ao critério definitório actual – que tem, de resto, um fundamento operatório mais ou menos óbvio: trata-se de dispensar a *prova*, sempre difícil, da intenção subjacente aos comportamentos visados.

Mas essa dispensa de prova tem um preço, que consiste numa dificuldade acrescida para os tribunais: a de, na grande massa dos comportamentos individuais e colectivos próprios do desenvolvimento das relações de trabalho numa organização, geradores, muitos deles, de manifestações de *stress*, depressão, mal-estar e de toda a gama dos chamados riscos psicossociais, diferenciar os que podem qualificar-se como assédio, daqueles outros que reflectem, simplesmente, disfunções organizacionais carentes de tratamento, e que podem implicar violação de específicos direitos dos trabalhadores, ou nem sequer justificam o labéu da ilicitude.

Por outro lado, a intencionalidade constitui, no assédio, *um factor essencial de ilicitude*: dela deriva um grau de censurabilidade independente, em certa medida, da importância dos efeitos produzidos. A ideia de assédio, como comportamento alvo de censura jurídica, torna-se praticamente incompreensível se despojada do elemento intenção.

A jurisprudência evidencia bem a consciência dessa dificuldade. Os mais recentes acórdãos do STJ sobre a matéria manifestam claro desconforto perante a necessidade de julgar comportamentos prescindindo da intenção[52]. E muito coerentemente, o Supremo não deixa de salientar que a "intenção/finalidade do agente" é, necessariamente, "um dos elementos a considerar para aferir da gravidade/" tipicidade" de certo comportamento"[53].

Na verdade, o "efeito" com que parece bastar-se a lei não é o resultado final da pressão psicológica (por exemplo, a resolução do contrato pelo trabalhador), mas sim o conjunto das suas consequências imediatas (perturbação, humilhação, perda de identidade e autoestima).

Por outras palavras: o que decorre da lei é que, se os "efeitos imediatos" se verificam e é possível estabelecer uma relação causal (porventura não intencional) entre eles e uma série de comportamentos de alguém – empregador, chefia, colegas de trabalho da vítima –, fica estabelecida a ocorrência de assédio.

Por outro lado, o art. 29º/1 reconhece aquilo que já antes era evidente: que há assédio discriminatório e assédio não discriminatório[54]. Tudo está em saber se o comportamento em causa se baseia em factor de discriminação, nomeadamente o sexo, a raça ou a nacionalidade. No caso de assédio discriminatório, aplica-se todo o regime dos arts. 23º e seguintes, e não apenas o art. 28º.

[52] Veja-se, por exemplo, o Ac. STJ 21/04/16 – P. 299/14.5T8VLG.P1.S1 (Mário Belo Morgado). Aí se sustentou que, para haver assédio moral, "se exige um objectivo final ilícito ou, no mínimo, eticamente reprovável" – embora, ao mesmo tempo, se admita, um tanto contraditoriamente, que "no assédio não tem de estar presente o "objectivo" de afectar a vítima, bastando que este resultado seja "efeito" do comportamento adoptado pelo assediante". Mais recentemente, ainda, reiterando-se o requisito de "que se verifique um objectivo final ilícito ou, no mínimo, eticamente reprovável", considerou-se exigível a ocorrência de "comportamentos da empresa que intensa e inequivocamente infrinjam os valores protegidos pela norma – respeito pela integridade psíquica e moral do trabalhador". – STJ 05/09/2018 – P. 532/11.5TTSTRE.E1.S1 (Gonçalves Rocha).

[53] Ac. STJ 12/11/15 – P. 217/10.0TTMAI.P1.S1 (Pinto Hespanhol).

[54] Parece evidente que o facto de o assédio ser pessoalmente direccionado não é, por si só, suficiente para caracterizar discriminação.

28. *O assédio sexual.* O art. 29º/2 define ainda uma modalidade específica de assédio – o *assédio sexual.* A definição é, porém, subsidiária da anterior e revela a mesma insuficiência como instrumento de detecção e diferenciação do fenómeno visado. Considera a lei que o assédio sexual é "o comportamento indesejado de carácter sexual, sob forma verbal, não-verbal ou física, com o objectivo ou o efeito referido no número anterior".

Ora, em primeiro lugar, o assédio sexual pode manifestar-se – e manifesta-se em regra – por comportamentos que não são "de carácter sexual" (promessas e/ou ameaças relativas à situação profissional ou ao próprio emprego; esperas, perseguições, etc.). Tratando-se de comportamentos de carácter sexual, é mais provável o preenchimento de crime de *importunação sexual*[55].

Depois, o que é "de carácter sexual" é, tipicamente, o objectivo final – a obtenção do consentimento da vítima para o relacionamento desejado pelo assediante. Só raramente existirá a *intenção* de atingir a vítima nos termos que, por remissão para o nº 1 do mesmo artigo, são considerados na definição legal. Aí, sim, relevam os *efeitos* – ainda que não visados pelo agente – de perturbação, constrangimento, afectação da dignidade pessoal ou criação de "um ambiente intimidativo, hostil, degradante, humilhante ou desestabilizador".

Consideramos, por isso, que o elenco de elementos estruturais proposto para a definição de assédio mantém a sua validade plena no tocante ao assédio sexual. De resto, e para além da circunstância de poder consistir, não numa conduta reiterada, mas num só acto, o assédio sexual, enquanto objecto de reprovação jurídica, enquadra-se bem no regime geral do assédio. Afinal, o que está em causa é sempre, em primeira linha, "a dignidade da pessoa humana"[56].

[55] Art. 170º CPenal: "Quem importunar outra pessoa, praticando perante ela atos de carácter exibicionista, formulando propostas de teor sexual ou constrangendo-a a contacto de natureza sexual, é punido com pena de prisão até 1 ano ou com pena de multa até 120 dias, se pena mais grave lhe não couber por força de outra disposição legal".

[56] Rita Garcia Pereira, *O mobbing* cit., 147.

Capítulo 8
AS OBRIGAÇÕES DO TRABALHADOR

I. A obrigação de trabalho[1].

[1] A doutrina clássica sobre o tema pode encontrar-se, sobretudo, em Aranguren, *La qualifica nel contrato di lavoro. Il diritto soggetivo alla qualifica* Milão (1961); Giugni, *Mansioni e qualifica nel rapporto di lavoro*, Nápoles (1963).

A) A actividade contratada e a categoria[2].

> **"I – Para a definição da categoria profissional atende-se aos dois aspectos que interagem: a matéria de facto e o direito, quanto ao primeiro, ele desdobra-se, principalmente, nas funções ou tarefas para que o trabalhador foi contratado, e as que exerce efectivamente, já em sede de direito deverá ser feita a busca das disposições legais ou convencionais que, em abstracto, estabelecem a moldura funcional nas diversas categorias.**
> **II – Para atribuir uma categoria profissional a um trabalhador, para além de se atender às funções que ele efectivamente realiza, e não à qualificação atribuída pela entidade patronal, não é necessário que aquele execute, em termos rigorosos e precisos, as funções que as definições incluem, a título informativo, devendo assim ser desempenhadas as que constituem o núcleo, as tarefas essenciais ou distintivas de outras categorias.**
> **III – Quando o empregador investe certos trabalhadores em cargos de direcção e chefia dentro da própria empresa, projecta neles parte do poder directivo que a ele próprio pertence originariamente. Trata-se de actividade que envolve o exercício dum mandato implicíto da entidade empregadora, sendo que a nomeação para um desses cargos não confere qualquer direito ou mesmo expectativa jurídica de manutenção do desempenho dos mesmos. (...)" – STJ 06/01/98 – P. 98S360 (Diniz Nunes).**

1. *O art. 115º do Código do Trabalho.* A posição do trabalhador na organização em que se integra pelo contrato define-se a partir daquilo que lhe cabe fazer, isto é, pelo «conjunto de serviços e tarefas que formam o objecto da prestação de trabalho»[3] e que se determina a partir da *actividade contratada* com o empregador (art. 115º CT).

Dadas as características do contrato de trabalho, esta estipulação pode fazer-se de várias maneiras: por expressa e detalhada caracterização das funções visadas (pelo menos as que o são no momento da contratação); por uma fórmula genérica como "funções administrativas"; pela remissão para uma "categoria" cuja descrição funcional consta da convenção colectiva aplicável ou de regulamento interno da empresa (art. 115º/2) – tudo isto através de estipulação expressa, escrita ou oral. Nalguns casos, a ocupação pelo trabalhador de um posto de trabalho ou função cujo conteúdo está formalmente definido na organização da empresa é bastante para identificar a "actividade contratada". Mas, muitas vezes,

[2] Sobre o tema, vd. Bernardo Xavier, *Manual de Direito do Trabalho* cit., 489 ss.; Júlio Gomes, *Direito do Trabalho* cit., 499 ss.; J. Leal Amado, *Contrato de trabalho* cit., 239 ss..

[3] Formulação constante do ensaio clássico de Bernardo Xavier, A *determinação qualitativa da prestação de trabalho* (separata E.S.C. 10) 18.

aquilo que as partes efectivamente quiseram não consta de nenhum documento nem pode demonstrar-se por testemunhos: tem que deduzir-se da própria prática das relações de trabalho.

A determinação do estatuto jurídico concreto do trabalhador depende de se saber qual é a actividade contratada, que constitui o cerne do seu compromisso perante o empregador. E, quando não existe contrato escrito, ou dele não consta a indicação da natureza do trabalho, a determinação da "actividade contratada" tem que deduzir-se da prática das relações de trabalho, isto é, dos comportamentos pelos quais pode entender-se que as partes exprimem o seu acordo. Isso requer uma análise cuidada dos mesmos comportamentos, para excluir aquilo que, por um lado, pode resultar de exigência abusiva do empregador ou, por outro, do desejo do trabalhador de exibir, inicialmente, disponibilidade para tudo o que seja necessário fazer.

2. *A categoria.* O género de trabalho que melhor corresponda ao que realmente é feito nesse quadro pode traduzir-se por uma designação sintética ou abreviada[4]: contínuo, operador de consola, pintor de automóveis, encarregado de expedição, etc.. A posição assim estabelecida e indicada é a *categoria* do trabalhador.

Ela resulta do jogo de dois factores pré-contratuais: pelo lado do empregador, a «vaga» existente na organização e que se define pela «função» ou pelos «serviços» necessários; pelo lado do trabalhador, a sua profissão ou as qualificações profissionais adquiridas[5], ou, mais simplesmente, as suas aptidões laborais (físicas, psíquicas e técnicas).

A categoria exprime, assim, um «género» de actividade. Há-de caber nesse género, pelo menos na sua parte essencial ou característica, a *função principal* que ao trabalhador está atribuída na organização (art. 118º CT).

A categoria constitui um fundamental meio de determinação de direitos e garantias do trabalhador – ou, noutros termos, de caracterização do seu *estatuto*

[4] Não deve, porém exagerar-se o alcance destas designações sintéticas na protecção do estatuto profissional do trabalhador. O que fundamentalmente importa é o complexo de tarefas ou funções que elas ocultam. Assim, p. ex., na empresa *A* as funções do «chefe de secção» podem implicar níveis de qualificação técnica e de responsabilidade muito diferentes das de idêntico posto na empresa *B*. Isso mostrar-se-á com particuiar nitidez nos casos de *fusão* de empresas: as categorias de chefia na empresa resultante daquele fenómeno podem ter uma amplitude de funções e responsabilidades mais ou menos diferentes da que caracterizava as categorias «correspondentes» em cada uma das empresas fusionadas, com o inerente reflexo no plano salarial. A classificação do pessoal na nova empresa pode pois não se traduzir numa transposição mecânica com base nas designações das categorias («chefe de secção» para «chefe de secção» etc.).

[5] Tem isto importância, sobretudo, quando se trate de actividade cujo exercício se encontre «legalmente condicionado à posse de título profissional, designadamente carteira profissional» (art. 117º CT). Em tais casos, a falta do referido documento determina a nulidade do contrato.

profissional na empresa. É ela que define o posicionamento do trabalhador na hierarquia salarial, é ela que o situa no sistema de carreiras profissionais, é também ela que (quando a actividade contratada não está expressamente descrita no contrato) funciona como referencial para se saber o que pode e o que não pode a entidade empregadora exigir ao trabalhador.

Deve assinalar-se que o CT de 2003 – em preceitos que a revisão de 2009 manteve, praticamente, inalterados – introduziu uma importante mudança de perspectiva em relação à que longamente vigorou neste domínio. Para a captar, basta comparar o teor do art. 22º/1 LCT (de 1969) com o do art. 151º/1 CT de 2003. O primeiro preceito dispunha: "O trabalhador deve, em princípio, exercer uma actividade correspondente à categoria para que foi contratado". A categoria delimitava, pois, o género de trabalhos que podia ser exigido ao abrigo do contrato – retratava o objecto deste. A segunda norma estabeleceu: "O trabalhador deve, em princípio, exercer funções correspondentes à actividade para que foi contratado". E esta actividade, como se notou já, pode ser, ou não, definida "por remissão para categoria constante do instrumento de regulamentação colectiva de trabalho aplicável (...)" (art. 111º/2 do CT 2003, art. 115º/2 no CT 2009).

A categoria não tem, actualmente, uma função delimitadora das tarefas exigíveis ao trabalhador; a vontade das partes é soberana na definição de qualquer arranjo de actividades que melhor lhes convenha. O legislador quis deixar às partes a possibilidade de combinar, por exemplo, tarefas constantes das definições de várias "categorias", ajustando da forma mais racional as qualificações do trabalhador às necessidades da empresa. A partir desse arranjo (a "actividade contratada"), encontrar-se-á a categoria a atribuir ao trabalhador como expressão mais cabal do género predominante de trabalho envolvido no objecto do contrato. Mas agora com consequências que não se reflectem na definição rígida da actividade exigível: a categoria assume fundamentalmente, como se notou, o papel de elemento de conexão do trabalhador com um certo *estatuto profissional* na empresa.

3. *Trabalho e profissão.* A *profissionalidade* não é, em princípio, exigível quanto à actividade prometida[6]. O trabalhador, ainda que atribua a natureza de actividade profissional principal a certo género de trabalho, pode obrigar-se a exercer actividade diversa das que nele se comportem. Nada impede que um engenheiro se empregue como recepcionista num hotel ou que um electricista seja contratado para exercer funções de segurança numa fábrica. Pela própria natureza das coisas, o trabalho prometido corresponderá normalmente à profissão, mas

[6] Cfr. HUECK-NIPPERDEY 44.

nada o impõe, a não ser nos casos (expressamente definidos por lei) em que se exige a posse de carteira profissional ou título com valor legal equivalente (art. 117º CT).

Note-se, porém, que as qualificações tecnico-profissionais do trabalhador constituem um parâmetro importante para a delimitação do que lhe pode ser exigido.

Em geral, o empregador deve escolher, de entre as tarefas compreendidas na actividade contratada, aquelas que melhor correspondam às "aptidões e qualificação profissional" do trabalhador (art. 118º/1) – nem outra coisa, decerto, lhe convirá. Mas não só isso. Como se observará um pouco adiante, o trabalhador pode ser solicitado a exercer tarefas exteriores à actividade contratada, desde que sejam "afins ou funcionalmente ligadas" a essa actividade e, ainda, sob condição de que ele "detenha a qualificação profissional adequada" (art. 118º/2 CT), o que pode implicar um esforço de formação a cargo do empresário (art. 118º/4).

4. *A tutela da categoria.* A categoria, precisamente por, de algum modo, reflectir a posição contratual do trabalhador (além de sinalizar o seu estatuto socioprofissional), é objecto de certa protecção legal e convencional.

Assim, e por via de regra, o dador de trabalho não pode «baixar a categoria do trabalhador» (art. 129º/1-*e*)), a não ser que este aceite[7] e haja autorização da inspecção do trabalho – mas, mesmo assim, só quando a baixa seja «imposta por necessidades prementes da empresa ou por estrita necessidade do trabalhador»[8] (art. 119º).

Consagra assim a nossa lei o princípio da *irreversibilidade da carreira* no âmbito da empresa. A despromoção ou baixa de categoria não pode, nomeadamente, constituir sanção disciplinar, nem ser, por outro qualquer propósito, resultado de decisão unilateral do empregador. No seu significado autónomo – isto é,

[7] Como se observará adiante, cabe à entidade patronal definir a categoria do trabalhador, quer dizer, a *função* e a *designação* que no quadro da organização produtiva lhe caberão. A posição de "primeiro classificador" é, desde há muito tempo, reconhecida ao empregador pela jurisprudência. Vejam-se, por exemplo, os Acs. STA 23/1/73 (AD 135º, 426) e 12/3/74 (AD 151º, 962). No entanto, essa faculdade sofre duas importantes restrições. A primeira consiste na necessidade da adequação entre a função efectivamente exercida e a actividade contratada (art. 118º/1 CT), quer esta seja identificável pela organização interna da empresa quer resulte de instrumento de regulamentação colectiva. Trata-se, pois, de um *poder vinculado:* cfr., entre outros, Ac. STA 2/3/71 (AD 113º, 764). Em segundo lugar, o exercício dessa faculdade é também *vinculante* para a entidade patronal: a categoria dada só pode sofrer alteração em certos termos, como se verá [Ac. STA 18/2/75 (AD 161,736)]. Cfr. ainda Ac. STJ 6/2/91 (AD 355,923).

[8] Os casos de *estrita necessidade do trabalhador* são, especialmente, aqueles em que a própria manutenção do contrato, com a qualificação inicial, se torna impossível ou duvidosa: por exemplo, o caso de uma telefonista que começa a ficar surda ou um contabilista que sofre um esgotamento nervoso.

encarado à margem do princípio da irredutibilidade do salário (art. 129º/1-*d*)) que com ele se relaciona estreitamente –, esse princípio visa a protecção da *profissionalidade* como valor inerente à pessoa do trabalhador[9].

Mas deve notar-se que, sendo a categoria uma forma de exprimir (de modo aproximativo) o núcleo central do objecto do contrato, a sua inalterabilidade já decorreria das regras gerais; e, nesta perspectiva, é também indiscutível a *consensualidade da promoção,* isto é, da atribuição de categoria mais elevada ao trabalhador, quando implique modificação de tarefas ou funções. A atribuição de categoria mais elevada não pode ser imposta ao trabalhador. Não é raro que a categoria mais alta envolva actividades caracterizadas por níveis também mais elevados de responsabilidade e de intensidade de trabalho, que o trabalhador tem, obviamente, o direito de não aceitar, na medida em que se trata de uma modificação do objecto do contrato.

Não é, em regra, o que sucede nas chamadas «promoções automáticas» ou "progressões salariais" – reguladas pela contratação colectiva – que, na verdade, redundam na mera subida de nível retributivo, sem alteração do género de actividade a realizar. Como meio de ascensão salarial em função do tempo, ou de uma combinação de antiguidade e mérito no desempenho[10], a mera progressão salarial não contende com o objecto do contrato.

Mas, se o empregador pretende atribuir ao trabalhador uma categoria mais alta, envolvendo alteração de funções e responsabilidades, está-se no domínio em que a consensualidade prevalece: o trabalhador *pode opor-se,* afastando assim o significado de uma aquiescência tácita que ao seu silêncio poderia ser atribuído.

5. *A categoria como conceito normativo.* É sabido que, no uso corrente da contratação colectiva – sede própria, entre nós, para o estabelecimento do quadro de categorias, classes, níveis ou graus profissionais, bem como para a descrição das pertinentes funções –, o primeiro sentido que se atribui ao conceito de categoria é o de constituir um *rótulo* ou *designação* sintética a que, por assim dizer, mecanicamente, se prende um certo estatuto ou tratamento contratual. A prática justifica-se por razões óbvias de simplicidade e prevenção de litígios: surge assim uma espécie de *código* aceite pela generalidade dos interessados e que vai dominar, em muitos aspectos, a peculiar linguagem do quotidiano das relações de trabalho.

A categoria assume, assim, a natureza de *conceito normativo* – no sentido de que converte uma realidade empírica, a da execução consensual de certos traba-

[9] Cfr. anot. de Liso ao art. 13º do *Statuto dei lavoratori* italiano, in *Lo statuto dei lavoratori – Commentario,* dir. G. Giugni, Milão (1979) 157 ss..

[10] Cfr. Ac. STJ 12/07/2008 – P. 08S1296 (Pinto Hespanhol).

lhos, num título de acesso a certos direitos, benefícios e garantias pré-definidos, integradores de um estatuto profissional reivindicável pelo trabalhador.

Como se assinalou, a categoria já não desempenha a função de circunscrever positiva e negativamente as funções a exercer em concreto pelo trabalhador, ou, noutros termos, de a sua definição indicar precisamente as tarefas prometidas e excluir actividades diferentes[11]. Mas não deixa, por isso, de ser um elemento importante para a aplicação das normas laborais. Ela incorpora um especial "dever-ser", que já não respeita ao que pode ou não ser ordenado ao trabalhador, mas sim ao estatuto (direitos, deveres, expectativas) que lhe corresponde com base no seu trabalho. Continua, pois, a ser válida a afirmação de que existe uma relação de necessidade jurídica entre o exercício de certa função e a titularidade de certa categoria. E, tal como provém da tradição jurisprudencial, a *qualificação de funções* (em que se concretiza essa relação de necessidade) apresenta-se como *questão de direito*[12].

Não pode, contudo, ignorar-se que nem sempre essa necessária correspondência é observada. A designação categorial realmente atribuída a um trabalhador não constitui factor decisivo, mas simples elemento indiciário, para a determinação da concreta posição funcional que lhe corresponde na organização técnico-laboral da empresa. As próprias convenções colectivas jogam com essa realidade, sempre no sentido de superarem os efeitos duma aplicação mecânica dos rótulos profissionais, para fazerem aderir os estatutos definidos *às funções efectivas*[13].

Sempre tais situações representarão, em graus e por motivações diferentes, tentativas de fuga à aplicação do devido estatuto profissional, nomeadamente no plano remuneratório. O empregador é, com efeito, o primeiro "classificador profissional": é ele que reconhece ao trabalhador uma certa categoria e o trata em conformidade. Não custa admitir que o faça de acordo com o seu interesse, escolhendo a solução mais económica ou mais flexível.

[11] Cfr., nestas duas direcções, o art. 118º/1 e 119º CT. Vejam-se também as observações produzidas, entre muitos outros, por Corrado (in *Nuovo trattado di diritto del lavoro*, dir. Riva Sanseverino e Mazzoni, vol. II, Pádua (1971) 201 ss.), Kaskel-Dersch (*Derecho del trabajo*, Buenos Aires (1961), 223) e Santoro-Passarelli (*Nozioni di diritto del lavoro* cit. 91-92) acerca do sentido a atribuir *à permanência da «posição substancial» do trabalhador* como requisito do exercício do *ius variandi* do empregador – sentido que se reconduz à necessidade de a função temporariamente atribuída ter «afinidade» com a normal, ou ficar «dentro do raio de actividade profissional» do trabalhador afectado.

[12] Cfr. M. C. Tavares da Silva 698.

[13] Trata-se, há muito, de orientação pacífica na jurisprudência. Cfr., por exemplo, o Acs. STJ 14/10/87 (BMJ 370, 445) e, mais recentemente, os Acs. STJ 02/10/2002 – P. 02S462 (Vitor Mesquita), 19/02/2003 – P. 02S3744 (Ferreira Neto), 15/02/2012 – P. 4517/04.0TTLSB.L1.S1 (Sampaio Gomes) e 23/02/2012 – P. 4535/06.3TTLSB.L1.SS1 (Sampaio Gomes), onde se identifica, a propósito, um "princípio de efectividade" (www.dgsi.pt).

A classificação profissional do empregador, precisamente porque redunda na fixação de direitos, deveres e expectativas do trabalhador, está sujeita a controlo externo, nomeadamente judicial. E esse controlo – como, de resto, indica o pertinente clausulado das convenções colectivas – obedece a um critério único, que é o de *privilegiar a função efectiva sobre a designação categorial* com vista à determinação do estatuto do trabalhador em causa[14]. Vigora pois, neste como noutros domínios do ordenamento laboral, um princípio de *realidade:* prevalece a qualificação jurídica correspondente aos factos por que se manifesta a relação de trabalho, e não aquela que derive de definições ou escolhas formais dos contraentes.

B) A relevância da estrutura da empresa e da organização do trabalho.

6. *Os "cargos de estrutura".* Dir-se-ia, face às observações precedentes, que a determinação da actividade contratada, objecto do contrato de trabalho – e, por consequência, da categoria que melhor lhe corresponde –, é mera questão de interpretação desse contrato, ou seja, de apuramento do que as partes quiseram realmente estabelecer. Mas as coisas não são tão simples.

Essa determinação pode depender, em grau significativo, de elementos de natureza objectiva e pré-contratual, como o modo pelo qual a empresa se encontra estruturada (enquanto complexo hierárquico em que a direcção ou chefia do trabalho se distribui por diferentes níveis) e o modo por que a organização dos processos de trabalho se acha fixada pelo empresário – factores que depois se reflectem na *realidade* da relação de trabalho.

Se, com efeito, é possível proceder a uma identificação e valorização «objectiva»[15] do trabalho devido quando se trata de certos tipos de profissionais – cuja actividade se pode reconduzir a "modelos" estabilizados, como os programadores de informática, os fogueiros, os pilotos de aviação civil, e tantos outros relativamente aos quais é possível listar tarefas caracterizadas por graus diferenciados de esforço físico e/ou mental e de envolvimento na realização bem sucedida do processo técnico-produtivo[16] –, já essa determinação se torna menos líquida, se

[14] Veja-se, como síntese exemplar de princípios conducentes ao restabelecimento do nexo salário--função, a fórmula do art. 13º do *Statuto dei lavoratori* vigente na Itália desde 1970 (Lei nº 300, de 20 de Maio desse ano).

[15] No sentido de admitir critérios de qualificação independentes do modo por que a empresa está organizada e do «peso específico» que tem a função em causa no quadro da mesma organização.

[16] Sobre os critérios de qualificação de funções, vd., entre outras, a obra clássica de OMBREDANE//FAVERGE, *L'Analyse du travail*, Paris (1955). Mais recentemente, numa exposição de conjunto das várias orientações existentes, S. VALLÉE, *Qualification du Travail*, cap. IX de *Organization technique de l'entreprise industrielle.*

relativiza, face a um grande número de situações funcionais com que se depara nas empresas.

É, antes de tudo, o caso daquelas funções de enquadramento(nomeadamente hierárquicas) que constituem os «pontos de amarração» da estrutura da empresa.

Existem, com efeito, posições funcionais que são insusceptíveis de correcta avaliação – nomeadamente para efeitos de controlo da classificação profissional atribuída – sem que se tome como um *dado* a estrutura da empresa, a importância relativa dos papéis e o específico modo de articulação estabelecido entre os vários níveis de poder e responsabilidade. O exercício do poder de organização da empresa, pertencente ao titular dela, constitui assim um pressuposto da classificação profissional, pois do critério do empregador/empresário dependem, originariamente, o número e a distribuição dos postos de trabalho pelas várias funções, assim como a classificação dos lugares (e dos trabalhadores) a que correspondam funções de enquadramento[17].

Se, como é normal, não existe um critério normativo pré-estabelecido para a qualificação e o consequente escalonamento dessas funções (isto é, se a convenção colectiva aplicável não prevê nem define como "categorias" os vários níveis hierárquicos), torna-se forçoso utilizar, como meio de verificação do acerto da classificação gizada pelo empregador, a estrutura hierárquica que *ele próprio* delineou. Um «chefe de departamento» será, nessas condições, aquele que se encontra provido no lugar de chefia de uma unidade orgânico-funcional *designada* por «departamento» – sendo certo que essa como outras denominações comportam significados organizacionais muito variáveis[18]. Deste modo, «o empregador continua a ser senhor da estrutura da sua empresa, da hierarquia e da qualificação dos empregos oferecidos»[19], particularmente no que toca às funções de enquadramento que, em seu critério, entenda deverem existir.

A determinação da categoria em função da estrutura da empresa[20] depara, por vezes, com limitações por parte da contratação colectiva – limitações tendentes a «objectivar», através de índices que normalmente se reportam aos níveis de responsabilidade (número de trabalhadores enquadrados, relações de dependência hierárquica, como simples exemplos), o critério de atribuição das

[17] Desta afirmação não resulta, obviamente, que a classificação profissional originária seja objecto de um poder incontrolável do empregador, mas apenas que a este cabe lançar, seguindo em exclusivo o seu critério, condições prévias que assumirão carácter referencial para aquela classificação. Esta ideia será, de resto, clarificada um pouco adiante.

[18] Não existe, com efeito, um glossário uniforme para as funções hierárquicas: a *divisão, o departamento, o serviço* podem escalonar-se de diversas maneiras na estrutura concreta das empresas.

[19] CAMERLYNCK/LYON-CAEN, *Droit du Travail,* Paris, 10ª ed. (1980), 273.

[20] Que, tradicionalmente, e até por virtude da sua «tecnicidade», conduzia ao estabelecimento unilateral da «hierarquia de empregos» pelos empregador. Cfr. N. CATALA, *L'entreprise,* Paris (1980), 7.

categorias «organizacionais» ou de enquadramento a que nos temos referido. Mas o que, de qualquer modo, prevalece é a *estrutura concreta* da organização empresarial, tal como promanou da vontade do seu titular.

7. *Os trabalhadores admitidos para cargos de estrutura.* Outro tipo de situações problemáticas é o dos trabalhadores *admitidos* para o exercício de funções de chefia – não se tratando de contrato de trabalho em comissão de serviço (art. 162º CT) –, sobretudo quanto essas funções definem categorias no regime convencional aplicável[21]. Se tal condição se verifica, o trabalhador "adquire" a *categoria* respectiva (director, chefe de serviço, ou outra). Deverá entender-se que a entidade empregadora fica adstrita a cometer a esse trabalhador *exclusivamente* cargos hierárquicos, desse mesmo nível ou superior? E, uma vez que, como se verá adiante, sobre o empregador recai um dever de ocupação efectiva, está este obrigado a, em cada momento, ao longo da vigência do contrato, confiar funções *de direcção ou chefia* ao mesmo trabalhador? Imagine-se que, entendendo o empregador que é conveniente para a gestão da empresa colocar naquele posto de chefia outra pessoa, resolve atribuir ao titular exonerado funções de assessoria técnica, requerendo qualificações académicas e profissionais de nível idêntico ao das que ele possui – e isto sem alteração do seu regime remuneratório. Pode o trabalhador opor-se eficazmente, sob a alegação de mudança (baixa) de categoria?

Já vimos que as funções inerentes à estrutura hierárquica da empresa podem e devem ser consideradas de dois ângulos diferentes e colocam os trabalhadores nelas investidos numa posição funcional híbrida.

Por um lado, trata-se de actividades que envolvem o exercício de um «mandato» implícito da entidade empregadora (ideia bem vincada pelo art. 329º/4 CT: «O poder disciplinar pode ser exercido directamente pelo empregador, ou por superior hierárquico do trabalhador, nos termos estabelecidos por aquele»): os titulares de cargos de direcção e chefia exercem *poderes* cujo titular originário é o empregador, e exercem-nos dentro dos limites e da estrutura por ele traçados. Nesta vertente, trata-se de funções de que o elemento «confiança» é suporte fundamental; e na atribuição da sua titularidade deve prevalecer o interesse (e a vontade) do empregador.

Encaradas de outro posto de observação, essas funções traduzem a aplicação de certas capacidades mentais e técnicas no âmbito da organização, constituem uma das formas possíveis de *exercício profissional*, e é justamente por isso que se mostram aptas a preencher o objecto de um contrato de trabalho, correspon-

[21] Notar-se-á, todavia, que o problema proposto existe também quando não haja definição normativa das categorias hierárquicas. A admissão para um cargo de chefia pode merecer o significado da fixação de uma «categoria contratual» correspondente ao objecto (inicial) do vínculo.

dendo-lhes um certo feixe de direitos (nomeadamente remuneratórios) e obrigações característicos desse contrato.

Dadas estas premissas, seria, em primeiro lugar, absurdo considerar-se a existência de um qualquer «direito ao cargo de chefia», ainda que inicialmente visado no contrato de trabalho. A atribuição de funções hierárquicas não pode deixar de ser unilateralmente revogável, à semelhança do mandato. E isto não só no que respeita às funções originariamente «contratadas», mas também relativamente a todo o desenvolvimento das relações de trabalho. A entidade empregadora não pode ter-se por adstrita a confiar cargos de chefia a certa pessoa, pelo facto de a ter recrutado para funções desse tipo, ou de, supervenientemente, lhe ter atribuído a titularidade delas. Trata-se – sublinhemo-lo de novo – de dar expressão adequada à noção da chefia como «delegação» ou «mandato» da entidade empregadora[22]. Dessa noção deriva a valorização específica dos elementos «confiança» e «nível de responsabilidade atribuída», entre si correlacionados, e a que não pode ligar-se qualquer direito ou expectativa jurídica do trabalhador.

E, sendo assim, é forçoso admitir que a um trabalhador nessas condições (exonerado de funções de direcção ou chefia) sejam exigidas actividades de natureza diferente (isto é, não hierárquicas), *se bem que necessariamente equiparáveis sob o ponto de vista das exigências técnico-profissionais envolvidas.*

Aspecto diverso é o do *estatuto contratual* do trabalhador, isto é, o dos direitos e garantias que, como empregado, lhe assistem. O reconhecimento normativo da categoria hierárquica tem aqui o seu fundamental alcance. Ele protege a consistência e a estabilidade daquele estatuto, por sobre a natural precaridade da situação funcional de partida. Tudo o que possa considerar-se elemento da *remuneração* auferida no cargo de chefia – e veremos adiante como se coloca o problema da qualificação remuneratória – deve manter-se, apesar de cessar a titularidade do cargo; exceptuar-se-ão, apenas, evidentemente, os direitos que, de acordo com o próprio regime convencional aplicável, sejam inerentes *ao exercício efectivo* de tais funções[23].

[22] A lei oferece um instrumento razoavelmente adequado para a separação desta perspectiva (a do «mandato» inerente à titularidade da chefia) face à do normal conteúdo do contrato de trabalho: o regime de comissão de serviço, constante dos arts. 161º ss. CT. A aplicação desta possibilidade é susceptível de prevenir muitos dos problemas que se têm suscitado em torno da situação categorial dos chefes e dirigentes de empresa. No entanto, como no lugar próprio se observará, o regime legal da comissão de serviço é excessiva e desnecessariamente restritivo quanto ao uso de tal instrumento.

[23] Estas chaves de tratamento das situações concretas implicam, naturalmente, que seja obrigatório o reconhecimento permanente da categoria hierárquica, por força das normas aplicáveis – isto é, que a convenção colectiva preveja e descreva («institucionalize», como dizem os tribunais) tal categoria.

8. *Categorias funcionais e organizacionais.* As observações precedentes podem ser condensadas na constatação de que, ao lado de *categorias «funcionais»*, atribuíveis a partir do reconhecimento de certo *tipo* de tarefas ou funções objectivamente descritas, existem, em qualquer estrutura empresarial, *categorias «organizacionais»* cuja atribuição depende mais do modo por que a empresa se articula concretamente – e se repartem as delegações de poder inerentes a qualquer hierarquia – do que do tipo ou natureza das tarefas exercidas. Categorias «organizacionais» diversas podem, na verdade, ser conferidas no âmbito de um conjunto materialmente homogéneo de funções – isto porque, e só porque, o organizador da empresa quis discriminar um certo número de escalões hierárquicos onde outro empresário teria porventura preferido criar um só nível de chefia. Numa empresa, pode haver um "departamento de recursos humanos", enquanto noutra se configura uma "direcção de pessoal" que engloba um "departamento de administração do pessoal", outro de "formação" e outro de "relações de trabalho". Qualquer destas soluções organizacionais contende com os títulos atribuíveis às pessoas que vão desempenhar funções nos seus âmbitos e, porventura, aos respectivos estatutos profissionais.

9. *A relevância do critério organizacional do empregador.* Mas o fenómeno não respeita apenas às funções de direcção ou chefia na empresa. Outros postos de trabalho – virtualmente todos – podem ser condicionados, no seu real conteúdo funcional, e para além mesmo do que tenha sido estipulado nos respectivos contratos de trabalho, pelo critério de *organização do trabalho* adoptado pelo empregador.

Como já se assinalou, e melhor se verá adiante, o trabalhador pode ser solicitado não só a desempenhar tarefas compreendidas na "actividade contratada", mas também outras que lhe sejam "afins ou funcionalmente ligadas" (art. 118º CT). Esta extensão do objecto do contrato depende, naturalmente, do critério organizacional do empregador.

Uma secretária de administração pode estar obrigada a realizar tarefas de reprografia e expediente, se é essa a regra de organização do trabalho existente – ou não, se as funções de reprografia e expediente em toda a empresa estiverem entregues a departamentos próprios.

A contratualização da actividade devida é, assim, complementada pelo critério de organização do trabalho adoptado pelo empregador.

C) A categoria e a função.

10. *Da função à categoria.* A categoria é, como disse, um rótulo, uma designação abreviada ou sintética que exprime um género de actividades. Ela (ou deve ser) atribuída por aplicação de um critério de correspondência ou adequação entre a definição abstracta de funções que a identifica e o arranjo concreto de funções que se traduz na "actividade contratada".

Uma pessoa é contratada para prestar "serviços administrativos" no escritório de um hipermercado, adquire a categoria de «técnico administrativo» e exerce a função de «assegurar o expediente próprio das relações com as instituições de Segurança Social». Outro trabalhador foi também contratado para "serviços administrativos", tem a mesma categoria, mas cabe-lhe manter permanentemente actualizado o registo do "stock" do hipermercado.

Dois trabalhadores podem, assim, ser contratados para a mesma "actividade", ingressar na mesma categoria e exercer funções diferentes.

Um trabalhador é contratado por uma oficina de reparação de automóveis para exercer actividades de mecânica-auto, é-lhe reconhecida a categoria de "1º oficial" e atribuída a função de verificar e reparar caixas de velocidades; outro trabalhador é admitido na mesma oficina e também para actividades de mecânica-auto, mas é-lhe conferida a categoria de "encarregado da oficina" e entregue a função de receber clientes, fazer o diagnóstico inicial e distribuir diariamente o serviço pelos mecânicos.

Pode, pois, suceder também que dois trabalhadores, contratados para a mesma "actividade", tenham categorias e exerçam funções diferentes.

Frequentemente, os «conteúdos funcionais» correspondentes às categorias estão pré-determinados: as convenções colectivas de trabalho inserem, quase sempre, «descritivos» das funções que caracterizam cada uma das categorias de um elenco também contratualmente definido. Quando a classificação profissional aparece assim normativamente condicionada – o que, pode dizer-se, constitui a regra na indústria, no comércio e nos serviços –, há que colocar a questão das *correlações entre categoria e função*, sob o ponto de vista da certeza do estatuto profissional de cada trabalhador.

Não se trata, aliás, de uma só questão, mas de várias: tem o trabalhador que ser classificado numa das categorias descritas, ainda que a função principal exercida por ele não se compreenda inteiramente no «descritivo» de qualquer delas? podem ser-lhe atribuídas funções diversas das que correspondem à sua categoria? *têm* que ser-lhe cometidas funções previstas no "descritivo" da categoria que detém? pode a entidade empregadora, unilateralmente, alterar a função exigida ao trabalhador, mantendo-se dentro dos limites das que correspondem à sua categoria?

11. *O "direito à categoria"*. A primeira questão – a *de saber se é obrigatória a atribuição de uma categoria ao trabalhador, mesmo que a actividade contratada não corresponda* *directamente a nenhuma das possíveis* – é, de um modo geral, expressamente resolvido pelas próprias convenções colectivas: a entidade empregadora está obrigada a atribuir ao trabalhador uma das categorias convencionalmente fixadas. Uma vez que o critério de classificação profissional é contratualizado, assumido assim valor normativo, há que subsumir nos «modelos» categoriais previstos a função concretamente exercida pelo trabalhador. Se não é possível o encaixe pleno, deve ser reconhecida a categoria cujo «descritivo» mais se aproxime do tipo de actividade concretamente prestado; se duas categorias parecem igualmente ajustadas, tem que atribuir-se a mais elevada (isto é, a correspondente às funções mais valorizadas, de entre as que estão cometidas ao trabalhador)[24].

Estas directrizes reflectem, como se disse, o primado de um *critério normativo* de classificação profissional – critério ao qual não pode substituir-se o da entidade empregadora. Convém ter presente, neste ponto, que a categoria significa, para o trabalhador, não só a garantia de um certo estatuto remuneratório, mas também um referencial indispensável à salvaguarda da sua profissionalidade.

Todavia, nada impede que a entidade empregadora, enquanto titular de uma organização de trabalho, aplique internamente o seu próprio critério de classificação de funções, definindo, inclusivamente, designações funcionais próprias e ligando-lhes consequências privativas, nomeadamente no que toca a remunerações. Os postos de trabalho na empresa podem, assim, ser identificados segundo uma nomenclatura não coincidente com a que a convenção colectiva aplicável consagra, e o mesmo se dirá das práticas retributivas. A convenção colectiva de trabalho não é um meio de padronização da estrutura das empresas nem um modelo imperativo de organização do trabalho. É, sim, uma norma reguladora das *relações de trabalho*, definidora de direitos e obrigações que se inscrevem nos contratos individuais de trabalho, e a cuja efectividade se acha instrumentalizado um certo sistema de classificação profissional.

Mas o papel de um tal sistema esgota-se aí. *Desde que o estatuto profissional decorrente da categoria convencionalmente aplicável esteja salvaguardado,* nada impede que a situação funcional do trabalhador, na concreta organização em que está integrado, seja qualificada e tratada de acordo com um diferente critério e segundo uma lógica diversa[25]. De outro modo, o sistema convencional de classificação conferiria à organização e à gestão da empresa, naturalmente dinâmicas, uma rigidez artificial e desnecessária.

[24] Trata-se de soluções não só consagradas pela prática contratual, mas também acolhidas há muito na jurisprudência: vejam-se, nomeadamente, os Acs. STJ 14/10/87 (AD 313, 138), quanto à atribuição da categoria mais elevada; STJ 22/9/89 (AD 336, 1584), relativamente à obrigatoriedade da atribuição da categoria «institucionalizada» e à afirmação do critério da «maior proximidade», também retomado, por exemplo, no Ac. STJ 25/3/92 (AD 376, 480).

[25] Já neste sentido, veja-se o importante Ac. Rel. Lisboa 11/10/82 (CJ 82, 4, 180).

Assim, e concretizando: um trabalhador classificado, à luz da convenção colectiva aplicável, como «técnico administrativo» pode ser internamente designado como «processador A», desde que a sua remuneração e os restantes elementos do estatuto correspondente àquela categoria convencional lhe estejam garantidos.

12. *A adequação categoria/função.* A segunda questão é a de saber *se podem ser atribuídas ao trabalhador funções diferentes das que definem a sua categoria.* E, de certo modo, a terceira questão oferece-se como o reverso dessa: *têm que ser-lhe atribuídas funções integráveis na categoria?* Trataremos de ambas em conjunto.

E a resposta à primeira (com reflexo imediato na segunda) é, desde logo, afirmativa: a "actividade contratada", que é o núcleo central do objecto do contrato, pode transcender os limites da categoria atribuída ao trabalhador, pois pode constituir uma combinação de tarefas ou funções susceptíveis de caberem em várias categorias.

O art. 118º/1 dispõe que «o trabalhador deve, em princípio, exercer funções correspondentes à actividade para que foi contratado», o que pode, como se viu, ir além das tarefas enquadráveis na categoria.

Mesmo quando, nos termos do art. 115º/2 CT, a actividade contratada é definida pelas partes através de "remissão para categoria de instrumento de regulamentação colectiva ou de regulamento interno de empresa", continua a ser admitido ao empregador que exija ao trabalhador uma prestação de trabalho mais vasta ou complexa, integrando as "funções afins ou funcionalmente ligadas" a que se refere o art. 118º/2.

A categoria reconhecida não é, mais uma vez o notamos, elemento delimitador do círculo de tarefas exigíveis ao trabalhador.

De resto, o art. 120º CT confere ainda ao empregador um direito de variação temporária da actividade do trabalhador: nas condições estabelecidas por esse artigo, e a que voltaremos adiante, podem ser exigidas "funções não compreendidas na actividade contratada".

A correlação entre a categoria e a função efectivamente desempenhada não é, assim, biunívoca: a categoria deve ser atribuída com base na correspondência entre a sua descrição funcional e a actividade contratada, mas esta pode não se conter – isto, não se limitar – na primeira.

Quando muito, poderá dizer-se que os *elementos centrais e característicos da actividade contratada* se espelham na descrição da categoria atribuída. E daqui – pelo menos quando, nos termos do art. 115º/2, a actividade contratada se defina por remissão para uma categoria – resulta um condicionamento para a margem de manobra do empregador na atribuição de tarefas ao trabalhador: o primeiro não pode obrigar o segundo a dedicar-se, *exclusiva ou principalmente, e a título permanente ou definitivo*, à execução de tarefas sem nenhuma correspondência na categoria. Se isso ocorrer, verificar-se-á uma de duas hipóteses: ou tais tarefas caracterizam uma categoria *superior*, e esta deverá então ser reconhecida (configurando uma promoção); ou correspondem a uma categoria *inferior*, e estar-se-á perante uma (encapotada) baixa de categoria, que a lei proíbe fora do apertado condicionamento do art. 119º CT[26]. Esta última situação pode ocorrer mesmo que se mantenha a retribuição anteriormente paga: a tutela da categoria não visa apenas a garantia dos ganhos do trabalhador, tem igualmente em vista a salvaguarda da sua profissionalidade[27].

Mas as coisas nem sempre se apresentam, na prática, com esta linearidade. A comparação entre funções, quando não seja feita com recurso a métodos científicos de valorização relativa, pode revelar-se muito difícil e exposta a equívocos. Uma secretária presta serviço em apoio de um director; a certa altura é substituída e passa a assegurar o secretariado de um chefe de departamento (subordinado do primeiro), embora mantendo o seu estatuto profissional e remuneratório. Há baixa de categoria? Ou, não havendo, poderá a trabalhadora opor-se eficazmente à mudança? A verdade é que o *tipo de actividade* exigido não se altera, e o conjunto dos direitos e deveres contratuais das partes também não. Parece, pois, inteiramente lícita (e não contestável juridicamente) a mudança de situação funcional que meramente se traduz num novo posicionamento do trabalhador na organização da empresa[28].

13. *A alteração da função.* A última questão que se relaciona com o nexo categoria/função é esta: *pode a entidade empregadora, sem o assentimento do trabalhador, modificar a actividade exigida dentro do «género» correspondente à categoria que ele detém?*

[26] Há, evidentemente, uma terceira hipótese: a de as novas funções corresponderem a uma categoria do mesmo nível, com identidade de estatutos retributivos. Ainda aqui – tratando-se de uma tentativa de alteração unilateral do objecto do contrato – o trabalhador pode opor-se; se o não fizer, deverá ser-lhe reconhecida nova categoria.

[27] O valor da «profissionalidade» como referência autónoma na tutela da categoria tem tido, recentemente, acolhimento sistemático na jurisprudência pelo menos desde o Ac. STJ 19/1/89 (AD 328, 558).

[28] Embora não de todo coincidente, apresentava estas características essenciais o caso apreciado no Ac. STJ 22/9/93 (CJ 93, 3, 265), que decidiu no sentido da ilicitude da modificação. Lê-se na fundamentação do aresto o seguinte: «porque as funções passaram a ser exercidas perante quadro hierarquicamente subordinado àquele em que antes prestava serviço, do que resulta uma alteração qualitativa nas funções exercidas, de índole negativa, enquanto implicam colaboração profissional com graus de responsabilidade e de confiança, a nível da empresa, não equivalentes, nem coincidentes». Esta lógica não parece consistente; nela não coube, sequer, a consideração do especial peso que, justamente, o elemento *confiança* (funcional e pessoal) assume em funções como as de secretariado. Sobre todo o problema, na doutrina, veja-se Henriques Monteiro, *Da vontade contratual na configuração da prestação de trabalho*, RDES Jan./Dez. 1990, 325 ss..

Mais uma vez se salienta que a categoria não tem, à luz do CT, um papel delimitador do trabalho exigível ao trabalhador. O conceito fundamental é, hoje, o de *actividade contratada*, que, como se notou, pode abarcar tarefas ou funções integráveis em várias categorias – e, simultaneamente, não abranger todas as que em cada uma delas se compreendem. O art. 118º/1 prevê que o empregador atribua ao trabalhador funções "no âmbito da actividade para que foi contratado" e, dentro deste âmbito, o exercício da direcção do trabalho pode traduzir-se nas modificações que o processo de trabalho impuser. Os limites a atender são os da actividade contratada e não os da categoria.

Todavia, é necessário ter em conta a necessidade de salvaguardar o estatuto profissional (e, em especial, remuneratório) do trabalhador.

Imagine-se que um «técnico administrativo» presta apoio à rede de vendas da empresa, auferindo, por isso, uma percentagem nos valores cobrados; e suponha-se que o empregador decide, a certa altura, atribuir-lhe funções na secção de expediente e arquivo, onde deixará de receber aquela quantia. A modificação, não conflituando com a categoria, afecta, sensivelmente, o estatuto retributivo e acaba, assim, por traduzir-se numa alteração unilateral do contrato, o que abre espaço à possibilidade de oposição do trabalhador.

No entanto, subsiste a ideia básica de que releva do poder de organizar e gerir a empresa, investido na entidade empregadora, a escolha das actividades exigíveis ao trabalhador (isto é, das funções que, em cada momento, deverá exercer), dentro dos limites da "actividade contratada".

D) Flexibilidade funcional: a reconfiguração legal do objecto do contrato de trabalho.

"I – O artigo 118º, nº 1 do Código do Trabalho consagra o princípio da invariabilidade da prestação, com referência à actividade contratada.
II – As funções afins ou funcionalmente ligadas à atividade nuclear que correspondam a outras atividades compreendidas "no mesmo grupo ou carreira profissional do trabalhador", para que o trabalhador tenha qualificação e que não impliquem a sua desvalorização profissional, podem ser exercidas acessoriamente a esta e integram a "atividade contratada em sentido amplo", (artigo 118º, nºs 2 e 3).
III – Não preenche os requisitos da polivalência funcional, a determinação que implique que o trabalhador deixe de desempenhar a essência das funções da categoria profissional contratada e passe a exercer outras "ex novo" e de modo exclusivo. (...)"
– Rel. Porto 11/04/2018 – P. 431/17.7T8AGD.P1 (Teresa Sá Lopes).

14. *Noções gerais.* Uma compreensão rígida do objecto do contrato de trabalho, e da categoria como elemento delimitador absoluto da situação jurídica do trabalhador, entraria em conflito com os interesses de qualquer das partes.

O empregador veria plenamente impossibilitado qualquer ajustamento do trabalho disponível às necessidades sempre variáveis (também na qualidade) do funcionamento da empresa. Todo o tipo de trabalho não compreendido nas categorias existentes, por mais pontual, esporádica ou acessória que fosse a sua necessidade, implicaria o recurso a novos trabalhadores, ainda que para exercerem actividade por curtos períodos em cada dia, ficando inactivos o resto do tempo, ou para serem, repetidamente, admitidos e afastados do emprego. A rigidez da estrutura funcional da organização inviabilizaria qualquer gestão racional do trabalho.

Por seu lado, o trabalhador, em contrapartida da plena certeza do seu «papel» na empresa, veria muito limitadas (se não excluídas) as possibilidades de desenvolvimento pessoal e de valorização profissional: encerrado no casulo da «sua categoria», entregue à repetição continuada do correspondente padrão de actividade, restar-lhe-iam as oportunidades de mudança por iniciativa do empregador, para poder alargar ou diversificar o leque das hipóteses de aplicação e desenvolvimento de aptidões e, por conseguinte, de realização pessoal pelo trabalho. Fora disso, só o decurso do tempo (a antiguidade) e eventuais compensações pelo mérito no desempenho da função lhe permitiriam melhorar o estatuto profissional.

A realidade das relações de trabalho, e o próprio jogo dos interesses das partes, apontam no sentido de uma certa *flexibilidade funcional* [29], isto é, para a possibilidade de se conceber a actividade contratada como «núcleo central» da posição contratual do trabalhador, sem que fiquem excluídas outras aplicações da sua força de trabalho, dentro de certos limites e mediante determinadas condições[30].

É um tema que contende, antes do mais, com a *delimitação do objecto do contrato de trabalho*, com a aceitação ou rejeição de coeficientes de «elasticidade» e de «porosidade» nesse objecto. É, depois, um tema que suscita, naturalmente, a questão da *amplitude e das condições de exercício do poder de direcção* do empregador: flexibilizar, nas relações de trabalho, é sempre acrescer a margem de escolha livre, e portanto de *poder*, da entidade empregadora.

[29] Vejam-se, a este respeito, as observações de Jorge Leite, *Flexibilidade funcional*, QL, ano IV, 1997, nºs 9-10, 5 ss..

[30] Cfr. sobre a matéria o estudo de A. Nunes de Carvalho, *Mobilidade funcional e estatuto retributivo*, RDES nºs 1-3 (2013)49 ss..

O Código do Trabalho contempla dois instrumentos de flexibilidade funcional: a chamada «polivalência»[31], consagrada nos nºs 2 a 4 do art. 118º, e o direito de variação da actividade, tratado no art. 120º.

15. *As tarefas acessórias.* A (impropriamente) chamada «polivalência funcional»[32] assenta na declaração, contida no art. 118º/2, de que "a actividade contratada (...) compreende as funções que lhe sejam afins ou funcionalmente ligadas, para as quais o trabalhador tenha qualificação adequada e que não impliquem desvalorização profissional"[33].

O exercício dessa faculdade de ordenar ao trabalhador a execução de tais tarefas está consideravelmente limitado. O empregador não pode, unilateralmente, subverter a estrutura da actividade contratualmente devida pelo trabalhador. O género de trabalho reflectido na categoria continuará a ser o elemento central e nuclear da situação do trabalhador (a sua «actividade principal»). A lei admite que sejam exigidas ao trabalhador outras tarefas, fora da categoria, mas como actividades *acessórias* (art. 118º/4), o que, antes do mais, implica que elas ocupem, no horário de trabalho, menos tempo do que a principal.

De qualquer modo, decorre do art. 118º/2 que o empregador pode utilizar a força de trabalho do trabalhador *para além dos limites da actividade contratada,* embora em funções *ainda delimitáveis a partir dela.* Essas actividades devem ser «afins» ou «conexas» às que definem a categoria.

A *afinidade* parece só poder significar semelhança, proximidade quanto à *natureza* e às características do trabalho: a lei ilustra esta ideia com a fórmula "actividades compreendidas no mesmo grupo ou carreira profissional" (art. 118º/3). Este enunciado pode ser clarificador, ou não, conforme o sistema de organização das categorias que cada convenção colectiva de trabalho adopte. Mas fornece uma indicação útil no sentido de que deve tratar-se de trabalhos que envolvem aptidões psicofísicas do mesmo tipo[34].

[31] Retoma-se aqui a expressão usada no texto do Acordo de Concertação Social de Curto Prazo (Janeiro de 1996), em que se baseou a alteração do (então vigente) art. 22º LCT nos termos examinados no texto. A noção geral de polivalência é, no entanto, muito mais ampla do que essa.

[32] Veja-se, também, o estudo de Amadeu Dias, *Polivalência funcional (Alteração do art. 22º da Lei Geral do Trabalho)*, QL, Ano IV (1997), nºs 9-10, 38 ss..

[33] Não deixará de notar-se a fraca qualidade desta formulação – constante do CT de 2003 e mantida na revisão de 2009 –, menos compreensível por se inserir numa operação codificadora que viabilizaria um maior apuro redaccional. A fórmula adoptada envolve, desde logo, um absurdo lógico: o de um elemento *compreender* outro que lhe é, por definição, exterior. O enunciado antecedente – o do art. 22º/2 LCT – era muito deficiente, mas não ilógico, e tinha a atenuante de transpor, *ipsis verbis*, um trecho negociado em sede de concertação social.

[34] A perspectiva, sugerida por Jorge Leite (*est. cit.* 33), de utilizar um critério de aproximação ao regime da formação profissional (segundo o qual a afinidade corresponderia à identidade ou

Essa exigência de semelhança – relacionada com a tutela da profissionalidade – não é, porém, absoluta: são também admitidas tarefas com *ligação funcional* à actividade contratada que constitui a principal ocupação do trabalhador.

Como requisito autónomo, a *ligação funcional* está manifestamente relacionada com o modo por que se encontra organizado o processo de laboração da empresa. Uma actividade está, neste sentido, ligada a outra quando é condição dela ou condicionada por ela[35], ou quando é antecedente ou consequente dela, ou ainda quando ambas fazem parte da mesma sequência[36]. Há aqui que atender à contiguidade ou proximidade logico-funcional entre as duas actividades – não podendo bastar que elas constituam segmentos, mais ou menos distanciados, de um mesmo «processo». Se bastasse, perder-se-ia todo o sentido limitativo da exigência legal.

16. *Os requisitos legais.* Mas o condicionamento do recurso a essa possibilidade não se limita à relação qualitativa e funcional entre as actividades em causa.

É, ainda, requerido que o trabalhador tenha "qualificação adequada" para as tarefas adicionais ou acessórias.

O elemento qualificação aponta para a existência da *formação profissional* necessária ao adequado exercício da actividade adicional. O elemento capacidade referencia, a nosso ver, sobretudo, as *condições físicas e psíquicas* necessárias ao normal desempenho dessa actividade. O trabalhador não pode ser chamado a prestar trabalho para o qual não esteja devidamente formado ou que implique esforços (físicos ou psíquicos) desproporcionados para as suas «capacidades». No prolongamento dessa linha, atribui o art. 118º/4 ao trabalhador um "direito a formação profissional não inferior a dez horas anuais" quando o exercício das funções acessórias exigir qualificações especiais.

O mesmo quadro de valorações se exprime ainda no art. 118º/1 (o empregador deve atribuir ao trabalhador «as funções mais adequadas às suas aptidões e qualificação profissional»). Por outras palavras, o poder de direcção não é legiti-

proximidade de conteúdos formativos e bases científicas) é seguramente pertinente e útil, mas pode mostrar-se insuficiente. Sendo um critério de apreciação extrínseca, não funcionará quando a «afinidade» só decorrer da natureza do trabalho, sendo muito diversas as exigências formativas.

[35] Esta condicionalidade pode traduzir-se numa relação de *instrumentalidade* (numa garagem, a condução do automóvel para o elevador, e o accionamento deste, para proceder à mudança de óleo ou a uma reparação) ou de mera *sequencialidade* (o esvaziamento do depósito de óleo para posterior enchimento).

[36] Não basta, porém, a nosso ver, a mera «correlação, por integração num mesmo processo produtivo» (Amadeu Dias, est. cit 48). A exigência legal tem propósito claramente limitativo – não pode implicar que ao trabalhador seja exigível, em último termo, tudo aquilo que se faz na empresa ou na fábrica.

mamente exercido quando, embora dentro do objecto do contrato de trabalho, ultrapassa o exigível ao trabalhador, nas condições (subjectivas) de formação e aptidão psicofísica em que ele se encontra.

Mas, para além disso, a lei quer também evitar que o uso da «polivalência» se traduza em directo prejuizo do estatuto profissional e da situação económica do trabalhador: o exercício de actividades acessórias não pode implicar "desvalorização profissional" (art. 118º/2).

Finalmente, o art. 118º atribui ao trabalhador o direito à retribuição mais elevada que corresponda às actividades acessórias, "enquanto tal exercício se mantiver".

O Código do Trabalho não consagra, porém, o *direito à reclassificação* (na categoria correspondente a essas actividades), após seis meses de exercício, como o fazia o art. 22º/5 LCT. O art. 120º/5 CT é mesmo explícito na exclusão dessa hipótese, no caso de não ser expressamente estipulada.

17. *A ampliação do objecto do contrato.* O corolário mais importante da introdução deste regime na nossa lei está na *reconfiguração do objecto do contrato de trabalho*, a partir da «actividade contratada» (art. 118º). A concepção tradicional de que esse objecto está «retratado» na categoria sofre com isto novo abalo. Com efeito, parece indubitável que o regime daquele artigo se move ainda dentro dos limites do objecto do contrato: não se trata aí de uma faculdade extraordinária, limitada a uso transitório, como é o caso do direito de variação regulado art. 120º CT, mas de uma faculdade inserida no padrão normal de desenvolvimento das relações de trabalho.

O legislador tomou, deste modo, posição definitiva e indubitável perante a questão da rigidez ou impermeabilidade da categoria, como elemento delimitador do objecto do contrato (qualidades que lhe estavam atribuídas no âmbito da legislação anterior ao Código). E essa posição é a de que o compromisso do trabalhador abrange não só as actividades integráveis na sua categoria, mas ainda, porventura, outras que se compreendem na "actividade contratada" e, adicionalmente, tarefas conexas que caibam nas suas possibilidades e no seu tempo de trabalho, sem que se traduzam em prejuízo profissional ou económico.

E) Flexibilidade funcional (cont.): o direito de variação da actividade[37-38].

> **"1. A lei não estabelece limites temporais à duração do ius variandi nem ao número de vezes em que o mesmo pode ser exercido por ano.**
> **2. Por isso e salvo os casos de abuso de direito, o empregador pode usar daquela faculdade sempre que haja um interesse objectivo, sério e de natureza transitória.**
> **(...)**
> **4. A substituição de trabalhadores em férias e de baixa por doença constitui fundamento para o recurso ao ius variandi.**
> **5. Por isso, o facto de determinado trabalhador ter substituído no decurso de três anos, durante várias vezes e por vezes durante largos períodos, trabalhadores naquelas situações não lhe confere o direito à categoria que aqueles trabalhadores detinham e que era superior à sua." – STJ STJ 28/04/2004 – P. 04S3159 (Sousa Peixoto).**

18. *A modificação unilateral do objecto do contrato.* Para além da possibilidade de atribuição (a título permanente ou não) de actividades acessórias em relação às que definem a categoria, a lei reconhece ainda ao empregador uma faculdade «anormal» de exigir ao trabalhador, temporariamente, a realização de serviços não abrangidos pelo objecto do contrato[39].

A «anormalidade» da solução decorre do facto de a lei admitir, abertamente, que o empregador faça ao trabalhador exigências vinculativas *fora do objecto do contrato.* Essas exigências, desde que obedeçam a certos requisitos legais, devem ser obedecidas; se os requisitos são cumpridos, a eventual recusa da prestação dos serviços determinados será ilegítima e poderá acarretar consequências disciplinares.

Este «poder modificativo»[40], que funciona não só para além da categoria, mas também fora do próprio objecto do contrato (reconfigurado nos termos do art. 118º), surge como uma derrogação ao princípio segundo o qual os contratos não são alteráveis unilateralmente. A derrogação é legitimada pela necessidade do ajustamento da gestão da força de trabalho à dinâmica própria da evolução da empresa, e, portanto, como uma emanação da liberdade de iniciativa e de orga-

[37] Vd. M. Rosário Ramalho, *Tratado*, Parte II 403 ss.; Júlio Gomes, *Direito do Trabalho* cit., 794 ss.; Leal Amado, Contrato de trabalho cit. 242 s.; Romano Martinez, *Direito do Trabalho* cit. 756 ss..

[38] Para a caracterização destas situações, vejam-se os Acs. STJ 23/02/2005 – P. 04S3159 (Sousa Peixoto), 06/02/2008 – P. 07S3899 (Pinto Hespanhol), 22/10/2008 – P. 07S3666 (Mário Pereira), 04/05/2011 – P. 4319/07.1TTLSB.L1.S1 (Pinto Hespanhol).

[39] Contra a ideia de que esta faculdade seja susceptível de exercício unilateral, ou seja, sustentando que o *ius variandi* supõe acordo do trabalhador, vd. Ac. Rel.Lisboa 17/7/85 (CJ 85,4,192).

[40] Cfr. G. Ghezzi/U. Romagnoli, *Il rapporto di lavoro*, 2ª ed., Bolonha (1987) 157 ss..

nização empresarial" (art. 80º/c CRP). Trata-se, em suma, de mais uma manifestação de flexibilidade funcional.

Todavia, se é certo que os liga esse traço comum, não há lugar para se confundir este direito de variação com a faculdade estabelecida no art. 118º. Em primeiro lugar, a chamada «polivalência» traduz possibilidades que se contêm no objecto do contrato; o direito de variação extravasa o objecto do contrato, como decorre do art. 120º/1. Há, neste segundo caso, maior risco de lesão da profissionalidade, além de que o regime legal não exclui a hipótese de "desvalorização profissional", o que significa que a modificação pode ser «para pior». Por isso, o recurso ao direito de variação é, como se verá, mais fortemente condicionado. E, desde logo, só pode ser *transitório*, ao contrário da «polivalência».

19. *Os requisitos legais.* Vejamos, então, que requisitos específicos estabelece a lei para o exercício deste direito de variação da actividade. São os seguintes:

a) *o interesse da empresa assim o exigir* (interesse de carácter objectivo, ligado a ocorrências ou situações anómalas na vida da empresa[41], e que portanto se não confunde com as conveniências pessoais do empregador);

b) *ser uma variação transitória* (de contrário, estar-se-ia perante uma mudança de categoria, que só pode fazer-se nos termos do art. 119º)

c) *não implicar diminuição da retribuição nem modificação substancial da posição do trabalhador;*

d) ser dado ao trabalhador o *tratamento mais favorável* (designadamente em matéria de retribuição) que eventualmente corresponda ao serviço não convencionado que lhe é cometido;

e) haver *ordem expressa* do empregador, com *indicação do motivo e da duração da variação.*

Estes requisitos têm, no entanto, valor desigual. O art. 120º/2, na linha de "individualização" das condições de trabalho que percorre vários institutos tratados no CT, admite a derrogação - em qualquer dos sentidos possíveis - das condições estabelecidas no nº 1 (e só dessas), salvo, porventura, a do carácter temporário da variação, que é elemento essencial da hipótese do preceito. Assim, em particular, pode ser afastado, por estipulação individual, o requisito da não modificação substancial, e até mesmo o da invocação de um concreto interesse da empresa. Mas podem também ser introduzidas, através de acordo

[41] Exemplos: doença ou outro impedimento temporário de um trabalhador que exerce funções de continuidade imprescindível ao funcionamento da empresa; necessidade da fiscalização da obra de construção de uma nova fábrica por um engenheiro da empresa interessada, o qual trabalha normalmente no departamento de controlo de qualidade na mesma empresa; acréscimo, súbito e temporário, de trabalho numa secção da empresa, requerendo a deslocação de trabalhadores de outra subocupada.

entre empregador e trabalhador, exigências mais pesadas para o exercício do direito de variação. As regras dos nºs 3 e seguintes não estão cobertas por essa derrogabilidade, mas por uma outra: o regime legal pode ser integralmente afastado por convenção colectiva. Ou seja: o direito de variação pode ser totalmente excluído por essa via, ou – hipótese menos verosímil – convertido num instrumento de livre uso pelo empregador.

Como é natural, a exposição que se segue baseia-se na plena aplicação do regime legal.

20. *A transitoriedade da alteração.* Para além dos casos em que existe regulamentação convencional a consagrar o direito de acesso à categoria (quando superior) que as funções temporárias definem, após certo tempo de exercício delas, não se dispõe de qualquer padrão utilizável para determinar a divisória entre a «transitoriedade» e a «permanência» (entendida esta como título de aquisição daquele direito de acesso ou «direito à promoção»). A jurisprudência tem, aliás, assumido posições de grande elasticidade na aplicação deste requisito, parecendo bastar-se com a aparência de transitoriedade criada por declaração do empregador[42].

Mas não pode deixar-se de acautelar neste domínio, a hipótese de fraude à lei. O carácter temporário da alteração de funções há-de ser susceptível de objectivação pelas características de cada situação concreta.

É preciso que resulte que as tarefas em causa são *extraordinárias* relativamente aos padrões de funcionamento da empresa, não justificando, pela sua provisoriedade, que o quadro de pessoal seja remodelado para as abranger.

Igualmente se poderá ter por verificado o requisito legal se houver *substituição* do titular de um posto de trabalho por outro empregado, sendo claramente transitório o impedimento daquele; dir-se-á que o direito de variação existe enquanto funcionar (relativamente ao substituído) o mecanismo de suspensão do contrato que o art. 294º/1 CT faz assentar, também, no carácter temporário da impossibilidade da prestação de trabalho.

Mas, para além das situações típicas, não resta senão o recurso das regras de experiência em matéria de organização do trabalho na empresa para aferir a transitoriedade invocada em abono da variação de funções.

21. *A inexistência da modificação substancial da posição do trabalhador.* O trabalhador não pode ser, pelo exercício do direito de variação, colocado numa "situação hie-

[42] Cfr., por exemplo, Acs. STJ 10/05/95 – P. 004223 (Dias Simão), 10/04/2002 – P. 02S252 (Mário Torres), 28/04/2004 – P. 04S3159 (Sousa Peixoto) e 22/10/2008 – P. 07S3666 (Mário Pereira).

rárquica injustamente penosa"[43]. Mas não basta, para se verificar "modificação substancial", que as tarefas temporariamente exigidas correspondam a categoria inferior: como se verá, a lei admite a variação *in peius*. É necessário que o desnível hierárquico se mostre susceptível de provocar desprestígio ou afectar a dignidade profissional do trabalhador.

Todavia, o alcance do requisito sib análise não pode bastar-se com esta ordem de considerações. Ele há-de relacionar-se com a óbvia necessidade de articular o princípio geral da inalterabilidade do objecto do contrato por acto unilateral de qualquer dos sujeitos com o reconhecimento de um direito de variação ao empregador, com incidência nesse mesmo objecto. Essa articulação far-se-á à luz de duas ordens de exigências: a da "flexibilidade" no uso da mão-de-obra disponível e a de tutela das potencialidades e perspectivas profissionais do trabalhador. Ora esta tutela não pode satisfazer-se com o simples afastamento do "vexame" ou da "indignidade": ela tem que interferir com a natureza dos serviços temporariamente exigidos, na sua relação com o género de aptidões profissionais colocadas pelo contrato à disposição do empregador. A "modificação substancial" existe, por conseguinte, sobretudo quando se não verifique qualquer *afinidade* entre as tarefas temporariamente cometidas e as que definem a categoria do trabalhador[44].

De todo o modo, a referência da lei à "modificação substancial da posição do trabalhador" implica uma perspectiva mais ampla de apreciação das situações concretas. A "posição" do trabalhador não se exprime apenas pelo posto de trabalho ocupado, ou pelo nível salarial atingido, ou pela qualidade do ambiente físico em que trabalha, ou pelo nível de autonomia com que exerce a função, ou pelas suas ligações hierárquicas e funcionais no seio da organização. Ela constitui, em termos variáveis de caso para caso, uma *síntese* de todos esses aspectos[45] e como tal deve ser encarada quando se trate de valorar, sob o ponto de vista do art. 120º, a modificação inerente à atribuição das funções temporárias ao trabalhador.

[43] F. Resende, *As prestações das partes no contrato de trabalho*, ESC 32, 14.

[44] Cfr., em sentido aproximado, J. Leite/F. Coutinho de Almeida, *Colec-tânea* cit. 72.

[45] Cfr. a lapidar formulação constante do Ac. STJ 26/05/2015 – P. 2056/12.4TTLSB.L1.S1 (António Leones Dantas): "A posição do trabalhador no contexto da empresa é uma síntese de uma pluralidade de realidades que tem o seu cerne no núcleo fundamental das atividades desempenhadas que se integram na respetiva categoria profissional, mas que apela igualmente ao complexo de direitos e obrigações que integram o respetivo estatuto. Funções, inserção orgânica, nomeadamente a articulação com as estruturas dirigentes e relação com estas, bem como o exercício de poderes de direção e controle de unidades orgânicas e o complexo de relações pessoais que daí deriva, todos estes elementos contribuem para a caracterização da concreta posição de um trabalhador no contexto de uma estrutura empresarial."

22. *A tutela da retribuição.* O regime legal que estamos a examinar contém salvaguardas referentes à retribuição. Pode bem questionar-se a sua utilidade. É evidente que, tendo em conta o art. 129º/1-*d*) CT e a manifesta imunidade da categoria de que o trabalhador é titular perante o fenómeno da alteração temporária de funções (art. 120º/5), estaria sempre fora de causa a diminuição da retribuição, mesmo que a lei se lhe não referisse. Sendo a intangibilidade do salário uma *consequência* do exercício do direito de variação *in peius* (isto é, da atribuição de funções correspondentes a categoria mais baixa), mal se entende que ela surja, na lei, como um *requisito* desse exercício.

23. *A variação "in peius".* A perplexidade que a formulação legal suscita poderia até conduzir a que ela fosse interpretada como impeditiva da variação *in peius:* ao referir a inadmissibilidade da diminuição do salário, o legislador estaria, do mesmo passo, a vedar a mudança *para tarefas a que correspondesse retribuição mais baixa.*

Tal interpretação pecaria por se mostrar desajustada à efectivação do «interesse de uma relativa mobilidade da força de trabalho»[46] que constitui um dos suportes do *ius variandi.* A atribuição temporária de função integrável em categoria inferior (sem perda salarial) é, dentro dos parâmetros definidos pelo art.120º, uma das mais úteis e razoáveis aplicações do direito de variação funcional.

O exercício deste «direito de variação»[47] não afecta a categoria assumida pelo trabalhador, nem tem qualquer reflexo desfavorável sobre o seu estatuto laboral: as prerrogativas correspondentes à categoria que lhe pertence mantêm-se íntegras; somente poderão melhorar se a função transitória corresponder a uma qualificação superior ou que, em aspectos isolados, se mostre mais vantajosa.

[46] Pera, *Diritto del Lavoro,* Pádua (1980) 502.

[47] Embora mais correntemente usada a propósito do tipo de actividade exigido ao trabalhador, a expressão é válida também para outras modificações que o empregador pode fazer no domínio das condições de trabalho, sob certos requisitos legais: alterações do local de trabalho, do horário de trabalho, da estrutura da retribuição. Aí se deparará com outros "direitos de variação" do empregador.

II. Os deveres acessórios do trabalhador[48].

A) Enunciado geral. – 24. Os deveres acessórios. – **B) O dever de respeito, urbanidade e probidade.** – 25. A formulação legal; 26. O conteúdo do dever. – **C) Os deveres de assiduidade e pontualidade.** – 27. O enunciado legal; 28. A relevância da assiduidade; 29. O controlo da assiduidade. – **D) O dever de obediência.** – 30. O âmbito da obediência; 31. A desobediência legítima. **E) O dever de lealdade.** – 32. A noção juslaboral de lealdade; 33. Um dever geral de lealdade? 34. A elasticidade da exigência de lealdade; 35. Lealdade e confiança; 36. Lealdade e interesse contratual do empregador; 37. As concretizações legais; 38. A abstenção de concorrência; 39. A noção de concorrência; 40. Abstenção de concorrência e liberdade de trabalho. – **F) O dever de custódia.** – 41. O enunciado legal. – **G) O dever de prevenção.** – 42. O enunciado legal.

A) Enunciado geral.

24. *Os deveres acessórios.* Para além da obrigação principal que assume através do contrato – a de executar o trabalho de harmonia com as determinações da entidade patronal, abrangendo o binómio *actividade efectiva* e *disponibilidade* –, recaem sobre o trabalhador outras obrigações, conexas à sua integração no complexo de meios preordenado pelo empregador, sendo umas de base legal (como o chamado *dever de lealdade)* e outras de origem convencional ou mesmo regulamentar interna (como, em certas actividades económicas, a *obrigação de não fumar*).

A discriminação e o agrupamento destes deveres são feitos, pela doutrina, segundo critérios muito diferentes.

Assim, alguns autores propõem, no domínio desses deveres acessórios de conduta, uma distinção entre aqueles que são *autónomos ou complementares* relativamente à prestação de trabalho (assim, por exemplo, o dever de lealdade adiante citado) e os que são *auxiliares* ou *integrativos* daquela prestação (como o dever de obediência)[49]. Tal destrinça oferece sérias dificuldades teóricas e não deixa de ser, por isso, nomeadamente na doutrina italiana, alvo de frontal

[48] Vd., entre nós, Júlio Gomes, *Direito do Trabalho* cit., 529 ss.; M. Rosário Ramalho, *Tratado* cit., Parte II 371 ss.; Bernardo Xavier, *Manual* cit. 474 ss.; Menezes Cordeiro, *Direito do Trabalho* cit., II 438 ss.; Romano Martinez, *Direito do Trabalho* cit. 512 ss.; L. Menezes Leitão, *Direito do Trabalho* cit. 269 ss..

[49] A classificação – utilizando as etiquetas "deveres integrantes" e "deveres autónomos" – é adoptada por M. Rosário Ramalho (*Tratado* cit., Parte II 372 ss.) e Menezes Leitão (*Direito do Trabalho* cit. 269).

contestação[50]. A verdade, porém, é que a apontada dicotomia integra um modelo fortemente sugestivo na sua traça geral: tendo em vista a *execução do trabalho efectivo* (que, todavia, não esgota o objecto da obrigação *principal* do trabalhador, como já se viu), há efectivamente «deveres» que constituem afinal *modalidades* daquele comportamento, estão «dentro dele», como (em parte) a *obediência* e a *diligência;* e há, por outro lado, situações subjectivas «laterais», que favorecem e complementam a execução do trabalho, mas podem não coincidir com ela, como as de *lealdade, assiduidade* e *custódia.*

No entanto, a distinção indicada não permite dar conta de todo o leque das obrigações complementares que podem ser suportadas pelo trabalhador (e o mesmo se dirá, mais adiante, acerca do empregador) no quadro da relação de trabalho. Utilizando um critério diferenciador de matriz civilística[51], deve reconhecer-se que, ao lado dos deveres propriamente acessórios da obrigação principal, cujo cumprimento é condição da eficiência da relação de trabalho sob o ponto de vista dos interesses contratuais em confronto, podem existir (ou não), com maiores ou menores amplitude e diversidade, deveres secundários, com conteúdo e fundamento próprios, gerados pela lei ou convenção colectiva, ou até mesmo por estipulação individual, e que acrescem à posição obrigacional básica do trabalhador (e, como veremos, do empregador). Um exemplo é-nos oferecido pela obrigação de exclusividade, que pode ser fixada por cláusula específica do contrato; outros exemplos: o dever de participação em acções de formação proporcionadas pelo empregador, a obrigação de não fumar, ou a de utilizar certo uniforme em serviço.

Vamos, de seguida, abordar apenas as obrigações que integram o estatuto-tipo do trabalhador – ou seja, os deveres propriamente acessórios da obrigação de trabalho.

B) O dever de respeito, urbanidade e probidade.

" (...) V – É violador dos deveres de respeito e urbanidade o comportamento do trabalhador electricista que, num momento de pausa na sala de café da empresa, após consultar o mapa de férias ali afixado nesse dia e verificar que lhe havia sido atribuído um período divergente daquele que combinara com o engenheiro Director de Produção do empregador, abordou este, que ali passava naquele instante, e disse em tom exaltado, perante os trabalhadores que se encontravam na sala: "Está a brincar comigo?" e "Não gosto que brinquem comigo".

[50] Vd., entre outras, as obras clássicas de PERSIANI, *Contratto de lavoro e organizzazione,* Pádua (1966) 231, e MANCINI, *La responsabilità contratuale del prestatore di lavoro,* Milão (1957) 102.
[51] *Veja-se MENEZES CORDEIRO, Direito do Trabalho cit.,* II 427 ss..

VI - Há que atentar, contudo, em que tais expressões não são objectivamente ofensivas e foram proferidas num estado de exaltação emocional de quem vê frustradas, sem explicação, as legítimas expectativas que a empresa lhe criara quanto ao período de férias, circunstância que mitiga também a reacção ulterior do trabalhador quando, depois de o aludido engenheiro reagir com um sorriso às expressões proferidas e o agarrar com um braço para abandonar o local, se recusou a sair e se aproximou fisicamente do seu interlocutor.

VII - Tendo-se apurado que, já após todos se terem acalmado, os dois interlocutores conversaram calmamente no gabinete do engenheiro, tendo-se este apercebido de que havia de facto uma discrepância entre o período de férias combinado com aquele trabalhador e o que ficara a constar do mapa de férias, não pode afirmar-se que o descrito comportamento do trabalhador inviabilizou definitivamente a relação laboral." - STJ 03/12/2009 - P. 08S2589 (Sousa Grandão).

25. *A formulação legal.* O art. 128º/1-*a*) CT atribui ao trabalhador o dever de se comportar, perante as pessoas com as quais pode interagir no desenvolvimento da relação de trabalho, segundo certo padrão de correcção: o do relacionamento respeitoso e urbano.

O texto legal acrescenta ainda ao padrão visado uma nota de "probidade" que, em rigor, constitui uma emanação do imperativo geral de boa fé na execução do contrato (art. 102º CT). Este elemento não está, porém, isento de significado específico. A probidade recobre aqui os referenciais éticos da seriedade e da transparência, visando, no plano comportamental, a abstenção de acções geradoras de equívocos ou de erros por parte do outro contraente. Neste sentido, a probidade permite concentrar o conceito de lealdade - a que se refere a al. f) do mesmo artigo e número, e de que trataremos adiante - na abstenção de certos tipos de actos ou de condutas que não se caracterizam apenas pela falsidade ou pelo intuito enganador, mas que são susceptíveis de atingirem a própria causa do negócio, destruindo ou danificando o interesse contratual da outra parte.

26. *O conteúdo do dever.* Na sua raiz, trata-se de um dever de mera convivência social, postulando um comportamento adequado à manutenção de relações pessoais equilibradas e de qualidade, num qualquer âmbito comunitário. Enquanto obrigação fundada no contrato de trabalho, tem o sentido de prevenir dificuldades no funcionamento da organização ou defeitos no cumprimento das prestações de trabalho. Trata-se, pois, de uma obrigação ainda funcionalizada à boa execução do contrato de trabalho.

É inviável definir com precisão o conteúdo deste dever. Na jurisprudência, encontram-se aplicações tão diversas como a respeitante ao chefe que despreza o direito ao descanso dos subordinados[52] e a do trabalhador que faz referências pessoais desprimorosas ao administrador da empresa[53]. De certo modo, pode considerar-se o dever de respeito e urbanidade como uma situação subjectiva de natureza residual, destinada a funcionar como válvula de segurança do sistema de deveres contratuais acessórios do trabalhador, tendo em vista prevenir qualquer comportamento eticamente censurável que ameace a funcionalidade da prestação de trabalho ou a normalidade da vida da organização. Por isso, ele toma em conta todo o tipo de interacções em o trabalhador pode envolver-se no ambiente de trabalho: com o empregador, os superiores hierárquicos, os companheiros de trabalho e até quaisquer pessoas que se relacionem com a empresa.

C) Os deveres de assiduidade e pontualidade.

" (...) VII – O dever de assiduidade – consagrado no art. 121º, nº 1, al. b) – está relacionado com a diligência que o trabalhador coloca na realização da sua actividade, sendo certo que o enunciado preceito proíbe as faltas e os atrasos injustificados.
VIII – Visto que a relação laboral pressupõe uma execução continuada, as faltas sucessivas integram um cumprimento defeituoso do vínculo, susceptível de gerar na entidade patronal a quebra de confiança no trabalhador e, em consequência, potenciar o seu legítimo despedimento.
IX – Os atrasos injustificados, desde que superiores a 30 ou a 60 minutos, também determinam a existência de uma falta não justificada, com atinência, respectivamente, a metade ou a todo o período normal de trabalho diário, posto que o empregador recuse a prestação pelo período remanescente (art. 231º, nº 3).
X – Se o empregador não exercer esse seu direito potestativo de recusa, já o atraso não poderá corresponder a uma falta mas, ainda assim, nada impede que aquele vá adicionando os sucessivos atrasos até perfazerem o período diário de trabalho (art. 224º, nº 2).
XI – As faltas, sendo injustificadas, integram um comportamento ilícito, presumindo-se a culpa do trabalhador (art. 799º, nº 1, Código Civil).

[52] Veja-se o Ac. STJ 28/01/2016 – P. 1715/12.6TTPRT.P1.S1 (António Leones Dantas): "Viola os deveres de respeito e de urbanidade para com os colegas de trabalho (...) o trabalhador que exercendo funções de chefia determina, pontualmente, aos seus subordinados a realização de atos de serviço fora do horário de trabalho, em prejuízo do respetivo direito ao descanso e toma no trato com esses subordinados atitudes violadoras da respetiva integridade moral".

[53] Do Ac. STJ 10/12/2015 – P. 2367/12.9TTLSB.L1.S1 (Melo Lima): "Consubstancia grave incumprimento do dever de respeito e de urbanidade – de modo a pôr irremediavelmente em causa a confiança imprescindível à manutenção do vínculo laboral – a conduta do trabalhador que, numa reunião com outros trabalhadores e seus subordinados, referindo-se ao membro da administração da empregadora a quem hierarquicamente reporta, profere expressões objetivamente atentatórias da honra e imagem profissionais do mesmo."

XII - Tendo a trabalhadora incumprido, de forma reiterada, o seu horário de trabalho no decurso de todo o ano de 2007 - o que redundou no cometimento de, pelo menos, 12 faltas injustificadas - está irremediavelmente comprometida a relação de confiança do empregador quanto ao seu futuro comportamento, tornando-se-lhe inexigível que mantenha a relação laboral." - STJ 12/02/2010 - P. 637/08.0TTBRG. P1.S1 (Sousa Grandão).

27. *O enunciado legal.* Estabelece o art. 128º/1-*b*) CT que o trabalhador deve «comparecer ao serviço com assiduidade e pontualidade». Este dever, se bem olharmos, inclui-se na própria obrigação de trabalho - é apenas uma das suas faces, que exprime a permanência da disponibilidade do trabalhador nos períodos estipulados. Mas é conveniente autonomizá-lo, já que a assiduidade é, por vezes, e para certos efeitos, *valorizada* em si mesma.

A assiduidade reflecte a observância, por parte do trabalhador, do "programa" da prestação de trabalho, no tempo e no espaço. Significa, em suma, que ele deve estar *disponível* nas horas e locais previamente definidos. Como se verá, os parâmetros da assiduidade são o *horário de trabalho*, que ao empregador cabe definir (art. 212º/1), e o *local de trabalho*, que constitui um dos elementos da caracterização contratual da prestação (veja-se o art. 193º/1). A assiduidade associa-se, por conseguinte, à *pontualidade*, isto é, ao cumprimento preciso das horas de entrada e saída em cada jornada de trabalho.

Mas tudo isso, naturalmente, apenas na medida em que seja *socialmente exigível* a comparência do trabalhador. Não pode considerar-se violado o dever de assiduidade pelo facto de o trabalhador ser forçado à ausência, em virtude de circunstâncias suficientemente justificativas de tal conduta. Se ele se encontra doente, não pode impor-se-lhe a obrigação de comparecer na hora e no local de trabalho. É o regime *das faltas justificadas* (art. 249º ss.) que aqui se torna necessário evocar: a justificabilidade implica o reconhecimento da não-exigibilidade da comparência, isto é, a neutralização do dever de assiduidade.

28. *A relevância da assiduidade.* Mas esta noção de assiduidade releva apenas para a configuração do *dever contratual* a que alude o art. 128º. Nesta acepção, não pode o trabalhador ser responsabilizado (a título contratual ou disciplinar) por quebra da assiduidade devida, no caso de faltar ao serviço com justificação atendível. A nossa lei é, até, particularmente radical neste domínio: afirma o princípio de que «a falta justificada não afecta qualquer direito do trabalhador», nomeadamente a da retribuição (art. 255º/1).

A assiduidade pode ser encarada e tratada de modo diferente, na contratação colectiva e na regulamentação interna das empresas. É, por exemplo, conhecida a prática dos «prémios de assiduidade», muito difundida a partir da contratação colectiva dos anos 80 do século passado. Com o propósito de combater índices de absentismo considerados excessivos, esses prémios foram regulados de modo que todas ou quase todas as modalidades de ausência do trabalho influem no seu montante ou podem determinar a sua perda. No fundo, a lógica de tais medidas é esta: em muitos casos, a presença do trabalhador não é *exigível*, mas é *possível*, dependendo, em parte, da sua disponibilidade psicológica; o prémio tenderá, justamente, a actuar no sentido de acrescer esta disponibilidade.

A noção de assiduidade com que assim se joga é diferente da que está na base do art. 128º CT. Não se trata já de definir um *dever contratual* do trabalhador, aquilo a que ele está obrigado ou que lhe é exigível – mas, sim, de, tendencialmente, conter a ausência do serviço dos limites da impossibilidade material. E a consequência da «falta de assiduidade», nesses termos, não consiste numa perda ou prejuízo verificável no balanço das prestações contratualmente fixadas, mas na redução ou não-ganho de um benefício adicional – um prémio – cujas condições estão pré-definidas.

29. *O controlo da assiduidade.* A assiduidade pode ser objecto *de formas de controlo*, por parte da entidade empregadora, sobretudo nas organizações de maiores dimensão e complexidade. Esse controlo faz-se em modalidades mais ou menos sofisticadas, mas todas tendentes a permitir a verificação das horas de entrada e saída de cada trabalhador em cada dia. Daí podem extrair-se dados susceptíveis de influir no processamento de remunerações, ou de serem utilizados em estatísticas de vários tipos.

Trata-se de uma prática inerente à gestão do pessoal na empresa e ao exercício da direcção do trabalho, cabendo, portanto, inteiramente, no âmbito dos poderes originários do empregador; ainda que seja instituída a partir de certo momento, não pode ser vista como alteração das condições contratuais, visto que não passa, justamente, de um instrumento de verificação formal do cumprimento do contrato. A oposição ou desobediência do trabalhador não será, pois, juridicamente fundada[54].

[54] A questão não é académica: o controlo de assiduidade pode ser encarado como uma imposição incómoda e até desprestigiante para o trabalhador, traduzindo-se numa adicional obrigação de conduta gerada pela vontade unilateral da entidade empregadora. Sobre este problema, e em sentido coincidente com as afirmações produzidas no texto, veja-se o Ac. STJ 25/5/84 (AD 274, 1192).

D) O dever de obediência.

> **" (...) 2. Provando-se que o trabalhador, que exercia as funções de chefe de mesa, (i) não respeitou as regras de indumentária em vigor no hotel e que, instado várias vezes para respeitar essas regras, optou por uma posição de repúdio directo contra essa ordem e (ii) que cobrou valores diversos dos consumidos, em dias sucessivos e a vários clientes, violou, culposamente e de forma grave, os deveres de cumprir as ordens e instruções do empregador atinentes à execução do trabalho e de realizar com zelo e diligência as funções que lhe estavam confiadas.**
>
> **3. Neste contexto, este comportamento tornou, pela sua gravidade e consequências, imediata e praticamente impossível a subsistência da relação laboral, verificando-se, assim, justa causa para o despedimento." – STJ 14/01/2015 – P. 497/12.6TTVRL.P1.S1 (PINTO HESPANHOL).**

30. *O âmbito da obediência.* A subordinação implica um *dever de obediência* para o trabalhador. O art. 128º/1-*e*) CT, que expressamente o consagra, completa, pois, a definição do contrato de trabalho, contida no art. 11º.

A primeira nota que o enunciado legal sugere é a de que o trabalhador não fica, pelo contrato, simplesmente obrigado a respeitar e cumprir as ordens e instruções do empregador quanto ao modo de executar o trabalho. As ideias de "autoridade" e de "organização" que a definição do art. 11º acolhe indicam que o dever de obediência não é meramente instrumental para a execução do trabalho – refere-se a uma variedade de comportamentos requeridos pelo empregador, tendo em vista a coesão e a funcionalidade da própria organização em que o trabalho se insere. São as regras de "disciplina do trabalho", que podem abranger os tipos de vestuário, as linhas de circulação nas instalações, proibições de fumar ou de tomar alimentos em certos locais, as relações hierárquicas e funcionais, etc.. São, além delas, as "ordens e instruções" respeitantes à "segurança e saúde no trabalho", matéria em que o empregador assume responsabilidades primordiais. Em geral, os comportamentos do trabalhador no tempo e no local de trabalho estão cobertos pela autoridade do empregador e podem, portanto, envolver actos de obediência a ordens ou instruções deste.

31. *A desobediência legítima.* Segundo aquele preceito, o trabalhador deve «cumprir as ordens e instruções do empregador em tudo o que respeite à execução e disciplina do trabalho, salvo na medida em que se mostrem contrárias aos seus direitos e garantias». Admite-se, portanto, a possibilidade de uma *desobediência legítima* – o que implica a ideia de que existe uma área demarcada de subordinação e de que o poder patronal tem limites fixados pela própria lei e pelos instrumentos regulamentares de grau inferior.

É, por outro lado, significativo o facto de a hipótese de desobediência legítima ser relacionada, não com o perímetro das obrigações contratualmente assumidas pelo trabalhador – fora do qual ele não deveria obediência ao empregador –, mas com o dos seus "direitos e garantias". Na verdade, como veremos adiante, o objecto do contrato de trabalho, pelo lado do trabalhador, só em parte fica dimensionado pelas estipulações das partes; ele caracteriza-se por certa "elasticidade" que é legitimada por duas considerações convergentes: o carácter duradouro da relação de trabalho e a variabilidade das circunstâncias que envolvem o seu desenvolvimento no quadro de uma organização dinâmica. A lei admite expressamente situações em que a obediência é devida para além dos limites da actividade estipulada: vejam-se os arts. 120º (prestação temporária de trabalho não compreendido no objecto do contrato) e 227º/3 (obrigatoriedade da prestação de trabalho suplementar). Assim, a exoneração da obediência é fundada na prevalência conferida aos "direitos e garantias" do trabalhador sobre o poder de direcção e organização do trabalho do empregador.

De que "direitos e garantias" se trata? Seguramente, dos direitos de personalidade, contemplados nos arts. 14º a 22º CT, assim como das garantias de igualdade e não discriminação, enunciadas nos arts. 23º a 32º, e do regime de protecção da parentalidade (arts. 33º a 65º)[55]. Por outro lado, há que considerar as garantias gerais compendiadas no art. 129º e que surgem, justamente, como proibições endereçadas ao empregador, ou seja, como restrições imperativas ao seu poder de decisão. Finalmente, podem ser invocáveis dispositivos especialmente definidos na regulamentação colectiva aplicável.

A desobediência é também legítima quando se trate de ordem ilegal, nomeadamente quando a acção requerida seja criminalmente relevante e o trabalhador disso se aperceba. A valoração jurídica que decorre, *a contrario*, do art. 31º/2-c) C.Penal traduz-se na inatendibilidade do dever de obediência em tais casos, ou seja, na legitimação da desobediência como meio de evitar a corresponsabilização do trabalhador[56]

A desobediência legítima está expressamente prevista no art. 331º/1-*b)*, em que se considera abusiva uma sanção disciplinar aplicada ao trabalhador que a pratique.

[55] Quanto ao último ponto, veja-se, por exemplo, o Ac. STJ 08/05/2012 – Pº 263/06.8TTCSC.L1.S1 (Sampaio Gomes): "Não tendo sido possível acertar os interesse de ambas as partes, os interesses do lactante devem sobrepor-se aos interesses da entidade patronal da mãe, pelo que a ordem dada, no sentido de aquela cumprir um horário totalmente incompatível com a amamentação da recém-nascida, se mostra ilegítima e, enquanto tal, a A. não estava obrigada a cumpri-la, sendo o seu despedimento, fundamentado nesse incumprimento, ilícito."

[56] Cfr. Ac. STJ 05/04/1995 – P. 047273 (Pedro Marçal).

E) O dever de lealdade[57].

> **"I. Integra justa causa de despedimento, por violação do dever de lealdade, na dimensão da proibição de não concorrência, o comportamento do trabalhador que se torna sócio de uma sociedade comercial com objecto social idêntico ao do empregador e que prossegue a mesma actividade.**
>
> **II. A violação do dever de lealdade e a obrigação legal de não concorrência que impende sobre o trabalhador não dependem da verificação, em concreto, de um efectivo prejuízo para o empregador, nem do efectivo desvio de clientela, sendo suficiente a potencialidade desse prejuízo.**
>
> **III. A quebra da confiança entre empregador e trabalhador não se afere pela existência de prejuízos, podendo existir sem estes, bastando que o comportamento do trabalhador seja apto a gerar no empregador a dúvida sobre a idoneidade da sua conduta futura.**
>
> **IV. No âmbito da sua relação laboral o trabalhador está vinculado a vários deveres, com destaque, no que aqui releva, para os deveres de lealdade, de transparência e de boa fé, como forma de garantir, proteger e conservar a situação de confiança mútua indispensável à manutenção dessa relação contratual." - STJ 09/09/2015 - P. 477/11.9TTVRL.G1.S1 (Ana Luisa Geraldes).**

32. *A noção juslaboral de lealdade.* Decorre do art. 128º/1-*f*) CT a consagração de um «dever de lealdade» do trabalhador para com o empregador; e, ainda, que são manifestações típicas desse dever a interdição de concorrência e a obrigação de sigilo ou reserva quanto à «organização, métodos de produção ou negócios» do empregador.

Também nesta matéria o CT é largamente tributário da LCT de 1969. Contudo, há diferenças significativas a assinalar. No art. 21º/1 daquela antiga lei, a palavra "lealdade" surgia em duas alíneas diferentes, e com significados também distintos. Na al. *a*), estava associada a noções como as de "respeito" e "urbanidade", mais apropriadas a regras éticas de boa convivência. A "lealdade" era aí sinónimo de trans-

[57] Também nesta matéria o CT é largamente tributário da LCT de 1969. Contudo, há diferenças significativas a assinalar. No art. 21º/1 dessa lei, a palavra "lealdade" surgia em duas alíneas diferentes, e com significados também distintos. Na al. *a*), estava associada a noções como as de "respeito" e "urbanidade", mais apropriadas a regras éticas de boa convivência do que a comportamentos contratualmente devidos. A lealdade era aí sinónimo de franqueza, transparência, honestidade, como condições de um bom trato pessoal. Na al. *d*), o termo assumia um conteúdo juridico-positivo mais vincado e servia para designar um dever de conteúdo essencialmente (embora não exclusivamente) abstensivo, como se verá no texto. O CT abandonou o termo na primeira acepção – substituindo-o, correctamente, por "probidade" – e manteve-o para o uso operatório consolidado que já tinha na vigência da LCT.

parência, honestidade, honradez, como condições de um bom relacionamento pessoal[58]. Na al. *d)*, o termo assumia um conteúdo juridico-positivo mais vincado e servia para designar um dever de conteúdo essencialmente (embora não exclusivamente) abstensivo, como se verá no texto. O CT abandonou o termo na primeira acepção – substituindo-o, correctamente, por "probidade" – e manteve-o para o uso operatório consolidado que já tinha na vigência da LCT.

A elasticidade que, potencialmente ao menos, caracteriza os conceitos referenciados no art. 128º/1-f) – e, muito em especial, o próprio conceito de lealdade – torna difícil a fixação de critérios para a sua aplicação. Não pode, todavia, ignorar-se que, neste ponto, a inspiração da nossa lei (desde o art. 21º da velha LCT) se encontra no art. 2105º do C. Civil italiano, o qual dispõe que «o prestador de trabalho não deve negociar (*trattare affari*), por conta própria ou de terceiros, em concorrência com o empresário, nem divulgar informações (*notizie*) referentes à organização ou aos métodos de produção da empresa, ou fazer uso delas de modo a poder causar-lhe prejuízo».

A doutrina italiana construiu, a partir daí, um dever *geral* de fidelidade (*fedeltà*) ou lealdade do trabalhador. Esse dever geral tinha um alcance funcional preciso: o de servir de fundamento à proibição de qualquer comportamento do trabalhador «que possa constituir um atentado à segurança da posição do dador de trabalho ou prejudicar de outro modo a actividade para cuja realização ele assumiu o compromisso de colaborar»[59]. No entanto, a concepção da "lealdade laboral" experimentou, na Itália, uma revisão profunda, a partir da publicação, em 1970, do *Statuto dei Lavoratori*: algumas das suas disposições reflectiam uma nova perspectiva das relações de trabalho, segundo a qual só podia atribuir-se relevo às qualidades do trabalhador na medida em que fossem "inerentes ao conteúdo profissional da prestação". Esta postura do legislador levava ao afastamento definitivo dos resíduos comunitários que ainda sobrenadavam no modo de construir um dever *geral* de lealdade com base legal.

[58] Essa concepção da "lealdade", como honestidade ou honradez, foi abundantemente aplicada na jurisprudência anterior à codificação. Assim, foram qualificados como violadores do dever de lealdade comportamentos basicamente desonestos. Eis alguns exemplos: o trabalhador de uma seguradora, perito de automóveis, que acorda com uma oficina para sobrevalorizar o orçamento dos danos de veículo cuja reparação seria paga pela entidade patronal, com o fim de ser paga a reparação do veículo de um amigo (STJ 02/10/1999 – P. 98S289); um funcionário bancário que movimenta contas de clientes sem sua autorização, transferia fundos para a conta de uma sociedade de que era sócio a fim de evitar o cancelamento da sua conta e a rescisão da convenção que permitia a emissão de cheques (STJ 02/10/1999 – P. 98S081); trabalhador que rasura uma factura de produtos que comprou para a entidade patronal, por forma a que dela conste uma quantia superior àquela que pagou (STJ 05/05/1999- P. 98S345).

[59] É a clássica formulação de R. Corrado, *Il lavoratore nell' organizzazione dell'impresa, in Nuovo Trattato di Diritto del Lavoro* dir. L. Riva Sanseverino, G. Mazzoni, II, 248. Neste sentido, veja-se STJ 21/1/92 (AF 373, 108).

Firmou-se, assim, na doutrina italiana, o entendimento de que não é viável extrair-se da lei um dever geral autónomo de lealdade, mas apenas os deveres específicos de sigilo e não-concorrência expressamente identificados. Para além disso, admite-se que um enunciado genérico da lealdade derive, para o contrato de trabalho, da boa-fé, mas apenas como elemento ou modalidade do comportamento devido pelo trabalhador no cumprimento da sua obrigação principal.

33. *Um dever geral de lealdade? O caso especial das organizações de tendência.* É altura de indagar se a lealdade se configura, no ordenamento português, como um dever *geral*, com duas especificações que o não esgotam, ou se, pelo contrário, há-de entender-se que é um conceito com dois sentidos normativos isolados e exclusivos.

A primeira constatação a fazer é a de que, não obstante o facto indiscutível de que o enunciado da lealdade, no nosso direito positivo, radica na lei italiana, os termos desse enunciado não coincidem com os da origem. A hipótese de um dever geral de lealdade era, face ao teor do art. 2105º do Código Civil italiano, o resultado de uma (sempre discutível em si mesma) dedução e reconstrução doutrinal, feita a partir dos dois únicos comportamentos (abstensivos) que esse preceito impõe. Pelo contrário, a lei portuguesa *sempre* (desde a LCT) atribuíu expressamente ao trabalhador o dever de "guardar lealdade ao empregador, nomeadamente...", que hoje consta do art. 128º/1-f) CT.

A questão assume particular delicadeza porque a concepção do dever *geral* de lealdade está historicamente associada a uma visão comunitária e solidarística das relações de trabalho – de origem germânica – que, acomodando-se sem dificuldade no quadro político-jurídico do corporativismo, podia considerar-se de pé na época em que a LCT foi publicada – mas foi superada com o regime jurídico-constitucional posterior a 1974. No quadro dessa concepção, a "lealdade" ou "fidelidade" seria o corolário de uma especial ligação entre o trabalhador e o empregador – próxima da que se estabeleceria entre o "soberano" (na empresa) e o "súbdito" – assente numa fundamental comunidade ou convergência de interesses centrada na empresa. Isso implicaria uma genérica exigência de comportamento para o trabalhador – a de um comportamento leal (ou "fiel") para com o titular e responsável pela empresa.

A visão das relações de trabalho subjacente ao actual ordenamento jurídico-laboral português é de matriz contratualista: o trabalhador e o empregador são partes num contrato de que resultam créditos e débitos recíprocos, e a questão que se coloca, justamente, é a de dimensionar um dos deveres contratualmente assumidos pelo trabalhador.

Ora o reconhecimento de um dever geral de lealdade é perfeitamente compatível com uma concepção contratualista e comutativa das relações laborais. A exigência geral de boa-fé na execução dos contratos – e que se exprime pela necessidade de obviar a que as prestações neles deduzidas sejam funcionalmente desvirtuadas pelo comportamento dos prestadores, isto é, de impedir que o fim visado pelo credor (ou credores) seja anulado ou compensado por um prejuízo resultante do modo e do *animus* do cumprimento – assume particular acentuação no desenvolvimento de um vínculo que se caracteriza também pelo carácter duradouro e pessoal das relações nele fundadas. Assim, na perspectiva contratualista que é a do nosso ordenamento, o dever de lealdade reconduz-se à boa-fé na execução do contrato de trabalho (art. 126º/1 CT)[60]. A proposição jurídica referente à lealdade confere-lhe um alcance normativo que transcende os limites do sigilo e da não-concorrência.

Um exemplo desse "alastramento" da exigência de lealdade é fornecido pelas chamadas "organizações de tendência" – organizações assentes em determinadas concepções ideológicas, filosóficas, religiosas ou outras, cujas defesa e promoção constituem as suas finalidades básicas. Pode tratar-se de um partido político, de uma instituição religiosa, de um órgão de imprensa declaradamente defensor de certa doutrina (por exemplo, um jornal ou revista que tenha como opção editorial a defesa do liberalismo económico e da economia de mercado), de uma organização sindical, de uma associação ambientalista, etc.. As pessoas empregadas por tais organizações devem considerar-se contratualmente obrigadas a absterem-se da emissão de opiniões ou da adopção de condutas contrárias aos fins próprios das entidades empregadoras[61]. Um empregado de um partido comunista não deve participar numa manifestação anti-comunista. O redactor de um jornal da diocese católica não pode criticar publicamente posições oficiais da igreja. Não se trata da abstenção de concorrência nem da reserva ou sigilo – trata-se da genérica abstenção de condutas funcionalmente dirigidas contra o legítimo interesse contratual do empregador. Como na altura própria se assinalou, o dever de lealdade pode entrar em confronto com direitos fundamentais, como a liberdade de expressão e manifestação, implicando restrições a esta liberdade que, no caso das organizações de tendência, são susceptíveis de atingir o seu grau máximo.

Deve, em suma, reconhecer-se que existe um *dever geral de lealdade* a cargo do trabalhador, que emana da boa fé, e que – deixada de lado a "probidade" a que se refere o art. 128º/1-a) – se restringe à prevenção dos comportamentos

[60] A ligação da lealdade à boa fé é trabalhada na nossa jurisprudência há muito. Veja-se, por exemplo, STJ 12/12/2001 – P. 00S4017 (Emérico Soares): "Pelo seu lado objectivo, este dever reconduz-se à necessidade do ajustamento do comportamento do trabalhador ao princípio da boa-fé no cumprimento das suas obrigações, dele deriva o imperativo de uma certa adequação funcional da conduta do trabalhador à realidade do interesse do empregador, na medida em que este interesse tenha a sua satisfação dependente do cumprimento da obrigação assumida pelo trabalhador".

[61] Cfr. F. Gamillscheg, *Arbeitsrecht I*, 8ª ed., Munique (2000) 285.

susceptíveis de destruírem ou danificarem o interesse que levou a outra parte a contratar.

34. *A elasticidade da exigência de lealdade.* Assim, e em geral, o dever de fidelidade, de lealdade ou de «execução leal» tem o sentido de garantir que a actividade pela qual o trabalhador cumpre a sua obrigação representa de facto a *utilidade* visada, vedando-lhe comportamentos que apontem para a neutralização dessa utilidade ou que, autonomamente, determinem situações de «perigo»[62] para o interesse do empregador ou para a organização técnico-laboral da empresa. «O trabalhador deve, em princípio, abster-se de qualquer acção contrária aos interesses do empregador, mas o dever de lealdade tem igualmente um conteúdo *positivo*. Assim, deve o trabalhador tomar todas as disposições necessárias (por exemplo, informar um superior hierárquico, alertar os bombeiros, a polícia, etc.) quando constata uma ameaça de prejuízo ou qualquer perturbação da exploração, ou quando vê terceiros, em particular outros trabalhadores, ocasionar danos»[63]. Este entendimento da lealdade foi plenamente acolhido na nossa jurisprudência[64].

A relativa nitidez do perfil deste dever geral do trabalhador subordinado articula-se com uma acentuada elasticidade de conteúdo e uma variada graduação de intensidade. Com efeito, a natureza, a dimensão, os objectivos e o próprio estilo concreto de direcção da empresa – a começar, de resto, pela circunstância de ela existir ou não, como quadro das relações de trabalho – condicionam estreitamente o feixe das específicas manifestações deste dever, bem como o grau de exigência, quanto à conduta do trabalhador, que ele incorpora. É, por exemplo, evidente que, nos já aludidos «cargos de direcção ou de confiança», a obrigação de lealdade constitui uma parcela *essencial*, e não apenas acessória,

[62] Cfr. Cessari, *Fedeltà, lavoro, impresa*, Milão (1969), 58.

[63] Boldt, *Le contrat de travail dans le droit de la Republique Fédérale d'Allemagne in Le contrat de travail dans le droit des pays membres de la C.E.C.A.*, Luxemburgo (1965), 267.

[64] Cfr. Ac STJ 20/03/2014 – P. 1188/11.0TTVNG.P1.S1 (Mário Belo Morgado): "reconduzindo-se e concretizando em grande medida o princípio da boa-fé [cfr. arts. 126º e 128º, nº 1, f), CT], o dever de lealdade veda ao trabalhador comportamentos neutralizadores da utilidade visada com o contrato de trabalho ou que criem situações de perigo para o interesse do empregador ou para a organização empresarial". Na decisão, considerou-se existir violação da lealdade em situações claramente não enquadráveis nas hipóteses legais:" Viola os deveres de zelo, diligência e lealdade o trabalhador com funções diretivas que, no âmbito de uma ordem de esvaziamento de um armazém da empregadora, não define os meios de a executar, nem o lugar de guarda dos bens e equipamentos retirados, de elevado valor, assim contribuindo, determinantemente, para o seu desaparecimento e deterioração. (...) De igual modo viola tais deveres o trabalhador que permite que o filho de um outro trabalhador, que nenhum vínculo tinha com a entidade empregadora, utilizasse, em proveito próprio e sem autorização, um terminal informático da empresa."

da posição jurídica do trabalhador. Este juízo assenta na realidade de que tais cargos envolvem um peculiar grau de confiança, não apenas no plano subjectivo, mas também no que toca às condições objectivas (inserção orgânica e funcional do trabalhador) que induzem riscos particularmente intensos para a realização dos interesses do empregador.

Mas pouco mais se pode especificar *a priori* quanto à natureza genérica das condutas positivas ou abstensivas que devem considerar-se no círculo de manifestações do dever de lealdade. Embora, de um modo geral, as legislações (incluindo a portuguesa, como de início se assinalou) tipifiquem um certo número de obrigações contidas nesse círculo, é necessário admitir que tais indicações assumem invariavelmente um carácter exemplificativo e não dispensam que se continue a operar com um *dever geral* de conteúdo não especificado. Donde a notável relevância da aplicação jurisprudencial do conceito de lealdade ou fidelidade, que nalguns países (sobretudo os do *common law*) originou uma vasta casuística[65].

35. *Lealdade e confiança.* O dever geral de lealdade tem uma faceta *subjectiva,* que decorre da sua estreita relação com a permanência de *confiança* entre as partes (nos casos em que este elemento pode considerar-se suporte *essencial* de celebração do contrato e da continuidade das relações que nele se fundam).

É necessário – quanto a este aspecto do dever de lealdade – que a conduta do trabalhador não seja, em si mesma, susceptível de destruir ou abalar tal confiança, isto é, capaz de criar no espírito do empregador a dúvida sobre a idoneidade futura da conduta daquele[66].

Este traço do dever de lealdade é tanto mais acentuado quanto mais extensa for a (eventual) delegação de poderes no trabalhador (dirigente) e quanto maior for a atinência das funções exercidas à realização final do interesse do empregador. Além disso, a diminuição de confiança não está dependente da verificação de prejuízos nem – salvo no tocante à medida ou grau – da existência de culpa grave do trabalhador. Com efeito, se é certo que o *animus* revelado no comportamento em causa determina, ou pode determinar, um maior ou menor abalo às expectativas de segurança do empregador, é também verdade que da simples materialidade desse comportamento, aliada a um grau moderado de culpa, pode, em certos contextos (funções requerendo a «máxima confiança», como

[65] Vd. Drake, *Labour Law*, Londres (1973), 134; Camerlynck, *Contrat de travail*, in *Traité de Droit du Travail* dir. Camerlynck, vol. I, Paris (1968), 205.

[66] Cfr. Acs. STJ 02/10/2002 – P. 02S1706 (Manuel Pereira), 12/06/2003 – P. 03S745 (Manuel Pereira), 09/06/2010 – P. 4658/04.3TTLSB.S1 (Pinto Hespanhol), 23/11/2011 – P. 28/06.7TTLSB.L1.S1 (Fernandes da Silva) e 05/07/2012 – P. 3309/10.1TTLSB.L1.S1 (Pinto Hespanhol).

as de caixa dum banco, assistente de administração, director-geral ou director), decorrer, razoavelmente, uma diminuição dessa expectativa, com possível repercussão na viabilidade futura da relação de trabalho.

36. *Lealdade e interesse contratual do empregador.* Encarado de um outro ângulo, o dever de lealdade apresenta também uma faceta *objectiva,* que se reconduz à necessidade do ajustamento da conduta do trabalhador ao já referido princípio da boa-fé no cumprimento das obrigações (art. 762º C. Civ.). «O devedor não pode cingir-se a uma observância puramente literal das cláusulas do contrato, se a obrigação tiver natureza contratual. Mais do que o respeito *farisaico* da fórmula na qual a obrigação ficou condensada, interessa a colaboração *leal* na satisfação da necessidade a que a obrigação se encontra adstrita. Por isso ele se deve ater, não só *à letra,* mas principalmente ao *espírito* da relação obrigacional»[67].

É o que, em geral, resulta do art. 126º/1 CT: o empregador e o trabalhador, na execução do contrato, "devem proceder de boa fé".

Desta exigência promana, no que especialmente respeita ao trabalhador, o imperativo de uma certa *adequação funcional* ou *correcção* da sua conduta em vista da realização do interesse do empregador, na medida em que esse interesse esteja «no contrato», isto é, tenha a sua satisfação dependente do cumprimento (e do modo do cumprimento) da obrigação assumida pela contraparte. «Do que se trata é de apurar, dentro do contexto da lei ou da convenção donde emerge a obrigação, os *critérios gerais objectivos* decorrentes do dever de leal cooperação das partes, na realização *cabal* do interesse do credor com o *menor sacrifício* possível dos interesses do devedor (...)»[68]. Ou seja – como se salientou atrás – o conteúdo de um dever geral de lealdade, com o sentido que lhe é sinalizado pelo art. 126º/1 CT.

37. *As concretizações legais.* Como se observou, o dever de lealdade tem, nas relações de trabalho subordinado, manifestações muito variadas e insusceptíveis de previsão exaustiva.

Há, porém, expressões *típicas* desse dever, que se traduzem em específicas vinculações do comportamento do trabalhador.

Elas estão contempladas no art. 128º/1-*f*): o trabalhador não deve *negociar por conta própria ou alheia em concorrência com o empregador* nem *divulgar informações referentes à sua organização, métodos de produção ou negócios.* Trata-se, respectivamente, da proibição de concorrência e da obrigação de sigilo ou reserva profissional.

[67] Antunes Varela, *Das obrigações em geral,* vol. II, 2ª ed., Coimbra (1978), 11.

[68] Antunes Varela, *ob. cit.* 12.

O isolamento destas figuras só assume algum sentido operatório na medida em que, através delas, se objectivam *tipos de comportamento* infractores da lealdade. Ambas assentam num mesmo juízo normativo: o de que a posição funcional do trabalhador, no desenvolvimento das relações laborais, não deve instrumentalizar-se à produção de resultados negativos para o interesse contratual do empregador.

Quer a concorrência, quer a divulgação de informações reservadas, são condutas que se caracterizam por algo mais do que a possibilidade de efeitos prejudiciais para a entidade patronal: o juízo legal de censura assenta também no facto de elas serem facilitadas e potenciadas quanto aos seus efeitos *pela especial posição em que o trabalhador se encontra* na organização técnico-laboral do empregador.

De resto, existe uma notória coincidência nos campos de actuação do dever de não-concorrência e da obrigação de sigilo; as exigências práticas que cada um deles se destina a cobrir sobrepõem-se em grande parte. Assim, a concorrência movida pelo trabalhador, em nome próprio ou alheio, reveste-se da especial gravidade (para os interesses do empregador) derivada do conhecimento que aquele tenha da organização, métodos de fabrico e mercado da empresa em que está integrado pelo contrato de trabalho; por isso se sustenta, num sector minoritário da doutrina italiana, a construção autónoma (face ao dever de lealdade) de uma concorrência «diferencial» ou «qualificada» do trabalhador nessas condições[69]. Na inversa, a divulgação de informações reservadas implica, entre outros, o risco de potenciação da concorrência movida pelos empresários que as obtenham do trabalhador, ainda que este não participe directamente, com a sua actividade, no exercício dessa concorrência.

38. *A abstenção de concorrência.* Aquilo que a lei veda ao trabalhador é que ele *negoceie por conta própria ou alheia em concorrência com a entidade empregadora*[70]. Que condutas estão aqui envolvidas?

A abstenção de concorrência não atinge apenas as situações em que o trabalhador efectua «negócios», isto é, transacções comerciais em concorrência com o empregador. A formulação da lei abrange, necessariamente, todas as actividades profissionais que, exercidas por conta própria ou em regime de subordinação a um outro empregador, sejam susceptíveis de influir negativamente na posição que o primeiro empregador tem no respectivo mercado.

[69] Cfr. Corrado, *ob. cit.*, 260. Em sentido próximo ao dessa orientação, Camerlynck e Lyon-Caen admitem a existência de «concorrência desleal caracterizada» (*cit.* 296). Neste sentido, vd., entre outros, Ac. STJ 12/06/2003 – P. 03S745 (Manuel Pereira).

[70] Sobre o tema, vd. a anotação de Menezes Cordeiro, *Concorrência laboral e justa causa de despedimento*, ROA 46, 495, de cuja orientação divergimos em vários pontos.

O que está em causa «é a necessidade de prevenir que, do exercício da actividade profissional para um segundo empregador, *possa resultar* (ou resulte) *uma limitação do volume de negócios e de proveitos do primeiro*. E o fenómeno assim visado é, claramente, o *desvio de clientela*»[71].

39. *A noção de concorrência*. Há, no entanto, que precisar melhor a ideia de *concorrência* que serve de suporte à interdição legal.

E a primeira observação a fazer, embora evidente, é que *não concorrência* e *exclusividade* não são noções coincidentes. Trata-se de conceitos diversos. O *dever de não concorrência pressupõe a admissibilidade do pluriemprego* – isto é, a possibilidade da prestação de trabalho a mais de um empregador, sem que qualquer destes possa arrogar-se, sem mais, o direito de exigir essa prestação em exclusivo.

Quando a lei proíbe ao trabalhador actividades concorrenciais, *não está, seguramente, a impor-lhe a exclusividade da prestação de trabalho a um empregador*.

Depois, é obviamente necessário não perder de vista que a abstenção de concorrência, como expressão de lealdade, corresponde a um comando votado à *defesa do interesse económico e empresarial do empregador*.

Trata-se, com efeito, de salvaguardar um bem particular que é *a posição ocupada pelo empresário no mercado concorrencial*. Por outras palavras, trata-se de evitar que a actuação de um trabalhador por ele empregado contribua para o *desvio da sua clientela actual ou potencial para outro empresário actuando no mercado*.

Para que possa realizar-se com adequação e legitimidade o confronto de uma situação concreta com o dever de não concorrência é, pois, necessário ter em conta, mais do que a identidade ou a semelhança dos bens ou serviços produzidos pelas empresas consideradas, e muito mais do que o facto de pertencerem ao mesmo «ramo», «género» ou «sector» de actividade económica, este requisito elementar da hipótese de concorrência: *a possibilidade factual do desvio de clientela*.

Enfim, é necessário que no caso concreto concorra um elemento *subjectivo* capaz de relacionar, nalguma medida, *o efeito negativo* sofrido pelo empregador originário com a *vontade* do trabalhador.

Queremos dizer com isto, desde logo, que a concorrência pode ser *consentida* pelo empregador; noutros termos: a prestação de trabalho a um concorrente pode ser *conhecida* e *autorizada* pelo empregador originário. Num balanço de vantagens e desvantagens, é verosímil e até razoável que o empregador prefira manter ao seu serviço um trabalhador altamente qualificado e conceituado, ainda que sabendo-o a trabalhar também para uma empresa concorrente.

[71] Cfr. o nosso *Sobre o «Dever de Lealdade» no contrato de trabalho*, in «Revista Jurídica do Trabalho», nº 4, Janeiro-Março 1989, 106.

O trabalhador tem, em suma, o dever de revelar ao empregador originário o facto de passar a prestar trabalho nas condições referidas; se nada lhe for oposto, a situação entra no domínio da correcção e da licitude.

Significa isto que a incorporação da não concorrência na lealdade – isto é, na boa fé – inviabiliza a hipótese de se lhe conferir uma dimensão puramente *objectiva:* não basta a constatação do *facto* da concorrência, é necessário que esse facto assuma um sentido *negatório da boa fé,* isto é, surja como *violação da lealdade* e, portanto, seja *subjectivamente censurável.*

Enfim, a determinação dos comportamentos adequados ao dever de não concorrência tem que fazer-se em *concreto,* como, de algum modo, resulta das observações precedentes. Não seria satisfatória uma tipificação abstracta de condutas infractoras da lealdade pela via da concorrência. As circunstâncias particulares de cada caso têm de ser ponderadas e poderão pôr em causa a adequação de meros juízos de subsunção em previsões esquemáticas.

40. *Abstenção de concorrência e liberdade de trabalho.* De resto, não deve também esquecer-se que o dever de não concorrência se perfila como uma restrição legal à *liberdade de trabalho;* até por aí se afigura necessário acautelar os riscos da formulação *abstracta* e da mera *subsunção* no despiste das violações à abstenção de concorrência: esta determinação há-de permanecer no domínio da casuística, por força da exigência, que lhe é imanente, de uma adequada ponderação das circunstâncias concretas de cada caso; de outro modo, isto é, pela via da configuração abstracta de hipóteses de violação, estar-se-á a incorrer na possibilidade de artificial e ilegítima amplificação da área operatória em que o dever em causa se destina a actuar.

F) O dever de custódia.

"I – Traduz violação culposa e grave dos deveres de obediência e de cuidar e velar pela conservação e boa utilização dos bens confiados pelo empregador, consignados, respectivamente, nas alíneas c) e e) do nº 1, do art. 20º da LCT, o comportamento do trabalhador que, por um lado, não obedeceu a ordens verbais – e posteriormente escritas – do seu superior hierárquico relativas à entrega em suporte documental do número de quilómetros por si efectuados com a viatura de serviço atribuída pela ré, sendo que esta fiscaliza os quilómetros percorridos por todas as viaturas disponibilizadas aos seus trabalhadores (incluindo as atribuídas a directores e adjuntos) e, por outro, deixou tal viatura estacionada num local considerado ermo e perigoso durante a noite, ali se mantendo a mesma desde princípios de Maio de 2003 até à altura em que a ré a detectou (27 de Junho de 2003).

II - No quadro de uma relação laboral em que o trabalhador apresentava antecedentes disciplinares relevantes, o seu comportamento denota uma reiterada não obediência ao cumprimento de regras de utilização da viatura que lhe estava adstrita e aponta para uma atitude de desvelo de um bem de não desprezível valor (cerca de € 6.000), que foi posto ao seu dispor, ao fim e ao resto, para a sua própria comodidade em deslocações.

III - A acentuada gravidade destas infracções disciplinares e o passado disciplinar não impoluto do autor na empresa da ré, perspectivando um empregador médio e razoável, não se apresentam como representativas de uma manutenção de fidúcia num trabalhador que agisse do modo como o autor agiu, não se mostrando desproporcionada ou despida de base a sanção mais gravosa do elenco das penas disciplinares." - STJ 14/01/2009 - P. 08S2586 (Bravo Serra).

41. *O enunciado legal.* O chamado *dever de custódia* resulta do art. 128º/1-*g*): o trabalhador está obrigado a «velar pela conservação e boa utilização de bens relacionados com o trabalho que lhe forem confiados pelo empregador». É uma consequência do facto de a aplicação da força de trabalho requerer o uso de meios de produção que não pertencem ao trabalhador, mas que lhe ficam adstritos (quando é esse o caso). A existência e a intensidade do dever de custódia dependem, por conseguinte, da natureza do trabalho, do grau de exclusividade do uso do instrumento ou da máquina, e ainda dos usos profissionais.

De resto, a situação do trabalhador a quem o empregador entregou ferramentas, equipamentos de segurança ou outros bens utilizáveis no serviço, para os manter à sua guarda enquanto necessário no âmbito da relação de trabalho, é idêntica à do depositário no contrato de depósito (arts. 1185º ss. CCiv.). Em especial, as obrigações referidas no art. 1187º - para além da simples "guarda da coisa depositada" - são, naturalmente, aplicáveis a esse trabalhador. Por outro lado, o estado de conservação dos bens da empresa é avaliável tomando em conta o desgaste normal que resulta da sua "boa utilização". O que o trabalhador está obrigado a devolver, na altura própria, são "bens usados", e não no estado em que se encontravam quando lhe foram entregues.

G) O dever de prevenção.

42. *O enunciado legal.* A necessidade de manter condições adequadas de segurança, higiene e saúde no trabalho - fortemente valorizada na última década, sob impulso da legislação comunitária[72] - impõe ao empregador um conjunto

[72] Trata-se, em especial, da Directiva 89/391/CE, que foi transposta para a ordem interna pelo DL 441/91, de 14/11. A matéria está hoje globalmente regulada pela L. 102/2009, de 10 de Setembro.

de diligências, tendentes à instauração de um "sistema" de prevenção de riscos na empresa. Mas é também imperioso o envolvimento dos trabalhadores na funcionalização de tal "sistema". Se o empregador tem a obrigação de criar os dispositivos e disponibilizar os equipamentos necessários à prevenção, o trabalhador deve observar, na execução da prestação de trabalho e, em geral, no seu comportamento na empresa, modelos de conduta e procedimentos que permitam tornar eficientes esses meios.

O comportamento contratualmente devido por ele incorpora, assim, actos e omissões exigidos pelo cumprimento das regras e prescrições de higiene, segurança e saúde no trabalho, na medida em que são conhecidas pelo trabalhador e exequíveis pelos meios postos à disposição pelo empregador.

As als. *i*) e *j*) do art. 128º/1 CT contemplam, de vários ângulos, o dever de prevenção dos trabalhadores: ele tem uma dimensão *colectiva*, referente à concepção e controlo do sistema de prevenção (a cargo dos "representantes dos trabalhadores eleitos para esse fim"), e uma dimensão *individual*, inerente à execução do contrato de trabalho.

Capítulo 9
AS LIMITAÇÕES CONVENCIONAIS DA LIBERDADE DE TRABALHO[1]

A) Noções gerais. – 1. A liberdade de trabalho. – **B) O pacto de não concorrência.** – 2. Noção; 3. Os requisitos legais; 4. O momento da celebração do pacto; 5. A violação do pacto. – **C) O pacto de permanência.** – 6. Noção e regime legal; 7. A "restituição" pelo trabalhador. – **D) O acordo de exclusividade.** – 8. Noção e admissibilidade.

A) Noções gerais.

1. *A liberdade de trabalho.* Uma das projecções da liberdade de escolha de profissão ou género de trabalho, consagrada no art. 47º/1 CRP[2], é a *liberdade de trabalho*, no sentido da interdição de condicionamentos que restrinjam o espaço de manobra das pessoas no tocante à constituição de relações de trabalho. Corresponde, em suma, à *liberdade de celebração* de contratos que tenham por objecto o exercício da actividade profissional escolhida, liberdade essa que está também compreendida na liberdade contratual em geral. A liberdade de escolha de profissão ou género de trabalho só tem sentido se associada à liberdade do respec-

[1] Sobre a matéria, é fundamental a obra de J. Zenha Martins, *Dos pactos de limitação à liberdade de trabalho*, Coimbra, 2016, 935 pp..

[2] Vd. Jorge Miranda/Rui Medeiros, *Constituição Portuguesa anotada*, t. I, 2ª ed., Coimbra, 2010, 961 ss..

tivo *exercício*[3], e este efectiva-se através do estabelecimento de relações contratuais livremente decididas pelo profissional.

No plano da lei ordinária, salienta-se, a este propósito, o art. 136º/1, que fere de nulidade os acordos limitativos do "exercício da liberdade de trabalho após a cessação do contrato". Na vigência do contrato de trabalho, o nexo de subordinação e os deveres acessórios do trabalhador são suficientes para garantir o controlo da actividade deste pelo empregador. Mas, após a cessação do vínculo, esse controlo desaparece. Daí que, em muitas situações, a prevenção de prejuízos decorrentes da prestação de trabalho a outras entidades possa levar o empregador a procurar formas de limitar essas actividades mediante acordos específicos. O preceito citado contém implícita uma proibição dirigida também ao próprio profissional, revelando a inserção da matéria no domínio da ordem pública social e a sua consequente indisponibilidade de princípio. Ele é, de resto, complementado pela regra constante do art. 138º, que obsta a acordos *entre empregadores* tendo por objecto impedir a admissão por um deles de um trabalhador que tenha sido empregado do outro.

No entanto, a referida indisponibilidade não é absoluta. A lei admite que, em certas situações, seja legítima a salvaguarda do interesse do empregador mediante estipulações limitativas da liberdade de exercício da profissão pelo trabalhador: o pacto de não concorrência, o pacto de permanência e o acordo de exclusividade.

B) O pacto de não concorrência[4]

"I – O pacto de não concorrência tem obrigatoriamente carácter oneroso e é sinalagmático (gera uma obrigação de non facere para o trabalhador e uma obrigação compensatória para o empregador), constituindo parte integrante do conjunto do contrato de trabalho (trata-se de uma cláusula acessória, conformadora de um efeito acessório da cessação do contrato).

II – Os pactos de não concorrência, para além de cercearem a liberdade de trabalhar no convencionado prazo de abstenção de concorrência, também limitam a cabal participação do trabalhador no mercado de trabalho nos antecedentes períodos, assim condicionando a sua possibilidade (e o seu interesse) de procurar/equacionar outras alternativas profissionais e de otimizar a gestão da sua carreira, realidade que se traduz mesmo, com frequência, em situações de perda de oportunidade.

[3] Id., *id.*, 967.

[4] Veja-se sobre o tema J. Zenha Martins, *Os pactos de não concorrência no Código do Trabalho*, RDES, 2ª série, 2006, nºs 3-4 pp. 301 ss.; Rita Canas da Silva, *O pacto de não concorrência*, RDES, 2ª série, 2004, nº 4, 283 ss.; Diogo Escada Pereira, *O pacto de não concorrência no contrato de trabalho – alguns aspectos*, diss., Coimbra, 2014, acessível em <estudogeral.sib.uc.pt>.

III – O contrato de trabalho – como qualquer outro contrato – consubstancia um equilíbrio global, um conjunto de "pesos e contrapesos" que lhe conferem uma coerência unitária, o que não se compadece com uma análise compartimentada das diferentes partes que o integram, nomeadamente das cláusulas atinentes ao estatuto remuneratório do trabalhador e das relativas à compensação estipulada como contrapartida da não concorrência.
IV – Apesar de a compensação pela não concorrência não revestir natureza retributiva, goza da proteção que a lei desenha para a retribuição do trabalho, gerando a sua estipulação expectativas legítimas que não podem ser ignoradas, pelo que não é razoável permitir que as mesmas possam ser unilateralmente frustradas pelo empregador.
V – Assim, e na ausência de disposição legal que o consinta, não pode deixar de concluir-se no sentido da impossibilidade de subtrair os pactos de não concorrência do princípio segundo o qual os contratos livremente celebrados devem ser pontualmente cumpridos e só por acordo dos contraentes podem modificar-se (art. 406º, nº 1 do CC).
VI – Sendo certo que o A. imediatamente comunicou à R. não aceitar a renúncia ao pacto de não concorrência, nada nos autos evidencia, ou sequer sugere, a verificação de qualquer dos requisitos do abuso do direito invocado por esta." – STJ 30/04/2014 – P. 2525/11.3TTLSB.L1.S1 (Mário Belo Morgado).

2. *Noção.* No âmbito do seu dever de lealdade, não pode o trabalhador, como se notou, negociar por conta própria ou alheia em concorrência com o empregador (art. 128º/1-*f*)). Esta obrigação abstensiva vigora durante o desenvolvimento das relações contratuais. Mas a verdade é que, após o termo dessas relações, o ex-empregador pode manter um forte interesse em que o trabalhador use a sua capacidade profissional, nomeadamente os conhecimentos adquiridos na empresa, para os colocar ao serviço da concorrência.

Suponha-se que o trabalhador adquiriu, na empresa, conhecimentos técnicos especializados, ou ganhou acesso a uma vasta clientela, que, após a ruptura do contrato (eventualmente por sua iniciativa), se prontifica a colocar à disposição de uma empresa concorrente da primeira. Esta sofrerá assim prejuízos graves, relacionados com a posição que perante ela teve o trabalhador em causa – posição essa que, enquanto perdurou, envolvia justamente a abstenção de tal comportamento.

A lei, por si mesma, não estabelece qualquer restrição à conduta profissional do trabalhador após a cessação do contrato. Tal atitude abstensiva do legislador é, aliás, comum à generalidade dos sistemas[5], na linha da protecção da liberdade

[5] Cfr., por exemplo, Ghidini 196; Rivero-Savater *cit.* 537; Kaskel-Dersch 411.

de trabalho (arts. 136º/1 e 138º) que se encontra estreitamente associada ao conteúdo do direito ao trabalho (art. 58º CRP)[6].

Só por acordo com o trabalhador pode a entidade patronal prevenir, em certa medida, os riscos apontados[7]. Tal acordo toma a designação generalizada de pacto de não concorrência (*patto di non concorrenza, Wettbewerbsabrede*), muito embora possa não estar nele em causa, estritamente, o impedimento de uma conduta concorrencial do trabalhador, mas outro tipo de limitação à sua actividade profissional após a cessação do contrato[8].

A limitação da actividade profissional de um trabalhador, após a cessação do contrato de trabalho, poderia ser tentada também através de acordo entre empregadores, pelo qual estes procurarão proteger-se mutuamente do factor de concorrência que resulta do aproveitamento de pessoal de uns por outros. Tal expediente acaba por se traduzir na compressão do direito ao trabalho. Por isso a lei o proíbe expressamente (art. 138º).

3. *Os requisitos legais.* O pacto de não concorrência é expressamente admitido pelo art. 136º/2, desde que a sua duração não ultrapasse certo limite (em geral, dois anos; em casos de cargos de confiança ou de acesso a informações sensíveis, três anos – nº 5 do mesmo artigo) e se verifiquem, cumulativamente, certas condições.

Uma breve leitura das condições legais do pacto de não concorrência mostra que com essa figura se pretende atender à necessidade de protecção de dois tipos de interesses do empregador: por um lado, o de evitar que um concorrente venha a utilizar informações, conhecimentos ou recursos (como a clientela) a que o trabalhador teve acesso pela especial posição que detinha na empresa de onde agora parte; por outro lado, o de evitar o desperdício de meios investidos na qualificação profissional trabalhador.

Assim, a al. *b*) do nº 2 do art. 136º põe como condição da licitude do pacto o *risco* de prejuízos, para a entidade empregadora que o subscreve, derivados do exercício da actividade do trabalhador para além do momento em que cesse o contrato de trabalho[9].

[6] Relativamente à Const. Política de 1933, vd. Silva Leal, *O princípio constitucional da liberdade de trabalho*, «Rev. Gab. Est. Corp.» 46,148 ss..

[7] A legitimidade constitucional da admissão, pela lei, deste tipo de estipulações foi analisada e decidida favoravelmente pelo Ac. TC nº 256/2004, de 16/4/2004 (Mário Torres), acessível em <www.tribunalconstitucional.pt>. Veja-se, também a anotação a esse acórdão: J. Zenha Martins, *Pactos de não concorrência com projecção laboral*, in Jurisprudência Constitucional, nº 9, Março de 2006.

[8] Vd. sobre o tema, com desenvolvimento, Gaul, *Das Arbeitsrecht* cit. 2, 227 ss.; Alonso Olea, *Derecho del Trabajo* cit. 247 s..

[9] Cfr. Ac. Rel. Lisboa 14/1/2009 – P. 9374/2008-4 (Maria João Romba): "I – Um dos requisitos (cumulativos) de validade dos pactos ou cláusulas de não concorrência é que se trate de uma acti-

Esta condição tem que ser encarada com cautela. O «prejuízo» de que aqui se trata refere-se aos objectivos económicos do ex-empregador, à sua clientela e ao seu volume de negócios; é este o critério a utilizar na apreciação de cada caso concreto. O trabalhador aprendeu a dominar certa técnica, participou na concepção de um projecto ou de um novo produto, conhece a fundo a estratégia de gestão da empresa, controla um ficheiro de clientes – está, obviamente, em condições de causar prejuízos ao empregador se, de imediato, for trabalhar para uma empresa do mesmo ramo ou inserida na mesma área de mercado. Mas, para além disto, há inúmeras situações em que esses caracteres diferenciais não ocorrem, e em que, apesar disso, a saída do trabalhador e a sua passagem para outra empresa pode ter um genérico efeito prejudicial nos interesses do ex-empregador. Nem por isso estará legitimada a existência de pacto de não concorrência.

Outra condição é a de que o trabalhador seja economicamente compensado pela limitação de actividade a que se obriga. A al. *c*) do nº 2 do artigo citado refere-se aqui a «uma compensação». Sendo evidente que se trata de prestação com natureza distinta da do salário – visto que não há prestação, mas abstenção de trabalho –, pensamos que lhe é aplicável, na generalidade, e por manifesta analogia, o regime protectivo que a lei desenha para a retribuição do trabalho[10]. Desde logo, o seu valor deve assumir realmente a natureza e a dimensão de uma "compensação" para aquilo que o trabalhador deixa de poder ganhar[11]. Trata-se, com efeito, e apesar de tudo, do contravalor de um trabalho que o trabalhador fica privado de prestar[12]. Os fundamentos da protecção jurídica do salário estão inteiramente presentes. No entanto, o valor acordado pode ser reduzido equi-

vidade que possa efectivamente causar prejuízo à entidade patronal. II – Inserindo-se a actividade profissional do trabalhador no âmbito de uma empresa, não contraria o disposto no nº 2 do art. 36º da LCT que a delimitação da actividade proibida através do pacto de não concorrência seja feita em função da actividade da mesma, já que é em relação a ela que se poderá colocar o risco específico resultante da concorrência diferencial que o pacto de não concorrência visa precisamente acautelar".

[10] Neste sentido, STJ 30/04/2014 – P. 2525/11.3TTLSB.L1.S1 (Mário Belo Morgado).

[11] Veja-se o Ac. Rel Lisboa 16/3/2011 – P. 5227/07.1TTLSB.L1-4 (Albertina Pereira): "À luz dos princípio da proporcionalidade, adequação e necessidade, é de considerar nulo o pacto de não concorrência, em que o montante da compensação fixada ao trabalhador não salvaguarda verdadeiramente os seus interesses no período em que se encontra claramente limitado no acesso ao mercado de trabalho, com a consequente perda de rendimentos, numa área em que a sua experiencia e saber lhe poderiam proporcionar consideráveis proventos, e em que a dita compensação seria apenas recebível após o decurso do prazo de um ano, ficando o mesmo desprovido de qualquer rendimento àquele título (na vigência do referido pacto), numa altura em que mais precisaria dele."

[12] No direito alemão, está fixado um mínimo para esta "compensação de espera" (*Karenzentschädigung*): metade da última retribuição auferida pelo trabalhador. Se o valor for inferior, considera-se que o trabalhador pode optar entre recebê-la ou ignorar o acordo. Cfr. Abbo Junker, *Grundkurs Arbeitsrecht*, 8ª ed., Munique, 2009, 257.

tativamente se o empregador tiver tido despesas avultadas com a formação do trabalhador.

A terceira condição é de natureza formal: o art. 136º/2-*a*) exige que a cláusula limitativa da actividade do trabalhador conste de *acordo escrito*, nomeadamente (mas não necessariamente) do contrato de trabalho ou do acordo de cessação deste.

4. *O momento da celebração do pacto.* No CT de 2003 (art. 146º), o pacto de não concorrência deveria ser uma cláusula "do contrato de trabalho ou do acordo de cessação deste". Parecia ser, assim, admitido apenas como compromisso *inicial* entre as partes ou, em alternativa, simultâneo com o acto *extintivo* do contrato de trabalho. Numa primeira análise, dir-se-ia que tal limitação se harmonizava com a diminuição de capacidade de resistência contratual que se presume afectar o trabalhador na vigência do contrato. Mas a verdade é que, em regra, não há momento de maior debilidade contratual do trabalhador do que o do nascimento do vínculo, aquele em que se trata de obter o emprego remunerado. Por outro lado, só o desenvolvimento das relações contratuais permite, em muitos casos, ajuizar sobre os factores de que depende a oportunidade do pacto de não concorrência. O objectivo da lei é, em primeiro lugar, o de garantir a forma escrita (tendo em conta a gravidade do acto) e, depois, o de promover o balanceamento desse compromisso com as restantes condições do contrato de trabalho. Mas, *de iure condendo*, isso não obriga a que o pacto seja estipulado no mesmo momento que o contrato é celebrado ou se extingue. De resto, a referência que no CT de 2003 se fazia ao *contrato* não implicava que se tratasse apenas do momento da sua *celebração*; o contrato de trabalho tem um conteúdo largamente evolutivo, vai sendo integrado e recomposto através de múltiplas manifestações de vontade expressas ou tácitas, ajustando-se assim ao quadro técnico e organizacional em que é executado, sem deixar de ser o mesmo contrato entre as mesmas pessoas. O contrato pode, pois, sofrer modificações e receber cláusulas adicionais – como o pacto de não concorrência – em qualquer momento da sua vigência[13].

5. *A violação do pacto.* O CT guarda silêncio acerca das consequências da violação do pacto de não concorrência por parte do trabalhador. Na verdade, o compromisso opera fora do alcance da lei do trabalho, após a cessação da relação laboral. Embora se trate de uma estipulação que pode estar integrada no contrato de trabalho e que se relaciona com a geometria dos interesses contratuais das partes, não é, evidentemente, possível utilizar os meios de tutela que estão disponíveis na vigência do contrato. Nem os meios disciplinares, nem os mecanismos res-

[13] Em edições anteriores deste livro, sustentámos esta mesma tese *de iure constituendo*, fazendo, porém, uma interpretação mais literal do texto da lei, contrária à que hoje se adopta.

sarcitórios que poderiam actuar no quadro das relações económicas entre trabalhador e empregador, estão agora ao alcance do prejudicado. Resta, por isso, a via comum da responsabilidade civil pelos prejuízos resultantes da violação do pacto, a accionar nos tribunais cíveis[14].

C) O pacto de permanência[15]

"I - A lei admite a celebração de pactos de permanência como forma de assegurar à empresa a recuperação do investimento feito com uma formação profissional do trabalhador que tenha exigido a realização de despesas extraordinárias, sendo que uma tal admissibilidade não contraria o disposto no art. 58º, nº 1, da Constituição da República Portuguesa, uma vez que é razoável a protecção do empregador nas situações em que realizou aquelas despesas e da formação resultou a valorização profissional do trabalhador.

II - Além do mais, a possibilidade de desvinculação unilateral do trabalhador não está totalmente coarctada, uma vez que este sempre por essa via pode optar, conquanto restitua ao empregador a importância por ele despendida na formação.

III - Tendo as partes celebrado um contrato de formação profissional e promessa de contrato de trabalho a termo certo, no qual o trabalhador se obrigou, finda, com aproveitamento, a formação, a exercer a actividade profissional resultante da formação ministrada, durante um período mínimo de três anos a contar da outorga do contrato de trabalho, estamos perante um contrato misto.

IV - Entre o contrato-promessa de trabalho e o contrato definitivo verifica-se não só uma sequência temporal como também uma interligação, o que significa que o contrato definitivo está condicionado pelo que foi estabelecido no contrato-promessa, mormente quanto ao pacto de permanência, que vincula o trabalhador na vigência do contrato de trabalho.

V - O trabalhador que denuncie o contrato de trabalho antes de esgotado o período de permanência a que se vinculou torna-se responsável pela reparação do prejuízo causado ao empregador." - STJ 30/06/2011 - P. 2779/07.0TTLSB.L1.S1 (Gonçalves Rocha).

6. *Noção e regime legal.* Se o pacto de não concorrência constitui uma limitação da liberdade de trabalho depois da cessação do contrato, o pacto de permanência actua na vigência do contrato e destina-se a garantir que ele dure o suficiente para que certas despesas importantes do empregador fiquem compensadas.

[14] Cfr. Ac. STJ 17/02/2009 - P. 08A3836 (Helder Roque).

[15] Vd. Luis Almeida Carneiro, *Dever de formação e pacto de permanência*, Coimbra, 2015; Joana Vasconcelos, *Pacto de permanência, liberdade de trabalho e desvinculação do trabalhador*, RDES nºs 1-3 (2013)23 ss...

Trata-se do regime contido no art. 137º CT [16]: pode ser acordada entre o empregador e o trabalhador uma duração garantida do contrato, implicando o compromisso, por parte do segundo, de «não denunciar o contrato» por certo prazo – que não pode ultrapassar três anos – como compensação de despesas avultadas de formação. Estamos perante algo de semelhante a um "termo estabilizador", concebido como instrumento de protecção de interesses do empregador. A garantia de duração da relação de trabalho joga aqui, não em prol da estabilidade do emprego, mas a favor de uma pretensão razoável do empregador, que é a de tirar proveito suficiente do investimento que fez em formação.

A nova ênfase dada pela lei à protecção desse interesse deve relacionar-se com a postura que ela assume relativamente ao papel do empregador no desenvolvimento das aptidões profissionais dos trabalhadores. Os arts. 131º a 134º CT definem um quadro de responsabilidades formativas do empregador no quadro da relação de trabalho – algumas delas quantificadas em concreto – que correspondem ao nível "genérico" ou "ordinário" de formação profissional exigível ao empregador. Para além disso, a empresa pode ser levada – inclusivamente para garantir, à sua custa, qualificações necessárias ao exercício de certas actividades, como a de piloto de linha aérea – a fazer "despesas extraordinárias" com acções de formação que se situam a níveis superiores de complexidade e custos[17]. Julgamos que a noção de "despesas extraordinárias" pode induzir o intérprete em erro. Verdadeiramente extraordinárias são apenas as despesas com acções de formação que se situam para além do nível exigido pela qualificação do trabalhador para o *normal* exercício da actividade para a qual foi contratado. São extraordinárias, em sentido próprio, as despesas com cursos de aperfeiçoamento ou actualização sobre novidades tecnológicas, que podem contribuir para a melhoria do desempenho do trabalhador na empresa, mas não são requisitos de qualificação para a actividade contratada. Essas acções de formação melhoram a empregabilidade do trabalhador, conferem-lhe um valor acrescido no mercado de trabalho. O pacto de permanência surge como um instrumento de salvaguarda do interesse do empregador face ao risco que assume com a realização de tais despesas.

Não é esse o caso dos custos de formação que a empresa suporta com o objectivo de qualificar o trabalhador para a função que pretende atribuir-lhe. O exemplo mais saliente é o dos pilotos de aviação civil. Se a empresa de transporte aéreo necessita de pilotos e não os encontra (qualificados) no "mercado", tem que recrutar candidatos à profissão e promover a sua formação, inclusivamente de modo ajustado à organização e aos procedimentos operacionais pró-

[16] O regime do pacto de permanência só aparentemente constitui uma novidade do Código. Ele tem a sua origem no art. 36º/3 LCT.

[17] Cfr. Ac. STJ 13/10/2010 – P. 185/08.8TTSTR.E1.S1 (Pinto Hespanhol).

prios da empresa. Essas despesas são tão "extraordinárias" como as que o dono de uma oficina assume com um aprendiz de mecânico ou o comerciante com futuros vendedores de certos produtos por ele representados.

Ora parece evidente que a admissibilidade dos pactos de permanência não se funda no carácter verdadeiramente "extraordinário" das despesas, mas, sobretudo, na quantia avultada que elas envolvem – tal é o factor que coloca em evidência a necessidade de uma especial protecção do interesse económico do empregador, mesmo à custa da limitação temporária da liberdade do trabalho do trabalhador.

O pacto de permanência é, em suma, um compromisso de estabilidade assumido pelo trabalhador perante o empregador, como contrapartida do acréscimo de empregabilidade de que o primeiro beneficia, e como garantia de "amortização" de um investimento de grande valor realizado pelo segundo. Esse compromisso – que se considera constitucionalmente legítimo[18] – é consolidado por uma obrigação de restituição do "montante correspondente às despesas nele referidas" pelo empregador na formação do trabalhador (art. 137º/2).

7. *A "restituição" pelo trabalhador.* Essa eventual obrigação de restituição de valores despendidos com a formação obriga a algumas precisões adicionais.

Em primeiro lugar, a existência de pacto de permanência é requisito essencial para que o empregador possa reclamar a restituição de importâncias gastas com a formação do trabalhador. O facto de terem sido feitas despesas de formação, mesmo que sejam importantes, não releva – fora desse caso – para a quantificação dos prejuízos que o trabalhador deve indemnizar, por romper irregularmente o contrato, nos termos dos arts. 399º e 401º.

Em segundo lugar, a mesma perspectiva de ressarcimento adequado leva a considerar que a restituição devida, nos termos do art. 137º/1 *in fine*, não pode deixar de medir-se pela proporção do tempo em falta relativamente à duração do contrato que foi garantida pelo pacto[19]. O sentido do próprio pacto de perma-

[18] Cfr. Ac. STJ 30/06/2011 – P. 2779/07.0TTLSB.L1.S1 (Gonçalves Rocha).

[19] Neste sentido, cfr. o Ac. STJ 24/02/2010 – P. 556/07.7TTALM.S1 (Vasques Dinis); mais recentemente, o Ac. Rel. Lisboa 20/11/2013 – P. 593/09.TTLSB.L1-4 (Paula Santos). No primeiro aresto, sustentou-se o seguinte: "O estabelecimento da cláusula penal destina-se, principalmente, a evitar dúvidas futuras quanto à determinação da indemnização, funcionando a pena convencionada, na falta de estipulação em contrário, como limite máximo do ressarcimento do dano adveniente do incumprimento da correlativa obrigação (artigos 810º, nº 1, e 811º do Código Civil), não podendo, no entanto, porque a tal se opõem fortes razões de ordem moral e social, ser entendida como sanção irredutível (pena fixa), ainda que a vontade das partes se dirija nesse sentido, quando o onerado não observar o comportamento a que estava obrigado".

nência é o de uma garantia de "amortização" ou de "retorno" para um investimento particularmente significativo em formação. Segundo esta mesma lógica, a hipótese de pagamento pelo trabalhador do montante total do investimento feito pelo empregador, em caso de violação do pacto em qualquer momento, poderia configurar enriquecimento sem causa – ou, se se preferir, a atribuição de "uma dupla e infundada vantagem" ao empregador, contraposta a um "desproporcionado gravame imposto ao trabalhador"[20]. Ao avaliar a situação, não pode perder-se de vista a excepcionalidade de que se reveste a admissão legal do pacto de permanência, como limitação à liberdade de trabalho, nem o facto de a realização de um investimento importante em formação do trabalhador ser, necessariamente, impelida por razões do interesse do empregador. A realização deste interesse opera-se pelo *retorno* do investimento feito, isto é, pelo benefício recolhido com a utilização dos serviços do trabalhador especialmente qualificado[21]. A garantia deste retorno é o único factor de legitimação possível para o cerceamento da liberdade de trabalho em que redunda o pacto. Qualquer efeito penalizador adicional já terá que considerar-se fora da "margem de tolerância" do princípio constitucional. Assim, e em suma, se a duração estipulada não é cumprida, a restituição deve limitar-se à proporção do tempo em falta.

A letra da lei sugere outra leitura, mas cremos que a consideração da *ratio* obriga a interpretação no sentido indicado. Do mesmo modo se terá que encontrar resposta para a questão de saber a partir de que momento deverá contar-se o período de compromisso, que, como vimos, pode estender-se até três anos. O teor da norma pertinente (art. 137º/1) sugere que esse período corresponde à vigência do pacto, começando a contar-se com a sua estipulação. Tudo depende dos termos desta última. Nada impede. Se ela puder ser interpretada como um compromisso a efectivar somente após a conclusão do período de formação, a eventual desistência do profissional durante este período não estará coberta por ele. Poderá, isso sim, haver lugar a ressarcimento dos prejuízos sofridos pelo empregador com base na desistência, mas não efectivação do pacto de permanência. Se, ao invés, o compromisso assumido pelo trabalhador, conforme a

[20] Joana Vasconcelos, *Pacto de permanência* cit., 37.

[21] Também no STJ 13/10/20120 cit. (Pinto Hespanhol) se esclarece, de forma lapidar: "O propósito da limitação aposta à liberdade do trabalhador denunciar o contrato sem justa causa é o retorno do investimento extraordinário do empregador na formação profissional do trabalhador. Deve, pois, entender-se que o tempo de disponibilidade do trabalhador no cumprimento da obrigação de permanência constitui parte de tal retorno. Nessa medida, existe um cumprimento parcial da obrigação. Logo, a medida do dano do credor da prestação consiste no valor da prestação não cumprida. O dano emergente é, pois, a medida do tempo não cumprido da obrigação de permanência, pois que é esta a justa medida do interesse contratual negativo".

interpretação do pacto, cobrir o período de formação, a cláusula penal poderá ser accionada em caso de desistência neste período[22].

D) O acordo de exclusividade[23]

"I - A possibilidade de, no contrato de trabalho, se estipular, por escrito, a obrigação de o trabalhador não exercer, no período máximo de 2 anos subsequentes à cessação do contrato, actividade cujo exercício possa efectivamente causar prejuízo ao empregador, com a atribuição ao trabalhador de uma compensação adequada durante o período convencionado, consignada no artigo 146º, nº 2, do Código do Trabalho de 2003, não viola o princípio da liberdade de trabalho consagrado no artigo 47º, nº 1, da Constituição da República Portuguesa.
II - A obrigação de exclusividade, eventualmente, consignada em cláusula acessória do contrato de trabalho, se referida a actividades concorrentes com a do empregador, não releva com autonomia, na perspectiva de restrição à liberdade de trabalho, por se tratar de obrigação inerente à relação laboral, por força do disposto na alínea e) do nº 1 do artigo 121º do referido Código, como afloramento do dever geral de lealdade.
III - A licitude da cláusula de exclusividade que limite o exercício de actividades não concorrentes com a do empregador há-de ser averiguada segundo critérios de adequação e proporcionalidade, em função de um real e efectivo interesse do empregador (atendendo, designadamente, ao sector económico em que a empresa se insere) correlacionado com a natureza das tarefas objecto do contrato (tendo em conta a complexidade técnica destas, o tempo exigido para um eficiente desempenho e a responsabilidade do trabalhador, que podem reclamar disponibilidade total).
IV - A cláusula inscrita no contrato de trabalho, segundo a qual o trabalhador se vinculou a não aceitar outros trabalhos remunerados ou não remunerados por terceiros e /ou de levar a cabo negócios por sua conta, sem o prévio consentimento do empregador, e este se comprometeu, em contrapartida, a pagar-lhe 20% da remuneração mensal bruta, não se verificando os factores referidos no ponto III, só pode considerar-se lícita se encarada como tendo em vista reforçar a protecção legal contra o perigo de concorrência. (...)" - STJ 12/10/2009 - P. 09S0625 (Vasques Dinis).

[22] Na anterior edição deste livro, sustentámos a posição de que o pacto vigoraria sempre e só a partir do termo do período de formação.

[23] A fundamental elaboração teórica deste tipo de estipulações deve-se a J. Zenha Martins, no âmbito da sua monografia *Dos pactos de limitação à liberdade de trabalho* cit. 470 ss.; e também nos estudos *Os pactos de exclusividade no ordenamento laboral português: algumas notas*, disponível em: www.fd.lisboa.ucp.pt/resources/documents/Centro/ZenhaMartins.pdf e *Da convivência entre as cláusulas de exclusividade e o trabalho a tempo parcial: reflexão a propósito da proibição genérica de exclusividade no Reino Unido para os contratos 'zero horas'*, Revista do Ministério Público, nº 142, Lisboa, 2015, pp. 59 a 77.

8. *Noção e admissibilidade.* Nada parece impedir, em princípio, que seja estipulada entre o empregador e o trabalhador, para vigorar durante o período em que estejam contratualmente vinculados, a interdição do exercício paralelo de actividade profissional ao serviço de outra entidade. É o que se designa por "cláusula de exclusividade". No fundo, trata-se da assunção, pelo trabalhador, de um compromisso de não acumulação de empregos, ou de não exercício de actividades complementares ao serviço de outras entidades.

Por um lado, essas estipulações abrigam-se na liberdade contratual, uma vez que não existe disposição legal que especificamente as impeça. Por outro lado, trata-se de uma forma de limitação da liberdade de trabalho, que pode ser legitimada por relevantes e atendíveis interesses do empregador, mas que deve conter-se dentro dos limites da razoabilidade e do respeito pelos direitos fundamentais do trabalhador[24]. A admissibilidade jurídica deste tipo de estipulações não tem suporte legal expresso. O art. 136º/1 CT só fere de nulidade as cláusulas que limitem a liberdade de trabalho *após a cessação do contrato.* Entretanto, trata-se de uma figura contratual bastante utilizada na prática, e que tem sido juridicamente construída pela jurisprudência.

Nas relações de "trabalho em funções públicas", a lei não impõe expressamente a exclusividade mas define um conjunto de incompatibilidades e impedimentos, embora admita acumulações com funções públicas ou privadas, mediante autorização. Trata-se de um regime constitucionalmente duvidoso, pois vai muito além do que exigiria a tutela do interesse público. Para além dos casos em que possam estar em causa actividades concorrentes ou condicionantes do bom exercício da função pública, a sobreposição de horários ou a quebra de reserva, o impedimento – ou, o que é o mesmo, a subordinação a apreciações discricionárias – da aplicação de competências e do exercício de actividades profissionais fora do domínio temporal e espacial do exercício da função pública não é compatível com a liberdade de trabalho nem com o direito ao trabalho, constitucionalmente protegidos. Há, no preceito acima referido, e nos que se lhe seguem, uma certa nostalgia da unilateralidade própria do antigo estatuto dos funcionários públicos. É evidente que certas funções públicas implicam, por natureza, a exclusividade: as dos juízes, dos diplomatas, etc. Essas actividades são tituladas, em geral, pelo regime de nomeação. Mas a grande massa das funções públicas está hoje contratualizada. Algumas dessas, em abstracto ou em

[24] Cfr. Ac. STJ 10/12/2009 – P. 09S0625 (Vasques Dinis): "A licitude da cláusula de exclusividade que limite o exercício de actividades não concorrentes com a do empregador há-de ser averiguada segundo critérios de adequação e proporcionalidade, em função de um real e efectivo interesse do empregador (atendendo, designadamente, ao sector económico em que a empresa se insere) correlacionado com a natureza das tarefas objecto do contrato (tendo em conta a complexidade técnica destas, o tempo exigido para um eficiente desempenho e a responsabilidade do trabalhador, que podem reclamar disponibilidade total)".

concreto, poderão, pela sua natureza, justificar a imposição de exclusividade (por exemplo, a de certos funcionários dos serviços de impostos e de alfândegas). No restante universo de funções públicas sob contrato, a exclusividade é evidentemente admissível, mas com base em acordo expresso e mediante compensação económica.

Há, desde logo, que considerar a hipótese de a exclusividade ser estipulada como garantia da abstenção de concorrência, em empresas e sectores mais sensíveis sob esse ponto de vista. Mas, nesse caso, tal estipulação constituirá mero reforço ou reiteração do dever de abstenção de concorrência[25], pelo que não oferecerá dúvidas quanto à sua legalidade.

Noutras situações, a exclusividade pode ser pretendida com fundamento na prevenção do desgaste e da perda de aptidões do trabalhador ou no propósito de aproveitamento total de competências ganhas com formação assegurada pela empresa, ou mesmo, simplesmente, como forma de acentuação da subordinação.

Enquanto instrumento de limitação da liberdade de trabalho, a cláusula de exclusividade só pode considerar-se legítima se tiver subjacente um "real e efectivo interesse do empregador"[26] – ou, para seguir a jurisprudência francesa, um "interesse sério e genuíno"[27] – não motivações arbitrárias ou inconsistentes como uma mera afirmação do domínio do empregador sobre a pessoa do trabalhador. É preciso que, sob o ponto de vista do funcionamento e da economia da empresa, a exclusividade corresponda a uma necessidade objectiva suficientemente forte para que se sobreponha à plena liberdade de trabalho, ou seja, à liberdade de escolha do trabalhador quanto ao uso do tempo deixado livre pelo contrato. Nas situações em que isso ocorra, a adequação e a razoabilidade do arranjo negocial impõem a fixação de uma compensação económica para a renúncia a ganhos complementares que a estipulação da exclusividade implica.

Na apreciação da legitimidade deste tipo de cláusulas há, assim, que ter em conta o quadro de implicações do princípio da boa-fé na execução do contrato, o respeito pela liberdade de trabalho e a legítima pretensão, por parte de quem vive do seu trabalho, de aplicar variada e proveitosamente as aptidões profissionais de que dispõe, sendo, como se disse, exigível a demonstração da existência de um interesse do empregador que seja relevante e digno de protecção[28].

[25] "A obrigação de exclusividade, eventualmente, consignada em cláusula acessória do contrato de trabalho, se referida a actividades concorrentes com a do empregador, não releva com autonomia, na perspectiva de restrição à liberdade de trabalho, por se tratar de obrigação inerente à relação laboral, por força do disposto na alínea e) do nº 1 do artigo 121º do referido Código, como afloramento do dever geral de lealdade". – STJ 10/12/2009 cit..

[26] Rel. Porto 09/08/2014 – P. 2/12.4TTMAI.P1 (Maria José Costa Pinto).

[27] J. Zenha Martins, *Dos pactos de limitação da liberdade de trabalho* cit., 487.

[28] É, em substância, também o tratamento dado aos acordos sobre "actividades complementares" (*Nebentätigkeiten*) no direito alemão: cfr. Zöllner/Loritz, *Arbeitsrecht*, 5ª ed., Munique, 1998, 101..

Capítulo 10
AS OBRIGAÇÕES DO EMPREGADOR

I. A obrigação retributiva.

retribuição; 37. O cômputo da retribuição variável. – **E) Forma, lugar e tempo do cumprimento.** – 38. Meios de pagamento; 39. Lugar do cumprimento; 40. O tempo do pagamento. – **F) A prescrição dos créditos salariais.** – 41. A extinção do crédito salarial por prescrição; 42. A interpretação do art. 337º/1; 43. Crítica do regime legal; 44. O caso das "profissões liberais"; 45. Prescrição e acção de impugnação de despedimento; 46. A prova dos créditos antigos.

A) Significado e função da retribuição do trabalho[1].

a) Noções gerais.

1. *A retribuição no Código do Trabalho.* A retribuição do trabalho é um dos elementos *essenciais* do contrato de trabalho (vd. art. 11º CT). Significa isto que a prestação gratuita de serviços fica à margem deste tipo negocial e, por consequência, a descoberto do seu regime jurídico, embora possa, naturalmente, ser objecto de negócio jurídico[2].

Trata-se da principal obrigação que se investe no empregador através do contrato de trabalho, aparecendo como a *contrapartida* dos serviços recebidos. Este elemento de correspectividade ressalta de diversas disposições do CT, desde o art. 11º («*mediante* retribuição») até ao art. 258º («como *contrapartida* do seu trabalho»). O salário está, pois, à face da lei, ligado por um nexo de reciprocidade à prestação de trabalho – tal é a primeira visão que os dados legais nos oferecem acerca da concepção *funcional* da retribuição no contrato de trabalho e que está na base do brocardo germânico *kein Arbeit, kein Lohn* (sem trabalho não há salário). Há-de ver-se, no entanto, que tal ideia sofre importantes desvios por parte da própria lei (e sobretudo da contratação colectiva), desvios tanto mais salientes quanto mais estreito for o nexo estabelecido entre o salário e a prestação de trabalho *efectivo*.

[1] Vd. Bernardo Xavier, *Manual de Direito do Trabalho* cit, 565 ss.; Júlio Gomes, *Direito do Trabalho* cit. 759 ss.; M. Rosário Ramalho, *Tratado* cit. Parte II 561 ss.; Romano Martinez, *Direito do Trabalho* cit. 588 ss.; Menezes Leitão, *Direito do Trabalho* cit. 339 ss.; Menezes Cordeiro, *Direito do Trabalho* cit. II 689 ss..

[2] Recorde-se que, por seu turno, o *contrato de prestação de serviço* pode não envolver retribuição (art. 1 154º CCiv.); a onerosidade *presume-se* somente, no mandato, se o mandatário tiver por profissão a prática dos actos que constituem objecto do contrato (art. 1 158º/1), o mesmo se aplicando ao depósito (art. 1 186º); a empreitada, pelo contrário, inclui a retribuição entre os seus elementos essenciais (art. 1 207º).

b) Concepções do salário. Sua relevância jurídica.

1) Ideia geral.

2. *As várias maneiras de encarar o salário.* A retribuição a que o trabalhador tem direito com base no contrato e nas normas que o regem pode ser encarada de vários pontos de vista, com reflexos jurídicos diferenciados.

Desde logo, o salário *não é a mesma coisa* para o trabalhador e para a entidade patronal: aquele tende a encará-lo como meio de subsistência e a estabelecer uma correlação entre a penosidade do trabalho e o grau de satisfação (ou insatisfação) das suas necessidades pessoais e familiares; para o empregador, ao invés, a retribuição do trabalho aproximar-se-á de um preço que se incorpora nos custos de produção, pelo que irá confrontá-la com o rendimento obtido e, em geral, com a capacidade económica da empresa. Ou seja: entre os padrões de avaliação do trabalhador (necessidades próprias) e da entidade patronal (produtividade) não há coincidência, nem mesmo tendencial. Para um, o salário é algo como um *crédito alimentar*; para o outro, é o *preço de um factor produtivo*. A negociação colectiva sobre a matéria salarial encontra aqui uma parte das razões da sua dificuldade, por vezes insuperável em termos pacíficos: o critério de uma das partes é basicamente social – o da outra é sobretudo *económico*.

Acresce que o salário (para além do modo por que se projecta nas esferas do trabalhador e da empresa) tem igualmente reflexos muito importantes na conjuntura económica global: ele repercute-se (necessariamente ou não) nos *preços*, quer pela via dos custos de produção, quer pela do nível de consumo que possibilita. A problemática do salário é pois um elemento fundamental para a política económica e, em especial, no tocante à política de preços e rendimentos.

Quer a concepção do salário como *correspectivo da prestação de trabalho*, quer a que faz avultar nele o carácter de *meio de satisfação de necessidades* pessoais e familiares do trabalhador, quer ainda a que sublinha o seu aspecto de *dado e instrumento de política económica* – qualquer delas tem ilustrações claras na legislação portuguesa. E vamos rapidamente observá-las, antes mesmo de examinar com alguma profundidade o papel que a lei desempenha – em confronto e articulação com o contrato individual e os IRCT – no campo da determinação qualitativa e quantitativa dos salários.

2) O salário como correspectivo.

3. *O salário-contraprestação.* Do ponto de vista *jurídico-formal*, a retribuição surge como a *contraprestação* da entidade patronal face ao trabalho *efectivamente* realizado pelo trabalhador. Assim é que, por exemplo, as *faltas* não justificadas, e mesmo algumas das justificadas, conferem (legalmente) ao empregador o direito ao desconto na retribuição (arts. 255º/2 e 256º/1). Outra amostra: se o trabalhador estiver temporariamente impedido, por motivos ligados à sua pessoa (mas que não lhe sejam imputáveis), nomeadamente por doença, de prestar trabalho, o empregador fica exonerado do pagamento do salário enquanto durar a impossibilidade (art. 295º)[3]. O mesmo dispositivo é aplicável no caso de a interrupção do trabalho ser devida a greve, embora esta corresponda a um direito dos trabalhadores (art. 536º).

4. *Salário sem trabalho.* Não é, porém, exacto que a correspectividade se estabeleça entre a retribuição e o trabalho *efectivamente prestado* – nem isso estaria de acordo com o conteúdo preciso da relação de trabalho, tal como atrás o analisámos. É a *disponibilidade* do trabalhador – mais do que o serviço efectivo – que corresponde ao salário; o trabalhador está, muitas vezes, inactivo porque o empregador não carece transitoriamente dos seus serviços ou o coloca em situação de não poder prestá-los, embora mantendo-se ele disponível e, portanto, a cumprir a sua obrigação contratual. É sugestiva no mesmo sentido a noção legal do contrato de trabalho (art. 11º CT), onde se diz que o trabalhador «*se obriga, mediante retribuição* (...)» – ou seja (é uma leitura possível), se coloca numa posição de disponibilidade para o trabalho, *em troca* do salário.

Mas há outras manifestações da mesma ideia, e essas sem margem para dúvidas. É, desde logo, o conjunto de hipóteses previstas no art. 309º/1-*b*) (encerramento temporário do estabelecimento ou diminuição de laboração por facto imputável ao empregador ou por razões de interesse desta), em que se englobam as situações caracterizadas por uma impossibilidade temporária da prestação de trabalho *criada* pela entidade patronal. *Embora inactivo, o trabalhador mantém o direito ao salário.* E estão abrangidos por esta regra não apenas os casos de encerramento *decidido* pela entidade patronal (p. ex. para renovação do equipamento, limpeza de máquinas ou fornos, ou ainda para economia de energia e poupança do equipamento em período de falta de encomendas), mas também aqueles em que o estabelecimento fecha por motivos que lhe sejam de qualquer modo *imputáveis* (nomeadamente quando o encerramento é imposto pela auto-

[3] Poderá objectar-se que esta afirmação não é propriamente legal, mas doutrinal (pois o preceito citado não estabelece expressamente a suspensão do pagamento do salário) e que ela se baseia já na concepção do salário como correspectivo da prestação do trabalho efectivo. Não é, porém, assim. Observe-se como, relativamente às situações de impossibilidade por facto ligado ao empregador ou à empresa (arts. 305º e 309º CT), *a lei regula expressamente o destino do salário*, mantendo-o nuns casos, oferecendo noutros uma alternativa; fá-lo decerto por, de harmonia com a concepção «retributiva», admitir que o silêncio equivaleria à confirmação da regra «sem trabalho não há salário» mesmo nessas hipóteses.

ridade em consequência da verificação de delitos antieconómicos ou contra a saúde pública)[4].

Outro exemplo é o respeitante à suspensão *preventiva* do trabalhador no procedimento disciplinar (art. 329º/5), pois corresponde a conveniências do empregador.

3) O salário como meio de satisfação de necessidades. A protecção específica do salário.

5. *O salário-rendimento.* A destinação do salário à satisfação das necessidades pessoais e familiares do trabalhador constitui uma outra perspectiva a que o legislador atribui particular saliência. Pode dizer-se que é essa a concepção subjacente a todo o regime jurídico da retribuição no CT. Desde logo, o critério legal para a determinação qualitativa da retribuição (art. 258º CT) é largamente tributário dela: assenta na ideia de *regularidade* do seu recebimento pelo trabalhador, ou seja, parte da existência de expectativas deste quanto ao *grau de satisfação de necessidades* correntes que os rendimentos do trabalho lhe asseguram.

Na perspectiva de se correlacionar o salário com as necessidades do trabalhador situa-se o regime da *remuneração mínima mensal garantida*, cuja primeira versão constou do DL 217/74, de 27/5, e que hoje integra os arts. 273º ss. CT[5].

Esse regime tem raiz constitucional: o art. 59º/2 *a*) CRP vincula o Estado a estabelecer e actualizar o *salário mínimo nacional*, «tendo em conta, entre outros factores, as necessidades dos trabalhadores, o aumento do custo de

[4] Só assim não é nas situações-limite a que se reportam os arts. 298º a 308º CT, nas quais fica em causa «a viabilidade da empresa e a manutenção dos postos de trabalho» (art. 298º/1).

[5] O âmbito de aplicação de tal garantia foi sendo também modificado no sentido dum progressivo alargamento. Assim, o diploma de 1974 excluía os funcionários públicos e administrativos, os trabalhadores rurais e domésticos, os menores de 20 anos e ainda as empresas com menos de 10 trabalhadores e sem capacidade económica para suportar a aplicação daquela medida; o de 1975, por seu turno, de entre os servidores do Estado apenas arredava os elementos das forças armadas, e ressalvava somente as empresas economicamente débeis com menos de cinco trabalhadores, mantendo as restantes excepções; o de 1977 reduziu as ressalvas aos trabalhadores do serviço doméstico e aos menores de 20 anos – fixando no entanto uma retribuição mínima garantida *inferior* para os trabalhadores rurais (3 500$00). Em 1978, finalmente, ficaram cobertos (embora a nível inferior) os trabalhadores domésticos, e estabeleceram-se soluções para os menores (art. 2º). O DL 69-A/87, de 9/2, estabeleceu ainda um conjunto de reduções do valor-padrão, algumas das quais vieram a ser revogadas no início dos anos 90 – mas tudo isto no pressuposto de que o regime era de aplicação universal. Tal universalidade é hoje enfaticamente afirmada pelo Código do Trabalho (art. 266º/1). Apesar dessa amplificação – diga-se de passagem –, os índices disponíveis assinalam que a percentagem de beneficiários directos decresceu muito sensivelmente desde 1974 (o DL 217/74 parece ter revertido em aumento de salários, efectivo ou potencial, para mais de metade da população activa).

vida...»[6]. Também no plano dos compromissos internacionais do Estado português existe essa vinculação: o art. 4º da Carta Social Europeia[7] encarrega o Estado de garantir "o direito dos trabalhadores a uma remuneração suficiente para lhes assegurar, assim como às suas famílias, um nível de vida decente"[8].

A verdade, porém, é que, não obstante a aparência criada (nomeadamente por diversas passagens dos preâmbulos dos diplomas que sobre o assunto foram surgindo, ao longo dos anos), não pode dizer-se que existe um autêntico «salário mínimo nacional». O sentido normativo desta noção (como, de resto, ressalta do teor do preceito constitucional) engloba uma conotação de *suficiência* que, para ser correspondida, implicaria a correlação com um *mínimo de subsistência* familiar previamente determinado. Haveria, em suma, que fixar um quantitativo mínimo bastante para cobrir as necessidades tidas por essenciais dum agregado familiar padrão, face ao nível atingido pelo custo de vida. Não é, seguramente, esse o conteúdo da garantia existente: a lei fixa, simplesmente, um montante que (suficiente ou não) se tem por *irredutível*, obstando a que níveis remuneratórios inferiores sejam consignados na negociação colectiva ou nos contratos individuais.

Em anteriores regimes legais, como o constante do DL 69-A/87, estabeleciam-se *desvios* para menos, relativamente a certas actividades (serviço doméstico, trabalho artesanal) ou em função de determinadas características dos trabalhadores (menores, praticantes, aprendizes, estagiários, ou com capacidade de trabalho reduzida). Só estas últimas – com excepção da referente aos *menores* – se mantiveram no CT (art. 275º/1)[9].

Sublinhe-se, por outro lado, que, quanto aos critérios a adoptar na definição da remuneração mínima garantida, o CT se aproxima, mais do que a lei anterior, dos desígnios constitucionais relativos ao salário mínimo: devem ser objecto de

[6] No mesmo sentido, antes da CRP, surgiu a Resolução do Conselho de Ministros, de 5 de Março de 1976 (*Diário do Governo* nº 73, *Suplemento*, de 26 de Março), em que se adoptaram «medidas de política de carácter prioritário» como a «fixação de um salário mínimo nacional em proporção com o custo de satisfação das necessidades essenciais avaliadas aos preços vigentes» e a criação de um mecanismo de *indexação salarial*. Na mesma Resolução, previu-se a criação do Conselho Nacional de Política de Rendimentos e Preços, composto de representantes governamentais, sindicais e patronais e de peritos. Mais tarde, surgiu a intervenção consultiva do Conselho Económico e Social (art. 9º/4 DL 69-A/87) e, finalmente, no CT, a audição da Comissão Permanente de Concertação Social (art. 273º/1).

[7] Ratificada por Portugal, logo na sua versão originária, em 1991.

[8] Cfr. sobre o tema Luisa Teixeira Alves, *El cumplimiento de la Carta Social Europea en materia de salarios. Un estudio comparado de los ordenamientos laborales portugués, español e italiano*, Barcelona (2014).

[9] Já tinham sido também eliminadas reduções fundadas na dimensão da empresa e no aumento de encargos da entidade empregadora, além das que diziam respeito à agricultura, silvicultura e pecuária – sectores que ficaram, assim, no âmbito da retribuição mínima garantida a nível nacional.

ponderação "as necessidades dos trabalhadores, o aumento do custo de vida e a evolução da produtividade" (art. 273º/2).

6. *A protecção legal do salário.* Todavia, as expressões mais significativas do nexo estabelecido entre a retribuição e as necessidades do trabalhador consistem num conjunto de normas legais que oferece uma especial tutela da integridade dos valores que compõem o salário. Essa tutela aponta mesmo para a limitação dos efeitos normais que a actividade jurídica do trabalhador teria sobre tal parte (essencial) do seu património.

Assim, vigora a regra da *inadmissibilidade da compensação integral* da retribuição em dívida com créditos da entidade patronal sobre o trabalhador (art. 279º): a compensação, quando admitida (nº 2 do mesmo art.), não pode exceder, em regra, *um sexto* do salário[10].

> Exemplo: um mecânico de automóveis, com o ordenado mensal de 700 €, inutiliza um aparelho de calibragem de rodas pertencente ao patrão, no valor de 300 €. Esta quantia não pode ser integralmente descontada na retribuição vincenda; terá que sê-lo por parcelas do valor máximo de 100 €, em meses sucessivos.

Por outro lado, os créditos salariais são *parcialmente impenhoráveis* (em dois terços do seu montante: art. 823º/1 CPC) e também *parcialmente insusceptíveis de cessão* (art. 280º), aliás em medida idêntica.

Além disso, a retribuição do trabalho beneficia de importantes *privilégios creditórios* (art. 333º CT)[11], não apenas sobre os bens móveis do empregador, mas

[10] Esta regra encontra um importante desvio no art. 279º/4 – desconto dos preços de refeições ou outros fornecimentos por cooperativas de consumo criadas no âmbito da empresa –, em que se admite a compensação em medida mais elevada (com o acordo dos trabalhadores). Em conexão com este preceito, embora para uma hipótese algo diversa, o art. 259º regula o pagamento do salário *em géneros*, rodeando-o de algumas cautelas. Qualquer destes preceitos, embora não o referindo expressamente, deve ser entendido como pressupondo a interdição do chamado *truck-system* (pagamento ao trabalhador através de crédito para a aquisição de géneros em estabelecimento, economato ou cantina do próprio empresário), ou seja, envolvendo a liberdade de opção por parte do trabalhador e a prática de preços iguais ou inferiores aos correntes. Veja-se sobretudo, no sentido da proibição expressa do *truck-system*, art. 129º/*h*) e *i*).

[11] Estes privilégios creditórios já tinham sido muito melhorados pelo regime legal de protecção dos salários em atraso anterior ao CT (L. 17/86, de 14/6). Na verdade, o CCiv. atribuía somente, aos «créditos emergentes do contrato de trabalho, ou da violação ou cessação deste contrato, pertencentes ao trabalhador e relativos aos últimos seis meses», um *privilégio mobiliário geral* situado em quarto lugar na ordem definida pelo art. 737º/1. A L 17/86 foi muito mais longe. Assim, deslocou aquele privilégio mobiliário geral para uma posição mais elevada do que a de qualquer outro, na ordenação geral do art. 747º (incluindo os créditos do Estado por impostos); e acrescentou-lhe um privilégio *imobiliário geral* com precedência sobre os restantes indicados no art. 748º e também sobre os dos créditos de contribuições de segurança social.

também sobre os imóveis em que preste o seu trabalho[12]. Os créditos dos trabalhadores são colocados em primeiro lugar tanto num caso como no outro. Deste modo, a situação dos créditos remuneratórios e indemnizatórios, anteriormente bastante débil[13], resultou consideravelmente reforçada.

De qualquer modo, é patente que as disposições referidas assentam numa concepção não puramente «retributiva» do salário – antes sublinhando a inerência deste último à satisfação das necessidades pessoais e familiares do trabalhador[14].

7. *Os "salários em atraso"*. Constitui também manifestação desse modo de encarar a retribuição do trabalho o regime aplicável nas situações de *não pagamento pontual dos salários*.

A relativa generalização do fenómeno, com incidência mais forte em certos períodos de dificuldade económica para as empresas, mas com presença endémica praticamente desde os princípios da década de oitenta, conduziu à elaboração de medidas legislativas de emergência, claramente inspiradas na percepção da essencialidade dos rendimentos do trabalho para a economia pessoal e familiar dos trabalhadores.

Actualmente, essas medidas estão reguladas nos arts. 323º a 327º e 336º CT.

Como, desde logo, resulta do disposto no art. 323º/3, os trabalhadores com remunerações atrasadas têm, ao abrigo do art. 394º/5, o direito de *resolver* o contrato por *justa causa culposa* (se o atraso for igual ou superior a 60 dias), ou, nos termos do art. 325º, o direito de o *suspender* (se o atraso for de 15 ou mais dias). As condições em que estas medidas podem ser concretizadas estão definidas nesses artigos do Código. Por outro lado, se o atraso for culposo, o empregador fica obrigado ao pagamento de juros de mora (art. 323º/2).

8. *O Fundo de Garantia Salarial.* Esse regime oferece resposta financeira de emergência aos trabalhadores afectados pelo atraso no pagamento de remunerações, mas não lhes faculta meios de pronta efectivação desses créditos. Esta outra questão é abordada pelo art. 336º CT, que prevê a existência de um Fundo de Garantia Salarial. Este Fundo assume e suporta a garantia do pagamento dos créditos do trabalhador – não apenas de retribuições, mas também de compensações e indemnizações inerentes à cessação do contrato – que não possam ser pagos pelo empregador. As condições em que esse dispositivo actua

[12] Vd. Miguel Lucas Pires, *A amplitude e a inconstitucionalidade dos privilégios creditórios dos trabalhadores*, QL nº 31 (Jan./Jun. 2008) 59 ss..

[13] Sobre o tema, em geral, veja-se Vaz Serra, *Privilégios creditórios*, «Bol. Min. Just.» nº 64.

[14] No mesmo plano se enquadra, de resto, o princípio da irredutibilidade do salário.

são definidas pelo DL 59/2015, de 21 de Abril, que aprovou o "Novo regime do Fundo de Garantia Salarial" (LFGS).

Existia há longo tempo um diploma comunitário – a Directiva nº 80/987/CE, que veio a ser alterada pela Dir. 2002/74/CE, de 8/10/2002, e finalmente substituída pela Dir. 2008/94/CE, de 22/10/2008 – sobre a protecção dos trabalhadores em caso de insolvência dos empregadores. A transposição dessa directiva foi, durante longos anos, incompleta ou imperfeita, como se reconheceu no preâmbulo do DL 219/99[15]. O assunto foi, de certo modo, reactivado pelo Acordo de Concertação Estratégica de 1996, que incluía o compromisso da criação de um Fundo de Garantia Salarial, em conformidade com algumas directrizes gerais aí enunciadas.

O DL 219/99 instituiu esse Fundo, destinado a assegurar «o pagamento de créditos emergentes do contrato de trabalho ou da sua cessação, nos casos em que a entidade patronal esteja em situação de insolvência ou em situação económica difícil e, encontrando-se pendente contra ela uma acção nos termos do Código dos Processos Especiais de Recuperação da Empresa e de Falência[16], o juiz declare a falência ou mande prosseguir a acção como processo de falência ou como processo de recuperação da empresa» (art. 2º/1).

O Fundo de Garantia Salarial (FGS) intervém somente em face de sentença de declaração de insolvência do empregador, ou do desenvolvimento de processos especiais de revitalização ou de processos extrajudiciais de recuperação da empresa (art. 1º/2 LFGS). Os créditos assegurados são os vencidos nos seis meses anteriores ao desencadeamento de um dos processos acima referidos (art. 2º/4). O FGS fica sub-rogado na posição creditória do trabalhador, na medida dos pagamentos efectuados, acrescidos de juros de mora (art. 4º/1).

O Fundo é alimentado por uma parte[17] das contribuições patronais para a Segurança Social e por financiamentos do Estado (art. 14º LFGS).

4) O salário como factor da política económica.

9. *O salário-custo.* Resta apontar, entre as possíveis, a visão da retribuição do salário como *dado* e *instrumento* de política económica.

Actualmente, a contratação colectiva de trabalho desenvolve-se, amplamente, fora do controlo do poder político. Mas nem sempre foi assim, mesmo depois da

[15] Sobre o tema, veja-se Ana Margarida V. Cunha, *Protecção dos trabalhadores em caso de insolvência do empregador: cálculo das prestações do Fundo de garantia Salarial – Algumas reflexões acerca da compatibilidade do regime português com o regime comunitário*, QL nº 38 (Jul./Dez. 2011) 197 ss..

[16] Depois substituído pelo Código da Insolvência e da Recuperação de Empresas, aprovado pelo DL 53/2004, de 18 de Março.

[17] Trata-se da "parcela dos encargos com políticas activas de emprego e valorização profissional da taxa contributiva global" (art. 14º/2 LFGS).

abolição do regime corporativo e da antiga prática do controlo político das convenções colectivas através da homologação ministerial. Vale a pena recordar algumas medidas legislativas excepcionais de um passado já remoto – como a estabilização de remunerações iguais ou superiores a 12 000$, operada pelo art. 3º DL 292/75, de 16/6[18]; o congelamento da negociação colectiva, que se prolongou desde 27 de Novembro de 1975 até 29 de Fevereiro de 1976. Pesaram em tais medidas não apenas objectivos de contenção dos consumos, mas também a preocupação do estreitamento do chamado «leque salarial», tema dominante, no período que se seguiu a Abril de 1974, na agenda da contratação colectiva. Elas traduziam-se, obviamente, em formas de compressão da liberdade contratual (liberdade de estipulação), não apenas ao nível individual mas também no plano da regulamentação colectiva do trabalho.

Algo de semelhante pode dizer-se dos dispositivos instituídos pelo DL 121/78, de 2/6[19], para condicionamento da regulamentação colectiva, não apenas a de carácter convencional, mas até a que decorresse da via administrativa. Esse condicionamento – que ia desde a exigência de certa normalização da classificação profissional, até à imposição de que as prestações complementares da retribuição-base não excedessem 50% desta – era abertamente fundamentado, no preâmbulo do diploma, num «conjunto de razões e princípios de política económico-laboral», entre os quais o da «moderação dos aumentos salariais» e o da «manutenção do poder de compra dos trabalhadores», decorrentes do programa económico então delineado. Tratava-se, igualmente, de medidas compressoras da área de livre negociação colectiva, ditadas por pressupostos de carácter político-económico; todavia, o modo de actuação dessas medidas – no plano da hierarquia das fontes de direito – retirava-lhes o carácter discricionário que era inerente a formas de controlo político-económico da negociação colectiva características do regime corporativo, como a já referida «homologação» ministerial das convenções[20].

[18] Limitação que só vigorou até 31 de Dezembro do mesmo ano.

[19] Este diploma foi a última grande expressão de uma política legislativa característica da fase de "rescaldo" das sequelas revolucionárias do movimento de Abril de 1974: perante um movimento sindical que se mantinha pujante e mobilizador, a capacidade de resposta negocial das empresas e das associações patronais revelava-se demasiado débil para que pudesse manter-se a contratação colectiva em equilíbrio no domínio da compatibilidade económica. Era, por outro lado, a fase dos chamados "choques petrolíferos" que estiveram na origem da grande crise económica internacional dos anos oitenta do século passado. O legislador interveio no sentido de tutelar, pelos mecanismos da legalidade – e não já, como no período corporativo, pelos do controlo administrativo de oportunidade e conveniência –, a contratação colectiva da época, procurando mantê-la dentro dos parâmetros da política macroeconómica.

[20] Porém, no tocante às *empresas públicas*, o regime anterior à codificação – a LRCT – determinava a *provisoriedade do depósito* dos instrumentos de regulamentação colectiva aplicáveis àquelas empresas

Desde meados da década de oitenta do século passado, a funcionalização da contratação colectiva à política económica, sobretudo na vertente da política de rendimentos, passou a ser considerada no âmbito da *concertação social*. Foram celebrados vários acordos tripartidos, uns exclusivamente votados à definição de parâmetros para a contratação colectiva de salários, outros integrando tal vector com diversos temas negociais pertencentes ao domínio da política social. Em todos esses casos, porém, tratou-se de obter, em via consensual, e com a máxima amplitude possível, compromissos de influência dos parceiros sociais de cúpula (confederações sindicais e patronais) sobre as organizações de base, tendo em vista a observância de certos parâmetros na negociação de salários em conformidade com a política macroeconómica de conjuntura.

B) O princípio «a trabalho igual salário igual».

"1. O Código do Trabalho ao estabelecer critérios de determinação da retribuição refere que na determinação do valor da mesma deve ter-se em conta a quantidade, natureza e qualidade do trabalho, observando-se o princípio de que, para trabalho igual ou de valor igual, salário igual.
2. O artº 24º, do mesmo diploma legal, consagra o direito à igualdade no acesso a emprego e no trabalho, elencando, de forma exemplificativa, fatores suscetíveis de causar discriminação, tais como a ascendência, idade, sexo, orientação sexual, identidade de género, estado civil, situação familiar, situação económica, instrução, origem ou condição social, património genético, capacidade de trabalho reduzida, deficiência, doença crónica, nacionalidade, origem étnica ou raça, território de origem, língua, religião, convicções políticas ou ideológicas e filiação sindical.
3. Quando as situações referidas são invocadas como fatores de discriminação, nomeadamente, no plano retributivo, o legislador, no nº 5, do artº 25, do diploma legal referido, estabelece um regime especial de repartição do ónus da prova, em que afastando-se da regra geral, prevista no artº 342º, nº 1, do Código Civil, estipula uma inversão do ónus da prova, impondo que seja o empregador a provar que a diferença de tratamento não assenta em qualquer fator de discriminação.
4. Já quando for alegada violação do princípio do trabalho igual salário igual, sem que tenha sido invocado quaisquer factos suscetíveis de serem inseridos nas categorias do que se pode considerar fatores de discriminação, cabe a quem invocar o direito fazer a prova, nos termos do mencionado artº 342º, nº 1, dos factos constitutivos do direito alegado, não beneficiando da referida presunção.

em caso de falta de «autorização ou aprovação tutelar». O regime do "depósito provisório", assim como o da exigência de aprovação tutelar, não foram adoptados pelo CT.

5. Para que se pudesse concluir que ocorreu violação do princípio para trabalho igual salário igual, seria necessário que o trabalhador tivesse alegado e demonstrado factos reveladores de uma prestação de trabalho ao serviço do empregador, como chefe de equipa do tratamento, nível 4, que fosse não só de igual natureza, mas também de igual qualidade e quantidade que a dos seus colegas de trabalho com a mesma categoria profissional, o que não aconteceu." – STJ 06/01/2017 – P. 816/14.0T8LSB. L1.S1 (Chambel Mourisco).

10. *Os princípios constitucionais sobre retribuição do trabalho.* O art. 59º/1 *a*) CRP estabelece que «todos os trabalhadores», sem discriminação, têm direito «à retribuição do trabalho, segundo a quantidade, natureza e qualidade, observando-se o princípio de que para trabalho igual salário igual, de forma a garantir uma existência condigna».

Afirmam-se, assim, dois princípios respeitantes ao salário: o da *equidade* e o da *suficiência.*

Quanto ao segundo, já se assinalou a relatividade das suas projecções no ordenamento jurídico português. Sem prejuízo das consequências que resultam da sua inclusão no âmbito do regime dos direitos, liberdades e garantias (art. 18º CRP), é necessário reconhecer-lhe um alcance preceptivo muito reduzido, à semelhança, por exemplo, do direito ao trabalho (art. 58º). Prova disso é a evolução recente da "retribuição mínima mensal garantida" (RMMG), uma designação que enfatiza a garantia e ignora a suficiência. Nos termos do art. 59º/2-*a*) CRP, o salário mínimo deveria ser estabelecido e actualizado "tendo em conta, entre outros factores, as necessidades dos trabalhadores, o aumento do custo de vida, o nível de desenvolvimento das forças produtivas, as exigências da estabilidade económica e financeira e a acumulação para o desenvolvimento". De qualquer modo, deveria tratar-se de um valor susceptível de cobrir as necessidades básicas de um agregado familiar padrão. Em termos semelhantes, o art. 273º/2 CT impõe que, na determinação da RMMG, sejam "ponderados, entre outros factores, as necessidades dos trabalhadores, o aumento do custo de vida e a evolução da produtividade". O nº 1 do mesmo artigo estabelece que o valor da RMMG será determinado anualmente. Na realidade, o valor actual – 485 euros – está claramente abaixo da suficiência, e foi fixado em 2010.

Já, pelo contrário, o *princípio de equidade retributiva* que se traduz na fórmula «para trabalho igual salário igual» assume projecção normativa directa e efectiva no plano das relações de trabalho. Ele significa, imediatamente, que não pode, por nenhuma das vias possíveis (contrato individual, convenção colectiva, regulamentação administrativa, legislação ordinária) atingir-se o resultado de, numa concreta relação de trabalho, ser prestada retribuição desigual da que seja paga, no âmbito da mesma organização, como contrapartida de «trabalho igual». Nessa perspectiva, a jurisprudência tem declarado o princípio como vinculante das entidades públicas e dos particulares[21]. Trata-se, pois, de uma directriz imediatamente operatória, não apenas enquanto critério de validade da regulamentação legal e convencional, mas, sobretudo, como critério de licitude da prática contratual concreta.

As raízes deste princípio desenvolvem-se em várias direcções: mergulham, em primeiro lugar, no *princípio geral da igualdade*, consagrado no art. 13º CRP; depois, e já no plano específico das situações laborais, prendem-se ao *princípio da igualdade de tratamento*[22], que, por seu turno, deriva do reconhecimento da posição de supremacia e de poder («autoridade», diz o art. 11º CT), e, enfim, entrelaçam-se com as do *princípio da não-discriminação*, afirmado, em geral, pelo art. 13º/2 CPR, e retomado, justamente a propósito da retribuição do trabalho, pelo mesmo preceito constitucional em que tem assento a equidade salarial (art. 59º/1 *a*))[23].

11. ***O significado do princípio de equidade salarial.*** O sentido geral do princípio é este: uma idêntica remuneração deve ser correspondida a dois trabalhadores que, *na mesma organização* (ou seja, sob as ordens de uma mesma entidade empregadora) ocupem postos de trabalho «iguais», isto é, desempenhem tarefas *qualitativamente* coincidentes, em idêntica *quantidade* (duração). Por outras palavras: salário igual em paridade funções, o que implica, simultaneamente, identidade de natureza da actividade e igualdade do tempo de trabalho. Assim, a retribuição aparece directamente conexionada à *posição funcional do trabalhador* na organização: o modo por que ele se insere na concreta articulação de meios através da qual a empresa funcione confere-lhe um certo posicionamento relativo na escala de salários. A uma dada organização de trabalho corresponde uma definida «organização de salários».

Nesta perspectiva, as convenções colectivas de trabalho, ao identificarem e definirem «categorias» e ao ligarem a estas certos valores remuneratórios, surgem como instrumentos de equidade salarial: a «grelha» de categorias é aplicada às tarefas

[21] Cfr., por exemplo, o Ac. STJ 19/02/2003 - P. 02S3602 (Ferreira Neto).

[22] Vd. o nosso *Observações sobre o «princípio da igualdade de tratamento» no direito do trabalho* Coimbra (1990) - sep. do vol. «Boletim da Faculdade de Direito de Coimbra» *Estudos em homenagem do Prof: Doutor António de Arruda Ferrer Correia.*

[23] O princípio da equidade retributiva tem um nexo lógico e genético muito estreito com a não-discriminação em função do sexo: veja-se o art. 26º CT. É, todavia, interessante notar que a equidade foi, depois de Abril de 1974, preconizada em primeiro lugar relativamente aos trabalhadores *menores* (art. 1º DL 217/74, de 27 de Maio, e art. 2º DL 292/75, de 16 de Junho).

concretamente exercidas pelos trabalhadores, o que permite agrupá-los por identidade ou semelhança de funções, e conferir a cada grupo um nível remuneratório mínimo que será comum aos trabalhadores que o integram.

Mas identidade ou semelhança de funções (determinada a partir da natureza da actividade e do tempo de prestação) não é, necessariamente, «trabalho igual». Mesmo que se trate de dois postos de trabalho absolutamente idênticos, a prestação de actividade em cada um deles pode ser diferente: um dos trabalhadores é mais pontual do que o outro; «rende» mais do que o outro; um realiza com maior perfeição técnica as suas tarefas do que o outro; um exerce a função com maior autonomia do que o outro. Tudo isto leva a perguntar se a equidade salarial deverá, ou não, ser sensível ao factor *rendimento* individual do trabalho. O princípio «a trabalho igual salário igual» torna forçosa a paridade retributiva sempre que ocorre identidade de tarefas, ou só se, além disso, houver também *equivalência de rendimento*?

É que, na verdade, o sentido do princípio está aí inteiramente em causa: ou se trata de uma directriz uniformizante e massificadora, ou de um princípio de verdadeira equidade, concreta e não abstracta ou formal.

12. *Equidade salarial e não discriminação.* Como se disse, o princípio «a trabalho igual salário igual» tem uma estreita conexão lógica e genética com o da não-discriminação em função do sexo. A diferenciação salarial com base no sexo tem tradições, inclusivamente, na contratação colectiva. Por isso, a moderna produção normativa sobre a paridade retributiva tem sido, sobretudo, centrada na questão da discriminação sexual.

Assim, a Conv. OIT nº 100 (ratificada por Portugal em 1966), sobre a igualdade de remuneração entre homens e mulheres, assenta na noção de «trabalho de valor igual» – noção, de resto, algo equívoca, pois tanto pode reflectir a ideia de *valor útil* do trabalho (aferido pelo seu resultado ou produto), como a de *valência* ou *importância funcional* das tarefas desempenhadas (a apurar pelo enquadramento destas na estrutura da organização ou, dizendo de outra maneira, na hierarquia de funções que a caracteriza). É evidente que só na primeira hipótese caberia a ponderação do rendimento do trabalho como eventual factor da variação do salário em identidade de funções.

Por outro lado, o art. 157º do TFUE – correspondente ao art. 119º do Tratado de Roma e ao art. 141º após o Tratado de Amsterdão –, sempre cuidando da igualdade entre os sexos, refere-se, simplesmente, a «trabalho igual ou de valor igual»; mas há que atender ainda aos corolários da «igualdade de remuneração» – que o trabalho pago à tarefa seja pago na base de «uma mesma unidade de medida» e que o trabalho remunerado em função do tempo (como é, sabidamente, a regra no contrato de trabalho) o seja com base num mesmo valor por unidade para «um mesmo posto de trabalho»[24]. A ambiguidade persiste: se a primeira exigência toma em conta o rendimento, a segunda basta-se com a coincidência formal de funções.

No domínio do direito comunitário derivado, há hoje que considerar a Directiva 2006/54/CE, já referida, que também trata (entre outros aspectos) da igualdade salarial entre os sexos. Aí se preconiza a paridade retributiva «para um mesmo trabalho ou para um trabalho a que seja atribuído um valor igual» (art. 4º). Apesar do alcance sugestivo que se recolhe da expressão «valor igual», a regra mantém espaço bastante para que, por exemplo, se considere conforme com ela a tradicional orientação da jurisprudência italiana, segundo a qual a paridade retributiva deve ser aferida pela identidade ou «equivalência» de funções, isto é, pela paridade formal das posições funcionais na organização[25].

13. *A lei ordinária.* Voltemos agora a nossa atenção para os dados do direito positivo português.

A formulação da CRP (art. 59º/1-*a*)) não é, apesar das aparências, concludente. Se, por um lado, correlaciona a retribuição com a «quantidade, natureza e *qualidade*» do trabalho – abrindo, assim, espaço para a variabilidade do salário em função do «valor útil» da prestação de trabalho –, por outro, o ênfase conferido à *suficiência* da remuneração, isto é, ao nexo entre esta e a satisfação das necessidades pessoais e familiares do trabalhador («de forma a garantir uma existência condigna») representa um apoio sério para a orientação segundo a qual o rendimento (ou o valor concreto) dos serviços prestados não deve constituir factor de diferenciação salarial em paridade de funções ou de categoria.

É, no entanto, necessário reconhecer que o preceito constitucional consagra, como atrás se notou, dois princípios distintos e autónomos, *ambos tributários da justiça retributiva,* mas cada um deles com a sua lógica; e que, no tocante à igualdade retributiva, o factor «qualidade do trabalho» (diferente da *natureza* da actividade) aponta no sentido da relevância das características individuais da prestação, do seu «valor útil» ou do seu «rendimento».

[24] Embora a letra do art. 157º do TFUE sugira que os seus destinatários são, exclusivamente, os Estados («Os Estados-Membros assegurarão, durante a primeira fase, e manterão em seguida, a aplicação do princípio da igualdade (...)»), o Tribunal de Justiça das Comunidades, por Ac. 8/4/76 (conhecido como «segundo acórdão *Defrenne*»), decidiu que a norma correspondente do TCE se dirigia também aos particulares, uma vez que os salários são fixados por negociação (colectiva ou individual) entre entidades privadas. Cfr. G. Lyon-Caen/A. Lyon-Caen, *Droit social internacional* cit. 266.

[25] Roccella/Treu, *Diritto del lavoro della Comunità Europea,* Pádua (1992) 233.

Esta leitura vingou na jurisprudência do TC: uma importante decisão interpretativa da norma em causa[26], depois de assinalar que os princípios nela enunciados «visam assegurar uma justa retribuição do trabalho», esclareceu que «o que se proíbe são as discriminações, as distinções sem fundamento material, designadamente porque assentes em meras categorias subjectivas; se as diferenças de remuneração assentarem em critérios objectivos, então elas são materialmente fundadas e não discriminatórias».

14. *A relevância do rendimento do trabalho.* De resto, a orientação tradicional, nos domínios legislativo e jurisprudencial, é a da relevância do rendimento do trabalho para efeitos de equidade salarial.

Com efeito, já o art. 116º/2 da velha LCT – na sua versão originária – garantia às mulheres «o direito de receber, em identidade de tarefas e qualificação *e idêntico rendimento de trabalho,* a mesma retribuição dos homens». A jurisprudência do STA era, também, constante no sentido de acolher o rendimento como factor de comparação, para além da «mera identidade de funções» ou do «aspecto formal da categoria»[27].

Mas foi com a publicação do DL 392/79, de 20 de Outubro[28], regulador das condições de igualdade e não-discriminação com base no sexo, que o problema passou a ter tratamento legal desenvolvido e sistemático. Na esteira da Conv. OIT nº 100, o art. 9º/1 impôs a igualdade de remuneração «por um trabalho igual ou de *valor igual* prestado à mesma entidade patronal». E, no art. 2º *e*), definia-se «trabalho de valor igual» nos seguintes termos: «trabalho prestado à mesma entidade patronal quando as tarefas desempenhadas, embora de diversa natureza, *são consideradas equivalentes em resultado da aplicação de critérios objectivos de avaliação de funções*». A referência ao «valor igual» resultava, finalmente, esclarecida pela negação de significado discriminatório às «variações de remuneração efectiva» que decorressem da aplicação de «critérios objectivos comuns a homens e mulheres» (art. 9º/2). Entra aqui, manifestamente, a possibilidade da consideração da *qualidade da prestação* e do *rendimento do trabalho* como factores de variação do salário.

No CT, o art. 270º consagra também, *expressis verbis*, o "princípio de que, para trabalho igual ou de valor igual, salário igual", esclarecendo que devem ser tidas em conta "a quantidade, natureza e qualidade do trabalho". E o art. 31º/3, depois de garantida a igualdade retributiva entre os sexos, exclui o carácter dis-

[26] Trata-se do Ac. TC nº 313/89, de 9/3/89 (BMJ 385, 188).

[27] Cfr., por exemplo, os Acs. STA 17/2/76 (AD 172, 572) e 27/4/76 (AD 174, 902). Um aspecto comum dessa jurisprudência consistia em se exigir *a igual produtividade e perfeição técnica do trabalho,* postulando assim uma apreciação em concreto para a aplicação do princípio de paridade no plano individual.

[28] Que só foi revogado com a entrada em vigor da L. 35/2004 (regulamentação do CT de 2003).

criminatório de diferenciações remuneratórias "assentes em critérios objectivos", admitindo-as quando fundadas no mérito[29], na produtividade, na assiduidade ou na antiguidade dos trabalhadores[30].

Um factor adicional de diferenciação retributiva é ou pode ser a *filiação sindical*, não, obviamente, por si mesma (caso em que se estaria perante discriminação, conforme o art. 24º/1 CT), mas pela circunstância de o âmbito de aplicação das convenções colectivas de trabalho ser determinado, segundo a lei, pela filiação associativa dos trabalhadores e do empregador (art. 496º). Questão longamente discutida foi, justamente, a de saber se seria legítimo, numa empresa, fazer beneficiar da tabela salarial constante de uma convenção colectiva (dentro de cujo âmbito se encontrasse a mesma empresa) somente os trabalhadores filiados no sindicato subscritor da mesma convenção, continuando a ser pagos aos restantes os antigos (e mais baixos) salários. Como no lugar próprio se recordará, a jurisprudência pendeu, por algum tempo, no sentido de impor a igualdade retributiva relativamente a todos os trabalhadores, independentemente da filiação sindical, sob a invocação do princípio "a trabalho igual salário igual"[31]. Hoje, parece – bem, em nosso parecer – assente o entendimento oposto[32], de que resulta o reconhecimento do carácter de *fundamento objectivo* para diferenciação ao resultado do exercício da liberdade de filiação sindical.

Em resumo: é admitida a atribuição de salários diferentes a trabalhadores da mesma categoria, desde que se demonstre a diferença de qualidade da prestação[33]; os critérios fixados no art. 59º CRP (quantidade, natureza, qualidade do trabalho) podem conduzir a uma diferenciação de tratamento remuneratório, assim objectivamente *justificada*[34]; essa diferenciação tanto pode resultar da qualidade, como da *natureza* do trabalho, ainda que dentro da mesma categoria[35]; e pode ainda decorrer da aplicação do princípio da dupla filiação no cumprimento das convenções colectivas de trabalho.

Ou seja, para retomarmos uma formulação deixada atrás: a igualdade de retribuição não é um princípio massificador, é uma expressão de equidade.

[29] "Provando-se que um trabalhador tem mais experiência na categoria e que na última avaliação profissional efectuada tinha globalmente um desempenho superior em relação a um outro trabalhador, mormente no tocante a disponibilidade, produtividade e iniciativa, não se pode dar como verificada a violação do princípio «a trabalho igual salário igual»". – STJ 11/02/2005 – P. 05S1589 (Pinto Hespanhol).

[30] Cfr. Ac. STJ 14/12/2016 – P. 4521/13.7TTLSB.L1.S1 (António Leones Dantas).

[31] Cfr., por exemplo, o Ac. STJ 26/05/88 no *BTE* 2ª série, 4-5-6/90, 396.

[32] Veja-se, nomeadamente, o Ac. STJ 21/10/2009 – 838/05.2TTCBR.C1.S1 (Bravo Serra).

[33] Ac. STJ 25/06/2008 – P. 08S0528 (Sousa Grandão).

[34] Cfr. Ac. STJ 12/10/2011 – P. 343/04.4TTBCL.P1.S1 (Fernandes da Silva).

[35] Cfr. Ac. STJ 22/04/2009 – P. 08P3040 (Vasques Dinis).

15. *Os dois níveis problemáticos*. Há, porém, que distinguir dois níveis de colocação do problema.

Um é o das *normas* ou *critérios gerais* por que se pauta a classificação das funções e o correlativo escalonamento dos níveis de retribuição. Estão aí em destaque as convenções colectivas e as regras internas das empresas (em matéria de qualificação de funções, de avaliação de mérito, etc.) como possíveis alvos do princípio da paridade. Não podem, *em geral*, ser estabelecidos níveis de retribuição, ou fórmulas de cálculo de prestações salariais, com diferenciação por outros factores (desde logo, o sexo) para além da *natureza das funções*. Assim, o art. 26º/1 CT torna ineficazes (declarando-as aplicáveis a «trabalhadores de ambos os sexos") as disposições dos instrumentos de regulamentação colectiva que reservem profissões ou categorias a um dos sexos. Os padrões remuneratórios têm que ser *gerais*, colocando os trabalhadores da mesma organização em igualdade de oportunidades. As tabelas de remunerações mínimas que, usualmente, constam das convenções colectivas fixam, para todos os membros da mesma categoria, um valor remuneratório comum. Se o não fizerem, as disposições respectivas são substituídas pela mais favorável que se aplicará a ambos os sexos (nº 2 do mesmo artigo).

Mas, num segundo plano, o da *determinação do valor concreto da retribuição* (com observância do padrão ou norma geral aplicável),entende-se juridicamente possível *a individualização do salário*, com base em avaliação do mérito ou do rendimento, segundo métodos objectivos e explicitados em termos genéricos – redundando, pela própria natureza das coisas, em retribuições desiguais dentro da mesma categoria ou género de trabalho. É aqui que se alcança a realização plena do princípio «para trabalho igual salário igual», uma vez que ele, para além da paridade, implica equidade, justiça concreta na retribuição do trabalho.

Em suma: o princípio «a trabalho igual salário igual» implica, em primeiro lugar, *a inadmissibilidade de regras de tratamento salarial diferenciado pelo sexo ou por outros factores discriminatórios;* mas comporta, em segundo lugar, *a individualização dos salários com base no mérito ou no rendimento*, apurados mediante critérios e métodos objectivos e explícitos[36].

[36] Vd. Ac. STJ 18/12/2013 – P. 248/10.0TTBRG.P1.S1 (Mário Belo Morgado): "As exigências do princípio da igualdade reconduzem-se à proibição do arbítrio, não impedindo, em absoluto, toda e qualquer diferenciação de tratamento, mas apenas as diferenciações materialmente infundadas, sem qualquer fundamento razoável ou justificação objetiva e racional, como são as baseadas nos motivos indicados no artigo 59º, nº 1 da CRP, com reflexo, no âmbito laboral, nos artigos 24º e 25º do CT/2009".

C) A determinação qualitativa da retribuição[37]

"1. O facto das prestações periódica e regularmente percebidas pelo trabalhador integrarem, em princípio, o conceito de retribuição não significa que linearmente tenham de ser levadas em conta para efeitos de cálculo das prestações cujo montante se encontra indexado ao valor da retribuição, como, por exemplo, acontece com a retribuição de férias e os subsídios de férias e de Natal.
2. A retribuição a atender para esse efeito não é a retribuição global, mas sim a chamada retribuição modular ou padrão, da qual devem ser excluídas aquelas prestações cujo pagamento não é justificado pela prestação de trabalho em si mesma, mas por outra razão de ser específica.
4. Os subsídios de alimentação, especial de refeição e de pequeno-almoço, assumindo embora natureza remuneratória, não integram a dita retribuição modular, pois destinam-se a cobrir ou minorar as despesas que o trabalhador tem de suportar por ter de tomar as suas refeições fora de casa e não entram, por isso, no cálculo da retribuição de férias e dos subsídios de férias e de Natal.
5. Não tendo o trabalhador sido contratado expressamente para praticar determinado horário, a entidade empregadora pode retirá-lo do regime de trabalho em turnos rotativos em que vinha trabalhando e colocá-lo a trabalhar em regime de horário de trabalho fixo.
6. E, nessa situação, a entidade empregadora pode deixar de lhe pagar as prestações salariais que ele auferia por exercer a sua actividade em regime de turnos, uma vez que o princípio da irredutibilidade da retribuição contido no artº 21º, nº 1, al. c), da LCT não incide sobre a globalidade da retribuição auferida, mas apenas sobre a retribuição estrita que não incluiu as parcelas que estão associadas a situações de desempenho específicas (isenção de horário de trabalho, por ex.), a maior trabalho (prestação de trabalho suplementar) ou à prestação de trabalho em condições mais onerosas, em quantidade e esforço (por ex., trabalho por turnos ou nocturno), ou a factos relacionados com a assiduidade do trabalhador, cujo pagamento não esteja antecipadamente garantido.
7. As componentes variáveis da retribuição devem ser levadas em conta no cálculo da retribuição de férias e nos subsídios de férias e de Natal, atendendo-se aos respectivos valores médios recebidos, nos termos previsto no artº 84º, nº 2, da LCT. (...)" - STJ 17/01/2007 - P. 06S2188 (Sousa Peixoto).

[37] Vd., sobre o tema, Bernardo Xavier, *Manual de Direito do Trabalho* cit., 606 ss.; A. Nunes de Carvalho, *Notas sobre o regime da retribuição no Código do Trabalho*, RDES nºs 1-4 (Jan.-Dez.2010) 43 ss.; P. Romano Martinez, *Direito do Trabalho* cit., 540 ss.: Maria do Rosário Ramalho, *Tratado* cit., Parte II, 569 ss.; e ainda o nosso *A noção de retribuição no rfegime do contrato de trabalho: uma revisão da matéria*, in *Estudos dedicados ao Professor Doutor Bernardo da Gama Lobo Xavier*, vol. I, Lisboa, 2015, pp. 295 ss..

a) O problema.

16. *A multiplicidade das prestações.* O problema da qualificação de cada uma das atribuições patrimoniais feitas pelo empregador ao trabalhador, por referência ao conceito de *retribuição*, ganhou uma acuidade singular com a amplificação do leque daquelas atribuições, na contratação colectiva e na prática das empresas. É sabido que, por razões diversas – desde as que se relacionam com propósitos de aligeiramento da carga fiscal e parafiscal até às derivadas da intenção de ladear limitações governamentais em matéria de política de rendimentos –, se registou, sobretudo a partir dos anos oitenta do século passado, uma considerável proliferação de «títulos» pelos quais são efectivadas vantagens económicas aos trabalhadores.

Essa proliferação originou uma nebulosa de conceitos (subsídios, abonos, compensações, indemnizações, prémios, complementos de prestações de segurança social, valor de uso de bens da empresa) que, referidos ou não ao pilar central do «sistema» remuneratório (a retribuição «certa» ou «de base» que o empregador está contratualmente obrigado a pagar por mês ou com diferente periodicidade), transportam consigo uma certa indeterminação quanto ao nexo de correspectividade com a prestação de trabalho.

Em muitos casos, com efeito, o trabalhador não recebe apenas da entidade patronal a quantia certa, paga no fim de cada semana, quinzena ou mês, que vulgarmente se designa salário, ordenado ou vencimento (e a que, tecnicamente, se costuma aplicar o rótulo de «retribuição-base»). Certo é que essa prestação regular e periódica é aquela que não só pretende corresponder *directamente* a uma certa «medida» da prestação de trabalho, mas também acompanha um dado «ritmo» de satisfação de necessidades – a das necessidades correntes, do dia-a-dia – do trabalhador e sua família. No entanto, várias razões explicam que, além dessa prestação básica, sejam hoje *devidas,* não só por efeito da lei, mas até sobretudo por imposição das convenções colectivas, outras prestações pecuniárias de diversa natureza e periodicidade (quando esta existe).

Por um lado, a contabilidade das empresas conforma-se de modo a só se determinar com rigor o valor da produção (em que o trabalho se acha incorporado) por períodos mais amplos do que aqueles que dimensionam a retribuição-base (os chamados anos económicos); daí que os empregadores se disponham, por vezes, a efectuar, com essa periodicidade, *prestações salariais correctivas,* através das quais se aproxima (segundo o critério empresarial) a retribuição *global* do valor económico do trabalho obtido.

Por outro lado, há épocas do ano em que, normalmente, os trabalhadores ficam sujeitos, na sua vida privada, a dispêndios mais avultados – as férias, o Natal. Daí que algumas prestações correctivas comportem ainda o sentido *aparente* de ganhos extra-salariais, prémios de fidelidade ou assiduidade, ou mesmo liberalidades do empresário.

Em terceiro lugar, no próprio desenvolvimento da relação de trabalho, e em estreita conexão causal com a prestação de serviços, ocorrem situações que implicam para o trabalhador a realização de despesas (deslocações em serviço, transferência do local de trabalho), uma particular penosidade e perturbação da vida privada (trabalho nocturno, extraordinário, por turnos ou efectuado em dia de descanso semanal), etc.. Também dessas situações decorrem para o empregador obrigações pecuniárias específicas para com o trabalhador.

Significa isto que, durante a vigência do contrato individual de trabalho, são ou devem ser efectuadas diversas atribuições patrimoniais pelo empregador ao prestador de trabalho, sem que se torne imediatamente clara a sua inclusão no binómio trabalho/salário.

17. *A relevância da qualificação.* A medida de alguns direitos do trabalhador define-se com base no montante (global) da retribuição. É o que, desde logo, ocorre com «as retribuições que (o trabalhador) deixar de auferir desde o despedimento até ao trânsito em julgado da decisão do tribunal», sendo o despedimento ilícito (art. 390º/1 CT).

Mais importante do que isso é, porém, a aplicação das disposições que, como se trás se viu, definem uma barreira de protecção para a retribuição do trabalho, encarada como única ou principal fonte de subsistência do trabalhador.

A aplicação de qualquer desses comandos legais exige, obviamente, que se analise a *composição* do referido salário global, quer dizer, que se procure um critério destinado a permitir a qualificação desta ou daquela prestação pecuniária como parcela da retribuição ou como atribuição patrimonial de outra natureza. O próprio art. 258º/4 esclarece que «à prestação qualificada como retribuição é aplicável o correspondente regime de garantias previsto neste Código».

Trata-se, pois, de assegurar a *determinação qualitativa da retribuição*, como operação prévia relativamente ao cálculo do seu valor.

b) O critério legal[38].

18. *Um conjunto de valores.* O critério de qualificação retributiva tem que extrair-se da conjugação dos «princípios gerais» contidos no art. 258º, e das aplicações feitas perante certas atribuições patrimoniais típicas, no art. 260º.

[38] Acautele-se que o critério aqui referido é apenas o que se extrai da legislação do trabalho propriamente dita, e que nela assume relevância própria. Na verdade, a determinação qualitativa da retribuição do trabalho constitui também problema básico noutros sectores do ordenamento jurídico; e as respostas que, aí, lhe são dadas pela lei não coincidem em pleno com as decorrentes

A noção legal de retribuição, conforme se deduz do art. 258º, será então a seguinte: o *conjunto dos valores* (pecuniários ou não) que a entidade patronal está *obrigada* a pagar *regular* e *periodicamente* ao trabalhador *em razão da actividade* por ele desempenhada (ou, mais rigorosamente, da disponibilidade de força do trabalho por ele oferecida).

A retribuição é, em primeiro lugar, um *conjunto de valores*, expressos ou não em moeda. Não se limita, desde logo, àquilo que o trabalhador recebe por semana, quinzena ou mês (conforme a periodicidade ajustada) como contrapartida directa da actividade realizada nesse período. Também cabe nela o valor de *bens (maxime* de consumo) e do *uso pessoal* de outros bens que, conjuntamente com uma parte pecuniária, sejam entregues pelo empregador em contrapartida dos serviços obtidos. Prevê-o o art. 259º CT, acautelando, no entanto, que as prestações «não pecuniárias» não ultrapassem (no valor que lhes seja imputado) metade do total, e se componham de bens destinados à «satisfação de necessidades pessoais do trabalhador ou da sua família» – não a serem comerciados por quem os recebe.

Deve incluir-se neste tipo de prestações o *alojamento* por vezes assegurado pelo empregador, mas, de acordo com o entendimento que se afigura mais correcto, apenas se, nas circunstâncias concretas, for possível ao trabalhador consegui-lo directamente por sua conta (o que leva a excluir do cômputo da retribuição qualquer valor imputado ao alojamento que o empregador forneça, por exemplo, quando a área de laboração é deserta ou não oferece outras possibilidades razoáveis de habitação). Considerações idênticas podem fazer-se relativamente à *alimentação* fornecida pelo empregador[39].

19. *O carácter obrigatório das prestações.* A segunda nota do critério legal de determinação qualitativa do salário consiste na *obrigatoriedade* das prestações efectuadas pelo empregador.

do regime «jurídico-laboral» do salário – se assim podemos exprimir-nos –, antes reflectindo os interesses e as preocupações subjacentes a essas outras áreas do Direito. Assim, como decerto se não ignora, a «retribuição», «remuneração» ou «rendimentos de trabalho», conforme as ópticas legislativas, tem conteúdos específicos (aliás, de um modo geral, *mais amplos* do que na lei do trabalho), nomeadamente no regime jurídico da *segurança social*. Veja-se, a esse propósito, o art. 46º do Código dos Regimes Contributivos do Sistema Previdencial de Segurança Social, aprovado pela L. 110/2009, de 16 de Setembro, com alterações posteriores.

[39] No que respeita ao *vestuário*, haverá que excluir aquelas peças que, por serem inerentes à prestação de trabalho (e até, por vezes, impostas por regras legais de higiene e segurança, como o capacete de proteção, os protectores de ouvidos, as luvas de amianto, etc.), devem considerar-se equiparáveis aos instrumentos ou ferramentas utilizadas na laboração da empresa e, como estas, a fornecer pelo empregador. Cfr. KASKEL/DERSCH, 284.

Pretende-se, assim, afastar as meras liberalidades, valores atribuídos com *animus donandi*, nomeadamente a título de «recompensa ou prémio» (são as gratificações ou prestações extraordinárias a que se reporta o art. 260º/1-*b*)), sem prévia vinculação do empregador. Já se vê, todavia, que podem ser disfarçadas sob tal fórmula verdadeiras prestações salariais; as «liberalidades» podem inclusivamente assentar em *usos* da empresa - que, como se observou, constituem elementos integradores do contrato individual de trabalho (vd. uma alusão, nesse sentido, no art. 260º/3) e são, por isso, susceptíveis de fundar obrigações do empregador.

Note-se, porém, que a lei (art. 260º/1-*c*)) exclui o carácter retributivo de certos prémios de mérito ou de assiduidade que podem estar regulamentados pelo empregador, e que se relacionam, por sua natureza, com a prestação de trabalho. O mecanismo de exclusão assenta no facto de a atribuição desses prémios não estar antecipadamente garantida - justamente por depender da verificação dos factores a considerar - e não constituir, por conseguinte, fundamento de qualquer expectativa legítima de ganho, não sendo, neste sentido específico, *obrigatória*.

De um modo geral, exige-se, portanto, que as prestações realizadas pelo empregador sejam obrigatórias - quer a vinculação decorra directamente da lei, de IRCT, das estipulações expressas nos contratos individuais, de regulamentação interna ou dos usos laborais (art. 258º/1).

20. *A periodicidade e regularidade das prestações.* Em terceiro lugar, requer-se uma certa *periodicidade ou regularidade* no pagamento - muito embora possa ser diversa de umas prestações para outras (mensal quanto ao salário-base, anual relativamente a gratificação de Natal, trimestral para a comissão nas vendas, etc.).

Essa característica tem um duplo sentido indiciário: por um lado, sugere a existência de uma vinculação prévia (quando se não ache expressamente consignada) e, por conseguinte, de uma *prática vinculativa*; por outro, assinala a medida das expectativas de ganho do trabalhador e, por essa via, confere relevância ao nexo existente entre a retribuição e as necessidades pessoais e familiares daquele.

A repetição (por um número significativo de vezes, que não é possível fixar *a priori*) do pagamento de certo valor, com identidade de título e/ou de montante, cria a convicção da sua continuidade e conduz a que o trabalhador, razoavelmente, paute o seu padrão de consumo por tal expectativa - uma expectativa que é juridicamente protegida.

21. *A correspectividade.* Enfim, é necessário que exista *correspectividade* entre as prestações do empregador e a situação de disponibilidade do trabalhador - ou seja, noutros termos, que essas prestações não tenham *causa específica e individualizável*, diversa da remuneração do trabalho.

Assim, se o trabalhador tem que se deslocar em serviço e recebe mais tarde o valor correspondente ao preço do transporte e do alojamento e alimentação envolvidos na deslocação, esse valor não pode, obviamente, ser computado como prestação salarial. No caso de transferência do local de trabalho (art. 194º CT), os encargos com o transporte de mobílias, de bagagens e do agregado familiar do trabalhador (sendo caso disso), assim como os decorrentes do "acréscimo dos custos de deslocação", são suportados pelo empregador e o correspondente valor está também arredado do cômputo da retribuição.

É, em suma, necessário que se possa detectar uma *contrapartida específica* – diferente da disponibilidade da força de trabalho – para certa prestação do empregador, a fim de que esta se coloque à margem do salário global. O que, dito de outro modo, envolve a existência da *presunção* de que qualquer atribuição patrimonial efectuada pelo empregador em benefício do trabalhador, salvo prova em contrário, constitui parcela da retribuição (art. 258º/3)[40].

c) A função do critério legal.

22. *As várias finalidades da qualificação.* Face à existência de um conjunto articulado de proposições normativas como o do art. 258º, sedimentou-se, na prática das relações laborais, o convencimento de que o problema da qualificação retributiva comporta uma abordagem unidireccional, ou seja, pode resolver-se de um só ponto de vista para todos os efeitos.

No limite, tal perspectiva envolveria a ideia de que a atribuição de índole retributiva a certa prestação do empregador conduziria, de modo rectilíneo, a uma multiplicidade de resultados operatórios: como exemplos, o de que o valor dessa prestação deveria ser integrado na base de cálculo de *todas* as prestações subordinadas ao montante da «retribuição» – desde a remuneração do trabalho suplementar até aos salários devidos por despedimento ilícito –; o de que a mesma prestação seria insusceptível de redução ou eliminação por vontade unilateral do empregador; e até

[40] O tratamento da afectação de viatura automóvel ao uso do trabalhador tem sido, na jurisprudência, inspirado em dois traços do critério legal: o da *correspectividade*, no sentido exposto (que leva a considerar o valor de uso como parte da retribuição se esse uso for pessoal), e o da *obrigatoriedade*, isto é, da existência de um direito do trabalhador, embora seja este último o critério decisivo para o STJ. Cfr. Ac. STJ 21/04/2010 – P. 2951/04.4TTCSB.S1 (Pinto Hespanhol): "a atribuição ao autor de veículo automóvel assume natureza retributiva, uma vez que a empregadora, ao conferir àquele o direito de utilização do veículo na sua vida particular, incluindo em dias feriados, fins-de-semana e férias, e ao suportar os respectivos encargos com combustível, manutenção, reparações e seguros, ficou vinculada a efectuar essa prestação".

o de que o seu valor deveria ser pago com a mesma pendularidade que o contrato estabeleça para a «retribuição-base». Essa perspectiva tem prosperado na prática: o critério do art. 258º CT (art. 249º do CT 2003) tem sido utilizado para os mais diversos fins que implicam a determinação (qualitativa ou quantitativa) da retribuição – e, ademais, alguma jurisprudência já considerou que esse critério é insusceptível de «modificação», genérica ou pontual, por parte dos instrumentos de regulamentação colectiva de trabalho[41].

O art. 258º/4 atribui uma função a esse critério: ele serve de base à aplicação do «correspondente regime de garantias". A lei não é, neste ponto, um primor de clareza. Mas permite, pelo menos, considerar que esses regimes serão os dos arts. 279º e 280º (compensações, descontos, cessão de créditos), do art. 323º (mora do empregador) e ainda os dos arts. 333º a 336º (garantias dos créditos). A verdade, porém, é que a qualificação retributiva das atribuições patrimoniais feitas pelo empregador pode interessar para diversas finalidades, além dessas que são expressamente previstas; e nada permite afirmar *a priori* que o critério do art. 258º CT tenha em vista a totalidade dessas operações[42].

23. *O âmbito do débito patronal.* O saber-se se uma certa prestação tem carácter retributivo interessa, em primeiro lugar, para a determinação do *âmbito da vinculação* do empregador com base no contrato de trabalho. Trata-se de responder, fundamentalmente, a esta primeira pergunta: está o empregador obrigado a *cumprir* tal prestação enquanto vigorar o contrato (e enquanto ela não seja, por qualquer razão legítima, excluída do cenário da relação de trabalho)? Esta pergunta visa, no seu momento lógico, separar a *obrigação* da *liberalidade* (o devido do facultativo); e, num segundo momento, concretizar o âmbito da *irredutibilidade* que, nos termos do art. 129º, protege a retribuição.

Aquilo que, nesta primeira perspectiva, houver que considerar retribuição será *insusceptível de modificação unilateral* pelo empregador. Tal insusceptibilidade dirá respeito não só ao *valor*, mas também ao *título* da atribuição patrimonial (que não poderá, assim, deixar de ser *autonomamente* mantido no esquema remuneratório do trabalhador), no caso de ter o seu suporte na lei, em instrumento de regulamentação colectiva ou em estipulação individual; e respeitará apenas ao *valor* da prestação (podendo o empregador alterar ou eliminar o respectivo título) se ela assentar na regulamentação interna ou na prática continuada da empresa (como sucede com certos prémios e comissões).

[41] Veja-se, por exemplo, o Ac. Rel. Coimbra 15/3/84 (CJ 84, 2, 90) e Ac. Rel. Évora 5/3/87 (CJ 87, 2, 319).

[42] Sobre o tema, veja-se o importante estudo de B. Lobo Xavier, *Introdução ao estudo da retribuição no direito português*, in RDES, (2ª série), 1986, nº 1, 98.

24. *O tempo do cumprimento*. Uma segunda equação é a que se refere, especificamente, ao *esquema temporal de cumprimento* das prestações remuneratórias. Tratar-se-á de encontrar resposta para esta pergunta: a prestação *x* deve ser paga, anualmente, catorze vezes (integrando, portanto, os subsídios de férias e de Natal), doze vezes (sendo computada na remuneração do período de férias) ou só onze (isto é, correlacionando-se apenas com o tempo de serviço efectivo)?

O art. 264º/1 CT estabelece uma relação de equivalência forçosa entre a retribuição do período de férias e a «que o trabalhador receberia se estivesse em serviço efectivo» (nº 1) mas – ao contrário do direito anterior – não estende essa equivalência ao subsídio de férias (nº 2). Na verdade, o valor deste subsídio integra "a retribuição base e outras prestações retributivas que sejam contrapartida do modo específico da execução do trabalho". Sabe-se o que é a retribuição base: está definida no art. 262º/2-*a*). Mas as "demais prestações retributivas" não são facilmente identificáveis. Aparentemente, quer-se excluir algo que se contém no conjunto dos valores "que o trabalhador receberia se estivesse ao serviço efectivo" (nº 1). A formulação legal abre espaço para muitas dúvidas. Há, por outro lado, aplicações claras e cuja justeza parece indiscutível: se, por exemplo, for devido ao trabalhador um «subsídio de renda de casa», compreende-se que ele integre a retribuição das férias, mas já se entenderia mal que fizesse parte do subsídio de férias; o mesmo se diga de um "subsídio de refeição" que esteja garantido doze meses por ano. Voltar-se-á ao ponto mais adiante.

A questão fundamental é aqui a da *regularidade* e *periodicidade* dos benefícios patrimoniais auferidos pelo trabalhador. Ora é sabido que, por natureza, alguns desses benefícios têm uma pendularidade diversa da da chamada «retribuição base». Pode ser, por exemplo, que um «prémio de assiduidade» tenha sido convencionado como prestação *trimestral;* ou até que uma outra prestação apareça regulada em correlação estrita com o *tempo de trabalho efectivo* (excluindo-se do seu ciclo anual o período de férias).

Já se torna claro que o problema releva da *interpretação* das normas legais ou cláusulas que instituem e regulam cada prestação; e que essa interpretação, para além de ter como ponto de partida os termos de tais normas ou estipulações, deve tomar em consideração o *perfil funcional* de cada prestação – não se quedando, pois, no apriorismo da qualificação retributiva com base no art. 258º CT. Isto significa, em suma, que uma atribuição patrimonial pode ter que qualificar-se como elemento de retribuição (face ao art. 258º) e, não obstante isso, merecer o reconhecimento de uma pendularidade diferente da que caracteriza os restantes elementos, nomeadamente a chamada «retribuição base».

25. *O "padrão retributivo"*. Surge, enfim, como terceira perspectiva em que a qualificação remuneratória pode colocar-se, a de se determinar, a partir das normas e estipulações que definem o conteúdo das vinculações entre empregador e trabalhador, e tendo em conta as indicações resultantes do próprio desenvolvimento dessas relações, um *valor* que constituirá a base de cálculo para certas atribuições patrimoniais colocadas na dependência da retribuição, como é o caso de determinadas prestações de segurança social (subsídio de doença, subsídio de desemprego, pensão de reforma) e as indemnizações e pensões por acidente de trabalho.

Note-se que o art. 262º/1 estabelece uma regra supletiva genérica, pelo menos para aplicação no âmbito da legislação do trabalho: *à falta de indicação explícita noutro sentido, a base de cálculo de prestações complementares e acessórias é constituída apenas pela soma da retribuição base e das diuturnidades.* A mesma regra é, de resto, utilizada para o cálculo da indemnização por despedimento ilícito (art. 391º) e por resolução do contrato, promovida pelo trabalhador, com justa causa culposa (art. 396º).

Mas pode haver, para outros efeitos, necessidade de determinar o valor da "retribuição", no sentido correspondente à estrutura remuneratória que integra o "estatuto" do trabalhador. É o que ocorre – para citar um exemplo apenas – quando a lei garante ao trabalhador o valor das "retribuições que deixou de auferir" por facto do empregador (veja, entre outros, o art. 393º/2-*a*)).

A determinação desse valor faz-se, caracteristicamente, *a posteriori;* ela opera sobre um conjunto de elementos verificados, em regra sobre a massa das atribuições patrimoniais consumadas pelo empregador em certo período ou ao longo da vigência do contrato de trabalho. A partir daí, é necessário desenhar uma estrutura retributiva que permitirá, utilizando os critérios de cálculo que os seus vários elementos requerem, determinar um «valor potencial» referido à unidade de tempo que se tome como padrão (em regra o mês). É o que já se tem chamado «retribuição modular»[43], no sentido de que exprime o padrão ou módulo (não a medida real e concreta da retribuição que foi paga *em* cada unidade de tempo) do esquema remuneratório de cada trabalhador, sintetizando, em referência à unidade de tempo relevante, a diversidade inorgânica das atribuições patrimoniais realizadas ou devidas até então.

A questão que aí se suscita é, pois, a de colocar cada prestação em confronto com um critério que permita dar conta da *totalidade* das características da retribuição como elemento do objecto do contrato de trabalho, isto é, um critério que sirva uma «concepção ampla de correspectividade», ultrapassando mesmo o nexo comutativo *retribuição/prestação de trabalho* para conferir relevância ao

[43] B. Lobo Xavier, *Introdução* cit. *passim.*

complexo circunstancial por que se exprime o envolvimento do trabalhador na relação de trabalho[44].

26. *A utilidade do art. 258º*. A colocação do art. 258º CT perante estas três perspectivas de abordagem da qualificação retributiva esclarece, a nosso ver, a específica função que ele desempenha no regime jurídico do salário: o critério legal (que, de resto, se desdobra por outros preceitos da mesma secção: art. 260º) constitui um instrumento de resposta ao problema da determinação *a posteriori* da «retribuição modular»[45] ou «padrão retributivo» – como tal, necessariamente, *omnicompreensivo* (no sentido de que há-de reproduzir, sob forma sintética e potencial, o estatuto salarial do trabalhador).

O critério legal constitui, assim, o instrumento de despiste dos valores que, *no seu conjunto*, têm um nexo de correspectividade com a posição obrigacional do trabalhador, encarada também *na sua globalidade*. Ele serve, então, para definir *a posteriori* uma base de cálculo para certos valores derivados.

Mas isso não legitima que o mesmo critério seja linearmente utilizado como chave-mestra de todo o regime jurídico da retribuição. Uma prestação abarcável no amplo padrão retributivo definido pelo art. 258º pode ter que ser afastada do campo de aplicação deste ou daquele preceito referente à retribuição. Pode ser, por exemplo, que um certo subsídio, embora pertencente à estrutura retributiva de harmonia com o art. 258º, não tenha que ser incluído no cálculo do subsídio de férias ou de Natal; ou deva ser pago apenas em períodos de serviço efectivo. Já vimos que isso corresponde a dados do direito positivo.

Com efeito, «a retribuição em sentido correspectivo ou estrutural não é mais do que a descrição das compensações e das prestações que encontrem título (e causa) na relação de trabalho, fazendo parte da estrutura obrigacional desta»[46]. Mas é também necessário reconhecer a possibilidade da existência de mecanismos fisiológicos autónomos, ligados à razão de ser ou causa diferenciada desta ou daquela prestação.

Na expressão curiosa de um Autor, a retribuição – até aí encarada estaticamente como uma estrutura fechada – «anima-se» e diversifica-se em função «das cadências das prestações singulares, das causas específicas, da relação directa ou indirecta com o segmento elementar da prestação (hora, semana, mês),

[44] Neste sentido evoluiu a jurisprudência italiana, exactamente numa linha de revisão do princípio da «omnicompreensividade» da retribuição. Veja-se D'Antona, *Le nozioni giuridiche della retribuzione*, DLRI 1984, nº 22, 274 ss..

[45] Neste sentido, também, parece apontar, implicitamente, B. Lobo Xavier, *ob. cit.*, loc. cit..

[46] D'Antona, *ob. cit.*, 279.

segundo mecanismos normativos que regulam o seu montante em proporção ao «quanto», ao «onde» e ao «como» da prestação de trabalho»[47].

27. *A diversidade dos regimes.* Significa isto, em suma, que a aplicação do critério geral do art. 258º a um certo tipo de prestação não permite, sem mais, fornecer um tratamento pré-determinado às vicissitudes dessa prestação.

A hipótese do desenvolvimento linear de um «regime homogéneo» da retribuição para todos os efeitos seria, de resto, insuportavelmente absurda. Conduziria, desde logo, a um emaranhado de círculos viciosos no conjunto dos processos de cálculo das prestações derivadas da retribuição (que, por um lado, seriam determinadas com base nela, mas, por outro, seriam nela integradas); traduzir-se-ia, depois, na neutralização das diferentes causas explicativas e legitimadoras dos elementos da retribuição, e, por esse caminho, no desvirtuamento dos produtos da autonomia privada, individual e colectiva, que têm neste domínio um espaço de actuação incontestável.

Há, pois, que assentar no seguinte: a qualificação de certa atribuição patrimonial como elemento do padrão retributivo definido pelo art. 258º CT não afasta a possibilidade de se ligar a essa atribuição patrimonial uma cadência própria, nem a de se lhe reconhecer irrelevância para o cálculo deste ou daquele valor derivado «da retribuição».

O «ciclo vital» de cada elemento da retribuição depende do seu próprio regime jurídico, cuja interpretação há-de pautar-se pela específica *razão de ser* ou *função* desse elemento na fisiologia da relação de trabalho.

d) Os componentes da retribuição.

28. *A retribuição base.* A principal parcela da retribuição é aquela que se designa usualmente por «ordenado» ou «salário» semanal, quinzenal ou mensal e que, como se disse, está afectada às necessidades *correntes* do trabalhador. Na linguagem do CT – que corresponde, de resto, ao uso linguístico corrente – é a "retribuição base" que, nos termos da definição oferecida pelo art. 262º/2-*a*), é a contrapartida da "actividade do trabalhador no período normal de trabalho"[48].

A periodicidade do seu pagamento é um ponto susceptível de estipulação individual; só que, em regra, aparece coberto por regras constantes do regu-

[47] D'Antona, *ob. cit.*, 281 ss..

[48] A definição não é das mais felizes, pois, bem vistas as coisas, permitiria cobrir, indistintamente, todo o conjunto dos valores que, nos termos do art. 258º, integram a "retribuição" *tout court*. É bem sabido que a definição em causa se reveste de grandes dificuldades, e o CT não podia evitá-las, dado o relevo que confere à noção. Seria, talvez, preferível dizer que a retribuição base corresponde ao tipo e à duração normal do trabalho convencionado.

lamento interno ou pelos usos da empresa. Note-se, entretanto, que a regulamentação colectiva manifesta há muito tempo uma tendência generalizada no sentido da chamada *mensualização* do salário.

A retribuição base pode ser certa, variável ou mista (art. 261º), sendo certa a «calculada em função de tempo de trabalho» (art. 261º/2), ou seja, dimensionada por certa unidade de tempo – o dia, a semana, a quinzena, o mês – que, aliás, como já se assinalou, pode até nem ser integralmente preenchida por serviço efectivo.

Há, no entanto, que distinguir entre as *unidades de cálculo* da retribuição e os seus *períodos de pagamento* (o salário pode ser determinado com base no *dia* ou na *semana*, mas pago somente no fim de cada *mês*).

Ao invés, a retribuição variável, como atrás assinalámos, baseia-se no *resultado* ou *rendimento* do trabalho[49], com maior ou menor independência da sua duração: é o que ocorre no chamado trabalho *à peça* (em que o salário decorre do número de *unidades* produzidas) e à *tarefa* (em que a base de cálculo é ainda, afinal, o tempo de trabalho consumido na realização de *certo objectivo*, mas valorizado em função do rendimento *normal* de cada unidade cronológica).

O mesmo se pode dizer acerca das *comissões*, que são importâncias calculadas sobre o preço de bens ou serviços fornecidos pela empresa, normalmente pela aplicação de taxas ou percentagens pré-determinadas, e que são contratualmente devidas a trabalhadores com intervenção directa, ou mesmo indirecta, nas vendas correspondentes.

Em tais casos, o contrato de trabalho aproxima-se da configuração de um outro tipo negocial – o contrato de agência – em que a comissão surge como elemento próprio da sua fisionomia, tratando-se, porém, de relações de trabalho autónomo. Por isso, muitas situações em que ocorre a prática das comissões acabam por ser resolvidas, em sede de contencioso laboral, no sentido da sua requalificação como casos de agência.

No entanto, sempre que as comissões se enquadrem em verdadeiros contratos de trabalho, constituindo forma típica de contrapartida da actividade do trabalhador (como é o caso de todo o pessoal directamente envolvido na venda de produtos), e sendo no mesmo contrato estipulado o seu processo de cálculo e a periodicidade do seu pagamento, julga-se indiscutível que constituem a *parte variável* da retribuição base. Na verdade, apresentando-se com essas características, a comissão compreende-se, de todo o modo, na noção que a lei (art. 262º/2

[49] E daí que, por vezes, surjam dificuldades sérias na qualificação de situações que, apresentando características do contrato de trabalho, envolvem também este elemento do contrato de prestação de serviço – a relevância do *resultado*. Tudo estará em saber se, nesses casos, existe ou não subordinação jurídica do prestador de trabalho e se, paralelamente, o *resultado* da sua actividade constitui o próprio objecto do contrato ou a mera *base de cálculo* da retribuição.

CT) fornece de "retribuição base": "a prestação correspondente à atividade do trabalhador no período normal de trabalho". A isso não obsta, naturalmente, o facto de o seu montante ser variável e de as convenções colectivas preverem, em via de regra, o pagamento simultâneo de uma remuneração fixa[50].

Esta qualificação – parte variável da retribuição base – tem, entre outras consequências, reflexos na aplicação do princípio da irredutibilidade da retribuição. A alteração da percentagem das comissões, a modificação das zonas de vendas ou da gama de produtos ou serviços a cargo do trabalhador podem resultar em diminuição do valor final da retribuição e não podem, por isso, ficar ao alcance da vontade unilateral do empregador. São alterações com incidência na retribuição base e supõem, por isso, a concordância do trabalhador[51].

É também retribuição variável a que consiste numa *participação nos lucros* – só que, aí, releva o rendimento global da empresa e não o especificamente imputável à actividade de cada trabalhador. Por outro lado, a participação nos lucros é frequentemente «consolidada» em quantitativos certos, transformando-se numa espécie de gratificação (é o que ocorre, em determinadas empresas, com a chamada «gratificação de balanço») e perdendo assim a correlação com os

[50] Tratamento diferente merecem as chamadas "comissões de vendas a bordo", cuja natureza foi recentemente apreciada pelos tribunais. Trata-se de valores que são pagos a todos os tripulantes de cabine de um voo, incluindo os que não participam no serviço de vendas (de cosméticos, canetas, relógios, etc.); a realização destas depende de decisão tomada pelo chefe da tripulação de cabine, que pode impedi-las mesmo que os produtos tenham sido carregados pela companhia; o serviço de vendas não faz parte do (rigoroso) descritivo funcional dos tripulantes de cabine. É, assim, claramente inviável reconhecer a correspectividade desses valores com a prestação de trabalho de cada um dos tripulantes. Tudo sugere que se trata de uma relação de serviço anexa à relação de trabalho propriamente dita e distinta dela. Cremos, pois, que é bastante discutível a posição finalmente tomada pelo Supremo sobre o assunto – no sentido da consideração dos referidos valores, por serem periódica e regularmente auferidos, no cálculo dos subsídios de férias e de Natal dos tripulantes de cabine. Cfr. entre vários outros que lhe sucederam, o ac. STJ 06/05/2012 – P. 2131/08.0TTLSB.L1.S1 (Pinto Hespanhol).

[51] STJ 16/01/2008 – P. 07S3786 (Bravo Serra): "Deve ter-se como feridente do princípio da irredutibilidade retributiva que se extrai da proibição consagrada na al. c), do nº 1, do art. 21º da LCT, o não pagamento a este trabalhador do valor correspondente às "comissões" relativas aos contratos angariados numa dessas delegações, a partir da data em que o empregador dispensou unilateralmente o trabalhador das suas funções de direcção de vendas nesta delegação, uma vez que com a supressão desta componente retributiva variável, unilateralmente decidida pelo empregador, o trabalhador viu diminuído o valor total da sua retribuição estrita". E ainda, no mesmo acórdão: "Não pode ser entendida como violadora do dever de agir de boa fé no exercício do direito da relação obrigacional, a pretensão do trabalhador que desfrutava de uma remuneração em sentido estrito na qual, em parte variável, se compreendiam as "comissões" pela facturação das vendas em duas delegações comerciais, quando, por decisão unilateral do empregador, lhe foi retirado o desempenho de funções atinentes a uma das delegações, continuando essa delegação a exercer a sua actividade e não ocorrendo, contratualmente, uma alteração da categoria funcional do trabalhador".

resultados efectivos da empresa. No fundo, tal «descaracterização» aparente não exprime mais do que a realidade (até contabilística) dessas prestações como verdadeiros *custos de trabalho,* que incidem sobre o rendimento bruto das empresas *antes* da determinação dos lucros líquidos – ou seja, dos verdadeiros lucros[52-53].

29. *As gratificações.* Ao lado da retribuição-base, generalizaram-se *gratificações* de diversa natureza, conhecidas pelas mais variadas designações: gratificação de balanço, subsídio de Páscoa, prémio ou gratificação de assiduidade, etc.. Sob a aparência de liberalidades recompensatórias que o próprio termo «gratificação» sugere, trata-se realmente, na maioria dos casos, de prestações salariais suplementares, caracterizadas por uma periodicidade distinta da da retribuição base.

De um modo geral, tratar-se-á de atribuições patrimoniais *correctivas* daquele salário. Tais são as *gratificações ordinárias* a que se reporta o art. 261º/2, e cuja integração no cômputo global da retribuição se fundamenta, quer na sua obrigatoriedade (legal ou convencional), quer na sua "importância" e no seu «carácter regular e permanente». Em relação a tais prestações, não pode o empregador eximir-se ao pagamento com a alegação de se tratar de uma liberalidade (evocando assim a analogia da revogabilidade da doação – art. 969º CCiv.); e aplicam-se-lhes os vários dispositivos, já apontados, que constituem a tutela legal da retribuição (nomeadamente a impenhorabilidade, os privilégios creditórios, etc.).

30. *Os aditivos e suplementos.* Outro campo de análise que se abre no processo de determinação qualitativa da retribuição é o dos *aditivos e suplementos* especificamente previstos na lei e na regulamentação colectiva quanto à remuneração do trabalho suplementar ou nocturno, assim como das *prestações complementares* correspondentes à prática de horários por turnos (subsídio de turno), relativas a actividades perigosas (subsídio de risco) ou realizadas em locais isolados (subsídio de isolamento), etc..

Ainda aqui prevalece o critério da regularidade ou normalidade que já várias vezes se referiu.

[52] Este entendimento já teve, aliás, ratificação jurisprudencial, embora indirecta; vd. Ac. STA 3/3/70 (AD 102, 897) e Ac. STJ 6/2/87 (BMJ 364, 714).

[53] A participação nos lucros como tal, isto é, quando efectivamente variável e extraída dos lucros líquidos é, pois, extremamente rara (apenas ocorrendo, pode dizer-se, quando aos trabalhadores estão atribuídas partes no capital social, ou seja, acções ou quotas da sociedade que é titular da empresa). E, relativamente àquela situação, *não havendo outra forma de retribuição,* bem se pode objectar que ela põe em causa os princípios fundamentais do salário, nomeadamente o *princípio da retribuição suficiente*: os lucros podem, com efeito, nem existir, com a resultante redução do salário a zero. Considera-se, pois, muito criticável que a lei admita de modo implícito (art. 260º/1-*d*)) que a retribuição seja *integralmente* preenchida pela participação nos lucros.

Assim, no tocante ao *trabalho suplementar*, a remuneração acrescida pode ser ou não computada no salário global conforme se verifique ou não a *regularidade* do recurso a horas suplementares de serviço. Nesse sentido apontava a lei anterior ao CT[54]; e cremos que o facto de o preceito não ter correspondência no CT decorre apenas da sua evidente redundância.

O *trabalho nocturno*, por seu lado, pode ser – como se sabe – normal ou suplementar. No primeiro caso, nenhuma dúvida se suscita. No segundo, não há razão para tratamento diverso do que se apontou em geral para o trabalho suplementar em dia útil.

Sendo certo que o *trabalho prestado em dia de descanso semanal* é uma das modalidades do trabalho suplementar, o acréscimo de remuneração a que dá direito, pelo seu forçoso carácter de excepcionalidade, não parece ter lugar no cômputo da retribuição global. O mesmo se não dirá no concernente ao trabalho realizado nos *feriados obrigatórios*, pois aí poderá verificar-se normalidade (nas indústrias de laboração contínua e nas actividades dispensadas de encerrar semanalmente) e, sendo esse o caso, o aditivo previsto na lei há-de considerar-se integrado na retribuição.

Encarando, agora, conjuntamente, as prestações complementares que são determinadas pela penosidade, pelo risco, pelo isolamento, etc. (e de que apresentámos como exemplos os chamados subsídios *de turno, de risco, de isolamento)*, ou seja, pelo próprio *condicionalismo externo* da prestação de trabalho, entendemos que elas participam de todas as características englobadas no critério legal de qualificação: são meras *especificações* do salário, correspondentes a *particularidades* da prestação normal de trabalho[55].

Há que considerar, depois, uma gama de complementos retributivos que, para além da variedade dos rótulos convencionais, pode agrupar-se sob a designação geral de *subsídio de prevenção*, tratando-se de prestações que têm em comum a função de compensarem o trabalhaor por, em local definido pelo empregador ou não, se manter em estado de prontidão ("à chamada") para, sendo necessário, prestar o seu trabalho. A qualificação retributiva depende, nesses casos, da qualificação juridicamente devida aos tempos em que o trabalhador permanece em tal situação, de harmonia com a definição constante do art. 197º CT: se o tempo de "prevenção" for qualificável como tempo de trabalho – o que,

[54] Art. 86º LCT: «Não se considera retribuição a remuneração por trabalho extraordinário, salvo quando se deva entender que integra a retribuição do trabalhador». Note-se que, na versão inicial da LCT (a do DL 47 032, de 27 de Maio de 1966), a parte final era diferente e, a nosso ver, mais esclarecedora: «...salvo se ele for prestado com carácter habitual».

[55] Consideramos, por isso, discutível a exclusão da qualificação retributiva de um subsidio de condução destinado a "compensar o trabalhador pela especial penosidade e risco decorrente da condução de veículos automóveis" – STJ 30/03/2017 – P. 2978/14.8TTLSB.L1.S1 (Ribeiro Cardoso).

em regra, dependerá do facto de o trabalhador permanecer no local de trabalho ou em local indicado pelo empregador –, será elemento da retribuição.

Põe-se, no entanto, quanto a tais valores, o problema de saber se, face ao princípio da irredutibilidade da retribuição (art. 129º, al. *d*) CT), eles deverão ser mantidos mesmo quando se alterem *condições externas* do serviço prestado (p. ex.; se o trabalhador deixa de estar integrado na organização dos turnos; se o risco desaparece; se regressa à sede da empresa; se deixa de estar em regime de prevenção). A nosso ver, a resposta afirmativa conduziria a tão patente absurdo que é forçoso admitir, nestes casos, uma solução específica; especificidade, aliás, bastante relativa, dado que a retribuição-base, correspondente à natureza intrínseca do trabalho prestado, está obviamente fora de questão. Assim, e em suma, entendemos que os referidos subsídios apenas são devidos enquanto persistir a situação que lhes serve de fundamento – ideia, aliás, usualmente expressa no clausulado correspondente das convenções colectivas que prevêem tais suplementos.

31. *As diuturnidades.* As diuturnidades comportam duas acepções conforme os ângulos de que sejam observadas: fala-se de «diuturnidades» no sentido de certa antiguidade na categoria, e usa-se o mesmo termo para designar o valor do complemento pecuniário a que o trabalhador fica tendo direito desde que atinge aquela antiguidade. É esta segunda acepção que, evidentemente, nos interessa para o problema da determinação do salário global. Muito embora encarando a diuturnidade como um «prémio» ou um «estímulo», a jurisprudência não tem tido dúvidas em conferir-lhe carácter salarial[56]. O art. 262º CT não deixa dúvidas quanto ao acolhimento legal desse entendimento. Nem, de resto, os preceitos da regulamentação colectiva que consagram as diuturnidades deixariam espaço para outra qualificação, desde que fazem expressamente adicionar tais valores ao das retribuições mínimas das categorias respectivas, a fim de se achar o *mínimo salarial* próprio do trabalhador com certo tempo na mesma categoria.

32. *Outros suplementos.* Cabe, ainda, referir – de entre as prestações mais usuais – o *abono para falhas e o subsídio de refeição.*

O abono para falhas é uma importância fixa, de pagamento simultâneo ao da retribuição base, que a regulamentação colectiva atribui geralmente aos trabalhadores com funções que impliquem responsabilidades de caixa ou de cobrança. Tal abono justifica-se pelo risco que as referidas funções implicam, em

[56] Veja-se, por exemplo, o Ac. STA 26/6/73 (AD 144, 1743) e os Acs. STJ 14/2/86 (BMJ 354, 400) e 6/1/88 (BMJ 373, 423). Acerca da natureza dos *prémios de mérito* e de *produtividade*, vd. Ac. Rel. Lisboa 10/10/90 (CJ 90, 4, 194) e Ac. Rel. Porto 26/3/90 (CJ 90, 2, 259).

virtude da possibilidade de erros de cálculo e outras falhas determinadas ou, ao menos, propiciadas pela própria rotina do trabalho. Este específico fundamento leva a considerar que, muito embora o abono seja, na maioria dos casos, uma importância fixa e regularmente paga, ele não deve, em princípio, incluir-se na retribuição, para efeitos de periodicidade e irredutibilidade[57].

O art. 260º/2 CT admite, no entanto, que lhe seja atribuído carácter retributivo se e na medida em que o seu valor exceder um montante considerado normal, ou quando, pelo contrato ou pelos usos, seja tido como elemento integrante da retribuição.

O CT toma posição idêntica perante o *subsídio de refeição* que muitas convenções colectivas consagram em benefício dos trabalhadores abrangidos. Este subsídio pode assumir carácter retributivo nas condições acima indicadas – ter um valor superior ao normal, ou ser qualificado como parte da retribuição pelo contrato ou pelos usos – sem por isso ser devido nos dias em que o trabalhador, por qualquer razão, não compareça ao trabalho.

33. *O cálculo das mensalidades não directamente correspectivas.* Há, depois, que considerar a remuneração do período de férias, o subsídio de férias e o subsídio de Natal – prestações mensualizadas que, todavia, não têm directa correspectividade com prestação de trabalho nos períodos em que são devidas.

Trata-se, indiscutivelmente, de atribuições patrimoniais de carácter retributivo, mas que, ao contrário do «ordenado» mensal e dos respectivos complementos, não têm uma relação de correspectividade directa e concreta com certa prestação de trabalho, realizada em tempo e espaço definidos. São valores que «corrigem» ou «ajustam» a retribuição global (anual, se se quiser) ao benefício auferido pela entidade empregadora.

Também conhecido como «13º mês», o *subsídio de Natal* foi criado e progressivamente generalizado através da contratação colectiva. Só com o DL 88/96, de 3/7, ele se tornou legalmente devido à generalidade dos trabalhadores, embora com um regime supletivo – o que permitiu que continuassem a prevalecer, quando existissem, as regras convencionalmente estabelecidas sobre o assunto. O art. 263º CT retoma o essencial desse regime, reduzindo-o à expressão mais simples, mas nem por isso menos problemática.

O art. 263º/1 dispõe que esse subsídio terá «valor igual a um mês de retribuição». Discute-se se este valor é apenas aquele que a entidade empregadora está obrigada a pagar, de modo certo e regular, por cada mês de trabalho, ou se ele tem que abranger todos os elementos que, de acordo com o art. 258º, devem ser computados no padrão retributivo de cada trabalhador.

[57] Cfr. Ac. STA 18/4/72 (AD 130º, 1286).

A questão não é simples. Existem, com efeito, esquemas remuneratórios em que a prestação pecuniária certa, paga em cada mês, constitui uma parte, porventura até pouco importante, do valor global da «contrapartida do trabalho». Pense-se nos casos em que que, para além de uma pequena remuneração de base, são pagas comissões nas vendas realizadas e cobradas, ou é devida uma parte (em espécie ou por equivalente) da produção realizada. Ora, apesar de tudo, o uso do termo «retribuição» pelo legislador pode comportar ambos os sentidos indicados.

No entanto, quanto ao subsídio de Natal, o art. 262º parece resolver o problema sem margem para grandes dúvidas: no seu cálculo, entram a retribuição base (parte certa e variável) e as (eventuais) diuturnidades. Esta disposição não terá sido criada, especificamente, para a determinação do subsídio de Natal, mas mostra-se susceptível de lhe ser aplicada: o subsídio é uma prestação "complementar" porque não tem correspectividade directa com certa quantidade de trabalho. Cremos, pois, que o "mês de retribuição" a que se refere o art. 263º/1 CT é equivalente ao somatório da retribuição base e das diuturnidades.

Problema semelhante, mas mais complicado, se suscita na determinação do montante da remuneração do período de férias e do subsídio de férias, tendo em conta que as respectivas formulações legais (art. 264º/1 e 2) são bastante diferentes da que se refere ao subsídio de Natal.

A consideração de valores ligados aos proveitos da empresa – as comissões nas vendas, as partes no produto agrícola ou piscatório –, no cálculo de tais prestações, implica que se ficcione a prestação de trabalho como contrapartida directa desses valores.

No que toca à *remuneração do período de férias*[58], a questão é simplificada pelo facto de a lei apontar para uma ficção integral da normal execução do contrato. O trabalhador tem direito a receber o que receberia se trabalhasse normalmente no período em que goza as férias. A única dificuldade que se suscita é a da "determinação" da parte variável da retribuição, uma vez que a sua normal base de cálculo não existe. Mas também para isso existe resposta legal: calcula-se, com base nas comissões auferidas, um valor médio (nos termos do art. 261º/3) para integrar a remuneração das férias.

Para além disso, a remuneração do período de férias há-de compreender todas as prestações complementares da retribuição base que assumam natureza retributiva (ou seja, todas as que preencham os requisitos do art. 258º CT) que sejam contrapartida da prestação de trabalho tal como ela era executada anteriormente ao gozo das férias.

[58] Vd. o estudo de Sónia Preto, *Alguns aspectos da retribuição: I- A remuneração durante as férias*, RDES nºs 1-3 (2013)233 ss..

A ficção é, neste ponto, dupla. Não só se toma como ponto de partida uma prestação de trabalho inexistente, mas tem que se jogar com um modelo ou padrão de prestação construído na base da prática antecedente. A questão que aí se coloca é a do critério a utilizar para definir esse modelo, nomeadamente quanto à sua base temporal. Idealmente, o período a considerar seria o imediatamente contíguo ao gozo das férias, mas é compreensível que tal fórmula se revele, na maioria dos casos, impraticável por parte da administração de pessoal das empresas. Todavia, a aplicação do processo legalmente previsto para a fixação da retribuição variável (média dos últimos doze meses) também não parece satisfatória sob o ponto de vista do intuito da lei. A medida da retribuição "que o trabalhador receberia se estivesse em serviço efetivo" é uma questão aberta para o julgador, não comporta uma resposta única e exacta. Ela pode conduzir a soluções materialmente diversas, conforme a prova que se produza acerca de factos indiciários do que, com maior probabilidade, o trabalhador "ganharia se trabalhasse" naquele preciso período em que goza as férias. No entanto, e apenas a título de exemplo, a consideração dos últimos três meses parece garantir melhor fidelidade ao propósito da lei do que a média dos últimos doze[59].

Quanto ao *subsídio de férias*, a fórmula utilizada pelo legislador é, manifestamente, pouco esclarecedora: para além da retribuição base, "outras prestações retributivas que sejam contrapartida do modo específico da execução do trabalho" (art. 264º/2). De seguro, resulta apenas desse enunciado que – para além da natureza forçosamente retributiva das prestações – as (eventuais) diuturnidades não são de considerar. Mas, se todas as prestações retributivas são necessariamente correspectivas da prestação de trabalho, parece difícil distinguir de entre elas apenas algumas que podem integrar-se no subsídio de férias.

A jurisprudência reflecte a dificuldade, procurando m definir critérios-padrão válidos para todas as situações. Considerou-se, por exemplo, que um subsídio de condução auferido "a título de compensação pela especial penosidade e risco decorrentes da condução de veículos" não constitui contrapartida do trabalho e "não pode, por isso, ser considerado no subsídio de férias (...)"[60]. No entanto, parece que são justamente as condições especiais de risco, penosidade, incomodidade, em que a prestação de trabalho é realizada, que podem estar compreendidas no "modo específico da execução do trabalho". E, sendo assim, os valores a considerar são os das correspondentes prestações compensatórias, e não outros.

[59] Desde que se trate de valor auferido nos últimos onze meses de actividade – é a solução assente na jurisprudência. Cfr., por exemplo, o Ac. STJ 17-11-2016 – P. 4109/06.9TTLSB.L2.S1 (Ana Luísa Geraldes).

[60] Ac. STJ 03-11-2016 – P. 1521/13.0TTLSB.L1.S1 (Ana Luísa Geraldes).

e) A alteração da estrutura da retribuição.

34. *O princípio.* A retribuição pode, como se viu, ter uma estrutura mais ou menos complexa: nela caberão prestações de dinheiro e de géneros ou utilidades directas (como o alojamento e a alimentação); valores fixos e variáveis; atribuições patrimoniais exigíveis segundo periodicidades diferentes (umas mensais, outras anuais, por exemplo). A composição da retribuição pode, além disso, derivar directamente das estipulações individuais, ou também de convenção colectiva, regulamento interno e até uso da empresa (cfr. art. 258º/1 CT).

Desde que não resulte modificado – ou, melhor, diminuído – o valor total da retribuição (art. 129º/*d*)), a estrutura dela pode ser unilateralmente alterada pelo empregador, mediante a supressão de algum componente, a mudança da frequência de outro, ou, ainda, a criação de um terceiro[61]. Todavia, a alteração unilateral só é admissível, a nosso ver, quando se refira a elementos fundados nas estipulações individuais ou nos usos, excluindo-se, por conseguinte, os que derivem da lei ou da regulamentação colectiva. Por outro lado, a alteração por decisão unilateral do empregador só pode considerar-se lícita se, face às circunstâncias concretas em que se processe, não for de molde a afectar o equilíbrio contratual – por exemplo, privando o trabalhador de ganhos acrescidos que sejam razoavelmente espectáveis (um grande aumento da procura, o lançamento de produtos novos e de alto preço...). A retribuição pode, nesses casos, ser "potencialmente" reduzida pela diminuição da percentagem ou pelo desvio do vendedor para outros produtos. O princípio da irredutibilidade não é, exclusivamente, de aplicação estática.

A modificação da estrutura da retribuição traduzir-se-á, em regra, no acréscimo da parte pecuniária fixa (o «salário» propriamente dito), mediante a eliminação de prestações em espécie ou de carácter variável. Esse acréscimo terá que operar-se por aplicação dos critérios e métodos utilizáveis na determinação quantitativa da retribuição.

D) A determinação quantitativa da retribuição.

35. *O problema.* Nem sempre o montante da retribuição é determinado com precisão.

Por um lado, há que tomar em conta a possibilidade de ela ser parcial ou mesmo totalmente variável (art. 261º CT); por outro, verifica-se algumas vezes que o salário não é expressamente estipulado, ou o seu ajuste é apenas verbal, não havendo facilidade de prova posterior.

[61] Neste sentido, vd., por exemplo, Acs. Rel. Porto 30/11/81 (CJ, 81, 5 305), 28/2/83 (CJ, 83, 1, 283). Cfr. também Ac. STJ 15/10/80 (BMJ 300, 231) e Ac. Rel. Porto 20/6/88 (CJ 88, 3, 275).

A contratação individual não é, muitas vezes, a via de fixação do salário: de um lado, a lei interfere – ela própria – no quantitativo da retribuição do trabalho, nomeadamente através da definição de *níveis mínimos garantidos;* de outro lado, surgem as *tabelas de remunerações mínimas por categorias,* insertas nas convenções colectivas ou nos regulamentos de condições mínimas – e é sabido que, embora apresentados como mínimos, esses valores tendem em muitos casos para uma aproximação dos salários efectivos –; em terceiro lugar, existem as próprias *tabelas salariais de empresa,* incluídas, por vezes, nos regulamentos internos e, por essa via, destinadas a projectarem-se nos contratos individuais. Daí que, frequentemente, o quantitativo do salário não seja fixado em termos expressos nas estipulações individuais.

Ora sucede que, sobretudo após a cessação do contrato, o trabalhador necessita de invocar e fazer valer um certo montante da retribuição, quer para impor a pretensão de ver satisfeitos créditos salariais, quer como base de cálculo de outras atribuições patrimoniais a que porventura se ache com direito. Suscita-se então o problema de saber *como* determinar, *a posteriori,* tão exactamente quanto possível, esse montante, – tarefa de que hão-de incumbir-se os órgãos da jurisdição laboral.

36. *A fixação da retribuição.* A indeterminação do salário (mormente quando resulte da inexistência de estipulação expressa) está em contradição com o carácter *essencial* da retribuição como elemento do contrato de trabalho. Em termos extremos, aquela situação pode mesmo ocorrer em casos relativamente aos quais não exista sequer norma legal, regulamentar ou convencional que cubra o silêncio das partes. Deverá, nesses casos, ter-se por *nulo* o contrato de trabalho (dada a falta de um dos seus elementos essenciais)?

A própria lei dá pronta resposta negativa no art. 272º/1: o julgador deverá, mesmo naquelas condições, *fixar* o montante da retribuição[62-63]. Embora indeterminado, o salário é pois sempre tido como *determinável.* Para o preenchimento de tal objectivo, haverá que recorrer a um conjunto de factores, de entre os quais salientaremos o nível salarial praticado para profissão ou categoria idêntica, em actividade económica afim e na mesma região; aos usos profissionais e regionais, aos usos da empresa[64].

[62] Desde que, perante as circunstâncias concretas, se possa concluir que a prestação de trabalho não teria sido ajustada a título gratuito: cfr. KASKEL-DERSCH 252.

[63] Encontra-se aqui «uma extensão, justificada pela particular importância social do contrato de trabalho, do princípio de *conservação do contrato* incompleto», na expressão de SANTORO-PASSARELLI, *Nozioni di dirito del lavoro,* Nápoles, 14ª ed. (1964) nº 100.

[64] Cfr. ZÖLLNER 154. Pode ainda entender-se que a retribuição *usual* é a correspondente ao conjunto dos índices apontados: «é a que costuma pagar-se, na mesma profissão ou semelhante, na

37. *O cômputo da retribuição variável.* *Outra* questão é a da determinação da retribuição que não é fixa ou certa, mas *variável.* Aqui pressupõe-se a existência de estipulação contratual, sabe-se à partida que as partes tiveram em mente uma certa fórmula salarial (*à comissão,* por exemplo), mas a aplicação dessa fórmula conduz a resultados variáveis de mês para mês, de semana para semana, etc.. O problema põe-se sobretudo quando é necessário obter, a partir desses valores variáveis, um *quantitativo fixo* que sirva de base ao cálculo de indemnizações ou créditos salariais passados.

Para esse fim, estabelece o art. 261º/3 que deverá calcular-se a *média* dos valores correspondentes aos *últimos doze meses* e ao *tempo de execução do contrato,* se inferior; e que a «fixação» da retribuição variável, quando *não deva*[65] praticar-se aquele processo, se fará conforme a regulamentação aplicável ou o prudente arbítrio do julgador.

Cremos que, por vezes, a aplicação deste mecanismo se processa de modo erróneo. Tudo está em se assentar numa noção clara e distintiva de "retribuição variável", pois é a esta, e só a esta, que a lei associa o cômputo em média dos últimos doze meses. A retribuição variável é a que como tal foi estipulada e depende de factores (variáveis) ligados ao resultado da prestação de trabalho ou da actividade da empresa. Têm outra natureza as prestações remuneratórias *incertas,* que dependem de circunstâncias episódicas – como a prestações de trabalho suplementar ou de trabalho nocturno *não pré-definidas* como elementos da actividade normal do trabalhador, isto é: do objecto do contrato –, as quais, mesmo se frequentes, não têm que ser consideradas no cálculo da retribuição e do subsídio de férias. Desse cálculo, poderão ser igualmente excluídas prestações que, pela sua razão de ser, estejam circunstancialmente ligadas ao serviço prestado *de facto* (como, em muitos casos, o subsídio de refeição).

E) Forma, lugar e tempo do cumprimento.

38. *Meios de pagamento.* Como se notou já, a retribuição deve ser paga, total ou parcialmente, *em dinheiro,* não podendo a parte não pecuniária ser superior a metade do total (art. 259º). Resulta daí, desde logo, que, se as prestações em espécie ultrapassarem aquele limite (segundo o valor corrente na região: nº 1 do mesmo art.), o empregador nem por isso se há-de considerar exonerado do

localidade considerada, e para o correspondente trabalho, tidas em conta as condições pessoais (idade, situação familiar, número de filhos)» – HUECK/NIPPERDEY 244.

[65] Segundo BERNARDO XAVIER (a propósito do art. 84º/2 e 3 LCT, que o art. 252º CT praticamente reproduz), a expressão legal "caso o processo estabelecido no número anterior *não seja praticável*" deve entender-se em termos hábeis: ela «não contém uma noção de viabilidade ou possibilidade, mas uma ideia de justiça e adequação do critério indicado no nº 2» (*Regime jurídico* cit. 136).

pagamento do valor excedente *em dinheiro* e o trabalhador pode reclamá-lo por via judicial[66].

Ponto que foi bastante discutido em vários sistemas de Direito do Trabalho é o da admissibilidade do cumprimento da obrigação retributiva mediante *cheque ou transferência bancária*.

A nossa lei assume perante a questão uma atitude largamente permissiva. O art. 276º/2 CT[67] faculta ao empregador o pagamento por cheque bancário, vale postal ou depósito à ordem do trabalhador, independentemente de consentimento deste. A lei exige, todavia, que o valor da retribuição esteja disponível na data do vencimento ou no dia útil anterior (art. 278º/4) e que as despesas efectuadas pelo trabalhador para embolsar o numerário correspondente sejam suportadas pelo empregador (art. 276º/2).

39. *Lugar do cumprimento.* A regra concernente ao pagamento das obrigações pecuniárias é, como se sabe, a do *domicílio do credor* (art. 774º CCiv.)[68]. Regra supletiva, bem entendido, já que sobre o ponto tem prevalência o acordo das partes. Relativamente à retribuição devida por contrato de trabalho, é outra a regra aplicável no silêncio das partes: o seu pagamento deve fazer-se no *local de trabalho*, ou seja, no estabelecimento ou outro lugar em que o trabalhador presta serviço (art. 277º/1)[69]. Nada impede, no entanto, que, por acordo expresso ou por regra constante do regulamento interno (devidamente aprovado), outro local seja estabelecido. Se for esta última a fórmula adoptada (por exemplo, se o trabalhador, ocupado num estabelecimento, tiver que deslocar-se à *sede da empresa* para receber o salário), é *tempo de trabalho* aquele que o trabalhador gastar por tal motivo, remunerável como normal ou suplementar conforme os casos (art. 277º/2).

Ainda quanto ao lugar do cumprimento das obrigações salariais, cabe assinalar que a lei já interferiu de modo mais vincado no seu regime, tendo em vista assegurar a destinação primacial dos valores em causa - a satisfação das necessidades de subsistência do trabalhador e sua família. Na lei anterior ao Código (art. 92º/3 LCT), proibia-se o pagamento da retribuição «em estabelecimentos de venda de bebidas alcoólicas ou em casas de jogo», com a óbvia excepção dos trabalhadores que aí prestassem serviço. Tratava-se de uma norma bastante generalizada nos sistemas

66 Cfr. KASKEL/DERSCH 282-3.

67 Na esteira do art. 91º/4 LCT, com a redacção que lhe foi dada pelo DL 69/85, de 18/3.

68 Embora a *regra geral* seja a do *domicílio do devedor* (art. 772º/1).

69 Trata-se do local (da empresa) em que, *fisicamente*, o trabalhador "presta a sua actividade", não do local de trabalho no sentido juridicamente relevante.

de Direito do Trabalho[70], inserindo-se no conjunto dos dispositivos de protecção do salário a que já se fez referência. Todavia, reagindo porventura ao excessivo paternalismo dessa intervenção legislativa, o CT não a reproduziu.

40. *O tempo do pagamento.* O tempo pode, como se observou, desempenhar dupla função relativamente ao salário: a de *unidade de medida* e a de *unidade de vencimento* (ou de pagamento)[71]. Significa isto que a retribuição pode ser estipulada com base na hora ou no dia de trabalho e, no entanto, *vencer-se* – ou seja, *tornar-se exigível* – somente de semana a semana ou de mês a mês. Pois bem: o regime do tempo de cumprimento das obrigações salariais diz obviamente respeito a esta perspectiva. Abrange não apenas a *periodicidade* do vencimento, mas também a *localização do momento* em que a retribuição deve ser paga (art. 278º).

De qualquer modo, esse regime pressupõe o princípio da *anterioridade da prestação de trabalho em relação ao pagamento da retribuição*[72] – donde resulta, face ao nexo sinalagmático existente entre as duas obrigações, uma situação de certa desigualdade favorável à entidade patronal: esta pode eximir-se ao cumprimento total ou parcial da retribuição se, no período correspondente, tiver faltado ou sido incompleta a disponibilidade da força de trabalho; mas o trabalhador já terá cumprido a sua parte quando, porventura, se verifique o não-pagamento da retribuição correspondente. A excepção de não cumprimento do contrato (art. 428º CCiv.) jogará, pois, normalmente, em benefício do empregador. O trabalhador apenas poderá fazê-la funcionar fora da correlação existente entre a unidade de vencimento e o salário: ou seja, poderá negar o seu trabalho somente *depois* de ter decorrido o período de serviços não pago, ficando assim em posição relativamente menos consistente[73].

[70] Cfr., em *França*, o art. 45º do Código do Trabalho (Livro 1º); na *Alemanha*, o § 115-a do GewO (*Gewerbeordnung* – Regulamento Industrial); no *México*, o art. 116º da Lei Federal do Trabalho (1970).

[71] Esta dupla função reflecte-se claramente no art. 278º/3: se a *unidade de medida ou de cálculo* estipulada for superior à quinzena, pode o trabalhador exigir que a *unidade de vencimento* ou de pagamento utilizada (mesmo sem acordo) seja essa: a quinzena.

[72] É o princípio ou regra da *pós-numeração.* Vd., sobre o ponto, PERA, *Diritto del lavoro cit.*, 612.

[73] Vd., sobre o ponto, KASKEL/DERSCH 287.

F) A prescrição dos créditos salariais.

" (...) II - A contagem do prazo prescricional dos créditos laborais, previsto no artigo 38º, da LCT, só ocorre após a cessação, de facto, da relação laboral, o que se justifica por razões de pacificação social, dando-se assim a possibilidade às partes, durante a vigência do contrato, de não instaurarem acções com vista à reclamação dos seus direitos, para não se envenenar o bom relacionamento entre elas.
III - Na expressão «créditos resultantes do contrato de trabalho e da sua violação ou cessação» engloba-se todo o acervo de direitos que se constituem na esfera jurídica do trabalhador por efeito do contrato, mas também os associados às vicissitudes ligadas à violação ou cessação do mesmo, daí que o prazo de prescrição do artigo 38º, da LCT, se aplique a todos os créditos emergentes do contrato de trabalho.
IV - Desta feita, peticionando os trabalhadores, na acção, a condenação da empregadora no pagamento de diferenças salariais, tinham que reclamar esses seus créditos no prazo de um ano, ainda que simultaneamente houvessem pedido a resolução do negócio jurídico que conduziu à cessação dos seus contratos por terem passado à situação de reforma. (...)" - STJ 29/02/20122 - P. 1664/05.4TTLSB.L1.S1 (Gonçalves Rocha).

41. *A extinção do crédito salarial por prescrição.* Os créditos retributivos do trabalhador podem extinguir-se por prescrição, isto é, pelo decurso de certo tempo sem que tenha sido exigida a sua efectivação. No entanto, a prescrição extintiva reveste-se, neste domínio, de particulares dificuldades. Em muitos casos, a não exigência dos créditos pelo trabalhador pode dever-se ao receio de represálias ou mesmo da perda do emprego. A função compensatória que, como vimos, caracteriza este ramo de Direito aponta no sentido da abertura de possibilidades de actuação do trabalhador, na defesa dos seus interesses, após a recuperação da liberdade psicológica plena, isto é, após a cessação da relação de trabalho.

Convém ter presente que o prazo ordinário de prescrição é de vinte anos (art. 309º CCiv.) e que a lei civil estabelece um prazo quinquenal para a generalidade das "prestações periodicamente renováveis". Deve também recordar-se que, nos termos da lei civil (art. 306º/1 CCiv.), "o prazo de prescrição começa a correr quando o direito puder ser exercido". Por outro lado, o art. 318º/e) CCiv. determina a suspensão da prescrição "entre quem presta o trabalho doméstico e o respectivo patrão, enquanto o contrato durar". Notar-se-á, também, que o Código prevê e define o contrato de trabalho (art. 1152º), mas remete a sua disciplina para diploma específico (art. 1153º); e não deve também deixar-se escapar o facto de o contrato de serviço doméstico ser, indiscutivelmente, um contrato de trabalho, embora sujeito a regime especial. Todos estes dados pareceriam apontar no sentido de que o legislador civil, sensível à particular vulnerabilidade do trabalhador doméstico na pendência do seu contrato, não terá visto motivo para a definição de um regime específico de prescrição aplicável aos contratos de trabalho em geral. Todavia, o ponto de vista do legislador do trabalho é diferente.

A primitiva lei do contrato de trabalho (L 1952, de 10/3/37) partia do pressuposto de uma genérica e comum debilidade dos trabalhadores subordinados para exigirem a efectivação dos seus direitos, nomeadamente salariais, durante a vigência do contrato. Por isso, determinava que a contagem do prazo de prescrição dos créditos *do trabalhador* se fizesse somente *a partir da data da cessação do contrato de trabalho* (arts. 23º a 25º)[74].

Contudo, décadas mais tarde, o art. 38º/1 LCT fixou um mecanismo de prescrição *comum aos créditos do trabalhador e do empregador*, combinando assim, de modo discutível, a preocupação de proteger a liberdade psicológica do trabalhador com a de facilitar a "liquidação" rápida dos efeitos económicos do contrato de trabalho.

O art. 337º/1 CT mantém essa regra: *todos* os créditos (de qualquer das partes) se extinguem por prescrição «decorrido um ano a partir do dia seguinte àquele em que cessou o contrato de trabalho». A jurisprudência[75] e a quase totalidade da doutrina não têm encontrado motivos para duvidar de que o preceito implica a suspensão da prescrição de quaisquer créditos (do trabalhador e do empregador) emergentes da relação de trabalho, durante a vigência do contrato.

42. *A interpretação do art. 337º/1.* A solução legal, interpretada do modo mais corrente, oferece matéria para discussão quanto ao seu acerto. Várias considerações, e, em especial, a da estranha simetria do regime legal, levaram Bernardo Xavier a proceder a uma sagaz e profunda revisão da tese comum[76] – por ele também sustentada no passado –, no sentido (se bem entendemos) da combinação de dois mecanismos prescricionais: um aplicável na pendência do contrato (com o prazo da lei civil, que será, em regra, no caso dos créditos salariais, de cinco anos), e outro, de um ano, a contar da cessação do contrato. A sustentação dessa tese, que se apresenta como proposta de uma nova interpretação do regime vigente, encontra sobretudo apoio em fortes argumentos *de iure condendo*. Não se pode negar a importância dos inconvenientes derivados de uma

[74] A expressão utilizada na lei era: "corre desde o dia seguinte ao da rescisão do contrato de trabalho".

[75] Vejam-se, como meros exemplos, os Acs. STJ 24/10/2006 – P. 06S1827 (Fernandes Cadilhe) e 20/06/2012 – P. 347/10.8TTVNG.P1.S1 (Sampaio Gomes).

[76] São vários os escritos em que se espelha o esforço de reconsideração teórica do tema que o Autor desenvolve desde há vários anos. Destacaremos, naturalmente, o *Manual de Direito do Trabalho*, 2ª ed., Lisboa (2014)629 ss.; e o estudo recente, com refutação de críticas movidas contra a tese dualista agora perfilhada, *Prescrição nas relações de trabalho*, RDES, nº 3-4 (2012)7 ss..

grande distância no tempo entre o momento da exigibilidade dos créditos e o da sua efectiva exigência, inconvenientes que se agravam quando o próprio fundamento jurídico das pretensões é controverso, ou seja, quando a existência mesma dos direitos invocados é objecto de litígio e depende de interpretações ou qualificações sujeitas a divergências de opinião técnico-jurídica. Afigura-se, por outro lado, inteiramente desajustada a simetria de regimes, não no tocante à duração do prazo de prescrição (um ano após a cessação do contrato), que tudo aconselha que seja comum; mas pelo que respeita à suspensão da prescrição durante a vigência do contrato, que nada parece justificar quanto aos créditos do empregador.

Por outro lado, mesmo *de iure condito*, existe pelo menos um raciocínio interpretativo favorável à revisão do entendimento tradicional. Decompondo a "fita do tempo" em dois segmentos (antes e depois da cessação do contrato), dir-se-á que não oferece dúvidas o prazo comum de um ano após a dissolução do vínculo, como estímulo à liquidação dos seus efeitos económicos e à estabilização de um quadro de certeza jurídica entre os sujeitos. Quanto ao primeiro segmento, porém, a lei do trabalho nada diz. Este silêncio pode ser interpretado de duas maneiras, e das duas há-de ser escolhida, em conformidade com o ditame do art. 9º/3 CCiv., a que corresponda às "soluções mais adequadas", isto é, a que for mais racional. Uma é a de que, na vigência do contrato, a prescrição fica suspensa quanto aos créditos de ambas as partes; outra é a de que a lei do trabalho não cuidou aí da prescrição, abrindo espaço para a aplicação do regime geral da lei civil, também relativamente aos créditos de ambas as partes. A primeira solução é patentemente irracional, não se vê argumento que a justifique no tocante aos créditos do empregador. A segunda não oferece o flanco nesse plano – deveria, numa perspectiva puramente lógica, ser a leitura preferida. No entanto, esta leitura redundaria na total indiferença da lei face à vulnerabilidade do trabalhador na pendência do contrato, o que também não parece poder presumir-se, à luz do art. 9º/3 CCiv..

A interpretação proposta por Bernardo Xavier para o art. 337º/1 – no sentido de que se trataria nele apenas dos créditos "sobreviventes" à data da cessação do contrato –, sendo sedutora, não encontra conforto nos antecedentes da norma nem no seu próprio teor.

Trata-se de um regime especial de que, a nosso ver, só um raciocínio linear como aquele que se descreveu, aliado a razões *de iure condendo*, indicaria a aplicação cumulativa com o regime geral do CCiv.. E, o que é mais, a solução do art. 337º/1 CT – apesar de ter na sua genealogia expressões claras de preocupação com a viabilidade da defesa dos interesses económicos do trabalhador – veria os seus propósitos estranhamente diminuídos. O preceito da lei laboral cuidaria simplesmente de propiciar a expedita liquidação do "saldo" económico da relação de trabalho, em nome da fluidez e da certeza do comércio jurídico – o que parece pouco, para a uma norma especial contida na lei do trabalho. De um outro ângulo, pode ainda ver-se nela – e continua a ser pouco – a intenção de evitar que (tendo ambos "beneficiado" da suspensão da prescrição até à cessação do contrato) o empregador ficasse em posição de vantagem quanto aos seus créditos, sujeitos à prescrição nos termos do CCiv., enquanto os do trabalhador se extinguiriam mais cedo.

Não vemos, em suma, razões bastante consistentes para que, *de iure condito*, seja afastado o entendimento tradicional.

43. *Crítica do regime legal.* A exposição de Bernardo Xavier – desenvolvida com a sua característica mestria analítica – tem, no mínimo, o mérito de colocar em evidência os defeitos de construção do regime legal e a necessidade de o rever. *Com efeito, de iure condendo*, a solução consagrada, há quase meio século, pela nossa lei é claramente merecedora de reconsideração profunda. Assenta numa directriz insustentável: a de que, na vigência do contrato, a prescrição tem que ficar bilateralmente suspensa. Não toma, por outro lado, em conta os efeitos verdadeiramente abnormes a que conduz a reposição, a décadas de distância, de questões de qualificação de situações e interpretação de regimes que, ao longo da vigência do contrato, ficaram, por assim dizer, a "hibernar" à espera do fim de debilidades que nem sempre seriam reais e consistentes. Oferece cobertura – difícil de romper – a inúmeras situações em que a não afirmação atempada de direitos conflitua com a boa-fé e em que as reclamações posteriores se abeiram, pela mesma razão, do território do abuso de direito[77]. E um dos sentidos da desejável revisão deverá ser o da diversificação dos mecanismos prescricionais consoante o grau de vulnerabilidade que se deva reconhecer à situação contratual do trabalhador, a qual pode ser muito desigual em função da estabilidade

[77] Nesta perspectiva, tem sido discutida nos tribunais a possibilidade de aplicação da noção de *supressio* (como inibição do exercício de um direito, nomeadamente da reclamação de um crédito) ligada ao não exercício do direito por longo período, e fundada na boa fé. A figura, de origem germânica, não parece ter feito grnde carreira na nossa jurisprudência, ao contrário do que sucede, por exemplo, na brasileira. Na doutrina recente, veja-se, sobre o tema, A. Menezes Cordeiro, *Tratado de Direito Civil*, tomo IV, 312 ss.. A figura tem sido considerada, nomeadamente na jurisprudência da Relação do Porto, inaplicável nos casos em que existe regime prescricional: cfr., entre muitos outros, o Ac. Rel. Porto 17/06/2013 – P. 629/10.TTBRG.P2 (Ferreira da Costa), que foi confirmado pelo Ac. STJ 11/12/2013 (Fernandes da Silva), embora sem entrar na discussão doutrinal. Por nossa parte, cremos que há ou pode haver, na matéria, ponderações relevantes a fazer no domínio da boa fé, e que a *supressio* é uma figura vocacionada, justamente, para funcionar como válvula de segurança para as disfunções e insuficiências do regime da prescrição.

dos vínculos[78]. Por outro lado, o argumento de que o nosso regime de despedimento individual garante um nível relevante de estabilidade do emprego (isto é, protege suficientemente o trabalhador contra represálias do empregador) parece cada vez menos convincente. Na lei, as recentes alterações aos regimes de despedimento por causas não disciplinares[79] vão no sentido de um acréscimo considerável do grau de disponibilidade do empregador sobre o emprego individual. Na realidade, os níveis astronómicos que a taxa de desemprego atingiu em Portugal reduzem a bem pouco o alcance da "garantia da segurança de emprego" de que fala o art. 53º CRP, assim como do "rígido" sistema português de despedimentos. Há pois aí um vasto campo de reflexão com vista à definição de um adequado regime prescricional para os créditos laborais.

44. *O caso das "profissões liberais"*. O CT ultrapassou, porém, uma dificuldade que o texto correspondente da LCT – o do art. 38º – suscitava. A regra prescricional era completada com o seguinte enunciado: "(...) sem prejuízo do disposto na lei geral acerca dos créditos pelos serviços prestados no exercício de profissões liberais". Sendo certo que esses serviços podiam ser prestados no âmbito de um contrato de trabalho (o que a LCT já admitia expressamente: art. 5º/2), parecia decorrer do trecho transcrito a aplicabilidade, em tal caso, do prazo de *prescrição presuntiva* de dois anos, estabelecido pelo art. 317º/*c*) CCiv.. A prescrição presuntiva funda-se na presunção de cumprimento (art. 312º CCiv.) que pode ser ilidida por confissão do devedor. Haveria, assim, no mesmo texto, dois tipos de prescrição e dois prazos diferentes, o que não deixou de dar ensejo a debate alongado. No entanto, a jurisprudência assentou relativamente cedo uma posição firme – ainda que discutível – sobre o assunto: a de que o prazo de prescrição *extintiva* de um ano devia entender-se aplicável a *todos* os créditos emergentes do contrato de trabalho, incluindo os detidos por profissionais liberais – reservando-se a parte final do art. 38º/1 para os casos de contrato de prestação de serviço[80]. Como se disse, com o (actual) art. 337º CT a questão deixou de se pôr.

[78] Com isto se evoca a evolução verificada na Itália, a partir da jurisprudência constitucional. Na falta de norma especial na legislação do trabalho, ss normas do Código civil italiano sobre prescrição extintiva (arts. 2948º/4, 2955º/2 e 2956º/1) foram declaradas, por sentença da Corte Constitucional (de 1966), inaplicáveis ao contrato de trabalho, na medida em que admitiam o curso da prescrição durante a relação laboral. Em 1969, outra sentença do mesmo Tribunal restringiu a aplicação da regra da suspensão da prescrição extintiva, sustentada naquela decisão, aos casos em que o contrato de trabalho não estivesse sujeito a um regime de estabilidade que permitisse manter no trabalhador a capacidade de resistir e fazer valer os seus créditos. A *Cassazione* tem mantido e concretizado essa orientação: veja-se, por exemplo, a Sentença nº 7640, de 16/5/2012, acessível em www.cortedicassazione.it..

[79] Trata-se de alterações introduzidas pela L. 23/2012, de 25 de Junho, que serão expostas mais adiante.

[80] Ver, neste sentido, por todos, o Ac. STJ 28/5/82, no *BMJ* 317, 137.

45. *Prescrição e acção de impugnação de despedimento.* A regra especial[81] do art. 337º/1 acaba por condicionar, sob o ponto de vista temporal, a efectivação dos direitos por via judicial, nomeadamente em caso de despedimento.

É esta a situação em que, geralmente, emergem créditos importantes do trabalhador. A própria apreciação da licitude do despedimento pode resultar, directamente, em créditos pecuniários: o despedimento ilícito implica o pagamento das retribuições correspondentes ao período decorrido entre o despedimento e o trânsito em julgado da decisão judicial e, eventualmente, de uma indemnização de antiguidade (art. 391º CT). É a cessação do contrato que oferece, também, a oportunidade para o acerto final de contas entre as partes.

O prazo do art. 337º/1 é um prazo a partir do qual ficam extintos esses direitos de crédito, não é um prazo para a propositura da acção judicial destinada a apreciar a licitude do despedimento[82], embora seja verdade que se reflecte, em grande parte, na *utilidade* dessa acção. Assim, no sistema do Código de 2003, o prazo do (agora) art. 337º ligava-se ao relativo à propositura da acção de impugnação do despedimento, que estava fixado no art. 435º daquele Código[83-84]. O Código de 2009 separou os dois condicionamentos temporais. A "oposição" do trabalhador ao despedimento, a fazer através de simples requerimento, está sujeita a um prazo de 60 dias, cabendo ao empregador (nos termos definidos pelo DL 295/2009, de 13/10) instaurar a acção judicial de apreciação do despedimento (art. 387º CT).

De acordo com o entendimento exposto, segundo o qual, durante a vigência do contrato, a prescrição está suspensa por a situação de dependência do trabalhador não lhe permitir, presumivelmente, exercer em pleno os seus direitos, o que importa (para o início da contagem do respectivo prazo) é o momento da *ruptura da relação de dependência*, não o momento da cessação efectiva do vínculo jurídico, a qual, em virtude de decisão judicial que (por exemplo) declare ilícito

[81] Cfr. Ac. STJ 15/2/95 (AD 402, 754). Com isto, pretendeu o Tribunal afastar a aplicação de regras gerais sobre precrição extintiva, constantes do CCiv..

[82] O que tem o alcance derivado do diferente regime legal que pertence a cada uma destas figuras (prescrição extintiva de créditos e caducidade do direito de acção): vd. Ac. STJ 4/11/92 (BMJ 421, 267).

[83] Nesta mesma perspectiva, o STJ foi já ao ponto de considerar que o direito à reintegração do trabalhador, efeito primário da declaração de ilicitude do despedimento (agora no art. 389º/1), é um «crédito» para os efeitos prescricionais do (então) art. 381º – vd. Ac. STJ 15/5/91 *apud* A. Neto, *Contrato de trabalho* cit 218. Tratava-se de um produto lógico da sobreposição dos dois prazos legais.

[84] Por isso teve o Tribunal Constitucional que se pronunciar sobre a questão de saber se o prazo prescricional de um ano, entendido também como prazo de propositura da acção de impugnação do despedimento, não constituiria limitação inconstitucional aos meios de efectivação do princípio da segurança do emprego (art. 53º CRP). O TC pronunciou-se, por mais de uma vez, no sentido da conformidade constitucional da solução: Acs. TC 6/5/87 (BMJ 367, 203) e 26/1/94 (BMJ 433, 168).

o despedimento, pode até ser juridicamente neutralizada. O momento decisivo é, por conseguinte, aquele em que a relação *factual* de trabalho cessa, ainda que, posteriormente, o acto que lhe tenha posto termo venha a ser invalidado[85].

46. *A prova dos créditos antigos.* A diferente antiguidade dos créditos laborais previstos no art. 337º/1 levanta, à margem do regime da prescrição extintiva, o problema da *prova* daqueles que surgiram ou se venceram há mais tempo - problema tratado no nº 2 do mesmo artigo.

Pode ser que, antes ou após a cessação do contrato, sejam invocados créditos com cinco, dez, quinze ou mais anos de existência (real ou alegada) - por prestação de horas suplementares não pagas, pelo não gozo de férias em certos anos, por atraso no pagamento de um subsídio de Natal ou de férias. A prescrição, em geral, visa, justamente, corresponder a exigências de «certeza do direito e segurança do comércio jurídico»[86], permitindo considerar inatendíveis pretensões não reclamadas durante muito tempo. Ora o regime prescricional especial do art. 337º/1 acaba por se traduzir na possibilidade de efectivação de créditos independentemente da sua antiguidade.

Daí que a lei complete esse regime com uma singular exigência de *prova* quanto aos créditos mais antigos (vencidos há mais de cinco anos relativamente ao momento em que são reclamados) e que resultem de violação do direito a férias, da aplicação de sanções abusivas ou da realização de trabalho suplementar (art. 337º/2). Essa exigência é a de *documento idóneo* - «um documento escrito que demonstre a existência dos factos constitutivos do crédito»[87], por exemplo o registo de horas suplementares imposto pelo art. 231º CT.

Estes créditos estão cobertos pelo mesmo prazo prescricional que os restantes (um ano após a cessação do contrato), mas só podem ser invocados mediante prova particularmente segura da sua existência.

Por outro lado, muitos outros créditos antigos do trabalhador (como do empregador...) ficam à margem dessa exigência específica quanto aos meios de prova - o que também parece difícil de justificar. Eles podem ser provados por qualquer meio, inclusivamente por testemunhas. E encontram-se nessa vasta categoria créditos como os respeitantes a diferenças salariais devidas por reclassificação ou por exercício temporário de funções diferentes, que constituem objecto frequente de litígios judiciais.

[85] Trata-se de orientação constante e já antiga da jurisprudência: cfr., entre muitos outros, os Acs. Rel. Lisboa 21/2/90 (AD 341, 711), Rel. Coimbra 14/3/90 (CJ 90, 2, 94), Rel. Coimbra 6/12/90 (BMJ 402, 680), Rel. Coimbra 6/6/91 (CJ 91, 3, 124); e Acs. STJ 4/11/92 (BMJ 421, 267). Mais recentemente, por exemplo, o Ac. STJ 14/12/2006 - P. 06S2448 (Maria Laura Leonardo).

[86] Cfr. o importante Ac. TC 6/5/87, já citado.

[87] Bernardo Xavier, *Regime jurídico* cit. 103.

II. Os deveres acessórios do empregador.

47. *Os deveres acessórios.* Tal como o trabalhador, também o empregador tem deveres acessórios de conduta, fundados na situação de integração do trabalhador na organização produtiva ordenada e dirigida por aquela entidade. Tal como a propósito da posição obrigacional do trabalhador, não vamos aqui abordar os deveres *secundários* em relação à obrigação (principal) de pagamento do salário (como o dever de formação contínua) , mas sim apenas os deveres (patronais) que podemos designar por *acessórios. Há aqui que sublinhar uma particularidade: vários deles não estão funcionalmente ligados à obrigação retributiva, mas sim, ainda, aos requisitos de exequibilidade da prestação de trabalho ou* ao quadro ambiental em que a actividade do trabalhador vai inserir-se, constituindo, portanto, condições *materiais* e *sociais* da sua execução.

A) Dever de respeito, urbanidade e probidade.

> **"(...) VI – Traduz violação das garantias legais e convencionais do trabalhador o comportamento da empregadora que determinou que aquele A deixasse de realizar as funções que vinha desempenhando – com a categoria de primeiro assistente de direcção, numa pensão onde lhe competia dirigir a actividade da recepção, controlar a emissão de facturas, controlar e conferir a caixa, aceitar reservas e tratar do respectivo expediente, tratar de todas as compras, chefiar o pessoal e substituir o director nas suas ausências – atribuindo-lhe outras tarefas que nada tinham a ver com as que sempre exercera.**
>
> **VII – São as funções exercidas pelo trabalhador que determinam a sua classificação profissional na empresa, pelo que embora o trabalhador se mantivesse nominalmente na categoria que detinha, o conteúdo funcional desta foi esvaziado do seu núcleo essencial, com a consequente modificação da posição daquele na empresa, traduzindo ainda uma desvalorização profissional, dado que deixaria de reportar directamente à gerência, como sempre sucedera, para estar subordinado a uma funcionária à qual foram atribuídas as funções que ele antes desempenhava, o que viola a garantia consignada no artigo 122º, alínea e) do Código do Trabalho.**

VIII - Tal comportamento, acompanhado da retirada do trabalhador do local onde sempre exerceu as suas funções - um gabinete junto da recepção - e a sua colocação, num quarto de dormir adaptado, em piso onde apenas se situavam quartos de dormir - incumprindo uma decisão judicial -, infringe ainda os deveres de respeitar o trabalhador e de lhe proporcionar boas condições de trabalho, quer do ponto de vista físico quer do ponto de vista moral.

IX - Perante este circunstancialismo, estão demonstrados o acentuado grau de ilicitude dos comportamentos da empregadora e a culpa de grau elevado, por esses comportamentos configurarem flagrantes e injustificados desvios ao padrão de comportamento de um empregador normalmente diligente, mostrando-se os mesmos adequados a ferir, de modo irreversível, o suporte psicológico de confiança recíproca entre as partes, não sendo exigível a um trabalhador de comum sensibilidade que permanecesse, por mais tempo, vinculado ao contrato, estando assim verificados os pressupostos da justa causa que legitimam a resolução do contrato. (...)" - STJ 21/10/2009 - P. 1996/05.1TTLSB.S1 (Vasques Dinis).

48. *Noção.* Tal como o trabalhador, o empregador deve comportar-se, no seu relacionamento pessoal com o trabalhador, de modo adequado à manutenção de um ambiente normal de trabalho. Deve "respeitar e tratar o trabalhador com urbanidade e probidade" (art. 126º/1-*a*)). De resto, ele é responsável pela criação de "boas condições de trabalho, do ponto de vista físico e moral" (al. *c*)). O exercício da autoridade patronal tem, assim, que conjugar-se com a salvaguarda da dignidade pessoal do trabalhador. O incumprimento deste dever situa-se num nível de censurabilidade inferior ao que corresponde ao assédio. Vistas as coisas de outro ângulo: não é necessário que o tratamento dado ao trabalhador seja qualificável como assédio para que o comportamento do empregador, ou dos seus representantes (dirigentes e chefias), possa considerar-se violador do dever de respeito e urbanidade, e até susceptível de preencher justa causa de resolução do contrato pelo trabalhador. Um critério adjuvante (mas não único nem decisivo) de diferenciação relativamente ao assédio poderá constituir no facto de se tratar de manifestação isolada de desrespeito ou mesmo de agressividade verbal (insultos, ameaças, acusações gratuitas, numa cena de zanga) mas não de um *comportamento* continuado, como é característico do assédio.

Entretanto, na nova redacção dada pela L. 93/2019 à al. a) do art. 127º/1, o assédio é expressamente incluído - de modo redundante - entre as possíveis violações do dever de respeito por parte do empregador.

B) Dever de cuidado e prevenção.

49. *Noções gerais.* Ao criar, organizar e dirigir a empresa, o empregador cria riscos: não apenas o risco económico do negócio, mas também riscos para a segurança das pessoas que vão estar integradas no processo produtivo. Esses riscos são de gravidade muito variável, mas existem sempre, mesmo nos ambientes de trabalho – como o escritório ou o estabelecimento comercial – onde é menos fácil imaginar acidentes ou doenças relacionadas com o trabalho. Compreende-se, pois, que a lei atribua ao empregador a obrigação de organizar e pôr em prática as medidas adequadas à prevenção dos riscos profissionais – desde os de ocorrência de acidentes de trabalho ou de doenças físicas, até aos chamados riscos psicossociais, relativos a alterações de saúde ou de equilíbrio psíquico, ou mesmo psicossomático, causadas ou potenciadas por características do ambiente de trabalho.

Na verdade, o local de trabalho – seja ele a fábrica, a oficina, o gabinete, o *atelier*, o laboratório, um terreno ao ar livre – constitui o ambiente em que o trabalhador passa grande parte do seu tempo. Tanto sob o ponto de vista do bem-estar e da realização pessoal que se associa ao trabalho, como na própria perspectiva da produtividade, a qualidade do ambiente oferecido pelo empregador não é um elemento neutro nas relações de trabalho.

O legislador exige, por isso, ao empregador, os comportamentos previstos no art. 128º/1-*c*), *d*), *g*), *h*) e *i*) CT, que podem ser englobados sob a designação de deveres de cuidado e prevenção e correspondem, aproximadamente, ao conteúdo atribuído, na doutrina e na jurisprudência alemãs, ao *dever de assistência* ou *protecção* (*Füsorgepflicht*) do empregador[88]: cabe ao empregador assegurar as *condições de higiene, saúde e segurança do local de trabalho*, nomeadamente pela observância das exigências legais e regulamentares que visam a prevenção de acidentes de trabalho e doenças profissionais[89], além de lhe ser exigível que ofereça aos trabalhadores o melhor *ambiente de trabalho* possível, sob os pontos de vista social e ético. Neste sentido, é exigível que o empregador actue no sentido

[88] Cfr., por todos, SCHAUB, *Arbeitsrecht* cit. 642 ss. Na formulação sintética de HUECK-NIPPERDEY (que, como NIKISCH, 406, e contra KASKEL-DERSH, nele incluia o elemento *lealdade* da entidade patronal, configurado como a contrapartida do dever idêntico do trabalhador) este dever lança sobre o empregador o encargo de «defender o trabalhador, prestar-lhe protecção e assistência e suprimir tudo aquilo que possa causar-lhe algum prejuízo nos seus interesses» *(Lehrbuch* cit., 357). Para além das projecções normativas expressas de tal obrigação – entre as quais avulta a *protecção da vida e saúde* do trabalhador (§ 618 BGB) –, a doutrina alemã, concebendo aquele como uma «cláusula geral» de natureza semelhante à da boa-fé contratual, construiu a partir dele outras obrigações da entidade patronal, como a de *protecção da propriedade do trabalhador* (abrangendo os objectos pessoais que este leva para o local de trabalho), etc.. Vd. ainda, sobre estes pontos, no quadro de um conjunto de «deveres de protecção» do empregador, ZÖLLNER 167 ss.

[89] Veja-se sobretudo a L. 102/2009, de 10/9, que, na sequência da inclusão, no CT, de um conjunto de regras e princípios sobre a matéria – arts. 281º ss. – constitui actualmente (com várias alterações posteriores) a lei-quadro sobre higiene, segurança e saúde no trabalho, a que se prendem numerosos dispositivos específicos para diferentes tipos de instalações e actividades propensas ao risco.

de prevenir e reprimir – usando, porventura, os meios disciplinares – situações como as que se acham descritas no art. 351º/2, ou outras correspondentes à noção de assédio laboral (art. 29º), desde que, naturalmente, as conheça. É ainda exigível ao empregador que tome as medidas possíveis – no quadro da normal gestão da empresa – para favorecer "a conciliação da actividade profissional com a vida familiar e pessoal" dos trabalhadores (art. 127º/3).

50. *A concepção alemã do dever de assistência.* No direito germânico – onde a elaboração teórica da matéria é particularmente rica – o conteúdo deste dever (concebido como uma cláusula geral) é bem mais amplo, ainda na linha da concepção outrora dominante – sobretudo na jurisprudência – da relação de trabalho como «relação comunitária jurídico-pessoal» (*personenrechtliches Gemeinchäftsverhaltnis*). São aí incluídos comportamentos que relevam, em geral, da boa-fé na formação dos contratos (vd., entre nós, o art. 227º CCiv.), seja o dever de esclarecimento do trabalhador acerca das características da prestação de trabalho que lhe será requerida, seja a observância das normas de protecção do trabalho *(Arbeitsschutzrecht)*, pertencentes ao Direito Público, e até a das regras concernentes ao esquema de seguros sociais[90].

Não faltou quem pusesse em causa essa concepção: «chegou o momento de tomar consciência de que ultimamente a interpretação extensiva de tal dever torna necessário colocar a questão de saber se não se alcançou já o *ponto culminante* nesse aspecto, ou mesmo se não terá sido por vezes ultrapassado; não no sentido de que os resultados dessa evolução devam negar-se em geral, mas no sentido de que esses mesmos resultados talvez pudessem atingir-se, melhor e de forma mais directa, de maneira distinta da que consiste em reduzi-los a manifestações do dever de assistência»[91]. E, com efeito, a tendência desenhada no sentido de encaixar em tal conceito numerosos juízos de equidade ou de adequação social, transformando-o numa espécie de «remédio mágico» através do qual se procurou enquadrar outro

[90] Cfr. SCHAUB 642 ss. Diz-se, acerca das primeiras, que a sua violação culposa pelo empregador «é não só um acto ilícito, nos termos do § 823 nº 2 BGB, mas supõe ainda uma violação contratual positiva» – evidenciando-se com isto a existência de uma obrigação autónoma *para com o trabalhador* (justamente o dever de assistência). Julgamos que se ajusta melhor ao nosso sistema a ideia de convergência do interesse público com o interesse privado do trabalhador em certo comportamento da entidade patronal (gerando assim, de um lado, a norma jurídico-pública de protecção e, do outro, o direito subjectivo do trabalhador, ambos apontados ao mesmo comportamento), a fim de explicar a duplicidade de sanções que ocorre quando aquelas normas são infringidas, com base em deveres precisamente individualizados e concretos.

[91] KASKEL/DERSCH 313. Só que a alternativa oferecida não primava por ser particularmente directa nem precisa: a explicação baseada no «princípio protectivo do direito social» (*sozialrechtliches Schutzprinzip*).

tantos desvios às regras civilísticas[92], não só mantém e alimenta a imprecisão do seu conteúdo como, em relação a certos domínios fulcrais – por exemplo, o da responsabilidade –, acabou por inspirar o recurso a outros instrumentos dotados de maior rigor, como seja a ideia do risco de estabelecimento (*Betriebsrisiko*), adiante exposta.

O dever de assistência tem sido redimensionado, face aos dois fenómenos seguintes:

a) por um lado, e sob o ponto de vista da *fundamentação genérica* dos deveres acessórios de conduta da entidade patronal, o recurso à mencionada ideia do «risco de estabelecimento» (*Betriebsrisiko*), aliás também de origem germânica, ou então, mais amplamente, da oneração do empregador com riscos proporcionados por uma organização de meios produtivos que ele erigiu;

b) por outro, e no que toca à destrinça dos referidos deveres, o facto de que diversos «corolários» primitivos do dever de assistência (enquanto expressão do carácter comunitário que se quis reconhecer na relação de trabalho) – tal o caso do direito a férias pagas[93] – se terem consolidado e transmutado em deveres jurídicos autónomos, independentes até da existência de uma organização técnico-laboral relevante, antes inerentes ao conteúdo da relação jurídica estabelecida entre um trabalhador e um empregador.

Na doutrina alemã mais moderna, prefere-se desdobrar uma gama mais ou menos variada de deveres específicos, organizados e fundamentados mais com base nas suas funções do que nos seus fundamentos dogmáticos. Assim, podem distinguir-se "deveres de protecção", compreendendo a protecção da vida e saúde do trabalhador, dos seus direitos de personalidade e dos seus interesses patrimoniais, e "deveres de promoção", como o de ocupação efectiva ou os deveres do empregador no contexto da cessação do contrato (destinados a facilitar o reemprego do trabalhador), para além do "dever de assistência", como expressão da boa fé, e o "dever de concessão de férias"[94]; ou ainda, noutra perspectiva, "deveres de protecção", agregando a protecção da vida e saúde do trabalhador, a protecção da personalidade deste e a protecção de bens que lhe pertençam, "deveres de informação" e "outros", compreendendo a concessão de férias e a igualdade de tratamento, e tratando à parte, por exemplo, a ocupação efectiva[95].

51. *A posição do Código português.* De qualquer modo, uma concepção ampla como a do dever de assistência não parece ter acolhimento no nosso Código.

[92] Cfr. Gamillscheg, *Die Haftung des Arbeitnehmers gegenüber Dritten, in Ius Privatum Gentium – Festschrift für Max Rheinstein*, vol II, Tübingen (1969) 1 043 ss.

[93] Kaskel/Dersch 325 s.

[94] Zöllner/Loritz, *Arbeitsrecht* cit. 202 ss..

[95] Dütz/Thüsing, *Arbeitsrecht* cit. 88 ss..

Fundamentalmente, está consagrado, nas suas manifestações mais relevantes e características, o aludido dever de cuidado e prevenção, o qual traduz a responsabilidade do empregador pelas condições de segurança e de vida que são oferecidas no âmbito da organização que criou e dirige. As suas manifestações são, em termos gerais:

a) a exigência da oferta de «boas condições de trabalho, do ponto de vista físico e moral» (art. 128º/1-*c*));

b) o dever de prevenção de riscos profissionais (art. 128º/1-*g*), *h*) e *i*), com desenvolvimento nos arts. 281º ss. CT e na L. 102/2009 já referida)[96];

c) em especial, os deveres de prevenção e punição do assédio (art. 127º/1-*k*) e *l*), introduzidas pela L. 73/2017, de 16 de Agosto).

Como acima salientámos, a garantia de "boas condições de trabalho" tem uma amplitude que pode compreender não só aspectos ligados ao ambiente físico e social em que a actividade do trabalhador é realizada, mas também responsabilidades atinentes ao combate ao assédio e à conciliação vida-trabalho.

Nessa perspectiva, os poderes de controlo e disciplina que integram o estatuto do empregador devem ser usados ao serviço da salvaguarda das referidas condições ambientais (físicas e psíquicas) — são, nessa medida, verdadeiros poderes-deveres, cujo não exercício é susceptível de envolver responsabilidade própria para o empregador, nomeadamente nas situações de assédio.

À margem dessas exigências legais, podem ser referenciados outros deveres atribuídos aos empregadores pelas convenções colectivas (e por vezes também através de regulamentação interna), tendo por objecto prestações de natureza social (como um subsídio para material escolar dos filhos) ou complementares das que são asseguradas pelos esquemas de benefícios de segurança social (assim, por exemplo, as prestações complementares do subsídio de doença e da pensão de reforma, a comparticipação da empresa no custo de medicamentos). Todavia, essas obrigações não integram a configuração genérica da posição jurídica de "empregador".

[96] Não se situa no mesmo plano - e por isso o não referimos no texto - o dever de indemnizar o trabalhador dos prejuízos resultantes de acidentes de trabalho, a que se refere também a al. *g*) do nº 1 do art. 127º. Trata-se, aí, de uma modalidade de responsabilidade civil, a que corresponde regulamentação própria; não se trata de um dever que se filie directamente no contrato.

C) Dever de ocupação efectiva[97].

"I – O direito à ocupação efectiva do trabalhador encontra-se expressamente consagrado na alínea b), do nº 1, do artigo 129º, do actual Código do Trabalho, com igual redacção na alínea b), do nº 1, do artigo 122º, do Código do Trabalho de 2003.

II – A violação do dever de ocupação efectiva do trabalhador, com a protecção deste, pressupõe que exista por parte do empregador comportamentos injustificadamente obstativos da prestação efectiva de trabalho, pelo que só ocorre a violação desse direito se se verificar uma injustificada desocupação do trabalhador determinada pela empregadora.

III – Não integra violação do dever efectivo de ocupação do trabalhador a situação em que, encontrando-se o trabalhador doente e, por essa razão, ausente sucessiva e ininterruptamente do local de trabalho, e tendo comunicado, por sua iniciativa, ao empregador que, em virtude desse facto, "não estava em condições de exercer trabalho útil e produtivo", o empregador, em função disso, não pôs à sua disposição outro serviço, tendo aguardado os resultados das juntas médicas e a sua passagem à situação de reforma.

IV – O princípio constitucional da igualdade proíbe o tratamento diferenciado de situações iguais, sem fundamento material bastante ou sem justificação razoável, e não a diferença de soluções relativamente a casos distintos, cuja diferença está comprovada em face dos factos assentes ou resulta claramente da descrição e análise do caso concreto." – STJ 31/05/2016 – P. 3715/13.0TTLSB.L1.S1 (Ana Luisa Geraldes).

52. A *cooperação do empregador*. A execução do contrato implica, da parte do empregador, o fornecimento das condições materiais indispensáveis ao exercício da actividade prometida pelo trabalhador. Incluem-se aqui a definição da categoria e da função a exercer, do local e do tempo de trabalho; e ainda o fornecimento das matérias-primas, instrumentos e máquinas necessárias à laboração[98].

É sabido que, para se tornar viável a prestação efectiva de trabalho, não basta que o trabalhador se coloque à disposição para ela; é necessária ainda a *cooperação do empregador* que se traduzirá na oferta das aludidas condições materiais e organizativas (o *Arbeitssubstrat* a que amiúde se referem os autores alemães). Trata-se de uma ilustração particularmente nítida (como consequência da natureza da obrigação de trabalho) da cooperação creditória que a lei prevê tendo em vista o cumprimento das obrigações (art. 813º CCiv.)[99]. Nos termos da lei

[97] Vd. Júlio Gomes, *Direito do Trabalho* cit., 551 ss.; P. Romano Martinez, *Direito do Trabalho* cit., 482; Bernardo Xavier, *Manual* cit. 486 ss.; M. Rosário Ramalho, *Tratado* cit, Parte II 365 ss..

[98] Cfr. Brun/Galland, *Droit du travail*, cit., 478.

[99] Cfr. Ana Prata (coord.), *Código Civil Anotado*, vol. I, Coimbra (2017) 1025 ss..

civil, a omissão, pelo credor, sem motivo justificado, dos "actos necessários ao cumprimento da obrigação" faz o mesmo credor incorrer em mora, o que, na perspectiva própria das relações de trabalho, tem como consequência que o trabalhador fica, durante a mora, dispensado da prestação de trabalho, conservando o direito à retribuição.

Por outras palavras: a falta de oferta, pelo empregador, das condições necessárias para que a prestação de trabalho se torne possível tem como consequência que ele não recebe essa prestação e continua a dever o salário. Por isso se diz que «não parece viável configurar a cooperação creditória como mais do que um ónus»[100]. O efeito da não cooperação é, simplesmente, que o trabalhador pode exigir o salário, apesar da verificada inviabilidade da prestação de trabalho.

53. *O dever de ocupação efectiva.* Mesmo que tenha sido completa a cooperação do empregador na criação inicial das condições para que o trabalhador realize a prestação de trabalho (determinação da função, do local e do tempo de trabalho, etc.), pode acontecer que, em contextos muito variados, o segundo seja remetido à inactividade, ou a uma actividade diferente da normal e destituída de conteúdo útil. É uma hipótese susceptível de se fundar na falta de trabalho, ou noutras circunstâncias impeditivas, mas também possível em ambientes de trabalho deteriorados, no desenvolvimento de hostilidades entre trabalhador e empregador ou hierarquias, ou mesmo de situações de assédio. A questão que, há tempos, se suscitou foi a de saber se, face ao direito positivo, seria viável construir um *dever de ocupação efectiva* do empregador.

Ninguém põe em dúvida, desde logo, a existência de profissões em que a prestação de trabalho efectivo corresponde a interesses vitais do trabalhador, podendo a inactividade injustificada (embora com manutenção do direito ao salário) causar-lhe desvantagens profissionais e pessoais sérias. Ponderem-se os casos dos actores e profissionais de espectáculos em geral, dos jornalistas, dos profissionais de desporto, dos deficientes (por motivos diversos, é claro), entre outros[101].

Para além desses casos específicos, em que a ocupação efectiva assume premência vital, continua a ser verdade que a efectivação do trabalho corresponde a interesses concretos, na ordem profissional e na ordem moral, de qualquer trabalhador, *maxime* quando a função se ajusta às suas específicas aptidões e preferências. Quando um indivíduo inicia uma relação de trabalho, visa, decerto,

[100] B. Lobo Xavier, A *repercussão do encerramento definitivo* cit., 2 283.

[101] O reconhecimento do direito à ocupação efectiva nesses casos não oferece, de há muito, quaisquer dificuldades teóricas, mesmo no quadro de uma concepção adversa, em linha de princípio, à existência de uma tal posição jurídica do trabalhador em geral. Cfr. Carinci/Tamajo/Tosi//Treu 197 ss.; Schaub 665.

independentemente da obtenção do rendimento de que carece, o exercício efectivo de uma actividade profissional que, para além de, eventualmente, lhe oferecer realização pessoal e reconhecimento social, é condição da sua futura empregabilidade – a "experiência profissional" consta de todas as ofertas de emprego... – e, por conseguinte, factor de segurança económica. A inactividade forçada (embora remunerada) constitui, em regra, um factor de desvalorização pessoal e profissional para o trabalhador.

Assim, no plano ético-social, é reconhecível como legítima e digna de protecção a aspiração do trabalhador à ocupação efectiva correspondente à actividade contratada[102]. *A priori* se pode afirmar que, no quadro do contrato de trabalho, a inocupação imposta ao trabalhador sem motivo legítimo representa um desvalor, um facto merecedor de apreciação negativa sob o ponto de vista ético-social. O que poderia questionar-se é se, à luz do direito positivo, é possível construir ou autonomizar «a obrigação jurídica e moral do empregador de não fazer o trabalhador conformar-se simplesmente com o pagamento do salário, sem utilizar a sua capacidade de trabalho, deixando-a improdutiva arbitrariamente»[103].

54. *Dever de ocupação e cooperação patronal.* O reconhecimento de um dever de ocupação efectiva a cargo do empregador tem consequências adicionais relativamente às que se associam à cooperação creditória devida pelo mesmo empregador.

Como se assinalou, a cooperação do empregador incide, desde logo, no momento da admissão do trabalhador e condiciona todo o desenvolvimento da relação de trabalho. Traduz-se, como foi dito, na atribuição de uma função e de um posto de trabalho correspondente, com o fornecimento das adequadas condições materiais e organizativas. Se aquela atribuição não é feita, e ainda se estas condições não são fornecidas ou sofrem interrupção, a prestação de trabalho torna-se impossível (o trabalhador não pode definir ele próprio a sua função nem escolher o seu posto de trabalho à revelia do empregador) e, se o empregador não dispõe de «motivo justificado», incorrerá em mora[104], com o efeito já referido.

[102] Cfr. já NIKISCH 437; e, ainda, além dos autores citados na nota anterior, ZÖLLNER 171; SÖLLNER 246; GAUL, *Das Arbeitsrecht* cit., I 437; DÄUBLER, *Das Arbeitsrecht*, 2, 280 ss.. Há, todavia, notória divergência no que toca à fundamentação do direito à ocupação efectiva.

[103] KASKEL/DERSCH 333.

[104] Sobre esta concepção de algum modo restritiva da *mora creditoris* relativamente à prestação de trabalho, vd. NIKISCH 440. Na mesma linha, entende-se que não há mora (antes, pelo contrário, se verifica a prestação básica do trabalhador: colocar e manter a sua força de trabalho à disposição da entidade patronal) quando, depois da «colocação» (*Einstellung*) do trabalhador, lhe não é permitido executar os seus serviços. Tal distinção não é pacífica: contra, p. ex., HUECK-NIPPERDEY 163.

Diversamente, o dever de ocupação opera como um verdadeiro dever de *prestação* do empregador. Radicado no contrato de trabalho, traduz-se na exigência de que *seja dada e mantida ao trabalhador a oportunidade de exercer efectivamente a actividade estipulada* – ressalvadas situações especiais, como as resultantes do encerramento temporário da fábrica, a suspensão preventiva em procedimento disciplinar, o cumprimento da pena de suspensão sem salário, e outras em que circunstâncias objectivas justifiquem a não ocupação efectiva. Supõe, assim, o reconhecimento da existência de interesses relevantes e dignos de protecção do trabalhador na efectiva execução do trabalho para que foi contratado, servindo de fundamento a um direito do trabalhador e a uma obrigação contratual do empregador. A não ocupação injustificada surge, assim, como violação contratual, tendo como consequência, para além da continuidade do direito ao salário, responsabilidade *do empregador pelos prejuízos (eventualmente) emergentes para o trabalhador*[105].

55. *Uma obrigação contratual.* É evidente que um dever de ocupação efectiva não tem por objecto "fazer trabalhar" o trabalhador em quaisquer circunstâncias, mesmo quando não haja trabalho para lhe dar, tendo em conta as suas qualificações, o seu estado físico e psíquico, para além da organização racional do trabalho na empresa e da tecnologia por esta utilizada. Seria inconcebível filiar no contrato de trabalho uma obrigação do empregador de assegurar ocupação efectiva permanente ao trabalhador, independentemente das necessidades objectivas da empresa. Para que possa exigir-se ao empregador que mantenha o trabalhador em actividade é necessário que, nas circunstâncias concretas de cada momento, haja trabalho para lhe dar. Na inversa, para que se considere legítima a colocação de um trabalhador em inactividade forçada, requer-se que a sua função e o seu posto de trabalho se encontrem em situação de não aproveitamento, no quadro de uma gestão racional de recursos. Por outras palavras, a ocupação efectiva só pode ser *devida* quando *exigível* nas circunstâncias concretas de cada caso. O reconhecimento de um dever de ocupação efectiva não implica que se lhe atribua carácter absoluto. Significa apenas que se considera implícito no contrato que o trabalhador não apenas *deve* trabalhar, mas também que *não deve ser impedido* de executar a actividade a que se obrigou, na medida do objectivamente necessário e útil para a empresa. Mais uma vez: exprime a consideração

[105] Tal é a solução tradicional na doutrina germânica, com base no regime da violação contratual positiva (§ 276 BGB). Concebe-se ainda a possibilidade de o trabalhador dar à entidade patronal um certo prazo para o ocupar efectivamente, requerendo depois ao tribunal, no caso de incumprimento, uma indemnização fixada segundo o critério daquele (§ 61, nº 4 AGG.) – Cfr. Nikisch 442; Kaskel/Dersch 335; Hueck/Nipperdey 351 ss. Relativamente ao sistema italiano, vd. as indicações em sentido idêntico de Carinci/de Luca Tamajo/Tosi/Treu, *Il rapporto* cit. 197.

de um interesse contratual relevante (e merecedor de tutela) do trabalhador na execução do seu trabalho.

Essa visão não é, porém, inteiramente pacífica.

Numa perspectiva diferente[106], pode sustentar-se que tal direito não existe; o que existe, sim, é a hipótese de abuso do poder patronal e de ofensa da boa fé, se o empregador remete um trabalhador à inactividade forçada, sem que para isso tenha razão objectiva ou justificação legítima. Ao fazê-lo, o empregador utiliza a sua autoridade e as suas prerrogativas de organização e direcção do trabalho para, de modo individualizado, penalizar um trabalhador por razões que não têm que ver com a regular laboração da empresa (represália, coacção psicológica), excedendo assim o "fim social e económico" desses poderes e exercendo-os contra a boa fé (art. 334º CCiv.). Nesta concepção, a inocupação injustificada não constitui incumprimento contratual, mas acto ilícito por abuso de direito.

56. *A "proibição" do art. 129º CT.* Não basta, naturalmente, identificar interesses legítimos e mercedores de tutela para que possa considerar-se descoberto um direito correspondente. A existência, no exercício efectivo de actividade profissional, de implicações pessoais e sociais positivas que, segundo cremos, ninguém discute, não é suficiente para que se possa, sem mais, considerar verificado um núcleo de interesses "relevantes" sob o ponto de vista jurídico; importa, obviamente, verificar se tais implicações são ou não reconhecidas no direito positivo. Há, com efeito, em múltiplos domínios, interesses susceptíveis de serem considerados merecedores de tutela, mas que não são como tais reconhecidos pelo ordenamento, carecendo da cobertura de direitos subjectivos.

Mas a verdade é que há, na lei, uma valoração expressa e inequívoca da ocupação efectiva do trabalhador. O art. 129º/1-*b*) CT inclui entre as garantias gerais dos trabalhadores a proibição, dirigida ao empregador, de "obstar, injustificadamente, à prestação efectiva de trabalho".

Aparentemente, não se trata de um dever de acção, que tenha por objecto a criação e a manutenção de condições materiais e organizacionais que possibilitem o trabalho efectivo; trata-se de uma obrigação abstensiva, que tem por objecto a (não) criação de impedimentos ou obstáculos à prestação de trabalho. Nessa primeira leitura, certamente próxima da letra da lei, dir-se-ia que não se está perante o reconhecimento legal de uma obrigação emergente do contrato, mas perante a explícita proibição de comportamentos incorrectos, contrários à boa fé, por parte do empregador.

[106] Defendida entre nós por Bernardo Xavier, por último no seu *Manual* cit. 486 ss.; vd também A. Nunes de Carvalho, *Sobre o dever de ocupação efectiva do trabalhador*, RDES (1991) 261 ss..

Na verdade, os poderes de organização e direcção do trabalho pertencem ao empregador e uma forma de "oposição" ou "obstaculização" à prestação efectiva de trabalho pode consistir, simplesmente, na privação da função e no esvaziamento do posto de trabalho. A marginalização do trabalhador na organização da empresa, a colocação dele "na prateleira" – sem razões objectivas de natureza técnica ou funcional –, sendo acções ao alcance dos poderes de organização do empregador, reconduzem-se à ideia de "oposição" que está traduzida na formulação do art. 129º.

Na aparência, pois, esta disposição legal vai ao encontro da concepção, atrás referenciada, segundo a qual não existe um verdadeiro dever de ocupação efectiva – correlato de um direito do trabalhador –, mas uma mera (e, de certo modo, redundante) valoração negativa da inocupação injustificada do trabalhador, por constituir abuso de direito e ofensa da boa fé (para quem não entenda que as duas noções se entrecruzam).

57. *A resposta do direito positivo.* No entanto, se atentarmos de novo no art. 129º, reconheceremos que algumas das proibições dele constantes se referem a *violações contratuais positivas*: decisões unilaterais do empregador de diminuição da retribuição, de baixa de categoria, de mudança do local de trabalho... Por outro lado, vários são os elementos de direito positivo que suportam a convicção de que aí se trata de uma projecção de um verdadeiro dever acessório do empregador, correlato de um direito do trabalhador com a sua raiz no contrato – ou, melhor, no conteúdo que a ordem jurídica liga à celebração de um contrato de trabalho.

A primeira constatação é a de que a CRP acolhe uma visão do trabalho que ultrapassa os paradigmas da "fonte de rendimento" e dos "meios de subsistência": ele é reconhecido, explicitamente, como meio de "realização pessoal" e ao modo por que ele é organizado associa-se, como conotação valorativa, a "dignificação social" do trabalhador (art. 59º/1*b*); ademais, essa maneira de ver deve relacionar-se com o direito ao "bom nome e reputação" (art. 26º/1) que a forçada e injustificada inactividade – com garantia de remuneração – é susceptível de pôr em causa.

Na linha desse entendimento constitucional, a lei ordinária oferece várias indicações inequívocas acerca do valor autónomo da efectiva prestação de trabalho, sob o ponto de vista do interesse do trabalhador.

Só assim se se explica, por exemplo, que a suspensão disciplinar – art. 328º/ /1-*e*) CT – constitua sanção *qualitativamente distinta* da sanção pecuniária (e mais grave do que esta). No mesmo quadro de valorações cabem os preceitos que fazem decorrer da relação de trabalho obrigações (para o empregador) de propiciação de formação profissional (art. 131º CT) e de adequação do trabalho às aptidões do trabalhador (art. 118º/1). Estas disposições fornecem o esboço de uma "tutela da profissionalidade", ainda que não atinja a intensidade adquirida noutros ordenamentos. Assinale-se ainda a oposição da lei a que do desempenho de funções acessórias decorra "desvalorização profissional" (art. 118º/2) e a que do exercício do *ius variandi* funcional resulte "modificação substancial da posição do trabalhador" (art. 120º/1); esta restrição – seja qual for o alcance que se lhe atribua – só adquire sentido à luz duma concepção do trabalho que tanscende a sua expressão económica (como meio produtivo ou como fonte de rendimento), e os limites de um crédito do empregador, fazendo dele um factor de satisfação moral e de consideração social do trabalhador.

Trata-se de um conjunto de afloramentos normativos da posição básica do ordenamento no sentido da *valorização autónoma do efectivo exercício da actividade contratada* como suporte de interesses relevantes do trabalhador[107], interesses que, como se disse, adquirem uma específica intensidade em certos tipos de trabalho – como o dos profissionais de espectáculos, jornalistas, cientistas, etc. –, mas que são, afinal, comuns a todas actividades.

Deve, pois, entender-se que o contrato de trabalho envolve o compromisso da ocupação efectiva, não merecendo protecção as motivações (como a de combater a concorrência ou, até, obstar directamente ao desenvolvimento profissional do trabalhador) que levem o empregador a manter o trabalhador inactivo *podendo* objectivamente ocupá-lo. Nestes casos, há violação contratual positiva, susceptível, nomeadamente, de preencher justa causa de resolução invocável pelo trabalhador. Em suma: não se trata, simplesmente, de um comportamento incorrecto, contrário à ética (à boa fé na execução do contrato) e, como tal, censurável – trata-se de uma conduta lesiva do interesse contratual da outra parte, violadora de um seu direito, e, como tal, indutora de responsabilidade contratual.

Esse direito e o dever que lhe corresponde por parte do empregador, tem a sua dimensão definida pela *exigibilidade*[108]: não se pode deixar de reconhecer como atendíveis as situações em que o empregador esteja *objectivamente impedido* de oferecer ocupação ao trabalhador, assim como aquelas em que se esteja em presença de *interesses legítimos* do mesmo empregador na colocação do trabalhador em estado de inactividade (por razões económicas, disciplinares ou outras)[109].

[107] Para uma crítica desta fundamentação, veja-se P. FURTADO MARTINS, *Despedimento ilícito, reintegração na empresa e dever de ocupação efectiva*, Lisboa (1992) 173 ss..

[108] Cfr. DÜTZ/THÜSING, *Arbeitsrecht* cit. 91: "o dever cessa se, com base numa ponderação dos específicos interesses do empregador na inocupação em confronto com os interesses do trabalhador, a ocupação não for exigível (*zumutbar*)".

[109] Cfr. ZÖLLNER 171; SCHAUB 666.

58. *A jurisprudência.* Esta doutrina, para além do suporte legal de que beneficia, tem há muito tempo acolhimento na nossa jurisprudência. Uma corrente de decisões iniciada em meados dos anos oitenta vem afirmando, em tom axiomático, e para a generalidade dos trabalhadores, um direito à ocupação efectiva[110] – ou, do ângulo oposto, um dever correspondente do empregador. As consequências da violação desse dever podem consistir no preenchimento de justa causa para a resolução do contrato pelo trabalhador e/ou na responsabilidade patronal pelos danos patrimoniais e não patrimoniais causados pela não ocupação.

Deve notar-se, porém, que a jurisprudência sobre a ocupação efectiva revela, por vezes, certa e injustificável radicalidade – quer pela desvalorização do requisito de exigibilidade, quer pela «equiparação» de situações de menor ocupação[111]. Em contrapartida, regista-se alguma indefinição no que toca às consequências da inobservância da ocupação efectiva, quando judicialmente determinada: numa perspectiva que reduz o conteúdo do direito à sua dimensão económica (remuneratória), reconduzem-se essas consequências ao modelo da liquidação em execução para prestação de facto, havendo que fixar simples-

[110] Cfr., entre os mais recentes, os Acs. STJ 09/09/2015 – P. 263/13.1TTPRT.P1.S1 (Gonçalves Rocha), em que se considerou possível a violação do dever de ocupação efefctiva por prolongamento ilegal da suspensão preventiva (embora, no caso, a decisão fosse negativa); STJ 21/04/2016- P. 79/13.5TTVCT.G1.S1 (Ana Luisa Geraldes), qualificando de violação desse dever o facto de, "desde Dezembro de 2007, a R. tem mantido o A. em situação de absoluta inactividade, transferindo-o sucessivamente de gabinete, sendo que apenas em Outubro de 2012 lhe atribuiu a realização de uma tarefa, durante dois meses, para depois o fazer regressar à situação de inactividade em que previamente se encontrava"; e STJ 31/05/2016- P. 3715/13.0TTLSB.L1.S1 (Ana Luisa Geraldes), que considerou não existir violação do dever de ocupação quando, "encontrando-se o trabalhador doente e, por essa razão, ausente sucessiva e ininterruptamente do local de trabalho, e tendo comunicado, por sua iniciativa, ao empregador que, em virtude desse facto, "não estava em condições de exercer trabalho útil e produtivo", o empregador, em função disso, não pôs à sua disposição outro serviço, tendo aguardado os resultados das juntas médicas e a sua passagem à situação de reforma". Este último acórdão resume, de forma lapidar, a doutrina há muito estabelecida pelo Supremo acerca do assunto: "O direito à ocupação efectiva do trabalhador encontra-se expressamente consagrado na alínea b), do nº 1, do artigo 129º, do actual Código do Trabalho"; "A violação do dever de ocupação efectiva do trabalhador, com a protecção deste, pressupõe que existam por parte do empregador comportamentos injustificadamente obstativos da prestação efectiva de trabalho, pelo que só ocorre a violação desse direito se se verificar uma injustificada desocupação do trabalhador determinada pela empregadora".

[111] Veja-se, por exemplo, o caso versado no AC. Rel. Porto 1/10/84 (CJ 84,4,267): uma trabalhadora, directora do controlo de produção, cessou essas funções e foi afecta a um centro de estudos a criar, sendo mantida em estado de inactividade durante quatro meses, salvo a solicitação de um estudo isolado. Esta situação foi, aliás, considerada pelo Tribunal como «violação do direito ao trabalho»!

mente, de tempos a tempos, o montante das retribuições devidas pelo tempo de inocupação[112].

Existe, para além disso, a possibilidade da aplicação de sanção pecuniária compulsória, nos termos do art. 829º-A CCiv.[113], se não for demonstrada a existência de condições objectivas[114] que determinam a inexigibilidade da ocupação.

Tal possibilidade constitui um corolário da orientação político-jurídica segundo a qual o direito à ocupação é *mais* do que uma mera salvaguarda da retribuição: o seu reconhecimento pressupõe a ideia de que pode ser exigido a uma entidade empregadora que, sem ou mesmo contra a sua vontade, utilize efectivamente os serviços de um trabalhador na organização de que é titular.

D) O dever de formação contínua.

59. *O enunciado legal.* O art. 127º/1-*d*) CT atribui ao empregador o dever de "contribuir para a elevação do nível de produtividade e empregabilidade do trabalhador, nomeadamente proporcionando-lhe formação profissional adequada a desenvolver a sua qualificação". Esta obrigação é retomada no art. 131º ss., onde se desenvolvem as responsabilidades do empregador em matéria de *formação contínua* dos trabalhadores ao seu serviço[115].

O empregador é, deste modo, expressamente incorporado no "sistema de formação profissional" – em que o Estado ocupa, naturalmente, posição proeminente (art. 6º L. 7/2009) –, como *agente da formação contínua*, destinada ao desenvolvimento das qualificações dos trabalhadores. Nesse papel, cabem-lhe

[112] Cfr., por exemplo, os Acs. 22/11/84 (BMJ 341, 378) e 9/1/87 (AD 306, 912), referentes – mas tanto monta – à decisão de reintegração por despedimento ilícito. Como se verá, perfilhamos o entendimento de que essa decisão não tem senão os efeitos da declaração judicial do direito à ocupação efectiva.

[113] Recorde-se o texto do art. 829º-A/1: «Nas obrigações de prestação de facto infungível, positivo ou negativo, salvo nas que exigem especiais qualidades científicas ou artísticas do obrigado, o tribunal deve, a requerimento do credor, condenar o devedor ao pagamento de uma quantia pecuniária por cada dia de atraso no cumprimento ou por cada infracção, conforme for mais conveniente às circunstâncias do caso».

[114] A nosso ver, o afastamento da exigibilidade pode, neste domínio, fundar-se em *juízos de conveniência* (de natureza objectiva), alimentados pelas circunstâncias concretas de cada caso, e relativos à existência de condições mínimas para o restabelecimento de normais relações de trabalho. Imagine-se que um caixa dum banco, por mera suspeita (de confirmação inviável), é afastado das respectivas funções; ou que um chefe de departamento, alvo de despedimento disciplinar por quebra de lealdade, vê anulado o despedimento por vícios processuais; ou, ainda, que um trabalhador, acusado e punido com suspensão do trabalho por injúrias a um superior hierárquico, exige a retoma do posto de trabalho que ocupava, não havendo outro correspondente à mesma categoria.

[115] De notar, também, o dever específico de formação que o art. 131º/2 CT atribui aos empregadores, relativamente aos trabalhadores contratados a termo por duração superior a três meses.

obrigações recortadas com certo rigor, como a de assegurar formação, anualmente, a um mínimo de 10% dos trabalhadores da empresa e a de garantir a cada um deles um mínimo de 40 horas anuais de formação certificada (art. 131º/2 a 5, alterado pela L. 93/2019). Além disso, cabe ao empregador elaborar um plano de formação anual ou plurianual, com base nas necessidades de qualificação dos trabalhadores e mediante informação e consulta a cada um dos trabalhadores envolvidos, além da comissão de trabalhadores (arts. 13º e 14º L. 105/2009, de 14/9).

Assinale-se, ainda, que do tempo de formação exigido pela lei podem ser deduzidos os períodos de dispensa para frequência de aulas e de faltas para exames por parte de trabalhadores-estudantes[116], assim como o tempo gasto em processos de reconhecimento, validação e certificação de competências (art. 131º/4).

60. *Um regime problemático.* Vários pontos fundamentais são insuficientemente clarificados por este regime legal.

Um deles respeita à questão de saber se este dever é cumprido simplesmente pela promoção ou o financiamento das acções de formação, ou se implica também a dedicação de horas normais de trabalho à sua concretização. Parece, no entanto, poder deduzir-se da lei que se trata da concessão de horas de trabalho: o dever de formação é cumprido "mediante ações desenvolvidas *na empresa* ou a *concessão de tempo* para frequência de formação por iniciativa do trabalhador" (art. 131º/1-*b*) CT).

Outro aspecto pouco esclarecido é se o tempo de formação que, porventura, se desenvolva fora do horário de trabalho deve ser considerado tempo de trabalho. O art. 226º/3-*d*) exclui da noção de trabalho suplementar essa actividade, até ao limite de duas horas diárias. Deduz-se daí que se trata, dentro desse limite, de tempo trabalho normal.

Por outro lado, a não concretização, sob iniciativa do empregador, da formação contínua devida confere ao trabalhador um *crédito de horas* – naturalmente referido ao período normal de trabalho (art. 132º/2) – para formação por iniciativa do segundo. Este crédito de horas caduca após três anos de não utilização (art. 132º/6).

Uma das questões que se colocam a propósito do crédito de horas para formação por iniciativa do trabalhador é a do momento da sua constituição. Na verdade, o art. 132º/1 refere-a ao termo do prazo de dois anos posteriores ao "vencimento" das horas de formação devidas pelo empregador. Ora, se a noção de vencimento é aqui utilizada como equivalente à de exigibilidade, a forma-

[116] Cfr. os arts. 89º ss. CT.

ção em causa é devida (e exigível) a partir do início de cada ano de vigência de cada contrato de trabalho de duração indeterminada. Parece, assim, que o crédito de horas nasce no princípio do terceiro ano dessa vigência – desde que, naturalmente, a formação devida não tenha sido assegurada pelo empregador. Esta solução parece, contudo, dificilmente harmonizável com a possibilidade de diferimento, por dois anos, da efectivação da formação, desde que previsto no plano respectivo (art. 131º/6). A hipótese aplicativa que parece mais plausível é a de, com a previsão do diferimento no plano de formação, se deslocar também para mais tarde o momento do vencimento das horas de formação em causa, e, na sequência, a constituição do crédito de horas.

Com a cessação do contrato, nasce (eventualmente) o direito do trabalhador a compensação pecuniária pelas horas de formação não concretizadas ou pelo crédito de horas não utilizado – e que não tenha caducado (art. 134º).

Capítulo 11
OS PODERES DO EMPREGADOR[1]

I. Enunciado geral.

1. A "autoridade" patronal; 2. Os poderes do empregador.

1. *A "autoridade" patronal.* Como detentor dos restantes meios de produção (porventura não como proprietário, mas tendo, por qualquer forma, acedido a eles) e empenhado num projecto de actividade económica (corporizado na empresa), o empregador obtém, por contratos, a *disponibilidade* (ou seja: o *poder* de dispor) de força de trabalho alheia. Daí deriva que fique a pertencer-lhe uma certa autoridade sobre as pessoas dos trabalhadores. De um modo geral, diz o art. 11º CT, estes ficam «no âmbito de organização e sob a autoridade» do empregador (ou dos empregadores, no caso de pluralidade a que se refere o art. 101º). Assim, a posição patronal caracteriza-se, latamente, por um *poder de organização, direcção e controlo* legalmente reconhecido.

Essa ampla posição de poder desdobra-se em várias faculdades, apenas implícitas no art. 11º, mas delineadas e reguladas com algum detalhe pela lei.

2. *Os poderes do empregador.* A situação subsequente à celebração de um contrato de trabalho permite identificar os seguintes vectores da posição jurídica do empregador:

[1] Cfr. Bernardo Xavier, *Manual de Direito do Trabalho* cit., 445 ss..

a) *um poder determinativo da função*, em cujo exercício é atribuído ao trabalhador um certo posto de trabalho na organização concreta da empresa, definido por um conjunto de tarefas que se pauta pelas necessidades da mesma empresa e pelas aptidões (ou qualificação) do trabalhador;

b) *um poder conformativo da prestação*, que é a faculdade de determinar o modo de agir do trabalhador, dentro dos limites da actividade contratada, incluindo a articulação da sua prestação com a de outros no quadro do funcionamento da empresa (neste sentido, pois, trata-se de um poder de *direcção* e *organização* do trabalho);

c) *um poder regulamentar*, referido à organização em globo, mas naturalmente projectado também sobre a força de trabalho disponível que nela se comporta (ou seja, sobre *todos* e *cada um* dos trabalhadores envolvidos) – poder de emitir regras técnicas, de gestão e de disciplina na organização;

d) *um poder disciplinar*, que se manifesta tipicamente pela possibilidade de *controlar* o cumprimento dos deveres do trabalhador, *apreciar* o seu comportamento sob o ponto de vista da disciplina da organização e *aplicar sanções* aos trabalhadores cuja conduta se revele desconforme com ordens, instruções e regras de funcionamento da empresa.

Analisemos, uma a uma, estas prerrogativas do empregador.

II. Poder determinativo da função.

3. Noção; 4. O posto de trabalho flexível.

3. *Noção.* Quanto ao que designámos por *poder determinativo da função,* ele não se afasta essencialmente, quanto à intensidade da posição activa em que coloca o empregador, do *poder de escolha* que por vezes é reconhecido ao credor nas obrigações genéricas[2]. Pelo contrato, define-se um *género* de actividade, mas isso não basta para que o trabalhador se considere em condições de o executar a sua prestação concreta de trabalho. Dentro da "actividade contratada" (nos termos do art. 115º), e tendo em conta a organização e os moldes de funcionamento da empresa, cabe ao empregador definir a concreta função ou o conjunto de tarefas e os restantes parâmetros (local, equipamentos, ligações hierárquicas e funcionais) que caracterizam o "posto de trabalho" a ocupar. Está-se no domínio da concretização do objecto do contrato, não no da direcção do modo de execução do trabalho. Por isso, o poder determinativo da função surge como um poder-dever: sem a concretização do posto de trabalho, o trabalhador está impedido de prestar as actividade a que se comprometeu. A omissão do empregador traduzir-se-á em incumprimento do dever de ocupação efectiva que, como se salientou no lugar próprio, aflora no art. 129º/1-*b*) CT.

4. *O posto de trabalho flexível.* Segundo o art. 118º/1 CT, o empregador deve atribuir a cada trabalhador, «no âmbito da referida actividade, as funções mais adequadas às suas aptidões e qualificação profissional». Como é óbvio, trata-se de mera «recomendação» sem sentido vinculativo e, portanto, sem que a sua inobservância implique qualquer sanção para a entidade patronal.

Já vimos que resulta do nº 2 do mesmo artigo que a entidade empregadora tem a faculdade de encarregar o trabalhador de desempenhar, para além da actividade correspondente à categoria ou expressamente estipulada, outras "funções que lhe sejam afins ou funcionalmente ligadas, para as quais o trabalhador tenha qualificação adequada e que não impliquem desvalorização profissional".

Isto significa – como se assinalou – que há tarefas que não pertencem à função normal do trabalhador nem se enquadram na sua categoria, mas que ainda *integram o objecto do contrato de trabalho* e são, por isso, exigíveis pelo empregador, no exercício do seu poder de direcção.

[2] Diz-se genérica «a obrigação cujo objecto é apenas determinado pelo seu género (mediante a indicação das notas ou características que o distinguem) e pela sua quantidade (...)». ANTUNES VARELA, *Das obrigações em geral* cit. 588.

Pode resultar daí que a «função» confiada ao trabalhador (entendendo-se como tal o complexo de actividades que define a sua posição na organização e no funcionamento da empresa) seja integrada por um núcleo de tarefas correspondentes à categoria e por algumas outras que a esta não pertencem, mas que, em razão do modo por que o trabalho está organizado, se consideram «afins» ou «ligadas» às primeiras.

Esta estruturação da posição funcional do trabalhador pode assumir carácter contingente (correspondendo a uma necessidade ocasional e transitória de trabalho) ou revestir-se de permanência, oferecendo o desenho de um *posto de trabalho flexível*. Em qualquer dos casos, tratar-se-á de aplicações do poder determinativo da função no quadro da organização do trabalho.

III. Poder conformativo da prestação.

5. Noção.

> **" (...) III - Por mais difusa que seja a manifestação da autoridade, do poder dominial do empregador, nas suas diversas manifestações, daí não decorre, e menos necessariamente, que, mesmo sendo meramente potencial, o mesmo não exista, porquanto, se no que tange ao exercício prático do poder conformativo da prestação, o seu âmbito e intensidade são muito variáveis, por contenderem com a maior ou menor (in)dependência técnica/científica do trabalhador, o mesmo se diga relativamente ao poder disciplinar: quanto maior for a relação de proximidade/identidade com o empregador, enquanto consequência da efectiva delegação de poderes, menos tangível se torna a direcção patronal, sem embargo de reacção disciplinar sempre que a conduta, em situações-limite, redunde em incumprimento contratual ou se revele desconforme com as ordens, instruções e regras fundamentais do funcionamento da empresa. (...)" - STJ 09/12/2012 - P. 247/10.4TTVIS.C1.S1 (Fernandes da Silva).**

5. *Noção.* O poder conformativo da prestação tem outro alcance. Definido no art. 97º como o poder de "estabelecer os termos em que o trabalho deve ser prestado", ele encontra como correlativo, na esfera do trabalhador, um *dever de obediência* (art. 128º/1-*e*)), que beneficia de tutela disciplinar. Trata-se, pois, de definir as modalidades concretas que a actividade do trabalhador deve assumir para que a execução do contrato se ajuste às finalidades com que foi celebrado.

O âmbito e a intensidade deste poder são, como já se assinalou, muito variáveis. Nuns casos, o trabalhador encontra-se em situação de dependência técnica, o que abre a *possibilidade*, para o empregador, de definir «os termos em que o trabalho deve ser prestado» (art. 97º CT) indo ao ponto de determinar o modo, a ordenação dos actos e condutas e as técnicas utilizáveis - tudo, é claro, «dentro dos limites decorrentes do contrato e das normas que o regem» (art. cit.). Noutros casos, a subordinação jurídica não obsta à *autonomia técnica* do trabalhador (art. 116º): em tais situações, o poder conformativo terá que limitar-se à definição do tempo e do local de trabalho. Mas é ainda mais frequente - como já assinalou - a situação dos trabalhadores (subordinados) tecnicamente autónomos *de facto*, ou seja, em situação que lhes permite realizarem a prestação de trabalho sem interferência de ordens ou instruções do empregador ou de qualquer chefia hierárquica.

Todavia, importa ter presente que o poder conformativo da prestação não se restringe à determinação do modo de execução da actividade contratada. Não é, pois, um simples poder de *direcção* do trabalho - é também um poder de *organização* do trabalho, tendo por objecto a articulação racional da prestação de cada trabalhador com as dos restantes, nomeadamente através da fixação dos *parâmetros temporais* das várias prestações de trabalho.

Este poder tem a sua expressão normativa na atribuição ao empregador da *competência* para a definição dos horários de trabalho (art. 212º/1) – mais uma vez, um poder-dever, dado que, por um lado, o seu exercício é, em geral, condição da viabilidade da prestação de trabalho, e, por outro, esse exercício (fixação do horário de trabalho) serve para delimitar no tempo a obrigação do trabalhador e permitir-lhe organizar a sua vida pessoal e familiar de modo compatível com a actividade profissional.

IV. Poder regulamentar.

6. Noção; 7. Os instrumentos regulamentares do empregador; 8. O procedimento legal; 9. A possível incidência contratual.

"1. As circulares e ordens de serviço, quando constituam um instrumento regulador, de aplicabilidade genérica no âmbito da empresa e com reflexos diretos na relação contratual, devem qualificar-se como regulamentos internos.
2. Estes instrumentos emitidos pelo empregador configuram uma proposta contratual que, uma vez aceites por adesão expressa ou tácita dos trabalhadores, passam a obrigar ambas as partes em termos contratuais e a integrar o conteúdo dos contratos individuais de trabalho celebrados. (...)" - STJ 06/01/2017 - P. 585/13.1TTVFR.P1.S1 (CHAMBEL MOURISCO).

6. *Noção.* O empregador está legalmente habilitado a exercer os seus poderes de direcção, organização e disciplina do trabalho através de determinações gerais e abstractas, isto é, emitindo *regras* que, em vez de serem transmitidas, como actos directivos, a cada trabalhador, são levadas ao *conhecimento geral* do pessoal, por afixação ou distribuição.

Essas regras podem, assim, como adiante se dirá, constar de instrumentos comunicacionais diversos, mas podem também ser estabelecidas por meio de um instrumento único, dotado de aplicabilidade genérica aos elementos que constituem a organização: o chamado *regulamento interno.* Este *poder regulamentar* do dador de trabalho (reconhecido no art. 99º CT) refere-se à «organização e disciplina do trabalho» e só se justifica, em via de regra, nas empresas de maiores dimensões e complexidade.

Nestas, com efeito, os poderes reconhecidos genericamente ao empregador – a «autoridade» de que fala o art. 11º – aparecem, por força, *fraccionados* pelos vários níveis de uma hierarquia: a orientação do trabalho, nomeadamente, deixa de poder imputar-se, na prática, à vontade e ao critério de uma só pessoa. A figura clássica do «empregador» dilui-se, *de facto,* na organização hierárquica da empresa, em que se inserem *dirigentes,* beneficiários da delegação de certa medida dos poderes patronais. Este quadro explica também, de determinado ângulo, a necessidade de um conjunto de regras básicas, alusivas à organização e à disciplina do trabalho, que uniformizem processos, critérios e directrizes de funcionamento, dentro das exigências globais da empresa.

7. *Os instrumentos regulamentares do empregador.* Ao lado do regulamento interno – que, em princípio, é um instrumento regulador *global* dos processos e com-

portamentos no âmbito do funcionamento da empresa –, há que apontar outras expressões formais do poder regulamentar, com âmbito mais restrito e, porventura, círculos de destinatários mais específicos, mas sempre com carácter genérico e abstracto. São as «ordens de serviço", "comunicações» ou «instruções» de serviço, usualmente emitidas pelos órgãos de gestão (conselho de administração, conselho de gerência, comissão executiva, etc.), mas podendo também ser oriundas de titulares da hierarquia da empresa, reportando-se, neste último caso, a sectores ou departamentos definidos.

Através desses documentos, são estabelecidos, de modo mais ou menos avulso, regras de funcionamento e critérios de interpretação e aplicação de normas a que a empresa se encontra sujeita; são estabelecidos organigramas, cadeias hierárquicas, quadros de pessoal, delegações de competência; como podem, enfim, ser formalizados actos de gestão de natureza mais concreta, por exemplo nomeações, transferências, promoções, substituições temporárias, etc..

Apesar da diversidade do conteúdo e da amplitude destes actos genéricos de direcção ou organização, julga-se possível reconduzir todos eles – desde o regulamento interno até à ordem de serviço que formaliza uma promoção – a uma só categoria jurídica, isto é, à daqueles que exprimem o exercício do *poder regulamentar* do empregador, com apoio, não na natureza do conteúdo de cada um deles, mas no *fundamento da sua legitimidade* (os poderes regulamentar, de direcção e organização) e na *forma que condiciona a sua eficácia* (a de declarações endereçadas a uma generalidade de destinatários).

Assim, não basta que se forme a decisão ou deliberação no seio do órgão competente, ainda que com plena observância de regras estatutárias, para que ela se transforme em *determinação eficaz*. O regulamento interno e, com ele, as ordens e instruções de serviço, são declarações receptícias, o que significa que necessitam ser levadas ao conhecimento dos destinatários – naturalmente pela via instituída na organização – para que produzam os seus efeitos. A publicação é, pois, o estádio pelo qual se perfecciona o acto directivo e, igualmente, aquele em que se torna eficaz.

8. *O procedimento legal.* A lei impõe um certo procedimento mínimo para a elaboração do regulamento interno: a audição prévia da comissão de trabalhadores ou outra estrutura interna de representação colectiva do pessoal (art. 99º/2 CT). Como expressão unitária do poder regulamentar do empregador, está submetido à exigência de consulta prévia da estrutura que mais autenticamente represente o conjunto dos trabalhadores da organização.

Mas trata-se de um requisito unicamente respeitante à hipótese de regulamento interno propriamente dito, ou seja, de um documento em que, de modo mais ou menos exaustivo, se compendiem as regras respeitantes aos vários aspectos do funcionamento dos serviços. A aplicação do art. 99º só é indiscutível no caso dos chamados "regulamentos gerais de empresa" ou "regulamentos internos", verdadeiros códigos de conduta pormenorizados, com não raras implicações contratuais, e que incorporam o propósito de consagrar uma espécie de "ordenamento privativo" da empresa[3]. Aponta, de resto, nesse mesmo sentido a própria expressão utilizada no art. 99º/2: "regulamento interno de empresa".

O regime contido no art. 99º não deve, porém, ter-se por globalmente aplicável a todos os tipos de instrumentos regulamentares produzidos pelo empregador: algumas instruções de serviço podem ter difusão limitada a certo ou certos sectores da empresa, muitas ordens de serviço não têm implicações que justifiquem a audição da comissão de trabalhadores, por não contenderem, directa ou indirectamente, com o volume e as condições de emprego.

Assim, a necessidade de audição da comissão de trabalhadores (ou de outra estrutura interna de representação do pessoal da empresa) deve ser parametrizada pelo conteúdo do *direito de consulta* a que se refere o art. 425º CT. Nem outra coisa faria sentido. Na verdade, aquela audição não tem como razão de ser o controlo da legalidade dos actos regulamentares do empregador, mas a possibilidade de eles produzirem efeitos negativos, directos ou indirectos, sobre os interesses dos trabalhadores. Só os actos regulamentares que tenham esta potencialidade – aqueles que tenham por objecto temas abrangidos pelo art. 425º – devem considerar-se no âmbito da exigência de prévia apreciação pela estrutura que representa aqueles interesses.

9. *A possível incidência contratual.* O exercício do poder regulamentar pode, como é natural, interferir na definição das condições de trabalho e, através delas, no conteúdo dos contratos de trabalho. Ao lado de regras de natureza técnica (como as que fixam procedimentos relativos ao próprio processo produtivo), organizacional, comercial, podem surgir outras que ampliam ou restringem os comportamentos contratualmente exigíveis aos trabalhadores, e ainda outras que configuram o sistema remuneratório, introduzindo condições de acesso a prémios, a comissões, a acréscimos salariais por antiguidade, o regime de carreiras, etc..

[3] Decerto por isso, não falta quem considere que o regulamento interno é uma das "fontes específicas de Direito do trabalho" – MENEZES CORDEIRO, *Direito do Trabalho* cit. I 354. O Autor assinala, de resto: "A jurídico-positividade do regulamento de empresa deriva exclusivamente da vontade do empregador, no exercício de prerrogativas que a lei lhe reconhece." (355).

Estas regras têm objecto claramente *contratual*[4]. Trata-se de uma possibilidade expressamente admitida pela lei. Como atrás se observou (cap. 5, nº 21), o regulamento interno pode funcionar como *proposta contratual* do dador de trabalho, considerando-se celebrado – ou modificado – o contrato pela simples adesão, expressa ou tácita, do trabalhador (art. 104º CT).

Por outras palavras, o exercício do poder regulamentar do empregador pode redundar na modificação unilateral do contrato de trabalho, legitimada pela *presunção de aceitação* do trabalhador que não reage. Esta última circunstância implica que as normas constantes de regulamento interno devam subordinar-se à regulamentação legal e convencional das relações de trabalho[5]. Por outro lado, justifica as mencionadas exigências de audição prévia da estrutura de representação unitária dos trabalhadores na empresa (art. 99º/2) e de publicitação «na sede da empresa e nos locais de trabalho» (art. 99º/3).

A lei admite ainda que, por convenção colectiva, seja tornada *obrigatória* a elaboração de regulamentos internos quanto a determinadas matérias (art. 99º/4). A hipótese parece pouco clara e a lei nada diz sobre o género de matérias que pode estar em causa. Julga-se que se trata sobretudo de conferir natureza geral e abstracta (isto é, a transformação em *regras*) a decisões pontuais do empregador com influência nos interesses dos trabalhadores, reduzindo assim as margens de arbítrio e de eventual diferenciação; ou, numa segunda hipótese, de forçar o empregador a exercer em certo sentido, considerado de interesse geral, os seus poderes de autoridade. Exemplo desta segunda possibilidade é a exigência legal de que o empregador adopte "códigos de boa conduta para a prevenção e combate ao assédio no trabalho"[6].

O Código exigia que o regulamento interno fosse enviado previamente "ao serviço com competência inspectiva no ministério responsável pela área laboral" (al. *b)* do nº 3 do art. 99º). Essa exigência – certamente pouco produtiva na prática, mas susceptível, em todo o caso, de proporcionar meios para eventuais verificações de legalidade – foi eliminada na nova redacção dada ao art. 99º pela L. 23/2012, de 25 de Junho.

[4] Cfr. STJ 05/11/2015 – P. 654/09.2TTCSC.L1.S1 (António Leones Dantas) onde tal possibilidade se admite mesmo em relação a uma ordem de serviço e à sua posterior revogação (ambos os actos encarados como propostas de alteração contratual).

[5] O regulamento interno não é fonte de direito, não estando, por isso, sujeito a controlo de constitucionalidade (mas sim de licitude): Ac. TC 20/1996 (DR 2ª Série, 7/2/97, 1651).

[6] Art. 127º/1-k) CT, com a red. dada pela L. 73/2017, de 16/08.

V. Poder disciplinar[7].

"I - A titularidade do poder disciplinar, enquanto emanação essencial contida no contrato de trabalho, (que, por definição, conforma a posição de supremacia ou autoridade do empregador, nessa relação, por contraposição à característica subordinação jurídica do trabalhador), está legalmente conferida ao empregador.

E, sendo um direito potestativo ambivalente, (com reconhecido carácter gravoso nesta sua mais característica manifestação de poder punitivo), importa reconhecer que o seu exercício - conferindo embora ao seu titular uma certa margem de natural elasticidade/discricionariedade - acarreta simultaneamente uma acrescida responsabilidade ante os limites gerais decorrentes da boa fé e do abuso do direito.

II - No que tange ao seu exercício, o empregador pode delegar os seus poderes punitivos, quer seja ao superior hierárquico do trabalhador, ou a outra pessoa, nos termos consentidos pelo art. 329º do CT/2009, sendo certo que tal exercício há-de respeitar os termos estabelecidos pelo empregador, ou seja, sempre estes poderes estarão sujeitos, no seu exercício, à conformação do legítimo titular desse direito.

III - Não é de afirmar a invalidade do procedimento disciplinar, (com o fundamento de que a decisão final não foi proferida directamente pela R./empregadora), quando está demonstrado que esta nomeou, para o efeito, como seu procurador, um advogado, a quem conferiu "os mais altos poderes em direito permitidos, e os especiais de dar sequência a um processo disciplinar contra a sua trabalhadora (...), importando esclarecer factos graves ocorridos no local de trabalho no passado dia 07 de Março de 2009, a partir das 14h00", que, para além de instruir o respectivo processo disciplinar, notificou a A., a final, da decisão de rescindir o contrato de trabalho que a ligava à R.,

[7] Vd., em geral, Lega, *Il potere disciplinare del datore di lavoro*, Milão (1956); Montuschi, *Potere disciplinare e rapporto di lavoro*, Milano (1973); Garcia Pereira, *O poder disciplinar da entidade patronal. Seu fundamento*, Lisboa (1983); Maria do Rosário Palma Ramalho, *Do fundamento do poder disciplinar laboral*, Coimbra (1993); Bernardo Xavier, *Manual* cit., 459 ss.; Júlio Gomes, *Direito do Trabalho* cit., 879 ss.; P. Romano Martinez, *Direito do Trabalho* cit., 595 ss..

com justa causa e efeito imediato. Desde logo, porque não se verifica a ocorrência de qualquer das omissões elencadas no nº 2 do art. 382º do CT e a A., em tempo oportuno, não manifestou que tivesse quaisquer dúvidas sobre a delegação desses poderes, dúvidas que, a existirem, deveria ter dissipado, nos termos determinados no art. 260º, nº 1 do CC, exigindo que o representante deles fizesse prova, sob pena de a declaração não produzir efeitos." – STJ 21/03/2012 – P. 161/09.3TTVLG.P1.S1 (FERNANDES DA SILVA).

A) Noções gerais.

10. *O conteúdo do poder disciplinar.* Por fim, cabe referir, pela sua importância e pela delicadeza dos problemas que levanta, o *poder disciplinar.*

Consiste ele na faculdade, atribuída ao empregador, de definir *regras de comportamento pessoal* para os trabalhadores, verificar o cumprimento dessas regras e – tipicamente – aplicar *sanções* internas aos trabalhadores cuja conduta conflitue com esses padrões de comportamento ou se mostre inadequada à correcta efectivação do contrato. Diz-se, então, que ocorre uma *infracção disciplinar.*

Assim, o empregador dispõe da singular faculdade (singular porque se trata de relações *entre particulares* num quadro contratual) de *reagir,* por via *punitiva* e não meramente reparatória ou compensatória, à conduta considerada censurável do trabalhador, no *âmbito da empresa* e na *pendência do contrato.*

A sanção disciplinar tem, sobretudo, um objectivo *conservatório* e *intimidativo,* isto é, o de se manter o comportamento do trabalhador no sentido adequado ao interesse da empresa. Visa, em primeira linha, a prevenção especial e geral. Não pode, pois, ser conceituada como uma reacção de sentido reparatório, destinada a actuar sobre certa situação materialmente em desacordo com a consecução do escopo económico do dador de trabalho. É, antes, uma reacção que visa, em primeira linha, a *pessoa do trabalhador* (como elemento intermédio entre o potencial de trabalho e actividade efectiva), de modo a reprimir a sua conduta inadequada, a levá-lo a proceder de harmonia com as regras de disciplina, reintegrando-o assim no padrão de conduta visado.

O regime do poder disciplinar encontra-se, no Código do Trabalho, enquadrado no capítulo respeitante ao "incumprimento do contrato" (arts. 323º ss.), ao lado da matéria respeitante ao incumprimento das prestações pecuniárias a cargo do empregador. Trata-se de uma opção sistemática duvidosa, oriunda do Código de 2003. Nela se evidencia o pendor civilista da concepção adoptada então pelo legislador, e que a revisão de 2009, neste ponto, manteve – uma concepção pouco sensível ás dimensões colectiva e organizacional das relações de trabalho, tão relevantes para a compreensão dos problemas que suscita o regime dessas relações. Como adiante se mostrará, não parece possível explicar o poder disciplinar sem tomar em conta essas dimensões, e, particularmente, as necessidades regulatórias que as actividades "organizadas" postulam.

O poder disciplinar constitui uma prerrogativa do empregador, mas tanto é exercido por este como pelos superiores hierárquicos do trabalhador (art. 329º/4), e está sujeito a limitações não só pelo que se refere à *medida* das sanções (art. 328º/3) mas também à própria *qualificação* das condutas do trabalhador como infracções disciplinares (art. 331º).

11. *O fundamento do poder disciplinar.* Já se apontou a notória singularidade de que a acção disciplinar (no seu aspecto punitivo, sobretudo) se reveste no campo das relações privadas[8].

A ideia a que mais frequentemente se recorre para, a um tempo, *explicar* e *justificar* este poder é a de que a integração do trabalhador numa organização (*maxime* a da empresa) implica a sujeição dele a regras de conduta correspondentes às «exigências próprias da mesma organização», isto é, destinadas a manter a coesão e a articulação funcional dos elementos produtivos que a constituem.

A verdade, porém, é que a mencionada prerrogativa é reconhecida pela lei às entidades patronais independentemente da existência de organização empresarial, ou mesmo de qualquer outro tipo de organização de meios. É possível, naturalmente, *ficcionar* o aspecto organizativo mesmo nas relações de trabalho mais elementares – como as que se processam entre indivíduos, visando a satisfação de necessidades pessoais e privativas de um deles. Mas dificilmente se compreenderia que sobre tal ficção se pudesse construir um poder de carácter excepcional (nas relações entre particulares, as únicas que aqui interessam) como é o poder disciplinar.

12. *As teses fundamentais.* Esquematicamente, podem reconduzir-se as diversas explicações tentadas na doutrina juslaboral a dois modelos básicos[9]:

a) As teses *contratualistas,* segundo as quais o contrato de trabalho estaria na *origem* do poder disciplinar, assentando este no consenso prévio entre o trabalhador e a entidade patronal. Tal posição começou por se afirmar no sentido da proximidade entre as sanções disciplinares e as *cláusulas penais,* também denominadas *penas convencionais* (cfr. arts. 810º ss. CCiv.) – termos que, aliás, correspondem, no fundamental, à tradição do direito *alemão,* pouco aberto à ideia de um verdadeiro *poder* disciplinar patronal autónomo. Mas, perante as fáceis críticas que, no quadro de outros sistemas jurídicos, tal pensamento suscitava (a infracção disciplinar pode não causar qual-

[8] Cfr. Montuschi, *Potere disciplinare e rapporto de lavoro,* Milano (1973).

[9] Para uma crítica detalhada destas correntes, vd. o estudo de Garcia Pereira, *O poder disciplinar* cit. e a importante monografia de M. R. Palma Ramalho, *O fundamento* cit., 299 ss..

quer dano ao credor de trabalho; a sanção pode não ter carácter patrimonial, e, ainda quando o assuma, o respectivo produto não se destina à entidade patronal – vd. art. 330º/3 –; ao passo que as cláusulas penais são afinal meios de assegurar, quer preventivamente, quer a título indemnizatório, a realização do interesse do credor na prestação devida), a tese contratualista evoluiu no sentido de explicar o poder disciplinar pelo facto de ser o contrato de trabalho que investe a entidade patronal numa posição de «autoridade» sobre o trabalhador (vd. art. 11º CT)[10].

b) As teses *institucionalistas ou comunitárias* que, encarando a empresa como *organização de meios* dotada de exigências próprias concernentes à sua coesão, ao seu equilíbrio estrutural e à optimização do seu funcionamento, tidas como distintas do interesse económico do seu titular, encontra naquelas exigências o fundamento do poder disciplinar e explica a sua atribuição ao empresário pelo facto de este ser o *chefe* da organização, *responsável* pela sua permanência e pelo seu funcionamento. Como é óbvio, a semelhança utilizada é a do poder hierárquico existente em qualquer organização privada ou pública, permitindo simultaneamente justificar do mesmo modo a disciplina laboral nas empresas capitalistas e nas empresas socialistas. Entronca neste feixe de ideias o entendimento atrás referido como sendo o mais corrente.

13. *Posição adoptada.* Tudo ponderado, entendemos que não se pode explicar o poder de disciplina sem directa ligação à estrutura das relações de trabalho, tal como resultam do correspondente contrato. Vimos que por este se transfere a disponibilidade da força de trabalho de uma pessoa para outra (mediante um «preço» – o salário). Igualmente notámos que o exercício efectivo dessa disponibilidade implica uma modelação da vontade do trabalhador pelos ditames do beneficiário do seu trabalho: o uso da força de trabalho *passa* pela pessoa do trabalhador. É evidente, em terceiro lugar, que tal uso se não traduz simplesmente em «fazer trabalhar», em *determinados tempos e lugares,* com exacta (ou pontual) correspondência no processo global de laboração programado. Isto envolve, ou pode envolver, a necessidade de condutas, e mesmo abstenções, que *não são apenas o trabalho especificado* mas antes exprimem condições do seu uso (e portanto da efectivação da disponibilidade transmitida pelo contrato), v.g. a obrigação de não fumar, a de envergar certo uniforme, etc.. Ora o trabalhador pode não cumprir alguma dessas regras – tornando-se, quanto a ela, *indisponível,* ou, noutros termos, orientando a sua vontade de forma *desviada* em relação à da entidade patronal.

A acção disciplinar surge então como um conjunto de medidas destinadas a agir, *de modo contraposto, sobre a vontade do trabalhador,* procurando modificá-la no sentido desejado – isto é, procurando *recuperar a disponibilidade* perdida ou

[10] Neste sentido, vd. LEGA, *Il potere disciplinare del datore di lavoro,* Milão (1956), 115 ss..

posta em causa. As sanções disciplinares não têm, pois, primariamente, finalidade «retributiva» - isto é, não se destinam apenas a retribuir a falta com um prejuízo - mas eminentemente *preventiva*. Por outro lado, elas têm também uma função (secundariamente) *conservatória* da vinculação entre entidade patronal e trabalhador, na medida em que se destinam a repor a situação de disponibilidade acima referida e, com ela, as condições de viabilidade do contrato de trabalho. Daqui resulta, além do mais, que o despedimento do trabalhador só poderá considerar-se harmónico com a concepção legal do poder disciplinar (no caso, como é óbvio, de ser reacção a uma falta disciplinar) quando se mostre inviável ou inútil qualquer das sanções cuja aplicação pressupõe a permanência do vínculo (a sanção pecuniária, p. ex.).

B) A infracção disciplinar.

> **"(...) III - Constitui infracção disciplinar todo e qualquer comportamento do trabalhador que viole os seus deveres contratuais, nomeadamente os que estão elencados no nº 1 do artigo 128º do CT. (...) - STJ 15/04/2015 - P. 44/13.2TTEVR.E1.S1(Gonçalves Rocha).**

14. *Noção.* A lei não fornece uma noção mas indica tipos avulsos de infracção: veja-se, por exemplo, o art. 256º/2 CT[11]. Não actua, em direito disciplinar laboral, nenhum princípio de tipicidade. A verificação da ocorrência de uma infracção disciplinar depende sempre da constatação de certos factos, enquadrados nas suas circunstâncias de tempo e de lugar, e de um juízo *concreto* acerca da sua adequação à ordem disciplinar da organização. Neste sentido, cada infracção é um fenómeno isolado que não comporta, relativamente aos critérios de valoração utilizados, nenhuma regra senão a da *coerência,* ou seja, a regra da compatibilidade do juízo disciplinar sobre certa conduta do trabalhador com os juízos disciplinares anteriormente incidentes sobre condutas de natureza idêntica verificadas na mesma organização.

[11] Na regulamentação do poder disciplinar não tem, pois, aplicação o princípio *da tipicidade* das infracções e das penas *(nullum crimen sine lege; nulla poena sine lege)* que domina o direito criminal - ou seja, o regime do poder punitivo do Estado. Em diversas legislações (entre as quais se poderia, aliás, incluir a portuguesa, embora seja das mais explícitas nesta matéria), nem mesmo se encontra uma *noção legal* de infracção disciplinar, remetendo-se à jurisprudência o encargo de construir, caso a caso, os critérios da qualificação, e à doutrina a tarefa de conceptualização correspondente. É o que se verifica no direito *francês,* em que a lei remete para o conteúdo do regulamento interno a definição do regime disciplinar (art. L. 122-34 *Code du Travail*); e é sobretudo o caso do direito *alemão,* em que não existe referência legal expressa ao poder disciplinar na empresa, sendo a matéria objecto de ampla elaboração doutrinal e jurisprudencial.

Por outro lado, a infracção disciplinar tanto pode consistir numa acção (pontual ou continuada) como numa abstenção ou omissão. O trabalhador está, com efeito, vinculado à observância de deveres de conduta que envolvem actos (a participação diligente em acções de formação profissional, por exemplo) e abstenções [como a não divulgação de "informações referentes à sua organização (*do empregador*), métodos de produção ou negócios", mencionada no art. 128º/ /1-*f*)]. Todas as obrigações assumidas pelo trabalhador no quadro do contrato de trabalho, incluindo a obrigação de trabalho, estão, pois, dentro do perímetro da acção disciplinar.

As infracções "passivas", isto é, as que são constituídas por omissões, assumem particular relevância no caso dos dirigentes e, em geral, dos responsáveis hierárquicos da organização, na medida em que lhes cabe, entre outras atribuições, o exercício em concreto de uma parte dos poderes-deveres patronais[12]. Um exemplo: a prevenção e a repressão do assédio, por se tratar de fenómeno muito centrado nos ambientes de trabalho, cabem, em primeira linha, no âmbito da responsabilidade dos dirigentes e chefias, em função do conhecimento que tenham de factos que mereçam a aludida qualificação. A não intervenção por parte deles pode constituir infracção disciplinar de particular gravidade.

15. *As condutas extra-laborais.* Em princípio, o poder disciplinar incide somente sobre ocorrências que se verifiquem no local e no tempo de trabalho. São qualificáveis como infracções disciplinares os actos e omissões do trabalhador enquanto tal – "ao serviço", como diz o art. 98º CT –, ou seja, praticados no tempo e nas horas de trabalho. Fora desse perímetro, a subordinação deixa de existir, o trabalhador recupera a auto-disponibilidade, fica fora do alcance do poder patronal.

Esse princípio é válido no que respeita à direcção e organização do trabalho, que se contém nos referidos limites – ressalvado o caso de uma ordem de prestação de trabalho suplementar a que, nos termos do art. 227º/3, o trabalhador deva obediência. Mas o *dever de lealdade*, entendido como se notou, é de âmbito muito mais vasto. Uma vez que esse dever interdita ao trabalhador comportamentos susceptíveis de aniquilarem o interesse contratual do empregador, torna-se evidente que ele estende o seu alcance para além dos limites do tempo e do local de trabalho. Se, no seu tempo livre, o trabalhador adopta procedimentos capazes de produzirem o descrédito público da empresa ou dos seus produtos; ou se dedica mesmo a concorrer com o empregador na venda de produtos idênticos, ou de outras marcas; ou ainda se, exercendo profissão que contende com a segurança de pessoas, adoptar publicamente comportamentos desregrados (embria-

[12] Veja-se, neste sentido, nomeadamente, o Ac. STJ 30-06-2016 – P. 3101/13.1TTLSB.L1.S1 (Ribeiro Cardoso).

guez, consumo de drogas) que possam gerar desconfiança quanto às prestações da empresa, estará a violar o seu dever lealdade e, por conseguinte, a colocar-se ao alcance da acção disciplinar patronal.

Igualmente subsistem, para além dos limites do horário e do tempo de trabalho, os deveres de *correcção* (respeito e urbanidade) a que se refere o art. 128º/1-a). Se o trabalhador dirige cartas ou mensagens injuriosas ao empregador, escritas fora do ambiente de trabalho, estará a violar esses deveres (sendo, naturalmente, também verdadeira a recíproca)[13]. Se, deparando na rua com uma chefia da empresa de quem tem queixas, o trabalhador a aborda de modo ameaçador ou mesmo a agride, estará, do mesmo modo e pelo mesmo título, ao alcance da acção disciplinar do empregador.

C) As sanções disciplinares.

"I) O trabalhador que dirige e chefia uma oficina de reparação de automóveis, ao concordar com a proposta de um seu subordinado, de reparar o pilar da porta da frente de um veículo acidentado em vez de o substituir, conforme estava orçamentado, porque o disponibilizado era mais pequeno, e ao não dar conhecimento ao superior hierárquico e/ou à empresa de leasing proprietária, para obter a sua autorização, e ao transmitir, de imediato, instruções ao trabalhador para que prosseguisse com a reparação do pilar, pratica uma infração disciplinar por violar os deveres de zelo, de diligência e de agir com lealdade para com o seu empregador.
II) Não se tendo provado que o empregador tenha tido qualquer prejuízo e que a sua imagem tenha ficado negativamente afetada junto da clientela e, em especial, junto da empresa de leasing, tendo o trabalhador 15 anos de antiguidade, sempre no exercício de funções em cargos de chefia, e sem antecedentes disciplinares e na consideração de que o empregador aplicou sanções conservatórias a dois trabalhadores, a quem instaurou procedimento disciplinar por factos por eles praticados também atinentes à reparação em causa e, ainda, por terem manipulado fotografias para que o representante da proprietária acreditasse que o pilar tinha sido substituído e não reparado, é a sanção que lhe foi aplicada, de despedimento com justa causa, desproporcionada e desadequada à gravidade da infração e ao comportamento do infrator, pelo que o despedimento é ilícito." – STJ 21/11/2018 – P. 1043/16.8T8CLD. C2.S1(Ferreira Pinto).

[13] Veja-se, por exemplo, STJ 06/06/2018 – P. 9444/16.5T8LSB.L1.S1 (Ribeiro Cardoso), onde se apreciou o caso de um trabalhador que, estando ausente do serviço por doença prolongada, enviou ao empregador uma carta em que o acusava de lhe "extorquir" certas quantias, descontadas nos subsídios de férias e de Natal como amortização de dívida do trabalhador à empresa. A infracção disciplinar de que foi acusado acabava por se centrar no uso desse verbo.

16. *O elenco legal.* Existe um elenco legal de sanções (art. 328º/1) que inclui a *repreensão*, a *repreensão registada*, a *sanção pecuniária*, a *perda de dias de férias*, a *suspensão do trabalho com perda de retribuição e antiguidade* e o *despedimento imediato sem qualquer indemnização ou compensação*. Entende-se, todavia – nos próprios termos da lei –, que outros tipos podem ser fixados por instrumento de regulamentação colectiva.

Deve notar-se a singularidade de que se reveste essa tipologia legal – pela sua mesma existência, e pela inclusão de alguns tipos de sanção – por comparação com os ordenamentos vizinhos. Com efeito, nem na Espanha, nem na França, nem na Itália ocorre uma intervenção da lei nesse domínio. O *Estatuto de los Trabajadores* espanhol refere-se apenas à suspensão disciplinar como caso de suspensão do contrato de trabalho (art. 45) e, de resto, deixa sobretudo para as convenções colectivas a "graduação de faltas e sanções" (art. 58º/1). Essa graduação (em faltas leves, graves e muito graves) assume um relevo particular porque é reconhecido ao empregador o direito de escolha da sanção aplicável de entre as que estejam normativamente ligadas a faltas do mesmo nível, e, se for mantida pelo tribunal a qualificação de uma infracção atribuída pelo empregador (como leve, grave ou muito grave), essa sanção não pode ser rectificada – A. Martín Valverde/F. Rodríguez-Sañudo/J. García Múrcia, *Derecho del Trabajo*, 20ª ed., Madrid, 2011, p. 607. Há, assim, em sede convencional-colectiva, um sistema próximo do da tipicidade dos delitos e das penas. A mais corrente tipologia de sanções adoptada na contratação colectiva compreende a admoestação, a suspensão do trabalho sem salário, a trasferência disciplinar e, naturalmente, o despedimento (Id., *ibidem*). Para confronto com o nosso ordenamento, registe-se que não poderão ser adoptadas sanções que impliquem a redução da duração das férias ou de outros descansos, assim como as multas (*multa de haber*) (art. 58/3 do ET). Na França, o *Code du travail* oferece uma definição geral de sanção disciplinar: "qualquer medida, para além das observações verbais, tomada pelo empregador na sequência de um comportamento do trabalhador considerado pelo empregador como infractor, quer essa medida seja susceptível de afectar imediatamente, ou não, a presença do trabalhador na empresa, a sua função, a sua carreira ou a sua remuneração" (art. L 1331-1). Essa noção não é, porém, ilustrada pela lei com uma tipologia de sanções. Só negativamente intervém o legislador na definição das medidas aplicáveis: "as multas ou outras sanções pecuniárias são proibidas", estabelece imperativamente o art. L 1331-2. Nas empresas com 20 ou mais trabalhadores, é obrigatória a elaboração de um "regulamento interno" e deste devem constar "a natureza e a escala das sanções", a que o empregador fica auto-vinculado (art. L. 1321-1). Nas restantes empresas, o empregador pode decidir, de modo discricionário, a sanção aplicável em cada caso, de entre um elenco consagrado pelos usos: repreensão (*blâme*) ou advertência, suspensão do trabalho sem salário, mutação (de serviço ou de local), despromoção (*rétrogradation*) e despedimento. Na Itália, o art. 7 do *Statuto dei lavoratori* (L. 300, de 20/05/70) obriga os empregadores a elaborarem e afixarem, para conhecimento dos trabalhadores, um "código disciplinar" de que constem as "normas disciplinares relativas às sanções, às infracções em relação ás quais cada uma daquelas pode ser aplicada, e aos procedimentos respectivos". Contudo, o quadro normativo que condiciona essa regulamentação interna é oferecido pelas convenções colectivas que, nalguns casos, reduzem a muito pouco a margem de determinação do empregador. Um exemplo: o Contrato Colectivo Nacional de Trabalho para o comércio (*http://www.anpit.it/wp-content/uploads/2017/02/CCNL-COMMERCIO--DEF.pdf*), além de conter o elenco das sanções admitidas (repreensão verbal para as faltas mais leves, repreensão escrita em caso de reincidência nessas faltas, multa até 4 horas de salário, suspensão do trabalho e da retribuição até 10 dias, despedimento disciplinar), descreve também, detalhadamente, as infracções a que correspondem a multa, a suspensão e o despedimento (arts. 256 e ss.). O mesmo se verifica no CCNL para as telecomunicações (*http://www.uilcom.it/CCNL/283256-tlcccnl20122014.pdf*), embora em termos não coincidentes (arts. 46 e 47). Cfr., sobre a matéria, por todos, E. Ghera/A. Garilli/D. Garofalo, *Diritto del lavoro*, Turim, 2013, pp. 109 ss..Parece, pois, poder considerar-se que o ordenamento português, apesar de não permitir ao empregador "criar" sanções, lhe confere um espaço de decisão - na escolha e graduação das sanções - comparativamente mais amplo do que nos sistemas vizinhos, até porque a abordagem do tema na contratação colectiva é, em geral, muito limitada.

A tipologia legal de sanções disciplinares suscita algumas observações de pormenor. A *repreensão*, enquanto *sanção* (e não como mera expressão reprovadora e correctiva de um gesto ou conduta indesejáveis, que é própria do mais rotineiro quotidiano das relações de trabalho), só pode ser entendida como um acto dotado de certa solenidade, praticado em presença do colectivo de trabalhadores, e envolvendo, nesses termos, um certo grau de penalização moral para o visado. Mesmo nessa configuração, porém, não parece compatível com exigências procedimentais complicadas, que vão além da audiência prévia (oral) exigida pelo art. 329º/6 CT. A *repreensão registada*, por seu turno, parece requerer documento escrito que se destine a ser "registado" ou inserido no processo individual do trabalhador. De qualquer modo, inclui um momento "formal" que parece pouco compatível como a mera expressão oral. A *sanção pecuniária* corresponde à antiga multa (de muito rara aplicação) e tem a particularidade de implicar a prestação de trabalho gratúito, pois se efectiva através de desconto no salário. Todavia, a importância pecuniária respectiva tem que ser remetida pelo empregador ao Instituto de Gestão Financeira de Segurança Social (art. 330º/3). O mesmo não ocorre com as retribuições não pagas em consequência da aplicação da *suspensão do trabalho com perda de retribuição e antiguidade*: essas são retidas pelo empregador (que não recebe também o trabalho correspondente), mas este é obrigado a pagar à Segurança Social, por inteiro, as contribuições a seu cargo e a descontar na retribuição remanescente a que o trabalhador tem direito a contribuição a cargo deste. A *perda de dias de férias* é um tipo de sanção novo, aliás excluído por algumas legislações (como a espanhola), mas acaba por assumir dimensão relativamente moderada, pois o trabalhador tem a garantia mínima de vinte dias úteis de férias (art. 328º/3-*b*)).

17. *A criação de sanções por convenção colectiva.* A criação de sanções pela regulamentação colectiva está sujeita a uma limitação genérica: não pode envolver «prejuízo dos direitos e garantias gerais dos trabalhadores», que se encontram, no essencial, compendiado pelo art. 129º CT. Resulta daí a inadmissibilidade de certos tipos de sanção que, de uma forma ou de outra, pertencem à mais antiga tradição da disciplina na empresa: à *despromoção*, nomeadamente, opõe-se a negativa da lei à baixa de categoria. Ao invés, a conjugação do art. 328º com o teor do art. 128º/*f*) parece conduzir ao desaparecimento de obstáculo legal (que existia na vigência da lei anterior à primeira codificação) à inclusão da *transferência* para outro local na lista das sanções, por determinação de um instrumento de regulamentação colectiva.

É certo que as "garantias gerais" do art. 128º fazem contraponto, em primeira linha, aos poderes de decisão unilateral do empregador; mas o art. 328º pretende, manifestamente, fazê-las actuar também como marcos de fronteira para a regulamentação colectiva. O que bem se compreende: as cláusulas colectivas que criem novas sanções estarão a legitimar futuras decisões unilaterais do empregador.

Daí que as convenções colectivas actuais se limitem, na sua maioria, a reproduzir o elenco legal de sanções; e boa parte das que se desviam desse padrão não faz mais do que introduzir escalões quantitativos de alguns tipos de pena, alargando assim o leque das reacções disciplinares disponíveis e facilitando a sua graduação (por exemplo: suspensão até 3 dias; suspensão de 4 a 8 dias; suspensão de 9 a 12 dias; e por aí adiante até 30 dias).

18. *A graduação das sanções.* Suscita-se neste ponto o problema[14] do *critério de graduação* das sanções disciplinares.

Nele estão em causa dois momentos fundamentais: o da *escolha do tipo de sanção* (dentro do elenco legal ou convencional existente) e o da determinação da *medida* da punição a aplicar em concreto (questão que se põe apenas, obviamente, nos casos de multa e suspensão).

[14] Pode, sobre o tema, ver-se o nosso estudo *As sanções disciplinares e a sua graduação*, ESC 36, 23 ss.

Relativamente ao segundo aspecto, estabelece a lei apenas *limites* (art. 328º/3 CT), aliás susceptíveis de agravamento (art. 328º/4)[15]; quanto ao primeiro, e de resto em termos muito gerais, há que tomar em conta o disposto no art. 330º/1: «A sanção disciplinar deve ser proporcional à gravidade da infracção e à culpabilidade do infractor, não podendo aplicar-se mais de uma pela mesma infracção».

O uso do termo "proporcional" não parece feliz. Melhor seria dizer "proporcionada"[16]. Não se trata de verdadeiros sinónimos, e a ideia expressa pelo segundo vocábulo parece ajustar-se melhor às características da apreciação disciplinar (quer a que é feita pelo empregador, quer a que caberá ao tribunal, se for o caso), em que devem ser atendidos factores diversos (culpa, gravidade, circunstâncias) cruzados entre si, praticamente insusceptíveis de quantificação e de comparação com outras situações. Enquanto a ideia de "proporcional" envolve uma comparação de grandezas, a ideia de "proporcionado" implica apenas uma exigência de equilíbrio, de racionalidade global na prática disciplinar do mesmo empregador.

Resulta destes dados a existência de uma vasta margem de julgamento por parte do empregador: apenas lhe estará, *a priori*, vedado *criar* novas sanções, e ultrapassar, dentro de cada tipo ou espécie, o máximo legal. A prática disciplinar das empresas pode seguir critérios de maior ou menor rigor, sem que se entre necessariamente no terreno da ilicitude. Três faltas ao trabalho, sem justificação, podem determinar, na empresa *A*, *simples* repreensão; na empresa *B*, multa ou suspensão por igual número de dias; e, na empresa *C*, o despedimento do trabalhador. Mas ainda que se trate da mesma organização, o empregador pode valorar de modo diverso condutas aparentemente idênticas, em função de circunstâncias como a posição hierárquica do infractor ou a gravidade das consequências produzidas.

Os tribunais, chamados à apreciação *a posteriori* das medidas disciplinares aplicadas, confrontam-se, por um lado, com essa ampla margem de liberdade de julgamento do empregador, e, por outro, com a obrigação de reconduzir a critérios de justiça e razoabilidade os resultados dessa actuação do mesmo empregador. Isso obriga a que se procure a objectivação do critério proposto no art. 330º/1 *a partir dos produtos daquele mesmo arbítrio, o qual estará assim a limitar-se ao passo que vai sendo exercido.* Assim, aquém do *abuso* do poder disciplinar, que consiste na aplicação de sanções como reacção a condutas correctas e legítimas do trabalhador – e a que se voltará adiante –, a censura judicial do exercício da acção disciplinar laboral só pode contar com dois suportes: por um lado, a prá-

[15] Esses limites foram, de resto, consideravelmente alargados pelo CT em relação à lei precedente.

[16] Era este o vocábulo utilizado, para o mesmo efeito, na antiga LCT de 1969.

tica disciplinar da organização[17]; por outro, a razoabilidade mínima exigível na relação entre infracção e sanção concreta. Quanto a este último critério, imagine-se que um trabalhador é despedido por, num certo dia, não cumprimentar o seu chefe; ou é alvo de uma suspensão de trabalho por uma semana por ter errado em dois cêntimos a contagem da receita de um dia de vendas. Casos destes, que envolvem, naturalmente, fortes condicionamentos subjectivos por parte de quem aplica as sanções, podem considerar-se, *em absoluto*, desproporcionados e, portanto, ilícitos.

A referência legal à "proporcionalidade" deve, pois, ser entendida num duplo sentido, apontado à *sanção justa*: ela deve ser adequada em termos *absolutos* (tendo em conta o grau de culpa e a gravidade das consequências da infrecção) e em termos *relativos* (por comparação com o tratamento dado a infracções de natureza e gravidade semelhantes).

D) A acção disciplinar.

"I – O processo penal e os processos sancionatórios de natureza administrativa são dirigidos, respetivamente, por um terceiro imparcial ou por uma autoridade adstrita a imperativos de estrita legalidade e objetividade, sendo-lhes ainda inerente uma lógica de "autossuficiência", pois, relativamente ao seu objeto, mesmo em caso de recurso, a ultima palavra é ditada no seu seio e apenas com base nas provas produzidas no seu seio.

[17] Com a atendibilidade da prática disciplinar da empresa (não apenas considerada face à generalidade dos trabalhadores, mas também à luz dos antecedentes disciplinares do trabalhador concretamente considerado) relaciona-se a construção germânica, de raiz jurisprudencial, de um «princípio de igualdade de tratamento» (*Gleichbehandlungsgrundsatz*), relacionado com a posição de *poder* do empregador (Götz Hueck, *apud* Zöllner 178). Deve notar-se, porém, que a doutrina alemã, na sua maioria, recusa a plena aplicação de tal princípio exactamente aos casos de despedimento, *maxime* quando se trate de medida individual ditada por motivos ligados à pessoa do trabalhador (e, portanto, aquelas situações em que o despedimento surge em resposta a um comportamento culposo do trabalhador). Nesse sentido, Zöllner 181; em sentido diverso, Frey, *Der Grundsatz der Gleichbehandlung im Arbeitsrecht*, Munique (1954) 33; vd. também Schaub 681. No nosso sistema, a individualização da justa causa disciplinar (art. 351º/3 CT) e da sanção disciplinar em geral (art. 330º/1) inculca decerto um entendimento semelhante. Nem, aliás, julgamos defensável a aplicação de um princípio de igualdade absoluta em tais domínios. Todavia, nenhum dos aspectos apontados implica a rejeição da ideia de que o *precedente* constitui, nos juízos disciplinares, se não o único, ao menos o principal factor de avaliação da sua justeza, como manifestação de um presumível critério do empregador, através de cuja «fixação» *a posteriori* resulta de algum modo limitado o seu arbítrio originário.

II – Ao invés, o procedimento disciplinar laboral é um procedimento privado (e interno) da empresa. Em caso de impugnação do despedimento, o empregador encontra-se vinculado pelos factos e motivos invocados no procedimento disciplinar, devendo todas as provas ser ali apresentadas.

III – Enquanto conjunto ordenado de atos dirigido à eventual aplicação de uma sanção, o procedimento disciplinar laboral pode considerar-se um processo (em sentido amplo) de natureza sancionatória, sendo-lhe extensíveis as garantias do art. 32º, nº 10 da CRP, mas não pode subvalorizar-se que o mesmo tem natureza privada, é levado a cabo por um dos sujeitos de uma relação jurídica obrigacional (que visa realizar fins próprios/privados) e culmina sempre num "ato de parte", ato que nas situações mais graves configura tipicamente uma declaração resolutória (como é o caso do despedimento).

IV – A observância das garantias de defesa deve ser objeto de uma apreciação global, que transcenda uma análise centrada em cada fase, ato ou diligência atomisticamente considerados, sendo certo que é na ação de impugnação que essencialmente se consolidam tais garantias, tendo em conta os imperativos de imparcialidade, objetividade e contraditório que inerem ao processo judicial.

V – Não acarreta a invalidade do procedimento disciplinar a recusa da realização de diligências requeridas pelo trabalhador na resposta à nota de culpa, fundamentada na invocação de que essas diligências se revelam totalmente impertinentes/dilatórias, se no contexto dos autos se tornar evidente que a ausência dessas diligências não afetou objetivamente, e em concreto, o direito à defesa do trabalhador. (...)" – STJ 25/09/2014 – P. 414/12.3TTMTS.P1.S1 (MÁRIO BELO MORGADO).

19. *A função do procedimento disciplinar.* Tendo, decerto, em vista o modelo de uma organização empresarial complexa, o legislador alude, no art. 329º, a um *procedimento disciplinar* de que faz parte a *audiência prévia* do trabalhador (nº 6) e em cujo termo este pode *reclamar* internamente da decisão[18] ou recorrer a mecanismos, eventualmente existentes, de composição de conflitos, sem prejuízo do direito de impugnar judicialmente a sanção (nº 7).

O sentido deste «processo» de apreciação da conduta do trabalhador e de definição da sanção eventualmente aplicável presta-se a equívocos e – na configuração que acabou por assumir na prática das empresas, muito por influência

[18] Este "direito de reclamação" constitui parte da considerável herança deixada pelo legislador do trabalho anterior a 1974. Na verdade, a sua previsão legal fazia todo o sentido segundo a lógica de relações de trabalho marcadas pelo poder hierárquico e pela recusa do conflito; não faz nenhum sentido – ou, melhor, assume a natureza de pura redundância – no quadro actual das relações de trabalho na empresa.

das que, nos anos 70 e 80 do século passado, integravam o sector público – pode envolver efeitos mistificatórios.

O procedimento disciplinar laboral não se destina a apurar, imparcial e objectivamente, uma *verdade material* – visa fundamentar uma decisão *de parte* que é a decisão disciplinar. O seu objectivo é o de sustentar uma convicção *do empregador* – titular do poder de disciplina – que pode ter-se formado antes dele, e que se exprimirá pela decisão de aplicar, ou não, certa sanção. Esta decisão não é, como pode parecer em face da complexidade burocrática de certos modelos procedimentais, uma decisão para- ou pré-judicial: é uma reacção de um contraente contra outro, que ficará sujeita ao escrutínio judicial se houver litígio[19].

Mais adiante, a propósito do procedimento disciplinar para despedimento, voltaremos a esta questão e à evolução normativa que se processou em torno dela.

A única verdadeira exigência legal, para todos os casos em que não esteja em jogo o despedimento, é a de *audiência prévia* do trabalhador (art. 329º/6), que pode assumir muitas formas, mas que nada impõe que seja preenchida através de escritos.

É certo que existe um procedimento especificamente definido para a acção disciplinar que vise o *despedimento por justa causa* (arts. 352º ss. CT) e pode questionar-se se esse procedimento não será, afinal, aplicável a qualquer acção disciplinar, mesmo quando a infracção verificada não seja susceptível de integrar justa causa de despedimento.

20. *O modelo processual do despedimento disciplinar.* Poderia, com efeito, raciocinar-se assim: potencialmente, qualquer procedimento disciplinar comporta, *a priori*, a hipótese de aplicação do despedimento (o apuramento da gravidade da falta há-de conter-se no próprio processo); e não é concebível que se deva retornar sobre uma tramitação já seguida para reiniciar o processo, pelo facto de se passar a considerar adequada a sanção de despedimento.

Mas esse raciocínio seria desajustado à lei. Nos termos do art. 353º/1 CT, juntamente com a *nota de culpa*, que contém a «descrição circunstanciada dos factos» imputados ao trabalhador, o empregador deve emitir *comunicação escrita da intenção de proceder ao despedimento*. Isto é: apurados os *factos* (através de inquérito ou investigação preliminar), o titular do poder de disciplina formula (ou não) um «pré-juízo»[20] acerca da adequação objectiva desses factos ao preenchimento de justa causa. Restará ainda determinar a existência e o grau de culpa do ar-

[19] Veja-se, em sentido próximo, o Ac. STJ 25/09/2014 – P. 414/12.3TTMTS.P1.S1 (Mário Belo Morgado).

[20] B. Lobo Xavier. A *recente legislação dos despedimentos (O processo disciplinar na rescisão por justa causa)*, sep RDES, Coimbra (1976) 173.

guido; e daí poderá resultar que o projecto de sanção é inadequado. Mas, feita a aludida comunicação, *e só se o tiver sido,* o processo é *susceptível* de conduzir à decisão de despedimento.

Nada impede, a nosso ver, que, não havendo intenção de despedir (por falta de correspondência objectiva entre os factos e a noção de justa causa), a tramitação seguida não coincida com a dos arts. 353º ss. CT. A gravidade da consequência prevista para a acção disciplinar nos casos regulados por estes preceitos explica que – tendo inclusivamente em vista a necessidade de se dispor de instrumentos precisos de conhecimento e avaliação do processo decisório do empregador – o grau de formalização seja particularmente elevado. Fora desses casos, em que a natureza da infracção permita antever o preenchimento de justa causa, a exigência processual pode reduzir-se ao essencial para que fiquem asseguradas ao trabalhador a *audiência prévia* e a *oportunidade de defesa*: uma acusação, que pode, inclusivamente, ser pronunciada oralmente, com indicação do tipo de sanção previsto, um prazo razoável de resposta à acusação, e uma comunicação escrita da decisão, concretamente fundamentada. Tudo isto se pode reduzir – garantida que seja prova suficiente do procedimento adoptado – a algo de semelhante, por exemplo, à "entrevista prévia" exigida no ordenamento francês.

E) Caducidade da acção disciplinar e prescrição da infracção.

"I. Perante o conhecimento da prática por um trabalhador de factos suscetíveis de integrarem infrações disciplinares o empregador, se o pretender sancionar, terá que iniciar o procedimento disciplinar com a notificação da nota de culpa nos sessenta dias posteriores àquele conhecimento, sob pena de caducidade do respetivo direito.
II. Se os factos conhecidos e as circunstâncias em que foram praticados, não estiverem suficientemente esclarecidos, de forma a fundamentar a nota de culpa, poderá o empregador proceder a um inquérito prévio a iniciar nos trinta dias subsequentes àquele conhecimento, para proceder ao apuramento dos factos e à recolha das respetivas provas, interrompendo-se assim o prazo de caducidade de sessenta dias a que alude o artº 329º, nº 2 do Código do Trabalho.
III. Após a conclusão do inquérito prévio, o trabalhador deve ser notificado da nota de culpa nos trinta dias posteriores, sob pena de caducidade do direito de exercer o procedimento disciplinar, atento o disposto no artº 352º do Código do Trabalho." – STJ 23/05/2018 – P. 7489/15.1T8LSB.L1.S1 (Chambel Mourisco).

21. *Os parâmetros temporais da acção disciplinar.* A lei estabelece, actualmente, *três* condicionamentos temporais do exercício da acção disciplinar: dois prazos de *caducidade do direito de acção disciplinar* (art. 329º/1 e 2) e um prazo de *prescrição do procedimento disciplinar* (art. 329º/3).

Trata-se, em qualquer deles, da *extinção*, em função do decurso do tempo, de faculdades de actuação reconhecidas ao empregador no âmbito do poder disciplinar.

O primeiro prazo, de um ano, refere-se ao "direito de exercer o poder disciplinar", isto é, de encetar qualquer procedimento destinado a fundamentar a eventual aplicação de uma sanção. Conta-se a partir do momento em que os factos tenham *ocorrido*, independentemente do conhecimento ou desconhecimento deles por parte do empregador. O decurso desse prazo traduz-se no esgotamento do poder disciplinar em relação aos factos qualificáveis como infracções (daí que estas prescrevam também com a cessação do contrato de trabalho). A lei toma em conta a necessidade de evitar que a perspectiva da punição de uma eventual falta seja mantida como uma ameaça suspensa indefinidamente sobre o trabalhador, a fim de lhe condicionar o comportamento e, inclusive, a capacidade reclamatória. Por outro lado, o excessivo distanciamento entre a infracção e a possível sanção não se adequa ao carácter e aos fins próprios desta última – fins que são sobretudo preventivos e não retributivos.

No CT de 2003, como na lei anterior, este prazo era de *prescrição da infracção disciplinar*, o que legitimava o entendimento – seguido nas anteriores edições deste livro – de que se tratava, directamente, de um condicionamento da *punibilidade*. A jurisprudência dominante já há muito alinhava, porém, pela ideia de *duplo prazo de caducidade*, e a revisão de 2009 veio eliminar todas as dúvidas acerca da sua adopção. A construção tinha, no entanto, o inconveniente grave – a que tornaremos um pouco adiante – de tornar irrelevante a duração do procedimento. O novo prazo do art. 329º/3 vem cobrir esta deficiência.

O prazo de caducidade – de sessenta dias –, por seu turno, assenta na ideia de que a maior ou menor lentidão no desencadeamento do processo disciplinar exprime o grau de relevância atribuído pelo empregador à conduta (eventualmente) infractora; o facto de esse processo não se iniciar dentro dos sessenta dias subsequentes ao *conhecimento* da referida conduta constitui presunção *iuris et de iure* de irrelevância disciplinar. Assim, o direito de "agir" contra o trabalhador, iniciando o procedimento disciplinar, extingue-se.

Está-se, pois, até, aqui, no fundo, perante dois prazos de *caducidade do direito de acção disciplinar*: esta só pode iniciar-se dentro de sessenta dias após o conhecimento da infracção e um ano depois da sua ocorrência. Claro que, indirectamente, o que está em causa é o *direito de punir*: a aplicação de uma sanção torna-se legalmente inviável sem que o procedimento seja licitamente realizado.

O terceiro prazo, também de um ano, constitui inovação do Código de 2009 e é, no fundo, também, um condicionamento do *direito de punir*: trata-se, nele, como no primeiro prazo, de evitar a eternização da crise disciplinar, através do prolongamento do processo. O decurso do prazo, contado a partir da *instauração do processo* (ou melhor, do envio de nota de culpa), provoca a extinção do *direito de acção* de disciplinar e, por conseguinte, do direito de punir.

22. *O início do processo.* O art. 353º/3 estabelece que a comunicação da nota de culpa ao trabalhador interrompe[21] qualquer dos dois primeiros prazos. Esta solução tem, desde logo, o significado de um reforço à ideia de que é com essa comunicação que se inicia o procedimento disciplinar.

Por outro lado, pode mostrar-se ser necessária a realização de inquérito preliminar para que o complexo factual em causa possa considerar-se conhecido (em termos de se poder fazer dele a «descrição circunstanciada» a que alude o art. 353º/1) e, assim, susceptível de servir de base a uma acusação disciplinar. Esta hipótese é contemplada, novamente em relação aos dois prazos de caducidade, no art. 352º. Aí se determina a interrupção do prazo no caso de «procedimento prévio de inquérito», desde que, mostrando-se aquele procedimento «necessário para fundamentar a nota de culpa», seja iniciado e conduzido de forma diligente, não mediando mais de 30 dias entre a suspeita de existência de comportamentos irregulares e o início do inquérito, nem entre a sua conclusão e a notificação da nota de culpa.

A regra do art. 353º/3 harmoniza-se plenamente com o sentido da caducidade prevista no art. 329º/2, estabelecendo certa conexão temporal entre o conhecimento (pleno) dos factos e a acusação; na mesma lógica, só com a conclusão do inquérito preliminar (quando realizado) deveria iniciar-se a contagem[22]. Compreende-se que, a ser consagrada tal solução, a insegurança do trabalhador poderia resultar seriamente agravada (pela tardia iniciativa do inquérito), embora o prazo do art. 329º/1 pareça garantir nesse ponto uma protecção bastante.

23. *A extinção do poder de punir.* E que dizer acerca da aplicação do mesmo esquema à caducidade prevista no art. 329º/1?

Em rigor, a extinção do direito de punir (que, como vimos, está implícita nesse modelo) só deveria ser impedida pela decisão sancionatória. No entanto, como já se assinalou, antes da publicação do Código de 2003 e na falta de regra expressa, a jurisprudência já se norteava pela ideia de que a prescrição se interrompe com a instauração do processo disciplinar; e, conjugando os dois prazos legais, decidiu-se que «o procedimento disciplinar deve ser exercido nos

[21] Não se vendo como possa ser, no caso, retomado o curso do prazo, pareceria mais correcto falar aqui de *interrupção.*

[22] Vd., neste sentido, o Ac. Rel. Lisboa 4/7/90 (CJ 90, 4, 187).

sessenta dias imediatos ao conhecimento da infracção se, entretanto, não tiver decorrido um ano sobre a sua prática»[23].

Essa orientação inspirava-se, decerto, nas soluções consagradas pelo Estatuto Disciplinar dos Funcionários e Agentes da Administração Pública, correntemente utilizado como regime subsidiário para a acção disciplinar nas relações privadas de trabalho.

Mas o problema básico era, antes do Código, o de saber se, após a instauração do procedimento, poderia ainda verificar-se, por excessiva demora no seu curso, a prescrição da infracção. Da tese jurisprudencial que se apontou, resultava a possibilidade de eternização da acção disciplinar, sem que o poder de punir se extinguisse. De resto, na mesma linha se decidiu que não existe qualquer limite legal da duração do processo disciplinar, devendo mesmo reputar-se ilegais os preceitos das convenções colectivas que fixassem prazos para a conclusão desse processo[24].

O art. 353º/3 CT vem ao encontro da orientação jurisprudencial anterior. Com a comunicação da nota de culpa (ou com a instauração de inquérito prévio, sendo caso disso, nos termos do art. 352º), deixaria de ser possível a caducidade do direito de acção disciplinar e, sobretudo, a extinção do direito de punir, durasse o processo o tempo que durasse. É por isso que o nº 3 do mesmo artigo introduz um terceiro prazo decorrido o qual deixa de ser possível a reacção disciplinar: um prazo que condiciona a duração do processo, impedido o seu excessivo prolongamento. Depois de iniciado, o procedimento disciplinar não pode estender-se por mais de um ano.

[23] Cfr. Ac. Rel. Porto 5/3/79 (CJ, 79, 4, 501).

[24] Cfr. Ac. Rel. Lisboa 17/1/83 cit..

Capítulo 12
O PAPEL DE EMPREGADOR E SUAS VARIAÇÕES

I. O papel de empregador[1].

1. Noções gerais.

1. *Noções gerais.* Como se sabe, a designação de "empregador" é a actualmente usada pelo legislador para indicar a posição contratual daquela ou daquelas pessoas que recebem a prestação de trabalho e estão obrigadas a pagar a retribuição ao trabalhador.

Também se observou já que o «estatuto» do empregador pode sinteticamente definir-se como uma *posição de poder* ou de *autoridade* – que é, afinal, o reverso da subordinação em que o trabalhador se coloca pelo contrato.

O que, por vezes, sucede é que essa autoridade aparece a ser concretamente exercida, não pelo beneficiário da prestação de trabalho (quer dizer: o titular da organização produtiva), mas por outros trabalhadores cuja função consiste em dirigir a laboração, parcial ou totalmente (o encarregado, o chefe de secção, o director técnico). Mas ela pertence originariamente ao empresário (titular da empresa ou organização não empresarial, que é sujeito no contrato de trabalho), e é *delegada* nos aludidos trabalhadores por exigências da própria organização produtiva[2].

[1] Sobre o tema, veja-se BERNARDO XAVIER, *Manual* cit. 85 ss.; M. ROSÁRIO RAMALHO, *Tratado* cit., Parte I 336 ss.; JÚLIO GOMES, *Direito do Trabalho* cit., 215 ss.; P. ROMANO MARTINEZ, *Direito do Trabalho* cit., 132 ss..
[2] Cfr., nomeadamente, o art. 128º/2 e o art. 329º/4 CT.

Há, pois, que distinguir, tanto nas empresas individuais e societárias (privadas), como nas empresas públicas e de capitais públicos, as seguintes posições típicas:

a) o empresário/empregador/titular da organização – o indivíduo, a sociedade comercial, o Estado, o ente público, a associação;

b) o gestor ou administrador (mandatário do empresário);

c) o dirigente ou chefe directo (trabalhador subordinado ao empresário e, por aí, dependente do gestor ou administrador).

II. O empregador e a empresa[3].

2. A empresa no direito do trabalho; 3. As acepções de "empresa"; 4. De empresário a empregador; 5. Empresa, empresário, empregador.

2. *A empresa no direito do trabalho.* Ao contrário do que sucede com a situação do trabalhador, a do empregador pode ser assumida por uma pessoa singular ou por uma pessoa colectiva. A tendência vai até neste último sentido. Hoje, uma grande massa de trabalhadores, inseridos em qualquer sector da economia, tem defronte de si um empregador que é uma *sociedade* explorando certa ou certas *empresas* em que aqueles se incorporam.

Ora a posição jurídico-prática do empregador pode assumir cambiantes muito diversos conforme se trate de uma relação puramente interindividual, entre pessoas físicas que prosseguem objectivos também individuais (é o caso extremo da relação de serviço doméstico) ou de uma relação entre um trabalhador e a *sociedade* que o emprega *no quadro de uma empresa. Os* interesses em vista, neste último caso, transcendem a esfera individual: trata-se de interesses da colectividade de sócios (que são ou podem ser pessoas singulares), mas são também interesses que a própria existência da empresa determina e que, em suma, se ligam à sua *permanência* e ao seu *desenvolvimento* como complexo produtivo[4].

[3] Cfr. Bernardo Xavier, *Manual de Direito do Trabalho* cit., 407 ss.; J. Leal Amado, *Contrato de trabalho* cit., 205 ss..

[4] Esta referência é naturalmente muito discutível. Haverá, de facto, interesses ou exigências *próprios* da empresa como *organização*, distintos dos interesses do empresário-patrão, no plano das relações de trabalho? O CT admite-o, em diversas disposições que aludem ao «interesse da empresa» (por exemplo, o 120º/1), a «necessidade premente da empresa» (art. 119º), diferenciando-os implicitamente do interesse próprio do empregador. Confrontam-se, neste terreno, duas fundamentais concepções da empresa: a *concepção «clássica» ou individualista*, que polariza na figura do empresário os diversos elementos constitutivos da empresa, recusando, portanto, a possibilidade de se autonomizarem exigências próprias desta última, face ao interesse económico do primeiro; e a *concepção institucional* que retrata a empresa como organização comunitária e hierarquizada, onde o empresário é o «chefe» socialmente responsável pela organização e pelo funcionamento do conjunto, e nomeadamente pela sua coesão e permanência. Podem ver-se uma exposição e crítica sintéticas destas teorias em Camerlynck/Lyon Caen, *Droit du Travail* cit. 259/272. Por nossa parte, consideramos que é desnecessário tomar posição perante tal controvérsia para responder à questão inicialmente posta. Há pelo menos um aspecto – o da *permanência* da empresa enquanto organização produtiva e, portanto, suporte de emprego – em que se pode falar de exigências específicas relativamente aos interesses do empresário. Até porque também os trabalhadores têm nisso vantagem. Coisa bem diversa será a confusão frequente entre as conveniências do empresário-entidade patronal e pretensos interesses da «empresa em si», nomeadamente no tocante às garantias da disponibilidade da força de trabalho obtida pelo contrato. Para além disso, julga-se que as referidas menções legais podem e devem ser também interpretadas no sentido de excluírem decisões não

O regime jurídico do trabalho subordinado assenta, em larga medida, no enquadramento das realidades laborais num esquema empresarial – quer dizer, no âmbito de uma organização de factores produtivos dotada de certa complexidade e visando uma actividade produtiva.

Facilmente se verifica que o Código do Trabalho contém, no fundo, o *regime jurídico do trabalho na empresa.*

3. *As acepções de "empresa".* Fala-se de «empresa» em sentidos vários[5], como se sabe. Na linguagem corrente, por exemplo, surgem amiúde referências como estas: «a empresa *A* paga *x* ao consultor económico»; «a empresa *B* faliu»; etc.. Está-se então a *personalizá-la,* isto é, a identificá-la com a pessoa que age, no comércio jurídico, através da empresa (de que é titular) – ou seja, com o *empresário.* Note-se que o uso da palavra empresa em tal acepção surge na própria lei. O art. 230º CCom., p. ex., começa assim: «Haver-se-ão por comerciais as empresas, *singulares ou colectivas,* que se *propuserem:* 1º *Transformar,* por meio de fábricas ou manufacturas, matérias-primas, *empregando* para isso, ou só operários, ou operários e máquinas...»

Mas, noutro sentido, também aparece a palavra empresa para designar a *actividade produtiva* em si mesma, ou, se se quiser, o objectivo visado pelo titular da organização de meios produtivos. Será esse, porventura, o significado mais próximo da raiz etimológica do termo – a empresa como *empreendimento.* Diz-se então: «*A* votou-se a uma difícil empresa», por exemplo.

Em terceiro lugar, aponta-se o significado mais usual na lei e também mais relevante para o nosso ponto: a empresa como *organização de meios* (materiais e humanos) articulada ou montada por alguém para, através dela, exercer certa actividade económica. Esses meios podem ser, concretamente, matérias-primas, máquinas, edifícios, força de trabalho, dinheiro, tecnologia, etc. E é em obediência a certo plano ou estratégia que o empresário articula e ordena esses meios,

fundadas em razões objectivas e demonstráveis, implicando a possibilidade de inutilização judicial dos seus efeitos.

[5] Cabe fazer aqui também uma referência à distinção que se faz na Ale-manha entre a empresa como organização técnico-laboral *(Betrieb)* e a empresa como organização económica *(Unternehmen).* A primeira é caracterizada como «unidade organizatória de meios de trabalho com base na qual alguém, por si só ou em conjunto com os seus colaboradores, prossegue continuadamente um determinado fim técnico-laboral *(arbeitstechnische Zweck)*» – Nikisch 126. Trata-se aí do escopo imediato (produzir frigoríficos, vender automóveis) e não do fim económico último, nomeadamente o da obtenção de lucros. Esse escopo remoto (porventura envolvendo diversos *Betriebe,* ou seja, várias unidades produtivas) define, por outro lado, a «empresa económica», que se apresenta como «unidade organizatória que é determinada através do fim económico ou ideal servido por uma empresa laboral, ou várias organicamente ligadas, do mesmo empresário» – Hueck/Nipperdey 85.

num complexo mais ou menos vasto, conferindo-lhes assim unidade e funcionalidade.

4. *De empresário a empregador.* Esses meios ou bens produtivos podem ser carreados para a organização da empresa através de diversas vias; mas sempre que o «organizador» não disponha deles na sua própria esfera pessoal e patrimonial (isto é, não possa bastar-se com o seu *trabalho* e, porventura, de familiares; não seja proprietário do *local* das instalações; não tenha *dinheiro* aforrado em quantidade suficiente: não produza, pelos seus meios, as *matérias-primas* necessárias, etc.), essas vias implicam *relações jurídicas* através das quais ele obtenha acesso a bens idênticos de pertença alheia. Irá assim contrair empréstimos de dinheiro (celebrando contratos de *mútuo)* ou interessar directamente no empreendimento outras pessoas que lhe forneçam (e constituir-se-á então uma *sociedade,* através do correspondente contrato). Arrendará o edifício ou parte do edifício para instalações (e teremos o contrato de *arrendamento).* Com o dinheiro obtido, comprará matérias-primas e máquinas (celebrando contratos de *compra e venda).* E assegurará a disponibilidade da força de trabalho de outras pessoas – através de contratos de *trabalho.*

Neste último caso, o *empresário* torna-se *empregador;* e as pessoas que lhe transmitiram, mediante salário, a possibilidade de dispor da sua força de trabalho (os trabalhadores), precisamente porque esta se não pode separar das suas individualidades (como o prédio ou o dinheiro se podem separar dos seus donos), são *integrados,* através do contrato, no conjunto da organização – passam a «pertencer-lhe», ficando sujeitas, como já se notou abundantemente, ao domínio do titular da organização.

5. *Empresa, empresário, empregador.* Convém pois discernir com nitidez estas três noções – a de empresa, a de empresário e a de empregador – com que joga o Direito do Trabalho. Tomaremos a primeira no seu sentido *objectivo,* ou seja, como organização ou complexo articulado de meios produtivos; o segundo, como promotor, titular e interessado directo da actividade a que aquele complexo se adequa instrumentalmente; a terceira, como adquirente da disponibilidade de força de trabalho alheia, através do correspondente contrato. Não é pois a empresa que o trabalhador defronta nas relações de trabalho[6] – mas o empresário/ /empregador detentor do capital nela envolvido. Um empresário pode não ser

[6] De modo algo estranhável, o CT de 2003, na parte respeitante aos *sujeitos* do contrato de trabalho (a Secção II do Capítulo I do Título dedicado ao contrato de trabalho), incluía uma subsecção respeitante às *empresas.* Na revisão de 2009, passou, nessa posição, a figurar uma divisão intitulada *O empregador e a empresa.*

empregador – quando utilize somente trabalho próprio ou familiar (é o caso de muitas microempresas). Um empregador pode não ser empresário – como ocorre no serviço doméstico, bem como no trabalho prestado às chamadas associações de fim ideal.

III. A relevância jurídico-laboral da empresa[7].

A) Relações de trabalho empresariais e não empresariais. – 6. Trabalho na empresa e fora da empresa; **B) A transmissão de empresa ou estabelecimento.** – 7. A empresa objecto de relações jurídicas; 8. As consequências da transmissão de empresa ou estabelecimento; 9. Um direito de oposição do trabalhador?; 10. A resposta da lei portuguesa; 11. As noções de "transmissão" e de "unidade económica"; 12. Modificações na titularidade do capital; 13. A informação e consulta dos trabalhadores e seus representantes. – **C) Cedência ocasional do trabalhador.** – 14. A noção legal; 15. As condições de admissibilidade.

A) Relações de trabalho empresariais e não empresariais.

6. *Trabalho na empresa e fora da empresa.* Como já se sugeriu, a natureza das relações de trabalho varia conforme a existência ou inexistência de empresa e o grau de complexidade desta.

É óbvio que o trabalho subordinado pode surgir fora de um quadro empresarial – ou seja, nas relações de indivíduo a indivíduo, em que a força de trabalho é destinada não a integrar uma actividade lucrativa mas à produção de utilidades que imediatamente satisfazem necessidades próprias do empregador. É o caso típico do *serviço doméstico* (a que corresponde, como se sabe, um contrato especial de trabalho); mas da mesma natureza são, em geral, diversas situações quotidianamente verificáveis, como a do pintor, a do pedreiro ou a do electricista que realizam reparações ou modificações no domicílio de um particular – desde que actuem sob a direcção deste.

O contrato de trabalho é, por assim dizer, *diferente* nesses casos, quanto aos seus efeitos *práticos*, isto é, quanto ao modo por que concretamente se desenvolvem as relações nele fundadas.

Havendo empresa, os contactos pessoais entre os sujeitos do contrato tendem a ser menos frequentes e duradouros, diluem-se numa organização hierarquizada que resulta de uma teia de delegações dos poderes patronais nos vários «directores», «chefes», «encarregados», etc. – os quais, como se notou já, estão normalmente vinculados por contratos de trabalho. Acentua-se a divisão de trabalho e a especialização de funções, bem como a sua articulação num processo pré-ordenado e estrurado. Daí, nomeadamente (no que toca à posição patronal): a despersonalização das relações de trabalho; a diminuição da intensidade «aparente» do poder directivo; o aparecimento de um ordenamento disciplinar

[7] Sobre este tema, constitui contributo fundamental a monografia de Catarina Carvalho, *Da dimensão da empresa no Direito do Trabalho*, Coimbra (2011).

complexo e «institucionalizado», de que se podem encontrar as bases gerais nos arts. 328º ss. CT.

Fora do quadro empresarial, as coisas passam-se quase às avessas, dado o carácter acentuadamente pessoal e inorgânico das relações de trabalho: o poder de direcção exerce-se, ou pode exercer-se, em termos amplos, intensos e permanentes (o empregador está em contacto pessoal e directo com o trabalhador, orienta-o momento a momento, dá-lhe instruções pormenorizadas): a acção disciplinar quase perde razão de ser, quer porque há contacto pessoal e duradouro, quer porque estão em causa interesses puramente individuais e subjectivos do empregador, não se verificando exigências postas pela integridade e pelo funcionamento articulado de uma organização produtiva propriamente dita.

Em suma: as relações de trabalho variam, quanto ao seu conteúdo, conforme sejam ou não enquadradas por uma empresa, e ainda – naturalmente – em função da complexidade de que esta se revista.

Como se disse, a legislação do trabalho e a contratação colectiva surgem-nos centradas sobre as *relações de trabalho na empresa*. Essa atinência é de tal modo vincada que, em larga medida, a compreensão e a aplicação das normas implicam que se tome em conta a perspectiva "organizacional" e o facto de o contrato de trabalho se executado num contexto *colectivo*, em conjunto com outros contratos do mesmo tipo que com ele de algum modo se relacionam. De resto, diversas vicissitudes da vida das empresas – crises económicas e financeiras, transmissão da titularidade da empresa ou de estabelecimentos, encerramento temporário ou definitivo, reestruturações, alterações tecnológicas... – constituem, como veremos, factores genéticos e modeladores de institutos juslaborais específicos, como a suspensão dos contratos de trabalho e o despedimento colectivo. A *dimensão* das empresas (diferenciada no art. 100º CT) condiciona regimes como o dos limites anuais do trabalho suplementar (art. 228º), o da marcação de férias pelo empregador (art. 241º/3) e o da neutralização do direito à reintegração do trabalhador ilicitamente despedido (art. 392º).

Veremos em seguida como se comportam os contratos de trabalho em situações caracterizadas pela *mudança da titularidade da empresa ou do estabelecimento* (ou seja, permanência da empresa ou do estabelecimento com outro titular) ou pela *cedência ocasional do trabalhador* por uma empresa a outra. Na mesma linha se poderiam neste ponto abordar as referidas vicissitudes da vida empresarial, mas a complexidade dos respectivos regimes impõe que lhes sejam reservados espaços próprios.

B) A transmissão de empresa ou estabelecimento[8].

"I - Para se verificar a transmissão de uma empresa ou estabelecimento e, consequentemente, ter aplicação o regime jurídico previsto no art. 285º, do Código do Trabalho de 2009, quanto aos seus efeitos, importa verificar se a transmissão operada tem por objecto uma unidade económica, organizada de modo estável, que mantenha a sua identidade e seja dotada de autonomia, com vista à prossecução de uma actividade económica, ou individualizada, na empresa transmissária.

II - Não ocorre uma situação de transmissão de estabelecimento quando uma empresa deixa de prestar serviços de vigilância e segurança junto de determinado cliente, na sequência de adjudicação, por este, de tais serviços de vigilância a outra empresa, sem que se tivesse verificado a assunção de qualquer trabalhador da anterior empresa e tão pouco qualquer transferência de bens ou equipamentos de prossecução da actividade susceptível de consubstanciar uma "unidade económica" do estabelecimento." - STJ 12/06/2017 - P. 357/13.3TTPDL.L1.S1(Ana Luisa Geraldes).

7. *A empresa objecto de relações jurídicas.* A empresa pode surgir como *objecto* de relações jurídicas, quando encarada no sentido acima referido – isto é, estabelecida a equivalência entre *empresa* e *organização técnico-laboral* (ou estabelecimento). Pode nomeadamente ocorrer *mudança de titular* (passando a ser empresário outra pessoa): é o caso da transmissão da titularidade ou da exploração da empresa ou estabelecimento (arts. 285º ss. CT).

Está aí em causa um conjunto muito diversificado de fenómenos - desde o "trespasse" até à reversão de uma concessão de exploração, passando pelas fusões e cisões e pelas modificações que podem ocorrer na titularidade do capital das sociedades – de que pode resultar o desaparecimento do cenário contratual do empregador ao qual os trabalhadores se encontravam vinculados, sem que este tenham no facto qualquer participação.

Será que a transmissão implica a permanência dos contratos de trabalho, havendo *substituição automática* da entidade patronal? Neste caso, estão os trabalhadores condenados a aceitar a mudança de empregador, ou podem opor-se a essa mudança? Poderá, pelo contrário, o adquirente considerar-se alheio a tais contratos, celebrados pelo primitivo empresário, e recrutar pessoal inteiramente novo, da sua confiança? São questões importantes que decorrem do facto de os contratos de trabalho serem instrumentos integradores da empresa, o que os expõe à sorte desta. E a lei laboral tem assim que oferecer-lhes resposta.

[8] Vd. sobre o tema M. Rosário Ramalho, *Tratado* cit., 687 ss; Joana Simão, *A transmissão de estabelecimento na jurisprudência do trabalho comunitária e nacional*, QL nº 20 (2002) 203 ss..

8. *As consequências da transmissão de empresa ou estabelecimento.* A matéria é tratada, a nível comunitário, na Directiva 2001/23/CE do Conselho, de 12 de Março de 2001, que abrange os casos de "transferência de uma entidade económica que mantém a sua identidade, entendida como um conjunto de meios organizados, com o objectivo de prosseguir uma actividade económica, seja ela essencial ou acessória" (art. 1º/1-*b*)). O primeiro parágrafo do art. 3º da Directiva é do seguinte teor: "Os direitos e obrigações do cedente emergentes de um contrato de trabalho ou de uma relação de trabalho existentes à data da transferência são, por esse facto, transferidos para o cessionário".

Também na lei portuguesa se trata da hipótese de "transmissão, por qualquer título, da titularidade da empresa ou estabelecimento que constitua uma unidade económica" e a resposta às questões enunciadas está sintetizada na segunda parte do mesmo art. 285º/1 CT: "transmitem-se para o adquirente a posição do empregador nos contratos de trabalho dos respectivos trabalhadores, bem como a responsabilidade pelo pagamento de coima aplicada pela prática de contraordenação laboral". E o nº 2 do mesmo artigo[9] acrescenta que o mesmo regime se aplica "à transmissão, cessão ou reversão da exploração de empresa, estabelecimento ou unidade económica, sendo solidariamente responsável, em caso de cessão ou reversão, quem imediatamente antes tenha exercido a exploração".

Assim, os contratos de trabalho não cessam nem sofrem descontinuidade; os trabalhadores cujos contratos estejam em vigor no momento da transmissão – e só esses, como é natural – acompanham, em princípio, o movimento da organização a que estão contratualmente ligados. Porém, se o transmitente tiver despedido um ou mais trabalhadores, e esses despedimentos vierem a ser declarados ilícitos, os mesmos trabalhadores poderão exercer *perante o adquirente* o direito à reintegração que lhes é conferido pelo art. 389º/1-b) CT. Com efeito, esses despedimentos são ineficazes desde o início, considerando-se, portanto, em vigor os contratos de trabalho no momento da transmissão[10].

Por outro lado, a transmissão deve, como se observará, ser precedida de informação e consulta aos representantes dos trabalhadores ou aos próprios, se não houver representantes (art. 286º). E os créditos dos trabalhadores, anteriores à transmissão, são garantidos pela responsabilidade solidária do transmitente e do adquirente, durante certo período (art. 285º/2)[11].

[9] Conforme o novo arranjo do art. 1º, definido pela L. 14/2018, de 19 de Março.

[10] Neste sentido, STJ 28/09/2017 – P. 1335/13.8TTCBR.C1.S1 (Chambel Mourisca).

[11] Veja-se, sobre o tema, ainda ao abrigo do art. 37º LCT, M. Costa Abrantes, *A transmissão do estabelecimento comercial e a responsabilidade pelas dívidas laborais*, QL nº 11 (1998) 1 ss.. Mais recentemente, veja-se o amplo tratamento do tema em Júlio Gomes, *Direito do Trabalho*, vol. I, Coimbra (2007) 808 ss..

O regime legal da "transmissão de empresa ou estabelecimento", constante dos arts. 285º a 287º CT, foi recentemente remodelado pela L. 14/2018, de 19 de Março, que introduziu, como se assinalará, relevantes alterações de fundo nesse regime.

9. *Um direito de oposição do trabalhador?* A questão de saber se o regime jurídico da transmissão compreende um direito de oposição do trabalhador foi frequentemente abordada, quer pelo Tribunal de Justiça europeu, quer na jurisprudência nacional.

Gerou-se fácil unanimidade em torno do entendimento de que o regime jurídico da transmissão de empresa ou estabelecimento não compreende, quanto à aplicação do efeito sub-rogatório, a exigência de consentimento dos trabalhadores. Mas o que se questionava era se, não tendo dado o seu consentimento à transmissão – ou melhor, ao seu efeito no contrato de trabalho –, um trabalhador nela potencialmente envolvido pode recusar a nova contraparte, neutralizando assim, no seu caso, o mecanismo estabelecido pela lei.

De direito de oposição só pode, com efeito, falar-se quando o trabalhador dispõe de meios jurídicos que lhe permitem, apesar da transmissão, manter a sua situação contratual (incluindo a identidade do outro contraente) inalterada. Se um trabalhador inconformado tem apenas aberto diante de si o caminho da ruptura do contrato – um caminho completamente inespecífico, que sempre lhe é acessível quando, em quaisquer circunstâncias, a permanência do vínculo lhe é fundadamente indesejável –, mesmo que tal opção seja guarnecida de alguma vertente indemnizatória, não pode dizer-se, com propriedade, que ele é titular de um direito de oposição à mudança do outro contraente, no seu contrato de trabalho. Pode, quando muito, falar-se de um direito de recusa ou rejeição, traduzido no afastamento do contrato.

O direito de oposição deve, com efeito, ser entendido como projecção da liberdade contratual, na vertente da escolha do outro contraente, e essa liberdade, na mesma vertente, fica excluída se ao trabalhador se oferece apenas o dilema entre aceitar ou pôr termo ao vínculo. Por outras palavras, a "oposição" deve significar o eficaz impedimento à produção de um efeito jurídico indesejado. Esse efeito, no caso, consiste na mudança da pessoa do empregador, e a "oposição" obsta a que essa mudança ocorra, ou seja, tem como consequência a manutenção da situação anterior (vinculação ao empregador transmitente).

Nunca houve dúvidas, quer por parte do Tribunal de Justiça, quer na jurisprudência nacional, sobre a inadmissibilidade da sujeição do trabalhador ao automatismo do efeito sub-rogatório da transmissão. O Tribunal de Justiça enfatizou até que uma tal hipótese "poria em causa os direitos fundamentais do trabalhador, que deve ser livre de escolher a sua entidade patronal e não pode ser obrigado a trabalhar para uma entidade patronal que não escolheu livremente"[12]. Mas também se não admitia que a oposição do trabalhador pudesse ter como efeito a sua permanência ao serviço do transmitente.

Por outras palavras: não se quis consagrar um verdadeiro direito de oposição[13], cujo exercício conduzisse à manutenção do *statu quo ante*, mas um direito de recusa com consequências indefinidas. Na verdade, o Tribunal europeu considerou haver, na Directiva, espaço suficiente para que, ao nível nacional, as consequências da recusa do trabalhador possam ser definidas, quer em termos de extinção do contrato, quer de manutenção do vínculo com o transmitente[14].

10. *A resposta da lei portuguesa.* Como é sabido, o espaço deixado aberto pela Directiva quanto ao ponto não tinha sido, até há pouco, aproveitado pelo legislador português. Na jurisprudência, entendia-se inviável ir além da concepção de um "direito de oposição" do trabalhador equivalente à faculdade de resolução do contrato, eventualmente com imputação desta ao empregador transmitente[15]. Na doutrina, incluindo o autor destas notas, não se ia também mais

[12] TJUE 16/12/92, C-132/91, C-138/91 e C-139/91 (caso *Katsikas*), nº 32.

[13] Em estudo publicado há alguns anos (*Les salariés ne sont pas à vendre,* Droit Social, 2006, pp. 264-273), A. Supiot discorria com base numa concepção aparentemente diferente do direito de oposição: "O direito de oposição é individual e tem por efeito tornar a regra da transferência inaplicável ao trabalhador que o exerça. (...) Se ele exerce esse direito, a regra da transferência automática é inaplicável ao seu contrato de trabalho e o cessionário continua a ser um terceiro relativamente a esse contrato". Supiot, do mesmo passo, considerava que um direito com esses contornos se achava consagrado pela jurisprudência do TJUE, quando este qualificava de inadmissível a imposição ao trabalhador da sujeição à sub-rogação automática. A posição do Autor entendia-se sobretudo em presença da jurisprudência da Cassation francesa, que mantinha a tese segundo a qual, sendo cumpridas as regras, "a mudança de empregador se impõe ao trabalhador" (acórdão Voisin, citado no mesmo estudo de Supiot, p. 269). Se é certo que a caracterização desse "direito de oposição" era subtilmente feita por Supiot de modo a sugerir a neutralização ("inaplicabilidade") do efeito subrogatório, como solução consagrada no direito comunitário, a verdade é que também se não afirmava aquela que seria a consequência natural de tal solução: a permanência do trabalhador ao serviço do transmitente. Em suma, a concepção do direito de oposição oferecida por Supiot corresponde à ideia de direito de recusa com que se joga no texto.

[14] Lê-se, com efeito, no citado acórdão *Katsikas*: "Daí decorre que, na hipótese de o trabalhador decidir livremente não continuar o contrato ou a relação de trabalho com o cessionário, a directiva não obriga os Estados-membros a determinar que o contrato ou relação de trabalho se mantenham com o cedente. Nessa hipótese, compete aos Estados-membros decidir do destino reservado ao contrato ou à relação de trabalho" (itálico nosso). E, mais adiante: "Em particular, os Estados-membros podem prever que, neste caso, o contrato ou a relação de trabalho devam ser considerados como rescindidos, quer por iniciativa do empregado quer por iniciativa da entidade patronal. Podem também prever que o contrato ou a relação de trabalho se mantenham com o cedente".

[15] Cfr., por exemplo, STJ 29/06/2005 – P. 05S164 (Laura Leonardo): "o trabalhador, no caso de não pretender prosseguir a sua relação de trabalho, agora com o cessionário, poderá opor-se à

longe, na análise do direito positivo. Vale a pena salientar a síntese clarificadora de Leal Amado[16], que expôs as duas "dimensões" possíveis do direito de oposição, acolhendo com segurança somente a possibilidade de resolução do contrato de trabalho por justa causa, mas não a ideia de oposição propriamente dita, com manutenção do statu quo ante.

Esse quadro alterou-se profundamente com a entrada em palco do art. 286º-A, por obra da já citada L. 14/2018. A tutela da segurança do emprego passou a estar articulada com a da liberdade contratual do trabalhador, no que respeita à escolha do outro contraente. Na verdade, o novo preceito consagra um verdadeiro direito de oposição do trabalhador à sub-rogação do adquirente na posição contratual do empregador transmitente. O nº 2 do mesmo artigo elimina todas as dúvidas que pudessem suscitar-se acerca da eficácia obstativa do exercício desse direito: mantém-se o vínculo ao transmitente. O facto de a oposição ter que ser formalmente justificada – incluindo uma curiosa alusão à "confiança" do trabalhador, ou à sua falta –, sobretudo pela probabilidade objectiva de prejuízo sério decorrente da mudança da entidade empregadora, não impede que contra ela (oposição) se manifestem judicialmente os interesses, quer do adquirente, quer do transmitente.

O art. 286º-A exprime, assim, certa desvalorização do carácter "colectivo" do fenómeno da transmissão do estabelecimento, ao admitir uma verdadeira oposição individual à sub-rogação. No entanto, o facto de a oposição do trabalhador só poder exprimir-se em casos extremos [17] – previsão de "prejuízo sério" para o trabalhador, como no regime das mudanças de local de trabalho (art. 194º CT) – mostra que, mais do que uma orientação de respeito pela liberdade contratual (na vertente da liberdade de aceitação ou recusa do outro contraente), o regime do direito de oposição se destina a actuar sobretudo na prevenção da fraude à lei ou de quebras excessivas do originário equilíbrio contratual.

A manutenção do vínculo contratual com o transmitente – solução blindada pela ameaça de uma contraordenação grave (nº 4 do art. 286º-A) – abre caminho a naturais dificuldades aplicativas. O transmitente tem o direito de, simplesmente, abandonar a actividade, ou restringi-la, ou modificá-la, de modo que se tornem inaproveitáveis os serviços do trabalhador oponente, e esse efeito

transferência, rescindindo o contrato de trabalho, considerando-se esta rescisão da responsabilidade da entidade empregadora".

[16] João Leal Amado, *Contrato de trabalho*, 4ª ed., 2009, pp. 209-211.

[17] Parece, com efeito, que nada desaconselha que as aquisições doutrinais e jurisprudenciais acerca dos contornos do critério de inexigibilidade subjacente ao conceito normativo de "prejuízo sério", no regime da mobilidade geográfica, sejam plenamente utilizadas também no tratamento de outras situações em que ocorrem mudanças na estrutura ou no conteúdo das relações de trabalho em consequência de decisões de gestão do empregador.

pode coincidir no tempo com a transmissão da unidade económica. Não tendo o transmitente exercido, relativamente ao trabalhador oponente, a faculdade de retenção prevista no nº 4 do art. 285º, é de supor que tais dificuldades ocorram. Em princípio, a invocação da extinção do posto de trabalho, com observância do regime constante dos arts. 367º e seguintes, parece constituir a via mais plausível de superação dessas dificuldades. Parece ainda possível, em certas circunstâncias, considerar verificada a caducidade do contrato de trabalho.

Daqui resulta que o novo regime redunda na inversão do "ónus da ruptura" do contrato de trabalho do trabalhador colocado em situação limite de não aceitação do efeito sub-rogatório da transmissão: se antes a válvula de escape da situação "impossível" de um contrato de trabalho cuja continuidade (com novo empregador) fosse radicalmente rejeitada pelo trabalhador era a resolução do mesmo contrato por este, agora, com o novo regime, cabe ao transmitente confrontar-se com a opção entre manter um contrato (eventualmente indesejado ou inútil) ou fazê-lo cessar por despedimento.

De qualquer modo, parece inteiramente justificado o reparo avant la lettre de Leal Amado, acerca da natureza "um tanto pírrica" da possibilidade de consagração de um direito de oposição nesses termos[18].

11. *As noções de "transmissão" e de "unidade económica"*. A aplicabilidade do mesmo regime assenta em duas noções-chave: a de *transmissão* e a de *unidade económica*.

A noção de *transmissão* engloba todas as situações em que a titularidade ou a mera gestão de um estabelecimento ou empresa transitam de uma entidade para outra: exige-se, em suma, que ocorra "continuidade jurídica" *entre as duas*, através de uma relação translativa de qualquer tipo[19]. Por outras palavras, requer-se que a empresa, o estabelecimento ou a entidade económica em causa mantenha a sua *identidade*, como organização de meios, após a transmissão[20]. A noção de transmissão a ter em conta é pois bastante ampla. Não é, nomeadamente, necessário que ela se traduza numa "sucessão formal imediata" de uma empresa a outra, admitindo-se mesmo a intervenção de um terceiro[21]. Assim acontecerá quando uma concessão da exploração de um serviço (como o refeitório de uma fábrica) cessa e a empresa titular atribui a mesma a outra entidade (novo concessionário).

[18] J. Leal Amado, *ob. cit.*, p. 211.

[19] Veja-se, por exemplo, o Ac. STJ 25/2/2009 – P. 08S2309, onde se fala de "um vínculo obrigacional directo entre transmitente e transmissário".

[20] Cfr. nomeadamente a judiciosa e esclarecedora fundamentação do Ac. STJ 24/02/2010 – P. 78/1998.S1 (Pinto Hespanhol).

[21] Ac. Rel. Lisboa 07/01/2015 – P. 49/14.6TTFUN.L1-4 (Sérgio Almeida).

O conceito de *unidade económica* oferece maiores dificuldades de definição. Cabem nele, desde logo, as realidades relativamente bem delimitadas da empresa e do estabelecimento formalmente destacado como unidade orgânica da empresa, e portanto dedicado a exercício de uma actividade comercial ou industrial. Há, no entanto, outros elementos e situações que impõem do mesmo modo a aplicação do regime legal de continuidade dos contratos de trabalho. Na jurisprudência, têm sido referenciados "os conjuntos subalternos que correspondem a uma unidade técnica de venda, de produção de bens, ou de fornecimento de serviços, desde que a unidade destacada do estabelecimento global seja dotada de uma autonomia técnico-organizativa própria, constituindo uma unidade produtiva autónoma, com organização específica"[22]. Visam-se com esta descrição fenómenos actuais como o *outsourcing* e a descentralização produtiva, que implicam a separação de partes da estrutura tradicional da empresa (administração do pessoal, contabilidade, auditoria, segurança e saúde no trabalho, etc.), quer para empresas já existentes, quer passando a constituir novas empresas.

Exemplo retirado da experiência jurisprudencial é o da cessão de exploração, por uma empresa a outra, de serviços de contabilidade geral, tesouraria, processamento de salários, contas correntes de clientes e controlo de créditos, compras e contas correntes de fornecedores, e relatórios financeiros, mantendo-se as instalações, os bens, os equipamentos e os trabalhadores a eles afectos[23].

Com a noção de unidade económica, pretende-se excluir do campo de aplicação do regime legal todo um vasto conjunto de hipóteses em que passam da titularidade de uma empresa à de outra elementos isolados ou fragmentários, como o direito de utilização de certas instalações[24] ou um conjunto de aviões até então dedicados a voos não regulares[25].

No entanto, a questão complica-se adicionalmente quando estão em causa actividades de tipo terciário – actualmente as dominantes –, em que o factor trabalho ocupa lugar central. Os exemplos mais claros dizem respeito aos serviços de limpeza e de segurança de instalações, que são correntemente entregues a empresas prestadoras de serviço. Quer quando se trata de serviços originariamente "internos", isto é, desempenhados por departamentos próprios das empresas interessadas, e depois "externalizados" para prestadoras de serviço, quer quando uma destas perde a posição em favor de outra, tem sido admitido na jurisprudência que um determinado conjunto de trabalhadores, afecto a tal

[22] Ac. STJ 25/02/2009 – P. 08S2309 (Mário Pereira).

[23] Tal é o caso apreciado no Ac. STJ 24/02/2010, adiante referido.

[24] Ac. STJ 03/03/2006 – P. 06S013 (Fernandes Cadilha).

[25] A situação, enquadrada no processo de "liquidação de uma sociedade dissolvida, em benefício dos respectivos credores", foi objecto do Ac. STJ 25/02/2009, atrás citado.

actividade no mesmo local, constitui uma unidade económica susceptível de transmissão, com os efeitos do art. 285º[26].

A nosso ver, a questão só se clarifica, nestes casos, recorrendo a uma noção parcialmente "desmaterializada" de unidade económica, em que assume relevo central, para além de um certo conjunto de recursos (humanos e materiais), uma posição de *vantagem económica* a que esses recursos se acham estavelmente afectos enquanto ela subsista. A ideia básica do regime legal, na sua projecção sobre estes casos, é a de que quem sucessivamente venha a deter essa posição deve assumir o estatuto de empregador relativamente aos trabalhadores envolvidos. Assim, o que releva é a *sucessão na mesma posição de vantagem económica* (concessão, empreitada ou subempreitada, reversão ao titular primitivo...), seja qual for o título pelo qual ela se formalize. Não se pode definir, em tais casos, a unidade económica em função do conjunto de trabalhadores que transite de um empregador para outro, pois esse trânsito pode (ilegalmente) ser impedido no todo ou em parte – e é isso que a lei procura evitar.

Em suma: a noção de unidade económica a tomar em conta na aplicação do art. 285º recobre realidades "visíveis" como a empresa no seu todo, um estabelecimento ou parte dele (desde que reúna características de autonomia produtiva, como é o caso do refeitório de uma fábrica ou o parque de estacionamento de um centro comercial), e realidades "imateriais" como a posição de vantagem económica inerente à prestação de um serviço remunerado em certo local.

Do que se observou até aqui, já decorre com clareza que a determinação da transmissão de uma unidade económica, para os efeitos do art. 285º do CT, não constitui uma operação linear. Como se assinala na jurisprudência, "para determinar se a entidade económica subsiste na esfera do transmissário como um conjunto de meios organizados com suficiente autonomia para poder funcionar de forma independente no mercado (uma unidade económica), há que ponderar a globalidade das circunstâncias em que se processaram os factos susceptíveis de indiciar a transferência do estabelecimento"[27].

[26] Vejam-se, por exemplo, os Acs. Rel. Lisboa 15/02/2006 – P. 12108/2005-4 (Ferreira Marques) e 25/03/2015 – P. 357/13.1TTPDL.L1-4 (José Eduardo Sapateiro), relativos a serviços de vigilância e segurança de instalações. No tocante aos serviços de limpeza, a questão está simplificada pela existência de regime próprio na convenção colectiva do sector. Com efeito, a cláusula 17ª do CCT celebrado entre a Associação das Empresas de Prestação de Serviços de Limpeza e Actividades Similares e o Sindicato dos Trabalhadores de Serviços de Portaria, Vigilância, Limpeza Doméstica e Profissões Similares e Actividades Diversas estabelece que, em caso de "perda de um local de trabalho" por uma empresa, a empresa que venha a "ganhá-lo" é obrigada a assumir todos os trabalhadores afectos a esse serviço.

[27] Passagem extraída do Ac. STJ 25/02/2009, citado.

Por outro lado, o desenvolvimento das noções com que joga o regime jurídico da transmissão deve fazer-se também no sentido de prevenir utilizações abusivas ou fraudulentas desse regime. Pense-se, em especial, das situações em que ocorre o destaque de partes ou funções de uma empresa, com as quais é constituída outra, destinada a ser liquidada ou, por ser desprovida dos meios suficientes para seguir com vida própria, votada a um processo gradual de deterioração, com vista à extinção. O TJUE adopta, em toda esta matéria, uma perspectiva pragmática de atenção aos fins visados pelo regime da transmissão. Assim, por exemplo, em acórdão recente[28], afirmou o "princípio geral de direito da União que impõe que o cedente e o cessionário não procurem beneficiar fraudulenta e abusivamente das vantagens que poderiam retirar da Directiva 2001/23" e, em concreto, que esse regime (na medida em que liberta o cedente de responsabilidades e encargos) só se aplica desde que "a unidade de produção em causa disponha de garantias suficientes que lhe assegurem o acesso aos factores de produção de um terceiro por forma a não depender das escolhas económicas por este efectuadas de modo unilateral".

12. *Modificações na titularidade do capital.* Há ainda, no tocante à empresa, outros fenómenos regulados pela lei comercial que podem reflectir-se no destino e no conteúdo das relações de trabalho.

Trata-se, em primeiro lugar, das *modificações* que ocorrem no plano da *titularidade do capital* das sociedades, e, por consequência, na estrutura e dimensão das organizações económicas através das quais actuam: a *fusão* e a *cisão* de sociedades comerciais, fenómenos regulados pelo Código das Sociedades (arts. 97º-129º).

A fusão consiste na reunião de duas ou mais sociedades numa só (art. 97º/1 CSoc.); a cisão ocorre em várias modalidades previstas no art. 118º CSoc.: destaque de parte do património de uma sociedade para com ela se constituir outra; dissolução de uma sociedade e divisão do património em partes destinadas à constituição de outras tantas novas sociedades; e destaque ou dissolução para, por fusão patrimonial com partes de outras, se constituírem novas sociedades.

Do ponto de vista jurídico-laboral, é evidente que essas transformações envolvem problemas merecedores de específico tratamento, pois afectam directamente o perfil do empregador. Ainda que a empresa (organização produtiva) permaneça idêntica e a funcionar, a posição patronal nos contratos de trabalho passa a ser ocupada por uma entidade diversa da originária. À falta de uma regulamentação específica, tem-se entendido que o problema do destino dos contratos de trabalho deve considerar-se abrangido pelo disposto nos já citados

[28] TJUE 13/06/2019 – P. C-664/17, caso *Ellinika Nafpigea.*

arts. 285º ss. CT[29]. A solução é expressamente consagrada pelo art. 119º/*p*) CSoc. quanto ao caso de cisão[30].

13. *A informação e consulta dos trabalhadores e seus representantes.* Os novos nºs 7, 8 e 9 do art. 285º e o texto alterado do art. 286º, em que se desenvolve e amplia o quadro procedimental da transmissão, destinado a garantir a informação e consulta dos trabalhadores e seus representantes, parece reflectir a sensibilidade do legislador à importância de que pode revestir-se o escrutínio prévio, por esses interessados, da motivação e do âmbito de tal manobra.

Na verdade, a lei exige que tanto o transmitente como o adquirente, antes da transmissão, informem por escrito os representantes dos seus trabalhadores, ou, directamente, estes últimos, sobre "a data e motivos da transmissão, suas consequências jurídicas, económicas e sociais para os trabalhadores e medidas projectadas em relação a estes" e ainda sobre o "conteúdo do contrato" que formaliza a transmissão (nos 1 e 3 do art. 286º). Num segundo momento, e sempre antes da consumação do projecto de transmissão, os mesmos contraentes estão obrigados a consultar os representantes dos trabalhadores sobre ele. Esta consulta não consiste, porém, num mero pedido de parecer, como no regime das comissões de trabalhadores se exige (art. 425º); trata-se antes de uma negociação [31] do tipo da que o regime do despedimento colectivo prevê (art. 361º), destinada, como a própria lei esclarece, "à obtenção de um acordo" sobre o tratamento que será dado aos trabalhadores na sequência da transmissão (nº 4 do art. 286º).

Enquanto esta tramitação não se encontrar concluída, a transmissão (decidida e contratada) não pode concretizar-se. Os parâmetros temporais que a lei estabelece são de dois tipos, conforme existem ou não "representantes dos trabalhadores" – isto é, comissões de trabalhadores, associações sindicais, comissões intersindicais, comissões sindicais ou delegados sindicais, por essa ordem de precedência, como esclarece o nº 7 do art. 286º .

No primeiro caso, os representantes têm, no mínimo, dez dias úteis após a recepção da informação para prepararem a negociação, a qual não tem prazo definido, podendo terminar a qualquer momento, com acordo ou sem ele, aparentemente conforme o critério do transmitente (nº 8 do artigo citado); de qualquer modo, devem mediar ainda sete dias úteis entre o fim da negociação, com acordo ou sem acordo, e a concretização da transmissão (nº 7 do art. 285º).

[29] No sentido da aplicabilidade do regime geral da transmissão de estabelecimentos a qualquer tipo de transferência convencional ou fusão, veja-se o art. 1º/1 da Directiva 2001/23/CE, de 12/3/2001.

[30] A Directiva 2001/23/CE, citada no texto, inclui no âmbito de aplicação do seu regime tanto os casos de "cessão convencional" como os de "fusão" (art. 1º/1-*a*)).

[31] O termo "negociação" surge, de resto, no nº 5 do art. 286º.

Não havendo representantes "institucionais", os trabalhadores dispõem de cinco dias úteis após a recepção da informação inicial para constituírem uma "comissão representativa"; se, efectivamente, a criarem, ela poderá preparar a negociação até ao décimo dia útil posterior à recepção da informação inicial, e, a partir daí, aplicar-se-á o regime estabelecido para a primeira hipótese (nº 7 do art. 285º). Se, porém, a iniciativa da criação da comissão representativa não surgir, o processo é consideravelmente abreviado, não havendo lugar a negociação: a transmissão pode ocorrer sete dias úteis depois de terminado o prazo que os trabalhadores têm para a constituírem (mesmo nº do mesmo artigo).

É ainda necessário articular este procedimento com os regimes do direito de informação e da consulta obrigatória das comissões de trabalhadores, constantes dos arts. 424º, 425º e 427º do Código do Trabalho. Esses imperativos legais implicam um certo nível de participação das comissões de trabalhadores nos processos de formação de decisões de gestão susceptíveis de afectarem o volume e as condições de emprego. Ora os fenómenos translativos a que se refere o art. 285º supõem decisões que conduzem à celebração de negócios jurídicos de vária natureza. Essas decisões podem enquadrar-se em projectos de "alteração do objecto, do capital social ou de reconversão da actividade da empresa" (art. 424º, nº 1, alínea i)) – que caem no âmbito do direito de informação – e/ou surgirem como medidas "de que resulte ou possa resultar, de modo substancial, diminuição do número de trabalhadores, agravamento das condições de trabalho ou mudanças na organização do trabalho" (art. 425º, alínea c)) – caso em que a consulta é obrigatória.

Para além disso, como se sabe, as comissões de trabalhadores têm o direito de participação nos processos de reestruturação da empresa (art. 429º), e a transmissão envolve sempre, em medida maior ou menor, esse fenómeno, tanto do lado do transmitente como do lado do adquirente. A participação traduz-se no envolvimento da comissão de trabalhadores – ainda que sem direito a voto ou a veto – na preparação dos processos de decisão, quer mediante a "informação e consultas prévias", quer através da participação em reuniões com quem conduza os trabalhos preparatórios da reestruturação.

Ora estas exigências legais não contendem nem se sobrepõem às do regime constante dos arts. 285º e 286º. A tramitação imposta por estes preceitos refere-se a decisões tomadas e até a negócios concluídos (veja-se o nº 1 do art. 286º), tratando-se nela apenas de esclarecer os trabalhadores e precisar as consequências que deverão suportar. Pelo contrário, as regras respeitantes à informação e consulta das comissões de trabalhadores e à participação destas nas reestruturações são, no essencial, dirigidas à preparação das decisões, não podendo estas ser tomadas sem a observância plena das mesmas regras.

C) Cedência ocasional do trabalhador.

"(...) 3. A violação do princípio da não cedência de trabalhador a terceiro determina a formação de uma verdadeira relação de trabalho entre o primeiro e a entidade a quem foi cedido, na justa medida em que se provou a inserção do trabalhador na estrutura organizativa desta última, aliada a um efetivo poder de direção no que respeita à prestação da atividade desenvolvida." – STJ 20/06/2018 – P. 18067/15.5T8LSB. P1.S1 (Chambel Mourisco).

14. *A noção legal.* Fenómeno completamente diferente, mas também com implicações na posição da entidade empregadora, é a cedência ocasional de trabalhadores por uma empresa a outra. A própria lei se encarrega de definir o conceito: "disponibilização temporária de trabalhador, pelo empregador, para prestar trabalho a outra entidade, a cujo poder de direcção aquele fica sujeito, mantendo-se o vínculo contratual inicial" (art. 288º CT).

Esta figura jurídica foi regulada pela primeira vez entre nós pelo DL 358/89, de 16 de Outubro, que, todavia, não oferecia uma definição. Coube à jurisprudência desenhá-la, por dedução do regime contido naquele diploma, em termos que vieram a ser recebidos na lei.

Esta definição evoca, desde logo, a realidade do trabalho temporário, tal como se acha regulada nos arts. 172º e segs. do Código. Também na cedência ocasional se estabelece uma relação tripolar: entidade cedente – trabalhador – entidade cessionária. Essa relação pode representar-se por um esquema com o seguinte aspecto:

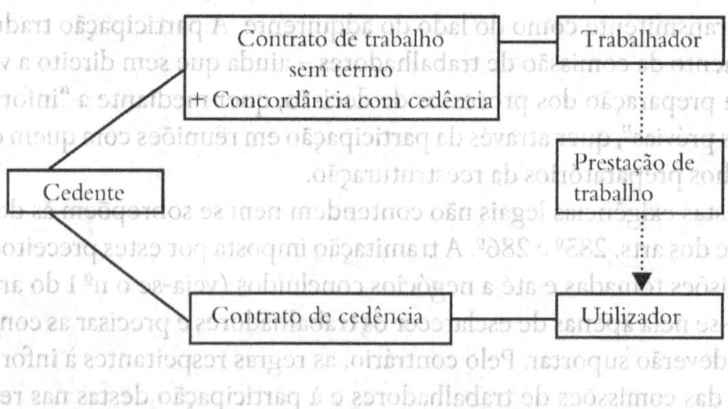

Como se disse, este esquema é comum ás situações de exercício da actividade das empresas de trabalho temporário e às de cedência ocasional de trabalhadores. A diferença entre estes dois modelos consiste em que, sendo normalmente encarada a actividade das empresas de trabalho temporário como uma actividade lícita, desde que exercida nas condições que a lei estabelece, a cedência ocasional é, em princípio, ilícita e proibida, estabelecendo a lei os casos em que não opera essa proibição (arts. 289º CT).

De resto, por comparação com o trabalho temporário, as situações de cedência ocasional têm uma estruturação jurídica simplificada: os trabalhadores cedidos são já elementos do quadro de pessoal da empresa cedente, pelo que não faria sentido a celebração de um contrato de trabalho temporário; só a cedência, em si mesma, tem que ser objecto de negócio específico: o chamado «acordo de cedência ocasional» (art. 290º CT), um contrato de utilização simplificado, que carece de declaração de concordância do trabalhador (art. 290º/1-*e*).

Em comum com o trabalho temporário, a cedência ocasional tem a partilha dos poderes patronais entre a entidade cedente e a cessionária. Essa partilha é, como resulta do art. 291º, largamente pautada pelos critérios definidos a propósito do trabalho temporário, em especial no art. 185º do CT. Assume aqui particular relevo o poder de direcção e organização do trabalho, que fica inteiramente nas mãos da entidade cessionária. O trabalhador cedido é enquadrado na organização desta entidade, submetido à sua hierarquia, e vinculado pelo dever de obediência em relação ao empregador cessionário e às respectivas chefias. É este o traço que permite, em muitos casos concretos, distinguir a cedência ocasional da execução de uma prestação de serviço nas instalações do cliente: neste segundo caso, os trabalhadores envolvidos são enquadrados pela entidade prestadora do serviço e não pela estrutura da entidade em cujos locais o serviço é prestado[32].

15. *As condições de admissibilidade.* Como se disse, o princípio subjacente ao regime legal é o da inadmissibilidade da cedência. Este princípio radica na pessoalidade do vínculo laboral, na ideia de que o trabalhador não é uma mercadoria transacionável e na necessidade de transparência da relação de trabalho, de modo que sejam claramente atribuídas as obrigações e responsabilidades inerentes. Assim, a cedência só excepcionalmente, e a título temporário, é admitida pela lei. O art. 289º CT alinha um conjunto de requisitos de licitude da cedência.

Exige-se, em primeiro lugar, que o trabalhador cedido esteja previamente vinculado à entidade cedente por contrato de trabalho *de duração indeterminada*. Trata-se de um traço distintivo relativamente às situações típicas de trabalho temporário, em que o trabalhador é contratado *para* ser cedido. Ao mesmo tempo, sinaliza-se o sentido útil da cedência: permitir o aproveitamento de um

[32] Cfr., por exemplo, os Acs. STJ 05/02/2007 – P. 07S361 (Bravo Serra) e 14/05/2009 – P. 08S2315 (Mário Pereira).

trabalhador do quadro de uma empresa, que é, em certo momento, dispensável, e faz falta noutra empresa.

O segundo requisito é de capital importância: as entidades cedente e cessionária devem ter entre si algum laço associativo ou comunidade de interesses ("sociedades coligadas, em relação societária de participações recíprocas, de domínio ou de grupo" ou "empregadores que tenham estruturas organizativas comuns"). A cedência não surge, pois, como um negócio realizado num mercado, mas como uma forma de circulação de recursos no interior de um agrupamento formal ou informal de empresas. De novo se marca distância em relação ao trabalho temporário, que é uma actividade comercial exercida em mercado próprio.

A terceira exigência é, no fundo, um traço de proximidade com o trabalho temporário: é necessária a concordância expressa e formal do trabalhador.

Enfim, há uma limitação quanto à duração da cedência: dela não pode ultrapassar cinco anos.

Note-se, porém, que a lei admite a possibilidade de ajustamento, por convenção colectiva, destes requisitos (excepto o da concordância do trabalhador) em qualquer sentido, ou seja, em termos de alargamento ou restrição da prática da cedência ocasional (art. 289º/2).

Para além das referidas condições materiais de licitude, a cedência ocasional está também submetida a requisitos de *forma*. O acordo de cedência tem que ser escrito, e conter um conjunto de elementos fixado pelo art. 290º, nomeadamente a declaração de concordância do trabalhador.

Mesmo sem a possível ampliação por convenção colectiva, o conjunto das situações em que a cedência ocasional é admitida pela lei leva a reconhecer que ela pode ser praticada com muito considerável latitude, configurando-se como um importante instrumento de flexibilidade na gestão de efectivos das empresas.

Com efeito, o art. 289º CT define um conjunto de condições que, a serem observadas, tornam viável a cedência ocasional de trabalhadores num grande número de casos. A cedência ocasional surge aí como meio de aproveitamento ou rentabilização de efectivos *permanentes* da empresa cedente, e que porventura se encontrem em situação de excedentários, no quadro da colaboração entre empresas. A cedência ocasional pode aí ser vista como instrumento de gestão de pessoal em várias modalidades de agrupamentos de empresas, como alternativa para a fórmula da "pluralidade de empregadores" admitida pelo art. 101º.

16. *A cedência ocasional ilícita.* A inobservância das condições de admissibilidade legal da cedência – tanto as de ordem material como as de ordem formal – tem como consequência a atribuição ao trabalhador cedido do "direito de optar pela permanência ao serviço do cessionário em regime de contrato de trabalho sem termo" (art. 292º/1) – ou seja, o direito de escolher entre cedente e cessionário como seu empregador efectivo. Com o exercício desse direito, pode gerar-se uma situação, de certo modo insólita, de sucessão de um empregador na situação contratual de outro, por decisão unilateral de um terceiro – o trabalhador. Simplesmente, esse fenómeno produz-se *por força da lei*, constituindo elemento de um mecanismo sancionatório da ilicitude da cedência.

Este mecanismo sancionatório é completado pela componente contraordenacional: a inobservância dos requisitos de admissibilidade, incluindo a concordância do trabalhador, constitui contraordenação grave (arts. 289º/3 e 290º/3) e a das exigências de forma é qualificada como contraordenação leve (art. 290º/3).

IV PARTE
A RELAÇÃO DE TRABALHO NO TEMPO E NO ESPAÇO

Capítulo 13
O TEMPO DE TRABALHO[1]

I. A dimensão temporal da prestação de trabalho.

1. O tempo como medida da prestação de trabalho; 2. A projecção internacional do tema.

1. *O tempo como medida da prestação de trabalho.* A medida da prestação de trabalho corresponde à sua dimensão temporal. Sendo objecto do contrato de trabalho a actividade do trabalhador, trabalhar mais equivale, em regra, a trabalhar *mais tempo*.

Mais rigorosamente, como se notou, a obrigação assumida contratualmente pelo trabalhador incide, antes do mais, na *disponibilidade* da sua força de trabalho, estado que se prolonga por mais ou menos *tempo*. É verdade que a medida da disponibilidade que o trabalhador compromete através do contrato se relaciona, em primeiro lugar, com a amplitude do leque de aplicações possíveis da sua força de trabalho: é a temática da determinação *qualitativa* da prestação de trabalho. Mas, em segundo lugar, a medida da disponibilidade define-se pelo tempo em que, contratualmente ela deve perdurar. É o tema da determinação *quantitativa* da prestação de trabalho.

Essa determinação quantitativa é necessária, desde logo, porque a prestação de trabalho não pode invadir totalmente a vida pessoal do trabalhador: é neces-

[1] Vd. M. Rosário Ramalho, *Tratado*, Parte II 445 ss.; P. Romano Martinez, *Direito do Trabalho* cit. 547 ss.; Bernardo Xavier, *Manual* cit. 533 ss.; A. Menezes Cordeiro, *Direito do Trabalho* cit. II 498 ss.; L. Menezes Leitão, *Direito do Trabalho* cit. 287 ss..

sário que, por aplicação de normas ou por virtude de compromissos contratuais, esteja limitada a parte do trabalho na vida do indivíduo, para que se afaste qualquer semelhança com a escravatura ou a servidão. Trata-se, aqui, da necessária limitação da hetero-disponibilidade do trabalhador, em nome da liberdade e da dignidade pessoal.

Em segundo lugar, essa determinação é uma exigência de protecção da vida e da integridade física e psíquica das pessoas que trabalham. Definir o tempo de trabalho é também definir os espaços de repouso e lazer que são necessários para a recomposição de energias e para a salvaguarda da integração familiar e social do trabalhador.

Tais são os fundamentos do direito "a um limite máximo da jornada de trabalho" consagrado no art. 59º/1 *d*) CRP, assim como da exigência constitucional da "fixação, a nível nacional, dos limites da duração do trabalho" (al. *b*) do nº 2 do mesmo art.). Não deixará de se notar como esses preceitos articulam a limitação dos tempos de trabalho com o direito ao repouso e aos lazeres.

Quer por uma, quer por outra das razões apontadas, a temática da duração do trabalho tem tido, historicamente, lugar central no quadro das reivindicações operárias (recorde-se que a própria solenidade do "1º de Maio" comemora um episódio de luta relacionado com a exigência da jornada de 8 horas[2]) e mantém-se entre os temas mais complexos na negociação colectiva e mais frequentemente geradores de conflitos colectivos de trabalho[3].

No entanto, a evolução que se verifica no tocante aos regimes de duração do trabalho não se explica somente pela pressão reivindicativa dos trabalhadores no sentido da sua progressiva redução. Outros factores – nomeadamente a necessidade social da partilha do emprego existente, a evolução tecnológica, as mudanças organizacionais – influenciam fortemente a disciplina do tempo de trabalho, não só no respeitante aos seus princípios gerais (por exemplo, a fixação do período máximo de trabalho diário e semanal) mas também à particularização das regras referentes às várias indústrias e profissões (como é o caso do regime de laboração contínua, havendo lugar à organização do trabalho por turnos).

[2] Em 1 de Maio de 1886, realizou-se uma gigantesca manifestação operária em Chicago, assinalando o início de uma greve geral, declarada com o objectivo de alcançar a limitação da jornada de trabalho a oito horas. Nos dias seguintes, vários incidentes violentos resultaram em mortos, feridos e inúmeras prisões.

[3] Recorde-se, a título de exemplo, entre nós, o prolongado conflito social que se desenvolveu em torno da aplicação da L 21/96 (lei das 40 horas), sobretudo nos sectores dos têxteis e calçado, e na região Norte. A enorme sensibilidade política e social de que se reveste o tema ficou bem à vista nesse episódio.

2. *A projecção internacional do tema.* As questões relacionadas com a duração do trabalho são, há muito tempo, entendidas, a nível internacional, como matéria dotada de grande relevância e sensibilidade social.

Já no final da primeira guerra mundial, o Tratado de Versailles incluía o compromisso, assumido pelos Estados subscritores, de adoptarem a jornada de trabalho de oito horas ou a semana de quarenta e oito horas de trabalho. O nascimento da Organização Internacional do Trabalho, na mesma altura, foi desde logo marcado por preocupações relacionadas com essa matéria: a primeira Conferência Internacional do Trabalho, reunida no mesmo ano de 1919, abordou, como primeiro ponto da sua ordem de trabalhos, exactamente a questão da aplicação da jornada de oito horas e da semana de quarenta e oito. Daí resultou a histórica Convenção nº 1, sobre a duração do trabalho na indústria, que teve grande influência na adopção dos referidos limites em numerosos ordenamentos nacionais[4].

Para além das convenções aprovadas no âmbito da OIT, outros documentos internacionais, envolvendo a assunção de compromissos por parte dos Estados subscritores ou ratificantes, tomaram o tempo de trabalho como tema de relevância diferenciada.

Assim, a Declaração Universal dos Direitos do Homem, de 1948, proclamou o "direito ao repouso e aos lazeres e, especialmente, a uma limitação razoável da duração do trabalho e a férias periódicas pagas" (art. 24º)[5]. Por seu turno, o Pacto Internacional sobre os direitos económicos, sociais e culturais, também adoptado no âmbito da Organização das Nações Unidas, em 1966, inclui o compromisso do reconhecimento, pelos Estados ratificantes, do "direito de toda a pessoa gozar de condições de trabalho equitativas e satisfatórias que assegurem, em especial, o descanso, usufruir do tempo livre, a limitação razoável das horas de trabalho e férias periódicas pagas, assim como a remuneração dos dias feriados" (art. 7º).

No cenário europeu, há, antes do mais, que salientar a Carta Social Europeia, convenção adoptada no âmbito do Conselho da Europa, em 1961, que, entre muitas outras matérias de grande relevo social, contém o compromisso dos Estados ratificantes de fixarem "uma duração razoável ao trabalho diário e semanal,

[4] O tema da duração do trabalho é recorrente no labor da OIT em matéria de padrões laboraos internacionais. Registem-se as Convenções nº 1 (Duração do trabalho na indústria, 1919), nº 4 (Trabalho nocturno de mulheres, 1919), nº 6 (Trabalho nocturno de menores na indústria, 1919), nº 14 (Descanso semanal na indústria, 1921), nº 89 (Trabalho Nocturno de mulheres, revisão, 1948), nº 106 (Descanso semanal, no Comércio e Escritórios, 1957), nº 171 (Trabalho Nocturno, 1990) e nº 175 (Trabalho a Tempo Parcial, 1994).

[5] Saliente-se que, nos termos do art. 16º/2 CRP, os preceitos constitucionais e legais relativos aos direitos fundamentais devem ser interpretados em conformidade com a Declaração Universal.

devendo a semana de trabalho ser progressivamente reduzida tanto quanto o aumento da produtividade e outros factores em jogo o permitam (...)" (art. 2º da Parte II). Esta fixação constitui um dos pressupostos do "exercício efectivo do direito a condições de trabalho justas". A Carta Social Europeia Revista (1996) manteve o enunciado originário.

No âmbito da (então) Comunidade Económica Europeia, surgiu, em 1989, a Carta Comunitária dos Direitos Sociais Fundamentais dos Trabalhadores, com o carácter de uma declaração de princípios, sem qualquer eficácia normativa, mas marcada pela ambição de inspirar toda a acção subsequente das instituições europeias no campo social. Preconizava-se a aproximação das condições de trabalho "no progresso", "nomeadamente no que se refere à duração e organização do tempo de trabalho" (ponto 7). E, logo adiante, proclamava-se que "todos os trabalhadores da Comunidade Europeia têm direito ao repouso semanal e a férias pagas, cuja duração deve ser aproximada no progresso, de acordo com as práticas nacionais" (ponto 8).

Muito mais recentemente, a Carta dos Direitos Fundamentais da União Europeia (2000), no quadro do que se designou por "condições de trabalho justas e equitativas", retomou o tema no seu art. 31º/2, impondo a "limitação da duração máxima do trabalho, períodos de descanso diário e semanal e período anual de férias pagas". Recorde-se que o Tratado de Lisboa conferiu a esta Carta o mesmo valor jurídico dos Tratados, incorporando-a, assim, no direito europeu primário.

II. O conceito de tempo de trabalho

3. As definições europeia e nacional; 4. A noção de "disponibilidade; 5. A jurisprudência portuguesa.

"(...) II – A obrigatoriedade de permanência nas instalações da empregadora nos períodos em que o trabalhador não está a desempenhar a atividade, mas à disposição daquela, é o fator determinante para se considerarem aqueles períodos como tempo de trabalho.
III – Não estando o trabalhador, condutor de reboques, obrigado a permanecer nas instalações da empregadora, mas apenas contactável 24 horas por dia e disponível para efetuar os serviços de reboque sempre que fosse necessário, apenas os períodos em que efetivamente realizou estes serviços devem ser considerados tempo de trabalho.
IV – Não sendo os períodos de disponibilidade tempo de trabalho, e não se tendo provado os períodos de trabalho efetivamente prestados, nem que o trabalhador tenha sofrido quaisquer danos em consequência da disponibilidade permanente, não está a empregadora obrigada a indemnizá-lo por danos não patrimoniais com fundamento na violação do direito ao descanso." – STJ 09/01/2019 – P. 2066/15.0T8PNF.P1.S1 (Ribeiro Cardoso).

3. *As definições europeia e nacional.* O art. 2º/1 da Directiva 2003/88/CE, do Parlamento Europeu e do Conselho, de 4 de Novembro de 2003, define *tempo de trabalho* nos seguintes termos: "qualquer período durante o qual o trabalhador está a trabalhar ou se encontra à disposição da entidade patronal e no exercício da sua actividade ou das suas funções, de acordo com a legislação e/ou a prática nacional".

Por seu turno, o art. 197º/1 CT oferece esta outra (ligeiramente diferente) definição: "qualquer período durante o qual o trabalhador exerce a atividade ou permanece adstrito à realização da prestação, bem como as interrupções e os intervalos previstos no número seguinte". E o nº 2 do mesmo artigo enumera e caracteriza cinco espécies de interrupção da actividade do trabalhador que são "compreendidas" no tempo de trabalho.

Apesar da não coincidência rigorosa das duas formulações, parece clara a sua equivalência. Sem contar com as interrupções que a lei considera tempo de trabalho (num espaço de liberdade de conformação que a Directiva não prejudica), o conceito de tempo de trabalho engloba duas realidades distintas: a realização efectiva da *prestação de actividade* estipulada no contrato e, em situações em que essa realização não ocorre, o estado de *disponibilidade* do trabalhador para entrar em actividade se e quando isso lhe for ordenado. Esta disponibilidade corresponde a um grau de limitação da liberdade pessoal idêntico ao que o trabalhador experimenta quanto executa realmente o seu trabalho. Na definição do CT, o vocábulo "adstrito" exprime esse estado de prontidão e de restrição de liberdade que corresponde à ideia de "disponibilidade" constante do enunciado da Directiva.

Note-se, por outro lado, que algumas das situações de "interrupção" que o art. 197º/1 CT "compreende" no tempo de trabalho – qualificando-as assim "por equivalência" – caberiam, sem dificuldade, na definição do nº 1 do mesmo artigo. Se é certo que as previstas nas als. a) e b) envolvem certa, embora fugaz, recuperação da liberdade pessoal pelo trabalhador, já as descritas nas als. c) ("interrupção do trabalho por motivos técnicos") e d) (toma de refeição pelo trabalhador "no espaço habitual de trabalho ou próximo dele, para poder ser chamado a prestar trabalho normal em caso de necessidade") implicam, ou podem implicar, um estado de disponibilidade e de "adstrição" tão marcado como o que se visa na definição geral de tempo de trabalho.

Finalmente, há que assinalar que se entende "por período de descanso o que não seja tempo de trabalho" (art. 199º).

4. *A noção de "disponibilidade"*. As aparentes clareza e simplicidade destas definições legais não permitem ocultar as dificuldades de aplicação que, por vezes, se suscitam. Em especial, a noção de "disponibilidade" é susceptível de recobrir situações bastante variadas, nomeadamente no que toca aos médicos que prestam serviço nos hospitais e aos profissionais de transportes.

Seguindo uma tipologia elaborada pela jurisprudência e pela doutrina alemãs[6], o TJUE distingue entre períodos de permanência efectiva, períodos de urgência interna, e períodos à chamada[7]. Em todos eles pode dizer-se que, em sentido lato, existe disponibilidade dos trabalhadores, mas o Tribunal distingue-os à luz do conceito de tempo de trabalho. No primeiro caso – dito de "permanência efectiva" (*Arbeitsbereitschaft*) – o trabalhador, embora possa estar inactivo, permanece no local de trabalho e encontra-se "obrigado a estar constantemente atento a fim de poder intervir imediatamente em caso de necessidade". Nas situações de "urgência interna" (*Bereitschaftsdienst*), o trabalhador está "num local determinado pela entidade patronal, no interior ou no exterior do seu estabelecimento", e acha-se "pronto a retomar o serviço a pedido da entidade patronal, mas é autorizado a descansar ou a ocupar-se como entender enquanto os seus serviços profissionais não forem exigidos". Por fim, o "período de chamada"

[6] DÜTZ/THÜSING, *Arbeitsrecht* cit. 66 s..

[7] Cfr. TJUE 09/09/03, C-151/02 (caso *Jaeger*).

(*Rufbereitschaft*) é aquele em que o trabalhador não tem que estar à disposição num local determinado pela entidade patronal – pode, inclusivamente, permanecer em casa ou noutro local de sua escolha –, "bastando que esteja contactável a qualquer momento a fim de poder desempenhar rapidamente as suas tarefas profissionais"[8].

Trata-se, visivelmente, de uma diferenciação muito orientada para as situações em que podem encontrar-se os médicos dos serviços hospitalares. E os dois fundamentais acórdãos com que o Tribunal europeu definiu a sua doutrina sobre a matéria tinham, justamente, por objecto litígios surgidos nessa área[9]. Em síntese, considerou-se que tanto os períodos de "permanência" como os de "urgência interna"[10] constituem, na íntegra e para todos os efeitos, tempo de trabalho; quanto aos períodos de "chamada", só os tempos de actividade efectiva contam como tal. Esta orientação diz, naturalmente, respeito à interpretação a dar à expressão "se encontra à disposição da entidade patronal", constante do art. 2º/1 da Directiva 2003/88/CE. Mas a obrigação de transposição desta engloba a de acolher, na lei e na *praxis* nacionais, esse mesmo entendimento.

5. *A jurisprudencia portuguesa.* No CT, como se disse, essa ideia de disponibilidade é traduzida pela expressão "permanece adstrito à realização da prestação" (art. 197º/1) – expressão que comporta não só o significado de "prontidão", mas também o de "restrição de liberdade". Neste sentido, pode dizer-se que se trata de uma formulação menos equívoca do que a da Directiva, uma vez que a "disponibilidade" pode surgir em graus ou modalidades bastante diferentes.

Na jurisprudência, desde cedo se instalou uma doutrina coincidente com a do TJUE: "A disponibilidade relevante, para efeitos da sua qualificação como tempo de trabalho, pressupõe que o trabalhador permaneça no seu local de

[8] Estas definições foram extraídas do acórdão *Jaegar*, citado.

[9] TJUE 03/10/00, C-303/98 (caso *SIMAP*): "O tempo de guarda que efectuam os médicos das equipas de urgência, no regime da presença física no estabelecimento de saúde, deve ser considerado na sua totalidade como tempo de trabalho e, eventualmente, como horas extraordinárias na acepção da Directiva 93/104. Quanto às guardas efectuadas no sistema que exige que os referidos médicos estejam acessíveis permanentemente, apenas o tempo relacionado com a prestação efectiva dos serviços de urgência deve ser considerado como tempo de trabalho"; TJUE 09/09/03, C-151/02 (caso *Jaeger*): "a Directiva 93/104 deve ser interpretada no sentido de que se deve considerar que um serviço de urgência interna («Bereitschaftsdienst») que um médico efectua no regime de presença física no hospital constitui integralmente tempo de trabalho na acepção desta directiva, mesmo quando o interessado é autorizado a descansar no local de trabalho durante os períodos em que os seus serviços não são pedidos".

[10] Assinale-se que, de acordo com a lei alemã sobre o tempo de trabalho, nas situações de "urgência interna" só contava como tempo de trabalho o de actividade efectiva, tal como nas de "chamada". Foi o questionamento desse regime que ocasionou o acórdão *Jaeger*.

trabalho. Assim, se o trabalhador permanece no seu local de trabalho e se encontra disponível para trabalhar, esse período de tempo deve considerar-se como tempo de trabalho; se o trabalhador permanece disponível ou acessível para trabalhar, mas fora do seu local de trabalho ou do local controlado pelo empregador (por exemplo, no seu domicílio), esse período de tempo deve considerar-se como tempo de repouso"[11]. A mesma directriz tem sido aplicada, em especial, na área dos transportes rodoviários[12].

[11] STJ 19/11/2008 – P. 08S0930 (Sousa Grandão).

[12] STJ 20/06/2018 – P. 641/15.1T8LSB.L1.S1 (Ribeiro Cardoso): "Os tempos, fora dos períodos em que, de acordo com as escalas de serviço previamente divulgadas, têm serviço atribuído, os condutores não são obrigados a permanecer no seu posto de trabalho, nem sequer nas instalações da empresa, mas sabem que podem ser chamados para acorrer à realização de qualquer serviço, não revestem a natureza de tempo de trabalho"; STJ 01/09/2019 – P. 2066/15.0T8PNF.P1.S1 (Ribeiro Cardoso): "A obrigatoriedade de permanência nas instalações da empregadora nos períodos em que o trabalhador não está a desempenhar a atividade, mas à disposição daquela, é o fator determinante para se considerarem aqueles períodos como tempo de trabalho"; e ainda: "Não estando o trabalhador, condutor de reboques, obrigado a permanecer nas instalações da empregadora, mas apenas contactável 24 horas por dia e disponível para efetuar os serviços de reboque sempre que fosse necessário, apenas os períodos em que efetivamente realizou estes serviços devem ser considerados tempo de trabalho".

III. Período normal de trabalho e horário de trabalho

6. O período normal de trabalho; 7. O período de funcionamento; 8. O horário de trabalho; 9. A alteração do período normal de trabalho; 10. A alteração do horário de trabalho.

> **"I - Dentro dos condicionalismos legais, cabe ao empregador, porque inscrita no seu poder de direcção, a faculdade de fixar os horários de trabalho dos seus subordinados (art. 170º, nº 1 CT/2003) e só assim não acontecerá se existir disposição legal ou convencional em contrário, ou se o trabalhador tiver sido contratado especificamente para laborar em determinado horário (art. 173º).**
>
> **II - Tendo o trabalhador (A.) na data da celebração do vínculo laboral ainda vigente anuído em cumprir todos os deveres do contrato anteriormente aprazado com a empregadora (R), sendo que, nesse precedente vínculo, se obrigou expressamente a cumprir o horário de trabalho que aquela empresa fixasse, não se pode afirmar que o seu horário de trabalho foi individualmente acordado com aquela.**
>
> **III - A alteração unilateral do horário de trabalho, posto que permitida, deve respeitar, em regra, os seguintes requisitos: (a) consulta prévia dos trabalhadores afectados pela alteração; (b) consulta prévia da Comissão de trabalhadores ou, na sua falta, da comissão sindical ou intersindical ou dos delegados sindicais; (c) elaboração de um novo mapa do horário de trabalho, contendo a alteração produzida; (d) afixação desse novo mapa em todos os locais de trabalho, contendo a alteração produzida; (e) envio, na mesma data, de novo mapa à Inspecção-Geral do Trabalho.**
>
> **IV - Não tendo a R. informado nem consultado previamente a Comissão de trabalhadores sobre a alteração do horário de trabalho do A., a sua falta não traduz uma mera irregularidade, mas representa a preterição de uma formalidade indispensável, essencial, no processo de decisão, que afecta a perfeição e validade desta, tornando-a inválida." - STJ 24/02/2010 - P. 248/08.0TTBRG.S1 (Sousa Grandão).**

6. *O período normal de trabalho.* A duração do trabalho acordada, que a lei (art. 198º CT) designa por «período normal de trabalho» (PNT), é o número de horas diárias e semanais que o trabalhador está contratualmente obrigado a prestar.

Este parâmetro é definido por contrato individual, quer explicitamente, quer mediante integração pelo uso ou prática da empresa ou do sector; nalguns casos, resulta de acordos de empresa que estabelecem, a nível colectivo, os períodos normais de trabalho a praticar pelos trabalhadores da organização.

O PNT pode ser *fixo* (isto é, igual em cada dia e em todas as semanas) ou *variável* (quer dizer: mais longo numas semanas e mais curto noutras); esta última possibilidade (de horários adaptáveis), admitida pelos arts. 204º a 206º CT, depende de expressa previsão em convenção colectiva ou de estipulação individual, como adiante se assinalará.

O PNT está *legalmente* limitado (art. 203º), mas podem ser estabelecidos limites ainda inferiores aos legais *por instrumento de regulamentação colectiva*. Os limites (legais ou colectivos) incidem sobre os PNT *fixos*, ou sobre os PNT *médios* quando exista adaptabilidade de horários, como se verá um pouco adiante. Neste último caso, além do limite definido em termos médios (ex.: 40 horas semanais, em média num período de três meses), aplicam-se limites *absolutos*, isto é, limites que não podem ser ultrapassados em nenhuma das unidades de tempo consideradas (vejam-se os do art. 204º/1 e 2 e o art. 205º/2).

7. *O período de funcionamento.* O esquema das horas de abertura e encerramento diário da organização de trabalho e a determinação do dia de encerramento semanal, quando existe (art. 201º CT), designa-se por "período de funcionamento". Ele toma a designação de «período de abertura», quando se trata de estabelecimentos de venda ao público, e a de «período de laboração» no caso dos estabelecimentos industriais.

Os *períodos de abertura* (incluindo os estabelecimentos de prestação de serviços) estão regulados, em termos gerais, pelo DL 48/96, de 15 de Maio, com várias alterações posteriores[13]. Aí se estabelecem períodos máximos, variáveis com o tipo de estabelecimento (art. 1º), admitindo-se, contudo, o encurtamento ou alargamento desses períodos por decisão das câmaras municipais[14], ouvidos os sindicatos, as associações patronais e as associações de consumidores (art. 3º)[15].

O *período de laboração*, por seu turno, é fixado por uma decisão organizativa da empresa, mas dentro de certos marcos normativos (art. 16º L. 105/2009, de 14/9). Se o período de laboração pretendido superar os limites dos PNT, terão que «ser organizados turnos de pessoal diferente», de acordo com certas prescrições legais (arts. 221º e 222º CT).

8. *O horário de trabalho.* De entre os parâmetros de cuja conjugação resultam a medida e a localização da prestação de trabalho no tempo, resta mencionar o horário de trabalho. Trata-se de um esquema respeitante a cada trabalhador[16], no

[13] Nomeadamente pelo DL 111/2010, de 15 de Outubro, referente às grandes superfícies comerciais.

[14] Pela lei anterior ao Código (art. 24º/2 LDT), a fixação dos períodos de abertura competia, em geral, às câmaras municipais, limitando-se o legislador a apontar-lhes o critério geral da consideração dos «interesses do público» (art. 25º).

[15] Essa possibilidade é excluída quanto às «grandes superfícies comerciais contínuas», cujo horário de funcionamento é definido por portaria do Ministro da Economia (art. 1º/6 DL 48/96).

[16] Importa evitar a confusão (muito frequente na prática) entre *o horário de trabalho* (relativo a cada trabalhador) e *o mapa de horário de trabalho*, que é um documento a afixar no local de trabalho, de

qual se fixa a distribuição das horas do PNT ao longo do dia e da semana: horas de entrada e de saída, intervalos de descanso, dia de descanso semanal.

Nos termos da lei, cabe ao empregador estabelecê-lo, com observância dos condicionamentos legais (art. 212º/1), no quadro dos poderes de direcção e organização do trabalho, mas com consulta prévia aos representantes internos dos trabalhadores (art. 212º/3). Trata-se, como já foi notado, de um *poder-dever* do empregador (a lei fala de "competência"): ele *pode* fixar o horário a cada trabalhador, e está, em regra, *obrigado* a fazê-lo. Esta obrigação relaciona-se com a tutela de interesses relevantes do trabalhador no que se refere à organização da vida pessoal e familiar.

Mas nada impede que o horário de trabalho seja *acordado* no âmbito do contrato individual de trabalho[17], o que se traduzirá, obviamente, em restrição a esse poder; e nada obsta, também, a que os horários de trabalho sejam objecto de negociação e acordo *a nível colectivo* (isto é, envolvendo a representação sindical dos trabalhadores em causa), com o significado de uma renúncia da entidade empregadora a uma parte das suas prerrogativas de gestão e organização da empresa. Mesmo no regime de horários adaptáveis decorrente da definição do PNT em termos médios, nas condições referidas pelos arts. 204º a 206º CT, tem que estar, em cada momento, claramente estabelecido o horário a cumprir[18].

Há, nesta perspectiva, que distinguir três noções por vezes confundidas ou misturadas:

a) a de *horário flexível*, em que estão delimitados períodos de presença obrigatória do trabalhador, mas podendo este, com respeito por esses períodos, escolher, dentro de certas margens, as horas de entrada e saída do trabalho, de modo a cumprir o PNT a que está obrigado (ex.: o PNT é de 40 horas semanais; o período de presença obrigatória diária é das 10h às 12h.30m. e das 15h às 17h.30m.; o trabalhador pode, em cada dia, entrar ao serviço entre as 8h e as 10h, interromper para almoço entre as 12h. 30m. e as 15h., e escolher a hora de saída entre as 17h. 30m. e as 19h. 30m.; mas terá que cumprir as 40 horas de trabalho por semana)[19];

que constam os horários de todo o pessoal do estabelecimento (art. 215º CT), e que se destina a permitir o controlo da legalidade desses horários. Os mapas devem ser remetidos à Inspecção--Geral do Trabalho, mas deixaram, com o DL 65/87, de 6 de Fevereiro, de estar sujeitos a aprovação desse organismo; a inexistência de reacção da IGT não pode, pois, ser interpretada como tácito reconhecimento da legalidade dos horários.

[17] Vejam-se os Acs. STJ 30/10/2002 – P. 02S1406 (DINIZ NUNES) e 13/10/2010 – P. 142/06.9TTLRS. L1.S1 (VASQUES DINIS), em www.dgsi.pt.

[18] E, nos termos do art. 217º/2 CT, cada alteração do horário deve, em regra, ser feita com a antecedência mínima de sete dias (três no caso das micro-empresas).

[19] Este tipo de horário está especificamente previsto na lei (art. 56º CT) para a situação de trabalhador com certos tipos de responsabilidade familiar: filho menor de 12 anos ou com deficiência ou

b) a de *horário adaptável*, que consiste em o empregador ter a faculdade de definir horários (em regra) semanais diferentes de semana para semana, ou de mês para mês, ou com outra pendularidade, de modo a respeitar, num período de referência (quatro meses, por exemplo), um certo número *médio* de horas de trabalho semanal (ex.: o PNT é de 40 horas semanais; o período de referência é o semestre; no 1º trimestre de cada ano, são praticados horários de 35 horas por semana; no 2º, de 45 horas; no 3º, de 37,5 horas; no 4º, de 42,5 horas)[20];

c) e a de *isenção de horário de trabalho*, figura reservada pela lei para corresponder às características de certas actividades profissionais (art. 218º ss.), e que se traduz na possibilidade, para o empregador, de contar com a disponibilidade do trabalhador sem localização precisa no tempo (sem horário), com a contrapartida de uma remuneração especial (art. 265º), assunto a que voltaremos adiante.

Temos, pois, que a concreta configuração da prestação de trabalho no tempo (isto é, na organização de vida do trabalhador) deriva do horário de trabalho que, por sua vez, traduz o modo pelo qual o período normal de trabalho se enquadra no período de funcionamento.

Perguntar-se-á que grau de *estabilidade* tem essa configuração temporal da prestação de trabalho – ou, noutros termos, em que medida estará ela imune a modificações decorrentes das necessidades da empresa e do interesse do empregador.

9. *A alteração do período normal de trabalho.* O período normal de trabalho não pode ser unilateralmente *aumentado*: ao fazê-lo, o empregador estaria a modificar, por sua exclusiva vontade, o objecto do contrato de trabalho no seu aspecto quantitativo[21].

Mas pode verificar-se *diminuição* do PNT por decisão do empregador. Como se assinalará em detalhe (a propósito da suspensão do contrato de trabalho e da redução de horários, reguladas pelos arts. 294º ss. CT), tal diminuição poderá provir de uma *decisão de gestão* ou de outro facto imputável ao empregador (caso em que não pode acarretar diminuição da retribuição: art. 309º/1-*b*)), ou resultar de *caso fortuito ou de força maior* (havendo, então, redução do salário para 75%: art. 309º/1-*a*))[22].

doença crónica, que com ele viva em comunhão de mesa e habitação. Trata-se, nesses casos, de um "direito" do trabalhador, o qual, no entanto, depende de "decisão" do empregador (art. 57º/3), que pode ser de recusa por motivos fortes ligados ao funcionamento da empresa. Fora dessas hipóteses, o horário flexível pode existir sempre mediante acordo entre as partes.

[20] A adaptabilidade de horários de trabalho está regulada nos arts. 204º ss. CT.

[21] Cfr., por todos, Ac. STJ 8/2/95 (AD 404-405, 991).

[22] Cfr. Ac. Rel. Lisboa 10/2/88 (BTE 2ª série, 4-5-6/91, 430).

E poderá, ainda, enquadrar-se no regime estabelecido nos arts. 298º ss., em que a redução dos períodos normais de trabalho é configurada como medida transitória de emergência, para situações de *crise grave da empresa*, susceptível de ser decidida pelo empregador no termo de um processo de consultas aos representantes dos trabalhadores. Nesta configuração, a redução do PNT tem consequências no plano remuneratório: os trabalhadores afectados deixam de auferir a retribuição normal e entram num regime de «compensação retributiva» (art. 305º/3)[23].

Situação distinta desta é a de o empregador *acordar* com os trabalhadores a redução do período normal de trabalho, que pode, inclusivamente, traduzir-se na diminuição do número de dias de actividade por semana, com proporcional redução dos salários. Tais acordos não são invulgares, sobretudo perante circunstâncias que fazem temer pelo futuro da empresa e dos postos de trabalho. O referido acordo pode surgir no quadro do processo regulado pelos arts. 298º ss., visto que ele é também um processo de negociação (cfr. art. 300º). Mas nada parece impedir que a redução de horários, com redução proporcional dos salários, se processe consensualmente à margem daquele processo[24].

Pode ainda ocorrer alteração do período normal de trabalho por *acordo individual*, mesmo tácito, entre as partes. Exemplo típico é o de mudança de um trabalhador (com o seu acordo) para um posto de trabalho que, nas condições de organização e funcionamento concretas, implica a prestação de maior número de horas de trabalho do que as convencionadas de início[25]. Mesmo que não ocorra proporcional aumento do salário, essa alteração é admissível: ela está compreendida no acordo modificativo em que se funda a transferência do trabalhador. Para além disso, a redução do período normal de trabalho, individualmente acordada, pode ocorrer nas situações (também necessariamente consensuais) de *passagem de tempo completo a tempo parcial* (art. 155º) e de *pré-reforma* (art. 318º ss.).

Todas estas situações envolvem aumento (por acordo) *da duração do trabalho convencionada*, ou seja, modificação do objecto do contrato.

Mas há que considerar a outra luz as variações da duração *normal* do trabalho que se mantenham dentro dos limites do PNT, isto é, do tempo de trabalho contratado. Este último é, como diz a lei, "o tempo de trabalho que o trabalhador se obriga a prestar" (art. 198º) – é a medida temporal da *disponibilidade* oferecida pelo trabalhador através do contrato. Essa disponibilidade pode ser

[23] Trata-se de uma das raríssimas situações em que, no nosso ordenamento, é admitida a modificação substancial das condições contratuais, por decisão unilateral do empregador.

[24] Veja-se, neste sentido, o Ac. Rel. Évora 3/3/88 (BTE 2ª série, 4-5-6/90, 494).

[25] Decidiu-se sobre caso semelhante no Ac. Rel. Porto 14/6/82 (CJ 82, 3, 258).

aproveitada total ou parcialmente pelo empregador. Se o for parcialmente, não haverá redução do PNT, nem fundamento para redução do salário. A "duração convencionada" (PNT) não sofre alteração pelo facto de, no quadro da organização do trabalho – que lhe compete –, o empregador estabelece um horário que "utiliza" um período diário e semanal inferior.

Se um empregado de balcão, com o PNT de 40 horas, for colocado num estabelecimento em que se realizam turnos de 7 horas (totalizando 35 por semana), não há redução desse PNT. Há, simplesmente, aproveitamento reduzido daquilo que o contrato coloca ao dispor do empregador. Se o acordo originário não for modificado, nada impede que, posteriormente, o empregador atribua de novo ao trabalhador uma posição funcional cujo período de trabalho volte a ser o inicial, em conformidade com o estipulado. O período normal de trabalho (a duração convencionada) não sofre, nesse processo, nenhuma alteração[26].

10. *A alteração do horário de trabalho.* A questão da alterabilidade coloca-se também no tocante ao *horário de trabalho.* A lei confere, como se disse, ao empregador o poder-dever de o estabelecer «dentro dos limites da lei» (art. 212º/1). Mas, depois de definido o horário, poderá o empregador modificá-lo sem necessidade de acordo do trabalhador?

Há, pelo menos, uma situação em que essa possibilidade existe sem qualquer dúvida: a de, por convenção colectiva ou acordo individual, estar consagrado um regime de adaptabilidade de horários, como expressamente se admite nos arts. 204º a 206º CT. Com efeito, a *adaptação* é feita através de periódicas e sucessivas modificações dos horários de trabalho, de modo correspondente à oscilação das necessidades de trabalho.

Para além desses casos, o problema reveste-se de delicadeza manifesta. Por um lado, a faculdade de definir o horário de trabalho releva do poder de organização do trabalho que, em geral, pertence à entidade empregadora, e que é um instrumento fundamental de gestão da empresa. Mas, por outro lado, o horário de trabalho é uma referência estruturante da organização de vida do trabalhador; alterá-lo sem acordo pode afectar seriamente interesses e conveniências pessoais respeitáveis[27].

A verdade, porém, é que alterar o horário de trabalho é, afinal, fixar um *novo* horário. Nesta situação, o trabalhador pode ser forçado a ajustamentos na sua

[26] Cfr., nesse sentido, com fundamentação convincente, STJ 07/03/2006 – P. 06S3751 (Pinto Hespanhol).

[27] A consideração destes interesses, numa perspectiva hipergarantística, leva a que se veja na modificação do horário uma «alteração substancial do contrato de trabalho», – apesar de, em regra, o horário ser um elemento extra ou pós-contratual. É a tese de F. Liberal Fernandes, *Alteração unilateral do horário de trabalho*, in «Questões Laborais», ano I, nº 3 (1994) 163.

organização de vida – como o terá sido relativamente ao horário inicial. Se as condições originárias dessa organização de vida se revestem de essencialidade, haverá a possibilidade de garantir contratualmente o horário de partida.

De resto, a lei rodeia hoje de cautelas significativas a alteração de horários de trabalho. O art. 217º CT estabelece para isso um conjunto de exigências, entre as quais cabe salientar a de consulta prévia aos representantes dos trabalhadores[28], com a antecedência mínima (como regra) de sete dias, e o dever de ressarcimento económico aos trabalhadores que, por força da alteração de horário, tenham que suportar um aumento de despesas.

A alterabilidade dos horários de trabalho, por decisão unilateral da entidade empregadora, dentro dos apontados condicionamentos legais, só está afastada nos casos em que o horário de trabalho conste (expressamente) do contrato individual, ou tenha sido posteriormente acordado entre as partes (art. 217º/4), e ainda naqueles em que haja regra da convenção colectiva aplicável, no sentido de que a alteração de horário só pode operar-se por acordo[29].

[28] Deve reconhecer-se a essa consulta uma relevância decisiva: ela constitui o único meio de defesa do interesse do trabalhador diante de uma modificação das coordenadas temporais da sua organização de vida. Vejam-se, neste sentido, os Ac. STJ 24/02/2010 – P. 248/08.0TTBRG.S1 e 10/07/2010 – P. 439/07.0TTFAR.E1.S1 (ambos Sousa Grandão): a falta de informação e consulta à comissão de trabalhadores sobre a alteração do horário de certo trabalhador "não traduz uma mera irregularidade, mas representa a preterição de uma formalidade indispensável, essencial, no processo de decisão, que afecta a perfeição e validade desta, tornando-a inválida". No mesmo sentido, vd. também o Ac. STJ 30/04/2014 – P. 363/05.1TTVSC.L1.S1 (Fernandes da Silva). Assim, o trabalhador afectado pode recusar-se a cumprir o novo horário estabelecido sem observância do procedimento estabelecido pelo art. 217º CT.

[29] Trata-se de directrizes há muito consolidadas na jurisprudência: veja-se, por todos, o Ac. STJ 30/04/2014, citado na nota anterior.

IV. Os limites da duração do trabalho e a flexibilidade temporal

A) Os limites da duração do trabalho. – 11. Noções gerais. 12. A evolução dos limites legais do trabalho normal. 13. A limitação do trabalho total em média. 14. O período de referência. **B) A adaptabilidade dos horários de trabalho.** – 15. A noção de adaptabilidade; 16. A evolução do regime de adaptabilidade; 17. A adaptabilidade no Código; 18. A legitimação convencional; 19. Particularidades da adaptabilidade grupal; 20. Os grupos protegidos. – **C) O banco de horas.** – 21. Noção; 22. As modalidades; 23. Banco de horas e adaptabilidade. – **D) O horário concentrado.** – 24. Noção e regime jurídico. – **E) A isenção de horário de trabalho.** – 25. Noção; 26. A isenção no Código; 27. As modalidades de isenção.

A) Os limites legais da duração do trabalho.

11. *Noções gerais*. Entre os direitos fundamentais dos trabalhadores consagrados pela CRP, conta-se o direito «a um limite máximo da jornada de trabalho» e, ainda, no âmbito das «condições de trabalho (...) a que os trabalhadores têm direito», a «fixação, a nível nacional, dos limites da duração do trabalho» (art. 59º/1*d*) e 2*b*) CRP).

Nessa linha, a lei estabelece limites à duração diária e semanal do trabalho, os quais devem ser respeitados pelas estipulações individuais, pela organização do trabalho nas empresas e, também, pela regulamentação convencional colectiva.

As convenções colectivas definem, elas próprias, limites diários e semanais, cujo valor é, em todo o caso, bastante variável. Nos *acordos de empresa*, os limites fixados tendem a coincidir com os períodos normais de trabalho efectivamente praticados: há aí como que uma transposição para o plano colectivo da estipulação sobre períodos diários e semanais de trabalho; a convenção colectiva desempenha um papel essencialmente contratual. Nos *contratos colectivos*, dado que têm âmbito sectorial e cobrem empresas com dimensões e organizações muito diferenciadas, verifica-se, frequentemente, não coincidência com os períodos diários e semanais praticados: fixa-se por vezes limites inferiores aos máximos legais mas superiores aos praticados; a convenção colectiva está mais próxima do papel da lei do que do do contrato.

A fixação, pela lei, de limites à jornada e à semana de trabalho segue, normalmente, a esteira aberta pelo movimento da contratação colectiva. A progressiva redução dos tempos de trabalho acompanha modificações da organização do trabalho, aperfeiçoamentos tecnológicos e melhorias de qualificação dos trabalhadores, que permitem absorver o impacto da redução na economia das empresas (pela melhoria da produtividade) e atribuir-lhe sinal positivo no processo de crescimento económico. Assim, o balanceamento correcto e concreto dos factores favoráveis e desfavoráveis à redução de tempos de trabalho tem a sua sede mais apropriada na contratação colectiva de trabalho[30].

Deve, ainda, salientar-se o papel que tem desempenhado, neste domínio, a concertação social. O tema da duração do trabalho – sobretudo no tocante às modalidades e condições da redução – adquiriu uma posição central na agenda dos processos de negociação trilateral que se desenvolvem no quadro da Comissão Permanente de Concertação Social. Tudo o que de importante ocorreu nesta matéria, desde o início da década de noventa do século passado, foi enquadrado por compromissos de concertação social. E bem se compreende que assim seja: a temática do tempo de trabalho contende com a gestão de recursos humanos nacionais, com a competitividade das empresas e da economia, com a fórmula de distribuição dos ganhos de produtividade, a nível sectorial e de empresa – com um conjunto de áreas de interesses que são, justamente, aquelas que se cruzam na agenda da concertação social.

12. *A evolução dos limites legais do trabalho normal.* Por força de um decreto-lei publicado em maio de 1919, o período máximo do trabalho diário "dos trabalhadores e empregados do Estado, das corporações administrativas e do comércio e indústria, com exceção dos rurais e domésticos", não poderia ultrapassar 8 horas por dia, nem 48 horas por semana.

Esses limites legais permaneceram inalterados durante mais de setenta anos, o que evidencia bem a delicadeza do tema sob os pontos de vista económico, social e até político.

Com efeito, só com a L. 2/91, de 17 de janeiro – que concretizava um compromisso constante de um acordo de concertação social celebrado em fins de 1990 – o limite da duração do trabalho normal semanal baixou para 44 horas. Manteve-se, no entanto, o limite da jornada de trabalho 32 estabelecido em 1919: oito horas.

Pouco tempo depois, e de novo a partir de compromissos assumidos no quadro da concertação social (ou seja, num acordo entre Governo, confederações patronais e sindicais), o limite da semana de trabalho baixou de novo para 40 horas (L. 21/96, de 23 de julho), permanecendo nas oito horas o limite diário.

[30] E nessa sede se tem processado, quanto ao essencial, o movimento de redução do tempo de trabalho em Portugal. A redução da semana de trabalho de 48 para 44 horas atingiu efectivamente *menos de 5%* dos trabalhadores: a contratação colectiva já fizera recuar a média nacional dos horários normais para perto das 42 horas. Também a redução imposta pela L. 21/96 (para 40 horas) foi concretizada, em ritmos e modalidades diversos, pela contratação colectiva – incluindo precisões respeitantes às controversas noções de "pausa" e de "trabalho efectivo".

13. *A limitação do trabalho total em média.* A fixação, pela lei, de limites dos períodos normais de trabalho diário e semanal não é, porém, suficiente para garantir as finalidades com que o legislador intervém nesta matéria. Em muitos casos, a redução desses períodos tem como única consequência um aumento do número de horas suplementares ou extraordinárias de actividade. Tal fenómeno conflitua, frontalmente, com os objectivos das políticas de limitação do tempo de trabalho, que são, em doses diversas, os de promover o aumento do volume de emprego, de partilhar o trabalho existente e de aumentar o tempo livre de cada trabalhador.

É essa a razão pela qual o art. 211º CT estabelece um novo tipo de limite da duração do trabalho: o "limite máximo da duração média do trabalho semanal", como diz o título dessa disposição legal. No nº 1 do mesmo artigo, dispõe-se que "a duração média do trabalho semanal, *incluindo trabalho suplementar*, não pode ser superior a quarenta e oito horas, num período de referência...". Este limite é de aplicação geral, com ressalva, apenas, dos dirigentes e de outros trabalhadores que tenham "poder de decisão autónomo", cobertos por um regime de isenção de horário de trabalho (nº 4 do art. cit.).

O limite assim introduzido implica, por exemplo, que um período normal de trabalho médio de 40 horas só admita uma média semanal de oito horas suplementares, facilmente esgotável se houver actividade em dia de descanso semanal e/ou complementar.

14. *O período de referência.* O cálculo da duração média do trabalho semanal, para os efeitos do art. 211º CT, implica a pré-determinação de um *período de referência*. Dentro dele, os dias, as semanas e/ou os meses podem ter grandes diferenças quanto ao número de horas de trabalho, quer porque os *horários de trabalho* vão sendo mudados conforme as necessidades, quer porque o recurso ao *trabalho suplementar* é também dimensionado por solicitações flutuantes.

As regras respeitantes à determinação do período de referência evidenciam hesitações determinadas pela delicadeza do ponto, e provenientes, aliás, das normas comunitárias. O período de referência a tomar em conta deve ser estabelecido por convenção colectiva, não podendo, nesse caso, ultrapassar o limite de doze meses. Não havendo fixação convencional, aplica-se, em princípio, o período supletivo de quatro meses. Mas, num grande número de casos (os contemplados no art. 207º/2), o período supletivo é de seis meses.

Por outro lado, a lei cuida de «neutralizar» certas ocorrências no cálculo da duração média. Os *dias de férias* são subtraídos ao período de referência (art. 211º/2), de modo a não influenciarem a média como dias de não-trabalho. Por outro lado, entram no cálculo, *como dias de trabalho*, os de ausência por doença, de licença parental inicial ou complementar, e de licença especial para assistência a filho deficiente ou doente crónico (art. 211º/3).

B) A adaptabilidade dos horários de trabalho.

15. *A noção de adaptabilidade.* A recente evolução dos limites legais aplicáveis aos períodos normais de trabalho semanais foi acompanhada da introdução e do desenvolvimento de regras de *adaptabilidade* na organização do tempo de trabalho.

Em síntese, essas regras põem em causa a tradição de *fixidez* do horário de trabalho, que está profundamente radicada na nossa cultura laboral e que é uma das referências básicas (se não a principal) da história legislativa referente à matéria da duração do trabalho. A "adaptabilidade" significa que os horários de trabalho podem, por decisão do empregador e em função de necessidades flutuantes da empresa, variar acima e abaixo dos limites legais, desde que os não ultrapassem *em média* (semanal e diária) num certo período de referência. Por outras palavras: esses limites podem, em tal regime, ser observados, não dia por dia nem semana por semana, mas em média diária e/ou semanal, num certo período de referência.

A afirmação do valor da *estabilidade* das situações laborais fazia-se também através da permanência dos horários de trabalho. Se as contingências dos processos produtivos obrigassem a utilizar mais trabalho nuns dias do que noutros, esse trabalho seria, simplesmente, prestado «fora do horário» e pago com acréscimo, como suplementar[31]. E isto apesar de, eventualmente, noutros dias, ou semanas, ou meses, o tempo de trabalho correspondente às necessidades de laboração ser menor do que o compreendido no «horário» – o que significa que algumas horas deste não são utilizáveis –, sem que isso tenha qualquer reflexo nos custos do funcionamento da empresa, uma vez que os trabalhadores continuam a receber o mesmo salário.

Pode, assim, dizer-se que, em matéria de organização do tempo de trabalho, o único instrumento de "adaptabilidade" com carácter geral era o recurso ao trabalho suplementar – uma solução para os acréscimos de trabalho, mas não para as diminuições de laboração.

16. *A evolução do regime de adaptabilidade.* Esta ideia é relativamente antiga no nosso sistema legal, tendo-se verificado neste domínio uma significativa evolução, na última década do século passado.

Em 1991, a mesma lei que baixou o limite da semana de trabalho para 44 horas (a L 2/91, já referida) abriu uma possibilidade nova: a da definição dos períodos normais de trabalho, por convenção colectiva, *em termos médios*, por referência a certos

[31] Veja-se a definição de trabalho suplementar, constante do art. 226º/1 CT. O trabalho suplementar não é, simplesmente, trabalho *a mais* (ou seja: tempo de trabalho que ultrapassa o normal e convencionado). É «o prestado fora do horário de trabalho». Está aqui excluída qualquer apreciação quantitativa: o que interessa é saber se se trata de actividade prestada de acordo com o esquema pré-definido ou à margem dele.

lapsos de tempo (art. 2º). Essa possibilidade foi, num primeiro momento, contemplada e regulada numa nova redacção dos nºs 7 e 8 do art. 5º LDT.

De acordo com tal regime, as convenções colectivas podiam passar a definir a duração normal do trabalho em termos médios, por referência a certo período fixado pela mesma via, estabelecendo a lei, supletivamente, o período de referência de três meses.

A possibilidade de variação dos períodos normais de trabalho diário e semanal não ficava, porém, liberta de restrições. Com efeito, a lei só admitia que o período normal de trabalho diário se estendesse, nas fases de maior carga, até ao máximo de *duas horas* acima do limite geral (de oito horas); e a duração de trabalho semanal não poderia, em nenhuma semana, ultrapassar *cinquenta horas*, limite em que se compreendia o próprio trabalho suplementar, com excepção do prestado por motivo de força maior.

A introdução destes factores de adaptabilidade no funcionamento das empresas e no desenvolvimento das relações de trabalho ficou a depender da disponibilidade negocial dos sindicatos e das associações patronais. Tratava-se de facilitar os avanços negociais necessários à gradual redução da semana de trabalho. As dificuldades que se verificaram num dos domínios atingiram também o outro, pelo que, nos anos seguintes, assumiu proporções relativamente modestas o desenvolvimento negocial das reduções de horário e das regras de adaptabilidade.

Por seu turno, a L. 21/96, de 23 de Julho (que fixou a semana de 40 horas), estabeleceu também regras de adaptabilidade estreitamente articuladas com a redução dos tempos de trabalho. A particularidade fundamental dessa lei consistia no facto de que tanto a cadência da redução como as regras de adaptabilidade com ela articuladas eram estabelecidas imperativamente pela lei e não deixadas a concretização convencional, embora o legislador manifestasse, ainda, certa preferência por esta última via.

Os dispositivos de adaptabilidade desenhados pela L. 21/96 tomavam em conta a maior ou menor amplitude das reduções de horário que as empresas tinham que efectuar de modo a atingirem o limite das *quarenta horas* de trabalho efectivo em 1 de Dezembro de 1997. Assim, os limites máximos semanais a respeitar, no quadro da adaptabilidade, eram mais elevados quando os períodos normais de trabalho semanal de que se partia eram também os maiores, havendo, portanto, que realizar redução mais acentuada (art. 3º/3).

Por seu turno, a L. 73/98, ao introduzir um limite semanal em termos *médios* (quarenta e oito horas, incluindo trabalho suplementar), veio, afinal, criar a necessidade de uma verificação generalizada dos horários de trabalho e dos tempos de trabalho extra-horário, para controlo da observância de tal limite. Com isso, parecia abrir-se um novo e mais amplo espaço para a adaptabilidade da organização do tempo de trabalho.

Todavia, o alcance inovatório da L. 73/98 não era tão vasto como pareceria a uma primeira leitura. Admitia, é certo, de modo generalizado, o apuramento dos períodos *máximos* de trabalho semanal em média num certo período de referência. Mas, ao mesmo tempo, ressalvava o sistema anteriormente vigente de limites à duração do «trabalho normal semanal».

Esta fórmula não foi posta de lado pela lei de 1998. Ao legislador de então não importavam os critérios e os modos de cálculo utilizados para a determinação do período normal de trabalho; era-lhe indiferente que essa determinação fosse feita de modo fixo, válido para todas e cada uma das semanas, ou de modo variável e adaptável. Não era disso que a lei cuidava, não era esse o seu objecto de regulação. A L. 73/98 tratava dos limites ao *tempo total ou efectivo de trabalho*, que dependia do *período normal* e da quantidade de *trabalho suplementar*, sendo, portanto, compatível com horários fixos e com horários variáveis. Por isso, permaneceram de pé as regras respeitantes à organização do tempo de trabalho que vigoravam antes desse diploma.

É, no entanto, indiscutível que ele reforçou uma tendência, oferecendo nova sugestão no sentido de que toda a matéria fosse pensada em moldes diferentes dos que vinham da tradição legislativa e da prática laboral corrente.

17. *A adaptabilidade no Código*. Uma das linhas fundamentais de política legislativa que orientaram a concepção do CT 2003 (e de que a revisão de 2009 não se afastou) foi a da acentuação das condições de adaptabilidade na organização dos tempos de trabalho. O CT situou-se, pois, na continuidade da tendência apontada.

O CT estabelece, neste domínio, três possibilidades: a de adaptabilidade fundada em *instrumento de regulamentação colectiva* (que pode ser de natureza administrativa), nos termos do art. 204º; a de adaptabilidade legitimada por *acordo entre o empregador e cada trabalhador* (individualmente considerado), com observância das condições impostas no art. 205º; e, finalmente, a adaptabilidade chamada «*grupal*» (regulada na revisão de 2009), que assenta na possibilidade da *extensão a toda uma unidade funcional* de um regime de adaptabilidade originariamente aplicável a uma maioria qualificada dos seus trabalhadores (art. 206º).

Na hipótese de adaptabilidade fundada em disposição colectiva, os parâmetros de variabilidade de horários são os seguintes: nenhum dia de trabalho pode ir além de doze horas, nenhuma semana pode exceder sessenta horas, a média semanal, em dois meses, não pode ultrapassar cinquenta horas. Estes limites semanais incluem o trabalho suplementar, com excepção do que seja imposto por motivo de força maior.

Na modalidade assente em acordos individuais, as condições legais de variabilidade são mais estritas: um dia de trabalho não pode exceder dez horas, a semana não pode exceder cinquenta horas, incluído o trabalho suplementar que não se funde em motivo de força maior.

Finalmente, na «adaptabilidade grupal», exactamente por se tratar de variantes das duas primeiras, os limites são os correspondentes a cada uma delas.

No que respeita ao período de referência para o apuramento da duração média do trabalho, o art. 207º CT dispõe que esse período é fixado por instrumento de regulamentação colectiva, até ao máximo de doze meses; e, supletivamente, aplica-se o de quatro meses[32].

18. *A legitimação convencional.* Isto significa que qualquer dos regimes de adaptabilidade assenta em pressupostos convencionais – não pode ser unilateralmente imposto pelo empregador.

No caso previsto no art. 204º, é necessária uma habilitação por convenção colectiva (que admita a implementação de um regime de adaptabilidade no seu âmbito de aplicação que compreende apenas os trabalhadores filiados nos sindicatos subscritores, os empregadores sócios das associações de empregadores signatárias, e ainda aqueles que, porventura, seja alcançados por portaria de extensão).

Na hipótese a que se refere o art. 205º, a prática desse regime é individualizada: depende de acordo de cada trabalhador, que pode, no entanto, resultar da mera não oposição formal dentro do prazo de 14 dias após proposta escrita do empregador.

Em qualquer dessas modalidades, parece claro que a adopção de um regime de adaptabilidade dos horários de trabalho envolve, além de um acréscimo de instabilidade na organização de vida dos trabalhadores, um decréscimo potencial de rendimento, por redução do trabalho suplementar pago. Nem o sindicato, nem cada trabalhador por si, aceitarão decerto uma tal alteração sem contrapartidas negociais significativas.

A terceira modalidade – adaptabilidade grupal – é, como se disse, uma variante das duas anteriores. Ela oferece ao empregador uma margem de decisão unilateral quanto à aplicação do regime a certos trabalhadores originariamente excluídos dele (por não estarem cobertos pela convenção colectiva habilitante, ou por se terem oposto à proposta do empregador). No entanto, se se trata de habilitação por convenção colectiva, esta deve ser dupla: a convenção tem que admitir não só a adaptabilidade, mas também a extensão "grupal". Já nos casos de adaptabilidade por acordos individuais, a extensão (atingidos 75% de aceitações) depende exclusivamente de decisão do empregador.

[32] O art. 207º admite o alargamento do período de referência supletivo para seis meses num conjunto de hipóteses que a Directiva 93/104/CE contemplava numa longa lista de derrogações ao seu regime geral. No entanto, o respeito do CT pelo âmbito dessas derrogações não parece indiscutível.

19. *Particularidades da adaptabilidade grupal.* Aquilo que, na epígrafe do art. 206º, se designa por *adaptabilidade grupal* compreende, afinal, dois modelos com suportes de legitimidade diferentes:

a) uma variante do primeiro tipo (adaptabilidade fundada em instrumento de regulamentação colectiva): pode ser *estipulado colectivamente* que, sendo o regime de adaptabilidade aplicável (por filiação sindical ou por escolha individual da convenção colectiva, nos termos do art. 497º CT) a, pelo menos, 60% dos trabalhadores da unidade funcional, ele possa ser estendido à totalidade do respectivo pessoal;

b) uma variante do segundo tipo (adaptabilidade fundada em acordo individual): se o regime de adaptabilidade proposto pelo empregador for aceite por, pelo menos, 75% dos trabalhadores de uma unidade funcional, ele poderá ser aplicado ao conjunto dos respectivos trabalhadores.

O regime de adaptabilidade grupal justifica-se por motivos de racionalidade gestionária: a organização do trabalho numa unidade funcional só assume sentido útil, em muitos casos, se é possível articular, segundo o mesmo regime, o conjunto das prestações de trabalho contratadas. Os horários de trabalho, sendo individuais, só funcionam num plano conjunto, e as suas variações implicam relações de interdependência funcional. Por outro lado, a adaptabilidade pode representar, para cada trabalhador, dificuldades acrescidas de conciliação da vida pessoal e familiar com o trabalho.

A admissibilidade legal do regime de adaptabilidade grupal representa assim, de algum modo, uma opção do legislador a favor das conveniências da gestão das empresas em detrimento das exigências pessoais e familiares dos trabalhadores. No entanto, essa opção não é incondicionada. São ressalvados os casos de trabalhadores cobertos por convenção colectiva que vede a adopção do regime de adaptabilidade grupal, e de filiados em sindicato oponente da eventual extensão da convenção habilitante; ficam igualmente à margem trabalhadores com filho menor de três anos que não manifestem o seu acordo por escrito (art. 206º/4).

20. *Os grupos protegidos.* A lei reconhece a trabalhadores que se encontrem em situações particularmente adversas a formas de instabilidade da organização de vida o direito de serem dispensados da prestação de trabalho em regime de adaptabilidade de horários[33].

Em geral, podem beneficiar dessa dispensa a título permanente os *menores* (art. 74º) e as *pessoas com deficiência ou doença crónica* (art. 87º), assim como as *trabalhadoras grávidas, puérperas ou lactantes*[34] (art. 58º).

[33] O CT recolheu, neste ponto, soluções que tinham sido consagradas pela L. 61/99, de 30/6.

[34] De notar que este direito é extensível a casos em que não há amamentação (art. 58º/2).

No tocante aos menores e às pessoas com deficiência ou doença crónica, a dispensa não é automática; tem que ser pedida à entidade empregadora, com certificação médica de que a prática de horários adaptáveis pode prejudicar a saúde ou a segurança no trabalho. A dispensa não é inerente à condição de trabalhador menor, ou deficiente; depende de ser requerida e de haver certificação dos específicos efeitos nocivos da irregularidade de horários. Mas também *não pode ser recusada* pela entidade empregadora, se esses passos estiverem cumpridos.

Já a situação das grávidas, puérperas e lactantes é diversa: a condição (transitória por natureza) em que se encontram basta para fundamentar o direito à exclusão dos regimes de adaptabilidade.

C) O banco de horas.

21. *Noção.* O CT de 2009 introduziu um novo mecanismo destinado a possibilitar uma utilização flexível dos tempos de trabalho: o chamado "banco de horas". Supondo a existência de um horário de trabalho fixo, a existência de um banco de horas viabiliza a extensão dos tempos de prestação de trabalho, como *trabalho normal*, durante certos períodos de maior necessidade, tendo como contrapartida a "reposição" ou "compensação" desses excedentes, em tempo livre ou em dinheiro. Estabelece-se, assim, uma espécie de "conta corrente" de horas entre o empregador e o trabalhador, a "saldar" periodicamente. O acerto de contas pode realizar-se de vários modos: redução do tempo de trabalho, aumento das férias, pagamento a dinheiro ou, ainda, uma combinação dessas fórmulas (art. 208º/4).

A lei refere apenas – por ser, decerto, a mais frequente – a hipótese de a "conta corrente" de tempo de trabalho ter resultado positivo para o trabalhador, havendo trabalho a mais a compensar (art. 208º/4). A verdade é que pode haver também situações de trabalho "a menos". Elas podem ser de dois tipos: faltas ao trabalho por iniciativa unilateral do trabalhador, que estão submetidas a regime próprio (arts. 248º ss.) e não parecem, pelas características desse regime, susceptíveis de serem levadas "a débito" na conta de tempo do trabalhador; e dispensas do serviço (ou faltas autorizadas) *sem perda de retribuição*, que podem, elas sim, sem dificuldade, ser acomodadas nessa conta. Pode, pois, configurar-se uma situação em que o trabalhador atinja o termo do período de referência (isto é, o momento de se saldar a conta) com saldo negativo. A lei, como se disse, não oferece solução para tal (improvável) caso. Julga-se que haverá lugar a compensação em tempo de trabalho, quer imediatamente, quer transitando o saldo para o período seguinte: o art. 226º/3-f) admite a prestação de trabalho a mais, não qualificado como trabalho suplementar, para compensação de "períodos de ausência" do trabalhador.

22. *As modalidades*. Originariamente (art. 208º CT), o banco de horas era admitido somente com base em cláusula convencional-colectiva. Com a L. 23/2012, foram aditados ao CT dois novos artigos – 208º-A e 208º-B – em que a construção do banco de horas era alargada a duas novas modalidades: o banco de horas fundado em acordo individual e o banco de horas "grupal", cujos regimes foram talhados à imagem dos correspondentes da adaptabilidade de horários.

A L. 93/2019 alterou significativamente esse quadro: afastou o regime do banco de horas por acordo individual (com ressalva dos casos em aplicação, que se mantêm durante um ano: art. 11º/5 da lei citada), mantendo o do banco de horas grupal, enquanto legitimado por convenção colectiva (art. 208º-B/1), e inovando com uma possibilidade adicional de banco de horas grupal: a do banco de horas por "referendo" entre os trabalhadores, exigindo-se um mínimo de 65% de votos favoráveis (art. 208º-B/2 e segs.).

Quanto à primeira modalidade, o tempo máximo de trabalho está limitado a 12 horas por dia e a 60 horas semanais, deixando-se para a autonomia colectiva a regulação dos modos de compensação dos créditos de tempo do trabalhador (embora dentro do catálogo já indicado: redução equivalente do tempo de trabalho, aumento do período de férias, pagamento em dinheiro[35], ou uma combinação dessas modalidades), da antecedência a observar pelo empregador na determinação dos acréscimos de trabalho e da efectivação daquela compensação.

Depois, em paralelo com o regime da adaptabilidade de horários, o art. 208º-B/1 permite o alargamento – ao "conjunto dos trabalhadores de uma equipa, secção ou unidade económica" – da aplicação de um regime de banco de horas fundado em convenção colectiva, desde que, pelo menos, 60% dos trabalhadores estejam abrangidos pela convenção (por filiação sindical ou extensão) ou a escolham como aplicável.

Por outro lado, o nº 2 do mesmo artigo, com a redacção dada pela L. 93/2019, admite a instituição do banco de horas *por referendo* entre os trabalhadores, exigindo uma maioria mínima de 65% para que se possa estender esse regime a todo o pessoal, e fixando em 50 horas a duração máxima do trabalho semanal, e em 150 anuais o total dos acréscimos.

São as duas subespécies do chamado banco de horas grupal que a lei actualmente admite.

Há, porém, diferenças muito significativas entre essas duas subespécies. Na primeira, requer-se não só que a convenção colectiva habilitante seja aplicável (por via da filiação ou de portaria de extensão) a 60% dos trabalhadores,

[35] A referência da lei à possibilidade de o "período *normal* de trabalho" ser "aumentado" (art. 208º/2) não deixa dúvidas sobre a ideia de que se trata de um pagamento a singelo.

mas também que ela própria admita a extensão "grupal" – o que, para além da improbabilidade prática, redundaria no absurdo jurídico da auto-atribuição, pela convenção, de um efeito *erga omnes* a parte do seu conteúdo. No segundo caso, tudo depende de uma iniciativa do empregador, ao quem cabe formular e expor aos trabalhadores um "projecto" detalhado, assim como a organização da votação. É claro que a eventual insuficiência do número de trabalhadores abrangidos pela convenção, impedindo a extensão, não obsta a que o banco de horas funcione em relação ao pessoal coberto o que não ocorre no caso de insuficiência de votos no referendo.

Finalmente, mantém-se o paralelismo com o regime de adaptabilidade, no tocante à exclusão de trabalhadores que se encontrem em certas situações descritas no nº 3 do mesmo art. 208º-B: os abrangidos por convenção colectiva que recuse tal regime e – quanto à primeira subespécie – os que estejam filiados em sindicato oponente à extensão da convenção colectiva que crie o banco de horas; finalmente, os que tenham filho menor de 3 anos e não manifestem expressamente a sua aceitação do banco de horas.

23. *Banco de horas e adaptabilidade.* A arquitectura do regime legal do banco de horas segue ainda, em parte, o figurino adoptado pelo legislador para o regime de adaptabilidade de horários, certamente por se considerar que ambos pertencem ao domínio dos mecanismos de flexibilidade temporal, actuam de modo semelhante e têm impactos idênticos.

Ora a (pressuposta) similitude das duas figuras, sobretudo se encaradas do ângulo de valores constitucionalmente relevantes, *não existe*.

A adaptabilidade significa que o empregador pode, em função de necessidades mutáveis de trabalho, alterar os horários de trabalho segundo certas regras, e com a antecedência de vários dias em relação à sua implementação (art. 217º CT). Ocorre instabilidade, mas não imprevisibilidade. A lei cuida de que o trabalhador disponha de tempo para reorganizar o seu quadro de vida pessoal e familiar a cada mudança do esquema temporal da prestação de trabalho. A conciliação vida/trabalho articula-se assim com a flexibilidade de que a empresa carece.

Assim, os bens jurídicos fundamentais que se conexionam com o modo de "organização do trabalho" estão minimamente salvaguardados nos regimes de adaptabilidade, podendo considerar-se de segundo nível as preocupações relacionadas com o desenho dos títulos de "habilitação" do empregador para a prática de tais regimes. Ainda que a consensualidade seja ilusória, a natureza do mecanismo não oferece obstáculo frontal ao ajustamento da organização de vida do trabalhador às necessidades da empresa.

Ao invés, o banco de horas é, por natureza, um esquema dissolvente das condições de conciliação. O aumento do número de horas de trabalho pode ser ordenado sem qualquer antecedência razoável; e – o que não é menos relevante – a lógica do banco de horas é a da compensação do trabalho a mais, em dinheiro ou em tempo, mas *a singelo*. A legitimação por convenção colectiva permite, pelo menos, presumir que a concreta regulamentação do banco de horas seja balanceada com as conveniências básicas dos trabalhadores e, de algum modo, compensada em benefícios adequados. A legitimação por referendo, sobre projecto formulado pelo empregador, oferece garantias inferiores, mas ainda semelhantes.

No entanto, a questão muda de aspecto quando se trata do banco de horas grupal, em qualquer das suas modalidades. O regime é imposto a trabalhadores que não são abrangidos pela convenção, ou votaram contra no referendo.

O paralelismo de regimes entre a adaptabilidade e o banco de horas foi parcialmente mantido no que respeita à modalidade "grupal" de ambos. O pressuposto da lei é, certamente, o de que qualquer desses regimes só adquire sentido e viabilidade se puder ser aplicado ao conjunto do efectivo do estabelecimento, da oficina, do departamento, como regra uniforme de organização do trabalho. Não parece, porém, que tal pressuposto seja comum aos dois dispositivos em causa.

O regime de adaptabilidade, na medida em que envolve o ajustamento periódico dos horários de trabalho, de modo a concretizar padrões diversos de actividade produtiva, requer, indiscutivelmente, uma óptica organizacional e, portanto, a possibilidade de concretização de acordo com a dimensão *colectiva* que é própria do funcionamento da unidade económica considerada. Os horários (individuais) de trabalho têm que ser definidos em articulação uns com os outros. Sem tal possibilidade, o regime de adaptabilidade tenderá a tornar-se inútil. Compreende-se, por isso, que o legislador tivesse atendido à necessidade de um dispositivo capaz de "globalizar" a adaptabilidade.

Essa ponderação não vale, porém, para o banco de horas. Não se trata, com efeito, de uma modalidade de *organização* dos tempos de trabalho: como se observou, esse regime funciona a partir de horários de trabalho que, esses sim, estruturam a prestação de cada trabalhador e permitem a articulação de todos num certo padrão de funcionamento. O banco de horas não é mais do que um instrumento de "regularização" dos tempos de trabalho a mais e a menos relativamente aos horários que vigorem. Neste sentido, o banco de horas assume uma dimensão basicamente *individual*: ele serve para a "contabilidade" do tempo de trabalho de *cada* trabalhador.

Não há nenhuma imperiosa *exigência organizacional* que imponha a "colectivização" do banco de horas: nada, *dos pontos de vista organizacional ou funcional*, impede que, numa equipa, sujeita a um certo horário de funcionamento, haja alguns trabalhadores em regime de banco de horas, e os restantes fora dele. A consequência será apenas que os tempos de trabalho a mais ou a menos terão tratamento diferente; haverá o inconveniente da desigualdade de tratamento, e a desvantagem (para o empregador) de pagar mais caro aos segundos o trabalho extra. Estes aspectos são negativos, essencialmente, na perspectiva das conveniências de gestão administrativa do pessoal, mas não suficientes para impor a "globalização" do banco de horas, deixando de lado qualquer consideração da tutela constitucional da conciliação trabalho-vida familiar. Deve recordar-se que o banco de horas envolve a possibilidade de aumento do tempo de trabalho exigível a um trabalhador, pago ou compensado como se se tratasse de trabalho normal, e que pode ser exigido sem aviso; o banco de horas grupal significa que esse regime pode ser imposto a trabalhadores que expressamente o tenham rejeitado.

D) O horário concentrado.

24. *Noção e regime jurídico.* Pode ainda considerar-se no âmbito da flexibilidade temporal o regime de "horário concentrado", que consiste na possibilidade de elaboração de horários de trabalho em que o período normal de trabalho semanal se acumule em menos do que os usuais cinco dias úteis, sendo, por conseguinte, mais do que dois os dias de descanso (obrigatório e complementar).

A flexibilidade consiste aqui no potencial de ajustamento a modos de organização e funcionamento da empresa diferentes dos usuais, e ainda na possibilidade de harmonização das conveniências de gestão e das da vida pessoal do trabalhador.

O regime legal prevê dois tipos de "concentração" (art. 209º/1):

a) Num máximo de quatro dias de trabalho por semana, caso em que pode assentar em acordo individual ou em convenção colectiva;

b) Num máximo de três dias de trabalho por semana, seguidos de um mínimo de dois dias de descanso, caso em que só pode fundar-se em convenção colectiva.

No primeiro tipo, o esquema do horário é ainda de preenchimento integral da semana, com a particularidade de haver menos dias de trabalho (mais longos) e mais dias de descanso. Normalmente, serão quatro dias de trabalho, a 10 horas por dia, e três de descanso.

O segundo tipo é mais complexo, podendo conjugar-se com regimes de turnos rotativos: os limites da semana normal não são observados, uma vez que se admite a combinação de três dias de trabalho e dois de descanso. Os dias de trabalho não podem ultrapassar a duração de 12 horas (art. 209º/1) e o limite máximo das 40 horas semanais tem que ser respeitado em média num período de referência de 45 dias (nº 2 do mesmo artigo). Este cálculo em média não se faz porque haja variações de horário (como na adaptabilidade), mas porque o horário não segue o normal ciclo semanal.

E) A isenção de horário de trabalho.

"(...) II - A lei não admite genericamente a possibilidade do trabalhador exercer as suas funções em regime de isenção de horário de trabalho, antes a limitando quanto a determinados trabalhadores e para o exercício de determinadas funções, tipificados na lei. Para além disso, admitem-se outras situações de isenção de horário de trabalho, mas dependendo de previsão em instrumentos de regulamentação que seja aplicável em cada caso concreto.

III - Significa isto, pois, que é pressuposto da prestação de trabalho em regime de isenção de horário de trabalho que a actividade desenvolvida pelo trabalhador deve também estar ligada a um modo específico da prestação de trabalho, ou seja, pressupõe a existência real de uma situação prevista na lei e deve ter uma das finalidades abrangidas pelas modalidades previstas na lei.

IV - Provado que o autor "Durante a vigência do contrato de trabalho, (..) não trabalhou para além de 40 horas por semana, durante oito horas por dia e durante cinco dias por semana", ou seja, nunca prestou trabalho para além dos limites máximos do normal horário diário e do período normal de trabalho semanal, é de concluir que, afinal, não se verificava a situação ao abrigo da qual se pretendeu justificar o acordo de isenção de horário de trabalho e o correspondente pagamento da quantis de € 250,00, isto é, não executou trabalhos que só podiam ser "efectuados fora dos limites do horário de trabalho", dado que nunca excedeu os "limites máximos do período normal de trabalho".

V - Por conseguinte, é forçoso concluir que a Ré não ilidiu a presunção legal que leva a considerar que aquele valor se reconduz simplesmente à noção de retribuição." - Rel Porto 11/04/2019 - P. 5280/17.0T8MAI.P1 (Jerónimo Freitas).

25. *Noção.* Certas actividades são como que «refractárias» à definição de um horário de trabalho, quer pela flutuação diária das necessidades a que correspondem, quer por lhes ser inerente a exigência de uma disponibilidade pessoal alargada no tempo, originando o recurso sistemático a «horas extraordinárias».

A lei admite, quanto a trabalhadores que exerçam actividades com essas características - entre outros, os que exercem "cargos de administração, de direcção, de confiança, de fiscalização ou de apoio aos titulares desses cargos» -, a *isenção do horário de trabalho* (arts. 218º e 219º CT). Outras situações de isenção podem ainda ser previstas em instrumento de regulamentação colectiva (art. 218º/2).

O beneficiário da "isenção" é o empregador. Ele fica exonerado da obrigação de definir um horário de trabalho para certo trabalhador. Poderá, pois, exigir-lhe a prestação de trabalho independentemente de um esquema temporal pré-estabelecido. Por isso se pode dizer que a isenção de horário de trabalho é ainda um instrumento de flexibilidade temporal.

A isenção, implicando, por parte do trabalhador, uma «renúncia» (total ou parcial) à compensação por trabalho suplementar, confere-lhe o direito a receber, regularmente, uma *retribuição especial*, nas condições indicadas pelo art. 265º CT.

26. *A isenção no Código*. O CT inovou consideravelmente nesta matéria. A isenção de horário de trabalho, outrora tratada como um mecanismo excepcional, cuja aplicação estava sujeita a controlo administrativo[36] – tendo em vista que a existência de horário de trabalho era de interesse e ordem pública –, é agora regulada como mais um instrumento de flexibilidade na organização do trabalho, entre outros cujo uso fica totalmente entregue à gestão dos interessados.

Desde logo, o CT admite a previsão (por via regulamentar colectiva) de novas hipóteses de isenção, para além daquelas que são contempladas nas três alíneas do art. 218º/1.

Depois, faz depender a isenção de mero acordo das partes (empregador e trabalhador), que tem que ser escrito mas não é sujeito a nenhum controlo administrativo (art. 218º/1)[37]. Esse acordo só é juridicamente eficaz se ocorrer alguma das situações descritas na lei. Se assim não for, será executado nos seus termos, mas, no futuro, poderá vir a suscitar-se a questão do não pagamento de trabalho suplementar, ainda que sejam consideradas as quantias pagas a título de remuneração da isenção.

Não há dúvida de que – tendo em conta o que está essencialmente em causa: a inexistência de horário de trabalho e a possibilidade de ultrapassagem dos limites de tempo de trabalho legalmente definidos – o CT baixou aqui, consideravelmente, o nível de tutela, abrindo largo espaço à transacção entre as partes.

O legislador terá atendido a algumas tendências verificáveis na prática: um certo desvirtuamento que a noção de isenção de horário foi sofrendo (convertendo-se, amiúde, numa forma de garantir compensação adicional ao trabalhador) conduziu a que, frequentemente, ela não fosse formalizada, surgindo como *situação de facto* sustentada num consenso expresso ou tácito das partes no contrato. Uma orientação jurisprudencial relativamente recente (e bastante duvidosa, no contexto legal de então) considerou mesmo que, nesses casos, era

[36] A autorização da inspecção do trabalho era considerada, por jurisprudência constante, como formalidade *ad substantiam* – cfr., por exemplo, o Ac. STJ 13/09/2006 – P. 06S1068 (Pinto Hespanhol).

[37] A L. 23/2012 revogou, com efeito, o anterior nº 3 deste artigo, que impunha o envio do acordo à inspecção do trabalho. Nada garantia que esse envio se traduzisse no exercício efectivo de um controlo de legalidade, e, em muitos casos, ele não ocorreria. No entanto, a questão básica que aqui se pode colocar – a da verificação da natureza da actividade em causa, no confronto com as previstas no nº deste artigo – podia ser tratada pela inspecção do trabalho, o que deixa de ocorrer.

também aplicável o regime legal da isenção, pelo menos no tocante à remuneração especial[38].

Desta mudança de regime decorre uma consequência importante. Encarada, na lei anterior, fundamentalmente como uma facilidade ou um benefício para o empregador, que, assim, adquiria um meio excepcional de dispor flexivelmente da força de trabalho, ela podia cessar por sua iniciativa unilateral, que, em regra, se exprimiria pela omissão do pedido de renovação anual a dirigir à Inspecção-Geral do Trabalho. E, cessando a isenção, cessaria também o direito à correspondente retribuição especial[39]. O CT, ao invés, confia a gestão do assunto a ambas as partes, faz assentar a isenção em acordo escrito e inviabiliza, com isso, a hipótese de cessação por vontade unilateral do empregador[40].

Com efeito, a isenção representa benefícios para ambas as partes – flexibilidade na gestão dos tempos de trabalho, para o empregador, e compensação económica, para o trabalhador. Esta última deve ser entendida como contrapartida não só da ausência do pagamento de trabalho suplementar (sendo esse o caso) mas também da instabilidade de vida que a isenção pode implicar. De qualquer modo, não é concebível que um regime baseado em vantagens mútuas e no correspondente acordo de vontades possa ser afastado por decisão de uma das partes.

27. *As modalidades de isenção.* Por outro lado, o CT admite *três* modalidades de isenção, que se diferenciam pelo tratamento dado aos períodos normais de trabalho: desconsideração plena desses períodos, possibilidade de alargamento pré-determinado do período diário ou semanal, observância plena dos mesmos períodos (art. 219º/1).

Qualquer das modalidades supõe, como é óbvio, a inexistência de horário de trabalho. Trata-se apenas de definir a medida em que a isenção afecta a própria quantidade de trabalho exigível ao trabalhador. Ou seja: o legislador assume, claramente, que a isenção não tem apenas por objecto o horário, mas também (em medida variável conforme a modalidade) o cumprimento dos limites legais e contratuais da prestação de trabalho.

Esta perspectiva já estava presente na lei anterior; mas subsistiam dúvidas consistentes sobre o seu alcance e as suas consequências, sobretudo face a certas hipóteses limite (como a de trabalho ininterrupto ao longo dos dias úteis da semana). O CT vem eliminá-las totalmente, ao tornar claro que a isenção deixa intactos, não só o direito ao descanso semanal obrigatório e complementar, e o direito de para-

[38] Cfr. Ac. Rel Coimbra 17/6/93 (BMJ 428, 694) e Ac. STJ 3/7/96 (AD 419, 1341).

[39] Cfr. Ac. STJ 13/11/96 (AD 425, 684).

[40] Cfr. Ac STJ 17/12/2014 – P. 292/11.0TTSTRE.E1.S1 (Mário Belo Morgado).

gem nos feriados, mas também o descanso diário fixado no art. 214º/1 (mínimo de onze horas seguidas entre dois períodos diários de trabalho consecutivos).

A diferenciação das modalidades de isenção reflecte-se no plano retributivo. O art. 265º CT assenta no pressuposto de que, em qualquer caso, a isenção justificará suplemento remuneratório, o qual, no caso dos dirigentes, é renunciável[41]. A fixação do seu valor é, em primeira linha, confiada à contratação colectiva.

Na falta de regulamentação colectiva sobre o ponto, aplicam-se dois limites mínimos definidos no art. 265º: em geral, o valor de uma hora suplementar por dia; no caso particular da isenção que implique observância dos limites do período normal de trabalho, o valor de duas horas de trabalho suplementar por semana.

[41] A estipulação de que a compensação pela isenção se considerará compreendida na remuneração base dos dirigentes é frequentemente incluída em acordos de comissão de serviço.

V. O trabalho suplementar.

A) A noção de trabalho suplementar. – 28. A definição legal; 29. A iniciativa do trabalho suplementar; 30. As exclusões; 31. A obrigatoriedade da prestação; 32. As exigências formais. – **B) As consequências da prestação de trabalho suplementar.** – 33. Visão geral; 34. A derrogabilidade do novo regime.

"I. É trabalho suplementar todo aquele que é prestado fora do horário de trabalho, como tal se considerando também o que, em caso de isenção de horário de trabalho limitado a um determinado número de horas, seja prestado fora desse período.
II. O trabalho suplementar só pode ser prestado com fundamento em necessidades anormais de gestão (quando a empresa tenha de fazer face a acréscimos eventuais e transitórios de trabalho e não se justifique para tal a admissão do trabalhador), podendo ainda ser prestado havendo motivo de força maior ou quando seja indispensável para prevenir ou reparar prejuízo grave para a empresa ou para a sua viabilidade.
III. A determinação do trabalho suplementar cabe ao empregador, sendo o trabalhador obrigado, por regra, à sua prestação, excepto quando, havendo motivos atendíveis, expressamente solicite a sua dispensa.
IV. É exigível o pagamento do trabalho suplementar cuja prestação tenha sido prévia e expressamente determinada, ou realizada de modo a não ser previsível a oposição do empregador, impendendo sobre o trabalhador o ónus da prova dos respectivos pressupostos, enquanto elementos de facto constitutivos do direito peticionado.
V. Não tendo sido prévia e expressamente determinada, não é de considerar como realizada de modo a não ser previsível a oposição do empregador a prestação de trabalho suplementar realizada a título espontâneo, prolongada para além do contratado período (de mais uma hora) de isenção de horário de trabalho, se o trabalhador não alegou/demonstrou que trabalho prestou suplementarmente, concretizando-o e justificando a sua necessidade." – STJ 17/12/2014 – P. 1364/11.6TTCBR.C1.S1 (Fernandes da Silva).

A) A noção de trabalho suplementar.

28. *A definição legal.* "Considera-se trabalho suplementar o prestado fora do horário de trabalho", diz o art. 226º/1 CT.

A definição do trabalho suplementar (ou "extraordinário", designação mais usual) evoluiu de modo significativo no passado. Assim:

a) Na LCT de 1969: "o prestado *para além* do período normal" (significando, aparentemente, "mais horas de trabalho");

b) Na LDT (1971): "o prestado *fora* do período normal" (parecendo, querer abranger não só os casos de *excesso* de tempo de trabalho, mas também os de *exterioridade* da prestação relativamente ao horário estabelecido);

c) No DL 421/83, de 2/12: "todo aquele que é prestado *fora do horário de trabalho*". Esta formulação foi, pois, mantida, quase nos seus exactos termos, pelo CT.

A definição do art. 226º atribui todo o relevo à localização do trabalho perante o horário concretamente definido. E bem se compreende a posição do legislador. Todo o trabalho excedentário (em quantidade) é forçosamente exterior ao horário. A inversa já não seria verdadeira (o trabalhador pode ser dispensado de comparecer ao serviço numa parte do horário, e solicitado a trabalhar para além do seu termo, sem que o período normal seja excedido). Mas, embora a fixação do horário de trabalho caiba na competência do empregador, a sua estabilidade corresponde a um importante interesse do trabalhador: o de contar com certo *programa temporal* da sua prestação. Depois de definido, há-de ser observado – até que o empregador o altere formalmente. Assim, a transposição dos limites do *horário*, embora possa não implicar "trabalho a mais", equivale à violação daquele programa – ou, melhor, à utilização de horas que seriam, normalmente, *disponíveis para o trabalhador* [42]. Só assim não será no caso de estar em aplicação o *banco de horas*, numa das modalidades a que se referem os arts. 208º, 208-A e 208-B CT[43] – mas ainda aí a lei cuida, se bem que moderadamente, da salvaguarda da organização de vida do trabalhador, ao prever que o empregador o avise, com certa antecedência, da necessidade de acréscimos de trabalho relativamente ao horário (art. 208º/4-*c)*).

29. *A iniciativa do trabalho suplementar.* Pode acontecer que o trabalhador se mantenha no local de trabalho, e até em serviço, fora do horário normal. É mesmo frequente tal situação nas grandes empresas, em que não existe contacto directo entre o empregador e os trabalhadores, estando as concretas necessidades de trabalho entregues, pelo menos em parte, à avaliação dos próprios empregados. Nessas situações, acontece muitas vezes que os trabalhadores decidem permanecer nos seus postos de trabalho para além do horário, mesmo sem necessidade, com o único objectivo de acrescer os seus ganhos através da remuneração especial que, como se verá, a lei e as convenções colectivas ligam ao trabalho extraordinário.

[42] A valorização do *horário de trabalho,* como esquema de organização de tempos, é, na verdade, característica da nossa tradição legislativa em matéria de duração do trabalho. A circunstância de o horário ser uma das manifestações do poder de direcção e organização do empregador (vd., por exemplo, o art. 212º CT) é de molde a justificar, pelo contrário, a sua desvalorização como termo de referência para a aplicação do regime tutelar do tempo de trabalho.

[43] Preceitos introduzidos pela L. 23/2012.

A questão que se suscita é, assim, a de saber se existe trabalho suplementar independentemente de ordens (e até do simples conhecimento) do empregador ou dos superiores hierárquicos.

O CT responde à questão com uma norma, a do art. 268º/3, que considera remunerável o trabalho suplementar previamente ordenado pelo empregador (ou chefia hierárquica) ou realizado "de modo a não ser previsível a oposição" dele. Fica, pois, espaço para decisões do trabalhador, face a situações em que o interesse empresarial imporia a extensão da prestação de trabalho - nomeadamente aquelas a que se refere o art. 227º/2: caso de força maior ou situação em que o trabalho suplementar seja "indispensável para prevenir ou reparar prejuízo grave para a empresa ou para a sua viabilidade".

30. *As exclusões.* Para além dessas situações, o art. 226º/3 exclui do âmbito da noção de trabalho suplementar - afastando, por conseguinte, os efeitos ligados a essa noção - diversas hipóteses de prestação de actividade por tempos que vão além da normalidade: o trabalho prestado em regime de isenção de horário, desde que em modalidade em que não haja limitação a certo período diário ou semanal; aquele que se destine a compensar suspensões de trabalho contíguas a dias de descanso ou feriados, por acordo entre empregador e trabalhadores; a tolerância de quinze minutos além do termo do período diário normal, para conclusão de operações iniciadas (art. 203º/3); o tempo de formação profissional fora do horário de trabalho, até duas horas por dia; o trabalho prestado para compensação de faltas injustificadas, como alternativa para o desconto na retribuição (art. 257º/1-*b*)); o trabalho destinado a compensar períodos de ausência do trabalhador, por sua iniciativa, mas com o acordo do empregador.

Um caso particular (e algo estranho) de exclusão do âmbito do trabalho suplementar é o que se refere na al. *g)* do nº 3 do art. 226º, introduzida pela L. 23/2012: o trabalho prestado para compensar *encerramento para férias, decidido pelo empregador, em dias de "ponte"*. Julgamos estar perante um erro palmar do legislador. A hipótese referida não pode ser simplesmente alinhada no elenco do art. 226º/3, o qual (na redacção anterior à L. 23/2012) contemplava apenas situações em que não só não há trabalho suplementar, como não existe sequer razão para remuneração, mesmo a singelo. Ora a prestação de trabalho *adicional* "para compensar encerramento para férias" não pode deixar de ser remunerada *adicionalmente*, pelo menos a singelo - sob pena de redundar na conversão de dias de férias em simples dias de ausência do trabalhador, situação aliás já contemplada na al. *f)* do mesmo artigo. Em rigor, nem mesmo a retribuição a singelo seria congruente com as finalidades do direito a férias (art. 237º/4), como expressão do direito constitucional "ao repouso e aos lazeres".

31. *A obrigatoriedade da prestação.* A prestação do trabalho suplementar é *obrigatória* (art. 227º/3 CT) desde que determinada pelo empregador com fundamento nas situações a que alude o art. 227º e dentro dos limites quantitativos do art. 228º.

Essa obrigatoriedade não existe, porém, como se disse, nos casos da trabalhadora grávida ou de trabalhador ou trabalhadora com filho de menos de um ano (art. 59º/1), de trabalhadora que amamenta (art. 59º/2); e de trabalhador com deficiência ou doença crónica (art. 88º). Por outro lado, o trabalho suplementar está vedado a menores (art. 75º).

Fora desses casos especiais, o trabalhador incorre em desobediência se, não tendo solicitado expressa e fundadamente a dispensa, se recusa a efectuar o trabalho ordenado. Mas a desobediência é *legítima* quando não se verifiquem os pressupostos indicados no art. 227º ou sejam ultrapassados os limites do art. 228º: estar-se-á perante ordens ilegítimas do empregador, para as quais, aliás, a lei comina sanções.

Na verdade, o condicionamento legal do recurso ao trabalho suplementar funda-se em considerações de interesse e ordem pública – as quais se relacionam, quer com a prevenção do excessivo desgaste pelo trabalho, quer com a abertura de postos de trabalho no contexto de uma crise de desemprego.

Quando estejam preenchidos os pressupostos do dever de prestação de trabalho extraordinário, pode ainda o trabalhador libertar-se dele mediante a *dispensa* a que alude o art. 227º/3 – ou seja, através da não-exigência da prestação por parte do empregador.

A circunstância de o legislador configurar – para os casos em que a prestação de trabalho extraordinário conflitua com interesses ou conveniências *atendíveis* do trabalhador – a «dispensa» pelo empregador tem, a nosso ver, dois corolários significativos.

O primeiro é o de que se eliminam todas as dúvidas quanto ao carácter obrigatório dessa prestação, quando fundadamente exigida: o trabalho extraordinário, apesar de constituir um desvio à definição quantitativa do objecto do contrato (à duração do trabalho convencionado), não supõe o acordo das partes, pode basear-se em decisão unilateral do empregador (desde que motivada nos termos da lei). Trata-se de um dos regimes em que as exigências de flexibilidade da gestão de recursos numa organização são privilegiadas pelo legislador em relação à salvaguarda do que foi contratualmente estipulado e à conciliação do trabalho com a vida pessoal e familiar do trabalhador.

O segundo é o de que a exoneração do trabalhador, ao abrigo do art. 227º, depende de um juízo sobre a atendibilidade da justificação por ele apresentada, juízo esse que há-de fazer-se pelo confronto entre a gravidade da situação que conduz ao recurso a trabalho extraordinário e a premência dos motivos invocados pelo trabalhador para o não prestar. Esse juízo *pertence inicialmente ao empregador* – tal como na justificação das faltas e na valoração disciplinar – mas é susceptível de censura externa e *a posteriori*.

Quer dizer: a dispensa *deve* ser concedida nos termos do art. 227º, mas *pode* ser recusada se o pressuposto aí referido («motivos atendíveis») não ocorrer, segundo o critério do empregador. E, se houver recusa da dispensa, o trabalhador não está legitimado a desobedecer à ordem de prestação de trabalho extraordinário; poderá, sendo caso disso, responsabilizar civilmente a outra parte pelos prejuízos decorrentes dessa imposição, desde que se mostre inadequado o balanço de conveniências e interesses em que o juízo do empregador se baseou.

32. *As exigências formais.* A formalização do trabalho suplementar faz-se, internamente, pela anotação em *registo* próprio, com menção das horas de início e termo e do fundamento de tal recurso, confirmado ("visado") caso a caso pelo trabalhador (art. 231º). Para além disso, a lei exige que a entidade empregadora envie, anualmente, à inspecção do trabalho, uma *relação nominal* dos trabalhadores que, em qualquer modalidade, tenham prestado trabalho suplementar, com o visto da comissão de trabalhadores ou, para os sindicalizados, do sindicato (art. 231º/7).

Estas formalidades destinam-se a permitir o controlo externo da observância do regime legal.

Mas a lei impõe ainda um formalismo que, embora também útil sob o ponto de vista da fiscalização, serve uma outra finalidade: a de garantir, futuramente, meio de prova do trabalho suplementar prestado. Essa prova é, muitas vezes, difícil, se não impossível. Nos termos do art. 231º/8, o empregador deve manter durante cinco anos a relação nominal pormenorizada dos casos de prestação de trabalho suplementar.

B) As consequências da prestação de trabalho suplementar.

33. *Visão geral.* A prestação de trabalho suplementar confere ao trabalhador o direito a *remuneração acrescida* e, em certas (poucas) situações[44], a *descanso compensatório*.

O CT (art. 268º [45]) estabelece os acréscimos remuneratórios de 25% (para a primeira hora), 37,5% (para as horas ou fracções subsequentes) e 50% (para o trabalho prestado em dia de descanso ou feriado). Estes acréscimos incidem

[44] Até à entrada em vigor da L. 23/2012, o direito a descanso compensatório era consequência da prestação de trabalho suplementar, em qualquer das suas modalidades, embora a lei estabelecesse proporções diversas entre o trabalho prestado e o descanso a gozar.

[45] Na redacção dada pela L. 23/2012.

sobre o valor do salário-hora, calculado pela fórmula do art. 271º. Assim, uma hora suplementar em dia útil (sendo única) implica que, para além da sua remuneração normal, o trabalhador receba o valor de 1,25 vezes a sua retribuição horária. Se, em certo mês, trabalhar oito horas num feriado, receberá, para além do seu vencimento mensal, uma importância equivalente a doze vezes a sua retribuição horária.

Esses acréscimos retributivos podem, nos termos do art. 268º/3, ser aumentados, reduzidos ou mesmo eliminados por convenção colectiva. A norma, com efeito, não condiciona o sentido (mais ou menos favorável aos trabalhadores) em que a contratação colectiva pode afastar-se do regime legal[46].

Por outro lado, o trabalhador tem, como se disse, direito a *descanso compensatório* em certas situações de prestação de trabalho suplementar (arts. 229º e 230º).

A ligação do direito a descanso compensatório a qualquer tipo de trabalho suplementar vigorava entre nós há quase trinta anos. Na tradição legislativa anterior a 1983, só o serviço prestado em dia de *descanso semanal obrigatório* conferia esse direito (art. 41º/2 LDT). Com o DL 421/83 (art. 9º), foi generalizada a obrigatoriedade da atribuição de repouso compensatório, em medida correspondente a 25% do tempo de trabalho suplementar realizado, quando este ocorresse em dia útil, em dia de descanso semanal complementar ou em dia feriado; quanto ao trabalho suplementar em dia de descanso semanal obrigatório, manteve-se o descanso compensatório de duração equivalente. Esse regime foi, mais tarde, ajustado à dimensão da empresa: com excepção dos casos de descanso semanal obrigatório, o repouso compensatório só era aplicável nas empresas com mais de 10 trabalhadores (alteração introduzida pelo DL 398/91); e, quando se tratasse de dias úteis ou feriados, o direito a repouso compensatório passava a ser substituível, mediante acordo das partes, por prestação de trabalho remunerado em dobro. O CT, em qualquer das suas versões, e até à L. 23/2012, manteve o direito a descanso compensatório em todas as situações de trabalho suplementar.

Os arts. 229º e 230º CT, após as alterações determinadas pela L. 23/2012, exprimem uma forte inflexão do entendimento legislativo nesta matéria, redu-

[46] Na redacção que o art. 268º/3 tinha antes da L. 23/2012, o "afastamento" do regime de acréscimos retributivos por convenção colectiva estava condicionado pela observância de certos conteúdos normativos: como resultava da remissão para o nº 6 do art. 229º (também revogado pela referida lei), a convenção colectiva deveria regular a compensação do trabalho suplementar "mediante redução equivalente do tempo de trabalho, pagamento em dinheiro ou ambas as modalidades". Esse condicionamento, no novo texto do art. 268º/3, desapareceu, pelo que se alargou de modo praticamente ilimitado o campo das possibilidades de regulação convencional-colectiva.

zindo o direito a descanso compensatório a duas únicas situações de prestação de trabalho suplementar:

a) o trabalho prestado *em dia de descanso semanal obrigatório*: em regra, confere o direito a um dia inteiro de descanso compensatório, a gozar num dos três dias seguintes, independentemente da duração do trabalho prestado (art. 229º/4); no caso particular de substituição, até duas horas, de um trabalhador em falta no turno seguinte, o direito ao mesmo tempo de descanso compensatório (art. 230º/1);

b) o trabalho suplementar *impeditivo do gozo do descanso diário* (art. 214º): confere o direito a descanso compensatório remunerado "equivalente às horas de descanso em falta".

Para além dos casos de trabalho suplementar, a lei configura ainda, no art. 269º/2 (com redacção alterada pela L. 23/2012) uma hipótese de descanso compensatório relativamente trabalho *normal*: o que é prestado *em dia feriado*, em empresa que não esteja obrigada a encerrar nesse dia (como é o caso de hotéis, restaurantes, centros comerciais, etc.). O empregador tem, nesses casos, a faculdade de optar entre atribuir ao trabalhador um descanso compensatório equivalente a metade das horas de trabalho prestadas ou pagar-lhe mais 50% da retribuição diária.

34. *A derrogabilidade do novo regime.* A redução dos acréscimos remuneratórios e a limitação do descanso compensatório às situações referidas, por força da L. 23/2012, apresentou-se como absolutamente *imperativa* no confronto com regimes *anteriores,* fossem eles de natureza convencional-colectiva ou produto de estipulações individuais (art. 7º da lei citada).

Relativamente ao *descanso compensatório,* inutilizava imediatamente (ferindo-as de uma mais que problemática "nulidade") as disposições convencionais, individuais e colectivas, que o consagrassem para situações agora excluidas (trabalho suplementar em dia útil, em dia de descanso complementar e em dia feriado). No tocante aos *acréscimos remuneratórios,* a técnica utilizada era a da "suspensão" das disposições respectivas por dois anos, o que redundava na aplicabilidade do novo regime legal (valores reduzidos) a todas as situações; decorrido esse prazo, se não houvesse ajustamento dos regimes convencionais à lei, estes seriam definitivamente afastados para se lhes sobrepor o regime legal.

Esse regime, manifestamente incompatível com o reconhecimento constitucional da autonomia colectiva, veio a ser revogado pela L. 48-A/2014, de 31 de Julho. Essa revogação teve como natural consequência a recuperação dos regimes convencional-colectivos anteriores sobre a matéria das consequências do trabalho suplementar (acréscimos remuneratórios e descanso compensatório).

Por outro lado, e tendo agora em vista a contratação colectiva *posterior* à entrada em vigor da L. 23/2012, nada, nesse diploma, impedia que tais matérias viessem a ser diferentemente reguladas, em qualquer dos sentidos possíveis. Quanto aos acréscimos remuneratórios por trabalho suplementar, existe mesmo disposição expressa no sentido da derrogabilidade do regime legal por convenção colectiva (art. 268º/3, na redacção dada pela L. 23/2012). Tal possibilidade parece, de resto, ser extensiva ao regime de descansos compensatórios, uma vez que a lei não oferece nenhuma disposição proibitiva a tal respeito, *relativamente ao futuro*. Estabelece-se, legalmente, o direito a repouso compensatório em certas hipóteses, e *nada se diz* quanto a outras, deixando-se assim espaço para regulação colectiva e/ou individual e até para práticas decorrentes de iniciativa do próprio empregador[47].

[47] Já é duvidoso, à face da lei, que possam valer estipulações *individuais* em sentido diferente. Na verdade, ao admitir, no art. 268º/3, o "afastamento" do regime legal por convenção colectiva, o legislador coloca a questão no âmbito do art. 3º/5, que exclui, em tais hipóteses, a regulação por contrato individual. Mas a posição defendida no texto acerca das práticas empresariais mais "generosas" que a lei não resulta abalada por esse dado normativo. A possibilidade de "absorção contratual" de tais práticas – pelo próprio carácter "colectivo" de que estas se revestem – não equivale à de estipulação bilateral do regime correspondente.

VI. O trabalho nocturno.

35. Noção; 36. O acréscimo remuneratório; 37. A protecção do "trabalhador nocturno"; 38. O trabalho nocturno das mulheres.

> **"I - Não é devido o acréscimo remuneratório por trabalho nocturno quando a retribuição do trabalhador tenha sido acordada, aquando da celebração do contrato de trabalho, tendo já em conta o horário de trabalho prestado e a especial penosidade do trabalho nocturno.**
> **II - Para o trabalhador ter direito ao acréscimo de 25% previsto para pagamento do trabalho nocturno, tem de alegar e fazer prova de qual a retribuição e o trabalho equivalente ao seu que é prestado durante o dia, nos termos do art. 266º, nº 1, do Código do Trabalho de 2009 e art. 30º da Lei de Duração do Trabalho (Decreto-Lei nº 409/71, de 27 de Setembro).**
> **III - Essa exigência decorre do facto de o legislador não ter querido abranger sectores de actividade em que a prestação de trabalho no período nocturno se revela sem correspondência exacta no período diurno, não implicando uma maior penosidade especial para os trabalhadores.**
> **IV - Tendo as partes fixado livremente, ao abrigo do princípio da liberdade contratual, não só o horário/duração do tempo de trabalho a prestar, como também a "remuneração total tendo em conta ser um trabalho nocturno", essa manifestação de vontade, livre e voluntária, e não ofensiva de nenhuma disposição legal, enquadra-se no espírito da lei e mostra-se abarcada pelos normativos que regulam o trabalho nocturno, assumindo, por isso, plena validade jurídica." - STJ 14/07/2016 - P. 377/13.8TTTMR.E1.S1 (Ana Luisa Geraldes).**

35. *Noção.* Todo o regime legal das relações de trabalho está construído com base na ideia de actividade *diurna*. É essa a concepção de normalidade que o legislador acolhe, situando-se na linha do dizer popular: «a noite fez-se para o descanso».

Todavia, a prestação de trabalho pode ocorrer durante a noite, quer porque a isso obriga a especial natureza de certas actividades (espectáculos, jornalismo, recolha de lixo, hotelaria, fabrico de pão, transportes públicos), quer porque o regime de funcionamento adoptado, a partir de critérios de racionalidade técnica ou económica, implica a não interrupção durante a noite (fábricas em regime de laboração contínua, centros comerciais), quer, ainda, por força da ocorrência de necessidades anormais de trabalho (épocas de balanço, períodos de procura excepcional de bens ou serviços).

A lei trata de maneira diferenciada o trabalho prestado durante a noite, ou melhor, o «trabalho nocturno» (uma parte do qual pode, no Verão, ter ainda luz do dia). Esta noção é hoje muito flexível[48]. Sob o ponto de vista legal, tornou-se necessário padronizá-la. Nos termos do art. 223º CT, o período considerado de trabalho nocturno poderá ser estabelecido por instrumento de regulamentação colectiva, dentro de certas condições: pode oscilar entre sete e onze horas de duração, compreendendo obrigatoriamente o intervalo entre as 0 e as 5 horas. Se não houver definição por aquela via, aplica-se a definição supletiva de período de trabalho nocturno: entre as 22 horas de um dia e as 7 horas do dia seguinte.

O padrão legal que vigorou por muito tempo (período das 20 às 7) foi, assim, modificado[49]. Para que o período de trabalho nocturno se afaste desse padrão, eventualmente no sentido do seu encurtamento, é necessário que haja regulamentação colectiva (convencional ou não) em conformidade.

36. *O acréscimo remuneratório.* A primeira particularidade do regime do trabalho nocturno diz respeito à *remuneração*. Nos termos do art. 266º CT, ele será "pago com acréscimo de 25% relativamente ao pagamento de trabalho equivalente prestado durante o dia». Isto significa que o acréscimo incide, conforme os casos, sobre o salário normal ou sobre a retribuição do trabalho suplementar.

O acréscimo pode ser dado indirectamente, através da diminuição do período normal de trabalho, e pode ainda ser estabelecido de modo fixo ou permanente quando o trabalho nocturno assuma carácter sistemático, como ocorre no regime de turnos rotativos (art. 266º/2).

Este regime não é, legalmente, aplicável a todo o trabalho prestado durante a noite, ou melhor, durante o período considerado de «trabalho nocturno».

Em primeiro lugar, retomando uma norma antiga[50], o CT, no art. 266º/3, afasta o acréscimo retributivo, quanto a actividade «exercida exclusiva ou predominantemente durante período nocturno, designadamente espectáculo ou diversão pública» (na qual, por conseguinte, o trabalho nocturno é o recurso normal) e, ainda, a «actividade que, pela sua natureza ou por força da lei, deva funcionar à disposição do público durante o período nocturno, designadamente empreendimento turístico, estabelecimento de restauração ou de bebidas, ou farmácias, em período de abertura».

[48] A flexibilidade da noção de trabalho nocturno não é novidade, pelo menos no tocante à sua localização no arco de vinte e quatro horas. A versão primitiva do art. 29º LDT admitia a «deslocação» do período de trabalho nocturno, por convenção colectiva, mas sempre salvaguardada a duração de onze horas. A redacção dada pelo DL 96/99, de 23/3, possibilitava já o encurtamento dessa duração, por convenção colectiva, em resultado da articulação de soluções contidas na Conv. Nº 171 da OIT e na Directiva 93/104/CE, de 23/11.

[49] Contudo, num quadro de compromisso, ele foi mantido para certos efeitos específicos: veja-se o art. 60º CT.

[50] O art. 1º/1 DL 348/73, de 11 de Julho.

Este regime legal coloca-se em confronto com a tendência dominante na contratação colectiva pré-codicística. As convenções anteriores consideravam, em geral, remunerável com acréscimo todo o trabalho prestado no referido período. Mesmo o trabalho nocturno integrado nos horários de turnos rotativos era correspondido com uma compensação que, declaradamente, se incorporava no chamado «subsídio de turnos». Tal tendência exprimia o reconhecimento de que a actividade realizada durante a noite é sempre especificamente penosa e desgastante, ainda que corresponda à normalidade do regime de trabalho adoptado.

Para além desses casos, o CT admite ainda que não seja aplicada a regra de acréscimo remuneratório quando "a retribuição seja estabelecida atendendo à circunstância de o trabalho dever ser prestado em período nocturno" (art. 266º/3-*c*)). É o que ocorre nos regimes de turnos rotativos, quando as convenções colectivas aplicáveis expressamente declaram incluído no "subsídio de turnos" o acréscimo remuneratório devido por trabalho nocturno.

37. *A protecção do "trabalhador nocturno"*. Para além do tratamento retributivo, o trabalho nocturno é rodeado, pela lei, de um conjunto de cautelas destinadas a prevenir ou reduzir os efeitos dessa actividade sob os pontos de vista da segurança e da saúde no trabalho.

Para esse fim, o art. 224º[51] configura uma categoria normativa designada *trabalhador nocturno*: é "o que presta, pelo menos, três horas de trabalho normal nocturno em cada dia ou que efectua durante o período nocturno parte do seu tempo de trabalho anual correspondente a três horas por dia, ou outra definida por instrumento de regulamentação colectiva de trabalho».

A especial protecção de que a lei rodeia este grupo – aliás um tanto vaga e abstracta – está explanada nos arts. 224º e 225º:

a) em regime de adaptabilidade, limitação do período normal de trabalho diário a oito horas (em média semanal)[52];

b) em actividades que impliquem riscos especiais ou *stress* significativo, limite de oito horas de trabalho em vinte e quatro em que exerça actividade nocturna[53];

[51] Na linha da L. 73/98, que o CT, nesta matéria, praticamente reproduz.

[52] Este limite é alterável por instrumento de regulamentação colectiva, o que corresponde, de resto, à prática anterior ao Código.

[53] Restrição que, tal como a da al. *a*), não se aplica a 8/0+5/trabalhadores que ocupem cargos de administração e de direcção ou com poder de decisão autónomo que estejam isentos de horário de trabalho 8/0+5/ (mesmo art./4). Trata-se de situações em que a organização do tempo de trabalho é, presumivelmente, definida ou gerida pelo próprio trabalhador. Para além delas, as restrições à prestação de trabalho nocturno são, por outras razões, afastadas em situações de emergência ou quando se trate de actividades que não admitem descontinuidades (ainda art. 224º/6).

c) exames médicos inicial e periódicos[54], para avaliação do estado de saúde, e eventual transferência para serviço diurno;

d) organização das actividades e dos meios de protecção e prevenção, em matéria de segurança e saúde no trabalho, de modo adequado à situação dos trabalhadores nocturnos.

Além disso, o trabalho nocturno (mais exactamente, entre as 20 horas de um dia e as 7 do dia seguinte, ou seja, no período nocturno que vigorava anteriormente ao CT) está absolutamente vedado antes dos 16 anos; e mesmo dos 16 aos 18 anos, ele só é admissível com observância de um apertado condicionamento legal (art. 76º CT).

Por seu turno, os trabalhadores com deficiência ou doença crónica beneficiam de dispensa do trabalho no período das 20 horas de um dia às 7 do dia seguinte, desde que apresentem atestado médico de que esse trabalho pode prejudicar a saúde ou a segurança no trabalho (art. 87º).

38. *O trabalho nocturno das mulheres.* A possibilidade de as mulheres prestarem trabalho nocturno nos estabelecimentos industriais[55] esteve vedada durante muito tempo. Da proibição exceptuavam-se as funções de direcção ou de responsabilidade técnica e as inerentes aos «serviços de higiene ou bem estar» que não implicassem trabalho manual.

Mas os princípios constitucionais da igualdade (art. 13º CRP) e da igualdade de oportunidades (art. 58º/2 *b*) CRP) vieram por em crise tais restrições. No domínio do direito comunitário, apontava claramente no mesmo sentido o art. 5º da Directiva nº 76/207/CE, em que se descrevia o conteúdo do princípio da igualdade de tratamento «no que se refere às condições de trabalho» e se determinava aos Estados-membros que adoptassem as medidas necessárias à supressão das disposições legislativas e convencionais que o contrariassem – entre as quais, inequivocamente, deviam compreender-se as proibitivas do trabalho nocturno das mulheres[56].

[54] Antes da L. 73/98, a obrigatoriedade dos exames médicos inicial e periódicos existia apenas para os trabalhadores de estabelecimentos industriais (art. 34º LDT).

[55] Vd. F. Liberal Fernandes, *Sobre o trabalho nocturno feminino na indústria*, «Questões Laborais» nº 1 (1994) 24 ss..

[56] A jurisprudência do Tribunal de Justiça exclui qualquer dúvida sobre a aplicação desses directrizes ao trabalho nocturno das mulheres. Lê-se, por exemplo, nas conclusões do Acórdão de 25/7/91 (caso *Stoeckel*) que aquele preceito da directiva citada «é suficientemente preciso para impor aos Estados-membros a obrigação de não instituir como princípio legislativo a proibição de trabalho nocturno de mulheres (...) quando não existe qualquer proibição de trabalho nocturno para homens». Veja-se o texto do Acórdão em J. Leite/F. Liberal Fernandes/J. Reis, *Colectânea de jurisprudência social comunitária. Tomo II: 1986-91*, Lisboa (1996) 341 ss..

Ainda antes da adesão de Portugal à Comunidade Económica Europeia, surgiu na lei nacional a concretização dessa orientação geral. O DL 392/79, de 20 de Setembro, determinou a eliminação de todas as disposições (legais ou outras) «que limitem por qualquer forma o acesso das mulheres a qualquer emprego, profissão ou posto de trabalho» (art. 4º/2), abrangendo-se nessa fórmula a proibição do trabalho nocturno das mulheres.

Na mesma linha se situa o art. 30º/1 CT, qualificando como discriminatória (e, portanto, ilícita) qualquer "exclusão ou restrição de acesso de candidato a emprego ou trabalhador em razão do sexo a determinada actividade".

Não ficou, porém, excluída a possibilidade de dispensa temporária da prestação de trabalho nocturno a pedido da trabalhadora, por motivos ligados à maternidade (art. 60º CT). Tal possibilidade resulta, aliás, directamente, do art. 7º da Conv. OIT nº 171[57], ratificada por Portugal em 1994.

[57] Aí se pretende garantir «uma alternativa ao trabalho nocturno» para as trabalhadoras em situação de gravidez ou pós-parto, ao mesmo tempo que se estabelecem garantias contra o despedimento, o prejuízo na carreira e a privação de rendimentos.

Capítulo 14

AS DESCONTINUIDADES DA PRESTAÇÃO DE TRABALHO

I. O direito ao repouso e aos lazeres.

A) "Repouso" e "lazer". – 1. O direito ao repouso na Constituição e na lei; 2. O "direito à desconexão"; 3. Razão de ordem. – **B) Intervalo de descanso.** – 4. Noção; 5. Aumento, redução e eliminação do intervalo de descanso. – **C) Descanso diário.** – 6. Noção; 7. O regime legal. – **D) Descanso semanal.** – 8. Noção; 9. Descanso semanal e remuneração; 10. O descanso semanal complementar; 11. A estrutura do regime legal. **E) Férias anuais.** – ***a) A aquisição e o vencimento do direito a férias.*** – 12. Noções gerais; 13. As férias no ano da admissão; 14. A deficiente arquitectura do regime legal das férias; 15. A compensação "proporcional" por férias vincendas; 16. Direito a férias e suspensão do contrato; 17. Síntese. ***b) A duração das férias.*** – 18. A evolução legislativa; 19. O regime legal actual. ***c) A marcação das férias e a violação do direito.*** – 20. A marcação das férias; 21. A violação do direito a férias. ***d) Continuidade e irrenunciabilidade das férias.*** – 22. Continuidade e fraccionamento das férias; 23. A irrenunciabilidade do direito a férias. ***e) O regime remuneratório.*** – 24. A natureza da remuneração das férias; 25. Retribuição e subsídio de férias. – **F) Feriados obrigatórios.** – 26. Noção; 27. O regime dos feriados; 28. A fixação dos feriados.

A) "Repouso" e "lazer".

1. *O direito ao repouso na Constituição e na lei.* A CRP consagra, no art. 59º/1 *d*), *o direito ao repouso e aos lazeres,* implicando a limitação da jornada de trabalho, o descanso semanal e férias periódicas pagas.

Esta garantia apresenta-se, pelo menos, como bidimensional. Por um lado, ela supõe um direito subjectivo público tendo por objecto a criação, por parte do Estado, de condições favoráveis à recuperação de energias pelos trabalhadores de um modo geral – nomeadamente pelo «desenvolvimento sistemático de uma rede de centros de repouso e de férias, em cooperação com organizações sociais». Por outro lado, o direito ao descanso desdobra-se num feixe de situações jurídicas subjectivas enquadradas nos efeitos do contrato individual de trabalho, perante as quais o Estado assume, ainda, o papel de garante dos interesses gerais subjacentes a tal garantia constitucional. É apenas nesta segunda perspectiva que o tema será em seguida abordado – ou seja, tendo-se em vista os «créditos de repouso» que, na execução do contrato, se investem no trabalhador perante a entidade patronal, sob tutela do Estado.

As expressões legais e convencionais do «direito ao repouso e aos lazeres» não podem ser lidas, simplesmente, à luz das exigências de restauração de energias consumidas pela execução do trabalho. Esta não tem apenas, na vida do trabalhador, a consequência do gasto de energias físicas e psíquicas. Como se sabe, a prestação de trabalho subordinado implica ainda uma limitação de liberdade, visto que envolve a renúncia à disponibilidade de si próprio; isto é, pela via da subordinação no exercício da actividade laboral desemboca-se na dependência pessoal.

Assim, os já referidos «créditos de repouso» assumem um significado que vai além da mera regeneração da capacidade para o trabalho: as paragens obrigatórias de actividade permitem, em suma, que o trabalhador disponha de si próprio, sem por isso ficar privado de emprego. Esta ideia tem, de resto, expressa consagração legal: a propósito do *direito a férias*, explicita-se no art. 237º/4 CT[1] que ele «deve ser exercido de modo a proporcionar ao trabalhador a recuperação física e psíquica, condições mínimas de disponibilidade pessoal, integração na vida familiar e participação social e cultural».

Assim, a referência ao "repouso" e "lazeres" não é tautológica. Repouso é descanso, recuperação de capacidade de trabalho; lazer é tempo livre, do qual o trabalhador pode fazer o que lhe aprouver. Na maioria dos casos, as duas finalidades convergem. No entanto, como se verá, os feriados são, na perspectiva legal, tempos de lazer e não, necessariamente, de repouso.

2. *O "direito à desconexão"*. A vaga da *digitalização* da economia e do trabalho gerou importantes consequências, ainda percepcionáveis apenas em parte, quanto ao modo de tratar, juridicamente, a temática dos tempos de trabalho

[1] Este enunciado do CT reproduz, quase literalmente, uma fórmula da lei antiga (art. 2º/3 do DL 874/76) – o que torna claro que se trata de uma concepção estabilizada no nosso ordenamento.

e de repouso[2]. O uso sistemático, no contexto das relações de trabalho, das várias formas de comunicação electrónica (telemóvel, correio electrónico, SMS e MMS, Skipe e FaceTime, etc.), todas disponíveis por instrumentos portáteis (telemóvel, computador portátil, tablete), se, por um lado, contribuíu para uma crescente "desmaterialização" da comunicação no interior das organizações de trabalho (por ex. com gradual abandono dos arquivos em papel), por outro passou a permitir, com uma amplitude ilimitada, a interacção das hierarquias e dos subordinados, tendendo a eliminar a necessidade da presença física e do contacto pessoal. Esta evolução abre espaço a formas invasivas de relacionamento profissional, caracterizadas pela ideia de que as pessoas devem estar sempre "contactáveis" e "disponíveis", para além dos limites dos "tempos de trabalho", sem que os empregadores estejam condicionados por qualquer forma nem tenham que suportar com isso qualquer agravamento de encargos salariais.

É assim que surge a figura, um tanto surreal, do "direito à desconexão" ou "ao desligamento" – uma figura inconcebível no quadro tradicional da organização dos tempos de trabalho, mas transformada, por força das coisas, em possível objecto de regulação específica[3].

Há que evitar a confusão com certos regimes de prestação de trabalho – a que adiante se fará referência – que implicam obrigações de disponibilidade do trabalhador fora do tempo e do local habituais de actividade (como a situação dos pilotos de aviação comercial ou dos médicos hospitalares que se encontram, por escala, de prevenção em casa) – regimes que têm fundamento contratual e implicam, em regra, compensação económica específica para os trabalhadores.

O "direito à desconexão" diz respeito aos períodos em que o trabalhador não tem qualquer obrigação contratual de disponibilidade – períodos destinados ao repouso e a actividades livres, portanto – e visa, simplesmente, garantir que o descanso e o lazer sejam integralmente respeitados. Significa que o empregador, as hierarquias e os companheiros de trabalho não podem estabelecer com o trabalhador contactos sobre matéria profissional – e, sobretudo, significa que o

[2] Sobre o tema, com grande desenvolvimento, W. DÄUBLER, *Internet und Arbeitsrecht. Web 2.0, Social Media und Crowdwork*, 5ª ed., Frankfurt am Main, 2015, 538 pp..

[3] Em França, o tópico é abordado pelo art. L2242-8 do *Code du Travail* (modificado pela L. 2016-1088 de 08/08/2016), embora apenas como indicação para a negociação colectiva anual. Entre nós, foram submetidos a apreciação pública, em 2017, três projectos de lei diferentes (do PAN, de Os Verdes e do PS), cujo destino se desconhece no momento em que escrevemos. Vd. *Separata* do DAR nº 73, de 24 de Novembro de 2017. Registe-se que só o primeiro desses projectos ensaia uma definição do direito à desconexão: "o direito do trabalhador obstar, não atender ou fazer cessar o fluxo comunicacional de carácter profissional que com este seja estabelecido pela entidade empregadora, pelos seus trabalhadores ou por terceiros, durante os períodos de descanso, designadamente através de meios informáticos ou electrónicos".

trabalhador pode obstar e não atender esses contactos, sem que sejam admissíveis consequências negativas (nomeadamente disciplinares) no quadro das relações de trabalho.

Assim, o direito à desconexão *existe*, juridicamente, com suporte nas normas sobre limites da duração do trabalho, horários de trabalho e direito ao repouso. O facto de se admitir a possibilidade (e necessidade) de regulamentação que o imponha é significativo quanto aos impactos negativos de certos avanços tecnológicos sobre a conciliação vida/trabalho e, sobretudo, sobre a compatibilização do trabalho com a privacidade e com a saúde física e psíquica dos trabalhadores. Entrou, com efeito, no domínio das concepções sociais sobre as relações de trabalho a ideia de "disponibilidade permanente" para contactos profissionais, reforçada pela atribuição pelas empresas de telemóveis e outros instrumentos de comunicação electrónica, especialmente a trabalhadores com funções de nível médio ou superior. O direito à desconexão surge como antídoto para essa ideia corrente e destina-se a garantir *efectividade* às normas sobre os tempos de trabalho e de repouso – não carecendo, em rigor, de consagração legal específica.

3. *Razão de ordem.* Nem todas as situações de interrupção do trabalho por imperativo legal ou convencional se enquadram rigorosamente no círculo de manifestações do «direito ao repouso». Os dias feriados obrigatórios, nomeadamente, encontram fundamento em considerações de ordem bastante diversa, como um pouco adiante se mostrará. Razões decorrentes da sistemática legal levam-nos a incluí-los nesta parte da matéria, sendo uma delas – a mais importante, de resto – a de que o regime jurídico dos feriados se entrecruza, em alguns pontos de relevo, com o do descanso semanal.

Por outro lado, cuidaremos de algumas interrupções do trabalho – como o chamado intervalo de descanso ou repouso intercalar, que «divide» a jornada de trabalho (art. 213º CT), e o descanso diário, que separa duas jornadas de trabalho sucessivas (art. 214º) – em que se cruzam necessidades de repouso, de quebra de rotinas, e de espaços, ainda que breves, de autodisponibilidade, cujos regimes só recentemente adquiriram importante desenvolvimento legal[4].

[4] O direito ao intervalo de descanso, ou "de refeição", está reconhecido pela lei há muito, embora com pouco desenvolvimento; o direito ao descanso diário surgiu na lei por imposição de uma directiva comunitária relativamente recente, como se dirá.

B) Intervalo de descanso.

> **"(...) VII - O respeito pelas normas legais que versam sobre o intervalo de descanso impõe, na falta de regulamentação colectiva ou de autorização administrativa, que aos trabalhadores seja concedido um período, não inferior a uma hora, de interrupção do trabalho, ao fim de cinco horas de trabalho consecutivo e, consequentemente, que o horário de trabalho diário seja alargado por igual período de modo que a sua prestação perfaça o período normal de trabalho semanalmente convencionado.**
>
> **VIII - O incumprimento, por parte do empregador, das obrigações atinentes ao intervalo de descanso, quer no regime do Código do Trabalho, quer no que o antecedeu, apenas tem consequências no âmbito do direito sancionatório.**
>
> **IX - Não decorre, porém, da conjugação dos textos legais que versam, por um lado, a duração do trabalho e, por outro, o regime do trabalho suplementar que a mera supressão do intervalo de descanso - no quadro de fixação de um horário de trabalho cuja execução não implique a prestação de trabalho diário e/ou semanal em número de horas superior ao convencionado, sem exceder o limite máximo legal estabelecido para o período normal de trabalho diário e/ou semanal - tenha a consequência de o trabalho prestado no tempo que deveria ser de intervalo de descanso haver de ser tido como trabalho suplementar e como tal remunerado.**
>
> **X - A caracterização do trabalho suplementar pressupõe sempre um desempenho fora do horário em dia normal de trabalho, ou em dias de descanso semanal, obrigatório ou complementar, e em dias de feriado, situações que não são equiparáveis à mera inobservância das normas que regem as interrupções de trabalho dentro do horário de trabalho. (...) " - STJ 02/12/2010 - P. 108/07.1TTBGC.P1.S1 (Vasques Dinis).**

4. *Noção.* Começaremos pela interrupção que, no decurso de um normal horário de trabalho, deve separar duas partes do dia, destinando-se, normalmente, a uma refeição, em geral o almoço. O art. 213º/1 - na redacção que lhe foi dada pela L. 23/2012 - impõe, como regra, a interrupção do trabalho diário por período não inferior a uma hora nem superior a duas, de modo que o trabalhador não preste mais de cinco horas de trabalho consecutivo, ou seis se o período de trabalho diário for superior a dez horas - o que, normalmente, ocorrerá se for praticada a adaptabilidade de horários, ou um horário concentrado.

Trata-se daquilo que a lei designa por «intervalo de descanso», e que é um período de plena autodisponibilidade do trabalhador. Ele é livre de usar esse tempo como lhe aprouver, onde mais lhe convenha. Muitas vezes, não chegará a abandonar as instalações da empresa, porque a refeição é aí fornecida em instalação adequada (cantina ou refeitório) e também porque existem espaços e equipamentos (sala de convívio ou de jogos, por exemplo) destinados ao recreio e ao lazer do pessoal. Mas se, mesmo assim, preferir ausentar-se e, por exemplo, tomar a refeição em casa, ou noutro local, só o pode impedir uma chamada ao trabalho – o qual será qualificado de suplementar e como tal deverá ser remunerado.

Estas características diferenciam o intervalo de descanso de outras interrupções de trabalho durante as quais, de uma forma ou de outra, o trabalhador se considera disponível e permanece ao alcance do poder directivo do empregador. Por isso, tais interrupções são contabilizadas como *tempo de trabalho* (e não, verdadeiramente, como aplicações do direito ao repouso). Enumera-as, como vimos, o art. 197º/2 CT: as que são como tais qualificadas por instrumento de regulamentação colectiva, por regulamento interno ou pelos usos[5], as interrupções ocasionais para satisfação de necessidades pessoais inadiáveis ou concedidas pelo empregador; as interrupções «técnicas», impostas pela organização da produção ou por outras razões que levem o empregador a decidi-las; os intervalos para refeição em que o trabalhador se mantenha disponível[6] para o serviço; e as interrupções ou pausas impostas por normas de segurança, higiene e saúde no trabalho[7].

[5] Dir-se-ia que, com esta menção, o legislador teria querido resolver, definitivamente, a questão, longamente debatida no processo de aplicação gradual da L. 21/96 (lei das 40 horas), da contabilização das «pausas» qualificadas como tempo de trabalho pelas convenções colectivas aplicáveis a certas actividades. Com efeito, poucas serão as pausas (pequenas interrupções sem autodisponibilidade do trabalhador) que não estejam explicitamente qualificadas pelas convenções existentes, ou encaradas no âmbito dos usos, como se fossem tempo de trabalho. Mas não. O art. 5º L. 7/2009, que aprovou o CT, estabelece que essa definição "não é aplicável até à entrada em vigor de convenção colectiva que disponha sobre a matéria" – o que significa, em suma, não serem atendíveis as qualificações constantes de convenções pré-codicísticas. O CT continua a guardar, pois, distância em relação ao problema, abstendo-se de directamente o arbitrar. Todavia, terá que reconhecer-se a extrema dificuldade de se admitir *hoje* a subsistência de horários que (contando os tempos de «pausa») ultrapassem as 40 horas semanais a que, sem precisões nem qualificações, se refere o art. 203º/1.

[6] Há que precisar a noção de disponibilidade aqui utilizada. Não se trata, obviamente, de um estado psicológico de «prontidão» para o trabalho que seja necessário. O texto legal é, de resto, suficientemente esclarecedor: as situações consideradas são aquelas em que «o trabalhador *tenha de* permanecer no espaço habitual de trabalho ou próximo dele», de modo a «poder ser chamado a prestar trabalho normal em caso de necessidade». Ou seja: trata-se da disponibilidade em sentido jurídico-obrigacional que caracteriza a posição contratual do trabalhador no contrato de trabalho. Ele está «disponível» no sentido de que está obrigado a corresponder positivamente às solicitações que lhe sejam dirigidas. O art. 197º CT oferece, para exprimir esta ideia, a expressão "está adstrito a".

[7] Pode dizer-se que todas as pausas, e muito particularmente as que assumem o carácter de elementos da estrutura dos horários de trabalho (o que sobretudo ocorre nas actividades de carácter repetitivo e monótono), são justificáveis por razões de higiene, segurança e saúde no trabalho. Acresce que o são também na lógica estrita da máxima produtividade: as pausas podem contribuir para estabelecer a ligação entre os perfis mais elevados da curva de produtividade individual.

Se percorrermos este elenco legal, verificaremos que nele figuram, por um lado, situações de interrupção do trabalho com manutenção da disponibilidade dos trabalhadores, e, por outro, descontinuidades do serviço legitimadas ou impostas por normas ou práticas usuais e que, como tais, fazem parte do «padrão de normalidade concreta» das relações de trabalho.

O intervalo de descanso é, ao invés, um período de descontinuidade sem disponibilidade, uma verdadeira «quebra» na execução diária do contrato de trabalho – imposta pela lei como elemento do normal desenvolvimento da relação de trabalho – não podendo, por conseguinte, ser qualificado, à luz de nenhum critério, como tempo de trabalho.

5. *Aumento, redução e eliminação do intervalo de descanso.* Nos termos do art. 213º/2, podem ser estabelecidos desvios à regra estabelecida no nº 1 do mesmo artigo, por convenção colectiva de trabalho[8]. O período máximo de trabalho seguido pode, por essa via, ser elevado até seis horas, assim como o intervalo ser reduzido, excluído ou aumentado para além das duas horas. Outros intervalos de descanso podem, também, ser inseridos na jornada de trabalho, o que se ajustará particularmente às situações de adaptabilidade e de banco de horas.

A restrição da hipótese de *alargamento* do intervalo de descanso aos casos em seja permitido por convenção colectiva é compreensível à luz da circunstância de que este intervalo, não sendo computável como tempo de trabalho, contribui, em maior ou menor medida, para o alongamento da jornada de trabalho, isto é, para o distanciamento entre a «entrada» e a «saída» do serviço para regresso à vida pessoal e familiar. Por isso, coloca a lei um limite-regra (de duas horas) à duração desse intervalo, embora admitindo a extensão por via colectiva. No entanto, desde esta extensão esteja permitida, o empregador pode ajustar a sua duração, através do horário de trabalho, às conveniências do processo de laboração. Neste ponto, a lei atribui plena prevalência ao interesse do empregador.

É diferente a abordagem legal das hipóteses de *redução* e *eliminação* do intervalo de descanso. Por um lado, elas contendem com a efectivação do direito ao repouso e, por outro, podem corresponder a interesses relevantes do trabalhador – os que apontam para o máximo encurtamento da jornada de trabalho. Assim, resulta do art. 213º/3 que a redução e a exclusão do intervalo de descanso, para além de serem (abstractamente) admitidas por convenção colectiva,

Todavia, a lei assumiu a posição cautelosa (e restritiva) de exigir «normas especiais», isto é, regras explícitas ditadas pelas características particulares desta ou daquela actividade.

[8] Neste ponto, como em muitos outros, a antiga reserva de competência das convenções colectivas, isto é, do exercício da autonomia colectiva, foi afastada pelo CT, para se admitir a intervenção reguladora de instrumentos de regulamentação não negociais.

dependem, *em cada caso concreto*, de autorização administrativa, que supõe requerimento do empregador e declaração escrita de concordância dos trabalhadores abrangidos. Deste modo, a *concretização* de alguma dessas possibilidades é condicionada por ponderação (a ser feita pela inspecção do trabalho) dos interesses dos trabalhadores e das características da actividade, sob o ponto de vista da segurança e saúde[9].

Todavia, a dispensa não pode, em geral, ser autorizada se implicar a prestação de mais de seis horas consecutivas de trabalho (art. 213º/5, na redacção da L. 23/2012)[10].

C) Descanso diário.

6. *Noção.* O «descanso diário» é o intervalo entre o termo de uma jornada de trabalho e o início da que imediatamente lhe sucede. É o tempo de recuperação das energias consumidas no dia de actividade (nomeadamente através do sono), mas é também o período de reinserção na vida familiar e no círculo social a que o trabalhador pertence.

A preocupação subjacente a esta intervenção do legislador – que tem antecedentes não muito distantes, na década de 90 do século passado – foi a de impedir que a aplicação das regras de adaptabilidade de horários ou do banco de horas conduzisse a situações de insuficiência do tempo de repouso. A característica básica dessas regras é a de que elas incidem, fundamentalmente, na extensão (variável) da jornada de trabalho; daí o cuidado de evitar que jornadas longas envolvessem descansos diários excessivamente curtos. Mas se esse foi o móbil inicial da intervenção legislativa, a verdade é que a regra do descanso mínimo assume hoje carácter geral.

7. *O regime legal.* Qual é a perspectiva em que o CT se coloca perante o descanso diário?

O art. 214º/1 CT consagra a garantia do descanso diário de onze horas seguidas entre jornadas de trabalho (normal e suplementar) consecutivas, nos termos da lei anterior. Essa garantia é, indirectamente, reforçada pelo regime estabele-

[9] O novo nº 4 do art. 213º, introduzido pela L. 23/2012, define um regime de deferimento tácito para o pedido de redução ou eliminação do intervalo de descanso.

[10] A lei admite períodos mais longos de trabalho consecutivo quando se trate de "actividades de pessoal operacional de vigilância, transporte e tratamento de sistemas electrónicos de segurança e indústrias em que o processo de laboração não possa ser interrompido por motivos técnicos", assim como nos casos de exercício de "cargos de administração e de direcção", e ainda nos de "pessoas com poder de decisão autónomo", sempre que estejam (os dois últimos grupos) cobertos por isenção de horário.

cido pelo art. 229º/2, para o caso de prestação de "trabalho suplementar impeditivo do gozo do descanso diário": para além da remuneração correspondente, o trabalhador tem direito a descanso compensatório equivalente, num dos três dias seguintes.

Por outro lado, a consagração do descanso diário não é incondicional: a maior parte do texto do art. 214º é dedicada a um extenso rol de excepções e desvios a essa regra. Estes desvios geram a aparência de *inexistência do direito* a descanso diário em várias situações: a de dirigente ou quadro em regime de isenção de horário; a da prestação de trabalho suplementar em situações de emergência (como as que estão previstas no art. 227º/2); a de fraccionamento do período normal de trabalho com base nas características específicas da actividade (exemplificando-se com os serviços de limpeza); e, ainda, a de necessária continuidade da actividade. Mas trata-se de mera aparência. Nos dois primeiros casos, mantém-se (embora em termos vagos) a obrigação da observância de "um período de descanso que permita a recuperação do trabalhador". O incumprimento desta obrigação constitui contra-ordenação grave (nº 4 do mesmo artigo). Relativamente às hipóteses de forçosa continuidade da laboração, a inobservância do descanso diário de onze horas só é admissível sob condição de haver convenção colectiva "que assegure ao trabalhador um período equivalente de descanso compensatório e regule o período em que o mesmo deve ser gozado" (al. *d*) do nº 2).

Da disciplina legal do descanso diário decorre que há duas situações diferentes, no que respeita ao trabalho suplementar realizado no respectivo período – aliás em conformidade com a dualidade de hipóteses em que a lei admite a exigência desse trabalho.

Nos casos compreendidos na al. *b*) do nº 2 do art. 214º – que são, afinal, os mesmos a que se refere o art. 227º/2 –, o prejuízo do descanso diário é, por assim dizer, relevado, formulando o legislador uma simples e vaga recomendação de que seja concedido ao trabalhador um período de descanso suficiente. O direito afirmado no nº 1 do art. 214º resulta neutralizado pela situação de emergência que obriga à prestação de trabalho.

Pelo contrário, quando o descanso diário é prejudicado pela prestação de trabalho suplementar nos termos do art. 227º/1 (para "fazer face a acréscimo eventual e transitório de trabalho"), o direito mantém-se em pleno, sendo aplicável o mencionado regime de descanso compensatório equivalente num dos três dias seguintes (art. 229º/2).

D) Descanso semanal.

> **"I. O artigo 5º da Diretiva 93/104 e o artigo 5º, primeiro parágrafo, da Diretiva 2003/88 devem ser interpretados no sentido de que não exigem que o período mínimo de descanso semanal ininterrupto de vinte e quatro horas a que o trabalhador tem direito seja concedido, o mais tardar, no dia subsequente a um período de seis dias de trabalho consecutivos, mas impõem que esse período seja concedido em cada período de sete dias, tal como afirma o Tribunal de Justiça da União Europeia, no Acórdão de 9 de novembro de 2017, proferido no Processo C-306/16.**
> **II. Como conceito autónomo do direito da União, para garantir maior certeza, segurança e o primado do direito da União, importa que a mesma resposta seja dada a esta mesma questão em todas as jurisdições dos Estados Membros que possam ser chamados a decidi-la.**
> **III. A interpretação conforme das normas, nacionais e internacionais, aplicáveis conduz a que o período mínimo de descanso ininterrupto de vinte e quatro horas, às quais se adicionam as onze horas de descanso diário previstas no artigo 3º da Diretiva 2003/88, pode ser concedido em qualquer momento em cada período de sete dias." – STJ 14/11/2018 – P. 1181/15.4T8MTS.P1.S1 (Júlio Gomes).**

8. *Noção.* A regra contém-se no art. 232º/1 CT: seja qual for o tipo de trabalho, a modalidade de vinculação ou o modo de organização da actividade, o *trabalhador tem direito a, pelo menos, um dia de descanso por semana.* Esse período de repouso deverá cobrir um dia de calendário, isto é, um segmento temporal iniciado às 0 horas e terminado às 24 do mesmo dia; além disso, a duração do descanso semanal abrange um período de onze horas correspondente ao descanso diário (art. 233º/1). Resulta daqui que o horário de trabalho pode prever a reentrada ao serviço logo às 0 horas do dia subsequente, o que constitui facilidade utilizável no regime de turnos rotativos. No entanto, o art. 233º/2 admite que a parcela do descanso diário seja absorvida pelo descanso semanal complementar.

Questão específica e hoje superada é a de saber se o art 232º redunda, ou não, em obstáculo absoluto a que um horário de turnos rotativos preveja algum segmento de sete dias consecutivos de trabalho (pressupondo, naturalmente, que esteja ressalvado o gozo de, *em média*, um dia de descanso *por* semana). A orientação tradicional da jurisprudência era frontalmente adversa a tal possibilidade[11], apesar de a administração estadual do trabalho a admitir explicitamente[12], embora sem força vinculante. Apesar de se terem feito ouvir algumas vozes discordantes[13], firmou-se na jurispru-

[11] Cfr., por exemplo, a fundamentação do AC. STA 19/10/76 (AD 181, 1780).

[12] Cfr. Desp. 3/4/78 (BTE, 1ª série, 15,22/4/78).

[13] Nomeadamente J. Leite/Coutinho de Almeida, *Colectânea* cit. 137; Barros Moura, *Compilação* cit. 283.

dência e na doutrina a orientação oposta, a qual, de resto, se afigura ser a única susceptível de viabilizar a estruturação de horários de turnos rotativos sem *automática* ampliação do período de repouso semanal[14].

9. *Descanso semanal e remuneração.* Questão aparentemente privada de alcance prático é a de saber se o direito ao descanso semanal abrange a remuneração correspondente. Do ponto de vista puramente conceptual, parece evidente que falar de um direito a descanso sem remuneração redunda num absurdo. De resto, responder sim ou não à pergunta é indiferente sob o ponto de vista dos ganhos normais do trabalhador. Mesmo o trabalho prestado em dia de descanso semanal obrigatório é remunerado da mesma maneira (uma vez e meia o salário diário normal) em qualquer das hipóteses.

No entanto, a questão suscita-se – tanto a propósito do descanso semanal como do intervalo de descanso – quando se procura indagar qual é (se existe) a concepção legal do direito ao repouso semanal. Ora existem na lei três indicações de sentido contraditório: a que decorre do regime das faltas injustificadas imediatamente anteriores ou posteriores a dia de descanso semanal (art. 256º/3), segundo o qual é também perdida a *retribuição deste dia*; a que resulta da fórmula do salário-hora, constante do art. 271º CT, que toma como base exclusivamente o tempo de trabalho e não considera, pois, qualquer valor correspondente aos dias de descanso; e a que deriva do modo de cálculo do salário-dia, para efeitos de compensação por despedimento (art. 366º), a qual considera abrangidos pela retribuição *todos os dias* de um mês. Este quadro de soluções evidencia que o legislador não curou de exprimir uma concepção consistente a este propósito. Criou uma resposta distinta para cada um dos problemas considerados.

Assim, a norma referente às faltas injustificadas é de natureza punitiva, desligando-se de qualquer critério de equilíbrio contratual. A fórmula do art. 271º destina-se à quantificação da remuneração por trabalho suplementar e nocturno, assim como dos descontos por faltas ao trabalho. Foi essa fórmula que inspirou a ideia de não pagamento do dia de descanso semanal, tradicional na doutrina, desde a legislação anterior ao CT[15]. Finalmente, o processo de cálculo do art. 366º insere-se numa política legislativa recente que visa aligeirar as consequências económicas dos despedimentos. Sob o ponto de vista operativo, o que importa sublinhar é que o legislador quis valorizar segundo critérios

[14] Cfr. Acs. STJ 28/2/86 (BMJ 354, 412), 20/2/87 (AD 314, 273), 12/1/90 (AJ 5/90, 14). Na doutrina, R. Ventura/A. Monteiro Fernandes, *Parecer* (CJ 85, 2, 11).

[15] Vd. Almeida Policarpo, *Pagamento ou não pagamento ao trabalhador da remuneração correspondente ao dia de descanso semanal*, E.S.C. nº 23 (1967) 61-82; Almeida Policarpo/Monteiro Fernandes 134-135.

diferentes o incumprimento culposo do contrato (faltas injustificadas), os desvios "fisiológicos" ao programa normal da execução do contrato (trabalho extra, faltas), e as compensações por despedimento calculadas com base no tempo de serviço.

Todavia, *nada impede* que os instrumentos de regulamentação colectiva e os próprios contratos individuais imponham explicitamente o pagamento do dia de descanso semanal, benefício que, de resto, quase só assume sentido útil tratando-se de trabalhadores cuja remuneração seja calculada com base no *dia*.

A regra é a do descanso *dominical* (art. 232º/2). Todavia, é uma regra exposta a desvios (ao contrário da do próprio descanso semanal), quer por o empregador estar dispensado de encerrar um dia por semana[16], quer por o dia de encerramento do estabelecimento ser outro que não o domingo. Existem ainda actividades que, por sua natureza, admitem o descanso semanal não dominical (art. 232º/2).

10. *O descanso semanal complementar*. Para além do dia de descanso semanal, que constitui prerrogativa mínima da generalidade dos trabalhadores, disseminou-se, na década de setenta do século passado, a prática correspondente às chamadas «semana inglesa» e «semana americana», que se traduz na atribuição do direito a um período complementar de repouso semanal, com a duração, respectivamente, de meio dia ou um dia completo. É o que a lei designa por "descanso semanal complementar".

> Inicialmente, o mecanismo pelo qual estes períodos de repouso eram efectivados traduzia-se, em regra, numa *redistribuição das horas de trabalho* do período deixado livre, pelos restantes dias úteis. Na prática convencional colectiva, a instituição do descanso semanal complementar foi frequentemente associada a processos de redução do período normal de trabalho[17].

Embora se trate, aparentemente, de meros alongamentos do dia de descanso semanal, os descansos complementares não merecem, na lei, cobertura idêntica à daquele. Com efeito, o seu regime é mais próximo do estabelecido para os feriados obrigatórios, designadamente no tocante ao aspecto central do tra-

[16] Há que distinguir entre o *encerramento semanal* do local de trabalho e o *descanso semanal* do pessoal respectivo. Este pode ser gozado por alguns trabalhadores em dia de laboração do estabelecimento; aquele é independente da existência de pessoal juridicamente subordinado: a sua observância é exigida, como regra, quanto a todos os estabelecimentos. É verdade, porém, que o dia de encerramento (quando existe) e o de descanso do pessoal coincidem normalmente.

[17] A "gestão" dos descansos complementares no quadro da organização do trabalho encontra, no CT, novas possibilidades, como adiante se refere no texto: as de repartição e descontinuidade dos respectivos períodos (art. 232º/3).

tamento dado às situações em que é prestado serviço em tais dias. Resulta do art. 268º/1 que o trabalho prestado em dia de descanso semanal, obrigatório ou complementar, e em dia feriado, será pago *com acréscimo de 50% da retribuição normal*; mas, enquanto o trabalho em dia de descanso obrigatório confere ao trabalhador o direito a *um dia de descanso compensatório remunerado* a gozar num dos três dias seguintes (art. 229º/4), a prestação de serviços em dia de descanso semanal complementar não implica qualquer descanso compensatório[18].

Por outro lado, o art. 232º/3 admite as hipóteses de *repartição* e de *descontinuidade* do descanso complementar (a estabelecer por instrumento de regulamentação colectiva). Trata-se de um conjunto de possibilidades que contribuem para a adaptabilidade na organização do trabalho. Longe dos velhos regimes de "semana-inglesa" e de "semana-americana", a lei viabiliza arranjos diversos, incluindo, no limite, a divisão das horas de descanso complementar pelos dias da semana de trabalho.

11. *A estrutura do regime legal.* A concretização do direito ao repouso e aos lazeres, em referência à semana de trabalho, faz-se, assim, segundo um *modelo articulado* que se pode exprimir da maneira seguinte:

a) consagração de um *direito ao descanso semanal* (que designaríamos como «primário» ou «prescrito por lei») com a duração mínima de *um dia* e a localização normal no *domingo;*

b) reconhecimento da *possibilidade* de, por várias vias (acto unilateral do empregador, estipulação individual, instrumento de regulamentação colectiva), e *sob certas condições,* ser instituído um *período adicional* de repouso por semana, com a duração de meio dia ou um dia completo, com a designação de «descanso complementar».

Neste modelo, a partir do qual se constrói a disciplina das situações de prestação de trabalho em período de repouso, avulta desde logo a *heterogeneidade funcional* dos seus componentes.

O direito ao descanso semanal «prescrito por lei» constitui um elemento *essencial* das relações de trabalho, como meio de protecção de bens jurídicos primordiais que o desenvolvimento dessas relações é susceptível de pôr em causa (a integridade psicofísica e a liberdade pessoal do trabalhador): ele representa, em suma, uma típica corporização do direito constitucional «ao repouso e aos lazeres» (hoje consagrado no art. 59º/1 *d*) da CRP). Nenhuma relação de trabalho subordinado é concebível, em condições de licitude, sem que no seu conteúdo

[18] O nº 1 do art. 229º, que previa para essa situação um descanso compensatório, embora reduzido, foi revogado pela L. 23/2012.

se compreenda esse direito. Por isso, é o repouso, o *não-trabalho*, que, em termos infungíveis, aí se visa: não é, em geral, aceite pela lei a conversão do descanso em equivalente pecuniário.

Ao invés, o descanso semanal «complementar» apresenta-se como um elemento *acidental* das relações laborais; ele não se funcionaliza à concepção legal de bens jurídicos carecidos de tutela, mas à fórmula de equilíbrio das posições contratuais das partes. Como «repouso contratado» (individual ou colectivamente), ele traduz-se, ou numa *reestruturação* do período normal de trabalho semanal (como chegou a ser usual numa primeira fase), ou numa *redução* desse período. Neste sentido, o descanso complementar desenvolve-se – repetimo-lo –, não como uma expressão directa e característica do «direito ao repouso e ao lazer», mas como um factor actuante ao nível da *correspectividade das prestações contratualmente devidas*, isto é, na *medida da prestação de trabalho* a que corresponde a retribuição acordada. Trata-se, nele, não propriamente de garantir uma extensão do descanso, mas de assegurar tempo livre adicional, independentemente do arranjo pelo qual se concretize.

E) Férias anuais[19]

> **" (...) O trabalhador que prova que durante toda a vigência do seu contrato de trabalho nunca gozou férias não tem de "per se" direito à compensação prevista no artigo 246º, nº 1, do CT, ou seja, a uma compensação no valor do triplo da retribuição correspondente ao período em falta, pois para o ter, precisa também que provar que foi a sua empregadora quem, culposamente, obstou ao seu gozo." – STJ 18/04/2018 – P. 205/12.1TTGRD.C3.S1 (Ferreira Pinto).**

a) A aquisição e o vencimento do direito a férias.

12. *Noções gerais.* As férias são interrupções da prestação de trabalho, por vários dias (em regra consecutivos), atribuídos ao trabalhador com o objectivo de lhe proporcionar um repouso anual, sem perda de retribuição.

Como se assinalou, não é só o *repouso*, como forma de recuperação de energias, que está subjacente a este direito: participa do seu escopo também o *lazer*, a devolução temporária de disponibilidade pessoal ao trabalhador, nomeadamente em ordem à sua «integração na vida familiar» e à sua «participação social e cultural»[20]. Por outras palavras, as férias anuais pagas concretizam, em simultâneo, os direitos ao *repouso* (recuperação de energias) e ao *lazer* (tempo livre).

[19] Veja-se Bernardo Xavier, *Manual de Direito do Trabalho* cit., 674 ss.; Júlio Gomes, *Direito do Trabalho* cit., 707 ss.; J. Leal Amado, *Contrato de trabalho* cit., 281 ss..

[20] Cfr., por exemplo, o Parecer PGR 23/7/81 (BMJ 313, 141).

A *aquisição* do direito a férias está legalmente conexionada à assunção da *qualidade de trabalhador subordinado*[21], o mesmo é que dizer à celebração do contrato de trabalho. Mas o facto de o trabalhador, com a celebração do contrato, se tornar desde logo *titular* do direito a férias não lhe oferece imediatamente a possibilidade de as gozar. A exigibilidade desse gozo depende do *vencimento* do direito, que ocorre segundo um ciclo anual, em 1 de Janeiro de cada ano civil (art. 237º/1).

13. *As férias no ano da admissão.* A ideia de que a titularidade do direito se adquire com a celebração do contrato tem que se combinar com a de que as férias só fazem sentido se antecedidas de algum tempo de trabalho. Como desvio à regra do vencimento em 1 de Janeiro de cada ano civil, a lei retira da primeira premissa o reconhecimento de um direito a férias pelo trabalho prestado no próprio ano da admissão, e da segunda a exigência de um mínimo de seis meses de trabalho para que essas férias *se vençam*. Assim, após seis meses de trabalho, o trabalhador tem o direito de gozar (ou seja: estão vencidos) dois dias úteis de férias por cada mês de duração do contrato, até ao máximo de vinte dias (art. 239º/1).

Recorde-se que, no regime bem mais severo da LCT de 1969, não só não eram previstas férias no ano da admissão, como o seu gozo no ano subsequente pressupunha noventa dias de trabalho neste ano. A afirmação expressa de que o direito a férias se adquire com a celebração do contrato, assim como a possibilidade do seu gozo no ano da admissão, surgiram com o DL 874/76, de 28 de Dezembro, que regulou a matéria até à codificação de 2003. Esta, tal como a de 2009, omitiu a referência ao momento genético do direito, sem que, todavia, fornecesse qualquer indicação em sentido oposto. Basta, com efeito, a singela afirmação (hoje constante do art. 237º/1 CT) de que "o trabalhador tem direito, em cada ano civil, a um período de férias retribuídas...", para sustentar a continuidade da referida concepção.

Este regime legal suscita a questão de saber se o tempo de "duração do contrato" a tomar em conta é o que decorra até ao momento escolhido (eventualmente pelo empregador) para a efectivação das férias correspondentes ao trabalho prestado no ano da admissão, ou todo o que vá até ao fim deste ano.

A solução que se afigura mais razoável – esta última – tem o defeito de poder conduzir a excesso de férias, se o contrato, por qualquer razão, terminar antes do fim do ano. Convém notar que este regime abrange contratos a termo e sem termo. Por outro lado, a lei parece querer pautar-se rigorosamente pela duração *efectiva* – e não meramente previsional – dos contratos (vejam-se os nºs 4 e 5 do

[21] De notar que o direito a férias foi, entre nós, pela primeira vez, consagrado legalmente em 1937 (arts. 7º e 8º da L. nº 1952), aliás segundo um figurino que lhe conferia um sentido *recompensatório* pelo «bom e efectivo serviço» de *certos* trabalhadores em *certas* empresas (as de maior dimensão).

art. 239º: nos contratos com menos de seis meses, as férias são calculadas e gozadas *depois* de apurada a duração efectiva do vínculo).

Inclinamo-nos, em todo o caso, no sentido de, relativamente aos contratos de duração indeterminada, considerar o tempo que vai da celebração do contrato ao fim do ano; e, nos contratos a termo, aplicar o mesmo procedimento, desde que o tempo em falta para o esgotamento do termo em curso ultrapasse o fim do ano. Assim se daria plena concretização ao propósito do legislador. As situações em que (por cessação precoce do contrato) resultem excessos de férias podem e devem ser regularizadas na liquidação final das relações de trabalho.

A exigência do "período de espera" de seis meses[22] não pode encarar-se como um pressuposto da *constituição* do direito a férias: o direito já existe desde a celebração do contrato. Trata-se, sim, de uma condição do *vencimento* desse direito, destinada a evitar uma consequência aberrante da configuração do sistema; a possibilidade da exigência de férias no início da relação de trabalho, antes da prestação de qualquer actividade significativa[23].

14. *A deficiente arquitectura do regime legal das férias.* A disciplina legal das férias, contida no CT, oferece vários motivos para reparo.

Apontaremos apenas um, como ilustração de um esquema normativo altamente defeituoso. Sem necessidade, são nele afirmados princípios que parecem contraditórios: o de que o direito a férias "se reporta ao trabalho prestado no ano civil anterior" e o de que ele "não está condicionado à assiduidade ou efectividade de serviço" (art. 237º/2). Se deixarmos de lado a solução encontrada para a compensação das férias em caso de cessação do contrato, a que faremos referência um pouco adiante, estes "princípios" pouco ajudam na construção teórica do regime jurídico das férias, até porque certos aspectos da regulamentação do respectivo direito parecem colidir com eles.

Desde logo, eles teriam como consequência natural o não reconhecimento de um direito a férias pelo ano da admissão na empresa. Uma outra consequência consistiria na inviabilidade de férias num ano antecedido por outro em que não tivesse havido qualquer prestação de trabalho.

Na realidade, ambas as consequências são abertamente negadas pelo dispositivo legal em vigor.

[22] Trata-se de uma solução introduzida pelo CT de 2003. A lei anterior apenas exigia sessenta dias de trabalho efectivo para que o gozo de férias fosse admitido, nos contratos celebrados no primeiro semestre. Quanto aos do segundo semestre, era igualmente requerida a prestação de seis meses de serviço efectivo, o que redundaria no gozo de férias já no decurso do ano subsequente ao da admissão (art. 3º DL 874/76).

[23] O direito a férias supõe *algum* trabalho – Ac. Rel. Coimbra 18/11/93 (CJ 93, 5, 76).

Quanto à primeira, já se viu que a possibilidade do gozo de férias no próprio ano da admissão é admitida em condições bastantes latas.

Quanto à segunda, há que reconhecer que ela é negada pela solução oferecida, no art. 239º/6, à questão do tratamento do direito a férias após a cessação da impossibilidade temporária da prestação de trabalho – solução essa que justamente comporta a possibilidade de gozo de férias após um ano civil (ou vários) de *inactividade* do trabalhador e de suspensão do contrato. O CT reintroduz, habilmente, a solução do art. 239º/1, tratando o ano da cessação da suspensão e do regresso do trabalhador como se fosse o ano da admissão.

15. *A compensação "proporcional" por férias vincendas.* Foi observado que o princípio da referenciação do direito a férias ao trabalho prestado no ano civil anterior se afigura quase destituído de alcance aplicativo. Há, no entanto, uma projecção relevante do mesmo princípio que – na esteira de um regime já oriundo da lei antiga – o CT acolhe. Referimo-nos ao mecanismo do cálculo da compensação pelas férias cujo gozo seja impossibilitado pela *cessação do contrato de trabalho,* matéria tratada no art. 245º.

Esse mecanismo – uma originalidade do nosso sistema – cuida de compensar o trabalhador, não apenas pela inutilização do período de férias de que beneficiaria no ano em que ocorre a cessação do contrato (férias já vencidas em 1 de Janeiro desse ano), mas ainda pela *frustração da expectativa referente às férias a gozar no ano seguinte* – isto é, daquelas que se venceriam em 1 de Janeiro desse ano, se o contrato não cessasse antes de tal data.

Esta última (ou primeira, porque é tratada em primeiro lugar) parcela da compensação é determinada através de um critério que assenta necessariamente no princípio da ligação das férias ao ano anterior: o trabalhador receberá uma importância equivalente a um período de férias e respectivo subsídio «proporcionais ao tempo de serviço prestado até à data da cessação» (art. 245º/1). Pressupõe-se, em suma, que o direito às férias iniciadas no dia 1 de Janeiro de certo ano *se vai progressivamente sedimentando ao longo do ano anterior* – de tal modo que, a *meio deste,* o trabalhador é já considerado titular de uma expectativa (juridicamente tutelada, como se vê) respeitante a *metade* do período de férias *vincendo.*

16. *Direito a férias e suspensão do contrato.* O art. 239º/6 "equipara" a ausência de prestação de trabalho (por impedimento prolongado determinante de suspensão do contrato) a não-vigência de contrato, para o efeito de regular o vencimento e a dimensão das férias posteriores ao regresso do trabalhador. Este regresso é tomado como uma nova "admissão" para efeitos de férias. A solução pode explicar-se, em parte, pela prevenção de expedientes bastante vulgarizados no passado – como o de interromper um período de baixa por doença para gozar férias, e retomar em seguida a ausência –; mas o seu fundamento essencial está na correlação trabalho-férias e na ideia de que as férias só se justificam, ou só são concebíveis, como interrupções na prestação efectiva de trabalho (para descanso). De qualquer modo, notar-se-á que a lei não estabelece uma proporção entre o número de dias de férias a que o trabalhador terá direito e a duração do trabalho efectivamente prestado. Após o regresso do trabalhador (como após a sua admissão, no caso do nº 1 do mesmo artigo), a base de cálculo do período de férias é a duração da *vinculação* ("a duração do contrato") a partir desse retorno, e não, necessariamente, o tempo de trabalho efectivamente realizado.

O que, como sempre, é decisivo – para a definição do comportamento devido do trabalhador – é a sua *disponibilidade* para a execução do trabalho contratado.

Continua, pois, no quadro do CT, a ser basicamente válida (como princípio) a afirmação de que a lei não quer, essencialmente, reportar o direito a férias a trabalho efectivo, mas a tempo de disponibilidade do trabalhador, ou seja, a tempo de vinculação plena (correspondendo a "efectividade do serviço" ao significado prático normal dessa situação). Essa concepção é, de resto, a que melhor se harmoniza com a bivalência deste direito, em que, para além do descanso, está em causa a recuperação temporária da liberdade pessoal plena.

Entre as condições do exercício do direito não se encontra nenhum requisito de "proporcionalidade" entre trabalho prestado (ou disponibilidade oferecida) e tempo de férias. É perfeitamente possível que um trabalhador goze em pleno as férias vencidas em 1 de Janeiro de certo ano, sem que tenha prestado, no ano anterior, mais de um mês (por exemplo) de trabalho. Esta é uma situação que só se compreende e aceita à luz do binómio repouso-lazer.

17. *Síntese.* Em resumo, pode-se assentar nas seguintes ideias básicas:

a) O direito a férias é, em princípio, inerente à qualidade de trabalhador subordinado, assumida pela celebração do contrato;

b) O trabalhador tem direito a férias no ano da admissão, as quais só se vencem após seis meses de trabalho;

c) De resto, normalmente, o direito às férias de cada ano vence-se em 1 de Janeiro do mesmo ano, sem dependência da efectividade do serviço;

d) Exceptua-se o caso de impedimento prolongado que passe de um ano ao seguinte (existindo, portanto, em 1 de Janeiro deste): o trabalhador tem direito a férias como se fosse admitido no momento do regresso do impedimento.

b) A duração das férias.

18. *A evolução legislativa.* Tal como a configuração legal do direito a férias, também o sistema de regras para a determinação da *duração* delas evoluiu de forma muito pouco linear desde que, há três quartos de século, esse direito alcançou reconhecimento legal entre nós.

A L. 1952, de 10 de Março de 1937, reconheceu e regulou (arts. 7º e 8º) pela primeira vez o direito a férias, diferenciando, contudo, o seu regime relativamente a dois tipos de trabalhadores – os "empregados" e os "assalariados" –, exclusivamente dos "quadros permanentes". A duração das férias (fixada em períodos mínimos) era variável com o número de anos de serviço ("bom e efectivo") que cada trabalhador tivesse. Essa duração era, para os "empregados", de quatro, oito ou doze dias, correspondendo a um, três ou cinco anos de bom e efectivo serviço; e, para os "assalariados", de três ou seis dias, conforme tivessem mais de três ou de seis anos de bom e efectivo serviço. Tratava-se, declaradamente, de um prémio ao bom trabalhador. Acresce que este direito só existia nas empresas acima de certa dimensão: as que tivessem pelo menos seis empregados ou vinte assalariados[24]. Os períodos de férias poderiam ser aumentados por convenção colectiva ou pelos usos das empresas.

A LCT, na versão de 1969 (aprovada pelo DL 49408, de 24 de Novembro daquele ano), já não estabelecia qualquer diferenciação entre categorias de trabalhadores, mas fixava ainda a duração das férias em termos de períodos mínimos, que dependiam da antiguidade – o que retirava às férias o carácter originário de prémio pela assiduidade e a qualidade do trabalho. Esses períodos eram de seis, doze ou dezoito dias úteis, correspondendo a três escalões de antiguidade: até dois anos, de dois a dez anos e mais de dez anos.

Depois da mudança de regime político ocorrida em 1974, um novo regime legal alterou significativamente o perfil deste direito, nomeadamente no que toca à duração das férias. O art. 4º DL 874/76, de 28 de Dezembro (na sua redacção originária), depois de, no art. 3º, introduzir o princípio da aquisição do direito a férias na celebração do contrato de trabalho, estabelecia um período mínimo (vinte e um dias) e um período máximo (trinta dias), em termos de dias *consecutivos ou de calendário* (art. 4º).

Esse regime foi modificado pelo DL 397/91, de 16 de Outubro, que introduziu nova redacção do mencionado art. 4º. Esta nova redacção dispunha que «o período anual de férias é de 22 dias úteis» (nº 1), esclarecendo que «a contagem dos dias úteis compreendia os dias da semana de segunda-feira a sexta-feira, com a exclusão dos feriados, não sendo como tal considerados o sábado e o domingo» (nº 5).

[24] A configuração cautelosa do regime legal foi justificada, no Parecer que a Câmara Corporativa produziu sobre a proposta de lei, pelo propósito de afastar qualquer semelhança com "um dos processos preconizados por certos elementos revolucionários para enfraquecer ou arruinar as empresas capitalistas, e assim preparar o advento de uma nova ordem económica". De qualquer modo, a consagração do direito a férias em Portugal, logo no ano seguinte ao da sua pioneira instituição pelo governo francês de Frente Popular, foi encarada, nos ambientes políticos e empresariais da época, com grande desconfiança e receio das suas consequências económicas. Vd. *Legislação Corporativa e do Trabalho*, Lisboa (1952), 79.

O novo enunciado legal traduzia duas fundamentais inflexões relativamente ao regime anterior. Em primeiro lugar, definia-se uma *duração fixa e universal* do período de férias para os contratos de duração indeterminada, em vez de – como era norma antiga – se indicarem períodos mínimos, com a possibilidade de variação convencional. Depois, a contagem das férias deixava de se fazer em dias consecutivos ou de calendário (abrangendo, portanto, dias feriados e de descanso semanal), e voltava a tomar em conta apenas os *dias úteis*. Normalmente, o resultado final seria idêntico: 22 dias úteis correspondem a um mês, período que já anteriormente era não só o máximo legal mas, também, o mais correntemente adoptado. Este método de contagem já tinha, de resto, algum acolhimento na contratação colectiva.

O CT 2003 acolheu as referidas soluções do DL 397/91. Definiu um período mínimo legal (vinte e dois dias), cuja contagem se faz em dias úteis. Reproduziu também o critério de determinação dos dias úteis que já vigorava no direito anterior. Nos regimes de horário de trabalho em que os dias de descanso semanal e complementar não coincidem sempre com o domingo e o sábado (caso típico dos horários de turnos rotativos inerentes ao regime de laboração contínua), podiam ser considerados como dias de férias dias que seriam, de acordo com o horário, de descanso (e, portanto, no caso específico, «não úteis»), e não contados no período de férias outros dias que seriam, nos mesmos termos, «trabalháveis» e, por conseguinte, «úteis». O sistema envolvia algumas dificuldades de aplicação e introduzia factores de rigidez na marcação das férias em regime de turnos, mas inspirava-se, claramente, num desígnio de equidade que terá tido concretização na maioria dos casos.

Por outro lado, numa linha de combate ao absentismo, o CT 2003 fixou períodos de férias *majorados* para os trabalhadores mais assíduos (art. 238º/3).

19. *O regime legal actual.* O CT 2009 manteve, no essencial, o conjunto de soluções constantes da codificação de 2003, assim como as dificuldades interpretativas e aplicativas por elas suscitadas. No entanto, as alterações operadas pela L. 23/2012 têm um impacto assinalável neste domínio.

O período mínimo de férias anuais continua a ser de 22 dias úteis. No entanto, a contagem de *dias úteis*, para este efeito, passa a fazer-se de modo diferente: se os dias de descanso do trabalhador recaírem em dias úteis de calendário (isto é, de segunda a sexta-feira), são contados como dias de férias os sábados e domingos que não sejam feriados (art. 238º/3). Por outras palavras: a noção de dia útil deixa de estar ligada ao calendário comum, para se fixar sobre o horário de trabalho de cada trabalhador. Dia útil é dia de trabalho para ele.

Por outro lado, o regime de *majoração* do período de férias em função da assiduidade, constante do CT 2003, foi eliminado. O art. 7º/3 L. 23/2012 impõe, inclusivamente, a neutralização de majorações, idênticas às que a lei estabelecia, consagradas por estipulações individuais ou colectivas posteriores à entrada em vigor do CT 2003. Quis-se, manifestamente, obstar a que, por "cópia" da lei, as majorações se mantivessem. No entanto, nada impede que, por convenção colectiva ou contrato individual, sejam consagrados períodos de férias mais amplos do que o mínimo legal. De resto, os períodos de férias superiores a 22 dias úteis que já vigoravam, com fundamento em estipulações colectivas ou individuais, *antes do CT 2003*, foram deixados intactos.

c) A marcação das férias e a violação do direito.

> **"I - Decorre do disposto no artº 217º do Código do Trabalho que o período de férias é marcado por acordo entre empregador e trabalhador e que, na falta de acordo, cabe ao empregador marcar as férias e elaborar o respectivo mapa, ouvindo para o efeito a comissão de trabalhadores.**
>
> **II - Do referido normativo legal não se extrai que, havendo solicitação do gozo de férias num dado período por parte do trabalhador, o silêncio do empregador possa valer como acordo àquela solicitação.**
>
> **III - Ainda que se verifique uma actuação do empregador obstativa do desfrute do direito a férias por parte do trabalhador, não assiste a este o direito a não comparecer ao serviço, com o desiderato de proceder ao gozo de férias ilegalmente não permitido por aquela entidade, fundando-se essa não comparência no exercício de um legítimo exercício do seu direito a férias e, logo, não podendo a sua ausência ser considerada não justificada.**
>
> **IV - Tendo o trabalhador requerido ao empregador, em 30 de Junho de 2004, o gozo de férias no período de 16 a 29 de Agosto seguinte, e não tendo este, nem directa ou indirectamente, nem explícita ou implicitamente, autorizado ou anuído a que o trabalhador viesse a desfrutar férias no peticionado período, a ausência do trabalhador implica que o período a que a mesma se reporta deva ser considerado como consubstanciando faltas injustificadas.**
>
> **V - Todavia, as referidas faltas (no período de 16 a 29 de Agosto de 2004), embora passíveis de sanção disciplinar, não assumem gravidade que justifique a aplicação da sanção mais gravosa de despedimento, se o trabalhador havia requerido o gozo de férias naquele período, o que lhe foi recusado, nunca lhe foi permitido durante os oito anos que laborou para o empregador, o gozo da totalidade de férias a que tinha direito, sempre prestou um número de horas semanais superior às contratadas, as quais nunca lhe foram pagas, sempre desempenhou as funções com zelo, lealdade, competência e assiduidade, nunca tendo sofrido sanção disciplinar e nunca foi, pelo empregador, elaborado ou afixado um mapa de férias. (...) - STJ 08/10/2008 - P. 08S1983 (BRAVO SERRA).**

20. *A marcação das férias.* A época em que o trabalhador fruirá o seu período anual de repouso é normalmente fixada[25] pelo empregador (art. 241º/2), muito embora o princípio legal aponte no sentido de que o seja através de *acordo* entre as partes (nº 1 do mesmo art.). A marcação pelo empregador está não só sujeita a audição prévia da comissão de trabalhadores (quando exista), mas também limitada, em regra, a certo período do ano (entre 1 de Maio e 31 de Outubro) (art. 241º/3). Esta última restrição não se aplica, porém, às microempresas.

Pelo CT 2009, foi ainda introduzida uma regra particular para as actividades ligadas ao turismo: na falta de acordo, o empregador apenas é obrigado a marcar na referida época 25% do período de férias (ou percentagem superior que seja fixada por instrumento de regulamentação colectiva), cujo gozo è obrigatoriamente contínuo (art. 241º/4).

Depois de fixada, a localização das férias é, em princípio, inalterável. Mas a lei não podia ignorar a possibilidade de surgirem impedimentos na esfera de qualquer das partes. Quando o interesse da empresa ("exigências imperiosas do funcionamento da empresa", diz a lei) exigir a mudança, o trabalhador será indemnizado de eventuais prejuízos (art. 243º/1). No caso de impedimento do trabalhador (não imputável a este) nas datas estabelecidas, caberá ao empregador fazer nova marcação, agora sem limitação quanto a época do ano (art. 244º/2).

Caso particular de marcação das férias é o de *encerramento* total ou parcial da empresa ou estabelecimento "para férias", promovido pelo empregador, quando a "natureza da actividade" o permita, ou mesmo o imponha (art. 242º, com a redacção dada pela L. 23/2012). Trata-se de uma faculdade conferida pela lei, em dois quadros diferentes:

a) havendo *disposição convencional-colectiva* que o admita, ou *parecer favorável* da comissão de trabalhadores: por qualquer período, e em qualquer época do ano;

b) por *decisão unilateral* do empregador, em condições formatadas pela lei: até quinze dias (ou mesmo mais, "quando a natureza da actividade assim o exigir"[26]), entre 1 de Maio e 31 de Outubro; por cinco dias consecutivos, na época do Natal; e por um dia que se situe entre um feriado e um dia de descanso – ou seja, nas chamadas "pontes".

Esta última possibilidade, criada pela L. 23/2012, implica, no entanto, uma "programação" anual por parte do empregador, da qual deve ser dado conheci-

[25] E em regra só pode sê-lo dentro de certos meses do ano (art. 241º/3).

[26] Supõe-se que se trata de actividades marcadas por alguma sazonalidade ou que vêem baixar drasticamente a respectiva procura na época a que a lei faz referência. De qualquer modo, trata-se sempre de fazer prevalecer as conveniências da empresa na efectivação do direito a férias dos seus trabalhadores.

mento aos trabalhadores até 15 de Dezembro do ano anterior (nº 3 do art. 242º, com a redacção da L. 23/2012).

21. *A violação do direito a férias.* Considera-se que existe violação do direito a férias somente quando possa verificar-se *impedimento culposo do empregador*, dentro do ano em que se enquadre, à fruição do período legal ou convencional de repouso. A violação pode, aliás, não consistir em recusa ou obstrução directa do empregador, mas, simplesmente, na omissão de diligências (como a marcação das férias) que, não havendo acordo, lhe cabem e que condicionam a efectivação do direito. Para que não possa ser-lhe assacada tal violação, o empregador deve tomar, em tempo útil, a iniciativa do processo de marcação do período de férias, tentar o acordo com o trabalhador e proceder, ele próprio, à marcação em caso de desacordo. Existe, pois, uma conexão estreita entre a caracterização da violação do direito e o regime da marcação da época de férias.

A violação, total ou parcial, do direito a férias acarreta uma duplicidade de sanções, decorrente da própria diversidade dos interesses afectados: uma compensação pecuniária ao trabalhador e uma coima, por ser considerada contra-ordenação grave (art. 246º)[27]. Por outro lado, a violação não redunda na perda do direito: as férias "impedidas" devem ser gozadas, dentro de um período limitado: até 30 de Abril do ano seguinte.

d) Continuidade e irrenunciabilidade das férias.

22. *Continuidade e fraccionamento das férias.* Um dos princípios que regem a efectivação do direito a férias é o da *continuidade*, de harmonia com o fundamento desse direito, isto é, com a necessidade de se assegurar um *período* de repouso efectivo (e eficaz) ao trabalhador por cada ano de serviço.

O princípio comporta, no entanto, desvios: por acordo entre empregador e trabalhador, o gozo do período de férias pode ser fraccionado ("interpolado" é o termo tradicionalmente usado pelo legislador), com ressalva de um mínimo de dez dias úteis seguidos (art. 241º/8); e o fraccionamento pode resultar de interrupção do gozo das férias, no interesse do empregador, caso em que deve ser salvaguardada a continuidade de metade do período a que o trabalhador tenha direito (art. 243º/2).

23. *A irrenunciabilidade do direito a férias.* O direito a férias é, por outro lado, nos termos do art. 237º/3 CT, *irrenunciável*. Esta irrenunciabilidade tem que ser entendida em termos hábeis. Ninguém pode ser "coagido" a gozar férias, se o não

[27] Esta norma sancionatória tem a sua raiz no art. 15º DL 874/76, com a redacção dada pela L. 118/99, de 11/8.

desejar. O empregador não pode ser sancionado pelo facto de um trabalhador – a quem marcou um período de férias nos termos legais – chegar ao fim do ano sem as ter gozado. Na prática das relações de trabalho, existem a este respeito inúmeros "arranjos" no interesse de ambas as partes, os quais, frequentemente, ladeiam o regime (porventura) excessivamente rígido da lei. Esta procura, por várias formas, assegurar que o direito a férias se concretize em *repouso efectivo*[28], evitando que o trabalhador o substitua por um benefício pecuniário imediato. Mas tudo o que pode ser alcançado, com os meios da lei, é a ineficácia jurídica de *actos* (ou *acordos*) pelos quais o trabalhador prescinda de exercer esse direito, com ou sem compensação pecuniária. No mesmo sentido se deve entender a ideia de que a própria *indemnização* por férias não gozadas é irrenunciável.

A verdade, porém, é que a "monetarização" das férias – tentadora tanto para o trabalhador como para o empregador – tem, em certos termos, suporte legal. O art. 238º/5 CT admite abertamente a renúncia parcial ao gozo de férias, mantendo-se o direito à retribuição e ao subsídio, desde que fique intocado um período mínimo de 20 dias (úteis) de descanso efectivo. A contradição é patente, mas – digamos – não grave. A renúncia tem uma fronteira (vinte dias) que lhe confere alcance praticamente insignificante em relação ao período normal (vinte e dois dias).

e) O regime remuneratório.

"(...) II – Deve considerar-se regular e periódica e, consequentemente, passível de integrar o conceito de retribuição, para os efeitos de cálculo da retribuição de férias e dos subsídios de férias, a atribuição patrimonial cujo pagamento ocorra todos os meses de atividade do ano.
III – Atento o critério orientador referido em II, deve concluir-se que a média dos valores pagos pelo empregador aos trabalhadores a título de remuneração por trabalho suplementar, remuneração de trabalho noturno e prémio de condução, nos anos em que aquelas atribuições patrimoniais ocorreram em todos os meses de atividade (onze meses), será de atender para cálculo da retribuição de férias e subsídio de férias.(...)" – STJ 14/01/2015 (MELO LIMA).

24. *A natureza da remuneração das férias.* Relativamente ao período em que a prestação do trabalho se interrompe para o repouso anual do trabalhador, ***mantém-se o dever de retribuir,*** por parte do empregador (arts. 237º/1 e 264º), prevendo-se ainda (art. 264º/2) a obrigatória atribuição de um benefício pecuniário adi-

[28] Veja-se o Ac. Rel. Évora 5/1/93 (CJ 93, 1, 289).

cional *(subsídio de férias)*, que constitui criação da contratação colectiva[29] depois acolhida na lei.

Entre outras razões, o destaque desta prestação no esquema remuneratório de cada trabalhador relaciona-se com a necessidade de salvaguardar condições para o descanso efectivo; um dos riscos a que este se expõe é, justamente, o de o período correspondente ser aproveitado pelo seu beneficiário para exercer outra actividade remunerada, de modo a acrescer o seu rendimento, frustrando assim as finalidades em vista das quais o direito a férias é reconhecido. Não se trata, porém, de uma prestação "complementar", porventura de carácter "assistencialista", como, por vezes, se pretende inculcar; o subsídio de férias é um das catorze prestações anuais que integram a contrapartida normal do trabalho prestado; o seu carácter retributivo é absolutamente incontestável, como, de resto, decorre da definição constante do art. 264º/2.

25. *Retribuição e subsídio de férias*[30]. A retribuição a pagar pelo período de férias equivale à que o trabalhador normalmente aufere, na totalidade (art. 264º/1). No caso de haver retribuição variável (por exemplo, comissões), o valor correspondente, para este efeito, é determinado de acordo com o art. 261º/3: calcula-se a média dos valores que o trabalhador recebeu ou tinha direito a receber nos últimos doze meses.

A solução do art. 261º/3 também se aplica à retribuição em função do rendimento ou do número de unidades de produto realizadas.

Por outro lado, estão naturalmente fora do cálculo da retribuição devida no período de férias as vantagens patrimoniais que não são atribuídas pelo empregador, mas por terceiros, como é o caso das *gorjetas* ou *gratificações* que, por vezes, constituem parte muito importante da contrapartida do trabalho.

O *subsídio de férias*, por seu turno, tem um processo de cálculo próprio[31]: é constituído pela retribuição base – definida pelo art. 262º/2-*a*)[32] – e pelas "demais prestações retributivas que sejam contrapartida do modo específico da execução do trabalho" (art. 255º/2). Esta enigmática formulação legal, proveniente do Código de 2003, permite, apesar de tudo, alcançar algum resultado aplicativo: pelo menos as "anuidades" e "diuturnidades", que correspondem à antiguidade

[29] Cfr. Branca Amaral, *Do subsídio de férias. A sua generalização. A estruturação do seu regime*, ESC nº 35 (1973) 67 ss..

[30] Sobre a matéria, vd. também *supra*, Cap. 8, nº 33.

[31] Na legislação antiga, o seu valor era igual ao da retribuição pelo período de férias.

[32] Retribuição base e retribuição certa não são a mesma coisa. A retribuição base pode ser total ou parcialmente variável. Assim, se houver parte variável (como é o caso das comissões), o subsídio de férias compreenderá o duodécimo da importância auferida a esse título, nos doze meses anteriores ao seu cálculo.

de serviço, estão seguramente excluídas; o mesmo acontecerá com diversos subsídios (de transporte, de estudos, de refeição, etc.) que, tendo carácter retributivo, não se relacionam com o "modo específico" de prestação de trabalho.

F) Feriados obrigatórios[33].

26. *Noção.* Os *feriados obrigatórios* são dias em que, por força da lei, deve ser normalmente suspensa a laboração nas empresas, tendo em vista possibilitar a celebração colectiva de datas ou eventos considerados relevantes, nos planos políticos, religioso, cultural, etc..

A paragem da prestação de trabalho nesses dias é *consequência da suspensão de laboração* a que as entidades patronais estão adstritas perante o Estado. Di-lo o art. 236º/1: "Nos dias considerados como feriado obrigatório, *têm de encerrar ou suspender a laboração todas as actividades que não sejam permitidas ao domingo*". Em rigor, portanto, não se trata, em primeira linha, de um verdadeiro *direito* do trabalhador face ao empregador, que se insira no conteúdo da relação individual de trabalho, mas de uma obrigação do empresário relativamente ao Estado, que se articula com um direito subjectivo público dos trabalhadores – justamente um direito a *tempo livre*, a um período de autodisponibilidade, que pode ser ou não ser (livremente) utilizado para a participação na comemoração de que se trate.

Mas esse direito está condicionado por ou é dependente de uma circunstância alheia ao trabalhador: a existência (ou inexistência) da obrigatoriedade do encerramento da empresa ou estabelecimento. Se o empregador não está obrigado a suspender a actividade, o direito de não trabalhar (normalmente) em dia feriado não existe[34].

Não estamos, como se disse, no âmbito das manifestações do *direito ao repouso,* mas sim e apenas do direito ao *lazer* (tempo livre), como realidade derivada do efeito primário da fixação de um feriado, que é a imposição do não funcionamento das actividades que não estejam dispensadas de encerrar ao domingo. Esta ideia esclarece o regime legal dos feriados obrigatórios, constante, no essencial, dos arts. 234º a 236º CT[35]. Dele ressalta uma postura *restritiva* da lei, inclusivamente quanto ao espaço deixado à contratação colectiva.

Como se disse, a regra é a da *suspensão do trabalho,* o que normalmente implica *encerramento* do local de serviço. A lei antiga era explícita nesse sentido. Mas a

[33] Vd. J. Leite/Coutinho Almeida, *Colectânea* cit. 177 ss..

[34] Em todo o caso, e como adiante se diz no texto, a lei atende, em certa medida, à situação de desfavor relativo em que se encontram os trabalhadores ocupados nessas empresas ou estabelecimentos, conferindo-lhes o direito a um descanso compensatório ou a uma compensação em dinheiro por cada dia feriado em que têm que trabalhar normalmente (art. 269º CT).

[35] Veja-se também o Desp. de 6/2/76, dos Ministros da Administração Interna e do Trabalho (*Diário do Governo,* I série, nº 292, de 19/12/75).

regra sofre natural desvio quanto às actividades de laboração contínua e, em geral, às que sejam permitidas aos domingos; e pode também não ser aplicada, fora de tal quadro, em situações isoladas, para as quais as convenções colectivas estabelecem, com frequência, condições idênticas às exigidas relativamente à prestação de trabalho em dia de descanso semanal.

27. *O regime dos feriados.* Os dias considerados *feriados obrigatórios* são *retribuídos* e não podem ser compensados com trabalho suplementar (art. 269º/1 CT)[36]. O empregador é, assim, onerado com um custo sem contrapartida, consequência do facto de a fixação dos feriados se traduzir, como se disse, directamente na sua obrigação de interromper a actividade, e só indirectamente (corolário dessa interrupção) o trabalhador ser exonerado da correspondente prestação de trabalho.

Razão próxima (não é o repouso propriamente dito, mas a mera *paragem de actividade* que é visada pela fixação do feriado obrigatório) explica que os serviços prestados em tal dia - em regime de trabalho suplementar - não confiram o direito a descanso compensatório, como sucede com o repouso semanal[37]. Serão, todavia, também remunerados com acréscimo idêntico ao aplicável no dia de descanso semanal obrigatório - 50% -, o que se conexiona com o carácter excepcional de tal recurso (art. 268º/1).

Por outro lado, o trabalho prestado em dia feriado pode apresentar-se como *normal*, não suplementar - ou seja, executado em cumprimento do horário de trabalho -, o que ocorre sempre que se trate de empresas dispensadas de encerrar ao domingo (e, portanto, também nos feriados), nomeadamente naquelas que funcionam com horários de turnos rotativos. Nesses casos, o empregador pode optar entre pagar a remuneração com acréscimo de 50% ou atribuir ao trabalhador descanso compensatório equivalente a metade do tempo de trabalho (normal) prestado em feriado (art. 269º/2).

Só aparentemente são iguais as consequências remuneratórias da prestação de trabalho normal em feriado e da prestação de trabalho suplementar num desses dias. Neste último caso, o salário/dia correspondente ao feriado (sem trabalho) está compreendido na retribuição mensal; o trabalho que seja prestado valerá 1,5 vezes o salário/dia, que acrescem à retribuição mensal. No primeiro caso - trabalho normal em feriado - a contrapartida da prestação de trabalho

[36] Entenda-se esta última proposição em termos hábeis: o que há muito deixou de se admitir (porque já constou do regime legal dos feriados) é a distribuição do tempo de serviço perdido com o feriado «pelos dias imediatamente antecedentes ou subsequentes», sem remuneração suplementar. Permanece, todavia, obviamente, a possibilidade de compensação com o trabalho extraordinário *como tal retribuído.*

[37] Esse direito estava consagrado no art. 229º/1 CT, que a L. 23/2012 revogou.

está contida na retribuição mensal, tendo o trabalhador direito a receber, a mais, apenas 0,5 vezes o salário/dia.

28. *A fixação dos feriados.* Os feriados obrigatórios são exclusivamente os fixados pela *lei* (art. 236º/2)[38]. São eles os dias 1 de Janeiro, de Sexta-feira Santa, de Domingo de Páscoa, 25 de Abril, 1 de Maio, de Corpo de Deus, 10 de Junho, 15 de Agosto, 5 de Outubro, 1 de Novembro, 1, 8 e 25 de Dezembro (art. 234º/1). Admite-se que o de Sexta-feira Santa seja transferido para outro dia no período da Páscoa (nº 2 do mesmo artigo).

Esta lista pode ser modificada por lei, nada o impede. Não é uma lista de dias de repouso, como se disse; é uma lista relativamente à qual, em função de critérios de conveniência política, o legislador determina, como regra, o encerramento das actividades que empregam pessoas. É nessa perspectiva que deve ser encarada a L. 23/2012, que eliminou quatro dos feriados obrigatórios anteriormente definidos (dia do Corpo de Deus, 5 de Outubro, 1 de Novembro e 1 de Dezembro). Tal medida podia – com toda a justeza – ser criticada na sua substância, mas cabia plenamente na margem de conformação do legislador ordinário. A colocação do debate sobre ela no plano dos "direitos adquiridos" afigurava-se, por isso, menos certeira. De qualquer modo, os referidos dias feriados foram reintroduzidos pela L. 8/2016, de 1 de Abril.

Não há feriados *obrigatórios* estabelecidos por convenção colectiva. Com efeito, o domínio da contratação colectiva é aqui muito limitado: admite-se que por essa via (assim como por estipulação individual) sejam definidos feriados *facultativos* – em que a suspensão de actividade não é imposta às empresas –, mas até esta definição é encarada pela lei de modo restritivo. Com efeito, são admitidos apenas dois feriados facultativos – a terça-feira de Carnaval e o feriado municipal, sendo qualquer destes substituível por outro dia acordado entre o empregador e o trabalhador (art. 235º). E mesmo esses podem converter-se em obrigatórios, por via da instauração de *usos vinculantes* para a empresa. Em especial, a reiterada concessão da terça-feira de Carnaval como feriado pode, em certas condições, tornar obrigatória para o empregador a suspensão do trabalho nesse dia[39].

De qualquer modo, o regime do trabalho nesses dias (feriados obrigatórios ou facultativos) é o mesmo. A lei refere-se, com efeito, simplesmente, a "feriados" nos arts. 268º e 269º.

[38] Veja-se, porém, o art. 11º/4 L. 7/2009, que admite a fixação de outros feriados nas Regiões Autónomas.

[39] Cfr. STJ 17/11/2016 – P. 1032/15.0T8BRG.G1.S1 (Gonçalves Rocha); no entanto, a reiteração deve estender-se por período suficientemente longo: STJ 09/03/2017 – P. 401/15.0T8BRG.G1.S1 (Chambel Mourisco), onde se considerou insuficiente a concessão da terça-feira de Carnaval em quatro anos consecutivos.

II. As faltas ao trabalho[40].

A) A noção de "falta". - 29. Noção. **B) Modalidades e efeitos.** - 30. Modalidades; 31. A justificação das faltas; 32. A tipologia legal; 33. As faltas por detenção do trabalhador; 34. Consequências das faltas.

A) A noção de "falta".

29. *Noção.* A *falta* é toda a situação de não comparência do trabalhador ao serviço, isto é, no local e no período normal de trabalho (art. 248º/1 CT), independentemente do motivo que a determine.

Para que haja falta é, pois, necessário que seja inobservado o programa temporal de prestação, isto é, que a não comparência ocorra numa altura em que *deveria* ser prestado trabalho. Excluem-se, assim, os casos de ausência nos feriados, no dia de descanso semanal, nas férias – casos em que a abstenção de trabalho se insere no domínio da execução do contrato, ou dos seus efeitos normais.

Por outro lado, a não prestação de trabalho suplementar sem motivo atendível não é configurável como falta: a noção do art. 248º/1 aponta, claramente, para o programa de prestação normal de trabalho. Haverá, naquele caso, desobediência ilegítima mas não falta propriamente dita.

Nem sempre, por outro lado, a falta constitui uma situação de incumprimento da obrigação de trabalho: o empregador pode, nos termos do art. 249º/2-*i*), *autorizar* o prestador a não comparecer em certo dia, ou *aprovar* posteriormente essa não comparência, exonerando-o assim do dever de prestação quanto a tal período.

B) Modalidades e efeitos.

30. *Modalidades.* As faltas são *justificadas ou injustificadas* (art. 249º/1). Como se distinguem estas modalidades?

Para que a justificação uma falta seja atendível, não basta que exista um motivo forte para não comparecer ao trabalho: é necessário *alegá-lo* (perante o dador de trabalho) e, porventura, *comprová-lo, se* tal for exigido (art. 254º). Só se considera justificada, pois, a falta relativamente à qual o trabalhador invoque (e prove, se necessário) um motivo suficientemente importante.

Em que deverá consistir esse motivo?

[40] Sobre o tema, Bernardo Xavier, *Manual de Direito do Trabalho* cit., 693 ss.; Júlio Gomes, *Direito do Trabalho* cit., 722 ss.; M. Rosário Ramalho, *Tratado* cit., Parte II 528 ss.; Menezes Cordeiro, *Direito do Trabalho* cit. 583 ss.; Menezes Leitão, *Direito do Trabalho* cit. 324 ss.; Romano Martinez, *Direito do Trabalho* cit. 580 ss..

31. *A justificação das faltas.* O art. 249º CT contém uma lista de situações típicas que são susceptíveis de justificarem a não comparência ao trabalho, lista essa que se apresenta como exaustiva (nº 3).

De resto, todo o regime das faltas é (com excepção das dadas por representantes dos trabalhadores) insusceptível de modificação por convenção colectiva ou contrato individual (art. 250º). Não podem, assim, ser "negociados" tipos de justificação para além dos que constam do elenco legal.

Tal atitude da lei – que remonta à legislação de 1976 – dificilmente se explica por razões emergentes de uma ponderação dos interesses particulares dos sujeitos da relação laboral – interesses que, em termos abstractos, apontariam, como se disse, no sentido da maior flexibilidade do dispositivo de justificação de faltas. É a outras luzes (e evocando um cenário muito diferente do que hoje nos oferece o panorama das relações laborais) que deve entender-se a posição do legislador. À época em que tal regime foi instituído (1976), as tensões reivindicativas e a intensidade dos movimentos laborais faziam da negociação colectiva (por vezes, também, informal e ao nível da empresa) uma fonte de constante ampliação de benefícios para os trabalhadores, também em consequência da (então) escassa capacidade de resistência das organizações patronais e dos empresários. A "criação" de novas justificações para faltas ao trabalho pôde ser, em muitos casos, moeda de troca na contratação colectiva. O legislador pós-revolucionário actuou, nesta matéria, simultaneamente, sob a preocupação de combater o absentismo e com o intuito de travar concessões nesse domínio, que se revelariam demasiado onerosas para as empresas e a economia.

Mas o carácter "taxativo" do elenco do art. 249º não oferece obstáculo a que a justificação de faltas seja praticamente isenta de limites. Basta ver que a al. *i*) contempla faltas "autorizadas ou aprovadas pelo empregador", o que torna evidente que, em grande medida, a problemática da justificação de faltas está dominada por juízos de oportunidade e conveniência do mesmo empregador. Na verdade, qualquer falta, seja qual for a sua motivação, pode ser autorizada, aprovada (ou ignorada) pelo empregador.

Depois, o elenco constante do art. 249º CT nem sequer abrange a totalidade das situações em que a ausência do trabalho é *legalmente* admitida. A al. *j*) deixa, com efeito, aberta a porta a muitas outras determinações legais sobre situações não tipificadas.

As situações consideradas são de natureza bastante diversa. Vão desde o *exercício de cargos políticos electivos* (L 3/85, de 13/3, quanto aos deputados; L 29/87, de 30/6, para os autarcas) até à *dação de sangue* (L 25/89, de 2/8; DL 294/90, de 21/9), passando pela *prática desportiva de alta competição*, incluindo dirigentes (DL 125/95, de 31/5; Dl 267/95, de 18/10).

Em todos esses casos, a lei estabelece a *dispensa* do trabalho ou admite que ela seja concedida se solicitada; em todo o caso, a ausência do trabalho não chega a ser qualificável como falta, visto haver prévia exoneração do dever de prestar trabalho[41].

A função do elenco legal não é, em suma, limitativa da admissibilidade de quaisquer justificações; ele indica, simplesmente, factos ou situações que, a serem invocados veridicamente pelo trabalhador para justificar faltas ao trabalho, *não podem deixar de ser aceites pelo empregador*. Mas este é livre de acolher considerar atendíveis quaisquer outras, com base em critérios que podem ser de mera oportunidade e conveniência.

32. *A tipologia legal.* Vale a pena, entretanto, dedicar alguma atenção às situações tipificadas no art. 249º/2.

a) *Casamento* – Fixa-se – ao contrário da lei anterior, que estabelecia apenas o limite máximo de «onze dias seguidos, excluindo os dias do descanso intercorrentes», o que redundava em onze dias *úteis* seguidos, quer dizer, sem possibilidade de interpolação – um período inflexível de "quinze dias seguidos". Dado, porém, que se trata da justificação de faltas, esse período acaba por funcionar como limite máximo, e de duração equivalente ao do regime antigo.

b) *Luto* – A eficácia desta motivação de faltas é também limitada a certos períodos, variáveis com o grau de proximidade familiar entre o trabalhador e a pessoa falecida, até ao 2º grau da linha colateral (em que se situam os irmãos ou cunhados, conforme se trate de parentes ou afins), ou, independentemente de tal fronteira, tratando-se de pessoas que vivam em "união de facto ou economia comum" com o trabalhador (art. 251º/2). Esses prazos são de *cinco dias* quanto ao falecimento do cônjuge não separado ou de parente ou afim no 1º grau da linha recta (pais e filhos), e de *dois dias* quanto aos restantes;

c) *Prestação de provas em estabelecimento de ensino* – Trata-se de um tipo de justificação que, há muito tempo, penetrou no regime legal por influência da regulamentação colectiva. Note-se que não é conferido qualquer relevo à circunstância de se tratar de ensino particular ou oficial, ao contrário do que por vezes resulta da negociação colectiva. O art. 89º CT não faz distinção quanto à natureza da "instituição de ensino" frequentada pelo trabalhador. Além disso, o estatuto do trabalhador-estudante[42] não depende da existência de qualquer relação entre o curso frequentado e as funções exercidas na empresa. Por outro lado, os arts. 90º/2 e 91º prevêem, respectivamente, hipóteses de "dispensa de trabalho para

[41] Cfr., neste sentido, Ac. Rel. Coimbra 11/5/95 (BMJ 447, 584).

[42] Esse estatuto contém-se, quanto ao essencial, nos arts. 89º a 96º CT e no art. 12º L. 105/2009, de 14 de Setembro. O primeiro grupo de preceitos define os direitos e prerrogativas propriamente laborais, e o último trata das facilidades a conceder pelas próprias instituições de ensino frequentadas. A lei especial anunciada pelo art. 96º-A CT não surgiu até agora.

frequência de aulas" e o direito de não comparência ao serviço para prestação de provas de avaliação. É evidente que o estatuto do trabalhador estudante se cruza aqui com o regime da justificação de faltas[43].

d) *Impossibilidade de prestação de trabalho por facto não imputável ao trabalhador, nomeadamente doença, acidente ou cumprimento de obrigações legais* – Este tipo de justificação é objecto de particular atenção do legislador, devido ao facto de com ele se relacionar uma grande massa de ausências ao trabalho. Deixando de lado a hipótese de "cumprimento de obrigações legais" – que cobre situações tão diversas como a prestação de testemunho em juízo e o cumprimento do serviço militar obrigatório ou serviço cívico (ver o art. 296º/1 CT) –, é no absentismo por doença que se concentra o esforço do legislador no sentido de garantir a veracidade da justificação das faltas. Assim, a verificação da realidade da doença por iniciativa do empregador está prevista no art. 254º/3 CT, e hoje regulada nos arts. 17º a 24º L. 105/2009. Esse regime habilita o empregador a obter a fiscalização por médico da segurança social ou, não sendo ela feita, por médico da sua própria escolha. Assinale-se que as faltas por doença determinam (legalmente) a perda da retribuição correspondente, desde que o trabalhador seja beneficiário de subsídio de doença da segurança social (art. 255º/2-*a*)). No entanto, uma consistente orientação da contratação colectiva vem, desde há longos anos, e mesmo contra certas dificuldades legais, a consagrar o direito à complementação do subsídio de doença, a cargo do empregador.

e) *«Assistência inadiável e imprescindível»* – Encontra-se nesta rubrica do elenco do art. 249º/2 um dos pontos do regime legal das faltas que há muito vêm suscitando grandes dificuldades de aplicação. Trata-se de prestação de assistência a filho, neto ou a membro do agregado familiar do trabalhador – o que, desde logo, sugere a possibilidade de a pessoa assistida, nos dois primeiros casos, não habitar com o trabalhador. Sobre os pressupostos da justificação de faltas nestes termos, a primeira nota a salientar é a seguinte: a referência feita à «necessidade de prestação de assistência inadiável e imprescindível» como possível justificação de faltas pelo trabalhador surge, desde logo, como uma espécie de «válvula de segurança» na tipologia apertada da lei. Em contraste com o relativo rigor dos contornos das situações antecedentes, existe aqui uma larga margem de apreciação discricionária da motivação de faltas. Trata-se de uma noção que só pode

[43] O CT prevê que o trabalhador seja dispensado até 6 horas por semana para *frequência de aulas* (art. 90º/3) e permite-lhe ausentar-se para *prestação de exame ou provas de avaliação* por períodos que compreendem o dia anterior ao da prova (art. 91º), tudo isto sem perda de retribuição. Ademais, o trabalhador-estudante pode dispor, anualmente, de até 10 dias de licença não-remunerada (art. 92º/2).

ser precisada mediante uma casuística consistente[44]. Todavia, haverá sempre que ponderar a adequação de cada situação concreta à *impossibilidade da prestação de trabalho* que directamente determina a falta; ou seja, o juízo de apreciação terá que reflectir um critério de adequação social aplicado à não comparência ao serviço e à ocorrência invocada como suporte de «assistência inadiável»[45]. Mas, para além do problema da *inadiabilidade*, há ainda que ter em conta o facto de o Código (na esteira da lei precedente) prever, em termos específicos, ausências do trabalho para prestação de «assistência inadiável e imprescindível», em caso de *doença ou acidente*, a filhos (art. 49º) e netos (art. 50º/3), e ainda a cônjuge ou pessoa que viva em união de facto ou economia comum com o trabalhador, e a parente ou afim na linha recta ascendente (pais, avós) ou no 2º grau da linha colateral (irmãos) (art. 252º/1º). Como é obvio, permanece a possibilidade de «assistência inadiável e imprescindível» por motivos diferentes da doença e acidente e a outros membros do agregado familiar. No que diz respeito ao destino da retribuição, a posição da lei é ambígua. Do art. 255º/2 parece decorrer que estas faltam, com excepção das previstas no art. 252º/1, não determinam desconto no salário. Mas o art. 65º/1-*f*) e *g*) clarifica que há lugar a esse desconto, tratando-se de faltas *por assistência a filho ou neto*. Se nos ativermos à letra da lei, parece que as faltas dadas por assistência a outros membros do agregado fami-

[44] Uma importante tentativa de definição de um critério da «assistência inadiável» consubstanciou-se no Ac. Rel. Porto 3/5/82 (CJ, 82, 3, 243). Assentando na cumulação dos requisitos *necessidade* e *inadiabilildade*, aquele Tribunal considerou que o primeiro «supõe a imprescindibilidade de a assistência ser prestada por certa pessoa, e exactamente o trabalhador que por esse facto tem que faltar ao trabalho. E isso por não ter possibilidade de fazer-se substituir nessa assistência». Nesses termos, a necessidade não se verifica (segundo o mesmo Acórdão) quando a pessoa assistida se encontra em internamento hospitalar. Quanto ao segundo requisito – inadiabilidade –, a decisão entendeu que ele significa «a impossibilidade de protelamento» da assistência, condição que, obviamente, carece de comprovação médica. Vejam-se, ainda, os Acs. STJ 9/7/82 (BMJ 319, 199), Rel. Lisboa 8/11/82 (CJ 82, 5, 177), Rel. Lisboa 3/1/85 (CJ 85, 1, 209) e Rel. Coimbra 11/3/86 (CJ 86, 2, 83). No primeiro destes arestos -- STJ 9/7/82 – P. 000266 (Miguel Caeiro) – ponderava-se, muito lucidamente, que, nessas faltas, "a necessidade deve ser apreciada em concreto e não pressupõe que (*a assistência*) só deva ser prestada no domicilio e traduzir-se em actos de presença fisica junto da pessoa assistida; pode assim consistir em outras formas de actuação necessariamente relacionadas com essa pessoa e com a projecção do seu estado no agregado familiar".

[45] Ac. STJ 14-05-2009 – P. 08S3530 (Vasques Dinis): "A comunicação do trabalhador à entidade empregadora destinada a justificar(...) faltas por necessidade de assistência inadiável a membros do seu agregado familiar, deve conter a indicação de factos idóneos a determinar em que se traduz aquela necessidade, designadamente o membro da família a assistir e, invocando-se deslocação ao estrangeiro, as razões por que esta se impunha, para poder ser considerada como justificação da ausência ao serviço e servir de fundamento ao uso da faculdade, conferida à entidade empregadora (...), de exigir a prova dos factos invocados".

liar não dão lugar a desconto. A incongruência é tal que nos parece de aplicar aqui a analogia.

f) Acompanhamento escolar – Este tipo de justificação surge como novidade no regime geral das faltas ao trabalho. Trata-se, por certo, de um dos meios encarados para combater o absentismo, que resulta, em muitos casos, da incompatibilidade entre a obrigação de trabalho e os imperativos da vida familiar. Note-se, porém, o conjunto de cautelas de que a lei rodeia esta facilidade: limite de quatro horas por trimestre, "tempo estritamente necessário", justificação pelo encarregado de educação. Trata-se de faltas que não implicam desconto na retribuição.

g) Exercício de funções de "representação colectiva de trabalhadores" – Prevêem-se dentro desta rubrica as faltas motivadas pelo desempenho de funções em *associações sindicais*, ou na qualidade de *delegado sindical*, ou na de *membro de uma comissão ou subcomissão de trabalhadores, representante dos trabalhadores para a segurança e saúde no trabalho* ou ainda *membro de um conselho de empresa europeu* (art. 404º). Os actos impeditivos da comparência ao serviço estão aqui delimitados por um certo quadro institucional, havendo assim que entender-se restritos ao domínio das atribuições da associação ou comissão e da competência do órgão a que o trabalhador nelas pertença; bem como ao conteúdo da acção sindical na empresa – tal qual resulta da lei e da regulamentação colectiva – e ao campo das atribuições da comissão de trabalhadores e do conselho de empresa europeu, conforme os casos. Por outro lado, a lei atribui aos trabalhadores investidos nessas funções os chamados "créditos de horas" (arts. 422º, 467º e 468º) que mais não são do que autorizações legais de não comparência ao trabalho, a utilizar no exercício dessas funções, e que, por conseguinte, funcionam (também) como dispensas de alegação e prova do motivo de não comparência dentro das fronteiras temporais correspondentes.

No caso de um trabalhador pertencer a mais de uma estrutura de representação colectiva (sendo, por exemplo, membro da comissão de trabalhadores e dirigente de um sindicato representativo de trabalhadores da mesma empresa), os créditos de horas respectivos não podem ser adicionados (art. 408º/4 CT); o trabalhador em causa deve escolher, expressamente, o crédito de que beneficiará para o exercício da totalidade das funções. Daí resulta que os tempos de não prestação de trabalho protegidos pelo crédito de horas, e, como tais, dispensados de explícita justificação, podem resultar do exercício de uma ou outra, ou de ambas as funções acumuladas. A partir do seu esgotamento, ambas as funções de representação colectiva passarão ao regime de faltas justificadas.

Assim, nos termos do art. 409º, esta justificação das faltas só opera relativamente às ausências que excedam tais "créditos". Mas, no caso dos delegados sindicais, a lei é particularmente exigente: a justificação só é aceitável se se tratar de ausências devidas à prática de *actos necessários e inadiáveis*[46], no exercício dessas funções (art. 409º/2).

h) Campanha eleitoral para cargos públicos – Este tipo de justificação constava há muito de diversa legislação específica, quer no tocante às eleições legislativas, quer para as autárquicas.

i) Autorização ou aprovação do empregador – Poderá localizar-se nas chamadas «faltas autorizadas ou aprovadas» uma segunda «válvula de segurança» para a (só aparente) rigidez do sistema. Com efeito, atribui-se assim ao empregador a possibilidade de alargar, a seu critério, mediante apreciação discricionária dos motivos do trabalhador, o círculo das situações em que a não comparência ao serviço não envolverá violação contratual nem infracção disciplinar. No entanto, e ao contrário da solução que vigorava antes do Código, estas faltas dão agora lugar a perda da retribuição (art. 255º/2-*e*)), o que se afigura difícil de justificar. Com efeito, trata-se de verdadeiras *dispensas* do serviço. Certas situações de conveniência exclusiva do trabalhador e simples aceitação do empregador, a que a nova solução se ajustaria, encontrariam guarida no regime das licenças (arts. 317º ss.).

33. *As faltas por detenção do trabalhador*. Situação particular e muito discutida é a do trabalhador que falta ao serviço por motivo de *prisão*. Trata-se de uma impossibilidade material, resultante de decisão tomada por entidade alheia à relação de trabalho, e que pode, inclusivamente, estender-se por longo tempo. Deverá ser dado a essas ausências o tratamento das faltas justificadas?

Se se trata do *cumprimento de pena de prisão*, as faltas devem considerar-se imputáveis ao trabalhador: são consequência, embora mediata, de um comportamento cujo carácter culposo foi judicialmente apurado. A opção de conduta do trabalhador resultou, ou devia ter resultado, da ponderação de todas as suas sequelas, inclusivamente a do impedimento de comparecer ao trabalho. Cessa, pois, a atendibilidade da causa imediata das faltas como sua justificação[47]. As ausências causadas pelo cumprimento de pena de prisão são, pois, injustificadas. No entanto, os efeitos disciplinares de tais faltas merecem consideração particular. O empregador pode revelar, com a ausência de reacção disciplinar dentro de certo imediatismo em relação ao conhecimento do motivo da não comparência do trabalhador, que não atribui relevância significativa a tal situação[48].

[46] Cfr. Ac. Rel. Porto 25/1/88 (CJ 88, 1, 247), Ac. Rel. Coimbra 8/10/92 (CJ 92, 4, 121). Sobre a qualificação dessas ausências para certos efeitos, veja-se o Ac. STJ 21/05/2008 – P. 08S606 (Bravo Serra).

[47] Cfr. Acs. Rel. Lisboa 28/1/87 (CJ, 1, 178), STJ 30/10/87 (BMJ 370, 472), Rel. Lisboa 20/4/88 (CJ 88, 2, 182), Rel. Lisboa 6/5/92 (CJ 92, 3, 255).

[48] Cfr. neste sentido o Ac. Rel. Porto 19/10/2009 – P. 254/07.1TTVLG.P1 (Machado da Silva): "Configura uma situação de "abuso do direito" o despedimento do trabalhador com fundamento

Pelo contrário, as ausências determinadas por *prisão preventiva* – uma vez que esta não permite estabelecer um juízo de imputabilidade – deverão, em princípio[49], ser tratadas segundo o regime das faltas justificadas. Mas não é dispensável uma apreciação de cada situação em concreto; pode, com efeito, haver lugar a censura do comportamento do trabalhador que imediatamente suscitou a detenção preventiva. A jurisprudência refere, neste ponto, hipóteses de "desconsideração" por parte do trabalhador de tal possibilidade, face à sua conduta[50]. Por outro lado, se se seguir a condenação do trabalhador, e o cumprimento da pena correspondente, a imputabilidade assim apurada alastra a todo o tempo de detenção e, portanto, de não comparência ao trabalho[51].

Estas linhas de solução supõem, naturalmente, que, *em sede de aplicação do regime de faltas*, se cuide apenas do facto da ausência do trabalho e das suas consequências na execução do contrato. A valoração das faltas não passa pela apreciação do comportamento delitual que originou a pena de prisão, mas sim pela análise dos efeitos que a inexecução da prestação de trabalho, na sua concreta duração, e considerada imputável ao trabalhador, terá sobre o futuro das relações de trabalho. É por essa via que relevam as faltas ao trabalho, para os específicos efeitos que a lei prevê[52].

Com isto, não se quer dizer que seja necessariamente irrelevante, sob o ponto de vista jurídico-laboral, a conduta criminosa do trabalhador (fora do local e do tempo de trabalho e não relacionada com a empresa)[53]. Pelo contrário,

em faltas injustificadas, por ter estado preso, quando a entidade patronal permaneceu indiferente durante cerca de três anos e meio (...) à situação de ausência do trabalhador e só reagiu disciplinarmente quando o mesmo pretendeu voltar a trabalhar".

[49] Mas não se pode excluir que, num outro plano de análise, a ausência do trabalho por prisão preventiva venha a ser qualificável como justa causa de despedimento: cfr. Ac. 01/10/2008 – P. 08S718 (Vasques Dinis).

[50] Vd., nomeadamente, o Ac. STJ 04-06-2008 – P. 08S601 (Bravo Serra): "O que relevará, para aquilatar de uma falta disciplinar baseada em faltas injustificadas motivadas pelo facto de o trabalhador ter sido sujeito á medida de coacção de prisão preventiva, é saber se ele, ao prosseguir uma dada conduta, que, eventualmente, foi motivadora daquela medida, «desconsiderou» a circunstância da plausibilidade de uma das consequências da sua actuação ser a da privação da sua liberdade, com a inevitável impossibilidade de prestar o seu serviço à entidade patronal".

[51] Assim se decidiu, nomeadamente, nos Acs. STJ 3/11/88 (BMJ 381, 489) e 25/2/93 (CJ 93, 1, 260); Rel. Porto 17/5/93 (CJ 93, 3, 268) – embora com fundamentação discutível, como se dirá no texto – e, ainda, STJ 14/05/97 – P. 96S177 (Matos Canas).

[52] É nesta perspectiva que se nos afigura criticável a doutrina explanada nos Acórdãos citados na nota anterior: parece, com efeito, que esses arestos ajuizam sobre a natureza das faltas à luz do grau de censurabilidade dos *comportamentos* punidos com prisão.

[53] Se estas circunstâncias se verificarem, pode a entidade empregadora proceder disciplinarmente contra o trabalhador, independentemente da sua responsabilização criminal. Cfr., neste sentido, o art. 27º/4 LCT e o Ac. Rel. Lisboa 14/11/84 (CJ 84, 5, 200).

tem que admitir-se a possibilidade de essa conduta, embora localizada na esfera privada do trabalhador, afectar irremediavelmente as bases em que o contrato de trabalho assentou e comprometer a sua viabilidade futura. Sendo assim, ela terá relevância disciplinar e poderá ser, por esta via, sancionada[54]. Apenas três exemplos: um perito de uma companhia de seguros envolveu-se numa rede internacional de traficantes de droga e foi, por isso, punido com prisão maior; o caixa de uma dependência bancária falsificou a assinatura de um cliente de outro banco, para sacar cheques que lhe furtou da pasta; o encarregado da segurança de uma fábrica foi condenado por homicídio voluntário. Estas situações são, claramente, de molde a produzir as consequências a que alude o art. 351º CT.

Só que, nestes casos, o que avulta é o próprio comportamento criminoso do trabalhador, nas suas possíveis repercussões disciplinares (que podem, até, não existir, face à natureza desse comportamento e às características concretas da relação de trabalho) – ao passo que, para a qualificação das faltas resultantes de prisão, tendo em vista as consequências descritas nos arts. 255º e 256º, o objecto de valoração é, exclusivamente, *o facto da não comparência ao trabalho.*

34. *Consequências das faltas.* A destrinça entre faltas justificadas e injustificadas reveste-se de assinalável importância prática.

Com efeito, e salvo excepções – que são, em geral, explicáveis pela existência de sucedâneos do salário –, as faltas justificadas não determinam a perda da retribuição correspondente, nem afectam quaisquer direitos do trabalhador (art. 255º).

Pelo contrário, as injustificadas têm como consequência a *perda da retribuição, o desconto na antiguidade* e ainda, em casos graves, uma possível *acção disciplinar* (art. 256º).

A perda de retribuição é agravada quando a falta se situa imediatamente antes ou depois de um dia de descanso ou feriado: nos termos do art. 256º/3 (com a redacção dada pela L. 23/2012), os dias ou meios-dias de não-trabalho contíguos são igualmente considerados na dedução a fazer. Situação extrema será a de falta injustificada numa "ponte" entre um feriado e um fim-de-semana: um dia de ausência implicará a perda de quatro dias de salário[55].

A solução não é nova: o art. 27º/2 DL 874/76 já a consagrava, em termos praticamente iguais. No entanto, esse regime teve escassa concretização na prática das

[54] Cfr. Acs. Rel. Porto 21/10/85 (CJ 85, 4, 281), 16/12/85 (BMJ 352, 429), 16/12/85 (CJ, 85, 5, 212) e, ainda, o Ac. STJ 31/10/86 (BMJ 360, 468).

[55] Poderia sustentar-se que, na hipótese considerada, só o sábado (e não o domingo) é *imediatamente* posterior à falta e só ele deveria ser considerado; mas a *ratio* do preceito não deixa dúvidas quanto à amplitude do desconto, no sentido do texto.

relações de trabalho, até porque nunca foi adoptado na generalidade das convenções colectivas.

A diferença de tratamento que as duas modalidades de faltas ao trabalho merecem tem fácil explicação no contexto do sistema legal. A falta injustificada é encarada como expressão de quebra *culposa* da disponibilidade (no sentido já observado) a que o trabalhador se vinculou (o art. 256º/1 qualifica-a de "violação do dever de assiduidade"): daí, por um lado, a «interrupção» da antiguidade, e por outro, a relevância disciplinar que lhe é associada em casos mais graves.

No plano ético-jurídico, entende-se assim o extremo rigor com que são tratadas estas faltas. No entanto, sob o ponto de vista político-jurídico, isto é, na perspectiva do combate ao excessivo absentismo que parece verificar-se em Portugal, a penalização das faltas injustificadas parece inconsequente: trata-se de uma percentagem insignificante das ausências ao trabalho. A grande massa do absentismo localiza-se no domínio das faltas *justificadas*, onde (com a L. 23/2012) deixou de actuar o estímulo à assiduidade resultante da majoração das férias e não existem outras formas de incentivação ou penalização realmente eficazes.

Capítulo 15
A SUSPENSÃO DO CONTRATO DE TRABALHO E A REDUÇÃO DE ACTIVIDADE

I. A suspensão do contrato de trabalho[1].

1. Noção; 2. Efeitos gerais da suspensão.

> **"I–Durante a respectiva suspensão o contrato de trabalho continua vivo – embora adormecido – mantendo-se, pelo menos , certos deveres que não dependem da efectiva prestação de trabalho.**
> **II–Assim, no âmbito de um contrato de trabalho suspenso, os créditos respeitantes a lapso temporal anterior à vigência continuam a ser irrenunciáveis." – Rel Lisboa 19/04/2017 – P. 25106/15.8T8LSB.L1-4 (Leopoldo Soares).**

1. *Noção.* A suspensão do contrato de trabalho consiste na manutenção do vínculo apesar da paralisação dos seus principais efeitos: desde logo, a obrigação de trabalho, e, nalgumas modalidades, também o dever de retribuir. As relações factuais de trabalho sofrem, assim, uma descontinuidade mais ou menos importante, que, todavia, não afecta a vigência do contrato.

[1] Sobre esta matéria, em termos específicos, veja-se a monografia de Rita Canas da Silva, *Suspensão laboral. Ausência temporária da prestação de trabalho*, Coimbra (2017). Vd. ainda Jorge Leite, *Notas para uma teoria da suspensão do contrato de trabalho*, QL nº 20 (2002)121 ss.; P. Romano Martinez, *Direito do Trabalho* cit., 708 ss.; M. Rosário Ramalho, *Tratado* cit., Parte II 710 ss.; Menezes Cordeiro, *Direito do Trabalho* cit., II 796 ss.; Bernardo Xavier, *Manual* cit. 701 ss..

Essa descontinuidade pode ser causada por situações diversas, que se reconduzem, de um modo ou de outro, à *impossibilidade superveniente*[2] *temporária*[3] *da prestação de trabalho*, quando *não seja imputável (a título de culpa) ao trabalhador*[4]. Como se verá, essa impossibilidade tanto pode resultar de um obstáculo que surja na esfera pessoal do trabalhador (uma doença, por exemplo) como do facto de a empresa não querer ou não poder receber a prestação de trabalho. Tendo, essencialmente, em vista a defesa da *estabilidade do emprego*, o regime jurídico da suspensão reduz as consequências *jurídicas* da impossibilidade da prestação de trabalho à dimensão dos efeitos *práticos* que ela comporta.

A circunstância de a prestação de trabalho ser normalmente programada ou seriada no tempo segundo certa ordem e certo ritmo conduz a que, *em rigor*, mesmo a impossibilidade temporária da sua execução implique, de certo ponto de vista, a sua perda (logo: impossibilidade) *definitiva*. «O trabalho não prestado no dia *X* converte-se num trabalho impossível»[5]: a lacuna ocorrida na prestação é irremediável. O mais que pode imaginar-se é a compensação dessa perda por um *sucedâneo* – trabalho executado *noutro* dia, além do que normalmente lhe respeitaria.

Levada às últimas consequências, esta verificação implicaria que o aparecimento de um obstáculo decisivo (embora transitório) à execução da actividade laboral configurasse sempre uma impossibilidade *definitiva*, se bem que *parcial*, da prestação a cargo do trabalhador, com vocação *extintiva* do contrato, por eventual resolução da iniciativa do credor-patrão (art. 802º/1 CCiv.).

A suspensão do contrato, implicando a conservação deste *ex vi legis*, traduz-se justamente no afastamento de tais corolários, sob o lema da estabilidade do emprego: a sobrevivência do vínculo mantém-se até ao limite extremo da sua provável utilidade para as partes.

Assim, se, na vigência do contrato, o trabalhador é acometido de doença que o obrigue a permanecer em casa, fica impedido de cumprir a obrigação de trabalho por um período mais ou menos longo.

Se, noutro exemplo, o estabelecimento é destruído por um incêndio, ou o empresário decide encerrá-lo para renovação do equipamento e reorganização do processo de fabrico, os trabalhadores ficam privados da possibilidade de

[2] Isto é: surgida após a celebração do contrato, durante a sua execução (cfr. art. 790º CCiv.). Quanto à impossibilidade *originária*, rege em geral o art. 411º CCiv.: o contrato é *nulo*.

[3] A impossibilidade *definitiva* determina a cessação do contrato por *caducidade*: art. 343º CT.

[4] Se a impossibilidade for *imputável* ao devedor-trabalhador, este é, nos termos gerais do art. 801º CCiv., «responsável como se faltasse culposamente ao cumprimento da obrigação» (nº 1) – princípio que, conjugado com o art. 351º CT, aponta para a integração de *justa causa* de despedimento.

[5] Kaskel-Dersch 267. Cfr. no mesmo sentido, Zöllner, *Arbeitsrecht* cit. 187 ss..

exercer a sua actividade: há uma impossibilidade da prestação de trabalho, induzida pelo encerramento do estabelecimento.

Mas a suspensão do contrato não está ligada, pela lei, apenas a situações de impossibilidade temporária da sua execução. O mesmo mecanismo pode surgir como instrumento de resposta para crises empresariais graves – aí mediante decisão do empregador –, visando impedir que estas redundem na destruição de empregos.

Perante tais situações, a lei mantém de pé o contrato, como que em estado latente (reduzido, como veremos, aos efeitos que não implicam a existência de *relações de facto* entre as partes), até ao momento em que possa retomar a plenitude dos seus efeitos.

Para além desses casos, a suspensão do contrato de trabalho pode dar-se também como efeito de um *acordo* entre o trabalhador e o empregador[6]. Em tais hipóteses, não poderá decerto falar-se de impossibilidade da prestação de trabalho, mas sim de uma modificação convencional do contrato de trabalho, através da qual as partes utilizam a suspensão como *instrumento* para certos fins úteis. Retomaremos essas hipóteses mais adiante.

2. *Efeitos gerais da suspensão*. Os efeitos comuns às várias modalidades de suspensão do contrato, e que, portanto, caracterizam, no essencial, este instituto jurídico, são os seguintes:

a) *Conservação do vínculo* – O efeito primacial da suspensão é a manutenção do contrato, embora em estado de transitória inexecução: "mantêm-se os direitos, deveres e garantias das partes que não pressuponham a efectiva prestação do trabalho" (art. 295º/1). No entanto, a suspensão não exclui a possibilidade de cessação do contrato "nos termos gerais" (art. 295º/3). Isto significa que qualquer das partes (e aqui interessa, sobretudo, o empregador) pode fazê-lo cessar, desde que sejam observados os requisitos legais da modalidade extintiva utilizada, e desde que a cessação não tenha como fundamento a situação geradora da suspensão. Um trabalhador ausente por doença pode ser despedido, mas não pelo facto de estar impedido de trabalhar por doença. A suspensão não afasta também a possibilidade de inclusão do trabalhador «suspenso» num despedimento colectivo, sempre que a fundamentação deste envolva *objectivamente* a eliminação do posto de trabalho por ele ocupado – em termos idênticos aos que se hão-de observar relativamente aos trabalhadores em serviço efectivo. A suspensão não representa, pois, para o contrato, um escudo impenetrável, mas simplesmente a exclusão da (eventual) vocação extintiva da impossibilidade da prestação de trabalho, ou de outra causa que a tenha determinado: o vínculo

[6] Cfr. Ac. STJ 09/12/2010 – P. 2651/06.0TTLSB.L1.S1 (Mário Pereira).

não pode desfazer-se por *esta* causa, mas não fica imune a outras que porventura ocorram durante o próprio período de suspensão.

b) *Conservação da antiguidade* (art. 295º/2) – A suspensão do contrato não impede que prossiga a contagem da antiguidade: do ponto de vista jurídico – e tendo em conta, como na altura própria se notou, que a antiguidade se relaciona com a «pertença à empresa» – a impossibilidade temporária da prestação de trabalho não determina uma quebra da «continuidade» da relação laboral. Daí decorre que os efeitos ligados pela lei ou pelos IRCT à antiguidade (sem que esta se articule com outros factores) se produzam mesmo não estando o trabalhador no «activo»: diuturnidades, promoções automáticas, mudanças de escalão retributivo, etc. No caso específico da suspensão de contratos de trabalho em situação de crise empresarial – e só nele, segundo cremos, dado o disposto nos arts. 239º/6 e 244º –, são ainda ressalvados os direitos dos trabalhadores em matéria de férias pagas (art. 306º/1 e 2). Voltaremos a este ponto um pouco adiante (al. *d*)).

c) *Permanência de deveres acessórios* (art. 295º/1) – Como se sabe, o trabalhador e o empregador assumem, com a celebração do contrato, obrigações acessórias, algumas das quais independentes da efectiva prestação de trabalho – antes relacionadas com a situação de «pertença à empresa»[7]. Ora é claro que a paralisia dos efeitos jurídico-práticos essenciais do contrato não quebra de modo radical o nexo existente entre as esferas jurídicas do empregador e do trabalhador (ainda e apesar de tudo) *pertencente à empresa*, dada a subsistência do contrato. O trabalhador pode, nomeadamente, praticar, na constância da suspensão, actos capazes de prejudicar a empresa – nomeadamente concorrer com ela, revelar os seus segredos de fabrico, contribuir para o descrédito dos seus produtos – incompatíveis com o chamado dever de lealdade cujo conteúdo se procurou já precisar. Este dever *mantém-se de pé* exactamente porque, *tal como a antiguidade*, não pressupõe em absoluto a normal execução do contrato, apenas lhe bastando como suporte a vinculação jurídica das partes e a consequente ligação do trabalhador à empresa. A violação de tal dever – do mesmo modo que a das restantes obrigações acessórias do trabalhador – pode integrar uma *infracção disciplinar* e conduzir até ao *despedimento por justa causa* durante a suspensão. Tudo está em saber se as características concretas do impedimento da prestação de trabalho e da situação suspensiva comportam a instauração de procedimento disciplinar (arts. 329º e 330º e 352º ss. CT). A lei define um prazo para o início do processo (60 dias, no art. 329º/2) que se conta a partir do *conhecimento do facto* pelo empregador ou superior hierárquico com competência disciplinar. No entanto, *a utilidade* de tal prazo requer – dado o carácter «burocratizado» que a acção

[7] É a expressão lapidar do Ac. Rel. Lisboa 16/5/83 (CJ 83, 3, 200).

disciplinar assume presentemente na lei – a existência de uma *organização* em funcionamento, ainda que parcial. Parece, por isso, que, nos casos de *encerramento temporário da empresa ou estabelecimento*, aquele prazo só deve pôr-se a correr a partir da reabertura.

d) Paralisação dos efeitos do contrato condicionados pela possibilidade da prestação de trabalho efectivo (art. 295º/1) – Desde logo, a suspensão do contrato implica a legítima inexecução da prestação de trabalho – quer dizer, exonera temporariamente o trabalhador do cumprimento da sua obrigação principal. Esta é a projecção directa e indubitável do acolhimento oferecido pela lei à impossibilidade temporária não-imputável como evento susceptível de ser absorvido pelo ciclo vital do contrato. Mas quais são os outros «direitos, deveres e garantias das partes» a que se refere o art. 295º/1? Há-de ver-se que a *obrigação salarial* permanece integralmente em certos casos e parcialmente noutros (art. 309º), mas cessa, enquanto tal, nas situações derivadas de facto respeitante ao trabalhador e nas de crise empresarial (em que é substituída pela "compensação retributiva"). Quanto ao *direito a férias pagas*, e muito embora ele não inclua entre os pressupostos da sua *constituição* a efectividade do serviço, julga-se inegável que a existência de prestação de trabalho (ou, ao menos, da possibilidade dela) condiciona directamente a *efectivação* de tal direito. O fundamento do direito a férias não se harmoniza com a *ficção* do gozo de um período de repouso durante uma fase em que o contrato está suspenso e a prestação de trabalho se não realiza. Assim, o direito a férias permanece, durante a suspensão, em estado latente; ano após ano, a sua efectivação vai-se tornando impossível (enquanto perdurar o impedimento de trabalho), de harmonia com o princípio de que as férias correspondentes a cada ano devem ser nele gozadas (art. 240º/1), não havendo, por conseguinte, lugar à acumulação de períodos não gozados no termo da suspensão. Quando esta situação cessa, seja qual for a altura do ano, o trabalhador recupera a possibilidade de gozar férias, *em relação a esse ano*, como se tivesse estado em serviço efectivo anteriormente. Essa possibilidade é, em todo o caso, condicionada pela especificidade da situação: o trabalhador deve prestar serviço durante seis meses antes de poder exercer direito a férias recuperado, e gozará apenas um período proporcional ao tempo trabalhado nesse ano (art. 239º/6). De modo correspondente, se a impossibilidade surgir *antes* do gozo das férias correspondentes ao ano de referência, prolongando-se para além do termo deste, o período a gozar ficará, em princípio, inutilizado e irrecuperável[8]. Em termos tendenciais, este esquema, consagrado no art. 244º CT, conduz a

[8] Sendo esse o mais expectável resultado prático, não se ignore que o art. 244º/3 CT não só reconhece ao trabalhador o direito à retribuição e ao subsídio correspondentes ao período perdido, mas admite até que, em alternativa, ele seja gozado até 30 de Abril do ano seguinte.

uma aproximada equivalência de benefícios e perdas para o trabalhador. Mas é preciso notar que ele se aplica apenas aos casos de impossibilidade por facto ligado ao trabalhador. Quanto às situações de suspensão por crise empresarial, o art. 306º salvaguarda a efectivação do direito a férias ("a marcação e o gozo de férias", diz mesmo o nº 2), ficcionando o período de redução ou suspensão como tempo de serviço efectivamente prestado «em condições normais de trabalho» (nº 2). A artificialidade da solução – que nos parece, aliás, extensível, mesmo *a fortiori*, aos restantes casos de suspensão por facto ligado ao empregador –, no que toca à «efectivação» do repouso, é manifesta. O legislador terá querido, sobretudo – e tendo em vista que se trata de perturbações da execução do contrato a que o trabalhador é completamente alheio –, ressalvar a componente económica do direito a férias, na medida em que ela se traduz num «sobreganho» relativamente ao esquema normal de remuneração do trabalho.

Começaremos por examinar, em particular, o regime legal das situações caracterizadas pela *impossibilidade temporária da prestação de trabalho*, não-imputável ao trabalhador, e determinantes da suspensão do contrato. Há aí que distinguir situações de duas espécies: as de impedimento *ligado ao trabalhador* e as de impossibilidade por facto *ocorrido na esfera da empresa* (*maxime* encerramento temporário).

II. Suspensão do contrato de trabalho por causa ligada ao trabalhador.

3. Pressupostos; 4. Impossibilidade temporária; 5. Não imputabilidade ao trabalhador; 6. Efeitos.

> **"(...) A comunicação e justificação atempadas e sucessivas traduzem-se em deveres do trabalhador que não se mostram afastados pela suspensão do contrato de trabalho por motivo de doença, dado não pressuporem, pelo menos, em moldes exclusivos, a efectiva prestação de trabalho, prendendo-se com outros deveres acessórios relacionados com a boa fé no cumprimento dos contratos (artigos 119º do Código do Trabalho de 2003 e 126º do actual Código do Trabalho) e contemplados nas alíneas a) e e) ou f) dos números 1 dos artigos 121º e 128º dos dois Códigos do Trabalho (deveres de urbanidade e lealdade), que emergem da relação jurídica complexa que é a relação laboral" - Rel Lisboa 25/01/2012 - P. 3110/11.5TTLSB.L1-4 (José Eduardo Sapateiro).**

3. *Pressupostos.* No art. 296º/1, prevê o Código um conjunto de situações surgidas *na esfera do trabalhador* que determinam a suspensão do contrato, pelo facto de impossibilitarem temporariamente a prestação de trabalho. As características comuns a tais situações são as seguintes:

a) existência de um *impedimento temporário* (de duração *superior a um mês);*
b) ligação desse impedimento à *pessoa do trabalhador;*
c) *não imputabilidade* do impedimento ao trabalhador.

O facto ou situação em causa deve determinar a impossibilidade da execução do trabalho e, além disso, constituir obstáculo à disponibilidade do trabalhador, mesmo para outras funções compatíveis. É necessário, em suma, que o impedimento o *afaste* da actividade da empresa. É o que sucede nos casos expressamente previstos pelo texto legal citado - *doença, acidente* ou *obrigação militar* - e também noutros facilmente imagináveis, dotados de cobertura normativa em diplomas diversos. Assim, por exemplo, o exercício de funções como membro do Governo, deputado, presidente e vereador a tempo inteiro de uma Câmara Municipal, gestor público, representante dos trabalhadores na gestão de instituições de segurança social.

A impossibilidade pode ser meramente *subjectiva,* isto é, relativa à pessoa concreta do trabalhador - não se exigindo que seja objectiva, quer dizer, existente para a generalidade das pessoas. É o que decorre da natureza pessoalmente *infungível* da prestação de trabalho (o trabalhador não pode dar outrem por si para executar o seu serviço) ou, por outras palavras, do facto de se presumir que o contrato de trabalho é celebrado *intuitus personae* relativamente ao trabalhador.

4. *Impossibilidade temporária.* O carácter *temporário* da impossibilidade solicita algumas precisões.

Por um lado, a lei condiciona o funcionamento da suspensão a que o impedimento tenha duração, certa ou provável, de *mais de um mês* (art. 296º/1); há, pois, um limite *mínimo* de transitoriedade, que decerto se explica pela possibilidade da aplicação do regime normal das *faltas* a situações de impedimento menos prolongado[9-10].

Não existe, por outro lado, um limite máximo definido para estes casos de impossibilidade temporária – ou seja, uma fronteira exacta a partir da qual se passe a considerar definitiva, com o conhecido efeito da cessação do contrato por *caducidade* (arts. 296º/4 e 343º). Significará isto que se tenha por temporário – isto é: apto a permitir a sobrevivência do contrato em estado latente – um impedimento de *qualquer* duração, mesmo de dez ou vinte anos, enquanto se não tornar *provadamente definitivo* (com a morte do trabalhador, por exemplo)[11]?

A resposta que deve ser dada a esta questão interessa apenas, obviamente, para os casos em que o impedimento não é determinado *por via legal* – caso de serviço militar, por exemplo – pois, quando o é, a transitoriedade do obstáculo mede-se pela própria duração da situação definida pelas respectivas normas. Fora desse círculo de hipóteses, o carácter temporário ou definitivo da impossibilidade há-de decorrer da aplicação de um critério de ponderação dos interesses em vista dos quais as partes se vincularam – ou seja, antes do mais, tendo em vista a conservação ou a perda da *utilidade* das prestações contratuais após a cessação do impedimento. É no quadro de tal critério que deve, a nosso ver, inserir-se o disposto no art. 295º/3: se o contrato tiver sido celebrado a prazo, a suspensão não obsta ao decurso deste, nem à eventual caducidade do vínculo, se se esgotar[12].

5. *Não imputabilidade ao trabalhador.* O facto determinante da impossibilidade deve surgir conexionado à *pessoa do trabalhador,* embora porventura constitua

[9] Cfr. Bernardo Xavier 154.

[10] Anote-se que é tendo exactamente em vista os impedimentos de curta duração (quanto aos *empregados,* até *seis semanas* – nº 2 do § 61 6 BGB) que no sistema *alemão* se acha consagrada a regra da *manutenção do salário,* apesar de o facto determinante da impossibilidade se situar na esfera do trabalhador. Para além de tal limite, passa a vigorar a regra (válida no nosso sistema) da suspensão do pagamento da retribuição.

[11] Convém ter presente que o mandato dos deputados é de quatro anos; que há doenças cuja cura pode implicar o afastamento do trabalhador por muitos meses; etc..

[12] «Com efeito, o que está suspenso é simplesmente uma situação de facto, a execução material e a sua possibilidade, e nunca a própria vida do contrato, que não cessa em momento algum de se encaminhar para o seu termo, tal como foi fixado pelas partes contrastantes». – T. Yamaguchi, *La théorie de la suspension du contrat de travail et ses applications pratiques dans le droit des pays membres de la Communauté Européenne,* Paris (1963), 111.

reflexo da sua vida familiar ou social. Assim, também neste ponto há que estabelecer ligação com o regime das faltas: as situações capazes de justificar a não comparência ao trabalho determinam a suspensão do contrato se se prolongarem por mais de um mês.

Mas, por outro lado, é preciso que a situação impeditiva *não seja imputável ao trabalhador*. Caso contrário, estar-se-á perante a situação de incumprimento culposo, cujos efeitos, como se observou, são diferentes.

Há, todavia, que acautelar dois aspectos importantes. Em primeiro lugar, a imputação envolve aqui a *culpa grave* do trabalhador, não diz respeito à mera *causalidade* relativamente ao obstáculo surgido, nem tão pouco ao eventual descuido da sua conduta.

Assim, se, por inadvertência, aquele é vítima de insolação numa ida à praia; ou, ao passar junto de uma serra mecânica com a qual trabalha, sofre amputação de alguns dedos; ou, ainda, contrai uma grave doença das vias respiratórias em consequência de abuso do tabaco – em qualquer dessas situações pode certamente dizer-se que o trabalhador *provocou* o seu próprio impedimento, mas nem por isso há apoio suficiente, sem mais indagações, para que o mesmo lhe seja imputado do ponto de vista do art. 296º.

É necessário que a sua conduta possa qualificar-se como culposa, não em termos de mera negligência, mas envolvendo *intencionalidade* – que seja, em suma, imputável a título de *dolo*[13]. Por outras palavras, a suspensão não actuará somente se a impossibilidade da execução do trabalho tiver sido *voluntariamente provocada* pelo trabalhador[14].

A lei parece admitir, no entanto, hipóteses em que o impedimento *imputável* ao trabalhador determina a suspensão do contrato (art. 296º/5): trata-se, contudo, de uma imputabilidade em sentido impróprio, a qual se traduz no mero *concurso* da vontade do trabalhador para a criação de situações legalmente *tipificadas* como causas de suspensão, isto é, de situações determinantes da *lícita* inexecução do trabalho.

Tem-se em vista, nomeadamente, o exercício de funções como as de *membro do Governo* e *deputado*: é a lei que as considera prioritárias em relação ao cumprimento das obrigações de trabalho contratualmente assumidas, dispondo ela

[13] Veja-se, sobre os conceitos de imputação, imputabilidade e culpa, ANTUNES VARELA, *Das obrigações em geral*, cit., 384 ss..

[14] A não-imputação ao trabalhador não releva apenas como *pressuposto* da suspensão, mas também como *condição de subsistência da situação típica em que se traduz o funcionamento do instituto*. Esta ideia visa, nomeadamente, hipóteses como a da prática de actos, pelo trabalhador, no sentido de *intencionalmente* provocar o prolongamento da impossibilidade – casos em que se passa para o domínio do incumprimento culposo da prestação de trabalho.

própria, como consequência, a suspensão dos contratos de trabalho em causa. A incumbência de interesse público prevalece sobre a obrigação contratual.

De igual modo, o exercício de funções de *dirigente sindical a tempo inteiro* determina a suspensão do respectivo contrato de trabalho (art. 468º CT)[15], constituindo uma situação de impossibilidade temporária da prestação de trabalho normal que, embora com o concurso da vontade do trabalhador, se considera não lhe ser imputável.

E pertence ainda ao mesmo grupo de situações a do trabalhador que é designado para exercer funções de *administrador*, quer na sociedade que directamente o emprega, quer noutra pertencente ao mesmo grupo ou com ela associada por qualquer título: o contrato de trabalho suspende-se enquanto durar essa situação, retomando a plenitude dos efeitos quando ela cessar (art. 398º/2 CSC)[16]. Também aqui se pode dizer que o trabalhador concorre com a sua vontade (ao aceitar a designação) para a causa da impossibilidade de prestar normalmente o trabalho. Mas essa aceitação é, apesar de tudo, condicionada pela subordinação: trata-se, ainda, de um encargo cometido pela entidade empregadora e exercido no interesse desta, pelo que a sobreposição à normal obrigação de trabalho surge como ocorrência análoga à do exercício do direito de variação regulado no art. 120 CT.

Verdadeiramente atípica é a situação de suspensão do contrato por *decisão unilateral do trabalhador*. Trata-se de uma opção oferecida pela lei (art. 325º/2 CT) aos trabalhadores afectados pela falta de pagamento total ou parcial da retribuição devida, por causa que não lhes seja imputável; a particularidade fundamental do regime aplicável a esta situação consiste no acesso do trabalhador ao subsídio de desemprego (art. 25º L. 105/2009, de 14/9).

6. *Efeitos*. Quanto aos *efeitos* da suspensão, o CT, utilizando uma formulação tradicional, estabelece que se mantêm «os direitos, deveres e garantias das partes que não pressuponham a efectiva prestação de trabalho» (art. 295º/1); e esta regra surge incorporada no *regime geral* da suspensão, o que, nomeadamente, pareceria implicar a exoneração do débito retributivo do empregador em todas as situações contempladas pela lei, incluindo as que nasçam de factos inerentes ao empregador ou à empresa. Ora não é assim. A retribuição – enquanto tal, e não um sucedâneo ou equivalente – continua a ser devida, na totalidade ou em grande parte, nas situações contempladas pelo art. 309º CT.

[15] Cfr. Ac. STJ 30/05/2012 – P. 611/05.8TTPRT.P1.S1 (Pinto Hespanhol); Ac. Rel. Lisboa 13/01/2012 – P. 3275/08.3TTLSB.L1-4 (Isabel Tapadinhas).

[16] Cfr. Ac. STJ 23/10/2013 – P. 70/11.6TTLSB.L1.S1 (Leones Dantas).

A adopção, que continua a fazer-se, do enunciado reproduzido no art. 295º/1 (oriundo, como se disse, da lei antiga) não é uma opção feliz. A formulação peca por ambiguidade. Sabendo-se que o dever de retribuir nem sempre pressupõe a prestação *efectiva* de trabalho (mas sim a disponibilidade do trabalhador), a norma sempre deixaria espaço para dúvida acerca do destino do crédito salarial. Força, assim, desnecessariamente, a uma interpretação enunciativa quanto a um aspecto *definitório* da suspensão do contrato.

O conjunto do regime da suspensão do contrato de trabalho mostra que o legislador parte do "princípio" segundo o qual "não havendo trabalho não há salário"; os desvios a esse pressuposto traduzem-se sempre em normas expressas acerca de rendimentos aos quais o trabalhador atingido pela suspensão tem direito (arts. 305º, 309º, 320º). Não havendo norma desse tipo, aplica-se a "regra" da suspensão do crédito retributivo.

De acordo com essa lógica, resulta do silêncio da lei que a suspensão *por impedimento do trabalhador* implica a cessação temporária do crédito salarial.

Tal consequência pode ser compreendida à luz da *teoria das esferas de actividade* que será adiante referida com mais detalhe. Por outro lado, ela não é senão uma ampliação do princípio subjacente ao regime das faltas (a suspensão por facto ligado ao trabalhador é afinal, bem vistas as coisas, um período dilatado de faltas ao trabalho com justificação), constituindo também uma manifestação da visão "retributiva" do salário.

IV. Suspensão do contrato de trabalho por facto ligado à empresa[17].

A) Noções gerais. – 7. O encerramento temporário. – **B) Encerramento por facto imputável ao empregador ou por motivo do interesse deste.** – 8. O encerramento "imputável" ao empregador; 9. O regime salarial; 10. A cessação da suspensão. – **C) Encerramento temporário por caso fortuito ou de força maior.** – 11. O encerramento não imputável ao empregador; 12. Os pressupostos; 13. O regime salarial. – **D) Suspensão de contratos de trabalho em situações de crise empresarial ("lay off").** – 14. Noção; 15. As consequências económicas; 16. O regime processual; 17. A decisão de suspensão.

A) Noções gerais.

7. *O encerramento temporário.* A prestação de trabalho pode também ser temporariamente impedida pelo *encerramento* total ou parcial da empresa ou estabelecimento onde se situa o local de trabalho. Nestes casos, mantém-se (ou resulta até de algum modo reforçado) o carácter não imputável ao trabalhador do obstáculo determinante da impossibilidade. Mas, para além disso, ocorre uma vincada diferença de natureza entre tais situações (em qualquer das modalidades que, como se verá, poderão assumir) e as de impedimento ligado ao trabalhador. Com efeito, a possibilidade da prestação de trabalho está duplamente condicionada: do lado do trabalhador, requer que este se encontre *à disposição* do empregador; por parte deste último, é necessário que seja fornecida a *oportunidade* do trabalho (lugar, tempo e condições materiais). Quando o impedimento se verifica na esfera do trabalhador (doença, acidente, greve, serviço militar obrigatório, etc.), falta a primeira condição, embora exista a segunda; nos outros casos, pelo contrário, a prestação de trabalho é inexecutada por não ocorrer a *cooperação creditória*[18] que, constituindo ónus do credor no comum das relações obrigacionais (vd. art. 813º *fine,* CCiv.), ganha no domínio do vínculo laboral uma singular acentuação, como se notou[19]. Por não se verificar tal condição (haja ou não culpa do empregador) é que a prestação de trabalho se torna impossível.

Ora o fornecimento das condições de trabalho pelo empregador depende sempre, em maior ou menor medida, *do critério e da vontade deste.* Nuns casos, pode o encerramento temporário resultar exclusivamente de facto imputável ao

[17] Veja-se J. Leal Amado, *Contrato de trabalho* cit, 341 ss..

[18] Escrevia Nikisch 487: «Impossível é só a cooperação *(Mitwirkungshandlung)* do empresário».

[19] Vejam-se, no entanto, as judiciosas observações de B. Lobo Xavier, *A repercussão do encerramento definitivo do estabelecimento nos contratos de trabalho,* sep. de *Studi in onore di Giuseppe Chiarelli,* tomo III, Milão (1974), 2 281 e ss.

empregador ou motivo do seu interesse (art. 309º/1-*b*) CT); noutros, a decisão será imposta por factores objectivos e imperiosos, externos ou internos (cfr. arts. 298º e 309º/1-*a*)). Mas, em qualquer caso, a reabertura do estabelecimento e, portanto, o recomeço da oferta de condições de trabalho estará na disponibilidade do empresário, podendo, eventualmente, não coincidir com o momento da cessação do impedimento objectivo (quando exista) e não coincidindo, de facto, muitas vezes.

O próprio carácter temporário ou definitivo do encerramento depende, em larga medida, da vontade do empregador. Perante um acidente que destrua equipamento ou uma catástrofe natural que inutilize as instalações e toda a matéria-prima armazenada, é o empregador que decide se vai reconstituir a capacidade produtiva da empresa, fazendo o necessário investimento, ou desiste de prosseguir com a actividade, tornando definitivo o encerramento. Tal opção é absolutamente livre: nenhum condicionamento jurídico obriga o empresário a orientar-se num ou noutro sentido. Trata-se, pois, de uma emanação típica da liberdade de iniciativa económica privada (art. 61º/1 CRP).

É desse pressuposto que arranca o legislador ao estabelecer, como adiante se assinalará, a obrigação do pagamento de apenas 75% da retribuição normal a cada trabalhador afectado pela suspensão do seu contrato, devida a encerramento temporário ou diminuição temporária de actividade da empresa ou estabelecimento resultante de *caso fortúito ou de força maior* (art. 309º CT). Não se trata, propriamente, de uma fórmula de repartição de risco entre empregador e trabalhador, mas antes de um incentivo ao empregador para que este considere e trate a situação como temporária (mantendo os contratos de trabalho) e não definitiva.

Assim, três notas gerais hão-de desde já ficar apontadas:

a) a impossibilidade da prestação de trabalho pode, nestes casos, ter base *voluntária* (por parte do empregador, como é óbvio);

b) não é forçoso que à suspensão de trabalho corresponda aqui a interrupção do pagamento do salário;

c) a própria *cessação da impossibilidade* depende objectivamente de uma *atitude positiva* do empresário.

B) Encerramento por facto imputável ao empregador ou por motivo do interesse deste.

8. *O encerramento "imputável" ao empregador*. O encerramento do local de trabalho pode ser devido a «facto imputável ao empregador» ou a «motivo de interesse deste» (art. 309º/1-*b*)). Ele surge então, em regra, como o resultado de uma decisão de gestão do empresário, que pode ser tomada em contextos de dificuldade ou de prosperidade da empresa. Mas pode também decorrer de intervenção exterior à empresa, que se possa, ainda assim, imputar ao empregador.

São de incluir nesta modalidade situações muito diversas, desde as resultantes de decisão unilateral do empresário – que pode ser motivada por diminuição de encomendas, reestruturação da empresa, ampliação das instalações, substituição do equipamento e da tecnologia, etc. – até às que são determinadas por decisão da autoridade pública (*factum principis*), em resultado da prática de delitos antieconómicos ou contra a saúde pública. Tudo está, como se disse, em que o encerramento se possa *imputar* à entidade patronal, quer, directamente, por um seu acto de vontade, quer, indirectamente, por atitudes ou práticas que tenham estado na origem daquela ocorrência.

O art. 309º/1-*b*) CT consagra uma lata faculdade de disposição, por parte do empregador, relativamente à continuidade do processo de laboração da empresa ou estabelecimento. E, perante o teor do preceito, fica-se com a ideia de que a motivação do encerramento é insusceptível de controlo externo, excepto para o efeito de se determinar a modalidade do regime de suspensão aplicável, nomeadamente no tocante ao destino dos salários.

Mas não é assim. Tal faculdade, ainda que muito ampla, tem, necessariamente, que ser articulada com a proibição legal (e constitucional) de certo tipo de decisões de encerramento da empresa ou estabelecimento: as que se compreendem na noção de locaute[20]. Basta pensar que um verdadeiro locaute pode

[20] Vale a pena recuar no tempo para entender a história do problema. O DL 392/74, de 27/8 (primeira "lei da greve" subsequente ao movimento revolucionário de Abril de 1974), ao regular o chamado «locaute defensivo», como modalidade lícita da conduta conflitual do empregador (art. 21º), vinha, aparentemente, criar um condicionamento uniforme para as situações de encerramento temporário por decisão daquele, mesmo fora do contexto dum conflito colectivo de trabalho. Embora sob a referida epígrafe de «locaute defensivo», o legislador exprimia-se em termos muito amplos («As entidades patronais apenas poderão proceder ao encerramento da empresa...»), incluindo até na sua previsão uma hipótese declaradamente não conflitual («d). Quando, por razões de ordem técnica, reconhecidas pelo Ministério do Trabalho, se verifique a impossibilidade de continuação de laboração»). Não parecia possível outra conclusão: embora concebido, fundamentalmente, em ordem à delimitação do locaute (então) considerado lícito, o preceito alastrava a qualquer hipótese de encerramento promovido pela entidade patronal. O que, de resto, podia de algum modo explicar-se: se a noção do locaute é, no plano teórico, relativamente fácil de construir, o certo é que as situações concretas se mostram frequentemente ambíguas, dada a relevância do elemento intencional (a interpretar dentro de um contexto factual dado). Assim, a posição restritiva do legislador perante o locaute implicava, na prática, sujeição de todas as situações de encerramento a idênticos pressupostos e exigências processuais. Ou seja: o encerramento de empresa deixava de estar no círculo da livre disponibilidade do empresário. Esse regime foi inteiramente revogado pela L. 65/77 (lei da greve). Mas a evolução posterior do direito positivo processou-se em sentido inverso, como é assinalado no texto.

ser dissimulado sob a aparência de um encerramento por razões técnicas, sobretudo se estas razões não forem susceptíveis de controlo externo.

O art. 544º CT, na linha do art. 57º CRP, estabelece aquela proibição. Define, além disso, o locaute, no nº 1, em termos tão latos que certamente comportam, na sua letra, a generalidade daquelas situações: «considera-se *lock-out*[21] qualquer paralisação total ou parcial da empresa ou a interdição do acesso a locais de trabalho a alguns ou à totalidade dos trabalhadores e, ainda, a recusa em fornecer trabalho, condições e instrumentos de trabalho que determine ou possa determinar a paralisação de todos ou alguns sectores da empresa, desde que, em qualquer caso, vise atingir finalidades alheias à normal actividade da empresa, por decisão unilateral do empregador».

Na altura própria se dedicará especial atenção a este conceito legal. Notaremos agora, apenas do ponto de vista da clarificação do regime do encerramento temporário por iniciativa patronal, que a formulação um tanto pesada e redundante do art. 544º/1 [22] permite, apesar de tudo, *destacar o elemento intencional como denominador comum às várias cambiantes* («em qualquer caso...») *que o conceito assume.*

Já decorreria, pois, do art. 544º CT o reconhecimento da *relevância dos motivos de qualquer decisão de encerramento temporário.* O empregador, para afastar a qualificação de locaute, pode ter que demonstrar que o encerramento é determinado por razões de ordem técnica ou económica (renovação ou reparação de equipamentos, reorganização de serviços, mudança de instalações, etc.), ou por outros motivos menos objectivos, mas de carácter não conflitual. Tal necessidade foi, durante muito tempo, mera decorrência (não formalizada legalmente) de dois dados normativos coexistentes na ordem constitucional: a liberdade de iniciativa económica e a proibição do encerramento conflitual.

Ora a lei é hoje muito mais interventiva nesse tipo de situações. Com efeito, a motivação do encerramento pode, inclusivamente, ser «negociada» com representantes dos trabalhadores: o art. 311º CT obriga o empregador a *informar* a estrutura representativa dos trabalhadores sobre «fundamento, duração previsível e consequências do encerramento» (nº 3), e essa estrutura pode manifestar-se sobre eles. O art. 312º vai mais longe: obriga o empregador responsável pelo encerramento a *prestar caução* que «garanta o pagamento de retribuições em mora, se existirem, de retribuições referentes ao período de encerramento e de compensações por despedimento». Finalmente, o encerramento temporário

[21] Embora utilizemos adiante, na exposição, a forma aportuguesada "locaute", mantemos aqui, naturalmente, a grafia inglesa que surge no texto legal.

[22] Importada, quase letra por letra, do art. 14º/2 L. 65/77, de 26/8 (anterior regime jurídico do exercício do direito de greve). No entanto, a revisão de 2009 eliminou a disjuntiva ("ou") que desvalorizava o peso definitório da motivação no locaute.

(desligado de procedimentos de despedimento colectivo, de despedimento por extinção de postos de trabalho ou de *lay-off*) determina um vasto conjunto de *inibições* para o empregador (art. 313º).

9. *O regime salarial.* Nos termos do art. 309º/1-*b*) CT, os trabalhadores impossibilitados de exercer a actividade prometida mantêm o direito «à totalidade da retribuição».

A referência à «totalidade» parece significar que mesmo componentes da retribuição estreitamente ligadas ao modo de execução do trabalho (subsídios de intempérie ou de turnos) ou ao tempo de presença do trabalhador na empresa (subsídio de refeição) continuam a ser devidas. Devem, em suma, ser assegurados ao trabalhador os ganhos que normalmente auferiria se estivesse em serviço efectivo, incluindo, também, as *comissões ou participações nas vendas* a calcular de harmonia com o critério definido pelo art. 261º. No entanto, tais valores sofrem dedução adequada, na hipótese de *ocupação substitutiva* (art 309º/2).

A solução legal referida não encontra guarida idónea no quadro da *mora creditoris* – fenómeno de cuja caracterização legal participa a *inexistência de motivo justificado* (art. 813º CCiv.). Como vimos, o encerramento temporário de que se trata deve ter, em princípio, motivo determinado ou determinável – sob pena de ser considerado locaute. Estamos a considerar situações em que, *tipicamente*, a não recepção da prestação de trabalho tem justificação.

Na perspectiva jurídico-laboral, a explicação da permanência do direito ao salário encontra-se na consideração de que, nas situações referidas, o trabalhador não deixa de cumprir o seu fundamental compromisso contratual, que é o de manter a sua força de trabalho à disposição do empregador. Se não trabalha, é porque falta (em resultado de uma decisão da outra parte ou de um facto que lhe é imputável) o suporte necessário, o "substracto do trabalho", que é a empresa ou estabelecimento em estado de funcionar.

O trabalhador mantém, pois, nos casos do art. 309º/1-*b*) CT, o *direito à retribuição*, tal como se a prestação de actividade se mantivesse dentro da normalidade.

10. *A cessação da suspensão.* A circunstância de a impossibilidade ser determinada, como se disse, por impedimento imputável ao empregador explica que não baste a mera cessação dele, ou a sua conversão em definitivo (produto, como se disse, de uma decisão do empregador), para que a impossibilidade (e, por aí, a suspensão) se tenha por levantada ou, também, definitiva.

Para qualquer destes efeitos, é necessário ainda um *comportamento declarativo* da entidade patronal, que torne conhecida a cessação da impossibilidade (a reabertura da fábrica, por exemplo) ou a sua conversão em definitiva (através da decisão do encerramento definitivo)[23]. Só após essa comunicação ou declaração se produz, conforme os casos, o efeito da reactivação do dever de prestação efectiva de trabalho ou o da caducidade do contrato (art. 310º).

C) Encerramento temporário por caso fortuito ou de força maior.

11. *O encerramento não imputável ao empregador.* Situações bem diversas, e contempladas na nossa lei em termos claramente distintos, são aquelas em que a impossibilidade da prestação de trabalho é determinada por encerramento temporário do estabelecimento por *caso fortuito* ou de *força maior.* Repare-se que estas noções são aqui chamadas, não na sua sede própria, quer dizer, a propósito da situação do devedor impossibilitado de cumprir (no caso, o trabalhador) – mas tendo em vista a falta da cooperação creditória, isto é, a situação do empregador que deixa de oferecer a oportunidade e as condições materiais necessárias à execução da prestação de trabalho. As hipóteses previstas contrapõem-se, assim, às de encerramento *imputável* ao empregador, e o aspecto fulcral é ainda o do *destino da contraprestação salarial.*

12. *Os pressupostos.* É corrente o entendimento de que os conceitos de *caso fortuito* e de *força maior* devem sofrer, nesta sede, uma acomodação no sentido restritivo. Encarados meramente na sua função negativa em relação à culpa, não permitem explicar que sejam objecto da cobertura legal, estabelecida para as situações em que o encerramento é subjectivamente imputável ao empregador, outras hipóteses em que a culpa está ou pode estar ausente: aquelas em que a interrupção da laboração é devida apenas a razões «de interesse» do empregador»[24]. Deste modo, a aplicação do regime do art. 309º/1-*a*) CT exige algo mais do que a mera ausência de culpa da entidade patronal: é necessário que o evento impeditivo da laboração da empresa seja *imprevisível* (caso fortuito) ou *inevitável* (força maior), mas, além disso, que exista um nexo de causalidade imediata entre tal evento e o encerramento da empresa (ou seja, por outras palavras, que as circunstâncias concretas não comportem uma outra opção, nomeadamente conduzida por critérios técnicos ou económicos). Tais serão os casos de falta de combustível ou energia eléctrica, carência absoluta de matérias-primas, intervenção da autoridade pública (não decorrente de comportamento culposo do empresário), cataclismo localizado ou geral, etc..

13. *O regime salarial.* No que toca ao destino dos salários, a solução do nosso Código (art. 309º/1-*a*)) exprime um compromisso dotado de certa originalidade: o

[23] Cfr. Bernardo Xavier, *A repercussão do encerramento definitivo* cit., 2276 e segs..
[24] Cfr. Bernardo Xavier 161.

empregador deve pagar aos trabalhadores afectados 75% das normais retribuições. O tratamento dado às mesmas situações noutros sistemas não tem paralelo com esse regime.

Assim, por exemplo, no direito italiano, o princípio geral acolhido é o da *exoneração do empregador*, com intervenção de um mecanismo previdencial (a «*cassa integrazione guadagni*») destinado a compensar parcialmente a perda do salário[25]. No sistema alemão, atribui-se ao empresário o encargo de *manter o pagamento de salários*, com suporte no "risco de estabelecimento"[26]. No entanto, admite-se a redução das retribuições, ou mesmo a exoneração total do empregador, nos casos em que a aplicação da mencionada regra coloque em perigo a própria subsistência da empresa, criando a ameaça do encerramento *definitivo* e, através dele, da cessação dos contratos de trabalho. Nestes casos, entra em funcionamento o sistema de subsídios de desemprego[27].

Os pressupostos a atender são: por um lado, o total alheamento do trabalhador relativamente à situação, havendo, portanto, que salvaguardar o seu interesse e deixar intocado o seu rendimento; por outro lado, o facto de *a sobrevivência da empresa ficar, ela própria, ameaçada, dependendo de um esforço económico e organizativo que o empresário pode empreender ou não.* A aplicação estrita do princípio da responsabilização do empregador poderia agravar o risco de o impedimento se transformar em definitivo.

Como se disse, a solução do art. 309º CT é original.

Não reproduz a lógica da lei anterior ao Código, que oferecia, explicitamente, ao empregador uma opção quanto à modalidade das consequências a aplicar (pagamento dos salários por um mínimo de um mês, ficando os contratos

[25] Cfr. Carinci/Tamajo/Tosi/Treu, 2, 256 ss..

[26] A ideia de *risco de estabelecimento (Betriebsrisiko)*, de elaboração jurisprudencial e, depois, doutrinal, visou servir de contraponto à regra civilística segundo a qual o devedor suporta a perda da contraprestação quando a sua prestação se torne impossível sem culpa de qualquer das partes *(casum sentit debitor)*. A concepção do *Betriebsrisiko* constitui um ajustamento da mecânica obrigacional à realidade do enquadramento da relação de trabalho por uma organização (o *Betrieb*) portadora de *riscos próprios*, e que é ordenada e dirigida pelo credor da prestação laboral: usando a síntese de T. Yamagushi (*ob. cit.* 291), o empregador deve «pagar a totalidade do salário quando o trabalho não pode ser executado por razões que têm a sua origem na própria empresa». Assim, se a empresa encerra por falta de encomendas, ou por avarias mecânicas, ou por necessidade de reorganização, a prestação de trabalho fica impedida *mas o direito ao salário mantém-se*. Solução que, de resto, cabe no quadro mais amplo da chamada «teoria das esferas» *(Sphärentheorie)*, com a qual a concepção do risco de estabelecimento se acha estreitamente relacionada, e que justamente corresponde à questão de saber quem suporta o encargo (ou a perda) da *contraprestação possível*, conforme o obstáculo determinante da impossibilidade da prestação se situe na esfera do credor ou do devedor desta última.

[27] Sobre este ponto, vd. Zöllner 196 ss..

suspensos; ou despedimento colectivo[28], afastando assim a hipótese de funcionamento do mecanismo da suspensão[29]). Não segue também a perspectiva das soluções compósitas, em que os encargos retributivos são parcialmente assumidos por fundos públicos. Atende às peculiaridades das situações consideradas através de uma solução simples e geral, que atende, simultaneamente, à necessidade de manter na máxima medida as retribuições dos trabalhadores alheios á ocorrência e à preocupação de aligeirar os encargos que podem pesar na decisão do empregador quanto ao carácter definitivo ou temporário da situação.

Mas é uma solução duvidosa sob o ponto de vista quantitativo: parece difícil explicá-la racionalmente; e não é seguro que a redução de encargos oferecida ao empregador seja suficiente para prevenir a extinção da empresa. Ela poderá funcionar sobretudo nos casos em que a ocorrência verificada não seja, realmente, de molde a pôr em perigo a viabilidade da empresa. Nas situações mais graves, poderá o empresário orientar-se noutro sentido, bem mais vantajoso sob o ponto de vista económico: o do chamado *lay-off* (suspensão de contratos de trabalho em situação de crise empresarial), de que em seguida se tratará.

D) Suspensão de contratos de trabalho em situações de crise empresarial ("lay off")[30].

14. *Noção.* A lei prevê ainda uma forma atípica de suspensão do contrato de trabalho por razões ligadas à empresa. Trata-se do expediente consagrado nos arts. 298º ss. CT: o empregador pode, com observância de certas exigências processuais (arts. 299º-300º), suspender contratos de trabalho «*desde que tal medida se mostre indispensável para assegurar a viabilidade da empresa e a manutenção dos postos de trabalho*» (art. 298º/1).

O carácter atípico desta modalidade de suspensão resulta, em primeiro lugar, do facto de não pressupor a impossibilidade *material* da prestação de trabalho (pois a empresa pode continuar em funcionamento); conexamente, a suspensão adquire uma feição individualizada e selectiva (cfr. art. 299º/1) – aproximando-se, nesse aspecto, do despedimento colectivo – que a distingue bem das consequências do encerramento temporário; em terceiro lugar, a atipicidade ressalta ainda do facto de, não obstante a iniciativa do empregador e o carácter gestionário da medida, a lei acolher aqui, como ponto de partida, a solução adoptada

[28] Essa medida terá que observar o regime processual e material dos arts. 360º ss. CT.

[29] Foi observado, por Bernardo Xavier 162, que «tal despedimento só pode ser determinado se a paralisação total ou parcial do estabelecimento for de longa duração», sob pena de se abrir margem a desproporcionado prejuízo à segurança do emprego com tal hipótese de desvinculação.

[30] Veja-se Bernardo Xavier, *Manual de Direito do Trabalho* cit., 708 ss.; M. Rosário Ramalho, *Tratado* cit., 713 ss..

para os casos de impedimento do trabalhador: cessação do crédito remuneratório deste, substituindo-se-lhe uma prestação de carácter misto[31], a chamada «compensação retributiva» (art. 305º/3).

Note-se que o art. 298º/1 configura, conjuntamente, dois expedientes para ocorrer a situações de crise empresarial: a *redução temporária dos períodos normais de trabalho* (a que adiante nos referiremos) e a *suspensão de contratos de trabalho* propriamente dita. Qualquer deles depende de decisão da entidade empregadora, antecedida, ou não, de acordo com a estrutura representativa dos trabalhadores (art. 300º/3).

A *escolha* dos contratos de trabalho a suspender (ou a "reduzir") não pode considerar-se indiferente. No direito anterior ao Código, chegou-se a estabelecer uma «preferência na manutenção das condições normais de trabalho» a favor dos trabalhadores com menor rendimento familiar, dos deficientes e dos mais antigos. O CT não contempla tal preferência; limita-se a garantir que os representantes dos trabalhadores continuem, apesar da suspensão, a poder exercer normalmente as suas funções (art. 308º). No entanto, mesmo para além disso, a escolha não é absolutamente livre: ela está, naturalmente, condicionada pelo *fundamento* que o empregador invoque e pelo *critério* que deve enunciar, nas comunicações com que se inicia o procedimento legalmente prescrito para a suspensão (art. 299º).

Cada trabalhador abrangido fica, assim, parcial ou totalmente inactivo na empresa porque o empregador considera (temporariamente) dispensável ou excedentária a sua prestação; mas pode exercer actividade profissional *fora da empresa* (art. 305º/1-*c*)) desde que o comunique ao empregador (art. 304º/1-*b*)). Deve, além disso, mostrar-se disponível para frequentar cursos adequados de formação profissional, mediante oferta do empregador (art. 304º/1-*c*)); a suspensão pode, assim, conduzir a uma reconversão profissional, dentro da mesma empresa, ou preparar o trabalhador para uma inserção mais favorável no mercado de trabalho, na hipótese de sobrevir um despedimento colectivo.

Também esta modalidade de suspensão ou redução pode ser encarada como um instrumento de segurança do emprego. Esta ideia é reforçada pelo art. 303º/2 (redacção da L. 23/2012), que impede o empregador de fazer cessar os contratos de trabalho afectados por tais medidas, enquanto durar a aplicação delas e mesmo em certo prazo depois de essa aplicação terminar. Esta regra comporta excepções compreensíveis: cessação de comissão de serviço, cessação de contrato a termo, ou despedimento disciplinar.

[31] Na verdade, ela apresenta, simultaneamente, características assistenciais e de benefício de segurança social.

15. *As consequências económicas.* Também nestes casos se suscita o problema do destino do crédito retributivo. Ele assume, até, particular acuidade, pois a suspensão (como a redução de actividade) tem justamente como primeiro objectivo poupar nos custos salariais.

A resposta da lei a este problema é, mais uma vez, um compromisso em que se procura atender a exigências contraditórias. Por um lado, os trabalhadores são colocados perante uma decisão do empregador que os priva de parte ou da totalidade do trabalho, mas, por outro lado, essa decisão é necessariamente fundada (segundo a perspectiva do legislador) no propósito de evitar o desaparecimento da empresa e, portanto, de salvaguardar os postos de trabalho. Acresce que a manobra pretende actuar, além do mais, através da redução dos custos.

Mais uma vez, o princípio a partir do qual se constrói a resposta legal é o de que, não havendo prestação efectiva de trabalho, não é devido o salário. Este princípio ganha, no caso, especial relevo, porque nele se radica a redução de custos visada.

A situação económica dos trabalhadores afectados é atendida através da chamada *compensação retributiva* (art. 305º/3 CT).

A compensação retributiva, como rendimento único ou somada à retribuição auferida por trabalho prestado (em caso de mera redução de actividade), tem um limite *mínimo*[32] (a retribuição mínima garantida para o sector) e um limite *máximo* (o triplo dessa retribuição mínima, conforme dispõe o art. 305º/3).

Na realidade, ela destina-se a garantir ao trabalhador um rendimento equivalente à retribuição mínima garantida ou a 2/3 da remuneração que ele auferia normalmente (art. 305º/1), conforme o que for mais alto. Mas a segunda alternativa só é válida até ao triplo do salário mínimo.

No caso de suspensão do contrato propriamente dita, a compensação pode ser o único ganho do trabalhador, ou, se este exercer a faculdade reconhecida no art. 304º/1-*c*), destinar-se a complementar a remuneração auferida por trabalho prestado fora da empresa, até se perfazer o valor garantido[33]. O montante da compensação é assim *variável,* podendo até reduzir-se a nada (se o trabalhador receber por trabalho prestado a outra entidade empregadora uma remuneração superior à garantia de ganho fixada no art. 305º/1, ou, ainda, se a retribuição auferida na empresa pela prestação de actividade reduzida ultrapassar o mínimo garantido de dois terços da remuneração normal ou o máximo de três salários mínimos: art. 305º/1-*a*) e 3).

[32] Este mínimo é, para o efeito, absoluto.

[33] Tem-se omitido, por razões expositivas, a hipótese de ***redução do período normal de trabalho,*** tratada em paralelo com a de suspensão pelo CT. As soluções definidas para a redução serão analisadas um pouco adiante.

No caso de, durante o período de suspensão ou redução, o trabalhador frequentar curso de formação com interesse para a sua empregabilidade e para a viabilização da empresa, a compensação retributiva é acrescida de 15% do indexante dos apoios sociais[34], revertendo outros 15% para o empregador. O encargo correspondente é suportado pelo Instituto de Emprego e Formação Profissional (art. 305º/5, com a redacção dada pela L. 23/2012).

Cabe ao empregador a responsabilidade do *pagamento* da compensação ao trabalhador, embora o encargo respectivo seja comparticipado, em 70% (art. 305º/4, com a redacção dada pela L. 23/2012), pela instituição de segurança social competente[35]. Deste modo, há sempre redução de custos para a empresa, naturalmente mais importante no caso de suspensão do que no de redução de actividade.

16. *O regime processual.* A suspensão de contratos de trabalho, nesta modalidade, resulta, como se assinalou, de uma *decisão unilateral* do empregador. Mas a preparação desta decisão implica a observância de um procedimento formal que é regulado pelos arts. 299º e 300º CT.

O primeiro passo desse procedimento consiste numa *comunicação escrita*, dirigida pelo empregador a uma estrutura interna de representação dos trabalhadores (comissão de trabalhadores, comissões sindicais), ou a cada um dos visados, se tal estrutura não existir, em que se manifesta a intenção de promover a suspensão ou redução (ou mesmo uma combinação das duas medidas) e se fornecem informações relativas aos fundamentos de tal propósito (art. 299º/1). Além disso, o empregador está agora (art. 299º/2, com a redacção dada pela L. 23/2012) obrigado a expor, para consulta, os pertinentes *suportes documentais*,

[34] O "indexante dos apoios sociais" (IAS), instituído pela Lei nº 53-B/2006, de 29 de Dezembro, é um valor anualmente fixado como base de cálculo das contribuições, das pensões e outras prestações sociais. Para o ano de 2017, a Port. 4/2017,de 3 de Janeiro, dos Ministros das Finanças e do Trabalho, Solidariedade e Segurança Social, fixou o IAS em 421,32 euros.

[35] A relativa indefinição terminológica que tem caracterizado o regime legal conduziu a que se pudesse supor que, sob o ponto de vista contributivo, e apesar do absurdo da solução, a compensação salarial seria *integralmente* tratada como retribuição, o que implicaria o pagamento de contribuições sobre a própria comparticipação de segurança social. Cremos que o Código de 2009 clarifica a questão: o empregador suporta as contribuições patronais sobre a *retribuição* paga por trabalho prestado (no caso de suspensão, pelos trabalhadores que se mantêm no activo; em caso de redução, por todos, na medida da prestação de trabalho) (art. 303º/1-*b*)); os trabalhadores atingidos pela medida pagam contribuições sobre o *rendimento* que lhes é garantido (retribuição auferida + compensação retributiva: art. 304º/1-*a*)). O critério da solução não parece consistente: se ele se baseia em que uns contribuem sobre o que *pagam* e outros sobre o que *recebem*, então o empregador deveria contribuir também sobre a sua parte na compensação retributiva.

de natureza contabilística e financeira, de modo a permitir a percepção das características e da dimensão da crise empresarial invocada.

A lei visa criar a oportunidade de um consenso preliminar entre o empregador e as instâncias de representação dos trabalhadores (comissão de trabalhadores, comissão sindical, comissão *ad hoc* criada pelos trabalhadores, na falta de qualquer dessas estruturas representativas) quanto ao projecto fundamentado de suspensão. Fala-se mesmo de «negociação» (art. 300º/1) tendente a definir "a modalidade, âmbito e duração das medidas a adoptar". De resto, o curto prazo que a lei estabelece para essa fase de "informações e negociação" (cinco dias) – prazo cuja extensão, por consenso, nada parece impedir – revela, por um lado, a preocupação de celeridade que a gravidade da situação de crise empresarial pode justificar, e, por outro, a escassa confiança do legislador na viabilidade de acordos em tal contexto.

17. *A decisão de suspensão.* O momento crucial do processo consiste na *decisão da entidade empregadora,* quanto à natureza, dimensão e duração da medida a aplicar – uma decisão que pode basear-se em acordo, ou, não existindo acordo, ser puramente unilateral. Esta decisão pode ser tomada e transmitida aos trabalhadores no sexto dia posterior à data da comunicação inicial (art. 300º/5, com a red. da L. 23/2012).

O regime legal sugere que o empregador pode, simplesmente, abandonar as negociações, após cinco dias, para tomar a decisão que melhor lhe convenha. Mas esta tomada de decisão não está absolutamente imune ao controlo externo. Na mesma data em que ela seja transmitida aos visados, o empregador deve remeter aos serviços competentes da segurança social a "acta das negociações" ou, na sua falta, um documento em que explique o acordo ou desacordo verificado e as posições finais das partes (art. 300º/4 e 5). Por outro lado, como se notará adiante, uma posição não cooperativa ou de recusa de negociação do empregador pode servir, posteriormente, de fundamento à cessação precoce da suspensão ou redução por imposição da inspecção do trabalho (art. 307º/2).

Estabelece-se, assim, uma quase plena homologia com o regime do despedimento colectivo, no que respeita às exigências processuais: em ambos os casos se transitou de um regime de autorização administrativa para o de decisão do empregador precedida de consultas e negociação com estruturas representativas dos trabalhadores.

A decisão de suspensão e/ou redução deve ser transmitida, por escrito, com indicação do motivo e das datas de início e termo, a cada um dos trabalhadores afectados (art. 300º/3). Na verdade, a suspensão dos contratos de trabalho e/ou a redução de actividade, nesta modalidade, têm, necessariamente, duração definida. Essa duração deve ser previamente fixada e tem como limite normal seis meses. Em casos mais graves – "catástrofe ou outra ocorrência que tenha afectado gravemente a actividade da empresa" (art. 301º/1) chega a um ano.

Estes prazos podem ser alargados, por mais seis meses (art. 301º/3) – ou seja, a duração máxima absoluta da suspensão e/ou redução é de um ano e meio, após o que os contratos retomam plena eficácia. Essa extensão dependia de acordo expresso ou tácito (não oposição) dos representantes dos trabalhadores ou de cada um dos afectados. Tal direito de oposição foi eliminado na nova redacção dada pela L. 23/2012 ao art. 301º/3: passou a bastar uma comunicação escrita e fundamentada do empregador.

A tradição jurisprudencial aponta no sentido da atribuição de relevância específica e própria à mera comunicação da decisão do empregador ao pessoal afectado: considera-se que ela implica, só por si, a prorrogação, pelo que os trabalhadores, apesar de se oporem, não ficavam adstritos ao "dever de se apresentarem ao serviço no primeiro dia útil subsequente ao termo do período suspensivo inicialmente decretado" – Ac. STJ 22/10/2008 – P. 08S2061 (Bravo Serra). O litígio apreciado nesse acórdão centrava-se na invocação, pelo empregador, de "abandono de trabalho" dos trabalhadores que não compareceram ao serviço apesar de se terem oposto à prorrogação. A fundamentação invocada para a decisão baseou-se na inexistência aparente de sanção legal para a desconsideração dos requisitos da prorrogação: nem nulidade da decisão, nem consequência contra-ordenacional. A doutrina seguida pelo acórdão – considerando mera "irregularidade" o exercício de um poder de decisão cujo pressuposto legal não ocorria – parecia, no mínimo, discutível.

A decisão de suspensão e/ou redução é exequível, em regra, depois de decorridos cinco dias sobre a data da sua comunicação aos trabalhadores, mas pode ser posta em prática *imediatamente* em duas hipóteses: a de acordo com os trabalhadores ou seus representantes e a de "impedimento imediato à prestação normal de trabalho" conhecido pelos trabalhadores (art. 301º/2, com a redacção dada pela L. 23/2012). Entre as situações consideradas no âmbito desta segunda hipótese, conta-se, certamente, a de trabalhadores já parcial ou totalmente inactivos por falta de matérias-primas ou energia.

A suspensão dos contratos de trabalho pode, no entanto, terminar *antes do tempo* previsto, por intervenção administrativa. Essa intervenção cabe aos serviços da inspecção do trabalho – que têm uma presença efectiva no terreno e podem verificar os pressupostos do art. 298º/1. Tal decisão (de pôr termo á suspensão ou redução) pode fundar-se em razões de fundo ou de forma, como resulta do art. 307º/2.

Finalmente, há que ter presente que um empregador não dispõe da faculdade de suspender contratos e/ou reduzir períodos de trabalho mediante decisões sucessivas. O art. 298º-A (introduzido pela L. 23/2012) inibe o empregador de adoptar tais medidas por períodos correspondentes a metade da duração que cada uma delas tenha tido. Se, em certa empresa, foram suspensos contratos durante um ano, só seis meses após o termo destas suspensões pode voltar o mesmo empregador a lançar mão de tal recurso.

V. A redução da actividade.

18. Noção; 19. A redução em crise empresarial; 20. Outras situações de redução; 21. A redução por acordo.

18. *Noção.* A redução de actividade constitui, por vezes, face à suspensão de contratos de trabalho, uma alternativa ajustada a situações práticas de natureza idêntica. O CT engloba os dois institutos num mesmo conjunto de preceitos. Trata-se aqui, ainda, das possíveis consequências jurídicas de *perturbações no funcionamento das unidades produtivas,* quer envolvam decisões gestionárias (correntes ou de emergência) dos titulares das empresas, quer resultem de caso fortuito ou de força maior.

A diminuição da actividade consiste numa contracção do tempo de funcionamento da empresa ou estabelecimento que se reflecte, no plano individual, pela *redução do período normal de trabalho praticado,* quer mediante a subtracção de uma ou mais horas do período diário, quer através da eliminação de um ou mais dias de trabalho por semana (art. 298º/2 CT). Trata-se, como em certas hipóteses de suspensão do contrato, de uma vicissitude da relação individual de trabalho que dimana de factos ou circunstâncias inerentes à empresa. A diferença consiste em que, na redução de actividade, ocorre apenas apenas uma alteração quantitativa do funcionamento da empresa, da qual não resulta a paralisia dos contratos de trabalho, mas uma modificação temporária na sua execução. É verdade que a redução pode traduzir-se numa espécie de "meia suspensão", dado que certos períodos normalmente trabalhados passam a ser de inactividade. Mas isso significa apenas que a *estrutura* da prestação de trabalho é alterada: a articulação entre tempo de trabalho e tempo de inactividade passa a obedecer a outra fórmula. Isso pode ocorrer em virtude de uma quebra notória e duradoura das encomendas, de dificuldades na obtenção de matérias-primas, de restrições no fornecimento de energia, ou, simplesmente, da necessidade de reduzir custos para salvar a empresa.

A redução de actividade pode resultar de *decisão unilateral* do empregador ou de *acordo* entre este e os trabalhadores. A decisão do empregador pode ser justificada por uma situação de crise empresarial – como medida destinada a salvar a empresa e os postos de trabalho – ou constituir medida de direcção da empresa, tomada por motivos de outra ordem.

A redução da duração do trabalho não se confunde com modalidades de organização do trabalho flexível que podem consistir na diminuição do número de dias de trabalho (como o horário concentrado: art. 209º CT) ou na combinação de períodos com horários longos e períodos com horários curtos (a chamada "adaptabilidade", a que se referem os arts. 204º a 206º; ou mesmo o banco de horas, de que tratam os arts. 208º, 208º-A e 208º-B). Nessas fórmulas organizacionais, *não há redução* do tempo de trabalho, mas diferentes arranjos dos *normais* períodos de actividade. É claro, porém, que a redução pode ser adoptada em simultâneo com alguma dessas modalidades de organização do tempo de trabalho, se houver o suporte convencional exigido pelos respectivos regimes legais.

19. *A redução em crise empresarial.* Em primeiro lugar, há que considerar as hipóteses em que a redução surge como alternativa ao *lay-off*, ou seja, constitui medida de resposta a uma *crise empresarial.*

O regime dos arts. 298º ss. CT é, todo ele, formulado tendo em vista o binómio «redução ou suspensão». As regras processuais e as disposições referentes aos direitos e obrigações das partes são as mesmas para as duas situações. Mas, ao contrário da suspensão, a redução implica a continuidade da prestação de trabalho *ao mesmo empregador*, embora não fique excluída a hipótese de exercício *cumulativo* da actividade do trabalhador noutra empresa.

Seja qual for a situação, não se altera a medida da *garantia de ganho* oferecida pelo sistema ao trabalhador: a compensação salarial dimensiona-se sempre (como na suspensão) a partir de 2/3 da «remuneração normal ilíquida» ou da retribuição mínima garantida (art. art. 305º), com o «tecto» correspondente ao triplo desta última (nº 3 desse artigo). Os valores auferidos pelo trabalhador como contrapartida de trabalho prestado (ao mesmo e/ou a outro empregador) são todos considerados para o rendimento garantido por aqueles preceitos.

Um trabalhador aufere mensalmente uma retribuição total ilíquida de 1500 euros. Em situação de crise, o empresário decide reduzir o seu período de trabalho para metade, com a inerente diminuição do salário. O rendimento que o regime legal lhe garante é de 1000 euros; o salário pelo trabalho prestado é de 750 euros; logo, é-lhe devida uma compensação salarial de 250 euros (dos quais, 30%, ou seja, 75 euros, constituem encargo do empregador). Assim, o custo desse trabalhador passa de 1500 euros para 825 euros.

A compensação salarial poderá, assim, reduzir-se a zero (no caso de a contrapartida de trabalho prestado igualar ou exceder o valor aplicável nos termos do art. 305º).

Imagine-se que o mesmo trabalhador, para ocupar o tempo que a redução libertou, entra ao serviço, em regime de tempo parcial, de uma outra empresa, auferindo 400 euros mensais. Assim, fica com um rendimento total de 1150 euros, que excede a garantia legal de 2/3 da retribuição normal. Não há, neste caso, direito a compensação retributiva.

20. *Outras situações de redução.* A decisão de redução pode também ser adoptada com base em critérios de *interesse económico* – nomeadamente por se prever uma quebra da procura dos produtos ou uma baixa dos seus preços –, enquadrando-se então no *risco económico* inerente à posição do empresário. Tratar-se-á, então, de uma decisão gestionária do empregador, naturalmente ditada pelo seu interesse e pela estratégia empresarial correspondente.

Em situações como essa, rege o disposto no art. 309º/1-*b*) CT no aspecto fundamental do destino do salário. Este *não pode ser diminuído* em consequência do encurtamento do horário; e, por consequência, os benefícios resultantes da redução de laboração não irão além da economia de matérias-primas, da contenção de *stocks*, etc..

Noutros casos, enfim, a decisão de contrair a actividade da empresa ou estabelecimento surge como *consequência necessária de um caso fortuito ou de força maior*. Se ocorre o racionamento de combustíveis ou o súbito e imprevisto contingentamento da importação de peças, ou ainda, na linha de certa jurisprudência[36], o repentino corte de crédito bancário indispensável ao pagamento de matérias-primas, não sobram ao empresário alternativas para além da travagem da actividade produtiva – ou, em último caso, o encerramento da empresa. A essas situações se reporta o art. 309º/1-*a*), cujo dispositivo já examinámos.

Note-se, porém, que a redução do salário (para 75%) parece, à luz da letra da lei, não ter qualquer correspondência com o (maior ou menor) encurtamento dos períodos normais de trabalho. O «horário reduzido» (designemo-lo assim por comodidade), considerado pela lei, manifestamente, como facto ligado à esfera de interesse e influência do empregador, teria agora uma consequência comum à paralisação temporária total – o que é, apesar de tudo, difícil de justificar[37]. Por nossa parte, entendemos que o absurdo não é forçoso. O cânon interpretativo do art. 9º CCiv. solicita um esforço adicional de busca do sentido da norma. E esse sentido parece ser o de referir a salvaguarda percentual do art. 309º/1-*a*), não à totalidade da retribuição, mas à parte que deixa de ter correspectividade com o trabalho prestado, em consequência da redução. Se o horário é reduzido para metade, o empregador deve pagar 50% da retribuição, mais 75% do restante, ou seja, um total de 87.5% dessa mesma retribuição normal.

21. *A redução por acordo*. A diminuição de laboração, com a inerente redução dos períodos de trabalho, pode também (para além dos casos, certamente muito raros, de obtenção de consenso nos termos do art. 300º CT), resultar de *acordo* entre o empregador e os trabalhadores, o qual, ao abrigo do Código, deve assumir natureza colectiva.

[36] Cfr. Ac. Rel. Évora 30/1/90 (CJ 90, 1, 318).

[37] Cfr. SCHAUB, *Arbeitsrechts* cit. 210 ss. 195.

Com efeito, o acordo destinar-se-á a tornar possível a *redução proporcional dos salários* – consequência particularmente significativa quando a empresa se ache em dificuldades[38]. E a concordância dos trabalhadores pode surgir exactamente porque a situação concreta só deixa entrever, como alternativa, a suspensão de contratos, a redução do pessoal ou o próprio encerramento definitivo.

O art. 129º CT só admite a diminuição da retribuição dentro das hipóteses previstas no Código e das que sejam contempladas nos instrumentos de regulamentação colectiva de trabalho. E do art. 3º/5 parece resultar que a possibilidade assim admitida quanto aos instrumentos de regulamentação colectiva não é extensível às estipulações individuais. Cremos, todavia, que – tendo em vista o carácter conjuntural dos fundamentos que a redução terá – a expressão dos interesses colectivos relevantes pode realizar-se através de instrumento negocial *ad hoc*, isto é, fora do ciclo de vigência da convenção colectiva de trabalho eventualmente aplicável. Nalguns casos, a obtenção de acordo pode ser forçada através de uma declaração de despedimento (colectivo), com esclarecimento das condições concretas da empresa, e com a oferta alternativa da hipótese de redução. Poderá ver-se nisso algo de semelhante ao «despedimento modificativo» (*Änderungskündigung*) existente no direito alemão[39].

[38] É, por isso, a estas situações que caracteristicamente se reporta o conceito germânico de *Kurzarbeit* («só se efectiva o trabalho reduzido quando não apenas a sua duração é encurtada, mas também o salário é diminuído em termos correspondentes» – NIKISCH). Vd. também EICHENHOFER, *Die rechtliche Behandlung von Kurzarbeit*, RdA 81, 208 ss..
[39] Cfr. NIKISCH 524; HUECK/NIPPERDEY 496 ss..

VI. A pré-reforma.

22. Noção; 23. O "compromisso" de pré-reforma; 24. O regime legal; 25. A cessação "precoce" do contrato de trabalho.

> **"1. A suspensão do contrato de trabalho pode resultar de um acordo entre trabalhador e empregador mediante um acordo de pré-reforma, que está sujeito a forma escrita e deve conter os elementos exigidos pelos artigos 319º e seguintes do Código do Trabalho.**
> **2. O despedimento coletivo que tenha abrangido o trabalhador na situação de pré-reforma tem a virtualidade de fazer cessar o contrato de trabalho e também a situação de pré-reforma.**
> **3. A indemnização devida ao trabalhador pela cessação do contrato de trabalho por despedimento coletivo, que necessariamente fez cessar a pré-reforma, é calculada nos termos do artº 322º nº 2 do Código do Trabalho, correspondendo ao montante das prestações de pré-reforma até à idade legal de reforma por velhice, e não a compensação prevista no nº 1, do artº 366º, do mesmo diploma legal." – STJ 11/01/2018 – P. 3301/17.5T8LSB.S1 (CHAMBEL MOURISCO).**

22. *Noção.* Uma modalidade particular de modificação dos efeitos do contrato de trabalho encontra-se no regime de *pré-reforma.*

A pré-reforma assenta num acordo formal entre trabalhador e empregador, e está legalmente condicionada por dois parâmetros básicos: o trabalhador deve ter idade igual ou superior a 55 anos (art. 318º) e o montante inicial da prestação de pré-reforma "não pode ser superior à retribuição do trabalhador na data do acordo, nem inferior a 25% desta" (art. 320º/1).

Mas o que verdadeiramente caracteriza a pré-reforma , como situação particular que se inscreve no ciclo de vigência do contrato de trabalho, é a "redução ou suspensão da prestação de trabalho", ficando o trabalhador com o "direito a receber do empregador uma prestação pecuniária mensal , denominada de pré-reforma", com um limite temporal pré-definido que é "a reforma do trabalhador, por velhice ou invalidez" (art. 322º/1).

Estes são os elementos estruturais da figura: não basta, em particular, que se verifique a celebração de um acordo instituindo a redução ou suspensão da prestação do trabalho, com garantia de uma prestação pecuniária do empregador; é necessário que esse acordo se destine a cobrir (salvo eventualidade que o impeça) o período que separa o trabalhador do acesso à reforma por velhice. Por isso se designa a situação por "pré-reforma": estabelece-se por acordo uma situação semelhante à que caracteriza a reforma, até que esta seja alcançável, pelo preenchimento dos requisitos legais. Este regime assenta na possibilidade de uma convergência de interesses entre trabalhador e entidade empregadora quanto à gradualização da passagem da vida plenamente activa à situação de reforma.

Não há que confundir a *pré-reforma* com a *reforma antecipada*. A primeira destas figuras corresponde ao produto de um acordo modificativo das condições de trabalho e remuneração; a segunda refere-se à possibilidade de, em certos termos, se aceder a uma pensão de segurança social antes de inteiramente preenchidos os requisitos gerais, com as inerentes consequências no cálculo dessa pensão.

23. *O "compromisso" de pré-reforma*. O compromisso contratual contido no acordo de pré-reforma assume um duplo sentido regulatório, face à relação pré-existente entre o empregador e o trabalhador. Por um lado, gera uma modificação do esquema de prestações originariamente fixado no contrato de trabalho (o trabalhador vê-se dispensado de executar a actividade contratada, ou fica adstrito a tempos de trabalho mais curtos; o empregador fica obrigado a pagar-lhe uma prestação pecuniária que pode ser diferente da normal). Por outro lado, estabelece em benefício do trabalhador uma *garantia de continuidade de rendimento* desde a celebração do acordo até à aquisição do direito à pensão de reforma.

Esta garantia é a base essencial do próprio acordo. O trabalhador só aceita deixar de trabalhar (ou passar a trabalhar menos tempo), e receber, a partir daí, uma prestação pecuniária porventura inferior à normal retribuição, assentando nos pressupostos de que terá até à reforma um suporte económico garantido, e de que a suspensão de actividade não prejudicará o desenvolvimento da sua carreira contributiva até ao momento em que aceda ao direito à pensão.

24. *O regime legal*. Como se assinalou, a situação de pré-reforma tem que fundar-se em *acordo escrito* de que constem as condições concretas em que passarão a desenvolver-se as relações entre as partes (art. 319º)[40]. Trata-se de um acordo novatório que não afecta a subsistência do vínculo entre trabalhador e empregador.

Nesse acordo, assume natural relevo a fixação da «prestação de pré-reforma», que pode surgir como contrapartida de trabalho realizado (com redução proporcional da remuneração normalmente auferida) ou como prestação previdencial «privada», uma vez que, em qualquer caso, deve ser paga pelo empregador[41].

[40] Cfr. Ac. STJ 11/05/2011 – P. 2766/07.8TTLSB.L1.S1 (Fernandes da Silva).

[41] Trata-se, pois, em qualquer caso, de um crédito emergente do contrato de trabalho, sujeito, por conseguinte, ao prazo de prescrição fixado no art. 337º CT: Ac. 13/04/2011 – P. 4720/04.2TTLSB.L1.S2 (Gonçalves Rocha).

A lei estabelece um limite mínimo, que é de 25% da última retribuição (art. 320º/1). Respeitado esse valor, porém, existe plena liberdade de estipulação[42].

Como se disse, o trabalhador na situação de pré-reforma pode ficar, ou não, obrigado a prestar algum trabalho à entidade empregadora; e nada impede que ocupe o tempo liberto por essa situação contratual no exercício de outra actividade profissional remunerada (art. 321º/1).

É manifesta a atipicidade desta figura face aos mecanismos próprios do regime do contrato de trabalho. Mais do que de uma forma atípica de suspensão ou redução, trata-se, como foi assinalado, de uma via de novação objectiva desse contrato.

É seu fundamento um acordo específico entre as partes; e os efeitos deste acordo não são provisórios, destinam-se a permanecer, em regra, até que o trabalhador e o empregador fiquem definitivamente desvinculados – o que pode suceder pela passagem à situação formal de reforma, pelo retorno ao regime normal de trabalho, ou pela cessação do contrato de trabalho (art. 322º/1). A reversão da situação – isto é, o retorno à plena eficácia do contrato de trabalho –, cuja possibilidade é pressuposto do regime da suspensão, depende, em todo o caso, de acordo das partes ou do incumprimento culposo da prestação a cargo do empregador (arts. 321º/3 e 322º/1-*b*)).

25. *A cessação "precoce" do contrato de trabalho.* O contrato de trabalho de um pré-reformado pode cessar antes de preenchidas por ele as condições de acesso ao direito à pensão por velhice. Pode, inclusivamente, cessar por decisão unilateral do empregador (despedimento), geradora do direito a uma compensação (sendo lícita) ou a uma indemnização (sendo ilícita). Sem distinguir entre as várias modalidades de cessação do contrato de trabalho (enumeradas no art. 340º CT), nem entre as hipóteses de licitude ou ilicitude, a lei destaca, simplesmente, as situações em que o trabalhador ficaria com *direito a compensação ou indemnização,* se estivesse no "activo" – e estabelece para elas um regime ressarcitório comum: o trabalhador tem o direito de receber uma "indemnização no montante das prestações de pré-reforma até à idade legal de reforma por velhice" (art. 322º/2).

Este regime afasta, por conseguinte, não só a aplicação do processo de cálculo da compensação por despedimento (lícito), que se estabelece no art. 366º, mas também a do processo pelo qual é fixada a indemnização substitutiva da reintegração, em caso de despedimento ilícito (art. 391º/1).

Na verdade, a cessação do contrato de trabalho do trabalhador pré-reformado determina, como é sabido, a cessação da pré-reforma, ou seja, a *extinção da*

[42] Que pode, inclusivamente, traduzir-se na remissão para disposições de uma convenção colectiva: cfr. Ac. STJ 19/2003 – P. 02S3603 (Manuel Pereira).

garantia de continuidade de rendimento até à reforma (e, também, da continuidade do desenvolvimento da carreira contributiva até ao mesmo momento). Quando a cessação é determinada por decisão unilateral do empregador, sem motivação disciplinar[43], o acordo de pré-reforma não é simplesmente extinto – é, de certo modo, *violado* pelo empregador, na medida em que este subscreveu a referida garantia de rendimento, e pretende deixar de a observar. A resposta jurídica natural – consagrada no art. 322º/2 – é a responsabilização do empregador pela frustração dessa garantia de continuidade de rendimento, ou seja, a obrigação de indemnizar o trabalhador no valor das prestações que deveriam ser-lhe pagas até ao momento em que ficassem preenchidas as condições de acesso à pensão de reforma[44].

[43] Ou, ainda, por resolução do contrato promovida pelo trabalhador, com invocação de justa causa culposa (arts. 394º/2 e 396º) – caso em que a cessação do contrato é imputável ao empregador.

[44] Trata-se de jurisprudência assente: STJ 10/12/2017 – P. 24623/16.7T8LSB.S1 (Ana Luisa Geraldes); STJ 01/11/2018 – p. 3301/17.5T8LSB.S1 (Chambel Mourisco).

Capítulo 16

O LOCAL DE TRABALHO[1]

I. Noção e relevância do local de trabalho[2].

1. A noção de local de trabalho: contratualidade, essencialidade, relatividade;
2. A relevância jurídica do local de trabalho.

> **"1. Tendo as partes estabelecido, no contrato de trabalho, que o local de trabalho da trabalhadora, com a função de vigilante, correspondia a qualquer um dos locais de prestação de serviço de segurança privada pela empregadora, dentro da Região de Lisboa e Vale do Tejo, a mudança do correspetivo posto de trabalho da Avenida da Liberdade para a ..., ambos localizados na cidade de Lisboa, não consubstancia uma transferência do local de trabalho.**
> **2. Não ocorrendo uma modificação unilateral, por parte da empregadora, do local de trabalho da autora, mas sim uma mudança do posto de trabalho dentro dos limites geográficos do local de trabalho fixado contratualmente, não há lugar à aplicação do estatuído nos artigos 315º a 317º do Código do Trabalho de 2003, nem na cláusula 15ª do Contrato Coletivo de Trabalho considerado aplicável. (...)" – STJ 19/11/2015 – P. 217/08.0TTCSC.L1.S1 (Pinto Hespanhol).**

[1] Vd. Bernardo Xavier, *Manual de Direito do trabalho* cit., 513 ss.; Júlio Gomes, *Direito do Trabalho* cit., 636 ss.; J. Leal Amado, *Contrato de trabalho* cit., 245 ss..

[2] Veja-se, ainda com actualidade, o ensaio de Bernardo Xavier, *O lugar da prestação do trabalho*, ESC nº 33, 11 ss..

1. *A noção de local de trabalho: contratualidade, essencialidade, relatividade.* Um dos elementos concretizadores[3] da prestação de trabalho é o local em que ela deve ser executada. A localização geográfica da prestação de trabalho é uma das suas características fundamentais. O local de trabalho faz parte do objecto do contrato. Trata-se de um elemento relevante para a situação socioprofissional do trabalhador e, desde logo, para a sua posição contratual. A determinação do trabalho caracteriza-se, assim, pela *contratualidade:* ela resultará sempre de *acordo* – muito embora tal acordo se obtenha, muitas vezes, por *adesão,* eventualmente tácita, do trabalhador.

O local de trabalho desempenha uma função delimitadora relativamente à subordinação jurídica; é, com efeito, a «dimensão espacial» desta última que está em jogo. Um dos aspectos da conformação da prestação de trabalho (a cargo do empregador) respeita à sua *localização,* ou seja, à definição do lugar preciso em que deve ser executado. Mas esta determinação é já condicionada pelo conteúdo do acordo das partes no tocante ao local do trabalho[4].

Quer como elemento do objecto do contrato, quer pela sua potencial relevância sob o ponto de vista dos interesses dos contraentes, o local de trabalho é também marcada pela *essencialidade.* Não pode deixar de ser um factor básico no processo de formação da vontade contratual, quer do empregador, quer do trabalhador. Para o primeiro, é um parâmetro fundamental da organização do trabalho e do processo produtivo; para o segundo, é um dos polos da organização de vida pessoal e familiar.

No entanto, a importância de que se reveste, no contrato de trabalho, a determinação do local acordado é, de certo modo, contrariada pelo facto de se tratar de uma noção carregada de *relatividade.* Tanto pode dar-se-lhe a amplitude de uma província (ou de um país), como a de um certo compartimento em determinado edifício[5]. Pode ser, com efeito, que a mudança do trabalhador de um «sítio» para outro *não deva sequer qualificar-se como verdadeira transferência,* no

[3] Diz-se, por isso, que o local de trabalho é «modalidade essencial ou substancial da mesma prestação» – Bernardo Xavier, *O lugar da prestação de trabalho* cit. 12. Do mesmo estudo, transcreve-se o seguinte (nº 1): «Debalde oferecerá o trabalhador a sua prestação em local diverso – com efeito, que utilidade dela extrairá a entidade patronal se não a conjugar com a força de trabalho, a maquinaria, as matérias-primas e a clientela que se encontram no lugar estabelecido?». E, mais adiante: «(...) fixado no contrato o lugar da prestação, o trabalhador vai dispor nesses termos a sua maneira de viver (...) pois é tendo em vista o sítio onde desempenha a sua actividade que o trabalhador fixa a sua residência, resolve o problema dos seus transportes, cuida da educação dos filhos e programa até o gozo dos seus ócios (...)».

[4] B. Xavier, *ob. cit.*, nº 2.

[5] Cfr. Acs. Rel. Porto 10/12/79 (CJ 79, 5, 1531) e 4/2/80 (CJ 80, 1, 80); Ac. Rel. Lisboa 12/7/82 (CJ 82, 4, 163), Ac. Rel. Lisboa 6/10/88 (CJ 88, 4, 156), Ac. Rel. Porto 9/1/89 (CJ 89, 1, 222), Ac. Rel. Lisboa 23/1/91 (CJ 91, 1, 206) e Ac. Rel. Lisboa 17/4/91 (CJ 91, 2, 230).

sentido do art. 194º CT. E, ainda que o seja, pode dar-se o caso de não provocar ao trabalhador transtornos de tal modo significativos que se sobreponham às vantagens funcionais porventura visadas pela empresa[6]. Como diremos adiante, a própria noção de "prejuízo sério" é, ela própria, marcada pela relatividade: a seriedade do prejuízo deve ser apurada *também* em confronto com a importância das consequências que a não transferência acarretará à empresa.

Se as consequências da mudança para o trabalhador, quer em absoluto, quer em confronto com as necessidades da empresa, carecerem de "seriedade", não vale a proibição de transferência: inverte-se a hierarquia de interesses que se encontra subjacente ao princípio da inamovibilidade. O empregador estará legitimado a determinar – pois, convém não o esquecer, é de uma atitude unilateral que se trata – a mudança do local do trabalho[7].

E, na verdade, tem que admitir-se que a noção de local de trabalho corresponda a realidades concretas variáveis, *em função da finalidade das normas que a utilizam como referencial*[8]. A sua relatividade decorre não só dos diferentes modos por que, em concreto, a execução do contrato de trabalho se «localiza», de acordo com a natureza da prestação e a sua articulação funcional na organização da empresa (pense-se nos casos contrastantes de um porteiro e um motorista de transportes rodoviários interurbanos), mas também da diversidade que pode assumir a *ratio* dos preceitos que partem da mesma noção. Não custa entender que, por exemplo, sejam portadoras de conteúdos eventualmente diversos as referências ao local de trabalho feitas pelo art. 194º (regime da mobilidade geográfica), pelo art. 277º/1 (lugar do pagamento da retribuição) e pelo art. 281º/4 (obrigações dos empregadores em matéria de segurança, higiene e saúde no trabalho), todos CT.

2. *A relevância jurídica do local de trabalho.* O local de trabalho é, em geral, o *centro estável (ou permanente) de actividade de certo trabalhador* e a sua determinação obedece essencialmente ao intuito de se dimensionarem no espaço as obrigações e os direitos e garantias que a lei lhe reconhece.

Assim:

a) O trabalhador não pode, em princípio, ser *transferido para outro local de trabalho* (arts. 129º/1-*f*)). Mas este «local» tem diferente amplitude conforme se

[6] Temos, com efeito, por implícita no regime da transferência a ideia de que, em qualquer caso, esta só será lícita se fundada em razões de natureza funcional – e não, por exemplo, em motivos disciplinares. Não cremos que, no quadro do CT, seja admissível a sanção da transferência: o art. 328º, ao ressalvar os «direitos e garantias do trabalhador», está a reportar-se, além do mais, aos princípios protectivos consagrados no art. 129º – entre os quais o da inamovibilidade.

[7] Cfr. Ac. STJ 23/11/94 (BMJ 441, 178).

[8] Cfr. GHEZZI/MANCINI/MONTUSCHI/ROMAGNOLI, *Statuto dei diritti dei lavoratori. Art. 1-13*, 2ª ed., Bolonha (1979) 248 n. 11.

trate de um empregado de balcão, de um motorista do serviço de transportes colectivos ou de um caixeiro-viajante: no primeiro caso, será o estabelecimento concreto; no segundo e no terceiro, as áreas percorridas na prestação de trabalho[9]. Trata-se, em suma, de definir o *âmbito espacial em que normalmente é prestada a actividade*. O princípio da proibição de transferência para outro local (aliás, sujeito aos desvios logo previstos no art. 129º/1-*f*)) funda-se na necessidade de assegurar *estabilidade* (sob esse ponto de vista) à posição profissional do trabalhador, com reflexos na sua vida familiar e social[10-11].

b) *A retribuição deve ser paga no local do trabalho* (art. 277º/1). Como é óbvio, trata-se ainda de conferir relevo ao centro *estável* de actividade, designadamente poupando ao trabalhador a necessidade de uma deslocação para o efeito. Remete-se, pois, para o que se observou na al. *a*).

c) Em princípio, consideram-se *«acidentes de trabalho» os* que ocorram «no local e no tempo do trabalho» (art. 8º/1 L. 98/2009, de 4 de Setembro), e o local de trabalho é definido (para esses efeitos) como "todo o lugar em que o trabalhador se encontra ou deva dirigir-se em virtude do seu trabalho e em que esteja, directa ou indirectamente, sujeito ao controlo do empregador" (al. *b*) do nº 2 do mesmo artigo).

d) Por vezes, a lei remete a regulamentação de certos aspectos da relação de trabalho para os *usos locais* – entenda-se: para os usos existentes na área ou região em que se situa o local de trabalho.

e) Este releva também quanto à *aplicabilidade dos instrumentos de regulamentação colectiva* – cujo âmbito é definido nas respectivas cláusulas. Para este efeito, é necessária uma demarcação particularmente rigorosa do local do trabalho; nos casos em que ela se mostre mais difícil, é costume *convencionar-se* um local como a freguesia da sede da empresa ou o ponto onde se *inicia* o trabalho diário (caso dos motoristas de transportes rodoviários interurbanos).

Deste modo, o local de trabalho será o que resulte das estipulações expressas ou tácitas[12] das partes ou, na sua falta, do critério estabelecido na regulamentação aplicável a cada tipo de actividade[13].

[9] As dificuldades que se suscitam nos dois últimos casos são concretamente resolvidas, nas convenções colectivas, pelo recurso ao local da *sede* da empresa ou à *área onde se inicia o trabalho*.

[10] Não há, porém, transferência, mas uma deslocação temporária (com manutenção do mesmo centro de actividade) noutros casos (um electrotécnico que vai participar na montagem de uma central eléctrica, p. ex.).

[11] A garantia da *inamovibilidade* (B. Xavier) assim estabelecida sofre, todavia, como adiante se notará, os importantes desvios previstos no art. 194º: inexistência de «prejuízo sério» para o trabalhador ou mudança total ou parcial da organização em que se acha incorporado.

[12] Integrados pelos usos da empresa ou da profissão – B. Xavier, *ob. cit.*, nº 4.

[13] Cfr. Ac. Rel. Lisboa 12/7/82 (CJ, 82, 4, 163).

II. A mudança de local de trabalho.

A) O princípio de "inamovibilidade". - 3. O enunciado legal; 4. A "inversão" do princípio. - **B) A transferência orgânica ou "colectiva".** - 5. A mudança do estabelecimento; 6. A oposição do trabalhador; 7. A não resolução do contrato. - **C) A transferência individual.** - 8. As modalidades; 9. Transferência prejudicial e oposição do trabalhador; 10. A noção de "prejuízo sério"; 11. O ónus de alegação do "prejuízo sério"; 12. O ónus da prova.

> **"I - O local de trabalho, enquanto elemento do contrato de trabalho, assume uma relevância decisiva para a vida do trabalhador, porquanto será a partir desse local que o trabalhador, regra geral, irá estabelecer o centro do seu universo e vivência familiar e social.**
> **II - Em função dessa relevância, reconhecida pelo legislador, o trabalhador só poderá ser transferido se: acordar com o empregador a mudança do local de trabalho; se essa transferência não lhe causar prejuízo sério; e em todas as situações previstas na lei ou em instrumento de regulamentação colectiva do trabalho, porquanto se trata de matéria que admite a possibilidade de ser objecto de tratamento e regulamentação em sede de convenção colectiva de trabalho.**
> **III - Atentos os incómodos e despesas que uma mudança desta natureza origina na vida de um trabalhador, consagrou-se que, em tais circunstâncias, o empregador deve custear as despesas do trabalhador decorrentes da transferência do seu local de trabalho.**
> **IV - Porém, nos termos do nº 5 do art. 315º, do CT de 2003, e do nº 4 do art. 194º, do CT de 2009, o empregador só deve custear as despesas do trabalhador impostas pela transferência decorrentes do acréscimo dos custos de deslocação e resultantes da mudança de residência, prevendo-se assim, apenas o pagamento dos custos da deslocação contabilizados em função dos quilómetros percorridos a mais pelo trabalhador que foi transferido do seu local de trabalho.**
> **V - Inexistindo esse acréscimo não pode o trabalhador ser reembolsado pelo empregador por custos acrescidos de deslocação, que não teve." - STJ 16/09/2015 - P. 34/13.5TTCLD.C1.S1 (ANA LUISA GERALDES).**

A) O princípio de "inamovibilidade".

3. *O enunciado legal.* Como se disse, a lei formula, no art. 129º/1-*f*) CT, um princípio segundo o qual é proibido ao empregador transferir o trabalhador para lugar diferente do contratado. Esse princípio, para o qual foi cunhada[14] a denominação

[14] Por BERNARDO XAVIER, no seu estudo *O lugar da prestação do trabalho* cit..

de "inamovibilidade", situa-se na linha da consideração do local de trabalho como elemento do objecto do contrato – como tal, em princípio, insusceptível de modificação por decisão unilateral de um dos contraentes.

No entanto, desde logo o legislador previne, nesse mesmo preceito, que – como quase todos os princípios – ele está exposto a desvios: os que decorram de disposições legais (do próprio Código) ou convencional-colectivas, e, naturalmente, os resultantes de acordo das partes.

O local de trabalho contratado encontra-se, pois, dentro do perímetro da livre disposição pelo trabalhador e pelo empregador. Por acordo, qualquer modificação é legítima. No entanto, deve ser possível distinguir uma transferência por acordo de uma ordem de transferência do empregador a que o trabalhador obedece. O tratamento jurídico das duas hipóteses é muito diferente: a transferência por acordo é livre, a transferência por determinação do empregador está muito condicionada, como se verá. O acordo não está sujeito a exigências de forma, mas também não pode presumir-se: cabe ao empregador demonstrar a sua existência.

4. *A "inversão" do princípio.* Os "casos previstos neste Código", a que se refere a disposição citada, são tratados nos arts. 194º – 196º CT. Este pequeno, mas importante, conjunto de normas parece transportar no seu interior um princípio oposto ao da inamovibilidade. Em larga medida, a lei consagra aí poderes de disposição do empregador sobre os locais de trabalho – ou seja, o contrário da proibição constante do art. 129º.

Como de seguida se assinalará, o empregador é inteiramente livre de modificar os locais de trabalho dos seus empregados, através da decisão de mudar o estabelecimento de um sítio para outro. Ninguém contesta que essa faculdade se compreende nas expressões típicas da liberdade de iniciativa empresarial que, como vimos, a CRP consagra. Por outro lado, o "princípio" de que a lei parte, relativamente às transferências individuais, é ainda o de que o empregador "pode" determiná-las (a fórmula básica é a mesma para as mudanças do estabelecimento e para as transferências individuais), ainda que sob certas condições.

Abordada a matéria do ângulo dos *princípios*, parece difícil falar ainda hoje de "inamovibilidade", apesar do que proclama o art. 129º CT. As exigências de flexibilidade das condições de trabalho adquiriram uma acentuação tão forte que todos os traços de estabilidade decorrentes do modelo tradicional de regulação das relações de trabalho tendem a ser postos em causa. A tutela do interesse legítimo do trabalhador – particularmente ligado às exigências de conciliação vida/trabalho – adquire, assim, carácter marginal, surgindo como um conjunto de "desvios" aos princípios de mobilidade e flexibilidade.

B) A transferência orgânica ou "colectiva".

5. *A mudança do estabelecimento.* Um dos desvios ao "princípio" de inamovibilidade refere-se às situações de *mudança, total ou parcial, do estabelecimento* em que o trabalhador presta serviço (art. 194º/1-*a*)). Nesses casos, a transferência do trabalhador não é mais do que uma sequela prática da deslocação do próprio suporte da prestação de trabalho[15]. Em certo sentido, não há verdadeira "mudança": o estabelecimento encerra num local e (mantendo-se a sua identidade económica e jurídica) abre noutro. No entanto, o tratamento jurídico da situação – de resto, em conformidade com o objectivo de assegurar a estabilidade do emprego – parte da ideia de mudança, aproximando-se do sistema instituído pelo art. 285º para a transmissão do estabelecimento: o estatuto contratual do trabalhador prende-se, em certos termos, à organização técnico-laboral em que ele se insere, segue-lhe o destino e as vicissitudes.

Em todo o caso, esse «resultado» não é automático – como a sucessão na posição contratual do empregador por parte do adquirente do estabelecimento –, dever-se-á a uma decisão da entidade patronal quanto à determinação dos trabalhadores afectados pela mudança. A necessidade desta decisão deriva não só do facto de se admitirem mudanças *parciais* dos estabelecimentos, mas ainda da hipótese de existência de *vários estabelecimentos* da empresa na mesma área – casos em que permanece no domínio da viabilidade a manutenção do local de trabalho deste ou daquele trabalhador, apesar da deslocação do suporte originário da sua prestação.

A prevalência atribuída pela lei aos interesses subjacentes à mudança geográfica do estabelecimento – «caso em que legítimos interesses dos trabalhadores cedem passo à decisão da entidade patronal, entendida não já como portadora de interesses próprios, mas como intérprete das conveniências da empresa»[16] – coloca assim o trabalhador num estado semelhante ao de sujeição face à determinação dessa mudança.

6. *A oposição do trabalhador.* O único meio de resistência à alteração do local de trabalho, nesses casos, parece consistir na *resolução do contrato* (art. 194º/5), procedimento que, seguindo a letra da lei, o trabalhador só pode adoptar "se houver

[15] «Com efeito, não raro as empresas são forçadas a mudar o seu lugar de laboração por efeito de «factum principis», para obedecer a novas regras de segurança, de higiene, de urbanização, etc.. Outras vezes, o jogo das forças económicas obriga as empresas a concentrarem-se para obterem melhor dimensionamento e consequente melhoria de produtividade, ou a alterarem a sua localização para facilitar o escoamento de produtos e a obtenção de matérias-primas». – B. LOBO XAVIER, est. cit. 23.

[16] B. LOBO XAVIER, est. cit. 38.

prejuizo sério". O exercício desse direito de resolução dará lugar à *compensação* fixada, para o despedimento colectivo, no art. 366º (com a nova redacção dada pela L. 23/2012).

O CT parece impor aqui uma solução diferente da que provinha da lei anterior à codificação: aí se reconhecia ao trabalhador a faculdade de romper o contrato, atribuindo-lhe o direito à indemnização «salvo se a entidade patronal provar que da mudança não resulta prejuízo sério para o trabalhador» (art. 24º da LCT de 1969). A ordem de transferência seguida de rescisão pelo trabalhador constituía a presunção de que esta última se devia à expectativa de prejuízo sério derivado da mudança, mas essa presunção podia ser ilidida pela entidade patronal, provando que a transferência não era de molde a determinar tal prejuízo[17]. À luz desse regime, o que podia ser posto em causa era, meramente, o *direito à indemnização,* não a faculdade de rescisão (ruptura imediata) – que a lei reconhecia ao trabalhador, nesse caso específico, independentemente do pressuposto normal que era (e continua a ser) a existência de justa causa.

No entanto, o texto legal comporta uma leitura menos passiva por parte do intérprete. O art. 394º/3 CT admite a resolução fundada em "alteração substancial e duradoura das condições de trabalho no exercício legítimo de poderes do empregador" – situação que é de justa causa "não culposa" e, por conseguinte, não dá ao trabalhador o direito a indemnização. Ora não há dúvida de que a mudança do estabelecimento e a consequente alteração do local de trabalho dos trabalhadores envolvidos – independentemente dos transtornos ou prejuízos que ocasione – têm pleno cabimento no "exercício legítimo dos poderes do empregador". Se nada mais se dissesse, o trabalhador podia, naturalmente, romper o contrato, mas sem qualquer compensação económica. Aquilo que o nº 5 do art. 194º esclarece é que a existência (ou probabilidade) de prejuízo sério confere ao trabalhador o direito de romper imediatamente o contrato, com uma compensação económica igual à que teria se fosse abrangido por um despedimento colectivo.

Mesmo que da transferência não resulte para o trabalhador "prejuízo sério", pode haver perturbação significativa da sua organização de vida, ou mesmo transtornos no plano puramente subjectivo dos gostos e dos afectos, que o levem a preferir não acompanhar a mudança decidida pelo empregador. Trata-se (independentemente das consequências práticas) de uma "alteração substancial e duradoura das condições de trabalho" que, nos termos gerais, autorizam a resolução, embora sem indemnização.

[17] B. Lobo Xavier, est. cit. 51 e *passim.* No mesmo sentido, cfr. Ac. Rel. Porto 12/3/79 (Cl, 79, 2, 504). e Ac. Rel. Évora 5/12/89 (BMJ 392, 534).

A conjugação deste regime com a disciplina geral da resolução pelo trabalhador implica, a nosso ver, que a previsão de prejuízo sério seja tomada como geradora de uma situação semelhante à de justa causa culposa, e nada mais do que isso. O legislador terá dito demais. Do texto legal resultaria, à letra, que o trabalhador, não tendo prejuízo sério, seria *obrigado* a acompanhar a mudança do estabelecimento – numa situação próxima da servidão.

Assim, para aquém das situações mais graves, haverá que considerar duas possibilidades de reacção negativa legítima do trabalhador perante a transferência: a resolução nos termos do art 394º/3 (se puder considerar-se que a mudança de local significa "alteração substancial e duradoura"); e a denúncia nos moldes do art. 400º, isto é, com aviso prévio.

7. *A não resolução do contrato.* Uma tese que chegou a esboçar-se na jurisprudência era a de que, tratando-se de uma mera faculdade (a de resolver o contrato), o seu não exercício não teria consequências específicas: o trabalhador poderia preferir manter-se, «à disposição» do empregador, no primitivo local de trabalho, com todos os direitos contratuais em vigor[18]. A questão era relativamente académica e a tese referida bem pouco consistente: já à luz da lei antiga (art. 24º LCT) era bastante claro que a rescisão tinha como alternativa a obrigação de apresentação no novo local (independentemente de prejuízo). Mas há uma situação diferente a considerar: a de o trabalhador, sem rescindir, permanecer no antigo local, sem que o empregador reaja, nomeadamente invocando faltas ao trabalho. O contrato mantém-se (não caduca, como chegou a sustentar-se), nomeadamente no que toca ao direito ao salário, até que lhe seja posto termo por alguma das vias legalmente admitidas[19].

C) A transferência individual.

> **"I – Tendo as partes contratualmente definido que o Autor – trabalhador – prestaria o seu trabalho em qualquer prédio rústico que se encontrasse, naquele momento ou futuramente, sob a exploração da Ré – entidade empregadora – e que o Autor dava desde logo o seu acordo a qualquer mudança de local de trabalho que viesse a ser decidida pela Ré, é de concluir que aquilo que as partes definiram como sendo o local de trabalho, ou seja, o espaço geográfico no qual deveria ser realizada a prestação do trabalhador, não correspondia a um específico, concreto e imutável lugar geográfico.**

[18] Cfr., nomeadamente, o Ac. STJ 14/4/88 (BMJ 376, 513).

[19] Cfr. Acs. STJ 28/3/95 (CJ 95, 1, 286) e 25/10/95 (CJ 95, 3, 285).

II – Pese embora a cláusula aposta no contrato segundo a qual o Autor prestaria o seu trabalho em qualquer prédio rústico que se encontrasse futuramente sob a exploração da Ré comporte um grau de indeterminação, na medida em que a coordenada geográfica em concreto fica dependente de uma eventualidade, sempre essa indeterminação seria resolvida pelo empregador, atendendo aos poderes que a lei lhe confere, constantes do art. 150º do Código do Trabalho, com observância também do que neste dispositivo se comanda: fixação dos termos da prestação do trabalho dentro dos limites decorrentes do contrato e das normas que o regem, sendo, assim, também convocável o que se dispõe no art. 400º, nº 1, do Código Civil, isto é, o apelo à equidade e à boa fé que deve presidir à feitura dos negócios jurídicos.

III – O que a equidade e a boa fé na celebração dos negócios jurídicos impedem é que a determinação a efectuar no seguimento do poder conformativo do empregador possa ser de tal sorte ampliada que venha a implicar um desbordar dos próprios limites espaciais do local da prestação do trabalho e dos normativos regentes do contrato.

IV – Assim, situando-se o novo local de prestação de trabalho do Autor a apenas cerca de 20 quilómetros do local em que tal prestação era desenvolvida aquando da celebração do contrato, demorando cerca de 15 minutos a efectuar o aludido percurso, e dispondo-se a Ré a disponibilizar ao Autor um veículo para a sua deslocação, não é minimamente sustentável dizer-se que a indicação do novo espaço geográfico em que o Autor iria levar a efeito a prestação do seu trabalho não se continha nos poderes de determinação da Ré do local de trabalho daquele e dentro do clausulado do contrato de trabalho entre ambos firmado.

V – Tratando-se de uma situação de amplitude da definição do local de trabalho, amplitude essa não ilícita, quer do ponto de vista da outorga do clausulado, quer do ponto de vista da sua concretização, entende-se que a indicação dada ao Autor para ir laborar para Carregal do Sal – quando, até então, laborara em BB – não consubstanciou uma transferência para um outro local de trabalho, apelante aos preceitos insertos nos arts. 315º a 317º do Código do Trabalho.

VI – Desta forma, a sobredita indicação não tinha que seguir o procedimento previsto no art. 317º e o não acatamento da determinação dela constante tem que ser perspectivado como uma desobediência a uma ordem legítima da entidade empregadora, passível de ser disciplinarmente punida. (...)" – STJ 15/09/2010 – P. 83/07.2TTVIS.C1.S1 (Mário Pereira).

8. *As modalidades.* Diferente é o tratamento da chamada transferência individual, ou seja, das situações em que a mudança de local de trabalho envolve também modificação do enquadramento orgânico (mudança de posto de trabalho) do trabalhador. A organização permanece instalada no mesmo local, o trabalhador é que é transferido para outro.

Este tipo de transferência pode resultar de iniciativa do empregador ou de conveniências do próprio trabalhador.

O art. 195º CT prevê, especificamente, uma hipótese em que o trabalhador adquire mesmo o *direito* de ser transferido: a de se tratar de vítima de *violência doméstica*. Para que tal regime se aplique é, porém, necessário, em primeiro lugar, que haja outro estabelecimento da empresa (ou mesmo outro local, geograficamente diferenciado, em que a empresa exerça actividade, mesmo sem o carácter de estabelecimento); e, depois, é preciso que exista já queixa-crime e que à transferência se ligue a mudança de residência (nº 1 do art. cit.). Nestas condições, o empregador só pode *adiar* (não recusar) a transferência por «exigências imperiosas ligadas ao funcionamento da empresa ou serviço» ou por, de todo, não existir posto de trabalho disponível (nº 2). Em caso de adiamento, o trabalhador tem o direito de suspender o contrato até à consumação da transferência (nº 3).

Quanto às transferências no interesse do empregador, aplica-se o regime dos arts. 194º e 196º CT, a que passaremos a dedicar especial atenção. Como se disse, a mera formulação usada pelo CT revela particular sensibilidade ao interesse do empregador (ou da empresa). O ponto de partida é o de que - não obstante o facto de se tratar de elemento do objecto do contrato - o empregador *pode transferir*, tem essa faculdade em geral, embora com um limite, que se situa na eventual existência de prejuízo sério para o trabalhador.

9. *Transferência prejudicial e oposição do trabalhador.* De todo o modo, é segura a inadmissibilidade da imposição de uma transferência individual quando dela possa esperar-se "prejuízo sério" para o trabalhador. O próprio texto da lei (art. 194º/1) o indica. Ao contrário do que se estabelece a propósito da "mudança ou extinção total ou parcial do estabelecimento", em que a transferência surge como uma consequência incondicionada de uma decisão do empregador, para as restantes transferências (que só podem ser individuais, embora porventura respeitantes a uma pluralidade de trabalhadores) resulta com clareza, embora *a contrario sensu*, que. em caso de prejuízo sério, o empregador *não pode* realizá-las. Se as circunstâncias do caso concreto evidenciarem a iminência de tal prejuízo, a lei atribui prevalência ao interesse do trabalhador na estabilidade geográfica da sua actividade.

Poderia entender-se o contrário a partir do facto de o art. 194º/5 prever a hipótese de transferência definitiva - sem distinguir entre transferência individual e mudança do estabelecimento - *com prejuízo sério para o trabalhador*, definindo como único remédio para a situação a resolução do contrato com direito a compensação. Nesses termos, dir-se-ia, ao determinar a transferência individual, o empregador não tem o *direito* de transferir, toma uma decisão ilegítima, mas a sanção consiste simplesmente na perda do trabalhador e na obrigação de o ressarcir economicamente.

Mas essa leitura do regime legal, ainda que razoavelmente sustentada na sua letra, não convence. Ela implicaria a inviabilidade da *desobediência* do trabalhador à ordem de transferência – uma desobediência que tem que considerar-se perfeitamente legítima à luz dos arts. 128º/1-*e)* e 129º/1-*f)* CT. Estes preceitos enquadram toda a matéria da modificação de condições de trabalho por decisão do empregador, isto é, sem o suporte de acordo das partes, e devem, por isso, ser usados como instrumentos de interpretação dos preceitos referentes a esta matéria. Por outro lado, não se entenderia que, prevendo a lei transferências definitivas e temporárias (podendo estas durar seis meses ou mesmo mais), e aplicando-se o art. 194º/1 a ambas as modalidades, só quanto às primeiras oferecesse a lei um "remédio" para a hipótese de prejuízo sério (a resolução com direito a compensação), neutralizando-se, relativamente às segundas, a relevância desse prejuízo.

Parece, assim, necessário interpretar em termos hábeis o art. 194º/5. Ele contém *um remédio específico* para as transferências definitivas, de qualquer tipo, que sejam de molde a causar prejuízo sério aos trabalhadores afectados. Mas não se trata de um remédio único para a salvaguarda do interesse do trabalhador – muito pelo contrário. Existem várias alternativas para a oposição à transferência. Assim:

a) Nas transferências "colectivas", definitivas ou temporárias, que não determinem prejuízo sério, mas que impliquem "alteração substancial e duradoura das condições de trabalho" (art. 394º/3-*b*) CT), o trabalhador afectado pode resolver o contrato sem direito a compensação;

b) Em transferências com essas características, que, por qualquer motivo, não convenham ao trabalhador, este pode denunciar o contrato com aviso prévio (art. 400º CT);

c) Em transferências "individuais" que ocasionem prejuízo sério, e dado que o empregador não tem o direito de impor a ordem respectiva, sendo ela contrária a direito e garantia do trabalhador (art. 128º/1-e)), este pode *desobedecer*, recusando a transferência e mantendo o vínculo[20];

d) Em transferências individuais que, independentemente de prejuizos ou transtornos, possam enquadrar-se na noção de *abuso de direito* (represálias ou punições encapotadas, por exemplo), o trabalhador pode resolver o contrato com direito a *indemnização,* nos termos do art. 396º, mediante invocação de justa causa culposa (art. 394º/2);

[20] STJ 10/12/2009 – P. 1168/07.0TTLSB.Sb.S1 (Bravo Serra).

e) São ainda aplicáveis às transferências individuais que não determinem prejuízo sério as soluções constantes das als. a) e b).

É, nomeadamente, iniludível a *legitimidade da desobediência* às ordens ilegítimas (como é o caso) do empregador que "sejam contrárias aos seus (*do trabalhador*) direitos e garantias". A resolução seria, com efeito, fraco remédio para a situação criada por uma ordem que, nos próprios termos do art. 129º/1-*f*), contraria frontalmente a garantia de certa estabilidade geográfica da prestação de actividade. E se a expressa previsão legal da desobediência legítima não visasse, em primeira linha, a tutela das garantias enunciadas no art 129º, mal se divisaria, afinal, o seu sentido útil.

10. *A noção de "prejuízo sério"*. Quer a propósito da mudança do estabelecimento, quer no tocante à transferência individual, a noção de «prejuízo sério» assume particular relevo.

O «prejuízo sério» a que a lei se refere é, como evidenciou Bernardo Xavier, uma consequência *hipotética* ou *virtual*[21] da transferência; quando, no art. 194º/1 CT, se emprega a expressão «não implique prejuízo sério para o trabalhador», está-se a significar que a transferência não deve ser *de molde a,* face às circunstâncias concretas, *provocar* tal prejuízo.

Trata-se de um juízo antecipado de *probabilidade* ou de *adequação causal,* que, no entanto, implica a consideração de elementos de facto *actuais* – como as condições de habitação do trabalhador, os recursos existentes em matéria de transportes, o número, idade e situação escolar dos filhos, a situação profissional do cônjuge e de outros elementos do agregado familiar, a medida das compensações financeiras que o empregador oferece.

A natureza e a extensão de tal «prejuízo» não são susceptíveis de uma definição abstracta: a determinação do «prejuízo sério» depende sempre do confronto entre as características da alteração unilateral do local de trabalho (distância, condições concretas do novo local) e as condições de vida do trabalhador.

A transferência do sítio A para o sítio B pode ser prejudicial para um trabalhador e vantajosa para outro[22]. De resto, o carácter *virtual* do «prejuízo sério» implica uma ponderação de condições concretas que podem, como se viu, pertencer ao foro privado do trabalhador. Os fundamentos do direito à conservação do local de trabalho relacionam-se muito estreitamente, com a tutela de *inte-*

[21] Bernardo Xavier, *ob.* cit., 48.

[22] Imagine-se que um trabalhador com filhos em idade escolar é transferido de uma fábrica em local isolado para um escritório da empresa situado em cidade distante, mas com boas estruturas escolares.

resses pessoais (e não tanto profissionais) do trabalhador[23]. A consideração de uma transferência como «causa adequada» de prejuízos importantes – e, portanto, a determinação da possibilidade de *recusa* da alteração unilateral do lugar de trabalho – só pode resultar de uma análise das condições concretas da organização de vida do trabalhador, *que são justamente o objecto de tutela da garantia de inamovibilidade.*

Por outro lado, é necessário que o prejuízo expectável seja *sério*, assuma um peso significativo em face do interesse do trabalhador, e não se possa reduzir à pequena dimensão de um «incómodo» ou de um «transtorno» suportáveis[24]. A "seriedade" do prejuízo pode (e deve) ser apreciada *em absoluto*, na dimensão que assume perante o quadro normal de vida de uma família – a necessidade de o trabalhador gastar mais uma hora em transportes por dia, ou de mudar os filhos para outra escola a meio do ano lectivo, ou de o cônjuge abandonar um emprego a tempo parcial, ou de adquirir uma nova casa em local mais dispendioso –, e também *em termos relativos*, confrontando-se com os motivos que o empregador tem para determinar a transferência e com as consequências que, para a empresa, envolverá a sua não realização[25].

Assim, por exemplo, foi *reconhecida a existência de prejuízo sério* nas seguintes situações, que indicamos a título de exemplo:

– a mudança de local de trabalho (do Porto para a Covilhã) de uma trabalhadora que "tinha a sua vida familiar centrada na cidade do Porto – era casada, o seu marido trabalhava no Porto e tinha dois filhos a estudar na mesma cidade – e que entre esta e a cidade da Covilhã a distância é de cerca de 200 km. (o que, exclui, à partida,

[23] É óbvio, no entanto, que a divisória entre interesses pessoais e profissionais não pode considerar-se impermeável: pense-se nos casos de inadaptação ao novo ambiente de trabalho (Ac. STA 18/4/72, in AD 126, 866). Mas, como se disse, predominam aqui as considerações ligadas ao arranjo ou organização de vida do trabalhador, em especial as respeitantes ao *tempo de trajecto entre o local de trabalho e a residência* (Ac. STA 16/11/76, in *BTE*, 2ª série, 3/77, 341; Sent. TT Lisboa, 6ª vara, 6/3/76, in BTE, 2ª série, 4/78, 677), na medida em que contende com a largueza da autodisponibilidade do trabalhador. No entanto, perpassa na jurisprudência um critério particularmente exigente a este propósito: a tendência é para considerar que o aumento, mesmo significativo, de tempos de deslocação entre local de trabalho e habitação constitui mero transtorno, e não prejuízo sério: cfr. Acs. STJ 20/06/2000 – P. 00S088 (Almeida Deveza), 28/06/2001 – P. 00S3115 (Dinis Nunes), 25/11/2010 – P. 411/07.0TTSNT.L1.S1 (Sousa Grandão), 13/04/2011 – P. 125/08.4TTMAI.P1.S1 (Fernandes da Silva).

[24] "Esse prejuízo sério deve consubstanciar um dano relevante, que não se reconduza a simples transtornos ou incómodos: torna-se mister que a alteração ordenada afecte, substancialmente e de forma gravosa, a vida pessoal e familiar do trabalhador visado." – STJ 25/11/2010 – P. 411/07.0TTSNT.L1.S1 (Sousa Grandão).

[25] Considere-se a situação de uma fábrica cujo responsável de manutenção se afastou da empresa, tendo esta no seu quadro um único técnico com a qualificação requerida, a trabalhar em unidade fabril situada no outro extremo do país.

a possibilidade de deslocação diária da residência para o novo local de trabalho e obrigá-la-ia a permanecer na Covilhã), constituindo um dano de dimensão adequada a produzir alteração substancial de um programa de vida pessoal e familiar, sedimentado no desenvolvimento da relação laboral durante 16 anos"[26];

- a mudança de local de trabalho (de Montemor o Velho para Porto Alto) de um trabalhador que tinha a sua residência, na qual vivia com a mulher e um filho menor, a cerca de 20 km do seu local de trabalho, o que lhe permitia tomar o pequeno-almoço e o jantar em casa e colaborar, todos os dias, na preparação do filho para ir para a escola, já que a esposa inicia o trabalho, às 5,30 horas, de segunda-feira a sexta-feira, e acompanhá-lo nas frequentes consultas médicas de que necessita devido aos seus problemas de saúde, e que, com a transferência para o novo local de trabalho, o qual se situa em Porto Alto e dista cerca de 200 km da sua residência, teria de passar a residir próximo do novo local de trabalho, o que implicava que só pudesse estar com a sua família durante os fins-de-semana"[27];

- "o facto de uma trabalhadora, que reside e trabalha há cerca de 28 anos em Cascais, ter sido transferida para a zona Oriental de Lisboa, passando a ter que percorrer diariamente cerca de 50 Km, com um acréscimo não só das despesas, como de cerca de 3 horas e 35 minutos de tempo de deslocação, tempo que deixou de poder dedicar ao convívio familiar, confecção de refeições, lide de casa e repouso"[28];

- a transferência de um trabalhador de Ourique para a Ilha Graciosa, "quando está demonstrado que o mesmo sofre de diabetes; que foi declarado medicamente que era mister que o mesmo tivesse apoio familiar e não alterasse a sua rotina diária; que é casado; tem filhos e vive com a família nos arredores de Lisboa", sendo certo que essa transferência "iria repercutir-se acentuadamente na sua normal convivência com a família e causar-lhe abalos sérios na expectativa de uma manutenção de vida num determinado local, expectativa essa que não poderá deixar de considerar-se como tutelável"[29].

Por outro lado, foi *recusado o reconhecimento do "prejuízo sério"*, sempre por exemplo, nas seguintes situações:

- "o facto de com a mudança de local de trabalho o trabalhador passar a despender diariamente com as deslocações entre 1.00h a 1h15m e de perder uma situação de vantagem que resultava da relação de proximidade do anterior local de trabalho com a residência (almoçar em casa, dispor de mais tempo para a lide da mesma, e para descanso e acompanhamento familiar)"[30];

[26] STJ 02/12/2009 - P. 08S2573 (Vasques Dinis).

[27] STJ 11/07/2007 - P. 07S2365 (Pinto Hespanhol). Note-se que, no caso, se tratava da transferência entre dois estaleiros de construção civil.

[28] STJ 10/10/2007 - P. 07S048 (Vasques Dinis).

[29] STJ 11/12/2009 - P. 1906/05.6TTLSB.S1 (Bravo Serra).

[30] STJ 07/05/2007 - P. 07S743 (Sousa Grandão).

– "quando está demonstrado, apenas, que a grande alteração na vida da trabalhadora, decorrente da transferência, reconduzia-se à hora de saída diária de casa e à penosidade das viagens, pois essa alteração não configura um prejuízo gravoso, tanto mais que a penosidade da viagem ficaria atenuada pela utilização de um único meio de transporte disponibilizado pela empresa"[31];

– se a transferência (do Porto para Aveiro) "é temporária (por três meses); o empregador contabiliza o tempo das viagens como tempo de trabalho (não estando a autora obrigada a sair de casa mais cedo ou a ela regressar mais tarde); Aveiro e Porto são duas cidades com excelentes ligações de transportes públicos, nomeadamente ferroviários, em cujas viagens não se despende mais tempo do que aquele a que se acham obrigados os trabalhadores residentes em zonas periféricas de grandes centros urbanos; a autora não logrou provar relevantes prejuízos de ordem familiar ou pessoal"[32].

11. *O ónus de alegação do "prejuízo sério"*. O grau de «cedência» que a lei admite quanto à integridade e estabilidade da organização de vida do trabalhador mede-se, portanto, pela *dimensão* ou «seriedade» dos prejuízos consequentes; mas esta dimensão só é cabalmente determinável a partir da manifestação, pelo trabalhador, daquilo que é *essencial* naquele quadro de existência. O empregador não tem, em muitos casos – se não sempre –, mais do que uma visão genérica do modo por que cada trabalhador articula a vida profissional com a existência pessoal e familiar, nomeadamente no que concerne ao binómio local de trabalho/ /residência.

Por isso se considera forçoso atribuir ao trabalhador o ónus de alegar o «prejuízo sério» susceptível de derivar da transferência, enunciando as condições de facto que lhe servem de suporte. O carácter conjectural do «prejuízo sério» e a sua inerência a circunstâncias pertencentes à esfera de vida do trabalhador são ponderações que não podem deixar de conduzir a esse resultado. E a atribuição do ónus de alegação ao trabalhador tem sido, na jurisprudência, a solução adoptada para qualquer das hipóteses agora contempladas no 194º CT – mesmo apesar de, na lei antecedente ao Código, ser expressamente lançado sobre o empregador o ónus da *prova* da *inexistência de prejuízo sério* (relativamente às situações de transferência resultante de «mudança total ou parcial do estabelecimento») sobre o empregador (art. 24º/2 LCT)[33].

[31] STJ 25/11/2010 – P. 411/07.0TTSNT.L1.S1 (Sousa Grandão).

[32] STJ 07/05/2008 – P. 07S4478 (Sousa Grandão).

[33] Cfr., por exemplo, o Ac. STA 14/3/78 (AD 200, 1105) e o Ac. Rel. Coimbra 16/1/90 (CJ 90, 1, 124).

12. *O ónus da prova.* Quanto ao ónus da *prova* de «prejuízo sério», acabamos de ver que a lei anterior o atribuía ao empregador, relativamente ao caso de transferência provocada por «mudança total ou parcial do estabelecimento». Mas nada dispunha quanto à prova do "prejuízo sério" na transferência individual.

Importa ver, antes de mais, em que poderá consistir essa "prova" - questão relevante, dado que, como se observou, não se tratará de prejuízos actuais, verificados, mas de prejuízos prováveis ou expectáveis. Retomamos a ideia já exposta: a "prova" do prejuízo sério, enquanto confirmação ou certificação de *factos*, só pode ter por objecto circunstâncias actuais da vida pessoal e familiar do trabalhador que, confrontadas com a transferência, sofrerão impacto negativo ou terão que ser penosamente alteradas. O prejuízo sério não é, pois, nem pode ser, tema probatório, mas o produto de um juízo de adequação causal e de uma valoração de consequências que pertence já ao domínio da matéria de direito.

Perguntar-se-á que distribuição do encargo probatório estará suposta no art. 194º CT, uma vez que o preceito (ou conjunto de preceitos) se não refere ao assunto.

Dir-se-á, *a priori*, que *a solução poderia não ser a mesma*, visto tratar-se de hipóteses estruturalmente diversas sob o ponto de vista jurídico: a função do «prejuízo sério», na transferência «individual», é diferente da que desempenha na transferência «colectiva».

O art. 194º/5 concebe, na verdade, o «prejuízo sério» como pressuposto do *direito à indemnização*, no caso de o trabalhador por termo ao contrato. O «prejuízo sério» não contende aí com a estrutura da faculdade de transferência do empregador; o interesse organizativo e gestionário beneficia de plena protecção no caso de mudança geográfica do estabelecimento. O que está em causa é a constituição e subsistência do *direito à indemnização.* A atribuição do ónus da prova ao trabalhador constituirá aplicação da regra geral do art. 342º/1 CCiv.: «àquele que invocar um direito cabe fazer a prova dos factos constitutivos do direito alegado».

Diversamente, o «prejuízo sério» aparece referenciado, no art. 194º/1, a propósito da transferência individual, como limitação ou *impedimento* à faculdade de transferência do empregador. O princípio adoptado pela lei é, como vimos, o da *mobilidade* e não o da estabilidade do local de trabalho. O direito de transferir é a regra. Todavia, uma transferência que cause prejuízo sério *não é permitida* - e, como vimos, pode ser desobedecida. A "existência" - no sentido que se procurou esclarecer - do prejuízo sério constitui (para os efeitos do art. 342º CCiv) *facto impeditivo* do direito de alterar o local de trabalho no interesse da empresa - cabendo, pois, também neste caso, o encargo probatório ao trabalhador.

Em suma, o art. 342º CCiv. implica, tanto na transferência individual como na colectiva, a atribuição do ónus da prova dos factos (que servirão de suporte à apreciação das consequências expectáveis) *ao trabalhador*[34] – em homologia, de resto, com o que se constatou a propósito do ónus da alegação.

[34] No mesmo sentido, com outro quadro legal, já se decidia no Ac. STJ 14/4/88 (BMJ 376, 513). Mais recentemente, a orientação consolidou-se: STJ 5/7/2007 – P. 07S743 (Sousa Grandão); STJ 7/11/2007 – P. 07S2365 (Pinto Hespanhol); STJ 02/04/2008 – P. 07S4650 (Bravo Serra); STJ 7/5/2008 – P. 07S4478 (Sousa Grandão); STJ 03/03/2010 – P. 933/07.3TTCBR.C1.S1 (Bravo Serra); STJ 25/11/2010 – P. 411/07.0TTSNT.L1.S1 (Sousa Grandão). Em sentido diverso, porém, STJ 12/02/2009 – P. 08S2573 (Vasques Dinis).

III. A definição convencional das condições de transferência.

13. A derrogabilidade por estipulação individual; 14. O âmbito da derrogabilidade por convenção colectiva.

> **"Não contendo a cláusula do contrato de trabalho a mínima referência que permita concluir pela determinabilidade dos locais de trabalho, já que se limita a estabelecer a "(...) faculdade (da entidade empregadora) transferir, temporária ou definitivamente, o Segundo Contraente para outro local de trabalho", nem tão pouco existindo quaisquer factos que permitam concluir que, pese embora a expressão genérica utilizada (outro local de trabalho), o autor sabia, ou era-lhe possível e exigível que tivesse previsto, que estava a aceitar a possibilidade de ser transferido "para locais nos quais existem aeroportos: em Lisboa, Porto, Faro, Madeira e Açores", a mesma é nula." - Rel. Porto 11/04/2019 - P. 5280/17.0T8MAI.P1 (Jerónimo Freitas).**

13. *A derrogabilidade por estipulação individual.* O art. 194º/2 aceita que, por estipulação contratual (individual), seja alargada ou restringida a "faculdade" de transferência reconhecida, no mesmo artigo, ao empregador. Tal estipulação caduca ao fim de dois anos, se nesse período, não for concretizada.

São, assim, admitidos desvios contratuais – em relação ao regime contido no art. 194º/1, e só a ele – *em qualquer dos sentidos possíveis* (exclusão total da faculdade de transferência, com fixidez absoluta do local de trabalho; liberdade plena de mudança da afectação geográfica do trabalhador, ou seja, mobilidade ilimitada)[35]. Essas estipulações integram a parametrização geográfica da prestação de trabalho, integrando naturalmente o contrato de trabalho.

Com efeito, o local de trabalho é, caracteristicamente, objecto de estipulação (ainda que, muitas vezes, tácita) no contrato de trabalho. Os contraentes dispõem de ampla liberdade de estipulação, nesse domínio. Mas uma liberdade sob condição: como elemento ou modalidade do objecto típico do contrato, o local de trabalho deve ser *determinado* ou *determinável* (por interpretação do próprio contrato), com maior ou menor amplitude, mas tendo-se sempre presente que o ordenamento juslaboral está condicionado por certas referências de valor, nomeadamente os da *estabilidade* da vida pessoal e familiar do trabalhador e da *conciliação* vida/trabalho.

A natureza da actividade a exercer e até as características do sector económico em que o trabalhador actua podem influir decisivamente na amplitude da noção de local de trabalho. É o que, nomeadamente, ocorre com a construção

[35] Cfr. Bernardo Xavier, *Curso de Direito do Trabalho* cit. 353.

civil e obras públicas: a jurisprudência fixou-se no entendimento de que, se a empresa, com conhecimento prévio dos trabalhadores, realiza obras *em todo o território nacional*, não tendo havido estipulação expressa a este respeito, é esse o «local de trabalho» de todos eles[36]. Ou seja: as mudanças de uma região para outra, para a execução de sucessivas empreitadas, não constituem transferências de local de trabalho.

Como se disse, a regulação contratual da matéria tem necessariamente limites. É de excluir a legalidade de estipulações de que – numa perspectiva de boa-fé – resulte a *indeterminação originária* do local de trabalho[37]. Por exemplo: "o trabalhador obriga-se a prestar a sua actividade em qualquer estabelecimento da empresa no território nacional" ou "no estabelecimento *x* ou em qualquer outro ao qual o empregador decida afectá-lo"[38].

A jurisprudência não tem seguido, quanto a este ponto, uma trajectória inteiramente consistente. Perante casos de considerável indeterminação – como o de "qualquer prédio rústico que se encontrasse, naquele momento ou futuramente, sob a exploração da (...) entidade empregadora"[39], ou "dentro do território continental português, para qualquer um dos estabelecimentos do empregador"[40], ou ainda "no território do Continente português e Ilhas Adjacentes"[41] –, entendeu-se que ela sempre seria "resolvida pelo empregador", no exercício do poder, que a lei lhe reconhece (art. 97º CT), de "estabelecer os termos em que o trabalho deve ser prestado, dentro dos limites decorrentes do contrato e das normas que o regem". Não é discutível que cabe ao empregador determinar, *no âmbito do local de trabalho estipulado*, o lugar preciso (o departamento, a secção, a sala, a oficina) onde o trabalhador deverá executar a sua prestação, concretizando assim esse elemento do objecto do contrato. O que se questiona é o *grau de inde-*

[36] Cfr. Acs. Rel. Lisboa 6/10/88 (CJ 88, 4, 156), 17/4/91 (CJ 91, 2, 230) e 8/4/92 (CJ 92, 2, 206).

[37] "É nula, por inobservância das condições de validade do negócio jurídico, [Artigo 280º do Código Civil] a cláusula contratual em que o parâmetro geográfico da prestação de trabalho se mostra totalmente indeterminado" – Ac. STJ 14/05/2014 – P. 990/10.5TTMTS.P1.S1 (MELO LIMA). Cfr., no entanto, o Ac. 15/09/2010 – P. 83/07.2TTVIS.C1.S1 (MÁRIO PEREIRA), adiante comentado.

[38] É diferente o caso de cláusula em que a afectação do trabalhador a algum dos estabelecimentos do empregador seja limitada a uma área geográfica determinada. Cfr. STJ 19/11/2015 – P. 217/08.0TTCSC.L1.S1 (PINTO HESPANHOL): "Tendo as partes estabelecido, no contrato de trabalho, que o local de trabalho da trabalhadora, com a função de vigilante, correspondia a qualquer um dos locais de prestação de serviço de segurança privada pela empregadora, dentro da Região de Lisboa e Vale do Tejo, a mudança do correspetivo posto de trabalho da Avenida da Liberdade para a ..., ambos localizados na cidade de Lisboa, não consubstancia uma transferência do local de trabalho".

[39] STJ 15/09/2010 – P. 83/07.2TTVIS.C1.S1 (MÁRIO PEREIRA).

[40] STJ 12/03/2009 – P. 08S3054 (SOUSA PEIXOTO).

[41] STJ 10/12/2009 – P. 1168/07.0TTLSB.SB.S1 (BRAVO SERRA).

terminação admissível na fixação originária do local de trabalho, tendo em vista a necessidade, manifestada pelo legislador através da intervenção neste domínio, de evitar que o empregador tenha a possibilidade de movimentar livremente o trabalhador ao sabor das suas conveniências, como se de uma ferramenta se tratasse.

Consideramos o referido tipo de cláusulas legalmente inaceitável. O regime local de trabalho (vd. *infra*) só faz sentido tendo como pressuposto *uma localização determinada*, por referência à qual se identificam interesses do trabalhador e da empresa, especialmente do primeiro, na medida em que tal localização participa da "topografia" da vida pessoal e familiar do trabalhador. É um regime assente em certas valorações fundamentais - ligadas à estabilidade do local de trabalho - que deixam espaço para diversos graus de rigidez ou maleabilidade, mas não admitem a sua total negação.

Não pode, além disso, ignorar-se a desigualdade de poderes contratuais que, quase sempre, se verifica no momento da celebração do contrato. Estipulações como as referidas acabam por assumir a natureza de instrumentos de fraude à lei, excluindo ou neutralizando a relevância de quaisquer impactos das mudanças de local de trabalho nos interesses dos trabalhadores.

A hipótese legal tida em conta no nº 2 do art. 194º, como resulta da sua inserção sistemática, diz respeito à *faculdade em si* - ao espaço de decisão unilateral que é reconhecido ao empregador no nº 1 desse artigo - e não a todos os aspectos do regime contido nesse artigo, nomeadamente a determinação originária do local de trabalho. Por outras palavras: sob pena de inutilidade do regime legal e de abandono dos valores que, manifestamente, o inspiram, julgamos dever entender-se que o nº 2 do art. 194º *supõe um local de trabalho determinado por coordenadas razoavelmente precisas*, relativamente ao qual se admitem modificações convencionais (alargamento ou restrição) da amplitude do poder directivo do empregador, não no que toca à determinação ou concretização desse local, mas no que respeita à largueza com que sejam admitidas transferências, inclusivamente através da naturea ou da medida dos "prejuízos" considerados "sérios".

Desde logo, porque não está em causa a "amplitude" da referida faculdade, o meio de reacção desenhado no art. 194º/5, para a transferência indesejada pelo trabalhador, mantém-se utilizável em qualquer caso. E o mesmo se dirá da importante disposição que se contém no art. 194º/4, acerca do custeio das despesas inerentes à transferência. A norma especifica, com efeito, que se trata de lançar sobre o empregador uma parte das *despesas correntes* do trabalhador, na situação em que ficará após a mudança[42] - e não só as despesas "directamente impostas

[42] No Ac. STJ 16/09/-2015 - P. 34/13.5TTCLD.C1.S1 (Ana Luísa Geraldes), decidiu-se que "o empregador só deve custear as despesas do trabalhador impostas pela transferência decorrentes

pela transferência", como exigia o direito anterior. O trabalhador tem o direito de ser compensado pelo acréscimo dos custos com transportes (se os houver), por todo o tempo em que permanecer adstrito ao novo local de trabalho, além das despesas inerentes à mudança de residência, que poderão ir desde os custos do transporte de mobílias e bagagens, passando pelos encargos com contratos de fornecimento de energia, água, etc., até às despesas de hotel e restaurante relativas ao período de transição para a nova habitação. Esta regra impõe-se independentemente da latitude com que a mobilidade geográfica seja contratualmente estabelecida.

14. *O âmbito da derrogabilidade por convenção colectiva.* No entanto, esses elementos do regime legal são susceptíveis de afastamento por *instrumento de regulamentação colectiva* (art. 194º/6) – são colectivamente, não individualmente, disponíveis. A amplitude dessa disponibilidade é bastante maior do que a oferecida às estipulações individuais.

Assim, podem ser regulados em moldes diferentes dos da lei os condicionamentos das transferências, em qualquer das suas modalidades, a duração máxima das transferências temporárias, o sistema de distribuição de encargos resultantes das transferências e, inclusivamente, o regime da dissolução do contrato pelo trabalhador, em caso de prejuízo sério. No entanto, o "afastamento" do regime legal tem, necessariamente, limites. Pelas razões indicadas, não seria admissível uma regulamentação colectiva que dispusesse no sentido da total indeterminação do local de trabalho, ou da sua absoluta irrelevância. Na mesma perspectiva, a atribuição de plena e incondicionada liberdade de disposição do empregador sobre o local de trabalho seria incompatível, desde logo, com a "garantia" (por muito débil que seja) constante do art. 129º/1-*f*) CT. Para além disso, não podem ser consideradas inteiramente elimináveis as regras cuja violação é qualificada de contra-ordenação, pelo art. 194º/7. Colocadas essas regras num plano de relevância jurídico-pública, não se vê como possa ser afastada a sua aplicação por convenção colectiva de trabalho.

De todas estas observações resulta a fundamental incongruência de que enferma a versão actual do art. 194º. A combinação de regras de natureza originariamente imperativa com aberturas à derrogação por acordo individual ou convenção colectiva e, ainda, com um revestimento contra-ordenacional, redunda num tratamento legal contraditório e recheado de dificuldades aplicativas.

do acréscimo dos custos de deslocação e resultantes da mudança de residência, prevendo-se assim, apenas o pagamento dos custos da deslocação contabilizados em função dos quilómetros percorridos a mais pelo trabalhador que foi transferido do seu local de trabalho".

Por fim, são claramente indisponíveis as exigências procedimentais do art. 196º: a de comunicação escrita do empregador ao trabalhador anunciando a mudança e os seus fundamentos, com antecedência significativa em relação à data em que deverá ocorrer. Essa comunicação antecipada é, necessariamente, uma formalidade *ad substantiam*, cuja inobservância invalida a ordem de transferência e dispensa o trabalhador de a cumprir[43].

[43] STJ 06/02/2008 - P. 07S2898 (Vasques Dinis).

V PARTE
A CESSAÇÃO DO CONTRATO DE TRABALHO

Capítulo 17

A CESSAÇÃO DO CONTRATO DE TRABALHO: NOÇÕES GERAIS[1]

1. As várias vertentes do tema; 2. A evolução do regime legal; 3. A imperatividade do regime legal; 4. O elenco legal das modalidades de cessação do contrato; 5. A faculdade de despedir; 6. O princípio da estabilidade do emprego; 7. A assimetria dos regimes de desvinculação; 8. O regime do despedimento e a política de emprego.

1. *As várias vertentes do tema.* Muitos dos mais delicados e complexos problemas surgidos na prática das relações de trabalho respeitam à desvinculação das partes, isto é, à cessação do contrato. O tema é juridicamente complexo e socialmente sensível.

A relação de trabalho caracteriza-se, do lado do trabalhador, por uma importante implicação da pessoa e de dimensões fundamentais da *vida pessoal e familiar*. Nas empresas de menor dimensão, também o empresário/empregador envolve a sua pessoa, em certa medida, nas relações de trabalho, e isso não é irrelevante. A pessoalidade da relação de trabalho não pode deixar de pesar na concepção do regime da ruptura do contrato, embora coloque em evidência interesses aparentemente inconciliáveis: por um lado, ela implica que às partes seja deixada a máxima amplitude de possibilidades de desvinculação, se for acentuada a atinência do contrato à liberdade pessoal dos sujeitos (muito particularmente, o trabalhador); por outro lado, sugere que aquelas possibilidades sejam limitadas

[1] Relativamente a toda a matéria tratada neste capítulo e nos subsequentes, deve ter-se presente a obra fundamental de Pedro Furtado Martins, *Cessação do contrato de trabalho*, 3ª ed., Lisboa (2012).

e condicionadas, no essencial, tendo em vista o interesse da estabilidade (ainda este sobretudo relevante no caso do trabalhador).

Mas as posições típicas das partes são, nesse aspecto, muito diferentes.

A cessação do contrato tem consequências bastante mais consideráveis na esfera do trabalhador do que na do empregador. Só quanto ao primeiro se pode dizer que o vínculo é o suporte dum estatuto económico, social e profissional, dado que o trabalhador empenha nele a sua força de trabalho (através da oferta da sua disponibilidade) e condiciona por ele, em regra, toda a sua esfera económica, o seu modo de vida pessoal e mesmo o seu estatuto social.

A ruptura do contrato significará, deste modo, para o trabalhador, o termo de uma posição global a que se ligam necessidades fundamentais. A gravidade destas consequências é hoje muito acentuada pela crise generalizada do emprego tradicional – passaram a ser quase banais taxas de desemprego de dois dígitos – e pelos obstáculos (idade, qualificação, situação familiar) que se levantam à *empregabilidade* daqueles que viram cessar os seus vínculos laborais.

Muito diversamente, para o empregador, a cessação do contrato de trabalho – quando não decorrente de sanção disciplinar – representará, normalmente, a abertura de uma vaga na organização da empresa, eventualmente a perda de um trabalhador muito qualificado, ou seja, um facto com significado económico-organizacional, mas não um evento com incidência na sua vida pessoal.

Isto explica que, como adiante se assinalará, o regime jurídico da cessação do contrato de trabalho seja claramente *assimétrico*: o empregador está sujeito a um conjunto de exigências, para que possa promover a ruptura do contrato, que não encontram, de modo algum, paralelo no estatuto do trabalhador. Uma decisão de desvinculação deste é tratada, pela lei, como expressão de liberdade pessoal, enquanto um acto extintivo do empregador é tratado como um facto destruidor de emprego.

2. *A evolução do regime legal.* A mudança de regime político, em 1974, foi acompanhada de uma vasta agitação social e ideológica que se centrou no mundo do trabalho. Essa movimentação, que se prolongou por vários anos, condensou-se fortemente no domínio mais sensível do regime das relações de trabalho, que é, como se notou, o das regras que viabilizam ou impedem a perda do emprego.

O principal diploma legal do sistema corporativo em matéria de trabalho – a LCT de 1969 – sobreviveu à profunda mudança política desse período, mantendo-se em vigor até 2003. Mas o capítulo em que tratava da cessação do contrato de trabalho deixou de vigorar em 1975, para dar lugar a uma sucessão de diplomas legais autónomos[2].

[2] O primeiro passo foi dado com a suspensão da faculdade de despedimento sem justa causa, por parte do empregador, através do DL 292/75, de 16/6. Depois, surgiu o DL 372-A/75, de 16/7, que

Esse movimento legislativo surgiu enquadrado pela crescente agudização da crise de desemprego, e deve ser entendido à luz de tal condicionalismo. O sentido geral da evolução verificada traduziu-se no estabelecimento de consideráveis restrições às faculdades de desvinculação unilateral que há muito a lei reconhecia aos empregadores. Em síntese, tais faculdades ficaram reduzidas às hipóteses de despedimento por justa causa disciplinar (requerendo a verificação desta um procedimento formal) e de despedimento colectivo (sujeito, ele também, a uma tramitação relativamente complexa, visando o exercício de um controlo externo das condições objectivas da empresa).

Outro aspecto fundamental consistiu na introdução da possibilidade de invalidação dos despedimentos irregulares, com a consequente abertura da hipótese de reintegração dos trabalhadores afectados, embora em termos de opção oferecida a estes últimos.

Esse regime vigorou, quase sempre sob a pressão da controvérsia, por quase uma década e meia. Veio a ser substituído, após um alongado e complexo processo legislativo, pelo DL 64-A/89, de 27/2, diploma que, além da cessação do contrato de trabalho, regulava também o contrato de trabalho a termo.

Pela primeira vez, em 1989,o legislador traduziu em moldes sistemáticos, o reconhecimento da necessidade da articulação funcional dessas duas matérias, pelo menos sob o ponto de vista da política de emprego. As possibilidades do recrutamento de trabalhadores a título precário (isto é, sem as garantias da estabilidade de emprego) devem, na verdade, combinar-se com a latitude das faculdades de despedimento que o sistema jurídico comporte. A precaridade pode ganhar volume e importância num sistema de despedimento bloqueado. Se, pelo contrário, no limite, o despedimento for inteiramente livre, nenhum empresário verá vantagem em contratar trabalhadores a termo. Isso não significa, porém, necessariamente, redução da precaridade.

De modo global e muito esquemático, poderá reconhecer-se, no complexo normativo que a este respeito se estratificou em 1975/76, uma combinação de bloqueio dos despedimentos e certa facilitação do recrutamento precário; no regime de 1989, podia descortinar-se uma maior amplitude da possibilidade de despedir e um estreitamento do espaço da contratação precária. Com efeito, passou a ser admitido, ao lado do despedimento disciplinar, um *despedimento por causa objectiva* (veremos sob que formas e em que termos); por outro lado, o despedimento colectivo foi libertado da autorização administrativa que o condicionava, acentuando-se, assim, nele o perfil de um instrumento de gestão de pessoal nas empresas.

ainda reflectia preocupações de compromisso no tocante à largueza da faculdade de despedir; seguiram-se, em sentido mais radical, o DL 84/76, de 28/1, o DL 841-C/76, de 7/12, e a L 48/77, de 10/7, com a qual se estabilizou o regime legal da cessação do contrato de trabalho.

O Código do Trabalho – tanto na versão de 2003 como na de 2009 – não alterou significativamente esse balanço. As modificações que introduziu na matéria são pontuais e não exprimem uma verdadeira viragem de política legislativa. As modalidades de cessação do contrato de trabalho são as mesmas, e os respectivos regimes mantêm a traça fundamental que lhes foi impressa em 1989.

Era, no entanto, já possível discernir no regime do CT – tanto na versão de 2003 como na de 2009 – um discreto aumento do "coeficiente de eficácia marginal" do despedimento, nos casos de incumprimento das regras: como adiante se notará, a efectiva cessação do contrato ganhou algum espaço anteriormente indisponível, tanto nos casos de vício do processo de despedimento (com a perda de relevância de alguns defeitos processuais secundários), como, até, nos de insuficiência do motivo invocado pelo empregador (com a possibilidade, introduzida em 2003 e mantida em 2009, de decisão judicial contrária à reintegração).

A tendência para a suavização das restrições ao despedimento individual tornou-se uma directriz ostensiva de política legislativa com as modificações ocorridas em 2011/2012, a coberto do desígnio geral de combate à crise económica e financeira. O despedimento tornou-se, em suma, "mais fácil e mais barato". Como se observará mais adiante, as compensações por cessação (lícita) do contrato de trabalho foram consideravelmente diminuídas[3] e os requisitos de validade dos despedimentos por causa objectiva (extinção do posto de trabalho e inadaptação do trabalhador) reconfigurados[4] de modo a viabilizar a sua mais frequente e cómoda aplicação – em termos que suscitam dúvidas sérias de conformidade constitucional.

3. *A imperatividade do regime legal.* O tratamento desta matéria no Código do Trabalho está marcado pela afirmação da sua *imperatividade absoluta* – isto é, insusceptibilidade de regulação diversa, tanto *in melius* como *in peius*, por convenção colectiva ou contrato individual. Exceptuam-se somente certos aspectos quantitativos: indemnizações e prazos (art. 339º).

As consequências desta postura da lei são várias. Desde logo, não podem ser excluídas, por convenção colectiva ou estipulação individual, quaisquer das modalidades pelas quais o contrato pode cessar, como não podem ser alterados os respectivos pressupostos e consequências. O âmbito de intangibilidade abrange os aspectos materiais (fundamentação) e formais (procedimento) dos regimes de cada uma dessas modalidades.

[3] Primeiramente apenas para os contratos futuros, com a L. 53/2011, de 14 de Outubro; depois, para todos, com a L. 23/2012 já frequentemente citada.
[4] Pela L. 23/2012.

Depois, caberá indagar de que modo ou em que medida os *efeitos económicos* da cessação do contrato são afectados pela afirmada imperatividade do regime legal. Os preceitos que se referem ao tema não são inequívocos. Por um lado, admite-se que "os critérios de definição de indemnizações" sejam regulados por convenção colectiva de trabalho (nº 2 do artigo citado). Por outro, aceita-se que "os valores de indemnizações" sejam regulados pela mesma via, mas "dentro dos limites deste Código" (nº 3).

A primeira destas proposições normativas parece excluir, desde logo, a possibilidade de, por estipulação individual, serem definidos processos de cálculo de indemnizações por cessação do contrato diferentes dos que constam da lei. É o que resulta do disposto no art. 3º/5 CT.

Não se afigura, por outro lado, útil nem viável uma interpretação literal do mesmo nº 2, considerando abrangidas apenas as *indemnizações* devidas por cessação do contrato (arts. 391º, 392º e 396º), e excluindo as *compensações* a pagar pelo empregador em caso de ruptura lícita do vínculo (arts. 344º, 345º e 366º). Essa interpretação conduziria a uma incompreensível desigualdade de tratamento dos dois tipos de atribuição patrimonial, rigidificando as compensações e tornando negociáveis (a nível colectivo) as indemnizações, sem que alguma razão consistente pudesse explicá-lo.

A proposição contida no nº 3, por seu turno, levanta a questão de saber se os "valores de indemnizações" só podem ser negociados, a nível colectivo, no sentido da *redução* dos que resultariam das regras de cálculo da lei, uma vez que a sua "regulação" por aquela via tem que conter-se "dentro dos limites deste Código". Além disso, esses "valores" não podem ser objecto de estipulação individual.

As duas normas parece deverem ser entendidas no plano exclusivo da *regulação* da matéria, isto é, da formulação de *regras* gerais e abstractas sobre o modo de fixação dos efeitos económicos (indemnizações e compensações) que certas formas de cessação do contrato do trabalho podem suscitar. Essa temática é *regulada* pela lei em certos termos, e só limitadamente se admite que seja regulada em termos diversos por convenção colectiva. Não é, por exemplo, admissível que, por esta última via, se estabeleça uma faixa de 30 a 60 dias de salário por ano de serviço, para a fixação em concreto da indemnização a que se refere o art. 391º/1; ou que uma cláusula de um contrato colectivo altere de 12 para 24 meses o valor máximo da compensação por despedimento colectivo.

Mas isso não impede que, *para cada caso concreto de cessação de um contrato de trabalho*, sejam negociados e acordados, a nível individual, ou mesmo simplesmente decididos pelo empregador, processos de cálculo e valores diferentes dos que resultariam das *regras* aplicáveis. A latitude da definição *casuística* de efeitos económicos da cessação do contrato é ilustrada, nomeadamente, pelo que se dispõe, no art. 349º/ 4 e 5, acerca desses efeitos na revogação, e no art. 360º/2-*f*), a propósito do "método de cálculo" da compensação por despedimento colectivo.

De resto, este é um domínio em que impera uma prática social de negociabilidade, a qual corresponde a interesses e conveniências das duas partes nos contratos de trabalho. Um entendimento rígido e literal do que se dispõe no art. 339º, com todas as reservas que deveria suscitar, tanto no plano técnico como no da legitimação ético-social, dificilmente se imporia no sentido da reversão dessa prática.

4. *O elenco legal das modalidades de cessação do contrato.* O art. 340º enumera, de modo não taxativo ("para além de outras modalidades legalmente previstas..."), os principais mecanismos pelos quais o contrato de trabalho pode cessar: caducidade, revogação, despedimento (individual) por facto imputável ao trabalhador (ou seja: o despedimento disciplinar a que se refere o art. 328º), despedimento colectivo, despedimento (individual) por extinção do posto de trabalho, despedimento (individual) por inadaptação, resolução e denúncia pelo trabalhador.

Essas são as modalidades definidas e reguladas, com detalhe variável, no âmbito do CT. Não são, porém, as únicas. Alguns mecanismos desenhados no próprio CT com propósitos específicos acabam por ter como efeito colateral a cessação de um contrato de trabalho, de modo não inteiramente reconduzível a uma das modalidades elencadas no art. 340º.

É, desde logo, o caso da denúncia do contrato, por qualquer das partes, durante o *período experimental* – hipótese única em que a lei admite a ruptura unilateral do vínculo pelo empregador sem necessidade de justificação. Mas é também o caso da *cessação de uma comissão de serviço externa*, não estando acordada a permanência do trabalhador ao serviço da empresa após esse momento (art. 162º/2), ou o de um trabalhador, alvo de um despedimento ilícito, e, como tal, ineficaz, optar pela *não reintegração* na empresa, preferindo a indemnização estabelecida pelo art. 391º. Um último exemplo, é o de *decisão judicial de recusa da reintegração*, nos termos do art. 392º, decisão da qual decorrerá a extinção definitiva do vínculo, apesar de precedida de um despedimento ilícito.

O estudo das formas de cessação do contrato de trabalho vai, contudo, incidir apenas naquelas que constam da enumeração do art. 340º.

5. *A faculdade de despedir.* O tema da cessação do contrato de trabalho tem o seu epicentro no regime da ruptura do vínculo por decisão unilateral do empregador, isto é, do *despedimento*.

A concepção "dominial" ou "proprietária" da empresa, como organização concebida e liderada por um *patrão* que se afirma sobretudo como um *dono* e que exerce, de forma discricionária, determinados poderes sobre os seus componentes, forneceu, como é sabido, o pano de fundo da formação e da consolidação do Direito do Trabalho. Essa concepção da empresa e das relações de trabalho contém no seu cerne a ideia (e a pretensão) da *liberdade de despedir*.

A posição de supremacia do empregador afirma-se, fundamentalmente, com base na possibilidade de fazer cessar, em qualquer momento e por qualquer motivo, o vínculo jurídico que constitui o suporte da subsistência do trabalhador; e consolida-se com a afirmação do carácter «fiduciário» e «pessoal» da relação de trabalho, a partir do qual se opera a «subjectivação» do despedimento.

No entanto, a concepção dominial da empresa – que, curiosamente, pôde encontrar apoio tanto nas teses institucionais como nas orientações individualistas e contratualistas que com elas têm constituído o binómio clássico na teoria juslaboral da empresa – é, há décadas, um entendimento em crise no domínio das ideias e dos factos.

No domínio das *ideias*, fundamentalmente, pela afirmação sucessiva de projectos teóricos de «reforma da empresa», de «participação», de «democracia industrial», visando a transformação da estrutura do poder nas organizações produtivas, o redimensionamento da clássica «autoridade patronal», a «integração activa» dos trabalhadores na vida da empresa.

No terreno dos *factos*, por força do desenvolvimento dos mecanismos negociais na determinação das condições de trabalho e da penetração da acção sindical no seio da empresa. O exercício de alguns dos típicos poderes do empregador – no recrutamento, nas promoções, na organização dos tempos de trabalho, na regulamentação interna, na própria acção disciplinar – é, não raro, condicionado na contratação colectiva, por vezes até partilhado com representantes dos trabalhadores.

A liberdade de despedir, que se julgaria inerente à liberdade de empreender, foi progressivamente condicionada, não só por regras de organização do poder na empresa que envolvem formas de participação de representantes dos trabalhadores na formação de decisões de gestão, mas também pela enfatização do valor *estabilidade* no enquadramento jurídico das relações de trabalho.

6. *O princípio da estabilidade do emprego.* A protecção assegurada pela legislação do trabalho centrou-se, por muito tempo, essencialmente, numa «garantia de conteúdo» das relações laborais. Reconhecida a «debilidade contratual» do trabalhador, em especial no tocante à liberdade de *estipulação*, o legislador preocupou-se sobretudo com a fixação de condições mínimas de trabalho, que os contratos individuais haviam de absorver e relativamente às quais se erguia a barreira da irrenunciabilidade. Complementarmente, a negociação colectiva desenvolvia-se em torno da questão salarial, fixando níveis mínimos de retri-

buição que permitiam libertá-la das leis estritas do mercado de trabalho e relacioná-la com as necessidades de subsistência. O que estava, pois, em causa era evitar que as condições de trabalho concretas se degradassem (por consequência das flutuações do mercado de trabalho) abaixo de certos níveis mínimos.

A partir dos anos 60 do século passado, desenhou-se uma viragem significativa: apesar de não poder então detectar-se (nem em Portugal nem no resto da Europa) uma situação verdadeiramente patológica no que respeita ao emprego – como a que se manifestou, em termos agudos e generalizados, nas décadas seguintes –, a *estabilidade do emprego* afirmou-se como referência fundamental para a legislação do trabalho. Além do conteúdo das relações de trabalho, passou a enfatizar-se a sua *continuidade*. Esta preocupação não se fundou apenas no reconhecimento de que a ocupação é, para o assalariado, a única ou, ao menos, a principal fonte de meios de subsistência (ou seja, na necessidade de garantir certo grau de *segurança económica*); inspirou-se também na constatação de que o emprego, o lugar, o posto de trabalho são factores de estatuto social e condições de equilíbrio psicológico, interferem com os valores da personalidade (situando-se no domínio da defesa da *dignidade pessoal* e da *inclusão social*).

No plano normativo, a actuação do princípio da estabilidade do emprego assumiu, como é sabido, duas expressões primordiais: a edificação do instituto da *suspensão do contrato de trabalho* (para as hipóteses, já examinadas, de impossibilidade superveniente temporária da execução do contrato, seja por decisão do empregador, seja por caso fortuito ou de força maior) e a *regulação limitativa da faculdade de despedir*.

O mesmo princípio assumiu, no ordenamento jurídico português, a dignidade e a consistência de um postulado constitucional: o art. 53º CRP declara "garantida" a "segurança do emprego", nomeadamente através da proibição dos "despedimentos sem justa causa ou por motivos políticos ou ideológicos".

7. *A assimetria dos regimes de desvinculação.* Um traço fundamental da regulamentação do despedimento sob a inspiração do referido princípio consiste na *quebra da paridade ou homologia dos regimes de extinção do contrato por iniciativa do trabalhador e do empregador*.

Esta orientação da lei baseia-se na constatação de um *dado de facto* que é a diferença essencial entre as situações dos sujeitos perante a iniciativa desvinculatória de cada um deles: o empregador que a promove está a agir sobre os recursos e a organização da empresa; o trabalhador demissionário está a recuperar a liberdade pessoal. Encaradas as coisas na recíproca, o empregador está a privar a contraparte da fonte de subsistência e de uma posição de utilidade social; o trabalhador está a promover a abertura de uma vaga no quadro da empresa e, eventualmente, a privar a empresa de um recurso produtivo.

A quebra de paridade traduz-se na construção de um círculo de restrições em torno da faculdade de despedimento do empregador, visando, em primeira linha, a eliminação do subjectivismo ou do arbítrio de tal medida. A subjectividade do empregador – a sua sensibilidade pessoal, a sua estrutura emocional, o seu particular grau de exigência no que toca à confiança pessoal ou mesmo ao grau de diligência oferecido pelo trabalhador – tende, sob o ponto de vista jurídico, a tornar-se irrelevante.

Mas não só isso. O carácter crucial que se atribui à segurança do emprego conduz à elevação da fasquia do despedimento admissível, conduzindo-o à natureza de um "último recurso", de um resultado inevitável, sem alternativa – o que envolve a insuficiência de motivações meramente "razoáveis", "socialmente atendíveis", "não arbitrárias nem discriminatórias", para fundamentarem a ruptura unilateral do vínculo.

8. *O regime do despedimento e a política de emprego.* O que se passou no domínio das ideias – a crise da concepção dominial da empresa, a afirmação da estabilidade do emprego como objectivo político-jurídico prioritário, a consagração da assimetria dos regimes de desvinculação – seria insuficiente para explicar a centralidade deste tema nas políticas legislativas do direito do trabalho, se não se tomasse em conta a agudização dos problemas do emprego, particularmente nos países industrializados, desde meados da década de setenta até hoje.

Seria mistificatório apresentar a limitação do despedimento individual como medida eficaz e consequente de política de emprego – ou melhor, um adequado preventivo do crescimento da desocupação. O que parece resultar da experiência das últimas décadas é que «a regulamentação do despedimento não deve ser considerada como um meio de política social, mas como uma finalidade por onde passam a dignidade e o respeito dos direitos dos trabalhadores»[5]. Todavia, a situação do mercado de emprego contribui para acentuar poderosamente a sensibilidade social e o melindre político da temática do despedimento individual pelo empregador. Isto ajuda, porventura, a explicar que tenham surgido, por quase toda a Europa, importantes reformas legislativas nesse domínio; e, também, que a evolução das taxas de desemprego se tenha mostrado praticamente insensível ao impacto de tais medidas.

Dir-se-á, não sem razão, que em parte isso se deve à inoperância ou inefectividade dos regimes limitativos do despedimento arbitrário, sobretudo no que respeita à reintegração do trabalhador irregularmente despedido; na verdade, e

[5] Javillier, *Une nouvelle illustration du conflit des logiques (droit à lemploi et droit des obligations): «normalisation» du licenciement et sauvergarde des pouvoirs du chef d'entreprise*, in *Tendances du Droit du Travail contemporain*. Paris (1978) 111.

desde logo, a própria lentidão dos mecanismos judiciais leva a que, na maioria dos casos, só a técnica indemnizatória se torne praticável. Mas o motivo fundamental da escassa relevância do tema no quadro de combate ao desemprego há-de procurar-se noutro lado: a crise de desocupação manifesta-se, em grande parte, pela incapacidade dos sistemas produtivos de absorverem a procura de primeiro emprego; e, noutra parte não negligenciável, pelo fenómeno de diminuição da oferta de ocupação que deriva do encerramento de empresas e da reorganização de sectores económicos; em suma, da deficiente harmonização do progresso tecnológico com as exigências sociais.

As alterações ao regime dos despedimentos individuais, determinadas pelo "Memorando de Entendimento" de 2011, e constantes sobretudo da L. 23/2012, repuseram a oportunidade do debate sobre esta matéria.

Capítulo 18
A REVOGAÇÃO E A CADUCIDADE

I. A revogação[1]

1. Noção; 2. Situações atípicas; 3. Os efeitos da revogação; 4. A compensação pecuniária; 5. A remissão abdicativa; 6. A prevenção da fraude.

> **"I – A revogação do contrato de trabalho prefigura-se, face ao disposto no artigo 394º, do Código do Trabalho de 2003, como um negócio formal; operando contudo no âmbito da liberdade contratual, o negócio em causa está sujeito à disciplina civilista, comum aos demais negócios jurídicos, relativa aos vícios da vontade, sempre no pressuposto da igualdade e equilíbrio entre as partes outorgantes.**
>
> **II – Todavia, e porque não raras vezes esta modalidade de desvinculação dá cobertura à prática do chamado despedimento negociado – expediente que, não obstante a sua natureza negocial/bilateral, vai primacialmente ao encontro dos interesses do empregador, surgindo a acertada compensação pecuniária como o preço da contrapartida pelo assentimento do trabalhador na promovida cessação do contrato – deve assumir particular relevância, atenta a especificidade da relação laboral, a salvaguarda da genuinidade da formação da vontade extintiva, por banda do trabalhador.**

[1] Vd. sobre a *revogação* dos contratos, em confronto com a resolução e a denúncia, ANTUNES VARELA, *Das obrigações em geral* cit. II, 237 ss.. Relativamente à revogação do contrato de trabalho, é indispensável a consulta da monografia de JOANA VASCONCELOS, *A revogação do contrato de trabalho*, Coimbra (2011). Sobre o tema, veja-se ainda BERNARDO XAVIER, *Manual* cit., 771 ss.; JÚLIO GOMES, *Direito do Trabalho* cit. 940 ss.; M. ROSÁRIO RAMALHO, *Tratado* cit. Parte II 805 ss.; LEAL AMADO, *Contrato de trabalho* cit. 361 ss.; P. ROMANO MARTINEZ, *Direito do Trabalho* cit. 966 ss..

III – No âmbito da relevância do erro-vício ressalta a sua essencialidade: só é relevante o erro essencial e só é essencial o erro se, sem ele, se não celebraria qualquer negócio ou só se celebraria um outro, com diverso objecto, de outro tipo ou com outra pessoa.
IV – Não resultando provado que o motivo determinante da vontade rescisória do trabalhador fosse a extinção do seu posto de trabalho, nem se demonstrando que as partes tivessem reconhecido, no acordo, que a verificação de tal motivo era essencial à pactuada desvinculação, não pode operar a pretendida anulação do acordo revogatório." – STJ 24/10/2012 – P. 726/07.8TTMTS.P2.S1 (Fernandes da Silva).

1. *Noção.* Consideramos, em primeiro lugar, e conforme a terminologia do CT, a *revogação* por acordo das partes. Ela consiste num negócio jurídico bilateral extintivo: um contrato cujo objecto consiste em fazer cessar o contrato de trabalho. O mesmo jogo de vontades que fez nascer este contrato actua agora no sentido de lhe pôr fim.

A revogação é um processo de cessação do contrato de trabalho frequentemente utilizado como alternativa, quer na sequência da apresentação de projectos de despedimento colectivo, quer no quadro de processos de extinção de postos de trabalho. Na vasta maioria dos casos, resulta de iniciativa do empregador, tendo ou não como pano de fundo um projecto de eliminação do posto de trabalho, em termos individuais ou colectivos.

Daí, ainda, que se proíba, no art. 129º/1-*j*) CT, a revogação quando haja «o propósito de o prejudicar (*ao trabalhador*) em direito ou garantia decorrente da antiguidade». Trata-se, aí, do caso de um empregador que põe ao trabalhador um dilema deste género: ou aceita revogar o contrato, sendo posteriormente readmitido (com nova contagem da antiguidade, sem ligação à anterior), ou será definitivamente despedido.

Trata-se de um negócio *formal*: a lei exige documento escrito e assinado por ambas as partes (art. 349º/2), em desarmonia com o princípio válido para a *celebração* do contrato[2].

A solução é antiga. No contexto dos regimes restritivos do despedimento que se sucederam depois de 1974, o legislador terá sempre ponderado os riscos particulares de que a mera consensualidade da revogação se revestiria. Tratando-se de uma forma de cessação do contrato, no contexto de um sistema muito orientado para a tutela da segurança do emprego, afirmam-se aqui exigências particulares de certeza e de genuinidade.

[2] A forma é aqui exigida *ad substantiam*, como resulta do silêncio da lei sobre o efeito da sua falta (vd. art. 220º CCiv.).

Em regra, os acordos revogatórios são, pois, primordialmente, instrumentos de realização do interesse do empregador, o que explica que, à margem de qualquer exigência legal, dêem lugar ao pagamento de compensações pecuniárias aos trabalhadores intervenientes. Para além dessas vantagens materiais, a concordância dos trabalhadores é, normalmente, procurada através da criação de perspectivas de perda do emprego. A formação da vontade extintiva do trabalhador resulta de processos motivacionais que podem, inclusivamente, envolver a invocação de realidades inexistentes ou de perspectivas falaciosas, como a da eliminação da função ou do posto de trabalho que, não havendo revogação, dariam lugar a despedimento individual, com compensação inferior à que é oferecida pelo acordo. Esses expedientes podem, em função das circunstâncias concretas de cada caso, induzir o trabalhador em erro, susceptível de tornar anulável o acordo revogatório (art. 254º CCiv.). Todavia, para este efeito, exige-se a essencialidade do erro – que se possa entender que, sem ele, o trabalhador não subscreveria o acordo (arts. 247º e 252 CCiv.)[3].

2. *Situações atípicas.* Surgem, por vezes, situações atípicas, como a de o documento revogatório ter sido, por qualquer razão, assinado somente pelo trabalhador. A jurisprudência tem revelado alguma hesitação perante tal hipótese[4].

Poderia argumentar-se, a favor da validade da revogação em tais casos, com o facto de este processo exprimir, normalmente, a consensualização de uma decisão desvinculatória do empregador. Mas esta afirmação peca por excessiva relatividade. Em muitos casos, é o trabalhador que procura a revogação para se libertar, sem encargos nem demoras, de um emprego para o qual já tem alternativa. De qualquer modo, a exigência de assinatura de ambas as partes é absolutamente explícita e imperativa na lei, não parecendo que haja razões para fazer do art. 349º/2 uma leitura maleabilizante, inspirada num (suposto) critério de utilidade social. Entendemos, pois, que só é válida a revogação quando existe assinatura de ambas as partes no respectivo escrito.

Uma outra hipótese atípica é a da "aceitação do despedimento" pelo trabalhador, quer por afirmação expressa nesse sentido, constante de documento escrito, quer mediante dedução a partir da aceitação (por recibo assinado) da indemnização ou compensação paga pelo empregador (art. 366º/4). Poderá, nesses casos, entender-se que há uma "requalificação" do despedimento para revogação? Decididamente, não. A consequência prática fundamental da

[3] Cfr. STJ 24/10/2012 – P. 726/07.8TTMTS.P2.S1 (Fernandes da Silva).

[4] Referimo-nos aos Tribunais de Relação; o Supremo tem-se mantido firme na orientação de só aceitar a validade da revogação se houver assinatura de ambas as partes: vd. nomeadamente Ac. STJ 5/11/97, *Col. Jur./STJ*, 97, 3, 239.

eventual resposta positiva a esse quesito seria o reconhecimento da possibilidade de revogação posterior pelo trabalhador, nos termos do art. 350º – e essa revogação, se fosse viável, teria por efeito, simplesmente, e de novo, fazer vir à superfície o verdadeiro fenómeno em causa, que é o despedimento.

Uma outra situação incomum: o trabalhador assinou um documento, em papel timbrado do empregador, em que declarava ter recebido do deste uma compensação de certo montante, riscando, no entanto, a fórmula segundo a qual nada mais teria a receber. Não constava do documento qualquer referência à cessação do contrato. Ora esta não pode deduzir-se: a forma escrita que a lei exige no caso de revogação diz respeito ao *acordo de cessação* do contrato, e não aos efeitos laterais que as partes tenham querido atribui-lhe. Não pode, pois, considerar-se que tenha havido revogação do contrato[5].

3. *Os efeitos da revogação.* A revogação do contrato de trabalho opera a desvinculação das partes na data estipulada, que pode ser a do próprio momento da celebração do acordo ou uma qualquer posterior que dele conste. Se nada for explicitado no acordo a este respeito, o efeito extintivo será imediato.

O acordo revogatório, na perspectiva legal, não implica quaisquer outras consequências, nomeadamente patrimoniais. Quer isto dizer que não é legalmente imposto o pagamento de quaisquer indemnizações ou compensações, como as previstas para os casos de despedimento propriamente dito.

Contudo, também não ficam neutralizados os créditos e débitos existentes entre os sujeitos por virtude da execução do contrato revogado. Se havia horas extraordinárias por pagar, se o trabalhador devia algumas prestações do preço de uma ferramenta culposamente inutilizada por ele, etc., tais créditos e débitos têm que ser satisfeitos de igual modo.

É, porém, usual que o acordo revogatório confira ao trabalhador uma compensação pecuniária – sinal de que, embora objecto de um consenso, a cessação do contrato interessa sobretudo ao empregador. Se é o trabalhador que pretende libertar-se do vínculo – por exemplo, para rapidamente assumir funções noutra empresa –, é natural que não ocorra o pagamento de qualquer compensação.

4. *A compensação pecuniária.* O significado da estipulação, no acordo revogatório, de uma compensação pecuniária a favor do trabalhador é um ponto sobre o qual a lei fez importante inflexão. O art. 349º/5 prevê a hipótese de ser estabelecida «uma compensação pecuniária global» e faz assentar nela a presunção – de «que esta inclui os créditos vencidos à data da cessação do contrato ou exigíveis em virtude desta».

[5] Assim se julgou no Ac. STJ 08/10/98 – P. 99S041 (José Mesquita).

Há no preceito uma forte sugestão no sentido de se tratar de uma presunção *iuris et de iure* [6] e essa foi também a posição sustentada em anteriores edições deste livro. Um argumento robusto nesse sentido é o de que, se se tratasse de presunção *iuris tantum*, tudo se passaria como se a norma não existisse: o trabalhador, para a ilidir, teria que fazer a prova dos créditos adicionais, prova que sempre lhe caberia produzir.

Cremos hoje, porém, que o *thema probandi* a considerar não é esse. O trabalhador tem sempre que provar os seus créditos e ao empregador cabe demonstrar que os satisfez. O que está em causa é outro ponto: o de saber se foram, na verdade, *considerados* todos os créditos do trabalhador no ajuste da compensação. De acordo com o art. 349º/4, *presume-se que sim* quando a compensação é «global». Mas o trabalhador pode provar o contrário, isto é, provar que este ou aquele crédito *não foram, sequer, tidos em conta* quando se definiu o valor a pagar pelo empregador. E, sendo assim, torna-se possível atribuir sentido útil à presunção – como presunção *iuris tantum*.

Imagine-se a seguinte situação (muito corrente): o empregador, interessado em reduzir o efectivo, oferece a certas categorias de trabalhadores, no caso de aceitarem revogar os seus contratos por acordo, uma compensação de 1,5 salários por ano de antiguidade, argumentando com o facto de a compensação por despedimento colectivo ser apenas 12 dias de salário por ano. Resulta daqui, para o trabalhador *A*, que tem vinte anos de serviço, uma compensação de 30 vezes o seu salário. Há "compensação global", mas o seu cálculo seguiu uma lógica indiferente à consideração dos eventuais créditos de *A*. Em nossa opinião, o preceito citado não afasta, antes pelo contrário, a possibilidade de *A* os fazer valer, mediante a referida demonstração.

Deste entendimento resulta também que, à luz do preceito referido, pode acontecer que a compensação global seja inferior ao somatório dos créditos laborais vencidos; o trabalhador pode bem preferir a certeza da compensação à incerteza do ressarcimento integral. Tudo está em que esses créditos tenham sido considerados por ambas as partes ao ajustarem a compensação.

É claro que a presunção só se ergue no caso de não existir estipulação em contrário. Pode, em suma, ser fixado no acordo revogatório um montante «global» (5.000 euros, por exemplo) a pagar ao trabalhador, mas acrescentar-se no mesmo acordo uma menção como esta: «sem prejuízo dos créditos salariais correspondentes a 2002 e ainda não pagos».

[6] Cfr. neste sentido Castro Santos/M. Teresa Rapoula, *Da cessação do contrato de trabalho e contratos a termo. Do trabalho temporário*, Lisboa (1990) 53. Na jurisprudência, o Ac. STJ 21/4/93 (BMJ 426, 372).

A natureza «global» a que alude o preceito consiste na *indiscriminação* dos títulos ou fundamentos pelos quais o montante pecuniário em causa é estabelecido e pago. Isso significa que qualquer afectação específica de valores desvanece a presunção e autoriza que se faça valer créditos não explicitados. No caso acima referido, tornar-se-ia possível invocar, por exemplo, trabalho suplementar não pago, além do montante dito «global» e dos créditos salariais expressamente ressalvados.

A solução[7], que provém de lei anterior à codificação, é manifestamente inspirada por preocupações de certeza jurídica, mas também susceptível de contestação face à efectiva ou suposta *indisponibilidade* de algumas vantagens contratuais do trabalhador.

5. *A remissão abdicativa.* Situação de diferente natureza é a que consiste em o documento do acordo revogatório, ou outro anexo, conterem declaração do trabalhador no sentido de que "nada mais tem a receber ou a reclamar" para além daquilo que conste do mesmo acordo como compensação. Não se trata já de uma presunção legal: é com a assinatura do próprio trabalhador que se exprime a ideia de liquidação total dos seus créditos. Formou-se, a propósito, sobretudo no STJ, uma jurisprudência praticamente uniforme no sentido de que tais declarações (que podem, naturalmente, utilizar fraseados diversos) traduzem um contrato de *remissão abdicativa*[8], válido e eficaz, e a partir do qual fica o trabalhador impedido de formular outras exigências referentes aos efeitos económicos da relação de trabalho extinta. Esse entendimento funda-se na ideia de que "a indisponibilidade dos créditos (*do trabalhador*) provenientes do contrato de trabalho se impõe, apenas, durante a vigência do mesmo"[9], não relevando quando se trata de situações extintivas. Nestas, o trabalhador encontra-se, em princípio, psicologicamente livre de ponderar a melhor defesa dos seus interesses.

Temos reservas quanto a este pressuposto da referida jurisprudência – o de que, no contexto da revogação ou de outra forma de cessação do contrato, o trabalhador deixa de ter razões para recear consequências de se opor ao que o empregador pretenda: o emprego já não está em jogo. Nesse contexto, ocorrem negociações, que, a saírem frustradas, poderão levar a que o trabalhador tenha que encarar o retorno ao emprego. Se, por exemplo, a compensação proposta pelo empregador for tida como insuficiente para abranger os créditos subsistentes do trabalhador, e este recusar a sua assinatura na declaração remissiva, a

[7] Cfr. Ac. STJ 6/6/94 (AD 396, 1461).

[8] Cfr., entre muitos outros, os Acs. STJ 13/07/2006 – P. 06S250 (Sousa Peixoto), 25/11/2009 – P. 274/07.6TTBRR.S1 (Sousa Grandão) e 10/12/2009 – P. 884/07.1TTSTB.S1 (Pinto Hespanhol).

[9] Cfr., por exemplo, a fundamentação do Ac. STJ 31/10/2007 – P. 07S1442 (Vasques Dinis).

revogação poderá ser posta de parte, sabendo o trabalhador que o *animus* extintivo do empregador não desaparece, e que, em consequência, a relação de trabalho está irremediavelmente infectada. O eventual desacordo não é, assim, isento de riscos. Por outro lado, se é verdade que o peso psicológico da subordinação não se faz sentir no momento em que o contrato termina, é também verdade que nele podem, em muitos casos, incidir necessidades económicas particulares, ligadas à passagem ao desemprego, e que estas necessidades são susceptíveis de levar o trabalhador a assinar tal declaração, a fim de garantir o recebimento imediato de algum dinheiro[10].

De resto, a mencionada orientação do Supremo não é desprovida de cautelas: implica que da declaração assinada, e do respectivo contexto, resulte inequivocamente a "vontade de remitir" do trabalhador[11], ou seja, a vontade de renunciar a eventuais créditos ligados à relação de trabalho e que não tenham sido considerados nos valores que o empregador coloca à sua disposição no momento da cessação do vínculo.

6. *A prevenção da fraude.* O acordo de cessação do contrato de trabalho pode dissimular um despedimento, isto é, a cessação do contrato por vontade unilateral do empregador. Entre os expedientes criados para defraudar as restrições legais ao despedimento, conta-se o de o empregador condicionar a admissão do trabalhador à assinatura por este de uma declaração de rescisão ou de um acordo revogatório sem data. O empregador ficaria, assim, com a possibilidade de determinar, sem qualquer constrangimento, o momento da cessação do contrato, datando e assinando o documento em conformidade.

Como se vê, um tal documento, criando a aparência de um acordo, destinar-se-ia a cobrir ou dissimular um verdadeiro despedimento. O CT (adoptando um regime que fora estabelecido pela L. 38/96, de 31 de Agosto), assume o combate a essa prática fraudulenta. Com efeito, o art. 350º admite a revogação, pelo trabalhador, do acordo de cessação do contrato de trabalho até ao sétimo dia seguinte à data em que esse acordo produza efeitos. Essa revogação é um acto formal, pois deve constar de "comunicação escrita" ao empregador.

Todavia, a faculdade de revogação unilateral do acordo extintivo *não existe* se este acordo, estando devidamente datado, tiver as assinaturas das partes com "reconhecimento notarial presencial" (art. 350º/4).

[10] Veja-se, sobre um caso desse tipo, Rel. Évora 28/02/2019 - P. 2208/17.0T8PTM.E1 (Moisés Silva), onde se negou a natureza de remissão abdicativa, reconhecendo apenas a existência de mera quitação do efectivamente pago, a uma declaração assinada pelo trabalhador, "sabendo a empregadora que o autor ficaria sem emprego e necessitava de receber o salário relativo ao trabalho prestado novembro de 2016, para fazer face aos seus encargos mensais e que só por este motivo emitia a declaração".

[11] Neste sentido, STJ 22/02/2017 - P. 2236/15.0T8AVR.P1.S1 (Gonçalves Rocha).

Esta solução pode suscitar – e suscitou, de facto, quando foi consagrada – a impressão de se tratar de uma maneira de complicar formalmente a cessação do contrato sem uma proporcionada vantagem substancial. Mas trata-se de uma impressão ilusória. O objectivo do legislador consiste, manifestamente, em garantir a genuinidade do acordo de cessação do contrato de trabalho, em particular no que respeita à sua *actualidade*, ou, por outras palavras, à coincidência entre a data da assinatura do trabalhador e aquela em que se pretende fazer valer o acordo. O que se quer, em suma, é garantir que *existe, na realidade, um acordo* entre o empregador e o trabalhador, no sentido de por termo em certa data ao contrato de trabalho. O reconhecimento presencial das assinaturas ou a realização destas em presença do inspector do trabalho são formas de garantir a referida actualidade e a correspondente autenticidade.

Se tal garantia não existe, funciona então a válvula de escape em que se traduz a faculdade de revogação unilateral do acordo extintivo por parte do trabalhador. Se este realmente concorreu com a sua vontade para a extinção do contrato de trabalho, sendo até, porventura, beneficiário de compensação financeira, não é provável que, nos dois dias úteis seguintes, venha voltar atrás nessa decisão. Mas terá oportunidade, através da revogação, de inutilizar um pseudo-acordo para o qual a sua vontade real e actual não contribuiu.

Somos de opinião que, por manifesta analogia, se aplica à revogação do contrato, neste ponto, o regime contido no art. 395º/4 a propósito da resolução pelo trabalhador. O empregador pode *exigir* ao trabalhador que colabore na concretização da exigência de reconhecimento notarial presencial, garantindo assim a inadmissibilidade do "arrependimento". Se, comprovadamente, essa exigência for feita, e o trabalhador não a cumprir, deve entender-se suprido o requisito legal, tudo se passando como se houvesse reconhecimento presencial da assinatura no acordo revogatório. Na verdade, trata-se de uma formalidade *ad probationem*, destinada a garantir a veracidade da data em que as assinaturas coincidiram, e, assim, a excluir a possibilidade de recuo por parte do trabalhador; se este não coopera, não poderá também valer-se da vantagem inerente ao incumprimento de tal formalidade.

II. A caducidade[12].

A) As causas de caducidade e o suposto automatismo da cessação do contrato. – 7. As causas de caducidade. – **B) A impossibilidade definitiva da execução do contrato.** – 8. A impossibilidade do trabalhador; 9. A impossibilidade do empregador. – **C) Uma causa atípica: a reforma do trabalhador.** – 10. Os antecedentes da norma; 11. O mecanismo da caducidade por reforma; 12. O prosseguimento da relação de trabalho para além da reforma. – **D) Os efeitos económicos da caducidade.** – 13. A compensação.

A) As causas de caducidade e o suposto automatismo da cessação do contrato.

7. *As causas de caducidade.* No entendimento mais corrente e tradicional, a caducidade é definida como a cessação «automática» do vínculo[13], em consequência directa e inelutável da ocorrência de certas situações de facto que tornam o contrato inviável ou inútil. Está implícita nessa visão das coisas a ideia de que a caducidade opera independentemente de qualquer manifestação de vontade extintiva: basta (diz-se) a ocorrência de certos factos ou situações objectivas.

O «automatismo» da caducidade é, porém, uma noção destituída de rigor. No processo pelo qual o contrato de trabalho «caduca» intervêm sempre, de uma maneira ou de outra, «momentos volitivos» que se exprimem através de declarações ou manifestações com carácter para-negocial.

É o que facilmente se constata ao percorrer as *causas* de caducidade indicadas no art. 343º.

Na al. *a*), diz-se que o contrato cessa com a verificação do termo (resolutivo). Mas, como se sabe, se o contrato tem *termo*, não basta a mera «verificação» deste. Tratando-se de termo *certo*, é necessário um comportamento declarativo de um dos contraentes, a comunicação da vontade de fazer cessar o contrato (art. 388º/1). Se o termo for *incerto*, cabe ao empregador comunicar ao trabalhador a cessação do contrato (art. 389º/1) – isto é, que *considera* concluída «a actividade, tarefa, obra ou projecto» para que o contrato foi celebrado (art. 144º). Estas "comunicações" são demasiado semelhantes a declarações resolutivas para que possa continuar a dizer-se que os contratos cessam "automaticamente".

Também a hipótese contemplada na al. *b*) do art. 343º – impossibilidade superveniente, absoluta e definitiva, da prestação do trabalho ou da sua recepção

[12] Sobre o tema, veja-se Bernardo Xavier, *Manual de Direito do Trabalho* cit.,733 ss.; Júlio Gomes, *Direito do Trabalho* cit. 915 ss..

[13] Cfr., por exemplo, o Ac. Rel. Lisboa 20/11/85 (BTE 2ª série, 3-4/88, 479).

– contraria a ideia de cessação automática, mormente se esse preceito for conjugado com o disposto no art. 359º. A fábrica encerra – facto determinante da impossibilidade superveniente da prestação de trabalho. Mas *que* impossibilidade? Temporária ou definitiva? Só nesta última hipótese, como se sabe, poderá produzir-se a cessação *ope legis* do contrato. Mas, em primeiro lugar, só o empregador sabe ou pode prever, normalmente, se o encerramento será permanente ou provisório; é necessário que o *exteriorize* ou manifeste, através de comunicação adequada (um aviso afixado à porta da fábrica, por exemplo). Depois, esta exteriorização é requerida expressamente pela lei, com vista a outro objectivo; o de permitir o *controlo externo* da cessação colectiva de contratos de trabalho que o encerramento definitivo provocará (arts. 359º ss. CT).

A caducidade opera, pois, nestes casos, de modo atípico: *não basta a mera situação objectiva*, é necessário um comportamento declarativo da parte em cuja esfera ela surge. Mas tal comportamento não é, em si mesmo, uma declaração extintiva (um «despedimento»): «valerá, não como negócio jurídico, mas como acto que se destina a patentear o encerramento da empresa»[14], ou, noutros termos, a definir a extensão e o alcance da situação surgida.

Em rigor, não ocorre nestes casos, verdadeiramente, um desvio à regra da cessação "automática". Sucede apenas que o pressuposto da caducidade (impossibilidade superveniente absoluta e definitiva da execução do trabalho) integra aí um comportamento declarativo: a situação objectiva a que a lei liga a cessação do vínculo necessita de ser revelada, patenteada aos olhos de ambas as partes, por não constituir uma evidência empírica imediatamente captável ou por integrar factos caracterizados por alguma ambiguidade do ponto de vista do destino do contrato de trabalho.

Cabe, enfim, contemplar a hipótese de *reforma* do trabalhador. Trate-se de velhice ou de invalidez, o facto de o direito à pensão nascer no quadro de uma relação basicamente bilateral (entre o trabalhador beneficiário e a instituição de segurança social) torna necessária, pelo menos, uma *informação* ao empregador para que a causa de cessação do contrato possa operar. Essa informação pode ser mais ou menos tardia em relação ao momento em que a «reforma» foi efectivamente «obtida», assim se condicionando voluntariamente a activação da caducidade. Na origem da caducidade estará, em tal caso, a decisão do trabalhador de requerer o acesso à pensão por velhice ou invalidez; mas ela só pode operar quando a reforma se tornar um facto bilateralmente conhecido. Esta exigência é, de resto, comum a todas as formas de caducidade do contrato de trabalho.

[14] B. Lobo Xavier, *A repercussão do encerramento definitivo* cit., 2 277.

B) A impossibilidade definitiva da execução do contrato[15]

"I – A impossibilidade de o trabalhador prestar o trabalho, ou de o empregador o receber, a que se reporta o artigo 387º, alínea b), do Código do Trabalho de 2003, deve ser entendida nos termos gerais de direito, ou seja, em moldes similares ao regime comum da impossibilidade do cumprimento não imputável ao devedor, constante do artigo 790º e seguintes, do Código Civil.

II – A impossibilidade a que se refere o citado artigo do Código do Trabalho tem que ser superveniente – a caducidade do contrato pressupõe a prévia constituição e desenvolvimento de uma relação laboral válida – definitiva – em contraposição à impossibilidade temporária, uma vez que, neste caso, apenas pode haver lugar à suspensão do contrato de trabalho – e absoluta – no sentido de que não pode corresponder a uma situação de mera dificuldade na prestação da actividade laboral ou do seu recebimento.

III – Numa situação em que haja sido reconhecida à trabalhadora uma incapacidade permanente absoluta para o trabalho habitual com uma incapacidade permanente parcial de 10% para o desempenho de outra profissão, decorrente de doença profissional, é ao empregador que cabe encontrar, no seio da empresa, para a trabalhadora afectada, ocupação e função compatíveis com a sua incapacidade, por apelo ao disposto no artigo 9º, da RLAT.

IV – É à empregadora que compete alegar e provar a inexistência, no seio da empresa, de posto de trabalho compatível com a incapacidade diminuída do trabalhador, por se tratar de facto constitutivo do seu direito de declarar caduco o contrato de trabalho (artigo 342º, nº 1, do Código Civil).

V – Resultando provado que a trabalhadora contraiu doença profissional que, definitiva e absolutamente, a impediu de desempenhar as tarefas para as quais foi contratada e resultando apurado que a entidade empregadora não dispunha de outros postos de trabalho onde a pudesse colocar ou de postos de trabalho onde não estivesse sujeita aos riscos que, justamente, lhe determinaram a doença profissional que padecia, é de concluir pela caducidade do seu contrato de trabalho." – STJ 25/01/2012 – P. 344/07.0TTEVR.E1.S1 (Sampaio Gomes).

8. *A impossibilidade do trabalhador*. Em rigor, a caducidade só opera automaticamente num caso: o de morte do trabalhador. A obrigação de prestar trabalho é pessoal, não se transmite por via sucessória e não sobrevive, por conseguinte, ao devedor. Mesmo que o falecimento do trabalhador só venha a ser conhecido algum tempo depois da sua ocorrência, nem por isso se admitirá que o contrato tenha perdurado para além do momento em que a morte se produziu.

[15] Veja-se sobre o tema M. Rosário Ramalho, *Tratado* cit., 788 ss..

Mas não é apenas a morte do trabalhador que determina a impossibilidade definitiva a que alude o texto legal. Tal impossibilidade pode resultar de perda de capacidade do trabalhador para a execução da prestação de trabalho, *tal como foi estipulada*.

Essa perda pode ser total e definitiva, justificando o reconhecimento de uma situação de *invalidez* e o acesso a uma pensão de "reforma", nos termos da al. *c*). Mas não é, com certeza, essa a situação visada na al. *b*). Notar-se-á que este texto se refere a uma impossibilidade de o trabalhador prestar "o seu trabalho", isto é, executar *a prestação contratada*. A caducidade actua aqui como meio de protecção do interesse contratual do empregador. Se a actividade contratada deixa de poder ser normalmente prestada[16], compreende-se que o interesse contratual do empregador deixe de existir. Há, porém, que distinguir aí dois tipos de situações.

Essa impossibilidade pode resultar de uma grande variedade de causas. Em regra, tratar-se-á de doenças ou das consequências de acidentes. Mas pode também resultar da falta de inscrição na Ordem profissional, exigida por lei já depois de celebrado o contrato de trabalho[17], ou da falta de habilitações próprias para o exercício da docência[18].

Resultando a incapacidade de facto pertencente à esfera pessoal do trabalhador (acidente pessoal, doença não profissional), o empregador não pode considerar-se adstrito a qualquer obrigação de reocupação – embora, como é evidente, seja socialmente desejável que actue nesse sentido. O médico do trabalho, declarando a inaptidão do trabalhador, "deve indicar, sendo caso disso, outras funções que aquele possa desempenhar" (art. 110º/2 L. 102/2009 citada), mas daí não parece resultar nenhuma obrigação do empregador[19]. O facto central é

[16] Como é óbvio, não estão aqui em causa considerações de rendimento ou de eficiência, que poderão – isso sim – ter cabimento face ao novo regime do despedimento por inadaptação do trabalhador (vd. *infra*). Trata-se, simplesmente, da *impossibilidade material* da execução da actividade contratada.

[17] STJ 19/12/2007 – P. 07S3389 (Sousa Peixoto): "1. Após a entrada em vigor do D.L. nº 104/98, de 21/4, que criou a Ordem dos Enfermeiros, a inscrição como membro efectivo da Ordem passou a ser um requisito legal para o exercício da profissão de enfermeiro. 2. Relativamente aos trabalhadores que, à data da entrada em vigor daquele D.L., já exerciam funções de enfermagem em regime de contrato de trabalho, a sua falta de inscrição na Ordem constitui uma impossibilidade superveniente e absoluta de prestarem o trabalho a que estavam obrigados por força do contrato e, no caso de ser definitiva, acarreta a caducidade do mesmo. 3. A impossibilidade deve ter-se por definitiva, no caso de o trabalhador necessitar de ir tirar o curso de enfermagem para se poder inscrever como membro efectivo da Ordem".

[18] STJ 25/03/2009 – P. 08S2592 (Bravo Serra).

[19] Cfr., no sentido do texto, o citado STJ 19/12/2007: "A impossibilidade não deixa de ser absoluta pelo facto de o trabalhador poder exercer outro tipo de funções, uma vez que a atribuição de novas funções passaria por uma alteração do contrato, a que a entidade empregadora não está obrigada, por não existir disposição legal que tal imponha".

que o trabalhador se encontra impossibilitado, a título definitivo, de executar a prestação contratada. Estando certificada essa impossibilidade, o empregador fica legitimado a declarar a caducidade do contrato, com fundamento na impossibilidade superveniente e definitiva da prestação da actividade contratada. A questão que pode colocar-se, como adiante veremos, é a do modo de certificação ou comprovação dessa impossibilidade, sobretudo havendo discordância do trabalhador.

A situação tem tratamento muito diferente se a incapacidade é consequência de acidente de trabalho ou doença profissional. Nesse caso, o empregador é *obrigado* a procurar oferecer ao trabalhador "funções e condições de trabalho compatíveis com o seu estado" (art. 155º L. 98/2009, de 4 de Setembro) e só se desobriga desse dever se, declarando a inexistência de tais funções, os serviços de emprego corroborarem tal situação (art. 161º da mesma lei). Só então o contrato de trabalho pode cessar por caducidade.

Um exemplo relativamente recente é oferecido pelo caso de um magarefe que, no matadouro onde trabalhava, adquiriu uma doença profissional (brucelose) em consequência do contacto com os animais; a única hipótese de ocupação alternativa que existia era na portaria do matadouro, local de passagem dos animais vivos e mortos, considerado de risco para quem tivesse adquirido aquela doença. O STJ decidiu o seguinte: "Resultando provado que a trabalhadora contraiu doença profissional que, definitiva e absolutamente, a impediu de desempenhar as tarefas para as quais foi contratada e resultando apurado que a entidade empregadora não dispunha de outros postos de trabalho onde a pudesse colocar ou de postos de trabalho onde não estivesse sujeita aos riscos que, justamente, lhe determinaram a doença profissional que padecia, é de concluir pela caducidade do seu contrato de trabalho"[20].

A grave consequência que assim se liga à impossibilidade superveniente definitiva da prestação do trabalho convencionado implica uma exigência particular no que respeita à determinação desta. Não pode ficar dependente do critério do empregador nem a situação pode ser tratada em termos que possibilitem a dissimulação de um despedimento sob a capa da caducidade.

Temos entendido que a certificação da impossibilidade, isto é, da *inaptidão do trabalhador para a actividade contratada*, caberá ao médico do trabalho[21], com apoio no art. 110º L. 102/2009, de 10 de Setembro. Não se vê fundamento para margi-

[20] Ac. STJ 25/01/2012 - P. 344/07.0TTEVR.E1.S1 (SAMPAIO GOMES).

[21] Assinale-se, no entanto, a surpreendente jurisprudência segundo a qual os exames de medicina do trabalho não podem servir de fundamento á caducidade dos contratos de trabalho. Vejam-se, nesse sentido, os Acs. STJ 07/03/2007 - P. 06S4277 (FERNANDES CADILHA)e 25/02/2009 - P. 08S2460 (PINTO HESPANHOL), assim como a crítica, a nosso ver muito pertinente, que consta d o comentário de MADALENA MOREIRA DOS SANTOS, *A caducidade do contrato de trabalho por impossi-*

nalizar a avaliação que o médico do trabalho, na plenitude da autonomia técnica, faça sobre situações de capacidade diminuída dos trabalhadores. É verdade que o médico do trabalho pode ser um empregado da empresa, e é sempre remunerado por ela, mas dispõe, como é evidente, de total autonomia técnica. Cabe-lhe a "responsabilidade técnica da vigilância da saúde" (art. 107º L. 102/2009). Realiza exames de saúde que podem "revelar a inaptidão do trabalhador" (art. 110º/2 do mesmo diploma), devendo uma cópia da ficha de aptidão ser remetida ao "responsável dos recursos humanos da empresa" (art. 110º/1). Perguntar-se-á: para quê? Naturalmente, para que a situação do trabalhador seja tratada de harmonia com o veredicto do médico do trabalho. Se este declarar que o trabalhador está fisicamente inapto para o exercício da sua função, o empregador deverá dispensá-lo do trabalho, para não incorrer em riscos sérios sob o ponto de vista da saúde e segurança no trabalho. Se o médico do trabalho tiver indicado "outras funções" que o trabalhador possa desempenhar, ou se a empresa decidir procurá-las, pode ser que se encontre solução conservatória – que, de resto, carecerá do acordo trabalhador. Mas, se não houver funções alternativas, ou se o trabalhador não aceitar as que lhe oferecerem – que restará ao empregador fazer perante a situação de um trabalhador incapacitado de cumprir o seu contrato, sem que essa incapacidade possa, de algum modo, ser imputada à empresa?

A jurisprudência tem-se mostrado contrária à suficiência do parecer do médico do trabalho, embora sem que, por contraste, permita vislumbrar o tipo de solução alternativa que seria de considerar adequada.

Nas situações em que a impossibilidade seja determinada por doença ou pelas consequências de acidente não laboral, pode operar, inicialmente, o regime da suspensão do contrato por impedimento prologado resultante de facto ligado ao trabalhador (art. 296º), e desse regime poderá transitar-se para a caducidade "no momento em que seja certo que o impedimento se torna definitivo" (nº 4 desse artigo). Mas a questão é sempre a mesma: como se pode certificar, de modo susceptível de oferecer garantias de segurança e fiabilidade, esse carácter definitivo?

Um regime semelhante – embora, como é óbvio, não igual – ao da verificação da situação de doença, estabelecido pelos arts. 17º ss. L. 105/2009, envolvendo a intervenção de comissão de verificação da segurança social e de uma eventual comissão de reavaliação, poderia oferecer segurança à certificação da impossibilidade definitiva da prestação de trabalho devida. Seria, de qualquer modo, necessária providência legislativa nesse sentido. No entanto, não é apenas, nem principalmente, disso que se trata.

bilidade superveniente, absoluta e definitiva de o trabalhador prestar o seu trabalho, PDT nº 90 (Set.-Dez. 2011) 145 ss..

O impasse muitas vezes atingido nestes casos tem relação estreita com uma gravíssima anomalia do regime legal aplicável: a caducidade por impossibilidade superveniente, absoluta e definitiva de o trabalhador prestar o *seu* trabalho – situação insuficiente para conferir acesso a pensão de invalidez – deixa-o, para além da situação de desemprego e baixa empregabilidade, *sem qualquer direito a uma compensação económica*. Esta violência – contrastante com o modo por que se desenvolvem os restantes casos de caducidade – não pode deixar de pesar no ajuizamento sobre as situações concretas e no grau de exigência que se atinja quanto ao modo de certificação de tais incapacidades.

O actual impasse só pode, pois, ser superado através do estabelecimento de um sistema credível de verificação da impossibilidade definitiva e da consagração legal do direito a compensação económica em favor dos trabalhadores atingidos pela caducidade.

9. *A impossibilidade do empregador.* E o desaparecimento do empregador – causará ele também a extinção do vínculo contratual?

O art. 346º regula as situações de caducidade dos contratos de trabalho, por *morte do empregador em nome individual* e por *extinção da pessoa colectiva empregadora.*

Trata-se de especificações da hipótese geral de impossibilidade superveniente, absoluta e definitiva de o empregador receber a prestação de trabalho, que é prevista pela al. *b)* do art. 343º. Na verdade, em qualquer dos casos a que o art. 346º se reporta, supõe-se a inexistência de condições para, após o desaparecimento da entidade empregadora, prosseguir a actividade da empresa ou estabelecimento. O encerramento definitivo estabelecimento, em consequência desse desaparecimento sem que haja sucessão ou transmissão do mesmo, é causa de caducidade dos contratos de trabalho, mas obriga à observância do processo legalmente estabelecido para o despedimento colectivo (art. 346º/3), assim como ao pagamento de uma compensação pecuniária de valor idêntico ao que seria devido nesse tipo de despedimento (art. 366º).

O mesmo regime se aplica nas situações em que tenha sido declarada judicialmente a *insolvência* do empregador (art. 347º CT): sendo certo que os contratos de trabalho não sofrem qualquer perturbação em resultado directo dessa situação, a sua cessação por decisão do administrador da insolvência ou por causa do encerramento definitivo envolve a observância do referido processo e o pagamento da mencionada compensação pecuniária.

Essa exigência legal sofre, no entanto, um desvio no caso das *microempresas*, as quais têm simplesmente que avisar os trabalhadores com certa antecedência sobre a data do encerramento (art. 347º/4).

De qualquer modo, o regime legal parece não se ajustar a um tipo de situações que, de resto, não será excepcional: o de *abandono* da empresa após o desaparecimento do seu titular (individual ou colectivo) sem sucessão. A lei supõe que em todos os casos haverá entidades responsáveis pela gestão da situação, e que às mesmas incumbirá "preparar" o encerramento. Ora, em certos casos, isso simplesmente não acontece. O art. 315º pareceria abrir uma possibilidade de tratamento específico para as referidas situações, ao aludir ao encerramento definitivo "que ocorra sem ser iniciado procedimento para despedimento colectivo ou sem ser cumprido o disposto no nº 4 do artigo 346º". Mas não. O regime "alternativo" para que remete essa norma envolve comunicações, o pagamento de cauções e inibições que supõem, afinal, o empregador "vivo e activo", inexistente nas hipóteses consideradas pelo art. 346º. Em muitos casos, pois, a disciplina legal não terá aplicação.

Para além disso, a impossibilidade de "receber" a prestação de trabalho – ou, por outros termos, a inviabilidade da cooperação creditória por parte do empregador – pode ocorrer sempre que a actividade em cujo contexto se enquadre aquela prestação deixe (definitivamente) de ser possível, por causas exteriores à organização. A circunstância de tais causas exteriores se enquadrarem, em muitos casos, nos riscos próprios da actividade empresarial, que ao empresário cabe assumir e gerir, pode conduzir a situações em que a diferenciação entre caducidade e despedimento se torne muito vaga. É decisiva a qualificação que deva atribuir-se à declaração pela qual o empregador comunique aos trabalhadores o fim dos contratos: se ela é uma mera declaração da ocorrência de uma impossibilidade, ou uma verdadeira manifestação de vontade extintiva.

A dificuldade pode ser ilustrada com um caso apreciado pelo STJ: "Não sendo renovado o alvará de exploração de actividade radiofónica da entidade empregadora e tendo sido selado o respectivo equipamento de emissão, por decisão da autoridade competente, aquela ficou impossibilitada de exercer a única actividade a que se dedicava e, concomitantemente, de receber a prestação laboral do autor, devendo considerar-se essa impossibilidade como superveniente e absoluta, já que é posterior à constituição do vínculo laboral e a empregadora ré deixou de poder realizar a actividade que constituía o seu escopo social" – Ac. STJ 05/04/2006 – P. 05S4144 (Pinto Hespanhol). O empregador comunicou aos trabalhadores aquela situação declarando terminados os contratos de trabalho. O acórdão citado considerou que essa declaração não valia como despedimento, mas sim e apenas como "uma inequívoca manifestação da falta de interesse da mesma empregadora na prestação de trabalho do autor, declaração que equivale, nos termos do nº 2 do artigo 792º do Código Civil, à comprovação da impossibilidade definitiva da obrigação". Assim, o Supremo considerou que o encerramento da empresa não resultou da vontade da entidade empregadora, e que não se provara que esta tivesse "assumido qualquer comportamento indiciador de uma vontade, declarada ou implícita, de proceder ao despedimento do autor".

C) Uma causa atípica: a reforma do trabalhador.

"I. Tendo o trabalhador atingido os 70 anos de idade ou obtido a reforma, tais factos não possuem a virtualidade de, per se, fazerem extinguir o contrato de trabalho por caducidade.

II. Com efeito, o contrato de trabalho converte-se em contrato de trabalho a termo resolutivo se o trabalhador, após a reforma ou ter completado 70 anos de idade, permanecer ao trabalho por mais 30 dias e caso as partes pretendam manter a relação laboral, por força do disposto no art. 348º do Código do Trabalho de 2009.

III. Nessas circunstâncias, o contrato de trabalho convertido em contrato a termo resolutivo vigora por seis meses, sendo renovável por períodos iguais e sucessivos, nos termos da lei, sem sujeição a limites máximos, caso nenhuma das partes lhe ponha termo.

IV. No caso dos autos, tendo o empregador conhecimento de que o trabalhador irá atingir os 70 anos de idade, dentro de alguns meses, e não estando interessado na continuação desse vínculo laboral, pode fazer operar a caducidade do contrato de trabalho e impedir a conversão do contrato em contrato a termo resolutivo, comunicando ao trabalhador, com antecedência, que não pretendia a manutenção desse vínculo a partir da data em que o mesmo completasse 70 anos de idade.

V. Em tais circunstâncias, a cessação do contrato de trabalho é lícita, não ocorrendo a conversão do contrato de trabalho em contrato a termo resolutivo, produzindo-se a caducidade do contrato de trabalho por manifestação expressa da vontade real da Ré empregadora." - STJ 21/09/2017 - P. 31971/15.1T8LSB.L1.S1 (Ana Luisa Geraldes).

10. *Os antecedentes da norma.* Muito antes de haver expressa determinação legal neste sentido, já se discutia o problema de saber se a *reforma* do trabalhador determinaria a caducidade do contrato. No silêncio da lei anterior ao CT, esboçou-se, em tempos recuados, uma orientação jurisprudencial em sentido afirmativo[22], aliás muito criticável e efectivamente criticada na doutrina[23], pois buscava apoio na construção da passagem à reforma como *termo* do contrato, ou ainda como manifestação da *impossibilidade definitiva* do trabalhador para as funções que desempenhava.

Foi em 1975 que a reforma por velhice obteve expresso acolhimento no regime da caducidade, mas não decerto com base em qualquer das referidas construções. Do ponto de vista político-legislativo, entrevia-se nessa medida legislativa a preocupação de libertar postos de trabalho a partir de certo momento – o da obtenção da reforma –, no contexto de uma grave crise de desemprego. Com tal objectivo,

[22] Ac. STA (Pleno) de 14/1/72, no *Bol. INTP* nº 15, de 8/12/72.

[23] Veja-se Sérvulo Correia/B. Lobo Xavier, *Reforma do trabalhador e caducidade*, RDES, ano XX, Janeiro-Março, nº 1 (1975).

ter-se-á o legislador limitado a atribuir à reforma o sentido correspondente à *função social normal* do seu regime, que é a de assegurar ao trabalhador um ganho mínimo destinado a constituir sucedâneo da retribuição do trabalho, quando a sua actividade profissional chegar ao fim.

Com o citado DL 64 A/89, foi incluída entre as causas de caducidade, ao lado da reforma «por velhice», a reforma «por invalidez» (art. 4º/*c*). O próprio legislador incorria aí numa imprecisão terminológica lamentável e desnecessária. Na verdade, no sistema normativo de segurança social, o conceito de reforma restringe-se à protecção na velhice[24]; e a situação de invalidez já seria susceptível de activar a caducidade por via da «impossibilidade superveniente, absoluta e definitiva, de o trabalhador prestar o seu trabalho» a que também se referia o diploma.

O CT recolheu integralmente essa solução, incluindo a imprecisão apontada. E, tal como podia dizer-se acerca dos diplomas antecedentes, decorre, com clareza, da própria inserção separada da hipótese de "reforma" entre as causas de caducidade, que essa posição do legislador não envolve nem a consideração de que a idade de reforma constitua um termo genericamente aposto aos contratos de trabalho de duração indeterminada (segundo as estipulações das partes), nem o pressuposto de que o atingir-se a referida idade equivalha à entrada numa situação de incapacidade definitiva para o trabalho.

11. *O mecanismo da caducidade por reforma.* A qualificação da reforma como causa de caducidade – exactamente por se tratar de situação que não supõe a inutilidade nem a inviabilidade objectiva do contrato – é de molde a suscitar diversos problemas aplicativos.

Antes de mais, havia que fixar o *momento* da cessação do contrato (por caducidade) no caso de obtenção da reforma pelo trabalhador. É que o direito à pensão constitui-se, como dissemos, no quadro de uma relação bilateral entre o trabalhador beneficiário e a instituição de segurança social, relação a que a entidade empregadora é juridicamente alheia.

Assim, a primeira condição factual para que a caducidade possa actuar nestes casos é o *conhecimento* da concessão do direito à pensão, tanto por psrte do trabalhador como por parte do empregador. O trabalhador, para além de tomar a iniciativa do processo, ao requerer a pensão, é, necessariamente, notificado do reconhecimento do direito respectivo. Mas o conhecimento por parte do empregador, em muitas situações, depende de informação do trabalhador. Esta informação, que face à letra da lei não parece obrigatória, deve entender-se coberta, em geral, pelo princípio de boa fé consagrado no art. 126º/1 e, especialmente, pelo dever de informação que o art. 106º/2 impõe ao trabalhador.

[24] Neste sentido, veja-se, por exemplo, o Ac. STJ 22/2/85 (AD 284/285, 1005).

Na verdade, o conhecimento bilateral da ocorrência de um facto previsto como causa de caducidade é indispensável à produção do efeito extintivo que esta comporta. O contrato não pode cessar sem que alguma das partes disso se aperceba. A reforma só opera, em suma, a partir do momento em que a entidade empregadora a conheça. Mas resulta também da lei que esta causa de caducidade está configurada de modo a deixar algum espaço ao *consenso* expresso ou tácito dos contraentes acerca do destino do contrato. O regime legal supõe a *possibilidade* desse consenso e, no fundo, confere-lhe prevalência sobre o próprio desígnio de fazer terminar o contrato em consequência da reforma. Sendo assim, o conhecimento bilateral desta ocorrência é uma base essencial do regime legal e, na medida em que tal conhecimento depende de informação do trabalhador, postula a obrigatoriedade desta.

Mas, exactamente, *quando* se produzirá a caducidade do contrato?

Colocando-se numa perspectiva pragmática, a lei não fixa um momento preciso para a caducidade; tendo em conta que a reforma não é (ou pode não ser) materialmente impossibilitante da prestação de trabalho, oferece-se ao empregador (e também ao trabalhador) certa margem para a escolha do momento em que o contrato há-de cessar. Esse momento localizar-se-á necessariamente dentro dos *trinta dias subsequentes* ao conhecimento, por ambas as partes, da reforma, como resulta do art. 348º/1 CT[25]. Ao mesmo tempo, abre-se o espaço para o mencionado consenso das partes no sentido do prosseguimento da relação de trabalho.

12. *O prosseguimento da relação de trabalho para além da reforma*[26]. O exposto significa que a reforma *pode, afinal, não determinar a cessação do contrato*. O efeito extintivo da reforma depende não só do conhecimento pelo empregador, mas também, em última análise, *da vontade das partes*.

O legislador admite, na linha de uma consideração pragmática ou utilitária das figuras extintivas, que a relação factual de trabalho prosseguisse para além da reforma do trabalhador, desde que isso conviesse a ambos os interessados.

[25] Esta solução permite superar alguns equívocos que o silêncio de lei anterior acerca do modo de actuação da caducidade por reforma facilitou. Certa jurisprudência via, por exemplo, na prestação de trabalho entre a obtenção da reforma e o conhecimento do empregador uma «manifestação de simples situação de facto sem causa». Vejam-se, por exemplo, o Ac. Rel. Coimbra 29/1/81 (CJ, 81,1, 85) e o Ac. STJ 10/10/86 (BTE, 2ª série, 10.11.12/87,1404). Tal ideia assentava claramente na convicção de que a reforma atingia o contrato de modo inteiramente automático e «objectivo» – o que, mesmo no contexto do regime de 1975/76, se afigurava insustentável sob o ponto de vista jurídico, para não referir já a inconsequência da concepção no plano prático.

[26] Vd. F. Liberal Fernandes, *Sobre a indemnização em caso de caducidade do contrato a termo do trabalhador reformado que continua ao serviço da mesma entidade patronal*, QL nº 20 (2002)221 ss..

Mas a técnica utilizada para servir essa hipótese não é a da sobrevivência do contrato originário – ou, por outras palavras, a da neutralização voluntária do efeito extintivo da reforma. O legislador parece ter entrado em conta, na determinação do tratamento mais adequado a tal hipótese, com a necessidade de articular as conveniências momentâneas e convergentes do trabalhador e do empregador – quando apontam para a continuidade dos serviços do primeiro – com a orientação político-jurídica básica que o levou a configurar a reforma como causa (desejável) de cessação do emprego.

Se a relação factual de trabalho subsiste, o título jurídico respectivo sofre uma modificação *ope legis*: o contrato originário recebe, no mesmo momento, um *termo*, cuja incorporação, por força da lei, resulta de uma situação de facto que é «a permanência do trabalhador ao serviço decorridos 30 dias sobre o conhecimento, por ambas as partes, da sua reforma por velhice» (art. 348º/1).

Ou seja: as partes continuam contratualmente ligadas, mas o vínculo deixa de ser estável, torna-se *precário* e a situação ficará exposta a reconsideração periódica (de seis em seis meses)[27].

Assim, ocorrendo o conhecimento, por ambas as partes, da obtenção da reforma (reconhecimento do direito à pensão), a sequência pode processar-se de duas maneiras:

a) o empregador, o trabalhador, ou ambos decidem por termo, num dos trinta dias subsequentes, à relação factual de emprego, e o *contrato cessa nesse momento*, ficando as partes definitivamente desvinculadas;

b) o trabalhador permanece ao serviço do empregador no termo do trigésimo dia subsequente, e o contrato passa a ter um *termo de seis meses*.

Acrescente-se que, nos termos do art. 348/3, a passagem ao regime de contrato a termo certo de seis meses, por força da lei, se aplica aos trabalhadores que atinjam 70 anos de idade sem requererem a reforma por velhice, mantendo-se, assim, ao serviço da empresa. No momento em que aquela idade seja atingida, inicia-se o primeiro período de seis meses, no termo do qual o empregador poderá fazer cessar o vínculo.

D) Os efeitos económicos da caducidade.

13. *A compensação.* Se o contrato de trabalho cessasse, efectivamente, de modo automático, em consequência directa de certas situações objectivas, seria natural

[27] Note-se que o regime do contrato a termo assim surgido não é insensível ao facto de a vinculação ter sido, anteriormente, de carácter estável ou permanente. Basta ver que a caducidade fica, nos termos da al. *c)* do nº 2 do art. 348º, sujeita a *aviso prévio* (60 dias para o empregador, 15 dias para o trabalhador) diferente do normal (confronte-se com o art. 344º).

que essa cessação não implicasse, para qualquer das partes, encargos económicos específicos – para além da efectivação dos créditos que cada uma delas tivesse perante a outra, com base na "história" da relação de trabalho.

Mas as coisas não se passam assim, como já vimos. O "automatismo" da caducidade não é pleno, e daí resultam consequências no plano das suas sequelas económicas.

Relativamente à caducidade do contrato *a termo certo*, o art. 344º/2 (na nova redacção dada pela L. 93/2019) atribui ao trabalhador o direito a uma compensação[28], excepto se a cessação do contrato decorrer de declaração do mesmo trabalhador.

Idêntica compensação é devida no caso de caducidade do contrato *a termo incerto* (art. 345º/4), a qual implica, caracteristicamente, uma declaração do empregador (nº 1 do mesmo art.).

O mesmo se passa nas situações em que o contrato caduca por *morte do empregador* individual ou *extinção da pessoa colectiva empregadora* (art. 346º/5), e ainda quando ocorra *encerramento definitivo* do estabelecimento na sequência de declaração judicial de insolvência do empregador (art. 347º/5).

Em contrapartida, quando opera o mecanismo de prolongamento da duração da relação de trabalho para além da *reforma* do trabalhador, ou para além dos setenta anos deste (não tendo obtido a reforma), a cessação do contrato a termo não determina o pagamento de qualquer compensação ao trabalhador (art. 348º/2-*d*)).

[28] O valor da compensação é igual ao da que é devida ao cada trabalhador abrangido por um despedimento colectivo, e sofre por isso os efeitos do novo regime do cálculo desta (art. 366º CT com a redacção dada pela L. 23/2012).

Capítulo 19
A RUPTURA DO CONTRATO PELO TRABALHADOR

I. Visão geral.

1. As vias de desvinculação do trabalhador.

1. *As vias de desvinculação do trabalhador.* As faculdades de desvinculação unilateral reconhecidas pela lei ao trabalhador subordinado são, como se disse, notoriamente mais amplas do que as conferidas ao empregador. O ordenamento jurídico-laboral atribui assim projecção à ideia de que a cessação do contrato constitui fenómeno dotado de significação prática muito diferente, conforme o seu promotor seja um ou outro dos contraentes.

Assim, a tutela da estabilidade do emprego, em que se inspiram os especiais mecanismos restritivos da liberdade de desvinculação do empregador, carece praticamente de sentido quando a extinção do vínculo seja do interesse do trabalhador. Hão-de então prevalecer sobre a segurança do emprego (e a correlativa continuidade da relação laboral) as motivações que conduzem o trabalhador a desvincular-se, quer a da recuperação da liberdade pessoal (que, como é sabido, resulta fortemente limitada pelo vínculo laboral, através da subordinação jurídica), quer a da obtenção de emprego mais adequado às suas aptidões e aspirações económicas.

Neste perspectiva, a intervenção da lei limita-se a cuidar de três ordens de preocupações:

a) primordialmente, a de assegurar, sejam quais forem as circunstâncias, uma "via de saída" ao trabalhador, de modo que ele não veja limitada a sua liberdade pessoal (senão pela necessidade económica, que o pode levar a manter um emprego indesejado);

b) a de proteger o interesse do trabalhador nas situações em que a cessação do contrato por sua iniciativa constitui meio de defesa contra actuações ilícitas do empregador, sendo, portanto, induzida por (e imputável a) este último;

c) a de proteger o interesse económico-empresarial face à eventualidade da demissão promovida pelo trabalhador, reduzindo o potencial perturbador que este facto pode representar para a organização e o funcionamento da empresa.

Assim, o trabalhador dispõe de três vias para se libertar do contrato de trabalho: a *resolução*, que produz efeito extintivo imediato mas implica a apresentação de um motivo procedente (justa causa); a *denúncia*, que não requer motivação mas apenas a observância de um aviso prévio; e, ainda, a *ruptura irregular* do contrato – ou seja, a declaração extintiva sem justa causa nem aviso prévio –, que não deixa de ter o efeito prático-jurídico visado pelo trabalhador, determinando apenas a obrigação de indemnizar o empregador[1].

[1] De notar, no plano terminológico, que a palavra "despedimento" não é usada na lei para designar um acto do trabalhador; e que nem mesmo o vocábulo *demissão*, adoptado na legislação brasileira, e que poderia constituir, muito correctamente, o contraponto de despedimento, teve aceitação na linguagem legislativa nacional. O pendor civilista da codificação está aqui reflectido: os termos *resolução* e *denúncia* são incaracterísticos quanto ao seu autor.

II. A denúncia.

2. Noção; 3. O período de aviso prévio.

> **" (...) 2 - A comunicação escrita exigida pelo art. 400º, nº 1 do Código do Trabalho, constitui uma formalidade ad probationem e não ad substantiam, limitando-se a exigência da forma escrita ao aviso prévio da denúncia e para prova de que este respeitou o prazo de antecedência legalmente fixado, não sendo condição da validade da denúncia.**
>
> **3 - Tendo o trabalhador comunicado, na sequência de desentendimento com superior hierárquico, que se ia embora, a que se seguiu, na tarde desse mesmo dia, uma reunião infrutífera com o gerente da empregadora na tentativa de o demover desse intento e tendo aquele no dia seguinte comparecido no local de trabalho e solicitado se "podia ficar a trabalhar", o que foi recusado com o argumento de que o mesmo se havia despedido, com aquela declaração, considerando as circunstâncias que a rodearam, o trabalhador denunciou validamente o contrato. (...)" - STJ 27/10/2016 - P. 808/09.1TTBCL.P1.S1 (Ribeiro Cardoso).**

2. *Noção.* O trabalhador dispõe, antes de mais, de uma via "ordinária" de desvinculação: a *denúncia com aviso prévio.* O carácter "ordinário" deste mecanismo decorre da sua normalidade, na perspectiva da lei. Quando um trabalhador se quer desvincular, sem ter propriamente motivos graves para o fazer, mas apenas para recuperar a liberdade pessoal ou para se afastar de uma experiência profissional menos agradável ou compensadora, tem ao seu alcance este meio, com a vantagem de o dispensar de qualquer justificação.

Em qualquer momento, pode, pois, o trabalhador obter a cessação do contrato, independentemente da invocação de motivo, contanto que avise a entidade patronal com certa antecedência (aviso prévio). A lei fixa, para o efeito, o prazo normal de 30 ou 60 dias, conforme a antiguidade do trabalhador seja de até dois anos ou mais de dois anos (art. 400º/1).

A declaração de denúncia deve ser emitida através de comunicação *escrita* ao empregador. No entanto, essa exigência de forma não contende com a validade da declaração extintiva: ela destina-se apenas à verificação do cumprimento do aludido prazo de aviso prévio - é, neste sentido, uma formalidade *ad probationem*[2]. A denúncia meramente verbal é, assim, uma declaração extintiva válida

[2] STJ 20/02/2008 - P. 07S3529 (Vasques Dinis) e STJ 15/09/2010 - P. 293/07.2TTSNT.L1.S1 (Vasques Dinis).

e eficaz, determinando a *imediata* cessação do contrato[3], com as consequências próprias da extinção irregular do vínculo pelo trabalhador (art. 401º), de que se tratará um pouco adiante.

Alguns exemplos: a comunicação de um comandante de bombeiros voluntários, em reunião com a Direcção da Associação respectiva, de "que se demitia da qualidade de assalariado da Associação" e que, no dia seguinte, iria com o seu advogado à Associação para tratar da rescisão do seu contrato de trabalho[4]; o acto extintivo de um trabalhador que, depois de comunicada pelo empregador a intenção de pôr termo à prestação de trabalho em comissão de serviço, com observância do condicionamento legal, vem "resolver o contrato com efeitos imediatos", ainda na vigência da comissão de serviço, pondo fim imediato ao contrato de trabalho pré-existente e à própria comissão, que ainda não havia cessado[5]; tendo a trabalhadora comunicado ao seu chefe directo que o marido havia sido convidado para ir trabalhar para o estrangeiro e que, porque gostaria de o acompanhar, teria que deixar a empresa, acrescentando, peremptoriamente, que apenas poderia ficar até 30 de Junho de 2006[6].

3. *O período de aviso prévio.* O «aviso prévio» – designação pela qual é também vulgarmente conhecido o prazo de antecipação a observar – é, portanto, um período em que a relação de trabalho se mantém de pé, agora como que sujeita a termo resolutivo[7], permanecendo, por conseguinte, de modo integral, os direitos e obrigações recíprocos das partes. Significa isto, basicamente, que o desenvolvimento das relações contratuais pode, no decurso de tal lapso de tempo, gerar situações novas e anómalas que (porventura) confiram a qualquer das partes justa causa para romper antecipadamente o vínculo.

A função do aviso prévio – comunicação antecipada, em termos inequívocos, do propósito de desvinculação em certa data – é a de possibilitar ao empregador destinatário a realização de diligências necessárias à substituição do trabalhador interessado, ou, até, à dispensa das funções por ele desempenhadas. Daí, ao que cremos, a variação do prazo com a antiguidade: presume-se mais complexa e delicada a tarefa da procura de um substituto para um trabalhador mais antigo, portanto com aptidões específicas mais desenvolvidas e uma mais profunda integração nos moldes do funcionamento da empresa.

[3] Cfr. STJ 20/02/2008 cit. na nota anterior.
[4] STJ 20/02/2008 cit..
[5] STJ 13/02/2008 – P. 07S4007 (Sousa Grandão).
[6] STJ 15/09/2010 cit..
[7] Mais rigorosamente se diria que à declaração extintiva é aposto termo *suspensivo* – Bernardo Xavier, *Regime jurídico* cit. 202 ss..

Esta configuração do período de aviso prévio explica a solução excepcional do art. 365º CT: durante o prazo de aviso prévio que o empregador deve observar no despedimento colectivo, qualquer dos trabalhadores abrangidos pode denunciar o contrato (antecipando, assim, a sua cessação) mediante pré-aviso de três dias. O prazo curto explica-se pelo facto de perderem boa parte da sua relevância, em tais casos, os interesses do empregador no tocante à substituição do trabalhador em causa.

No decurso do prazo de aviso prévio, pode acontecer que o trabalhador *revogue* a declaração de denúncia (art. 402º). Com efeito, a lei admite essa possibilidade dentro dos sete dias seguintes à recepção daquela declaração pelo empregador. Essa faculdade não existe, porém, se a comunicação da denúncia estiver datada e a assinatura do trabalhador tiver reconhecimento notarial presencial – regime idêntico ao que se estabelece no art. 350º para a revogação e no art. 397º para a resolução.

Trata-se de obstar à prática ilícita que consiste em o empregador exigir, no momento da admissão do trabalhador, e como condição dela, a entrega de carta de denúncia assinada, sem data, reservando-se o mesmo empregador a possibilidade de mais tarde a datar e fazer valer segundo a sua vontade e conveniência.

O que está, pois, em causa não é um suposto "direito de arrependimento" – que existiu em legislação mais antiga –, mas um dispositivo destinado a prevenir a encapotada violação da lei, outrora frequentíssima. No caso de denúncia, esse expediente assume proporções menos graves do que nos de revogação e resolução, uma vez que o prazo em que a revogação da denúncia pelo trabalhador pode ocorrer (sete dias) se esgota durante o período de aviso prévio, ou seja, muito antes de se produzir o efeito extintivo.

III. A resolução.

4. Noção; 5. Os tipos de justa causa; 6. O combate à fraude.

> **"I – Para que exista justa causa que, nos termos expressos do art. 394º do Código do Trabalho de 2009, condicione o direito do trabalhador a resolver o contrato, é necessário que os comportamentos culposos do empregador se revelem de tal modo graves que tornem imediata e praticamente impossível a subsistência da relação de trabalho.**
> **II – Resultando provado que durante mais de dois anos a R. não atribuiu ao A. os meios necessários ao exercício das funções correspondentes à categoria profissional contratada, impediu-o de auferir o subsídio atribuído aos motoristas de veículos pesados de serviço público de passageiros que trabalham em regime de agente único, privou-o do contacto com os demais colegas, obrigou-o a permanecer de pé no exterior, sujeitando-o às variações climatéricas e provocou-lhe danos graves, atentatórios da sua saúde física e psicológica, impõe-se concluir que a R. assumiu comportamentos que constituem justa causa de resolução, nos termos do art. 394º, nº 2, alíneas b) e f), do CT.**
> **III – Nessas circunstâncias, estão também verificados os pressupostos para atribuição da indemnização por danos não patrimoniais, que deve ser fixada equilibrada e ponderadamente, tendo em conta a gravidade dos factos e os demais elementos elencados nos arts. 496º, nº 3, e 494º, do CC." – STJ 28/01/2016 – P. 579/11.1TTCSC. L1.S1 (Ana Luisa Geraldes).**

4. *Noção.* A segunda via de desvinculação utilizável pelo trabalhador – a *resolução* – respeita a situações anormais e particularmente graves, em que deixa de ser-lhe exigível que permaneça ligado à empresa por mais tempo, isto é, pelo período fixado para o aviso prévio. Assim, a resolução opera *imediatamente* o seu efeito extintivo (art. 394º/1).

Para que a resolução seja lícita, é preciso que o trabalhador invoque e demonstre a existência de *justa causa*. E a leitura do art. 394º CT evidencia que esta noção assenta também – como quando se trata de justificar um despedimento – na ideia de *inexigibilidade* do prosseguimento da relação de trabalho, mas agora do lado do trabalhador.

Há, no entanto, importantes diferenças a assinalar, em face do esquema segundo o qual, nos termos do CT, o empregador pode promover despedimentos individuais.

Assim, o art. 394º não só omite um conceito geral de justa causa, como inclui uma enumeração, que tende a ser *taxativa*, das situações susceptíveis de tal relevância.

Essa tipologia não é, porém, fechada: o advérbio "nomeadamente" constitui indicação no sentido de que – como não podia deixar de ser – se admite a possibilidade de outras situações constituírem suporte factual de justa causa. De todo o modo, a doutrina e a jurisprudência são unânimes no sentido de estender à resolução pelo trabalhador a exigência de "impossibilidade prática" ou "inexigibilidade" – embora pressentindo que essa extensão não poderia ser plena.

Fala-se, então, de um "menor nível de exigência" na verificação dessa inexigibilidade, ou mesmo de "um conteúdo e natureza substancialmente diversos" da justa causa invocável pelo trabalhador[8].

Há, com efeito, que ter em consideração dois pressupostos da determinação da justa causa nestas situações: a) A exigência da salvaguarda da segurança do emprego não se aplica ao trabalhador (quanto a ele, perfila-se apenas o imperativo "pacta sunt servanda"); b) a resolução do contrato pelo trabalhador não tem, praticamente, alternativa face a situações graves de incumprimento, ao passo que o empregador tem ao seu dispor a escala das sanções disciplinares conservatórias.

A inexigibilidade do prosseguimento da relação de trabalho ao trabalhador coloca-se, pois, aquém daquilo que poderia considerar-se "impossibilidade prática": aqui avulta sobretudo a tutela da liberdade pessoal do trabalhador face a uma situação que lhe causa perturbações graves na vida pessoal; não é preciso que ele caia na mendicidade, ou passe fome, ou entre em depressão profunda.

O critério da "ultima ratio" não tem, assim, aplicação na resolução pelo trabalhador – ou, se se preferir, tem uma aplicação mitigada pelo "menor nível de exigência" a que, com justeza, alude a jurisprudência. No atraso dos salários, por exemplo, basta que ele determine "uma situação de absoluta ou, pelo menos, de grande carência de meios económicos" para o trabalhador[9].

[8] Veja-se o Ac. STJ 16/03/2017 – P. 244/14.8TTALM.L1..S1 (Chambel Mourisco): "Em sede de resolução do contrato de trabalho pelo trabalhador, apesar de reconduzidos ao núcleo essencial da noção de justa causa, tal como se encontra definida no artº 351º, nº 1, do Código do Trabalho de 2009, para o despedimento promovido pelo empregador, temos de considerar a particularidade, derivada da ponderação dos diferentes valores e interesses em causa, de que a apreciação da justa causa de resolução do contrato de trabalho pelo trabalhador não poder ser tão exigente como nos casos de apreciação da justa causa de despedimento promovido pelo empregador". Veja-se também o Ac. RL 11/02/2011 – P. 124/09.9TTSNT.L1-4 (José Eduardo Sapateiro): "A justa causa que aqui se pondera, apesar da remissão que o número 4 do artigo 441º do Código do Trabalho (de 2003) faz para o artigo 396º, número 2, do mesmo diploma legal, não pode ser reconduzida nem confundida com o conceito utilizado pelo legislador para fundar o despedimento individual e culposo do trabalhador, possuindo este último um conteúdo e natureza substancialmente diversos daquele previsto no referido artigo 441º".

[9] Nesse sentido, por exemplo, o Ac. RP 03/02/2017 – P. 5549/15.8T8MTS.P1 (Jerónimo Freitas): "Nesse juízo de ponderação, relevam particularmente as circunstâncias em que o trabalhador se

Se a enumeração legal tem a vantagem de simplificar a tarefa do julgador – o qual apenas cuidará de subsumir a situação concreta invocada pelo trabalhador num dos «tipos legais» de justa causa, embora devendo apreciá-la em concreto (nº 4 do mesmo artigo) –, é bem certo que a grande variedade de hipóteses possíveis transcende inevitavelmente a capacidade de previsão demonstrada pelo legislador, podendo colocar o trabalhador em circunstâncias difíceis para romper expeditamente o contrato, quando seria justa e correcta tal possibilidade.

Por outro lado, a tipologia legal comporta situações que não só são inimputáveis à entidade patronal, como nem sequer se podem inserir no contexto do funcionamento da empresa, antes surgindo na esfera pessoal do trabalhador. Nos termos do art. 394º/3-*a*), o trabalhador pode romper subitamente o contrato em virtude da «necessidade de cumprimento de obrigação legal incompatível com a continuação do contrato»[10].

5. *Os tipos de justa causa.* A lei desenha, também no domínio da resolução pelo trabalhador, uma diferenciação entre justa causa *subjectiva* (culposa) e justa causa *objectiva* (não culposa). É o que resulta do confronto entre os nºs 2 e 3 do art. 394º CT: o primeiro contém situações de comportamento culposo do empregador, o segundo arruma hipóteses em que a culpa do empregador está ausente.

Esta separação não é feita pelo legislador simplesmente por homologia com o regime da ruptura unilateral pelo empregador. Ela tem uma projecção muito importante no tocante aos efeitos da resolução: só quando esta se fundamente em conduta culposa do empregador (ou seja, numa das situações abrangidas pelo nº 2) tem o trabalhador direito a uma indemnização[11]. O valor desta é calculado de harmonia com os parâmetros estabelecidos para o despedimento ilícito: trata-se de compensar os prejuízos patrimoniais e não patrimoniais

determinou a resolver o contrato de trabalho e a aferição dos prejuízos que lhe foram causados pela falta de pagamento das retribuições que se encontrarem em dívida, passando este último aspecto pela questão de saber se o trabalhador se viu confrontado com uma situação de absoluta ou, pelo menos, de grande carência de meios económicos, com transtornos sérios ou consequências nefastas para a sua vida pessoal e familiar, de tal modo que se tenha tornado imediata e praticamente impossível a subsistência da relação de trabalho". Veja-se também, em sintonia com esse entendimento, o Ac. STJ 21/03/2016 – P. 337/13.9TTFUN.L1.S1 (Ana Luisa Geraldes).

[10] Convém assinalar que a necessidade do cumprimento de obrigações legais é atendida, nos termos da lei, como justificação válida de faltas ao trabalho (art. 249º/2-*d*)); e entende-se, sob pena de entorse à coerência do sistema, que igualmente cabe na previsão do art. 296º/1 quanto à suspensão do contrato por facto ligado ao trabalhador. Verifica-se pois que a lei oferece a este, colocado perante a referida necessidade, uma opção livre entre permanecer vinculado, embora em regime de suspensão, ou fazer cessar o contrato imediatamente.

[11] Veja-se J. Leal Amado, *Rescisão pelo trabalhador e indemnização de antiguidade*, QL nº 20 (2002) 232 ss..

sofridos pelo trabalhador, dentro de uma faixa pré-definida: entre quinze e quarenta e cinco dias de retribuição base e diuturnidades por cada ano completo de antiguidade (art. 396º). O empregador é, assim, considerado *responsável* pela cessação do contrato

A tipologia do nº 2 comporta situações de facto que incorporam, como que por natureza, uma nota de imputabilidade ao empregador.

De entre elas, merece atenção particular a referida na al. *a*): *falta culposa de pagamento pontual da retribuição.* Em que consistirá a *culpa* no atraso do pagamento do salário? A justificação mais corrente desse atraso – as dificuldades de tesouraria, ou, mais genericamente, a situação de dificuldade económica e financeira da empresa – não é, em princípio, aceite pela jurisprudência como meio de afastamento da culpa do empregador. A fundamentação comum dessa rejeição, por parte dos tribunais, obedece a este modelo: "Os factos provados apontam para a uma situação precária, que já ocorreria há algum tempo. Ora, perante essa situação, seria suposto, em termos de razoabilidade e à luz de uma gestão adequada ao específico contexto económico e social a considerar, ter a ré empreendido algum tipo de medida com vista a debelar tal situação e reabilitar ou viabilizar a empresa. Sucede que a esse respeito nada alegou ou provou a mesma no sentido de terem sido promovidos ou utilizados, alguns dos mecanismos previstos na lei (...) que poderiam contrariar ou minorar a difícil situação em que se encontrava a ré"[12].

E em perspectiva idêntica:

"Não é culposo o comportamento da empregadora consistente em não pagar atempadamente a retribuição aos trabalhadores, desde que tal seja devido à sua situação económica e financeira difícil e o seu comportamento, em concreto, seja transparente, de boa-fé, e não um mero pretexto para protelar o pagamento."[13].

De qualquer modo, a culpa existe sempre que o empregador não demonstre, além da insuficiência económica ou financeira, a realização de diligências e a tomada de medidas de gestão adequadas à superação da situação.

No entanto, o art. 394º/5 define um regime especial para os atrasos iguais ou superiores a 60 dias: nesse caso, "considera-se culposa a falta de pagamento

[12] Extracto do Ac. RP 16/03/2016 – P. 246/14.4TPDL.L1-4 (Albertina Pereira). Em sentido próximo se tem também pronunciado o STJ. Veja-se, nomeadamente, o Ac. STJ 03/16/2017, já citado: "esses problemas de tesouraria podem, eles próprios, ter resultado de condutas culposas da própria Ré ou dos seus sócios, e para afastar a mencionada presunção de culpa era essencial que a mesma demonstrasse, em termos concretos, em que consistiram esses problemas de tesouraria qual a sua génese, que não contribuíram para o seu surgimento, nem para o seu agravamento e que adotaram todas as diligências que lhes eram exigíveis para remover esses problemas e pôr termo a essa situação para poder efetuar o pagamento pontual da retribuição aos seus trabalhadores".

[13] Ac. RE 28/04/2017 – P. 10154/15.6T8STB.E1 (Moisés Silva).

pontual da retribuição". Os tribunais têm encarado esta norma como a consagração de uma presunção de culpa do empregador, uma presunção "reforçada" em relação à que se estabelece no art. 799º/1 CCiv.[14] e que é (esta última) uma presunção *iuris tantum*. Assim, numa linha lógica perfeitamente clara, tem-se entendido que se trata de uma "presunção inilidível", ou seja, *iuris et de iure*[15].

Na doutrina, por seu turno, avançou-se com a hipótese qualificativa de se tratar de uma *ficção jurídica*[16]. E parece, na verdade, ser esta a qualificação justa.

Embora sem consequências jurídicas notáveis, há uma diferença clara entre presunção e ficção: na presunção, a lei estabelece um facto (não provado) a partir de outro facto (provado) com o qual o primeiro tem uma relação de conveniência natural ou adequação lógica; na ficção, o legislador "inventa" um facto (não provado) a partir de outro facto (provado) com o qual aquele não tem qualquer relação em termos de normalidade ou sequência lógica. Por outras palavras: "as ficções legais baseiam-se numa relação de equiparação entre realidades distintas; as presunções inilidíveis fundamentam-se numa relação de implicação entre um facto conhecido e um facto presumido"[17].

Perante esta diferenciação conceptual, parece tratar-se aqui de ficção e não de presunção absoluta (a culpa do empregador é, no caso, uma "invenção do legislador", não tem nenhuma conexão lógica com o facto provado: atraso de mais de 60 dias).

O objectivo da lei é, simplesmente, o de garantir ao trabalhador, nas circunstâncias de facto ali descritas, o direito de resolução e o direito de receber indemnização, independentemente de o empregador ser ou não efectivamente culpado da situação. Na realidade, mais do que de uma presunção absoluta de culpa, trata-se de afirmar um regime de irrelevância da culpa para além de certo atraso no pagamento das retribuições. Afasta-se, com efeito, a necessidade de análise da imputabilidade subjectiva desse facto ou sucessão de factos. Atraso culposo ou não culposo – tanto monta.

> Repare-se que, no texto da lei, não se fala de presunção. Diz-se apenas "Considera-se culposa..." o que comporta também o significado de "equivale a culposa",

[14] "Incumbe ao devedor provar que a falta de cumprimento ou o cumprimento defeituoso da obrigação não procede de culpa sua".

[15] Por último, pode ver-se o STJ 16/03/2017, já citado: "Considerando a presunção de culpa estabelecida no artº 799º, do Código Civil, a introdução pelo legislador laboral da presunção que consta no nº 5, do artº 394º, do Código do Trabalho só faz sentido se a intenção foi a de estabelecer uma presunção inilidível, ou seja não afastável por prova em contrário, qualificando-se em definitivo como culposa a falta de pagamento da retribuição que se prolongue por período de 60 dias".

[16] Cfr., nomeadamente, João Leal Amado, *Contrato de trabalho*, 4ª ed., Ed. Coimbra Editora, Coimbra, 2014, p. 449.

[17] Miguel Teixeira de Sousa, *Introdução ao direito*, reimp., Ed. Almedina, Coimbra, 2016, p. 236.

"é como se fosse culposa" ou "merece o mesmo tratamento que se fosse culposa". O objectivo da lei é fazer, quanto a certas situações de facto, uma remissão para um regime jurídico estabelecido para outras situações com características específicas.

O mesmo efeito poderia ser obtido através de uma simples devolução[18] como as que figuravam no art. 308º/1 e 3 da L. 35/2004: se houvesse atraso de 60 dias, o trabalhador teria o direito de resolver o contrato segundo o procedimento do art. 442º/1 do Código de 2003; e, se resolvesse o contrato, teria o direito de receber uma indemnização nos termos do art. 443º do mesmo Código (preceito que regulava as consequências da falta culposa de pagamento pontual da retribuição). Sob os pontos vista técnico e operatório, seria bem preferível manter essa "apresentação" do tratamento conferido aos atrasos prolongados.

A opção do legislador de 2009 foi a de realizar a mesma remissão sob outra forma, estabelecendo a conexão dos atrasos de 60 dias (culposos ou não) com o direito a indemnização mediante a ficção de culpa do empregador. De qualquer modo, o que, no caso, é relevante é a neutralização do factor culpa no acesso à indemnização.

Esta tese teve acolhimento na jurisprudência, ainda no âmbito de vigência do CT 2003. Num acórdão da Relação do Porto, sustentou-se o seguinte:

"Neste regime prescinde-se da imputação subjectiva da falta de pagamento da retribuição, bem como da invocação e prova do nexo de causalidade entre essa falta de pagamento e a impossibilidade de manutenção do vínculo laboral"[19].

A nosso ver, esta leitura da lei mantém-se actual, também em presença do Código de 2009.

No entanto, deve registar-se que existe alguma oscilação no referido entendimento jurisprudencial. Em recente acórdão da Relação de Lisboa, proferido na vigência do Código actual, decidiu-se o seguinte:

"Uma vez que a falta de pagamento da retribuição se prolongou por um período (para além) de 60 dias, tem aplicação o disposto no artº 395º do CT, presumindo-se culposa a conduta da ré, incumbido a esta ilidir tal presunção (artº 344º, nº 1 do Código Civil)"[20].

Não parece, no entanto, impossível compreender esta diferente leitura da lei. Na verdade, o entendimento pacífico na jurisprudência – particularmente do Supremo – é, há muito, o de que se trata de uma presunção. O acórdão que acabo de citar ajustou-se a essa incontroversa qualificação. Ao fazê-lo, porém, teve que tomar

[18] Sobre as noções de remissão, devolução e ficção, assim como acerca da preferência merecida pela técnica da devolução, pode ver-se José de Oliveira Ascensão, *O Direito. Introdução e teoria geral*, 13ª ed. (reimp.), Coimbra (2016).

[19] Ac. RP 03/01/2010 – P. 425/08.3TTGDM.P1 (Albertina Pereira).

[20] Ac RL 16-11-2016 – P. 15 354/14.3T2SNT.L1-4 (Albertina Pereira).

em conta o regime das presunções, nomeadamente a regra de que se trata de presunções iuris tantum, a não ser quando esteja "proibida" a prova em contrário (art. 350º" do Código Civil) – proibição que não se encontra na norma citada. Daí a natural inferência de que, tratando-se de uma presunção, ela só poderia ser *iuris tantum*.

A verdade é que, como sustentamos, não se trata de uma presunção. E esta convicção não assenta meramente em considerações de ordem teórico-conceitual. Abonam-na também (ou sobretudo) razões de índole lógico-sistemática: só assim se torna possível ultrapassar a dificuldade de harmonização do regime do art. 394º/5 do Código do Trabalho com o dos arts. 350º e 799º do Código Civil.

Este regime articula-se com o da suspensão do contrato por iniciativa do trabalhador, nos termos dos arts. 325º e seguintes. Um atraso (verificado ou previsível) de 15 dias serve de fundamento à suspensão, e, se o mesmo atingir 60 dias, justifica a resolução. Em todo o caso, a sucessão de medidas não é forçosa: a resolução não depende de prévia suspensão[21].

São, por outro lado, necessariamente culposas, isto é, subjectivamente imputáveis ao empregador, a *prática de assédio* (al. b)), a *aplicação de sanção abusiva*[22] (al. *c*)) e a *ofensa à integridade física ou moral, liberdade, honra ou dignidade do trabalhador, punível por lei* [23] (al. *f*)). A resolução "indemnizável" surge como um elemento do sistema sancionatório consagrado pela lei para cada uma dessas situações.

No nº 3 do art. 394º surge uma outra tipologia: a das circunstâncias susceptíveis de preencherem justa causa (legitimando a ruptura imediata do contrato pelo trabalhador), sem que seja possível imputá-las subjectivamente, como resultado de condutas ilícitas, ao empregador. Nestas hipóteses, são sempre pressupostos, ou o alheamento do empregador, ou a legitimidade dos actos por ele praticados e que estejam na origem da decisão do trabalhador. A justa causa representa aqui o reconhecimento da prevalência a certos interesses e conveniências imperiosas do trabalhador, sobre a necessidade de preservar a integridade da organização de trabalho. Tendo a resolução efeito imediato, o posto de trabalho pode ficar subitamente desguarnecido. Aquela prevalência assenta no mesmo critério de *inexigibilidade* que, como veremos em detalhe, define a justa causa invocável pelo empregador para o despedimento, e implica uma apreciação em moldes idênticos (art. 394º/4). A consequência para o trabalhador é,

[21] Cfr. STJ 14/04/2010 – P. 570/09.4 (Mário Pereira).

[22] Quanto à noção de sanção abusiva, veja-se o regime contido no art. 331º CT.

[23] Do grande número de situações que podem conter-se nesta fórmula legal, sobressaem os casos de assédio (art. 29º CT).

simplesmente, a ausência de qualquer direito a compensação ou indemnização pela cessação do contrato.

6. *O combate à fraude.* Em consonância com o que se estabelece no art. 350º para a revogação por mútuo acordo e no art. 402º para a denúncia, a lei admite que o trabalhador *revogue* a resolução dentro dos sete dias seguintes à sua recepção pelo empregador (art. 397º). Essa faculdade não existe, porém, se a comunicação da resolução estiver datada e a assinatura do trabalhador tiver reconhecimento notarial presencial. Trata-se de obstar à prática ilícita que consiste em o empregador exigir, no momento da admissão do trabalhador, e como condição dela, a entrega de carta de resolução assinada, sem data, reservando-se o mesmo empregador a possibilidade de mais tarde a datar e fazer valer segundo a sua vontade e conveniência.

O que está, pois, em causa não é um suposto "direito de arrependimento" – que existiu em legislação mais antiga –, mas um dispositivo destinado a prevenir a encapotada violação da lei, outrora frequentíssima. Com efeito, o empregador pode mesmo *exigir* que o trabalhador cumpra, na resolução, o mencionado formalismo (art. 395º/4), garantindo assim a inadmissibilidade da revogação. Se essa exigência for feita, e o trabalhador não a cumprir, deve entender-se suprido o requisito da inviabilidade da revogação, tudo se passando como se houvesse reconhecimento presencial da assinatura na comunicação de resolução.

IV. A extinção irregular do contrato pelo trabalhador.

7. O afastamento da ineficácia; 8. A indemnização.

> **"1. A carta de resolução do contrato enviada pelo trabalhador à empregadora em que se faz consignar como justa causa da resolução, apenas, a «falta de pagamento do trabalho suplementar prestado e da retribuição legal» e o «incumprimento das obrigações legais relativas ao tempo de trabalho e descanso do trabalhador», não especifica qualquer facto concreto, mas antes afirmações de natureza conclusiva, reproduzindo fórmulas legais.**
> **2. A indicação dos factos concretos e da temporalidade dos mesmos, na carta de resolução do contrato de trabalho, mostra-se indispensável para, além do mais, se aferir se o direito foi exercido no prazo legal, condição formal de que, também, depende a licitude da resolução.**
> **3. A verificada preterição dos requisitos de natureza procedimental previstos no nº 1 do artigo 395º do Código do Trabalho, determina a ilicitude da resolução operada pelo trabalhador, ainda que por razões meramente formais, incorrendo este, nos termos dos artigos 399º e 401º do mesmo Código, em responsabilidade perante a empregadora." – STJ 14/07/2016 – P. 1085/15.0T8VNF.G1.S1 (PINTO HESPANHOL).**

7. *O afastamento da ineficácia.* Resta examinar as consequências jurídicas da desvinculação unilateral irregular por parte do trabalhador.

Já se observou que não tem aqui cabimento a ideia de ineficácia da declaração extintiva: mesmo procedendo incorrectamente, face aos padrões legais de conduta por que deve orientar-se para fazer cessar o contrato de trabalho, o trabalhador obtém sempre o seu objectivo primário. O vínculo extingue-se no momento desejado, as relações laborais cessam.

A preocupação basilar do legislador, no tocante à garantia da estabilidade do emprego que inspira a regra da inutilização do despedimento ilícito quando a iniciativa dele pertença ao empregador, deixa de ter cabimento em tais hipóteses. A liberdade de desvinculação do trabalhador é e deve ser absoluta, em certo sentido: justamente no de que não pode ser-lhe imposta a subsistência de um vínculo por ele não mais desejado. O elemento pessoalidade, que só pode considerar-se característico da posição assumida pelo trabalhador com base no contrato, actua aí no sentido da eliminação de qualquer obstáculo legal à eficácia da vontade desvinculatória por ele manifestada.

Todavia, como igualmente se assinalou já, se a conservação do vínculo – em nome da segurança do emprego – perde relevância nas situações em causa, haverá ainda que atender aos interesses que, do lado da empresa, sinalizam a mesma direcção, isto é, a do desenvolvimento normal da relação de trabalho. No tratamento a dar à desvinculação operada pelo trabalhador deve, na verdade, ponderar-se o prejuízo causado ao empregador e ao funcionamento da empresa pela intempestiva demissão de um trabalhador que nela preenchia certa função. Os prejuízos desse tipo podem ser de pequena monta – se, por exemplo, o profissional desempenhava tarefas secundárias e indiferenciadas ou se, nas condições do mercado de trabalho, for viável a sua rápida e cabal substituição –, mas podem também atingir elevada expressão, como ocorrerá no caso de se tratar de um empregado altamente especializado, cuja actividade constitua um elo essencial da cadeia de funcionamento da empresa, havendo escassa ou nula oferta de força de trabalho com tais características.

8. *A indemnização.* O conjunto dos pressupostos apontados está, visivelmente, subjacente ao regime legal da ruptura irregular pelo trabalhador.

A hipótese a considerar é a de o trabalhador, sem motivo razoável (sem justa causa) declarar extinto o contrato, não esperando que decorra o prazo de aviso prévio legalmente estabelecido. O contrato cessa, de facto, no momento desejado – não há maneira de o evitar. Mas existe violação da lei e é postergado o interesse do empregador. Que consequências deverão recair sobre o trabalhador que assim procede?

Basicamente, a medida da responsabilidade do trabalhador é a do próprio prazo de «aviso prévio» que deveria ter observado, uma vez que não apresentou justificação suficiente do acto extintivo. Assim, caber-lhe-á pagar ao empregador uma indemnização equivalente à retribuição base e diuturnidades que corresponderiam ao lapso de tempo em falta (art. 401º). Com esta solução, cobrem-se não só os casos de ausência absoluta de aviso prévio (ou sejam os de resolução sem justa causa) mas também aqueles em que, embora havendo comunicação antecipada de despedimento, o período observado seja inferior ao legal (denúncia com aviso prévio insuficiente).

Relativamente às situações de maior prejuízo para a empresa, configura o art. 399º, ainda, a possibilidade de acréscimo da indemnização na medida daquele prejuízo («indemnização dos prejuízos causados»). O valor encontrado por aplicação do art. 401º é o *mínimo,* ou seja, não depende da existência nem da dimensão dos prejuízos causados. Mas, se estes forem mais importantes, a indemnização cresce até ao seu valor. Para isso, é necessário que o empregador alegue e prove em juízo a existência de prejuízos extraordinários causados pela extinção irregular do contrato a que o trabalhador procedeu.

Esses prejuízos não serão avaliáveis a partir do mero facto de o dador de trabalho deixar de contar, continuadamente, com o trabalhador em causa, ainda que daí decorram consequências muito importantes no plano da economia e da organização da empresa. Quer-se com isso dizer que não configuram tais prejuízos extraordinários consequências como uma duradoura quebra da qualidade ou da quantidade da produção – qualidade e quantidade essas condicionadas pela acção de um profissional particularmente hábil ou diligente. Está-se aí perante corolários normais do jogo da oferta e procura da força de trabalho. Os danos a que a lei se refere são somente aqueles que decorrem imediatamente da própria irregularidade da ruptura do contrato, ou seja, do modo *súbito* por que *injustificadamente* se operou: perturbações ou quebras no processo produtivo directamente causadas pela falha imprevista de um dos seus elementos fundamentais[24].

O art. 401º *in fine* prevê ainda a possibilidade de responsabilização do trabalhador por violação de um eventual "pacto de permanência"[25]. Nos casos em que tenham sido feitas pelo empregador despesas avultadas com a formação do trabalhador, pode ser estipulado entre eles que o contrato tenha uma duração garantida, não superior a três anos. Se o trabalhador quiser desvincular-se com antecipação, deve restituir "o montante correspondente às despesas" em causa (art. 137º/2).

[24] Vd. Bernardo Xavier, *Regime jurídico* cit. 201.
[25] Vd. *supra*, cap. 7, nºs 46-47.

V. O abandono do trabalho[26].

9. Noção; 10. A presunção de abandono; 11. O efeito extintivo do abandono.

"I. O aspeto essencial do abandono do trabalho é a conduta do trabalhador e esta tanto pode ser real como presumida.
II. Para que haja abandono do trabalho propriamente dito, nos termos do artigo 403º, nº 1, do CT, são necessários dois requisitos:
– Um elemento objetivo, constituído pela ausência do trabalhador ao serviço, ou seja, pela sua não comparência voluntária e injustificada no local e tempo de trabalho a que estava obrigado;
– Um elemento subjetivo, constituído pela intenção de não retomar o trabalho, isto é, pela intenção de não comparência definitiva no local de trabalho.
III. No abandono presumido compete ao empregador o ónus de alegar e de provar os factos integradores da presunção "iuris tantum", estabelecida no artigo 403º, nº 2, do CT, ou seja, não só a ausência do trabalhador ao serviço durante, pelo menos, 10 dias úteis seguidos, como também a não receção de comunicação do motivo da ausência.
IV. O trabalhador para ilidir esta presunção terá que provar que a comunicação da sua ausência só não foi expedida ou só não chegou ao conhecimento do empregador por ter ocorrido um acontecimento inevitável e imprevisível, natural e/ou devido a determinada conduta de um terceiro, que não lhe é imputável.
V. A comunicação prevista no nº 3, do artigo 403º, da CT, não se traduz num facto constitutivo da extinção do contrato, tratando-se apenas de um requisito ou condição de atendibilidade ou de invocação da cessação do contrato pelo empregador.
VI. Verificando-se a cessação do contrato de trabalho por abandono presumido, o que equivale à sua denúncia, nada impede que o empregador, por mera cautela e para sua segurança, instaure ao trabalhador um procedimento disciplinar, por factos diversos, e lhe aplique a sanção de despedimento com justa causa, informando-o que considerava cessado o respetivo contrato por abandono do trabalho e que, por isso, os efeitos úteis da sanção disciplinar aplicada só se verificariam caso se apresentasse ao serviço e justificasse "de forma plausível" a sua ausência." – STJ 26/09/2018 – P. 9200/15.8T8LSB.L1.S1 (Ferreira Pinto).

[26] Sobre o tema, veja-se Júlio Gomes, *Direito do Trabalho* cit. 1072 ss.; Maria do Rosário P. Ramalho, *Tratado cit.*, Parte II 943 ss.; João Leal Amado, *Contrato de trabalho* cit. 451 ss.; Bernardo Xavier, *Manual* cit 897; P. Romano Martinez, *Direito do Trabalho* cit. 989 s..

9. *Noção.* Cabe, enfim, referir uma hipótese particular de cessação do contrato de trabalho considerada, pela lei, como imputável ao trabalhador: a do *abandono do trabalho*, que o CT contempla expressamente no art. 403º[27].

A lei constrói essa figura sobre um certo complexo factual, constituído pela ausência do trabalho e por factos concludentes no sentido da existência da «intenção de não o retomar» (art. 403º/1)[28]. Assim, o abandono pode ser constatado – produzindo-se, no mesmo momento, a cessação do contrato – se, faltando ao serviço num certo dia, o trabalhador tiver esvaziado o seu cacifo, deixado no local de trabalho os bens da empresa que estavam associados à sua actividade, e deixado um bilhete a um colega de serviço informando-o de que ia começar a trabalhar noutra empresa no dia seguinte. A noção de abandono não requer – como a de "ausência" prevista e regulada nos arts. 99º ss. CCiv. – o decurso de um certo lapso de tempo: pode verificar-se imediatamente após a não comparência ao trabalho. O que é decisivo é a constatação de "factos que, com toda a probabilidade, revelam a intenção" de não retomar a relação de trabalho. Se estes existem, independentemente do tempo decorrido, *há abandono* e o empregador está legitimado a considerar o contrato extinto.

A hipótese de abandono também não é preenchida por uma série de faltas, ainda que injustificadas. A ausência prolongada do trabalhador pode ter inúmeras razões e não assumir qualquer significado quanto ao destino que ele pretende dar ao vínculo[29]. A verificação do abandono requer a existência de factos

[27] A situação de ausência prolongada do trabalhador sem comunicação nem justificação era, até 1989, tida correntemente pela jurisprudência como insusceptível de agir, por si só, sobre o destino do contrato: a cessação deste teria que efectivar-se por despedimento disciplinar com fundamento em faltas injustificadas. Nesse sentido, os Acs. STJ 15/11/85 (BTE, 2ª série, 5-6/87, 776), Rel. Lisboa 9/4/86 (CJ 86, 2,166) e 6/1/88 (CJ 88, 1, 168). Na doutrina, pronunciava-se em sentido oposto Bernardo Xavier, *Notas sobre o abandono do lugar nas relações de trabalho privadas*, RDES, 1ª Série, 1976. Na prática, experimentavam-se grandes dificuldades na organização de processos disciplinares, face à impossibilidade do contacto directo com o arguido que ocorria em muitas situações deste tipo.

[28] Na jurisprudência do STJ, sustenta-se que o abandono do trabalho supõe um elemento "objectivo" – a ausência – e um elemento "subjectivo" – a intenção de não retomar o serviço: cfr., por exemplo, o Ac. STJ 23/03/2008 – P. 07S2715 (Mário Pereira). No mesmo sentido, pode ver-se o Ac. Rel. Lisboa 21/03/2012 – P. 99/10.7TTFUN.L1-4 (Paula Sá Fernandes), em que se apreciava a invocação de abandono do trabalho relativamente a um trabalhador com o contrato suspenso por doença. A "intenção definitiva, por parte do trabalhador, em não retomar o trabalho" (sic) não é, porém, declarada, pode apenas ser presumida; cremos que o que pode considerar-se elemento constitutivo da figura é o complexo factual que serve de base à presunção.

[29] Ac. STJ 06/12/2016 – P. 592/11.9TTFAR.E1.S1 (João Fernando Ferreira Pinto):"Não existe abandono do trabalho quando um trabalhador se apresenta no local indicado pela empregadora para reiniciar as suas funções, após decisão judicial que a manda reintegrá-lo, e deixa de comparecer no dia seguinte, informando a sua empregadora, de imediato e por escrito, que a sua ausência se

concludentes quanto ao propósito extintivo do trabalhador, os quais podem ser da mais diversa natureza[30].

Para que a situação do contrato fique assente, a lei requer ainda uma diligência do empregador: a remessa de carta registada, com aviso de recepção, para a última morada conhecida do trabalhador, indicando os factos de que resulta o abandono e, naturalmente, declarando este como verificado, com a consequência da cessação do contrato.

Tendo-se por verificado o abandono, a lei faz-lhe corresponder o efeito de uma denúncia sem aviso prévio (nº 3), nomeadamente no tocante à indemnização devida ao empregador: ela deve cobrir os prejuízos causados, não devendo ser inferior à importância relativa ao aviso prévio em falta.

10. *A presunção de abandono.* A ausência do trabalho, ainda que sem justificação, pode não ser acompanhada de quaisquer factos de que seja legítimo inferir-se a existência de abandono. Uma série, mesmo longa, de faltas injustificadas não constitui, por si só, abandono do trabalho.

No entanto, uma tal situação não será também irrelevante. A não comparência ao serviço por dez ou mais dias úteis seguidos, «sem que o empregador seja informado do motivo da ausência»[31], oferece suporte a uma presunção *iuris tantum* de abandono do trabalho; o afastamento dessa presunção pode ser obtido mediante "prova da ocorrência de motivo de força maior impeditivo da comunicação ao empregador da causa da ausência" (art. 403º/4)[32]. Não basta, pois, a justificação da ausência em si, nomeadamente por invocação e prova de doença prolongada; é exigível, ademais, justificação do silêncio do trabalhador

devia ao facto de não ter sido colocado no seu local de trabalho e nem lhe terem sido atribuídas as funções que detinha antes do despedimento, e que, por isso, ficava a aguardar a sua reintegração de acordo com o determinado pela decisão judicial e uma nova comunicação que o informasse quando e aonde se devia apresentar".

[30] Cfr., por exemplo, o Ac. STJ 28/11/2012 - P. 499/10.7TTFUN.L1.S1 (Fernandes da Silva): "É de considerar verificada a situação de abandono do trabalho quando está demonstrado que o trabalhador, após ter sofrido um acidente de trabalho que lhe demandou um período de incapacidade (...), entrou em baixa, imediatamente a seguir, por incapacidade para o trabalho por estado de doença, que foi comprovando perante o empregador, com sucessivos certificados, até 21.03.2009, e que, após esta última data, não só não compareceu no local de trabalho, como não informou o motivo dessa ausência, não relevando, para esse efeito, a resposta à carta enviada pelo empregador com a comunicação de abandono do trabalho, efectuada em 21.01.2010".

[31] Num passado não muito distante, desenhou-se uma linha jurisprudencial admitindo que esta comunicação fosse *tácita*, podendo revelar-se através de factos que, simplesmente, exprimissem a intenção do trabalhador de manter o vínculo para futuro. Cfr. Ac. STJ 13/12/95 (AD 410, 249).

[32] Para além de tal "ocorrência", é ainda necessário que o trabalhador demonstre ter usado da diligência devida no sentido de a superar: Ac. Rel. Lisboa 12/11/2008 (*CJ* 2008, 5, 154).

por todo o período em que a sua situação foi desconhecida[33]. Esta nota confere relevo ao sentido da exigência de "comunicação" prévia ou posterior que é feita no regime geral das faltas (art. 253º CT).

De resto, mesmo que o motivo da ausência não seja idóneo para a justificar, o seu conhecimento pelo empregador pode ter a virtualidade de excluir a hipótese de abandono – a não ser que a própria natureza desse motivo permita considerar que se está perante factos reveladores da intenção de não retoma do trabalho.

A presunção legal estabelecida pelo art. 403º/2 não constitui, porém, a única via pela qual o abandono pode ser constatado e produzir o efeito extintivo do contrato. Ela é apenas um mecanismo adjuvante, a utilizar em situações ambíguas. Na verdade, a verificação segura do abandono faz-se através dos elementos indicados no nº 1 do mesmo artigo: *ausência do trabalho* (de qualquer duração) e *factos concludentes* quanto à vontade do trabalhador de não regressar ao serviço do mesmo empregador.

11. *O efeito extintivo do abandono.* O regime do art. 403º não é inteiramente claro acerca da questão crucial que é a de se determinar o *momento* da cessação do contrato de trabalho.

Como se viu, embora fazendo equivaler o abandono à denúncia do contrato, o art. 403º/3 coloca a sua *invocabilidade* sob a condição do envio de comunicação para a última morada conhecida do trabalhador. Não se sabe que alcance poderia ter a invocabilidade da cessação do contrato – após a comunicação – se ela não correspondesse à *constatação dessa mesma cessação*, como consequência jurídica definitiva da aplicação do regime legal. O facto de a lei a fazer depender da comunicação do empregador explica-se pelo propósito de admitir vários graus de tolerância por parte dele. Por outro lado, a referência à invocabilidade pode destinar-se a excluir com clareza o facto de, dependendo, em última análise, a cessação do contrato de uma atitude do empregador, ela não lhe ser imputada (como despedimento). Assim, quando concorram os elementos da noção constante do art. 403º/1 (ausência mais factos concludentes), o mero envio da comunicação – que pode, até, não ser recebida, por o trabalhador ter mudado também de residência, ou, simplesmente, se furtar à recepção – é suficiente para que, a partir dele, o empregador considere extinto o contrato[34].

[33] Cfr. Ac.STJ 03/10/2013 – P. 8/11.0TTSTS (Gonçalves Rocha): é "irrelevante a junção, vários meses depois do início das faltas, de documentos para fazer prova duma pretensa impossibilidade de prestar trabalho".

[34] Não vai nesse sentido a inclinação do STJ: "A comunicação prevista no nº 3, do artigo 403º, da CT, não se traduz num facto constitutivo da extinção do contrato, tratando-se apenas de um requisito ou condição de atendibilidade ou de invocação da cessação do contrato pelo empregador." – STJ

Não se ignora que, em termos gerais, uma declaração ou comunicação só se considera feita (e eficaz) com a sua recepção pelo destinatário. É a regra do art. 224º/1 CCiv.. Todavia, como não podia deixar de ser, a lei acautela as situações em que a recepção é impedida ou iludida pelo próprio destinatário. É o caso de o trabalhador não manter actualizada a sua morada no registo de pessoal do empregador. É, também, o caso de ele agir no sentido de se furtar à recepção. Nos termos do nº 2 do mesmo artigo, a comunicação produz os seus efeitos "quando só por culpa do destinatário não foi por ele recebida"[35]. Assim, se o empregador remeter a comunicação exigida pelo art. 403º/3 para a última morada conhecida do trabalhador, estará a cumprir a condição da invocabilidade do abandono e, por conseguinte, da extinção do contrato.

A questão é, porém, mais complexa nos casos em que não pode considerar-se preenchida a hipótese legal de abandono (por inexistência de factos concludentes), fazendo-se funcionar a presunção legal do art. 403º/2. O texto da norma sugere que essa presunção *iuris tantum* não tem limite de duração quanto à possibilidade da sua ilisão: a qualquer momento, aparentemente, poderá o trabalhador fazer valer o dispositivo de afastamento da presunção (nº 4), mesmo que o empregador tenha remetido a comunicação a que se refere o nº 3. Esta serviria, no caso, apenas para legitimar a *invocação* da cessação do contrato por abandono – mas o aparecimento do trabalhador com justificação cabal inutilizaria expeditamente essa cessação. É claro que, quanto mais tardar esse aparecimento, mais difícil se tornará justificar, ao mesmo tempo, a ausência e a falta de comunicação. Mas a questão colocar-se-á do mesmo modo.

Assim, mais uma vez: uma ausência do trabalhador sem notícias, ainda que prolongada, e mesmo que a sua motivação, conhecida mais tarde, não seja suficiente para justificar as faltas, não basta para preencher abandono do trabalho. O "uso" da presunção envolve sempre considerável incerteza jurídica, embora esta decresça com o decurso do tempo. A ilisão da presunção pode levar a que a ausência seja qualificável apenas como um conjunto de faltas, justificadas ou injustificadas conforme o seu motivo.

Destas ponderações resulta, para a interpretação e aplicação do art. 403º/3, que há que reconhecer à comunicação do empregador um alcance diferente conforme se trate de situação que preencha a noção de abandono constante do nº 1 do mesmo artigo (abandono constatado) ou de uma situação capaz de fornecer base à presunção do nº 2 (abandono presumido). No primeiro caso, não

26/09/2018 – P. 9200/15.8T8LSB.L1.S1 (Ferreira Pinto). Com a devida vénia, supomos que essa doutrina abstrai da diferença fundamental entre abandono verificado e abandono presumido, que adiante se refere no texto.

[35] Cfr. Ac. STJ 18/02/2009 – P. 08S2577 (Sousa Grandão).

se pode deixar de atender ao segmento inicial do citado nº 3 (*"O abandono do trabalho vale como denúncia do contrato"*) e ao facto de estar factualmente preenchida a noção legal de abandono: a comunicação tem que tomar-se como derradeiro elo no processo extintivo. No segundo caso, a comunicação não é, como se disse, mais do que uma condição de invocabilidade do abandono presumido, abrindo margem para a ilisão por prova em contrário que o trabalhador eventualmente venha a produzir – e não tem, portanto, só por si, efeito definitivamente extintivo.

Convém, de resto, ter presente que, antes da introdução da figura do abandono do trabalho (em 1989), as ausências prolongadas e sem comunicação nem justificação do trabalhador tinham que ser enquadradas no regime das faltas injustificadas, como possível motivo de despedimento – cabendo assim ao empregador a iniciativa da ruptura do contrato, com todos os ónus e riscos inerentes a um procedimento disciplinar contra ausente. O abandono do trabalho acarreta a inversão dessa imputação: ele equivale, como se disse, a denúncia pelo trabalhador, sem aviso prévio (art. 403º/3 e 5), libertando, assim, o empregador daquele gravame, mas introduzindo, em contrapartida, um factor de alguma insegurança na gestão da situação concreta.

Capítulo 20
O REGIME COMUM DO DESPEDIMENTO

A) Os antecedentes. – 1. O sistema da LCT; 2. O sistema estabelecido em 1975/76; 3. A reforma de 1989. – **B) O sistema do Código do Trabalho.** – 4. A continuidade de regime; 5. A motivação do despedimento; 6. A processualização do despedimento. – **C) A suspensão do despedimento.** – 7. Noção; 8. O regime processual; 9. O critério de decisão. – **D) O despedimento ilícito.** – ***a) O despedimento ilícito e a técnica sancionatória.*** – 10. A noção de despedimento "ilícito"; 11. A evolução das técnicas sancionatórias; 12. A ineficácia do despedimento; 13. A responsabilidade por prejuízos; 14. O regime dos salários intercalares; – ***b) A reintegração e a indemnização "substitutiva".*** 15. A reintegração; 16. A oposição à reintegração; 17. A indemnização "substitutiva". – **E) As medidas contra a dissimulação do despedimento.** – 18. Os constrangimentos legais; 19. Os disfarces do despedimento; 20. O despedimento como referência residual: o chamado "despedimento de facto".

A) Os antecedentes.

1. *O sistema da LCT.* No sistema anterior ao Código (isto é, na vigência da LCT de 1969), o contrato de trabalho podia ser extinto, por mero efeito de uma declaração unilateral do empregador *(despedimento),* através de três mecanismos diferentes: a «rescisão com justa causa», a «denúncia unilateral» e a «extinção do contrato (...) sem justa causa nem aviso prévio».

A via normal ou ordinária de cessação por iniciativa patronal era a «denúncia unilateral», independentemente da indicação de motivos, mas sujeita a aviso prévio: tratava-se pois aí de uma declaração extintiva com eficácia diferida.

A «rescisão com justa causa» aparecia como uma *válvula de escape* para situações de crise contratual aguda, em que deixava de se considerar exigível à parte interessada na ruptura que aguardasse o decurso do período pelo qual o contrato deveria normalmente perdurar (o prazo de aviso prévio de denúncia, sendo o contrato de duração indeterminada; o termo aposto ao vínculo, no caso contrário)[1]. O despedimento por justa causa (que, no catálogo da LCT, era rotulado de «rescisão») assumia pois uma função de algum modo residual relativamente à via regular e ordinária de ruptura unilateral. Por isso, o mecanismo correspondente caracterizava-se pelo seu *imediatismo* face à verificação dos factos ou circunstâncias integrantes da justa causa, estabelecendo-se como que uma relação «mecânica» de causa a efeito entre a ocorrência (e o conhecimento) daqueles e a dissolução do contrato. A lei expressava-se claramente a este respeito: a ocorrência da justa causa autorizava a «pôr imediatamente termo ao contrato» (art. 101º/1 LCT), o que não passava de um corolário directo da caracterização da justa causa como sendo «qualquer facto ou circunstância grave que torne praticamente impossível a subsistência das relações que o contrato de trabalho supõe» (nº 2 do mesmo art.).

Finalmente, a LCT previa como mecanismo *eficaz* de ruptura do contrato o próprio despedimento irregular – isto é, a declaração extintiva proferida pelo empregador sem justa causa nem observância do devido prazo de aviso prévio. Haveria aí extinção imediata (ou, ao menos, antecipada relativamente ao prazo de aviso prévio aplicável) e *ad nutum*, isto é, independente de motivação. Mesmo este meio era pela lei considerado idóneo a fazer cessar o vínculo – embora implicando indemnização ao trabalhador.

2. *O sistema estabelecido em 1975/76.* Com a publicação do DL 372-A/75, de 16 de Julho, esse quadro de possibilidades modificou-se substancialmente. A quase absoluta liberdade de desvinculação que o sistema da LCT reconhecia à entidade empregador sofreu uma importante compressão. A *validade* (e, portanto, a eficácia plena) de uma declaração extintiva unilateral do empregador passou a depender da existência de justa causa *disciplinar* ou de «motivo atendível» de natureza *objectiva* – exigindo-se, para este último caso, a observância de aviso prévio.

Dois mecanismos apenas, portanto: o da extinção «imediata» por justa causa e o da ruptura diferida por «motivo atendível». Mas, no primeiro, o imediatismo deixava realmente de existir: restringindo-se a justa causa ao terreno disciplinar, o despedimento só podia consumar-se mediante um «processo» formal e mais ou menos demorado, o

[1] No direito alemão, a construção da justa causa ou «motivo importante» *(wichtige Grund)* com base na ideia de inexigibilidade apontada no texto está hoje expressa na própria lei (nova redacção do § 626 do BGB, introduzida em 1969) cfr. *Jura Europae – Droit du Travail/Arbeitsrecht*, T. I, Munique--Paris (1975), 10. 10-40 bis. Em Portugal, esse critério foi originalmente ensaiado por B. Lobo Xavier, *Da justa causa do despedimento no contrato de trabalho*, Coimbra (1965).

processo disciplinar. Por outro lado, desaparecia também a viabilidade do despedimento não motivado: a alegação e prova de um fundamento juridicamente aceitável passou a ser condição de *validade*, em qualquer caso, de uma declaração extintiva patronal. Na comparação com o sistema da LCT, verificava-se, em suma, o afastamento de situações de justa causa não disciplinar, deixava de admitir-se a denúncia não motivada e desaparecia a hipótese de despedimento irregular com eficácia extintiva (despedimento sem observância de requisitos legais passava a ser despedimento inválido, portanto ineficaz)[2].

O cenário legislativo sofreu novo sobressalto poucos meses depois. Após a publicação do DL 84/76, de 28 de Janeiro, *uma* única via de despedimento individual permaneceu ao alcance das entidades empregadoras: a do despedimento por justa causa (disciplinar). Era assim afastada a cessação por declaração unilateral fundada em «motivo atendível» e sujeita a aviso prévio. O sentido principal da alteração foi o de erradicar do sistema a possibilidade de se por termo ao contrato de trabalho por razão alheia ao comportamento do trabalhador – isto é, numa terminologia imprecisa mas bastante usual, por «motivo objectivo».

Toda esta evolução dizia respeito ao despedimento *individual*. Ao longo do período em que ela se processou, o sistema manteve a figura do despedimento *colectivo* – para situações em que motivos de ordem técnica, económica ou organizativa tornem necessária a exclusão de uma pluralidade de trabalhadores – dentro de um modelo regulamentar praticamente inalterado.

3. *A reforma de 1989*. O quadro legal resultante da entrada em vigor do DL 84/76 permaneceu intacto até 1989: até à publicação do DL 64-A/89, de 27/2.

Percorrendo a enumeração que o art. 3º desse diploma fazia das «formas de cessação do contrato de trabalho», dir-se-ia que, no essencial, o padrão anterior era mantido. Entre elas, figurava o «despedimento promovido pela entidade empregadora»[3].

[2] Pode dizer-se que esta evolução esvaziou, praticamente, de conteúdo a especial protecção contra o despedimento que a LCT anteriormente assegurava aos menores e às mulheres trabalhadoras. Quanto àqueles, a LCT impedia o despedimento sem justa causa, «salvo com fundamento nas necessidades imperiosas do funcionamento da empresa e sem prejuízo das indemnizações legais». Neste caso (o dos *menores*), parecia ficar assim em aberto a possibilidade de inclusão num despedimento colectivo; mas, fora desta hipótese, o despedimento sem justa causa já não determinava apenas a obrigação de indemnização (cuja medida era aliás duvidosa: vd. B. Lobo Xavier 237-8) e sim, nos termos gerais, a *invalidade* do despedimento. No que respeita às *mulheres*, a LCT proscrevia igualmente o despedimento sem justa causa durante a gravidez e até um ano após o parto, «desde que aquela e este sejam conhecidos da entidade patronal». Aqui, parecia afastada a própria possibilidade de despedimento colectivo (salvo o caso de encerramento definitivo, como é óbvio). Quanto às consequências da ruptura sem justa causa, a lei fixava uma indemnização equivalente aos salários vincendos até ao termo do ano posterior ao parto, «se outra maior lhe não for devida».

[3] Não se cuida aqui da «rescisão por qualquer das partes durante o período experimental», dado o seu carácter inespecífico em relação ao problema de que se está a tratar.

Na verdade, porém, eram contempladas *duas* formas de despedimento individual:

a) o *despedimento disciplinar*, requerendo processo disciplinar;

b) o *despedimento individual por causa objectiva*, designado pela expressão «cessação do contrato de trabalho por extinção de postos de trabalho» e configurado como uma decisão da entidade empregadora que devia ser precedida de um conjunto de comunicações.

Tratava-se de dois mecanismos significativamente diversos, mas com dois traços comuns de grande importância: em ambos os casos, a fundamentação da ruptura, embora de diferentes naturezas, era sujeita ao critério de aferição que consiste na *prática impossibilidade da subsistência da relação de trabalho* (arts. 9º/1 e 27º/1 *b*); e ambos, também, sob a aparência do «imediatismo» do efeito extintivo, estavam cobertos por um conjunto de exigências processuais (arts. 10º e 28º a 30º) que implicavam uma significativa *dilação* entre a formação do projecto de despedir e a sua consumação.

Destes dois aspectos, o primeiro era seguramente o mais importante: estava nele em causa a *natureza dos motivos* invocáveis pelo empregador para excluir da empresa um trabalhador; e sabemos que, neste ponto, se ergue sobretudo a necessidade de retomar e verificar a noção de *justa causa de despedimento* na perspectiva da lei.

O elenco das situações expressamente enquadradas na "justa causa objectiva" sofreu ainda alargamento pelo DL 400/91, de 16/10, que nele incluiu a «inadaptação do trabalhador ao posto de trabalho» (art. 1º). O regime configurado para esta hipótese era perfeitamente homólogo do que o DL 64-A/89 estabelecia para a «extinção de postos de trabalho». Também aí se evidenciava, como momento fulcral, uma *decisão* da entidade empregadora (art. 6º/1), que devia estar apoiada numa situação susceptível de tornar «praticamente impossível a subsistência da relação de trabalho» (art. 2º/1). O *processo* delineado era também idêntico (arts. 4º e 5º).

B) O sistema do Código do Trabalho.

4. *A continuidade de regime.* Sob o ponto de vista estrutural, o sistema de vias de cessação do contrato de trabalho por iniciativa do empregador quase não sofreu alteração com o Código do Trabalho. Essas vias são, sucessivamente, o despedimento por facto imputável ao trabalhador, reconduzível ao despedimento como sanção disciplinar (art.os 351º a 358º); o despedimento colectivo (arts. 359º a 366º), o despedimento por extinção de posto de trabalho (arts. 367º a 372º) e o despedimento por inadaptação (arts. 373º a 380º).

Há, no entanto, que assinalar uma importante alteração ao elenco das modalidades de cessação do contrato de trabalho, conexa ao despedimento, e que, por isso mesmo, adiante examinaremos nesse contexto: o Código do Trabalho introduziu a *resolução judiciária* do contrato, para situações de despedimento ilícito em que o tribunal considera não dever haver reintegração do trabalhador na empresa (art. 392º).

5. *A motivação do despedimento.* A primeira linha de evolução que se pode destacar a propósito da restrição da liberdade de desvinculação do empregador consiste na *exigência de motivação do despedimento*, isto é, na progressiva eliminação da possibilidade de extinção *ad nutum* do contrato de trabalho de duração indeterminada, por iniciativa do mesmo empregador.

O despedimento *ad nutum*, onde e quando é admitido, funda-se numa ideia – a do carácter necessariamente temporário das relações obrigacionais – que implicava não só a liberdade de desvinculação a todo o tempo mas também a paridade dos contraentes quanto à amplitude dessa liberdade. A evolução verificada nos ordenamentos jurídico-laborais traduziu-se, justamente, na negação de tais pressupostos: a relação de trabalho destina-se a perdurar (em homenagem à exigência de estabilidade do emprego); a liberdade de desvinculação não pode ser garantida em idêntico grau ao empregador e ao trabalhador; a extinção do vínculo pelo primeiro há-de fundar-se em motivos externamente controláveis.

Na expressão feliz de um autor francês, a decisão de despedimento pelo empregador deixa de poder encarar-se como «o gesto individual dum contraente que se liberta», passa a ser vista como uma acção adoptada «no quadro da empresa a fim de assegurar o seu bom funcionamento»[4].

Assim, e não raro sob o influxo da contratação colectiva, o despedimento individual por iniciativa do empregador passou a estar, em qualquer das suas possíveis modalidades, submetido à exigência de *motivação* socialmente aceitável. Vale a pena salientar, a este propósito, em termos retrospectivos, a importância da afirmação de tal princípio, na Alemanha, pela famosa *lei de protecção contra o despedimento* (*Kündigungsschutzgesetz*), ainda na versão de 1951, como na posterior, de 1969, ao estabelecer que só o despedimento «socialmente justificado» é lícito. Na mesma fileira se podem alinhar a lei italiana de 1966 sobre os despedimentos individuais, com a exigência de «justa causa» ou «justificado motivo»; a lei francesa de 1973, subordinando a faculdade resolutória do empregador à existência de «causa real e séria»; a lei portuguesa de 1975, requerendo, um tanto pelo padrão italiano, «justa causa» ou «motivo atendível», o *Estatuto de los trabajadores* espanhol, de 1980, com a generalização do princípio da causalidade de despedimento[5].

O significado fundamental desta evolução traduziu-se na progressiva *funcionalização* e *objectivação* da faculdade resolutória do empregador: este pode ver sancionada – segundo técnicas variáveis, é certo – a acção extintiva pelo facto de esta se basear em causas que, sujeitas a controlo externo (judicial ou mesmo administrativo), não sejam consideradas consistentes ou atendíveis.

[4] CAMERLYNCK *Contrat de travail*, vol. I do *Traité de Droit du Travail, Paris* (1968) 263.

[5] A. MARTIN VALVERDE/F. RODRIGUEZ-SAÑUDO GUTIERREZ/J. GARCIA MURCIA, *Derecho del Trabajo* cit. 701 ss..

Tal evolução afectou sobretudo o clássico *despedimento com aviso prévio* (ou despedimento «ordinário», na terminologia de alguns sistemas legislativos), que continha em si mesmo, como um *alter ego*, uma segunda via possível de efectivação da ruptura do contrato: a do despedimento com indemnização compensatória da inobservância do pré-aviso. Neste mecanismo dúplice, descendente directo do dogma civilístico da liberdade de desvinculação, assentou por muito tempo a proeminência contratual do empregador. Com a necessidade de motivação (e com a imposição do ónus da prova ao empregador), deu-se um primeiro passo no sentido da «constitucionalização» desse poder.

Esse passo tinha sido, aliás, preparado pela utilização jurisprudencial, nomeadamente na França e na Bélgica, da noção de *abuso de direito*, como arma de contenção do exercício arbitrário do despedimento. De resto, a noção de despedimento «manifestamente não razoável», consagrada na Holanda, pode situar-se no mesmo terreno dogmático.

Importa, no entanto, sublinhar nitidamente a diferença qualitativa que, sob o ponto de vista da contenção do despedimento arbitrário, separa a técnica do *abuso de direito* da *exigência de motivação* do despedimento; só nesta última se trata propriamente dos *pressupostos do direito de despedir*, cuja comprovação cabe ao empregador e cuja inexistência pode pôr em causa a validade ou eficácia do acto extintivo.

6. *A processualização do despedimento*. Um segundo passo na linha evolutiva de condicionamento do direito de despedir é a *processualização* do despedimento, em qualquer das suas modalidades. Ao adensamento das condições de fundo, soma-se a definição de requisitos de forma para as acções desvinculatórias do empregador. Estes requisitos têm ou podem ter várias finalidades: a de assegurar uma mais aprofundada ponderação das decisões extintivas, a de fazer participar os trabalhadores nos processos decisórios e mantê-los ao corrente das perspectivas de actuação do empregador, e também a de garantir meios de controlo, *a priori* ou *a posteriori*, da regularidade do despedimento. Tal controlo pode assumir a forma de uma *autorização administrativa*, ou de uma *decisão judicial*, solução mais corrente, também adoptada entre nós.

A importância das exigências processuais manifesta-se no regime de qualquer das modalidades de despedimento[6], mas acentua-se no domínio do des-

[6] Essa importância é particularmente salientada na jurisprudência. Veja-se, como ilustração da sobrevalorização das regras de procedimento, o Ac. STJ 17/06/2010 – P. 173/07.1TTMAI.S1 (Sousa Grandão): "A completa omissão do procedimento legal para o despedimento colectivo, ou do respectivo processo disciplinar, evidencia um elevado grau de ilicitude, objectivando um completo desprezo pelos direitos conferidos ao trabalhador, devendo essa omissão ser graduada em patamar superior àquele onde será adequado situar os despedimentos ilícitos por inverificação do motivo aduzido pelo empregador" (itálico nosso).

pedimento individual com alegação de justa causa. A relação de imediatismo que, na fórmula tradicional, poderia verificar-se entre a ocorrência da situação de justa causa e a extinção do vínculo é assim, ao menos na ordem prática[7], progressivamente desvalorizada. Mantém-se a concepção da justa causa como situação susceptível de impedir o prosseguimento, ainda que provisório, das relações de trabalho; mas a *verificação* ou *determinação* da justa causa é sujeita a regras de procedimento, não raro complexas, que tendem a distanciar o motivo da consequência. A antiga imagem do empregador que, presenciando uma falta grave de um trabalhador, lhe aponta de pronto a porta da rua, vai-se convertendo numa relíquia do passado industrial.

É assim que, no ordenamento francês, desde a já referida reforma legislativa de 1973, qualquer despedimento individual – seja ele devido a causas económicas ou a motivos disciplinares – supõe a convocação do trabalhador para uma entrevista prévia, com a eventual assistência de um companheiro de trabalho. E, ainda, tratando-se de «motivo económico de carácter estrutural ou conjuntural», a obtenção de autorização administrativa. Se, depois dessas diligências, o despedimento for consumado, o trabalhador pode requerer a indicação, por escrito, dos motivos invocados. Se este procedimento não for observado pelo empregador, o despedimento tem-se, sem mais, por injustificado.

Observe-se, no entanto, que a generalidade dos sistemas europeus não vai tão longe. As exigências processuais para a realização do despedimento individual variam bastante, de sistema para sistema, e com o tipo de despedimento. Pode dizer-se que o ordenamento francês é fortemente processualizado[8] e que o espanhol se situa na faixa oposta, com exigências formais bastante moderadas[9].

De todo modo, podem ainda apontar-se, na linha da tendência que, como dissemos, parece esboçar-se, o ordenamento italiano – o art. 7º do *Statuto dei lavoratori*, de 1970, exige acusação prévia e audiência de defesa – e o CT português que, na esteira da lei de 1989, regula detalhadamente o «processo disciplinar de despedimento». Em sentido próximo, a lei alemã sobre a organização social da empresa, de 1972, requer, em qualquer caso, uma consulta prévia ao comité da empresa. Em todo o caso, como adiante se notará, a revisão de 2009 exprimiu uma inclinação do legislador no sentido da menor valorização dos aspectos procedimentais do despedimento.

[7] Na verdade, o art. 351º/1 CT ainda refere, a propósito da justa causa disciplinar, a existência de uma impossibilidade "prática" e "imediata"... O imediatismo só pode existir entre a decisão e a cessação do contrato.

[8] Cfr. JAVILLIER, *Droit du Travail*, 4ª ed., Paris (1992) 222 ss..

[9] Cfr. A. MARTIN VALVERDE/F. RODRIGUEZ SAÑUDO GUTIERREZ/J. GARCIA MURCIA, *ob. cit.* 696 ss..

C) A suspensão do despedimento[10]

> **"(...) Tendo o recurso da decisão que decrete a providência, por regra, efeito meramente devolutivo, uma vez decretada a suspensão do despedimento a relação juslaboral mantém-se viva, válida e eficaz, como se contra a mesma não se tivesse atentado, pelo que a reacção prevista como normal seria a de o empregador viabilizar imediatamente ao trabalhador a reocupação do seu posto e função, até que a providência caduque ou se decida a acção de impugnação de que é dependência, não existindo, neste caso, qualquer prejuízo por banda dos protagonistas da relação, pois o empregador paga a retribuição mas dispõe da força de trabalho e do resultado da prestação do trabalhador.**
>
> **Não reagindo o empregador à decisão, deixando-a transitar, mas também não readmitindo o trabalhador nem lhe pagando os salários entretanto em dívida, este passa a dispor de um título executivo que lhe viabilizará, com trato sucessivo, a sua recuperação. (...)" – STJ 15/12/2011 – P. 345/2002.1.L1.S1 (Fernandes da Silva).**

7. *Noção.* A lei faculta ao trabalhador um meio excepcional de oposição provisória à eficácia da decisão de despedimento, em qualquer das suas modalidades: a *suspensão do despedimento.*

Nos cinco dias úteis seguintes à recepção da respectiva comunicação, pode o trabalhador atingido recorrer ao tribunal competente para dele obter que seja decretada a suspensão do despedimento (art. 386º CT). Esta declaração do tribunal tem o alcance de, apesar de proferido o despedimento, manter a vinculação entre as partes até que venha a ser decidida a respectiva acção de impugnação. Assim, o salário continua a ser devido durante o período de suspensão – o que não equivale, como é óbvio, no plano do trabalho economicamente dependente, à situação que resultaria da ruptura imediata do vínculo com posterior repristinação dos seus efeitos.

A situação do vínculo laboral entre a decisão de suspensão e a declaração final de licitude ou ilicitude do despedimento não deixa de ser problemática. É certo que, na prática, a suspensão redunda na manutenção do salário sem prestação de trabalho, por o empregador a dispensar. A peculiaridade desta figura consiste em que a decisão judicial definitiva, conforme o sentido em que se oriente, vai determinar, *a posteriori*, a natureza jurídica da situação em que estiveram as relações entre o empregador e o trabalhador envolvidos desde a suspensão. Esta implica a ineficácia provisória do despedimento e, portanto, faz a reviver o contrato que o empregador quis extinguir. Se a decisão definitiva for

[10] Vd. Morais Antunes/Ribeiro Guerra 161 ss..

no sentido da ilicitude do despedimento (o que é, digamos, o mais provável, tendo em conta os pressupostos da providência), o período de suspensão terá sido, simplesmente, confirmado como um *tempo de permanência do vínculo*. Se, ao invés, essa decisão for no sentido da licitude do despedimento, ela terá o alcance de confirmar o seu originário efeito extintivo, não só pondo termo à suspensão mas, também, deixando *sem suporte contratual* as prestações de trabalho e salariais que se produziram a partir dela[11]. Neste caso, a situação da relação entre o trabalhador e o empregador é idêntica à desenhada para a invalidade do contrato de trabalho (art. 122º): ele "produz efeitos como válido em relação ao tempo em que foi executado". Mas – repete-se – só com a decisão judicial na apreciação do despedimento se pode ficar a saber como caracterizar juridicamente (aliás, sem grandes consequências práticas) a situação das relações entre as partes durante a suspensão.

Questão distinta e merecedora de resposta específica por parte da jurisprudência é a de a decisão que conceda a suspensão do despedimento ser objecto de recurso com efeito suspensivo (mediante o pagamento da pertinente caução). Até à decisão que venha a recair sobre o recurso, e para além dela se a concessão da suspensão for declarada improcedente, o efeito económico normal da providência cautelar em causa é neutralizado – ou seja, o trabalhador não tem o direito de exigir as retribuições correspondentes ao respectivo período. É a doutrina do Ac. STJ 18/02/2016 (Uniformização de jurisprudência) – P. 59/07.0TTVRL-D.S1 (António Leones Dantas). É evidente que se trata apenas dos efeitos da suspensão do despedimento, e não dos que podem vir a ser produzidos pela decisão final do processo principal.

A suspensão do despedimento é, assim, uma providência cautelar destinada a salvaguardar a utilidade da impugnação judicial do despedimento, dentro da perspectiva em que a nossa lei se coloca: a de que a declaração judicial da ilicitude do despedimento pode conduzir à plena restauração do vínculo laboral. Efeito que a demora da apreciação jurisdicional do acto extintivo do empregador tornaria inconsistente se, entretanto, o trabalhador permanecesse fora do

[11] A situação está, há muito tempo, perfeitamente analisada e esclarecida pela jurisprudência. Cfr. o Ac. STJ 23/01/1996 – P. 004248 (Carvalho Pinheiro): "A suspensão fica sem efeito se improceder a acção de impugnação do despedimento. Porém, esta improcedência não retroage à data do despedimento e este só a partir dessa improcedência se torna eficaz, pois até esse momento o contrato produzia os seus efeitos jurídicos e, nomeadamente em relação às prestações principais a cargo das respectivas partes, pois a expressão "ficam sem efeito" do n. 1 do artigo 45 do C.P.T. tem de ser interpretado no sentido de a "caducidade" da suspensão do despedimento e só produz efeito para o futuro. Assim, o contrato de trabalho permaneceu com a sua eficácia normal desde a decisão que decretou à suspensão até à caducidade dessa medida, ocorrida com a sentença de improcedência da acção de impugnação, tendo o Autor direito a receber as retribuições vencidas durante esse período".

serviço e privado da retribuição. Trata-se pois, em suma, de – como é próprio de qualquer providência cautelar: art. 381º ss. CPC – «afastar o perigo de insatisfação do direito pela demora no reconhecimento deste em julgamento definitivo»[12].

8. *O regime processual.* Por isso, o processo de suspensão de despedimento individual é estruturado pelo CPT (arts. 34º a 40º) em termos simples e expeditos.

A observância estrita dos prazos aí fixados permitiria prever uma demora de cerca de um mês para se obter a decisão. As partes são simplesmente ouvidas, podendo apresentar qualquer meio de prova, excepto se tiver havido processo disciplinar, caso em que só é admitida prova documental (art. 35º).

A não comparência injustificada do trabalhador (só dele ou também do empregador) determina, sem mais, o indeferimento do pedido de suspensão; a não comparência injustificada do empregador tem como consequência imediata a concessão da suspensão, a não ser que tenha sido apresentado o processo disciplinar, caso em que o juiz decidirá perante ele (art. 37º).

A decisão deve ser proferida, como regra, na própria audiência; mas pode ser retardada até oito dias, se a complexidade da causa o justificar (art. 36º). Dela cabe recurso para a Relação, em regra com efeito meramente devolutivo; mas o empregador pode obter o efeito suspensivo se depositar no tribunal a quantia correspondente a seis meses de retribuição do trabalhador – caso em que o tribunal passará a actuar como pagador do salário enquanto a situação durar (art. 40º).

9. *O critério de decisão.* A apreciação do pedido de suspensão, necessariamente expedita, bastar-se-á com os elementos indispensáveis ao estabelecimento de uma convicção provisória, em termos de «probabilidade», «aparência» ou «verosimilhança»[13], sobre a licitude do despedimento. Essa apreciação incidirá, normalmente, no próprio processo disciplinar (se for esse o caso) e outros documentos, não tendo o juiz que ouvir testemunhas[14] (art. 35º CPT).

Os fundamentos da suspensão tanto podem respeitar às condições de forma do despedimento (idoneidade do processo disciplinar, cumprimento das diligências impostas pela lei para os casos de extinção de posto de trabalho, inadaptação e despedimento colectivo) como à procedência da justa causa invocada. Assim, tratando-se de despedimento disciplinar, a suspensão pode fundar-se na

[12] Ac. Rel. Porto 29/1/79 (CJ, 79, 1, 279).

[13] Cfr. Acs. Rel. Lisboa 26/2/79 (CJ, 79, 1, 181) e 14/2/83 (CJ, 83, 1,186), entre muitos outros. Vd. também Acs. Rel. Coimbra 26/1/88 (CJ 88, 1, 96) e 4/11/89 (CJ 89, 5, 97).

[14] Ac. Rel. Coimbra 22/4/86 (CJ 86, 2, 87).

prescrição do direito de acção disciplinar (art. 329º/1 e 2) ou do próprio procedimento disciplinar (art. 329º/3)[15], na pura e simples inexistência de processo como na constatação de alguma nulidade insuprível[16]. Neste sentido é, aliás, explícito o art. 39º/1 CPT.

Por outro lado, se são controvertidas a própria qualificação do contrato (como de trabalho subordinado ou autónomo) ou a natureza da causa de ruptura (caducidade? revogação? despedimento?), nem por isso existe fundamento para a rejeição liminar da suspensão. Esta está prevista na lei para impedir que, em casos de razoável probabilidade de que o trabalhador tenha razão, ele seja, apesar disso, obrigado a suportar o custo da perda do salário – o que, frequentemente, como se disse, o levará à desistência do posto de trabalho. A "probabilidade séria de inexistência de justa causa" a que alude o CPT abrange a "probabilidade séria" da existência de contrato de trabalho, e a "probabilidade séria" da existência de um despedimento[17]. Se o juiz formar tal convicção preliminar, a providência deve ser deferida. O indeferimento da suspensão com fundamentos relacionados com o carácter controvertido das qualificações abre caminho à sistemática frustração do objectivo da lei.

Mas é, naturalmente, a «aparência» de justa causa que se trata sobretudo de determinar. Essa aparência poderá, inclusivamente, no caso de despedimento disciplinar, resultar da verificação de que a situação invocada corresponde a um dos tipos factuais que a lei enumera (art. 351º/2)[18].

[15] Cfr. Acs. Rel. Évora 21/2/80 (CJ, 80, 1, 186) e 8/4/80 (CJ, 80, 2, 106).

[16] Parece, por isso, dificilmente sustentável a tese do Ac. Rel. Évora 13/10/81 (CJ, 81, 4, 301), segundo a qual a suspensão não deve ser decretada quando se trate de um caso de (pretensa) caducidade de um contrato de trabalho a termo incerto. No mesmo sentido, MORAIS ANTUNES/RIBEIRO GUERRA 180. Cfr. ainda Ac. Rel. Lisboa 12/1/86 (CJ 86, 5, 184).

[17] Veja-se o Ac. STJ 01/10/2003 (Uniformização de jurisprudência) – P. 02S3073 (AZAMBUJA DA FONSECA): "O trabalhador despedido (individual ou colectivamente) pode socorrer-se do procedimento cautelar de suspensão de despedimento desde que esta seja a causa invocada pela entidade patronal para cessação da relação laboral ou, na sua não indicação, se configure a verosimilhança de um despedimento. Os meios de prova consentidos pelos artigos 35º e 43º, ambos do Código de Processo do Trabalho, destinam-se a fundar a verosimilhança necessária para a concessão da providência cautelar de suspensão de despedimento (..)".

[18] Sobre o tema, desenvolveu-se, desde a legislação de 1975/76, ao nível dos Tribunais de Relação (onde as questões relativas à suspensão do despedimento normalmente se esgotam), uma corpulenta casuística jurisprudencial. Vd., entre muitos outros, os Acs. Rel. Lisboa 26/2/79 (*CJ*, 79, 1, 181), Rel. Porto 26/3/79 (*CJ*, 79, 2, 512), Rel. Lisboa 21/4/80 (*CJ*, 80, 2, 256), Rel. Évora 22/4/80 (*CJ*, 80, 2, 108), Rel. Coimbra 18/12/80 (*CJ*, 80, 5, 231), Rel. Coimbra 17/6/81 (*CJ*, 81, 3, 266), Rel. Évora 20/4/82 (*CJ*, 82, 2, 385), Rel. Lisboa 14/2/83 (*CJ*, 83, 1, 185), Rel. Coimbra 14/11/89 (*CJ*, 89, 5, 97), Rel. Porto 6/4/92 (*CJ* 92, 2, 269), Rel. Porto 24/4/95 (*CJ* 95, 2, 251) e Rel. Lisboa 17/5/95 (*CJ* 95, 3, 186).

Finalmente, os factos a tomar em conta na decisão de suspensão são exclusivamente os alegados como suporte do despedimento[19]. A apreciação da probabilidade (séria) de existência de justa causa fica originariamente circunscrita ao domínio factual demarcado na fundamentação do despedimento.

D) O despedimento ilícito[20].

a) O despedimento ilícito e a técnica sancionatória.

> **"1. Declarado ilícito o despedimento, porque tal declaração tem eficácia retroativa, restabelece-se o vínculo contratual e os efeitos do contrato de trabalho, como se o despedimento não tivesse existido, o que exige a consequente restauração natural, devendo o empregador indemnizar o trabalhador por todos os danos patrimoniais e não patrimoniais e reintegrá-lo, com a categoria e a antiguidade devidas, salvo se for requerida indemnização em substituição da reintegração.**
> **2. Face à repristinação dos efeitos jurídicos do contrato firmado em 19 de outubro de 2009 e à demonstrada celebração, em 30 de setembro de 2010, de um contrato de trabalho a termo resolutivo certo, concorreriam, no mesmo período temporal, dois contratos de trabalho, um sem termo e outro a termo, pelo que, como não se compatibilizam os seus regimes, o que afasta a admissibilidade da coexistência de ambos, o contrato de trabalho mais recente deve passar a regular os direitos e as obrigações estabelecidos entre as partes.**
> **3. Não tendo o autor provado que os danos não patrimoniais alegadamente sofridos com o despedimento merecem a tutela do direito, ónus que lhe cabia, nos termos do preceituado no nº 1 do artigo 342º do Código Civil, não se verifica um dos pressupostos legais que permitiriam a fixação de indemnização a esse título." – STJ 09/09/2015 – P. 180/10.7TTVRL.P.S1 (Pinto Hespanhol).**

10. *A noção de despedimento "ilícito".* O uso da expressão despedimento ilícito, em vez de despedimento ilegal ou, tomando o ponto de vista das consequências jurídicas, despedimento nulo (como na lei espanhola), encontra explicação na postura singular do ordenamento jurídico português face aos despedimentos declarados em violação da lei. Na realidade, o regime legal do despedimento sem justa causa ou sem observância das exigências processuais respectivas reflecte a qualificação implícita

[19] Neste sentido decidiu o Ac. Rel. Lisboa 15/2/84 (*BTE* 5-6/87, 933).

[20] Veja-se Messias Carvalho, *A ilicitude do despedimento e seus efeitos*, RDES (2ª Série), 1989, 3/4, 379 ss.; P. Furtado Martins, *Despedimento ilícito e reintegração do trabalhador*, RDES (2ª Série), 1989, 3/4, 483 ss.; e, mais recentemente, Júlio Gomes, *Direito do Trabalho* cit. 1º 18 ss.; J. Leal Amado, *Contrato de trabalho* cit., 404 ss..

de acto inválido, logo juridicamente ineficaz. Mas a lei não utiliza nenhum destes rótulos. Tais despedimentos são ilícitos, e esta qualificação tem um significado iniludível. O legislador não se quedou pela indicação do dispositivo técnico (invalidade, ineficácia) escolhido para o tratamento de tais situações. Ultrapassou o plano técnico-jurídico, para se situar no das valorações ético-jurídicas.

"Ilicitude" é mais do que "ilegalidade", é "antijuridicidade" - é contradição, não apenas com as normas, mas com valores ou bem jurídicos fundamentais para a ordem jurídica.

Esses bens jurídicos fundamentais estão reflectidos no art. 53º da Constituição, na "garantia da segurança do emprego", na "proibição dos despedimentos sem justa causa".

A "garantia" da segurança do emprego só pode significar que a segurança do emprego é apontada como um valor fundamental para a ordem jurídica e, portanto, como uma referência necessária e transversal para a produção, interpretação e aplicação das normas que podem contender com o funcionamento do mercado de trabalho (onde o emprego se cria e destrói) - ou seja, uma referência necessária e primordial para o legislador ordinário, para os tribunais e para a administração pública. Não se trata, pois, apenas do regime jurídico das relações de trabalho. Estão dentro do mesmo perímetro regimes como os referentes à criação, à fusão, à cisão e ao encerramento de empresas, à insolvência de empresários, ao processo do trabalho (em especial no tocante aos despedimentos), para citar apenas alguns exemplos.

11. *A evolução das técnicas sancionatórias.* Sendo o despedimento um acto de disposição do emprego individual por parte do empregador, a consequência natural da sua ilicitude é a ineficácia jurídica, ou seja, a recolocação do vínculo em vigor e a reposição da relação de trabalho em normal desenvolvimento. Isso implica admitir a reintegração do trabalhador no posto de trabalho, mesmo contra a vontade do empregador.

No entanto, tem antiga tradição a ideia de que é inadmissível a reintegração forçada do trabalhador irregularmente despedido.

Essa ideia - a de inviabilidade da sanção reconstitutiva - seria um corolário do princípio *nemo ad factum praecise cogi potest* (sendo considerada a readmissão do trabalhador, com a retoma da cooperação creditória e do exercício do poder directivo, uma prestação de facto infungível por parte do empregador). Subsidiariamente, é alimentada pela visão fiduciária das relações de trabalho, segundo a qual (sob o ponto de vista jurídico) estas assentam necessariamente num nexo de *confiança pessoal* entre as partes. Assim, independentemente da observância das regras, qualquer decisão de ruptura do empregador teria que ser juridicamente eficaz, resolvendo-se o incumprimento das regras em simples responsabilidade pelos danos da ruptura do vínculo, mediante dispositivos de reparação por mero equivalente (isto é, em dinheiro) e não sob forma específica. O despedimento irregular ou ilegal não poderia, pois, deixar de produzir o efeito prático visado: a cessação do contrato de trabalho.

Até 1974, manteve-se no nosso ordenamento uma robusta tradição legislativa que era no sentido da mera reparação dos prejuízos resultantes, para o trabalhador, da cessação do vínculo (indemnização de despedimento). Tinha-se, na verdade, como indiscutível a insusceptibilidade da reintegração forçada do trabalhador no caso de despedimento ilegal. Esta ideia explicava, ainda, a declarada inclusão, pela lei, do despedimento irregular ou ilícito no elenco das vias eficazes de desvinculação unilateral do empregador (art. 98º/2 LCT).

Note-se, porém, que, mesmo na vigência da LCT, e até antes, já se esboçava uma orientação jurisprudencial no sentido da invalidade do despedimento, quando fundado em infracção disciplinar, no caso de não terem sido facultadas ao trabalhador suficientes garantias de defesa[21].

Tal concepção seria incompatível com a elevação da estabilidade do emprego à condição de valor de referência (constitucional: art. 53º CRP) para o legislador do trabalho: um «despedimento pago» – expressão corrente na doutrina espanhola – não deixa de ser um despedimento enquanto acto privativo de emprego. Deriva da mencionada "garantia da segurança do emprego" o princípio da *ineficácia* do despedimento em cuja efectivação o empregador não tenha observado condições de forma ou de fundo consideradas *essenciais* pela lei. Contributo da jurisprudência nalguns países, essa abordagem penetrou no domínio legislativo, ao longo das décadas de setenta e oitenta do século passado, parecendo tender para uma garantia de «estabilidade real» do emprego.

A já citada lei alemã de 1969 prevê que, se o despedimento for judicialmente tido por «socialmente injustificado» (*sozial ungerechtfertigt*), as relações de trabalho se tenham por subsistentes apesar dele. A lei italiana de 1970 (*Statuto dei lavoratori*) dispunha (antes da reforma recente, pelo chamado *Jobs Act*) que, no caso de o despedimento ser declarado nulo, anulável ou ineficaz, o tribunal «ordena ao empregador que reintegre o trabalhador no posto de trabalho» (art. 18º). O ordenamento jurídico português responde, desde 1975, com a sanção de ineficácia ao despedimento viciado por razões de fundo (carência de justa causa) ou de forma (inexistência ou insuficiência de processo). O *Estatuto de los trabajadores* espanhol estabelece a ineficácia, quer do despedimento «disciplinar», quer do despedimento por «causas objectivas», em que não tenha sido respeitada a exigência de comunicação escrita com indicação dos fundamentos (arts. 52º e 55º ET).

[21] Essa posição arrojada – para a época – foi sustentada pelo Ac. STA 14/6/66 (*ESC* nº 19, 126 ss.).

E quando se menciona a invalidade ou a ineficácia, é a possibilidade de readmissão forçada (ou, noutra perspectiva, de revigoramento do contrato de trabalho irregularmente atingido) que se perfila como corolário natural. Há, no entanto, que registar uma limitação significativa: em certos ordenamentos, a readmissão insere-se num sistema em que se oferece ao empregador (assim como o trabalhador) a possibilidade de preferir a definitiva cessação do vínculo mediante o pagamento de uma indemnização - ou seja, em fim de contas, a eficácia da iniciativa desvinculatória.

Esse efeito - quando o despedimento seja declarado «socialmente injustificado» - pode, no sistema germânico, ser alcançado por sentença judicial constitutiva a pedido de qualquer das partes (§ 9 da lei de protecção contra o despedimento). Nos termos da lei espanhola, no caso de «improcedência» (isto é, inexistência de fundamento) da decisão extintiva, no despedimento «disciplinar» como no baseado em «causas objectivas», a opção entre a readmissão e a indemnização pertence ao empregador. No sistema francês, só para casos excepcionais se admite a nulidade do despedimento (mulher grávida, representantes do pessoal); em geral, a lei de 1973 deixa intacta a validade do despedimento sem «causa real e séria». O tribunal pode meramente *propor* a readmissão, mas qualquer das partes é livre de a recusar.

Em contrapartida, o *Statuto* italiano oferecia, implicitamente, apenas ao trabalhador a mencionada opção: o empregador estava adstrito a convidá-lo a retomar funções, e a relação de trabalho considerar-se-ia dissolvida se o trabalhador não comparecesse no prazo de trinta dias[22]. E, no sistema português, a escolha entre as duas alternativas («reconstituição» do contrato ou desvinculação definitiva mediante indemnização) é oferecida, em exclusivo, ao trabalhador, embora o empregador tenha hoje a possibilidade de, por via judicial, obter a neutralização dessa escolha.

12. *A ineficácia do despedimento.* Assim, no ordenamento português, constitui traço comum aos regimes das várias modalidades de despedimento (incluindo o colectivo) o conjunto dos efeitos da declaração judicial da ilicitude (por defeito de processo ou por falta de fundamento) do acto de ruptura do vínculo pelo empregador.

Esses efeitos são indicados pelo art. 389º CT e correspondem ao tratamento normal da *ineficácia* do negócio jurídico (art. 289º/1 CCiv.): recomposição do estado de coisas que se teria verificado sem a prática do acto[23].

Só assim não será no caso de "mera irregularidade" a que se refere o art. 389º/2 (com a redacção dada pela L. 23/2012), relativamente ao despedimento

[22] Referimo-nos ao estado da legislação italiana antes da "reforma do mercado de trabalho" cujo processo legislativo, no contexto da crise económica e financeira também sentida naquele país, se encontra em andamento.

[23] Veja-se, explicitamente, neste sentido, entre muitos outros, o Ac. STJ 14/1/98, *Ac. Dout.* 438, 851.

disciplinar: se se tratar de "deficiência de procedimento por *omissão* das diligências probatórias" requeridas pelo trabalhador ao abrigo do art. 356º – sendo, por outro lado, reconhecida pelo tribunal a justa causa invocada. O despedimento irregular é, pois, *eficaz* – produz o efeito extintivo que o empregador visava –, embora dê ao trabalhador o direito a uma indemnização reduzida em relação à normal.

O regime da "mera irregularidade" do despedimento constitui um primeiro, mas forte, abalo à discutível concepção segundo a qual o despedimento com deficiência processual deve ter exactamente as mesmas consequências que o despedimento sem justa causa. Foi, pelo menos, posta em causa a ideia de que o art. 53º CRP serve de fundamento a essa identidade de tratamento.

Mas esse regime – de ineficácia do despedimento por razões procedimentais – encontra conforto noutro lugar da Constituição, pelo menos segundo o entendimento adoptado pelo Tribunal Constitucional, num acórdão de 2010[24]. Considerou-se aí, com efeito, aplicável aos processos disciplinares o preceito contido no nº 10 do art. 32º da Constituição, segundo qual, " Nos processos de contra-ordenação, bem como em quaisquer processos sancionatórios, são assegurados ao arguido os direitos de audiência e defesa". Ora todo o núcleo essencial dos procedimentos disciplinares conducentes ao despedimento se destina a garantir a efectivação desses direitos de audiência e defesa – donde se julga poder inferir que a inobservância parcial ou total desses procedimentos é também contrária à Constituição e, portanto, susceptível de retirar eficácia às decisões extintivas tomadas no seu termo.

Concorde-se ou não com o TC, esse entendimento acerca do âmbito de aplicação do art. 32º/10 permite apenas atingir os despedimentos disciplinares. Só aí, com efeito, se trata de "processos sancionatórios".

Mas, mesmo relativamente ao despedimento disciplinar, não deveria ignorar-se que a lei (art. 389º/2) admite certas deficiências processuais como causas de mera "irregularidade", querendo com isto significar, de qualquer modo, um nível inferior de frustração dos propósitos da lei. Esses "pecados veniais" são a não realização de diligências probatórias requeridas pelo trabalhador e a não audição de testemunhas por ele indicadas (art. 356º/1 e 3).

Ora tais diligências correspondem a uma parte do que o art. 32º/10 da Constituição exige – são, decerto, meios processuais de efectivação do direito de defesa – e que, como se recordou, o TC considera aplicável ao processo disciplinar laboral. Se se trata, na verdade, como pretende esse Tribunal, de uma imposição constitucional não cumprida, percebe-se mal que a consequência jurídica seja uma indemnização reduzida, com salvaguarda da eficácia extintiva do despedimento em causa. Por outras palavras: a doutrina do Tribunal Constitucional implicaria igualmente a

[24] Trata-se do Ac. TC 338/10 – P. 175/09, acessível em www.tribunalconstitucional.pt.

inconstitucionalidade do regime do "despedimento irregular", apesar de, *de iure condendo*, constituir solução plausível.

Carece, assim, e seguramente, de sustentação constitucional o regime de ineficácia do despedimento com invocação de causa objectiva (extinção do posto de trabalho ou inadaptação superveniente do trabalhador) em que não estejam inteiramente cumpridas as exigências processuais. A ineficácia dos despedimentos declarados com insuficiente cumprimento desses regimes processuais resulta de uma opção do legislador ordinário, que se afigura, a nosso ver, pouco acertada. Terá resultado de preocupações de uniformidade no desenho dos regimes das várias modalidades do despedimento individual – ou, então, do entendimento translativo segundo o qual a "justa causa" é uma "situação verificada por certo processo"[25].

Nesta segunda (e duvidosa) perspectiva, porém, haveria – no mínimo – que separar, nos regimes da extinção do posto de trabalho e da inadaptação, os dois tipos de procedimento que, como adiante se observará em detalhe, o empregador deve seguir: o que visa o apuramento da possibilidade de continuação da relação de trabalho, e o que se destina a preparar o despedimento, mediante a informação e consulta dos trabalhadores envolvidos. Só o primeiro desses segmentos processuais poderia corresponder à ideia de "verificação da justa causa" e, portanto, só a sua inobservância (no todo ou em parte) seria enquadrável na noção de "despedimento sem justa causa", entendida nos termos da segunda perspectiva que indicámos acima.

Crê-se, em suma, que a técnica indemnizatória – com ressalva do efeito extintivo – pareceria, nesses casos, perfeitamente adequada e suficiente.

Nos casos de despedimento *ilícito*, em qualquer modalidade, a entidade empregadora deverá pagar ao trabalhador o valor das *retribuições* correspondentes ao período entre o despedimento e "o trânsito em julgado da decisão do tribunal"[26] (art. 390º/1) – aquilo que ele «ganharia» se o contrato tivesse subsistido (os chamados «salários de tramitação», porque correspondem ao tempo que demorou a apreciação judicial do caso), ou "salários intercalares", porque cobrem o período entre o despedimento e a decisão judicial final – e *reintegrá-lo*, com a categoria e a antiguidade devidas.

[25] Tal é, por exemplo, a exigência, para o preenchimento de justa causa, de "que o procedimento disciplinar conducente ao despedimento seja um *due process*, devendo assegurar as garantias de defesa do trabalhador" – Ac. TC 423/99 – P. 1094/98, em www.tribunalconstitucional.pt.

[26] O Código resolveu assim – no sentido justo – uma questão que se suscitava ao abrigo da lei anterior. O art. 13º/1-a) DL 64-A/89 mandava calcular os salários de tramitação "até á data da sentença", o que serviu para, em muitos casos, ser decidido que o momento final a ter em conta era a data da decisão de 1ª instância. A jurisprudência mais recente, porém, já havia inflectido na direcção mais razoável, que o CT veio a acolher.

13. *A responsabilidade por prejuízos.* Por outro lado, e cumulativamente com os "salários de tramitação" ou "intercalares", o despedimento ilícito pode implicar para o empregador responsabilidade por danos patrimoniais e não patrimoniais que o trabalhador tenha sofrido em consequência daquele acto e das circunstâncias que o tenham rodeado. Estes prejuízos, de muito diversa natureza, são acessórios ou colaterais em relação ao da perda do emprego, mas causalmente ligados ao despedimento como acto ilícito. Podem apontar-se, como exemplos, a perda do acesso a gorjetas e outros benefícios dados por terceiros, a perda de negócios em curso, os clássicos danos não patrimoniais [27]...

[27] A nossa jurisprudência mantém tradicional circunspecção relativamente à atendibilidade dos danos não patrimoniais. Um qualquer dano patrimonial – um arranhão na pintura do automóvel, um vidro de janela partido, a apropriação de alguns euros – é, sem dificuldades, declarado indemnizável. Os danos não patrimoniais, ao invés, devem assumir "gravidade bastante, de modo a merecerem a tutela do Direito", expressão transposta do art. 496º do Código Civil para os textos de diversos arestos sobre litígios laborais – por exemplo, o Ac. STJ 26/05/2015 – P. 373/10.7TTPRT.P1.S1 (Fernandes da Silva). Com isso, quer-se dizer (como no mesmo acórdão se explica) que só são de considerar "os que se configurem como objectivamente graves, para além, pois, das normais incomodidade, desconforto ou frustração". A tese subjacente é resumida, de modo lapidar, numa frase do mesmo texto decisório: "Da circunstância de um empregador ter promovido um despedimento ilícito, que haja desencadeado danos não patrimoniais, não decorre necessariamente que haja lugar à sua ressarcibilidade". Pela mesma pauta se guiou, por exemplo, Rel. Porto 24/09/2018 – P. 12238/17.7T8PRT.P1 (Rita Romeira): "(...) IV – A indemnização por danos morais, peticionada na sequência do termo de uma relação laboral, para que seja devida, é necessário demonstrarem-se os requisitos da responsabilidade contratual (art.s 381º e 389, nº 1, al. a) do CT) e será, sempre, necessário atentar que os danos sofridos pelo trabalhador devem integrar uma lesão grave, que vá para além daquela que, sempre acontece, em situações similares de termo de relações laborais, porque o direito a indemnização com fundamento em danos não patrimoniais não é de admitir como regra mas, apenas, no caso singular, de haver uma justificação segura, que leve a concluir pela necessidade de reparar uma lesão que restaria apoditicamente não satisfeita. V – Para, em direito laboral, haver direito à indemnização com fundamento em danos não patrimoniais, terá o trabalhador de provar que houve violação culposa dos seus direitos, causadora de danos que, pela sua gravidade, mereçam a tutela do direito, o que se verificará, em termos gerais, naqueles casos em que a culpa do empregador seja manifesta, os danos sofridos pelo trabalhador se configurem como objectivamente graves e o nexo de causalidade não mereça discussão razoável". A prudência que a lei civil aconselha na apreciação deste tipo de consequências dos factos ilícitos é inteiramente compreensível, dadas as dificuldades da detecção e da medida que, em concreto, os prejuízos não patrimoniais assumem em cada caso. No entanto, o despedimento ilícito, muito em particular se fundado na invocação de razões disciplinares, mas também assente noutras razões, é, por sua natureza, um acto causalmente adequado a provocar mais do que simples "transtornos" ou "incómodos" – tenderá a ter consequências infamantes e, no mínimo, desvalorizadoras da qualidade profissional do trabalhador despedido, com efeitos psicológicos mais ou menos profundos e graves. Por outro lado, parece claro que não é só de uma "gravidade objectiva" que se trata (características subjectivas do lesado podem ser relevantes) e, enfim, que a exclusão dos efeitos superficiais e momentâneos não legitima, sem mais, um critério de excepcionalidade dos danos indemnizáveis

A solução constituiu novidade na nossa lei, e pôs termo a dúvidas que longamente se manifestaram na jurisprudência, sobretudo a respeito da ressarcibilidade dos danos não patrimoniais associados ao despedimento disciplinar.

A questão era e é frequentemente suscitada, em virtude do carácter infamante que esse tipo de despedimento muitas vezes assume, afectando negativamente a imagem pessoal e profissional do trabalhador. A verdade é que, admitindo, em geral, o ressarcimento dos danos não patrimoniais ocorridos no âmbito da relação de trabalho, a jurisprudência (sobretudo do STJ) manteve-se, antes do aparecimento do Código, apegada à tese oposta, sob a alegação de que a lei, estabelecendo certo sistema indemnizatório para o caso de despedimento ilícito, não contemplava especifica e separadamente os referidos danos[28].

No tocante aos danos patrimoniais, não levantava grandes dificuldades a aplicação das regras gerais da responsabilidade civil, por exemplo no tocante à privação de *gorgetas* (doações remuneratórias de terceiros) durante o período de tramitação da acção de impugnação[29].

14. *O regime dos salários intercalares.* Foi muito discutido o ponto de saber se, aproveitando o trabalhador a desocupação resultante do despedimento para exercer uma actividade remunerada, deveriam os respectivos rendimentos ser deduzidos no valor dos «salários intercalares» a pagar pelo empregador.

O CT resolve explicitamente a questão, no sentido afirmativo (art. 390º/2), contra a orientação jurisprudencial que chegou a predominar quando, no passado, a lei era omissa a este respeito[30]. O CT vai mesmo ao ponto de declarar dedutíveis (para "devolução" à segurança social) os valores recebidos a título de subsídio de desemprego (art. 390º/2-*c*)).

Estas soluções permitem fazer coincidir o valor devido pela entidade empregadora com o que corresponde à privação patrimonial efectivamente sofrida pelo trabalhador, como se da mera reparação de prejuízos se tratasse; mas é, por outro lado, penalizadora dos trabalhadores mais diligentes e produtivos que,

– sem falar da extrema modicidade dos valores das compensações normalmente arbitradas pelos tribunais. No fundo, o tratamento dado aos danos não patrimoniais releva ainda da visão do despedimento como ocorrência relativamente banal... Afloram aqui, porventura, razões para retomar, neste domínio específico, a doutrina da função punitiva da responsabilidade civil, relativamente a esses danos que, utilizados os meios correntes de detecção e medida, tendem a ser subvalorizados ou ignorados, gerando-se a impunidade do agente. Cfr., sobre a matéria, Paula Meira Lourenço, *A função punitiva da responsabilidade civil*, Coimbra, 2006; e ainda, da mesma Autora, *Os danos punitivos*, Revista da Faculdade de Direito da Universidade de Lisboa, vol. XLIII, nº 2, pp. 1024 ss..

[28] Veja-se, como amostra dessa corrente dominante, o Ac. STJ 9/2/93, *Ac. Dout.* 379, 836.

[29] Cfr., por exemplo, Ac. Rel. Lisboa 8/3/95, *Col. Jur.* 95, 2, 165.

[30] Cfr., por exemplo, os Acs. STJ 19/11/82 (AD 255, 408) e STJ 10/6/84 (AD 272/273, 1078).

com as ocupações exercidas, podem acabar por «exonerar» o autor do despedimento ilícito relativamente a uma parte importante das consequências do acto.

O «salário de tramitação» está, ainda, sujeito a outra dedução: a correspondente à demora na propositura da acção de impugnação do despedimento, relativamente ao prazo «ideal» que consiste nos trinta dias subsequentes. É a solução consagrada art. 390º/2-*b*), que traduz um mecanismo incentivador da diligência do trabalhador despedido, sem afectar a subsistência do direito de acção propriamente dito. Ela surge, porém, pelo menos na forma, desarticulada com o novo esquema processual previsto pelo Código para a apreciação judicial do despedimento (art. 387º) e desenvolvido nos arts. 98º-B a 98º-P CPT. Nesse esquema, a iniciativa da acção deixa de pertencer ao trabalhador: este limita-se a produzir um "requerimento", cabendo ao empregador, querendo, a instauração do processo. Nestas condições, parece que a alusão à propositura da acção deve entender-se referida à apresentação do requerimento pelo trabalhador.

Assinale-se, por fim, que os salários de tramitação passam a ser suportados pelo Estado – melhor: pela segurança social –, e não pelo empregador, depois de decorridos doze meses sobre o início do processo de impugnação do despedimento, isto é, depois da apresentação do referido requerimento do trabalhador (art. 98º-N CPT)[31]. Pretende-se com tal solução evitar que o empregador seja excessivamente sobrecarregado pelas demoras dos tribunais. No entanto, ela tem cobertura limitada: só abrange a fase da 1ª instância, deixando a cargo do empregador o tempo que demore o julgamento de eventuais recursos.

A jurisprudência revela, quanto aos salários intercalares, tendências decisórias que, com a vénia devida, se afiguram discutíveis, pondo em causa, de modo controverso, interesses legítimos tanto do empregador como do trabalhador.

Uma primeira dessas tendências decisórias vai no sentido de que a compensação dos salários intercalares deve ser adicionada de *juros de mora* contados desde o "vencimento das componentes retributivas que integram a respectiva compensação"[32]. A argumentação deduzida em apoio de tal directriz decisória tem surgido, com ligeiras cambiantes, em várias decisões, nomeadamente do STJ, pelo menos na última década. Pode sintetizar-se deste modo: "a R. tem forma de conhecer e liquidar os quantitativos peticionados e já vencidos (...), pelo que se encontra em mora desde o vencimento das componentes que integram a compensação"[33].

Ora não parece que tal asserção tenha apoio legal. Se esse fosse o entendimento da lei, haveria *sempre* juros de mora a acrescentar ao valor das retribuições interca-

[31] A solução inspirou-se, certamente, no art. 57 do *Estatuto de los Trabajadores* espanhol, que, no entanto, é bastante mais generoso: o Estado suporta os salários de tramitação depois de decorridos sessenta dias sobre o início do pleito.

[32] Pode ver-se, nesse sentido, o Ac. STJ 18/06/2014 – P. 5115/07.1TTLSB.L1.S1 (Fernandes da Silva).

[33] Trecho retirado do Ac. 21/03/2013 – P. 391/07.2TTSTRE.E1.S1 (António Leones Dantas).

lares, sendo de esperar que o art. 390º o explicitasse. A lei nada diz sobre o ponto. Por outro lado, esse artigo refere-se (somente no título, é certo) a uma "compensação" que, como tal, parece ser uma prestação ressarcitória *unitária*, resultante de um somatório de várias parcelas, mas cujo apuramento (liquidação) só pode fazer-se, justamente, após a declaração de ilicitude do despedimento, sendo função do tempo (muito variável) que demore o percurso judicial da questão. Basta ter em conta que poderá haver deduções a fazer, por aplicação do art. 390º/2, e que os valores a pagar dependem, no seu montante, do tempo que leve a atingir-se a decisão final. Por outro lado, o despedimento - se não for suspenso - é uma declaração *eficaz* nesse período intercalar: a cessação dos débitos retributivos é sua consequência adequada e natural. Os correspondentes valores não são, pois, juridicamente, exigíveis enquanto não surgir a declaração judicial de ilicitude do despedimento. O não pagamento dos salários, nesse contexto, não é equivalente ao incumprimento de uma obrigação. Essa obrigação morreu com o despedimento, e só renasce (retroactivamente) com a declaração da ilicitude deste. É com esta declaração judicial que emerge a exigibilidade do pagamento dos referidos valores. Ora os juros de mora estão directa e incindivelmente ligados ao tempo real da demora de um pagamento devido, que a retroacção da decisão não basta para "criar". Enfim, há que ponderar que a aplicação de juros de mora nos termos pretendidos na corrente decisória indicada levaria a que porventura tivessem que ser parcialmente suportados pela Segurança Social - nos casos previstos pelo art. 98º-N CPT -, consequência francamente absurda que, decerto, não encontraria guarida no pensamento do legislador.

O tratamento dado, pela jurisprudência que referimos, aos salários intercalares - tratamento pautado pelo regime da mora - parece, assim, pelo menos, duvidoso.

A segunda orientação jurisprudencial que nos permitimos discutir é a de que, declarado ilícito o despedimento, não é possível o reconhecimento do direito aos salários intercalares "sem a formulação de um concreto pedido nesse sentido". Sustenta-se, assim, que esse direito "como todo e qualquer direito, está sujeito às regras do dispositivo, pelo que terá que ser expressamente pedido pelo Autor na petição inicial da acção em que impugne o despedimento"; trata-se, nesta perspectiva, de "um direito que não é de reconhecimento oficioso"[34].

Com a vénia devida, cremos que este entendimento contorna alguns dados essenciais do regime jurídico do despedimento[35]. Antes do mais, parece deixar de lado

[34] Os trechos transcritos provêm de STJ 18/06/2014 - P. 450/07.1TTCSC.L1.S1 (António Leones Dantas).

[35] Sublinhe-se que a linha jurisprudencial referenciada no texto não ilude a natureza do regime legal em causa. Veja-se, por exemplo, STJ 21/12/2012, já citado: "O direito aos salários intercalares, entre a data do despedimento e a data do trânsito em julgado da sentença, nos termos do art. 437º, nº 1 do CT de 2003, é uma consequência necessária e imperativa da declaração judicial de ilicitude do despedimento". Cfr., também, os termos em que se concluiu, de modo simples e lapidar, no Ac.

a consideração constitucional do despedimento sem justa causa (ilícito) como acto *proibido* – logo, acto cuja eficácia extintiva não pode prosperar. Como atrás lembrámos, a lei ordinária, ao oferecer ao trabalhador o direito à reintegração e aos salários intercalares, não está a fazer mais do que desenvolver o comando constitucional, extraindo dele as forçosas consequências que ele comporta. Por isso se deve, segundo supomos, entender que esse regime pertence ao domínio da ordem pública social. A afirmação do carácter inderrogável dos arts. 389º a 392º do Código do Trabalho tem, assim, duplo suporte: a regra de inderrogabilidade contida no art. 339º – e o art. 53º da Constituição. Como bem se sabe, a inderrogabilidade dos preceitos aplicáveis é o pressuposto da possibilidade de condenação *extra vel ultra petitum* preconizada (mais do que simplesmente permitida) pelo art. 74º do Código do Processo do Trabalho. Parece, deste modo, que, se o pedido omitir ou apontar valores de salários intercalares inferiores aos devidos, o juiz deve condenar no valor certo – o que equivale à afirmação do dever de conhecimento oficioso que, na mencionada linha decisória, é expressamente negado.

b) A reintegração e a indemnização "substitutiva".

"I. Na fixação do valor da indemnização em substituição da reintegração deve atender-se ao valor da retribuição, ao grau de ilicitude do despedimento e ainda ao tempo decorrido desde o despedimento até ao trânsito em julgado da decisão judicial.
II. O valor da retribuição é ponderado na graduação da indemnização que tenderá a ser mais elevada para um trabalhador que aufira uma remuneração inferior à média e menor quando a retribuição se situa acima da média.
III. O grau de ilicitude do despedimento é ponderado atenta a graduação estabelecida no artº 381º do Código do Trabalho, devendo-se atender ao grau de culpa do empregador, nomeadamente na apreciação do motivo justificativo invocado.
IV. O tempo decorrido desde o despedimento até ao trânsito em julgado da decisão judicial deve ser considerado, sendo razoável que o montante da indemnização seja tanto menor quanto maior for o dos salários intercalares.
V. É adequada uma indemnização em substituição da reintegração graduada em vinte e dois dias de retribuição base e diuturnidades num caso em que o despedimento foi declarado ilícito por violação do princípio da proporcionalidade, num quadro em

STJ 09/09/2015 – P. 180/10.7TTVRL.P.S1 (Pinto Hespanhol): "Declarado ilícito o despedimento, porque tal declaração tem eficácia retroativa, restabelece-se o vínculo contratual e os efeitos do contrato de trabalho, como se o despedimento não tivesse existido, o que exige a consequente restauração natural, devendo o empregador indemnizar o trabalhador por todos os danos patrimoniais e não patrimoniais e reintegrá-lo, com a categoria e a antiguidade devidas, salvo se for requerida indemnização em substituição da reintegração". Em qualquer das decisões, porém, manteve-se que essa "consequência necessária e imperativa" só se produz se o trabalhador a invocar.

que o grau de ilicitude do despedimento não se pode considerar elevado, tendo ainda em consideração que a retribuição auferida pelo trabalhador situa-se na média e que tendo o autor sido despedido em 02/02/2016 irá receber salários intercalares até ao trânsito em julgado da decisão do tribunal que declare a ilicitude do despedimento, o que ainda não se verificou." - STJ 04/11/2018 - P. 354/16.7T8PTM.E1.S1 (Chambel Mourisco).

15. *A reintegração.* A segunda consequência da declaração judicial da ilicitude do despedimento consiste, como se disse, na *reintegração* do trabalhador, «sem prejuízo da sua categoria e antiguidade» – art. 389º/1-*b*).

Ela só não ocorrerá numa de duas hipóteses.

A primeira é a de, até à sentença, o trabalhador se desinteressar da reintegração e optar por uma *indemnização* – o que equivale a por definitivamente termo, de forma atípica, ao contrato de trabalho revitalizado pelo reconhecimento da ilicitude do despedimento. A segunda é a de, por decisão judicial, suscitada por pedido do empregador, a reintegração ser recusada, nos termos que assinalaremos um pouco adiante.

O sentido operatório da ordem judicial de reintegração, isto é, do sancionamento pelo tribunal da opção do trabalhador nesse sentido, pode oferecer margem para dúvidas. Deveria entender-se que a decisão judicial em causa significa uma *ordem de ocupação efectiva* do trabalhador, a atribuição a este do «direito de (continuar a) trabalhar» e a imposição ao empregador do «dever jurídico de (continuar a) dar trabalho»[36]? Em caso de resposta afirmativa, haveria então que considerar-se devida a reocupação do (mesmo) cargo ou posto de trabalho que o trabalhador preenchia quando foi despedido[37]?

Num primeiro aspecto – o da função a atribuir –, o art. 389º/1-*b*) parece tornar claro que basta o acolhimento do trabalhador "no mesmo estabelecimento", com respeito pela "categoria". A solução é congruente com a margem de decisão que, no normal desenvolvimento da relação de trabalho, a lei reconhece ao empregador (art. 118º/1): a função conferida ao trabalhador em cada momento deve caber na "actividade contratada".

[36] Calvão de Silva, *Cumprimento e sanção pecuniária compulsória*, sep. vol. XXX do Supl. Bol. Fac. Dir., Coimbra (1987) 133.

[37] É a tese de J. Leite/Coutinho de Almeida, *Colectânea de Leis do Trabalho*, Coimbra (1985) 263 s.. Foi a posição dominante na jurisprudência, desde a primitiva legislação sobre o despedimento, de 1975: cfr. Acs. STJ 22/11/84 (BMJ 341, 378), 9/5/86 (AD 298. 1258). 9/1/87 (AD 306. 912) e Ac. Rel. Évora de 27/11/90 (CJ 90, 5, 286), e que ainda aflora nalgumas decisões: cfr. Ac. STJ 21/05/2008 – P. 08S007 (Bravo Serra) em www.dgsi.pt.

Não parece, pois, viável encontrar fundamentos para se atribuir à condenação na reintegração efeitos autónomos relativamente aos que produziria o contrato de trabalho na sua vigência normal. A protecção dos interesses do trabalhador ilegalmente despedido não o justificaria; e, afinal, a impugnação do despedimento com opção pela reintegração não tem outro sentido senão o de romover uma causa juridicamente inadequada de interrupção das relações contratuais – isto é, o de repor em funcionamento o mecanismo do contrato.

É a tese de Furtado Martins[38] que assim nos parece inteiramente de sufragar: «o direito à reintegração» tal como foi consagrado na lei, «apenas» significa a manutenção do vínculo entre as partes». A invalidação do despedimento tem aí o seu natural corolário: para além da repristinação dos efeitos do contrato, quanto ao período anterior à sentença, a afirmação da sua permanência e, portanto, da continuidade futura desses efeitos[39].

Este entendimento tem como principal consequência a desnecessidade de um tratamento específico para o não cumprimento, pelo empregador, da decisão judicial de reintegração: na medida em que esta se traduz na mera «reposição» do contrato ou, melhor, na declaração judicial da sua permanência na inteireza dos respectivos efeitos, os meios de reacção à não-reintegração não têm que ser outros senão os de reacção ao incumprimento do contrato[40].

Na sua vigência normal, o contrato de trabalho não implica a forçosa utilização dos serviços do trabalhador, embora nele se filie, como assinalámos no lugar próprio, um dever de ocupação efectiva. Do mesmo modo, não se conta entre os normais efeitos do vínculo a garantia absoluta da permanência do posto de trabalho, não obstante a protecção da estabilidade da categoria e do local de trabalho.

O empregador não está, em suma, obrigado a «criar» uma função, a «libertar» um posto de trabalho, a «ficcionar» uma utilidade, para preenchimento do dever contratual de ocupação do trabalhador; nem está, tão pouco, adstrito a reservar-lhe em qualquer circunstância o «lugar» ou «cargo» normalmente desempenhado. Está obrigado a ocupá-lo efectivamente, em funções que correspondam à sua categoria e no local habitual, se não existir razão objectiva que o impeça; e está, enfim, adstrito a pagar-lhe pontualmente a remuneração, mesmo que lhe não possa dar efectiva ocupação. São os normais efeitos do contrato no que toca às vinculações da entidade empregadora. Neles se encontra o essencial do sentido útil da reintegração em caso em despedimento ilícito[41].

[38] No citado estudo *Despedimento ilícito e reintegração do trabalhador*, RDES (2ª Série), 1989, 3/4, 507 ss..

[39] Neste sentido se desenhou a orientação dominante do STJ: vejam-se, por exemplo, os Acs. STJ 4/5/94 (AD 392/393, 1072), 11/10/94 (BMJ 440, 232) e 15/5/96 (CJ 96, 2, 255).

[40] Cfr. Furtado Martins, *est. cit.* 514 ss..

[41] Neste sentido, notar-se-á, além do mais, que o art. 389º/1-*b*) apenas ressalva, na reintegração, a *categoria* e a *antiguidade* do trabalhador.

Para além deles, haverá apenas que especificar um natural corolário do facto (iniludível, apesar de tudo) de que, na reintegração, se trata de fazer «retomar» o seu curso normal uma relação cuja continuidade fora quebrada. A reintegração não pode ser neutralizada por invocação da extinção do posto de trabalho. O mecanismo de extinção do vínculo (que, como veremos, se traduz no despedimento por motivo objectivo) não é utilizável, em caso de reintegração por despedimento ilícito, mediante a invocação de fundamentos factuais anteriores à data em que este mesmo despedimento tenha sido declarado.

A lei só exige que a reintegração seja feita "no mesmo estabelecimento da empresa"[42] e "sem prejuízo da categoria e antiguidade". A reintegração pode pois traduzir-se na atribuição de uma função diferente da anterior: o legislador quis garantir o "estatuto" mas não a "posição funcional" que o trabalhador tinha antes do despedimento[43]. Surgem aqui oportunidades de assédio, nomeadamente pela não ocupação efectiva. A reintegração efectiva é, com efeito, muitas vezes difícil, quer por ter sido, entretanto, preenchida a função do trabalhador, quer por condições de ambiente adversas. Ela traduz-se, não raro, pelo mero cumprimento da obrigação retributiva, sem prestação de trabalho – solução que, se pode agradar ao trabalhador em certos casos, noutros gerará situação moralmente gravosa. Julga-se, de resto, que a reintegração, apesar de constituir o elemento fulcral do sistema – e de, como tal, ser dramatizada e criticada –, só ocorre realmente, por nesse sentido se orientar a opção do trabalhador, num número reduzidíssimo de casos.

Já referimos que, no nº 1 do art. 389º, se indica também, como efeito da ilicitude, o direito do trabalhador a uma eventual indemnização por prejuízos. No nº 3, considera-se contra-ordenação grave a violação desse nº 1. A regra punitiva levanta natural dúvida sobre os contornos da infracção tida em vista. O nº 1 do art. 389º impõe duas condutas ao empregador: o pagamento de uma (eventual) indemnização por prejuízos (al. a)) e a reintegração do trabalhador no mesmo estabelecimento, sem prejuízo da categoria e antiguidade (al. b)). Em que con-

[42] Julga-se que o estabelecimento define aqui os limites espaciais em que pode ocorrer a recolocação do trabalhador na sequência da reintegração. Assim, quando, no Ac. STJ 12/05/1999 - P. 98S271 (Almeida Deveza), se admite que o empregador remeta o trabalhador a "outro local", parece dever entender-se essa faculdade cingida ao espaço do estabelecimento a que o trabalhador estava afecto aquando do despedimento.

[43] Há a este respeito alguma flutuação na jurisprudência. Veja-se, por exemplo, a assertividade do Ac. Rel. Coimbra 16/02/2012 - P. 550/08.0TTAVR-D.C1 (Manuela Fialho): "Não cumpre a obrigação de reintegração se o trabalhador bancário, que à data do despedimento exercia funções de gerência, é colocado a emitir pareceres técnicos em processos de crédito." No entanto, parece ser outra (se bem interpretamos) a posição do STJ, sustentada, pelo menos, desde o Ac. STJ 12/ 05/1999 citado na nota anterior.

sistirá, então, a possível contra-ordenação? No não pagamento da indemnização arbitrada pelo tribunal? Na recusa da reintegração do trabalhador? Julga-se evidente que a lei, referenciando todo o nº 1, só podia dirigir-se à al. b), ou seja, à não reintegração do trabalhador. Com efeito, o não pagamento da indemnização tem outras respostas legais; basta notar que a lei não liga qualquer responsabilidade contra-ordenacional a outras consequências económicas (porventura mais "essenciais") do despedimento ilícito: os salários intercalares e a indemnização substitutiva da reintegração, quando esta seja a opção do trabalhador.

Mas em que consiste a não reintegração? Em duas coisas, cumulativas ou alternativas: não admissão "física" no mesmo estabelecimento; não atribuição de função (ocupação efectiva), sem justificação objectiva (caso em que a não reintegração se cruza com o assédio). Qualquer destes procedimentos preenche a contra-ordenação grave.

16. ***A oposição à reintegração.*** Em todo o caso, a reintegração efectiva é, como se disse, muito rara, pois, em regra, nem o empregador nem o trabalhador a desejam. Daí que a lei ofereça, tanto a um como a outro, meios de oposição à reintegração. Mas fá-lo de modo (compreensivelmente) assimétrico.

O trabalhador pode opor-se à reintegração a todo o tempo, optando pela indemnização de antiguidade, "até ao termo da discussão em audiência final de julgamento" (art. 391º/1), ou seja, até à fase imediatamente anterior à decisão do tribunal, e sem necessidade de fundamentar essa escolha. A opção do trabalhador tem que ser forçosamente acolhida na mesma decisão.

A lei atribui assim ao trabalhador um direito potestativo de conformação das consequências finais da decisão do tribunal – que é também a de, preferindo ele a indemnização de antiguidade à reintegração, pôr definitivamente termo à relação de trabalho. Encontra-se aqui uma forma atípica ou inominada de extinção do contrato de trabalho – ou, se assim se preferir, uma causa de caducidade não prevista no art. 343º do Código do Trabalho. Na verdade, a cessação do vínculo não é, juridicamente, o efeito imediatamente visado pela declaração de opção do trabalhador, mas consequência desta e do contexto em que ela surge.

O empregador, por seu turno, tem, em certos casos, bastante circunscritos, a possibilidade de pedir que o tribunal, na sua decisão, rejeite ("exclua" é o termo usado pela lei) a reintegração, invocando, como fundamento do pedido, "factos e circunstâncias que tornem o regresso do trabalhador gravemente prejudicial e perturbador do funcionamento da empresa" (art. 392º/1)[44].

[44] A compatibilidade deste regime com o art. 53º da Constituição foi, por mais de uma vez, objecto de apreciação pelo Tribunal Constitucional. Havendo, manifestamente, bons argumentos de iure condendo a seu favor, é também certo que o regime de oposição à reintegração toca no ponto

Esta possibilidade é oferecida ao empregador apenas quando se trate de empresa com menos de 10 trabalhadores ou, independentemente da dimensão da empresa, quando o despedido seja dirigente (a lei fala também de "cargo de administração", mas trata-se de uma referência obviamente destituída de rigor[45]). Além disso, o pedido deve constar, nos termos do art 98º-J do CPT, logo do articulado inicial do empregador, na acção de impugnação – o que, pelo menos, impede este de invocar factos ou circunstâncias que ocorram depois desse momento.

A inserção sistemática do art. 392º sugere que se trata de regime aplicável a qualquer das modalidades de despedimento, mas torna-se evidente que a hipótese considerada pelo legislador foi a de despedimento disciplinar

fulcral da tutela legal da segurança do emprego. Embora os "objectos" de apreciação não fossem exactamente os mesmos, pode dizer-se que a doutrina do TC sobre a matéria variou significativamente. Numa primeira abordagem, o Tribunal pronunciou-se (em 1988) sobre um decreto da Assembleia da República (nº 81/V) que pretendia autorizar o Governo a legislar sobre diversas matérias laborais – nomeadamente no sentido da "admissão de substituição judicial da reintegração do trabalhador, em caso de despedimento declarado ilícito, por indemnização quando, após pedido da entidade empregadora, o tribunal crie a convicção da impossibilidade do reatamento de normais relações de trabalho". Pelo Ac. TC 107/88 – P. 220/88 (MONTEIRO DINIZ), essa directriz foi declarada inconstitucional. Uma década e meia mais tarde, perante o projecto do que viria a ser o Código do Trabalho de 2003, onde se retomava (no art. 438º) a mesma ideia, rodeada de certas cautelas, entendeu-se, no Ac. TC 306/2003 – P. 382/03 (MÁRIO TORRES) – aliás, curiosamente, contra a opinião do relator – que esse regime era compatível com a Constituição, considerando que ele "não ameaça de forma desproporcionada a estabilidade do emprego, até porque só pode funcionar precedendo uma decisão judicial, ou seja, rodeada da garantia do juiz – realizando, em termos não censuráveis, uma concordância prática dos interesses em presença, por isso mesmo não ferindo as exigências constitucionais". A delicadeza do tema levou a que, perante a reiteração desse regime no Código de 2009, o TC fosse novamente solicitado a pronunciar-se. Fê-lo pelo Ac. TC 338/2010 – P. 175/09 (JOSÉ BORGES SOEIRO), mantendo a decisão de não inconstitucionalidade. No texto desse acórdão, ponderou-se, nomeadamente, o seguinte: "a restrição do direito à reintegração se afigura tanto mais razoável num sistema em que se aceitam situações de justa causa objectiva de despedimento, isto é, situações em que o despedimento é ditado apenas por uma ponderação entre o direito ao trabalho de um trabalhador individual e o equilíbrio económico da empresa de que depende, em última análise, o direito ao trabalho de todos os restantes trabalhadores".

[45] A menção a "cargos de administração" em regimes especiais de trabalho (isenção de horário de trabalho, comissão de serviço, etc.) parece ter surgido, pela primeira vez, no Decreto-lei 404/91, de 16 de Outubro (regime da comissão de serviço), e foi acolhida acriticamente tanto no Código de 2003 como no de 2009. É utilizada na definição do âmbito de três regimes: comissão de serviço (art. 161º CT), isenção de horário de trabalho (art. 218º/1-a)) e oposição do empregador à reintegração do trabalhador, em caso de despedimento ilícito (art. 392º/1). Não parece plausível a hipótese interpretativa segundo a qual se trataria da situação de empregados de uma empresa que em certo período sejam chamados a participar do respectivo órgão de gestão. Em tal caso, como se sabe, os contratos de trabalho suspendem-se (art. 398º/2 CSC) e deixam de ser aplicáveis os institutos em causa.

ilícito. A lei visará, essencialmente, as situações em que a invocação da justa causa, o desenvolvimento das averiguações internas e o próprio desenrolar do processo judicial tenham conduzido a uma deterioração das relações pessoais tão intensa que deixe de ser exigível (ou mesmo útil) a retoma da execução normal do contrato. A não reintegração surge pois, nesta hipótese legal, não como consequência do despedimento (ilícito), ou do móbil (não atendível) que conduziu o empregador a declará-lo, mas como consequência de uma situação de facto "posterior" ao despedimento, embora por ele influenciada.

A formulação do Código de 2003 ("o empregador pode opor-se à reintegração") não era feliz e, inclusivamente, podia sugerir inconstitucionalidade. Ela transmitia a ideia de que o empregador tinha uma espécie de "direito de oposição" à reintegração, de cujo exercício (ou não exercício) dependia a retoma do contrato ou a sua definitiva extinção. Claro que uma tal faculdade tinha pressupostos e cabia ao tribunal apreciar a sua verificação. Mas a intervenção do tribunal era apresentada pela lei como um mero trâmite confirmativo, não como o momento primacial do processo. O Código de 2009 repõe a real configuração da situação (o empregador requer, o tribunal aprecia e decide).

A "justificação" exigida pela lei ao empregador é praticamente incontrolável pelo juiz: tem o carácter de um prognóstico quanto ao comportamento futuro de um trabalhador (cujas culpas, por hipótese, ficaram arredadas) e às consequências (para a "actividade empresarial" ...) que poderá ter o regresso desse trabalhador. Como é óbvio, o pedido do empregador pode ser indeferido; a "exclusão" da reintegração, quando se verifique, não será efeito desse pedido, mas de decisão do tribunal. Esta decisão coloca-nos, de novo, ante uma forma atípica e inominada de extinção do contrato: a resolução judicial.

De qualquer modo, o facto de a reintegração não ocorrer por esta razão – e de, por conseguinte, o contrato ficar definitivamente extinto – determina uma majoração da indemnização que o empregador deve pagar ao trabalhador. Nos termos do art. 392º/3, a indemnização passa a ser fixada entre 30 e 60 dias de retribuição base e diuturnidades por ano de antiguidade, não podendo ser inferior a seis meses.

17. *A indemnização "substitutiva".* O art. 391º do Código do Trabalho trata de uma indemnização que o trabalhador pode receber "em substituição da reintegração". Na realidade, não existe uma correlação entre o "valor" da reintegração e o montante da indemnização: enquanto a primeira permite o prosseguimento da relação de trabalho, constituindo o dispositivo central da tutela da segurança do emprego, a segunda funciona como compensação pela permanência de alguém ao serviço do mesmo empregador, ou seja, como contrapartida da pertença continuada à empresa e da entrega pessoal que ela representou, numa parte mais ou menos longa da vida activa do trabalhador. Neste sentido, a indemnização desempenha, no regime do despedimento ilícito, um papel semelhante ao da compensação pecuniária no despedimento lícito por causa objectiva (arts. 366º, 372º e 379º). Não se trata, pois, de uma forma de ressarcimento do prejuízo causado pela cessação do contrato, que só é tornada definitiva por decisão do próprio trabalhador (o do tribunal, no caso do art. 392º). A indemnização em causa não é, assim, um "equivalente" da reintegração, mas uma consequência da cessação definitiva do contrato que resulta da não reintegração. É verdade que, para o trabalhador ilicitamente despedido, a reintegração e a indemnização são duas alternativas entre as quais tem o direito de escolher, mas isso não basta para que se considere a segunda um "sucedâneo" da primeira[46]: as duas alternativas correspondem a equações muito diferentes do interesse pessoal e profissional do trabalhador, não existindo entre elas, sob o ponto de vista económico, qualquer relação de valor.

A função desta indemnização, no regime do despedimento ilícito, pode suscitar algumas questões delicadas. Uma delas é a de o contrato cessar definitivamente antes de proferida a decisão sobre a impugnação do despedimento, não em consequência da opção do trabalhador a que se refere o art. 391º, mas por outra causa, nomeadamente a caducidade por efeito da reforma do trabalhador[47]. Se se considerar que a indemnização está logica e funcionalmente enlaçada com a reintegração, de modo incindível, como dois elementos de um dispositivo unitário, pode deduzir-se, num plano puramente logico-formal, que, deixando de ser possível a reintegração na data da decisão final (por o contrato ter entretanto cessado), deixa igualmente de pôr-se a hipótese de indemnização[48]. Assim tem entendido a jurisprudência recente do STJ.

Por nossa parte, e com todo o respeito, temos que confessar dúvidas sérias. A solução a que se chega pela mencionada trajectória dedutiva é tão clamorosamente injusta que leva a pensar duas vezes. No caso concreto a que nos reportamos (tratado no Ac. STJ 21/02/2006 – P. 05S3639), um despedimento disciplinar realizado em 2000 veio a ser declarado ilícito por sentença de 2003, confirmada, nesse ponto, pelo acórdão citado, de 2006. Na acção de impugnação, o trabalhador declarara, logo na petição inicial, a recusa da reintegração e a opção pela indemnização. Ele obteve a passagem à reforma em Maio de 2002, ou seja, dois anos depois do despedimento.

[46] Cfr. o Ac. STJ 21/02/2006 – P. 05S3639 (Sousa Peixoto).

[47] Era esse o caso apreciado no Ac. STJ 21/02/2006, citado. Trata-se, como é assinalado no texto, de orientação jurisprudencial assente no STJ: cfr., por exemplo, o Ac. STJ 10/04/2014 – P. 339/03.3TBSTC.E1.S1 (Mário Belo Morgado).

[48] Na doutrina, a tese foi defendida por Leal Amado, em *Os efeitos do despedimento ilícito (sobre os artigos 436º a 440º do Código do Trabalho)*, Revista do Ministério Público nº 105, Ano 27, Jan-Mar 2006, 17 ss.; e por Furtado Martins, *Cessação do contrato de trabalho*, cit., 455 e 546.

A decisão final foi a de que, não havendo lugar a reintegração, não se poria também a hipótese de indemnização.

As nossas dúvidas referem-se, naturalmente, à função da indemnização no regime das consequências do despedimento ilícito. Na verdade, os pressupostos do direito à indemnização são dois, e só dois: ilicitude do despedimento, inexistência de reintegração[49]. A indemnização é "contrapartida" da antiguidade do trabalhador, não é o "preço" da não reintegração. O trabalhador não é por ela "compensado" da não reintegração – é a cessação definitiva do contrato que gera o direito do trabalhador de ser compensado pela antiguidade que nesse momento se rompe. Como repetiremos adiante, não se trata, no fundo, de uma verdadeira "indemnização", no sentido de meio de ressarcimento por equivalente, mas de uma figura aparentada à compensação prevista nos regimes de formas lícitas de cessação do contrato (caducidade, despedimento por causa objectiva) e que se calcula nos termos do art. 366º do CT. Assim, propendemos para o entendimento de que, havendo despedimento ilícito, e seja qual for a causa da não reintegração (por exemplo, uma decisão judicial como a que se prevê no art. 392º), o trabalhador manterá intacto o direito à indemnização de antiguidade[50]. De outra forma, ver-se-á dele privado por razões que serão, sobretudo, decorrentes da demora na apreciação judicial do despedimento – como parece ter sido o caso no exemplo apresentado – redundando em situações de "reforçada" denegação de justiça[51].

A determinação do valor da indemnização, que deve ser feita pelo tribunal dentro de uma "banda" razoavelmente larga – entre 15 e 45 dias de retribuição base e diuturnidades por cada ano completo ou fracção de antiguidade –, está legalmente enquadrada por um critério duplo: deve atender-se "ao valor da retribuição e ao grau de ilicitude decorrente da ordenação estabelecida no art. 381º". É a partir desta indicação constante do art. 391º/1 *fine* que se desvela o facto de o art. 381º conter, mais do que uma simples enumeração dos fundamentos de ilicitude do despedimento, uma hierarquia de valorações negativas (de "graus de ilicitude") dos actos extintivos unilaterais do empregador. Descobre-se, assim, que há despedimentos "mais ilícitos do que outros", embora, no essencial, as consequências sejam comuns. A única diferença consistirá na medida da indemnização.

49 No regime legal, são previstas duas hipóteses – opção do trabalhador e decisão judicial sobre a oposição do empregador – e não uma só.

50 Neste sentido, vd. o Ac. Rel. Lisboa 26/02/2014 – P. 263/11.6TTBRR.L1-4 (José Eduardo Sapateiro), em que se sustenta que o trabalhador tem direito aos salários intercalares até à data da reforma.

51 A posição que defendemos foi já há anos sustentada, com argumentação convincente, por Júlio Gomes, em comentário ao Ac. STJ 16/05/2001, Questões Laborais, nº 19, Ano IX, 2002, 101 ss..

O sistema parece, desde logo, um tanto incongruente. Na verdade, a indemnização prevista no art. 391º não é uma indemnização de prejuízos – não é sequer, em rigor, uma "indemnização" –, a que pudesse ligar-se um efeito punitivo susceptível de influenciar o seu montante. Trata-se, como se notou atrás, de uma compensação por antiguidade, com características próximas das da compensação prevista para outras formas de cessação do contrato, ou mesmo de um "salário diferido" – não de uma forma de ressarcimento pela perda do emprego, uma vez que esta, em princípio, decorre de decisão do próprio trabalhador[52]. O referido efeito penalizador (e preventivo) poderia ou deveria associar-se à indemnização de prejuízos prevista no art. 389º/1-a), não à indemnização de antiguidade.

Ora o facto de o cálculo da indemnização, nos termos do art. 391º, envolver uma "graduação" baseada no valor da retribuição e no "grau de ilicitude" significa que se trata, também, de uma forma de penalização dos ilícitos mais graves[53] – despedimentos discriminatórios ou sem justa causa –, os quais correspondem, justamente, ao objecto da proibição constante do art. 53º CRP[54].

Acerca do *modus faciendi* que resulta desse critério de graduação, não parece hoje haver lugar para grandes dúvidas. Trata-se, em todo o caso, de matéria dominada por um apelo silencioso da lei ao "prudente arbítrio do julgador", isto é, ao bom senso. Esse apelo tem, indiscutivelmente, sido captado na jurisprudência. As referências ao valor da retribuição e ao grau de ilicitude têm sido traduzidas de modo que sugere, na prática, o cruzamento dos dois parâmetros: "sendo o primeiro (retribuição) factor de variação inversa (quanto menor for, maior deve ser o valor/ano, dentro da latitude legalmente prevista) e o segundo (ilicitude), de variação directa"[55]. Pode supor-se – numa perspectiva inteiramente apriorística – que deva considerar-se "mais baixo" o grau de ilicitude do despedimento por vício processual do que o do despedimento por motivos políticos, e que seja razoável colocar em posição intermédia a improcedência de motivos ou a inexis-

[52] No Ac. 24/03/2014 – P. 37/13.0TTSTS.P1 (Eduardo Petersen Silva), por exemplo, ponderou-se: "A consideração do valor da retribuição para efeitos de fixação do quantum indemnizatório por antiguidade não visa apenas proteger a perda proporcional de rendimento, mas também acautelar o período de reingresso no mercado de trabalho".

[53] Neste sentido, por exemplo, vd. STJ 19/02/2013 – P. 2018/08.6TTLSB.L1.S1 (Fernandes da Silva): "A indemnização substitutiva da reintegração assume feição mista (reparadora e sancionatória)".

[54] Parece, no entanto, dever entender-se que a previsão da al. a) do nº1 do art. 381º é extensível a todos os casos de despedimento discriminatório, e não apenas aos de fundamento político, ideológico, étnico ou religioso. Situam-se no mesmo plano, pelo menos, as situações cobertas pelo art. 13º/2 CRP.

[55] STJ 19/02/2013, citado.

tência de justa causa. Trata-se de mera hipótese, que, de qualquer modo, haverá que completar com a ponderação concreta das circunstâncias que rodearam o despedimento[56].

Assim, por exemplo, a combinação de um salário baixo e de um fundamento de ilicitude situado nas primeiras posições da hierarquia do art. 381º justifica o cálculo na base de 45 dias por ano de antiguidade ou fracção[57]; o despedimento de uma grávida com salário elevado, sem parecer da CITE, implicaria o uso da base de 15 dias[58].

Há, no entanto, a nosso ver, que acautelar a possibilidade de se atribuir "coeficientes aplicativos" diferentes aos dois parâmetros, no cálculo das indemnizações em concreto. Na perspectiva sancionatória, que já vimos convergir com a reparatória, parece claro que o "grau de ilicitude" merece, em certos casos, um peso maior do que o valor da retribuição do trabalhador. Um despedimento de um quadro superior da empresa – com salário elevado –, sem qualquer justificação ou com motivação que se venha a revelar discriminatória, por exemplo em função da religião do trabalhador, situa-se decerto num nível de censurabilidade tão elevado (logo, merecedor de idêntico agravamento da sanção) como aquele que se verificaria no caso de se tratar de um empregado não qualificado e, portanto, beneficiário de retribuição modesta. Nas situações compreendidas nas alíneas *a*) e *b*) do art. 381º do CT – em que, como se sublinhou atrás, se projectam as valorações fundamentais da Constituição –, o referido "cruzamento" dos dois parâmetros não pode deixar de fazer-se mediante atribuição de maior peso ao "grau de ilicitude" do que ao valor da retribuição. Do mesmo modo, e sime-

[56] Cfr. STJ 01/12/2017 – P. 1368/15.0T8LSB.L1.S1 (Ribeiro Cardoso): "Na fixação do valor da indemnização devida em consequência de despedimento ilícito, deve ter-se em consideração o valor da retribuição e o grau de ilicitude, sendo aquele mais elevado quanto menor for a retribuição e quanto maior for a ilicitude do comportamento do empregador." No mesmo acórdão, faz-se uma sugestiva aplicação do critério proposto: "Tendo o despedimento sido declarado ilícito por prescrição do procedimento disciplinar e por improcedência do respetivo motivo justificativo, pela circunstância de se ter fundamentado em factos provados em acórdão proferido em processo-crime ainda não transitado em julgado, considerando que o A. auferia a retribuição mensal de € 3.024,63, a título de retribuição base e € 113,50, a título de diuturnidades, é adequada a fixação da indemnização em 20 dias de retribuição base e diuturnidades." Aparentemente, considerou-se que a prescrição do procedimento disciplinar e a improcedência de motivo, por razão formal, representam um grau "baixo" de ilicitude, e a combinação com o salário relativamente "elevado" do trabalhador levou a fixar a indemnização abaixo do ponto médio da faixa legalmente estabelecida.

[57] Nesse sentido, exactamente, se decidiu no Ac. STJ 05/26/2015 – 373/10.7TTPRT.P1.S1 (Fernandes da Silva).

[58] Se, porém, se verificar que o despedimento foi determinado pela gravidez da trabalhadora, cair-se-á em discriminação e, portanto, num "grau elevado" de ilicitude.

tricamente, nas situações abrangidas pelas alíneas *c*) e *d*), o valor da retribuição do trabalhador merece ter um peso particular.

E) As medidas contra a dissimulação do despedimento.

18. *Os constrangimentos legais.* O regime jurídico do despedimento constitui, reconhecidamente, a zona menos flexível do ordenamento laboral português. Esse regime, embora admita hoje uma gama de possibilidades de extinção do contrato pelo empregador que, em abstracto, cobre praticamente todas as situações em que o despedimento seria socialmente aceite, é ainda encarado como um conjunto de constrangimentos que limitam fortemente a chamada "flexibilidade externa" do uso da força de trabalho pelas empresas. Acresce que esse quadro de possibilidades, e os requisitos inerentes a cada uma delas, são intocáveis pela contratação colectiva e por estipulações individuais (art. 339º).

Como resulta da exposição antecedente, as exigências legais para a validade e eficácia do despedimento, em qualquer das suas modalidades, dizem respeito, por um lado, à motivação ou justificação da ruptura do vínculo, e, por outro, à forma e ao processo a observar na consumação dessa ruptura. O conjunto de tais condições leva a que um despedimento seja uma decisão complexa, caracterizada por algum risco e envolvendo uma certa demora entre a sua adopção e o efeito prático pretendido.

Daí que algumas formas de despedimento que, abstractamente, seriam susceptíveis de corresponder às necessidades das empresas sejam praticadas com muito pouca frequência: é o caso despedimento por inadaptação e até do despedimento por extinção do posto de trabalho. Os respectivos regimes legais carecem, por isso, de efectividade – são encarados com desconfiança pelas empresas e raramente utilizados.

Mas a reacção aos constrangimentos legais faz-se também por via menos legítima: a da *dissimulação do despedimento sob a aparência de outras formas de cessação do contrato de trabalho.*

19. *Os disfarces do despedimento.* A lei cuida de combater esse fenómeno, nomeadamente numa das suas manifestações típicas: a que consiste na criação da aparência de cessação do contrato por mútuo acordo ou de rescisão pelo trabalhador.

O expediente consiste em o empregador obter do trabalhador, como condição do celebração do contrato, e portanto do acesso ao emprego, documento por ele assinado, sem data, com o conteúdo de uma rescisão unilateral ou de um acordo de cessação do mesmo contrato de trabalho. De posse deste documento, o empregador estaria em condições de escolher, com absoluta liberdade, o momento e as circunstâncias da cessação do contrato, limitando-se a inscrever naquele a data mais conveniente.

Os arts. 397º e 401º CT estabelecem um mecanismo destinado a contrariar tal expediente[59]. Ele consiste em, de modo alternativo: se assegurar, através de reconhecimento notarial presencial, a coincidência da assinatura do trabalhador com a data atribuída ao acto (formalidade que, no caso de resolução, pode ser exigida pelo próprio empregador: art. 395º/4); ou, não existindo tal garantia, oferecer ao trabalhador a possibilidade de, sendo caso disso, neutralizar o aproveitamento simulatório do documento por ele assinado, através da faculdade de revogação unilateral, no prazo de sete dias, do suposto acordo de cessação do contrato de trabalho, ou da declaração de rescisão do mesmo contrato. A revogação só é eficaz se o trabalhador devolver a importância eventualmente recebida do empregador a título de compensação pela cessação do contrato (arts. 397º/2 e 402º/2, remetendo para o art. 350º/3)[60].

20. *O despedimento como referência residual: o chamado "despedimento de facto".* Para além dessas medidas específicas, o regime legal da cessação do contrato de trabalho é, todo ele, construído sobre o pressuposto de que o despedimento individual ilícito é a figura residual na qual desaguam todas as formas de desvinculação irregular, excepto se esta for imputável ao trabalhador.

«Descobre-se» assim um despedimento – isto é, um caso de cessação de contrato de trabalho por iniciativa do empregador – em qualquer situação que não caiba num dos modelos legais de extinção do vínculo laboral[61]. Na jurisprudên-

[59] Este mecanismo foi, na sua traça essencial, introduzido pela L. 38/96, de 31/8, e retomado pelo Código do Trabalho em qualquer das suas versões.

[60] Uma regra que não se continha na L 38/96 – o art. 395º/4 CT – parece atenuar a eficácia do dispositivo, ao admitir um espaço de 60 dias entre o reconhecimento notarial (isto é, a data da efectiva assinatura do acordo revogatório) e a cessação do contrato. Mas o importante é que a data da cessação não tenha sido acordada antes do (ou no) momento da celebração do contrato; ora o facto de o período experimental mínimo ser de 90 dias leva a considerar que em nenhum caso o empregador pode ter interesse efectivo em obter uma revogação simulada a 60 dias de distância. A solução parece, pois, não resultar em prejuízo do objectivo da lei.

[61] O entendimento dos tribunais a este respeito não tem sido inequívoco. A consideração do carácter perfunctório do juízo em que assenta a decisão de suspender ou não o despedimento ocasionou uma corrente decisória (especialmente na Relação de Lisboa) segundo a qual a suspensão só poderia ser decretada nos casos em que a existência de despedimento fosse inequívoca, nomeadamente por assim ser designado o acto pelo próprio empregador. A suspensão teria, pois, que ser indeferida sempre que o despedimento estivesse dissimulado sob outra modalidade de cessação do contrato, sendo este facto invocado pelo trabalhador. Veja-se, neste sentido, como amostra, o Ac. Rel. Lisboa 14/11/2001, *Col. Jur.* 2001,5,158. No entanto, foi uniformizada a jurisprudência em sentido diferente, ou seja, no de que a suspensão poderia ser decretada perante a mera "verosimelhança" de um despedimento: Ac. Un. Jur. STJ 1/10/2003.

cia, usa-se, para algumas dessas situações, a noção de "despedimento de facto", na qual se recolhe a ideia de revelação de uma vontade extintiva do empregador por meios diferentes dos que a lei prevê.

Um exemplo: "A entrega pela entidade empregadora, aos seus trabalhadores, de declarações de dívida e dos elementos necessários para se inscreverem no fundo de desemprego, num contexto factual em que se verifica que a entidade empregadora não dispunha de qualquer estabelecimento ou outro local onde pudesse continuar a sua actividade e estava efectivamente impossibilitada de a exercer em consequência de diversas penhoras que incidiram sobre o único imóvel que possuía e praticamente sobre todas as suas existências, consubstancia uma situação de despedimento de facto." - Ac. 13/07/05 - P. 05S2057 (Fernandes Cadilha).

Assim, se o contrato cessou por mútuo acordo não reduzido a escrito; ou se o empregador o considerou caducado face a um impedimento do trabalhador supostamente definitivo, mas afinal transitório; - em qualquer dos casos, se o empregador proceder em termos inequivocamente reveladores da vontade de não retomar o normal curso das relações de trabalho, tudo se passará, sob o ponto de vista jurídico, como se tivesse sido declarado um despedimento[62] - que, por inobservância dos requisitos legais, terá que ser declarado ilícito, com as inerentes consequências jurídicas.

[62] Fala-se, a este respeito, da *requalificação* do acto ou facto extintivo: Javillier 228 ss..

Capítulo 21
O DESPEDIMENTO INDIVIDUAL

I. O despedimento disciplinar[1].

A) A justa causa disciplinar. – 1. Noção; 2. O critério da justa causa; 3. A determinação da justa causa disciplinar; 4. A "tipologia" legal. – **B) O processo (disciplinar) de despedimento.** – ***a) Visão geral.*** – 5. O sentido do procedimento disciplinar. – ***b) A acusação.*** – 6. A declaração da intenção de despedir; 7. A nota de culpa. – ***c) A defesa e a «instrução».*** – 8. A resposta à nota de culpa; 9. A instrução. – ***d) A decisão.*** – 10. O condicionamento temporal da decisão; 11. Forma e conteúdo da decisão. – ***e) A suspensão preventiva.*** – 12. Noção; 13. O controlo da suspensão preventiva.

A) A justa causa disciplinar.

" (...) 3. Provado que a trabalhadora, que exercia as funções de estilista, responsável pela elaboração de coleção de roupa de homem, demonstrou reiterada indiferença pelas sucessivas advertências por parte da Administração da ré para que executasse o trabalho em sintonia com as determinações da sua chefia e cumprisse os prazos estabelecidos, e que não deu justificação para o não atendimento dos pedidos de informação que lhe foram dirigidos por superiores hierárquicos e companheiros de

[1] A referência fundamental, nesta matéria, é a notável monografia de PEDRO FURTADO MARTINS, *Cessação do contrato de trabalho*, 3ª ed., Lisboa (2012) 149 ss.. Na manualística: JÚLIO GOMES, *Direito do Trabalho* cit. 944 ss.; BERNARDO XAVIER, *Manual* cit. 785 ss.; M. ROSÁRIO RAMALHO, *Tratado* cit., Parte II 813 ss.; P. ROMANO MARTINEZ, *Direito do Trabalho* cit. 991 ss.; MENEZES CORDEIRO, *Direito do Trabalho* cit. 934 ss..

trabalho, bem como para a não entrega atempada do trabalho que lhe estava confiado, violou, culposamente e de forma grave, os deveres de cumprir as ordens e instruções do empregador atinentes à execução do trabalho e de realizar com zelo e diligência as funções que lhe estavam confiadas.
4. Neste contexto, este comportamento tornou, pela sua gravidade e consequências, imediata e praticamente impossível a subsistência da relação laboral, verificando-se, assim, justa causa para o despedimento." – STJ 12/01/2017 – P. 1083/15.4T8MTS.P1.S1 (Pinto Hespanhol).

"I. O trabalhador que está investido nas funções de receber determinadas quantias que tem de entregar ao empregador, como é o caso de um guarda-freio, viola a relação de confiança subjacente a essa relação laboral ao proceder à revenda de dois bilhetes que já tinham sido emitidos para outros passageiros, não entregando o produto dessa venda ao empregador.
II. Para além do montante em causa, que nunca poderia ser muito elevado, dado o valor individual de cada bilhete, o que releva é mesmo a quebra da relação de confiança que está na base das funções desempenhadas pelo trabalhador.
III. A violação dessa relação de confiança (dever de fidelidade) é de tal maneira grave que torna imediata e praticamente impossível a subsistência da relação de trabalho, daí que a sanção disciplinar aplicada de despedimento com justa causa seja adequada e proporcional à gravidade da infração e à culpabilidade do trabalhador." – STJ 03/06/2019 – P. 14897/17.1T8LSB.L1.S1 (Chambel Mourisco).

1. *Noção.* Das três modalidades de despedimento individual que a lei prevê e regula, ocupa, naturalmente, lugar cimeiro o despedimento devido a causas disciplinares. Ele é o instrumento típico da supremacia do empregador, e os problemas que levanta o seu enquadramento jurídico revestem-se de particular complexidade. Alguns desses problemas referem-se à determinação da justa causa, que, por envolver factores de ordem subjectiva (quer quanto ao comportamento do trabalhador, quer quanto à apreciação que dele faça o empregador), constitui operação especialmente delicada.

A noção de justa causa que o art. 351º/1 CT consagra não é mais do que a tradução ou especificação daquele conceito no domínio restrito da acção disciplinar. Com efeito, o art. 328º inclui o «despedimento sem indemnização ou compensação»[2] na tipologia de sanções disciplinares[3]. Daí a deslocação do

[2] Observe-se que a designação legal deixou de incluir o adjectivo "imediato", que figurava no art. 27º LCT. A alteração é de aplaudir, por razões que adiante serão retomadas.

[3] Um tanto *impropriamente*, a nosso ver, dado o fundamento preventivo e conservatório que se reconhece ao poder disciplinar; mas, também, *necessariamente*, pois o preceito em causa apenas traduz

problema da determinação da justa causa para o terreno da valoração disciplinar e da correlativa graduação de sanções.

Certa infracção poderá constituir justa causa quando, em concreto, se não possa exigir, segundo as regras da boa-fé, que o empregador se limite a aplicar ao trabalhador faltoso uma sanção disciplinar propriamente dita, quer dizer, uma medida punitiva que não afecte, antes viabilize, a permanência do vínculo. Retoma-se, assim, a ideia de inexigibilidade que está subjacente ao conceito de justa causa, referindo-a aos instrumentos de defesa da conservação do contrato que são, no terreno disciplinar, a repreensão, a sanção pecuniária, a perda de dias de férias e a suspensão do trabalho com perda de retribuição e antiguidade.

2. *O critério da justa causa.* Convém, no entanto, precisar esse critério um pouco mais, face ao enunciado do art. 351º. Referem-se aí, como factores a ponderar, a «gravidade» e as «consequências» do comportamento culposo, mas tal indicação não parece bastar para uma objectivação mínima da justa causa.

A valoração da falta, sob este ponto de vista (como, em geral, para qualquer juízo disciplinar), releva, antes do mais, como no lugar próprio se acentuou, do critério objectivado na prática disciplinar da empresa. É aí que fundamentalmente (embora não só) se realiza a "proporcionalidade" exigida pelo art. 330º CT. A enorme largueza do espaço deixado, pela lei, ao critério do empregador – não obstante a intervenção de instâncias representativas dos trabalhadores, nos termos do art. 356º/5 – envolve, em si mesma, pelo menos este redutor: as decisões disciplinares hão-de ser tomadas, não isoladamente, mas como emanações de um critério, obedecendo a uma lógica que vincula o empregador a não se desviar dela em decisões subsequentes, quer perante o mesmo trabalhador, quer relativamente a outros da empresa em causa. Quer dizer: uma importante limitação do poder disciplinar consiste justamente na necessária coerência interna da prática disciplinar da empresa.

Se, na empresa A, dois trabalhadores – B e C –, com a mesma categoria e função e sem antecedentes disciplinares, faltarem três dias seguidos sem justificação, sendo B punido com multa e C despedido, poderá atacar-se esta última decisão, não apenas por (eventualmente) desproporcionada em relação à sua gravidade, mas sobretudo por desproporcionada em relação ao próprio critério disciplinar revelado pela empresa.

3. *A determinação da justa causa disciplinar.* A ideia de que o despedimento constitui uma saída de recurso para as mais graves «crises» de disciplina – justamente

a possibilidade (irrecusável, em si mesma) de a matéria disciplinar fornecer a substância de uma justa causa de rescisão. Sobre o ponto, e em sentido oposto, vd. B. Lobo Xavier, *O exercício da justa causa* cit. 40 e ss..

aquelas que, pela sua agudeza, se convertem em crises do próprio contrato – implica que o uso de tal medida seja balanceado, face a cada caso concreto, com as restantes reacções disciplinares disponíveis. A justa causa só pode ter-se por verificada quando – repete-se – não seja exigível ao empregador o uso de medida disciplinar que possibilite a permanência do contrato.

Sabe-se que a lei fixa limites quantitativos às sanções de expressão quantitativa – a chamada "sanção pecuniária" (anteriormente designada por "multa"), a perda de dias de férias e a suspensão do trabalho (art. 328º/3).

Estes limites contribuem, *a priori*, para a definição de um critério de escolha da sanção aplicável a cada infracção «individualizada»; mas, acessoriamente, fornecem também um enquadramento para a prática disciplinar da empresa, susceptível de servir de suporte à apreciação posterior do modo por que foram, nessa prática, escalonadas ou graduadas as sanções.

Na verdade, aqueles quantitativos definem a margem de disponibilidade de cada uma das sanções em causa: atingidos, em relação a certo trabalhador, e por um dado tipo de infracção, os mencionados limites, o que ocorre é o esgotamento das possibilidades de aplicação, nos mesmo termos, de cada uma daquelas medidas disciplinares.

Se a certa falta o empregador reagiu com multa equivalente a um décimo da retribuição diária, e se a reincidência for punida imediatamente com suspensão por doze dias, haverá que ponderar a circunstância de ter sido transposta uma série de degraus no escalonamento das sanções possíveis. Não se quer com isso dizer que, em relação a cada trabalhador, tenham de ser percorridos, de infracção em infracção, todos esses degraus; basta notar que a primeira reiteração pode determinar uma crise disciplinar muito mais grave do que a resultante da infracção inicial, desde logo por evidenciar a inoperância do tipo (não da medida) da sanção aí aplicada. Mas, se é certo não se poder ir tão longe, é verdade também que, na graduação das «penas», tem forçosamente que atender-se ao escalonamento antes praticado, em termos de se manter a acção disciplinar dentro da função conservatória e estabilizadora que lhe confere um sentido «contratual» útil.

E aqui revertemos ao problema da determinação da justa causa disciplinar. A graduação das sanções disciplinares deve ser feita de tal modo que, ao menos tendencialmente, a margem de disponibilidade das medidas disciplinares conservatórias se equipare à margem de viabilidade da relação de trabalho (do contrato, portanto). É exigível, por outras palavras, que se não antecipe «artificialmente» a necessidade do despedimento, pelo recurso a sanções-limites para infracções primárias ou cuja gravidade o não justifique. Também por este motivo se requer, na apreciação da justa causa, a análise da prática disciplinar anterior.

Em suma: a cessação do contrato, imputada a falta disciplinar, só é legítima quando tal falta gere uma situação de imediata impossibilidade de subsistência da relação laboral, ou seja, quando a crise disciplinar determine uma crise contratual irremediável, não havendo espaço para o uso de providência de índole conservatória. Na sua essência, a justa causa consiste exactamente nessa situação de inviabilidade do vínculo, a determinar em concreto (arts. 351º/3 e 357º/4)[4], através do balanço de interesses atrás referido. Mas tal valoração só pode ser controlada *a posteriori* (pelo tribunal) através de sinais externos ou elementos indiciários fornecidos pela mesma situação concreta, entre os quais avulta a prática disciplinar da empresa como emanação de um critério valorativo necessariamente coerente. Para além dessa apreciação em termos relativos, há que encarar a situação sob o ponto de vista do grau de culpa[5] e da gravidade das consequências da conduta do trabalhador, colocando-se o julgador na posição de um *bonus pater familiae* ou de um "empregador razoável"[6] que depara com essa conduta e seus efeitos.

O despedimento disciplinar é *ilícito* se carecer inteiramente de justificação, "se for devido a motivos políticos, ideológicos, étnicos ou religiosos, ainda que com invocação, ainda que com invocação de motivo diverso", ou se o motivo indicado, mesmo preenchendo infracção disciplinar, não for suficiente para preencher justa causa (art. 381º/*a*) e *b*)).

4. *A "tipologia" legal.* O art. 351º/2 contém uma lista de situações que «constituirão *nomeadamente* justa causa».

O preceito situa-se na linha de uma antiga tradição legislativa: o sistema legal português caracteriza a justa causa através de uma cláusula geral (definitória) e de uma lista de situações susceptíveis de a concretizar.

Também há muito se estabeleceu, na doutrina e na jurisprudência, o entendimento pacífico de que a enumeração é puramente exemplificativa (deixando cabimento para outros factos ou situações indutores de justa causa), e, simultaneamente, carecida de valor absoluto em cada uma das suas rubricas (podendo, assim, e sempre em concreto, não haver justa causa nalgumas das situações citadas). O preenchimento de um dos tipos constantes da lista não é condição

[4] Cfr., além de muitos outros produzidos ao longo das últimas décadas, os Acs. STJ 07/05/2008 – P. 07S4478 (Sousa Grandão), 12/03/2009 – P. 08S2589 (Sousa Grandão), 2/04/2009 – P. 09S0153 (Mário Pereira), 17/06/2009 – P. 08S3698 (Vasques Dinis), 13/01/2010 – P. 4583/06.3TTL.SB.S1 (Mário Pereira).

[5] Não é, em princípio, suficiente para preencher justa causa de despedimento "um conjunto de lapsos, erros e incúrias" desacompanhado de actos intencionais e censuráveis do trabalhador: Ac. STJ 17/12/2014 – P. 723/12.1TTMTS.P1.S1 (Mário Belo Morgado).

[6] Cfr. Ac. STJ 13/01/2010 – P. 4583/06.3TTL.SB.S1 (Mário Pereira).

necessária, nem suficiente, para que se considere verificada uma justa causa de despedimento.

É assim que, por exemplo, indicando o art. 351º/2-*g*) a prática de cinco faltas injustificadas seguidas ou dez interpoladas num ano como possível justa causa, «independentemente de prejuízo ou risco», a jurisprudência tem mantido a orientação que, de resto, lhe é sugerida pela noção contida no nº 1 do mesmo artigo: a de não se bastar com a simples materialidade do comportamento, ainda que literalmente subsumível num pretenso «tipo legal» de justa causa[7]; a de, enfim, requerer o preenchimento de condições de culpa e de gravidade objectiva para o preenchimento do mesmo «tipo legal»[8]. No caso específico da citada al. *g*), haverá mera desvalorização do elemento prejuízo (real ou potencial) na apreciação da gravidade dos factos[9]; mas não se pode excluir a relevância do grau de culpa nem o alcance de outros factores de gravidade, como os respeitantes à prevenção especial e geral.

B) O processo (disciplinar) de despedimento[10].

a) Visão geral.

5. *O sentido do procedimento disciplinar.* A existência de uma situação susceptível de constituir justa causa disciplinar não autoriza, sem mais, o despedimento imediato. É necessário que o empregador proceda à averiguação do ocorrido, ouça o que o trabalhador arguido tiver a alegar em sua defesa e pondere com alguma detença as circunstâncias do caso e a decisão a tomar. É necessária, em suma, a efectivação de um procedimento disciplinar (353º ss.). Trata-se de uma exigência directamente ligada ao princípio segundo qual uma sanção disciplinar não pode ser aplicada sem audiência prévia do acusado (art. 329º/6).

Há, pois, para que o despedimento seja admitido, além do pressuposto material da justa causa, a exigência formal de um certo processo, cuja inobservância pode inutilizar, como se verá, a própria eficácia potencial dessa justa causa[11].

[7] Vd., nomeadamente, os Acs. STJ 15/02/2006 – P. 05S2844 (Maria Laura Leonardo) e 08/10/2008 – P. 08S1326 (Bravo Serra).

[8] Neste sentido, com particular nitidez, já o Ac. Rel. Lisboa 19/4/82 (CJ, 82, 2, 265) sustentava ser o enunciado geral da justa causa disciplinar «o princípio geral definidor da *justa causa*, a norma principal e única a ter em consideração para o efeito, sendo a enumeração do seu nº 2 meramente exemplificativa de aspectos que a justa causa definida pelo nº 1 pode assumir».

[9] Cfr. Ac. STJ 13-10-2010 – P. 142/06.9TTLRS.L1.S1 (Vasques Dinis).

[10] Vd P. Furtado Martins, *Cessação* cit. 179 ss..

[11] Note-se que o CT configura, se bem que de modo rudimentar, o procedimento a seguir no exercício da acção disciplinar (art. 329º). O traço fundamental desse esboço de tramitação é a *audiência*

Desde a legislação dos anos setenta, encontra-se estabelecido um modelo detalhado de tramitação em que se cruzam, manifestamente, as influências do regime disciplinar da função pública e do próprio processo penal[12]. Esse modelo foi aligeirado na revisão de 2009, mas mantém a traça fundamental.

A tonalidade «para-jurisdicional» que a lei confere ao processo de despedimento desvirtua-o em vários sentidos: retira-lhe a simplicidade e a celeridade que, nas circunstâncias, os interesses de qualquer das partes muitas vezes reclamariam, provocando o alongamento das crises disciplinares; favorece a mistificação de que a decisão disciplinar é uma decisão «de terceiro», legitimada pela objectividade de uma apreciação processualizada e como que «para-judicial», como se de uma 1ª instância se tratasse; gera uma fonte de nulidades «artificiais», susceptíveis de conduzirem à invalidação de despedimentos materialmente justificados. Na realidade, a tramitação preparatória do despedimento disciplinar serve apenas para *delimitar o motivo da ruptura* – possibilitando a posterior impugnação judicial e desenhando o perímetro dentro do qual o futuro debate terá lugar – e permitir *que o trabalhador se defenda antes* da consumação dela, obrigando à ponderação das suas razões pelo empregador. Não se trata, pois, de um procedimento que vise o "apuramento da verdade" ou a "realização da justiça" (a decisão será sempre a que melhor convenha ao empregador) e não faz, por isso, em nossa opinião, nenhum sentido invocar, como que por analogia, as garantias dos processos criminal e contra-ordenacional a que alude, nomeadamente, o art. 32º CRP[13].

A hipertrofia procedimental do regime do despedimento disciplinar não tem, decerto, contribuído para que deixem de ocorrer despedimentos injustificados (ou para a salvaguarda de trabalhadores inocentes), mas forneceu seguramente pretextos para a inutilização de um bom número de despedimentos com verdadeira justa causa. Embora este resultado possa ser considerado positivo sob o ponto de vista do emprego, não o será tanto na perspectiva da qualidade das relações de trabalho.

Essa convicção terá, inclusivamente, ditado o comando do art. 387º/4: na apreciação do despedimento, para além dos aspectos formais, «o tribunal deve sempre pronunciar-se sobre a verificação e procedência dos fundamentos invocados para o despedimento». Por outras palavras: se há justa causa para despedir, que isso se torne claro e visível, ainda que o despedimento venha a ser neutralizado exclusivamente por razões formais.

prévia do trabalhador (nº 6 do mesmo artigo), sem que, todavia, sejam minimamente especificados os termos em que ela deverá efectivar-se.

[12] Não se pode deixar de subscrever, e até reforçar, algumas críticas que têm sido feitas a este modelo, nomeadamente por Bernardo Xavier (com relevo em *A extinção do contrato de trabalho* cit. 446 ss.). Sobre o assunto, veja-se também o *Livro Branco das Relações laborais*, Lisboa (2007) 109 ss..

[13] Em sentido radicalmente oposto, pronunciou-se o Tribunal Constitucional pelo Ac. 338/10, a que adiante se fará referência mais detida.

De resto, o art. 358º admite certa simplificação do modelo processual para as empresas cujo efectivo não ultrapasse dez trabalhadores (*microempresas*), desde que o arguido não seja membro de comissão de trabalhadores ou representante sindical. No âmbito deste específico modelo processual, são sobretudo dispensadas comunicações e pedidos de parecer às comissões de trabalhadores. Nas microempresas, o processo "sumário" só requer forma escrita quanto à nota de culpa (e à conexa declaração do propósito de despedir) e à comunicação da decisão ao trabalhador (art. 358º e 329º).

O despedimento disciplinar pode ser declarado *ilícito* com diversos fundamentos formais: se não forem respeitados os prazos de caducidade e prescrição do art. 329º e se o procedimento for "inválido", por falta ou insuficiência da nota de culpa, por omissão da comunicação da intenção de despedir, por desrespeito do direito do trabalhador de consultar o processo ou do prazo de resposta, e por a decisão não ser comunicada por escrito ou não respeitar as exigências legais (art. 382).

No entanto, certas deficiências processuais – a omissão de diligências probatórias requeridas pelo trabalhador ou a não audição de testemunhas por este indicadas (art. 356º/1 e 3) – não determinam a ineficácia do despedimento. A lei qualifica essas deficiências de "meras irregularidades" e limita as suas consequências ao plano indemnizatório. Se, em presença delas, o tribunal considerar que existe justa causa, o despedimento é lícito (logo, eficaz), mas "irregular", isto é, realizado sem observância de regras não essenciais, e o trabalhador tem o direito de receber uma indemnização de metade do valor que lhe caberia se o despedimento fosse ilícito (art. 389º/2). No caso de o tribunal declarar inexistente a justa causa, o despedimento é ilícito e produzem-se as normais consequências (arts. 389º/1, 390º e ss.).

Vamos, em seguida, percorrer, nos seus aspectos mais salientes, o processo disciplinar de despedimento, como o delineiam os arts. 353º a 357º CT.

b) A acusação.

"I. Perante o conhecimento da prática por um trabalhador de factos suscetíveis de integrarem infrações disciplinares o empregador, se o pretender sancionar, terá que iniciar o procedimento disciplinar com a notificação da nota de culpa nos sessenta dias posteriores àquele conhecimento, sob pena de caducidade do respetivo direito.

II. Se os factos conhecidos e as circunstâncias em que foram praticados, não estiverem suficientemente esclarecidos, de forma a fundamentar a nota de culpa, poderá o empregador proceder a um inquérito prévio a iniciar nos trinta dias subsequentes àquele conhecimento, para proceder ao apuramento dos factos e à recolha das respetivas provas, interrompendo-se assim o prazo de caducidade de sessenta dias a que alude o artº 329º, nº 2 do Código do Trabalho.

III. Após a conclusão do inquérito prévio, o trabalhador deve ser notificado da nota de culpa nos trinta dias posteriores, sob pena de caducidade do direito de exercer o procedimento disciplinar, atento o disposto no artº 352º do Código do Trabalho." - STJ 23/05/2018 - P. 7489/15.1T8LSB.L1.S1 (CHAMBEL MOURISCO).

6. *A declaração da intenção de despedir.* O processo inicia-se com a declaração, pela entidade patronal, do propósito de realizar o despedimento, acompanhada da correspondente *nota de culpa*[14]. É o que se reconduz à ideia de *acusação*.

Há, assim, no arranque do processo, como que uma declaração de despedimento sob condição, no sentido de que a sua eficácia, enquanto negócio jurídico unilateral, depende da verificação final da justa causa. Este dispositivo legal sugere mesmo a existência de algo semelhante a uma presunção de culpa contra o trabalhador, desde que tenha ocorrido algum dos comportamentos citados na tipologia do art. 351º/2. Ele demonstra, pelo menos, que o sentido do procedimento, segundo a própria perspectiva do legislador, é aquele que acima se indicou: há um pré-juízo sobre a conduta do trabalhador, para o qual se se tratará de procurar fundamento. No entanto, a exigência da exteriorização desse pré-juízo é relevante sob o ponto de vista do interesse do trabalhador. Trata-se de o habilitar com a noção precisa da sanção que o espera, se não lograr inflectir a apreciação do empregador.

A comunicação escrita da intenção de proceder ao despedimento, anexa à nota de culpa, era há muito considerada nalguma jurisprudência como elemento essencial do processo, no sentido de que a sua falta determinaria a nulidade do processo[15]. Se a acusação, consubstanciada, em primeira linha, na nota de culpa, se destina a assegurar ao trabalhador a percepção nítida dos termos em que a sua conduta é considerada disciplinarmente relevante - percepção sem a qual não pode realizar-se em pleno o direito de defesa -, a identificação expressa da sanção prevista ou provável (mormente quando se trata da mais grave) constitui um elemento qualificativo indispensável à inteireza dessa percepção[16].

[14] Trata-se, quanto ao primeiro aspecto, de uma solução introduzida pela L 48/77, atrás referenciada.

[15] É uma orientação que, mesmo sem suporte literal na lei, se desenhou, sobretudo, na Relação de Lisboa, e que se manifestou, por exemplo, nos Acs. Rel. Lisboa 22/3/82 (CJ, 82, 2, 255) e 26/7/82 (CJ, 82, 4, 172). Lia-se na primeira dessas decisões: «Se o trabalhador não sabe que corre o risco do despedimento, pode facilitar a defesa, não tomar todas as precauções possíveis e ser depois surpreendido com uma sanção gravíssima, como é o despedimento». Na mesma perspectiva, Acs. STJ 16/1/87 (BMJ 363, 370) e 30/3/89 (BMT 385, 503).

16 Observe-se, de resto, como o art. 48º/3 do Estatuto Disciplinar dos Trabalhadores que exercem Funções Públicas (aprovado pela L. 58/2008, de 9/9) exige que a acusação articule «os factos integrantes (*da infracção*) (...) acrescentando sempre a referência aos preceitos legais respectivos e *às penas aplicáveis*» (sublinhado nosso).

Na hipótese de a referida comunicação não ter sido feita, e de, no decurso do processo, serem detectados elementos de apreciação que apontem para a justeza do despedimento, torna-se indispensável comunicar tal intenção, reabrindo novo prazo para a defesa.

7. *A nota de culpa.* Ao mesmo tempo, é emitida a nota de culpa, que deve conter «a descrição circunstanciada dos factos» imputados ao trabalhador (art. 353º/1).

A jurisprudência tem formulado, a este respeito, ao longo dos tempos, exigências correspondentes a critérios de graduação algo diversos: é necessário que na nota de culpa figurem todas as circunstâncias de modo, tempo e lugar dos factos imputados ao arguido[17], que ela enuncie «precisa e concretamente» esses factos[18], não bastando a «reprodução abstracta e genérica das disposições legais» ou uma descrição em termos vagos da conduta infractora (desinteresse das obrigações de trabalho, recusa de tarefas que competiam ao trabalhador)[19], nem a formulação de «simples juízos conclusivos»[20].

Mas, por outro lado, a doutrina dos tribunais em matéria de idoneidade da nota de culpa coloca o acento tónico na *aptidão funcional* da nota de culpa enquanto suporte da defesa do arguido. Assim, entende-se que, mesmo quando "elaborada deficientemente a nota de culpa", se se "constatar, através da defesa apresentada pelo arguido, que o mesmo entendeu convenientemente a acusação", deve "considerar-se sanado aquele vício, em virtude de se mostrar alcançado o fim tido em vista" com a exigência legal da nota de culpa[21]. Além disso, admite-se que a nota de culpa não contenha todos os factos relevantes para a decisão judicial sobre o despedimento (e provados no processo), mas apenas os "essenciais" para essa decisão[22]. E a inclusão, na decisão disciplinar, de factos não constantes da nota de culpa não afecta a validade do processo disciplinar, tendo como "única consequência o não atendimento desses factos na apreciação judicial da justa causa"[23].

Não se pode negar o mérito desta linha jurisprudencial, baseada numa concepção funcionalista da nota de culpa e na preocupação de salvaguardar priori-

[17] Cfr. Acs. STJ 19/12/2007 – P. 07S3422 (Bravo Serra), 27/02/2008 – P. 07S3523 (Vasques Dinis), 19/03/2009 – P. 08S1686 (Mário Pereira).

[18] Ac. Rel. Évora 3/1/83 (CJ, 83, 1, 314); o mesmo Tribunal considerou que, tratando-se de insultos e obscenidades, «é necessário referir concretamente em que consistiram esses insultos e obscenidades» – Ac. Rel. Évora 21/7/81 (CJ, 81, 4, 299).

[19] Acs. Rel. Lisboa 20/7/81 e 2/11/81, já citados.

[20] Ac. Rel. Lisboa 19/7/82 (CJ, 82, 4, 169) e Ac. Rel. Lisboa 28/11/90 (CJ 90, 5, 171).

[21] Vd. Acs. STJ 08/02/2001 – P. 00S110 (Dinis Nunes), 11/12/2002 – P. 02S2239 (Emérico Soares).

[22] Ac. STJ 11/02/2004 – P. 03S1784 (Vitor Mesquita).

[23] Ac. STJ 22/09/2010 – P. 236/07.3TTBGC.P1.S1 (Sousa Peixoto).

tariamente a vertente substancial da acção disciplinar laboral. Compreende-se, assim, a necessidade de formulação de um critério de adequação funcional que se contraponha à pretensão de colocar minúcias bizantinas como penhor da validade do processo disciplinar. Mas estes propósitos têm limites e condições. O certo é que a lei exige a «descrição circunstanciada dos factos» que um enunciado lacunoso não preencherá. Por outro lado, o conteúdo da nota de culpa recorta o substrato factual da decisão – esta não deverá dirigir-se a factos não especificados na acusação – e, igualmente, da apreciação judicial que mais tarde venha a recair sobre ela. Trata-se de um vector estrutural da organização processual da disciplina nas relações de trabalho: a resenha dos factos e circunstâncias que a nota de culpa contenha deve reger todo o *iter* da concretização da acção disciplinar, desde a fase intra-empresarial até à apreciação da decisão nas sucessivas instâncias judiciais. É, a nosso ver, num quadro delimitado por estes parâmetros que deve ser encarada a orientação jurisprudencial acima referida.

Tanto a declaração de intenção de despedir como a nota de culpa devem ser remetidas, por cópia, à comissão de trabalhadores (se existir) e, se o trabalhador for dirigente ou delegado sindical, à respectiva associação sindical (art. 353º/2). Contudo, essa formalidade é dispensada no caso de se tratar de microempresa (art. 358º/1).

c) A defesa e a «instrução».

"1 – Integra violação do princípio do contraditório e do direito à defesa no âmbito do procedimento disciplinar consagrados nos artigos 355º, nº 1 e 356º, nº 1 do Código do Trabalho de 2009, acarretando a respectiva invalidade, não se ter a instrutora pronunciado sobre o requerimento de junção duma conta corrente pretensamente existente entre a empresa e o trabalhador, e que este havia apresentado na resposta à nota de culpa.
2 – Embora o empregador disponha da possibilidade de indeferir a realização de diligências de defesa requeridas pelo trabalhador, por as considerar totalmente impertinentes, tem, no entanto, de fundamentar esta recusa, pois só assim é possível ao tribunal ajuizar da bondade da posição do instrutor do procedimento.
3- Não se tendo o instrutor pronunciado sobre tal requerimento, esta postura pode ter inviabilizado a defesa do trabalhador, pois perante o despacho de indeferimento e as razões que fossem apresentadas, sempre poderia este ter adoptado uma diferente estratégia para a sua defesa, e que, nomeadamente, tivesse em consideração as razões invocadas para indeferir a realização da diligência probatória requerida." – STJ 16/06/2016 – P. 3008/14.5TTLSB.L1.S1 (Gonçalves Rocha).

8. *A resposta à nota de culpa.* Segue-se a dedução da *defesa* pelo trabalhador, para a qual (incluindo a eventual consulta do processo[24] e a elaboração da resposta à nota de culpa) este dispõe do prazo de dez dias úteis (art. 355º)[25]. Está-se perante um outro elemento essencial do procedimento disciplinar, correspondente à "audiência prévia" a que se refere o art. 329º/6.

A exigência de forma escrita para a resposta do trabalhador, manifestamente determinada por preocupações de certeza jurídica, parece excessiva: essa resposta poderia ser expressa em depoimento prestado ao instrutor, no âmbito do processo. A importância de que se reveste a audiência prévia justificaria a admissibilidade de todos os meios para a realizar.

Por outro lado, o texto da resposta deve conter, como diz a lei, "os elementos que (*o trabalhador*) considera relevantes para esclarecer os factos e a sua participação nos mesmos". Em princípio, a realidade objectiva dos factos e das suas consequências materiais será já conhecida do empregador, quer directamente, quer através de participação ou relatório de inquérito preliminar. O sentido da resposta será pois, essencialmente, o de neutralizar a apreciação preliminar do empregador quanto à culpabilidade do trabalhador – o de, em suma, *justificar* a sua actuação.

9. *A instrução.* Na resposta à nota de culpa, o trabalhador poderá juntar documentos e solicitar diligências probatórias. Entra-se, então, naquilo que a lei – em conformidade com ao desenho para-jurisdicional do processo – designa por "instrução".

Na vigência do Código de 2003, como na legislação anterior, a realização dessas diligências – nomeadamente a audição de um certo número de testemunhas – era, em princípio, considerada obrigatória e, se defeituosa ou omissiva, susceptível de

[24] A lei não esclarece de que "processo" se trata. Na verdade, o processo disciplinar é iniciado com a emissão de nota de culpa e da comunicação da intenção de despedir – é o que decorre do art. 353º/3. Tratar-se-á do (eventual) inquérito preliminar, destinado a apurar a factualidade em que a acusação veio a basear-se? Mas esse inquérito é um processo interno, cuja única finalidade consiste em desfazer dúvidas ou suprir o desconhecimento do empregador acerca de certas ocorrências – tal como pode resultar de uma carta ou de uma participação da hierarquia, que o empregador não tem que juntar ao processo nem patentear de outra forma. No Código de 2003, a consulta do processo parecia coberta pelo "princípio do contraditório" (vd. art. 430º/2-*b*)). Pelas razões indicadas, não se vê que o contraditório esteja aí verdadeiramente em causa. A exigência legal poderia compreender-se no âmbito da função pública, mas não tão bem no da disciplina laboral.

[25] Não basta, nomeadamente, que, havendo inquérito prévio ao processo disciplinar, o trabalhador arguido neste tenha sido ouvido em declarações. Com efeito, a audição do arguido não tem por único objectivo a *averiguação dos factos*, e sim também o conhecimento da eventual *justificação* deles (com vista ao apuramento do grau de culpa, etc.). Vd. também Acs. Rel. Coimbra 24/5/88 (CJ 88, 3, 133), 13/2/91 (CJ 91, 1, 115), e Acs. STJ 30/3/89 (BMJ 385, 508) e 14/11/90 (AD 352, 550).

afectar a validade do procedimento disciplinar[26]. O empregador podia furtar-se a tal obrigação mediante alegação escrita, e fundamentada, de que considerava as diligências probatórias meramente «dilatórias e impertinentes» (art. 414º/1 daquele Código).

O Código de 2009 inflectiu no sentido de entregar ao empregador a *decisão* sobre a realização, ou não, das mencionadas diligências (art. 356º/1). Considerando que se tratava, essencialmente, de *fundamentar uma decisão* (e não, verdadeiramente, de apurar a verdade dos factos – coisa que só em tribunal se faria), a solução sublinhava o facto de o risco de insuficiência de fundamentos recair sobre o empregador.

No entanto, ela foi censurada pelo Tribunal Constitucional[27], que a considerou violadora das "garantias de defesa aplicáveis a qualquer processo sancionatório, à luz do artigo 32º, nº 10, da Constituição da República Portuguesa". O preceito citado salvaguarda os direitos de *audiência* e *defesa* dos arguidos nos processos sancionatórios. O TC entendeu que a resposta à nota de culpa "consubstancia o direito de audiência (...) mas já não consome o direito de defesa". Por outro lado, o TC aludiu ao facto de que a CRP "não distingue a que processos que culminam numa sanção é aplicável ou não o aludido normativo, nomeadamente se é só aplicável aos processos levantados por entidades públicas se também aos levantados por entidades privadas".

Com todo o respeito, perguntaríamos se essa tese se estende, por exemplo, ao exercício do poder paternal ou à actuação punitiva dos árbitros nas competições desportivas... A ausência de distinção no preceito constitucional imporia que se suscitasse, pelo menos, a hipótese de – como no tocante a outros direitos e garantias consagrados na mesma área da Lei Fundamental – estarem aí apenas em causa as relações entre os cidadãos e a autoridade pública.

Como consequência dessa declaração de inconstitucionalidade, a L. 23/2012 procedeu a um conjunto de alterações ao articulado respeitante ao processo disciplinar de despedimento.

Nos termos do art. 356º/1 (com a redacção dada pela L. 23/2012), as "diligências probatórias requeridas na resposta à nota de culpa" – junção de documentos, audição de testemunhas – *devem* ser realizadas pelo empregador ou por quem ele encarregue de conduzir o processo. Nada impede que o instrutor tome a iniciativa de outras diligências do mesmo tipo, mas o âmbito da instrução *obri-*

[26] No sentido de que a não *inquirição de testemunhas* apresentadas pelo arguido configurava, em geral, imperfeição da audiência obrigatória e, portanto, nulidade do processo, vd. Ac. Rel. Porto 13/12/82 (CJ, 82, 5, 252), aliás em contradição aparente com o Ac. Rel. Porto 12/5/80 (CJ, 80, 3, 132). Também contra, vd. Ac. Rel. Coimbra 17/6/81 (CJ, 81, 3, 266). O art. 414º CT de 2003 limitava a obrigatoriedade da inquirição a três testemunhas por facto, a dez no total, e admitia ainda que o empregador deixasse de realizar alguma dessas diligências, alegando e fundamentando que as considerava não pertinentes e apenas destinadas a provocar demora do processo.

[27] Ac. TC 338/10 – Pº 175/09 (Borges Soeiro).

gatória é, em princípio, determinado pelo trabalhador. O instrutor pode, todavia, furtar-se-lhe alegando fundamentadamente, por escrito, que se trata de acções "patentemente dilatórias ou impertinentes". Para além disso, não é obrigatória a audição de mais de três testemunhas por cada facto descrito na nota de culpa nem mais de dez no total[28] (art. 356º/3, na redacção dada pela L. 23/2012).

De qualquer modo, a inflexão resultante da declaração de inconstitucionalidade da versão primitiva do art. 356º e da consequente alteração introduzida pela L. 23/2012 não foi completa. Como já se referiu atrás, a "omissão das diligências probatórias" requeridas pelo trabalhador, incluindo a audição de testemunhas, determina mera "irregularidade" e não a invalidade do processo disciplinar. Em consequência, a eficácia do despedimento não é neutralizada por causa dessa deficiência processual; o trabalhador tem direito a uma indemnização equivalente a metade da que seria aplicável em caso de ilicitude do despedimento (art. 389º/2).

Segue-se a consulta à comissão de trabalhadores[29] que, no prazo de cinco dias, pode fornecer parecer fundamentado, tendo já presente a perspectiva de que a medida disciplinar encarada pelo empregador é o despedimento[30]. Se não existe comissão de trabalhadores, o dever de consulta deixa de ter exequibilidade, pelo que a decisão pode ser proferida imediatamente após "a conclusão da última diligência de instrução" (art. 357º/2). Nas microempresas, é dispensada a referida consulta (art. 358º CT).

d) A decisão.

"1 – A decisão de despedimento proferida no procedimento disciplinar é comunicada ao trabalhador visado, por cópia ou transcrição, e determina a cessação do contrato de trabalho, logo que chega ao poder do destinatário, ou dele é conhecida por forma processualmente válida.
2 – A decisão de despedimento produz igualmente efeitos e determina a cessação do contrato de trabalho quando, por culpa exclusiva do trabalhador visado, não foi por ele oportunamente recebida.
3 – O trabalhador tem o dever de comunicar ao empregador a sua residência e as alterações da mesma que ocorram no contexto da relação de trabalho.

[28] Estas limitações referem-se, evidentemente, apenas às testemunhas indicadas pelo trabalhador.

[29] No caso de o trabalhador ser representante sindical, deve ser feito o envio, também, à associação sindical respectiva.

[30] A importância deste trâmite, antes da reforma de 1989, era muito maior do que hoje: o parecer desfavorável (ao despedimento) da comissão de trabalhadores era pressuposto do pedido de suspensão do despedimento.

4 - A devolução pelos serviços postais de carta registada com aviso de recepção destinada a efectuar a comunicação referida no nº 1 e enviada para a morada do trabalhador constante dos serviços do empregador, motivada por alteração de residência não comunicada ao empregador, indicia culpa do trabalhador na não recepção da comunicação.

5 - A exclusividade da culpa do trabalhador na não recepção tempestiva da comunicação, relevante nos termos do nº 7 parte final do artigo 357º do Código do Trabalho, afere-se da ponderação do facto mencionado no número anterior, no contexto das circunstâncias que enquadrem a cessação da relação de trabalho." - STJ 22/01/2015 - P. 649/11.6TTFUN.L1.S1 (António Leones Dantas).

10. *O condicionamento temporal da decisão.* Finalmente, cabe ao empregador (ou a quem o represente no exercício do poder disciplinar) proferir a *decisão* disciplinar, dentro dos 30 dias subsequentes à recepção do parecer da comissão de trabalhadores ou ao esgotamento do período em que ela podia pronunciar-se (art. 357º/1). Trata-se, como a lei expressamente refere, de um prazo de *caducidade* do direito de punir - um requisito temporal da acção disciplinar, que se adiciona aos estabelecidos, em geral, no art. 329º.

No modelo simplificado de procedimento disciplinar, que o art. 358º desenha para as microempresas, este prazo conta-se a partir da "última diligência" processual, a qual consistirá, normalmente, na audição da última testemunha ou na junção do último documento, isto é, da conclusão da fase "instrutória". Não se contará como "diligência processual" a elaboração do relatório final do processo, por parte do instrutor. Este é um "delegado" do empregador, actua no seu lugar (como titular do poder disciplinar que este é) e as delongas da sua intervenção são imputáveis ao mandante.

A regra (30 dias após a "conclusão da última diligência de instrução") aplica-se também aos processos ordinários, não havendo comissão de trabalhadores e não sendo o arguido delegado nem dirigente sindical (art. 357º/2).

11. *Forma e conteúdo da decisão.* A decisão de despedimento só se torna eficaz mediante comunicação escrita ao trabalhador, com indicação dos fundamentos - ou seja, dos elementos de facto tidos como suficientes para preencher justa causa (art. 357º/5 e 7). O despedimento é, com efeito, um negócio jurídico integrado por uma declaração receptícia, isto é, cuja eficácia depende da recepção pelo destinatário, conforme dispõe o art. 224º/1 CCiv.[31].

[31] A lei anterior ao CT não era, neste ponto, tão exigente: bastava que a declaração do despedimento revestisse «forma inequívoca» (art. 98º/3 LCT), admitindo-se assim que ela fosse mesmo *tácita*, ou seja, que pudesse seguramente deduzir-se do comportamento do promotor.

Por outro lado, a indicação dos fundamentos constitui um requisito comum à decisão do processo e à comunicação do despedimento. Aquela tem que ser, como resultaria, aliás, dos princípios gerais, apoiada no enunciado dos factos e circunstâncias que consubstanciam a infracção e fornecem a medida da sua gravidade objectiva e subjectiva (quer dizer, neste último aspecto, do grau de culpabilidade do infractor) (art. 357º/4).

Relativamente à comunicação endereçada ao trabalhador, a referência aos fundamentos assume também notória relevância, pois delimita o espaço da (eventual) apreciação jurisdicional da justeza do despedimento. Não pode o empregador invocar, com sucesso, outros factos (porventura anteriores aos que alegou na decisão e por ele então desconhecidos) para demonstrar a adequação do despedimento. A lei di-lo expressamente: "(...) não podendo ser invocados factos não constantes da nota de culpa ou da resposta do trabalhador" (art. 357º/4)[32]. É um corolário forçoso da exigência de processo disciplinar e do carácter essencial que os seus momentos principais assumem para a validade do despedimento. Admite-se, porém, no mesmo preceito, a consideração na decisão de factos "novos" que possam actuar como *atenuantes* na apreciação da conduta do trabalhador.

e) A suspensão preventiva.

"1 – A justa causa de resolução do contrato por iniciativa do trabalhador pressupõe, em geral, que da actuação imputada ao empregador resultem efeitos de tal modo graves, em si e nas suas consequências, que se torne inexigível ao trabalhador a continuação da prestação da sua actividade;
2 – Na ponderação da inexigibilidade da manutenção da relação de trabalho deve atender-se ao grau de lesão dos interesses do trabalhador, ao carácter das relações entre as partes e às demais circunstâncias relevantes, tendo o quadro de gestão da empresa como elemento estruturante de todos esses factores.
3 – O prolongamento do prazo de 30 dias de suspensão preventiva do trabalhador, resultante da violação do nº 2 do artigo 354º do CT/2009, pode constituir uma violação do dever de ocupação efectiva do trabalhador.

[32] A solução tem, entre nós, ampla tradição legislativa: já na LCT de 1969 se dispunha que «só serão atendidos para fundamentar a rescisão os factos e circunstâncias invocados na comunicação...». Os factos que a decisão refira sem terem constado da nota de culpa não afectam a validade da decisão – apenas serão desconsiderados na decisão judicial sobre a licitude do despedimento: Ac. STJ 22/09/2010 – P. 236/07.3TTBGC.P1.S1 (Sousa Peixoto).

4 - Tendo a suspensão preventiva do trabalhador excedido 19 dias o limite resultante daquele nº 2 do artigo 354º do CT, e atendendo à celeridade com que a empregadora conduziu o inquérito prévio, devendo-se o atraso na notificação da nota de culpa, em grande parte, a um lapso dos serviços da empregadora na indicação do endereço do trabalhador aposto na carta que o notificava desta peça do procedimento disciplinar, temos de concluir pela pouca gravidade e diminuta censurabilidade da conduta violadora do direito à ocupação efectiva do trabalhador, pelo que não se configura a existência de justa causa para este resolver o contrato." - STJ 09/09/2015 - P. 263/13.1TTPRT.P1.S1 (Gonçalves Rocha).

12. *Noção.* A entidade empregadora tem a faculdade de determinar a suspensão preventiva do trabalhador, sem perda de retribuição, durante o desenvolvimento do processo - em regra, a partir da emissão da nota de culpa (art. 354º/1).

Esta possibilidade está também admitida no âmbito do regime geral da acção disciplinar: o art. 329º/5 prevê-a para o caso de a presença do trabalhador "se mostrar inconveniente" durante o processo disciplinar. O mesmo pressuposto, expresso pelas mesmas palavras, surge no art. 354º/1.

A suspensão preventiva significa não só a colocação do trabalhador em inactividade, mas também a possibilidade da privação do acesso às instalações da empresa: é a *presença* do trabalhador, mais do que a continuidade da sua prestação de trabalho, que a medida visa excluir.

Em princípio, a suspensão preventiva constitui uma medida complementar da acusação, sendo, por isso, comunicada "com a notificação da nota de culpa" (art. 354º/1). Uma tal decisão significa que o empregador entende inconveniente a presença do trabalhador no serviço, ao mesmo tempo que se desenrolam as diligências do procedimento disciplinar - as quais, na prática, só se iniciam após a resposta à nota de culpa.

No entanto, o art. 354º/2 admite mesmo (para o processo que vise o despedimento disciplinar) a possibilidade de suspensão preventiva *anterior* à emissão de nota de culpa ("nos 30 dias anteriores à notificação"), mediante a invocação de certas condições que o empregador deve explicitar por escrito. A menção da existência de "indícios de factos imputáveis ao trabalhador" é sempre indispensável na justificação da suspensão preventiva antecipada.

13. *O controlo da suspensão preventiva.* É certo que a suspensão preventiva não representa, em princípio, sacrifício económico para o trabalhador[33]. Mas im-

[33] Mas pode ter essa consequência, por exemplo se ele recebe habitualmente, no seu trabalho, gorgetas ou outras formas de gratificação pela qualidade do serviço, enquanto doações remuneratórias de terceiros.

plica, de qualquer modo, a colocação forçada dele em situação de inactividade e de privação do acesso ao local de trabalho, por decisão unilateral do empregador (art. 129º/1-*b*)).

A aparência gerada pelo teor da norma é a de que se trata de uma faculdade do empregador, que ele pode exercer ou não conforme o juízo de conveniência que faça sobre a situação concreta, lhe convenha, devendo, simplesmente, justificar a sua opção por escrito (art. 354º/2).

É, por outro lado, indiscutível que o acolhimento pela lei desta possibilidade equivale à neutralização do dever de ocupação efectiva[34], dentro de certo período: em geral, a duração do processo disciplinar, até à decisão; em situações particulares, desde o trigésimo dia anterior à emissão da nota de culpa até à decisão final[35]. As situações consideradas nesta última hipótese são aquelas em que a inconveniência da presença do trabalhador na empresa deriva da própria *natureza das imputações* feitas ao trabalhador e os indícios em que se apoiam.

Exemplos: um caixa de uma agência bancária é suspeito de desvio de dinheiros em proveito próprio; um dirigente de empresa é acusado de assédio sexual a uma empregada que dele depende; há fortes indícios de que um carteiro abre cartas e encomendas para retirar delas os valores que contenham.

Uma tal decisão reveste-se, contudo, de gravidade suficiente para que os seus fundamentos devam ser externamente controláveis. A suspensão preventiva traduz-se numa forma de exclusão do meio de trabalho e funciona já, em muitos casos, como uma penalidade moral e social. Contra a aparência que pode ser sugerida pelo texto da lei – a de que tudo depende de uma apreciação subjectiva do empregador, produto da sua sensibilidade pessoal, quanto à "conveniência" da presença do trabalhador em actividade durante o processo –, é forçoso reco-

[34] Cfr. Ac. STJ 02/04/2008 – P. 07S4104 (Sousa Grandão).

[35] A paralisia do dever de ocupação efectiva mesmo antes da nota de culpa suscitou apreciação do Tribunal Constitucional, que se pronunciou favoravelmente à admissibilidade legal dessa faculdade. Vd. o Ac. TC 10/07/96 – P. 481/94 (Vítor Nunes de Almeida), em que se ponderou o seguinte: "Efectivamente, a suspensão surge, nas circunstâncias do presente caso, funcionalizada ao exercício de poderes legítimos do empregador, que foram indubitavelmente postos em prática, e não como expressão de um poder absoluto e arbitrário. Absoluto e arbitrário no sentido de o seu exercício prescindir, de todo, das suas implicações na esfera jurídica da contraparte. É que esta é titular de um direito de sentido oposto, também ele não absoluto nem unilateral, que, não se oferecendo com a consistência suficiente para neutralizar o primeiro, lhe impõe contudo restrições. Em situações de conflito a ponderação das posições relativas torna-se obrigatória. A suspensão do trabalhador antes da nota de culpa, com manutenção da retribuição determinada no âmbito de um procedimento disciplinar e com vista à prossecução das finalidades visadas por esse procedimento constitui uma solução normativa que, no quadro dos valores em confronto, não merece censura por excessiva ou desequilibrada."

nhecer que a decisão de suspensão pode ser contestada judicialmente e os fundamentos invocados devem ser encarados de um ponto de vista objectivo, isto é, na óptica de uma pessoa de sensibilidade média colocada na situação concreta de que se trate. Não é, assim, de excluir a qualificação de certos casos de suspensão preventiva como abuso de direito.

II. O despedimento individual por justa causa objectiva.

A) O despedimento por extinção do posto de trabalho. – ***a) A justa causa.*** – 14. A "impossibilidade prática"; 15. As alterações inconstitucionais; 16. A natureza do motivo da extinção do posto de trabalho; 17. A cadeia de decisões. – ***b) O processo de despedimento.*** – 18. A natureza do processo; 19. As diligências; 20. A decisão. – ***c) O aviso prévio e a compensação.*** – 21. A exigência de aviso prévio; 22. O pagamento da compensação. – **B) O despedimento por inadaptação ao posto de trabalho.** – ***a) A justa causa.*** – 23. O duplo sentido da "inadaptação"; 24. A "impossibilidade prática"; 25. A apreciação da justa causa. – ***b) O processo de despedimento.*** – 26. As diligências; 27. A decisão. – ***c) O aviso prévio e a compensação.*** – 28. O aviso prévio; 29. A compensação.

A) O despedimento por extinção do posto de trabalho.

"1 – Os critérios de seleção estabelecidos no nº 2 do art. 368º do CT, são sucessivos e hierarquizados, isto é, só é aplicável o seguinte se o anterior não se verificar ou se os trabalhadores visados reunirem os mesmos requisitos relativamente a esse critério. 2 – Tendo um trabalhador concluído com êxito o 9º ano de escolaridade e o outro apenas o 6º ano, para afeitos do art. 368º, nº 2, al. b) do CT, aquele é detentor de habilitação académica superior ainda que, tendo em consideração a respetiva data de nascimento, ambos sejam apenas detentores da escolaridade mínima obrigatória." – STJ 13/10/2016 – P. 314/15.5T8BRR.L1.S1 (Ribeiro Cardoso).

a) A justa causa.

14. *A "impossibilidade prática".* Como se observou, a reforma legislativa de 1989 reintroduziu, sob a capa de uma formulação perifrástica ("cessação do contrato de trabalho, por extinção de postos de trabalho, não abrangida por despedimento colectivo"), o despedimento individual fundado em motivo de natureza não disciplinar.

Nesta modalidade, a justificação do despedimento está causalmente relacionada com a extinção de um posto de trabalho, mas não coincide com ela. A extinção do posto de trabalho pode não redundar em justa causa de despedimento – se, nomeadamente, for possível atribuir ao trabalhador afectado um outro posto de trabalho.

Esta modalidade de cessação do contrato de trabalho apresenta, no que toca ao fundamento, uma fisionomia híbrida: cruzam-se nela algumas características do despedimento por justa causa e do despedimento colectivo.

Do primeiro, sobretudo, foi absorvido o critério de aferição da legitimidade do motivo de ruptura: o art. 368º/1-*b*) exige que «seja praticamente impossível a subsistência da relação de trabalho». Para além das considerações já produzidas, em geral, acerca deste elemento do regime legal, notar-se-á agora que a sua referenciação parece ter sido imposta pela necessidade de compatibilização destes fundamentos objectivos com a proibição constitucional do despedimento «sem justa causa» e com o facto de esta última noção corresponder, na nossa tradição legislativa, a situações de inexigibilidade do prosseguimento da relação de trabalho.

Mas, ao contrário do que sucede com a justa causa disciplinar, a lei cuida de explicitar um critério de determinação da «impossibilidade prática» ou "inexigibilidade" da subsistência da relação de trabalho. Ela existe - segundo o art. 368º/4 - "quando o empregador não disponha de outro (*posto de trabalho*) compatível com a categoria profissional do trabalhador"[36].

A fórmula legal é desnecessariamente redutora. Para que se possa considerar que há posto de trabalho "compatível", basta que exista algum relativamente ao qual se possa contar com a qualificação profissional, a aptidão do trabalhador - e com a sua aceitação. Pode acontecer, por exemplo, que se trate de uma função a que corresponda salário mais baixo, ou situada em nível inferior da hierarquia da empresa. É justamente dessas hipóteses que trata o art. 119º CT: a manutenção do vínculo pode justificar uma solução de recurso como essa.

Por outro lado, esta via de extinção do contrato de trabalho recolhe elementos próprios do despedimento colectivo. Quanto à sua caracterização, os motivos invocáveis são idênticos ("de mercado, estruturais ou tecnológicos"); e alguns traços de regime são também comuns, nomeadamente no que toca à compensação devida ao trabalhador. Essas semelhanças não permitem, contudo, estabelecer qualquer equiparação entre as duas figuras[37], como resulta da muito diferente densidade das exigências legais que condicionam a sua licitude. O propósito de reduzir as duas figuras a subespécies de um mesmo mecanismo extintivo - diferenciadas apenas pelo número dos trabalhadores afectados - é compreensível, mas não parece susceptível de prosperar. Não se pode ignorar que o despedimento por extinção do posto de trabalho (assim como, mais tarde, o despedimento por inadaptação superveniente do trabalhador) foi acolhido na nossa lei, em 1989, com a finalidade de alargar o domínio de cobertura do *despedimento individual com justa causa*, até então limitado ao despedimento como sanção disciplinar. Tratava-se, em suma, de *estender a noção de justa causa a situações*

[36] Cabe ao empregador demonstrar a inxistência dessa alternativa. Vd.,neste sentido, por exemplo, o Ac. Rel. Lisboa 25/01/2012 - P. 66/09.8TTLSB.L1-4 (Paula Sá Fernandes).

[37] Cfr. Pedro Romano Martinez, *Direito do Trabalho* cit., 932.

de natureza objectiva, ligadas à gestão da empresa e alheias ao comportamento pessoal do trabalhador, de modo a não activar, com a previsão de tais situações, a proibição do despedimento sem justa causa, constante do art. 53º CRP. Esse processo[38] nada teve que ver com o despedimento colectivo, que já era admitido em termos idênticos aos de hoje, sem que jamais se verificasse, quanto a ele, qualquer crise de constitucionalidade.

15. *As alterações inconstitucionais.* Já desde a versão originária do regime desta modalidade de despedimento (desde o DL 64-A/89) se define nesses termos a "impossibilidade prática" que está no cerne da justa causa. O requisito tornava o despedimento compatível com o princípio da segurança do emprego: não podia, naturalmente, *exigir-se* a um empregador que mantivesse no seu quadro de pessoal um trabalhador sem utilização viável. A norma assumia, pois, função declarativa e não constitutiva.

Porém, com a L. 23/2012, o ponto sofreu uma profunda modificação. O preceito que ligava a impossibilidade prática à inviabilidade da recolocação do trabalhador foi substituído por um enunciado de todo o ponto surpreendente: "considera-se que a subsistência da relação de trabalho é praticamente impossível quando o empregador demonstre ter observado critérios relevantes e não discriminatórios face aos objectivos subjacentes à extinção do posto de trabalho" (texto introduzido no art. 368º/4 CT).

Essa norma bizarra ligava-se a uma outra novidade também instituída pela L. 23/2012: o regime da escolha do trabalhador a despedir. Visando a individualização do posto de trabalho a extinguir – quando, como é mais frequente, existem na organização vários idênticos –, o art. 368º/2 CT estabelecia uma ordem de prioridades baseada no tempo de serviço dos vários trabalhadores em jogo, segundo o princípio de que o emprego dos mais antigos devia ter preferência na manutenção sobre o dos mais novos. O novo enunciado do mesmo preceito estabelecia que "cabe ao empregador definir, por referência aos respectivos titulares, critérios relevantes e não discriminatórios face aos objectivos subjacentes á extinção do posto de trabalho".

Bastava, pois, que a observância de tais critérios (definidos pelo empregador) fosse demonstrada para que se considerasse "que a subsistência da relação de trabalho é praticamente impossível". Por outras palavras: a manutenção do vínculo tinha-se por impossível mesmo quando, porventura, existisse na empresa um posto de trabalho susceptível de ser ocupado pelo mesmo trabalhador.

Tal modificação legislativa, inspirada pelo propósito de amplificar a liberdade de despedir individualmente, era ostensivamente *inconstitucional*.

[38] Sobre ele, pode ver-se o nosso estudo *A justa causa de despedimento entre a Constituição e a lei – Notas de um "check-up" periódico*, QL nº 39 (2012) 1 ss..

Poderia, em seu abono, dizer-se que o juízo de inexigibilidade envolve sempre uma ponderação jurídica, não uma simples constatação de factos – e que, por consequência, tal ponderação pode ser parametrizada pela lei. Nessa perspectiva, o novo enunciado do art. 368º/4 seria legítimo, exprimindo simplesmente uma nova valoração do legislador acerca da medida do exigível a qualquer empregador. O preceito quedar-se-ia agora num nível de exigência inferior ao do regime antecedente: o empregador devia manter o contrato de um trabalhador com posto de trabalho extinto somente se não conseguisse demonstrar que a escolha desse trabalhador tinha obedecido a "critérios relevantes e não discriminatórios face aos objectivos subjacentes à extinção do posto de trabalho".

Simplesmente, e como se salientou atrás, o juízo de "impossibilidade prática" não releva apenas de uma ponderação jurídica – é também, necessariamente, *um juízo de ordem prática*. Por outras palavras: o legislador ordinário não é livre de estabelecer uma narrativa própria, em conformidade com a política legislativa do momento, acerca do que "seja" ou possa "considerar-se" *impossibilidade prática* do prosseguimento da relação de trabalho. Não pode, em suma, declarar impossível esse prosseguimento quando ele *é praticamente possível*...

Convém ter presente que a situação pressuposta é a de não haver "conduta culposa do empregador ou do trabalhador" (art. 368º/1-*a*)) e existir disponibilidade do segundo para continuar ao serviço do primeiro. Perante tal situação, reduzir a "impossibilidade prática" à observância de "critérios relevantes e não discriminatórios" na escolha do trabalhador a despedir reconduz-se à *subjectivação* do despedimento, ou seja, orienta o regime desta modalidade de despedimento em direcção oposta à sinalizada pelo art. 53º CRP.

Foi esse o entendimento do Tribunal Constitucional, que, pelo acórdão nº 602/2013, de 20 de Setembro – P. 531/12 (PEDRO MACHETE)[39], declarou inconstitucionais, por violação do art. 53º CRP, as alterações feitas pela L. 23/2012 aos nºs 2 e 4 do art. 368º CT. Em consequência, a L. 27/2014, de 8 de Maio, repôs (desnecessariamente, pois a repristinação do regime anterior era consequência directa da inconstitucionalidade declarada) o enunciado primitivo do art. 368º/4.

16. *A natureza do motivo da extinção do posto de trabalho*. Do despedimento colectivo proveio o tipo de enunciado que a lei emprega para definir a natureza do motivo invocável.

Há-de tratar-se de «motivos económicos, tanto de mercado como estruturais ou tecnológicos, relativos à empresa» (art. 367º)[40]. E a lei remete para as

[39] Publicado no *DR* 1ª série, nº 206, de 24/10.

[40] Confronte-se a formulação com a parte final do art. 359º/1, respeitante ao despedimento colectivo.

definições que, a propósito do despedimento colectivo, são dadas – com grande imprecisão e reduzida utilidade potencial – das várias «classes» de motivos em causa (veja-se o art. 359º/2).

A definição legal do despedimento colectivo compreende a hipótese de cessação de vários contratos operada "sucessivamente" num período de três meses. Como se verá, o que confere unidade ao despedimento colectivo é o motivo ou fundamento comum à cessação de vários contratos. A identidade de natureza dos fundamentos invocáveis no despedimento colectivo e no despedimento por extinção do posto de trabalho conduz á possibilidade de um conjunto de despedimentos deste último tipo vir a ser juridicamente unificado num do primeiro tipo.

Um exemplo é-nos oferecido pelo caso tratado no Ac. Rel. Lisboa 24/06/2009 – P. 108/09.7TTFUN-A.L1-4 (Maria João Romba):" Verificando-se que os fundamentos que determinaram a cessação (formalmente por acordo) de três contratos de trabalho ocorrida na empresa menos de três meses antes de iniciado o processo de despedimento dos requerentes por extinção do posto de trabalho – redução de pessoal e reestruturação da empresa, determinada pelo avolumar de prejuízos financeiros decorrentes da crise existente no mercado automóvel – é em grande medida comum à que determinou esta extinção, integrando motivos de mercado e estruturais, devem aquelas cessações, para efeito de quantificação do número de despedimentos relevante para a qualificação do despedimento como colectivo, ser equiparados a despedimentos, pelo que o despedimento dos requerentes constitui um verdadeiro despedimento colectivo...".

O despedimento fundado em extinção do posto de trabalho é *ilícito* se for sem justa causa, isto é, se o motivo indicado não existir ou for "improcedente", o que pode ocorrer em diversas circunstâncias: ser a escolha do trabalhador despedido realmente fundada em motivos políticos, ideológicos, étnicos ou religiosos (art. 381º/*a*)), ou não corresponder essa escolha ao critério indicado pelo empregador (art. 384º/*b*)); existirem na empresa contratos de trabalho a termo para tarefas correspondentes às do posto de trabalho extinto (art. 368º/1-*c*)); ter o trabalhador sido transferido até três meses antes para o posto de trabalho extinto (art. 368º/3); não se verificar verdadeira extinção do posto de trabalho, por haver substituição do despedido.

17. *A cadeia de decisões.* O «momento» decisivo, sob o ponto de vista do regime do despedimento – isto é, da sua motivação relevante – localiza-se, não no feixe de ponderações técnico-económicas ou gestionárias a que alude o art. 359º/2 (e que são cobertas pela liberdade de iniciativa do titular da empresa[41]), mas,

[41] "A sindicabilidade jurisdicional da actuação do empregador está limitada, porquanto, na apreciação da verificação ou não do motivo justificativo invocado para a extinção do posto de trabalho,

a jusante daquele, no facto da extinção do posto de trabalho, produto de uma decisão do empregador, e nesse outro "facto" que é a demonstração da observância, na escolha do trabalhador a despedir, de critérios conformes ao padrão legal.

Está-se, pois, perante uma forma de despedimento que culmina uma cadeia de decisões do empregador situadas em diferentes níveis mas causalmente interligadas: esquematicamente, uma decisão gestionária inicial (por ex., redução de custos), uma decisão organizativa intermédia (a da extinção de um posto de trabalho, que pode, na verdade, consistir no mero afastamento de *um certo* trabalhador) e uma decisão «contratual» terminal (a do despedimento).

A apreciação da justa causa incidirá, como se sugeriu, no nexo sequencial estabelecido entre a extinção do posto de trabalho e a decisão de extinguir *um certo* contrato, isto é, sobre o critério de escolha do trabalhador excluído. É em relação a esse nexo e a cada um dos seus elementos que deve fazer-se a verificação dos requisitos fundamentais do art. 368º/1[42].

Em primeiro lugar, é necessário que se possa relacionar a decisão de extinção do posto de trabalho com um *motivo* enquadrável numa das espécies aludidas no art. 367º/2 e definidas no art. 359º/2. É o que, em certa jurisprudência, se designa por "consequencialidade" da extinção do posto de trabalho em relação a um desses motivos[43]. Trata-se, pois, de uma decisão condicionada, tal como, relativamente ao despedimento colectivo, a de "redução do número de trabalhadores" (art. 359º/1).

No caso (frequente) de se tratar de "uma pluralidade de postos de trabalho de conteúdo funcional idêntico"[44], segue-se a decisão de escolha do trabalhador a despedir, da qual decorrerá a identificação do posto de trabalho extinto. O *critério de escolha* é também condicionado pela lei. Existe, com efeito, uma ordem legal de precedência (art. 368º/4)[45]: pior avaliação de desempenho, menores habilitações académicase profissionais, maior onerosidade da manutenção do vínculo, menor experiência na função, menor antiguidade na empresa.

as decisões técnico-económicas ou gestionárias a montante da extinção do posto de trabalho estão cobertas pela liberdade de iniciativa dos órgãos dirigentes da empresa, colocando-se, por isso, a verificação judicial ao nível do nexo sequencial entre a opção de extinção do (daquele) posto de trabalho e a decisão de pôr termo àquele contrato" - Ac. STJ 15/03/2012 - P. 554/07.0TTMTS.P1.S1 (Fernandes da Silva).

[42] Cfr. Ac. STJ 10/01/2007 - P. 06S2700 (Pinto Hespanhol).

[43] STJ 22/04/2015 - P. 822/08.4TTSNT.L1.S2 (Melo Lima); STJ 31/05/2016 - P. 473/06.8TTCSC.L1.S1 (Ana Luísa Geraldes); STJ 06/04/2017 - P. 1950/14.2TTLSB.L1 (Ferreira Pinto).

[44] Essa identidade de conteúdos funcionais tem que ser previamente demonstrada em termos factuais - é preciso que sejam, alegados e provados os factos que consubstanciam tal identidade: STJ 04/04/2018 - P. 4302/16.6T8VIS.C1.S1 (Ferreira Pinto).

[45] Redacção introduzida pela L. 27/2014, de 8 de Maio.

Essa ordem é "sucessiva e hierarquizada", no sentido de que um critério só é aplicável se o anterior não tiver cabimento ou encontrar todos os trabalhadores em causa no mesmo nível[46]. Assim, só se não houver avaliação de desempenho na empresa, ou se todos os trabalhadores envolvidos tiverem avaliação igual, haverá lugar à aplicação do critério das habilitações literárias – e por aí adiante.

Como atrás se notou, a solução primitiva (salvaguarda do emprego dos mais antigos) foi substituída, com a L. 23/2012, pela entrega ao empregador da definição do critério que melhor lhe conviesse, desde que "relevante e não discriminatório". Esta opção veio a ser declarada inconstitucional pelo citado Ac. TC 602/2013[47].

Na actual formulação, o legislador do trabalho (mais uma vez) aparece a substituir-se ao próprio empregador na avaliação das melhores conveniências deste. A intervenção legal neste ponto era tradicionalmente ditada por critérios sociais, visando refrear aquilo que seriam as normais opções dos empregadores e protegendo grupos mais vulneráveis; agora, a lei coloca-se em posição diametralmente oposta, abandonando tais preocupações e assumindo uma pura perspectiva de gestão da empresa.

Finalmente, o empregador deve demonstrar[48] que não existe na empresa[49] outro posto de trabalho susceptível de ser oferecido ao trabalhador – ou que, existindo, não foi aceite por este.

b) O processo de despedimento.

18. *A natureza do processo.* As exigências processuais que a lei formula para esta modalidade de ruptura do contrato de trabalho traduzem-se numa série de diligências preparatórias de uma decisão unilateral que pertence ao empregador (art. 371º).

Trata-se de um processo de *informação e consulta* – envolvendo, de um lado, a entidade empregadora, e, do outro, uma estrutura representativa dos trabalhadores e cada trabalhador visado – que, todavia, não implica efectiva limitação da

[46] STJ 13/10/2016 – P. 314/15.5T8BRR.L1.S1 (Ribeiro Cardoso).

[47] Sem nenhuma surpresa, de resto. Cfr., por exemplo, a 16ª edição este livro, 510-511.

[48] Cfr. Ac. 22/04/2015 – P. 822/08.4TTSNT.L1.S2 (Melo Lima): "a "impossibilidade prática da subsistência da relação de trabalho" (...) assenta na demonstração de factualidade que revele que, uma vez extinto o posto de trabalho, inexiste outro compatível com a categoria do trabalhador, competindo a prova dessa circunstância ao empregador".

[49] "A avaliação da impossibilidade de subsistência da relação de trabalho por não dispor o empregador de posto de trabalho compatível com a categoria do trabalhador está circunscrita à estrutura empresarial do empregador, ainda que esteja este inserido num grupo de empresas, a menos que se justifique o levantamento da personalidade colectiva por a mesma ter sido usada de modo ilícito ou abusivo para prejudicar terceiros." – Ac. STJ 09/09/2009 – P. 08S4021 (Sousa Grandão).

liberdade de decisão do empregador. Os tons participativos de que o processo é revestido não permitem ocultar a sua reduzida projecção operatória, salvo no que respeita à (artificial) dilação do despedimento.

O despedimento é *ilícito* por razões formais se não forem feitas, nos termos da lei, as *comunicações* impostas pelo art. 369º, como de seguida veremos.

19. *As diligências.* A primeira fase do processo é preenchida pela *comunicação escrita*, pelo empregador, da «necessidade de extinguir o posto de trabalho», com indicação dos "motivos justificativos"[50], e da «necessidade de despedir o trabalhador afecto ao posto de trabalho a extinguir», além da indicação dos "critérios" segundo os quais ele foi escolhido (art. 369º/1). Esta comunicação é a chave do processo: é através dela que o empregador deve evidenciar a relação entre os seus motivos (objectivos) e a destruição do emprego do trabalhador[51]. Por isso devem constar dela "factos concretos que, integrando os conceitos de 'motivos de mercado, estruturais ou tecnológicos, relativos á empresa', tenham o necessário nexo causal com o concreto posto de trabalho a extinguir, sob pena de se estar a permitir a existência de despedimentos arbitrários"[52].

São destinatários dessa comunicação uma estrutura representativa dos trabalhadores (com prioridade para a comissão de trabalhadores) e o trabalhador visado, que poderão emitir parecer fundamentado no prazo de quinze dias (art. 370º, com a redacção dada pela L. 93/2019). A relevância deste passo processual restringe-se à possibilidade, prevista pela lei, de que sejam indicadas "alternativas que permitam atenuar os efeitos do despedimento". Se é certo que as hipóteses consideradas pelo legislador não são claras, julga-se forçoso reconhecer que, entre elas, poderá figurar a demonstração da existência de posto de trabalho vago e susceptível de ser ocupado pelo trabalhador em causa, ou seja, de que *é possível* evitar o despedimento.

Além disso, nos termos do art. 370º/2 e 3, poderá ser, pelos mesmos, suscitada a intervenção da inspecção do trabalho «para verificação dos requisitos» da admissibilidade do despedimento (a inexistência de contratos a termo para funções da mesma natureza, a inaplicabilidade do regime do despedimento colectivo, a observância do critério legal de determinação do trabalhador a

[50] "É nulo o procedimento conducente à extinção do posto de trabalho quando a comunicação efectuada ao trabalhador adopte, na sua fundamentação, expressões vagas e conclusivas, desprovidas de enquadramento fáctico, e quando da mesma não seja possível extrair um nexo causal mínimo entre os fundamentos invocados e a extinção do posto de trabalho" - Ac. STJ 05/01/2012 - P. 3301/05.8TTLSB.L1.S1 (Fernandes da Silva).

[51] Cfr. Ac. STJ 18/06/2014 - 2163/07.5TTLSB.L1.S1 (Gonçalves da Rocha).

[52] É a lapidar formulação do Ac. Rel. Lisboa 11/11/2009 - P. 181/09.8TTCSC.L1-4 (Natalino Bolas).

despedir). Esta «verificação» redundará, porém, simplesmente, na elaboração de um relatório sobre a matéria, o qual é enviado «ao requerente e ao empregador» (art. 370º/3). O jogo dos prazos fixados neste artigo indica que se trata de garantir fundamentação autorizada para o parecer da estrutura representativa dos trabalhadores. A análise da inspecção do trabalho está, pois, condicionada por uma forte exigência de celeridade, que explica o prazo de sete dias fixado no art. 370º/3.

20. *A decisão.* Segue-se a decisão do empregador, escrita e fundamentada (art. 371º). Esta pode ser proferida depois de decorridos cinco dias a contar, conforme os casos, a partir do termo do prazo (de dez dias) concedido pela lei para apresentação do parecer dos interessados ou a partir da recepção do relatório da inspecção do trabalho. O conteúdo da decisão está formatado pela lei: dela têm que constar o motivo da extinção do posto de trabalho, a confirmação dos requisitos atrás mencionados, a prova[53] da aplicação dos critérios de determinação do posto de trabalho a extinguir (se houver oposição), o montante da compensação e a data da cessação do contrato.

c) O aviso prévio e a compensação.

21. *A exigência de aviso prévio.* Trata-se de uma modalidade de despedimento sujeita a *aviso prévio* – ou melhor, condicionada por uma dilação (entre a decisão e a efectiva extinção de contrato) que pode ir de quinze a setenta e cinco dias, conforme a antiguidade do trabalhador (art. 371º/3). Esse prazo destina-se, sobretudo, a possibilitar ao trabalhador a obtenção de outro emprego – daí a atribuição de um crédito de horas correspondente a dois dias de trabalho por semana, sem prejuízo da retribuição (art. 364º, por remissão do art. 372º).

Mas o prazo de aviso prévio assume ainda relevância sob outros pontos de vista. Ele dimensiona efectivamente a duração residual do vínculo após a comunicação da decisão de despedimento: o contrato só cessa quando todo o prazo se esgote, mesmo que a comunicação indique uma data anterior para essa cessação (art. 363º/4). Por outro lado, o pagamento da compensação (a que de seguida nos referiremos) e de outros créditos do trabalhador tem, em regra, que ocorrer até que aquele prazo termine – sob pena de o despedimento vir a ser declarado ilícito (art. 383º).

O trabalhador pode, porém, renunciar ao benefício do aviso prévio, *denunciando*, ele próprio, o contrato com um aviso prévio de três dias úteis, sem que

[53] Trata-se de uma "prova" altamente problemática e arriscada. Nem faz sentido que a decisão contenha uma "prova" seja do que for. É de supor que se trata, mais simplesmente, de "explicar" ou "esclarecer" como corresponde a escolha feita ao critério previamente enunciado.

daí resulte prejuízo para o direito à compensação (art. 365º, para o qual remete o art. 372º).

22. *O pagamento da compensação.* O trabalhador despedido tem direito a uma *compensação pecuniária*[54] calculada nos mesmos moldes da prevista para o despedimento colectivo (art. 366º, também por remissão do art. 372º). Actualmente, ela corresponde a «12 dias de retribuição base e diuturnidades por cada ano completo de antiguidade", até ao limite de 12 vezes essa mensalidade (conforme a redacção dada ao art. 366º pela L. 69/2013, de 30 de Agosto). Para além disso, a mensalidade (retribuição base mais diuturnidades) a tomar em conta não pode exceder 20 vezes a retribuição mínima mensal garantida. E, para o cálculo do valor diário, divide-se a mensalidade considerada por 30[55].

Antes da entrada em vigor da L. 23/2012, e desde o DL 372-A/75, de 16 de Julho, a compensação legal era de um mês de retribuição base mais diuturnidades por ano de serviço ou fracção, com o limite mínimo de três meses e sem limite máximo. Com o diploma referido em primeiro lugar, o processo de cálculo alterou-se. A compensação passou a corresponder a 20 dias de retribuição base e diuturnidades por cada ano completo de antiguidade, com os *plafonds* acima indicados no texto[56].

Resulta, em todo o caso, do art. 371º/2-*d)* que os valores assim estabelecidos não se impõem (como valores fixos ou máximos) à vontade do empregador nem obstam à negociação de montantes diferentes com o trabalhador, tendo em vista a vantagem da sua aceitação, como adiante se verá. O certo é que a lei forneceu ao empregador uma arma negocial que permite, em regra, obter acordos a níveis inferiores aos de anteriormente.

A lei relaciona com a realização desta atribuição patrimonial dois efeitos manifestamente atípicos.

[54] Desde a L. 53/2011, os regimes das compensações por cessação dos contratos de trabalho mencionavam, repetidamente, um "fundo de compensação do trabalho ou mecanismo equivalente" a criar, ao qual o empregador deveriam "aderir", e que se destinaria a suportar uma parte do valor dessas compensações. Esse mecanismo está hoje regulado pela L. 70/2013, de 30 de Agosto.

[55] Este processo de cálculo conduz a resultados diferentes (menos favoráveis para os trabalhadores) dos que seriam produzidos por aplicação da fórmula estabelecida, em geral, pelo art. 271º CT.

[56] Esse regime só era plenamente aplicável aos contratos celebrados depois de 1 de Novembro de 2011, data da entrada em vigor da L. 53/2011, de 14 de Outubro, que instituiu o novo regime de compensações por cessação dos contratos de trabalho. Relativamente aos contratos mais antigos, o legislador tomou em consideração aquilo que erradamente se designou por "direitos adquiridos" – e que mais não era do que expectativas jurídicas –, desenvolvendo, no art. 6º L. 23/2012, um complicado regime misto em que se articulam dois processos de cálculo para a mesma compensação. Com a nova alteração dos dados de cálculo da compensação, operada pela L. 69/2013, a complicação aumentou ainda mais: veja-se o labiríntico art. 5º deste diploma. Voltaremos ao tema a propósito do despedimento colectivo.

Em primeiro lugar, e como já se observou, o pagamento da compensação (ou melhor, como se verá, a sua disponibilização) até ao termo do prazo de aviso prévio é *condição de licitude do despedimento*, solução surpreendente, mas inequivocamente consagrada no art. 384º/*d*) (com nova redacção dada pela L. 23/2012).

Depois, o recebimento da compensação pelo trabalhador gera a *presunção de aceitação do despedimento*[57]. A presunção é ilidível de uma única forma: mediante a *devolução da compensação*[58]. Assim, não basta a comunicação ao empregador, antes do pagamento da compensação, da não aceitação do despedimento e da intenção de o impugnar, nem mesmo a efectiva impugnação judicial[59]. Deste modo, e dentro dos prazos legalmente estabelecidos para a impugnação do despedimento (arts. 387º e 388º CT), enquanto o trabalhador mantiver em seu poder o montante recebido, o empregador estará garantido contra essa impugnação. Tal é o teor do art. 366º/5 e 6 (na redacção da L. 23/2012), para o qual, como temos visto, remete o art. 372º.

A configuração funcional deste último dispositivo (muito criticável, a nosso ver) só parece encontrar chave interpretativa minimamente adequada na suposição do legislador de que a ruptura unilateral se transmuta, com a aceitação da compensação, e por via de uma arriscadíssima ficção jurídica, em algo de semelhante à cessação do contrato por mútuo acordo – como tal, normalmente insusceptível de impugnação pelo trabalhador com base em vícios de processo ou de motivação. Mas os argumentos de «segurança jurídica» não podem prevalecer sobre os de adequação ético-social. Voltar-se-á ao ponto a propósito do despedimento colectivo, domínio em que a controversa solução tomou raízes.

[57] No entanto, "se o trabalhador requereu a suspensão do despedimento depois de ter sido efectuada a transferência para a respectiva conta bancária do valor da compensação, mas não se encontra demonstrado que lhe foi dado conhecimento dessa transferência, deve considerar-se ilidida a referida presunção" – Ac. Rel. Lisboa 24/06/2009 – P. 108/09.7TTFUN-A.L1-4 (Maria João Romba).

[58] Cfr. Ac. STJ 17/03/2016 – P. 1274/12.0TTPRT.P1.S1 (Ana Luisa Geraldes): o trabalhador deve diligenciar "pela devolução da compensação paga pela entidade empregadora, logo que a receba, caso o pagamento lhe seja oferecido diretamente em numerário ou cheque ou, pelo menos, logo que tome conhecimento de que o valor da compensação lhe foi creditado na respetiva conta bancária, caso o pagamento se realize mediante transferência bancária".

[59] Cfr, Ac. STJ 13/10/2016 – P. 2567/07.3TTLSB.L1.S1 (Gonçalves Rocha).

B) O despedimento por inadaptação ao posto de trabalho.

a) A justa causa.

23. *O duplo sentido da "inadaptação"*. Uma outra modalidade de despedimento por causa objectiva é a que se funda na "inadaptação superveniente do trabalhador ao posto de trabalho" (art. 373º).

Foi com o DL 400/91, de 16/10, que penetrou no âmbito da justa causa a «inadaptação do trabalhador ao posto de trabalho», como causa objectiva da cessação do contrato por iniciativa do empregador, que o CT acolheu praticamente nos mesmos termos. Causa objectiva porque não imputável ao trabalhador a título de culpa.

Não se estava então perante a «recuperação» de uma muito antiga postura da lei – por exemplo no art. 102º LCT –, segundo a qual poderia preencher justa causa de despedimento a «manifesta inaptidão do trabalhador para as funções ajustadas». O regime introduzido em 1991 e mantido nas duas versões do CT não cuidava do desajustamento originário ou superveniente entre o objecto do contrato e as capacidades psico-físicas e técnicas do trabalhador. As situações visadas eram apenas as que se seguissem a «modificações no posto de trabalho» (art. 375º/1-*a*)) derivadas da introdução de alterações relativas aos equipamentos, aos processos de fabrico ou à tecnologia utilizada.

Estavam, pois, em causa – como expressamente dizia a lei no art. 373º CT – situações de superveniência nos moldes técnicos da actividade contratada.

A consagração dessa «justa causa» correspondia a um desígnio de flexibilização na gestão de recursos humanos, face às exigências do desenvolvimento tecnológico que condiciona a competitividade das empresas. Tratava-se de libertar efectivos insusceptíveis de aproveitamento num contexto de modernização das empresas.

Após a entrada em vigor das alterações introduzidas no CT pela L. 23/2012, a *inadaptação superveniente do trabalhador* é considerada em duas modalidades dotadas de regimes parcialmente diversos: a primeira supõe a verificação de "modificações no posto de trabalho" (art. 375º/1-a) CT); a segunda decorre de "modificação substancial da prestação realizada pelo trabalhador" (art. 375º/ /2-*a*)), ou seja, do seu desempenho profissional.

Na primeira modalidade, o despedimento é justificado pela *dificuldade de ajustamento* do trabalhador às modificações verificadas; na segunda, pela *perda de qualidade ou rendimento do trabalho* que eventualmente se constate "e que, em face das circunstâncias, seja razoável prever que tenha carácter definitivo". Não é difícil descortinar neste enunciado o propósito de abrir caminho à exclusão de trabalhadores mais desgastados, de idade mais avançada ou com condições físicas e/ou psíquicas diminuídas[60]. Por outras palavras: à reintrodução do despedimento por inaptidão do trabalhador.

Em qualquer dos casos, a "inadaptação" deve revelar-se por certos indícios factuais (art. 374º/1, art. 375º/2-a) na redacção dada pela L. 23/2012): redução continuada de produtividade ou de qualidade, avarias repetidas nos equipamentos, riscos para a saúde e segurança do trabalhador, dos companheiros de trabalho ou de terceiros, assim como, nos cargos de direcção ou de complexidade técnica, o incumprimento de objectivos acordados (art. 374º/2)[61].

24. *A "impossibilidade prática"*. Exige-se, também aqui, que a situação gerada pela inadaptação torne *praticamente impossível* a subsistência da relação de trabalho (art. 374º/1).

Mas o critério de determinação dessa "impossibilidade" não é tão claro como no regime da modalidade anteriormente tratada. De qualquer modo, a verificação dessa situação – susceptível de preencher justa causa – implica a observância de um procedimento destinado a obter a "recuperação" ou "readaptação" do trabalhador[62]. Assim, a constatação da "impossibilidade prática" está legalmente condicionada por uma série de diligências precisas do empregador. Este só pode considerar-se liberto da exigência de manter o contrato depois de, infrutiferamente, essas diligências serem realizadas.

Tratando-se de situação decorrente da introdução de *modificações no posto de trabalho*, é necessário, conforme o art. 371º/1, que o empregador:

a) faculte ao trabalhador uma acção de formação profissional adequada ao seu ajustamento às modificações tecnológicas efectuadas;

b) lhe conceda um período suficiente de adaptação, que será, no mínimo, de 30 dias.

Relativamente aos casos de *modificação substancial da prestação do trabalhador*, o empregador deve, nos termos do art. 375º/2:

a) informar o trabalhador da apreciação (desfavorável) que o trabalho prestado lhe merece, "juntando cópia dos documentos relevantes" e fazendo uma "descrição circunstanciada dos factos" (!)[63], elementos que devem ser remetidos também à comissão de trabalhadores;

[60] No entanto, o art. 374º/3, na redacção dada pela L. 23/2012, salvaguarda "a protecção conferida aos trabalhadores com capacidade de trabalho reduzida, deficiência ou doença crónica".

[61] Sobre o tema, veja-se JÚLIO GOMES, *Direito do Trabalho* cit 997 ss.. Este último enunciado constitui um dos vários fragmentos de um regime de trabalho especial para quadros técnicos e dirigentes que se encontram disseminados pelo CT – as sementes de um desejável complexo normativo estruturado que o ordenamento laboral português ainda não comporta.

[62] Além disso, a inadaptação deixa de ser invocável se resultar da «falta de condições de segurança e saúde no trabalho imputável ao empregador» (art. 374º/4).

[63] A semelhança com uma nota de culpa em processo disciplinar é marcante...

b) conceder-lhe prazo não inferior a cinco dias para se pronunciar, por escrito, sobre o que lhe é apontado;

c) comunicar-lhe, por escrito, "ordens e instruções" de natureza correctiva;

d) ministrar-lhe formação e conceder-lhe um período de adaptação, se necessário e adequado.

Depois de realizadas essas diligências, sem que a situação tenha ficado resolvida, a constatação da justa causa implica ainda, quanto à primeira modalidade, a verificação da existência ou inexistência de "outro posto de trabalho disponível e compatível" (art. 375º/1-d)).

Quanto à hipótese de inadaptação revelada por "modificação substancial" do desempenho do trabalhador, a lei não formula essa exigência. O empregador não tem, por conseguinte, que procurar, em último termo, ocupação substitutiva para o trabalhador cujas capacidades fiquem diminuídas. Pode perguntar-se se tal omissão é susceptível de induzir inconstitucionalidade. O Tribunal Constitucional, no acórdão 602/2013, pronunciou-se no sentido da conformidade constitucional desse regime, ou melhor, da modalidade de despedimento por inadaptação que a L. 23/2013 introduziu, mas não especificamente do ponto de vista que aqui sugerimos.

É certo que a "inadaptação", nesta modalidade, não é inteiramente deixada ao critério de apreciação do empregador. Ela há-de revelar-se por índices dotados de alguma objectividade: "a redução continuada de produtividade ou de qualidade, avarias repetidas nos meios afectos ao posto de trabalho ou riscos para a segurança e saúde do trabalhador, de outros trabalhadores ou de terceiros". Também o processo de "correcção" a que se fez referência é regulado pela lei de modo a salvaguardar a sua objectividade.

No entanto, a semelhança desse processo com o da acção disciplinar é sugestiva. A não inclusão do ónus de "repescagem" ou de ocupação substitutiva reforça a ideia de subjectivação desta modalidade de despedimento – a de que, em suma, nela se permite a exclusão de um trabalhador por razões ligadas ao seu comportamento *pessoal*, como no despedimento disciplinar, de tal modo que a sua eventual reocupação noutra função não é sequer de considerar. Perante isto, a dúvida de constitucionalidade merece ser ponderada.

25. *A apreciação da justa causa.* À semelhança do que se anotou a propósito da extinção de posto de trabalho, também nas situações de inadaptação superveniente do *primeiro tipo* – ou seja, ligadas a *modificações do posto de trabalho* – se trata de uma justa causa que tem, a montante, uma cadeia de decisões técnicas e gestionárias do empregador/empresário. Essas decisões redundam, justamente, em «alterações nos processos de fabrico ou de comercialização, de novas tecnologias ou equipamentos baseados em diferente ou mais complexa tecnologia» (art. 375º/1-*a*)).

Tais decisões não são susceptíveis de controlo judicial em sede de impugnação do despedimento. Prevalece aqui a liberdade de iniciativa económica; ficam intocadas as prerrogativas de gestão e organização da empresa. Tudo quanto a lei exige é que as consequentes modificações dos postos de trabalho sejam «objecto de informação e consulta» da estrutura representativa interna dos trabalhadores.

Algo de semelhante se dirá relativamente às situações do *segundo tipo – modificação da prestação de trabalho.* Não há aqui que considerar decisões técnicas ou organizativas do empregador, mas pode tratar-se dos resultados de um processo de avaliação periódica do desempenho, ou da definição (unilateral ou consensual) de certos níveis mínimos de rendimento do trabalho, ou ainda da instituição de sistemas de controlo de qualidade. Os produtos de tais procedimentos não são também, em si mesmos, judicialmente atacáveis, excepto se puder ser demonstrado o seu carácter arbitrário ou discriminatório.

Assim, a apreciação da justa causa incide, apenas, num e noutro tipo, sobre o nexo de adequação entre uma «consequência última» das referidas decisões e dos procedimentos mencionados – a verificação da inadaptação do trabalhador, manifestada em certos factos – e a «impossibilidade prática» (inexigibilidade) do prosseguimento da relação de trabalho.

Esse nexo de adequação supõe a *permanência do posto de trabalho* (modificado ou não) e a necessidade do seu preenchimento cabal – necessidade esta que é, decerto, um dos factores da aludida «impossibilidade prática». É por isso que a lei determina que, do despedimento, não deve resultar, no imediato, diminuição do volume de emprego na empresa[64], e que esta deve preencher o posto de trabalho deixado vago, quer por admissão, quer por transferência de um trabalhador cujo posto de trabalho seja extinto, no prazo de 90 dias (art. 380º).

De qualquer modo, o despedimento pronunciado sob invocação da inadaptação do trabalhador é *ilícito* – por inexistência de justa causa – se não se verificar nenhum dos indicadores de anomalia a que se referem os arts. 374º/1 e 375º/ /2-*a)* (com a nova redacção da l. 23/2012) ou se não tiverem sido completamente realizadas as *diligências* que a lei impõe ao empregador para se tentar superar a situação – e ainda, naturalmente, se, apesar dela, for possível continuar a utilizar os serviços do trabalhador na empresa.

[64] No regime originário desta modalidade de justa causa de despedimento (introduzida pelo DL 400/91), aludia-se a "emprego permanente". A alteração só pode significar que o legislador admite (surpreendentemente) o preenchimento do posto de trabalho (permanente) deixado vago, através de contrato a termo.

b) O processo de despedimento.

26. *As diligências.* As regras processuais a observar nesta modalidade despedimento seguem um modelo idêntico ao que o CT estabelece para a extinção do posto de trabalho.

Trata-se também de um processo de informação e consulta, através do qual se pretende incorporar no processo decisório contributos do trabalhador visado e da estrutura representativa dos trabalhadores na empresa. O processo inicia-se com a *comunicação escrita*, ao trabalhador – mas não, estranhamente, à comissão de trabalhadores[65] – da intenção de despedir e dos seus fundamentos (art. 376º). Se se tratar de representante sindical, a comunicação é também enviada à associação sindical respectiva.

Começa então a correr um prazo de dez dias, em que tanto o trabalhador como a estrutura representativa podem pronunciar-se sobre a adequação da medida anunciada (art. 377º). Nesse prazo, o trabalhador – em evidente paralelismo com o procedimento disciplinar – pode juntar documentos e solicitar diligências probatórias, de cujo resultado devem ser informados o mesmo trabalhador e a estrutura representativa que intervenha no processo.

27. *A decisão.* No termo daquele período, começa a correr um prazo de *caducidade* do direito de despedir, de 30 dias – durante o qual a decisão tem que ser proferida e comunicada, por escrito, com indicação do motivo, da verificação dos requisitos legais, do montante da compensação devida ao trabalhador e da data da cessação do contrato (art. 378º/1, com a redacção dada pela L. 23/2012).

A decisão será levada, por cópia ou transcrição da respectiva peça processual, ao conhecimento do trabalhador, da estrutura representativa interveniente e da inspecção do trabalho (art. 378º/2), com certa antecedência mínima relativa à produção do efeito extintivo – o aviso prévio.

O despedimento será *ilícito* por razões formais, se não tiverem sido feitas as comunicações acima referidas.

[65] Na verdade, a menção da comissão de trabalhadores, anteriormente constante do art. 376º/1, foi eliminada pela L. 23/2012, sem que se descortine qualquer fundamento. A exclusão parece, de resto, pouco congruente com outros traços do mesmo regime. No novo texto do nº 2 do mesmo artigo, dispõe-se que, no caso de não se tratar de representante sindical, o empregador deve transmitir a mesma comunicação, *três dias mais tarde*, a associação sindical indicada pelo trabalhador ou, se este a não indicar, à comissão de trabalhadores, ou ainda, na falta desta, à comissão sindical ou intersindical. E a estrutura representativa que for destinatária de tal comunicação pode também, e no prazo dado ao trabalhador, apresentar parecer fundamentado sobre os motivos do despedimento.

c) *O aviso prévio e a compensação.*

28. *O aviso prévio.* O despedimento por inadaptação do trabalhador está, pois, sujeito a dilação, nos mesmos termos que o despedimento individual por extinção do posto de trabalho e o próprio despedimento colectivo.

Assim, entre a data da comunicação da decisão de despedimento e a data da cessação do contrato, deve correr um prazo variável com a antiguidade do trabalhador (art. 378º/2); a última data deve, de resto, ser indicada na decisão final. É também aqui aplicável, por remissão do art. 379º, o crédito de horas estabelecido no art. 364º, tendo em vista a procura de novo emprego.

Como no despedimento por extinção do posto de trabalho, o prazo de aviso prévio determina a duração residual do contrato, independentemente da data que o empregador tenha feito constar da decisão (remissão do art. 379º para o art. 363º/4).

29. *A compensação.* O trabalhador despedido tem direito a uma compensação pecuniária calculada nos moldes do despedimento colectivo (art. 366º, também por remissão do art. 372º). Actualmente, ela corresponde a «12 dias de retribuição base e diuturnidades por cada ano completo de antiguidade", até ao limite de 12 vezes essa mensalidade (conforme a redacção dada ao art. 366º pela L. 69/2013, de 30 de Agosto). Para além disso, a mensalidade (retribuição base mais diuturnidades) a tomar em conta não pode exceder 20 vezes a retribuição mínima mensal garantida. E, para o cálculo do valor diário, divide-se a mensalidade considerada por 30[66].

Antes da entrada em vigor da L. 23/2012, e desde o DL 372-A/75, de 16 de Julho, a compensação legal era de um mês de retribuição base mais diuturnidades por ano de serviço ou fracção, com o limite mínimo de três meses e sem limite máximo. Com o diploma referido em primeiro lugar, o processo de cálculo alterou-se. A compensação passou a corresponder a 20 dias de retribuição base e diuturnidades por cada ano completo de antiguidade, com os *plafonds* acima indicados no texto[67].

[66] Este processo de cálculo conduz a resultados diferentes (menos favoráveis para os trabalhadores) dos que seriam produzidos por aplicação da fórmula estabelecida, em geral, pelo art. 271º CT.

[67] Esse regime só era plenamente aplicável aos contratos celebrados depois de 1 de Novembro de 2011, data da entrada em vigor da L. 53/2011, de 14 de Outubro, que instituiu o novo regime de compensações por cessação dos contratos de trabalho. Relativamente aos contratos mais antigos, o legislador tomou em consideração aquilo que erradamente se designou por "direitos adquiridos" – e que mais não era do que expectativas jurídicas –, desenvolvendo, no art. 6º L. 23/2012, um complicado regime misto em que se articulam dois processos de cálculo para a mesma compensação. Com a nova alteração dos dados de cálculo da compensação, operada pela L. 69/2013, a complicação aumentou ainda mais: veja-se o labiríntico art. 5º deste diploma. Voltaremos ao tema a propósito do despedimento colectivo.

Valem aqui as restantes observações produzidas acerca da compensação por despedimento fundado em extinção do posto de trabalho.

Sempre em paralelo com o que se dispõe a propósito no regime dessa outra modalidade de despedimento individual, a oferta do pagamento da compensação, antes de terminar o prazo de aviso prévio, surge como condição de licitude do despedimento (art. 385º/*c*), com nova redacção dada pela L. 23/2012) e o recebimento dela faz presumir a «aceitação» do despedimento. Vale também aqui a observação já feita a propósito de idêntica regra que se estabelece para o despedimento por extinção de posto de trabalho, assim como a remissão para ulteriores considerações acerca do despedimento colectivo.

Capítulo 22
O DESPEDIMENTO COLECTIVO

I. A noção legal do despedimento colectivo[1].

1. A definição do art. 359º; 2. O despedimento colectivo perante o art. 53º CRP; 3. Despedimento colectivo e despedimento individual; 4. O controlo jurídico do despedimento colectivo.

1. *A definição do art. 359º*. Para além do despedimento individual com justa causa, a entidade patronal dispõe ainda de uma outra forma de desvinculação: o *des-*

[1] O tema é exaustivamente tratado na monografia de BERNARDO XAVIER, *O despedimento colectivo no dimensionamento da empresa*, Lisboa (2000). Vd. também P. FURTADO MARTINS, *Cessação* cit. 245 ss., que trata o despedimento colectivo em conjunto com o despedimento por extinção de posto de trabalho, como espécies do "despedimento por eliminação de emprego". Quanto ao efeito, é uma apresentação indiscutível. Quanto á natureza, porém, temos sérias reservas, que resultarão do modo por que em seguida se expõe a doutrina básica do despedimento colectivo. A sistematização adoptada por FURTADO MARTINS tem o seu antecedente no DL 64-A/89, de 27 de Fevereiro (regime jurídico da cessação do contrato de trabalho e do contrato a termo), que consagrava, ao lado do "despedimento promovido pela entidade empregadora" – na realidade, o despedimento disciplinar –, uma figura designada por "cessação de contratos de trabalho fundada em extinção de postos de trabalho por causas objectivas de ordem estrutural, tecnológica ou conjuntural relativas à empresa", que abarcava o despedimento colectivo e a "cessação do contrato de trabalho, por extinção de postos de trabalho, não abrangida por despedimento colectivo", ou seja, aquilo que hoje se conhece como despedimento individual por extinção do posto de trabalho. À época, tratava-se de um expediente através do qual se pretendia contornar a possível inconstitucionalidade do despedimento individual por motivo não disciplinar. Apesar de essa questão estar hoje superada, a artificial "geminação" das duas modalidades de despedimento mantém vestígios na lei: o CT quebra a sequência das modalidades de despedimento individual, interpondo o despedimento colectivo como "primeira espécie" do despedimento por causa objectiva.

pedimento colectivo, regulado pelos arts. 359º a 366º CT. Trata-se da cessação de contratos de trabalho, «operada simultânea ou sucessivamente no período de três meses, abrangendo, pelo menos, dois ou cinco trabalhadores, conforme se trate, respectivamente, de microempresa ou de pequena empresa, por um lado, ou de média ou grande empresa, por outro, sempre que aquela ocorrência se fundamente em encerramento de uma ou várias secções ou estrutura equivalente ou redução do número de trabalhadores determinada por motivos de mercado, estruturais ou tecnológicos» (art. 359º/1).

Tal expediente caracteriza-se por dois traços essenciais: primeiro, o de abranger uma *pluralidade* de trabalhadores da empresa; segundo, o de a ruptura dos contratos respectivos se fundar em *razão comum* a todos eles[2].

O motivo ou fundamento invocado pelo empregador é o elemento unificante que reconduz a cessação daquela pluralidade de vínculos a um fenómeno homogéneo, regulado pela lei em bloco. Note-se, todavia, que não pode ter-se como relevante qualquer fundamento invocado pela entidade patronal, desde que aparentemente comum a vários trabalhadores; nomeadamente, não são de atender razões alusivas ao comportamento deles, ou seja, num certo sentido, razões de carácter «subjectivo», embora coincidentes – mas apenas motivos inerentes à organização produtiva em que se inserem, por isso alheios à conduta pessoal dos trabalhadores. O despedimento simultâneo de vários trabalhadores por razões disciplinares (mesmo que se trate de uma acção colectivamente empreendida) não é um despedimento colectivo. A valoração discipinar, como eventual fundamento para despedir, supõe factores – culpa, diligência exigível – que são irredutivelmente *individuais*, singularizando, pois, o destino de cada contrato e reclamando a aplicação de regras do *despedimento individual*.

O carácter colectivo do despedimento apura-se em relação ao respectivo *projecto*, que, como se observará, deve ser inicialmente explicitado pelo empregador através da comunicação a que se refere o art. 360º. A evolução do projecto, nomeadamente ao longo da fase de informações e negociação desenhada no art. 361º, pode levar a que a sua dimensão se reduza mais ou menos fortemente. As várias soluções alternativas que a lei prevê acrescem à possibilidade de aceitação das condições económicas oferecidas pelo empregador. Desse modo, o despedimento colectivo pode atingir, a final, um número de trabalhadores inferior aos limiares fixados no art. 359º (dois ou cinco, conforme a dimensão da empresa), inclusivamente reduzir-se a um só[3].

[2] Cfr. Ac. STJ 06/12/2011 – P. 414/06.2TTVNG.P1.S1 (Fernandes da Silva). Note-se que o processo de despedimento colectivo pode concluir-se com um só trabalhador, depois de terem sido encontradas soluções alternativas para os restantes: encontra-se um exemplo no Ac. STJ 6/11/96 (CJ 96, 3, 248).

[3] Cfr. Ac. 23/03/2010 – P. 469/09.8YFLSB (Sousa Peixoto).

2. *O despedimento colectivo perante o art. 53º CRP*. Poderia suscitar-se o problema da constitucionalidade da admissão do despedimento colectivo entre as formas de cessação do contrato de trabalho. Com efeito, o art. 53º CRP inclui entre as garantias dos trabalhadores «a segurança no emprego, sendo proibidos os despedimentos sem justa causa ou por motivos políticos ou ideológicos». Perante este enunciado, dir-se-ia forçoso considerar limitada às situações de justa causa a faculdade de desvinculação unilateral do empregador. É indiscutível que os fundamentos admitidos pela lei para o despedimento colectivo (art. 359º) não cabem no conceito (também legal) da justa causa de despedimento, atrás examinado. Não se exige, com efeito, que as relações de trabalho visadas tenham atingido um estado de inviabilidade; não estamos perante uma medida cuja admissibilidade dependa da ausência de alternativas. Usando as palavras da lei, não se supõe uma "impossibilidade prática da subsistência da relação de trabalho". E, se assim é, o despedimento colectivo não se comportaria também dentro da margem permitida pelo citado preceito constitucional.

Mas a verdade é que ninguém hoje discute a legitimidade constitucional do regime do despedimento colectivo. Este apresenta-se – em harmonia com a natureza das coisas – como um fenómeno não enquadrável numa política de garantia da segurança do emprego, relativamente ao qual a ordem jurídica se limita a salvaguardar o respeito pelos limites da racionalidade económica e gestionária, isto é, a prevenir o *abuso* do direito de eliminar postos de trabalho, que é um direito inerente à liberdade de iniciativa económica. Os critérios usados a esse propósito são os da *adequação* e da *congruência* de decisões, nada mais. Num outro plano, por seu turno, o legislador constitucional preocupou-se, no art. 53º, com as possibilidades de desvinculação unilateral e individual oferecidas aos empregadores, tendo em vista expedientes através dos quais poderia ganhar margem de manobra o arbítrio patronal, e que decididamente quis proscrever: a denúncia com aviso prévio, *não motivada* (a qual teve entre nós longa tradição legislativa), e o despedimento com base em «motivo atendível» (criado pelo DL 372-A/75 e, depois, eliminado pelo DL 84/76). O art. 53º CRP visou, pois, proscrever as formas que pode assumir o chamado «despedimento ordinário», submetido apenas à exigência de aviso prévio, que é tido, tradicionalmente, como instrumento primário da liberdade do empregador de pôr termo ao contrato de trabalho[4].

[4] Na medida do significado que pode ser atribuído aos trabalhos preparatórios do texto inicial da CRP (1976), cabe notar que foram expressamente arredadas, durante o debate do então art. 52º, propostas no sentido de abranger nele, ao lado da «justa causa», referências ao «motivo atendível» ou «motivo socialmente justificado» (na linha do DL 372-A/75, que consagrava uma via de desvinculação construída sobre essa noção); e consta da explicação dada, sobre a redacção que acabou por obter vencimento, que com ela *se não entendia excluir os despedimentos colectivos* (donde a observação,

O despedimento colectivo é, com efeito, um fenómeno diverso, e está, por isso, fora do âmbito do art. 53º – salvo, como é óbvio, no respeitante à exclusão de motivações políticas ou ideológicas. Trata-se de uma figura merecedora de tratamento legal separado em relação às modalidades do despedimento individual.

Em via de regra, ele não constitui mais do que uma *consequência*, por assim dizer, «natural» de certos factos, situações ou decisões de gestão ocorridos na esfera da empresa. Não se quer dizer com isto que os fundamentos admitidos para a cessação colectiva de vínculos laborais sejam, por natureza, independentes da vontade do empregador: a empresa pode encerrar porque o seu titular pretende investir noutro negócio, ou por ter sido declarada a sua falência, porventura fraudulenta; o encerramento de uma secção pode resultar de uma reorganização interna com o propósito de fazer economias; faz-se uma redução do número de postos de trabalho em consequência da introdução de novo equipamento e nova tecnologia. Em todos estes casos, há decisões empresariais cobertas pela garantia constitucional da liberdade de iniciativa económica, e de que podem *resultar* efeitos negativos em termos de emprego.

Por outro lado, o despedimento colectivo culmina uma série de *decisões abstractas* no que respeita ao destino dos trabalhadores; o projecto de d. c. visa em primeira linha um certo *número* de trabalhadores, ou uma *percentagem* do efectivo de um ou mais departamentos, ou de certas *categorias* – não certos trabalhadores identificados como alvos concretos da vontade extintiva do empregador. Importa, com efeito, que o objectivo do empregador – na medida em que seja externamente controlável – se não possa reconduzir à extinção de concretos contratos de trabalho, ao despedimento de *certos* trabalhadores individualmente considerados; que a decisão do empregador seja *impessoal* e que a cessação dos contratos seja uma *consequência* e não um fim. Tudo características contrastantes com as do despedimento individual, em qualquer das suas formas.

Como válvula de escape para situações de crise empresarial extrema ou de desajustamento marcante entre o volume e a qualidade do emprego suportado pela empresa e as suas reais necessidades, o despedimento colectivo apresenta características que o identificam mais claramente como um instrumento da *liberdade de empresa* do que como um domínio de tutela da segurança do emprego – razão pela qual se denota alguma artificialidade no facto de se alinhar, em termos sistemáticos, o seu regime legal com o das modalidades do despedimento individual.

feita por um deputado, de que daí resultaria afinal um conceito «um pouco mais amplo» da justa causa de despedimento). Vd. *Diário da Assembleia Constituinte*, nº 48 (sessão de 18/9/75), 1 386 ss..

De qualquer modo, uma eventual proibição do despedimento colectivo tornar-se-ia fatalmente ineficaz; como impedir, com efeito, que se rompam os contratos existentes entre uma sociedade que se dissolve, um empresário falido, e os trabalhadores ao seu serviço? São concebíveis – e existem, nalguns aspectos – mecanismos legais de substituição do empresário que se retira ou desinteressa; mas não cabem no contexto do ordenamento jurídico expedientes destinados a manter coercivamente em vigor contratos de trabalho sem o suporte de uma organização produtiva[5].

3. *Despedimento colectivo e despedimento individual.* A preocupação, que o legislador revela, de enunciar pormenorizadamente os traços definidores deste fenómeno tem uma explicação: é que a validade (e eficácia) do despedimento colectivo está condicionada pela verificação externa de que se não pretende encapotar, sob a aparência de tal expediente legalmente admitido, um conjunto de despedimentos individuais injustificados – isto é, sem justa causa verificada nos termos e segundo os processos definidos pela lei[6]. Exige-se, portanto, que esteja em causa a extinção de uma pluralidade de vínculos, mas acresce que exista para o facto um fundamento organizativo ou técnico que a explique e justifique.

Assim, e em suma, a verificação da existência ou inexistência de despedimento colectivo conexiona-se com o dispositivo do despedimento individual por justa causa; aquilo que não couber no primeiro terá que corresponder aos pressupostos do segundo, sob pena de ineficácia.

[5] A jurisprudência assentou ideias a este respeito há longo tempo: "Não havendo dúvidas de que o despedimento colectivo assenta em bases verdadeiramente economicistas, a sua legalidade não deverá ser aferida apenas em termos de só dever concretizar-se na medida em que possa viabilizar uma empresa (salvando-a de uma falência iminente), sob pena de se distorcer os mecanismos de mercado, nomeadamente em termos concorrenciais, com eventuais e graves perturbações em matéria de estabilidade do emprego. Não devendo o julgador, na apreciação dos factos, desrespeitar os critérios de gestão da empresa, não lhe competindo substituir-se ao empregador, concluindo pela improcedência do despedimento, por entender que deviam ter sido outras as medidas a tomar, é certo que nas situações concretas, se está quase sempre, perante prognósticos quanto à evolução da empresa, e ou do mercado. Importa, contudo, que para além da verificação objectiva da existência dos motivos tecnológicos, económicos ou conjunturais, se constate a existência de um nexo entre os mesmos e os despedimentos efectuados, por forma que os motivos invocados sejam suficientemente fortes para que, determinando uma diminuição de pessoal, conduzam, sem mais, ao despedimento colectivo de certos e determinados trabalhadores." – Ac. STJ 01/02/2001 – P. 00S124 (Diniz Nunes).

[6] A necessidade de um critério rigoroso de determinação do despedimento colectivo tinha ainda mais forte justificação durante a vigência do DL 783/74, já citado. Com efeito, a matéria dos despedimentos individuais permanecia, na altura, regulada pelos dispositivos da LCT – que, além do mais, comportavam a possibilidade de denúncia não motivada por parte do empregador.

4. *O controlo jurídico do despedimento colectivo.* O actual regime do despedimento colectivo é claramente liberal. Embora os fundamentos da decisão patronal fiquem sujeitos a certo escrutínio prévio, através da análise das informações prestadas e da negociação com a estrutura representativa dos trabalhadores, a sua validade e, por conseguinte, a licitude do despedimento só estão sujeitas a controlo judicial *a posteriori*. Mas a natureza dos fundamentos da decisão de romper os contratos torna-os de muito difícil julgamento pelos tribunais: tratar-se-á de pré-decisões de gestão, de ponderações de natureza técnica ou económica, relacionáveis, estas mesmas, com factores subjectivos como as «expectativas», as «previsões» e as «tendências» percepcionadas pelos empresários e gestores[7]. Por isso se constata que o despedimento colectivo é, sobretudo, vulnerável a formas de controlo político e social: a contestação sindical, a reacção da Administração.

E daí, porventura, que a cessação de contratos de trabalho por efeito *imediato* de despedimentos colectivos seja relativamente pouco expressiva, no quadro geral da eliminação de empregos. O quadro seguinte ilustra a evolução verificada recentemente, incluindo o período de agudização da "crise".

[7] Veja-se, por exemplo, o Ac. STJ 27/06/2007 – P. 07S1147 (Pinto Hespanhol), em que se afastou a ilicitude do despedimento colectivo "provando-se uma evolução desfavorável dos prémios de seguro cobrados e que a seguradora procedeu ao despedimento com vista à sua reestruturação, embora nesta tivesse sido ponderada uma incorporação futura geradora de uma duplicação de estruturas organizativas (...)". E ainda, de modo até mais ilustrativo, o Ac. STJ Ac. 07/11/2001 – P. 01S594 (José Mesquita), em cuja fundamentação se ponderou: "Com efeito, embora se possa admitir que, em termos efectivos, os custos com a substituição de trabalhadores de limpeza por empresa de prestação de serviços não atinja o alcance na redução de custos verificado noutros sectores, é um facto que o mesmo também contribuiu para essa redução, inserindo-se assim no prognóstico traçado pela empresa quanto à redução geral de custos. Daí que se não evidencie, quanto às autoras, alheamento ou incongruência dos fundamentos subjacentes ao despedimento colectivo. Realce-se ainda que, na sequência do já referido, a redução de custos pretendida terá igualmente de ser perspectivada tendo em conta o prognóstico da empresa quanto à melhor racionalização e eficiência dos serviços". A atendibilidade das meras previsões (desde que "razoáveis") do empregador é também nota relevante do critério assente na jurisprudência. Cfr. Ac. STJ 06/12/2011 – P. 414/06.2TTVNG.P1.S1 (Fernandes da Silva): "A redução da actividade, motivada por razões de mercado, reflectidas na crise económica empresarial, não tem que ser previamente comprovada, pelo que o despedimento colectivo pode ser operado com esse fundamento, não sendo exigível que a sua consumação, para que se mostre séria e iminente, seja abrupta/imediata".

Processos concluídos		
Ano	**Nº empresas**	**Nº trabs. despedidos**
2011	641	6.526
2012	1.129	10.488
2013	990	9.262
2014	664	6.216
2015	537	5.236
2016	421	4.712
2017	396	3478
2018	320	3601
2019	352	3616

Fonte: DGERT

Quando as entidades empregadoras pretendem reduzir o pessoal das empresas, recorrem preferencialmente (ainda que não imediatamente) à revogação dos contratos por mútuo acordo, processo que exclui o risco de fricção política e também, em princípio, de contestação judicial[8]. Numa fase mais recente, e em consequência de alterações legislativas que complicaram o recurso indiscriminado à revogação, manifestou-se tendência para usar o despedimento por extinção do posto de trabalho, assente em negociação prévia da compensação com o trabalhador. De qualquer modo, o lançamento de processos de despedimento colectivo é, muitas vezes, o caminho escolhido para, a final, obter soluções consensuais. Os projectos de redução de pessoal são, assim, concretizados mediante a combinação de acordos extintivos, em várias modalidades (inclusivamente sob a aparência de despedimentos individuais por causa objectiva), e, residual-

[8] A concretização do afastamento de trabalhadores pela via da revogação por mútuo acordo prevalecia mesmo nos casos em que a opção processual começava por ser o despedimento colectivo. É sabido que uma das técnicas de redução de pessoal consiste em exteriorizar a intenção de despedimento colectivo – através do desencadeamento da respectiva tramitação legal – para assim facilitar o consentimento dos trabalhadores na revogação, mediante compensação superior à indemnização de despedimento. Em 2004, por exemplo, foram concluídos 95 processos de despedimento colectivo, que acabavam por definir a cessação dos contratos de trabalho de 2624 trabalhadores. Esses despedimentos colectivos atingiram 848 trabalhadores, e 1337 viram os contratos terminar por mútuo acordo. Em 2019, terminaram 352 processos, que fixaram em 3920 o número de trabalhadores a afastar; pelo despedimento, foram abrangidos 3616, e só 67 concluíram acordos revogatórios. Esta enorme diferença resultou de uma alteração do regime do subsídio de desemprego, que restringiu o acesso a esse benefício nos casos de mútuo acordo

mente, de despedimentos colectivos. Assim se tira partido das largas margens de liberdade desvinculação que o regime do despedimento colectivo oferece, quer por si mesmo, quer pela abertura que oferece a soluções consensuais.

A discussão judicial sobre um despedimento colectivo incide, de modo predominante, sobre aspectos formais, processuais, isto é, sobre eventuais deficiências do procedimento seguido, face à tramitação legalmente imposta. Nem sempre, porém, assim é. A verificação de inconsistências na cadeia de decisões – independentemente de qualquer apreciação do mérito das mesmas – pode conduzir, e tem conduzido, ainda que de modo pouco frequente, à inutilização de despedimentos colectivos[9].

O despedimento colectivo será *ilícito* em razão dos motivos, se não for verídica a fundamentação apresentada, e se não existir, relativamente a todos os trabalhadores cujos contratos cessam, o nexo de *adequação* entre o despedimento e o motivo invocado (se, por exemplo, o despedimento colectivo incluir trabalhadores cuja função nada tem que ver com o departamento extinto). A doutrina do STJ é, a este respeito, inequívoca e constante: "O controlo judicial da validade do despedimento colectivo implica, por parte do tribunal, não só a verificação objectiva da motivação invocada para justificar a redução global dos postos de trabalho, mas também a verificação da idoneidade de tal motivação para, em termos de razoabilidade, determinar a extinção dos concretos postos de trabalho"[10]. Por outras palavras: *veracidade* do motivo e *congruência* entre ele e a concretização do despedimento coletivo em certos contratos. Para além disso, uma indicação pouco clara ou vaga dos motivos pode igualmente relevar nesse sentido[11].

[9] Veja-se, por exemplo, o Ac. STJ 19/11/2008 – P. 08S1873 (Sousa Peixoto):"O encerramento temporário de um hotel para obras não constitui fundamento de despedimento colectivo". O requisito de congruência entre os vários segmentos do processo de decisão incide com particular vigor na determinação de cada trabalhador a despedir.Ilustra essa relevância particular o Ac. STJ 13/01/2010 – P. 15275/09.1T2SNT.S1 (Vasques Dinis): "apurando-se que a actividade desenvolvida pela Autora continuou a existir, mesmo após o encerramento das mencionadas instalações, é de reputar de ilícito o despedimento de que esta veio a ser alvo, com fundamento na incongruência entre a motivação comum invocada para justificar o despedimento colectivo e a individualização do concreto despedimento da Autora".

[10] STJ 13/01/2010 – P. 15275/09.1T2SNT.S1 (Vasques Dinis). No mesmo sentido, lapidarmente, STJ 27/06/2007 – P. 07S1147 (Pinto Hespanhol): "Na apreciação da procedência dos fundamentos invocados para o despedimento colectivo, o tribunal deve proceder, à luz dos factos provados e com respeito pelos critérios de gestão da empresa, não só ao controlo da veracidade dos fundamentos invocados, mas também à verificação da existência de um nexo entre aqueles fundamentos e o despedimento, por forma a que, segundo juízos de razoabilidade, tais fundamentos sejam aptos a justificar a decisão de redução de pessoal através do despedimento colectivo".

[11] Cfr. Ac. STJ 10/04/2014 – P. 339/03.3TBSTC.E1.S1 (Mário Belo Morgado): "a comunicação ao trabalhador dos critérios que estiveram na base da sua seleção no âmbito de um despedimento

Repare-se que não está em causa a "intensidade causal" do motivo invocado (desde que verídico) relativamente à cessação dos contratos (desde que "razoavelmente" determinada por aquele). Não se exige a inevitabilidade da ruptura desses contratos nem a configuração desta como "último recurso".

É, assim, muito ampla a margem de decisão dos empregadores, no que toca às ponderações gestionárias de cuja sequência resultará um despedimento colectivo. Em particular, a deslocalização de empresas, estabelecimentos ou linhas de produção, fenómeno tão vulgar na prática dos grupos económicos transnacionais, é, sob o ponto de vista do nosso regime legal, uma decisão inatacável em si mesma, por muito nefastas que sejam as suas consequências sociais e económicas a nível nacional ou local[12].

coletivo, feita por forma de tal modo vaga e genérica que não permita ao mesmo e/ou ao tribunal sindicar as correspondentes razões (...) determina a ilicitude do despedimento". No mesmo sentido, entre outros, o Ac. STJ 27/06/2012 – P. 938/06.1TTVFR.P1.S1 (Gonçalves Rocha).

[12] Cfr. Ac. STJ 07/10/2009 – P. 820/05.0TTVNF.S1 (Vasques Dinis):"Não configura abuso do direito o recurso ao despedimento colectivo, por empresa integrada em grupo económico internacional, se a eliminação de postos de trabalho decorre do facto de, por força das condições existentes nos mercados internacionais, a produção de determinados bens ter sido transferida para unidade do mesmo grupo situada em outro país".

II. A execução do despedimento colectivo.

A) O processo. – 5. Ideia geral; 6. Comunicação, informação, negociação; 7. A decisão. – **B) A compensação.** – 8. O cálculo da compensação; 9. Os efeitos do pagamento da compensação. – **C) O regime especial de suspensão do despedimento.** – 10. Os pressupostos da suspensão.

A) O processo.

5. *Ideia geral.* A concretização de um despedimento colectivo implica, legalmente, a observância de uma certa tramitação, cuja importância se reflecte no facto de a ruptura dos contratos de trabalho poder ser neutralizada com base em mera deficiência processual.

Esta tramitação consiste num processo de *informação* e *consulta* – com uma componente de *negociação,* como já se vai ver – entre a entidade empregadora e uma estrutura representativa dos trabalhadores (prioritariamente a comissão de trabalhadores, podendo ser, na falta dela, uma comissão de delegados sindicais, ou mesmo uma comissão eleita *ad hoc* pelos trabalhadores em causa) (art. 360º/1 e 3).

O desígnio da lei, ao impor essa diligência, parece ser o de permitir, por um lado, a reacção preventiva dos trabalhadores visados (mesmo assim, em muitos casos, de eficiência duvidosa, por ser já irreversível a cadeia de decisões conducente ao afastamento daqueles), e, por outro, a de abrir a oportunidade de uma concertação acerca da extensão dos efeitos do despedimento colectivo. Porém, como se notará, este depende sempre, em última análise, da vontade unilateral do empregador.

6. *Comunicação, informação, negociação.* O processo inicia-se com a *comunicação* inicial da intenção de despedir e dos seus fundamentos, endereçada à estrutura representativa dos trabalhadores a abranger, ou, se esta não existir, a cada um dos trabalhadores potencialmente afectados. Os destinatários, neste último caso, serão os pertencentes às categorias visadas, ou ao quadro de pessoal dos departamentos a eliminar ou reduzir, ou o efectivo total da empresa ou estabelecimento, se se tratar de um projecto de redução de pessoal puramente quantitativo.

O conteúdo da aludida comunicação obedece a um padrão legalmente fixado (art. 360º/2): dela devem constar, entre outras informações[13], os fundamentos

[13] Merece especial relevo a exigência, constante da al. *f*), de que da comunicação se faça constar o «método de cálculo de compensação a conceder genericamente aos trabalhadores a despedir, se

económicos, financeiros e técnicos da intenção de despedir e o número de trabalhadores visados, por categorias profissionais.

Não existe, por outro lado, no despedimento colectivo, a obrigação de respeitar uma certa ordem de prioridades na escolha dos trabalhadores em que se concretize a decisão de despedir: a comunicação inicial deve conter a indicação dos *critérios de selecção* que serão utilizados na posterior individualização dos trabalhadores cujos contratos cessarão. Esses critérios são de livre definição pelo empregador, mas têm que respeitar, pelo menos, um condicionamento: o de que se trate de critérios *não discriminatórios*. De resto, não parece constituir elemento essencial da comunicação (tendo em vista a sua função informativa inicial) a indicação desses critérios. Será, de qualquer modo, indispensável o seu conhecimento quando se trate de identificar cada um dos trabalhadores a despedir[14], e, por conseguinte, a sua explicitação antes desse momento, nomeadamente na fase de informações e negociação que se segue à comunicação inicial[15].

De resto, o conteúdo estabelecido para essa comunicação inicial evidencia a concepção legal do despedimento colectivo como acção que se configura *em abstracto*, independentemente da identidade dos seus destinatários finais.

Durante o período de dez dias que se segue à comunicação, deve desenvolver-se uma fase de *informações e negociação*, nos termos do art. 361º. Existe aí um objectivo declarado: a obtenção de «um acordo sobre a dimensão e efeitos das medidas a aplicar e, bem assim, de outras medidas que reduzam o número de trabalhadores a despedir» (art. 361º/1).

A complexidade técnica de que se podem revestir a análise da situação e a discussão dos argumentos do empregador explica que a lei preveja a participação de *peritos*, designados por ele e pela estrutura representativa dos trabalhadores, nas reuniões de negociação (art. 361º/4). Para além disso, a fase de informação e negociação será «assistida» pelos serviços da Administração do Trabalho, para efeitos de controlo preventivo de legalidade e também em veste conciliatória

for caso disso», *para além* da normal indemnização. Outra indicação essencial é a dos critérios de selecção adoptados relativamente a todos e cada um dos trabalhadores a despedir. Cfr. sobre este último ponto,o AC. STJ 20/10/2011 – P. 947/08.6TRSB-A.L1.S1 (Gonçalves Rocha).

[14] Cfr. Ac. STJ 10/04/2014 – P. 339/03.3TBSTC.E1.S1 (Mário Belo Morgado), já citado.

[15] Vd. Ac. STJ 03/03/2010 – P. 674/05.6TTMTS.S1 (Vasques Dinis): "atenta a finalidade da referida exigência – que é a de proporcionar, na fase de informações e negociação, a discussão em ordem a evitar a arbitrariedade e a discriminação, directa ou indirecta, ou abuso por desvio ao fim económico que justifica o recurso ao despedimento, na selecção de trabalhadores a despedir –, a omissão de enunciação de critérios objectivos ou a deficiente informação sobre os mesmos pode ser suprida depois da comunicação inicial, em termos de permitir alcançar a finalidade e, em derradeiro termo, averiguar se a escolha de um trabalhador em lugar de outro decorreu, ou não, da aplicação de critérios objectivamente congruentes ou razoáveis, atenta a motivação comum do despedimento".

(art. 362º/1) – mas, de todo o modo, sem a possibilidade de interferir em termos decisivos e vinculantes no resultado final.

No regime legal anterior a 1989, o despedimento colectivo era antecedido de um *processo administrativo especial*, cuja finalidade consistia na verificação dos fundamentos do projecto do empregador. No quadro desse processo, o Ministro do Trabalho podia decidir a *proibição* do despedimento colectivo, na totalidade ou em parte da dimensão que o projecto do empregador lhe atribuía. A alteração deste regime foi ao encontro do padrão definido, a nível comunitário, pela Directiva nº 75/129/CE, embora à custa de uma descida do nível de protecção assegurado.

Como se disse, a «fase de informação e negociação» tem por finalidade a descoberta de soluções alternativas. Estas podem consistir na suspensão ou redução da prestação de trabalho (por aplicação do regime dos arts. 298º ss., com a óbvia excepção, por redundância, das regras processuais que nele se estabelecem), na reconversão e reclassificação profissionais, em reformas antecipadas e pré-reformas (quanto a estas, em conformidade com os arts. 318º ss.). A reconversão, a reclassificação e as reformas antecipadas e pré-reformas são expedientes que supõem o acordo individual de cada trabalhador afectado (art. 361º/3).

Se não existirem na empresa estruturas representativas dos trabalhadores – comissão de trabalhadores, comissão intersindical, comissões sindicais, ou, em último caso, a comissão *ad hoc* que, nos termos do art. 360º/3, os trabalhadores potencialmente afectados constituam –, não há condições para que se desenvolva a referida fase de informações e negociação[16]. O empregador pode proceder de imediato à elaboração da decisão final, dentro do prazo dilatório que a lei fixa no art. 363º/1 (15 dias), contado a partir da comunicação inicial. Na prática, porém, razões de mútua conveniência levam a que se desenvolvam então negociações individuais no sentido de evitar litígios futuros.

7. *A decisão*. Seja qual for o resultado da tentativa de consensualização das medidas a tomar, a entidade empregadora tem a faculdade de *decidir* sobre a consumação do despedimento. Deve, no entanto, em qualquer circunstância, respeitar um prazo de 15 dias contados desde a data da comunicação inicial (art. 360º/1); só depois disso pode proferir e comunicar a decisão. Não existe aqui qualquer prazo de caducidade do direito de despedir, mas é óbvio que todos os elementos da fundamentação utilizada têm que estar presentes no momento em que a decisão seja declarada.

Esta poderá ser construída de harmonia com o acordo porventura alcançado, e que constará de acta específica (art. 361º/5), ou seguindo o critério do

[16] Cfr. Ac. STJ 12/09/2013 – P. 381/12.3TTLSB.L1.S1 (Pinto Hespanhol).

empregador, no caso de não ter havido consenso. Em qualquer das hipóteses, deverá comunicar a decisão por escrito a cada trabalhador afectado, indicando o motivo[17] e a data da cessação do contrato (art. 363º/1), que é condicionada por prazos legais de *aviso prévio* variáveis com a antiguidade dos trabalhadores. Cada trabalhador dispõe, durante esse período, do tempo correspondente a dois dias de trabalho por semana, sem perda de retribuição (art. 364º).

São válidas para o despedimento colectivo as observações feitas, no âmbito dos regimes do despedimento individual por causa objectiva, acerca da relevância múltipla do prazo de aviso prévio.

O despedimento colectivo será igualmente *ilícito*, por razões formais, nomeadamente se não forem feitas as comunicações exigidas, ou se não for aberta negociação, ou ainda se a decisão for proferida antes de esgotado o prazo estabelecido no art. 363º/1.

B) A compensação.

8. *O cálculo da compensação.* Em conformidade com o art. 366º (na redacção dada pela L. 69/2013) o despedimento colectivo confere aos trabalhadores abrangidos o direito a uma «compensação correspondente a 12 dias de retribuição base e diuturnidades por cada ano completo de antiguidade». Este cálculo é ainda condicionado de várias maneiras: o montante da compensação não pode ultrapassar 12 vezes a mensalidade tomada em conta (retribuição base mais diuturnidades) e esta, por seu turno, não pode ser superior a 20 vezes a retribuição mínima garantida.

Como atrás se disse, a propósito das modalidades do despedimento individual em que este mesmo regime se aplica, a L. 69/2013 define, no art. 5º, um complexo conjunto de regras transitórias, relacionando o momento da celebração dos contratos de trabalho e os períodos de aplicabilidade dos sucessivos processos de cálculo da compensação, que sintetizamos, quanto ao essencial[18], no quadro seguinte:

[17] Ac. STJ 25/03/2010 - P. 469/09.8YFLSB (Sousa Peixoto): "Na comunicação final de despedimento, o empregador tem de indicar o motivo que, com base nos critérios por ele previamente definidos, o levaram a despedir cada um dos trabalhadores. A não explicitação desse motivo torna ilícito o despedimento do respectivo trabalhador, a não ser que a interrelação existente entre a situação funcional desse trabalhador e os motivos económico-financeiros que estiverem na base do despedimento colectivo resulte, de modo implícito, da descrição do motivo estrutural, tecnológico ou conjuntural que tenha sido invocado para justificar a redução de pessoal".

[18] O regime legal toca em aspectos de detalhe, embora nem por isso menos relevantes do ponto de vista da salvaguarda das expectativas dos trabalhadores, como a inclusão no cálculo, em termos de proporcionalidade, das fracções de ano, relativamente aos contratos anteriores a 30/09/2013. Tais elementos não são considerados no quadro, para mais fácil compreensão deste e do critério adoptado pelo legislador nas soluções consagradas.

Contrato anterior a 01/11/2011	**Período até 31/10/2012**
	1 mês/ano ou fracção (=ano)
	Período 01/11/2012-30/09/2013
	20 dias/ano
	Período desde 1/10/2013
	18 dias/ano (1ºs 3 anos)
	12 dias /ano
Contr. 01/11/2011-30/09/2013	
	Período até 30/09/2013
	20 dias/ano
	Período desde 01/10/2013
	18 dias/ ano (1ºs 3 anos)
	12 dias/ano
Contr. posterior a 30/09/2013	
	12 dias/ano completo

Tal como nas duas modalidades de despedimento individual por justa causa objectiva que vimos anteriormente (extinção de posto de trabalho e inadaptação), o legislador rompeu há muito com a solução, que foi tradicional no nosso sistema, de equiparação desta compensação, que é devida no caso de despedimento realizado de acordo com a lei e mesmo em certos casos de caducidade, à indemnização de antiguidade que substitui a reintegração, aplicável na hipótese de despedimento ilícito (art. 391º). A diferença essencial de fundamentos justifica a não coincidência de regimes.

Apesar do tom severamente imperativo deste regime, nada impede que o processo de cálculo por ele estabelecido seja posto de lado, no quadro das negociações que se desenvolvem, mais ou menos formalmente, entre empregador e representantes dos trabalhadores, ou mesmo com estes individualmente. O art. 360º/1-*f)*, com a redacção dada pela L. 23/2012, não deixa espaço para dúvidas a esse respeito: o legislador quis simplesmente definir como que uma nova "base de negociação" para as compensações, criando espaço negocial mais amplo para os empregadores, mas não fixar imperativamente os termos do seu cálculo final. Assim, aquilo que, na formulação utilizada, parece ser um conjunto de factores determinantes de um limite máximo, redunda afinal no processo de cálculo de um valor mínimo garantido.

Caso particular é o de, no decurso do período de aviso prévio, o trabalhador usar a faculdade – que lhe é reconhecida pelo art. 365º – de fazer cessar antecipadamente o contrato, "mantendo o direito a compensação". Em nossa opinião, a compensação deverá, como sempre, ser calculada com base na antiguidade efectiva do trabalhador, que assim resultará diminuída. O "direito a compensação" não existe na denúncia pelo trabalhador; este, se o regime geral fosse seguido, nada teria a receber por esse título. A lei quer, justamente, oferecer um tratamento excepcional à situação de antecipação da cessação do contrato por iniciativa do trabalhador, mas não ao ponto de ficcionar um tempo de serviço inexistente.

9. *Os efeitos do pagamento da compensação.* A disponibilização[19] da compensação (assim como de outros créditos vencidos ou exigíveis pelo trabalhador) até ao fim do prazo de aviso prévio é um dos requisitos da *licitude* do despedimento colectivo (art. 383º/*c*)). Isso significa que, mesmo se a motivação alegada é bastante e o procedimento estabelecido pela lei foi observado, o não pagamento atempado da compensação implica a declaração de ilicitude e, portanto, a inutilização do despedimento[20].

Um outro aspecto digno de nota consta do art. 366º/4 CT: o recebimento da indemnização faz *presumir a aceitação do despedimento.* Foi, assim, retomada em parte pelo Código de 2003, e mantida até hoje, uma solução muito controversa

[19] No art. 384º/d) CT, fala-se, com efeito, de colocar "à disposição do trabalhador despedido, até ao termo do prazo de aviso prévio", o valor da compensação, como requisito da licitude do despedimento colectivo. Noutros preceitos, em especial o art. 363º/5, a exigência é a de que "o pagamento" seja "efectuado" até ao fim daquele prazo. Por estranho que pareça, estas variações terminológicas suscitaram dúvidas de interpretação. Veja-se, nomeadamente, o Ac. Rel. Lisboa 165/11.6TTVFX.L1-4 (Maria José Costa Pinto):"A legalidade do despedimento não passa pela efectiva e real satisfação da compensação e dos créditos do trabalhador despedido até à estrita data em que finda o prazo de aviso prévio e cessa o contrato, mas tão só pela "disponibilização" desses montantes, entendida esta como o reconhecimento e disposição do empregador de proceder à sua satisfação até tal data, a que corresponde a efectiva possibilidade de serem recebidos pelo trabalhador despedido". Parece evidente que, se o recebimento da compensação depende exclusivamente de um gesto do trabalhador – gesto esse a que, como se diz no texto, são ligadas consequências importantes –, a exigência legal , mesmo na forma de "pagamento", está satisfeita.

[20] Este regime provém do DL 64-A/89.

que, proveniente da reforma de 1989 sobre o despedimento, tinha sido eliminada, entretanto, em 1999[21].

Na primeira fase, tratava-se de uma *ficção jurídica*, fundada em preocupações de certeza, e imensamente contestada. Ao recebimento da compensação era atribuído pela lei o significado de uma manifestação de vontade (ficta) no sentido da aceitação do despedimento – o art. 23º/3 DL 64-A/89 dizia: o recebimento da compensação "*vale* como aceitação do despedimento" –, com o corolário de uma renúncia à impugnação do mesmo. Em 1999, desapareceu da lei o expediente de se atribuir à aceitação da compensação esse sentido consolidante do despedimento. Com o CT de 2003, o expediente ressurgiu, mas passando a configurar-se como mera presunção, que, à falta de menção legal expressa, só pode ser *iuris tantum*.

O recebimento da compensação pelo trabalhador oferece a base da presunção legal da aceitação do despedimento. Ela pode, pois, ser afastada pelo trabalhador – o que significa que, contrariamente ao que podia entender-se a partir do regime de 1989, não fica definitivamente precludida a possibilidade de impugnação do despedimento. Esse é o alcance da substituição da técnica da ficção pela da presunção.

Mas, perguntar-se-á: como se ilide a presunção de que existe um certo conteúdo volitivo por detrás da aceitação da compensação? Como pode o trabalhador *provar* que essa aceitação não significava concordância com o despedimento? Repare-se que a lei impõe ao trabalhador que, pretendendo ilidir a presunção, devolva ao empregador o montante da compensação recebida; mas essa devolução não é, *em si mesma*, o instrumento fundamental para destruir a presunção. O texto legal (art. 366º/6, na redacção dada pela L. 23/2012) é, nesse ponto, inequívoco: a devolução deve ser feita "em simultâneo" com a acção capaz de afastar a presunção. Em que deverá ela consistir? Parece que ao trabalhador só se oferece uma possibilidade: *declarar* a não-aceitação e instaurar a acção de impugnação a que se refere o art. 388º. Sendo assim, perguntar-se-á que sentido útil tem esta presunção legal – uma estranha presunção que o encarregado da prova em contrário (o trabalhador) pode afastar mediante mera declaração de vontade[22].

[21] Pela L. 32/99, de 18/5. Com o CT, a primitiva ficção de aceitação do despedimento desapareceu também do regime de outras formas de despedimento por causa objectiva. Tanto no despedimento individual por extinção do posto de trabalho como no despedimento por inadaptação do trabalhador, passou a funcionar igualmente uma simples presunção.

[22] Este bizarro resultado poderá estar na origem do entendimento corrente na jurisprudência acerca dos meios de ilisão da presunção: "não basta a simples declaração do trabalhador no sentido de que questiona a compensação disponibilizada, nem, muito menos, uma ulterior instauração da acção de impugnação do despedimento, sendo, antes, necessário que a declaração repulsiva da compensação, por banda do trabalhador, seja acompanhada de comportamentos com ela compatíveis, não

Se o que se pretende apurar é se o despedimento foi ou não realmente aceite, o que está em causa é um conteúdo volitivo que só pode ser clarificado por declaração do próprio trabalhador. Neste sentido, o que se exprime no art. 366º/4 não é uma presunção legal, mas uma *suposição* legalmente legitimada. Esta, naturalmente, tem que cessar quando o trabalhador manifesta, inequivocamente (em particular, através da instauração de acção de impugnação, podendo também fazê-lo por simples comunicação ao empregador), a sua não-aceitação do despedimento.

Assim, a nosso ver, o alcance da exigência legal da devolução da compensação localiza-se na admissibilidade da impugnação judicial do despedimento: a iniciativa do trabalhador tem que ser liminarmente rejeitada se não demonstrar ter devolvido a compensação.

Nem assim parece digno de aplauso, *de iure condendo*, o regime contido nos nºs 4 e 5 do art. 366º CT. O trabalhador despedido fica muitas vezes em estado de necessidade económica, mesmo se mais tarde vem a ser-lhe reconhecido o direito ao subsídio de desemprego. O regime legal cobre, por igual, os despedimentos realizados com observância dos requisitos legais, e os que por exemplo, e de modo mais ou menos patente, sejam efectuados sem o cumprimento das regras processuais ou com fundamento improcedente. Além disso, o efeito puramente económico da solução, sob o ponto de vista do empregador, é praticamente neutro. Se, na sequência da impugnação, o despedimento vier a ser declarado ilícito, terá que pagar muito mais (indemnização, salários de tramitação); se for tido por lícito, a compensação será de novo devida. Por outras palavras: a compensação calculada nos termos do art. 366º é o *mínimo* a que o trabalhador terá direito em consequência do despedimento, seja este lícito ou ilícito[23]. O regime legal visa unicamente um efeito inibitório da judicialização dos despedimentos – por outras palavas, protegê-los dos tribunais.

podendo aceitar-se, por regra, que o trabalhador venha a dispor da compensação em seu proveito" – Ac. STJ 09/12/2010 – P. 4158/05.4TTLSB.L1.S1 (Sousa Grandão). Mais: "Não é igualmente suficiente para se considerar ilidida a sobredita presunção a junção aos autos, pelo trabalhador que impugna judicialmente o despedimento de que foi alvo, de um cheque titulando o valor depositado pela entidade empregadora a título de compensação pela extinção do posto de trabalho, quando é certo que a mesma surge, única e exclusivamente, motivada pela excepção deduzida pela Ré" – Ac. STJ 17/06/2010 – P. 527/06.0TTBCL.S1 (Mário Pereira).

[23] Considera-se, por isso, um exemplo de negação da evidência o raciocínio expresso no seguinte excerto: "A retenção da compensação por parte do trabalhador quando não concorde com o despedimento colectivo de que é objecto seria manifestamente contrária ao princípio da boa fé, decorrente daquela norma como princípio geral. Na verdade, a disponibilização da compensação não visa antecipar o pagamento de quaisquer indemnizações a que o trabalhador se sinta com direito decorrente de uma eventual ilicitude do despedimento, ou resolver os problemas sociais derivados do despedimento, conforme acima se referiu, não conferindo o sistema jurídico qualquer direito

Estas ponderações são, naturalmente, aplicáveis no âmbito dos regimes de despedimento individual por causa objectiva, dadas as remissões que fazem para este artigo (arts. 372º e 379º).

C) O regime especial de suspensão do despedimento.

10. *Os pressupostos da suspensão.* A providência cautelar de suspensão do despedimento é também aqui utilizável (art. 386º).

Em consequência da salvaguarda do direito de impugnação – isto é, do carácter contingente da presunção de aceitação do despedimento –, também os trabalhadores atingidos pelo despedimento que tenham aceite e recebido a compensação a que se refere o art. 366º/1 mantêm o direito de requerem a suspensão.

A lei encara a fundamentação da suspensão, no caso específico de despedimento colectivo, em termos diferenciados.

Logo na versão inicial da lei de 1989 (DL 64-A/89) se admitia o pedido de suspensão *do despedimento colectivo* apenas com base em razões de índole *processual*: falta de comunicações, ausência de negociação, inobservância de prazos, não pagamento da compensação. A inadequação, ainda que patente, das razões tecnico-económicas invocadas pelo empregador não seria, assim, atendível para neutralizar os efeitos do despedimento até à decisão da acção de impugnação. Era a lei a revelar desconfiança perante a possibilidade de apreciação consistente do juiz relativamente aos pressupostos da decisão de gestão que o despedimento colectivo exprime. Em 1999, uma alteração pontual da lei (L. 32/99, citada) incluiu entre os alicerces possíveis do pedido (e da decisão) de suspensão do despedimento colectivo a improcedência dos fundamentos invocados, o que supunha um juízo (ainda que perfunctório) sobre a adequação e a racionalidade da decisão do empregador.

O art. 386º CT limita-se a referenciar, em termos genéricos, a possibilidade de suspensão de qualquer despedimento – mas nos termos do CPT. E a lei processual (art. 42º) não admite, relativamente ao despedimento colectivo, senão fundamentos de natureza *formal*, além do não pagamento da compensação.

A motivação do despedimento colectivo – cuja eventual improcedência pode, nos termos gerais, vir a determinar a ilicitude da decisão extintiva do empregador – é, assim, subtraída a julgamento preliminar para efeitos de suspensão do despedimento.

sobre esse quantitativo ao trabalhador despedido que pretenda impugnar o despedimento e não concorde com o mesmo. A devolução do quantitativo disponibilizado surge, assim, como um imperativo decorrente do princípio da boa fé nas relações entre as partes na relação de trabalho, sendo a respectiva retenção ilícita, nos casos em que o trabalhador não concorde com o despedimento." – Ac. STJ 03/04/2013 – P. 1777/08.0TTPRT.P1.S1 (António Leones Dantas).

LIVRO II

DIREITO COLECTIVO DO TRABALHO

I PARTE
INTRODUÇÃO

Capítulo 23
O DIREITO COLECTIVO DO TRABALHO: OBJECTO E CARACTERÍSTICAS GERAIS

I. O objecto do Direito Colectivo.

1. Direito Individual e Direito Colectivo; 2. Os fenómenos colectivos laborais; 3. Direito Colectivo, ideologia e conjuntura política; 4. Direito Colectivo e dinâmica social; 5. A lei e os factos; 6. A negociação colectiva informal; 7. A negociação permanente.

1. *Direito Individual e Direito Colectivo.* A esfera das relações individuais de trabalho subordinado está envolvida por uma coroa de fenómenos *colectivos.* Esses fenómenos traduzem-se por *comportamentos colectivos* que exprimem, em diversas formas (a negociação, a greve, a acção sindical na empresa, etc.), a tensão mais ou menos declarada entre interesses de grupos sociais contrapostos: o ordenamento jurídico cuida de "organizar" esses fenómenos, de os integrar numa "normalidade social", dispondo instrumentos de composição dos interesses em conflito e definindo regras de compatibilização desses interesses com o interesse geral. Os fenómenos colectivos laborais são então *objecto* de regulação. Mas, por outro lado, os mesmos fenómenos podem encerrar uma dinâmica *geradora* de normas; o conflito de interesses colectivos desenvolve-se, frequentemente, em torno de uma pretensão de mudança das condições de trabalho praticadas numa certa categoria de empresas ou relativamente a determinada camada profissional; e desse conflito podem portanto emergir regras definidoras

de um *novo padrão* de condições de trabalho no mesmo âmbito – padrão destinado a constituir nova norma para as relações individuais no seu âmbito.

As normas assim produzidas pela composição de interesses colectivos inserem-se *regime das relações individuais de trabalho*, aí ombreando com aquelas que o Estado emite, nomeadamente sob a forma de leis. Pelo objecto de umas e de outras, verifica-se que está nelas em causa a delimitação da liberdade individual de estipulação nos contratos de trabalho. Tanto as normas legais referentes a estes contratos como as cláusulas das convenções colectivas definem períodos mínimos de férias, exigências a observar na extinção dos vínculos, condições de fixação dos salários; em suma, direitos e deveres dos trabalhadores e empregadores individualmente vinculados. As normas convencionais, como as normas legais, integram o *Direito Individual do Trabalho*. Uma parte deste sector do Direito do Trabalho é de origem *colectiva*.

Mas os fenómenos colectivos laborais não são encarados pelo Direito somente como *origem* de normas. O ordenamento jurídico trata também – ou mesmo sobretudo – de os *regular* – e tem para isso várias razões. Primeiro, porque o Direito se não pode desinteressar da *validade* ou *genuinidade* social dos processos por que aquelas normas são geradas. Segundo, porque a preservação da integridade do ordenamento jurídico global implica que os processos sociais baseados na força relativa dos grupos sejam *enquadrados* em formas institucionais. Terceiro, porque os conflitos de interesses colectivos envolvem, ou podem envolver, situações mais ou menos graves de prejuízo para a satisfação de *necessidades públicas*, quando não prenunciam crises sociais generalizadas. Por estas e outras razões – que irão ressaltando da exposição subsequente –, o Direito do Trabalho incorpora hoje, na generalidade dos sistemas (embora sob formas e em graus bastante diversos), um corpo de normas[1] reguladoras das *formas de organização* de interesses colectivos – o regime das organizações socioprofissionais – e dos *processos* e *instrumentos* da acção colectiva – a disciplina das relações e dos conflitos colectivos. A esse corpo de normas se aplica doutrinalmente o rótulo de *Direito Colectivo do Trabalho*[2]. Este outro sector do Direito do Trabalho é composto, essencialmente, por normas *legais*.

[1] Nalguns países – como é o caso paradigmático da Suécia –, tal regulamentação provém, ela própria, do confronto de interesses colectivos e exprime-se por *acordos básicos* subscritos pelas organizações centrais de trabalhadores e empregadores. Noutros, como Portugal, trata-se de produção normativa estadual (leis), muito embora, por vezes, as convenções colectivas incluam disposições isoladas com possível pertinência ao Direito Colectivo, como na altura própria se assinalará.

[2] A esta designação, de matriz germânica, contrapõe-se a de *Direito Sindical*, acolhida, nomeadamente, na tradição doutrinal italiana. Todavia, este rótulo não permite abranger fenómenos colectivos em que não intervém o *sindicato*; por outro lado, não se harmoniza com sistemas como o

2. *Os fenómenos colectivos laborais.* O Direito Colectivo constituiu-se e desenvolveu-se em torno do jogo de interesses de trabalhadores e empregadores, mas encarando estes para além do plano individual, *recebendo* a realidade da integração deles nos grupos sociais e nas formas associativas historicamente adoptadas, assumindo a noção de *interesse colectivo*, identificando e recobrindo uma outra dimensão das relações sociais de trabalho - justamente a dimensão *colectiva*.

Os fenómenos colectivos laborais envolvem, pois, por um lado, processos de confronto entre grupos sociais e, de outra perspectiva, processos de criação de direito objectivo. Isto explica que, em medida maior ou menor conforme os sistemas, o Direito Colectivo traduza o papel que o Estado se reserva perante os fenómenos colectivos, quer se trate de uma *atitude de intervenção* confiada a orgãos administrativos e tendente à prevenção ou à resolução (nomeadamente em forma arbitral) de conflitos (sobressaindo aí as preocupações de paz social); quer surja como uma *delimitação qualitativa* das áreas susceptíveis de regulamentação por via colectiva ou, ainda, como um *controlo* e uma *validação* das soluções assim atingidas (colocando-se o acento tónico na influência que tais fenómenos podem ter nos planos político e económico); quer, noutra perspectiva, a de oferecer um *quadro institucional* susceptível de utilização pelos interlocutores colectivos; quer, enfim (para terminar um enunciado que não pode ser senão exemplificativo) a de meramente cuidar de *dispositivos de emergência* (a requisição civil, por exemplo) para as situações de ruptura na satisfação de necessidades essenciais, sem qualquer outra actuação sobre a forma ou o fundo dos fenómenos colectivos de trabalho.

Que fenómenos são esses? Eles reconduzem-se a três categorias: em primeiro lugar, as *organizações* que nascem da necessidade de defesa e promoção de interesses colectivos; em segundo lugar, as *negociações* através das quais os grupos organizados de trabalhadores e empregadores procuram a realização dos seus interesses; enfim, os *conflitos* que se traduzem no confronto de forças sociais portadoras de interesses contrapostos que as negociações não logram compatibilizar.

3. *Direito Colectivo, ideologia e conjuntura política.* O Direito Colectivo é o sector do ordenamento jurídico-laboral mais directamente condicionado pelos pressupostos ideológicos e pelas orientações político-económicas dominantes em cada país[3]. É também ele, frequentemente, um arsenal em que se procuram alguns dos instrumentos típicos de actuação sobre a conjuntura económica (por

português em que a designação de sindicato só se aplica a um tipo de associação profissional - não abrangendo, nomeadamente, as organizações patronais.

[3] Cfr. GIUGNI, *Diritto Sindacale*, Bari (1980) 13.

exemplo a prática, utilizada no passado, no quadro do combate a tensões inflacionistas, da definição legal de limites aos aumentos de salários por via negocial colectiva). Os modelos consagrados em cada sistema legal são inseparáveis da fisionomia que no país assumam as organizações sócio-profissionais (sindicatos, associações patronais) e das práticas colectivas que nele estejam historicamente sedimentadas.

Por outro lado, este é um domínio pouco favorável à comparação entre sistemas jurídicos nacionais. «Decerto que as técnicas utilizadas por vezes se assemelham, mas é forçoso constatar que elas não se aplicam, de facto, à mesma matéria e não servem para resolver os mesmos problemas»[4].

No entanto, os temas de Direito Colectivo exercem particular fascínio sobre os comparatistas; e rara é a obra geral sobre esta parte do Direito de Trabalho que não faça, a cada passo, referência às soluções de sistemas estrangeiros. Há, por certo, várias explicações para tal facto, mas uma delas interessa-nos sobremaneira; os grandes problemas suscitados, no plano social, pelo desenvolvimento dos fenómenos colectivos laborais são, na sua traça geral, comuns a todos os países industrializados; as técnicas e os instrumentos jurídicos correspondentes compõem um receituário relativamente escasso, de utilização comum embora com muito diversos resultados; a análise comparativa é pois, por um lado, uma forma de juízo pragmático e, por outro lado, uma possível fonte de inspiração. Com efeito, as combinações de meios que caracterizam os vários sistemas de Direito Colectivo, depois de serem o produto de opções ideológicas, constituem igualmente criações da iniciativa e do pragmatismo[5].

4. *Direito Colectivo e dinâmica social.* O estudo do Direito Colectivo requer abertura ao conhecimento experimental, dado que as normas que o constituem dizem respeito a «uma complexa trama de relações cuja dinâmica se funda numa realidade subjacente de força e de poder»[6]; daí a inoperância de «uma perspectiva rigidamente formalística»[7] para o conhecimento desse domínio da realidade jurídica.

A abordagem do Direito Colectivo supõe a consciência da especificidade dos fenómenos sociais a que ele se reporta e a percepção dos mecanismos e dos

[4] Despax 112.

[5] Sobre o ponto, escreve Giugni: «Em substância, o substrato real ou de estrutura (o conflito industrial) pode ter valências políticas diversas, assumir ou não caracteres típicos de luta de classes, e o direito sindical pode, por isso, ser penetrado por motivos ideológicos diversos, muitas vezes até, como indica o esclarecedor estudo do direito comparado, com semelhança de instituições formais», – cit. 12.

[6] Giugni 14.

[7] Id., id..

comportamentos pelos quais se manifesta a dinâmica sócio-laboral. Mecanismos e comportamentos que, não raro, conflituam eficazmente com o ordenamento estadual, na medida em que o poder social das colectividades profissionais logra afirmar-se como contraposto à autoridade pública, fazendo prevalecer critérios valorativos que não coincidem com os daquele ordenamento.

Se é certo que as normas procedentes de tais mecanismos - *maxime* da negociação - se impõem aos tribunais (ao menos quando compatíveis com o ordenamento estadual), é preciso notar também que elas aparecem munidas de outras vias de coerção: as da autotutela colectiva (nomeadamente a greve), que assentam directamente na relação de forças entre as colectividades profissionais envolvidas. Seria sempre deficitária uma aproximação ao regime das relações colectivas de trabalho que prescindisse do conhecimento, em termos formais e substanciais, dos processos de confronto social (conflito) em que assenta esse regime.

5. *A lei e os factos.* O Direito Colectivo tem latente uma dificuldade operatória praticamente insanável: através dele, procura o legislador cingir em módulos prefigurados e articulados entre si uma realidade que constantemente assume formas e cambiantes atípicas ou imprevistas - logo colocando em crise a própria viabilidade prática dos dispositivos construídos a partir de tais módulos.

A evolução dos sistemas de Direito Colectivo é, em grande parte, motorizada pelo confronto entre a inventiva do legislador e a inovação no domínio da acção colectiva - pois que, amiúde, os grupos sociais intentam furtar-se, com a atipicidade dos seus comportamentos, às exigências ou aos efeitos previstos nos esquemas normativos vigentes (é, por exemplo, o caso da greve de zelo).

O modo por que tais fenómenos reagem no imediato (isto é, antes que possa operar-se o eventual reajustamento do sistema às novas realidades) sobre o ordenamento jurídico varia, além do mais, com a inspiração ideológica deste: pode sobrevir a repressão, a tolerância ou mesmo a extensão, por semelhança real ou alegada, dos modelos estabelecidos. De todo o modo, os comportamentos colectivos atípicos constituem formas de expressão de poder social e de afirmação de pretensões ou interesses colectivos, que, por natureza, escapam, ao menos num primeiro momento, às malhas do Direito Colectivo. Todavia, contribuem de facto, frequentemente, para a definição ou modificação das condições de trabalho praticadas nas empresas - isto é, produzem efeitos práticos idênticos aos dos fenómenos juridicamente enquadrados.

Cabe aqui referir, de entre eles, tomando particularmente em conta a recente experiência nacional, a *negociação colectiva informal* ao nível de empresa e a chamada *negociação permanente* em torno dos clássicos poderes de direcção e organização de empresa.

6. *A negociação colectiva informal*. O primeiro desses fenómenos assumiu particular relevância no período posterior a 25 de Abril de 1974 em que permaneceram intactas as estruturas representativas do corporativismo e subsistiu mesmo o regime legal da negociação colectiva que fora definido, de acordo com a doutrina então vigente, em 1969. A movimentação reivindicativa dos trabalhadores centrou-se fundamentalmente na empresa, originando processos de negociação pelos quais se intentava a expedita modificação das condições de trabalho (sobretudo as referentes a remunerações) constantes de convenções colectivas anteriormente celebradas ao nível de profissão, de ramo de actividade e mesmo de empresa.

Tais processos evoluíam, não raro, à margem das organizações patronais e sindicais, estando aliás na origem do surto das comissões de trabalhadores que por essa altura se desenvolveu. E os «acordos», «protocolos» e outros instrumentos negociais resultantes não foram, em muitos casos, objecto de publicação oficial[8], exprimindo assim meros compromissos entre os empresários e o pessoal ao seu serviço. Cremos que a eficácia jurídica de tais compromissos se localizava no plano das relações individuais – isto é, traduzia-se na modificação directa do conteúdo dos contratos do trabalho, não relevando dos mecanismos próprios da regulamentação colectiva formal.

Para além dessa experiência particular, que reflectia o espontaneismo de uma fase de desagregação de esquemas institucionais e processuais, a negociação colectiva informal não perdeu actualidade. Muitos aspectos das relações entre trabalhadores e empregadores são, ao nível da empresa, regulados por «protocolos» e outras configurações convencionais, quando não por «regulamentos internos» que não provêm de acção unilateral do empregador, antes são verdadeiramente negociados. As delongas e complexidades da negociação colectiva formal puderam ser assim torneadas. As dificuldades que o sistema formal opõe a uma negociação verdadeiramente radicada na empresa foram superadas desse modo. E, se é certo que as regras acordadas não beneficiam dos atributos das normas constantes das convenções colectivas de trabalho, a verdade é que se tornam operativas por outras vias: a da «absorção contratual» ao nível das relações individuais, reforçada pela pressão colectiva dos grupos interessados.

[8] De resto, os próprios instrumentos convencionais, publicados no então *Boletim do Ministério do Trabalho*, reflectiam de algum modo a atipicidade da prática negocial da época. Aí se encontrava, com efeito, ao lado das clássicas modalidades previstas na lei (*o contrato colectivo e o acordo colectivo*), uma gama variada e sugestiva de formas convencionais, como *o protocolo, as conclusões da negociação, a acta da negociação, a acta de acordo, o adicional, o acordo salarial, a decisão da negociação (!), as condições de trabalho acordadas*, etc..

7. *A negociação permanente*. O segundo fenómeno corresponde, pelo contrário, a uma tendência mais ou menos generalizada e que foi até, em certos casos, institucionalizada por convenção colectiva. Desde 1974, e em termos muito variáveis conforme as conjunturas políticas e sociais, verificou-se nas empresas a interferência de órgãos de representação interna dos trabalhadores (comissões sindicais ou intersindicais, comissões de trabalhadores) nos processos de decisão referentes à direcção, organização e regulamentação do serviço.

No período pós-revolucionário – até meados da década de oitenta do século passado – tais interferências não assumiam directamente o sentido (nem o espírito) de formas de simples «participação», mas o de momentos de verdadeira «disputa» do poder social no seio da empresa. Os contactos entre os representantes dos trabalhadores e os gestores das empresas traduziam-se em formas larvares de negociação. Uma das linhas de força da acção colectiva dos trabalhadores na empresa consistia, justamente, em *fazer entrar no campo de negociação o próprio exercício dos clássicos poderes patronais* [9]. Daí resultava algo de semelhante – no plano da empresa – àquilo que, a outro propósito, a doutrina italiana designou por «conflitualidade permanente»; donde também, embora de modo mais ou menos oculto, uma situação de constante (ainda que latente) e quase indiscriminada negociabilidade, frequentemente para além do domínio estrito das condições de trabalho e retribuições.

As circunstâncias mudaram consideravelmente, desde o início dos anos noventa, em função do generalizado enfraquecimento das estruturas representativas dos trabalhadores. As condições desvantajosas do mercado de emprego convergiram com outros factores para que se alterasse, em sentido desfavorável aos trabalhadores e às suas organizações, a correlação de forças existente até meados dos anos oitenta. Essa alteração fez-se acompanhar de uma notória desregulação socio-laboral, facilitada pela debilitação do sistema público de tutela. Ao mesmo tempo, o movimento das comissões de trabalhadores entrou em forte declínio, até se tornar praticamente irrelevante.

Deste conjunto de factores resulta que os espaços de negociação que se tinham estabelecido no interior das próprias empresas diminuíram de modo considerável, enquanto cresciam, rapidamente, as margens de decisão e actuação unilateral dos empregadores.

[9] Sobre a «contratação das políticas da empresa», e acerca das relações desta com os direitos de informação e consulta de representantes dos trabalhadores, que as convenções colectivas muitas vezes estabelecem, veja-se Mariucci, *La contrattazzione collettiva*, Bolonha (1985) 259 ss..

II. Breve esboço histórico: o Direito e os fenómenos colectivos laborais.

8. As origens; 9. O primitivo associativismo de classe; 10. O reconhecimento legal; 11. A doutrina corporativa; 12. A inflexão de 1969; 13. A transição de regimes; 14. A Lei das Relações Colectivas de Trabalho (LRCT); 15. A evolução da lei e dos factos; 16. A codificação; 17. O regime do direito de greve.

8. *As origens.* O associativismo profissional e a acção colectiva laboral não são fenómenos exclusivos da época contemporânea: para não referir senão um antecedente (aliás historicamente significativo), bastará lembrar as organizações – «grémios» ou «corporações» – de artes e ofícios que, na Idade Média e até ao dealbar do surto industrial, funcionaram como meios de defesa e disciplina das profissões, em termos diversos dos que caracterizam o sindicalismo moderno.

Este surgiu (de resto, por todo o lado, com uma ilegalidade melhor ou pior disfarçada) como uma via de superação, ainda que só tendencial, do enorme desnível que, no tocante a poder contratual, caracterizava as posições do patrão-empresário e do trabalhador, lançado este no isolamento pelas leis repressivas do associativismo profissional – leis, de resto, e como se sabe, destinadas a libertar as actividades económicas de qualquer constrangimento –, num movimento iniciado, naturalmente, pela França, com a célebre Lei de Chapelier, de 1791.

Em Portugal, apesar de não ter ocorrido uma verdadeira revolução industrial, a evolução do associativismo profissional obedeceu, esquematicamente, ao padrão geral, quer no tocante às posições sucessivas do ordenamento jurídico perante o fenómeno, quer pelo que respeita às vicissitudes experimentadas no domínio dos factos e do debate de ideias[10].

9. *O primitivo associativismo de classe.* Desde que, em Maio de 1834[11] foram abolidos «os lugares de Juiz e Procurador do Povo, Mesteres, Casa dos Vinte e Quatro e os Grémios dos diferentes ofícios» – tidos como outros tantos «estorvos à indústria nacional» –, até que, em Setembro de 1933, o Estatuto do Trabalho Nacional delineou as bases doutrinais e orgânicas do corporativismo, o desenvolvimento da fenomenologia colectiva laboral, correlacionado com a evolução da política legislativa, atravessou as fases bem conhecidas em outros países que, pela mesma época, trilharam a senda da industrialização: a da ilegalidade, a do

[10] De novo se remete para M.C.Tavares da Silva, *Direito do Trabalho*, cit.300 ss., cuja exposição seguimos de perto neste ponto do texto.

[11] Entretanto, na Grã-Bretanha, já antes (em 1824) havia sido posta de parte a proibição do associativismo profissional.

disfarce (tolerado) da acção colectiva sob a capa de associações de socorros mútuos – coincidindo aproximadamente com as primeiras greves de que há notícia –, a do reconhecimento legal, já esboçado em 1870, mas só consumado em Maio de 1891, no quadro de uma séria crise económica e de fortes tensões sociais.

Na verdade, muito antes do aparecimento de verdadeiros sindicatos (sob este ou outro rótulo), o associativismo dos trabalhadores desenvolveu-se sobretudo em torno de associações de socorros mútuos e cooperativas, duas fórmulas organizativas que, com maior ou menor pureza, tinham em Portugal tradições muito anteriores a 1834 [12]. Tais associações não só resistiram, no plano dos factos, ao embate da proscrição legal, como alastraram consideravelmente, em parte sob os auspícios do Centro Promotor dos Melhoramentos das Classes Laboriosas (fundado em 1852), em parte por consequência de uma legislação relativamente precoce (a das mutualidades em 1864, a das cooperativas em 1867), se for tido em conta que só um quarto de século depois seria publicado o estatuto das associações de classe.

As mutualidades e as cooperativas terão correspondido, na época, ao primeiro impulso associativo de uma massa trabalhadora atingida por graves carências económicas, no contexto de um tardio esboço de industrialização. Esse impulso, «se não traduzia ainda uma verdadeira consciência de classe pelo menos traduzia a consciência da existência de interesses colectivos reais. Com efeito, não deverá esquecer-se, a este respeito, que as mutualidades, como as cooperativas, eram, muitas vezes, verdadeiras associações de classe ou «associações de resistência», aliando aos fins que lhe eram próprios, ou simplesmente prosseguindo sob a capa daqueles fins, objectivos de natureza estritamente sindical»[13].

É certo, porém, que só no último terço do séc. XIX se conjugaram duas condições essenciais à germinação de um associativismo de classe propriamente dito: um certo grau de desenvolvimento da industrialização, a implantação de um conjunto de ideias-força (de matriz socialista ou anarquista), sobretudo resultante do impacto da Comuna de Paris e da penetração da Associação Internacional dos Trabalhadores. Assim é que se situa em 1872-73 o primeiro grande surto de greves, iniciado nas fábricas de fundição[14] e sobretudo apoiado pelos anarquistas. Por essa altura se iniciava também o grande debate ideológico, no seio do associativismo operário, entre socialistas, anarquistas, católicos, sobre o fundo da tentativa de aproveitamento da força social nascente pela propaganda republicana.

[12] Vd., para uma excelente síntese, J.F. Almeida Policarpo, *O pensamento social do grupo católico de «A Palavra» (1872-1913)*, vol. I, Coimbra (1977) 63 ss. – obra de que frequentemente nos socorremos nesta parte.

[13] Almeida Policarpo, 66-67.

[14] Cfr. Campos Lima, *O movimento operário em Portugal*, Lisboa (1972) 83.

10. *O reconhecimento legal.* O decreto de 9 de Maio de 1891 constituiu a resposta legislativa, dada no contexto de uma grave crise económica e social, à proliferação de verdadeiras associações de resistência e à expansão de reivindicações colectivas. Essa resposta traduzia-se na configuração de um *modelo associativo* determinado pelos fins (promoção de interesses *económicos*, que não de outra ordem, nomeadamente política), pela *dimensão* (mais de 20 membros – com o que se ultrapassava a proibição constante do artº 282º CP de então), pela *classe* dos associados (trabalhadores, patrões ou ambas, na mesma profissão ou afins) e pela *forma de reconhecimento* ou aquisição de personalidade jurídica (a prévia aprovação dos estatutos pelo governo).

Através de cada um dos elementos do modelo consagrado – de que, note-se, não participava ainda a possibilidade de constituição de associações de segundo grau (uniões ou federações) nem a capacidade para a celebração de convenções colectivas de trabalho – se terá procurado introduzir, com o diploma de 1891, um factor de «racionalização» ou «normalização» de uma realidade inorgânica, torrencial e, sobretudo, incontrolada como a que se manifestava no campo da acção colectiva laboral[15].

Bem merece este diploma, apesar da modéstia do seu articulado e da relativa estreiteza da sua inspiração, a referência que usualmente lhe é feita nos estudos sobre a história do sindicalismo em Portugal. Na verdade – e se ressalvarmos a consagração expressa, pela Constituição de 1911, do direito de associação, e o reconhecimento do direito de greve, pelo Decreto de 6 de Dezembro de 1910 –, só muito mais tarde, esgotadas três décadas de quase incessante perturbação social e de grande desenvolvimento das organizações socioprofissionais (sempre mais distanciadas, é certo, do «modelo» visado pelo legislador de 1891), voltou o tema a ser objecto de regulamentação. E, ainda assim, no sentido de reajustar o dispositivo do Decreto de 9 de Maio de 1891 a realidades entretanto surgidas e por certo incontíveis: o Decreto nº 10415, de 27 de Dezembro de 1924, veio autorizar a constituição de *uniões e federações* de associações de classe, com dispensa da prévia aprovação de estatuto, e conferiu a estas (às uniões e federações) *capacidade para a celebração de convenções colectivas*, estendendo-a expressamente às «associações de classe ou sindicatos profissionais».

[15] O diploma em causa deve ser integrado num conjunto de que fazem parte também o Decreto de 28 de Fevereiro de 1891 (referente às mutualidades) que, numa das suas disposições, revelou a preocupação fundamental de «depurar as associações de socorros mútuos de quaisquer objectivos ou actividades sindicais» (M. C. Tavares da Silva, ob. cit., 356); e o Decreto de 5 de Julho de 1894, regulador dos sindicatos agrícolas, que expressamente permitiu a constituição de uniões desses sindicatos (ao contrário do que fizera o legislador de 1891 para a generalidade das associações de classe).

Assim surgiu, no sistema jurídico-laboral português, o reconhecimento da *autonomia colectiva* às organizações socioprofissionais – em vésperas de uma viragem radical do enquadramento normativo dos fenómenos colectivos de trabalho.

11. *A doutrina corporativa.* A concepção doutrinal característica do regime corporativo português, em matéria de fenómenos colectivos de trabalho, era uma concepção marcadamente *ordenadora e conformadora* desses fenómenos, em especial das formas de organização profissional, na linha dos princípios da «hierarquia dos interesses sociais» (artº 8º ETN) – partindo do geral para o particular –, da «colaboração» e da «associação» dos trabalhadores com as empresas (artº 22º), bem como da subordinação dos «indivíduos» e dos «organismos corporativos» ao «espírito de paz social» (artº 5º) – donde, novamente, a proibição e a punibilidade da greve e do *locaute* (artº 9º).

No mesmo sentido, a Constituição de 1933 atribuía à propriedade, ao capital e ao trabalho «uma função social, em regime de cooperação económica e de solidariedade» (artº 35º) e proibia, sob o rótulo comum de «suspensão de actividade», a greve e o *locaute* (artº 39º).

O sistema corporativo postulava pois a existência de uma organização de interesses colectivos que a lei preordenava e que, por outro lado, era dominada pelo primado do interesse geral, cuja realização decorreria da própria formalização orgânica da solidariedade social.

Assim se erigiu a organização corporativa, estrutura composta de associações representativas de categorias dos trabalhadores (os sindicatos nacionais) e de associações de empregadores (os grémios) – organismos primários – que se agrupavam em federações e uniões – organismos intermédios ou secundários –, apontando para um terceiro nível, o das corporações, no qual se encontravam e condensavam as representações de trabalhadores e entidades patronais.

O sistema corporativo não ignorava de todo a realidade dos conflitos de interesses colectivos nem os mecanismos negociais que constituem a sua expressão institucional. Quanto à contraposição de interesses colectivos e à negociação destinada a compatibilizá-los, considerava-as limitadas pelos princípios de paz social e de hierarquia de interesses. Relativamente aos conflitos e aos meios de luta laboral, eram tidos como pertencentes ao domínio da patologia social ou ao da instrumentalidade política, sendo qualificados criminalmente (embora, no plano dos factos, os movimentos grevistas que apesar de tudo ocorreram não houvessem, geralmente, desencadeado os correspondentes mecanismos judiciais, mas sobretudo a repressão directa). A negociação colectiva, nos termos da regulamentação legal existente, estava submetida ao controlo administrativo da legalidade e mesmo do mérito das soluções acordadas (através da exigência de *homologação* governamental como pressuposto de publicação e entrada em vigor).

12. *A inflexão de 1969.* No que respeita, especialmente, ao regime das relações colectivas de trabalho, deve referir-se a inflexão legislativa verificada em 1969, com a publicação do DL 49212, de 28/8 desse ano.

A regulamentação anterior – a primeira sobre a matéria, no nosso Direito – constava do DL 36173, de 6/3/47, dominado por uma concepção acentuadamente *regulamentar* da convenção colectiva de trabalho: a negociação colectiva era nele disciplinada mais como *modo de produção de normas, do que como meio de composição de interesses contrapostos.* O diploma tomava posição perante os problemas relativos à *forma*, ao *conteúdo*, às *condições de eficácia* das convenções e às relações entre estas, a lei e os contratos individuais, mas abstinha-se de regular o processo negocial e omitia os meios pacíficos de superação de conflitos declarados.

O diploma de 1969 exprimiu uma importante deslocação do acento tónico para o aspecto *negocial* da contratação colectiva e para a resolução dos conflitos de interesses com ela relacionados.

Assim, instituiu-se uma detalhada disciplina processual quanto às relações entre os sujeitos colectivos, com definição de fases sucessivas até à arbitragem, meio forçoso de resolução dos conflitos entretanto surgidos. A evolução do processo foi condicionada por prazos destinados a impedir ou a limitar os efeitos de eventuais comportamentos dilatórios ou situações de impasse irremovível.

E, ao mesmo tempo – agora num contexto lógico que faltava no sistema de 1947 –, permanecia a interdição dos meios de luta laboral, bem como a exigência de homologação das convenções enquanto pressuposto da publicação.

As alusões feitas à orientação concretizada no DL 49212 justificam-se, além do mais, por duas razões ligadas à posterior evolução do nosso sistema de relações colectivas de trabalho.

A primeira é a de que esse regime perdurou muito para além de 25 de Abril de 1974 [16] – como, de resto, ocorreu em larga medida com as estruturas sindicais provenientes da organização corporativa. A sobrevivência da disciplina jurídica contida no DL 49212 encontra expressão vincada, por exemplo, no facto de, após aquela data, numerosas convenções colectivas, terem sido ainda submetidas à homologação do Ministério do Trabalho. Mas o papel do diploma foi consideravelmente limitado pela proliferação, que então se verificou, de *instrumentos negociais atípicos* – protocolos, actas de reunião, etc. – que, frequentemente, não

[16] Só com o DL 292/75, de 16-6, surgiu nova regulamentação da contratação colectiva, aliás com carácter abertamente transitório (vd. artº 10º). E a revogação expressa do DL 49212 só se operou com o DL 164-A/76, de 28-3.

preenchiam os requisitos gerais de validade das convenções colectivas e, em não poucos casos, nem sequer foram objecto de publicação oficial[17].

A segunda razão diz respeito ao regime legal instituído mais tarde pelo DL 164-A/76, o qual se inspirou visivelmente no diploma de 1969, não apenas no aspecto sistemático, mas também no que toca aos instrumentos jurídicos fundamentais aí consagrados – embora, como é obvio, a uma inspiração intervencionista tenha sucedido um pendor acentuadamente «liberal».

13. *A transição de regimes.* Como se observou, as alterações políticas, sociais e económicas subsequentes a 25 de Abril de 1974 não se reflectiram desde logo no plano do Direito Colectivo do Trabalho. Apesar da enorme relevância que assumiram, durante o período revolucionário, os temas relacionados com a democratização das relações de trabalho, o certo é que, por bastante tempo, subsistiram a regulamentação e os modelos organizativos oriundos do sistema corporativo.

Fosse pela dificuldade prática da pronta substituição de instrumentos legislativos tecnicamente cuidados, e susceptíveis, em todo o caso, de assegurar algum enquadramento da realidade sócio-laboral, em fase de indefinição política e ideológica; fosse em virtude da prioridade atribuída pelas forças políticas ao controlo dos aparelhos e dispositivos existentes, nomeadamente a Administração do Trabalho e os sindicatos, sobre a sua transformação de fundo; fosse pela própria inviabilidade da concepção de relações sociais de novo tipo num ambiente de elevada tensão reivindicativa e de espontaneismo nas formas de acção colectiva – o certo é que as estruturas de representação socioprofissional, as grandes linhas do regime das relações colectivas e até os meios de superação de conflitos laborais pouco ou nada se modificaram nos tempos que imediatamente se seguiram ao movimento de 25 de Abril de 1974.

Assim:

a) No tocante às *associações sindicais*, ficou intacta, por mais de um ano, a quadrícula da organização corporativa[18], baseada na profissão (não no ramo de actividade) e geralmente no distrito; só em Abril de 1975 surgiu legislação reformadora (DL 215-B/75, de 30-4), orientada para a unicidade sindical[19] e a «verticalização» (isto é a organização com base no ramo de actividade), mas sobretudo para a reciclagem das estruturas associativas pré-existentes;

b) Quanto à *negociação colectiva*, permaneceu, embora progressivamente em desuso, o regime do DL 49212, como se assinalou já; só em Fevereiro de 1976

[17] Cfr. Caupers/Magalhães, *Relações colectivas de trabalho*, Lisboa (1978) 16-18; Menezes Cordeiro, *Manual de Direito do Trabalho*, Lisboa (1990) 241-242.

[18] Com ressalva das corporações, que foram extintas pelo DL 362/74, de 17-8.

[19] Que já caracterizava, de resto, a organização corporativa.

surgiu um diploma a substituí-lo integramente, com uma inspiração liberal que, todavia, não inutilizou o instrumental básico da regulamentação revogada (nomeadamente a possibilidade do recurso à via administrativa como sucedâneo da negociação);

c) O reconhecimento e a regulamentação do exercício do *direito de greve* (DL 392/74) foi, porventura, a primeira novidade significativa no campo do Direito Colectivo; mas tal regime quase não passou das páginas do diário oficial; proliferaram as greves à margem dele[20] e, de resto, foram inequívocas as declarações de forças políticas ligadas ao movimento operário, no sentido do «desajustamento», logo da «inoperância» da lei; e só em 1977, já sob a influência da CRP, foi publicado novo diploma sobre a matéria (a L 65/77).

14. *A Lei das Relações Colectivas de Trabalho (LRCT).* Desde 1977 – ano em que se poderá localizar o fecho da abóbada no edifício legislativo laboral pós-revolucionário – até à actualidade, o sistema do Direito Colectivo sofreu poucas modificações. As mais importantes incidiram nos domínios da *negociação colectiva* e do *direito de greve.*

Quanto à primeira dessas áreas, assumiu particular importância o DL 519-C1/ /79, de 29 de Dezembro (conhecido pela sigla LRCT).

Como se informava no seu preâmbulo, o diploma corporizava a «tentativa de obtenção de um tendencial equilíbrio entre os princípios de livre negociação colectiva internacionalmente reconhecidos e consagrados na lei constitucional portuguesa e a intervenção do Governo, tida ainda como necessária, mas que, gradualmente, se tem vindo a procurar restringir e aperfeiçoar».

Na realidade, o regime legal anterior (DL 164-A/76) tinha sofrido, no espaço de três anos, vários ajustamentos por diplomas avulsos, ao mesmo tempo que se desenvolvia uma *praxis* negocial autónoma e diversificada no que toca aos procedimentos negociais.

Por outro lado, a conflitualidade laboral, de dimensão relativamente elevada, adquirira carácter fisiológico e institucional: ultrapassada a fase para-revolucionária em que os movimentos reivindicativos proliferavam sob formas inorgânicas e normativamente não enquadradas, a contratação e o conflito estavam, em geral, reconduzidos ao domínio sindical, à formalização e à padronização de comportamentos.

A crise económica estava em pleno desenvolvimento (no próprio ano da publicação do diploma, experimentava-se o segundo «choque» na economia do petróleo), avolumando as exigências de rigor no controlo da economia; o sector público empre-

[20] O diploma aproximava-se em muitos pontos do Decreto de 6-12-10, que, como se sabe, assinalou um significativo recrudescimento dos movimentos grevistas.

sarial encontrava-se estruturado e apto a desempenhar um papel central no conjunto dos instrumentos desse controlo – sendo também certo que a dinâmica contratual e a conflitualidade laborais adquiriam uma particular intensidade no cenário das empresas públicas.

A LRCT veio regular o exercício da contratação colectiva em conformidade com as seguintes directrizes:

a) *reforço da «formalização» dos processos negociais*, mediante a definição de um modelo de procedimento indicativo e a articulação deste com métodos de superação de conflitos;

b) *afirmação de um intervencionismo estatal mitigado* na contratação em geral, quer em termos de simples acompanhamento dos processos, quer a título de apoio informativo às partes, quer no suprimento das insuficiências do sistema contratual (regulamento por via administrativa);

c) *especialização do regime da negociação nas empresas públicas*, através da autonomização dos processos e de um controlo tutelar governamental susceptível de condicionar a eficácia dos acordos (limitando, por conseguinte, a autonomia colectiva dos interlocutores dessas empresas);

d) *consagração da voluntariedade e da legitimação associativa* como princípios gerais do sistema contratual, quer no desenvolvimento dos processos e na obtenção dos acordos, quer no momento da «formalização» destes (pelo depósito), quer na determinação do seu âmbito de eficácia, quer, ainda, no recurso aos métodos de resolução pacífica de conflitos;

e) mas *condicionamento da periodicidade das negociações no mesmo âmbito*, decerto em nome da estabilidade social e da viabilidade do controlo da evolução dos custos do trabalho.

15. *A evolução da lei e dos factos.* Com apoio nesse regime legal, desenvolveu-se ao longo de um acidentado quarto de século um movimento contratual pouco linear, condicionado pelas flutuações de conjuntura económica, pela evolução das atitudes do poder político face ao mundo do trabalho, e pelas consequentes variações das relações de forças sociais.

Na primeira década de vigência da LRCT (1979-1989), as tendências que, na experiência da contratação colectiva, se manifestaram foram as seguintes:

a) *maior densidade dos conteúdos contratuais nas negociações relativas às empresas públicas*, que assumiram, em muitos casos, uma influência determinante no cenário negocial geral;

b) *progressivo abandono dos meios de intervenção administrativa de regulamentação do trabalho*, espelhando uma evolução «liberalizante» da atitude do poder político, ou seja, uma tendência para o «laissez faire» colectivo;

c) em contrapartida, *a manutenção de um nível elevado de condicionamento tutelar nas negociações envolvendo empresas públicas*, na linha de uma explícita concepção do seu papel como instrumentos de política económica e financeira;

d) finalmente, a quase total *desvalorização dos meios de resolução de conflitos* legalmente previstos (conciliação, mediação e arbitragem), reduzindo a dinâmica sócio-laboral à oscilação pendular entre negociação directa e conflito declarado.

A progressiva redução da importância relativa do sector público empresarial (nomeadamente em consequência da privatização de empresas públicas e do desenvolvimento de novos grupos económicos), assim como as alterações favoráveis da conjuntura económica terão contribuído para a revisão, em aspectos parcelares, do regime da LRCT, pelos DL's 87/89, de 23/3, e 209/92, de 2/10.

O sentido geral desses ajustamentos pode sintetizar-se nas seguintes orientações:

a) *sujeição das empresas públicas ao regime geral*, pelo menos nos aspectos fundamentais, nomeadamente os que respeitavam à interferência tutelar na eficácia dos acordos;

b) *redução de constrangimentos processuais*, sobretudo no tocante à periodicidade das negociações;

c) *acentuação da dominante voluntária na determinação do ciclo de vigência dos acordos*, particularmente por se colocar o acento tónico no momento da entrega para depósito das convenções (e não já no depósito em si);

d) *revalorização dos meios de resolução pacífica de conflitos*, mediante o enriquecimento da conciliação e a generalização da arbitragem obrigatória.

De um modo geral, pode dizer-se que o sentido dessas alterações foi o de "libertar" a negociação colectiva de algumas peias formais, incentivar a contratualidade laboral e reduzir na maior medida possivel a interferência do poder público na regulamentação colectiva do trabalho.

No plano dos factos, esses intentos não tiveram concretização.

A contratação colectiva deixou, praticamente, de funcionar, salvo na rotina anual da actualização das tabelas salariais. Numa visão muito sintética, pode-se atribuir essa situação à irredutivel crispação que se gerou entre a preocupação dos sindicatos de salvaguardarem as vantagens adquiridas sobretudo ao longo da segunda metade da década de setenta (opondo-se, por isso, às aspirações de flexibilidade dos empregadores) e a recusa patronal de negociar qualquer vantagem adicional para os trabalhadores sem que os regimes antigos fossem postos em causa. Contribuiu, decerto, para agravar essa crispação o facto de – por razões diversas, mas sobretudo derivadas da evolução da economia – a correlação de forças sociais se ter alterado em favor dos empregadores.

Por outro lado, os meios de resolução de conflitos – deixada de lado a conciliação, efectuada pelos serviços competentes do Ministério do Trabalho – nunca chegaram a utilizados com a normalidade prevista. Tanto a mediação como a arbitragem –

incluindo a obrigatória – constituíram, ao longo da vigência desse regime, autênticas raridades.

16. *A codificação.* Essa legislação foi, como se sabe, inteiramente substituída pelo CT de 2003, assim como pela revisão de 2009. Mas o modelo regulador da codificação coincide, em substância, com o anterior. As novidades são relativamente escassas. Para além da alteração de certas designações – *portaria de condições de trabalho* em vez de portaria de regulamentação de trabalho, por exemplo –, pode dizer-se que as grandes linhas da lei de 1989 continuam a pautar a regulamentação codificada.

Devem apontar-se, contudo, pela sua importância, as seguintes orientações novas:

a) um considerável desenvolvimento ou explicitação da parte obrigacional das convenções colectivas;

b) a afirmação da relevância da alteração de circunstâncias na execução das convenções colectivas;

c) a expressa responsabilização das organizações outorgantes e dos seus filiados por prejuízos decorrentes do incumprimento das convenções;

d) a limitação da sobrevigência das convenções, isto é, da sua vigência para além do prazo pertinente, por falta de convenção substitutiva.

O sentido tendencial destas directrizes é o de contrariar, por diversas formas e a partir de diferentes ângulos de ataque, o alongamento da permanência da regulamentação do trabalho convencional, a estabilização dos equilíbrios negociais e a consequente "aquisição" de benefícios – ou seja, em suma, trata-se de promover a contratualidade sobretudo pelo lado do seu objecto, procurando garantir que "tudo" possa ser, "em qualquer momento", posto em causa pela dinâmica dos interesses em presença.

17. *O regime do direito de greve.* Por seu lado, o regime legal da greve que se continha na L 65/77, de 26/8 (LG) manteve – agora incorporado no Código do Trabalho (arts. 530º-545º) – uma notória estabilidade e, sobretudo, um grau elevado de efectividade – o que evidencia o nível apreciável de institucionalização e organicidade que se atingiu no sistema de relações colectivas de trabalho. Como se observará adiante, a LG teve que respeitar limites impostos pela CRP (artº 57º) e, assim, quase se limitou à disciplina dos procedimentos por que se traduz o *exercício* do direito de greve, abstendo-se de dispor sobre o conteúdo e os limites deste direito.

O aspecto crucial desse regime é o da determinação dos *serviços mínimos* que os trabalhadores em greve devem prestar para que necessidades colectivas essenciais não deixem de ser satisfeitas. Na versão originária da LG, esse problema estava a descoberto: impunha-se (às associações sindicais e aos trabalhadores) a obrigação de prestar esses serviços, mas não se estabelecia qualquer mecanismo para a definição dos termos concretos em que ela havia de ser cumprida[21]. A revisão constitucional de 1997 introduziu, no art. 57º CRP, um nº 3 que, expressamente, encarregava o legislador ordinário de regular a matéria.

O CT incorporou, como se disse, na quase totalidade, o regime da velha LG. A opção é inteiramente plausível, dado que, apesar de se tratar de matéria caracterizada por suma delicadeza – quer do ponto de vista da constitucionalidade, quer no plano do atrito social –, essa lei vigorou e foi, na generalidade, cumprida de modo pacífico.

No entanto, o CT procurou fornecer resposta a algumas questões que a LG deixara em aberto. Assim:

a) define um mecanismo de determinação dos serviços mínimos a prestar em caso de greve;

b) esclarece o regime pelo qual ficam cobertos os trabalhadores afectos à prestação desses serviços;

c) admite, em certos termos, a estipulação, nas convenções colectivas, de cláusulas de paz social relativa.

[21] Essa carência veio a ser suprida pela L 30/92, de 20/10, que consagrou o princípio da definição dos serviços mínimos por acordo prévio, e estruturou um dispositivo subsidiário para que tal determinação se obtivesse mesmo no caso de desacordo das partes. Todavia, como se dirá no lugar próprio, esse regime veio a ser declarado inconstitucional, o que se traduziu na reposição das dúvidas anteriores.

Capítulo 24
OS FENÓMENOS COLECTIVOS LABORAIS NA PERSPECTIVA JURÍDICA

I. A relação colectiva de trabalho.

1. Noção; 2. A especificidade da relação colectiva.

1. *Noção.* Nos fenómenos colectivos de trabalho, é o aspecto «relacional» que serve de ponto de partida para a construção do seu tratamento jurídico – sabido como é que todo o Direito visa as relações sociais, nas múltiplas formas que podem assumir.

Partindo dos dados objectivos da realidade sócio-laboral, a noção de *relação colectiva de trabalho* é porém já um produto da reelaboração desses dados numa (variável) óptica de política legislativa.

Nessa noção cabem todos os contactos juridicamente relevantes que se estabelecem entre estruturas de representação colectiva de trabalhadores (associações sindicais e comissões de trabalhadores) e organizações de empregadores ou empregadores não associados, relativos ao confronto dos respectivos interesses colectivos. Esses contactos podem assumir diversas naturezas – de negociação, de cooperação, de conflito –, sendo os mais importantes os que se estabelecem entre associações sindicais e associações de empregadores ou empregadores isolados[1].

[1] Recorde-se a fórmula da antiga LRCT (sem correspondência no CT): «O presente diploma regulamenta as relações colectivas de trabalho que se estabeleçam entre trabalhadores e entidades patronais *através das respectivas associações* ou entre associações sindicais e entidades patronais».

Convém destacar, a propósito desta noção – necessariamente difusa –, os seguintes aspectos:

a) Cabem nela os *factos colectivos unilaterais*, portanto da iniciativa de uma colectividade de trabalhadores ou de patrões (uma greve, um *lock-out*, uma proposta de contrato colectivo), ainda que dirigidos ao grupo contraposto e destinado a provocar uma «resposta» deste – até porventura um processo que envolva a verdadeira relação jurídico-colectiva.

b) É necessário que os intervenientes na relação sejam sujeitos colectivos ("estruturas de representação colectiva de trabalhadores", associações de empregadores, empregadores),isto é, entidades personalizadas com uma dimensão colectiva (que, no caso dos empregadores isolados, advém do volume de emprego que têm sob sua responsabilidade) e capazes de desenvolverem actividades jurídicas; ficam, pois, de fora os contactos que se estabelecem entre grupos informais ou ocasionais.

c) Na maioria (quando não a quase totalidade) dos casos, as relações colectivas integram procedimentos que tendem para a criação de *normas* reguladoras das relações *individuais* de trabalho, em certo sector profissional (veja-se o artº 492º/2 CT); assumem, na verdade, menor vulto os efeitos que essas relações desencadeiam em relação aos próprios sujeitos (sindicatos e associações patronais) ou no interior das empresas (como as relações entre comissão de trabalhadores e órgão de gestão).

Assim, a relação colectiva abrange toda a espécie de contactos, entre organizações de trabalhadores a categorias de empresas (ou alguma destas singularmente consideradas), *aos quais a lei atribui relevância*, ou seja, efeitos específicos, mesmo que eles se localizem na fase preparatória duma convenção colectiva.

2. *A especificidade da relação colectiva.* A teoria geral do Direito Civil ensina que a *relação jurídica* em sentido estrito consiste na «relação da vida social disciplinada pelo Direito, mediante a atribuição a uma pessoa (em sentido jurídico) de um direito subjectivo e a correspondente imposição a outra pessoa de um dever ou de uma sujeição»[2]; ou, ainda, pela qual se «estabelece (...) a posição de *poder* de uma pessoa e a correspectiva posição de *dever* de outra ou de outras pessoas»[3]. O facto gerador ou constitutivo da relação jurídica (facto jurídico) é, frequentemente, o negócio jurídico, na modalidade do *contrato*.

A extensão destes conceitos ao terreno do Direito Colectivo do Trabalho inculcaria a ideia de que a relação colectiva é, simplesmente, a que se estabelece

[2] M. Andrade, *Teoria Geral da Relação Jurídica*, I 2.

[3] Santoro Passarelli, *Teoria Geral do Direito Civil* (trad. port.), Coimbra (1967) 49.

entre os outorgantes de uma convenção colectiva, consistindo na atribuição de poderes e deveres recíprocos a qualquer deles. A relação jurídico-colectiva produziria, essencialmente, poderes ou direitos do sindicato perante o empregador ou a associação patronal contraposta, e vice-versa.

No entanto, as relações colectivas de trabalho não se fundam exclusivamente nos acordos (convenções colectivas) que se estabelecem entre organizações de trabalhadores e de empregadores. Há relações desse tipo anteriores a qualquer acordo (negociação colectiva) ou mesmo independentes dele (relações de conflito), que são juridicamente enquadradas e relevantes. Trata-se, pois, basicamente, de *relações de facto*, de fenómenos sociais susceptíveis de gerarem consequências jurídicas, e que constituem objecto de regimes jurídicos próprios.

A construção do conceito de «relação colectiva de trabalho» tem sido muito criticada, *maxime* na doutrina italiana. A sua vastidão e fluidez e a sua discutível tecnicidade explicam que essa noção seja tida por alguns como um mero «esquema lógico com que se identifica a gestão integrada das relações individuais»[4]. Mas, no sentido da necessidade de autonomização do conceito, milita a já apontada *indivisibilidade* dos interesses (colectivos) que entram em jogo nessas relações - «interesses, em concreto, insusceptíveis de satisfação, em cada contexto produtivo de certa amplitude, senão por todos os indivíduos ou por grupos que exactamente por isso se dizem homogéneos»[5] e que, portanto, «escapariam a uma gestão meramente individual e, por assim dizer, atomística»[6]. A noção - que se tem por adquirida - de interesse colectivo é, assim, o suporte da de «relação colectiva», não obstante a complexidade e multiplicidade das suas concretizações e a correspondente falta de fixidez das suas referências conceituais.

A noção de relação colectiva não assenta numa criação do Direito (atribuição de direitos e obrigações) mas sim, basicamente, numa *realidade sociológica* que o Direito recebe *qua tale*. O facto que a gera não é, normalmente, um acordo mas um *acto colectivo unilateral* - a formulação de uma proposta ou exigência - ao qual pode suceder-se, não o consenso, mas a oposição e o conflito. A verificação de tais actos unilaterais gera desde logo deveres de conduta (de conteúdo variável conforme os sistemas), como, entre nós, resulta do artº 489º. E o acordo que, porventura, venha a atingir-se não origina, primariamente, obrigações para os

[4] Cfr. DELL'OLIO/G. BRANCA, *L'organizzazione e l'azione sindacale*, vol. 1 da *Enciclopédia giuridica del lavoro* dir. G. MAZZONI, Pádua (1980) 126.

[5] DELL'OLIO/BRANCA 115.

[6] DELL'OLIO/BRANCA 122. Exemplifica-se com os interesses da integridade física e da personalidade moral do trabalhador, os que respeitam aos ritmos e cadências da laboração, à organização do trabalho em geral, à manutenção ou consecução de um certo nível de emprego, à repartição funcional de rendimentos, à não-discriminação no emprego, etc..

sujeitos colectivos, mas sim *normas* endereçadas aos trabalhadores e aos empregadores pertencentes às categorias abrangidas.

Deste modo, a noção de relação colectiva de trabalho apresenta-se de modo difuso, mas tem uma função ordenadora do enquadramento jurídico dos fenómenos colectivos laborais: enquadram-se nessa noção todas as formas de interacção dos sujeitos colectivos que a lei toma como objectos de regulação.

II. A autonomia colectiva.

A) O conceito de autonomia colectiva.

3. *Noção.* O conceito de *autonomia* constrói-se sobre o fenómeno de «descentralização normativa» resultante do reconhecimento ou atribuição a certas entidades da capacidade de emitirem regras de conduta como «centros normativos menores e periféricos relativamente ao centro normativo estadual»[7]. O fundamento das normas assim produzidas situa-se na esfera de fins ou interesses da entidade emissora e tem por alvo comportamentos pertencentes à sua própria área da actuação.

Pode assim falar-se da autonomia *privada* individual, que é a capacidade para a auto-regulação de interesses dos particulares através de manifestações de vontade negocial; da autonomia *pública* (administrativa, financeira) dos órgãos e serviços que podem emitir regras ou comandos internos orientados pela realização das suas atribuições; da autonomia *colectiva* profissional, finalmente, quando se tem em vista a possibilidade da composição de interesses colectivos através da emissão de normas pela via do acordo entre grupos sociais radicados no mundo do trabalho – normas abstractamente endereçadas aos membros desses grupos e destinadas portanto a reagir sobre as relações individuais entre eles.

Assim, a autonomia colectiva é a capacidade reconhecida pelo Estado a certos grupos sociais organizados de emitirem, por um processo próprio de gestão do confronto entre os seus interesses colectivos (a convenção colectiva), *normas* que, simultaneamente, constituem *fórmulas de equilíbrio* entre estes interesses e *padrões de conduta* para os membros dos grupos nas suas relações individuais (isto é, limitações à autonomia privada).

O artº 56º/3 e 4 CRP confere às associações sindicais[8] competência para «exercer o direito de contratação colectiva», deferindo-se, no nº 4, para a lei o encargo de estabelecer «as regras respeitantes à legitimidade para a celebração das convenções colectivas de trabalho, bem como *à eficácia das respectivas normas*».

[7] Prosperetti 22. Sobre o tema, amplamente, vd. Giugni, *Introduzione allo studio della autonomia collectiva*, reimp., Milão (1977).

[8] A CRP não inclui qualquer referência às associações de empregadores, nem mesmo aos empregadores enquanto sujeitos colectivos.

Essas regras contêm-se, actualmente, nos arts. 485º ss. CT. Mas uma manifestação porventura mais vincada (embora indirecta) da autonomia colectiva encontra-se no artº 57º/2 CRP, que atribui «aos trabalhadores» (colectivamente, através de sindicatos ou assembleias) o poder *exclusivo* de «definir o âmbito de interesses a defender através da greve, *não podendo a lei limitar esse âmbito*». Veremos em seguida como se harmonizam estes preceitos, dirigidos exclusivamente à situação dos trabalhadores e suas organizações, com o carácter necessariamente *bilateral* da autonomia colectiva laboral.

4. *O direito de contratação colectiva*. Os termos em que a CRP se refere ao «direito de contratação colectiva» – como direito colectivo *dos trabalhadores* que às associações sindicais cabe exercer – são decerto, a uma primeira leitura, algo perturbadores. É evidente que não se trata aí de definir em exclusivo a capacidade negocial colectiva (a autonomia colectiva, que pertence igualmente aos empregadores e suas associações). A norma tem que ser adequadamente interpretada.

Ela alude, antes mais, à consagração de uma possibilidade de intervenção para as organizações de trabalhadores – daí a unilateralidade do seu enunciado. Reflecte o reconhecimento de que a acção colectiva comporta potencialidades regulatórias – de que, em suma, os trabalhadores organizados podem impor (ou, no mínimo, participar na determinação de) regras e condições que, de outra maneira, no plano estritamente individual, seriam fixadas "contratualmente", ou mesmo unilateralmente, pelo empregador. O direito de contratação colectiva surge, pois, na lógica do preceito, como *contraponto do poder patronal*.

Em segundo lugar, ela enfatiza o papel tradicional da contratação colectiva, como instrumento de *melhoria progressiva das condições de trabalho e remuneração* no respectivo âmbito. É também neste sentido que a contratação colectiva surge como uma "vantagem" para os trabalhadores, que a ordem jurídica protege através do reconhecimento de um *direito*.

Enfim, a formulação da norma evidencia o carácter *originário* de que a autonomia colectiva se reveste no nosso ordenamento. Esse atributo dos grupos profissionais organizados não é o resultado de uma «concessão» ou «delegação» de poder normativo por parte do Estado, constitui um dado «pré-constitucional» ligado à genética das organizações socioprofissionais. O «direito de contratação colectiva» – inscrito, por assim dizer, no ADN das organizações laborais – é *garantido* nos termos da lei, não é «criado» nem «outorgado» pelo legislador constitucional. Este não o gera, diz apenas quem o exerce e autoriza o legislador ordinário a regular em certos termos esse exercício.

À lei ordinária é, pois, conferida a missão de regular a «legitimidade» negocial e a «eficácia» dos acordos. Mas esta intervenção do legislador não contende senão com as condições do reconhecimento das convenções colectivas de trabalho como fontes de Direito, ou seja, com a garantia dos *meios de efectivação próprios do ordenamento estatal*.

O rigor definitório que a CRP utiliza na delimitação do objecto da intervenção legislativa é demonstrativo de que não pode estar nela em causa a atribuição ou recusa da autonomia, em si mesma, mas sim, e apenas, um conjunto de aspectos concernentes ao seu exercício[9], tendo em vista certas finalidades específicas.

No entanto, a autonomia colectiva está exposta a limitações *indirectas* por parte da lei ordinária. Sempre que é instituída uma norma imperativa sobre determinada matéria, o campo de actuação da autonomia colectiva resulta diminuído. Se a norma é *imperativa fixa*, traduz-se numa reserva de competência para o legislador ordinário; se estabelece condições *máximas* ou *mínimas*, a contratação colectiva ficará impedida de regular num dos sentidos possíveis o mesmo ponto. Restam as normas *dispositivas* da lei, que admitem tratamento em qualquer sentido por parte da contratação colectiva (art. 3º CT). Recorde-se o que, *supra* (cap. 2, nº 48), foi observado a respeito das relações entre fontes de direito.

5. *A natureza (pública ou privada) da autonomia colectiva.* A questão de saber se esta autonomia assume carácter público ou privado – relacionada estreitamente com a da natureza jurídica das organizações socioprofissionais – resolve-se, em cada momento e no quadro de cada sistema, à luz do direito positivo e não por uma consideração apriorística do conteúdo dela[10]. Tal qualificação depende da posição que o ordenamento jurídico assume perante a organização e actuação de interesses profissionais; e, desta perspectiva, não há dúvida de que a autonomia colectiva constitui, entre nós, uma modalidade da *autonomia privada*.

De modo significativo, o artº 55º/4 CRP afirma a *independência das associações sindicais perante o Estado*; o artº 55º/1 reconhece aos trabalhadores a liberdade sindical tendo em vista a defesa dos *seus* direitos e interesses; e, entre outras expressões típicas dessa liberdade, inclui a de organização e regulamentação interna. Assim, quer no tocante à natureza dos interesses a prosseguir, quer no

[9] Em que se traduz, afinal, essa regulamentação legal? No regime das associações sindicais e de empregadores (arts. 440º ss. CT), nas regras respeitantes à eficácia subjectiva e temporal dos acordos e à formalização destes, através do depósito e publicação (arts. 496º a 503º, 494º e 519º). Este complexo de normas releva, manifestamente, do processo de «atracação» da regulamentação colectiva à coerção estatal.

[10] Cfr. Giugni 124; aí se mostra como, nos ordenamentos corporativos, os sindicatos apareciam virados para a realização de interesses gerais ou públicos e, assim, investidos de uma «autonomia» que era afinal o produto de uma delegação de competência normativa; e como, nos sistemas de livre organização e acção sindicais, a «autonomia sindical assume uma fisionomia oposta, pois o interesse que através dela é tutelado já não se identifica, como no regime anterior, com o interesse geral do Estado; ela entra assim no *genus* da autonomia privada».

que respeita à estrutura e ao funcionamento das organizações, não contempla o ordenamento jurídico qualquer atinência ou conexão com os fins ou a organização do Estado.

Ademais, no que se refere a uma característica forma de acção colectiva, como é a greve, a CRP, no artº 57º/2, reserva aos trabalhadores a «competência» para a determinação do âmbito de interesses a defender através dela, «não podendo a lei limitar esse âmbito». O reconhecimento do direito de greve exprime a aceitação, pelo ordenamento estatal, da *autotutela colectiva*.

Não existe coincidência necessária entre a área de interesses coberta pela autotutela e a que é susceptível de auto-regulamentação (autonomia). Há interesses colectivos relativamente aos quais a contratação colectiva não é, em princípio, meio idóneo de efectivação ou regulação (ex.: uma modificação do regime das pensões de reforma, a adopção de medidas de promoção do emprego), mas que podem ser servidos pelo exercício da autotutela. O domínio da autonomia[11] é mais restrito do que o da autotutela, mas contém-se neste. Todos os interesses colectivos reguláveis por via autónoma são susceptíveis de autotutela. Por isso, todos eles estão cobertos pela larga afirmação do artº 57º/2 CRP: cabe aos trabalhadores, através das suas organizações, defini-los e hierarquizá-los.

B) O «interesse colectivo».

> **"São interesses coletivos os interesses organizados de modo a adquirirem uma estabilidade unitária e organizada, de tal forma que se agregam a um determinado grupo ou categoria de indivíduos relacionados com um determinado bem jurídico."**
> **– STJ 15/01/2019 – P. 9055/15.2T8LSB.L1.S1 (Ferreira Pinto).**

6. *Noção.* A noção de autonomia colectiva supõe uma outra: a de *interesses colectivos* profissionais. É que os interesses particulares de cada trabalhador e cada empregador podem não coincidir e muitas vezes não coincidem com os dos grupos a que pertencem[12].

[11] Este domínio está descrito no artº 492º/2 CT: é o dos *interesses profissionais em sentido estrito*, ou seja, o dos que se centram nas relações contratuais entre empregadores e trabalhadores. Todavia, o artº 478º/1 CT estabelece certos «limites» (também aplicáveis) ao objecto das convenções, os quais levantam dúvidas sérias sob o ponto de vista da legitimidade constitucional.

[12] A acção colectiva traduz, por isso, também uma prévia compatibilização (composição) de interesses individuais no seio do grupo social, com limitação mais ou menos intensa da satisfação desses interesses: a organização profissional funciona assim como um instrumento de racionalização das pretensões dos seus membros.

Um dos factores do associativismo profissional consiste na limitação da *concorrência* entre os membros de uma mesma categoria profissional ou económica: os sindicatos tendem para o limite de funcionarem como «cartéis da força de trabalho». O interesse *comum* do conjunto dos trabalhadores de escritório pode centrar-se na salvaguarda e expansão do emprego, enquanto o do trabalhador *A* será porventura o de, na empresa que serve, ter o menor número de competidores e ver assim a sua função valorizada e bem remunerada. Na mesma perspectiva, o interesse da categoria apontará no sentido do nivelamento das condições de trabalho, ao passo que o do indivíduo será o da diferenciação[13].

A determinação do *interesse colectivo profissional*, suporte das relações colectivas de trabalho, envolve uma simples *agregação* ou somatório de pretensões individuais, ou implica o sacrifício destas (ou de algumas destas), ou, enfim, traduz-se num outro tipo de correlação entre as necessidades sentidas por cada indivíduo e as que se apresentem como objectivos do grupo a que pertence?

A noção do interesse colectivo há-de delinear-se em função do específico modo por que, no seio das colectividades profissionais organizadas (*maxime* do sindicato) se transita das pretensões individuais dos respectivos membros – nem sempre coincidentes entre si – para a identificação dos fins da acção colectiva, ou, noutros termos, daqueles interesses que pertencem à pluralidade desses membros e são (ou passam a ser) sentidos por cada um deles *enquanto elementos do grupo e não como pessoas isoladas*. Seja qual for a correlação entre o interesse individual e o interesse colectivo, este, pelo menos no quadro de um sindicalismo livre, não surge como um dado mas como o produto de uma reelaboração do conjunto das pretensões individuais dos membros da colectividade em causa[14].

O interesse colectivo *não se reduz ao mero somatório dos interesses individuais* dos membros do grupo: pode, eventualmente, existir uma pretensão coincidente e simultânea de todos eles, mas pode também (e será a regra) verificar-se divergência, se não conflito, de interesses individuais no seio da colectividade. A organização profissional (um sindicato, por exemplo) não constitui um dispositivo de representação cuja legitimidade se cinja aos casos de coincidência (ou complementaridade) originária de pretensões dos seus associados. «O interesse colectivo sindical é o interesse unitário do grupo; unidade no sentido de unifi-

[13] Sobre a absorção do interesse individual no interesse colectivo ou grupal, vd. Garcia Abellan, *Introduccion al Derecho Sindical*, Madrid (1961) 5 ss.

[14] Cfr. Dell'Olio/Branca, *L'organizazzione e l'azione sindacale*, vol. 1 da *Enciclopédia Giuridica del Lavoro*, Padua (1980) 46. No mesmo sentido, escreveu Giugni: «O interesse colectivo é uma criação da vontade normativa dos sujeitos contratuais» (*Introduzione allo studio della autonomia collettiva* cit., 103 n. 8).

cação de vontades, ainda que dissidentes; o contrário, por isso, da soma ou da uniformidade»[15].

7. *A determinação do interesse colectivo.* Daí que, na concepção tradicional do interesse colectivo, se tenha propendido para a ideia de que a determinação deste implica, ou pode implicar, a *negação*, logo o *sacrifício* do individual[16]; nesta perspectiva, o acto de filiação associativa seria a expressão de uma renúncia à possibilidade de afirmação do interesse individual, em troca dos benefícios da tutela colectiva[17].

Mais exactamente, porém, se dirá que a "elaboração" do interesse colectivo, no seio da colectividade profissional, e tendo em conta os mecanismos pelos quais a «vontade colectiva» aí se forma, envolve uma «escolha ou selecção entre interesses diversos, ou entre diversas situações de interesses», tendo em vista a definição de prioridades ou prevalências entre eles, mas de modo que a «preterição» de uns se apresente como «instrumento da promoção de outros» – o que permite discernir um nexo de «continuidade» lógica entre uns e outros[18].

Neste sentido, e só nele, se pode afirmar – como é corrente – que a organização profissional é um *instrumento da prevalência do interesse colectivo sobre o individual*. Esta prevalência é, tipicamente, garantida pela eficácia das *normas* ditadas pelo mesmo interesse colectivo no plano das relações individuais de trabalho – ou seja, noutros termos, pela *autonomia colectiva profissional*. Prevalência, porém – não verdadeira negação ou puro sacrifício. Com efeito, a autonomia privada individual não resulta cerceada no tocante à possibilidade de efectivação de condições de trabalho, para cada membro do grupo, mais vantajosas do que as estabelecidas pela via colectiva. Isto para além do facto de o próprio interesse colectivo prosseguido ser a resultante de um processo de reelaboração ou de «organização» de interesses individuais[19].

A noção de interesse colectivo pode ser tomada, simplesmente, na sua acepção sócio-política, como correspondente a factores de agregação de indivíduos portadores de interesses individuais, mas disponíveis para atribuírem prioridade a pretensões ou aspirações comuns. Ela é, por outro lado, uma noção técnico-jurídica: como adiante se notará, o art. 5º CPT reconhece às estruturas de representação colectiva de trabalhadores e empregadores legitimidade para serem autoras em "acções relativas a direitos respeitantes aos interesses colectivos

[15] Mazzoni, *Manuale* 1083.

[16] Cfr., por todos, Santoro-Passarelli, *Nozioni do diritto del lavoro*, 30ª ed., Nápoles (1978), n-14.

[17] Cfr. Santoro-Passarelli, *Autonomia collettiva. giurisdizione, diritto di sciopero, in Saggi di diritto civile*, Nápoles (1961), vol. I, 76 ss.

[18] Dell'Olio/Branca, *L'organizzazione* cit. 48.

[19] Dell'Olio/Branca, *L'organizzazione* 47.

que representam". Estes interesses estarão, naturalmente, delimitados e caracterizados pelo âmbito estatutário de cada uma dessas estruturas representativas.

C) Autonomia privada, heteronomia, autonomia colectiva... e retorno

> **"Na verdade, o direito de negociação coletiva confere aos trabalhadores, representados pelas respetivas associações sindicais, a faculdade de convencionarem com os seus empregadores a disciplina aplicável às suas relações de trabalho. Na definição do respetivo âmbito e eficácia o legislador goza de uma ampla liberdade constitutiva, já que a própria Constituição remete para a lei a modelação desse direito. Porém, conforme afirmado no Acórdão nº 517/98, "a lei pode regular o direito de negociação e contratação coletiva - delimitando-o ou restringindo-o -, mas deixando sempre um conjunto minimamente significativo de matérias aberto a essa negociação. Ou seja: pelo menos, a lei há-de garantir uma reserva de convenção coletiva", sendo este núcleo determinado em função dos direitos dos trabalhadores e das imposições dirigidas ao Estado sobre as condições da prestação de trabalho previstos nos artigos 56º, nº 1, 58º e 59º da Constituição (...)" - Trecho do Ac. TC 602/2013 - P. 531/12 (Pedro Machete).**

8. *Noções gerais.* O conceito de autonomia colectiva contrapõe-se aos de autonomia privada individual e de heteronomia.

O contrato (tomemos como ilustração o contrato de trabalho) constitui um meio de ordenação dos interesses individuais dos sujeitos, que apresenta de característico a criação de deveres de conduta (obrigações) para eles mesmos. O contrato individual tem assim um conteúdo regulatório para as partes, composto de comandos coercíveis que têm a sua origem na vontade dos próprios destinatários e o seu fundamento nos interesses deles. Diz-se, por isso, que o contrato é expressão da autonomia privada.

Noutro plano, verifica-se que certos grupos sociais organizados (e definidos por interesses comuns) têm o poder, reconhecido pela lei, de, por acordo, emitirem normas destinadas aos seus membros e que correspondem ao ponto de equilíbrio (de satisfação possível) dos interesses contrapostos de que os mesmos grupos são portadores. A expressão típica desse poder é, como se sabe, a convenção colectiva de trabalho, conjunto de normas reguladoras dos contratos individuais – tal como a legislação estadual do trabalho. Só que aquelas normas são, como se disse, geradas no seio dos grupos interessados (*ab intus*), relevam de uma autonomia – a *autonomia colectiva* profissional. Ao passo que as normas de origem estadual provêm de fora desses grupos, fundam-se numa vontade alheia e são impostas do exterior – constituem uma regulamentação *heterónoma*.

9. *A evolução no Direito do Trabalho.* Tendo em conta a origem predominante das normas, a evolução do ordenamento jurídico-laboral pode esquematizar-se a partir das noções de autonomia privada, heteronomia e autonomia colectiva.

Com efeito, numa primeira fase, as relações de salariato eram fundamentalmente conformadas pelo contrato individual, encarado como negócio sujeito às regras gerais do Direito Civil, sob o pressuposto da igualdade formal dos sujeitos – era a época do primado da *autonomia privada* individual, exercida tipicamente através da definição das condições de trabalho pelo *contrato de trabalho.*

Numa segunda fase – que, em Portugal, pode já situar-se em pleno século XX –, verificou-se a progressiva intervenção tutelar do Estado no condicionamento das relações de trabalho, através de legislação imperativa que se norteou pelo propósito de compensar, nalguma medida, a «ditadura contratual» do empregador, ou seja, de suprir a insuficiência da autonomia privada face à desigualdade material dos sujeitos – é o surto da regulamentação laboral *heterónoma* que, aliás, coincide, com a formação do Direito do Trabalho enquanto ramo destacado do ordenamento jurídico. Esta fase implicou a progressiva desvalorização do contrato individual como instrumento de regulação das condições de trabalho: esse contrato foi-se remetendo a uma função essencialmente "genética", que não conformadora, para as relações de trabalho.

Enfim (e, como se compreende, fora de uma rigorosa sucessão cronológica), foi emergindo e fincando pé o associativismo profissional, com a progressiva afirmação dos interesses colectivos e o reconhecimento do potencial de auto-regulação desses interesses através da negociação entre as correspondentes organizações de categoria – é o momento da *autonomia colectiva,* enquanto terceira via de conformação das condições de trabalho. A contratação colectiva avança para ocupar uma parte significativa do espaço regulatório dominado pela lei, e esta assume um papel duplo: o de garantir, *imperativamente,* condições mínimas de trabalho, e o de oferecer soluções *supletivas* para os casos em que não existe convenção colectiva nem estipulação individual expressa.

A combinação da autonomia colectiva e da heteronomia pode, naturalmente, ser doseada de modo muito variável de sistema para sistema. Em todo o caso, a radicação da autonomia colectiva tende a reduzir a importância quantitativa e o papel inovatório da regulamentação de origem estadual, bem como a remeter para proporções meramente residuais a função da autonomia privada individual.

Na actualidade, e especialmente a partir da codificação em 2003, esse processo evolutivo encontra-se em fase de retorno ou regressão. Na verdade, a legislação reforçou o seu papel (L. 23/2012) e introduziu, em múltiplos domínios, como se irá evidenciando, a possibilidade de derrogação de regimes convencionais e legais por *acordos individuais* entre trabalhador e empregador. Esta nova afirmação da autonomia privada individual – feita, como sempre, sob o signo da flexibilização – equivale a uma inversão da marcha natural da regulamentação do trabalho, à luz da sua histórica razão de ser como sector diferenciado do ordenamento jurídico. Essa "nova" tendência para a *individualização* entender-se-ia como abertura à afirmação de interesses e aspirações individuais sobre regimes porventura excessivamente padronizados pela contratação colectiva, sobretudo em fase de debilitação e decadência desta última; já se entende com muito maior dificuldade quando o primado da estipulação individual se afirma perante *regimes legais originariamente imperativos*, fundados em considerações de ordem pública social.

III. A perspectiva das «relações industriais».

10. A noção de "relações industriais"; 11. O interesse da perspectiva.

10. *A noção de "relações industriais".* O estudo das relações colectivas de trabalho não pode, por razões que parcialmente decorrem do já exposto, esgotar-se na análise de regulamentação que as tem por objecto[20]. O carácter multidimensional dos fenómenos em causa inspirou, justamente, a noção de *relações industriais*[21], que constitui um instrumento de agregação sistémica dos vários aspectos (jurídico, económico, sociológico, etc.) que esses fenómenos comportam; noção interdisciplinar, portanto, que recolhe contribuições do direito, da sociologia, da economia, da ciência política, da psicologia, da história social, sem as quais o estudo das relações colectivas careceria do quadro contextual que as torna compreensíveis e passíveis de comparações no tempo e no espaço.

Por «relações industriais» entende-se «o conjunto das *normas* (formais e informais, gerais ou específicas, genéricas ou precisas) que regulamentam o emprego dos trabalhadores (salário, horário e muitos outros institutos); assim como os diferentes *métodos* (contratação colectiva, lei, etc.) através dos quais essas normas são estabelecidas e podem ser interpretadas, aplicadas e modificadas; métodos escolhidos ou aceites pelos *actores* (organizações e representações dos trabalhadores, empregadores e suas organizações, Estado e suas específicas agências institucionais) que em tais relações interagem, com base em *processos* nos quais podem encontrar-se graus diversos de cooperação e de conflitualidade, de convergência e de antagonismo»[22].

Pode assim, para cada país, construir-se, a partir da análise articulada desses vários elementos, um «sistema de relações industriais» que, no mínimo, se reveste de um seguro alcance interpretativo face aos fenómenos colectivos laborais que aí se desenvolvam, isto é, fundamentalmente, a organização profissional, a negociação e o conflito[23].

11. *O interesse da perspectiva.* A noção (e a perspectiva) das relações industriais tem ganho progressiva relevância na Europa continental, sobretudo a partir do início da década de setenta, dada a projecção sociopolítica de acontecimentos complexos

[20] Cfr. Carinci/de Luca Tamajo/Tosi/Treu, *Diritto del Lavoro. 1 – Il Diritto Sindacale*, 2ª ed., Torino (1989) 6.

[21] A expressão, de cunhagem norte-americana, tem sido traduzida, nomeadamente na literatura francesa e em documentos da O.I.T., por «relações profissionais», em tudo equivalente.

[22] G. Baglioni in *Relazioni industriali. Manuale per l'analisi della esperienza italiana*, dir. G. P. Cella/T. Treu, Bolonha (1982) 14. Vd., em termos próximos, D. Weiss, *Relations industrielles*, Paris (1973) 15.

[23] Cfr. M. Salamon, *Industrial Relations*, cit., 33 ss..

como os de Maio-Junho de 1968, em França, e o «Outono quente» de 1969, na Itália[24] – vicissitudes que abriram uma fase de grande desenvolvimento da dinâmica sindical e de acentuado acréscimo da relevância político-económica dos factores emergentes das relações colectivas de trabalho.

Não sendo estritamente jurídica, a perspectiva das relações industriais tem privilegiado, manifestamente, no contexto europeu, o papel das *normas*, enquanto *pressupostos* e como *produtos* do «funcionamento» de cada sistema[25]. Mas o estudo das normas é aí fortemente marcado pelos aspectos *contextuais* que lhes determinam o sentido: o regime político, o quadro institucional, a estrutura económica, a composição da população activa, a situação do mercado de trabalho, os tipos de organização sindical, etc..

O estudo das relações colectivas a que se vai proceder, não se situando na referida perspectiva, não poderá também abstrair inteiramente dela; uma visão formalística das relações colectivas de trabalho seria, desde logo, um exercício de estilo mais ou menos distanciado da essência dos fenómenos a que o Direito se reporta; dir-se-á, em suma, que os vários temas a abordar de seguida solicitarão, por si mesmos, referências contextuais do tipo que caracteriza a metodologia das relações industriais.

[24] Cfr. G. P. Cella/G. Amato/C. Dell'Aringa, *Lo stato delle informazioni e della ricerca nelle relazioni industriali*, DLRI nº 14 (1982) 275 ss..

[25] Cfr. D. Weiss, *ob.* cit. 39.

IV. A concertação social.

12. Noção; 13. A concertação em Portugal; 14. Os acordos de concertação social.

12. *Noção.* Um tipo particular de fenómeno colectivo é o que se exprime nos processos de concertação social. O que caracteriza estes processos é o seu carácter ***participativo*** e ***tripartido***, e o facto de versar sobre matérias atinentes ***à política económica e social***[26]. Trata-se sempre, com efeito, de negociações, ou debates conjuntos, entre o Governo, as confederações sindicais e as confederações patronais, sobre temas como salários, política de emprego, dispositivos de protecção social, controlo da inflação, condições de melhoria da competitividade das empresas e da economia.

13. *A concertação em Portugal.* Ao contrário de outros países, esse fenómeno tem, em Portugal, reconhecimento constitucional (vejam-se os arts. 56º/2-*d*) e 92/1 CRP) e enquadramento institucional próprio: a Comissão Permanente de Concertação Social (CPCS), integrada no Conselho Económico e Social (art. 6º L. 108/91, de 17 de Agosto).

Todavia, essa ressonância formal não tem correspondência no modo por que a concertação social se relaciona com o sistema político: não existe, nesse plano, nenhum definido nexo orgânico-funcional.

A concertação social abrange uma gama variada de procedimentos, de natureza negocial ou consultiva[27], que se desenvolvem entre determinados sujeitos que são o Governo, as Confederações Sindicais (CGTP-In e UGT) e as Confederações Patronais (da Indústria, do Comércio, da Agricultura e do Turismo).

Não obstante o grau aparentemente elevado de institucionalização que atingiu entre nós, a concertação social não está enquadrada por nenhum modelo processual definido. Existe um Regulamento Interno da Comissão Permanente da Concertação Social, aprovado no seu próprio âmbito e objecto de publicação oficial[28], mas a experiência tem revelado que os produtos mais importantes e significativos da concertação social têm surgido independentemente da aplicação do regime formalístico que esse regulamento estabeleceu.

[26] Veja-se M. A. Solans Latre, *Concertación social y otras formas de neocorporatismo en España y en la Comunidad Europea*, Madrid (1995) 68 ss..

[27] A imagem que a regulamentação existente fornece é, sobretudo, a de um mecanismo de natureza consultiva. Mas mesmo as «audições» e «apreciações» no âmbito da concertação social assumem, no fundo, carácter negocial: o objectivo visado é sempre a descoberta de plataformas de consenso, mesmo que não se trate de «celebrar acordos».

[28] DR II Série, nº 204 de 31/8/93, p. 183-186.

A concertação social, é, assim, um mecanismo *auto-regulador*, através do qual as organizações de cúpula, representativas dos trabalhadores e dos empregadores, *participam*, com intensidade variável, nos processos de decisão que cabem na competência do Governo[29].

A concertação social não deve ser confundida com a *negociação colectiva interconfederal*. Como se assinalará adiante, o regime jurídico da contratação colectiva não exclui a possibilidade de serem celebradas convenções colectivas entre confederações sindicais e confederações patronais. É o que resulta da combinação dos arts. 2º/3, 440º/3 e 4 CT. Tais convenções colectivas, se existissem, [30] seriam aplicáveis às relações de trabalho existentes entre os filiados em todas as organizações confederadas. Um acordo interconfederal subscrito pela Confederação da Indústria Portuguesa (CIP), pela Confederação Geral dos Trabalhadores Portugueses (CGTP) e pela União Geral dos Trabalhadores (UGT) seria uma espécie de «lei contratada do trabalho industrial», o que lhe conferiria notória relevância social e económica. Ele seria directamente aplicável às relações individuais entre os empregadores e os trabalhadores filiados nas associações pertencentes às confederações subscritoras. Assumiria, assim, a natureza de acordo colectivo *interprofissional*, capaz e complementar a lei do Estado e, por outro lado, de enquadrar a contratação sectorial e de empresa. No entanto, tais acordos não existem, apesar da importância de que se revestiriam para a afirmação da autonomia e da capacidade prática de regulação dos parceiros sociais.

Os acordos de concertação social, por seu turno, não assumem o carácter de *acordos normativos*, como as convenções colectivas de trabalho. O seu efeito não é o de definir imediatamente regras de comportamento para os trabalhadores e as empresas representadas pelas organizações. Trata-se de *acordos políticos* tripartidos, destinados a condicionar as decisões das entidades subscritoras: as decisões políticas do Governo, nomeadamente no plano legislativo; as decisões e actuações dos sindicatos e das associações patronais, designadamente no domínio da contratação colectiva.

Caracteriza-se, por isso, a concertação social como um mecanismo de «troca política»[31]: o Governo e os parceiros sociais condicionam mutuamente as suas escolhas através dos compromissos assumidos na concertação social. Mas estes compromissos não assumem natureza normativa nem dispõem de sanção jurí-

[29] Incluem-se, naturalmente os processos legislativos, que aqueles que se esgotam na esfera de decisão do Governo (decretos lei), quer os que se des-tinam a discussão e aprovação na Assembleia da República (propostas de lei).

[30] Como existem noutros países europeus, nomeadamente a Itália e a Espanha.

[31] C. Crouch/ A. Pizzorno, *Conflitti in Europa*, Milão (1977) 407 ss..

dica. Eles são, quando muito, o fundamento de normas futuras (legais ou convencionais) e surgem revestidos da *sanção política* que decorre da interdependência das obrigações assumidas[32].

14. *Os acordos de concertação social.* A experiência da concertação social em Portugal produziu, desde de 1987, diversos acordos sobre matérias de variável amplitude (desde acordos de política de rendimentos, como os de 1988 e 1992, até convénios de largo espectro como o Acordo Económico e Social de 1990, o Acordo de Concertação Estratégica de 1996 e o Compromisso para o Crescimento, a Competitividade e o Emprego de 2012), e também com distintas representatividades (tendo em conta que vários deles foram subscritos apenas por uma parte dos parceiros sociais).

Em todos esses acordos, todavia, se encontram disposições endereçadas à contratação colectiva de trabalho. Quer se trate de simples recomendações ou referenciais para a negociação de salários, quer se toquem outras matérias, como as respeitantes à duração do trabalho e à qualificação profissional, essas disposições traduzem um papel de *enquadramento e orientação da contratação colectiva de trabalho* que faz penetrar a concertação social no campo próprio do direito colectivo de trabalho.

É certo que essas directrizes à contratação não têm eficácia jurídica garantida. A sua concretização depende da capacidade de influência das organizações de cúpula sobre as associações sindicais e patronais suas filiadas, às quais caberá protagonizar os processos de negociação colectiva laboral. Não existe vinculação jurídica destas organizações relativamente aos compromissos assumidos, em sede de concertação social, pelas confederações a que pertencem.

Mas a prática evidencia que tais directrizes são largamente respeitadas e cumpridas na acção contratual das organizações de base. Os acordos de concertação social, manifestando a autonomia colectiva das organizações cimeiras, revelam-se instrumentos eficazes de organização e disciplina da contratação colectiva, nomeadamente em aspectos particularmente delicados como os que se relacionam com as variações salariais.

[32] Veja-se, sobre isto, o nosso estudo *Aspectos jurídicos da concertação social,* publicado na edição do Conselho Económico e Social *Os acordos de concertação social em Portugal (I – Estudos),* Lisboa (1993) 93 ss..

V. A protecção dos representantes dos trabalhadores.

15. A noção de representantes dos trabalhadores; 16. A protecção legal; 17. Os limites à actuação dos representantes dos trabalhadores.

> **"I - Um trabalhador que, enquanto Coordenador Regional de um Sindicato, é dirigente sindical, goza da protecção especial dos representantes dos trabalhadores prevista nos arts. 454º e seguintes do Código do Trabalho/2003.**
> **II - E assim, em caso de despedimento, deve ser considerado como representante sindical, na acepção ampla do conceito constante do nº 3 do art. 456º do mesmo Código do Trabalho, para os efeitos prevenidos no nº 4 da norma.**
> **III - A acção de impugnação judicial do seu despedimento tem natureza urgente, nos termos do citado nº 4 do art. 456º, conjugado com o art. 26º, nº 1 do CPT/99.**
> **IV - Nas acções de natureza urgente o prazo para contestar é contínuo, não se suspendendo nas férias judiciais - art. 144º, nº 1 do CPC." - STJ 30/03/2011 - P. 4611/07.5TTLSB.L1.S1 (Fernandes da Silva).**

15. *A noção de representantes dos trabalhadores.* Nos arts. 408 ss. CT, desenha-se aquilo que pode considerar-se o estatuto dos representantes dos trabalhadores. Na linguagem do legislador, trata-se dos membros de "estruturas de representação colectiva dos trabalhadores".

Trata-se de uma noção muito ampla, cuja delimitação se faz a partir do escopo fundamental desse estatuto: o de assegurar uma protecção reforçada aos trabalhadores que assumem funções de representação colectiva e, desse modo, se colocam em situação de particular vulnerabilidade nas relações de trabalho de que são sujeitos. Devem, assim, considerar-se cobertos pela referida noção os dirigentes de associações sindicais em todos os níveis (entendendo-se como tais os membros de qualquer dos respectivos órgãos electivos), os delegados sindicais e os membros das comissões de trabalhadores.

A circunstância de a lei se referir, nuns casos, às "estruturas de representação colectiva" e, noutros, aos "corpos sociais de associações sindicais" (nomeadamente, neste último caso, a propósito da presunção de inexistência de justa causa de despedimento: art. 410º/3) não parece justificar qualquer diferenciação substancial de tratamento: a *ratio* da tutela legal não assume decerto maior intensidade no caso de um candidato a eleições sindicais do que no de um membro de uma comissão de trabalhadores.

16. *A protecção legal.* O regime contido nos arts. 409 ss. estabelece uma rede de protecção dos representantes dos trabalhadores cujos pilares assentam nos regimes das faltas ao trabalho, da acção disciplinar, do despedimento e da mudança do local de trabalho.

Há que ter em conta, antes do mais, que todos os representantes dos trabalhadores dispõem de *créditos de horas* a para as suas funções (arts. 422º, 467º e 468º). A utilização desses créditos deve ser comunicada por escrito ao empregador, em princípio com antecedência de dois dias. No entanto, não requer nenhuma justificação – beneficia da presunção de que se trata, na verdade, de tempo gasto no exercício das respectivas funções. Em qualquer dos preceitos que consagram tais créditos se lhes atribui expressamente essa finalidade. Trata-se, afinal, de tempo subtraído ao período normal de trabalho sem correspondente perda de retribuição. A utilização indevida do crédito de horas – determinada por prova de outro tipo de utilização desse tempo pelo trabalhador, ilidindo a aludida presunção – reconduz a situação ao regime das *faltas ao trabalho*.

No âmbito deste regime, a lei faz uma distinção entre a generalidade dos representantes dos trabalhadores e os delegados sindicais. Quanto aos primeiros, qualquer ausência para além dos créditos de horas é justificada (e conta como serviço efectivo, embora sem remuneração) mediante a simples invocação do exercício de funções (art. 409º/1). Os últimos, para obterem o mesmo efeito, devem mencionar (e, porventura, provar) que a falta se deve à "prática de actos necessários e inadiáveis no exercício das correspondentes funções" (art. 409º/2).

O segundo domínio de tutela específica dos representantes dos trabalhadores é o da *acção disciplinar*. Não existe, em seu favor, nenhuma imunidade disciplinar. Embora, na apreciação dos seus comportamentos, seja devida ponderação especial dos padrões correntes ligados à natureza das funções que exercem[33], os critérios de valoração disciplinar utilizáveis são os mesmos que para a generalidade dos trabalhadores[34]. No entanto, a qualidade de representante dos trabalhadores impede que a eventual suspensão preventiva em processo disciplinar os afaste dos locais em que exercem as respectivas funções, ou os prive da possibilidade de as desempenharem normalmente (art. 410º/1). A mesma ressalva se impõe no decurso de um processo judicial movido contra o trabalhador por "exercício abusivo de direitos" baseados na qualidade de representante dos trabalhadores: o réu não pode ser, por esse facto, afastado dos locais e impedido de exercer as actividades que correspondem às suas funções (nº 2 do mesmo artigo).

[33] Cfr., neste sentido, o Ac. STJ 28/02/1996 – P. 004321 (Carvalho Pinheiro): "Não é qualquer excesso do trabalhador, como membro de comissão de classe, que justificará o seu despedimento; só haverá, para o efeito, justa causa, quando o acto ofenda grosseira e gravemente a entidade patronal, ultrapasse manifestamente os limites impostos pela boa fé, os bons costumes ou o fim social e económico, tido em vista".

[34] Cfr. Ac. STJ 10/12/2009 – P. 08S3695 (Mário Pereira).

Também na área do *despedimento* se manifesta a específica tutela legal dos representantes dos trabalhadores. Neste domínio, a tutela é pluridimensional:

a) Sendo um trabalhador despedido candidato a cargos de representação de trabalhadores ou titular de um desses cargos há menos de três anos, presume-se (*iuris tantum*) a inexistência de justa causa (art. 410º/3), isto é, em suma, que o despedimento é motivado por alguma dessas qualidades;

b) Se um representante de trabalhadores, alvo de despedimento, requer a suspensão deste, ela deve ser, em princípio deferida; só não será se o tribunal entender que há "probabilidade séria de verificação da justa causa invocada" (art. 410º/4); recorde-se que, nos termos do art. 39º CPT, a suspensão só pode, em geral, ser decidida se o tribunal constatar que existe "probabilidade séria de ilicitude do despedimento";

c) À acção de apreciação do despedimento de um representante de trabalhadores é atribuída natureza urgente (art. 410º/5);

d) Sendo declarado ilícito o despedimento, o trabalhador tem direito a optar entre a reintegração e uma indemnização calculada nos mesmo termos que a atribuída em caso de recusa da reintegração (por decisão judicial), a qual, como se sabe, é superior à normal (art. 392º/3); de qualquer modo, essa indemnização terá como mínimo o valor de seis meses de retribuição e diuturnidades (art. 410º/6).

Por fim, há que referir a protecção contra *transferências*: para além do caso de mudança do próprio estabelecimento, o representante dos trabalhadores só pode ser transferido mediante o seu acordo (asrt. 411º), ficando, assim, neutralizada a faculdade que o art. 194º atribui ao empregador, sempre que da mudança do local de trabalho não resulte prejuízo sério para o trabalhador.

17. *Os limites à actuação dos representantes dos trabalhadores.* O estatuto dos membros de estruturas de representação colectiva dos trabalhadores compreende ainda regras destinadas a compatibilizar a sua actuação com a normalidade da gestão e do funcionamento da empresa.

Assim, o art. 414º torna claro que o "normal funcionamento da empresa" não deve ser perturbado ou impedido por acções desses representantes dos trabalhadores, ainda que compreendidas no exercício dos seus direitos e no desempenho das suas funções.

Exemplos: um delegado sindical não pode provocar a paragem de uma linha de produção para distribuir um comunicado sindical aos trabalhadores nela ocupados; um membro da comissão de trabalhadores não pode desviar documentos internos da administração da empresa, invocando o seu direito à informação.

Por outro lado, os representantes dos trabalhadores estão vinculados à observância de um *dever de sigilo* relativamente a informações prestadas pelo empregador, com menção de confidencialidade (art. 412º), no âmbito dos direitos de informação e consulta (arts. 424º e 466º). A reserva de confidencialidade tem que ser expressa, escrita e fundamentada em razões objectivas de gestão da empresa (art. 413º/1), podendo ser judicialmente impugnada (art. 413º/2), através de uma acção especial regulada pelos arts. 186º-A ss. CPT.

II PARTE
AS ORGANIZAÇÕES

Capítulo 25 – O REGIME JURÍDICO DAS ASSOCIAÇÕES SINDICAIS

Capítulo 26 – O REGIME JURÍDICO DAS ASSOCIAÇÕES DE EMPREGADORES

Capítulo 27 – O REGIME JURÍDICO DAS COMISSÕES DE TRABALHADORES

Capítulo 25
O REGIME JURÍDICO DAS ASSOCIAÇÕES SINDICAIS

I. A liberdade sindical.

A) Noções gerais. – 1. A norma constitucional; 2. O quadro normativo internacional; 3. Dimensões individuais e colectivas da liberdade sindical. – **B) As dimensões individuais da liberdade sindical.** – 4. A liberdade sindical positiva; 5. A liberdade sindical negativa; 6. A adesão individual de não sindicalizados; 7. As restrições à liberdade sindical positiva. – **C) As dimensões colectivas da liberdade sindical.** – 8. Auto-organização e auto-regulamentação; 9. O caso do "direito de tendência"; 10. Outros devios à auto-regulamentação; 11. O direito de exercício da actividade sindical na empresa; 12. O exercício da autonomia e da autotutela colectivas como emanações da liberdade sindical.

A) Noções gerais.

1. *A norma constitucional.* Dispõe o artº 55º/1 CRP: «É reconhecida aos trabalhadores a liberdade sindical, condição e garantia da construção da sua unidade para a defesa dos seus direitos e interesses». É a consagração de um princípio fundamental do Direito Colectivo, pressuposto da autonomia colectiva e condição fundamental de defesa genuína e eficaz dos interesses dos trabalhadores[1].

[1] Sustenta-se que «a liberdade sindical é uma forma particular da liberdade de associação (artº 46º), mas constitui um tipo autónomo» – Gomes Canotilho e Vital Moreira, *Constituição da República Portuguesa Anotada*, Coimbra (1978) 151. No mesmo sentido, por exemplo, Ghidini 41. Parece-nos, contudo, que o sindicato não é apenas uma associação com a diferença específica da defesa de inte-

A formulação constitucional não é feliz. Contém uma desnecessária ressonância ideológica que sugere uma postura mais «promocional», por parte do ordenamento (e da própria CRP), do que aquela que efectivamente vem a retirar-se das normas vigentes.

Como se verá, as regras constitucionais e legais que definem o conteúdo da liberdade sindical acentuam sobremaneira a sua dimensão *individual* – e esta pode não convergir, nas suas consequências, com a vertente *colectiva*, na qual se afirma o fenómeno sindical, justamente, como instrumento peculiar de defesa e promoção de interesses.

A liberdade sindical é uma liberdade *individual*, porque cada trabalhador é livre de participar na constituição de um sindicato, e de se tornar, ou não, sócio de um existente, ou ainda de deixar de ser sindicalizado. Mas é também uma liberdade *colectiva*: o conjunto dos trabalhadores organizados em sindicato é livre de o estruturar, de regular o seu funcionamento, de eleger e destituir os seus dirigentes, de associar o sindicato a outros em federações ou uniões, de definir as formas e as finalidades da acção colectiva.

2. *O quadro normativo internacional.* A liberdade sindical corresponde a preocupações sociais que encontram eco em documentos internacionais relevantes na ordem jurídica portuguesa. Desde logo, a Declaração Universal dos Direitos do Homem[2], proclamada pela Assembleia-geral da ONU em 10-12-48, estabelece que «toda a pessoa tem o direito de fundar com outras pessoas sindicatos e de se filiar em sindicatos para defesa dos seus interesses». Também o Pacto Internacional sobre Direitos Civis e Políticos, aprovado no âmbito da ONU em 1966[3], contém o reconhecimento desse direito, em termos quase iguais (art. 22º), tal como o Pacto Internacional sobre Direitos Económicos, Sociais e Culturais, aprovado também pela Assembleia Geral da ONU no mesmo ano de 1966[4],

resses de classe. A génese da ideia de liberdade sindical seguiu um processo inteiramente privativo, e a sua recepção no ordenamento jurídico não coincidiu, em lado algum, com a da liberdade de associação. Recorde-se, por outro lado, que *uma associação de trabalhadores com o objectivo de defesa dos seus interesses* não consubstancia um sindicato se, embora observado o regime geral do direito de associação (DL 594/74, de 7-11), não se mostrarem preenchidos os requisitos de que a lei faz depender a sua integração no *quadro institucional* das organizações sócio-profissionais. Afigura-se tão pouco precisa a afirmação de que a liberdade sindical é uma espécie do género liberdade de associação como seria a de que as assembleias gerais dos sindicatos constituem emanações do direito de reunião. Cfr. Verdier 185 nota 4; Spyropoulos, *La liberté syndicale* (1956) 5 e 17.

[2] Publicada no DR, 1ª série, de 9-3-78. Nos termos do nº 2 do artº 16º CRP, constitui elemento de interpretação e integração dos «preceitos constitucionais e legais relativos aos direitos fundamentais».

[3] Aprovado para ratificação pela L. 29/78, de 12 de Junho.

[4] Aprovado para ratificação pela L. 45/78, de 11 de Julho.

enuncia, no seu art. 8º, desenvolvidamente, as garantias contidas no reconhecimento da liberdade sindical.

No mesmo sentido aponta a Conv. OIT nº 87[5], relativa à *liberdade sindical* e à protecção do *direito sindical,* que, muito embora remonte a 1948, continua a desempenhar papel fulcral na expansão dos princípios (aliás, na aparência, tão genéricos) que consagra. Esses princípios podem esquematizar-se como o faz Verdier [6]: o direito individual de sindicalização (constituição e filiação), a independência dos sindicatos perante o Estado, o direito de formação de uniões sindicais (de âmbito geográfico variável), a limitação do exercício da liberdade sindical pelo respeito da legalidade em cada país (pressupondo, como é obvio, que nesta se comporte a observância dos princípios precedentes)[7].

Também a Conv. OIT nº 98, sobre o *direito de organização e de negociação colectiva* (adoptada em 1949), tem incidência no campo da liberdade sindical, instituindo princípios protectivos como o da proscrição de tratamentos discriminatórios em matéria de emprego com base na filiação ou não filiação sindical, e o da não ingerência recíproca das organizações socioprofissionais, com relevo particular no que toca à independência das associações sindicais face aos empregadores[8].

No que toca à *não-discriminação por motivos sindicais,* salienta-se que a mera afirmação do princípio e mesmo a sua explicitação em normas legais proibitivas não basta para lhe assegurar consistência no plano da prática social. «É necessário ainda – como assinala G. Caire – que estas disposições sejam acompanhadas de processos eficazes, que garantam a sua aplicação prática, especialmente em matéria de despedimentos, de transferências, de despromoção, de reforma, etc.»[9]. É que, como se sabe, a fraude à lei encontra aí terreno particularmente propício, dada a possibilidade de dissimulação de motivos sindicais sob a aparência de causas emergentes das relações de trabalho. Esta preocupação esteve na origem da Conv. OIT nº 135, sobre a protecção de representantes dos trabalhadores, adoptada, em 1971, conjuntamente com a Recom. nº 143. A ideia central desta recomendação é a de que o despedimento de dirigentes sindicais seja impedido ou fortemente condicionado «quer durante a desempenho do seu mandato, quer durante um certo lapso de tempo após o seu termo»[10], nomea-

[5] Aprovada pafra ratificação pela L 45/77, de 7 de Julho.

[6] *Syndicats* cit. 127-128.

[7] O conteúdo de tal limitação ajuda a explicar que só em 1977 tenha sido ratificada esta convenção pelo Estado Português.

[8] Esta convenção foi ratificada por Portugal em 1964, não só por os seus princípios serem harmonizáveis com o direito então vigente.

[9] G. Caire, *Liberdade sindical e desenvolvimento económico,* trad., Lisboa (s/d) 41.

[10] G. Caire 41.

damente pela intervenção de um organismo independente (por exemplo um tribunal) antes que o despedimento se torne definitivo[11].

Mas, por outro lado, as chamadas «cláusulas de garantia sindical» – disposições acordadas entre sindicatos e empregadores no sentido de condicionar o acesso ao emprego pela filiação sindical – não são frontalmente excluídas pela Conv. nº 98, deixando-se a sua valoração aos ordenamentos e à prática nacionais[12].

Quanto à *negociação colectiva* – também contemplada pela Conv. nº 98 –, ela situa-se dentro do círculo das manifestações da liberdade sindical enquanto forma de actividade do sindicato; não surpreende, portanto, que os dois temas surjam normalmente associados na actividade da OIT. Todavia, aquele convénio limita-se a prever que sejam tomadas, a nível nacional, medidas tendentes ao desenvolvimento dos processos de negociação colectiva para a determinação das condições de trabalho, visando sobretudo prevenir a obstrução sistemática dos interlocutores patronais[13].

Por fim, o *direito de greve* «é um prolongamento necessário da liberdade sindical e da negociação colectiva»[14]; o seu exercício constitui, como se sabe, uma relevante modalidade da acção sindical. Trata-se de um direito dotado de tutela autónoma nos ordenamentos nacionais que o reconhecem, e que não está expressamente contemplado em convenção da OIT; no entanto, a fiscalização do cumprimento da Conv. nº 87 – relativa, como se disse, à liberdade sindical – deu origem a uma abundante jurisprudência, quer da Comissão de Peritos para a Aplicação de Convenções e Recomendações, quer do Comité de Liberdade Sindical, que hoje configura a salvaguarda do direito de greve como uma das projecções do princípio da liberdade sindical, na medida em que a limitação daquele direito redunda em condicionamento das «possibilidades de acção das organizações sindicais»[15].

A nível europeu, há que registar, em primeiro lugar, a Carta Social Europeia Revista, aprovada em 1996[16], cujo art. 5º incumbe os Estados ratificantes

[11] Sobre outros aspectos dessa protecção, vd. Valticos, *Derecho Internacional del Trabajo*, trad. Madrid (1977) 252 ss..

[12] Cfr. Valticos 250.

[13] Cfr. Valticos 251. Para além disso, porém, entende-se que «as prescrições legais que subordinam a entrada em vigor de uma convenção colectiva à autorização prévia das autoridades, como as que têm por efeito modificar as condições de trabalho fixadas pelas convenções colectivas ou impedir as partes de negociar as condições que lhes pareçam desejáveis podem representar igual número de violações do direito dos interessados a negociar colectivamente». G. Caire 41-42.

[14] G. Caire 42.

[15] Cfr. Valticos 249.

[16] Ratificada por Decreto do Presidente da República, nº 54-A/2001, de 17 de Outubro.

de "garantir ou promover a liberdade dos trabalhadores e dos empregadores de constituírem organizações locais, nacionais ou internacionais para a protecção dos seus interesses económicos e sociais e de aderirem a estas organizações". Por seu turno, a Convenção Europeia dos Direitos Humanos e Liberdades Fundamentais, adoptada em 1950 também no quadro do Conselho da Europa[17], inclui na liberdade de associação "o direito de, com outrem, fundar e filiar-se em sindicatos para a defesa dos seus interesses" (art. 11º).

No âmbito da União Europeia, assinale-se o art. 12º/1 da Carta dos Direitos Fundamentais da União Europeia, aprovada em Nice (2000), que reconhece aos cidadãos europeus a "liberdade de associação a todos os níveis, nomeadamente nos domínios político, sindical e cívico, o que implica o direito de, com outrem, fundarem sindicatos e de neles se filiarem para a defesa dos seus interesses".

3. *Dimensões individuais e colectivas da liberdade sindical.* O reconhecimento constitucional da liberdade sindical envolve um conjunto de garantias que reflecte o essencial das grandes orientações apontadas pelos diplomas internacionais acima referidos. Podemos, neste domínio, distinguir um feixe de *direitos e liberdades individuais* de cada trabalhador e um complexo de *direitos e liberdades colectivos* atribuídos às associações sindicais propriamente ditas, e dos quais ressalta o reconhecimento da *autonomia sindical*[18].

Cada legislação sobre sindicatos exprime uma fórmula de combinação destas duas dimensões da liberdade sindical. Como se disse a propósito da noção de «interesse colectivo», pode haver conflito, ou insuficiente coincidência, entre pretensões individuais de trabalhadores pertencentes a uma associação sindical e pretensões colectivas por esta prosseguidas. A organização de indivíduos num sindicato implica, em si mesma, o reforço de pretensões comuns, mediante um preço que é a renúncia parcial ao interesse individual. Neste sentido, a acção do sindicato privilegia, por definição, o grupo sobre o indivíduo.

Mas a questão a que aludimos é outra, e diz respeito à orientação adoptada pelo legislador face ao fenómeno sindical. É aí que se coloca o problema do equilíbrio entre defesa do indivíduo e protecção do grupo.

Se a prioridade for a liberdade individual, a lei procurará garantir que as opções sindicais de cada trabalhador sejam imunes a condicionamentos de ordem económica, social ou psicológica – desinteressando-se da consistência e da estabilidade das organizações. Se, ao invés, o legislador atribuir a prevalência à necessidade social de organizações de trabalhadores sólidas e estáveis, então desvalorizará as opções individuais e admitirá que elas sejam limitadas ou

[17] Aprovada para ratificação pela Lei nº 65/78, de 13 de Outubro.

[18] Sala Franco/Albiol Montesinos, *Derecho sindical*, 3ª ed., Valência (1994) 67 ss..

condicionadas. Um exemplo desta dualidade de posturas possíveis é, mais uma vez, oferecido pelas «cláusulas de garantia sindical»: a sua legitimação representa uma atitude de sustentação do sindicato e de desvalorização da liberdade individual; a sua rejeição exprime a prevalência da liberdade individual de opção sindical sobre o reforço das organizações.

Vejamos, então, de seguida, que conteúdo tem a liberdade sindical no direito português.

B) As dimensões individuais da liberdade sindical.

4. *A liberdade sindical positiva.* No tocante à liberdade sindical enquanto liberdade *individual*, e seguindo o esquema do artº 55º CRP, cabe salientar:

a) A *liberdade de constituição de sindicatos*, ou melhor, de concurso para a formação de tais associações (o que significa que um pressuposto necessário do seu exercício é a convergência com uma pluralidade de trabalhadores no mesmo sentido). Não se trata aqui, segundo cremos, da inadmissibilidade do condicionamento por autorização ou aprovação administrativa[19], mas fundamentalmente da admissibilidade do pluralismo sindical, isto é, da possibilidade de constituição de mais de um sindicato no mesmo âmbito pessoal e geográfico[20-21]. Para além disto, a liberdade de constituição deve ser interpretada à luz do artº 2º da Conv. 87 da OIT, que a estende a *todos* os trabalhadores «sem nenhuma distinção», e, ainda, do nº 1 do artº 9º da mesma convenção, que confere a cada Estado a faculdade de excluir ou limitar o exercício dos direitos sindicais às forças armadas e de polícia.

b) A *liberdade de inscrição*, com duas facetas: uma, dita *negativa*, que se refere à possibilidade de não inscrição (ou não permanência) em qualquer sindicato; outra, chamada *positiva*, que, supondo a vontade de filiação, respeita à escolha entre sindicatos possíveis, «sem dependência de um acto de admissão discricionário» do que tenha sido preferido[22].

[19] Isto é, porventura, da afirmação de uma atitude legal contraposta à do diploma de 1891 que entre nós reconheceu o direito de associação de classe, ou à da legislação sobre os sindicatos corporativos. Tal parece ser o aspecto posto em evidência em Gomes Canotilho-Vital Moreira 152. Ora esse aspecto já tem cobertura suficiente, ao que julgamos, no nº 4 do artº 56º CRP.

[20] É o que sugere a história do preceito, quer no plano do debate par-lamentar, quer face aos antecedentes legais (a LS de 1975 vedava expressamente tal possibilidade no nº 1 do artº 11º, depois revogado pelo DL 773/76, de 27-10, como um dos «princípios contrários» à liberdade afirmada pela CRP) quer aos próprios termos em que se desenvolveu a querela acerca da «unicidade sindical».

[21] Um conjunto de princípios formulados, neste sentido, pelo Comité da Liberdade Sindical do Conselho de Administração do BIT pode ser visto em BIT, *La liberté syndicale*, 4ª ed., Genève (1996) 63 ss..

[22] Gomes Canotilho-Vital Moreira 152.

5. *A liberdade sindical negativa.* A liberdade sindical *negativa* tem o fundamental alcance de uma *defesa contra discriminações*; na verdade, mesmo no quadro do regime corporativo, a filiação sindical não era obrigatória[23]; o que pode suceder é que – nomeadamente por acordos entre os sindicatos e os empregadores – a condição profissional dos trabalhadores seja posta na dependência da inscrição sindical, como ocorre nos países em que são admitidas e praticadas as «cláusulas de garantia sindical».

Neste sentido e com este alcance, a liberdade negativa acha-se consagrada, entre nós, no artº 406º CT, que proíbe e fere de nulidade «todo o acordo ou outro acto» que subordine o emprego à filiação ou não filiação sindical ou conduza ao despedimento, transferência ou outra desvantagem para o trabalhador pelo mesmo motivo.

Ficam, assim, interditas as já mencionadas *cláusulas de garantia sindical*, seja qual for a forma que assumam. Daí resulta, como atrás se assinalou, que o interesse da «livre escolha por parte do trabalhador» é considerado prevalente sobre o do «reforço da organização»[24] – uma das ideias-força da concepção sindical acolhida pela nossa lei fundamental.

Mas, para além do seu fundamental sentido não-discriminatório, a liberdade negativa envolve a proscrição de limitações indirectas, nomeadamente o afastamento da quotização obrigatória (sem filiação) a que se referem explicitamente o artº 55º/2 b) CRP e, na sua esteira, o artº 457º CT [25-26].

6. *A adesão individual de não sindicalizados.* A lei oferece aos não sindicalizados uma faculdade de escolha da convenção aplicável – uma faculdade condicionada, nos termos do art. 497º, alterado pela L. 93/2019. Exige-se que o trabalhador pertença ao "sector de actividade, profissional e geográfico" coberto pela convenção, e que exerça a escolha em certo prazo, sendo, no entanto, essa decisão revogável. Em conexão com essa faculdade de escolha, o art. 492º admite que as convenções colectivas estabeleçam uma espécie de taxa de adesão individual –

[23] E o *abandono* do sindicato é também livre (artº 444º/6 CT).

[24] Cfr. Giugni 62.

[25] O mesmo princípio provém da legislação pós-revolucionária: ele foi inserido na LS de 1975 pelo DL 841-B/76, de 7/12. Até lá, manteve-se o regime de quotização obrigatória.

[26] Pelo DL 29 931, de 15-9-39, foi autorizado o (então) Subsecretário de Estado das Corporações a determinar a obrigatoriedade do pagamento de quotas pelos «profissionais não inscritos nos sindicatos nacionais que os representem» (artº 2º). Note-se que os sindicatos corporativos representavam, nomeadamente na negociação colectiva, *categorias* e não apenas membros delas que fossem inscritos como *sócios* (como hoje resulta do art. 496º CT). A vigência do regime de quotização obrigatória generalizou-se, através de despachos avulsos, e manteve-se algum tempo depois de 25 de Abril de 1974.

um "montante" a pagar às "associações sindicais envolvidas, a título de comparticipação nos encargos da negociação".

Por um lado, a solução justifica-se pela necessidade de fazer participar todos os beneficiários de um processo de negociação colectiva nos custos que ele envolve para os sindicatos. Mas, por outro, oferece algumas dificuldades de princípio. Como se observará adiante, as convenções colectivas acabam por ver, muito frequentemente, os seus âmbitos pessoais de aplicação consideravelmente ampliados por mecanismos (portaria de extensão, decisões de gestão dos empregadores) que não envolvem "escolhas" individuais mas nem por isso deixam de gerar um grande número de beneficiários não sindicalizados, aos quais o art. 492º/4 não se aplica. Por outro lado, a eventual periodicidade do pagamento da "taxa de adesão" correrá o risco de confusão com uma quotização sindical, e, portanto, de colisão com a CRP e a lei.

Não cremos, porém, que haja incompatibilidade entre o binómio constituído pelos arts. 492º/4 e 497/1 e a liberdade negativa de filiação sindical. A "escolha" individual da convenção colectiva aplicável, por um trabalhador não sindicalizado, não é mais gravemente conflituante com esse princípio constitucional e legal do que a extensão do âmbito da convenção por via administrativa, cuja admissibilidade constitucional ninguém parece discutir. E a "taxa de adesão" tem que ser acordada pelas partes outorgantes na convenção, não é uma imposição unilateral do sindicato nem de qualquer entidade exterior à mesa de negociações. O trabalhador sem sindicato não é, desse modo, forçado a filiar-se. O sistema de soluções que rege a aplicação das convenções colectivas respeita a sua opção de não se inscrever num sindicato e extrai dela a consequência natural. Com as normas introduzidas na revisão de 2009, o que surge é a possibilidade de acesso desse trabalhador a um benefício a que não teria direito, mediante um "preço": ele paga-o justamente porque a sua opção sindical é integralmente respeitada.

As questões que este regime levanta são outras, de ordem prática, e situam-se em dois planos: o da promoção da sindicalização, que dificilmente se julgará potenciada pela abertura do "mercado das convenções"; e o da governabilidade das empresas em que existam várias convenções, face à eventual multiplicidade das opções individuais dos trabalhadores não sindicalizados, que são, em regra, a larga maioria.

7. *As restrições à liberdade sindical positiva.* A liberdade sindical *positiva*, por seu turno, não pode considerar-se irrestrita. Ela admite, pelo menos, duas importantes limitações.

A primeira consiste na *proibição da dupla inscrição*, que resulta do artº 444º/5 CT e, muito embora não conste da CRP, não parece que conflitue com esta, desde que respeite certos limites. Um deles resulta da hipótese, legalmente não contemplada, de a actividade estar organizada em sindicatos regionais (sindicatos de engenheiros do Norte e do Sul), sendo naturalmente possível que o trabalhador exerça a profissão em mais de um local[27]. O objectivo da lei parece ser o de excluir a filiação simultânea num sindicato de profissão e noutro de ramo de actividade.

A segunda limitação localiza-se no *âmbito categorial e geográfico* de cada associação sindical, conforme os estatutos. A liberdade de inscrição restringe-se aos sindicatos que, na área geográfica em que o trabalhador exerça a sua actividade, representem "a categoria respectiva" (art. 444º/1), ou seja, essa mesma actividade profissional. Usando um exemplo extremo, é óbvio que pode ser recusada a filiação, num sindicato de enfermeiros, de um trabalhador que não tem formação de enfermagem e exerce exclusivamente a profissão de soldador[28]; mais clara ainda é a situação de um trabalhador que tenha sido alvo da pena de *expulsão* do sindicato (expressamente prevista no artº 452º CT) e pretenda inscrever-se nele de novo. Por outro lado, nada impede que um indivíduo se filie em mais de um sindicato, com base em diferentes actividades profissionais por ele exercidas.

Mas a liberdade positiva de inscrição pode funcionar ainda, de certo modo, *contra o próprio sindicato*. Nesta acepção, ela significa que o trabalhador não pode ver recusada a sua inscrição por razões que não decorram da lei ou dos estatutos da associação sindical por ele escolhida. Já vimos que tipos de razões podem ser esses. Se nenhum deles for aplicável, o sindicato tem que aceitar a filiação pretendida[29].

C) As dimensões colectivas da liberdade sindical.

"1 - Resulta do artigo 55º, nº 2, alínea e), da Constituição da República e do artigo 450º, nº 2, do Código do Trabalho que as associações sindicais devem regular nos respetivos estatutos o direito de tendência, definindo os termos e as condições em que esse direito poderá ser exercido.

[27] De resto, os termos usados no art. 444º/5 deixam espaço para a situação em que a filiação em mais de um sindicato se mostra mais razoável: a do exercício de mais de uma profissão pelo mesmo trabalhador.

[28] A questão está longe de ser académica: a coexistência de sindicatos baseados na *profissão* (p. ex. empregados de escritório) com sindicatos formados sobre o *ramo de actividade* (p. ex. indústria química) confere-lhe enorme acuidade.

[29] Cfr. Ac. STJ 28/6/85, BMJ 348, 303: «Não se provando quaisquer circunstâncias impeditivas da inscrição, previstas na lei ou nos estatutos, devem ser julgados procedentes os pedidos de anulação da recusa tácita e do reconhecimento do direito de admissão como sócio do sindicato requerido».

2 – Não satisfaz aquela obrigação a inserção do reconhecimento genérico daquele direito nos estatutos e a remessa da definição das condições de exercício do mesmo para um regulamento autónomo, embora inserto num Anexo dos estatutos, sem a respetiva integração formal e material.
3 – Os regulamentos sindicais são uma forma derivada de disciplinar segmentos da atividade sindical, não se confundem com os estatutos, e não estão sujeitos à disciplina de controlo da legalidade dos mesmos, emergente dos artigos 447º, 449º e 450º do Código do Trabalho." – STJ 07/02/2015 – P. 579/13.7TTOAZ.P1.S1 (António Leones Dantas).

8. *Auto-organização e auto-regulamentação.* Entre as projecções colectivas da liberdade sindical, há que assinalar, antes do mais, a *liberdade de organização e regulamentação interna*. Encontra-se aqui uma vincada expressão da *autonomia* sindical, no sentido que atrás se apontou. Esta liberdade manifesta-se na elaboração dos estatutos – que não estão sujeitos a aprovação administrativa mas apenas a controlo judicial de legalidade (artº 447º CT) –, e também na emissão de regulamentos internos[30] e na independência da gestão face a qualquer tutela externa. No entanto, a liberdade de organização e regulamentação interna acha-se, desde logo, constitucionalmente condicionada pelos «princípios da organização e da gestão democráticas» a que se refere o nº 3 do artº 55º CRP. Esses princípios, que do preceito citado não colhem senão um breve aceno, concretizam-se no CT, nomeadamente no art. 451º.

É, em primeiro lugar, o princípio de *autogoverno*, segundo o qual os dirigentes da organização são escolhidos (eleitos) pelos e de entre os membros da mesma organização[31]. Com efeito, o artº 451º/*a*) atribui a cada sócio no gozo dos seus direitos sindicais o direito de participação na actividade da associação sindical, «incluindo o de eleger e ser eleito para a direcção e ser nomeado para qualquer cargo associativo». O sindicato constitui um "universo político fechado": só os seus filiados podem ser dirigentes, só eles podem eleger os membros dos órgãos estatutários. Não é admissível que uma pessoa exterior ao grupo organizado no sindicato, isto é, não pertencente à área profissional por ele representada, assuma um cargo na direcção ou noutro órgão associativo. Além do mais, essa exclusão visa garantir a "autonomia e independência" a que alude o art. 405º CT, prevenindo qualquer ingerência externa na condução do sindicato. Isso não impede, naturalmente, que o sindicato se socorra do apoio técnico e

[30] A autonomia estatutária e regulamentar interna está consagrada no artº 3º da Conv. 87, implicando o dever de abstenção das autoridades públicas no tocante a intervenções que a limitem.
[31] Cfr. BIT, *La liberté syndicale* cit. 83 ss..

administrativo de pessoas não pertencentes à área profissional, através de contratos de trabalho ou de prestação de serviço.

O Código de 2003, na esteira, aliás, da lei anterior, apresentava, nesta matéria, uma longa lista de exigências a que os estatutos sindicais deveriam obedecer. Eram nisso visíveis os resíduos da concepção corporativa do sindicato que, por razões diversas, sobreviveram ao período revolucionário e se precipitaram, sem grandes obstáculos, nas bases do regime sindical democrático. Os referidos artigos do CT de 2003 constituíam o esboço de um "modelo de estatutos" para as associações sindicais - de resto, estendido às associações de empregadores, no art. 516º. Num sistema dominado pelo princípio da auto-regulamentação das associações sindicais, como expressão vincada da liberdade sindical, era natural que surgissem dúvidas sérias acerca da consistência e da ortodoxia de tal abordagem legal. Alguns exemplos: a longa lista de tópicos a regular nos estatutos (art. 485º), as detalhadas regras sobre a convocação de assembleias, incluindo limites mínimos quanto ao número de proponentes, assim como sobre a organização de eleições (art. 486º).

O Código de 2009 (art. 450º) reduziu consideravelmente a dimensão da ingerência legislativa na organização e funcionamento dos sindicatos, mas não a abandonou. Todavia, as exigências legais respeitantes ao conteúdo dos estatutos não são todas da mesma natureza. Uma parte delas (concentrada no nº 1 daquele artigo) respeita à identificação da associação (sindical ou de empregadores), à sua estrutura orgânica básica e ao regime de extinção e destino do património. Trata-se de condições impostas a qualquer dos tipos de associação e pode dizer-se, em geral, que correspondem a um padrão estatutário útil e constitucionalmente conforme, ainda que representem uma moderada compressão da auto-regulamentação, quando impõem certo tipo de estrutura orgânica.

9. *O caso do "direito de tendência"*. Já o mesmo se não dirá de uma exigência adicional, reservada às associações sindicais, e que nada tem de inerente à sua configuração estrutural: a da *regulamentação do direito de tendência*.

O art. 55º/2-e) CRP inclui este direito entre as expressões da liberdade sindical, mas "nas formas que os respectivos estatutos determinarem". Este enunciado parece abrir um largo espaço de definição e um leque muito aberto de alternativas[32], tendo em conta que o texto constitucional não fornece sequer

[32] Cfr., por exemplo, o Ac. Rel. Lisboa 26/02/2014 - P. 2006/13.0TTLSB.L1-4 (Jerónimo Freitas): "é aos estatutos que cabe definir livremente o seu conteúdo e as formas de o pôr em prática, isto é, de concretizar esse direito, conquanto assegurem a qualquer corrente com o mínimo de representatividade que venha a surgir no seio da associação sindical, a possibilidade de o exercer, expressando essa tendência". O acórdão que citamos, no entanto,alinhou na orientação jurisprudencial a que se faz referência no texto.

uma noção do "direito de tendência". Trata-se, decerto, da possibilidade da formação de correntes de opinião – e de expressão de opinião – mais ou menos organizadas no interior da associação sindical[33]. Essa possibilidade concretiza-se ou não segundo a dinâmica interna de cada organização, e poderia, por exemplo, manifestar-se no quadro das assembleias gerais. O desenho de um "direito" que é emanação da liberdade sindical surge, assim, como uma reminiscência do enorme debate político que, em 1975, se desenvolveu em torno do binómio unicidade/pluralismo sindical e que forneceu substância à abordagem constitucional da matéria.

A verdade é que, apesar disso, o art. 450º/2 CT dispõe que "os estatutos de associação sindical devem ainda regular o exercício do direito de tendência". Esta imposição legal serviu de suporte a uma – assaz discutível – orientação jurisprudencial no sentido de que a sua inobservância era de molde a determinar a "nulidade global" dos estatutos e a consequente extinção da associação sindical em causa[34]. A exigência de uma *específica e concreta* regulamentação do direito de tendência atingiu aí níveis de grande rigor e severidade, sem que se curasse da gravidade abnorme das suas consequências.

> Um exemplo: "O direito de eleger e ser eleito para os corpos gerentes e demais órgãos e cargos de representação sindical, de tomar parte nas assembleias gerais e outras reuniões para que tenha havido convocação, o facto de competir a determinada associação sindical 'fomentar a análise crítica e a discussão colectiva de assuntos de interesse geral dos associados' e de ser assegurado aos associados 'o direito de reclamar perante a direcção, conselho fiscal ou assembleias gerais dos actos que considerem lesivos dos seus direitos ou constituam infracções dos seus estatutos e sugerir o que entender por conveniente' (artigo 10º), têm a ver com a democraticidade interna do seu funcionamento, exigida pelo artigo 486º do Código do Trabalho (*de 2003*), não integrando a concretização do falado direito de tendência"[35].

Entendemos que o mandato constitucional deve ser entendido à luz do princípio da liberdade de organização e regulamentação internas, também consagrado pelo art. 55º CRP; e que, assim sendo, abarca todo o sistema de regras estatutárias propiciatórias do pluralismo e da liberdade de expressão no interior da associação sindical. Nestes termos, a aplicação que é feita, na jurisprudência

[33] Com efeito, o art. 450º/2 CT refere o direito de tendência exclusivamente aos sindicatos. Poderá questionar-se esta exclusividade num regime legal construido com preocupações de simetria entre sindicatos e associações de empregadores.

[34] Cfr., nomeadamente, os Acs. Rel. Lisboa 16/01/2007 – P. 9429/2006-7 (Luis Espírito Santo), 17/05/2007 – P. 3841/2007-6 (Fernanda Isabel Pereira)e 31/01/2008 – P. 9912/2007-2 (Jorge Leal).

[35] Do Ac. Rel. Lisboa 17/05/2007, citado em nota anterior.

acima referida, do art. 450º/2, parece-nos excessivamente formalista e "literalista", conflituando com o pensamento constitucional em matéria de direitos sindicais, tomado no seu conjunto, como se deve.

10. *Outros devios à auto-regulamentação.* Para além disso, estabelecem-se apenas um princípio de *transparência e autenticidade na eleição dos dirigentes,* e a *limitação dos mandatos* por quadriénios[36], embora renováveis. Os dois primeiros princípios não são, evidentemente, antagónicos relativamente à autonomia sindical[37]: apresentam-se como legítimos (e até forçosos) desenvolvimentos da concepção constitucional do sindicato, enquanto elemento do sistema das instituições democráticas. Já a fixação de um limite de duração dos mandatos parece pouco compatível com a auto-regulamentação. Nenhum referencial de interesse e ordem pública parece invocável para o justificar. Tem por seu lado uma longa tradição legislativa, mas nem por isso deixará de haver margem para que se suscite a questão da conformidade constitucional.

De resto, a tutela da liberdade de organização e regulamentação internas nas associações sindicais, com base na alínea *c)* do nº 2 do artº 55º CRP, tem alimentado a jurisprudência do Tribunal Constitucional, sobretudo quanto à questão da conformidade constitucional da norma que hoje se contém no art. 441º CT. Este preceito define como regime subsidiário para as associações sindicais o do direito de associação em geral, contido no DL 594/74, de 7/11, que, por sua vez, remete, nalguns aspectos (nomeadamente quanto aos requisitos de formação das deliberações), para a disciplina das associações, constante dos arts. 167º e segs. CCiv..

O regime decorrente destas remissões traduzir-se-ia em condicionamentos (particularmente a exigência de maioria qualificada para certas deliberações) que, na perspectiva do Tribunal Constitucional[38], podiam constituir limitações da liberdade de auto-regulamentação (nomeadamente por via estatutária) não impostas pelo respeito dos «princípios da organização e da gestão democráticas» (artº 55º/3 CRP)[39]. Este critério, de resto, levara já o mesmo Tribunal a considerar compatível com a CRP, como mera expressão do «princípio democrático», uma outra consequência da remissão para o regime do direito de associação: a aplicação da regra, contida no nº 1 do artº 175º CCiv., do «quorum» de metade

[36] Existia a regra da limitação de mandatos ao triénio. A solução acolhida pelo CT tem a sua origem na L. 23/99, de 21/4.

[37] Cfr., para o caso espanhol, Sala Franco/Albiol Montesinos, *Derecho Sindical*, 3ª ed., Valencia (1994) 68.

[38] E já antes, também, da Rel. Porto: vd. Ac. Rel. Porto 4/3/86, CJ 86, 2, 173.

[39] Veja-se, por exemplo, o Ac. TC 22/3/88, BMJ 375, 169.

dos membros do sindicato para o funcionamento da sua assembleia geral em primeira convocação[40].

A ideia básica desta jurisprudência era sempre a de que são admissíveis injunções legais em matéria de organização sindical, desde que (e *só* desde que) se filiem nos «princípios da organização e da gestão democráticas» a que alude o nº 3 do artº 55º CRP[41] e que têm hoje expressão bastante contida no art. 451º. A redacção do art. 441º CT (como já antes a do art. 482º do Código de 2003) reflecte as cautelas resultantes desse debate constitucional. Para além da salvaguarda da "natureza especifica da autonomia sindical" (nº 1), verifica-se a exclusão das normas do regime geral do direito de associação que possam "determinar restrições inadmissíveis à liberdade de organização dos sindicatos" (nº 2).

11. O *direito de exercício da actividade sindical na empresa*[42]. De acordo com o regime contido nos arts. 460º ss., a actividade sindical no interior da empresa manifesta-se de duas maneiras fundamentais: o exercício do *direito de reunião* dentro das instalações, e, em certa medida, mesmo dentro do horário de trabalho da generalidade dos trabalhadores (art. 461º); e a actuação dos *delegados sindicais.*

Muito embora já antes de 1974 tivesse sido legalmente consagrada a figura do *delegado sindical*, como representante do sindicato no interior da empresa, só a partir da lei sindical de 1975 veio ele a assumir a relevância prática plena. A al. *d*) do preceito constitucional que temos vindo a referenciar não fez mais do que acolher uma realidade que já estava perfeitamente radicada.

O tema será abordado mais adiante, com a necessária extensão e profundidade.

12. *O exercício* da *autonomia e da autotutela colectivas como emanações da liberdade sindical.* O «direito de contratação colectiva» é exercido através das associações sindicais (artº 56º/3 CRP). Este direito é, também, uma liberdade em que se torna possível distinguir duas faces: a liberdade de *iniciativa negocial*, que se exerce mediante decisões (colectivamente formadas no seio do sindicato) referentes à oportunidade ou necessidade das pretensões a prosseguir por via contratual; e a *liberdade de estipulação*, no que respeita à definição dos conteúdos acordados. Na primeira das suas vertentes, a autonomia colectiva serviria de fundamento

[40] Ac. TC 10/12/87, BMJ 372, 154.

[41] Na mesma perspectiva, foram consideradas inconstitucionais as exigências que constavam das alíneas *c*) e *h*) do artº 14º LS: que nos estatutos da associação sindical figurassem o regime disciplinar e o da liquidação e destino do património. Cfr. Ac. TC 14/2/91, BMJ 404. No CT actual (artº 450º), omite-se o regime disciplinar, mas continua a referir-se o destino do património.

[42] Ver também o cap 22, nºs 15 ss..

para que se considerasse inconstitucional qualquer limitação da lei ordinária à periodicidade das negociações[43].

O art. 500º CT admite que a convenção seja denunciada a qualquer momento, e nem sequer já impõe (como o CT de 2003, art. 558º) antecedência relativamente ao fim do período de vigência estabelecido. Não só não existe "prazo de espera" para a denúncia, como deixa de se impor um "pré-aviso", o que garante a conformidade constitucional do respectivo regime.

Na verdade, o artº 56º/4 CRP autoriza a lei ordinária a dispor sobre a «legitimidade para a celebração das convenções» e sobre a «eficácia das respectivas normas», o que manifestamente não compreende a limitação da liberdade de *iniciativa* negocial por parte de organizações legitimadas para o efeito. Isto, quanto à autonomia colectiva.

Acresce-lhe a autotutela colectiva. Ela traduz-se, explicitamente, na consagração constitucional do direito de greve (artº 57º/1), cujo exercício postula, em geral, a intervenção das associações sindicais. Esse direito é, igualmente, uma liberdade, como no lugar próprio se assinalará; uma liberdade tão vasta quanto é certo que o próprio «âmbito dos interesses a defender» só pode ser definido pelos trabalhadores (artº 57º/2). A liberdade de greve, como atrás se notou, constitui uma projecção da liberdade sindical.

[43] Por isso se julgava de constitucionalidade duvidosa a norma da antiga LRCT, segundo a qual a denúncia (isto é, a proposta de revisão) de uma convenção colectiva só podia ter lugar dez meses depois da sua entrega para depósito.

II. O estatuto jurídico dos sindicatos.

A) O conceito legal de sindicato. – 13. A definição legal; 14. A noção de "trabalhadores"; 15. Os fins da associação sindical. – **B) O sindicato como pessoa jurídica.** – 16. Elaboração, aprovação e registo dos estatutos; 17. O controlo de legalidade; 18. As espécies de associações sindicais; 19. A filiação internacional. – **C) A esfera jurídica do sindicato.** – 20. A capacidade jurídica do sindicato. – **D) O exercício da actividade sindical na empresa: os delegados sindicais.** – 21. O sindicato dentro do local de trabalho; 22. O direito de reunião sindical; 23. O delegado sindical; 24. A protecção legal do delegado sindical; 25. O número de delegados.

A) O conceito legal de sindicato.

"I – O sindicato é uma associação com fins específicos pré-determinados na lei – a defesa e promoção dos interesses sócio-profissionais dos seus membros, nos termos e com o âmbito nela previstos, cabendo-lhe, designadamente, prestar serviços de carácter económico e social aos seus associados.
II – Como associação que é o sindicato encontra-se submetido ao princípio geral decorrente do art. 160 do CC para as pessoas colectivas – princípio da especialidade do fim, tendo os direitos necessários ou convenientes à prossecução dos seus fins, mas não outros.
III – Não possuindo o sindicato o direito de instituir uma Fundação com os específicos contornos daquela a que se reportam os autos, tal resulta na ilicitude objectiva do acto por contrariedade à lei. (...)" – Rel. Lisboa 24/04/2008 – P. 1803/2008-2 (Maria José Mouro).

13. *A definição legal.* Na definição do artº 442º CT, o sindicato é uma «associação permanente de trabalhadores para defesa e promoção dos seus interesses socio-profissionais».

Associação *permanente* que se não confunde, pois, com as chamadas «coligações ocasionais», isto é, com os agrupamentos temporários de trabalhadores que se reúnem para certa acção comum e se desfazem quando ela termina[44]. Associação *permanente* ainda, porventura, noutro sentido menos específico: o de que a sua existência se torna, após a fundação, independente dos movimentos

[44] Embora seja exacto, à luz da história do movimento operário, que algumas coligações ocasionais ou temporárias de especial dimensão e alcance estiveram na génese da formação de verdadeiros sindicatos e, de um modo geral, constituíram fortes impulsos no desenvolvimento do sindicalismo.

de saída e entrada de associados, o que de resto se relaciona propriamente com o reconhecimento da personalidade jurídica do sindicato[45].

Ademais, porém, o sindicato é ainda, no nosso ordenamento, uma associação *voluntária*, dado que a sua criação e a sua subsistência dependem exclusivamente da vontade dos trabalhadores interessados[46]. Distingue-se, nisso, da associação *obrigatória*, criada por lei ou acto administrativo para integrar os membros de certa categoria e representar a totalidade dela – uma figura característica do corporativismo.

A circunstância de a lei definir alguns requisitos *processuais* para a constituição dos sindicatos (arts. 447º CT) não exclui nem limita a voluntariedade de tais associações, sobretudo desde que, em obediência à Constituição, foram eliminados os preceitos que se inspiravam no princípio da unicidade sindical[47]. Na verdade, os mencionados requisitos deixam intacta a liberdade de iniciativa na constituição de associações sindicais; e, se é certo que se prevê a hipótese de extinção judicial, é também verdade que esta só pode fundar-se em ilegalidade, ou seja, na inobservância de requisitos que visam garantir a autenticidade e a democraticidade das mesmas associações.

14. *A noção de "trabalhadores"*. Trata-se, por outro lado, de uma associação que se identifica pela condição de *trabalhadores* dos seus membros.

A definição constante do art. 442º diz respeito às pessoas que exercem uma actividade profissional em regime de subordinação jurídica, de acordo com o critério delimitador da legislação do trabalho.

Estão pois excluídas do estatuto sindical, para além das associações cujos filiados não figuram nelas por causa do exercício de uma actividade laboral remunerada (como as de estudantes e as de inquilinos), mesmo aquelas que, embora assentes na actividade profissional, e tendo por fim a defesa dos interesses socioprofissionais dos seus membros extravasem o domínio do trabalho subordinado (como as associações de titulares das profissões liberais *enquanto tais*: as Ordens dos Médicos, dos Advogados, dos Engenheiros). Todavia, o fenómeno da coexistência das profissões liberais com a subordinação jurídica (reflectido no artº 116º CT) torna admissível a formação de sindicatos de membros dessas profissões, desde que se associem *na qualidade de empregados ou trabalhadores por conta de outrem.*

[45] A «permanência» é, de resto, um elemento essencial da concepção institucional do sindicato que a nossa ordem jurídica consagra. O sindicato não é apenas uma associação, é uma peça de um *sistema de instituições laborais* que serve de suporte não só a processos específicos de produção de normas (a regulamentação colectiva de trabalho) mas também a mecanismos de participação e concertação social.

[46] E não depende de autorização prévia de qualquer autoridade: BIT, *La liberté* cit. 47 ss..

[47] Pelo DL 773/76, de 27/10.

A noção de *trabalhador* a ter em conta não se restringe ao âmbito das relações jurídico-privadas de trabalho. Estamos a ocupar-nos do princípio constitucional da liberdade sindical, compreendido no elenco dos direitos fundamentais dos trabalhadores; e a noção utilizada pelo legislador constitucional é unificante de todos aqueles que se encontram vinculados a trabalhar em regime de subordinação jurídica (sob a autoridade e direcção de outrem), como é, decerto, também o caso dos «trabalhadores da Administração e demais agentes do Estado» – esclarecedora expressão adoptada no artº 269º CRP.

Assim, «de acordo com a CRP, a classificação de uma pessoa como trabalhador para efeitos de definir a respectiva posição relativamente ao âmbito subjectivo dos direitos fundamentais dos trabalhadores é válida tanto para o sector privado como público, sendo, por isso, indiferente a natureza do vínculo que a enquadre»[48]. Está, pois, genericamente reconhecida aos funcionários no regime de nomeação e aos trabalhadores em funções públicas[49] a liberdade de se organizarem em sindicatos.

Actualmente não é possível, no quadro do nosso ordenamento jurídico-sindical, conceber a categoria como um *prius* a que «deva» corresponder um certo enquadramento associativo; ela só é, pelo contrário, reconhecível *ex post*, através do peculiar critério de agregação livremente escolhido pelos trabalhadores na iniciativa da criação do sindicato; e, então, assume a relevância jurídica decorrente da limitação estatutária do âmbito de representação do mesmo sindicato. «O grupo profissional só adquire relevância jurídica quando se auto-organiza e se torna centro propulsor de uma actividade juridicamente relevante»[50].

Isto significa, na prática, que o exercício da liberdade sindical, sobretudo nos momentos específicos que são a liberdade de constituição e a auto-organização, gera (como um resultado, portanto) aquilo que se poderia designar por «categoria sindical» e que não é mais do que a representação abstracta de um substrato associativo, tal como os seus membros o quiseram, e que se define no estatuto do sindicato. A «categoria sindical», nesse sentido, pode corresponder a um conjunto de categorias profissionais (funções) integráveis num mesmo género de actividade laboral (profissão) – e ter-se-á um sindicato *horizontal* ou de *profissão* –, ou inseridas num mesmo ramo de actividade empresarial – e estar-se-á perante um sindicato *vertical*, de *indústria* ou de *ramo*.

[48] F. Liberal Fernandes, *Autonomia colectiva dos trabalhadores da Administração. Crise do modelo clássico de emprego público*, Coimbra (1995) 124.

[49] Cfr. os arts. 337º ss. da "Lei Geral do Trabalho em Funções Públicas", aprovada pela L. 35/2014, de 20 de Junho.

[50] Giugni, *Diritto Sindacale*, cit., 72. O mesmo Autor, criticando a concepção da categoria como qualidade pré-associativa, observa: «Qualquer determinação apriorística dos papéis profissionais para cuja tutela se desenvolve a acção sindical comporta a expropriação de um momento particularmente qualificativo da autonomia da organização em causa» (cit. 71).

15. *Os fins da associação sindical.* O sindicato é, finalmente, uma associação com fins específicos, pré-determinados na lei: *a defesa e promoção dos «interesses socio-profissionais» dos seus membros.*

A expressão utilizada pela lei é muito ampla e comporta, pelo menos, duas leituras.

Numa primeira perspectiva, a expressão «interesses socioprofissionais» pode entender-se de modo estrito, considerando-se o elemento «social» como ligado à condição de trabalhador (no mesmo sentido em que, por exemplo, se fala do «direito social» e da «questão social») - podendo fundar-se em tal interpretação uma atitude restritiva quanto aos fins do sindicato e à admissibilidade das suas frentes de actuação.

Encarado o preceito de outro ângulo, não se trata apenas dos interesses colectivos atinentes ao exercício da profissão, mas de mais alguma coisa que pode inclusivamente relacionar-se com a *condição social* dos trabalhadores enquanto cidadãos, legitimando-se por aí o eventual alastramento da acção sindical a problemas sociais de carácter extraprofissional (a questão do aborto, a do divórcio, debates ambientais, etc.).

O mais que, para já, se pode dizer a este respeito é que ambas as leituras são susceptíveis de se apoiarem na própria CRP: a segunda corresponde melhor à largueza com que o nº 2 do artº 57º contempla os possíveis motivos da greve[51], a primeira ajusta-se sobretudo à natureza e à amplitude da contratação colectiva, domínio característico da acção sindical na defesa e promoção dos interesses dos associados.

O que é seguro é que uma das funções exercidas pelos sindicatos na era corporativa - a de *certificação profissional*, através da emissão de carteira profissional e ainda, nalguns casos, de títulos de identificação - está hoje excluída, por inconstitucionalidade, sob invocação da liberdade de inscrição e, também, da natureza jurídico-privada desse tipo de associações[52].

B) O sindicato como pessoa jurídica.

16. *Elaboração, aprovação e registo dos estatutos.* O CT reconhece personalidade jurídica aos sindicatos (art. 447º/1), a partir do *registo* dos seus estatutos[53].

[51] E até ao elenco dos «direitos das associações sindicais» (nº 2 do artº 56º) em que se insere o de «pronunciar-se sobre os planos económico-sociais e acompanhar a sua execução». Mas ainda aqui se poderá dizer que está em causa a aludida duplicidade de leituras possíveis: este controlo pode fundar-se em interesses meramente profissionais ou em pressupostos de carácter mais amplo.

[52] Ac. TC 14/07/1993 - P. 92-0199 (Monteiro Dinis).

[53] Em Portugal, a personalidade jurídica parecia ser tida por inerente à *existência* do sindicato enquanto tal (art. 483º do CT de 2003). Esta concepção relacionava-se, além do mais, com a tradição corporativa que, como já a vários propósitos se sugeriu, deixou marcas persistentes na organização

A questão teórica de saber se se trata de personalidade jurídico-pública ou jurídico-privada oferece tantas dificuldades quantas as que se deparam a quem procure encaixar o próprio Direito Colectivo na clássica bipartição do ordenamento jurídico. Na verdade, o sindicato é, por certo, uma pessoa de direito privado, não só por assentar num agrupamento de particulares (uma associação), criado exclusivamente por iniciativa destes para a representação e defesa dos seus interesses, mas também por lhe não assentar qualquer das prerrogativas e limitações tutelares que caracterizem o estatuto dos entes públicos. Mas, por outro lado, é certo que, entre outras manifestações da sua capacidade jurídica, o sindicato contribui para a produção de normas (através da negociação colectiva) revestidas de sanção jurídico-pública (artº 521º CT) e os seus fins não são de livre escolha dos associados, estão tipificados na lei. Por isso se fala por vezes de uma personalidade «semipública»; no entanto, o sindicato é, na essência, uma entidade *privada*[54].

A aprovação dos estatutos e, antes dela, a deliberação de constituir o sindicato cabem à *assembleia constituinte*[55]. Tomadas as deliberações de criação do

sindical democrática. No Código de 2009 (art. 447º), parece haver mudança de perspectiva: os momentos da constituição da associação sindical e da aquisição de personalidade jurídica são explicitamente diferenciados. A associação sindical constitui-se por *deliberação da assembleia constituinte*, mas só adquire personalidade jurídica com o *registo* dos estatutos. A diferenciação não é inócua: a associação sindical pode actuar como *organização* (conduzindo, por exemplo, negociações ou conflitos) antes de agir como *sujeito* de direito, por exemplo na celebração de convenções colectivas formais. O disposto no nº 7 do art. 447º não parece obstar a este entendimento. De resto, no quadro de outros sistemas, é bem conhecido o fenómeno da criação de sindicatos à margem do esquema da personalidade jurídica (*associação não reconhecida* ou *associação de facto*), «considerada mais conforme à necessidade de salvaguardar a autonomia da organização perante os poderes públicos» (Giugni, *Diritto Sindacale* 80). É, tipicamente, o caso da estrutura sindical italiana, da maioria das *trade unions* britânicas e dos sindicatos alemães. Não assim, os sindicatos franceses (artº L. 411-10 C.Trav.) e espanhóis (artº 3º L. 19/77, de 1-4). Veja-se, sobre o ponto, Montoya Melgar, *Derecho del trabajo*, 4ª ed., Madrid (1981) 125 e 144. Observa-se, enfim, que a «associação sem personalidade jurídica» é uma figura prevista e regulada entre nós (arts. 195º ss. C.Civ.). Ela parecia ser de utilização inviável no terreno sindical, em virtude da posição assumida pela legislação anterior (incluindo o Código de 2003), mas surge agora com outro tipo de potencialidades.

[54] Tal é, de resto, a concepção mais ajustada aos sistemas em que os sindicatos, enquanto pessoas jurídicas (pois, nalguns, como o italiano e o britânico, não o são), provêm da livre iniciativa dos interessados e não têm qualquer vínculo de dependência ou integração na organização do Estado. Não assim em outros quadros políticos institucionais – como o que vigorou em Portugal até 1974 – em que a existência de tutela estadual ou mesmo a ligação do complexo sindical à organização do Estado postulam a atribuição de personalidade jurídico-pública (traço comum aos «estados corporativos» e às «democracias populares»). Vd., em síntese, Montoya Melgar 126.

[55] O CT não integra disposição correspondente ao art. 8º LS, onde se estabeleciam regras de funcionamento da assembleia constituinte de uma associação sindical. Eram nomeadamente definidas com certo detalhe as condições de convocação, e também de deliberação, para a qual era exigido o

sindicato e aprovação dos estatutos, devem estes ser remetidos ao Ministério do Trabalho, juntamente com o requerimento de registo e respectiva documentação instrutória (art. 447º/1 e 2).

17. *O controlo de legalidade.* O acto de registo não é condicionado por qualquer apreciação administrativa de legalidade dos estatutos: o Ministério do Trabalho não pode recusá-lo senão por deficiência documental: nos termos do art. 447º/4, o Ministério procede ao registo dos estatutos, mesmo que, eventualmente, se aperceba da existência de alguma ilegalidade.

Depois do registo, o Ministério deve, em princípio, promover a *publicação* dos estatutos no *Boletim do Trabalho e do Emprego – para o que dispõe de 30 dias* –, e só *depois dela* pode submetê-los à apreciação do Ministério Público junto do tribunal competente. Este ultimo poderá então, dentro de certo prazo (quinze dias), declarar a extinção, por ilegalidade, da associação sindical.

Existe, porém, uma outra possibilidade, prevenida no nº 5 do artigo citado. Após o registo e a publicação, se houver ilegalidades, o Ministério *retarda* o envio ao Ministério Público, notificando a associação para que esta as elimine, no prazo de 180 dias. Se houver rectificação, esse envio não terá lugar. Se, porém, a alteração for recusada, o processo segue para apreciação e eventual actuação do Ministério Público.

Vigora, com efeito, em pleno, o sistema do *controlo judicial «a posteriori»* da legalidade do *processo de constituição* e dos *estatutos* dos sindicatos. Decorre claramente do art. 447º que o registo e a publicação constituem um processo (administrativo) independente do procedimento de controlo de legalidade, e que este (no caso de desconformidade com a lei) culmina na declaração judicial de *extinção* do sindicato. Este processo, como se notou, desencadeia-se já depois de registados e publicados os estatutos – ou seja, *reconhecida personalidade jurídica ao sindicato* e iniciadas porventura as suas actividades formais – e poderá culminar no *cancelamento do registo* com base na sentença declaratória da extinção (artº 456º). No essencial, este procedimento vale também para as alterações estatutárias (art. 449º) e para as de extinção da associação por deliberação da assembleia-geral (art. 456º/2 ss.), a qual pode sobretudo ocorrer em casos de absorção, fusão ou cisão.

O art. 447º/7 só admite o "inicio do exercício" das actividade da associação sindical depois da publicação dos estatutos ou, na falta dela, quando tenham

quorum de 10% ou 2000 dos trabalhadores a abranger, prevalecendo o menor desses valores. Todavia, essas disposições foram, desde cedo, muito contestadas – inclusivamente ao nivel da jurisdição constitucional – sob o ponto de vista da conformidade constitucional, em especial com a liberdade de constituição de associações sindicais a todos os níveis (art. 55º/2-*a*) CRP).

decorrido trinta dias sobre a data do registo. Esta exigência de publicidade do nascimento da associação sindical não parece incompatível com a consideração de que, tratando-se de uma associação *constituída* desde a deliberação da assembleia constituinte (reveja-se o nº 1 do mesmo artigo), embora ainda destituída de personalidade, ela possa actuar legitimamente como *organização*, em tudo aquilo que não lhe requeira a qualidade de sujeito de direito. Não poderá, decerto, celebrar convenções colectivas, mas nada parece impedir que, por exemplo, se envolva em negociações ou aja na condução de conflitos.

18. *As espécies de associações sindicais.* O sindicato é uma espécie dentro do género *associação sindical.*

Outras espécies são a união, a federação e a confederação (artº 440º/3). Há, todavia, uma importante diferença entre as três últimas modalidades de associação sindical e o sindicato: enquanto este é uma associação de *trabalhadores,* aquelas são, em princípio, associações de *sindicatos.* Na federação, com o denominador comum da profissão ou do ramo de actividade; na união, com o da região (ou distrito); na confederação, com carácter nacional e (por certo) interprofissional[56]. No entanto, a lei admite que, pelos estatutos das associações de segundo e terceiro nível, seja prevista a filiação directa de trabalhadores não inscritos nos sindicatos (nº 5 do artigo citado).

Havia, no texto originario da LS, ainda dominado pela ideia de unicidade sindical, um preceito (o artº 7º) que admitia em termos explícitos a possibilidade de associação dos sindicatos «em uniões e federações e *numa* confederação geral», limitando aos sindicatos constituintes e posteriormente aderentes o âmbito de representação de cada uma dessas entidades. Esse artigo, como outros que se baseavam na unicidade sindical, foi revogado por força da «liberdade de constituição de associações sindicais a todos os níveis», consagrada (hoje) no artº 55º/2 CRP.

O que se expôs acerca do sindicato, no tocante à aquisição de personalidade jurídica (como, de resto, o conjunto das disposições do CT que definem o estatuto jurídico das associações sindicais), é plenamente válido relativamente às uniões, federações e confederações[57]. O mesmo se dirá relativamente aos pontos

[56] Na redacção primitiva da LS, em consonância com o princípio da unicidade sindical, e em consonância com o DL 215-A/75, de 30-5, o artº 7º referia-se expressamente a *uma* só confederação geral de sindicatos. Recorde-se que o último diploma citado *instituía* a Intersindical Nacional como confederação única dos trabalhadores portugueses. Com base no que se dispõe no artº 55º CRP acerca da liberdade sindical, esse regime unicitário foi posto de parte.

[57] O processo de criação das uniões e federações tinha, na LS, como aspecto especifico, o regime de funcionamento da assembleia constituinte das federações e uniões, visto que são formadas por sindicatos e não por trabalhadores individualmente considerados. Essa matéria era tratada no art. 8º/3 LS, que exigia a presença, na assembleia, de um mínimo de um terço dos sindicatos da região

fundamentais da exposição subsequente, em que apenas se refere o sindicato por constituir a modalidade típica e historicamente mais importante de associação sindical[58].

19. *A filiação internacional.* Também na primitiva formulação da lei sindical (a de 1975) era vedada às associações sindicais de qualquer tipo a filiação em «associações ou organizações sindicais estrangeiras ou internacionais»[59], admitindo-se somente o estabelecimento de «relações» e a cooperação com elas. Na esteira do (actual) art. 55º/5 CRP, que veio reconhecer o direito de filiação em organizações sindicais internacionais, aquela disposição proibitiva foi revogada. Surgiu assim mais uma vertente colectiva da liberdade sindical: a liberdade de filiação das associações portuguesas em organizações sindicais internacionais, expressamente consagrada também no art. 443º/1-*e*) CT.

C) A esfera jurídica do sindicato.

> **" (...) 4. O Sindicato dos Pilotos da Aviação Civil tem capacidade para celebrar contratos de prestação de serviços de assessoria económico-financeira no exercício da actividade de "negociação do acordo de empresa e revisão salarial com a TAP Portugal"**
>
> **5. Resulta dos estatutos que, para determinar a competência que estatutariamente cabe à Assembleia de Empresa, há que a delimitar face à competência da Assembleia Geral, que tem competência residual para "exercer as competências previstas nos presentes Estatutos e não compreendidas nas competências próprias de outros órgãos".**

(quanto às uniões) ou da categoria (quanto às federações), e que a deliberação constitutiva contasse com os votos de sindicatos representativos, no seu conjunto, da maioria dos trabalhadores sindicalizados no âmbito em causa. Esta disposição, embora menos exposta à inconstitucionalidade que as relativas à constituição de sindicatos, não foi também acolhida no CT.

[58] Não se ignore, porém, o fundamental papel que tem sido desempenhado pelas *federações* sindicais na contratação colectiva, nem a função naturalmente reservada às *confederações* nos processos de concertação social.

[59] Actualmente, e limitando a referência às organizações de nível confederal (pois há diversas federações internacionais fundadas na profissão ou no ramo de actividade), existem a Federação Sindical Mundial (F.S.M.), em que predominam os sindicatos de inspiração comunista; a Confederação Sindical Internacional (CSI) que absorveu a Confederação Internacional dos Sindicatos Livres (C.I.S.L.), de matriz anglo-saxónica mas com âmbito mundial; e a Confederação Mundial do Trabalho (C.M.T.), derivada do sindicalismo cristão mas hoje dotada de inspiração diversa (pertence-lhe, nomeadamente, a C.F.D.T. francesa). Cabe ainda referir, numa outra escala, a Confederação Europeia de Sindicatos (C.E.S.), criada no âmbito das Comunidades Europeias, e à qual aderiram já as duas confederações portuguesas.

6. Ao deliberar aprovar a celebração de um contrato de prestação de serviço de assessoria na negociação das condições do exercício da actividade profissional dos associados pilotos da TAP, a Assembleia de Empresa está a pronunciar-se sobre uma questão relativa ao exercício da respectiva profissão, nos termos estatutários." – STJ 17/12/2015 – P. 5186/09.6TVLB.L1.S1 (Maria dos Prazeres Pizarro Beleza).

20. *A capacidade jurídica do sindicato.* De acordo com o princípio da especialidade, a capacidade jurídica de qualquer associação sindical é condicionada pelos seus fins gerais e estatutários, e analisa-se num conjunto de direitos de que a associação é titular. Assim, fundamentalmente:

a) Capacidade negocial. O artº 56º/3 CRP atribui às associações sindicais «competência» para «exercer o direito de contratação colectiva».

Este «direito» não se inscreve na titularidade originária dessas associações (trata-se de um «direito colectivo de trabalhadores»[60], isto é, de um direito que lhes pertence enquanto membros de uma colectividade que decidiu organizar-se). Mas a questão é pouco mais do que académica, face ao monopólio sindical da negociação colectiva que o referido preceito constitucional e a lei (art. 491º) expressamente consagram.

O direito de contratação colectiva abrange a faculdade de *delegação* de um sindicato noutro, e a de *atribuição de poderes negociais* à comissão de trabalhadores existente numa dada empresa, desde que ocupe, pelo menos, 150 trabalhadores (art. 491º/3, com a redacção dada pela L. 23/2012).

Para além do exercício do direito de contratação colectiva, podem as associações sindicais celebrar contratos de outros tipos, nomeadamente os necessários à admissão de pessoal para os seus serviços (contratos de trabalho), e, em geral, à aquisição de bens móveis e imóveis a título oneroso (artº 453º). Convém, a este respeito, assinalar que a prestação de «serviços de carácter económico e social» aos associados (art. 443º/1-*b*)) envolve ou pode envolver, igualmente, uma actividade negocial mais ou menos variada (contratos com casas de saúde, por exemplo). Tem-se, no entanto, por incompatível com o objecto da associação o exercício de qualquer actividade comercial, pelo menos de fim lucrativo.

b) Capacidade judiciária. Como pessoas jurídicas, as associações sindicais têm capacidade judiciária relativamente à sua esfera de direitos e obrigações. Mas o CPT vai bastante mais longe. As associações sindicais podem intervir, como partes legítimas, nas acções respeitantes à anulação e interpretação de

[60] Cfr., por exemplo, Gomes Canotilho-Vital Moreira 156.

cláusulas das convenções colectivas em que sejam outorgantes (artº 5º CPT)[61]. Para além disso, dispõem de legitimidade para a autoria em «acções respeitantes aos interesses colectivos que representam»[62]; e ainda, o que é porventura mais importante, da possibilidade de agirem judicialmente «em representação e substituição de trabalhadores que o autorizem» em certas situações, nomeadamente quando se trate de "acções respeitantes à violação, com carácter de generalidade, de direitos individuais de idêntica natureza de trabalhadores seus associados" (artº 6º/2 CPT). Finalmente, as associações sindicais podem intervir como "assistentes" dos associados, desde que haja expressa aceitação destes (art. 6º/5).

c) Direitos de participação[63]. O artº 56º/2 CRP reconhece às associações sindicais um conjunto de direitos que se efectivam pela participação delas em funções exteriores à defesa directa de interesses sócio-profissionais. Em primeiro lugar, assiste-lhes o direito de participarem (conjuntamente com as comissões de trabalhadores) na *elaboração da legislação do trabalho*, mediante um dispositivo de consulta regulado pelos arts. 469º ss. CT, e já analisámos (cap. 2, nºs 24 ss.).

Em segundo lugar, cabe às associações sindicais o direito de intervirem na *gestão das instituições de segurança social* e outras «organizações que visem satisfazer os interesses dos trabalhadores» (como o Instituto Nacional para o Aproveitamento dos Tempos Livres dos Trabalhadores – INATEL), de cujos órgãos directivos hão-de pois fazer parte representantes sindicais, em regime de «verdadeira cogestão entre o Estado e as associações sindicais»[64]. Enfim, cabe salientar com especial ênfase os recentes desenvolvimentos que, sob o signo da *concertação social*, teve o âmbito dos direitos de participação das associações sindicais (como, igualmente, das associações de empregadores): essa participação está hoje, nomeadamente, consagrada nas várias áreas de actuação do Conselho Económico e Social (L 108/91, de 17 de Agosto, e DL 90/92, de 21 de Maio).

[61] Como se salientará no lugar apropriado, o controlo da legalidade das cláusulas das convenções é feito a posteriori e exclusivamente por via judicial. No que respeita à interpretação dessas cláusulas, o CT prevê um dispositivo não-judiciário – a intervenção das comissões paritárias (arts. 492º/3 e 493º) – que, todavia, não preclude a possibilidade de recurso aos tribunais.

[62] Poderá, nomeadamente, tratar-se de comportamentos patronais tendentes a obstar ou neutralizar ilicitamente a acção do sindicato e, como tais, susceptíveis de afectar a instrumentalidade deste (como a lei a configura) em relação aos interesses colectivos por ele defendidos – realidades correspondentes à noção italiana de «conduta anti-sindical», relacionada com o artº 28º do *Statuto dei lavoratori*. Cfr. GIUGNI, *Diritto sindacale* cit. 87.

[63] Vd. GHEZZI/ROMAGNOLI, *Il diritto sindacale*, Bolonha (1982) 142 ss..

[64] GOMES CANOTILHO-VITAL MOREIRA loc. cit.

D) O exercício da actividade sindical na empresa: os delegados sindicais.

"I – Em matéria de cessação da relação laboral, a lei protege o trabalhador que é membro de estrutura de representação colectiva, mediante uma presunção de inexistência de justa causa.
II – Para apreciar se uma carta subscrita pelo trabalhador ofende o direito à honra do superior hierárquico e da trabalhadora visados na mesma, deve proceder-se a uma análise casuística, tendo em conta o contexto da carta, o teor das expressões nela utilizadas, a motivação ou intenção do trabalhador e demais circunstâncias do caso.
III – Considera-se ilidida a presunção de que beneficia o delegado sindical, se o trabalhador subscreveu uma carta contendo afirmações que ofenderam a honra e a vida privada e familiar de um superior hierárquico e de uma trabalhadora, e que eram desnecessárias para o exercício do direito de crítica contra a gestão da empresa, violando, assim, o trabalhador, culposamente, deveres de urbanidade para com as pessoas visadas na carta.
IV – Tendo o trabalhador antecedentes disciplinares, não é exigível à empregadora a manutenção da relação laboral, por estar posta em crise a permanência da confiança em que se alicerçava a relação de trabalho, verificando-se justa causa para o despedimento." – STJ 07/04/2013 – P. 7583/11.8T2SNT.L1.S1 (Maria Clara Sottomayor).

21. *O sindicato dentro do local de trabalho.* A história do sindicalismo desenvolveu-se, em grande parte, fora dos muros da empresa. Como espaço de afirmação e exercício do poder do empresário/empregador, a empresa foi, durante muito tempo, território interdito à acção sindical. Um passo muito significativo na evolução do estatuto jurídico dos sindicatos consistiu na consagração da possibilidade de agirem, por intermédio de delegados, no interior das empresas, isto é, *nos próprios locais de trabalho.*

Tal possibilidade concretizou-se em formas variáveis de país para país, nalguns casos com suporte legal (p. ex., Portugal), noutros com apoio directo em acordos colectivos nacionais ou interprofissionais (como na Bélgica e no Reino Unido).

A institucionalização da actividade sindical nos locais de trabalho culminou, um pouco por todo o lado, processos evolutivos em que se confrontaram longamente as reivindicações dos sindicatos e a resistência dos empresários. Algumas das leis que consagraram tais fórmulas traduzem compromissos assumidos pelo patronato e pelos governos na sequência de movimentações sociais importantes: é o caso da lei francesa de 1968, que reconheceu os delegados sindicais e as secções sindicais de empresa, e da lei italiana de 1970, que acolheu a figura dos *rappresentanti sindacali.*

O direito de intervenção sindical na empresa tem duas fundamentais expressões: o direito de *reunião nos locais de trabalho* e o direito de actuação dos *delegados sindicais*. Esquematicamente, pode, pois, dizer-se que a acção sindical na empresa de desdobra em dois níveis: um, o do conjunto dos *trabalhadores* membros de um ou mais sindicatos, quando utilizam a faculdade de *reunião nos locais de trabalho*, dentro ou fora do horário normal; outro, o do *sindicato*, fazendo-se representar pelos delegados sindicais[65] no interior da empresa ou estabelecimento.

22. *O direito de reunião sindical.* Os trabalhadores têm o direito de se reunirem nos locais de trabalho, dentro ou fora do horário de trabalho, nos termos do art. 461º CT. Este direito de reunião, embora regulado no âmbito da "actividade sindical na empresa", não se restringe aos sindicalizados. O teor do artº 461º parece bastante claro a esse respeito: para além do sistema de iniciativa e convocação, a participação nas reuniões está aberta a todos os trabalhadores do estabelecimento.

No tocante às reuniões no tempo de trabalho, a lei define um limite de duração (quinze horas por ano) e exige que os trabalhadores «assegurem o funcionamento dos serviços de natureza urgente e essencial» (nº 1-*b*)). Além disso, estabelece algumas condições para a convocação das reuniões (nº 1).

Problema importante, sob o ponto de vista prático, é o suscitado pelo exercício do direito de reunião quando os trabalhadores se encontram a prestar trabalho nas instalações de *outra* empresa (por exemplo, em cumprimento de um contrato de prestação de serviço celebrado entre o empregador e essa empresa). A jurisprudência dominante vai no sentido, que se afigura correcto, de não obrigar a empresa utilizadora dos serviços a proporcionar o exercício do direito de reunião a trabalhadores que não são seus empregados[66].

23. *O delegado sindical.* A segunda expressão do direito de actuação no interior da empresa consiste na figura do delegado sindical. Face à lei portuguesa, parece dever entender-se que se trata de *representantes do sindicato*, embora eleitos pelos trabalhadores[67] – entenda-se, pelos trabalhadores nele filiados que prestam serviço na mesma empresa[68].

[65] O CT de 2009 admite ainda a participação de dirigentes do sindicato, que não sejam trabalhadores da empresa, nas reuniões inerentes à actividade sindical na empresa.

[66] Neste sentido, o Ac. STJ 7/11/86 – P. 001452 (Miguel Caeiro), que parece ser o único pronunciamento do STJ sobre o ponto. De resto, como adiante se notará, a situação da empresa onde o serviço é prestado já é relevante para o efeito da determinação de "serviços mínimos" em caso de greve dos trabalhadores da prestadora do mesmo serviço.

[67] Note-se que a solução não é universal. Em França, os delegados sindicais são designados pelo sindicato, diferentemente dos *delegados do pessoal* que são eleitos pelos trabalhadores.

A lei não indica funções próprias do delegado sindical: trata-se de matéria pertencente, em parte, aos *estatutos dos sindicatos* (no que toca às relações entre associação e delegado) e, noutra parte, à *negociação colectiva* (pelo que respeita aos tipos de actuação e intervenção no interior da empresa). Em termos gerais, pode dizer-se que essas funções se reconduzem a dois pontos essenciais: a *informação* nos dois sentidos (sindicato-trabalhadores[69] e vice-versa) e a *fiscalização* do cumprimento das normas reguladoras do trabalho, *maxime* das convenções colectivas.

O empregador está legalmente obrigado a "pôr à disposição dos delegados sindicais um local apropriado ao exercício das suas funções, no interior da empresa ou na sua proximidade" (art. 464º) – obrigação que se cumpre através da atribuição de um espaço (sala) com condições mínimas de trabalho. Além disso, o empregador deve atribuir aos delegados sindicais um espaço de afixação (placard) para informação sindical, com situação e características adequadas a uma comunicação eficiente com os trabalhadores (art. 465º).

Os delegados de um mesmo sindicato na empresa podem constituir uma *comissão sindical*; o conjunto dos delegados dos vários sindicatos representativos do pessoal da empresa constituem a *comissão intersindical* (art. 442º/1-*g*) e *h*)).

Ao contrário do que ocorre noutros sistemas (como, tipicamente, o britânico e o sueco), os delegados sindicais não têm entre nós competência para negociar, em representação dos sindicatos, acordos de empresa. Mas verifica-se, em certa contratação colectiva, o reconhecimento de direitos de participação na regulamentação interna, os quais, por vezes, se aproximam de um verdadeiro poder de negociação.

24. *A protecção legal do delegado sindical.* Em tal qualidade, os delegados sindicais são trabalhadores garantidos por uma *protecção legal específica* – no essencial, comum aos "membros de estruturas de representação colectiva dos trabalhadores" (arts. 404º ss.) –, que se traduz fundamentalmente no seguinte:

a) *Regime especial de protecção face ao despedimento* (vd., nomeadamente, arts. 353º/2, 356º/5 e 6, 357º/6, 358º/1, 410º). Essa tutela é, como se observou, basicamente processual: em termos substantivos, o delegado sindical é, à face da lei, um trabalhador como os outros. Não existe nenhuma imunidade disciplinar a seu favor[70]. No entanto, a apreciação das condutas sob o ponto de vista disci-

[68] Os delegados sindicais tinham previsão e enquadramento legal já antes da queda do regime corporativo: cfr. DL 49058, de Junho de 1969.

[69] Tratar-se-á sobretudo da informação divulgada através dos meios referidos no art. 465º, e que são objecto do direito de afixação e distribuição nos locais de trabalho.

[70] Cfr., por exemplo, os Acs. STJ 03/06/2009 – P. 3085/08 (Mário Pereira) e 10/12/2009 – P. 3695/08 (Mário Pereira); e ainda o Ac. Rel. Lisboa 13/04/2005 – P. 2182/2004-4 (Maria João

plinar pode ter que ser matizada pela consideração do facto de se inserirem na acção sindical e corresponderem a padrões de comportamento próprios das actividades reivindicativas e reclamatórias. De resto, o art. 410º/3 estabelece uma presunção de inexistência de justa causa – para despedimentos de representantes sindicais – que é, obviamente, uma presunção *iuris tantum* [71]. Esta presunção pouco acrescenta, porém, à protecção geral contra o despedimento injustificado: cabe sempre ao empregador provar os factos indutores de justa causa. Ora o critério da justa causa não sofre, quanto a representantes sindicais, nenhuma acomodação: a exigibilidade da manutenção do vínculo pelo empregador não é mais intensa nesses casos. No que respeita às críticas e imputações dirigidas ao empregador ou às hierarquias da empresa, parece esboçada tendência jurisprudencial para separar a questão da *veracidade* e o *impacto negativo* nas relações entre as partes, pelo carácter ofensivo e desprestigiante que aquelas manifestações assumam. Por outras palavras, mesmo imputações objectivas e comprovadas podem, nessa perspectiva, preencher justa causa de despedimento, por inviabilização do prosseguimento da relação de trabalho[72].

Romba), onde expressivamente se observa: "Ainda que praticado no exercício da actividade sindical, qualquer acto que se traduza na 'violação dos deveres ou negação dos valores da ordem juridico-laboral estabelecidos no interesse do empregador' e que tenha um nexo com o vínculo contratual ou co a organização em que o trabalhador cumpre a sua prestação, constitui ilícito disciplinar, sendo passível de perseguição disciplinar. O contrário redundaria em imunidade disciplinar dos representantes sindicais, o que a lei não comporta". Também pelo Ac. STJ 04/07/2013 - P. 7583/11.8T2SNT.L1.S1 (Maria Clara Sottomaior) se decidiu: "Considera-se ilidida a presunção de que beneficia o delegado sindical, se o trabalhador subscreveu uma carta contendo afirmações que ofenderam a honra e a vida privada e familiar de um superior hierárquico e de uma trabalhadora, e que eram desnecessárias para o exercício do direito de crítica contra a gestão da empresa, violando, assim, o trabalhador, culposamente, deveres de urbanidade para com as pessoas visadas na carta".

[71] Cfr., neste sentido, o Ac. 28/10/2009 – P. 1041/06.0TTLSB.L1-4 (Paula Sá Fernandes), em que se considerou disciplinarmente desculpável a actuação e uma delegada sindical "inserida num contexto sindical cujos excessos de actuação se devem, por vezes, a uma actuação em conjunto" (sic).

[72] Cfr. STJ 27/05/2004 – P. 04ª1704 (Azevedo Ramos): "Pouco importa que o facto afirmado ou divulgado corresponda ou não à verdade, contanto que seja susceptível, perante as circunstâncias do caso, de diminuir a confiança na capacidade e na vontade da pessoa para cumprir as suas obrigações ou de abalar o prestígio de que a pessoa goze ou o bom conceitoem que seja tida". Note-se que este aresto não se referia a um caso de despedimento. Tratava-se de acusações de um sindicato de médicos contra a administração de um hospital, nomeadamente a de que "tinha uma máquina avariada há vários meses e que, por incompetência e incúria, estava a provocar mortes de doentes perfeitamente evitáveis". No entanto, julga-se que a valoração é extensível a certos comportamentos de representantes sindicais e ao impacto destes nas respectivas relações de trabalho. Mais recentemente, foi decidido na mesma linha o caso de uma carta subscrita por um delegado sindical que acusava o administrador da empresa de ter uma "relação promíscua" com uma empregada, referindo várias situações concretas. O Supremo apreciou a situação, essencialmente, com base

b) Inamovibilidade (ou seja: inadmissibilidade da transferência do local de trabalho), a não ser por acordo e com conhecimento prévio da direcção do sindicato respectivo (artº 411º). O acordo que a lei exige deve referir-se especificamente á transferência pretendida pelo empregador. É um acordo necessariamente *ad hoc*. Não preenche, por exemplo, a exigência legal uma cláusula do contrato de trabalho, celebrado antes da aquisição pelo trabalhador da qualidade de delegado sindical[73].

c) Crédito de horas, ou seja, a faculdade de utilização de certa porção do período normal de trabalho, sem perda de retribuição, para o exercício da actividade sindical na empresa (artº arts. 408º e 467º). Para além destes créditos de tempo, os delegados sindicais têm garantida a justificação das ausências motivadas pela "prática de actos necessários e inadiáveis no exercício das suas funções" (art. 409º/2).

25. *O número de delegados*. A lei não define qualquer limitação ao número de delegados sindicais que podem ser designados numa empresa ou num local de trabalho.

Fá-lo, todavia, indirectamente, ao fixar, no artº 463º, o processo de cálculo do número de delegados *beneficiários da referida protecção*.

Esse preceito mostra, em primeiro lugar, que não é exigido um efectivo mínimo de trabalhadores da empresa: teoricamente pode conceber-se uma empresa com um só trabalhador que é também delegado sindical. No entanto, a circunstância de o processo de designação consistir numa eleição (art. 462º/1) parece postular a existência de uma pluralidade de trabalhadores sindicalizados.

Por outro lado, o artº 463º esclarece uma questão que podia suscitar-se ao abrigo do direito anterior: a de saber se nele se define apenas o número máximo de delegados *com crédito de horas* ou se, mais do que isso, através dele se determina o número de delegados que beneficiam do *conjunto de protecção legal* acima referida. A nova norma oferece, nitidamente, esta segunda resposta.

Finalmente, há que evitar uma confusão que a primeira leitura do art. 463º pode suscitar. O número de delegados sindicais não se define em função da dimensão da empresa, mas em função do número de filiados do sindicato que nela trabalham. Sendo o pessoal da empresa representado por vários sindicatos, cada um destes tem o direito de dispor dos seus delegados sindicais, conforme o número de trabalhadores nele inscritos.

no "carácter ofensivo" da carta e na defesa da "honra e consideração das pessoas visadas". – STJ 07/04/2013 – P. 7583/11.8T2SNT.L1.S1 (Maria Clara Sottomayor).

[73] Cfr. Ac. Rel. Lisboa 12/07/2006 – P. 5104/2006-4 (Ramalho Pinto).

Exemplo: numa empresa com 250 trabalhadores, o sindicato A representa 20, o sindicato B 120, o sindicato C apenas 2, e o sindicato D 58; os restantes 50 não estão sindicalizados. Os sindicatos A e C têm direito a um delegado cada um; o sindicato B terá três; e o sindicato D, dois. Ao todo, existirão na empresa seis delegados sindicais.

Capítulo 26
O REGIME JURÍDICO DAS ASSOCIAÇÕES DE EMPREGADORES

I. A «liberdade sindical» dos empregadores.

1. As associações de empregadores; 2. "Liberdade sindical"?

1. *As associações de empregadores.* Designam-se *associações de empregadores* aquelas que agrupam e representam empregadores (pessoas físicas ou colectivas) tendo por fim a defesa e promoção dos seus interesses colectivos enquanto tais, nomeadamente na celebração de convenções colectivas de trabalho.

O conceito de associação de empregadores distingue-se do de *associação empresarial*, embora o substrato coincida. São os interesses dos empresários enquanto empregadores (ou seja, sujeitos de contratos de trabalho) que fornecem a razão de ser das associações de empregadores – não os interesses comerciais ou industriais desses empresários enquanto tais (ou seja, agentes económicos). Assim, se uma agremiação empresarial pode constituir-se nos termos gerais do direito de associação, uma associação de empregadores só surge mediante um mecanismo especial de reconhecimento que estreitamente se relaciona com a atribuição de autonomia colectiva no campo das relações laborais.

É, pois, criticável a formulação do art. 440º/2 CT, que assinala às associações de empregadores fins de "defesa e promoção dos seus interesses *empresariais*" (itálico nosso). Os interesses dos empregadores enquanto empresários transcendem largamente o domínio das relações de trabalho. Assim, as associações de empregadores devem distinguir-se por características que lhes conferem o papel de interlocutoras das associações sindicais. Mesmo no âmbito da concertação social, onde as associações em causa se confrontam também com o Governo e podem colocar questões do interesse geral dos empresários, o seu papel define-se essencialmente pela interacção com as associações sindicais (confederações). Nem sequer se pode invocar qualquer preocupação de simetria, pois as associações sindicais são definidas em função de "interesses socio-profissionais" dos trabalhadores. Acresce que *existem*, de facto, associações empresariais ao lado de associações de empregadores, para as mesmas áreas de actividade económica.

Por outro lado, nada impede que uma associação empresarial seja *também* associação de empregadores, desde que, quanto a ela, tenha sido observado o processo legal de reconhecimento a que adiante faremos referência (cfr. artº 448º CT).

2. *"Liberdade sindical"?* A CRP não faz qualquer referência ao associativismo patronal, embora (por exemplo) reconheça expressamente às associações sindicais a competência para «exercer o direito de contratação colectiva» (nº 3 do artº 56º)[1].

Depois, o regime jurídico das associações de empregadores é muito menos circunstanciado do que o das associações sindicais, embora surja em paralelo com este[2]. O paralelismo verifica-se em tudo o que respeita à constituição, à organização e à extinção das associações dos dois tipos (arts. 440º-456º CT).

[1] Este preceito constitucional suscita alguma reflexão, que já se esboçou no cap. 22, nº 4. Parece conveniente retomar neste ponto a leitura que propomos. Em primeiro lugar, parece evidente que com aquela norma pretendeu o legislador constitucional estabelecer o *monopólio sindical da contratação colectiva* – afastando-a da competência das comissões de trabalhadores e da de qualquer outra organização, instância ou agrupamento profissional. No plano do confronto com as associações patronais, é óbvio também que o silêncio da CRP não equivale à negação da capacidade negocial colectiva dessas associações (aliás legalmente reconhecida: artº 443º/1-a) CT). Por outro lado, a negociação colectiva (enquanto meio de prossecução de interesses e expressão de autonomia) pode decerto configurar-se igualmente como um «direito» dos empregadores. Mas a fisionomia especial do fenómeno, enquanto vocacionado para a melhoria sucessiva das condições de trabalho, e portanto do especial interesse dos trabalhadores, sugere uma segunda «leitura» do preceito. Na verdade, o «direito de contratação colectiva» surge, de certo ponto de vista, como algo de semelhante a um direito potestativo: face ao desencadeamento do impulso negocial, a lei assume a posição de garantir a produção de um resultado (quer pela dinâmica processual, quer pelos meios de resolução de conflitos, quer pela regulamentação administrativa sucedânea, quer ainda pela latitude do direito de greve e pelas sanções directas em caso de má-fé negocial). A parte patronal pode certamente impedir a conclusão de um instrumento convencional, mas não a de uma nova regulamentação colectiva para as relações de trabalho. A configuração do «direito de contratação colectiva» como um direito dos trabalhadores e só deles reflecte-se também neste aspecto da sua regulamentação.

[2] Antes do CT, vigorava o DL 215-C/75, de 30/4, conhecido como "lei das associações patronais" (LAP). A LAP surgiu, em 1975, claramente inspirada no propósito de, por um lado, gizar um ins-

A circunstância de o artº 55º CRP referir exclusivamente a liberdade sindical aos trabalhadores, silenciando de todo o associativismo patronal, coloca o problema de saber se as explicitações e garantias daquela liberdade podem, ou não, considerar-se extensivas às associações de empregadores. Se a resposta devesse ser afirmativa, ela equivaleria ao reconhecimento da *paridade* entre trabalhadores e empregadores no tocante à disponibilidade de meios de defesa e promoção de interesses colectivos. Caso contrário, ter-se-ia o acolhimento, no quadro do nosso ordenamento jurídico, da «doutrina da liberdade sindical unilateral», que encara as organizações de empregadores como projecções da iniciativa económica, susceptíveis de admitir as restrições a que esta última está submetida[3].

Tal doutrina conta, por certo, a seu favor, com a manifesta diferença de posições do trabalhador e do empregador, ambos considerados individualmente, no que respeita à *carência* de meios de expressão *colectiva* de interesses. É correntemente reconhecida ao empregador isolado a qualidade de potencial «sujeito colectivo»: o CT prevê duas modalidades de convenções colectivas de trabalho (*o acordo de empresa e o acordo colectivo*: art. 2º/3) protagonizadas por empregadores isolados. Estas modalidades correspondem, de resto, à matriz originária da negociação colectiva, em que se defrontavam uma colectividade de trabalhadores e um empresário (*shop bargain*)[4]; nesses termos – anotavam já há décadas RIVERO/ /SAVATIER[5] –, «o equilíbrio de forças restabelece-se; torna-se possível a livre negociação; encontra-se aí um dos traços fundamentais do direito do trabalho: transportando para o plano colectivo as relações de trabalho, compensa a inferioridade económica que, no plano individual, coloca o trabalhador à mercê do patrão».

Assim, o associativismo patronal surge como instrumento de resistência, como meio reactivo à acção organizada dos trabalhadores[6] – evoluindo depois, não raro, para formas de intervenção política do tipo «lobby» ou para o papel de instrumento de direcção concertada da política económica e social do patronato[7]. Daí que as preocupações sociais subjacentes à consagração da liberdade

trumento idóneo de representação colectiva dos empregadores – de acordo com a preocupação de criar condições de existência de *interlocutores válidos* para a negociação com as associações sindicais – e, por outro, substituir a complexa rede de organismos patronais (*os grémios*) existentes no contexto do regime corporativo, não só como instrumentos de representação de interesses nas relações colectivas, mas também como meios de controlo recíproco do Estado e das actividades económicas privadas.

[3] G. GIUGNI, *Diritto Sindacale* 65.

[4] V. SIMI, *Il contratto collettivo di lavoro*, vol. 2 da *Enciclopedia Giuridica del Lavoro*, Pádua (1980) 3.

[5] *Droit du travail* cit. 374. Cfr. ainda GHEZI/ROMAGNOLI 94.

[6] GIUGNI 65.

[7] Como, caracteristicamente, ocorria com o C.N.P.F. (*Conseil National du Patronat Français*), cujo presidente era conhecido como o «patrão dos patrões». Algo de semelhante ocorre hoje, no mesmo País, com o MEDEF.

sindical, e à concepção das suas fundamentais garantias, não se verifiquem no concernente às associações de empregadores.

Esta lógica tem, de algum modo, reflexos no regime jurídico destas associações. Manifesta-se, desde logo, no art. 452º/2, que exclui do domínio da acção disciplinar nessas associações a actividade económica exercida pelos seus membros. Além disso, o art. 451º/2 visa impedir o domínio das associações pelas empresas de maior dimensão: se os estatutos atribuírem os votos com base na dimensão das empresas, nenhum associado pode ter mais do décuplo dos votos do que dispuser de menor número.

Por outro lado, não oferece dúvidas o nosso texto constitucional (artº 55º cit.) quanto a saber quem são os beneficiários da liberdade sindical: trata-se aí apenas dos trabalhadores.

Não obstante, é, a nosso ver, forçoso rejeitar a tese da «liberdade sindical unilateral» em face da posição que o nosso ordenamento jurídico assume perante o associativismo patronal. Na verdade, não se verifica nenhum dos naturais corolários jurídico-positivos de referida doutrina. O principal consistiria em se deixar sem reconhecimento legal específico a associação de empregadores *enquanto organização representativa de interesses socioprofissionais*, remetendo-se a sua cobertura para o regime geral do direito de associação.

Não é esse o caso. A associação de empregadores, como vimos, não é uma simples associação de empresários; é, mais propriamente, um «sindicato de empregadores», dotado de uma disciplina legal parcialmente paralela à das associações de trabalhadores, e capacitado, fundamentalmente, para agir no terreno das relações colectivas de trabalho.

De resto, os postulados básicos da liberdade sindical – liberdade de constituição e filiação, auto-organização, auto-regulamentação e autogoverno – são reproduzidos relativamente às associações de empregadores (arts. 440º, 444º, 451º CT).

Cabe, enfim, notar que vários compromissos internacionais subscritos pelo Estado português, com referência a esta matéria, reconduzem a liberdade sindical a uma manifestação específica da liberdade de associação, reconhecida em paralelo aos trabalhadores e aos empregadores[8].

[8] Veja-se o cap. 23, nº 2.

II. A constituição de associações patronais.

3. O registo dos estatutos e o controlo de legalidade; 4. Da associação empresarial à associação de empregadores.

3. *O registo dos estatutos e o controlo de legalidade.* Tal como para as associações sindicais, a aquisição de personalidade jurídica pelas associações de empregadores opera-se com o *registo dos estatutos* no Ministério do Trabalho (art. 447º/1).

Este acto não pode ser recusado, seguindo-se necessariamente (no prazo de 30 dias) a publicação dos estatutos no *Boletim do Trabalho e Emprego*[9].

Não existe, pois, qualquer controlo administrativo directo da legalidade formal ou substancial das regras estatutárias: esse controlo está reservado aos tribunais, sob o impulso processual do Ministério Público (nº 8 do art. cit.)[10].

O controlo judicial de legalidade é feito *a posteriori*, quer dizer, depois de consumado o registo e publicados os estatutos - o mesmo é que dizer, após a aquisição de personalidade jurídica por parte da associação de empregadores. Significa isto que a verificação judicial da ilegalidade dos estatutos, dos actos de constituição ou do pedido de registo, não actua como um impedimento à aquisição de personalidade jurídica, antes conduz à *extinção* de uma associação já constituída.

Todavia, a lei acautela de algum modo os riscos de um tal dispositivo (nomeadamente a da inutilização de um contrato colectivo, pela inesperada extinção da associação de empregadores outorgante), ao fixar, como termo suspensivo do exercício das actividades associativas, o prazo para a publicação (nº 7 do artº cit.).

4. *Da associação empresarial à associação de empregadores.* Como se disse, podem as «associações de empresários constituídas ao abrigo do regime geral do direito de associação» adquirir a "qualidade de associação de empregadores" (artº 448º).

Aparentemente, isto pode ocorrer de duas maneiras: ou pela *cumulação* das qualidades de associação de empresários e associação patronal, ou pela *conversão* da primeira na segunda. Só que o art. 452º/2 impede que o regime disciplinar constante dos estatutos interfira «com a actividade económica exercida pelos

[9] A antiga LAP exigia a publicação no então *Diário do Governo*, hoje *Diário da República*. No entanto, essa imposição foi eliminada pelo DL 244/77, de 30-5, que admitiu como suficiente a inclusão no *Boletim* mencionado no texto.

[10] No entanto, esse impulso será na prática condicionado pela apreciação de legalidade de que o Ministério do Trabalho faça acompanhar a remessa do processo ao Ministério Público (art. 447º/4-*b*)).

associados», limitação porventura dificilmente harmonizável com o perfil estatutário de algumas associações empresariais. Assim, o caminho normal será o da conversão (implicando a exclusividade dos escopos relacionados com a posição dos associados como empregadores); no entanto, a outra alternativa fica em aberto, sob a condição de eventual ajustamento dos estatutos originários.

A aquisição do estatuto de associação de empregadores (isto é, especialmente, da legitimidade para a intervenção no domínio das relações colectivas de trabalho) por parte de uma agremiação de empresários segue o mesmo processo definido no artº 447º para a constituição das primeiras.

III. Princípios sobre a organização e actividade das associações de empregadores.

5. A prevenção do domínio das grandes empresas; 6. As possíveis actividades das associações.

5. *A prevenção do domínio das grandes empresas.* Vigora também quanto às associações de empregadores *o princípio da auto-organização* (artº 445º).

No entanto, o esquema organizativo definido nos estatutos está legalmente condicionado em alguns pontos, a que se refere o art. 451º. Entre outras preocupações que podem relacionar-se com a tutela da liberdade de associação, cabe salientar a que respeita à *prevenção do controlo de uma associação patronal por uma minoria de empresários.* É o que resulta, nomeadamente, do afastamento da cumulação de cargos electivos e da limitação do número de votos atribuível a um só associado (em função da dimensão da empresa) ao décuplo do que couber ao associado menor.

Poderá, certamente, discutir-se – por ser considerado excessivo – o zelo e a meticulosidade que o legislador manifesta nesse conjunto de condições impostas aos estatutos das associações de empregadores. Há, todavia, uma explicação que deve ser ponderada: o reconhecimento de uma associação desse tipo implica, antes de tudo, o reconhecimento de autonomia colectiva – ou seja, de capacidade para a intervenção na produção autónoma de normas reguladoras das relações de trabalho. O domínio absoluto da associação por uma empresa ou por um grupo de empresas de maior dimensão pode, além do mais, dificultar a genuína identificação de interesses colectivos que o exercício da autonomia colectiva pressupõe.

6. *As possíveis actividades das associações.* No artº 443º, define-se a competência das associações de empregadores para a celebração de *convenções colectivas de trabalho,* competência essa que, como no lugar próprio se assinalou já, não constitui seu exclusivo, pois também os empregadores podem *isoladamente* figurar como sujeitos de relações colectivas de trabalho – logo, outorgantes *iure proprio* de convenções.

Mas, para além da negociação colectiva, podem também as associações de empregadores *prestar serviços* aos seus associados (por exemplo, assistência jurídica ou apoio técnico-económico) ou criar instituições para o mesmo efeito.

Assinale-se que o preceito aludido também veda às associações de empregadores *a intervenção no mercado* por qualquer modo, tendo por certo em vista o afastamento de mecanismos próprios da organização corporativa, como os dos "grémios da lavoura", que eram sobretudo organismos reguladores da produção agrícola.

No entanto,essa proibição merece ser analisada mais de perto. Ela tem por objecto "a produção ou comercialização de bens ou serviços" ou qualquer modo de intervenção no mercado, mas não exclui a prestação de "serviços de carácter económico e social aos seus associados" admitida na al. *b*) do nº 1 do mesmo artigo – prestação esta que, destinada a um grupo restrito, não poderia nunca considerar-se "intervenção no mercado" no sentido em que a lei a pretende afastar.

Trata-se, com efeito, basicamente, de evitar que uma coligação de empresas, a coberto da associação de empregadores, assuma, no mercado de certos produtos, uma posição de tal modo dominante – de monopólio ou quase-monopólio – que lhe permita condicionar decisivamente o funcionamento do mesmo mercado[11]. Mas a preocupação de afastar tal hipótese não obriga a privar as associações da procura de meios de financiamento das suas actividades para além das quotizações dos associados. Entre esses meios, pode decerto incluir-se a participação no capital de empresas e até a prestação de serviços, mediante remuneração, a não associados, desde que tais acções tenham afinidade ou proximidade com o escopo associativo[12].

[11] É significativo o facto de a proibição não abranger as associações sindicais – que podem, portanto, livremente, "dedicar-se à produção ou comercialização de bens ou serviços" e intervir mercado – sob reserva, apenas, do princípio da especialidade. Este, todavia, não permite excluir as referidas actividades, sempre que sejam prosseguidas com o objectivo (e dentro dos limites dele) de potenciar os meios da associação para a defesa e promoção dos "interesses sócio-profissionais" dos trabalhadores.

[12] Cfr., neste sentido, o Ac. Rel. Porto 28/02/2005 – P. 0550484 (Fonseca Ramos).

Capítulo 27

O REGIME JURÍDICO DAS COMISSÕES DE TRABALHADORES

I. O "duplo canal" de representação.

1. A comissão de trabalhadores: introdução; 2. O duplo canal de representação; 3. A representação interna no direito europeu.

1. *A comissão de trabalhadores: introdução.* O nº 1 do artº 54º CRP reconhece aos trabalhadores o direito de «criarem comissões de trabalhadores para defesa dos seus interesses e intervenção democrática na vida da empresa». Assim obteve expresso acolhimento na nossa ordem jurídica uma forma de organização dos trabalhadores *no interior da empresa* – que, de resto, se encontrava já largamente estabelecida na experiência social.

O artº 54º CRP consagra o princípio da *auto-organização* das comissões (nº 2) e atribui aos seus membros a protecção legal reconhecida aos delegados sindicais (nº 4). Mas só três anos depois da publicação da Lei Fundamental foi definido, através L 46/79, de 12/9 (LComT), o estatuto jurídico das comissões, particularmente no que toca aos seus *direitos*, em parcial desenvolvimento do que se dispõe no artº 54º/5 CRP.

Tratava-se do *direito à informação, do direito ao exercício do controlo de gestão nas empresas, do direito de participação nos processos de reestruturação da empresa* e *do direito de participação na elaboração da legislação do trabalho* (que, todavia, estava regulado em diploma próprio: a L 16/79, de 26 de Maio) *e dos planos económico-sociais que contemplam o respectivo sector.* Não tratados pela LcomT eram os direitos de gestão e participação na gestão das obras sociais das empresas (al. *e*) do nº 5 do art. 54º CRP). Por outro lado, passou a estar constitucionalizado o direito de eleger representantes dos trabalhadores para os órgãos sociais da empresas do sector público, que a LcomT configurava, há mais de um quarto de século, como uma das manifestações do «direito ao exercício do controlo de gestão», sem que jamais tenha sido concretizado.

Na esteira da impressiva prática social que se desenvolveu, em muitas empresas, nos últimos anos da década de setenta, a CRP e a lei reconheciam assim a *dualidade* de instâncias representativas dos trabalhadores no âmbito da empresa, revelando, todavia, a preocupação de traçar uma divisória funcional, que nem sempre se reflectiu na realidade. Teoricamente, aos delegados sindicais e suas comissões (sindicais e intersindicais) caberiam, essencialmente, funções de fiscalização do cumprimento das normas legais e convencionais e de ligação entre o sindicato e os associados; à comissão de trabalhadores incumbiria, de um modo geral, garantir a participação dos trabalhadores na vida da empresa, através do acompanhamento da sua actividade e da intervenção (ainda que não vinculativa) em processos de decisão. Mas essa distribuição de papéis foi sofrendo, na prática, numerosos desvios.

2. *O duplo canal de representação.* O dualismo (ou "sistema de duplo canal de representação") não é alheio à experiência social de outros países. Na Itália, a acção sindical teve como contraponto, ao nível da empresa, *as comissões internas*, que subsistiram até ao fim da década de 70 – momento-chave na história da organização e acção colectiva dos trabalhadores naquele país[1]. Na França, os *delegados do pessoal* coexistem com os *delegados sindicais* e *a secção sindical da empresa* (desde 1968) e, ainda, numa outra perspectiva, com os *comités de empresa*[2]. Na Espanha, existem, de um lado, os *delegados sindicais* e as *secções sindicais de empresa*, e, de outro, a chamada «representação unitária» dos trabalhadores nos centros de trabalho, assegurada pelos *delegados de pessoal* e pelos representantes dos trabalhadores nos *comités de empresa*.

São frequentemente apontadas as dificuldades de articulação que caracterizam os modelos dualistas, mas a verdade é que eles correspondem a necessidades objectivas de representação e defesa dos interesses dos trabalhadores: a representação sindical, no tocante aos padrões normativos e contratuais em matéria de condições de trabalho; a representação unitária, no plano do controlo social da empresa, isto é, do acompanhamento da vida da organização enquanto suporte de emprego, e da participação nos processos de decisão com efeitos no domínio socio-laboral.

[1] Cfr. GIUGNI 39 ss..

[2] Assinale-se a afinidade funcional existente entre estes comités e a concepção legal das comissões de trabalhadores, como resulta da LComT. Cfr. CAMERLYNCK/LYON-CAEN 489 ss..

3. *A representação interna no direito europeu.* O direito comunitário veio, há alguns anos, dar relevo à ideia de representação unitária dos trabalhadores da empresa, tendo em vista a efectivação de direitos de informação e consulta acerca sobre a vida da empresa.

Com efeito, a Directiva 94/45/CE, de 22/9/94, estabeleceu, para as *empresas ou grupos de empresas de dimensão comunitária*, ou seja, para as empresas ou grupos transnacionais dentro do espaço económico europeu, a obrigatoriedade da abertura de negociações internas para a criação de um «conselho de empresa europeu» ou, em alternativa, de um processo de informação e consulta adequado. Mais recentemente, a matéria foi de novo regulada pela Dir. 2009/38 do Parlamento Europeu e do Conselho, cuja transposição se operou através da L. 96/2009, de 3 de Setembro.

Para levar a cabo essas negociações com a administração central da empresa ou grupo, de que resultará a instalação de um dispositivo de informação e consulta, constitui-se um "grupo especial de negociação formado por membros que correspondem aos trabalhadores empregados em cada Estado membro" (art. 6º L. 96/2009). O acordo que venha a resultar definirá a composição e as modalidades de funcionamento do conselho europeu de empresa, ou de uma forma alternativa de participação e consulta dos trabalhadores situados nos vários países em que actua a empresa ou grupo transnacional.

Entretanto, um outro acto comunitário veio colocar em evidência o tema da informação e consulta. Trata-se da Directiva 2002/14, de 11/3/02, que estabeleceu um "quadro geral relativo á informação e consulta dos trabalhadores", com o objectivo de garantir certo nível de participação destes na vida da empresa. O legislador português considerou que o CT constitui instrumento bastante de transposição desta directiva (art. 2º/*m*) L. 7/2009), certamente através do regime das comissões de trabalhadores.

II. O movimento das comissões de trabalhadores.

4. O surto inicial; 5. O declínio.

4. *O surto inicial.* A origem e a evolução das comissões de trabalhadores, sobretudo no período que se seguiu a Abril de 1974, relacionam-se com vicissitudes ocorridas no domínio da organização sindical[3]. Essas comissões e as instâncias sindicais (nomeadamente as que surgem e actuam no interior das empresas) constituíam peças de uma realidade complexa e mutável, que respeitava não apenas à problemática da intervenção «orgânica» dos trabalhadores nas empresas, mas também à da própria negociação colectiva.

O grande surto das comissões verificou-se em 1974/75, em coincidência com a fase de «reordenamento» sindical que se seguiu à queda do regime corporativo. Fez-se, nessa altura, a opção de manter as estruturas organizativas do sindicalismo corporativo, substituindo quase somente as pessoas que as dirigiam. Isto desencadeou a luta pelo controlo político-partidário dos «velhos» sindicatos, luta essa que assumiu expressão ideológica no debate nacional gerado em torno do tema «unicidade ou pluralismo».

Por outro lado, desenhou-se um movimento no sentido da conversão dos sindicatos de profissão, típicos do corporativismo, em sindicatos de ramo de actividade, ou «verticais», que melhor correspondiam às necessidades da acção reivindicativa «de massas» e aos vectores igualitários da dinâmica social da época. Também por isso se gerou o atrito no seio da organização sindical, percorrida, deste modo, por várias perturbações de natureza estrutural.

A fase crítica do sindicalismo, assim parcialmente caracterizada pelos aspectos mais marcantes, coincidiu com um período de ascensão muito viva das exigências de melhoria das condições de vida e de trabalho, por um lado, e de aberta contestação das hierarquias, ou seja, de disputa do poder na empresa, por outro lado.

Os sindicatos não se mostravam aptos a dar expressão e projecção prática a esses impulsos, quer pelas dificuldades estruturais e pela tensão ideológica que os atravessam, quer pela sua modesta radicação no interior das empresas.

As comissões de trabalhadores surgiram e desenvolveram-se, de modo espectacular, como organizações legitimadas pelo sufrágio do conjunto dos trabalhadores de cada empresa, e permanentemente ligadas a essa «base», em função das necessidades da *acção reivindicativa centrada no local de trabalho.* Acção reivin-

[3] Embora existissem e actuassem comissões de trabalhadores, nalgumas empresas, já antes de 1974. Vd., sobre o assunto, M. L. Lima dos Santos/M. Pires de Lima/V. Matias Ferreira, *O 25 de Abril e as lutas sociais nas empresas*, 1º vol., Lisboa (1977).

dicativa que respeitava não só às *condições de trabalho* (*maxime* salários, que subiram fortemente no biénio 74/75) mas também ao *controlo da empresa*.

As comissões foram, assim, em larga medida, o produto de um espontaneísmo e de um «basismo» bastante característicos do período revolucionário que Portugal atravessou.

O enquadramento político-partidário e o perfil funcional dessas organizações representativas nunca foram homogéneos. Se, na maioria, nasceram das necessidades da acção colectiva dos trabalhadores no quadro da empresa, é também verdade que, nalguns casos, surgiram em conformidade com um modelo participativo não apenas tolerado, mas até incentivado, pelos empresários. A necessidade de interlocutor nítido e «controlável», num ambiente de generalizada perturbação das estruturas sociais e produtivas, ajuda a explicar o fenómeno.

Num certo número de casos, as comissões apareceram envolvidas em processos autogestionários. O abandono de empresas pelos seus titulares, a expulsão de hierarquias contestadas, a perspectiva da falência e do encerramento foram algumas das circunstâncias determinantes dos casos de autogestão que – aliás em número de algumas centenas – se verificaram[4]. O «movimento» autogestionário foi pois, nessa época, mais uma consequência do «vazio de poder» nas organizações e da necessidade de defesa do emprego, do que a realização de um projecto ideológico estruturado. As comissões assumiram aí um papel importante, como organizações representativas do conjunto do pessoal de cada empresa. Coube-lhes, não raro, liderar as acções tendentes à tomada do controlo da empresa, e «representar» a sociedade sua titular nas relações com fornecedores e clientes, bancos e autoridades públicas. Este fenómeno ajuda a compreender a extrema descoordenação das iniciativas autogestionárias e a debilidade da maioria delas perante os desafios que lhes foram lançados (desde a desconfiança dos fornecedores e clientes até ao regresso dos antigos titulares de algumas empresas, no período pós-revolucionário).

5. *O declínio*. Desde o início dos anos oitenta, o «movimento» das comissões de trabalhadores entrou e manteve-se, até hoje, em processo de incessante declínio. Diversos factores contribuíram para isso: a consolidação da dominante sindical na negociação e no conflito, a restauração das estruturas de poder nas empresas, as condições de crise económica que afectaram decisivamente o destino de muitas empresas e colocaram em evidência a necessidade (defensiva) de salvaguarda do emprego, a decadência das ideologias basistas face ao surto do produtivismo. Grande número de comissões deixou de existir ou foi remetido

[4] Sobre o tema, veja-se *Autogestão em Portugal. Relatório da Comissão Inter-ministerial para Análise da Problemática das Empresas em Autogestão*, sep. de «Ciência e Técnica Fiscal», Lisboa (1980).

a uma actividade simbólica. Em casos residuais, é ainda a necessidade de interlocutor social directo por parte da entidade empregadora ou da direcção da empresa que conduz a uma certa incentivação patronal da manutenção dessas estruturas representativas. A realidade encontra-se, de todo o modo, a grande distância do modelo imaginado pelo legislador em 1979 [5] – para não falar do quadro inicial que o movimento das comissões de trabalhadores ofereceu.

O CT, no capítulo reservado às "estruturas de representação colectiva dos trabalhadores", insere o regime das comissões de trabalhadores, retomando, no essencial, a orientação da lei de 1979.

5 Veja-se, em geral, Brito Correia, *A lei sobre as comissões de trabalhadores*, ROA 40, 443.

III. A concepção legal da comissão de trabalhadores

6. A aquisição de personalidade jurídica; 7. O financiamento das actividades; 8. O direito de obter informação; 9. O direito de ser consultada; 10. Os deveres de reserva e sigilo; 11. O controlo de gestão.

"I - O direito das comissões de trabalhadores a receber todas as informações necessárias ao exercício da sua atividade tem um caráter instrumental em relação às funções que legalmente são conferidas àquelas comissões.
II - Às comissões de trabalhadores - e só a elas - compete definir as informações que são necessárias ao desempenho da respetiva atividade.
III - Mas, por outro lado, não podem pedir quaisquer informações, nem menos ainda, intrometer-se, por essa via, no exercício do poder de direção empresarial, que não lhes pertence.
IV - No que toca ao conhecimento dos instrumentos de gestão, o direito de informação deve considerar-se respeitado com simples fornecimento de cópia desses documentos; e quanto aos indicadores de gestão económica, financeira e social, bem como os aspetos globais da atividade da empresa, o mesmo direito fica preenchido com o conhecimento daqueles indicadores e aspetos pela comissão de trabalhadores, sem haver necessidade de qualquer comprovação." - Rel Porto 18/02/2013 - P. 80/11.3TTBRG.P1 (João Diogo Rodrigues).

6. *A aquisição de personalidade jurídica.* A comissão de trabalhadores é uma organização dotada de personalidade jurídica (art. 416º/1)[6], constituída por membros do pessoal da empresa, em número variável e dependente do efectivo global, que são eleitos de entre os trabalhadores da mesma empresa mediante votação destes.

A sua organização e o seu funcionamento são regulados por estatutos aprovados também pelos trabalhadores da empresa. Estes estatutos são objecto de registo pelo Ministério do Trabalho, mas nem por isso fica certificada a sua conformidade legal, assim como são ineficazes as obrigações que pretendam impor às entidades empregadoras e que não tenham suporte legal[7].

Da concepção legal da comissão de trabalhadores decorre, com inteira clareza, que tal entidade não é um *órgão* nem um *serviço* da empresa. Significa isto

[6] Trata-se de uma inovação do CT. Na vigência da lei anterior, era geralmente entendido que as comissões, embora dotadas de capacidade judiciária, não eram pessoas colectivas.

[7] Estes pontos foram esclarecidos por Desp. de 4/3/80, do então Ministro do Trabalho, publicado no BTE nº 10, de 15/3/80.

que, por um lado, não participa da estrutura jurídica da empresa (como pessoa colectiva) e, por outro, se não insere na estrutura funcional dela (como organização produtiva).

Constitui, por certo, uma instância representativa dos trabalhadores, e dotada de competência legal para agir no interior da empresa, estabelecendo relações com os seus órgãos – mas nem por isso deixam de reconhecer-se no seu estatuto legal os traços da *exterioridade* relativamente à empresa (tal como ocorre com a figura do delegado sindical e com as respectivas comissões).

7. *O financiamento das actividades.* Essa exterioridade é particularmente relevante no que respeita ao problema do *financiamento* das actividades das comissões de trabalhadores. Antes de publicada a lei de 1979, era frequente a prática da inclusão de verbas para esse fim nos orçamentos das empresas. O artº 10º/2 dessa lei, ao definir o conteúdo mínimo dos estatutos das comissões, estabeleceu que eles deviam prover sobre o modo de financiamento, acrescentando que este «não poderá, em caso algum, ser assegurado por qualquer entidade alheia ao conjunto dos trabalhadores da correspondente empresa». A regra foi transposta, praticamente nos mesmos termos, para o art. 434º/1-*e*) CT.

É evidente que essa directriz, inspirada no princípio da independência das comissões face à entidade empregadora – se não também, porventura, relativamente aos sindicatos e ao Estado –, coloca as comissões perante a alternativa de instituir, por via estatutária, quotizações próprias a pagar pelos trabalhadores (hipótese rodeada de dificuldades práticas e sobretudo jurídicas, pois não existe aqui a possibilidade de distinguir entre filiados não filiados), ou cingir a sua actividade ao que seja permitido pelo apoio logístico a que a lei obriga a entidade empregadora. O art. 421º/1 CT refere-se, a este propósito, a «instalações adequadas», e ainda aos «meios materiais e técnicos necessários ao desempenho das suas funções». A elasticidade destas noções tem permitido resolver o problema, fundamentalmente, no segundo sentido.

De qualquer modo, a prática da inclusão de um «orçamento da comissão de trabalhadores» no orçamento geral da empresa será sempre ofensiva do princípio de independência financeira gravado na lei. E este princípio constitui emanação da concepção de exterioridade que caracteriza o regime das comissões de trabalhadores.

8. *O direito de obter informação.* Para exercer a sua actividade, a comissão de trabalhadores dispõe, legalmente, de direitos básicos perante a empresa, o seu titular ou o seu órgão de gestão: o direito à *informação*, o direito à *consulta prévia* e o direito ao *controlo de gestão*.

A própria circunstância de a lei utilizar, a esse respeito, o termo «direito» evidencia que se trata de domínios em que se confrontam, sem se interpenetrarem, as esferas jurídicas da empresa (do empresário, melhor dizendo) e da comissão de trabalhadores. Se existisse qualquer forma de integração orgânica ou funcional da comissão de trabalhadores na empresa, falar-se-ia de «atribuições» e de «competências», não de direitos.

O *direito à informação* aparece consagrado no artº 423º/1-*a*) CT em termos genéricos: face ao teor do preceito, as necessidades suscitadas pelo exercício da actividade da comissão de trabalhadores constituiriam o único critério de demarcação do objecto desse direito. E já se vê que, a ser assim, não só se tornaria muito difícil assinalar quaisquer fronteiras gerais a esse objecto, mas também se revelaria votada ao insucesso a tentativa de sobrepor, a uma exigência de informação tida como excessiva pelo órgão de gestão da empresa, um critério de apreciação diverso do da própria comissão.

Que a lei não quis, efectivamente, conferir ao direito à informação uma amplitude indefinida – e, portanto, habilitar as comissões com a faculdade de requererem, de modo eficaz, *qualquer informação sobre qualquer assunto* –, mostra-o, em termos indubitáveis, o disposto no artº 424º CT. O direito à informação – isto é, no reverso, *o dever de prestação de informação* – tem um âmbito definido e carece, por conseguinte, de universalidade ou (muito menos) de carácter «absoluto».

Assim, e em primeiro lugar, ele refere-se ao conhecimento de certos *instrumentos de gestão* que, pela sua natureza, constituem também, em si mesmos, elementos informativos: planos, orçamentos, regulamentos internos, balanços, contas de resultados e balancetes trimestrais. O dever de informação deve considerar-se preenchido, nestes casos, pelo simples fornecimento de cópias dos mencionados documentos.

Em segundo lugar, o direito à informação respeita a *indicadores de gestão* económica, financeira e social: os relativos às funções de aprovisionamento, vendas, pessoal e financeira. De notar, todavia, que a lei cuida de precisar, quanto a cada uma delas, a natureza dos elementos que devem ser facultados; face a essas previsões, entende-se excluído do âmbito do direito à informação o fornecimento de elementos de suporte documentais (com fins comprovativos ou não) relativamente às comunicações informativas em causa. A empresa tem que *dar conhecimento* à comissão dos indicadores por ela elaborados; não pode ser-lhe exigido que faça demonstrações, que explane o processo de produção de dados, ou que prove a sua exactidão. Com efeito, não cabe à comissão de trabalhadores (mas ao órgão de fiscalização estatutário) verificar a realidade e a correcção dos dados referentes à gestão, que a empresa elabore e apresente.

Por fim, integram-se no objecto do mesmo direito *aspectos globais da actividade da empresa*, isto é, os que respeitam à organização da produção e suas implicações no grau de utilização da mão-de-obra e do equipamento (matéria a que podem referir-se informações do tipo «indicador de gestão»), e os relativos a eventuais projectos de alteração estatutária ou de reconversão da empresa. Ainda aqui se tratará de dar a conhecer à comissão de *trabalhadores os próprios projectos*, com exclusão de trabalhos preparatórios e de elementos documentais acessórios[8].

9. *O direito de ser consultada.* Mas deve notar-se que, em parte desses domínios, incide também o direito de formular *parecer prévio*, nos termos do artº 425º CT.

Na verdade, as medidas sobre as quais é obrigatório ouvir a comissão de trabalhadores completam e detalham o elenco das matérias sobre as quais incide o dever de informação.

A obrigatoriedade de parecer prévio respeita sobretudo a actos ou medidas de gestão *com incidência na situação dos trabalhadores*, isto é, de outro ponto de vista, a actos ou medidas que se situam ou reflectem no domínio da gestão de recursos humanos. Daí que a enumeração do artº 425º se deva considerar funcionalmente ligada a algumas matérias contempladas no âmbito do direito à informação *tout court*, nomeadamente as das als. *b*), *e*) e *i*) do art. 424º/1.

Por outro lado, artº 425º/1 diz respeito a *projectos de medidas* que devem ser levados ao conhecimento da comissão de trabalhadores, acompanhados de fundamentação, mas não, forçosamente, de documentação preparatória. Assim, a circunstância de o dever de informação aparecer, nesses casos, instrumentalizado à consulta prévia obrigatória leva a considerar que o mencionado dever tem aí a sua amplitude e o seu conteúdo directamente condicionados pelas necessidades próprias da *elaboração de um parecer não vinculativo*.

10. *Os deveres de reserva e sigilo.* Como já se assinalou, o CT estabelece, em geral para as estruturas representativas dos trabalhadores, mas com particular aplicação às comissões de trabalhadores, *deveres de reserva e sigilo* que são complementos naturais dos direitos de informação. O objecto desses deveres é limitado pelo empregador a certas informações, através da "menção expressa da respectiva confidencialidade" (art. 412º/1 CT). Por outro lado, esses deveres sobrevivem, indefinidamente, à cessação dos mandatos dos membros das comissões.

De resto, o art. 412º/3 (e trata-se de inovação do CT) dispensa o empregador de prestar informações ou proceder a consultas "cuja natureza seja susceptível de prejudicar ou afectar gravemente o funcionamento da empresa ou do estabelecimento". Uma formulação deste teor – apesar da exigência de justificação

[8] Veja-se o Ac. Rel. Porto 18/02/2013 – P. 80/11.3TTBRG.P1 (João Diogo Rodrigues).

por escrito, "com base em critérios objectivos, assentes em exigências de gestão" (art. 413º/1) – redunda em colocar nas mãos do empregador um amplo poder de decisão sobre o conteúdo e a amplitude dos direitos de informação e consulta.

11. *O controlo de gestão.* Finalmente, o conteúdo do *controlo de gestão*, tal como a lei o explicita (artº 426º CT), é susceptível de singularizar algumas modalidades específicas de informação devida à comissão de trabalhadores, dentro das áreas mencionadas nos arts. 424º e 425º. Há-de, com efeito, reconhecer-se que os pontos de incidência do referido controlo se situam todos, de modo mais ou menos patente, nessas mesmas áreas de interesse.

Pode dizer-se que a concepção legal do controle de gestão o decompõe em dois tipos distintos de actuação: a *fiscalização* propriamente dita (compreendendo a reclamação) e a *recomendação*. O primeiro tipo é ilustrado pelas als. *a*) e *b*); constituem exemplos do segundo as als. *c*) e *d*) – todas do citado artº 426º CT.

Qualquer desses tipos de actuação supõe ainda a possibilidade do uso de informação prestada pela administração da empresa. Mas supõe sobretudo o conhecimento da vida interna da organização técnico-laboral, quer por observação directa, quer mediante informações ou reclamações dos trabalhadores. São essas, com efeito, as fontes essenciais do conhecimento da comissão de trabalhadores relativamente à vida da empresa.

Mas o que importa sobretudo salientar é que o «controle de gestão», na fisionomia que dele oferece o artº 426º, é, essencialmente, uma forma de *participação* na vida da empresa, ancorada em dois critérios fundamentais: o da defesa dos *interesses dos trabalhadores* (melhoria das condições ambientais de trabalho, segurança do emprego) e do próprio *interesse da empresa* (apreciação de orçamentos e planos, utilização de recursos, produtividade, etc.). Assim, pode dizer-se que a configuração legal do "controlo de gestão" assenta na ideia de que convergem (sem se confundirem) na existência e na situação económica e financeira da empresa interesses dos trabalhadores e da entidade empregadora, que justificam o acompanhamento e a eventual intervenção por parte dos representantes dos primeiros. Não se trata de uma visão comunitária, nem solidarística, das relações de trabalho, mas sim da introdução de um vector participativo em reconhecimento de interesses relevantes dos trabalhadores no que toca aos destinos da empresa, suporte de emprego e fonte de rendimento.

III PARTE
A NEGOCIAÇÃO

Capítulo 28
A NEGOCIAÇÃO COLECTIVA: NOÇÕES GERAIS

I. O significado social, económico e jurídico da negociação colectiva.

1. A dupla face da convenção colectiva; 2. O objecto da convenção colectiva; 3. O papel da negociação colectiva; 4. A adopção da negociação colectiva na função pública; 5. O regime actual.

1. *A dupla face da convenção colectiva.* As relações colectivas constituem, como se observou na altura própria, o suporte de uma importantíssima fonte de Direito de Trabalho: *a convenção colectiva.*

É na convenção colectiva de trabalho que cristaliza juridicamente a dinâmica social dos interesses profissionais, fazendo penetrar no círculo da regulamentação do trabalho normas directamente conformadas pelo jogo das forças que integram aquela dinâmica, e, por outro ângulo, ajustadas ao particularismo das profissões, dos ramos de actividade económica e das zonas geográficas.

A convenção colectiva comporta uma face regulamentar e uma face negocial: aí surge a negociação, o *acordo de vontades* (colectivas[1]), como especial modo de produção de *normas jurídicas.*

[1] Pode tratar-se da vontade (e do interesse) de uma só entidade empregadora. Isto nada tem de perturbador. Sob o ponto de vista da determinação das condições de trabalho, a entidade empregadora apresenta-se como «sujeito colectivo» porque compreende na sua esfera uma pluralidade de vínculos laborais e está, portanto, em condições de definir, de modo unilateral ou consensual, os «padrões» laborais de que trata a contratação colectiva.

Por isso, a teoria jurídica da convenção colectiva projecta-se, em simultâneo, no campo das *fontes* de Direito do Trabalho, em que relevam essencialmente os seus conteúdos e efeitos, e no das *relações colectivas*, onde interessam sobretudo as características do seu processo de formação.

A negociação colectiva, enquanto *processo*, pode ser, antes do mais, objecto de estudo sociológico e politológico; destes pontos de vista, interessará analisar as vias de identificação de interesses colectivos, os modos de explicitação e actuação da vontade colectiva, a interacção dos poderes sociais com o sistema político formal. Mas admite, desde logo, na sua dimensão processual, uma abordagem jurídica ou normativa: como forma de expressão e gestão autónoma de divergências de interesses, podem os processos de negociação ser *regulados*, no sentido de garantir a sua eficiência como instrumentos de equilíbrio e paz social. Esta regulação, quando existe, é heterónoma, se resulta da lei, ou autónoma, se são os próprios sujeitos colectivos a defini-la. Em qualquer dos casos, ela insere-se no campo do direito colectivo do trabalho. Uma boa parte deste capítulo dedica-se, justamente, às condições normativas da *eficiência* da negociação colectiva.

A importância que a contratação colectiva adquiriu no âmbito do Direito do Trabalho explica-se por diversas razões de *utilidade* social e económica.

Como meio de composição de interesses colectivos contrapostos através de fórmulas gerais e abstractas, pode dizer-se que nela convergem o interesse dos *trabalhadores* (pela eliminação da concorrência entre eles, pelo acréscimo do seu poder negocial, pela diminuição de desigualdades de estatuto dentro da mesma profissão ou actividade) e o dos *empregadores* (pela tendencial uniformização de custos imputáveis ao factor trabalho, pela relativa estabilização destes, permitindo ou facilitando o planeamento, e ainda pela possibilidade de fazer valer as condições concretas de capacidade económica da empresa na determinação dos mesmos custos).

Além disso, constitui um factor de *paz social*, uma vez que se traduz na implantação de uma trégua, ainda que transitória, quer nos conflitos declarados através de meios de luta laboral, quer nos que se mantenham latentes[2].

2. *O objecto da convenção colectiva.* O objecto da convenção colectiva consiste, principalmente, na conformação normativa do conteúdo dos contratos individuais de trabalho surgidos no âmbito pessoal, temporal e geográfico coberto pela convenção. Avulta aí a sua função *regulamentar*, projectada sobre uma generalidade (limitada) de relações individuais, e que está na base de qualificações

[2] Suppiej, *Funzione del contratto collectivo in Nuovo Tratado di Diritto del Lavoro*, dir. Riva Sanseverino/ /Mazzoni, t. I, Pádua 1971, 211 ss.; Kaskel/Dersch 79/80.

como a de um «contrato criador de normas» ou «contrato normativo» (*Normenvertrag*), com importante tradição na doutrina alemã deste século, a partir de LOTMAR[3-4].

Em segunda linha, a convenção colectiva evidencia a sua matriz *contratual*, originando obrigações entre as próprias entidades outorgantes (o sindicato, de um lado, o empregador ou a associação de empregadores, por outro). São expressões dessa matriz contratual, elaboradas pela jurisprudência alemã, a "obrigação de influência" (*Einwirkungspflicht*) no sentido de os contratos individuais obedecerem às normas acordadas (vd., entre nós, o art. 520º CT) e o dever recíproco de «paz» ou de «trégua social» durante o período de vigência da convenção (*Friedenspflicht*), implicando, nomeadamente, que não sejam desencadeados conflitos tendentes à sua modificação antecipada[5]. Na contratação colectiva portuguesa, assumem particular relevo as cláusulas dos acordos colectivos de trabalho em que se definem e regulamentam os direitos e deveres recíprocos da parte patronal e dos sindicatos no tocante ao exercício da *acção sindical na empresa*, bem como os respeitantes a *obrigações de comunicação, informação e consulta* sobre diversas matérias e ao sistema de *cobrança das quotizações sindicais* (veja-se o art. 458º/1 CT).

A contratação colectiva evoluiu, pois, consideravelmente, quanto à amplitude e à complexidade do seu objecto, desde a fase primitiva em nela se tratava essencialmente de salários[6]. As «condições de trabalho» convencionalmente reguladas envolvem uma enorme (e porventura crescente) variedade de aspectos, entre os quais, pode dizer-se, a matéria «quantitativa» (isto é, directamente expressa em prestações pecuniárias) cedeu há muito o passo à matéria «quali-

[3] Cf. KASKEL/DERSCH 81; e, numa visão crítica geral, ZANGARI *Contenu o del contratto collectivo di lavoro, in Nuovo Trattato* cit., t. I 241 ss..

[4] Importa distinguir as noções de «contrato normativo» e de «contrato-tipo», que por vezes aparecem confundidas na qualificação da convenção colectiva. O primeiro não origina imediatamente deveres de prestação entre os sujeitos senão na medida em que «determina os conteúdos de uma futura produção contratual»; o segundo traduz-se num «módulo predisposto por uma parte para qualquer estipulação contratual», mas que só se torna determinante (vinculante) através da posterior aceitação de outra parte. É certo que o contrato normativo (nomeadamente a convenção colectiva do trabalho) tem efeitos obrigacionais imediatos (o que não ocorre com a mera proposta que se substancia no chamado «contrato-tipo»), mas esses efeitos são basicamente instrumentais em relação à subsequente produção contratual. Cfr. GIUGNI, 131, ss.; SIMI, *Il contratto collectivo* cit. 12 ss..

[5] Cf. KASKEL/DERSCH 139 ss.; ZANGARI 279 ss. Esse dever tinha um afloramento na proposta de lei nº 4/I, apresentada pelo Governo em Outubro de 1976, sobre o exercício do direito à greve. Com efeito, o artº 2º era do seguinte teor: «A greve tem por objectivo a defesa dos trabalhadores, *não considerando como tais as meras modificações de contratos colectivos de trabalho em vigor*». Este preceito não figurava no texto da LG finalmente aprovado em 1977.

[6] Daí a designação de «contrato de tarifa» (*concordato di tariffa, Tarifvertrag*), que ainda hoje é utilizada no direito alemão.

tativa», nomeadamente ao que respeita à delimitação das categorias e carreiras profissionais, à organização do tempo de trabalho, à configuração do direito ao repouso, à intervenção dos trabalhadores na vida da empresa[7].

3. *O papel da negociação colectiva.* No que toca ao seu papel *sociopolítico*, a negociação colectiva chegou a assumir – sobretudo nas décadas de sessenta e setenta do século passado, e na generalidade dos sistemas de relações industriais europeus – características de um processo de *intervenção organizada* dos trabalhadores na conformação e na gestão das empresas e na definição de parâmetros fundamentais da conjuntura económica e social. A negociação colectiva, encarada globalmente, surgiu então como um mecanismo de mudança social e económica, condicionando os ambientes de trabalho, a estrutura do emprego, a repartição funcional de rendimentos, a satisfação de necessidades colectivas, a estabilidade social e até, em certa medida, o funcionamento das instituições políticas.

Um particular desenvolvimento da negociação colectiva – a chamada *concertação social* (ver atrás, 61) – surge como a expressão mais vincada dessa tendência. Através dela, estabelecem-se «pactos sociais» de âmbito nacional, negociados entre as organizações de cúpula de trabalhadores e empregadores e os governos, pelos quais, «em troca da cooperação com os esforços governamentais para restaurar o pleno emprego – mantendo a moderação salarial, embora frequentemente com perdas dos salários reais e de posições relativas –, os sindicatos asseguram influência nas políticas fiscais, monetárias e sociais»[8], assim se inserindo, directamente, os parceiros sociais nos processos de decisão política.

Todavia, a evolução das condições económicas, sociais e políticas desde os anos oitenta conduziu à neutralização de grande parte das mencionadas virtualidades da negociação colectiva de trabalho. Uma prolongada crise de desemprego, associada ao enfraquecimento das organizações sindicais e aos efeitos da internacionalização das empresas, reduziram o papel da negociação colectiva a bem pouco: em Portugal, ela atravessa, há décadas, uma situação de paralisia que apenas é agitada pela rotina das revisões salariais anuais. Os incentivos que a lei por vezes aplicou no sentido de destravar o movimento da contratação – colocando no espaço da contratualização matérias como a adaptabilidade dos horários de trabalho ou o ritmo da redução dos períodos normais de trabalho – não funcionaram de modo generalizado e, sobretudo, duradouro. De resto, o

[7] Esta tendência mostra-se naturalmente mais vincada em situações de acentuada inflação, em que os benefícios pecuniários, «cristalizados» num convénio colectivo com vigência superior a um ano, estejam expostos a rápido desgaste.

[8] W. Streeck, *The rise and decline of neocorporatism*, in AA. VV., *Labor and an integrated Europe*, Washington (1993) 83 ss..

CT surge, declaradamente[9], ao serviço do propósito de dinamizar a contratação colectiva - adiante veremos por que meios.

4. *A adopção da negociação colectiva na função pública.* O domínio de utilização da negociação colectiva - originariamente cingido ao salariato industrial e depois ampliado a todas as formas de trabalho subordinado em relações privadas - alargou-se consideravelmente.

No passado, esteve-lhe longamente subtraída a área da *função pública,* não só pela sua exterioridade em relação ao ordenamento jurídico-laboral, mas também pela persistência da concepção clássica que sobrevaloriza a atinência das condições de trabalho nos serviços públicos à realização dos fins do Estado e à salvaguarda da autoridade pública.

A CRP, ela própria, mostra-se tributária dessa maneira de encarar as relações de trabalho nos serviços públicos. O artº 269º/1 declara que, «no exercício das suas funções, os trabalhadores da Administração Pública e demais agentes do Estado e outras entidades públicas estão exclusivamente ao serviço do interesse público, tal como é definido, nos termos da lei, pelos órgãos competentes da Administração». E é da competência exclusiva da Assembleia da República, salvo autorização legislativa ao Governo, a definição das «bases do regime e âmbito da função pública» (artº 165º/1-*t*) CRP).

Decerto por isso, a antiga lei das relações colectivas de trabalho (de 1979) excluía do seu âmbito «os funcionários e agentes do Estado...», embora sem deixar de remeter para «lei especial».

Essa lei especial veio a surgir algum tempo depois da ratificação, pelo Estado português, da Conv. OIT nº 151, referente à protecção do direito de organização e processos de fixação das condições de trabalho na função pública[10].

Tratava-se do DL 45-A/84, de 3/2, que, reconhecendo aos trabalhadores da Administração Pública o *direito de negociação,* lhe atribuía um conteúdo complexo: esse direito, dizia o diploma, «abrange a negociação colectiva e a participação na fixação das condições de trabalho» (artº 1º).

A matéria está hoje regulada pela Lei Geral do Trabalho em Funções Públicas (LGTFP), aprovada pela L. 35/2014, de 20 de Junho. O art. 347º do diploma garante aos "trabalhadores com vínculo de emprego público" - independente-

[9] Da Exposição de Motivos da L. 7/2009 constam, na verdade, entre as orientações que presidiram à revisão do CT, "a promoção das dinâmicas da negociação colectiva" e a criação de "um cenário favorável ao reforço do protagonismo dos parceiros sociais na definição das orientações de mudança da realidade social e económica" (nº 8).

[10] Ratificação operada pela L 17/80, de 15 de Julho.

mente, portanto, da modalidade de vínculo – o "direito de negociação colectiva", segundo o regime especial que a mesma lei define: direitos de negociação colectiva e de participação.

Antes da entrada em vigor da actual LGTFP, mas depois da grande reforma da legislação sobre vínculos de emprego público que teve lugar em 1998, a L. 23/98, de 26 de Maio, regulava um direito de negociação colectiva de âmbito limitado aos *trabalhadores que exerciam funções públicas na modalidade de nomeação* – e que eram, em suma, as enquadráveis nas chamadas "funções de soberania". A modalidade de *negociação colectiva* que a L. 23/98 definia tinha, essencialmente, por objecto as "matérias relativas ao estatuto" dos trabalhadores da Administração Pública, entre as quais, naturalmente, os vencimentos e outras prestações remuneratórias, as pensões e as regalias de acção social e de acção social complementar, a duração do trabalho e os repousos, etc. (artº 6º).

O mesmo diploma reconhecia aos trabalhadores abrangidos um direito de *participação* referente a inúmeros domínios relacionados com a gestão de pessoal na Administração Pública, entre os quais o da «elaboração da legislação relativa ao regime geral ou especial da função pública que não for objecto de negociação» (artº 10º). Os produtos da aludida negociação colectiva, embora não tivessem, verdadeiramente, a natureza de convenção colectiva, possuiam certos efeitos jurídicos autónomos: os acordos obtidos constavam de documento subscrito pelos sindicatos e pelo Governo e obrigavam este último a legislar em conformidade (artº 5º/3). Diversamente, a participação tinha, essencialmente, natureza consultiva (artº 10º). Assim, a «negociação colectiva» prevista pelo diploma, tendo em vista a prévia consensualização de medidas legislativas ou regulamentares, e tendo por objecto os aspectos remuneratórios do estatuto profissional dos trabalhadores abrangidos, constituia uma via de intervenção mais influente (para os sindicatos) do que a «participação», no sentido restrito que o legislador adoptou. Não se tratava, porém, da celebração de verdadeiras convenções colectivas, com efeito normativo imediato. Verificava-se, simplesmente, a assimilação do *método* próprio da negociação colectiva[11] em procedimentos de determinação legislativa ou regulamentar cujo resultado final não mudava de natureza.

5. *O regime actual.* Com a LGTFP, esse cenário sofreu profunda modificação, na linha do anterior regime legal, restrito ao domínio do contrato de trabalho em funções públicas, que estava contido nos arts. 340º ss. L. 59/2008, de 11 de Setembro.

O primeiro aspecto a salientar é que o novo regime legal, contido nos arts. 347º a 377º da LGTFP, aplica-se a todos os trabalhadores com vínculo de

[11] Compare-se o regime processual estabelecido nos arts. 7º a 9º L. 23/98, de 26/5, com o dos arts. 485º ss. CT.

emprego público, incluindo os que se encontram em regime de nomeação. Em segundo lugar, são previstos dois tipos de produtos convencionais: o *acordo sobre compromisso legislativo*, que "obriga o Governo a adoptar as medidas legislativas ou administrativas adequadas ao sua integral e exacto cumprimento" (art. 354º/1), e que tem por objecto "matérias que integram o estatuto dos trabalhadores em funções públicas" (art. 347º/3-*a*)); e o *acordo colectivo de trabalho*, que vale por si, como norma aplicável aos trabalhadores filiados nos sindicatos e aos empregadores públicos subscritores.

Tornou-se assim mais clara a existência de domínios que – nomeadamente pelas suas implicações orçamentais – têm que continuar cobertos por reserva de lei, embora sejam susceptíveis de constituírem objecto de compromissos políticos assumidos por negociação com os parceiros sociais; e outros domínios, verdadeiramente abertos à autonomia colectiva, nos quais os acordos obtidos entre os empregadores públicos e os parceiros sociais dispõem de eficácia normativa imediata.

O regime da LGTFP é, no que respeita a esta segunda modalidade, muito semelhante ao do Código do Trabalho.

II. O «dever de negociar» e o princípio da boa-fé na negociação colectiva.

6. Noções gerais; 7. O dever de negociar noutros ordenamentos; 8. O dever de negociar no direito português; 9. O princípio da boa-fé.

6. *Noções gerais*. A negociação colectiva é não apenas *reconhecida* como meio de produção de normas reguladoras das condições de trabalho, é também *protegida* ou *promovida* pelo ordenamento jurídico como técnica preferencial de composição de interesses colectivos[12]. Por essa razão, o estatuto da negociação colectiva diferencia-se claramente do da contratação individual, enquanto expressão de autonomia privada.

A liberdade de negociação colectiva não é, com efeito, absoluta: os sujeitos colectivos não são inteiramente livres de negociar ou de se absterem de o fazer. *Devem* esforçar-se razoavelmente para que o mecanismo funcione e produza.

O «produto» visado é, como se sabe, ao mesmo tempo, um *regime* das relações de trabalho ajustado ás circunstâncias, com carácter normativo, e uma fórmula de combinação de pretensões que permite estabelecer uma *trégua* entre interesses colectivos contraditórios. Por outro lado, a negociação colectiva é um dos corolários da liberdade sindical.

É sobretudo assim no contexto dos sistemas em que a lei desempenha um papel relativamente secundário na regulamentação do trabalho, verificando-se o primado dos métodos negociais. Estes métodos são aí rodeados de cautelas, destinadas não apenas a assegurar a máxima expansão da contratualidade, mas também a conferir-lhe garantias de genuinidade e eficácia.

Assim, quando surge uma iniciativa negocial (proposta), lançada por um sujeito colectivo (associação sindical, associação de empregadores, empresa), tal facto não pode considerar-se indiferente para um ordenamento jurídico que consagre a liberdade sindical e a autonomia colectiva. Pode, então, exigir-se às entidades destinatárias de tal proposta que procurem não frustrar de início um processo que pode conduzir a uma nova plataforma convencional; pode, então, falar-se de um "dever de negociar".

7. *O dever de negociar noutros ordenamentos*. Nos Estados Unidos da América, a lei Taft-Hartley (*Labour-Management Relations Act*, 1947) proíbe as chamadas «práticas desleais» (*unfair labor practices*) nas relações entre os empregadores e os trabalhadores

[12] Neste sentido, sublinhando como a negociação tem valor autónomo e independente em relação ao resultado obtido, vd. Menezes Cordeiro, *Manual*, cit., 259.

ou os sindicatos[13], com especial relevo para a negociação colectiva. Assim, constitui «prática desleal» de um empregador a recusa de negociar colectivamente com os representantes dos seus trabalhadores (secção 8a, al. 5); e o mesmo se estabelece quanto à recusa, por parte de um sindicato, de negociar colectivamente com um empregador cujos trabalhadores representa (Secção 8b, a. 3). Constrói-se a partir daí um *dever legal, para os empregadores, de negociarem de boa fé* sobre salários, duração do trabalho ou outras «condições de emprego» com os representantes designados pela maioria dos seus trabalhadores num adequado nível ou unidade de negociação (*bargaining unit*). Esse dever tem, entre outros, os seguintes corolários fundamentais: a interdição do chamado *Boulwarism*[14], o dever de informação e a obrigação de não introduzir unilateralmente alterações a condições de trabalho inegociáveis antes de dar ao sindicato competente a oportunidade de sobre elas se estabelecer acordo[15].

Algo de semelhante pode dizer-se do regime vigente na Suécia (lei sobre a co-determinação no trabalho, de 1975), no quadro do qual se consagra um *direito de negociação* na titularidade dos empregadores e suas associações, por um lado, e organizações de trabalhadores, por outro. Esse direito assume no entanto a sua expressão mais relevante enquanto determina *um dever de negociar dos empregadores e suas associações*. Dispõe-se na referida lei, nomeadamente, o seguinte: «Sempre que uma questão se relacione especialmente com as condições de trabalho ou de emprego de trabalhadores pertencentes a um sindicato perante o qual o empregador não esteja

[13] Apontaremos alguns exemplos de práticas desleais segundo a lei Taft-Hartley. Pelo lado do *empregador*: o domínio ou a ingerência na formação ou administração de qualquer organização de trabalhadores; o incentivo ou desincentivo da inscrição sindical pela discriminação nas admissões ou na conservação de empregos ou pelas condições de trabalho; o despedimento ou outra forma de discriminação contra um trabalhador por ter feito queixas ou prestado testemunho nos termos da lei. No que se refere aos *sindicatos*: induzir ou tentar induzir um empregador a fazer discriminação contra um empregado em violação da lei ou contra um trabalhador cuja filiação no sindicato tenha sido negada ou cancelada por fundamento diverso do não pagamento de quotas e jóias de inscrição uniformemente exigidas como requisito de aquisição e conservação de qualidade de sócio; forçar ou exigir a alguém que deixe de usar, vender, manusear, transportar ou de outra forma contactar com os produtos de qualquer outro produto, processador ou fabricante ou que deixe de fazer negócios com outra pessoa; forçar ou exigir a qualquer outro empregador que reconheça ou negoceie com sindicatos como representativo dos seus trabalhadores, excepto se essa organização estiver legalmente indicada como representativa deles (isto sem prejuízo do direito de greve e de fazer os chamados «piquetes primários»).

Cfr. Herman/Skinner, *Labour Law: cases, text and legislation*, New York (1972) 185 e 219.

[14] Técnica de negociação lançada, num caso célebre, pela *General Electric* (1969), e que consiste basicamente na neutralização do método negocial (logo, da acção sindical), através da determinação, pela empresa, mediante os canais internos de comunicação com os trabalhadores, de uma fórmula correspondente às pretensões reais destes – fórmula essa apresentada ao sindicato, logo no início de negociação, em termos de oferta última e inalterável.

[15] Cfr. Herman/Skinner 245 ss..

vinculado por um contrato colectivo, o empregador será obrigado a negociar com o sindicato (...)» (§ 13) esse dever torna-se actual com a apresentação de uma proposta (§ 16) e a sua violação pode dar lugar a *responsabilidade por prejuízos*. Acresce que também aí se encontra expressamente consagrado o princípio do primado da negociação no que toca à modificação das condições de trabalho ou emprego[16], bem como um lato dever de informação, sobretudo a cargo do empregador, quer com vista à negociação colectiva, quer para efeitos de co-determinação (§ 18 e ss.).

No Reino Unido, pode também configurar-se um dever de negociar a cargo do empregador: este não deve recusar-se (sob pena de a sua conduta ser qualificável como «prática industrial desleal») a aceitar como interlocutor negocial um sindicato reconhecido pelo Tribunal de Relações de Trabalho (*Industrial Court*) como representativo[17].

Estes três exemplos, apesar de envolverem características distintas, apontam na direcção comum da consagração, em termos jurídico-positivos, de um verdadeiro dever de negociar a cargo dos empregadores ou das suas associações. Um dever cujo objecto se poderá reduzir também a um denominador comum: a abstenção de condutas obstrutivas de um processo negocial cuja iniciativa haja sido tomada por um interlocutor legítimo[18].

Assinale-se, ainda, que um «dever de negociar» se encontra expressamente consagrado no ordenamento espanhol (*Estatuto de los Trabajadores*), em consonância com o reconhecimento constitucional do direito à negociação colectiva[19]. Por outro lado, embora sem unanimidade, o mesmo entendimento é acolhido na doutrina e na jurisprudência italianas, com base no lato conceito de «conduta anti-sindical» que o *Statuto dei lavoratori* (1970) consagrou. Cabe notar, por fim, que a Conv. OIT nº 98, ratificada também por Portugal, postula uma atitude positiva, não-neutral, dos ordenamentos jurídicos quanto à efectividade e ao desenvolvimento da negociação colectiva.

8. *O dever de negociar no direito português*. Entre nós, o art. 489º/1 CT obriga as associações sindicais, as associações de empregadores e as empresas a responderem e a fazerem-se representar «em contactos e reuniões destinados à prevenção ou resolução de conflitos».

[16] Dispõe a 1ª parte do § 11: «Antes de um empregador decidir sobre qualquer mudança importante da sua actividade, deverá, por sua própria iniciativa, negociar com a organização de trabalhadores perante a qual está vinculado por um contrato colectivo. O mesmo se aplicará antes de um empregador decidir sobre qualquer alteração importante nas condições de trabalho ou de emprego de trabalhadores pertencentes à organização».

[17] Veja-se, por todos, Drake, *Labour Law*, London (1973) 526.

[18] Por isso, o dever de negociar relaciona-se com o problema do «reconhecimento» do interlocutor negocial, que será adiante tratado.

[19] Montoya Melgar, *Derecho del trabajo*, 161.

Julgamos, porém, que este preceito não autoriza a afirmação de um autêntico dever (positivo) de negociar atribuível aos sujeitos colectivos.

Não se trata de *obrigar* as associações sindicais ou de empregadores a adoptarem um comportamento activo em todos os casos, no contexto de qualquer processo negocial aberto, mas de lhes *vedar* manobras dilatórias ou obstrutivas - como, numa hipótese-limite, a pura e simples *recusa de negociar*, seja em que termos for.

Na verdade, o processo de formação de uma convenção colectiva não é, necessariamente, contínuo - desde logo porque, a cada passo, podem surgir situações de desacordo aparentemente insanável, perante as quais o prosseguimento de contactos negociais se revelaria inútil.

O destinatário de uma proposta negocial pode não ter condições para formular uma resposta substancial, embora esteja disponível para contactos negociais. A presença numa reunião previamente marcada pode não ter qualquer significado ou expressão prática sob o ponto de vista da eficiência processual. Uma consulta à entidade representada nas negociações (a administração de uma sociedade, por exemplo; mas também um grupo de trabalhadores sindicalizados) pode determinar uma paragem legítima e útil das negociações, ainda que demore vários dias.

Isto quer dizer que as directrizes constantes do artº 489º (e que são relativamente detalhadas) não podem, sob o ponto de vista da utilidade e da eficiência dos processos de contratação (interesses fundamentais que as explicam), ser interpretadas - com excepção do nº 4, relativo ao fornecimento de relatórios e contas já publicados e de certos dados sobre o pessoal das empresas - como regras imperativas de conduta, nas quais se corporize um estrito dever *positivo* de negociar[20].

A posição da lei só é verdadeiramente tributária de uma noção de "dever de negociar" em aspectos limitados e, de resto, pouco significativos do ponto de vista da produtividade negocial: a observância do protocolo negocial, a participação em reuniões (art. 489º/1) e, sobretudo, o cumprimento das exigências legais respeitantes às declarações iniciais dos sujeitos colectivos. Apresentada uma proposta (inicial), a entidade destinatária - diz o art. 487º CT - deve responder, por escrito e com fundamentação, nos trinta dias subsequentes. Essa resposta deve "exprimir uma posição relativa a todas as cláusulas da proposta" (art. 487º/3). Tanto o incumprimento das regras do art. 489º/1 como a inobservância destas últimas directrizes constitui contra-ordenação *grave*.

[20] Apenas exceptuaremos a do 489º/3 e 4, que consagra um dever de informação com carácter injuntivo. Mas mesmo aí se depara com indecisão relativamente à sanção jurídica aplicável.

9. *O princípio da boa-fé.* De resto, o «dever de negociar», nos termos descritos, isto é, como dever de participação útil e diligente nos processos de negociação colectiva, não é mais, afinal, do que uma das expressões várias que, neste contexto, assume o *princípio da boa-fé*, tal como resulta do teor do artº 489º CT, já citado.

Só que o respeito da boa-fé não se liga apenas, no terreno de negociação colectiva, aos interesses das associações envolvidas em certo processo. Este processo conduz, como se sabe, à emanação de normas reguladoras das relações de trabalho em certo sector económico ou para certa ou certas profissões, traduzindo-se numa particularização dos dispositivos gerais da lei e na tendencial diminuição de distorções ou assimetrias quanto aos estatutos laborais praticados. A negociação colectiva, sendo a expressão de uma liberdade e de uma autonomia (justamente a *autonomia colectiva*), é também uma função de interesse *social*[21].

Daí o significado que julgamos dever atribuir-se, neste plano, à Conv. OIT 98 e à sua ratificação pelo Estado português.

Na verdade, todo o conteúdo do já citado artº 489º, assim como outras disposições da parte processual do regime da contratação colectiva contida no CT, manifestam uma atitude político-legislativa de sentido *promocional* relativamente à negociação colectiva como método de superação de conflitos e de determinação das condições de trabalho, seguindo a esteira de uma orientação muito generalizada sob a inspiração da OIT.

É fundamentalmente nesse quadro que deve ser compreendida a postura da nossa lei no tocante ao chamado «dever de negociar»: ele não surge principalmente como uma «garantia sindical», isto é, como um meio de tutela e de apoio à acção do sindicato (e é nessa acepção que, em regra, se fala de tal «dever»), mas sim como uma vinculação de tipo orientador para todo e qualquer sujeito colectivo, no sentido de favorecer a *produtividade* ou *eficiência* da negociação como método e de, assim, a promover e expandir.

Esta conclusão encontra apoio cabal na *sanção* que a lei estabelece para as condutas «anti-negociais» dos sujeitos colectivos: trata-se de medidas de reposição da dinâmica negocial normal, visando fazer *frustrar* os objectivos das referidas condutas. Na verdade, a parte interessada em negociar pode desencadear unilateralmente a conciliação, depois a mediação e ainda, sendo o caso, a arbitragem obrigatória (respectivamente, arts. 487º/4, 526º/2 e 508º/1 CT).

[21] Neste sentido, cabe recordar a configuração constitucional de um «direito de contratação colectiva», que só se explica por nela se ver um instrumento de progresso social. A interacção das convenções com a lei geral do trabalho oferece igualmente um espaço de afirmação da vantagem social de se articularem os interesses categoriais com o interesse geral.

III. O nível de negociação.

10. As modalidades de convenção colectiva; 11. A escolha do nível de negociação; 12. A articulação de convenções.

10. *As modalidades de convenção colectiva.* Um processo de negociação colectiva pode situar-se no nível da *empresa*, do *ramo de actividade* ou da *profissão*. Se a convenção for outorgada por um só empregador, designa-se *acordo de empresa* (AE); se a subscreverem vários empregadores isolados, ter-se-á um *acordo colectivo de trabalho* (ACT). Sendo a convenção celebrada por uma ou mais associações patronais, denominar-se-á *contrato colectivo de trabalho* (CCT).

Graficamente, as três modalidades podem representar-se deste modo:

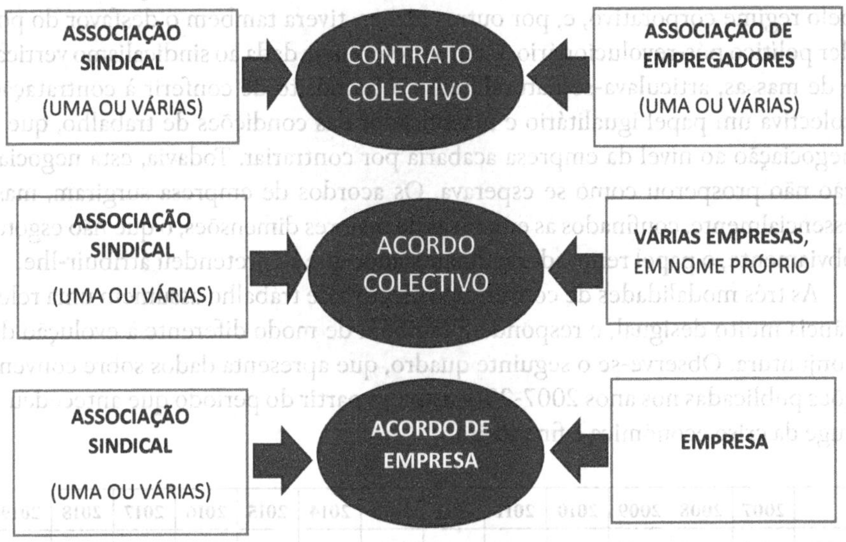

Como exemplos muito recentes, podem apontar-se[22] o *acordo de empresa* entre a UPS of Portugal e o Sindicato Nacional dos Trabalhadores dos Correios e Telecomunicações (SNTCT)[23]; o *acordo colectivo* entre a Infraestruturas de Portugal SA e outras e o Sindicato Nacional dos Trabalhadores do Sector Ferroviário e outros – Revisão global[24]; e o *contrato colectivo* entre a ANIECA – Associação Nacional de Comerciantes e Industriais de Produtos Alimentares (ANCIPA) e

[22] Deve ter-se presente que o Boletim do Trabalho e Emprego apenas é publicado em versão electrónica.

[23] BTE nº 19, de 22/05/2019, pp. 1855 ss..

[24] BTE nº 22, de 15/06/2019, pp. 2288 ss..

a FESAHT – Federação dos Sindicatos da Agricultura, Alimentação, Bebidas, Hotelaria e Turismo de Portugal e outros (indústria de hortofrutícolas) – Revisão global[25].

As designações de acordo colectivo e contrato colectivo provêm da tradição legislativa anterior a 1974 e, embora nalgumas fases não tivessem expresso acolhimento na lei, sempre foram utilizadas oficialmente na rotulação das convenções publicadas no *Boletim do Trabalho e Emprego*. A denominação de *acordo de empresa* foi introduzida pela LRCT de 1979.

Quando ocorreu a expressa admissão legal dessa «nova» modalidade de convenção – que não só tem excessiva semelhança com o tradicional «acordo colectivo», mas também acaba por não merecer especificidades de tratamento dignas de nota –, ela foi entendida à luz de um propósito incentivador da negociação colectiva ao nível da empresa. Esta modalidade fora sempre indesejada pelo regime corporativo, e, por outras razões, tivera também o desfavor do poder político pós-revolucionário. Com a preferência dada ao sindicalismo vertical e de massas, articulava-se naturalmente o propósito de conferir à contratação colectiva um papel igualitário e massificador das condições de trabalho, que a negociação ao nível da empresa acabaria por contrariar. Todavia, esta negociação não prosperou como se esperava. Os acordos de empresa surgiram, mas, essencialmente, confinados às empresas de maiores dimensões, o que não esgota, obviamente, o papel renovador e dinamizador que se pretendeu atribuir-lhe.

As três modalidades de convenção colectiva de trabalho assumem uma relevância muito desigual, e respondem também de modo diferente à evolução da conjuntura. Observe-se o seguinte quadro, que apresenta dados sobre convenções publicadas nos anos 2007-2019, isto é, a partir do período que antecedeu o auge da crise económica e financeira.

	2007	2008	2009	2010	2011	2012	2013	2014	2015	2016	2017	2018	2019
CCT	160	172	142	141	93	36	27	49	65	69	91	96	105
ACT	27	27	22	25	22	9	18	23	20	19	21	26	30
AE	64	97	87	64	55	40	49	80	53	58	96	98	105

Fonte: DGERT/MESSS

Quatro notas ressaltam destes dados. A primeira diz respeito à enorme quebra da contratação colectiva em geral que se verificou nos anos 2012-2014, período em que, sob influência externa, se desenvolveram políticas de forte compressão dos rendimentos do trabalho e tendentes ao reforço do desequi-

[25] BTE nº 22, de 15/06/2019, pp. 2266 ss..

líbrio de poderes contratuais que existia já anteriormente. Em segundo lugar, cabe assinalar o significativo aumento do número de convenções, em todas as modalidades, nos últimos dois anos. Terceiro: a crescente importância quantitativa dos acordos de empresa, acompanhada do recuo dos contratos colectivos, isto é, da contratação ao nível de sector de actividade. Nos anos de maior afundamento da contratação em geral, os acordos de empresa – em conformidade, aliás, com as directrizes resultantes da intervenção externa – foram a modalidade predominante, deixando de o ser à medida que a situação económica e social iniciou o retorno à normalidade, e verificando-se então significativa recuperação da negociação ao nível de sector. Mas a tendência parece renovar-se nos anos mais recentes. A quarta nota refere-se aos acordos colectivos, que se apresentam como a modalidade de convenção menos sensível às flutuações conjunturais.

11. *A escolha do nível de negociação.* Não existe, em princípio, qualquer condicionamento jurídico da escolha de um dos referidos níveis de negociação.

A entidade que tome a iniciativa da celebração de um negócio colectivo – em regra, uma ou mais associações sindicais – pode, em princípio, optar livremente[26] pelo interlocutor que mais lhe convenha (um empregador, uma associação de empregadores) conforme o nível em que deseje projectar os produtos da negociação. Normalmente, seguirá a via do acordo de empresa ou do acordo colectivo quando um número significativo de trabalhadores representados pertença a uma só ou a um reduzido número de empresas com apreciável capacidade económica; o contrato colectivo será a fórmula adoptada nos restantes casos (e cabe anotar que, dado o predomínio da micro e pequena empresa, é "naturalmente" essa a modalidade predominante).

[26] Na versão inicial da LRCT, era prevista uma limitação importante a essa liberdade de escolha: a decorrente da possibilidade de *autonomização* do processo negocial, no que respeitava às *empresas públicas ou de capitais públicos*, face à negociação relativa ao sector económico a que pertencessem. Por despacho conjunto dos Ministros do Trabalho e de tutela, podia ser determinado que quanto a essas empresas fosse negociada uma convenção autónoma – a qual seria, em regra, necessariamente, um *acordo de empresa*. Este dispositivo fundar-se-ia, porventura, na importância estratégica que as unidades do sector público assumiam nos anos oitenta, nomeadamente como instrumentos da política de rendimentos; e não seria talvez de excluir que, com ele, tivesse querido o legislador de então subtrair ao controlo das congéneres privadas do mesmo sector a evolução dos padrões salariais daquelas unidades. A autonomização levantava, no entanto, problemas vários, de natureza jurídica e prática, traduzindo-se, desde logo, numa expressão exagerada do intervencionismo estatal na área própria da autonomia colectiva. Não surpreende que a referida disposição legal tenha sido revogada, numa época em que estavam já inteiramente modificadas as dimensões e as funções do sector empresarial do Estado (DL 209/92, de 2-10).

Na experiência negocial portuguesa, a adopção do *acordo de empresa* verifica-se, como se disse, em relação às maiores organizações empresariais, sobretudo as empresas públicas que resultaram do movimento de estatização e fusão posterior de 1974[27], e também algumas sociedades anónimas que nasceram dos recentes processos de privatização. De qualquer modo, a negociação de um acordo de empresa é (ou pode ser) tecnicamente mais fundamentada, em virtude da homogeneidade do «universo» a que se dirige, do presumível rigor dos dados disponíveis e da possibilidade de controlo dos resultados; por outro lado, é nesse nível de negociação que o matiz «participativo» da acção sindical adquire maior acentuação.

A negociação de *acordos colectivos* é relativamente rara. O número de instrumentos convencionais mantém-se, como vimos, relativamente estável. Em rigor, a negociação de um acordo colectivo só se justifica quando não existe associação de empregadores num ramo de actividade ocupado por diversas empresas, ou quando algumas destas (sobretudo se dotadas de dimensão importante) não estão representadas na associação respectiva. Tendencialmente, o acordo colectivo favorece a uniformização de custos do trabalho nas empresas outorgantes e constitui, por isso, um elemento regularizador da concorrência: o alinhamento das condições de trabalho pelo padrão mais elevado torna-se viável nesta modalidade.

O *contrato colectivo* é, como se disse, o instrumento afeiçoado à regulamentação do trabalho por ramo de actividade, desde que exista associação de empregadores. O predomínio da pequena e média empresa explica, como se disse, a tendencial prevalência desta modalidade de convenção. Só por circunstâncias anormais ou em virtude de políticas públicas orientadas nesse sentido se verificará, no cenário português, a passagem do predomínio da contratação do nível de sector de actividade para o nível de empresa. Para as associações sindicais, ela representa a vantagem da amplitude do campo coberto num só processo negocial, mas, em contrapartida, oferece os inconvenientes derivados da heterogeneidade do universo empresarial visado. O alinhamento das condições de trabalho (em particular dos salários) pelo padrão mais elevado torna-se inviável, sob pena de se por em perigo de sobrevivência um número elevado de empresas mais débeis; assim, as empresas dominantes do sector podem não ser sequer atingidas pelos resultados da negociação[28].

[27] Muitos AE's foram, porém, celebrados nos anos oitenta por entidades empregadoras privadas de dimensão importante: em 1990, 22% das convenções publicadas eram dessa espécie. No entanto, essa modalidade ganhou importância nas últimas décadas: em 2018, o acordo de empresa foi a modalidade mais numerosa de convenção colectiva, como resulta da tabela da página anterior.

[28] Foi esta uma das razões inspiradoras da iniciativa dos sindicatos italianos no sentido da instauração de um sistema de «contratação articulada» (vide *infra*), que se manteve em prática até 1969, com base consensual. Cfr. GIUGNI 189 ss..

Por isso surgiu a prática complementar da negociação de condições específicas de trabalho nas empresas de maior dimensão. As propostas de negociação interna *informal*[29], visando sobretudo a fixação de condições remuneratórias superiores às do contrato colectivo aplicável, têm sido por vezes veiculadas pelos delegados sindicais, mas sempre foi mais frequente a intervenção de comissões de trabalhadores (à margem das suas normais atribuições) nesse género de processos.

Os efeitos jurídicos destes acordos são controvertidos. Parece claro que não se trata de convenções colectivas, na configuração que a lei lhes confere. Esses acordos não têm, por conseguinte, eficácia normativa. Mas nada impede que lhes seja reconhecida eficácia obrigacional, com incidência no conteúdo dos contratos individuais, pelo menos na medida em que tais acordos incorporam a auto-vinculação do empregador[30].

12. *A articulação de convenções.* A experiência negocial portuguesa tem sido marcada pela *desarticulação* entre os vários níveis[31]. Significa isto que não só não existem relações de precedência entre as várias modalidades de convenção, mas, sobretudo, é praticamente desconhecida a negociação de acordos com diferente grau de generalidade para um mesmo âmbito de aplicação, adentro de um sistema coordenado ou articulado[32], ou não.

Se existe contrato colectivo para um ramo de actividade, não tem sido, na prática, intentada pela associação sindical outorgante a negociação de um acordo

[29] Cfr. sobre o tema ROMAGNOLI, *Il contratto collettivo d'impresa*, Milão (1962) 102.

[30] Dentro dessa perspectiva se tem pronunciado, acerca dos chamados "acordos atípicos de empresa" (celebrados sem intervenção do sindicato), a *Cour de Cassation* francesa. Cfr. A. MAZEAUD, *Droit du travail*, 3ª ed., Paris (2002) 190.

[31] A articulação, quando surja, tem expresso acolhimento legal: art. 482º/5 CT.

[32] Exemplo marcante foi a «contratação articulada», na Itália, durante a década de sessenta - mais precisamente a partir do acordo de 1962 celebrado entre as federações de metalomecânicos e as associações representativas das empresas com participação estatal. Em síntese: «O sistema articulava-se numa série de remissões do nível superior ou inferior, pelo que o contrato nacional *a nível de categoria* (contrato dos metalomecânicos) remetia ao *nível de sector* (na metalomecânica os sectores reconhecidos são a siderurgia, fundição, mecânica naval, electromecânica, motores de automóveis e aviões, mecânica diversa) a regulamentação de determinados institutos, como por exemplo, horário de trabalho, classificação das funções, retribuições mínimas; e ao *nível de empresa* fazia-se depois a remissão - «a fim de dar aplicação aos critérios de ordem geral predeterminados pelo próprio contrato nacional» - só quanto às seguintes matérias: modalidades de aplicação da disciplina sobre o pagamento à peça, sistemas de avaliação de funções, incentivos colectivos (prémios de produção)» - GIUGNI, 190. Depois da crise social de 1969, o sistema foi abandonado; hoje, a negociação verifica-se em «dois níveis, o nacional e o de empresa, não coordenados por conexões jurídico-contratuais». - ID. 193. Sobre a experiência da negociação articulada, vejam-se entre muitos outros: SIMI, *Il contratto collettivo* cit. 122 s.; G. P. CELLA/T. TREU in *Relazioni industriali* cit. 159 ss..

colectivo ou de empresa *dentro do âmbito coberto por aquele contrato*. O acordo colectivo e o acordo de empresa são modalidades negociais adoptadas, em geral, somente quanto a empresas *não associadas* – como é, além do mais, o caso das empresas cujo capital pertence, na totalidade ou na maioria, ao Estado.

Mas, como se disse, não existe limitação legal a que, por exemplo, seja celebrado um acordo de empresa durante a vigência de um contrato colectivo que abranja a mesma empresa[33]. A iniciativa da negociação de um acordo de empresa, como convenção especial, não importa a denúncia do contrato colectivo que até então abrangia a empresa, tal como a publicação de uma lei especial não implica a revogação da lei geral.

Com efeito, a própria lei *admite a concorrência entre um contrato colectivo e um acordo colectivo ou um acordo de empresa*, estabelecendo, aliás, que prevalecerá, no tratamento do caso concreto, a convenção especial (art. 482º/1). Assim, o acordo de empresa será aplicado em vez do acordo colectivo ou do contrato colectivo, e o acordo colectivo antepor-se-á ao contrato colectivo. Ora, como adiante se notará, a concorrência é um fenómeno que só pode verificar-se quando exista coincidência, ao menos parcial, do âmbito de aplicação de duas convenções – isto é, dos âmbitos de representação das entidades outorgantes de ambas.

De resto, o CT admite expressamente (art. 482º/5, tanto na versão originária como na redacção dada pela L. 23/2012) a *articulação* entre os vários níveis de contratação colectiva, desde que ela seja estabelecida por via convencional. Essa articulação é admitida não só no sentido da *simultânea aplicabilidade* de convenções de vários níveis de generalidade, mas também no da *reserva de competência regulatória* para convenções de certo nível. Ou seja: a articulação afasta a aplicação das regras de prioridade estabelecidas para a concorrência de convenções.

A evolução legislativa recente reflecte, assim, uma política favorável à contratação articulada. A actual desarticulação é um fenómeno destituído de base normativa. Explicam-no diversos factores, nomeadamente a influência residual (mas ainda poderosa) da lógica característica do sistema sindical corporativo – na qual se inseria uma ordenação «hierárquica» dos vários níveis de contratação – e a própria debilidade de recursos humanos e técnicos das estruturas sindicais portuguesas. Um sistema de negociação articulada em vários níveis é necessariamente complexo e oneroso, não só no aspecto «externo» da condução dos contactos negociais, mas também na vertente «interna» da harmonização e compatibilização de interesses colectivos dos vários grupos agregados no sindicato.

[33] Ao abrigo da LRCT de 1979, a questão ainda podia discutir-se; com efeito, esse diploma só admitia a denúncia de uma convenção dez meses depois de feita a sua entrega para depósito. Mas o argumento era facilmente desmontado através da consideração da relação entre norma geral e norma especial. O CT, como se notou no texto, nem sequer reproduz essa norma limitativa da liberdade de denúncia.

IV. Os sujeitos.

A) O «reconhecimento» dos interlocutores negociais. - 13. A questão do reconhecimento; 14. A questão no direito português. - **B) Pluralidade de sujeitos e negociação conjunta.** - 15. Negociação separada e conjunta; 16. A revisão de convenções com partes plúrimas.

A) O «reconhecimento» dos interlocutores negociais.

13. *A questão do reconhecimento.* Têm capacidade para celebrar convenções colectivas as associações patronais e os empregadores, por um lado, e as associações sindicais, por outro (art. 2º/2 CT). As empresas do sector público estão englobadas (art. 491º/2-*c*)) como empregadores, visto que as relações de trabalho com o seu pessoal assumem carácter jurídico-privado[34-35-36].

Mas o facto de um sindicato existir e pretender negociar colectivamente condições de trabalho para os seus associados pode não bastar para que ele seja assumido como interlocutor válido.

Com efeito, em vários sistemas de relações colectivas de trabalho suscita-se o problema do *reconhecimento* de uma ou mais associações sindicais para o efeito da celebração de convenções. Se, por exemplo, os trabalhadores de certo grupo profissional numa empresa ou ramo de actividade estão representados por dois sindicatos, qual deles deverá ser considerado porta-voz legítimo do interesse colectivo da categoria em causa? Terá o empregador a faculdade de escolher um interlocutor e rejeitar outro, porventura invocando razões de representatividade?

Esta questão não se refere apenas à atribuição de legitimidade negocial colectiva, mas igualmente à actuação do «dever de negociar» a que já se fez referência. O «reconhecimento» de uma associação sindical como sujeito de um processo de negociação pode não contender com o momento da aquisição de personalidade, nem diz respeito, meramente, às condições exigidas pelo ordenamento jurídico para a «recepção» das normas que dele venham a resultar; esse

[34] No entanto, parece que as empresas públicas não podem filiar-se em associações patronais constituídas ao abrigo do CT. Com efeito, encontra-se no art. 442º uma definição de «associação de empregadores» que inclui entre as suas notas características a natureza jurídico-privada dos associados.

[35] O DL 224/96, de 26/11, atribuiu também capacidade negocial colectiva às "uniões, federações e confederações de instituições particulares de solidariedade social".

[36] Sublinhe-se que estas empresas não estão abrangidas pelo regime especial de contratação consagrado para trabalhadores que exercem funções públicas em regime de contrato de trabalho. O regime geral do Código aplica-se-lhes integralmente.

"reconhecimento" implica também a existência de pressupostos que, a verificarem-se, colocam a parte patronal na situação de ter que aceitar a associação sindical como interlocutor negocial, logo de não poder recusar-se, em princípio, a tratar com ela.

«Os processos de reconhecimento supõem, se não impõem, que os empregadores negoceiem com os sindicatos reconhecidos no momento e no local indicados. Qualquer reconhecimento que não comportasse o compromisso de negociar ficaria letra morta»[37].

O problema do reconhecimento só se suscita no quadro do *pluralismo sindical de facto*. É alheio àqueles sistemas em que vigora a unicidade sindical e quase se não faz sentir nos que incorporam uma tendencial e espontânea unidade da organização ou da acção sindicais (como a que se verifica na Alemanha e nos países escandinavos).

Pode, pois, dizer-se que a questão é privativa dos sistemas em que vigora a liberdade de constituição de associações sindicais e patronais, havendo margem para o aparecimento de várias organizações com a mesma base geográfica e categorial (pluralismo sindical de direito e/ou de facto).

É o caso marcante da França, onde está consagrado em favor dos sindicatos tidos por «mais representativos» o exclusivo da negociação colectiva com eficácia geral. Na sequência de uma tradição legislativa e jurisprudencial sedimentar, fixou-se na lei (em 1950) um conjunto de índices de «representatividade», entre as quais se incluem os efectivos e o montante das quotizações, a antiguidade e a independência perante o patronato, o Estado e os partidos políticos. Só as convenções celebradas pelos sindicatos «mais representativos» são susceptíveis de extensão, isto é, do alargamento do seu âmbito de aplicação a todos os empregadores e trabalhadores do mesmo ramo, *incluindo os filiados noutras associações e sindicatos*.

Nos Estados Unidos da América, a questão desdobra-se em dois planos, qualquer deles com intervenção de um organismo estadual especializado, o Conselho Nacional das Relações de Trabalho (*National Labor Relations Board*) criado em 1935 pela lei Wagner (*National Labor Relations Act*). Em primeiro lugar, determina-se a «unidade de negociação» (*bargaining unit*) – a empresa ou o grupo de empresas, o ramo, a profissão. Depois, tendo em vista essa unidade, cabe apontar o sindicato que será considerado «representante exclusivo de todos os trabalhadores na mesma unidade para efeitos de negociação colectiva» (lei Taft-Hartley, secção 9-*a*). Essa designação assenta na escolha da *maioria* dos trabalhadores compreendidos na unidade de negociação[38].

[37] Gladstone/Ozaki, *La reconnaissance des syndicats aux fins de la negociation collective* in «Rev. Int. Travail», Ago.-Set., 1975, 186.

[38] Cfr. Herman/Skinner 137 ss..

É, no entanto, no Reino Unido que a questão do reconhecimento do interlocutor negocial assume contornos verdadeiramente singulares, sobretudo se se usar como termo de comparação a postura dos sistemas jurídicos continentais perante ela. O reconhecimento (*recognition*) do sindicato pelo empregador ou por um conjunto de empregadores associados é condição da aquisição, por aquele, do direito de negociar com estes[39]. Mas esse reconhecimento é um acto voluntário do empregador e não existe nenhum mecanismo de controlo da escolha do sindicato que reconheceu para com ele negociar[40].

14. *A questão no direito português.* Entre nós, a capacidade negocial colectiva é inerente à personalidade jurídica das associações sindicais e de empregadores: é o momento da aquisição de personalidade (registo dos estatutos) que define a assunção de capacidade para celebração de convenções colectivas. Por outro lado, o facto de a eficácia pessoal das convenções ser pautada pela filiação associativa leva a que qualquer sindicato que conte entre os seus filiados qualquer número de trabalhadores na empresa ou no sector seja o único representante legítimo desses trabalhadores (mesmo que se trate de um ou dois em universos de milhares).

Significa isto que *qualquer* associação sindical ou de empregadores regularmente constituída pode intervir em processos negociais que interessem aos *seus* membros, independentemente da sua dimensão e da sua representatividade. Nenhum requisito, para além da mera existência jurídica (e, naturalmente, da legitimidade decorrente do interesse dos associados), condiciona essa possibilidade relativamente a cada processo negocial em concreto. O único critério de representatividade decorre da filiação sindical e do âmbito da negociação (a «unidade» ou o «nível» a que se refere o processo): qualquer sindicato que conte entre os seus associados alguns trabalhadores a exercerem actividade nesse *âmbito é a única entidade representativa* dos mesmos trabalhadores e, sem a sua participação, a convenção a celebrar não os abrangerá originariamente[41]. É o que, nomeadamente, resulta do artº 496º CT.

A inexistência de um critério *selectivo* de representatividade no nosso sistema tornou-se problemática com o aparecimento de numerosos sindicatos «paralelos», na sequência da consagração constitucional, em 1976, do princípio da liberdade sindical, incluindo a vertente da livre constituição de sindicatos (artº 55º CRP), e

[39] Trata-se de regime constante de lei escrita: o *Trade Union and Labour Relations Act* de 1992, secção 178 (2).

[40] Sobre o tema, nomeadamente os desenvolvimentos jurisprudenciais da doutrina da *recognition*, pode ver-se S. Deakin/G. S. Morris, *Labour Law*, 2a. ed., London (1998) 760 ss..

[41] Poderá apenas tornar-se-lhes aplicável por virtude de regulamento de extensão (artº 514º CT).

da consequente revogação do regime legal que impunha a existência de um único sindicato para cada domínio de representação (artº 11º da versão originária do DL 215-B/75, citado) pelo DL 773/76, de 27-10[42-43]. A circunstância de a legitimidade negocial depender exclusivamente do princípio associativo baseado na filiação conduziu à *fragmentação* da actividade negocial, nomeadamente em virtude da existência de correntes político-sindicais conflituantes. Sucede frequentemente que, para uma mesma «unidade de negociação» – o ramo de actividade, a empresa –, existam dois ou três acordos simultâneos, nem sempre coincidentes no seu conteúdo, como resultado da inviabilidade da negociação conjunta. Essa fragmentação tem consequências graves para qualquer dos sujeitos colectivos envolvidos: redução do poder contratual dos sindicatos, agravada amiúde pelo carácter contraditório das pretensões que veiculam; maior onerosidade da negociação para a parte patronal, usualmente mais interessada na unidade de regulamentação do que na exploração das divisões entre os sindicatos[44].

Como se notou já, é legalmente admitida – para além da "delegação" de um sindicato noutro, que ocorre com frequência na prática negocial colectiva – a atribuição, por uma associação sindical, de poderes negociais à comissão de trabalhadores de uma empresa, desde que esta ocupe, pelo menos, 150 trabalhadores (art. 491º/3, com a redacção dada pela L. 23/2012). Esta possibilidade[45] não põe em causa o monopólio sindical em matéria de contratação colectiva. Mas nem por isso deixa de ser uma hipótese artificiosa e potencialmente disfuncional. Na verdade, o referido preceito legal não deixa dúvidas acerca do âmbito pessoal dos acordos que venham a ser celebrados desse modo. Trata-se de regulamentação colectiva aplicável no *específico* âmbito de filiação da asso-

[42] Cfr. Caupers/Magalhães 51 ss.

[43] Na lei anterior, a inexistência de um critério de representatividade que permitisse tornar, de algum modo, "selectivo" o acesso à negociação colectiva, era, melhor ou pior, compensada pelo grau de exigência de que se revestia o processo de constituição das associações sindicais, nomeadamente no respeitante ao *quorum* da assembleia constituinte. A verdade é que esse grau de exigência não tinha paralelo nos sistemas em que funcionam critérios de representatividade ou de reconhecimento. Por outro lado, era duvidosa a compatibilidade desse preceito da LS com a Conv. 87 da OIT, ratificada por Portugal em 1977 – cfr., sobre o ponto, B.I.T., *La liberté syndicale. Recueil de décisions et de principes du Comité de la liberté syndicale du Conseil d'Administration du BIT*, 4a. ed., Genève (1996) 72. Decerto em consideração destas ponderações, o CT não formula requisitos quantitativos para o processo de constituição das associações sindicais.

[44] Por isso, não é raro que a parte patronal se veja investida num papel "mediador", que não abona a maturidade do sistema de relações industriais.

[45] Que, de resto, corresponde a práticas conhecidas noutros sistemas, como a das "cláusulas de abertura" (*Öffnungsklausel*) a favor dos comités de empresa, na contratação colectiva alemã. Também na Alemanha vigora o princípio do monopólio sindical da contratação colectiva, com base no art. 9º/3 da Lei Fundamental.

ciação sindical ("relativamente aos seus associados...", diz a lei). Ora a comissão de trabalhadores é uma estrutura de representação *unitária* dos trabalhadores da empresa, abrange-os a todos, e tenderá – sob pena de desvio da sua razão de ser – a interpretar o interesse colectivo *comum*. Por outro lado, é verdade que outra configuração desta hipótese incorreria facilmente no risco de inconstitucionalidade.

B) Pluralidade de sujeitos e negociação conjunta.

15. *Negociação separada e conjunta.* O processo de negociação colectiva só raramente corresponde ao modelo ideal de um contacto entre duas entidades, *um* sindicato e *uma* associação de empregadores ou um empregador. Tanto pode surgir, do lado patronal, uma pluralidade de empregadores ou mesmo um conjunto de associações de empregadores; como, do lado oposto, aparecer num mesmo processo negocial uma pluralidade de sindicatos.

Quando tal fenómeno ocorra, duas soluções são possíveis:

a) ou cada um dos sujeitos colectivos entabula uma relação negocial privativa com a outra parte – e estar-se-á perante a *negociação separada* no âmbito de um mesmo feixe de interesses colectivos, definido pelo nível em que essa negociação se processa;

b) ou os sujeitos colectivos que exprimem interesses complementares ou interdependentes se conjugam numa «frente negocial», organizada ou não, constituindo assim uma *parte plúrima* na relação com o interlocutor comum – e será a *negociação conjunta*.

No primeiro caso, resultarão tantas convenções quantos (por exemplo) os sindicatos representativos dos trabalhadores duma empresa ou de um ramo de actividade. No segundo, o produto consistirá numa só convenção, subscrita por todos eles[46].

A negociação conjunta não tem lugar apenas quando existe, à partida, plena comunidade de interesses entre as diferentes categorias envolvidas. Pode verificar-se até em situações bem diversas, caracterizadas pela existência de zonas de conflito de interesses entre grupos profissionais (os «quadros» e o pessoal fabril, por exemplo), mas também pela conveniência da junção de forças no confronto negocial. A negociação conjunta não é, pois, um somatório de negociações se-

[46] A escolha entre estas fórmulas não está juridicamente vinculada. Nada impede, sequer, que um processo negocial concentrado ou simultâneo venha a produzir acordos formalmente distintos, embora coincidentes no conteúdo. A questão da unidade ou pluralidade processual deve ser abordada e resolvida no âmbito do acordo disciplinador das negociações (o chamado "protocolo negocial") a que, embora de passagem, se refere o artº 489º/1 CT.

paradas – pressupõe um *consórcio negocial* que, ele próprio, requer prévio ajustamento dos interesses colectivos que vão fazer-se ouvir do mesmo lado da mesa.

16. *A revisão de convenções com partes plúrimas.* Juridicamente, a pluralidade de sujeitos de um (ou de ambos) dos lados do complexo negocial suscita a questão da *identidade* da convenção resultante. Pode esta ser posteriormente revista apenas por iniciativa de (e com efeitos para) um dos componentes de parte plúrima? Ou deverá entender-se que, sendo a convenção um «arranjo» produzido *também* pela compatibilização das pretensões existentes no seio de cada parte, a quebra da unidade desta implica a celebração de *novos* acordos sem ligação material com a convenção originária?

O relevo deste ponto decorre, fundamentalmente, da circunstância de a lei prever e regular situações que, de algum modo, supõem nexos de continuidade ou de homologia entre regimes convencionais. São exemplos a definição dos efeitos da transmissão de empresa ou estabelecimento (art. 498º) e os regimes da denúncia (art. 500º), da "sobrevigência" (art. 501º) e da sucessão de convenções (art. 503º).

A posição do nosso ordenamento perante a pluralidade de sujeitos é, a nosso ver, a de que, embora em suporte de um só instrumento de regulamentação colectiva, cada uma das entidades com capacidade negocial colectiva que constituem a «parte plúrima» é realmente *sujeito de um negócio autónomo*. A negociação conjunta não implica a permanência forçosa do consórcio sindical ou patronal no futuro; e a faculdade de denúncia isolada do acordo por um dos subscritores não é limitada por qualquer condicionamento ligado aos restantes componentes do grupo negocial originário.

O que acontece é apenas que a negociação conjunta, ocultando uma pluralidade de vínculos negociais, origina *um instrumento de regulamentação de trabalho* – esse sim – *único*. Em tal qualidade – a de instrumento de regulamentação colectiva –, a convenção colectiva apresenta a particularidade de o seu âmbito de aplicação pessoal e temporal depender da vigência dos acordos que lhe servem de suporte. Esse âmbito tanto pode ser diminuído por uma ou mais denúncias isoladas (desde que tempestivas), como aumentado por um ou mais acordos de adesão (artº 504º), em qualquer caso sem prejuízo da identidade e do conteúdo do instrumento regulamentar *enquanto tal*.

É nesta perspectiva que deve ser entendida a norma segundo qual uma convenção colectiva caduca em consequência da extinção de associação sindical ou associação de empregadores outorgantes (art. 502º/1-*b*) *ii*, com a redacção dada pela L. 93/2019). Retomaremos o ponto mais adiante, quando abordarmos as formas de cessação da vigência das convenções. Contudo, é desde já oportuno salientar o seguinte: tratando-se de convenção celebrada por vários sindicatos e/ou por várias associações de empregadores ou empresas, ela não deixa de vigorar totalmente pelo facto de uma dessas entidades desaparecer; deixa, sim, de produzir efeitos normativos *no âmbito da associação ou empresa extinta*, como consequência da caducidade do acordo por esta subscrito. Digamos, pois, que o domínio de vigência da convenção-norma não se estabiliza no momento da sua publicação; é, em cada instante, determinado pelo âmbito de aplicação dos acordos que lhe servem de suporte – podendo aumentar, por adesão e extensão, ou diminuir, por caducidade de um desses acordos.

V. Objecto e conteúdo da convenção

17. A posição da lei; 18. As matérias vedadas; 19. As condições de validade material; 20. A questão da constitucionalidade das restrições legais à contratação.

> **"(...) Na verdade, o direito de negociação coletiva confere aos trabalhadores, representados pelas respetivas associações sindicais, a faculdade de convencionarem com os seus empregadores a disciplina aplicável às suas relações de trabalho. Na definição do respetivo âmbito e eficácia o legislador goza de uma ampla liberdade constitutiva, já que a própria Constituição remete para a lei a modelação desse direito. Porém, conforme afirmado no Acórdão nº 517/98, "a lei pode regular o direito de negociação e contratação coletiva – delimitando-o ou restringindo-o –, mas deixando sempre um conjunto minimamente significativo de matérias aberto a essa negociação. Ou seja: pelo menos, a lei há-de garantir uma reserva de convenção coletiva", sendo este núcleo determinado em função dos direitos dos trabalhadores e das imposições dirigidas ao Estado sobre as condições da prestação de trabalho previstos nos artigos 56º, nº 1, 58º e 59º da Constituição (...)". – Extr. do Ac. TC 602/13 – P. 531/12 (Pedro Machete).**

17. *A posição da lei.* O «objecto possível» do negócio colectivo laboral está delimitado pela lei, em termos positivos e negativos.

A delimitação positiva – isto é, a indicação das matérias que, em abstracto, são susceptíveis de tratamento por esta forma – é feita pelo artº 492º CT. A formulação do preceito – em que repetidamente surge a expressão "a convenção colectiva *deve...*" –, embora manifestamente inspirada em propósitos promocionais e incentivadores da negociação, não é feliz. A determinação dos objectos e conteúdos das convenções não implica a obrigatoriedade da negociação sobre todos eles; não existe um modelo ou paradigma legal da convenção colectiva, a que os outorgantes devam obediência; a liberdade de estipulação é, aí, plena. A lei, mais do que verdadeiramente desenhar os «limites» do domínio contratável, quis definir de modo compreensivo a *função jurídica típica* das convenções enquanto produtos de uma autonomia colectiva. Na escolha dos temas negociais, as partes têm quase total liberdade. Têm apenas que respeitar as restrições constantes do art. 478º e que incluir os elementos identificativos exigidos pelo art. 492º/1. Assim, de modo algum podem interpretar-se os nºs 2 e 3 do art. 492º como um conjunto de imposições temáticas da lei; quando muito, eles exprimem o paradigma da "convenção perfeita" ou "plena".

Seguindo a ordem da enumeração contida nesse artigo, verifica-se que, em primeiro lugar, as convenções colectivas de trabalho são consideradas como os modos adequados de fixação das regras da *administração* do seu próprio conteúdo, isto é, aquelas pelas quais seja instrumentalmente assegurada a efectividade das normas acordadas e a resolução de conflitos no seu âmbito, além da definição dos parâmetros temporais da sua vigência – regras estas que integram compromissos de natureza *obrigacional* entre os outorgantes (sindicatos, associações de empregadores, empresas). Depois, e ainda no domínio dos compromissos de natureza obrigacional, são as convenções colectivas o lugar próprio para a caracterização das acções de formação profissional que o empregador terá a seu cargo. Finalmente, a "zona de compromisso obrigacional" incorpora a definição e aplicação dos serviços mínimos em caso de greve.

Em seguida, avulta o papel das convenções como *fontes de direito*. Primeiro, de direito *substantivo*, regulando as relações individuais de trabalho no seu âmbito de aplicação, através de verdadeiras normas jurídicas contratadas. Depois, elas surgem ainda como *fontes de direito adjectivo*, ao instituírem e regularem mecanismos de resolução de litígios *individuais* de trabalho (conciliação, mediação e arbitragem), sugerindo-se com isso uma via alternativa em relação ao recurso aos tribunais.

De qualquer modo, não existe propriamente uma "reserva de competência" em favor da convenção colectiva de trabalho. Não há matérias cuja regulamentação só possa ser estabelecida por essa via. O facto de a lei remeter, em certos aspectos, a regulamentação final para instrumento de regulamentação colectiva não significa que o legislador se prive da possibilidade de tratar directamente desses pontos, mas apenas que considera mais adequada a particularização dos respectivos regimes por sectores, profissões ou empresas. A natureza das coisas conduz a que muitos tópicos só sejam tratados através de convenção colectiva, como as tabelas de remunerações ou os períodos normais de trabalho, mas isso não implica que tais matérias estejam vedadas à lei: ela estrabelece a retribuição mínima mensal garantida e os períodos normais de trabalho máximos.

No entanto, se não existe uma reserva de competência com fronteiras nitidamente traçadas, e dentro das quais só por convenção colectiva se possa dispor, também não parece possível, face à moldura de princípios e directrizes oferecida pela CRP para a regulamentação das condições de trabalho e, em particular, à luz do reconhecimento do direito de contratação colectiva, a exclusão da negociação colectiva de importantes espaços regulatórios, de natureza tipicamente contratual – isto é, *tipicamente* geríveis através de consensos entre os interlocutores sociais, e *tipicamente* enquadráveis no conteúdo dos contratos individuais de trabalho – em função de conveniências conjunturais de política legislativa.

Constitui exemplo desse tipo de intervenções da lei estatal a L. 23/2012, já várias vezes citada. Como adiante se notará, nela se quis não só estabelecer para futuro *plafonds* imperativos para vários direitos e benefícios de natureza económica fundados nas relações de trabalho, mas também aniquilar regimes convencionais-colectivos anteriormente vigentes em que esses *novos* limites eram superados. Falou-se, a propósito, curiosamente, da "caducidade" dessas disposições convencionais, por efeito da lei[47].

18. *As matérias vedadas*. Se não há matérias reservadas em exclusivo à autonomia colectiva, já é verdade que existem matérias que não constituir objecto de negociação colectiva.

Como se notou já, o CT subtrai expressamente ao objecto possível da regulamentação colectiva de trabalho, em qualquer das suas modalidades e, portanto, também das convenções colectivas, um conjunto de matérias que é designado pela expressão "regulamentação das actividades económicas", e de que são referidos alguns exemplos: os períodos de funcionamento das empresas, o regime fiscal, a formação dos preços e a actividade das empresas de trabalho temporário (art. 478º/1-*b*)).

Na lei anterior ao Código, eram também excluidos os *benefícios complementares dos da segurança social*. Tratava-se, sobretudo, das prestações complementares das pensões de reforma por velhice e invalidez, dos subsídios de doença e outros – prestações complementares essas que, já na década de setenta, foram consagradas em numerosas convenções, com fundamento nas insuficiências manifestas do sistema geral de cobertura de riscos sociais. Oscilando entre as preocupações de igualdade e de suficiência, o legislador manifestava a cautela de deixar intactos os esquemas de benefícios anteriormente convencionados[48], embora apenas «em termos de contrato

[47] O Tribunal Constitucional adoptou, perante essas medidas com incidência na contratação colectiva anterior, uma postura um tanto ambígua, que, de algum modo, se exprime neste trecho do citado Ac. TC 602/13, referente à suspensão de certas cláusulas das convenções anteriores e à determinação da sua redução, sob pena de neutralização futura: " A referida suspensão constitui manifestamente uma ingerência no âmbito de proteção do direito de contratação coletiva, uma vez que, ao impor a prevalência sobre IRCT de uma norma legal que diminui o salário e o valor do trabalho, interfere necessariamente com um direito fundamental dos trabalhadores – o direito à retribuição do trabalho, segundo a quantidade, natureza e qualidade (cfr. a alínea a) do nº 1 do artigo 59º da Constituição). No entanto, tal suspensão, considerando o fim prosseguido e o respetivo caráter temporário, também se mostra adequada, necessária e equilibrada em vista da salvaguarda de *interesses constitucionalmente relevantes como o cumprimento das metas e compromissos assumidos internacionalmente no quadro do Memorando de Entendimento e a própria competitividade da economia nacional numa conjuntura particularmente difícil para as empresas nacionais* (...)" (itálico nosso).

[48] Assinale-se, no entanto, que, aberta ou encapotadamente, os complementos de prestações previdenciais não deixaram de ser objecto de negociação colectiva, não só porque as razões primitivas subsistiam, mas também por ser técnica e socialmente difícil uma travagem efectiva de tal tendência, depois de concretizada em termos tão latos.

individual de trabalho» – referência pouco clara, se se contemplar a situação dos trabalhadores admitidos subsequentemente[49].

De acordo com as tendências recentes de valorização dos dispositivos de previdência privada complementar, o art. 478º/2 CT admite expressamente, e sem condições para além das que resultem da legislação pertinente, a instituição, por instrumento de regulamentação colectiva, de regimes complementares contratuais que atribuam "prestações complementares do subsistema previdencial na parte não coberta por este".

19. *As condições de validade material.* Para além das matérias vedadas à negociação, há que atender aos *requisitos gerais da legalidade* das convenções, as quais se encontram definidas em dois grupos de disposições, com naturezas muito diversas.

Em primeiro lugar, há que ter em conta as *condições gerais da validade material* (e da eficácia) da convenção colectiva. Na realidade, assumem até um carácter de certo modo redundante, pois resultado semelhante se obteria por aplicação dos princípios gerais em matéria de hierarquia das fontes de Direito. Trata-se da disposição geral do art. 478º/1-*a*): não podem as convenções contrariar normas legais imperativas[50].

Esta explicitação assume pelo menos um significado prático: o de habilitar qualquer das partes a rejeitar *in limine* a negociação de matérias que entrem em contradição com normas imperativas da lei.

O segundo grupo compõe-se dos preceitos que fixam *limitações à amplitude da negociação* sobre matérias não subtraídas ao objecto possível da convenção nem susceptíveis de liminar afastamento por ilegalidade. Ou antes: esses preceitos, pelo facto de se dirigirem especificamente à compressão da liberdade de estipulação, acabam por se subsumir no primeiro grupo, constituindo normas legais imperativas que se sobrepõem às convenções.

[49] A estipulação de benefícios previdenciais suscita, aliás, um outro problema: o da situação dos trabalhadores não inscritos no sindicato outorgante. Problema que se agrava quando (como é o caso do sector bancário) o único esquema previdencial existente é, justamente, o consagrado em convenção colectiva. O artº 406º é invocável contra a hipótese de *exclusão absoluta* dos não sindicalizados; não pode ser-lhes vedada a integração em tais esquemas. Mas requer-se a *adesão individual* de cada um deles, de modo que se possa incorporar no respectivo contrato o direito aos benefícios em causa (e qualquer eventual obrigação que lhes corresponda). Cfr., em referência ao caso italiano, Simi, *cit.*, 97.

[50] A lei anterior ao Código levava mais longe a redundância. Com efeito, proclamava também que as convenções não podiam limitar o exercício dos direitos fundamentais constitucionalmente garantidos. Por outro lado, impedia-as ainda de incluir qualquer disposição que importasse tratamento para os trabalhadores menos favorável do que o estabelecido por lei; neste ponto, a omissão do CT é coerente com o disposto no art. 3º/1: não se tratando de norma legal imperativa, uma convenção pode estabelecer tratamento mais ou menos favorável para o trabalhador.

É, desde logo, o caso do art. 478º/1-*c*) que impede a atribuição de retroactividade às cláusulas das convenções, com excepção das "de natureza pecuniária"[51].

Mas o condicionamento legal do conteúdo das convenções colectivas é mais amplo ainda: há *informações* cuja inclusão no texto da convenção colectiva é *obrigatória*, com fundamento na necessidade de *certeza* do regime convencional. Assim, como se observou já, nos termos do artº 492º/1, as convenções devem referir obrigatoriamente a designação das entidades celebrantes, a identidade dos representantes negociais, a área e o âmbito de aplicação, a data da celebração, os elementos identificativos da convenção alterada, caso exista, o prazo de vigência porventura acordado. Mas a exigência legal vai mais longe: devem constar também da convenção, em detalhe, os valores das remunerações fixadas e uma estimativa do número de trabalhadores e empregadores abrangidos. Finalmente, no caso de a convenção se inscrever no âmbito de cobertura de uma cláusula de articulação negocial (prevista no art. 482º/5, com a redacção dada pela L. 23/2012), deve constar dela outrossim a identificação da convenção a que pertence essa cláusula (art. 492º/1-*h*), com a redacção dada pela L. 23/2012). A falta de qualquer destas menções implica, conforme resulta do art. 494º/4-*c*), a *recusa do depósito* da convenção.

20. *A questão da constitucionalidade das restrições legais à contratação.* A segunda nota respeita à *muito duvidosa conformidade constitucional* das restrições ao objecto das convenções que o artº 478º estabelece.

É preciso ter presente que, como se assinalou, a autonomia colectiva constitui um atributo originário, pré-constitucional, dos grupos organizados de trabalhadores e empregadores. A configuração que a CRP lhe empresta é a de uma capacidade de produção de normas que só comporta duas vias de condicionamento: a da própria lei fundamental, à qual incumbe institucionalizá-la como elemento do sistema de fontes de direito, e a da lei ordinária, que actua por delegação constitucional. Esta delegação consta dos nºs 3 e 4 do artº 56º CRP: o direito de contratação colectiva é garantido «nos termos da lei» – à qual cumpre, assim, antes do mais, reconhecer os métodos negociais e criar condições favoráveis à sua eficiência –; além disso, é conferido ao legislador ordinário o mandato para uma intervenção reguladora e imperativa, que incide sobre duas matérias claramente designadas: a *legitimidade* para a celebração das convenções e a *eficácia* das respectivas normas.

[51] A prática contratual já ia nesse sentido. Por um lado, generalizou-se o uso da indexação de prestações remuneratórias diversas aos valores das tabelas salariais, o que redundava na possibilidade da discreta retroacção dessas prestações em simultâneo com as mesmas tabelas. Por outro, a própria contratação formal se destacou, amiúde, dos modelos injuntivos da lei – nomeadamente pela atribuição explícita de eficácia retroactiva a cláusulas de variado conteúdo.

Ora a legitimidade diz respeito à caracterização dos actores negociais e da relação entre estes e os interesses colectivos que se trata de prosseguir; e a eficácia das normas convencionais refere-se às condições da sua vigência e ao âmbito (pessoal, temporal, geográfico) da sua aplicação. Em nenhum destes planos se enquadra a possibilidade de *proibir a regulação convencional* de certas matérias, no sentido de restringir o objecto possível da negociação colectiva. O artº 478º CT, na medida em que se aplica às convenções colectivas, extravasa, claramente, o mandato constitucional.

É evidente que, sob o ponto de vista constitucional, as únicas limitações objectivas legítimas à contratação colectiva são as que derivam da aplicação do *critério da hierarquia das fontes*. O art. 478º não faz mais do que exprimir uma evidência que directamente resultaria do referido critério: serão sempre ineficazes as cláusulas convencionais colectivas que contrariem «normas legais imperativas».

O mesmo se não dirá das alíneas seguintes do mesmo preceito. Qualquer delas contém verdadeiros *impedimentos de contratar*, com prováveis implicações na eficiência do método negocial[52]. A proibição de incursões convencionais no domínio da «regulamentação das actividades económicas» supõe um tipo de intervencionismo estatal que seria ajustado ao regime corporativo, e mesmo à situação político-económica dos primeiros dez anos após a queda dele, mas que se reveste de notório anacronismo na época da concertação social, e pode ser factor de ineficiência da contratação. O mesmo se dirá acerca da proibição da retroactividade das cláusulas convencionais de natureza não retributiva.

É evidente que a lei pode intervir nesses domínios através de disposições imperativas, de natureza substantiva, contra as quais a contratação colectiva seria ineficaz. O que a lei não pode, face ao artº 56º CRP, é *proibir* (como faz) a *negociação* sobre tais matérias, a *inclusão* de disposições referentes a elas nas convenções colectivas. Mais ainda do que a substância da intervenção legal, é a *técnica* utilizada nessa intervenção que se afigura inconstitucional. Ela redunda no *aniquilamento* da autonomia colectiva em certo domínio temático, ultrapassando o plano do sistema de fontes e do seu normal funcionamento para *impedir* o exercício de um direito constitucionalmente consagrado.

Mais vincadamente ainda, incorreu nesse mesmo vício a L. 23/2012, ao estabelecer, no seu art. 7º, um conjunto de disposições *anulatórias, redutoras* ou *suspensivas* de regimes convencionais *pré-vigentes*, quando mais favoráveis aos trabalhadores do que os estabelecidos no mesmo diploma. Tratava-se, mani-

[52] O quadro de proibições era, como se disse, mais amplo na lei anterior à codificação. O CT omite, nomeadamente, a interdição de cláusulas que importassem, para os trabalhadores, tratamento menos favorável do que o estabelecido por lei, regime esse que era criticado por constituir obstáculo à negociação transaccional, que pode ser imperiosa em certas situações concretas.

festamente, de inutilizar os produtos da negociação colectiva anterior à lei. Com efeito, nem sequer se obstava – através da afirmação do carácter imperativo fixo das novas normas – a que a negociação *futura* se afastasse do regime imposto pela lei, porventura em sentido mais favorável. Eram as convenções passadas, e só elas, que se tratava de destruir. O Tribunal Constitucional não pôde deixar de considerar essas disposições como incompatíveis com a tutela da autonomia colectiva e, portanto, inconstitucionais[53].

[53] Veja-se o Ac. TC 602/2013, já citado, nºs 44 e 45.

VI. Forma. O depósito e os motivos de recusa. A alteração superveniente. A publicação.

21. A forma legal e o processo de depósito; 22. A recusa do depósito; 23. A alteração superveniente do acordo; 24. A publicação e entrada em vigor.

21. *A forma legal e o processo de depósito.* A lei exige que a convenção colectiva, como os outros instrumentos de regulamentação colectiva, assuma forma *escrita* (art. 477º), o que se relaciona com o seu carácter de fonte de Direito. Por esta mesma razão, afigura-se inadequada a sanção de «nulidade» que o mesmo preceito comina para o caso de inobservância da forma prescrita: tratar-se-á, sim, a nosso ver, da pura e simples *inexistência* da convenção, enquanto convenção colectiva de trabalho.

Mas, como instrumento de regulamentação colectiva, a convenção deve ainda obedecer a um ritual predisposto pela lei, ele próprio assente na existência de um documento escrito que, por um lado, corporiza o acordo das partes e, por outro, se destina a constituir meio de revelação do conteúdo normativo desse acordo. Este ritual é composto pelo *depósito* e pela *publicação* do mencionado documento.

O *depósito* consiste na recepção e registo, pelo Ministério do Trabalho, do texto do acordo, assinado pelas partes. Esse acto está subordinado a pressupostos legais indicados no art. 494º[54]. Muito embora não possa dizer-se que as

[54] Os pressupostos do depósito de convenções sofreram uma evolução muito significativa no tocante às *empresas públicas.* Na redacção inicial da LRCT, era motivo de recusa de depósito, quando se tratasse de convenções subscritas por empresas públicas, a falta de prova da autorização ou aprovação tutelar (havendo mesmo um procedimento específico para a sua obtenção, estabelecido pela Resolução do Conselho de Ministros nº 163/80, de 15-4). Num primeiro momento, o DL 87/89 alterou aquela regra no sentido de se ligar a tal falta, simplesmente, a *provisoriedade do depósito.* Até então, um acordo livremente outorgado por uma empresa pública e um ou vários sindicatos podia ser inutilizado – ao menos no plano normativo – por discordância entre o departamento tutelar e o órgão de gestão da empresa quanto à matéria convencionada. A alteração referida teve, desde logo, esta consequência: a disciplina tutelar passou a esgotar as suas manifestações no círculo estrito das relações entre o Governo e órgão de gestão da empresa. Se este ultrapassasse, na negociação colectiva, as orientações ou limitações ditadas pelo departamento tutelar, *nem por isso o acordo concluído com o sindicato ficaria neutralizado.* Mas em 1992 sobreveio nova alteração (DL 209/92): a exigência de prova da autorização ou aprovação tutelar foi eliminada. O depósito passou a ser possível, em termos *definitivos,* mesmo que essa prova não fosse feita. Completou-se, assim, a «normalização» das convenções colectivas de que as empresas públicas são outorgantes, e repôs-se a coerência do seu regime com os respectivos pressupostos. Com efeito, o nosso ordenamento jurídico optou, desde o início, no tocante à regulamentação do trabalho nas empresas públicas, pelo primado da *via negocial* sobre a *via estatutária.* No entanto, a apertada malha processual que rodeava a contratação colectiva com essas empresas, e, sobretudo, a possibilidade de inutilização dos acordos por

convenções colectivas estão globalmente sujeitas a um controlo administrativo do seu conteúdo, esse controlo existe todavia em relação a aspectos individualizados, pela via da (eventual) recusa do depósito e, por conseguinte, da não publicação do texto acordado, que determina a sua ineficácia enquanto instrumento de regulamentação colectiva de trabalho[55].

22. *A recusa do depósito.* O depósito de uma convenção colectiva só pode ser recusado de modo expresso e com indicação de fundamento bastante (art. 494º/6); se a recusa não ocorrer no prazo de 15 dias sobre a data da entrega do texto acordado, o depósito considera-se *feito* (art. 494º/7).

Constituem, em geral, *motivos de recusa do depósito*:

a) a omissão total ou parcial dos elementos do chamado «conteúdo obrigatório» da convenção, indicados no artº 492º/1;

b) a falta dos títulos de representação dos mandatários das partes, títulos esses que assumem na prática negocial corrente a designação de «credenciais» e que devem acompanhar no final o texto acordado para efeitos de depósito;

c) a falta de capacidade negocial colectiva de algum dos signatários;

d) a entrega prematura do texto da convenção: é necessário que tenham decorrido dez meses sobre a data da entrada em vigor da convenção que se altera ou substitui;

e) a não entrega de texto consolidado, após três revisões parciais[56].

23. *A alteração superveniente do acordo.* Entre a entrega para depósito e a consumação deste, pode ser alterado o conteúdo do acordo. Nem a outorga, nem a entrega do texto no Ministério do Trabalho tornam, pois, imodificável a matéria acordada.

vontade da Administração, conferiam um carácter *semi-estatutário* à regulamentação colectiva assim estabelecida. Esse carácter redundava num entorse evidente à autonomia colectiva: ele derivava, não do exercício da supervisão e controlo tutelares sobre a gestão das empresas públicas (em si mesmo, de legitimidade indiscutível), mas do facto de as injunções tutelares serem oponíveis a entidades (as associações sindicais) alheias à relação de tutela. Com as alterações de 1992, a opção pela via negocial de regulamentação do trabalho nas empresas públicas tornou-se plena e genuína. Aliás, o CT mantém integralmente essa orientação.

[55] Há, por conseguinte, um controlo administrativo da legalidade *formal* da convenção – cfr. Menezes Cordeiro, *Manual*, cit., 273.

[56] Esta exigência é imposta pela necessidade de fixação dos regimes aplicáveis em cada momento. As sucessivas revisões parciais das convenções, expressas em textos de que só constavam as novas disposições, conduziu, em muitos casos, a enormes dificuldades na determinação do estado real da convenção depois de um certo número de acordos parcelares. O imperativo da acessibilidade, particularmente forte no que toca ás convenções colectivas, estava totalmente comprometido nos casos (a larga maioria) em que as próprias partes não tomavam a iniciativa da consolidação.

Pode suceder que as partes detectem, entretanto, alguma divergência entre o querido e o declarado, ou considerem conveniente precisar o teor do clausulado em pontos susceptíveis de ocasionar dúvidas de interpretação, ou, ainda, pretendam regular uma matéria não considerada no texto entregue.

A alteração superveniente à entrega para depósito não se considera revisão do acordo; pode ser livremente feita, naturalmente por consenso das partes, que, para isso, solicitam a devolução do texto ao Ministério – provocando com isso a interrupção do prazo de depósito (art. 495º). Daí que, com a nova entrega, comece a correr desde o início o período fixado no art. 494º/5.

24. *A publicação e entrada em vigor.* As convenções colectivas (tal como, de resto, qualquer instrumento de regulamentação colectiva) dependem de *publicação oficial* para entrarem em vigor como normas jurídicas. Nos termos do art. 519º, essa publicação faz-se no *Boletim do Trabalho e Emprego*, cuja produção é assegurada pelo Ministério da área laboral, actualmente apenas em versão electrónica. No entanto, os instrumentos de regulamentação colectiva de carácter administrativo – a portaria de extensão e a portaria de condições de trabalho – são *também* objecto de publicação no *Diário da República.*

Em coerência com a imposição de entrega pelas partes do texto consolidado (art. 494º/4-*d*)), o CT impõe, de modo inovatório, a *publicação integral* desse texto (art. 519º/3). Esta permite ultrapassar as dificuldades de acesso e compreensão dos regimes convencionais, após sucessivas alterações parcelares.

Sendo os acordos de revisão parcial das convenções, eles próprios, produtos de processos negociais autónomos, que podem, inclusivamente, envolver apenas uma parte dos subscritores iniciais da convenção modificada, parece que esta publicação integral não dispensa, por razões de certeza e de clareza, a publicação simultânea dos acordos parciais. Além de outras razões, há que ter em conta a determinação precisa dos períodos de vigência das disposições acordadas.

Capítulo 29
O PROCESSO DE NEGOCIAÇÃO

I. A atitude da lei perante a negociação.

1. Um regime processual supletivo; 2. Um regime injuntivo quanto aos conteúdos.

1. *Um regime processual supletivo.* A menor acentuação que, no período pós-corporativo, a lei sempre conferiu ao carácter *regulamentar* da convenção colectiva, relativamente ao seu papel *transaccional* e à sua natureza de produto do *diálogo social*, reflecte-se também na posição *não conformadora* que o CT assume perante esse processo.

Poderia dar-se que o legislador, movido por preocupações de prevenção de conflitos e de garantia da eficiência dos processos de regulamentação colectiva, optasse por estabelecer um modelo processual mais ou menos estruturado e obrigatório. Esse modelo teria que ser observado para que os produtos da autonomia colectiva pudessem ser acolhidos no acervo das normas jurídicas do trabalho, e ofereceria, por outro lado, uma espécie de "folha de rota" aos interlocutores sociais, que os conduziria, seguramente, de um modo ou de outro, a um resultado regulatório. Era, no fundo, essa a configuração do sistema que vigorou nos últimos anos do corporativismo – inspirado no propósito de "legitimar" a proibição do recurso aos meios de luta laboral.

Não é essa a orientação geral do regime legal da contratação colectiva que se encontra no CT. Esse regime desenha um esquema de procedimento que pode considerar-se racionalmente estruturado, mas que é colocado na disponibilidade das partes, face à presença discreta de um controlo estadual que respeita quase só a requisitos formais mínimos. Nada impede que as relações negociais se organizem de modo completamente diferente do que a lei aponta. Existe mesmo, na prática contratual que, ao longo dos anos, se foi convertendo em uso, um modelo de regulamentação pactuada do processo negocial, que é o chamado "protocolo" inicial, em que podem ser estabelecidas regras próprias, e distintas das da lei, acerca da tramitação e dos prazos a observar.

Todavia, essa disciplina consensual surge sempre como instrumento de gestão de *cada* processo negocial; não existe, nomeadamente, regulamentação processual centralizada (a nível confederal) como tem ocorrido na experiência convencional de outros países. O que não implica também a heterogeneidade de modelos processuais: foi-se consolidando ao longo dos anos um conjunto de usos ou praxes negociais em relação ao qual se verificam desvios pontuais e pouco significativos.

Por outro lado, o recurso à greve – único meio de luta laboral que está, entre nós, coberto por um *direito* – não está legalmente condicionado pelo recurso aos meios de resolução pacífica de conflitos. Não existe, pois, uma sequência processual forçosa que actue como factor inibitório do conflito – ou, melhor, condicionante da sua licitude.

2. *Um regime injuntivo quanto aos conteúdos.* Esta posição não conformadora ou meramente indicativa em matéria *processual* contrasta, de algum modo, com a já referida tendência reguladora e limitativa no tocante ao *conteúdo* e à *eficácia* das convenções.

Recordemos que esse condicionamento se exprime de várias maneiras:

a) pelo impedimento da negociação de certas matérias ou soluções (art. 478º/1);

b) pela orientação (que só pode ser meramente facultativa) segundo a qual "devem" ser tratadas certas matérias, em correspondência com as prioridades politico-jurídicas traduzidas no próprio Código (art. 488º);

c) pela exigência (esta de natureza *imperativa*) de que a convenção colectiva contenha certas menções (art. 492º/1).

Mas, para além destas expressões textuais de uma atitude de cuidado do legislador relativamente ao conteúdo das convenções, há que referir diversas outras normas através das quais é directa ou indirectamente condicionado o impacto regulador da convenção colectiva no âmbito de aplicação que lhe é próprio.

Assim, por exemplo, a lei estabelece um sistema de prevalências entre instrumentos de regulamentação colectiva (arts. 481º a 484º) que, aplicado às convenções, pode conduzir à inutilização de umas (embora legitimamente celebradas e em vigor) em benefício de outras. Nuns casos (arts. 482º e 483º), essas soluções são impostas pela necessidade de ultrapassar impasses aplicativos (concorrência de convenções). Mas, nos outros, trata-se de afirmar preferências do legislador, no quadro de uma estratégia por ele prosseguida em relação á regulamentação colectiva de trabalho.

Algo de semelhante ocorre no regime da chamada "sobrevigência" de convenções (art. 501º) - em que o propósito de provocar a renovação dos regimes convencionais leva o legislador a intervir sobre o ciclo de vigência das actuais, ou no da sucessão de convenções (art. 503º) em que é definida pela lei a fórmula de repartição de efeitos entre uma convenção e a que a substitua.

II. As declarações preliminares: proposta e resposta.

A) A iniciativa negocial: a proposta. – 3. Os requisitos da proposta; 4. A proposta e a denúncia; 5. O novo regime da denúncia. – **B) A reacção à proposta de negociação: resposta e contraproposta.** – 6. A resposta e a sua falta.

A) A iniciativa negocial: a proposta.

3. *Os requisitos da proposta.* Como ocorre com qualquer negócio jurídico bilateral, a formação de uma convenção colectiva inicia-se com a apresentação da *proposta* de uma das partes à outra[1].

A proposta deve ser *escrita* e *fundamentada* (art. 486º/2). Tal exigência destina-se a conduzir a iniciativa negocial a um plano de racionalidade[2], mas pode também ser entendida como critério legitimador da *recusa de negociação* por parte de entidade destinatária da proposta[3].

A proposta é, por outro lado, uma declaração *receptícia*: só produz efeitos (nomeadamente o de se iniciar o prazo legal de resposta: art. 487º/1) com a recepção pelo destinatário. A entrega pode fazer-se por via postal ou até em mão (o que é usual quando se trate de uma só entidade destinatária: por exemplo, o órgão de gestão da empresa com que se pretende celebrar um acordo colectivo).

A proposta deve ser também remetida, por cópia, ao Ministério do Trabalho (artº 490º/2). Trata-se aí de facultar à administração estadual do trabalho meios de acompanhamento dos processos negociais, porventura em vista da eventual necessidade de intervenção conciliatória (cfr. 524º/1).

A elaboração da proposta obedece a um procedimento interno associação sindical, que pode assumir variadas formas e modalidades[4]. Esquematicamente,

[1] Sobre os desvios relativamente às propostas contratuais comuns, vd. Menezes Cordeiro, *Manual*, cit., 262-263.

[2] Na lei anterior, fazia-se uma exigência de fundamentação muito ampla e detalhada: ela destinava-se a garantir a comportabilidade da proposta para a empresa, e ainda a prevenir que dela decorressem distorções salariais dentro do mesmo sector e profissão («mediante a ponderação da evolução dos índices de preços no consumidor, dos de produtividade e de capacidade económica das empresas ou sectores (...) bem como das condições de trabalho praticadas em empresas ou sectores afins e em actividades profissionais idênticas ou similares (...)».

[3] Cabe, todavia, notar que a exigência de fundamentação, tanto das propostas como das contrapropostas, assumida como factor de racionalização das posições negociais à partida, acabou por se revelar inoperante e até ilógica. A fundamentação económica das posições iniciais das partes, ou é inautêntica e inconsistente, ou pode traduzir-se num factor de rigidez da negociação. Daí o escasso significado que tal fundamentação assume no plano negocial.

[4] Cfr. Simi 51.

esse procedimento compreenderá dois tipos de consulta às bases do sindicato: *recolha de pretensões*, nomeadamente através dos delegados sindicais; *apresentação do projecto de proposta* em assembleia plenária de trabalhadores, ou em reuniões por locais de trabalho, para aprovação.

4. *A proposta e a denúncia.* A proposta negocial pode destinar-se à celebração de uma nova convenção colectiva, ou – o que é mais frequente – à revisão e modificação de uma convenção existente. Neste segundo caso, ela supõe a *denúncia* da convenção a rever. A denúncia é uma manifestação de vontade colectiva – no sentido de promover a modificação, normalmente apenas parcial, da convenção existente – que se exprime por uma "comunicação escrita" de uma das partes à outra.

O regime da denúncia foi, no CT – desde a versão de 2003 até à actual –, consideravelmente modificado. A lei anterior (a LRCT) impunha um período de espera após a entrada em vigor das convenções: elas não podiam ser denunciadas antes de decorridos dez meses sobre a data da sua entrega para depósito[5-6]. O propósito do legislador era, visivelmente, garantir uma certa estabilidade do regime convencional, fazendo que a "trégua" nele baseada pudesse estender-se por um mínimo de tempo. O CT de 2003 já prescindia de tal propósito. A denúncia era condicionada por um único parâmetro temporal: a antecipação (de três meses) em relação ao termo do prazo de vigência da convenção a rever (art. 558º/2). A preocupação do legislador era, pois, a de evitar a estabilização dos regimes convencionais; a de, portanto, favorecer a dinâmica de renovação desses regimes. A exigência de antecipação da denúncia destinava-se a limitar ao máximo a chamada "sobrevigência" das convenções, isto é, a sua vigência para além do prazo convencionado. Com efeito, a convenção denunciada tem dois destinos alternativos: ou é substituída por outra, ou "cessa os seus efeitos" sem substituição (art. 502º). Em qualquer dos casos, vigorará, independentemente do período de vigência acordado ou supletivamente aplicável, até que um dos dois resultados se venha a produzir. Era essa vigência "adicional" que o legislador de 2003 queria encurtar. O Código de 2009 eliminou o prazo de antecipação da denúncia: ela pode, pois, ser declarada a qualquer momento.

[5] A referenciação à entrega para depósito constitui inovação introduzida pelo DL 87/89, de 23/3; na versão originária do LRCT, o momento de referência era o da publicação da convenção.

[6] O «ciclo de existência» das convenções colectivas estava antes (desde a publicação do DL 87/89, que introduziu várias alterações na LRCT) centrado no momento da *entrega para depósito*. Se é certo que a vigência só se iniciava após a publicação, a verdade é que o condicionamento legal da periodicidade das revisões obedecia a uma lógica de *existência* do acordo e não de vigência propriamente dita. O que relevava era o momento da entrega para depósito: podia ser *depositado* um acordo de revisão desde que tivessem decorrido doze meses sobre a *entrega* do que se pretendia rever. E, consumado que estivesse o depósito, o início da vigência do novo acordo já só dependia do funcionamento das regras então contidas na LRCT: publicação no BTE no prazo de quinze dias.

5. *O novo regime da denúncia.* O regime constante do CT 2009 (art. 500º) apresenta duas salientes particularidades.

A primeira consiste na exigência de que a denúncia seja "acompanhada de proposta negocial *global*". Não basta, aparentemente, uma simples reformulação parcial da convenção, referida a certas cláusulas que a parte proponente deseja modificar: é necessário que a declaração de denúncia tenha como anexo um novo *projecto integral de clausulado*, incluindo as matérias sobre as quais não há alterações a fazer. O propósito do legislador pareceria ser, simplesmente, o de convidar o proponente à ponderação balanceada das suas pretensões no contexto global da convenção. Mas não se trata apenas disso. A denúncia assume, no sistema do Código (desde 2003), uma importância fundamental: ela é, como adiante se verá com maior detença, o pressuposto da eventual cessação da vigência da convenção por *caducidade*. O mecanismo que pode conduzir a este resultado inicia-se com a denúncia (art. 501º/3). Ora a caducidade é um efeito apontado à *globalidade da convenção*: não é apenas esta ou aquela cláusula, eventualmente posta em causa por uma das partes, que "caduca" – é a convenção, no seu todo, que deixa de vigorar. Daí que se exija que, com a denúncia, a convenção seja colocada *globalmente* em discussão – ainda que só algumas das suas cláusulas sejam objecto de proposta de alteração. A lei deixa, assim, de admitir a "denúncia parcial" de uma convenção colectiva.

Na mesma linha se situa a eliminação da regra, constante do art. 556º do Código de 2003, segundo a qual a convenção colectiva poderia ter períodos de vigência diferenciados pelas matérias e "grupos homogéneos de cláusulas". Esta eliminação não deixa de ser problemática, face à prática fortemente radicada de revisão das tabelas salariais com periodicidade distinta da revisão "global" das convenções.

Teoricamente, a *denúncia* da convenção e a *apresentação de proposta de revisão* são «momentos» de natureza diversa: a denúncia é uma declaração da vontade de não prorrogação da vigência do acordo; a apresentação da proposta constitui uma manifestação da vontade de celebração de um *novo* acordo, cujo «projecto» ao mesmo tempo se formula. E era porventura sob a inspiração desta destrinça que alguns autores propunham questões como a da eficácia da denúncia desacompanhada de proposta da revisão[7]. Mas, presentemente[8], essa questão está respondida pela lei de modo inequívoco: a denúncia só é *perfeita* (e, portanto, eficaz, no sentido exposto) se acompanhada de proposta. Isto significa duas coisas: que o destinatário da denúncia pode recusar-se a negociar, e que o processo eventualmente dirigido à caducidade da convenção não se desencadeia.

[7] Caupers/Magalhães, *ob.* cit..

[8] Assim como, de resto, já no domínio da lei anterior à codificação (nº 4 do artº 16º LRCT).

O regime da denúncia adensa-se ainda com a norma constante do nº 2 do mesmo artigo (introduzida pala L. 93/2019): ela deve ser *fundamentada*, mediante a indicação de "motivos de ordem económica, estrutural ou desajustamentos do regime da convenção denunciada". Esta exigência parece um tanto desajustada: a proposta negocial que deve acompanhar a denúncia deve ser, ela própria, fundamentada (art. 486º/2); e a verdade é que a omissão da fundamentação na denúncia carece inteiramente de consequências jurídicas.

Hipótese diferente é a de apresentação de proposta de revisão de uma convenção *sem que seja feita denúncia*. O art. 500º/4 determina, também aí, a ineficácia do acto: a "mera proposta" não equivale a denúncia, não gerando o dever de negociar nem abrindo espaço à aplicação do regime da caducidade. O regime legal é discutível. Não se entende bem que outro sentido pode ser atribuído a uma proposta de alteração de uma convenção que não seja o de uma manifestação da vontade de a alterar ou fazer cessar – ou seja, *de uma denúncia*. Julga-se que a razão de ser da particular exigência formal que a lei faz acerca da denúncia, procurando destacá-la de forma nítida como um "momento" distinto da expressão da vontade de renegociar a convenção, estará no dramatismo do processo que com ela se abre, e que pode conduzir à cessação da vigência daquela, sem regime substitutivo.

B) A reacção à proposta de negociação: resposta e contraproposta.

6. *A resposta e a sua falta*. Abre-se, com a apresentação da proposta, um prazo de 30 dias[9] para a *resposta* (art. 487º/1), a qual pode assumir a forma de contraproposta substantiva ou a de aceitação de uns pontos e recusa de outros da proposta (nº 3). Na verdade, a lei preconiza um certo conteúdo para a resposta (aceitação, recusa ou contraproposta sobre todos os pontos da proposta), manifestamente de acordo com o propósito de facilitar a definição dos termos de uma verdadeira negociação. Nesse ponto, a lei não se limita a sugerir um padrão de comportamento negocial: a violação do preceito constitui contra-ordenação grave (nº 5).

Poderia supor-se que a falta de resposta no mencionado prazo envolvesse aceitação tácita da proposta, como forma de estimular a diligência do destinatário. Mas tal entendimento estaria em aberta contradição com os princípios gerais[10]. A falta de resposta é inconsequente do ponto de vista dos resultados do processo.

[9] Prazo que é meramente supletivo: prazo diverso pode ser acordado ou fixado unilateralmente pelo proponente (art. 487º/1).

[10] O artº 487º/3, à primeira leitura, sugere o contrário. Mas os restantes números do mesmo artigo logo esclarecem que a consequência da falta de resposta (total ou parcial) é simplesmente a possibilidade de recurso imediato à conciliação – além da qualificação como contra-ordenação grave.

O prazo legal de 30 dias assume um duplo alcance. Por um lado, define o período durante o qual *a proposta deve ser mantida* pela entidade que a emitiu – ou seja, o período em que o proponente se acha, ele próprio, vinculado ao «projecto negocial» que exprimiu. Decorre daqui, ao menos em termos embrionários, um dever de trégua social: pode entender-se, com efeito, que o proponente, ao formular o seu projecto de composição de interesses, renuncia, pelo menos durante o período necessário à ponderação e definição da atitude da outra parte, ao exercício das formas de coacção directa, entre as quais a própria greve[11]. Em paralelo, trata-se de um lapso de tempo durante o qual não pode ser exigido o início de contactos negociais, não havendo portanto margem para se invocar as consequências da recusa de negociação e de outras manobras dilatórias.

A resposta à proposta está sujeita aos mesmos requisitos, quer de forma quer de fundamentação, que vimos serem impostos relativamente ao documento que corporiza a iniciativa negocial.

[11] Esta exigência de ética negocial, que pode inserir-se no círculo das expressões de boa fé, não é de fácil concretização na experiência da contratação. Ocorre, com efeito, por vezes, que o sindicato proponente procure reforçar a sua posição com uma imediata ameaça de greve. É conduta para a qual mostram particular inclinação certos sindicatos de profissão que dominam posições estratégicas em processos produtivos de natureza essencial. A atitude pouco favorável da CRP e da lei ao controlo dos motivos da greve – que adiante analisaremos – agrava a dificuldade de se fazer valer uma censura jurídica eficaz relativamente a tais procedimentos.

III. Os contactos negociais.

7. O protocolo de negociação; 8. A negociação directa; 9. Acordo ou desacordo.

7. *O protocolo de negociação.* Após a fase de declarações preliminares, em que se lançam as bases de discussão e se delimita o seu objecto, inicia-se a *negociação* propriamente dita, isto é, a fase dos contactos directos entre os representantes das partes com vista à aproximação das posições inicialmente expressas.

A lei não interfere na tramitação desta fase, quer no que toca à frequência das sessões, quer no respeitante à ordem dos pontos a abordar, quer mesmo relativamente à duração total daquela. Trata-se de matéria deixada na disponibilidade das partes, e que pode, ela mesma, ser objecto de *negociação prévia*. Este ajuste, embora por vezes ocorra no contexto de uma convenção colectiva anterior (em que se estabelecem prazos, regras processuais e outros compromissos relativos à sua própria revisão), tem sede própria no chamado *protocolo negocial* ou *acordo protocolar para as negociações*, que se tornou usual entre nós, e que não é mais do que um acordo sobre matéria adjectiva ou de processo[12-13].

A relevância jurídica dos referidos acordos protocolares reside fundamentalmente na possibilidade de se identificarem, a partir da inobservância de algumas das suas cláusulas, situações de recusa de negociação ou de manobra dilatória, ou seja, de se concretizarem condições para o recurso à conciliação, mediação e arbitragem, se não mesmo para a passagem à via administrativa de regulamentação. O cumprimento das regras protocolares constitui, de resto, exigência contida nos «princípios da boa-fé» a que alude o artº 489º .

8. *A negociação directa.* Estabelecida, pelo "protocolo" inicial, a disciplina das negociações (em que assumirão natural relevo as referentes ao calendário e duração das negociações) iniciam-se as reuniões entre os representantes credenciados das partes.

[12] Por vezes, verificam-se acordos deste tipo *no decurso das negociações*, como consequência de «incidentes processuais» não previstos no protocolo inicial. Pode suceder que, por exemplo, as partes se vejam forçadas a diferir para outra época ou a deslocar para outra instância o tratamento de certas matérias, de modo a simplificar ou desbloquear o processo negocial. Outra hipótese será a de ruptura de uma frente negocial comum de sindicatos, conduzindo à necessidade de formalizar negociações paralelas. Acerca de tudo isto, embora utilizando terminologia pouco usual, vd. Menezes Cordeiro, *Manual*, cit., 268.

[13] Na lei anterior à codificação, preconizava-se a fixação do calendário e da disciplina das negociações por *protocolo escrito*; desse protocolo devia ser enviada cópia ao Ministério do Trabalho e ao Ministério de tutela do sector. O CT omite tais directrizes, limitando-se a incluir, entre os corolários da boa fé negocial, a observância do protocolo negocial, "caso exista" (art. 489º/1).

É frequente que, havendo parte ou partes plúrimas, se definam formas de organização dos sujeitos colectivos interessados, com regras internas de funcionamento previamente acordadas. É o caso das *comissões negociadoras* (patronais ou sindicais), que não podem ser tidas, enquanto tais, como sujeitos da relação negocial – não tendo por exemplo, competência para *outorgar* as convenções resultantes –, antes constituem meros arranjos temporários, destinados a corresponder às exigências pragmáticas da negociação conjunta. A lei é, neste aspecto, perfeitamente clara: só podem assinar convenções colectivas os representantes das associações sindicais e das associações de empregadores, ou os próprios empregadores, conforme a modalidade de convenção (art. 491º).

Não só não existem limites legais para a duração das negociações directas, mas nem sequer está configurado um «modelo» indicativo nesse domínio.

Não é raro que os protocolos iniciais definam prazos para a conclusão dos contactos directos entre as partes. No entanto, esses prazos são, quase sempre, meramente indicativos e prorrogáveis, destinando-se apenas a fornecer apoio para o eventual recurso à conciliação, em casos de injustificada dilação imputável a uma das partes.

Assim, a duração dos contactos negociais depende, em geral, da vontade das partes. Conforme a natureza e a complexidade das matérias, podem eles estender-se por dias ou meses, sofrer interrupções mais ou menos dilatadas ou articular-se com diligências conciliatórias ou processos arbitrais. O facto de decorrerem negociações não impede, juridicamente, que ocorra uma greve.

Entre o início dos contactos negociais e o momento da assinatura do acordo, ou da constatação de um conflito aberto e declarado, é total a liberdade de movimentos dos contratantes.

9. *Acordo ou desacordo.* Se a negociação conduz ao estabelecimento de acordo sobre toda a matéria em debate, o conflito colectivo de interesses que lhe está subjacente encontra uma fórmula de composição, embora transitória. Resta a outorga do texto acordado – pelos titulares de poderes de representação dos vários sujeitos colectivos interessados[14] – e a entrega do mesmo, no Ministério do Trabalho, para depósito.

[14] Na prática corrente, os intervenientes na negociação dispõem frequentemente de poderes para *negociar*, não para *outorgar* a convenção resultante. Significa isto que uma entidade «representada» na negociação se reserva à possibilidade de recusar a assinatura do acordo final. Por outro lado, tal prática implica a necessidade de *nova* credencial para a outorga. Cremos que se trata de um expediente contrário à boa-fé negocial, susceptível de justificar a recusa de negociação pela parte contrária. Com efeito, a atribuição de meros poderes para negociar não significa rigorosamente nada no plano de representação de interesses, visto não envolver qualquer vinculação da entidade «representada» aos compromissos que, no decurso do processo, a pessoa por ela credenciada for

Se, pelo contrário, toda ou parte daquela matéria (cujas coordenadas são as decorrentes da proposta e da resposta, quando esta existe) permanece controvertida, fica-se perante um conflito colectivo potencial. Ele pode converter-se em conflito declarado se surgirem comportamentos colectivos ("formas de luta") destinados ao exercício da pressão directa de um dos interlocutores sobre o outro. De resto, tal situação pode ocorrer como *incidente* num processo negocial que mantém condições para prosseguir após a resolução daquele[15].

Abre-se, desse modo, uma fase em que o confronto de posições mais ou menos distanciadas pode originar o recurso aos processos de resolução pacífica de conflitos que a lei prevê, ou o desencadeamento de formas de coacção directa - aspectos novos, que constituem a temática de capítulos próprios.

assumindo. A incerteza - mesmo que hipotética - desses compromissos afigura-se claramente incompatível com a boa-fé. De resto, o artº 491º refere-se, de modo inequívoco, à representação dos sujeitos colectivos na assinatura das convenções.

[15] O conflito incidental respeita, em regra, ao âmbito da negociação (entrada ou saída de entidades potencialmente interessadas nelas) ou a problemas de interpretação da lei.

Capítulo 30

A EFICÁCIA OBRIGACIONAL E NORMATIVA DA CONVENÇÃO COLECTIVA

A) Os efeitos obrigacionais. – *a) O dever de influência.* – 1. Noção. – *b) As «cláusulas de garantia sindical».* – 2. Noção e modalidades. – *c) As cláusulas de paz social.* – 3. O dever implícito de paz; 4. Dever de paz absoluto e relativo; 5. Dever de paz e direito de greve; 6. O dever de paz no Código do Trabalho. – *d) Outras cláusulas obrigacionais.* – 7. As comissões paritárias; 8. A cobrança de quotas sindicais. – **B) Os efeitos normativos.** – *a) A eficácia normativa como característica dominante das convenções.* – 9. A convenção colectiva como regulamento. – *b) O mecanismo do efeito normativo: incorporação e controlo externo.* – 10. Noções gerais. – *c) A solução do ordenamento português.* – 11. Os dados legais; 12. A sucessão de convenções; 13. O mecanismo de incorporação provisória; 14. A cessação da convenção sem sucessão.

A) Os efeitos obrigacionais.

a) O dever de influência.

1. *Noção.* A convenção colectiva, como qualquer contrato bilateral, gera *obrigações* para ambas as partes (o sindicato e a associação patronal, por hipótese). Um desses efeitos obrigacionais é o *dever de influência ou de execução leal* do convencionado, um dever cujo incumprimento parece desprovido de sanção, salvo nos casos em que, de acordo com o mesmo preceito, as partes tenham *promovido*, elas próprias, a violação do convénio – casos em que funcionam os mecanismos da responsabilidade contratual[1].

Entretanto, o art. 520º CT exige que as partes outorgantes da convenção procedam "de boa-fé" no cumprimento das suas disposições. Dificilmente se encontrará expressão mais clara da boa-fé, neste domínio, do que a actuação das organizações subscritoras no sentido de que os seus associados se comportem em conformidade com o acordado. Cremos, pois, que tem agora suporte jurídico-positivo bastante o dever de influência – embora seja verdade, também, que as suas violações só encontram sanção em sede de responsabilidade civil, nos termos do art. 520º/3. Essas violações podem traduzir omissão da influência devida (com base na boa fé), e tal omissão pode envolver algum grau de culpa que reconduza a situação aos moldes desse preceito.

b) As «cláusulas de garantia sindical».

2. *Noção e modalidades.* As partes são livres de criar outras obrigações, recíprocas ou não, de conteúdo bastante diversificado.

Entre as disposições de natureza obrigacional podem incluir-se as chamadas *cláusulas de garantia sindical (union security)*, de matriz anglo-saxónica, muito ligadas à contratação colectiva ao nível de empresa. Trata-se de disposições de distintas modalidades, pelas quais o acesso e a manutenção do emprego são postos na dependência da filiação nos sindicatos subscritores da convenção. Salienta-se, pela importância das suas implicações, a conhecida (e, porventura, de todas a mais característica) *closed shop*, que restringe em absoluto o campo de recrutamento do empregador aos trabalhadores inscritos no sindicato – funcionando, pois, este como um serviço de emprego dotado de exclusividade na oferta de mão-de-obra[2].

[1] No sentido da «autónoma configurabilidade, em regra, mesmo se não expressamente previsto no corpo do contrato colectivo» deste dever de influência da associação outorgante sobre os seus membros, vd. Ghezzi, *La responsabilità contrattuale delle associazioni sindacali*, Milão (1963) 65 ss.. E argumenta: «a conclusão dum contrato colectivo repousa sempre numa deliberação ou numa manifestação de consenso prestado pelos órgãos competentes, e o associado fica adstrito, enquanto tal, à observância das decisões estatutariamente assumidas» (p. 66) – no que se manifesta a «função organizatória» da convenção colectiva. Este dever, de cunhagem germânica (vd., p.ex., Kaskel/ /Dersch, 92), tem tido porém, na experiência dos países latinos, escassa ou nula expressão jurídica, antes se remetendo ao plano ético. Cfr. uma referência a este aspecto em Giugni 175.

[2] Legalmente, a cláusula *closed shop* está de há muito proscrita (pela lei Taft/Hartley, de 1947); mas é verdade que, na prática, continua a figurar na maioria – cerca de dois terços – das convenções colectivas actuais, na linha de uma forte tradição bem característica do sistema de relações industriais norte-americano. De resto, a citada lei de 1947 admite expressamente, a *contrário*, que seja objecto de tratamento discriminatório qualquer trabalhador que tenha deixado de pertencer

Estas estipulações correspondem a conveniências de ambas as partes: o sindicato recolhe não apenas benefícios financeiros indirectos (maior volume de quotizações), mas sobretudo um reforço do seu poder contratual e da sua capacidade de controlo social; o empregador, por seu turno, obtém a co-responsabilização do sindicato no tocante à qualificação profissional dos trabalhadores admitidos, além de averbar a vantagem do recorte nítido do interlocutor legítimo nas questões laborais colectivas. Razões desta espécie estão, aliás, subjacentes a grande número de particularidades que caracterizam o sistema norte-americano de relações industriais.

Esse tipo de cláusulas é tido por inaceitável na generalidade dos sistemas europeus. O mesmo pode sem dúvida dizer-se no quadro da nossa legislação. Com efeito, o art. 406º CT proíbe que, por acordo, seja subordinado o emprego à filiação sindical, quer no aspecto *positivo* (reserva de emprego aos filiados em certo sindicato) quer no aspecto *negativo* (recusa de emprego ou despedimento dos não filiados). Esta proibição – garantida pela *nulidade* dos acordos que a infrinjam – visa, de resto, não só as convenções colectivas mas os próprios contratos individuais em que se pretenda introduzir tal condicionamento.

c) As cláusulas de paz social.

3. *O dever implícito de paz.* Outro tipo de cláusulas de cariz obrigacional será aquele que pretenda consagrar a chamada obrigação de paz social: o dever de abstenção de certos comportamentos conflituais por certo período, que poderá coincidir com o da vigência da convenção colectiva.

Em alguns sistemas jurídicos, nomeadamente o alemão, a "obrigação de paz" (*Friedenspflicht*) é tida como elemento necessário do conteúdo da convenção, e portanto nela implícito, nem sequer dependendo de estipulação expressa[3]. A ideia subjacente a tal entendimento é a de que a convenção colectiva de trabalho tem como papel primordial a criação e a manutenção de uma trégua nas relações entre trabalhadores e empregadores – daí que o dever de paz se considere «imanente»[4] à regulamentação convencionada, como «elemento constitutivo da causa do contrato colectivo»[5].

O reconhecimento de tal figura pode ainda relacionar-se com o dever de influência ou de execução leal a que já se fez referência. É, de resto, esse o fundamento

ao sindicato por falta de pagamento de quotas ou jóias de inscrição fixadas em termos uniformes para os seus membros.

[3] Cfr. por todos Hueck/Nipperdey, *Compendio* 316.

[4] Cfr. Ghezzi, *ob. cit.*, 86.

[5] Cfr. Ghezzi, *ob. cit.*, 86.

apontado pela orientação dominante na doutrina francesa[6]: a correcta e leal execução do convencionado, pelo período que se estipulou, implica, antes de mais, que nenhuma das partes desencadeie, durante esse período, lutas laborais tendo como objectivo a modificação do acordo existente[7].

No direito espanhol, existe reconhecimento legal para o dever implícito de paz. A lei declara ilegais as greves que tenham por objectivo a alteração, durante o respectivo período de vigência, dos regimes convencionados – as chamadas "greves novatórias" que são, por conseguinte, proibidas[8].

Um dever «implícito» de trégua ou paz social foi também admitido em parte da doutrina italiana[9] como inerente à fórmula de superação do conflito de interesses que a convenção consubstancia. Mas a orientação dominante na Itália é a oposta: «a assunção do dever de trégua só pode ser explícita», observa GIUGNI[10], não podendo ter-se como um dado apriorístico ou ser dedutivamente construída.

Na verdade, a concepção do dever *implícito* de paz social supõe a pré-determinação do fim social do convénio como sendo o de cristalizar, por certo tempo, uma fórmula de equilíbrio de interesses colectivos[11]; noutros termos, a afirmação da inerência ou coessencialidade do dever de trégua à conclusão de uma convenção assenta numa petição de princípio, sempre que não exista uma definição convencional (isto é, a consagração *explícita* de tal dever no clausulado) ou legal da função «estabilizadora» do acordo obtido. E em qualquer destes casos deixará de ser possível falar-se, como é obvio, de uma cláusula *implícita* de paz: no primeiro, a obrigação surge expressamente exarada no conteúdo da convenção; no segundo, o dever de trégua (independentemente da eventual questão de compatibilidade constitucional) tem fundamento legal, como reflexo da concepção adoptada pelo ordenamento estadual a respeito da função social de contratação colectiva.

[6] Cfr. M. DESPAX 271 ss..

[7] Esta formulação é, aliás, também enquadrável no princípio da boa-fé: ef. GHIDINI 87.

[8] Esta proibição encontra-se no art. 11-*c)* do Real Decreto Ley 17/1977, de 4/3. Cfr. sobre o ponto A. MARTIN VALVERDE/F. RODRIGUEZ-SAÑUDO/ J. GARCIA MURCIA, *Derecho del trabajo*, 5ª ed., Madrid (1996) 395.

[9] Com especial relevo para SANTORO-PASSARELLI, sob a inspiração do princípio *pacta sunt servanda* – apud GIUGNI 178.

[10] Cit., 78. Nesse sentido já se pronunciava, nomeadamente, GHEZZI, *La responsabilità*, cit. 92 ss..

[11] Na doutrina italiana, a orientação mais antiga – favorável ao reconhecimento da cláusula implícita – fundava-se no entendimento de que a convenção colectiva estabelece um nexo de correspectividade entre o compromisso do empregador de cumprir as normas convencionadas e o dos trabalhadores de se absterem da reivindicação de modificações a essas normas sem que tenha havido anormal alteração de circunstâncias. Este dever abstensivo implicaria a obrigação de paz relativa. Cfr. sobre isto F. MAZZIOTTI, *Diritto del Lavoro*, 5ª ed., Nápoles (1998) 94.

4. *Dever de paz absoluto e relativo.* Pode falar-se de um dever de paz social absoluto ou relativo.

No primeiro caso, resultam vedados quaisquer conflitos laborais, respeitantes ou não a matérias incluídas em convenção vigente: os subscritores da respectiva cláusula ficam comprometidos a não suscitarem, em certo período, qualquer controvérsia que possa traduzir-se em conflito declarado, e, no caso de necessidade, a recorrerem aos processos de resolução pacífica que veremos adiante.

Na segunda modalidade, apenas ficarão proscritos os comportamentos conflituais cujo objecto respeite ao conteúdo da mesma convenção, e durante a vigência desta. As partes obrigam-se a não adoptarem qualquer acção destinada a obter a modificação do regime convencionado, antes de decorrido o seu prazo de vigência.

Enquanto elemento considerado conatural a qualquer convénio colectivo, e portanto independente da expressa consagração no seu texto, só o dever *relativo* de paz social será admissível, mesmo nos sistemas (como o alemão) em que se vai mais longe em tal domínio.

No entanto, a jurisprudência e a doutrina germânicas aceitam que seja convencionalmente amplificado o conteúdo desse dever, até ao ponto de se lhe conferir forma absoluta – o que se traduzirá numa renúncia completa aos meios de luta laboral, nomeadamente ao exercício da greve –, exigindo, contudo, *estipulação expressa* para esse efeito[12]. Tal estipulação pode, por exemplo, traduzir-se na obrigatoriedade do recurso a processos de conciliação e arbitragem[13] em qualquer diferendo laboral colectivo.

5. *Dever de paz e direito de greve.* É óbvia a conexão existente entre o dever de paz social e a amplitude do direito de greve. O reconhecimento daquele dever implica, em certa medida ou âmbito, a ilicitude do exercício da greve. E a admissibilidade da estipulação do mesmo dever, com maior ou menor amplitude, pode implicar a *renúncia* (ainda que parcial) *do direito de greve.*

Ora o artº 530º/3 CT dispõe que «o direito à greve é irrenunciável» – e, com base nesse preceito, que já vem do direito antigo, tem-se entendido inviável a consagração convencional do dever de paz social, com qualquer amplitude[14].

Está, pois, assente a irrenunciabilidade do direito de greve enquanto inadmissibilidade da exclusão desse elemento da capacidade jurídica dos trabalha-

[12] Cfr. Hueck-Nipperdey 318.

[13] É o caso famoso da metalurgia e da relojoaria suíças, desde 1937; cfr. Schregle, *Les relations professionelles en Europe occidentale: Questions d'actualité* in «Rev. Int. Trav.» jan. 1974, 13.

[14] Cfr. Gomes Canotilho e Vital Moreira, *Constituição da República Portuguesa Anotada* cit., 160.

dores. E só isso basta para que se deva ter por excluída do nosso ordenamento a hipótese de um dever *absoluto* de paz social, mesmo que fundado em estipulação expressa.

Mas há-de pensar-se necessariamente do mesmo modo no que respeita ao *exercício* desse direito, em quaisquer circunstâncias?

Convém assinalar que, nas situações normais (ou seja, relativamente a trabalhadores sindicalizados), «o recurso à greve é decidido pelas associações sindicais» (artº 531º/1). O exercício do direito é, nesses casos, legalmente condicionado pela intervenção do sindicato. Se este é, simultaneamente, a (única) entidade legitimada para a outorga de convenções aplicáveis aos seus filiados e, na qualidade de contraente, fica adstrito à obrigação de influência ou execução leal do convencionado, parece difícil afastar a ideia de que *sobre ele* recai igualmente um dever *relativo* de paz, mero coro-lário dos princípios *pacta sunt servanda* e da boa-fé na execução dos contratos.

A questão podia, com alguma segurança, encarar-se deste modo no quadro da lei anterior à codificação, porque (e só porque) existiam disposições legais limitativas da possibilidade de alteração das convenções colectivas: o preceito definidor de um período mínimo de vigência dos acordos (que se encontrava na LRCT) constituia, como se notou, obstáculo imperativo à *modificação ante tempus* da matéria acordada. A lei anterior ao CT traduzia assim uma definida concepção do papel do contrato colectivo como *instrumento estabilizador* do conflito de interesses através de uma fórmula de equilíbrio temporariamente inalterável, afastando a relevância – mantida nalguns sectores da doutrina italiana[15] – da cláusula *rebus sic stantibus,* da pressuposição, etc., nos casos de modificação significativa das circunstâncias perante as quais foi negociada e outorgada a convenção (p.ex., súbita elevação do custo de vida, saneamento financeiro da empresa, brusco afluxo de encomendas), para o efeito de se considerar legitimada a revisão prematura do acordo.

Sendo, nesses termos, admitida a existência de um dever implícito de paz, é preciso ter presente que ele decorria de uma imposição *legal* e não de uma construção dedutiva a partir do conteúdo das convenções. Desse modo, o reconhecimento de tal dever não contendia com a irrenunciabilidade do direito de greve[16], mas, porventura, com a limitação constitucional ao campo de intervenção da lei ordinária na disciplina do exercício daquele direito. Ora o artº 57º/2 CRP já vedava à lei ordinária a limitação do «âmbito dos interesses a defender através da greve» – âmbito que só aos trabalhadores incumbe definir. E uma das várias projecções da norma constitucional consiste, decerto, na ruptura do nexo lógico-funcional entre contratação colectiva e

[15] Vd., para exposição e crítica geral, Ghezzi 96 ss..

[16] Sublinhe-se que a irrenunciabilidade não está explicitada no art. 57º CRP; era e é uma afirmação da lei ordinária.

exercício da greve; ruptura que implica, nomeadamente, a possibilidade de reacendimento do conflito na vigência da convenção que pretendeu por-lhe termo, isto é, a admissibilidade do exercício da greve por motivos relacionados com a fórmula de equilíbrio de interesses que se plasma na mesma convenção. O que estava impedido (pela lei ordinária) era, pois, somente, a revisão formal da convenção *ante tempus*. Mas daí só decorria que não podia resultar da renovação do conflito *uma convenção colectiva segundo o modelo legalmente fixado*; o que é, apesar de tudo, diferente da genérica afirmação da inadmissibilidade do exercício da greve, como algo de semelhante a uma «suspensão» do correspondente direito.

Por conseguinte, mesmo em face do condicionamento da revisão das convenções, que a lei antiga impunha, podia discutir-se, à luz da CRP e do regime jurídico da greve, a existência de um dever implícito de paz relativo com suporte nessa mesma injunção legal.

6. *O dever de paz no Código do Trabalho*. O CT de 2009 veio, no entanto, modificar consideravelmente os dados do problema.

Já o Código de 2003 omitia a antiga regra estabilizadora segundo a qual a revisão das convenções só pode ser iniciada (através da denúncia) após um certo período de vigência. A prioridade do legislador passou a ser, aparentemente, a de conferir o máximo de adequabilidade aos regimes convencionais, através de uma dinâmica renovadora que a lei procura promover. A própria fixação de um período *mínimo* de vigência (que era de um ano) desapareceu do Código com a revisão de 2009. Deixa, assim, de ter validade o argumento segundo o qual a concepção legal da convenção colectiva envolve um elemento de *conservação ou permanência* dos regimes convencionados. Por outro lado, o art. 542º/2 consagra a relevância da alteração das "circunstâncias em que as partes fundamentaram a decisão de contratar". O regime convencionado em certo momento é, pois, colocado sob a condição *rebus sic stantibus*.

Perante o novo quadro normativo, parece resultar (no mínimo) consideravelmente fragilizado o entendimento de que o regime legal traz implícito um dever de paz relativo.

Essa constatação é, de resto, reforçada pelo disposto no art. 542º/1 CT. Aí se admite que uma convenção colectiva limite "o recurso a greve por parte de associação sindical celebrante, durante a vigência daquela, com a finalidade de modificar o seu conteúdo"[17]. Limitações essas que, todavia, não impedirão a declaração de greve com fundamento em alteração anormal de circunstâncias ou no incumprimento da convenção (art. 542º/2).

[17] Esta formulação, introduzida pela revisão de 2009, parece menos correcta do que a constante do Código de 2003, onde se falava de "limitações à *declaração* de greve por parte dos sindicatos outorgantes".

São, pois, admissíveis *cláusulas de paz social relativa*, cuja previsão só faz sentido se da concepção do legislador acerca da função da contratação colectiva *não* constar o reconhecimento de um dever *implícito* de paz. Existe, assim, inteira coerência, no CT, entre o regime da denúncia das convenções e a possibilidade de estipulação deste tipo de cláusulas.

Voltando ao ponto de partida, há que reconhecer que tais cláusulas nem sequer colidem com o princípio legal da *irrenunciabilidade* do direito de greve. A questão nelas envolvida é, meramente, a da possibilidade de *autolimitação da faculdade de decidir o exercício* desse direito, isto é, a da sua *concreta aplicação* à promoção de certos fins (logo, ainda, a da «definição do âmbito de interesses a defender»...). Por outro lado, uma estipulação desse tipo assume o sentido fundamental da atribuição *voluntária* e *explícita* de um papel *estabilizador* ao regime acordado, no tocante à matéria conflitual que nele se contempla. Nenhum destes significados põe em causa a subsistência do direito de greve na titularidade dos trabalhadores abrangidos. De resto – mantendo a perfeita coerência interna deste regime do CT –, o art. 542º/3 exonera os trabalhadores de responsabilidade individual pela adesão a uma greve declarada com inobservância do compromisso de paz.

d) Outras cláusulas obrigacionais.

7. *As comissões paritárias*. Para além dos pontos referidos, o conteúdo das convenções colectivas pode englobar outras obrigações assumidas directamente pelos outorgantes enquanto tais.

Exemplo frisante é o das cláusulas que instituem mecanismos *autónomos* para a interpretação dos preceitos convencionados: as *comissões paritárias* (art. 493º CT)[18].

Tais cláusulas não prejudicam a possibilidade de a interpretação das convenções respectivas ser intentada pelos tribunais, a propósito das questões individuais que lhes sejam submetidas. Os indivíduos representados pelas entidades outorgantes de uma convenção não ficam, por virtude da existência de comissão paritária, impedidos de provocar o acerto judicial de uma interpretação que sirva os seus interesses concretos, nem obrigados a veicular a sua visão interpretativa por intermédio das organizações representativas com assento na mesma comissão. O que ocorre é que, tendo sido acordada e formada a comissão, tanto o sindicato como a associação de empregadores ou o empregador isolado se vinculam a gerir de certa forma os conflitos interpretativos que entre eles surjam

[18] De resto, as partes podem convencionar outros dispositivos e procedimentos para a "administração" da convenção, nomeadamente no que toca à prevenção e resolução de conflitos aplicativos (art. 492º/2-*a*)).

– isto é, a accionarem a comissão paritária em vez de procurarem o confronto directo[19].

8. *A cobrança de quotas sindicais.* Outro exemplo diz respeito ao sistema de cobrança de quotas sindicais. O artº 458º, retomando, no essencial, o regime anteriormente vigente[20], estabelece um sistema-padrão de cobrança e entrega das quotas sindicais assente na retenção do seu valor na fonte (isto é, dedução no salário) e entrega directa ao sindicato pelo empregador. Este sistema carece, porém, de *activação* – seja através de disposição de um instrumento de regulamentação colectiva, acrescida de autorização do trabalhador, seja mediante pedido expresso deste ao empregador[21]. É evidente que o primeiro desses meios de activação do sistema pode ser uma cláusula da convenção colectiva aplicável, com efeitos obrigacionais entre sindicato e empregador, independentemente do facto de ser ainda necessária a autorização individual do trabalhador[22].

[19] Deve, contudo, assinalar-se que são ainda relativamente poucas as convenções de que consta a instituição de comissões paritárias – e, sobretudo, é bem escasso o número de comissões em efectivo funcionamento.

[20] Estabelecido pela L. 81/2001, de 28/7.

[21] Verificou-se nesta matéria uma curiosa evolução legislativa. Um dos aspectos característicos do regime sindical corporativo consistia na possibilidade de, por despacho ministerial, ser tornado obrigatório o pagamento de quotizações para um sindicato por todos os membros da categoria representada (os sindicatos corporativos representavam categorias e não só trabalhadores inscritos), *estivessem ou não filiados nele.* Pouco antes de 25 de Abril de 1974, porém, foi adoptada uma medida legislativa destinada a restringir a obrigatoriedade da quotização aos casos em que «as circunstâncias o aconselharem», sendo os respectivos despachos sujeitos a prazo de vigência, renovável ou não, foi o DL 30/74, de 1-2. Alguns meses depois, o sistema anterior (ou seja: a quotização obrigatória, mesmo para não sindicalizados, como aspecto geral do regime sindical) era surpreendentemente retomado em toda a pureza: o artº 1º DL 329/74, de 10-6, revogou o DL 30/74, «mantendo-se em vigor toda a legislação anterior sobre a matéria, bem como os despachos de quotização obrigatória actualmente existentes». Só a LS (em 1975) foi revogada a legislação «que vincula os trabalhadores não sindicalizados ao pagamento obrigatório de quotas» (artº 53º). No entanto, para os *sindicalizados,* o nº 1 do artº 21º tornava ainda independente da vontade de cada trabalhador o sistema de cobrança da quotização, definindo como regra o da retenção na fonte («salvo se as associações sindicais deliberarem diver-samente»). Mais tarde, o DL 841-B/76, de 7-12, para além de reafirmar o afastamento da obrigatoriedade de quotização dos não inscritos, operou uma viragem radical quanto ao sistema de cobrança: esta última passava a competir às associações sindicais, ficando assim arredada a retenção na fonte. Depois, a questão foi ainda regulada pela L 57/77, e, por fim, pela L. 81/2001, em termos que vieram a ser absorvidos pelo CT. Assinale-se que a atitude tutelar assumida pela lei no concernente às quotizações sindicais foi frequentemente apresentada como um dos suportes da sindicalização ainda existente entre nós.

[22] A circunstância de se tratar, manifestamente, de cláusula obrigacional leva a considerar que só será concebível no conteúdo de uma convenção colectiva e não – ao contrário do que o art. 458º sugere – de um qualquer instrumento de regulamentação colectiva, mesmo não negocial.

B) Os efeitos normativos[23].

a) *A eficácia normativa como característica dominante das convenções.*

9. *A convenção colectiva como regulamento.* O que diferencia a convenção colectiva de outros contratos é a sua eficácia *normativa*: a quase-totalidade do clausulado aparece, não como um conjunto de compromissos entre os outorgantes (à imagem dos contratos em geral), mas como um complexo de autênticas *normas jurídicas* endereçadas aos trabalhadores e aos empregadores que cabem no âmbito representativo dos mesmos outorgantes. Tais normas definem um «modelo» para as relações individuais de trabalho que se desenvolvam nesse âmbito – são pois normas reguladoras dos contratos de trabalho (cfr. artº 1º CT).

Quem percorre o texto de uma convenção colectiva depara com uma *regulamentação* mais ou menos detalhada de todos os pontos característicos do conteúdo das relações laborais individuais, desde as condições de admissão e promoção, passando pela disciplina da duração de trabalho e dos períodos de repouso e culminando no montante dos salários, quase sempre em último lugar. Essa regulamentação manifestou, ao longo dos anos, uma tendência expansiva: foi-se alargando o elenco das matérias tratadas na mesa de negociações, entre as quais se encontram algumas pertencentes ao domínio tradicional do poder regulamentar do empregador (p.ex. prestações sociais, critérios de promoção, regime disciplinar). Outras surgiram em consequência do acréscimo de complexidade da organização do trabalho e dos processos de laboração, e sobretudo da evolução das concepções sobre a responsabilidade social da empresa. É vulgar que as convenções contenham mais de uma centena de cláusulas; mas tem que notar-se o facto de muitas delas, na linha de uma tradição proveniente do período corporativo, se limitarem a reproduzir o teor de disposições legais, visando com isso facilitar o seu conhecimento pelos interessados directos. Mesmo assim, porém, o conteúdo privativo das convenções é predominante.

b) *O mecanismo do efeito normativo: incorporação e controlo externo.*

10. *Noções gerais.* A eficácia normativa das convenções colectivas de trabalho (nas relações entre estas e os contratos individuais) pode, em tese geral, produzir-se de duas maneiras:

[23] Sobre o tema, à luz do ordenamento italiano mas, sobretudo, numa muito interessante perspectiva de teoria geral, veja-se LUCA NOGLER, *Saggio sull'efficacia regolativa del contratto collettivo*, Pádua (1997). Em Portugal, vd. LUIS GONÇALVES DA SILVA, *Notas sobre a eficácia normativa das convenções colectivas*, Coimbra (2001).

a) uma, que poderemos designar por *recepção automática* ou *incorporação*, consiste na substituição, de pleno direito, das estipulações individuais pelas normas jurídico-colectivas que aquelas contrariam;

b) outra, a do *controlo externo* [24], que, mais de acordo com o direito comum dos contratos, postula a invalidade das estipulações individuais desconformes com as regras colectivas mas não a penetração directa e automática destas no conteúdo dos contratos.

Poderia entender-se que a opção legislativa por uma destas modalidades se relaciona necessariamente com a concepção predominante acerca da natureza jurídica da convenção colectiva. A ideia de «incorporação», *prima facie*, harmonizar-se-ia melhor com a prevalência do carácter *contratual* das convenções, evocando os dispositivos da representação civil: a penetração das cláusulas colectivas nos contratos individuais resultaria simplesmente da celebração, por entidades habilitadas com poderes de representação de cada um dos trabalhadores e empregadores, de um negócio directamente *modificativo* do conteúdo desses contratos. Por isso se encontraria consagrado o dispositivo da recepção automática nos sistemas em que o âmbito de aplicação das convenções colectivas é limitado aos *membros* das associações outorgantes.

Paralelamente, a fórmula do «controlo externo» estaria relacionada, de modo muito íntimo, com a visão *regulamentar* das convenções colectivas. A forma de actuação sobre os contratos individuais de trabalho seria idêntica à da lei civil sobre os contratos em geral: condicionamento da validade das estipulações, mas não, em princípio, substituição destas (em caso de contradição) pelos comandos normativos violados.

De modo algum se pode, porém, aceitar o esquematismo dessas pretensas conexões.

Quanto à primeira, basta notar duas coisas: a convenção colectiva não se aplica apenas aos inscritos nas associações celebrantes (os únicos que poderiam considerar-se *representados* no acto da outorga); aplica-se também aos que venham a filiar-se nelas durante a vigência da convenção. Mais: abrange aqueles que, não sendo já membros da associação no momento da outorga, todavia o eram no início do processo negocial (artº 496º); e ainda, no caso de cessão total ou parcial da empresa cujo anterior titular fosse membro da associação patronal celebrante, o empregador cessionário mesmo que não inscrito nessa associação (artº 498º).

A primeira constatação é, pois, a de que a convenção colectiva não tem, na verdade, limitada a sua eficácia ao círculo dos «representados» no momento da outorga. A segunda é a de que o dispositivo de incorporação não pode consi-

[24] MENEZES CORDEIRO, no *Manual*, cit., 309, usa o rótulo de «eficácia invalidante».

derar-se privativo dos sistemas em que a aplicação das convenções é restrita aos membros (actuais ou futuros) das associações celebrantes. Com efeito, esse dispositivo actuava no âmbito do regime legal corporativo, que espraiava a eficácia das convenções a toda a área das «categorias» representadas pelos sindicatos e grémios subscritores – categorias essas que, naturalmente, englobavam inscritos e não inscritos.

A opção entre os dois mecanismos apontados não releva da concepção adoptada no que se refere à natureza jurídica das convenções colectivas, mas antes da posição básica do legislador quanto à consideração da negociação colectiva como *instrumento de progresso social*.

Esse papel é reforçado no sistema da incorporação: de acordo com esta lógica, as regras estabelecidas por negociação colectiva não se limitam a enquadrar os contratos individuais, e a impedir que se apliquem condições individualmente estipuladas em desconformidade com elas. Ocorre algo mais do que isso: as regras colectivamente fixadas *penetram* nos contratos individuais, como que se "transformam em estipulações individuais", de modo a tornarem-se imediatamente eficazes nas relações entre empregador e trabalhador. Assim, na incorporação, a convenção colectiva «impõe-se às partes do contrato de trabalho com mais força do que uma lei, pois, quando um contrato derroga uma lei, ele é nulo ao menos na disposição derrogatória e, por vezes, na sua totalidade, mas nunca se sustentou que fosse então rectificado automaticamente pela lei»[25]. É claro que, no sistema de controlo externo, ou de eficácia invalidante, a contrariedade da estipulação individual face à disposição colectiva se resolve, em princípio, pela invalidação da primeira, ficando no seu lugar uma lacuna do contrato individual, e sendo o ponto regulado directamente pela norma colectiva[26].

c) A solução do ordenamento português[27].

11. *Os dados legais.* O art. 121º/2 CT dispõe o seguinte: "A cláusula de contrato de trabalho que viole norma imperativa considera-se substituída por esta"[28].

[25] Despax 343-4, citando Rouast, *Rapport au IIº Congès International de Droit du Travail* (Genève, 1975) 19.

[26] Cfr. M. Rosário Ramalho, *Tratado* cit., Parte II 184.

[27] Sobre o tema, vd. Menezes Cordeiro, *Manual*, cit., 309 ss..

[28] O artº 14º/2 LCT, antecessor da norma transcrita, tinha redacção diferente: «As cláusulas do contrato de trabalho *que importarem para o trabalhador regime menos favorável* do que o estabelecido em preceitos imperativos consideram-se substituídos por estes». A lei referia-se à situação *típica* de oposição entre contrato e normas convencionais ou legais (oposição que só existe quando estas sejam imperativas): a de o contrato conter condições *menos favoráveis para o trabalhador*. Perguntava-se, então: e se as condições estabelecidas pelo contrato de trabalho fossem, pelo contrário, *mais favoráveis* do que as constantes de cláusulas correspondentes da convenção colectiva? Do carácter

Por outro lado, o art. 503º/3 CT admite a «redução» de «direitos decorrentes de convenção», por força de outra «de cujo texto conste, em termos expressos, *o seu carácter globalmente mais favorável*»; e o nº 4 do mesmo artigo dispõe que «a nova convenção prejudica os direitos decorrentes de convenção precedente», excepto se forem naquela expressamente ressalvados[29].

A arquitectura deste artigo merece ser observada. Ele contém um conjunto alargado de normas que podem traduzir-se deste modo: a convenção nova revoga, *enquanto norma*, a convenção antiga; mas só *penetra* nos contratos de trabalho integrados pela convenção antiga, dando novo conteúdo às cláusulas destes contratos a que ambas dizem respeito, em duas hipóteses – a de a convenção nova *acrescer* direitos dos trabalhadores (criar novos direitos ou alargar os direitos já introduzidos pela antiga); e a de a convenção nova, *reduzindo* ou *eliminando* direitos, se declarar, no entanto, "globalmente mais favorável".

As normas contidas no art. 503º significam que um direito conferido por uma convenção e, como tal «recebido» nos contratos de trabalho que ela abranja, passando assim à titularidade de *cada* trabalhador sujeito de um desses contratos, pode ser *retirado* do conteúdo dos mesmos contratos e da aludida titularidade, pela *recepção* ou *incorporação* de uma cláusula revogatória constante da convenção que lhe suceda ou que opere a sua revisão. Ou seja: consagração do mecanismo da incorporação também para cláusulas convencionais colectivas de conteúdo *menos favorável* do que o dos contratos individuais.

Nesses casos, o que se verifica é uma *sucessão de regimes convencionais imperativos*, que (declaradamente) se traduz por uma *melhoria global* de condições de trabalho.

12. *A sucessão de convenções.* Não há-de pois, a nosso ver, tomar-se a aludida solução como um princípio válido para qualquer situação de confronto entre um contrato de trabalho vigente e uma nova convenção colectiva introdutória

normativo do conteúdo das convenções colectivas, decorreria que, na hipótese de se tratar de disposições convencionais *imperativas* (como sucede na esmagadora maioria dos casos), a solução não podia ser senão a da prevalência dessas disposições. Como se explicaria, então, que o artº 14º/2 LCT apenas referisse a recepção automática aos casos em que a cláusula da convenção contivesse tratamento mais favorável? Há uma razão evidente: a recepção de cláusulas menos favoráveis no contrato de trabalho implicaria a redução ou eliminação de direitos. Na visão da LCT, a recepção automática (nos contratos de trabalho em vigor, portanto) apenas podia verificar-se no sentido da melhoria de condições de trabalho ou do acréscimo de direitos. Ora, como de seguida se assinala no texto, o certo é que, com o art. 15º/1 LRCT, e hoje com o art. 503º/4 CT, passou a existir disposição legal expressa a admitir o *prejuízo de direitos adquiridos* por efeito de cláusulas convencionais colectivas.

[29] Estes preceitos reproduzem, praticamente, os que constavam da lei anterior ao Código (art. 15º LRCT).

de *singulares* condições menos favoráveis do que as correspondentes naquele contrato. O confronto deve, em primeira linha, estabelecer-se entre *convenções colectivas* que se sucedem e tomando cada uma *na globalidade* (conglobação). Desse confronto há-de emergir a resposta à questão de saber se a cláusula *X* da 2ª convenção, embora menos vantajosa do que a correspondente da 1ª convenção, prevalece sobre esta. Num segundo momento é que se opera a recepção da cláusula prevalecente no conteúdo dos contratos de trabalho, substituindo (através da redução ou eliminação de um «direito adquirido») ou confirmando o que dele conste sobre o mesmo ponto. *Ora esta consequência não pode isolar-se do fenómeno da sucessão de regimes colectivos*[30].

Por outras palavras: o mecanismo da recepção automática (ou incorporação) *não funciona quando uma disposição convencional colectiva se defronta com uma cláusula do contrato individual*, fruto da vontade dos outorgantes deste, mais favorável do que aquela. O artº 503º/3 não deve ser tomado como afloramento de um princípio geral – só podem estar nele em jogo os «direitos» cujo suporte seja um instrumento regulamentação colectiva. É o que, explicitamente, se estabelece no nº 4 do mesmo artigo: são prejudicados somente os "direitos decorrentes de convenção anterior"[31].

Em tese, Giugni explica esta divergência de tratamentos de modo particularmente penetrante: «com efeito, não se pode entender que as normas da convenção colectiva, penetrando no contrato individual, geram um *direito adquirido* à conservação do tratamento por parte dos indivíduos mesmo no confronto com a autonomia colectiva. Conformando a regulamentação contratual da relação de trabalho individual, a convenção colectiva não perde a sua natureza heterónoma perante o contrato individual. Em outros termos, a cláusula do contrato do contrato individual conformada segundo a norma colectiva segue naturalmente a sorte desta última, ficando permanentemente exposta ao efeito integrativo da parte dela: é por isso inevitável que uma modificação surgida na esfera da autonomia colectiva se reflicta nos conteúdos do contrato individual anteriormente disciplinados por ela»[32].

13. *O mecanismo de incorporação provisória*. Assim, a incorporação das convenções colectivas nos contratos individuais *nem é plena nem é definitiva*.

[30] O tema da sucessão de convenções será analisado mais adiante.

[31] Assinale-se que o CT evitou usar aqui a expressão "direitos adquiridos", certamente por esses direitos estarem expostos a eliminação na sucessão de convenções. Por outro lado, a lógica da origem convencional-colectiva tais direitos é mantida na previsão de "ressalva expressa" pelas partes na convenção nova.

[32] Giugni, 173-174.

Não é plena porque não pode ocorrer quando cláusulas da convenção sejam menos favoráveis do que disposições originárias dos contratos individuais – mas sim, apenas, quando essas normas colectivas se destinem a substituir outras normas colectivas.

Não é definitiva porque, como se acaba de ver, a absorção das disposições colectivas nos contratos individuais dura apenas, em princípio, pelo período de vigência das convenções que as estabelecem; as convenções subsequentes (desde que, como é sabido, se declarem globalmente mais favoráveis) virão substituir esse «conteúdo colectivo» dos contratos de trabalho, com disposições que tanto podem ser mais favoráveis como menos vantajosas para os trabalhadores. Além disso, como um pouco adiante se lembrará, no caso de *caducidade* de uma convenção, após denúncia, nos termos do art. 501º, grande parte dos conteúdos dos contratos individuais abrangidos, oriundos da convenção, desaparece com a cessação da vigência desta. Usando a linguagem da lei, cessam "os (*efeitos*) já produzidos pela convenção nos contratos de trabalho" que não se referem às matérias expressamente ressalvadas no nº 8 daquele artigo.

Dir-se-á pois, em suma, que o nosso sistema acolhe um mecanismo, de *incorporação provisória*, como de resto ocorre, por exemplo, no ordenamento jurídico francês[33].

No entanto, esse dispositivo não assume, entre nós, a plenitude dos seus corolários naturais. O primeiro consistiria no sancionamento das violações da convenção colectiva exclusivamente pelos meios próprios da responsabilidade contratual (ao violar-se a convenção, é o contrato individual «receptor» que não está a ser cumprido): o artº 521º CT [34] trata essas violações no quadro da responsabilidade contra-ordenacional, associando-lhe o ressarcimento dos prejuízos individualmente sofridos pelos trabalhadores lesados[35]. Depois, a «provisoriedade» da recepção não se mede exactamente pelo prazo de vigência da convenção colectiva: resulta do artº 501º que, mesmo depois de esgotado esse prazo, a convenção se manterá em vigor, mediante renovações sucessivas, até que haja denúncia; e, após esta, prosseguirá em aplicação por um período que não será, em regra, inferior a dois anos e meio.

14. *A cessação da convenção sem sucessão.* Resta ter em consideração o regime legal das consequências da *cessação de vigência* de uma convenção colectiva, sem sucessão, nos termos dos arts. 501º e 502º.

[33] Despax 78 ss..

[34] Como já ocorria com o art. 44º LRCT, na redacção introduzida pela L. 118/99, de 11/8.

[35] De resto, esta responsabilidade decorreria já do princípio expresso no art. 520º/3.

No caso de *revogação* da convenção (cessação por acordo das partes), são prejudicados "os direitos decorrentes da convenção", excepto os que forem salvaguardados pelo acordo revogatório (art. 502º/3). Avulta nesta solução o mecanismo da "incorporação provisória" a que fizemos referência.

Tratando-se de *caducidade* da convenção, são igualmente preservados "os efeitos acordados pelas partes" e ainda "os já produzidos pela convenção nos contratos de trabalho" relativamente a certas matérias: retribuição, classificação profissional, tempo de trabalho e eventuais regimes convencionais de protecção social (art. 501º/6)[36].

Esta disciplina legal supõe o princípio da "incorporação provisória": se a vigência da convenção cessa, cessam também os "efeitos produzidos" por ela nos contratos individuais – excepto os que forem especificamente salvos por acordo, e aqueles que a lei, ela própria, prefere manter (até porque, relativamente a alguns deles – retribuições, classificação profissional –, não existem na lei meios de suprimento de um eventual vazio contratual). De qualquer modo, voltaremos à questão das consequências da caducidade das convenções um pouco adiante.

Estas ressalvas merecem, no entanto, uma precisão adicional. *Há* "direitos adquiridos" que estão fora do seu campo de aplicação. Trata-se dos direitos *subjectivados* – exemplo: o direito a um período de férias majorado (imagine-se: 26 dias úteis) em consequência do escalão de antiguidade *já atingido* pelo trabalhador –, que não podem ser destruídos pela cessação da vigência da norma que definia os seus pressupostos de aquisição. Essa norma – ou outra da mesma natureza – não confere nenhum "direito adquirido" à continuidade da sua aplicação, para além da cessação da vigência, mesmo aos contratos de trabalho celebrados antes desta. Mas o preenchimento dos requisitos da aquisição do direito não pode deixar de o firmar na titularidade dos trabalhadores que o realizem.

[36] De notar, como exemplo de "cinismo legal", o que se dispõe no nº 7 do mesmo artigo: o trabalhador que é despojado, pela caducidade, da sua cobertura convencional-colectiva "beneficia" do regime da lei geral do trabalho...

Capítulo 31

O ÂMBITO DE APLICAÇÃO DAS CONVENÇÕES COLECTIVAS

I. O âmbito pessoal da convenção colectiva.

A) O princípio da dupla filiação e as suas consequências.

"I - Conforme decorre do artigo 496º, nº 1 do CT/2009, a convenção colectiva obriga o empregador que a subscreve ou que esteja filiado em associação de empregadores celebrante, bem como os trabalhadores ao seu serviço que sejam membros da associação sindical outorgante.

II - É o princípio da filiação consagrado neste preceito (ou mais correctamente o princípio da dupla filiação) que estabelece a regra fundamental para a definição do círculo de trabalhadores e empregadores sujeitos aos efeitos normativos duma convenção colectiva.

III – Assim, para que ocorra a aplicação dum CCT não basta que os trabalhadores estejam filiados no sindicato inscrito na Federação de Sindicatos que o subscreveu, sendo também necessário que o empregador seja associado da associação de empregadores outorgante.
IV – A desfiliação de trabalhadores e empregadores da entidade celebrante duma convenção colectiva não tem efeitos imediatos, pois conforme resulta do nº 4 do artigo 554º do CT/2009, a convenção colectiva continuará a vigorar até ao prazo de vigência que dela constar, ou não se prevendo prazo de vigência a mesma continuará a vigorar por mais um ano, ou, em qualquer caso, até à entrada em vigor da convenção que a reveja." – STJ 20/06/2018 – P. 3910/16.0T8VIS.C1.S1 (Gonçalves Rocha).

1. *O princípio da dupla filiação.* Do artº 496º CT resulta que as normas constantes de uma convenção colectiva se aplicam aos contratos de trabalho que existam ou, durante a sua vigência, venham a existir entre trabalhadores e empregadores *representados* no processo negocial que lhe deu origem (isto é, que sejam *membros* das associações subscritoras), ou, quanto aos empregadores, que tenham outorgado directamente a mesma convenção.

A nossa lei adopta pois, como directriz fundamental para a determinação da eficácia das convenções colectivas, o *princípio da dupla filiação*. Este princípio, na sua pureza, implicaria que, em cada momento, um trabalhador e um empregador ligados por contrato de trabalho só tivessem que atender ao regime convencional subscrito pelo sindicato e pela associação de empregadores de que cada um deles, nesse mesmo momento, fosse membro.

A adopção do princípio da dupla filiação não é, ao contrário do que por vezes se supõe, um corolário forçoso da liberdade sindical. A circunstância de a lei conferir ao sindicato o monopólio da negociação colectiva não implica, necessariamente, que as convenções só abranjam os respectivos membros (assim como os empregadores inscritos nas associações subscritoras). Para só citar um exemplo entre muitos, o *Estatuto de los Trabajadores* espanhol (arts. 82 e 83) dispõe que as convenções obrigam *todos* os trabalhadores e empregadores no âmbito de aplicação acordado (independentemente de filiação), o que, podendo suscitar questões complexas de concorrência, não levanta nenhuma dificuldade no que respeita à liberdade sindical. Entre nós, o art. 56º/4 CRP encarrega o legislador ordinário de regular a *eficácia* das disposições convencionais, podendo fazê-lo segundo variados critérios. A opção que, neste plano,foi feita e permanece – a dupla filiação como critério delimitador da aplicabilidade directa das convenções – é apenas uma de entre as possíveis.

2. *As consequências disfuncionais.* Correspondendo, porventura, do modo mais cabal ao sentido do fenómeno associativo e à salvaguarda das liberdades individuais, o princípio da dupla filiação determina, porém, no que toca à eficácia normativa das convenções, consequências disfuncionais.

Essas consequências dizem respeito, por um lado, à hipótese de flutuação da filiação associativa (com prejuízo da estabilidade e da segurança dos regimes jurídicos aplicáveis) e à necessidade de aplicação de um regime convencional único no âmbito de cada organização de trabalho. Esta última questão deriva não só do facto de a maioria dos trabalhadores e das empresas não ter filiação associativa, mas também da circunstância de existirem sindicatos que, em paralelo, representam as mesmas categorias, dispondo de legitimidade idêntica para a negociação colectiva respeitante a uma mesma empresa ou a um certo sector de actividade.

Estes problemas não são ignorados pelo legislador, embora as soluções encontradas nem sempre permitam debelar as dificuldades inevitáveis que derivam do princípio da filiação.

B) As flutuações da filiação.

3. *A desfiliação durante a negociação.* A *inscrição* no sindicato subscritor é o pressuposto necessário para que um trabalhador fique *originariamente* coberto pelo regime da convenção[1].

Mas as hipóteses de flutuação da filiação e de desconexão da convenção relativamente às coordenadas associativas originárias servem de fundamento a soluções específicas que traduzem desvios ao estado de pureza do princípio da filiação.

O art. 496º/3 CT oferece resposta ao problema que poderia suscitar-se com a perda daquela qualidade *no decurso do processo negocial*, prevenindo assim a hipótese de um empregador ou um trabalhador pretenderem furtar-se, com tal manobra, à aplicação do regime convencional a estabelecer; mas a norma é aplicável também à hipótese de desfiliação após a conclusão do processo negocial. «O momento de conexão» entre o conteúdo da convenção e o corpo dos inscritos nas associações subscritoras é o do *início* do processo negocial, quer dizer,

[1] A aplicação da convenção para além do círculo de pessoas cobertas pela filiação pode resultar de portaria de extensão ou, ainda, de decisão da entidade empregadora, inspirada na vantagem da uniformidade de regimes laborais no âmbito da empresa. Essa decisão constituirá uma forma de auto-vinculação, plasmada na prática subsequente. Mas, de acordo com uma corrente jurisprudencial, já assinalada *supra*, o mesmo efeito poderia produzir-se, também, no tocante às remunerações, por aplicação do princípio constitucional de que «para trabalho igual salário igual». Cfr., nomeadamente, o Ac. STJ 26/5/88, *BTE* 2ª série, 4-5-6/90, 396.

o da apresentação da proposta. Resulta, assim, em larga medida, inoperante a manipulação da filiação associativa durante ou após o processo negocial.

O nº 4 do mesmo artigo esclarece a duração dessa vinculação (de desfiliados durante as negociações, ou mesmo já na vigência da convenção): o regime convencional aplica-se a esses trabalhadores e empregadores até ao seu termo de vigência ou, no mínimo, por um ano.

4. *A desfiliação na vigência da convenção.* A hipótese de um trabalhador originariamente membro de um sindicato que negociou a convenção *x* se desfiliar durante a vigência desta está, como se disse, coberta, igualmente, pela regra do art. 496º/3. No entanto, ela pode ser complicada pela inscrição do mesmo trabalhador num outro sindicato, que seja parte numa convenção *y* ou se prepare para iniciar um processo negocial próprio. Encarado isoladamente este facto (filiação no segundo sindicato), o preceito citado conduziria a que o trabalhador em causa se considerasse no âmbito de aplicação da convenção *y* ou da que viesse a resultar do novo processo negocial. No entanto, a situação não pode ser analisada correctamente sem se ter em conta também o antecedente: a desfiliação dum sindicato que era parte numa convenção em vigor.

Poderia, desde logo, entender-se que a situação descrita, no seu conjunto, preenche as características da *concorrência* de convenções, uma vez que se está perante um trabalhador situado no âmbito pessoal de aplicação das convenções *x* e *y*. Deveria, então, aplicar-se o regime constante do art. 482º, que, entre outras soluções, admitiria a possibilidade de escolha da convenção aplicável por parte do trabalhador.

Mas não parece que seja essa a solução mais conforme à perspectiva da lei. Desde logo, é visível que o regime da concorrência de convenções não se ajusta a situações geradas por actos de vontade individuais, mas sim às que decorrem da dinâmica da negociação colectiva. Depois, porque a regra do art. 496º/4 – segundo a qual, em caso de desfiliação, "a convenção continua a aplicar-se até ao final do prazo de vigência" – incorpora, manifestamente, o propósito de fixar, na medida do possível, o campo de aplicação das convenções, subtraindo-as aos efeitos instabilizadores da flutuação oportunista da filiação sindical ou associativa. Não se trata, pois, nesse preceito, de garantir a continuidade de uma cobertura convencional, em benefício do trabalhador (ou do empregador) que escolhe afastar-se do quadro associativo, mas de impor ao mesmo trabalhador (ou empregador) a neutralização do efeito imediato pretendido com esse afastamento. Sendo assim, a filiação noutro sindicato ou associação não importa, durante o período de vigência da convenção *x*, a saída do trabalhador ou do empregador do âmbito de aplicação desta.

C) O efeito da transmissão da empresa ou estabelecimento.

5. *A regra.* Por fim, o art. 498º reporta-se ao fenómeno de transferência da exploração de um estabelecimento ou empresa – «transmissão, por qualquer título, da titularidade de empresa, ou estabelecimento, ou ainda de parte de empresa ou estabelecimento que constitua uma unidade económica», diz o nº 1 desse artigo –, e visa acautelar que a mudança de empregador não ocasione a alteração do regime das relações individuais de trabalho (por o adquirente não estar filiado em qualquer associação de empregadores nem ser parte em nenhuma convenção).

O princípio subjacente à solução contida no artº 498º já decorreria do regime legal da transmissão de empresa ou estabelecimento. O artº 285º/1 dispõe, como se viu, que se transmite «para o adquirente a posição jurídica de empregador nos contratos de trabalho dos respectivos trabalhadores» – e o artº 498º não faz mais do que explicitar o corolário natural da articulação do citado princípio com o da incorporação das convenções colectivas nos contratos de trabalho.

Para além disso, procura garantir uma certa *estabilidade* do regime convencional que, assim, se aplica a uma entidade empregadora não originariamente abrangida[2]. Esse regime vincula este empregador por um período mínimo de doze meses, o que pode significar que seja *ultrapassado o seu prazo de vigência acordado.*

6. *Sucessão e substituição de convenções.* Mas o art. 498º/1, na parte final, ressalva a hipótese de a convenção em causa – que vinculava o transmitente e passou a aplicar-se ao adquirente, relativamente aos trabalhadores abrangidos pela transmissão – ser *substituída* por outra. A hipótese contemplada no preceito é a de, durante o prazo fixado no mesmo número (período de vigência da convenção "transmitida", com o mínimo de 12 meses), o adquirente celebrar convenção colectiva própria (acordo de empresa ou acordo colectivo) ou ficar abrangido por contrato colectivo cujo âmbito de aplicação . Em tal caso, como é natural, deixa de aplicar-se ao adquirente e aos trabalhadores englobados na transmissão a convenção colectiva "herdada" do transmitente. Não se tratará, verdadeiramente, de sucessão, pois a convenção "substituída" poderá continuar a vigorar no âmbito não coberto pelo novo instrumento negocial. De qualquer modo, resulta do art. 498º/1 que este se aplicará *de imediato,* ou seja, independentemente do ponto em que se encontre a vigência da anterior ou de qualquer prazo mínimo, ao adquirente e aos trabalhadores abrangidos pela transmissão.

[2] A solução tem a sua origem numa alteração da LRCT, efectuada pelo DL 209/92, de 2 de Outubro.

Questão distinta, e que a versão originária do CT não resolvia, é a de saber qual o regime aplicável depois de esgotada a eficácia residual da convenção "transmitida", ou seja, o seu período de vigência ou o mínimo de 12 meses, não tendo ocorrido a substituição acima referida. A resposta da lei consta hoje do art. 498º/2 (introduzido pela L. 14/2018, de 19 de março) e é, manifestamente, idêntica à que o art. 501º/8 oferece à dos efeitos da caducidade da convenção colectiva: mantêm-se os efeitos já produzidos nos contratos de trabalho, relativamente à retribuição, à categoria e respectiva definição, à duração do trabalho, a regimes previdenciais privados, à tutela da parentalidade e à segurança e saúde no trabalho.

D) Para lá da dupla filiação: a extensão e a adesão; a adesão ("escolha") individual por não sindicalizados.

> **"(...) V – Não obstante, desde a sua criação que a sua admissibilidade (da extensão) sempre exigiu como condição legal o poder ser feita a empregadores e a trabalhadores integrados no âmbito do sector de atividade e profissional definido na convenção coletiva de trabalho estendida.**
>
> **VI – Na densificação do critério de atividade económica exercida pelas empresas a jurisprudência tem considerado que, mesmo que haja uma portaria de extensão da convenção coletiva de trabalho para determinada área económica, a aplicabilidade da convenção por força de tal portaria de extensão depende ainda do enquadramento da atividade ou da empresa no mesmo âmbito de aplicação material estatuído inicialmente para a convenção, considerando-se que a determinação da área económica deve ser feita atendendo ao objeto social da empresa e ao conjunto de atividades que ela efetivamente exerce." – Rel. Coimbra 18/05/2018 – P. 416/17.3T8CVL.C1 (Felizardo Paiva).**

7. *A "extensão" das convenções por decisão do empresário.* Tanto a equidade social como a racionalidade económico-organizacional impõem que, dentro de um conjunto homogéneo de relações de trabalho – como o que se determina pelos limites da empresa ou do sector de actividade –, sejam aplicáveis os mesmos padrões normativos.

Como se notou, o princípio da filiação, nos seus estritos termos, conduz a que, dentro de uma mesma organização de trabalho, possam ser aplicáveis, a trabalhadores com as mesmas funções, regimes diferentes, por haver duas convenções colectivas subscritas por mais de um sindicato com a mesma parte patronal. Por outro lado, os trabalhadores e as empresas que não têm filiação associativa estariam fora do alcance da regulamentação colectiva que deve ser observada, dentro do mesmo sector, por empregadores e trabalhadores associados.

Em muitos casos, a racionalidade da gestão leva a que os próprios empregadores procurem generalizar ao conjunto do pessoal das suas empresas um só regime convencional, ainda que assumindo com isso custos adicionais. Contudo, essa uniformização por decisão gestionária levanta também dificuldades: o empregador pode estender benefícios, mas não pode, unilateralmente, impor desvantagens - que, por outro lado, teriam, no equilíbrio interno da convenção negociada, uma relação estreita com aqueles benefícios. Na verdade, essa aplicação a certos trabalhadores, por "acto de gestão" - isto é, por iniciativa unilateral do empregador -, de parte do conteúdo de uma convenção que não lhes seria aplicável, traduz-se, juridicamente, numa alteração dos contratos individuais por referência a um "modelo", mediante a não oposição dos trabalhadores, segundo um processo idêntico ao da novação por adesão a que se refere a parte final do art. 104º/2. Nada obstaria, de resto, a que a proposta do empregador incluisse as condições menos favoráveis da convenção colectiva referenciada. Toda a manobra novatória em que se traduz o "acto de gestão" pode ser precludida - nos termos da norma citada - pela oposição dos destinatários[3].

Para além da iniciativa do empregador, existem dois dispositivos legais destinados a estender adequadamente o âmbito de aplicação das convenções: um processo administrativo de *extensão* e um processo negocial de *adesão*.

8. *A portaria de extensão*[4]. A extensão por via administrativa[5] é, como no lugar próprio se notou, regulada pelos arts. 514º a 516º CT. Opera-se por portaria do Ministro da área laboral e (no caso previsto no art. 516º/1) também do Ministro de tutela.

O processo de extensão[6] inicia-se com a publicação de um projecto de portaria no *Boletim do Trabalho e Emprego* (art. 516º), do qual constem o âmbito (sectores económicos, profissões) e a área a cobrir. Abre-se com essa publicação um prazo de quinze dias, durante o qual podem os interessados deduzir oposição fundamentada. Conforme os casos, estes «interessados» serão, em regra, associações sindicais não outorgantes da convenção extensível ou empregadores não filiados nas associações de empregadores subscritoras, quer com fundamento no propósito de encetarem um processo negocial autónomo, quer, simplesmente, por entenderem inadequado o regime convencional cuja

[3] Vd. o Ac. Rel. Lisboa 12/11/2009 - P. 384/08.2TBOER.L1-6 (José Eduardo Sapateiro).

[4] Vd. também supra, cap. 2, nºs 32-33.

[5] Veja-se, sobre o tema, A. Nunes de Carvalho, *Regulamentação do trabalho por portarias de extensão*, RDES 4, 1988, 437 ss..

[6] Note-se, ainda, a aplicabilidade subsidiária do Código do Procedimento Administrativo (art. 516º/4).

extensão se projecta. De qualquer modo, a lei, numa postura de grande cautela, reconhece legitimidade para a oposição a "qualquer pessoa singular ou colectiva que possa ser, ainda que indirectamente, afectada pela extensão".

Os pressupostos da extensão tornam, assim, evidente que se trata de um processo estritamente supletivo ou residual perante a negociação colectiva, não podendo sobrepor-se-lhe quando esta exista ou seja viável.

Com efeito, a PE pode ampliar o âmbito originário da convenção (ou, também, da decisão arbitral) a todo o sector de actividade ou a trabalhadores de profissão definida naquela, desde que não se produza sobreposição com outra convenção colectiva vigente (art. 515º).

Em conformidade com longa tradição legislativa, o Código de 2003 (art. 575º) era bem mais específico acerca dos pressupostos da extensão. Em princípio, o alargamento do âmbito a empregadores do mesmo sector e a trabalhadores da mesma profissão ou profissão análoga só podia dar-se desde que exercessem a sua actividade no âmbito *territorial*, sectorial e profissional[7] da convenção ou decisão arbitral; fora dessa área geográfica, era pressuposto da extensão a *inexistência de associações sindicais ou de empregadores*, ou seja, a falta de interlocutores para a negociação colectiva, verificando-se "identidade ou semelhança económica e social"[8]. Além disso, a codificação de 2003 continha, no art. 3º, uma regra geral de que derivava a inadmissibilidade da extensão no caso de já existir (isto é, vigorar) convenção colectiva ou decisão de arbitragem voluntária no âmbito que se tratava de cobrir – disposição agora explicitamente consagrada no art. 515º. Aquela regra não se aplicava, no entanto, à decisão de arbitragem obrigatória.

Na prática, a extensão é frequentemente determinada logo que entra em vigor uma convenção, tendo em vista a cobertura de trabalhadores não sindicalizados ou membros de sindicatos minoritários que a não subscreveram.

A preocupação dominante de realizar a igualdade de tratamento por via da extensão terá conduzido a uma prática rotineira de emissão desses instrumentos administrativos, sem se atender à amplitude da cobertura *originária* das convenções afectadas.

A partir da consideração de que essa prática rotineira e indiscriminada poderia colocar em dificuldades as empresas de menor dimensão – que são, de resto, em Portugal, largamente maioritárias –, e no contexto da política de austeridade conduzida no período de 2010-2015, foi estabelecido pelo Governo de então um conjunto de requisitos para a emissão de PE's, entre os quais se salientava

[7] Trata-se, tipicamente, de garantir a cobertura de trabalhadores não sindicalizados e empregadores não associados.

[8] De qualquer modo, parece indiscutível que a convenção objecto de extensão só produz efeitos em relação aos trabalhadores abrangidos pela portaria, a partir da entrada em vigor deste.

a exigência de que a parte empregadora na convenção tivesse ao seu serviço, "pelo menos, 50% dos trabalhadores do sector de actividade, no âmbito geográfico, pessoal e profissional de aplicação pretendido". O instrumento utilizado, de resto, em termos de duvidosa constitucionalidade[9], foi uma resolução do Conselho de Ministros[10].

Esse duro regime - que, quase fez desaparecer as PE's, e coincidiu com uma queda muito pronunciada da contratação colectiva - foi atenuado, pelo mesmo governo, dois anos mais tarde, com o acrescentamento de uma *alternativa* para aquele requisito: a de que o número de empresas representadas na convenção seja "constituído, pelo menos, em 30% por micro, pequenas e médias empresas"[11].

Em 2017, nova resolução do Conselho de Ministros[12] veio alterar radicalmente a situação, tendo em conta - como se diz no respectivo preâmbulo - "o contributo da extensão para a promoção de melhores níveis de coesão e igualdade social, nomeadamente do ponto de vista da equidade de género, bem como para a efetivação do princípio constitucional «salário igual para trabalho igual»". Abandonando a imposição de requisitos, esta nova providência estabeleceu apenas que a emissão de uma PE deve ser precedida da ponderação de certos indicadores, e definiu prazos no sentido de acelerar essa emissão, criando, inclusivamente, uma comissão técnica, no Ministério do Trabalho, para estudo e análise de cada processo.

Questão controversa é a de saber se a extensão pode abranger trabalhadores filiados em sindicatos ou empregadores filiados em associações que não tenham subscrito a convenção. Foi recentemente definida pelo STJ posição categórica sobre o ponto: "Uma portaria de extensão não pode determinar a aplicação de

[9] Essas resoluções do CM - que, na verdade, não são fontes de Direito, mas a expressão de critérios adoptados pelo Governo no exercício de poderes discricionários atribuídos pela lei - pretenderam estabelecer condições a observar da definição do âmbito "final" de aplicação das convenções, isto é, do domínio de eficácia das suas normas, matéria que, por força do art. 56º/4 CRP, pertence exclusivamente à lei ordinária. Daí a dúvida sobre a conformidade constitucional de tais regimes. No entanto, é verdade que a PE surge na lei (art. 514º) como um instrumento de certo modo excepcional (relativamente ao princípio da dupla filiação), cuja utilização é *permitida* e não imposta, dependendo de uma "ponderação" do Ministro da área laboral - que tem, assim, aparentemente, espaço suficiente de decisão no sentido de haver ou não haver extensão. Há, no entanto, ainda, que ter em conta o facto de a lei recomendar, certos "critérios de ponderação", que assentam na "identidade ou semelhança económica e social" das situações visadas com a extensão e das que a convenção abrange. Poderá questionar-se se, existindo tal identidade ou semelhança, a extensão pode legitimamente ser recusada com base num critério de representatividade.

[10] Resolução do Conselho de Ministros nº 90/2012, publ. DR 1ª série, nº 221, de 31/10/2012, p. 6265.

[11] Resolução do Conselho de Ministros nº 43/2014, publ. DR 1ª série, nº 122, de 27/6/2014, p. 3520.

[12] Resolução do Conselho de Ministros nº 82/2017, publ. DR 1ª série, nº 112, de 9 de Junho de 2017.

uma convenção colectiva a trabalhadores não filiados na organização sindical outorgante, mas que sejam membros de um outro sindicato"[13]. Em substância, esta tese apoia-se na salvaguarda dos "valores da liberdade sindical do trabalhador, entendida como liberdade de filiação ou de não filiação no sindicato da sua escolha" e, ainda, no "direito de contratação colectiva do sindicato concorrente" que pode ser frustrado pela extensão de uma convenção celebrada por outro sindicato aos seus próprios filiados. O acórdão em causa – peça jurisprudencial de grande mérito – oferece, de resto, um amplo retábulo das opiniões doutrinais sobre a matéria. De entre elas, salienta-se particularmente o argumento de que a extensão a filiados de organizações não subscritoras pode vulnerar directamente a autonomia colectiva destas, quando tenha havido rejeição expressa do acordado, e não apenas passividade negocial das mesmas organizações[14]. Esta lógica aplica-se tanto aos trabalhadores filiados em sindicato que, por exemplo, se tenha afastado das negociações, como a empregadores membros de uma associação que procedeu do mesmo modo, ou se recusou a assinar a convenção. E, na verdade, encontra-se aí o ponto mais sensível da questão. Não há dúvida de que, nessas situações – mas só nelas –, a autonomia colectiva pode ser lesada. Por isso, previne Bernardo Xavier que "as PE não devem ser aplicadas a trabalhadores inscritos em associações que se tenham recusado a subscrever a CCT a estender, ou que se encontrem em processo relativo à celebração de novo IRCT, e que normalmente deduzem oposição fundamentada à extensão, nos termos do art. 516º,3"[15]. Se bem interpretamos esta (irrefragável) formulação, ela diz respeito à política de emissão de portarias de extensão, e não à questão da sua admissibilidade jurídica – que, esta sim, é recusada pelo acórdão do STJ.

Na realidade, a extensão a trabalhadores e empregadores filiados em associações não subscritoras não encontra na letra da lei qualquer obstáculo[16]. Pode somente opor-se-lhe a salvaguarda de valores fundamentais como os que alimentam a liberdade sindical e a autonomia colectiva. Quanto à liberdade sindical, na vertente de liberdade positiva e negativa de filiação, ela é tão invocável por parte dos trabalhadores inscritos em sindicatos não subscritores da convenção como por parte dos não sindicalizados, cuja exposição a uma PE ninguém discute. O mesmo se dirá quanto à situação dos empregadores abrangidos pela extensão: os filiados em associações não subscritoras são tão atingidos na sua liberdade de filiação ou não filiação como os que não são membros de nenhuma associação. Quanto à autonomia colectiva das organizações não subscritoras, ela pode estar

[13] STJ 20/06/2018 – P. 3910/16.0T8VIS.C1.S1 (Gonçalves Rocha).

[14] Cfr. Pedro Romano Martinez, *Direito do Trabalho* cit. 1195 ss..

[15] *Manual* cit. 287.

[16] Cfr. M. Rosário Ramalho, *Tratado cit.*, Parte III (2012) 378.

em causa apenas nos casos, já referidos, de recusa activa da convenção extensível – hipóteses para as quais, justamente, a lei prevê o direito de oposição. Mesmo que a oposição não seja atendida – possibilidade considerada no art. 516º/1 –, nada impede que o sindicato ou a associação avancem com a iniciativa da negociação de convenção própria, exercendo plenamente, e sem peias, a autonomia colectiva, e neutralizando o efeito da extensão (art. 481º CT).

Somos, pois, de opinião que não existe *obstáculo jurídico* à emissão de portaria de extensão que abranja trabalhadores e empregadores filiados em organizações não subscritoras da convenção. Questão diferente, como se sugeriu, é a da conformação da política de emissão de portarias; esta deve orientar-se, como é óbvio, pelo propósito de limitar fricções e de evitar constrangimentos da liberdade de actuação dos sujeitos colectivos, pois não é outro o papel atribuído pela ordem jurídica às autoridades públicas com competência para intervirem no campo dos fenómenos colectivos laborais.

9. *O acordo de adesão.* A adesão consiste num acordo superveniente entre uma das partes da convenção e um sindicato, uma associação de empregadores ou um empregador isolado, que nela não outorgou e deseja ser por ela abrangido (art. 504º).

Como o próprio nome indica, a adesão implica a aceitação integral do conteúdo da convenção – dela "não pode resultar modificação do conteúdo da convenção ou da decisão arbitral", diz o nº 3 daquele artigo – e não pressupõe, portanto, verdadeiras negociações de fundo.

São pressupostos gerais da adesão:

a) a capacidade negocial colectiva da entidade proponente: deve mostrar-se observado o disposto nos arts. 2º/3 e 491º/2;

b) a vigência efectiva da convenção a que se refere: é necessário que esteja depositada, publicada e na pendência do prazo de vigência.

O acordo de adesão está sujeito a depósito e publicação, nos mesmos termos das convenções colectivas (art. 504º/4). A vinculação da entidade aderente à convenção em causa só se opera depois da publicação do acordo de adesão, mas o prazo de vigência da mesma convenção permanece inalterado. A referida entidade fica legitimada a participar no processo negocial de revisão que se venha a abrir, independentemente das regras legais que fixam os prazos mínimos de vigência das convenções.

10. *Extensão e adesão.* Embora tenham em comum o efeito de alargamento do âmbito de um instrumento de regulamentação colectiva pré-existente, a extensão e a adesão diferem, claramente, quanto à natureza e ao fundamento.

A extensão é o efeito de um *acto administrativo*, cuja índole se não modifica pelo facto de ser precedido de consulta aos interessados. A oposição eventualmente deduzida por estes não constitui impedimento à emissão da portaria (apenas implicará, em certos casos, que este seja também subscrito pelo Ministro de tutela: artº 516º/1).

O fundamento da extensão localiza-se na necessidade social[17] de suprir a inevitável insuficiência do sistema de contratação colectiva, já que este se baseia na exclusiva legitimidade de certos sujeitos e no princípio da filiação. Actuando como meio de aproveitamento de conteúdos contratados, a portaria de extensão é, assim, um instrumento correctivo relativamente aos princípios estruturantes do sistema. Não se trata, pois, de uma "norma em branco", dotada de vigência própria, cujo conteúdo seja preenchido pelo de uma convenção colectiva ou decisão arbitral, mas, estritamente, de um meio de modificação das condições de aplicação dessa convenção ou decisão, o que, desde logo, implica que são os termos de vigência deste último instrumento que determinam o ciclo de eficácia da portaria.

A adesão, por seu turno, é o efeito típico de um *acordo* que coloca a entidade aderente em posição igual à dos outorgantes originários da convenção colectiva a que se refere. Esse efeito insere-se na linha de desenvolvimento dos princípios básicos da contratação colectiva: só se consideram legitimadas para a adesão entidades que podem ser partes numa convenção colectiva, e os efeitos jurídico-práticos do acto produzem-se pela via do princípio da filiação.

Desde logo, isto significa que uma convenção colectiva pode ver o seu âmbito de aplicação alargado, cumulativamente, por extensão e por adesão.

11. *A adesão individual dos não sindicalizados.* Já atrás se abordou (cap. 25, nº 6), então na perspectiva da liberdade sindical, o regime contido no art. 497º (alterado pela L. 93/2019). Retornamos a ele, agora como possibilidade de superação das consequências naturais do princípio da dupla filiação. Recordar-se-á que se trata da hipótese de adesão individual dos trabalhadores não sindicalizados a uma convenção colectiva vigente na empresa em que exercem a sua actividade.

Na aparência, a hipótese refere-se apenas aos casos em que existem, para uma mesma organização de trabalho, vários regimes convencionais paralelos, isto é, aplicáveis aos mesmos grupos profissionais. Tratar-se-ia, então, de consagrar uma faculdade de escolha entre essas várias convenções – ainda que pouco congruente com a pureza do princípio da dupla filiação. Mas não. O nº 1 do artigo citado reporta-se à existência (isto é, aplicabilidade), numa empresa, de

[17] O art. 514º inclui entre os pressupostos da extensão a existência de "circunstâncias sociais e económicas que a justifiquem".

"*uma* ou mais convenções colectivas ou decisões arbitrais", o que tratando-se de uma "escolha", confere à norma o aspecto de uma pequena malícia do legislador. É assim entregue aos trabalhadores não sindicalizados a faculdade de *adesão individual* ao regime colectivo que a cada um deles deverá ser aplicado. Tal "escolha" redunda na submissão do trabalhador a um regime laboral pré-definido por convenção colectiva ou decisão arbitral que não lhe é directamente aplicável.

Na verdade, a ideia pouco tem de novo. O art. 15º L. 99/2003 (que, recorde-se, aprovou o CT na sua versão originária) consagrava já um direito de escolha da convenção aplicável, mas com pressupostos e consequências diferentes. O que estava aí em causa era um mecanismo de transição de convenções anteriores ao Código para convenções mais modernas. A celebração, posterior ao Código, de uma convenção aplicável numa empresa em que vigorasse convenção antiga daria lugar à faculdade de escolha entre uma e outra por parte de trabalhadores não abrangidos pela primeira, isto é, não filiados no sindicato que a outorgou – fossem eles não sindicalizados, ou filiados noutro sindicato. Por outras palavras: uma convenção nova, subscrita pelo sindicato A, poderia ser preferida à convenção antiga, celebrada pelo sindicato B, por escolha dos trabalhadores não filiados no sindicato A. O art. 497º da nova codificação converte esse dispositivo transitório numa regra geral, em todo o caso aplicável apenas a trabalhadores *não sindicalizados*.

De resto, há também faculdade de escolha da convenção aplicável na hipótese, que versaremos a seguir, de *concorrência* entre convenções.

12. *A taxa de adesão*. À regra do art. 497º, liga-se uma outra, claramente inovatória: a que admite a possibilidade de a convenção "escolhida" estabelecer uma espécie de *taxa de adesão* a pagar pelo trabalhador optante aos sindicatos celebrantes, "a título de comparticipação nos encargos da negociação" (art. 492º/4).

A lei não esclarece se este "montante" deve ser pago de uma só vez ou se destina a ser dividido pelos meses que, por exemplo, medeiam entre a data da escolha e o termo da vigência da convenção. Esta última hipótese parece a mais plausível, mas acentua a semelhança entre a taxa de adesão e a quotização sindical, suscitando o risco de inconstitucionalidade, face ao teor do art. art. 55º/2-*b*) CRP.

Cremos, todavia, que a semelhança não se confunde com identidade. A razão de ser da taxa de adesão é clara e concreta. Não se trata de participar nos custos do funcionamento do sindicato, numa perspectiva de solidariedade de classe ou de grupo profissional – trata-se de pagar um «preço» por um benefício que o trabalhador não sindicalizado não teria, de acordo com as regras normais, o direito de exigir. Questão diferente é a de saber se o novo dispositivo legal é de molde a favorecer ou a desfavorecer a sindicalização.

E) A concorrência e a articulação de convenções[18].

13. *O problema da concorrência de convenções.* Pode ainda dar-se o caso de uma mesma relação de trabalho se encontrar no âmbito de aplicação de duas convenções colectivas diferentes, porventura com regimes conflituantes entre si.

Na prática, tal situação ocorrerá somente nas empresas que se dediquem a mais de uma actividade económica.

Se a firma A fabrica móveis e simultaneamente os vende em estabelecimento próprio, sendo por isso filiada em duas associações patronais (uma de industriais e outra de comerciantes), pode ser que o trabalhador B, empregado de escritório, ao serviço da firma e filiado no respectivo sindicato, se veja confrontado com uma convenção celebrada por este com a associação de industriais e outra com a de comerciantes.

Qualquer das convenções em presença pode aspirar, legitimamente, à regulação desse contrato de trabalho. Nenhuma delas pode ser excluída *a priori*. Mesmo depois de resolvida a concorrência, ambas continuarão a vigorar, nos respectivos âmbitos. Mas, para o caso concreto do contrato de trabalho em que o empregador está simultaneamente no raio de acção de duas convenções com conteúdos divergentes, parece necessário realizar (para além do que se obtém através do critério geral da filiação) uma operação complementar de determinação do regime convencional aplicável.

Tal é o problema da concorrência de convenções.

14. *A conglobação.* O primeiro aspecto desse problema consiste em se saber se é ou não necessário *eleger uma* das convenções concorrentes como único estatuto das relações de trabalho em causa – ou se, pelo contrário, poderá admitir-se a *aplicação de ambas*, segundo um adequado arranjo das suas cláusulas (por

[18] O problema da concorrência é tratado no CT tanto em relação às convenções colectivas (ou, melhor, aos instrumentos de regulamentação colectiva "negociais") como tendo em vista os instrumentos de origem administrativa. A eventualidade de concorrência neste último caso não é de excluir. Mas as soluções do art. 483º seriam atingíveis por aplicação de outras regras respeitantes à preferência legal por alguns instrumentos sobre outros. E deixam em aberto a possibilidade de concorrência entre regulamentos de condições mínimas que, embora pouco provável, pode ocorrer. De qualquer modo, trata-se no texto somente da concorrência que deriva do factor intra-sistemático que é o princípio da filiação, e, portanto, da que pode surgir entre convenções colectivas de trabalho.

exemplo, o que resultaria do aproveitamento, em cada convenção, dos pontos em que ela é mais favorável ao trabalhador do que a outra). Conforme a resposta, estar-se-á, respectivamente, a aplicar o critério da *conglobação* ou o critério do *cúmulo*.

Quanto a este aspecto, é largamente dominante, de *iure constituendo*, a tese da conglobação, a única conforme ao princípio da "unidade da convenção" a que se refere a doutrina germânica[19]. Na verdade, «uma convenção colectiva é um acordo global sobre condições de trabalho que traduz um equilíbrio temporário entre o que se dá e o que se pede»[20]. Construir uma combinação de elementos colhidos nas duas convenções equivaleria a abstrair de que cada um deles se explica pelo contexto em que está integrado e só foi objecto de acordo nesse mesmo contexto, tendo com os restantes aspectos dele um nexo de recíproca condicionalidade.

As soluções oferecidas pela nossa lei, no art. 482º, assentam no acolhimento do princípio da conglobação.

15. *Os critérios de escolha da convenção aplicável.* Mas, se é preciso eleger uma das convenções concorrentes, para só essa se aplicar às relações de trabalho em questão, que critério há-de presidir a tal escolha?

São, a este respeito, bastante divergentes as soluções propostas. Uma delas consiste em se preferir a convenção aplicável à actividade predominante da empresa[21]; outra, em se destacar a que se mostra mais favorável aos trabalhadores abrangidos pela concorrência.

A lei anterior à codificação acolhia, claramente, esta última orientação[22], pressupondo a necessidade de se designar uma só das convenções concorrentes, e atribuindo aos sindicatos um papel de relevo nessa designação A alínea *b*) do nº 2 do artº 14º LRCT dispunha: «prevalecerá o instrumento que for considerado no seu conjunto mais favorável pelo sindicato representativo do maior número dos trabalhadores em relação aos quais se verifica a concorrência desses instrumentos».

Tratava-se, pois, de uma opção entregue a um dos sindicatos outorgantes das convenções concorrentes, faculdade que devia ser exercida em certas condições de

[19] Cfr. Hueck/Nipperdey, *Compendio* 368. Não assim, porém na doutrina e na jurisprudência francesas: cfr. Despax 305.

[20] Caupers/Magalhães 61.

[21] Era a orientação da nossa jurisprudência até 1974 e é ainda a directriz preferida na doutrina alemã cfr. Hueck-Nipperdey 368.

[22] Salvo no que toca ao caso de confronto que envolva um acordo colectivo ou um acordo de empresa – em que este prevalecerá em homenagem à ideia de preferência do regime especial sobre o geral (art. 482º/1-*a*)).

tempo e de forma e cujo não exercício era suprível, quer pela expressão directa da vontade da maioria dos trabalhadores atingidos, quer, em último recurso, pela prevalência da convenção mais recente.

O regime contido no art. 482º CT só difere do antecedente pelo facto de excluir a intervenção sindical na determinação da convenção prevalecente.

Com efeito, o primeiro critério utilizável é o da *preferência pela especialidade sobre a generalidade*: o acordo de empresa prevalece sempre, o acordo colectivo sobrepõe-se ao contrato colectivo. Trata-se, porém, de um critério supletivo: o nº 5 do artigo citado (com a redacção da L. 23/2012) admite que ele seja afastado por um qualquer regime de *articulação* convencionalmente estabelecido entre convenções de diferente nível, "nomeadamente interconfederal, sectorial ou de empresa".

A articulação implica que sejam *simultaneamente* aplicáveis à mesma relação de trabalho disposições de convénios colectivos com diversos graus de generalidade. Por exemplo: as prestações remuneratórias devidas aos trabalhadores e os seus montantes mínimos são definidos por contrato colectivo; mas cabe aos acordos de empresa, onde existam, a fixação dos respectivos valores. Uma outra hipótese (contemplada na al. *b)* do mesmo nº do art. 482º) é a de *reserva* de certas matérias para convenção colectiva de determinado nível (por exemplo: o processo de cálculo das compensações por cessação de contratos de trabalho só pode ser estabelecido a nível sectorial, ou seja, por contrato colectivo).

Se existir numa convenção colectiva uma cláusula de articulação, essa convenção deve, nos termos do art. 486º/2-*c)* (com a redacção dada pela L. 23/2012), ser identificada, com a sua data de publicação, por qualquer proposta de negociação que se situe no seu âmbito de aplicação (exº: uma proposta de acordo de empresa num sector coberto por um contrato colectivo com cláusula de articulação deve identificar este mesmo instrumento negocial).

Num segundo plano, surge o mecanismo de escolha entre convenções *com o mesmo nível de generalidade*. Esse critério é ainda, certamente, o da maior vantagem para os trabalhadores; todavia, a escolha é feita, não pelo sindicato, mas pela maioria dos trabalhadores em relação aos quais se verifique a concorrência. O modo por que essa preferência maioritária pode ser encontrada não é definido pelo CT; o art. 482º/2 limita-se a fixar um prazo (30 dias) para que ela seja comunicada ao empregador e ao Ministério do Trabalho. Se o não for, entrará em jogo o critério de recurso que a lei anterior também já adoptava: aplica-se a convenção mais recente. E, se mesmo este falhar (por ter havido simultaneidade da publicação), lançar-se-á mão do critério da actividade predominante.

Anote-se, por outro lado, que a escolha feita pela maioria dos trabalhadores é irrevogável enquanto vigorar a convenção eleita (nº 4), solução dirigida à salvaguarda da certeza do direito, mas relacionada também, por certo, com o fenómeno da «modelação interna» do conteúdo das relações de trabalho pela convenção aplicável, tal como resulta do mecanismo de recepção automática a que oportunamente se aludiu. Por isso, cremos que a regra se aplica a qualquer das restantes formas de determinação da convenção aplicável.

A lei regula ainda outras hipóteses de concorrência: a que pode ocorrer entre instrumentos de regulamentação colectiva não negociais – que são, recorde-se, a portaria de extensão, a portaria de condições de trabalho e a decisão de arbitragem não voluntária – (art. 483º) e a que surge entre instrumentos negociais e não negociais (art. 484º).

Quanto à primeira, há que salientar duas notas: a prevalência conferida à decisão arbitral sobre os instrumentos de origem administrativa, e a prevalência da portaria de extensão sobre a portaria de condições de trabalho, que reflecte a natureza de "norma em branco" que pertence à primeira, na sua ligação a uma convenção colectiva – ou seja, ainda, no seu papel de expressão de uma regulamentação colectivamente autónoma.

Quanto à segunda modalidade, ela vem evidenciar que existe, na "categoria" dos IRCT, uma *hierarquia*: as convenções colectivas prevalecem sobre ("afastam a aplicação" de) os instrumentos não negociais.

II. O âmbito territorial da convenção colectiva.

16. A definição do âmbito territorial; 17. A "extensão geográfica".

16. *A definição do âmbito territorial.* A definição da área geográfica em que se aplica uma convenção colectiva é um dos elementos do seu «conteúdo obrigatório», nos termos do artº 492º. Essa área pode, com efeito, ser a de todo o território nacional, a de uma província ou distrito, ou, simplesmente, a de uma empresa.

Em princípio, a área de aplicação das convenções não constitui uma referência autónoma: ela será a correspondente à zona de intersecção dos âmbitos geográficos cobertos pelas entidades outorgantes[23].

Se uma federação nacional de sindicatos subscreve um contrato colectivo com uma associação distrital de comerciantes, o âmbito territorial desse contrato, será, *em princípio*, o do distrito em causa.

Pode, todavia, não ser esse o objectivo das partes – pode, por exemplo, dar-se o caso de se querer cobrir apenas as empresas comerciais da cidade capital do distrito –, e daí que a definição expressa desse ponto seja exigida para rigoroso apuramento da identidade da convenção.

17. *A "extensão geográfica"*[24]. Como se assinalou já, o âmbito territorial da convenção pode ser também alargado, depois da sua entrada em vigor, mediante *extensão.*

> Uma das hipóteses para as quais o Código de 2003 previa a faculdade de emissão de regulamentos de extensão era a de se pretender cobrir empregadores e trabalhadores do mesmo «âmbito sectorial e profissional», mas de *área diversa* da da convenção, pelo facto de não existirem organizações representativas daqueles. Tudo quanto, adicionalmente, se exigia era a «identidade ou semelhança económica e social» entre a área originariamente visada pela convenção e a da extensão.

O regime da extensão é, no Código de 2009, manifestamente mais liberal do que a tradição legislativa correspondente. Mas o critério de adequação económica e social mantém-se: o âmbito territorial de uma convenção só pode ser objecto de alargamento administrativo "mediante ponderação de circunstâncias sociais e económicas", entre as quais avulta a aludida "identidade ou semelhança económica e social" (art. 514º/2). De resto, o quadro dos requisitos legais é com-

[23] A definição do âmbito geográfico é também um dos pontos do conteúdo obrigatório dos estatutos das associações sindicais e das associações de empregadores (artº 450º).

[24] Veja-se também sobre o tema supra, cap. 2, nºs 32-33 e este cap., nº 8.

plementado por condições de "representatividade" exigidas pelo Governo para decidir a extensão[25].

O mesmo efeito se pode obter por *adesão*, nos termos atrás apontados. Tudo está em que a entidade destinatária da proposta de adesão (e, obviamente, subscritora da convenção a que se pretende aderir) inclua no seu próprio âmbito territorial de representação (constante dos respectivos estatutos) a área ou zona relativamente à qual a adesão produzirá efeitos.

[25] Resol. CM 43/2014, DR nº 122, 1ª série, de 27 de Junho, já citada.

III. O âmbito temporal da convenção colectiva.

A) Vigência e sobrevigência. – ***a) A vigência, o regime da sobrevigência e a caducidade da convenção colectiva.*** – 18. O início da vigência; 19. A sobrevigência; 20. As cláusulas de continuidade; 21. A sobrevigência limitada. – ***b) A cessação da vigência da convenção.*** – 22. Revogação, suspensão e caducidade da convenção; 23. Denúncia, sobrevigência, ultra-actividade, caducidade; 24. A pós-eficácia da convenção caducada; 25. A incorporação de conteúdos regulatórios; 26. A arbitragem obrigatória. – **B) A produção de efeitos no tempo.** – 27. Início de vigência e produção de efeitos; 28. A retroactividade; 29. A aplicação das cláusulas retroactivas. – **C) A sucessão de convenções colectivas.** – 30. A modificabilidade das convenções; 31. O regime da sucessão de convenções; 32. A redução ou eliminação de direitos.

A) Vigência e sobrevigência.

a) A vigência, o regime da sobrevigência e a caducidade da convenção colectiva.

18. *O início da vigência.* Os efeitos de uma convenção colectiva produzem-se durante um certo período que a lei, tendo em atenção a natureza *normativa* do essencial desses efeitos, designa como *prazo de vigência.* Ele é, normalmente, fixado pela vontade das partes; mas o CT oferece uma regra supletiva: no caso de a convenção ser omissa sobre o ponto, considera-se que vigora por um ano (art. 499º).

O Código de 2003 formulava, a este respeito, uma estranha solução: como resultava do seu artº 543º/*f*), a indicação do prazo de vigência constituía um dos elementos do conteúdo *obrigatório* do negócio colectivo – *se existisse.* Ou seja: as partes não tinham que o estabelecer, mas, se o acordassem, teriam que o fazer figurar na convenção. Tratava-se, pois, de um elemento facultativo do conteúdo obrigatório da convenção...

A *vigência* de uma convenção inicia-se (o que equivale a dizer que ela «entra em vigor») somente *após a publicação,* «nos termos da lei», como dispõe, para o conjunto dos instrumentos de regulamentação colectiva, o art. 519º/1.

Dado que a data da publicação é, em geral, incerta para as partes – dependendo, sobretudo, da maior ou menor prontidão do depósito, que é um processo administrativo conduzido pelo Ministério da área laboral –, o momento da entrada em vigor está subtraído à disponibilidade dos outorgantes[26].

[26] No domínio da lei anterior, e apesar de a LRCT determinar que a publicação se fizesse «nos quinze dias seguintes ao depósito», verificavam-se correntemente intervalos maiores.

Por outro lado, a própria determinação da data da publicação suscitou, no passado, algumas dúvidas, em consequência do desfasamento entre o momento em que cada número do *Boletim do Trabalho e Emprego* era efectivamente distribuído (posto à disposição dos interessados) e a data que nele figura. Desde 1978, está pacificamente estabelecida a orientação segundo a qual deve considerar-se que a data da publicação é *a data da distribuição*[27], que é hoje efectuada por via electrónica.

Normalmente, a entrada em vigor de uma convenção (como a de uma lei) coincide com o início da produção dos seus efeitos normativos. Mas pode ser estipulado que uma convenção reporte os seus efeitos a um momento posterior ou anterior ao do início da sua vigência. Teremos então, respectivamente, efeitos diferidos e retroactividade. Mas estas projecções de efeitos para o passado ou para o futuro só podem ser produzidas por uma convenção *em vigor*. Por outras palavras: só com a publicação e entrada em vigor de uma convenção pode esta produzir efeitos retroactivos ou diferidos. Voltaremos ao tema mais adiante.

19. *A sobrevigência.* O termo sobrevigência (para o qual têm sido apresentados como sinónimos "ultra-actividade" e "pós-eficácia") designa a situação de uma convenção colectiva que continua a *vigorar* para além do prazo acordado ou legalmente determinado.

A concepção mais tradicional da contratação colectiva ligava-lhe uma ideia de *continuidade*: sem prejuízo das alterações mais ou menos frequentes que a evolução das circunstâncias impusesse, e independentemente do período de vigência estabelecido, a regulamentação convencional não deveria poder sofrer descontinuidades. A continuidade da cobertura convencional seria assegurada por sucessivos acordos. Desde que houvesse uma convenção para certo âmbito, ela só cessaria os seus efeitos se e quando surgisse convenção *substitutiva*. Esse resultado era garantido, na lei anterior ao Código, por uma norma expressa e inequívoca: a do art. 11º/2 da antiga LRCT[28]. Daí, em suma, uma *sobrevigência* potencialmente ilimitada.

[27] Vd. BTE nº 3, 1ª série, de 22-1-78, 266. No entanto, a recente implementação do BTE electrónico retira todo o sentido à questão: a publicação e a distribuição coincidem.

[28] Era a seguinte a redacção do preceito: "A convenção colectiva e a decisão arbitral mantêm-se em vigor até serem substituídas por outro instrumento de regulamentação colectiva". Note-se, porém, que a ideia de sobrevigência limitada (ao tempo razoável para se fazer a renegociação de uma convenção após o termo do seu prazo de vigência) não estava inteiramente ausente da jurisprudência e da doutrina anteriores ao Código de 2003. Veja-se, por exemplo, o Ac. STJ 2/7/2003 – P. 02S3745, onde se repeliu a tese sustentada no Ac. Rel. Lisboa 6/6/2002 – P. 1990/02, a qual, por sua vez, se alicerçava em construção teórica de Bernardo Xavier, no seu *Curso de Direito do Trabalho*, 2ª ed. cit., 250.

O CT segue orientação radicalmente diversa[29]: é preciso dar prioridade à renovação periódica dos regimes convencionais, atribuindo-lhes vigência limitada, ainda que à custa de alguma eventual descontinuidade (por não surgir, no tempo considerado conveniente, convenção substitutiva).

Assim, a convenção colectiva vigora pelo prazo nela acordado, como determina o art. 499º/1, ou terá o termo supletivo de um ano (nº 2). A lei esclarece também que, esgotado o prazo de vigência, há lugar a renovações sucessivas, que, conforme os casos, serão por prazos idênticos ao acordado ou, no caso de tal estipulação não existir, por prazos de um ano[30].

O princípio da continuidade está impresso neste regime. Ele implica que a vigência de uma convenção nunca cessa por mero efeito do esgotamento de um prazo, seja ele o estipulado pelas partes, ou o fixado supletivamente pela lei, ou, ainda, o resultante da renovação de qualquer deles. A cessação de uma convenção colectiva só pode ser desencadeada por *manifestações de vontade*: ou de ambas as partes, e ter-se-á a *revogação* (certamente ligada à entrada em vigor de uma convenção nova e, por conseguinte, coberta pelo regime da *sucessão* de convenções, a que aludiremos adiante); ou de um só dos contraentes (através de denúncia), e tratar-se-á da revisão (*substituição*) ou da *caducidade* da mesma convenção.

Este último mecanismo é, com efeito, posto em marcha pela *denúncia* da convenção, a qual, nos termos do art. 500º, pode ser efectuada por qualquer dos outorgantes e a todo o tempo.

Como se notou atrás, a revisão de 2009 eliminou a condição de que a declaração de denúncia fosse pronunciada com certa antecedência (três meses) relativamente ao termo do prazo de vigência (inicial ou decorrente de renovação) que estivesse em curso[31].

20. *As cláusulas de continuidade.* Como se disse, o regime anterior à codificação assentava na *continuidade* dos regimes convencionais, quer ela fosse obtida pela

[29] Tão diversa que, na revisão de 2009, foi introduzida uma regra (artº 10º L. 7/2009) destinada a neutralizar, nas convenções anteriores ao Código, as cláusulas que reproduziam o regime da LRCT, e que eram invocadas, na vigência do CT de 2003, para garantir a sobrevigência ilimitada dessas convenções.

[30] O sistema de renovações sucessivas das convenções colectivas, que permite recolocar, de tempos a tempos, a questão da sua cessação, constitui inovação do CT. Como se notou, a LRCT limitava-se a determinar a prorrogação indefinida da vigência da convenção até surgir outra que a substituísse. Estava, pois, excluído qualquer sistema de renovação automática como aquele que o CT agora define.

[31] Note-se, pois, que a convenção pode ser denunciada imediatamente depois da publicação e entrada em vigor, embora o produto da negociação subsequente só possa entrar em vigor no termo da vigência da convenção objecto de denúncia. Nos termos da LRCT, a denúncia só podia, em regra, ser feita dez meses depois da entrega para depósito da convenção.

renovação automática das convenções, quer decorresse da substituição de uma convenção por outra. Desde logo, essa característica derivava da lei (art. 11º/2 LRCT), mas baseava-se também numa prática convencional uniforme, no sentido da inclusão, em cada convenção, de uma *cláusula de continuidade* – uma cláusula segundo a qual, independentemente do prazo de vigência estipulado ou supletivamente aplicado, ela vigoraria necessariamente até ser substituída por outra no mesmo âmbito.

A política legislativa que, no CT 2003, se concretizou pela adopção de um princípio de sobrevigência limitada e pela admissão da hipótese de caducidade da convenção sem substituição dela, apontava em sentido exactamente oposto àquele que decorria de uma longa tradição legislativa e convencional.

No entanto, o CT 2003 fazia depender a aplicação desse regime (sobrevigência limitada) do facto de a convenção "não regular a matéria", isto é, não definir a sorte da convenção após o decurso do prazo de vigência (art. 557º/2). E é claro que as referidas cláusulas de continuidade constituíam regulamentação da "matéria" - elas definiam justamente o regime aplicável após o esgotamento do prazo de vigência, que era o da sobrevigência ilimitada, até à substituição por outra convenção. Por esta razão, o mecanismo da caducidade de convenções idealizado pelo legislador deparava, em muitos casos - praticamente todos os de convenção antiga –, com um factor paralisante.

A questão veio a ser abordada pelo CT 2009. O art. 501º/1 impõe a *caducidade das cláusulas de continuidade* após o decurso de um certo prazo sobre um dos seguintes factos: a última publicação integral da convenção, a denúncia da mesma, ou a apresentação de proposta de revisão que inclua a alteração dessa cláusula (naturalmente no sentido da sua eliminação). O prazo era, originariamente, de cinco anos, mas é hoje de *três* anos[32].

21. *A sobrevigência limitada.* O CT estabelece, pois, ao contrário da lei anterior à codificação, um sistema de *sobrevigência limitada*[33]. Em bom rigor, nem é disso que se trata. Com efeito, os prazos de vigência admitidos no art. 499º são, qualquer deles, *sujeitos a renovação.* Isto significa que as convenções nunca estão em situação de verdadeira sobrevigência (no sentido de produzirem efeitos para além dos limites da sua vigência pré-definida): elas permanecem sempre *dentro de um prazo de vigência determinado,* que resulta da lei ou do consenso (tácito) das partes.

[32] Na nova redacção dada ao art. 501º pela L. 23/2012.

[33] A questão da conformidade constitucional dos regimes de sobrevigência limitada instituídos pelos CT 2003 e 2009 foi examinada - com conclusões no sentido da constitucionalidade - pelos Acs. TC 306/03, de 25/06/2003 e 338/2010, de 22/09/2010.

O regime legal opera no sentido de pôr um termo a essa renovação sucessiva das convenções. O sistema instituído pressupõe, no entanto, como se disse, um comportamento activo de um dos outorgantes: a denúncia da convenção, a qual implica (isto é, só se considera atendível com) apresentação de uma proposta negocial. Isto significa que uma convenção continua a poder vigorar indefinidamente, desde que nenhum dos outorgantes tome a iniciativa de a denunciar. Dir-se-á, então: a convenção mantém-se em vigor por *consenso tácito* dos contraentes.

b) A cessação da vigência da convenção.

22. *Revogação, suspensão e caducidade da convenção.* A cessação da vigência da convenção colectiva pode, nos termos do art. 502º, produzir-se por duas vias: a revogação e a caducidade.

A revogação decorre de um *acordo* das partes: um acordo extintivo ou revogatório – é certo – mas, em todo o caso, algo como um instrumento de regulamentação colectiva *inominado*, cujo objecto consiste na cessação da vigência de uma convenção pré-existente. Na mesma linha lógica, a revogação implica a neutralização completa dos efeitos da convenção, salvo aqueles que o mesmo acordo preserve. O acordo revogatório está, de harmonia com a mesma perspectiva, sujeito a depósito e a publicação como as convenções colectivas (art. 502º/4).

A hipótese mais frequente de revogação é a *sucessão* de convenções (art. 503º): a revisão de uma convenção por outra tem como consequência a revogação total ou parcial da primeira.

A *suspensão* da aplicação de uma convenção colectiva é uma figura introduzida recentemente[34] no quadro legal definidor do âmbito temporal de vigência e eficácia da convenção colectiva (art. 502º/2 CT). Trata-se de um recurso utilizável no contexto de *crise empresarial*, tendo como necessário fundamento um *acordo escrito* entre as entidades subscritoras da mesma convenção, sujeito a depósito e publicação (nº 4 do art. citado). A suspensão da aplicação da convenção produz, *a título temporário*, o mesmo efeito que a revogação implica a título permanente: a neutralização da eficácia da convenção, pelo período estipulado, com ressalva dos efeitos preservados no mesmo acordo.

A *caducidade*, por seu turno, produz-se *ope legis*, mediante a combinação certos factos ou circunstâncias a que a lei liga a consequência de fazer cessar a eficácia normativa da convenção. Estão contempladas no art. 502º/1 duas hipóteses de caducidade: a que pode decorrer da *denúncia* da convenção por uma das partes, e do decurso de certo lapso tempo (art. 501º) e a que resulta da

[34] Alteração da redacção do art. 502º CT pela L. 55/2014, de 25 de Agosto.

extinção de uma associação sindical ou de empregadores que tenha subscrito a convenção (art. 456º). Abordaremos um pouco adiante, desenvolvidamente, a primeira hipótese.

Quanto à segunda, cabe notar que o art. 502º/1 (na redacção dada pela L. 93/2019) trouxe consigo solução expressa para um problema que, em bom rigor, o direito comum dos contratos permitiria esclarecer sem grandes dúvidas: o desaparecimento de uma das partes de um contrato tem como efeito natural a cessação do vínculo por caducidade. O que confere matizes próprios à questão referida à convenção colectiva de trabalho é o facto de esta ter eficácia *normativa*, projectada sobre contratos individuais que permanecem em vigor para além do momento em que, porventura, essa eficácia cesse. O regime definido pela nova redacção do art. 502º não só determina a caducidade da convenção em caso de extinção de uma entidade subscritora, mas vai mais além, estabelecendo em que medida são salvaguardados os conteúdos dos contratos individuais abrangidos, em termos iguais aos que fixa para o caso de caducidade de convenção denunciada (art. 501º/8) e que serão considerados um pouco adiante.

23. *Denúncia, sobrevigência, ultra-actividade, caducidade.* A denúncia constitui uma manifestação de vontade unilateral no sentido de fazer terminar a vigência da convenção. Ela não produz, porém, de imediato, o efeito visado. Como negócio extintivo, está dependente do decurso de certos prazos e da ocorrência de certas condições. Em rigor, funciona apenas como acto-condição do desencadeamento de um processo desenhado na lei e que pode tanto pode conduzir à *revogação* (por celebração de uma nova convenção no mesmo âmbito) como à *caducidade* da convenção, sem sucessão.

O efeito que a denúncia produz, de imediato e por si só, é o de abrir a referida sequência legal (estabelecida no art. 501º/3 a 6), prolongando a vigência da convenção, *ope legis*, pelo tempo considerado razoável para que uma nova regulamentação convencional possa ser concluída no mesmo âmbito, incluindo as hipóteses de recurso a conciliação, mediação e arbitragem.

Convém distinguir entre duas modalidades distintas de extensão temporal dos "efeitos" da convenção colectiva: uma diz respeito à *vigência* da convenção, como norma, como fonte de direito, e traduz-se na ampliação dessa vigência, *por força da lei*, para lá do termo estipulado ou da denúncia por uma das partes; outra refere-se à possibilidade – que não é segura *a priori* – de o conteúdo da convenção, ou parte dele, ser absorvido pelos contratos individuais integrados no seu âmbito de aplicação, permanecendo assim juridicamente "activo" para além do termo daquela vigência.

O termo "sobrevigência" ajusta-se à primeira modalidade, reflectindo o carácter *artificial* dos mecanismos pelos quais é mantida a eficácia normativa da convenção, sem o originário suporte contratual (dado que o acordo cessou no termo estipulado ou com a denúncia por uma das partes). Durante esse período, a convenção conserva apenas a sua natureza normativa, perdendo, necessariamente, a eficácia obrigacional que lhe advinha do fundamento contratual[35].

É, no entanto, necessário ainda precisar que a "sobrevigência" só ocorre verdadeiramente quando a vigência da convenção deixa, de todo, de poder imputar-se à vontade comum dos contraentes. Não há sobrevigência quando a inércia das partes permite presumir a sua conformidade com a *renovação* automática a que alude o art. 499º/2 CT. Não há, também, a nosso ver, sobrevigência – mas mera extensão da vigência inicialmente estipulada – quando, como se refere no art. 501º/10 CT, a vigência da convenção é *prorrogada por acordo das partes*, depositado e publicado nos termos da lei. A sobrevigência é um fenómeno criado pela lei, à margem da vontade dos sujeitos colectivos interessados, para se aplicar em face de situações de iminente descontinuidade de um regime convencional-colectivo.

Por seu turno, a palavra "ultractividade" parece adequada ao referido fenómeno de "sobrevivência", no plano das relações individuais de trabalho, de direitos e obrigações oriundos da convenção colectiva extinta. Poderia dizer-se que, nesse caso, os conteúdos absorvidos pelos contratos individuais estariam já desconectados da convenção, não havendo, pois, lugar a qualquer ideia de projecção da eficácia desta. Mas esse suposto "desligamento" não reflecte os dados pertinentes do direito positivo. Os nºs 3 e 4 do art. 503º CT evidenciam que, na perspectiva da lei, a génese convencional-colectiva fica gravada nos respectivos direitos e benefícios, que se incorporam no "património contratual" do trabalhador, de modo que – ao contrário dos que foram criados por estipulações individuais – se mantêm expostos a modificações ou eliminações decorrentes de nova contratação colectiva. Faz, pois, sentido, jogar com a ideia de uma espécie de "legado" da convenção extinta, recolhido no plano das relações individuais de trabalho. E o termo "ultractividade" parece ajustar-se a tal fenómeno.

De qualquer modo, a terminologia relevante é a que o legislador utiliza. No CT, parece que o termo "sobrevigência" corresponde ao significado que atrás se apontou: vigência da convenção para além da denúncia, determinada pela lei e independente da vontade dos sujeitos colectivos implicados. O regime de sobrevigência é desenhado, exclusivamente, em vista da hipótese de "convenção que não regule a sua renovação" (art. 501º/2)[36]. Não há, pois, sobrevigência assente na vontade das partes,

[35] Curiosamente, a natureza contratual da convenção parece poder ser "reavivada", pelo mecanismo previsto no nº 10 do art. 501º do CT, a que se faz referência no texto: durante o período de sobrevigência, as partes podem *acordar a prorrogação da vigência* da convenção por um período determinado. Esse acordo deve ser depositado e publicado como qualquer outra convenção colectiva.

[36] Na verdade, a complicada tessitura do regime contido no art. 501º do CT é susceptível de gerar equívocos vários. Um deles referir-se-á aos pressupostos da aplicação do regime de sobrevigência limitada: o nº 2 desse artigo sugere uma disjunção ("Após a caducidade da cláusula... ou em caso de

embora estas possam, como se previne no art. 501º/10, convencionar "a prorrogação da vigência", gerando uma situação de temporário revigoramento do substracto contratual da convenção e, por conseguinte, dos seus efeitos obrigacionais.

A sobrevigência após a denúncia tem duração variável. Assim:

a) No mínimo, estender-se-á por *doze meses* (art. 501º/3) - mesmo que, porventura, não se desenvolvam quaisquer diligências negociais, conciliatórias ou arbitrais destinadas a propiciar uma nova convenção. Um "mínimo" condicionado, no entanto: pode suceder que as partes concluam e depositem um novo acordo antes de esgotado esse prazo, e não se vê razão para que a vigência deste deva ser retardada até ao esgotamento do referido lapso de tempo.

b) No máximo, poderá atingir dezoito meses, mas só se houver interrupção de negociações, com diligências conciliatórias, mediação e/ou arbitragem, por período superior a 30 dias. O novo art. 501º-A (introduzido pela L. 93/2019) prevê mesmo a hipótese de *suspensão do prazo de sobrevivência* se, por decisão arbitral, a requerimento de uma das partes, for entendido que há probabilidades de acordo, a procurar por mediação.

O art. 501º-A instituiu um novo procedimento destinado a, no mínimo, retardar a caducidade da convenção colectiva, abrindo um espaço de tempo adicional para a tentativa de conclusão de nova convenção. Esse procedimento parece assaz complexo e pouco promissor sob o ponto de vista da eficácia prática. Desde logo, a designação utilizada pela lei é eloquente: "arbitragem para a suspensão do período de sobrevigência e mediação pelo árbitro presidente" (nº 1 do art. citdeado).

Trata-se de uma arbitragem desencadeada, a pedido de uma das partes, pelo presidente do Conselho Económico e Social. O seu objecto é apenas, num primeiro momento, "a verificação da existência de probabilidade séria de as partes chegarem a acordo para a revisão parcial ou total da convenção colectiva" (nº 2). Se a conclusão do tribun denúncial for positiva a esse respeito, ele decide a suspensão do prazo de sobrevigência por prazo que não pode ultrapassar quatro meses (nº 4).

Na sequência dessa decisão, o árbitro presidente assume-se como mediador (nº 6), cabendo-lhe formular uma proposta de acordo dentro do prazo de suspensão - proposta essa que pode ser aceite ou recusada por uma ou ambas as partes. Se for aceite, estará encontrada solução que permitirá evitar o chamado "vazio contratual"; se for recusada, nada impede que, terminada a suspensão decretada pelo tribunal

convenção que não regule a renovação...") que, na realidade, não é logicamente viável. A caducidade da cláusula de sobrevigência ilimitada (descrita no nº 1 do mesmo artigo) é, decerto, condição prévia de viabilidade de qualquer regime de...limitação da sobrevigência. Mas, realizada essa condição (nos casos em que tal cláusula exista), o pressuposto da *aplicação* do regime de sobrevigência limitada é *sempre* a inexistência de regulação convencional da renovação. Não há, pois, disjunção, mas (em certos casos) conjunção de pressupostos.

arbitral, volte a haver (ou não) diligências negociais, até que se esgotem os prazos de sobrevigência. O mesmo sucede se a decisão do tribunal arbitral for negativa quanto à probabilidade de acordo.

Estes prazos contam-se a partir da data da denúncia (isto é, da recepção dela pelo destinatário), pois é esse o momento-chave para o desencadeamento do processo que pode conduzir à substituição ou à caducidade da convenção[37]. Por outro lado, trata-se de prazos cuja extensão efectiva fica, em larga medida, sob o controlo da parte interessada na cessação da vigência da convenção. Essa parte pode, na verdade, cooperar activamente na procura de um acordo substitutivo, ou, pelo contrário, participar nas negociações e outras diligências de modo relutante, ou mesmo em posição de bloqueio, visando a cessação pura e simples da convenção, no mais curto lapso de tempo.

Essa cessação, com efeito, depende de uma *comunicação* de uma das partes ao ministério da área laboral e à contraparte, constatando e dando nota de que o processo não conduziu a acordo (nº 6). Só a partir dessa comunicação se conta o prazo final, de 45 dias, até à caducidade da convenção. Assim, também nada impede que uma negociação prolongada, ou o recurso a processos de resolução de conflitos, estendam consideravelmente a sobrevigência, até à conclusão de novo acordo. Tudo depende, nessa fase, da estratégia seguida pela parte que declarou a denúncia.

Se, de todo o modo, este contraente interessado na cessação da convenção proceder com total diligência, visando a celebração de acordo substitutivo, aquela poderá ter, no máximo, uma vigência adicional (a partir da denúncia) de *dezanove meses e meio*. A "sobrevigência mínima" que o CT oferece às convenções denunciadas é de *treze meses e meio*.

No Código de 2003, havia parâmetros temporais mais estritos para o mecanismo da (possível) caducidade (vd. art. 557º). A denúncia determinava a renovação por um ano, e por ainda outro se houvesse negociação. Para além disso, a sobrevigência podia ainda alongar-se. Se, havendo negociação, se atingisse o termo do segundo ano de renovação (após a denúncia), não existindo ainda convenção substitutiva, mas estando em curso um processo de conciliação, mediação ou arbitragem, a vigência da convenção era prorrogada (sempre *ope legis*): no caso de conciliação ou mediação, por seis meses; no caso de arbitragem, até à entrada em vigor da respectiva decisão.

Atingido o limite temporal (isto é, esgotado o prazo de 45 dias contado a partir da comunicação de inexistência ou frustração das negociações), a convenção denunciada *cessa a sua vigência*, mesmo que não tenha sido possível atingir convenção substitutiva.

[37] Em edição anterior deste livro, sustentámos posição diferente sobre o ponto.

Nos termos do art. 502º/4, o "serviço competente do ministério responsável pela área laboral"[38] deve publicar, no *BTE*, um "aviso sobre a data da cessação da vigência de convenção colectiva" por caducidade. Este aviso, embora de indiscutível utilidade sob o ponto de vista da segurança jurídica e da prevenção de litígios, não assume papel constitutivo, mas meramente *declarativo* de uma situação cujos pressupostos e requisitos temporais (veja-se, em especial, o art. 501º/4) estão claramente definidos na lei. Com efeito, o pressuposto legal imediato da caducidade da convenção é o *decurso do prazo* de 45 dias sobre a comunicação de que "o processo de negociação terminou sem acordo". O mecanismo pelo qual a caducidade opera é claro e patente aos olhos dos interessados: a comunicação em causa é dirigida ao ministério da área laboral e "à outra parte", e com ela se inicia o curso do referido prazo – "após o que (*a convenção*) caduca", diz a lei. Verificado esse antecedente, a convenção deixou de vigorar. Não se encontra, no regime legal, espaço para que a cessação da convenção fique ainda dependente da publicação do aviso, ou seja, para que a este se atribua efeito constitutivo no processo[39]. O paralelo que, por vezes, se estabelece com a exigência de publicação da própria convenção não convence. Esse paralelo faz sentido relativamente ao acordo de revogação que se prevê no art. 502º/1-b), isto é, à manifestação de vontade extintiva proveniente dos sujeitos colectivos que criaram a convenção; não faz qualquer sentido na caducidade, pois não se corporiza num acto de vontade extintiva, mas numa consequência legal – a não ser que, por absurdo, se considere como acto extintivo... o aviso do ministério laboral. De resto, a experiência evidencia que essa concepção abriria caminho a intervenções administrativas menos desejáveis na aplicação do regime do art. 501º: a caducidade de uma convenção acabaria por ser imediatamente determinada por uma decisão da administração do trabalho (publicar ou não publicar o aviso), dando, inclusivamente, azo a desenvolvimentos contenciosos que não estariam, seguramente, na previsão do legislador.

24. *A pós-eficácia da convenção caducada.* O problema principal que deriva da hipótese de caducidade é o das suas consequências ao nível da situação contratual individual dos trabalhadores por ela abrangidos.

Trata-se de saber se e em que medida, para além da cessação da convenção, o seu conteúdo é susceptível de invocação no quadro dos contratos de trabalho existentes naquele que foi o seu âmbito de aplicação. Em princípio – mas só em princípio, como se verá –, se a resposta a essas perguntas for, nalguma medida,

[38] Circunlóquio tornado necessário pela extraordinária instabilidade orgânica que, neste domínio, se tem verificado.

[39] Nesse sentido, ainda, Rel. Porto 10/11/2018 – P. 14752/16.2T8PRT.P1 (Teresa Sá Lopes).

positiva, haverá que considerar os direitos e benefícios individuais ressalvados, e as correspondentes obrigações do empregador como insusceptíveis de ablação por decisão deste último.

No quadro do direito português, o art. 501º/8 do CT, na redacção dada pela L. 93/2019, ressalva, em caso de caducidade da convenção, os (efeitos) "já produzidos pela convenção nos contratos de trabalho", no que respeita a retribuição, categoria e respetiva definição, duração do trabalho, regimes complementares de proteção social, de parentalidade e de segurança e saúde no trabalho[40].

Deste texto podem retirar-se várias ilações quanto àquilo que se pode designar por "pós-eficácia" da convenção colectiva. A primeira consiste no reconhecimento de que esta produz efeitos nos contratos de trabalho, isto é, *penetra*, nalguma medida, no seu conteúdo, ainda que uma parte do resultado de tal "absorção contratual" venha a apagar-se com a caducidade da convenção. A segunda diz respeito à dimensão estritamente *individual* desse fenómeno: não são as normas da convenção que sobrevivem, é o conteúdo dos contratos individuais por ela determinados que se mantém. E a terceira é a de que, no direito positivo português, a referida absorção contratual só se consolida em aspectos que, de modo mais ou menos directo, respeitam ao sinalagma fundamental no contrato de trabalho: *actividade* versus *contrapartida económica*.

No entanto, estas ilações são insuficientes como directrizes de solução de casos concretos. O que é que, do conteúdo da convenção colectiva, *realmente se incorpora* nos contratos de trabalho, permanecendo para além da cessação daquela? Parece, na verdade, insuficiente dizer-se que cada trabalhador por ela abrangido mantém o direito à retribuição auferida (não ficando remetido à remuneração mínima mensal garantida...), conserva a categoria e com ela o descritivo de funções respectivo, e permanece vinculado ao mesmo período normal de trabalho que tinha (porventura inferior ao padrão legal das 40 horas semanais). Qualquer destas consequências deriva de garantias gerais do trabalhador ou de princípios do direito comum dos contratos – não careceria de expressa salvaguarda legal. Parece, pois, que a pós-eficácia da convenção cessante deve ser mais amplamente configurada.

25. *A incorporação de conteúdos regulatórios*. O conteúdo do contrato de trabalho é "composto" por contributos de várias origens.

Primeiro que tudo, integram-no as *estipulações das partes*, aquilo que consta das declarações (iniciais ou supervenientes) destinadas a estabelecer a vin-

[40] A solução tinha sido anteriormente introduzida pela L. 9/2006, de 29 de março, como alteração ao CT 2003.

culação e a definir, com maior ou menor amplitude, a natureza e a medida das prestações das partes (natureza da actividade, valor e estrutura da retribuição, período normal e local de trabalho). A extensão, o detalhe e a precisão destas determinações são, como se sabe, muitíssimo variáveis.

Depois, há que tomar em conta os *factos integrativos* que derivam da própria prática das relações de trabalho e que adquirem foros de contratualidade pelo expediente das manifestações tácitas de vontade. Trata-se, em suma, dos «usos laborais», nas suas vertentes integradora e vinculante (artº 1º CT).

Em terceiro lugar, surgem as *condições normativamente definidas por instrumento de regulamentação colectiva de trabalho*. De acordo do mecanismo de incorporação que, como se disse, rege a relação entre convenção colectiva e contrato individual, é óbvio que uma parte mais ou menos importante do «regulamento contratual» das relações de trabalho concretas deriva ou pode derivar de fonte colectiva (ou, é claro, legal). A usual incompletude das estipulações fixadas pela autonomia individual explica que uma parte importante do conteúdo dos contratos de trabalho acabe por ser preenchida por determinações colectivas.

Isto significa que o conteúdo do *regulamento contratual* das relações de trabalho – revestido, sob o ponto de vista juridico-formal, pelo «contrato individual de trabalho» – é, na realidade, um «composto» geneticamente heterogéneo, em que se articulam elementos positivamente «queridos» pelos sujeitos (ainda quando os conteúdos volitivos não tenham tradução expressa), e que exprimem o balanço de interesses e pretensões subjacente ao acto de vinculação (à celebração do contrato), com elementos de origem normativa, «contratualizados» por recepção ou absorção.

Há que ter em conta o facto de que tanto a convenção colectiva como o contrato de trabalho envolvem *conteúdos regulatórios*, naturalmente referidos a âmbitos diferentes. O contrato de trabalho, como qualquer contrato de execução duradoura, não se limita a definir estaticamente um quadro de créditos e débitos do trabalhador e do empregador; contém *regras* destinadas actuar consoante as circunstâncias e o desenvolvimento das relações contratuais.

Ora a leitura que parece garantir sentido útil pleno à ressalva do art. 501º/8 é a de que, relativamente aos trabalhadores que estavam abrangidos pela convenção caducada, aquilo que eram estipulações *colectivas* (normas), sobre as matérias ressalvadas nesse preceito, mantém-se como estipulações *individuais* (regras concretas), isto é, integradas no contrato individual de cada um desses trabalhadores, como se tivessem sido por ele acordadas com o empregador. Nisso se traduz o efeito *já produzido* pela convenção nos contratos abrangidos: essas regras *já* estão absorvidas desde a entrada em vigor da convenção ou da posterior celebração do contrato individual no seu âmbito de aplicação.

O que a lei faz é (na falta de acordo das partes) reconhecer a *destruição desses efeitos* por virtude da caducidade, com excepção dos referentes a certas matérias inerentes ao sinalagma fundamental. Assim, são salvaguardados *os regimes* respeitantes às seguintes matérias: categoria do trabalhador, sua denominação e seu descritivo; duração do trabalho, incluindo (por inerência) as regras sobre descansos; as retribuições, incluindo as regras referentes a complementos, trabalho suplementar e nocturno; e eventuais regimes de protecção social privada[41].

Isto significa que os regimes contidos nessas disposições da convenção caducada se aplicam aos referidos trabalhadores agora e para futuro[42], até que surja nova convenção que os abranja; nessa altura, aplica-se o art. 503º, nºs 3 e 4 (sucessão de convenções).

Deve, por outro lado, ter-se presente que da combinação dos arts.501º/6 e 503º/4 do CT resulta que, se surgir uma convenção colectiva que suceda à caducada, os próprios direitos mantidos na esfera contratual individual dos trabalhadores abrangidos podem ser modificados ou eliminados pela nova convenção.

[41] Parece ser esta também a orientação adoptada no Ac. Rel. Lisboa 17/02/2016 – P. 8303/14.0T8LSB.L1-4 (José Eduardo Sapateiro): "Os institutos ressalvados (...) cristalizam-se, de forma dinâmica, no respetivo vínculo de trabalho, conforme se achavam definidos ou eram concretizados nos termos da dita convenção coletiva, à data da cessação desta última, continuando a relação laboral, assim enformada e formatada, a processar-se de acordo com os parâmetros definidos por esse quadro contratual e convencional, aplicando-se quanto aos demais as regras do Código do Trabalho e legislação complementar. Tal interpretação «dinâmica» dos nºs 6 e 7 do artigo 501º do C.T./2009 (o acórdão aplicava a redacção anterior à L. 23/2012) é aquela que vai mais ao encontro do teor, alcance e sentido que o legislador laboral quis atribuir às normas correspondentes, pois só assim se poderá falar na manutenção de um núcleo duro e central de direitos e deveres regulamentados pela convenção coletiva, para além da sua vigência (numa eficácia reduzida mas efetiva)." No texto do acórdão lê-se ainda: "Existem prestações que, embora previstas em termos gerais na legislação laboral, não encontram normas que as definam, enquadrem ou fixem a sua remuneração mínima supletiva (ao contrário do que ocorre com o trabalho suplementar ou noturno), bastando pensar, por exemplo, no subsídio de turno, que geralmente só está devidamente previsto ou, pelo menos, com consagração remuneratória, na regulamentação coletiva. Se não se puder continuar a recorrer às cláusulas convencionais para dar conteúdo, definir os limites da sua atribuição ou efetuar o cálculo de tal subsídio, como se poderá então ponderar o direito à sua perceção ou calcular o mesmo, para o futuro?".

[42] Julgamos, mesmo, que foi esse o pressuposto em que assentou o Ac. TC 338/2010, de 22/09/2010, que isentou de inconstitucionalidade o regime legal discutido. Lê-se no acórdão: "Assim, se uma convenção colectiva caduca, o trabalhador que estava por ela abrangido continuará a beneficiar de todos os direitos que o contrato de trabalho, as leis e a Constituição lhe reconhecem. Beneficiará, ainda, dos direitos relativos à retribuição, categoria, tempos de trabalho e benefícios sociais que a convenção caducada lhe concedia (artigo 501º, nº 6, do Código do Trabalho). Quanto ao resto, estará dependente daquilo que – dentro dos prazos de sobrevigência das convenções e, eventualmente, com recurso à mediação, conciliação ou arbitragem – venha a resultar de um novo contrato colectivo."

Perante este conjunto de corolários do regime legal, é forçoso reconhecer – como se fez atrás[43] – que ele consagra uma absorção contratual parcial e provisória. Um regime legal certamente criticável por estreitar, um tanto artificialmente, as opções em matéria de construção teórica da "pós-eficácia" das convenções[44], mas pragmaticamente plausível, tendo inclusivamente em conta o efeito devastador que se pretendeu conferir à caducidade das convenções.

26. *A arbitragem obrigatória.* A caducidade de uma ou mais convenções colectivas aplicáveis no âmbito de uma empresa, grupo de empresas ou mesmo sector de actividade pode gerar uma situação de insuficiência regulatória, dada a falta de adequação e especificidade dos regimes legais e dados os inconvenientes da estipulação individualizada de condições de trabalho, pelas razões já expostas. A convenção desaparece, a lei geral assume a primeira linha no tratamento das situações concretas, a individualização ganha espaço praticamente ilimitado, e dificilmente voltará a haver, na empresa, no grupo ou no sector, regulamentação do trabalho formatada em moldes colectivos, isto é, tendo em conta o quadro concreto da empresa e o jogo dos interesses colectivos em presença.

A resposta do legislador a esse problema consta dos arts. 510º e 511º: se a situação de desguarnecimento de regulamentação colectiva, resultante de caducidade, se mantiver por 12 meses, poderá ser determinada (pelo "ministro responsável pela área laboral") a realização de uma *arbitragem*[45] – destinada, por certo, a definir uma regulamentação colectiva (não negocial) no mesmo âmbito. Trata-se, pois, de uma arbitragem *obrigatória*, fundada numa decisão política, que pode ser ou não ser tomada face às circunstâncias de cada caso. De qualquer modo, este recurso destina-se também a actuar como estímulo à retoma de negociações entre os interlocutores sociais no sentido da obtenção de um acordo efectivo.

[43] Cap. 28, nº 14.

[44] Neste sentido, pode ver-se a crítica de Júlio Gomes, *A manutenção dos efeitos já produzidos pela convenção colectiva caducada nos contratos individuais de trabalho, após a Lei nº 9/2006, de 29 de março (ou o estranho tremeluzir das estrelas mortas)*, QL, nº 31, Jan./Jun. 2008, pp. 1 ss.

[45] A lei refere-se a arbitragem *necessária*, mas não parece que a designação seja correcta. A arbitragem necessária realiza-se, independentemente da intervenção de quaisquer vontades, por força de norma que a imponha – por isso é "necessária". Distingue-se da arbitragem *obrigatória* – também prevista na lei: art. 508º – porque a realização desta se funda numa decisão política, ditada por razões de oportunidade e conveniência. Cremos que o regime referido no texto é de arbitragem obrigatória.

B) A produção de efeitos no tempo.

27. *Início de vigência e produção de efeitos.* Se é certo que a data da entrada em vigor ou do início da vigência de uma convenção só em pequena medida depende da vontade das partes, é verdade também que estas podem determinar com rigor o momento ou os momentos a que devem reportar-se os respectivos *efeitos jurídicos.* É realmente possível que a eficácia de determinadas cláusulas de uma convenção seja localizada num momento anterior ou posterior ao da entrada em vigor (embora, de todo o modo, essa eficácia só possa concretizar-se quando e desde que *a vigência* da convenção se inicie).

É, em suma, necessário distinguir, no processo de produção de efeitos de uma convenção (ou de outra fonte de direito) dois momentos com características próprias.

Um desses momentos é aquele em que as normas em causa ganham força vinculante, projectando os seus efeitos para certas situações concretas a regular; como já se assinalou, esse momento não pode ser senão *coincidente ou posterior ao da publicação* (as normas não podem impor-se aos indivíduos enquanto estes não puderem reconhecê-las), tudo dependendo, quanto a isso, da existência ou inexistência de *vaccatio.* Designemos esse momento, como de resto o fazem a lei e as convenções colectivas, muito frequentemente, pelas expressões «entrada em vigor» ou «início do período de vigência».

O outro momento do processo de produção de efeitos é justamente *aquele a que esses efeitos se reportam*, ou seja, o instante ou a data a partir da qual se procede, na aplicação das normas, ao seu confronto com as situações concretas da espécie visada ou em que as relações jurídicas (se for esse o alvo dos preceitos) vêem modificado o seu conteúdo pelas mesmas normas. Esse momento é, como se sabe, normalmente também posterior ao da publicação e coincidente com o da «entrada em vigor» no sentido acima indicado. Pode também ser posterior em relação ao próprio início de vigência – quando sejam atribuídos às normas *efeitos diferidos.* Mas pode ser *anterior*, o que significa que a «entrada em vigor» determina a projecção de efeitos não só para o futuro, mas também para o passado – e estaremos então perante o fenómeno da *retroactividade.* Poderá designar-se esse segundo (embora, porventura, cronologicamente primeiro) momento como o do «reporte de efeitos» ou «da eficácia» das mesmas normas (ou cláusulas).

> Uma convenção foi publicada em 1 de Fevereiro de 2008; mas dela constava uma cláusula pela qual a tabela de salários «produz efeitos» desde 1 de Dezembro de 2007. Muito embora a tabela e a cláusula de retroactividade tivessem sido acordadas antes, os trabalhadores abrangidos só poderiam exigir os novos salários depois de 1 de Fevereiro (porventura em 28 desse mês); mas teriam o direito de receber, nessa altura, as diferenças entre as antigas retribuições e as fixadas pela nova convenção, relativamente aos meses de Dezembro e Janeiro.

A mesma convenção continha uma segunda tabela de salários para produzir efeitos a partir de 1 de Agosto de 2009. Os trabalhadores só podem exigir as remunerações constantes dessa tabela *diferida* a partir da data acordada.

Há, pois, que distinguir entre *período de vigência* e *período de eficácia* das convenções colectivas de trabalho. O período de vigência pertence ao domínio da lei e da vontade das partes, o período de eficácia é modelado pela vontade dos outorgantes. No entanto, o período de eficácia é objecto de atenção do legislador, no que respeita à retroactividade das disposições convencionais.

28. *A retroactividade.* Ao contrário do que acontece com a generalidade das normas legais, a retroactividade é frequente quanto às disposições convencionais que têm por objecto elementos económicos do conteúdo das relações de trabalho.

Com o carácter estático da solução convencionada contrasta a dinâmica do custo de vida e, naturalmente, das aspirações materiais dos trabalhadores. A atribuição de efeitos retroactivos às cláusulas da convenção colectiva assume, sobretudo, o sentido de uma tendencial recuperação do eventual desgaste sofrido pelos salários reais (actualmente quase insignificante, sobretudo se comparado com o passado não muito longínquo) e também como forma de compensação das demoras dos processos negociais.

Qual a posição da lei perante estes meios de salvaguarda (relativa) do salário real?

Quanto à *retroactividade*, o CT 2009 admite-a relativamente às cláusulas "de natureza pecuniária" de qualquer tipo de instrumento de regulamentação colectiva de trabalho.

O CT de 2003 só aceitava essa possibilidade quanto às convenções colectivas e às decisões de arbitragem voluntária (art. 533º/1-*c*)), ou seja, impedia os regulamentos de condições mínimas e as decisões de arbitragem obrigatória de fazerem antecipar os seus efeitos salariais em relação ao momento da entrada em vigor. A restrição não parecia explicável pela natureza dos instrumentos, a não ser na perspectiva dos compromissos políticos que serviram de suporte àquela codificação.

A admissão da retroactividade no que diz respeito à matéria remuneratória é incondicionada: a lei não coloca aí limites de nenhuma espécie[46]. Mas está

[46] Na lei anterior à codificação, o regime era bem mais restritivo: admitia-se a atribuição de eficácia retroactiva às convenções, mas apenas o bastante para cobrir as perdas resultantes *do processo de negociação*: o recuo máximo dessa eficácia era definido pela «data em que se tenha esgotado o prazo de resposta à proposta» (artº 17º/1 LRCT) ou, tratando-se de revisão de convenção anterior, pelo «termo do prazo de doze meses após a data da sua entrega para depósito» (artº 13º LRCT).

excluída relativamente a todo o restante conteúdo das convenções. Não é, por exemplo, admissível em relação a novos regimes de carreiras profissionais.

No tocante a *efeitos diferidos,* não existe no CT qualquer referência limitativa ou impeditiva. Prevalece a liberdade de estipulação como regra contida na autonomia colectiva. É, pois, em princípio, admissível conferir esse tipo de eficácia a qualquer conteúdo convencional. O diferimento de efeitos pode, aliás, revestir-se de utilidade quando se mostre possível consensualizar o alargamento da vigência de uma convenção, por exemplo até três ou quatro anos, com vantagens de estabilidade e previsibilidade.

29. *A aplicação das cláusulas retroactivas.* Pode suscitar-se o problema de saber se as cláusulas retroactivas das convenções colectivas de trabalho se aplicam somente aos contratos individuais existentes no momento da sua publicação ou, também, aos que vigoraram entre a data a que se reportam os efeitos dessas cláusulas e a da publicação ou entrada em vigor.

Está aí em causa o fenómeno do *contacto* de um facto jurídico ou de uma relação jurídica com duas leis (ou dois contratos colectivos) sucessivas que regulam em termos diferentes a espécie a que ela pertence. E quando se diz *contacto* poderá dizer-se coexistência. Ora uma lei (ou um contrato colectivo) só existe a partir do momento da sua publicação – logo, só *nesse momento,* em referência às *relações jurídicas* igualmente nele *existentes,* poderá dizer-se que há o *contacto* que porventura induz o problema da aplicação no tempo. Daí, que, ainda dentro do mesmo raciocínio, o momento da produção das normas seja o decisivo para recortar o respectivo campo de aplicação: só as relações jurídicas, do tipo visado, que persistam nesse momento poderão ser reguladas, *ainda que relativamente a efeitos passados,* pela norma nova.

É o que resulta do disposto no artº 12º/2 CCiv, cuja 2ª parte estabelece: «quando (a lei) dispuser directamente sobre o conteúdo de certas relações jurídicas, abstraindo dos factos que lhes deram origem, entender-se-á que a lei abrange as próprias relações já constituídas, que subsistem à data da sua entrada em vigor».

A *subsistência actual* das relações jurídicas (no momento da entrada em vigor ou em qualquer ponto do período de vigência das normas de cuja aplicação se trata) constitui, assim, a condição mínima para que tais relações entrem no potencial domínio de aplicação das normas[47].

[47] Em anteriores edições deste livro, sustentámos opinião oposta à que se enuncia no texto.

C) A sucessão de convenções colectivas.

30. *A modificabilidade das convenções.* As convenções colectivas são, não apenas sob o ponto de vista sociológico, mas também na sua configuração legal, negócios *modificáveis*: a sua alterabilidade é um traço de carácter, não uma simples contingência.

Encaradas como plataformas de equilíbrio transitórias – seja pela volubilidade das conjunturas económicas e sociais, seja pela mobilidade das concepções dominantes acerca dos valores e exigências ligados à condição humana do trabalho –, as convenções colectivas são acordos a termo *estabilizador*, isto é, destinados a vigorar por um certo tempo (limitado), que ou é acordado pelos outorgantes ou resulta da lei, no mínimo de um ano. São, por outro lado, como se viu, acordos susceptíveis de *renovação automática* (art. 501º). São, enfim, acordos cuja vigência pode ser atalhada por via de *denúncia* de qualquer dos outorgantes, embora mediante um processo mais ou menos demorado.

Assim, o artº 499º/1 CT estabelece: «A convenção colectiva vigora pelo prazo ou prazos que dela constarem e renova-se nos termos nela previstos». E as normas que imediatamente se seguem a esse artigo definem o trajecto que, lançado com a denúncia por qualquer das partes e suportado por renovações sucessivas da convenção, conduz à sua substituição por outra ou à cessação pura e simples da sua vigência, ficando o respectivo âmbito sem cobertura convencional colectiva.

De qualquer modo, esse regime assenta numa concepção legal de normalidade quanto à dinâmica da contratação: de harmonia com esta, as convenções são ou devem ser (parcial ou totalmente) *revistas e alteradas*, a partir do momento em que termine o seu prazo de vigência, mediante denúncia e o desenvolvimento de um processo igual ao da própria formação dos acordos de que se partiu.

Nisto consiste o fenómeno da *sucessão* de convenções colectivas de trabalho, regulado no artº 503º CT. Ele corresponde à *revisão* ou *substituição* [48] de um instrumento de regulamentação colectiva por outro da mesma natureza e com idêntico âmbito potencial[49] – de tal modo que possa falar-se de uma *renegociação* das condições de trabalho existentes em certo quadro económico-organizativo.

Pressupõe-se, assim, uma certa *conexão formal* entre instrumentos que se sucedem no tempo, assente na identidade do complexo de interesses colectivos e do contexto económico e social que os explica e determina.

[48] A ideia de substituição parece ajustar-se melhor á regra da revogação integral da convenção anterior pela posterior, constante do art. 503º/1.

[49] Cfr. BERNARDO XAVIER, *Sucessão no tempo de instrumentos de regulamentação colectiva e princípio do tratamento mais favorável*, RDES 4, 1987, 465 ss..

31. *O regime da sucessão de convenções.* Tributário da concepção tradicional de «irreversibilidade de vantagens», o artº 503º confronta-se com o problema da interacção entre conteúdos convencionais colectivos que evoluem no tempo e os contratos individuais de trabalho inseridos no seu âmbito de aplicação. E o tratamento dado a tal fenómeno é inspirado por uma concepção «realista» da contratação colectiva.

O legislador não podia ignorar que a negociação – seja qual for o domínio em que se exerça – envolve necessariamente um jogo de concessões. Este «jogo» pode estabelecer-se tanto entre vantagens propriamente contratuais (um acréscimo extraordinário das retribuições versus um aumento do período normal de trabalho, por exemplo), como entre benefícios «internos» e «externos» às condições de trabalho (a eliminação de elementos da estrutura remuneratória *versus* a garantia da manutenção do volume de emprego).

Nessa perspectiva, o nº 3 do citado artigo dispõe:

«Os direitos decorrentes de convenção só podem ser reduzidos por nova convenção de cujo texto conste, em termos expressos, o seu carácter globalmente mais favorável».

Este enunciado tem um significado primário no que respeita à relação entre os conteúdos normativos de convenções que se sucedam: em princípio, uma convenção posterior não pode incorporar disposições menos favoráveis do que as que lhes correspondam, no antecedente. O princípio admite, porém, desvio se as próprias partes, no clausulado da convenção, exprimirem o consenso de que ela é «globalmente mais favorável» do que a anterior[50].

Trata-se de uma aplicação do mecanismo da *conglobação*, que assim se tem por consagrado no nosso direito para as hipóteses de concorrência e de sucessão de regimes convencionais[51]. Em lugar de se fazer um cotejo *ponto por ponto* dos

[50] Esta exigência só vale para os casos qualificáveis de verdadeira sucessão de convenções, nos termos expostos. Não há sucessão, por exemplo, quando cessa uma convenção, e surgem mais tarde, a regular de modo fragmentário relações de trabalho anteriormente compreendidas no seu domínio de aplicação, vários instrumentos colectivos novos, concebidos de origem para organizações de trabalho entretanto nascidas, com dimensões e características organizativas e funcionais insusceptíveis de assimilação às do complexo empresarial a que respeitava a convenção inicial. Estas convenções não estão originariamente limitadas pelo conteúdo da primeira. Não faz sentido, quanto a elas, a exigência da declaração do seu «carácter globalmente mais favorável», para que possam eficazmente dispor de modo a não contemplarem ou a «reduzirem» condições que a convenção inicial estabelecia. Algo de semelhante se dirá acerca da celebração de um acordo de empresa no âmbito já coberto por um contrato colectivo.

[51] No tocante à concorrência, o CT não é tão explícito, nesse sentido, como a lei anterior. O art. 14º/2-*b*) LRCT dispunha que, para além da aplicação do critério de especialidade, deveria, "em todos os outros casos", prevalecer "o instrumento que for considerado, no seu conjunto, mais favorável pelo sindicato...". O art. 482º/2 CT atribui aos trabalhadores (e não ao sindicato) um direito de

regimes concorrentes (considerando-se aplicável o conjunto das condições mais favoráveis assim identificadas) – procedimento apontado pela chamada *teoria do cúmulo* ou da *cumulação* –, procede-se ao confronto desses regimes, encarando cada um deles na sua globalidade (optando-se pelo mais favorável, ainda que contenha condições isoladamente menos vantajosas).

Mas, perante isto, subsistiria a questão da *projecção nos contratos individuais*, pela via da incorporação. Admitindo que a nova convenção obedeça ao requisito do art. 503º/3 (declaração expressa do «seu carácter globalmente mais favorável»), que sucede às condições de trabalho recepcionadas nos contratos individuais que já existiam no domínio temporal da vigência da convenção revista ou substituída?

A resposta a este quesito é fornecida pelo nº 4 do mesmo artigo:

«No caso previsto no número anterior, a nova convenção prejudica os direitos decorrentes de convenção precedente (...)».

Esta norma tem, imediatamente, um primeiro significado útil: a redução de direitos admitida não se cinge ao plano normativo (donde derivaria a limitação da sua eficácia a novos contratos individuais celebrados no âmbito da convenção colectiva), mas é também susceptível de absorção contratual, no sentido de que irá atingir («reduzindo-os» enquanto direitos ou regalias para os trabalhadores[52]) certos conteúdos recepcionados (a partir da convenção anterior) nos contratos individuais pré-vigentes.

Que direitos são estes? Que parte do conteúdo do contrato individual é susceptível de ser afectada pela sucessão?

Estas questões têm um parentesco óbvio com a dos efeitos da caducidade das convenções, já abordada. Tal como nesse outro domínio problemático, há que reconhecer que o conteúdo do contrato de trabalho, mercê de influxos vários, é um composto heterogéneo, e que essa heterogeneidade não é juridicamente irrelevante. No tocante à interacção do contrato individual e da convenção colectiva, o mecanismo da incorporação não tem a consequência linear de operar a «homogeneização» dos conteúdos provenientes da autonomia individual e da autonomia colectiva. Os direitos e obrigações que o trabalhador e o empregador assumem pelas estipulações individuais (em sede de formação ou modificação do contrato de trabalho) irão articular-se, como vimos, com outros provenientes da «contratualização» de conteúdos normativos (colectivos ou legais). *Mas nem*

"escolha" do instrumento aplicável, sem qualificação do critério que presidirá a essa escolha. Sem dificuldade se entenderá a lógica desta formulação. Ela assenta, no entanto, na ideia de identificação de "um instrumento de regulamentação colectiva" a aplicar, o que exclui a hipótese de cúmulo.

[52] A lei anterior à codificação referia-se, justamente, a prejuízo de certos "direitos adquiridos" (art. 15º/2 LRCT).

por isso uns e outros perderão a sua identidade genética, nomeadamente no confronto com fenómenos como o da modificação dos regimes convencionais colectivos.

Ora o que o artº 503º/4 esclarece é que a sucessão só pode, nos contratos individuais pré-existentes, atingir conteúdos (entre os quais, alguns «direitos») que neles se inseriram por efeito da regulamentação colectiva antecedente.

Alguns desses "direitos" poderão ainda (como no caso de caducidade) ser "expressamente ressalvados pelas partes", o que equivalerá à sua incorporação no novo regime convencional colectivo. De resto, ficarão intactos os direitos e obrigações gerados pelas estipulações individuais.

32. *A redução ou eliminação de direitos.* Em que consistem, afinal de contas, os «direitos» susceptíveis de «redução» ou eliminação?

Não poderá, em nossa opinião, dizer-se que se trata daqueles direitos, consagrados normativamente numa convenção, que se achem já cristalizados na *titularidade* deste ou daquele trabalhador (p. ex. um crédito por horas extraordinárias *prestadas*), em virtude de este ter preenchido os respectivos pressupostos na vigência do regime convencional que lhes liga tal efeito. O «prejuízo» de tais direitos, em consequência da substituição do regime convencional por outro que os não consagra, equivaleria a conferir a este último uma eficácia retroactiva a que nenhuma ponderação poderia explicar. Esses direitos *adquiridos e vencidos* são intocáveis pelo fenómeno da sucessão de convenções.

Coisa diversa se poderá afirmar a propósito dos direitos cujos pressupostos são realizáveis, na normalidade do desenvolvimento das relações de trabalho, mas não têm ainda (no momento da sucessão) realidade efectiva, não se encontram subjectivados – não sendo, afinal, verdadeiros direitos subjectivos (como os primeiros) mas simples expectativas juridicamente tuteladas.

Uma convenção estabelece que cada hora de trabalho suplementar em dia útil será paga com o acréscimo de 100%. O direito a receber esse acréscimo só se subjectiva com a efectiva prestação de trabalho suplementar; mas, mesmo assim, a cláusula que o consagra não pode, em princípio, ser reduzida (passando o acréscimo para 75%, por exemplo) – só pode sê-lo por uma convenção «globalmente mais favorável».

O mesmo se poderá dizer de prestações periódicas cujo pressuposto esteja já realizado em cada trabalhador, como é o caso do subsídio de turnos: o *direito* a este subsídio subjectiva-se em cada período de efectiva prestação de trabalho em turnos; mas qualquer trabalhador nessas condições tem a legítima expectativa de continuar a recebê-lo, no mesmo montante, por cada período futuro em que a situação se reproduza[53]. Essa expectativa só pode ser negada por um novo regime colectivo que se considere «globalmente mais favorável».

[53] Cfr. em sentido próximo, DESPAX 319 ss..

Quando, pois, a lei prevê o prejuízo de «direitos adquiridos», é ao direito *objectivo*, não ao direito *subjectivo*, que verdadeiramente alude. E a referência à «aquisição» desses direitos ou vantagens deve, a nosso ver, entender-se à luz da ideia, já exposta, de recepção automática nos contratos de trabalho: trata-se de regalias que, embora ainda não subjectivadas, se precipitaram já no conteúdo dos contratos individuais e estão, a esse título, de algum modo *adquiridas* pelos trabalhadores que neles são partes.

IV PARTE
O CONFLITO

Capítulo 32
O CONFLITO COLECTIVO DE TRABALHO: NOÇÕES GERAIS

I. A conflitualidade colectiva como facto social e objecto de estudo.

1. Noções introdutórias; 2. A negociação colectiva e o conflito; 3. As múltiplas facetas do conflito laboral.

1. *Noções introdutórias.* Um dos temas mais importantes e complexos que se deparam no domínio do Direito Colectivo é o dos *conflitos*.

Na verdade, «o conflito, latente ou ostensivo, é a essência das relações industriais»[1]; a negociação colectiva é, não só uma técnica de produção de normas, mas também um método de superação de conflitos actuais ou potenciais; envolve um processo jurídico e uma dinâmica social.

É sobretudo a realidade dos conflitos que impele a convenção colectiva para o elenco das fontes de Direito; realidade tão marcante que sobressai mesmo no contexto daqueles regimes político-sociais que procuram negar a existência de uma fundamental oposição de interesses entre empregadores e trabalhadores.

Em Portugal, o DL 49212, de 28/8/69, constituiu bom exemplo da penetração da realidade dos conflitos num ordenamento assente em pressupostos que a negavam. Esse fenómeno traduziu-se justamente na configuração do processo de formação das convenções colectivas mais como um método de resolução de conflitos do que como uma via de regulamentação.

[1] J. Barbash, *Collective bargaining and the theory of conflict* (copiog.), comunicação ao 5º Congresso da Associação Internacional de Relações Industriais (Paris, 1979).

2. *A negociação colectiva e o conflito.* A amplificação do objecto da negociação colectiva – primitivamente limitado à questão básica dos salários – está directamente relacionada com o aumento da conflitualidade laboral, quer no aspecto quantitativo, quer no que respeita às matérias litigiosas.

Esta tendência resulta acrescida dos efeitos do aumento de importância da negociação ao nível de empresa, onde adquirem maior transparência os moldes de organização e gestão, bem como os respectivos efeitos práticos. Por isso se escreveu já que «o contrato colectivo entra, de facto, em contradição consigo mesmo pois, em vez de conduzir a uma superação durável do conflito, alimenta as circunstâncias de novos conflitos»[2].

Na inversa, o incremento da conflitualidade laboral – que se pode relacionar com factores económicos, políticos e, mais amplamente, civilizacionais – engendra a aceleração e o enriquecimento dos mecanismos negociais ou para-negociais.

Não é outra a origem da «negociação permanente» que já constituiu, mesmo entre nós, uma realidade marcante, sobretudo ao nível da grande empresa. A convenção colectiva, como instrumento regulador «estático», deixou de bastar como resposta ao teor dos conflitos colectivos que, no seio das empresas, se fundam nas relações individuais de trabalho; é muitas vezes necessário desenvolver contactos verdadeiramente negociais sobre questões não previstas pela convenção ou, simplesmente, geradas no quotidiano das relações de trabalho à margem das soluções cristalizadas na mesma convenção. Noutros casos, é a convenção colectiva, ela mesma, que defere para processos negociais «derivados» ou «complementares» o tratamento de matérias que, pela sua tecnicidade ou pelo seu melindre, poriam em risco a viabilidade do acordo sobre as matérias básicas.

3. *As múltiplas facetas do conflito laboral.* Os litígios colectivos laborais podem constituir objecto de análise sob diversas perspectivas científicas e técnicas.

Dado que envolvem formas de comportamento grupal caracterizadas por dinâmicas e motivações específicas, oferecem matéria de relevo no domínio da *psicologia* e da *sociologia do trabalho*.

Enquanto mecanismos relacionados com o mercado de emprego e influentes na determinação dos salários, pertencem à área de interesses da *economia do trabalho*. Pelo facto de constituírem modos de afirmação de poder social – implicando a consideração de factores *tácticos* e *estratégicos* – e se conexionarem estreitamente com a organização e a actuação de instituições políticas, podem ser observados do ângulo da *ciência política*.

[2] *Apud* D. Weiss, *Relations industrielles*, Paris (1973) 55.

Porque no seu desenvolvimento interferem ou podem interferir processos e técnicas que são objecto de uma disciplina jurídica – inspirada na ideia básica da integração dos conflitos em padrões ditados por uma certa concepção de equilíbrio social –, penetram no campo do *direito do trabalho*, preenchendo, como se disse, um dos seus capítulos mais importantes.

A atitude básica do nosso actual ordenamento jurídico perante a realidade social dos conflitos de trabalho pode inferir-se deste conjunto de posições parcelares: reconhecimento da liberdade de organização e acção sindicais, incluindo garantias da actividade sindical no interior da empresa; reconhecimento da liberdade de procedimentos negociais; limitações imperativas ao conteúdo e à periodicidade da negociação formal; previsão de métodos facultativos ou voluntários de resolução de conflitos; reconhecimento e garantia do direito de greve em termos amplos, nomeadamente no que concerne aos motivos do seu exercício; proibição do *lock-out* – logo, recusa da ideia de paridade entre as partes em litígio.

O que, a nosso ver, pode retirar-se deste feixe de orientações é a constatação de que o conflito deixa de poder encarar-se como uma manifestação de *patologia* social, antes se configurando como uma particular expressão dinâmica da contraposição de interesses colectivos que se «positiva», de modo típico e formal, na contratação colectiva, como instrumento de progresso social. O regime jurídico do conflito colectivo – desde logo nas suas bases constitucionais – não revela, pois, uma inspiração «defensiva», ou, sequer, um projecto de «organização» ou «racionalização» da conflitualidade[3], como ocorre noutros sistemas de relações industriais.

É na perspectiva jurídica, e só nela, que o tema vai de seguida prender-nos a atenção.

Começaremos por tentar estabelecer uma noção de conflito colectivo de trabalho e caracterizar as suas modalidades. Depois, tratar-se-á de estudar os dispositivos previstos pela lei para a gestão e resolução «pacífica» dos litígios. Por fim, serão abordados os comportamentos conflituais típicos – greve e *lock-out* – à luz das posições que perante eles manifesta o ordenamento jurídico português.

[3] Só a exigência de pré-aviso de greve e a da prestação de serviços mínimos (pontos que adiante serão focados) constituem elementos organizadores e integradores do conflito, na perspectiva do interesse geral.

II. O conflito colectivo de trabalho.

4. Noção; 5. Da divergência ao conflito; 6. Os sujeitos do conflito; 7. Os interesses em confronto; 8. A conexão com as condições de trabalho.

4. *Noção.* Existe conflito colectivo de trabalho quando se manifesta, através de comportamentos colectivos, uma divergência de interesses por parte de uma categoria organizada de trabalhadores, de um lado, e uma categoria organizada de empregadores, ou um só destes, de outro lado, em torno da regulamentação existente ou futura das relações de trabalho que interessam membros das mesmas categorias.

Esta é, naturalmente, uma definição puramente descritiva e aproximativa, dado que as realidades subjacentes são muito complexas e comportam aspectos económicos, sociais, políticos e jurídicos diversificados[4].

Cabe, todavia, assumir a noção apontada como ponto de partida sujeito a correcções e ajustamentos, examinando os seus elementos fundamentais.

5. *Da divergência ao conflito.* O primeiro consiste na manifestação de uma *divergência de pretensões colectivas.*

A divergência há-de estar *expressa*, por comportamentos colectivos que a façam passar do plano de mera desconformidade de interesses para o das realidades sociais. Não se cuida, pois, aqui dos conflitos latentes, não declarados[5].

Essa manifestação pode operar-se de muitas maneiras. Uma delas, já conhecida, consiste no conjunto das *declarações negociais* que dão início ao processo de celebração de uma convenção colectiva de trabalho. Tal processo é, necessariamente, um meio de superação de um conflito colectivo, ainda que o seu desenvolvimento (as «negociações» propriamente ditas) permitam atingir, sem incidentes, o resultado esperado: uma fórmula de equilíbrio de interesses colectivos, ainda que transitória.

[4] A noção de que se trata no texto é, no entanto, inspirada no regime jurídico dos conflitos colectivos de trabalho. Não é uma noção sociológica, é uma aproximação ao paradigma utilizado pelo ordenamento jurídico para a regulação do fenómeno. Neste sentido, trata-se de uma noção dotada de certa relatividade, pois depende de opções político-jurídicas variáveis. Considere-se o caso do Reino Unido, onde o tradicional conceito de *trade dispute*, estabelecido legalmente no início deste século (*Trade Disputes Act* de 1906), sofreu especificações limitativas com a legislação das últimas décadas (*Trade Union and Labour Relations Act* de 1974, *Employment Act* de 1982), tendo em vista a redução do campo das «imunidades» de que gozavam os sindicatos e os trabalhadores. Cfr. M. Salamon, *Industrial Relations* cit. 345 ss.

[5] Cfr. A. Ojeda Avilés, *Derecho Sindical*, 4ª ed., Madrid (1980) 309.

O litígio pode, no entanto, exteriorizar-se através de comportamentos que equivalem a *afirmações de força ou de poder* social (ameaças, greve, *lock-out*) de par com as mencionadas declarações negociais. O resultado pretendido consistirá, em regra, no mesmo (o acordo), mas a via escolhida não é a da mútua transigência, é a do confronto.

Estes dois modos de manifestação de conflitos podem motivar a utilização de rótulos diversificados. Em Itália, por exemplo, e sob a inspiração de SANTORO PASSARELLI, difundiu-se o uso das expressões *conflito colectivo* (para a primeira hipótese) e *controvérsia colectiva* (para a segunda). Não existe aí porém, como é óbvio, uma diferença estrutural ou de natureza. Apenas deve notar-se que, entre nós, a designação de conflito colectivo se aplica apenas às situações de *inviabilidade do método negocial puro*, ou seja, àquelas em que a composição de interesses opostos se não obtém pela mera troca directa de declarações negociais.

6. *Os sujeitos do conflito.* Os sujeitos do conflito hão-de ser, como se notou, *categorias organizadas*, com ressalva da possibilidade de, do lado patronal, figurar um empregador isolado (ou mais).

Observámos como, no quadro de uma concepção unitária do conflito colectivo, o resultado ou solução consiste sempre num *acordo* que retrata a fórmula possível de equilíbrio ou reequilíbrio de interesses. Em última análise, a greve é tipicamente um meio de pressão sobre a vontade da contraparte no sentido de a determinar de modo conforme à pretensão colectiva dos grevistas – ou seja, no sentido de *forçar o consenso* em sentido favorável.

Filia-se nessa constatação o entendimento, bastante vulgarizado, de que «a legitimação activa e passiva no conflito colectivo decorre da legitimação para a estipulação do contrato colectivo»[6].

Entre nós, como é sabido, podem celebrar convenções colectivas as associações sindicais, os empregadores e as associações de empregadores (art. 2º/3 CT). Dir-se-á pois que decorre daí a implícita garantia legal de um *monopólio sindical* no que toca à protagonização dos conflitos colectivos pelo lado dos trabalhadores.

Todavia, o art. 531º/2 CT admite que a decisão do recurso à greve seja tomada, ao nível de empresa, pela *assembleia de trabalhadores*, quanto a maioria destes não esteja sindicalizada; e o art. 532º/1 prevê que, em tais casos, os trabalhadores fiquem representados por uma *comissão de greve* «ad hoc».

Parece pois que, no nosso ordenamento jurídico (tal como, de resto, em todos aqueles em que se comporta o fenómeno recente da «descentralização representativa» quanto aos trabalhadores, tendendo a deslocar o centro das

[6] ARANGUREN, *Le controversie collettive in Nuovo Trattato di Diritto del Lavoro* cit., I, Pádua (1971) 472.

operações conflituais para o interior das empresas e unidades produtivas), não pode singelamente operar-se a transposição das regras de capacidade negocial colectiva para o plano da legitimação quanto aos conflitos. Há que introduzir aí acomodações, e uma delas consiste na forçosa admissibilidade de protagonismo conflitual por parte de organizações diversas das sindicais (as comissões de greve).

Nem por isso terá, a nosso ver, que pôr-se em causa a subsistência das regras de capacidade negocial colectiva. O que deve reconhecer-se é que o comportamento conflitual desencadeado à margem do sindicato, ainda que nos moldes especificados pela lei, não pode desembocar numa convenção colectiva propriamente dita sem que o mesmo sindicato intervenha.

A verdade é que o regime jurídico do exercício do direito de greve não restringe o uso deste instrumento às situações em que estejam em causa condições de trabalho. O «âmbito de interesses a defender através de greve» constitui matéria cuja definição cabe em exclusivo aos trabalhadores (art. 57º/2 CRP; art. 530º/2 CT).

A convenção colectiva é, por seu turno, um instrumento normativo cujo objecto se restringe ao círculo das chamadas *condições de trabalho*; visa instituir um padrão definido para o conteúdo das *relações individuais de trabalho* em certo âmbito.

Pode, em suma, configurar-se uma vasta área (cujas fronteiras são tudo menos precisas) em que os meios juridicamente ajustados aos conflitos laborais são utilizáveis sem que possa esperar-se, como solução ou resultado, o aparecimento de uma convenção colectiva.

Embora a «comissão de greve» conduza o conflito contra o empregador, tendo em vista a obtenção de uma vantagem no plano das condições de trabalho, a consagração desta mesma vantagem pode vir a assumir a forma de convenção colectiva,mediante a intervenção do sindicato representativo da categoria interessada[7]. Isso sucederá se a declaração de conflito na empresa (por intermédio da assembleia de trabalhadores) se integra no contexto de uma controvérsia categorial (conduzida pelo sindicato competente).

E se o litígio tiver objecto restrito à empresa, sendo representados os trabalhadores por uma comissão de greve?

A solução dele poderá traduzir-se materialmente num acordo, mas não numa verdadeira convenção colectiva (salvo se a questão for evocada por um

[7] Esta afirmação deve entender-se em termos prudentes; os sindicatos, no nosso actual ordenamento, representam *trabalhadores inscritos* e não categorias abstractamente determinadas. Todavia, isso não impede que cada um deles se mostre legitimado para a representação de todos os trabalhadores de certa categoria, em conformidade com os estatutos.

sindicato que represente parte dos trabalhadores empenhados). Isso quer dizer que o consenso obtido carecerá de força normativa e não terá efeitos senão relativamente aos trabalhadores (e a cada um deles) que de facto o litígio abrange, ou seja, *uti singuli* – o que equivale a dizer que o conteúdo desse acordo se traduzirá na modificação de certos contratos individuais de trabalho e só desses. Daqui resulta que um tal dissídio não corresponde juridicamente à noção de conflito colectivo de trabalho. Tratar-se-á, meramente, de um conflito *plural* ou *plúrimo*, com efeitos restritos à esfera individual de cada um dos trabalhadores envolvidos. Tem isso que ver com a *natureza dos interesses* que caracterizam o conflito colectivo.

7. *Os interesses em confronto.* Os *interesses* cuja oposição produz o conflito colectivo hão-de ser também *interesses colectivos*.

Já noutro lugar houve oportunidade para se salientar que o conceito de *interesse colectivo* não só difere do de *totalização de interesses individuais* como visa constituir uma superação deste. O conflito potencial entre o interesse colectivo (de uma categoria) e o interesse individual (de cada membro dela) oferece justamente uma das razões que convergem na formação e no desenvolvimento do associativismo profissional (operário e patronal).

Observe-se, no entanto, que o interesse colectivo não pode definir-se *a priori*, é «estruturalmente elástico»[8] – tanto que pode formar-se sobre ou a partir de pretensões individuais (p.ex. a neutralização de um despedimento).

Não existe, pois, um critério para a determinação da existência de interesses colectivos. Pode, sim, deduzir-se da via (sindical) pela qual se afirmam as pretensões, do *método* pelo qual são prosseguidas (a negociação nos termos regulados pela lei) e da amplitude dos *efeitos* que se vise desencadear com o resultado final: efeitos destinados a cristalizarem em *certos* contratos individuais ou, ao invés, os efeitos de um padrão geral para um conjunto abstracto de relações laborais (efeitos normativos, portanto). São estes traços os que particularmente definem o fenómeno de superação (e, em certa medida, apagamento) dos interesses singulares ou individuais que leva à afirmação de interesses colectivos e às correspondentes formas de prossecução.

8. *A conexão com as condições de trabalho.* É, enfim, característico dos conflitos colectivos de trabalho que eles se desenvolvam em torno da *regulamentação colectiva das relações de trabalho*[9].

[8] Aranguren cit. 480.

[9] Não decorre daqui que só o «litígio contratual» esteja coberto pelo ordenamento jurídico. Ver-se-á que a natureza dos objectivos que podem estar em jogo num conflito laboral pode ultrapassar

Essa conexão objectiva pode assumir, basicamente, duas formas, que definem outras tantas modalidades de conflito – como adiante se assinalará.

Com efeito, pode ser que o litígio se centre no propósito (afirmado por uma das partes) da criação de novas condições normativas, ou da modificação das que existem: pretende-se ajustar o regime das relações de trabalho em certo sector, nomeadamente no que toca a retribuições[10], à evolução das condições técnicas e económicas, ou simplesmente à ascensão das expectativas e aspirações colectivas dos trabalhadores envolvidos.

Mas pode ser também que se gere a controvérsia em torno da interpretação ou do modo de aplicação desta ou daquela cláusula de uma convenção em vigor, que se não pretende por em causa como regulamento das relações laborais: visa-se, de ambos os lados, obter a comum aceitação do critério mais vantajoso para a concretização das normas questionadas – propósito tanto mais compreensível quanto é certo que, muitas vezes, a realização do acordo só se viabiliza ao preço de alguma ambiguidade na sua formulação.

Em qualquer caso – repete-se –, o conflito colectivo relaciona-se estreitamente com o exercício da autonomia colectiva; e mesmo quando, aparentemente, é outro o seu objecto (uma classificação profissional tida por incorrecta, um despedimento considerado injusto), não se reveste usualmente de grande dificuldade a constatação de que, no fundo, é da modificação de normas ou de critérios de aplicação destas que se trata.

largamente os limites dos processos de negociação colectiva. Todavia, é indiscutível que a maioria dos conflitos assume índole contratual.

[10] Uma hipótese particular é a de se pretender alterar uma convenção colectiva vigente por ter ocorrido alteração essencial das circunstâncias (nomeadamente económicas) com base nas quais ela foi acordada. Entre nós, com o Código do Trabalho, parece admitida a hipótese de relevância da alteração de circunstâncias, pelo menos no sentido de legitimar uma negociação antecipada (assim o sugerem os arts. 520º/2 e 542º/2).

III. Conflitos «jurídicos» e conflitos «de interesses»[11].

9. Noções; 10. Uma distinção discutível; 11. A utilidade da distinção.

9. *Noções.* O que se acaba de observar permite-nos pôr em relevo a existência de duas *modalidades* de conflitos colectivos de trabalho cuja diferenciação é feita em certos sistemas, como o português: a dos conflitos *jurídicos, de direito, ou de interpretação e aplicação,* por um lado, e a dos conflitos *económicos, de ordem económica ou de interesses,* por outro.

Os primeiros são os que dizem respeito à *interpretação e aplicação das normas já vigentes,* sobretudo as constantes duma convenção colectiva. Trata-se neles, pois, duma questão «de direito», embora naturalmente esteja subjacente e *implícita* uma afirmação de interesses opostos.

Aos conflitos chamados «jurídicos» opõem-se, de acordo com o critério que estamos seguindo, os conflitos económicos ou de interesses. Como ponto de partida para estes, pode haver ou não um regime de trabalho definido; mas o objecto do litígio será o *estabelecimento de novas normas,* ou melhor, «a modificação duma norma jurídica já existente ou a criação dum preceito novo»[12]. Acentua-se nestes diferendos o carácter *reivindicativo* e ajusta-se-lhes particularmente o *recurso aos meios de luta laboral.*

O conflito "jurídico" comporta, em regra, um processo de resolução semelhante ao que é assegurado pelos tribunais nos litígios de carácter individual: tratar-se-á de eleger, entre as possíveis, a *interpretação* mais correcta duma dada cláusula, o que, não sendo, obviamente, uma simples questão de técnica jurídica, pode contudo facilmente submeter-se a regras de solução pacífica num certo quadro institucional.

O mesmo se não dirá dos conflitos "de interesses"[13], por duas razões básicas: a primeira é que se trata de *criar normas* no ponto de equilíbrio de interesses opostos, estando presente um certo *jogo de forças* correspondente; a segunda resulta do facto de esses litígios só *se resolverem* perante uma fórmula que satisfaça autenticamente as partes, ainda que apenas em relação a dado momento – não cabendo falar de verdadeira *solução* quando surja uma fórmula baseada

[11] Cfr. A. Ojeda Avilés, *Derecho Sindical* cit. 319 ss..

[12] Villebrun, *Traité théorique et pratique de la juridiction prud'homale,* Paris (1963), 113.

[13] Em certos sistemas, porém, é reconhecida a possibilidade de resolução de tais conflitos pelos tribunais, naturalmente através de «sentenças normativas». É o caso notório do Brasil, onde a competência normativa dos tribunais do trabalho tem assento constitucional, existindo uma forma especial de processo para o efeito – o «dissídio colectivo». A solução tem sido, porém, muito discutida. Cfr. A. Mascaro Nascimento, *Direito Sindical,* São Paulo (1982) 322. Retomaremos o tema um pouco adiante.

em autoridade exterior ao conflito (como seria um tribunal, um departamento governamental), caso em que este poderá subsistir, ainda que em estado latente. Daí que, na doutrina germânica, se reserve para este tipo de litígios o rótulo de *arbitráveis*[14].

10. *Uma distinção discutível.* A distinção tem sido abundantemente criticada, de diversos pontos de vista.

Pode, em primeiro lugar, assacar-se-lhe o defeito da *relatividade*: é uma distinção válida ou artificial consoante se esteja perante um ou outro tipo de sistemas de resolução de conflitos. Em certos países (os pertencentes à família do *common law*), todos os litígios colectivos, independentemente do objecto, são submetidos a mecanismos não jurisdicionais criados a partir dos sindicatos (de trabalhadores e empregadores) ou suportados por estes.

Mesmo abstraindo das características do sistema instituído, pode ainda realçar-se a identidade de natureza que se descobre nas diversas formas de conflito pertencentes a cada uma das modalidades apontadas[15].

Com efeito – diz-se – os conflitos jurídicos têm, eles próprios, por objecto a fixação de um *sentido* operativo da norma questionada que, do ponto de vista de cada uma das partes, se traduza numa vantagem adicional em relação ao estado de coisas existente. Trata-se, ainda aí, de «criar uma norma» dentro da margem de indefinição ou de ambiguidade que o texto vigente comporta. Isso corresponde, muitas vezes, à realidade das coisas: o conflito de interpretação ou de aplicação não é mais do que a renovação, sob forma diversa, de uma controvérsia de interesses incompletamente dirimida pelo acordo que se celebrou[16].

Daí que, como se verá, também o conflito jurídico possa submeter-se (mesmo nos sistemas de *civil law*, como o português) aos dispositivos de solução que tipicamente se construíram sob a realidade do conflito de interesses[17].

[14] «Do ponto de vista processual, estes conflitos não podem ser decididos, podem somente ser compostos» – Kaskel/Dersch 509.

[15] Cfr., p.ex., Bayon Chacón/Perez Botija, *Manual de Derecho del Trabajo*, II, Madrid (1962) 717.

[16] A ambiguidade das formulações convencionais é, muitas vezes, intencional. Com ela, pretendem as partes ultrapassar uma dificuldade negocial, remetendo para a sede interpretativa (isto é, na realidade, para subsequentes momentos negociais) a sua resolução.

[17] E a inversa – será ela igualmente verdadeira? Poderão configurar-se dispositivos *jurisdicionais* para a resolução de conflitos de *interesses*? Ocorre isso, nomeadamente, no Brasil, país em que se dispõe de uma forma especial de processo perante a jurisdição do trabalho (o processo de *dissídios colectivos*), cujo produto é a *sentença normativa*. Esta «cria uma *norma* e, por conseguinte, vale para o *futuro*», além de que é susceptível de *extensão* a pessoas não representadas no processo. Como é óbvio, o critério de tais sentenças é o da equidade. Não se trata aí de aplicar o direito (positivo) mas de o conformar em termos tidos por social e economicamente adequados. O processo de dissídio colectivo (que, em caso de greve, pode ser instaurado *ex officio*) representa um sucedâneo da negociação

11. *A utilidade da distinção.* A distinção tem, contudo, significado e utilidade[18].

Na verdade, existe uma importante diferença de *natureza* que pode ser formulada nos seguintes termos: «ninguém pode duvidar de que também a controvérsia colectiva jurídica se funda num interesse económico, só que, como é evidente, o interesse a agir na controvérsia colectiva jurídica se concretiza numa lesão de direitos, consequência da violação da norma colectiva (não aplicada ou erroneamente interpretada) (...)»; «o interesse económico pelo qual se age e que determina o *petitum* é, por assim dizer, mediatizado pela *causa petendi* (...)», ao passo que, no conflito económico ou de interesses, «o interesse colectivo de que o sindicato é portador (...) pode ser realizado independentemente de a pretensão ser, de facto ou de direito, fundada ou não»[19].

É, em suma, o que atrás se observou quanto à melhor adequação dos vários dispositivos de solução a cada uma das modalidades de litígio colectivo. No conflito de interesses, com efeito, pode criar-se algum espaço para a relevância dos *fundamentos objectivos* das prestações em presença. Mas, em última análise, a solução do dissídio corresponderá à *resultante do jogo de forças em confronto*, não ao produto de uma comum valoração dos fundamentos invocados (isto é, à partilha de uma *convicção* pelos litigantes).

No conflito jurídico, pelo contrário, e ainda que sempre actue ou possa actuar o jogo de forças sociais contrapostas, a solução terá que basear-se em algo de pré-definido e que pertence ao conhecimento comum das partes; ela terá que assentar na convicção aceite de que é a *mais correcta* entre as comportáveis na norma questionada.

colectiva (muito incipiente naquele país) e da intervenção administrativa nos conflitos declarados. Todavia, o sistema suscita inúmeras dificuldades, em particular as que respaitam à adaptação dos juízes (igualmente chamados a decidir *de direito* questões individuais) e à uniformização de critérios salariais (donde a fixação periódica, por «prejulgados» do Tribunal Superior do Trabalho, dos métodos e dos índices a empregar). E, de todo o modo, é um mecanismo alheio às exigências da autonomia colectiva. Para uma descrição sintética, vd. por todos Sussekind-Maranhão-Vianna, *Instituições de Direito do Trabalho*, 7ª ed., Rio de Janeiro (1978) 930 ss.

[18] A LRCT acolhia-a na sua sistematização (*conflitos relativos à celebração ou revisão de convenções colectivas*, por um lado, *conflitos sobre a aplicação das convenções*, por outro), configurando para cada uma dessas modalidades processos apropriados de resolução específica. Questão diferente era a de saber se tais processos deviam considerar-se *privativos* (só utilizáveis na modalidade para que a lei previa cada um deles) ou susceptíveis de *uso comum*. O CT abandonou essa divisão, embora mantendo métodos de resolução diferenciados conforme o objecto do conflito.

[19] Aranguren, *Le controversie collettive* cit., 492.

Capítulo 33

OS PROCESSOS DE PREVENÇÃO E RESOLUÇÃO DE CONFLITOS

I. Os processos de resolução de conflitos colectivos jurídicos.

1. A resolução do conflito jurídico; 2. A comissão paritária; 3. As regras de funcionamento.

1. *A resolução do conflito jurídico*. Como se notou, os chamados conflitos jurídicos comportam, por sua natureza, uma via de resolução semelhante à que, nos tribunais, é assegurada aos litígios individuais, pois trata-se, num como noutro caso, de *interpretar e aplicar normas existentes*.

Exemplo típico de tratamento comum dos litígios jurídicos (*Rechtsstreitigkeiten*), individuais ou colectivos, é-nos dado pela lei dos tribunais do trabalho da Alemanha[1]. Idêntica é a solução acolhida pela lei federal do trabalho do México[2-3].

[1] Cfr. Brox/Rüthers, *Arbeitskampfrecht*, 2ª ed., Berlin (1982) 436. Note-se, entretanto, que esses tribunais são constituídos por juízes de carreira e representantes dos trabalhadores e empregadores.

[2] É evidente que estamos a referir-nos aos casos em que os conflitos jurídicos se apresentam na forma colectiva, isto é, como questões enunciadas em termos de generalidade e abstracção – não às hipóteses de «individualização» do conflito colectivo jurídico, ou seja, de instauração de acções judiciais por indivíduos que pretendem fazer valer em concreto pretensões fundadas nas normas controvertidas.

[3] Na Itália do período fascista, seguiu-se idêntica directriz (L.de 3-4-26), que teve ainda ressonância no Cód. Processo Civil de 1942; mas a abolição do regime corporativo, no pós-guerra, tornou praticamente inaplicáveis muitas das suas disposições, as quais, de resto, quanto ao ponto, não haviam funcionado satisfatoriamente.

Mesmo nos sistemas caracterizados pela prática oposta (ou seja: por um tratamento *comum* dos conflitos colectivos, seja qual for a modalidade), de que o francês constitui razoável amostra, manifestam-se dúvidas quanto à possibilidade de, no domínio das técnicas de resolução pacífica, se abstrair da diversidade do objecto dos litígios, sobrevalorizando-se simplesmente o seu carácter colectivo. Diz-se então: «sobre uma questão de direito, não há solução intermédia: um tem razão, o outro não»[4].

Mas a utilização estrita das técnicas de interpretação de normas ou de declarações negociais equivale a ignorar o sentido da acção "interpretativa" ou "integradora" da convenção colectiva. O papel do jogo de forças e do confronto de interesses não se esgota na formação do convénio colectivo. A interpretação e a integração das suas cláusulas constituem, na maioria dos casos, dois momentos adicionais na procura do equilíbrio de interesses colectivos: a convenção refaz-se e completa-se através da sua própria aplicação.

No entanto, o reconhecimento desta evidência não obriga a aceitar um tratamento comum para os conflitos jurídicos e para os conflitos de interesses. Os primeiros surgem ancorados numa realidade objectiva que é o texto da *convenção*. Ainda que deva conceber-se, neste domínio, algo de semelhante a uma interpretação «criativa», produto do confronto de interesses que se gere em torno da margem de indeterminação oferecida por esta ou aquela cláusula; e em qualquer das opções possíveis acerca das técnicas interpretativas a utilizar, sempre terá que se ressalvar a necessidade da correspondência mínima entre o sentido atribuído à cláusula e seu texto (vejam-se o nº 2 do artº 9º e o nº 1 do artº 238º CC).

De resto, como assinala Despax, a referida opção (entre as técnicas de interpretação dos negócios jurídicos e as de interpretação da lei) careceria de grandes consequências práticas «na medida em que a interpretação de um texto legislativo se aproxima muito da interpretação de um acto jurídico-privado; trate-se da vontade do legislador ou da vontade comum das partes, é sempre de uma investigação de intenções que se trata...»[5]. Acrescente-se que, no caso das convenções colectivas, a «vontade do legislador» é justamente a «vontade comum das partes».

2. *A comissão paritária.* A directriz mais geralmente consagrada aponte no sentido do recurso a dispositivos *autónomos* – isto é, emergentes das entidades em presença – para a resolução dos conflitos colectivos jurídicos.

[4] Rivero/Savatier, *Droit du Travail*, 7ª ed., Paris (1978) 316. Com base nessa ponderação, os mesmos Autores consideram que só a arbitragem de adequa às características dos conflitos jurídicos (colectivos).

[5] *Conventions collectives* cit. 262.

Nuns casos (Bélgica, por exemplo) existem comissões paritárias com mais vasta competência mas também incumbidas de fixar a interpretação de cláusulas controversas. Noutros, prevê-se que comissões do mesmo tipo (ou seja, integradas por representantes das partes subscritoras) possam ser criadas *pelas próprias convenções* para se encarregarem da mesma tarefa.

É esta a posição da lei portuguesa. O artº 492º/3 CT dispõe, com efeito: «A convenção colectiva deve prever a constituição e regular o funcionamento de comissão paritária com competência para interpretar e integrar as suas cláusulas».

Trata-se de um modelo com tradições no nosso ordenamento jurídico. Na verdade, após um período em que vigorou o sistema *jurisdicional* (consagrado, nomeadamente, pela versão primitiva da Constituição de 1933), instituiu-se, em 1960, uma via *intermédia*[6] de resolução dos conflitos jurídicos (com o DL 43 179, de 23/9/60) – a do recurso às chamadas «comissões corporativas»[7]. Após a mudança de regime político, o DL 164-A/76, de 28-2 adoptou esse modelo ao prever que, no próprio clausulado das convenções colectivas, fossem criadas *comissões paritárias* «com competência para interpretar e integrar as suas lacunas» (nº 1 do artº 18º). Todavia, só as deliberações tomadas por *unanimidade* seriam vinculantes em termos idênticos aos das convenções em causa. Entretanto, a redacção dada àquele preceito pelo DL 887/76, de 29-12, veio a excluir da competência das comissões a integração de lacunas. A LRCT acolheu, no essencial, a orientação que provinha do antecedente: resolução dos conflitos jurídicos por comissões paritárias instituídas pelas convenções[8].

O CT abrange na competência das comissões paritárias a interpretação e a integração de lacunas das convenções. Está-se aqui, patentemente, perante uma questão de *grau*, não face a uma diferenciação qualitativa ou essencial. Com efeito,

[6] Entenda-se: entre o sistema *jurisdicional* e o do tratamento *comum* dos conflitos colectivos jurídicos e de interesse, pelas vias da conciliação e da arbitragem.

[7] Tratava-se de orgãos instituídos pelas convenções colectivas e compostos de representantes das partes (em paridade) e presididos por um representante do I.N.T.P.. Nos termos do nº 3 do artº 11º do citado diploma, cabia-lhes, designadamente, «*interpretar e integrar* as convenções colectivas de trabalho» e, ainda, de acordo com o nº 2 do aludido artigo «deliberar sobre as questões de natureza exclusivamente técnica abrangidas pelas mesmas convenções». Conforme o artº 14º, nº 2, as decisões interpretativas e integradoras das comissões corporativas seriam «publicadas no *Boletim do Instituto Nacional do Trabalho e Previdência*, depois de homologadas pelo Ministro das Corporações e Previdência Social, *passando a obrigar nos mesmos termos da convenção colectiva de trabalho*».

[8] Deve salientar-se, no entanto, que essas comissões eram incumbidas somente da *interpretação*, não da integração de lacunas. A posição do legislador de 1979 explicava-se, decerto, pela ponderação de que os «conflitos de integração», enquanto neles está em causa a criação de normas para casos omissos (lacunas), encaixam melhor na categoria dos conflitos de interesses do que na dos conflitos jurídicos. A atitude da lei parece pois consistir em se colocar o problema do preenchimento da lacuna no plano da negociação e, portanto, do conflito de interesses.

a integração de lacunas (tal como a interpretação) é uma actividade necessariamente enquadrada pelo contexto da convenção; por outro lado, a realidade mostra que, em muitos casos, se torna praticamente evanescente a distinção entre interpretação e integração das cláusulas de uma convenção.

3. *As regras de funcionamento.* Apesar de a instituição, a competência e as regras de funcionamento das comissões paritárias estarem na disponibilidade das partes, a lei cuida de estabelecer algumas condições imperativas que hão-de ser respeitadas, quer pelas convenções que as criam, quer pelos «estatutos» ou «regimentos» de que mais tarde venham a ser providas.

A primeira consiste numa exigência de «quorum»: as deliberações só são válidas se estiver presente *metade dos representantes de cada parte* (artº 493º/2).

O alcance desta regra relaciona-se estreitamente com um segundo aspecto de condicionamento legal: as deliberações tomadas por *unanimidade* (e, ao que se julga, só essas) consideram-se como *parte integrante* da convenção e ficam por isso sujeitas a depósito e publicação (nº 4 do mesmo artigo).

Significa isto, desde logo, que pode acolher-se como regulamentação de uma certa cláusula, ou como explicitação de um regime para caso omisso, uma deliberação tomada na ausência de representantes do sindicato a que pertencem os trabalhadores especialmente afectados por essa cláusula (por ex. condições de promoção e acesso de trabalhadores de certa categoria). Ou seja, noutros termos: que estes trabalhadores podem ver-se atingidos por uma regulamentação *colectiva* para cuja formação não concorreu o sindicato a que pertencem.

Esta possibilidade, que ao menos em teoria deve admitir-se, traduz um desvio às regras pelas quais se explicita entre nós a autonomia colectiva; só se entende à luz de intenções marcadamente pragmáticas quanto ao funcionamento das comissões paritárias.

Outra questão é a de se saber se a unanimidade requerida pelo artº 493º/2 diz respeito ao conjunto dos *representantes* que são membros da comissão, ou ao conjunto das *partes* (equivalendo, neste caso, ao *consenso* entre a parte patronal e a parte sindical).

Um exemplo: numa comissão paritária têm assento três representantes da associação de empregadores e três representantes sindicais, um por sindicato; estando todos presentes, poderá considerar-se unânime uma deliberação que recolhe os votos favoráveis dos três representantes patronais e de apenas dois sindicatos (considerando-se que a vontade da representação sindical se formou por maioria)?

Ao abrigo de regime idêntico da lei anterior ao Código, defendeu-se, embora com dúvidas, a resposta afirmativa[9], invocando-se em seu apoio a regra de

[9] Caupers/Magalhães 83.

«quorum» expressa no nº 2 do mesmo artigo – regra que, como se viu, comporta consequências próximas das que resultariam da solução em causa.

Não podemos, por nossa parte, concordar com ela. Primeiro por não ser a que melhor corresponde ao teor do preceito: referir a unanimidade às *partes* representadas e não aos *membros* da comissão (componentes de um órgão colegial) não é apenas forçado; deixaria sem fundamento a exigência de «igual número de representantes» das partes, expressa (actualmente) no artº 493º/1. Depois, conduziria à conclusão, pelo menos perturbadora, de que as deliberações, a existirem, sempre seriam unânimes – coisa que a lei decerto não supõe.

II. A resolução de conflitos colectivos de interesses.

4. A resolução do conflito de interesses; 5. A intervenção de terceiro; 6. Conciliação e a mediação; 7. Arbitragem; 8. Negociação e resolução de conflitos.

4. *A resolução do conflito de interesses.* Os conflitos colectivos de interesses consistem, tipicamente, em situações de *crise da negociação directa.* As partes não conseguem (ou não desejam) avançar, por declarações negociais recíprocas e encadeadas, até uma fórmula de composição dos interesses que representam. Essa fórmula não surgirá, pois, espontaneamente: entre a máxima transigência de uma das partes e da outra, subsiste uma distância insusceptível de ser percorrida pelo desenvolvimento dos contactos directos entre elas. Pode ser até que nem mesmo tenha chegado a haver negociação, tal a radicalidade inicial das pretensões formuladas.

O ordenamento jurídico pode, naturalmente, permanecer numa atitude de indiferença perante tais situações. Fá-lo-á se tiver por pressuposto ideológico a *plena autonomia* dos sujeitos colectivos na gestão dos seus conflitos e na regulamentação das relações jurídicas a estabelecer na sua esfera de representação.

E, como é obvio, a esse pressuposto corresponderá a ideia de *suma responsabilidade social* dos grupos de trabalhadores e empregadores quanto às consequências que os litígios venham a lançar sobre a comunidade a que pertencem.

5. *A intervenção de terceiro.* Todavia, a posição mais corrente dos sistemas jurídicos não é essa. Predomina a oferta de modelos processuais baseados na intervenção de *terceiros* na busca de soluções para os conflitos.

Várias razões explicam essa acção promocional.

A primeira relaciona-se com a necessidade de *prevenir* ou, ao menos, *limitar no tempo* as situações de tensão social e desgaste económico que sempre se associam, em medida maior ou menor, aos dissídios laborais.

A segunda deriva do vector de *progresso social* que percorre a negociação colectiva e do seu papel simultaneamente nivelador das condições de vida da população. A inviabilidade de uma convenção colectiva em certo sector de actividade abre um *vazio* e promete um desequilíbrio que é necessário suster. Por isso se diz que a negociação colectiva tem a vocação da universalidade e da mutabilidade, potenciada até pelas tensões inflacionistas que caracterizam a nossa época. A frustração de um processo negocial não representa em regra apenas uma paragem, mas um retrocesso.

A terceira decorre da posição proeminente que a convenção colectiva de trabalho ocupa no elenco das fontes de Direito. Ela é, para além de um instrumento de progresso, um meio de adaptação das regras e dos princípios gerais às características técnicas e económicas de cada sector de actividade. Como *modo de produção de normas de adequação*, a negociação colectiva carece de ser assistida e fomentada pelo ordenamento jurídico; as crises que venham a afectá-la serão também crises de certeza do Direito.

6. *Conciliação e a mediação.* Existem procedimentos-tipo para o tratamento dos conflitos colectivos de interesses. São eles *a conciliação, a mediação e a arbitragem*[10-11].

Cada sistema nacional pode caracterizar-se pelo modo por que se definem e combinam esses meios de superação de litígios, e ainda pelo grau de intervenção estadual na sua activação.

A *conciliação* consiste, em geral, numa «negociação assistida»: além das partes, participa nela uma terceira entidade (que pode ser um representante do Estado ou uma pessoa escolhida pelos próprios interessados) que se incumbe de auxiliar os interlocutores a encontrarem uma plataforma de acordo. A medida e a modalidade dessa intervenção são muito variáveis, desde o mero apoio processual (convocação, elaboração de actas) até à formulação de propostas ou sugestões às partes, aproveitando os indícios que estas vão fornecendo quanto a zonas de cedência possível.

Por vezes, com efeito, o acordo é dificultado simplesmente por falta de iniciativa dos contendores; nenhum deles deseja avançar com uma proposta que exprima uma cedência, sem a garantia de que esse passo seja correspondido da mesma forma pela outra parte.

Esta consideração tem também correspondência num outro expediente: *a mediação.*

Trata-se de um processo caracterizado pela intervenção de uma entidade alheia ao conflito, que, depois de se inteirar das posições das partes e dos seus fundamentos, lhes endereça uma recomendação ou proposta de solução.

Ainda aqui se trata de procurar o *acordo* dos intervenientes no litígio: o produto da mediação (quando bem sucedida) é uma convenção colectiva ou parte dela.

O acordo obtém-se, assim, pela via de uma relação triangular cuja complexidade pode variar muito de caso para caso. Na sua expressão mais elementar, a mediação consuma-se pela aceitação pura e simples da recomendação do

[10] Para uma abordagem na perspectiva das relações industriais, veja-se M. SALAMON, *Industrial Relations* cit. 361 ss..

[11] Trata-se, de resto, de procedimentos inespecíficos, ou seja, utilizáveis em conflitos sobre qualquer objecto, como os de carácter comercial, os de consumo, etc..

mediador; mas não está fora da natureza desse procedimento que se estabeleça uma rede de declarações das partes e do mediador, através da qual se operam sucessivas aproximações a uma plataforma de acordo viável.

Estar-se-á então perante algo de semelhante, não já à «negociação assistida», mas à «negociação por interposta pessoa», sem que, todavia, o mediador assuma poderes de representação de qualquer das partes.

Resulta daí que a intervenção mediatória não tem que cingir-se a critérios de equidade ou de conveniência técnico-económica. O critério fundamental da mediação é o da *eficácia na procura do acordo possível*: cumpre ao mediador, não propriamente apontar a solução justa, sim descobrir e facultar às partes o ponto exacto de maior aproximação possível entre as suas posições.

A eficácia da mediação pode, ainda, ser potenciada pela intervenção de um quarto elemento: a opinião pública. Com efeito, se o mediador levar ao conhecimento geral o teor da sua recomendação, é possível, em determinadas situações, que o acordo seja facilitado pela pressão social consequente.

7. *A arbitragem*. Cabe, enfim, referir a arbitragem. Também nela se verifica a intervenção de uma terceira entidade, mas o objectivo já não consiste na procura de uma solução acordada para o conflito; ao árbitro, ou à comissão arbitral, cumpre emitir uma *decisão* vinculante para as partes.

A *decisão, sentença ou laudo arbitral*, é pronunciada após exame das pretensões e dos seus fundamentos, com ou sem audiência das partes, e, em regra, independentemente de modelos processuais estritos.

Ao contrário do que se observou quanto à mediação, o critério da arbitragem é o da *equidade*. Trata-se, com efeito, de definir a solução *justa* para o conflito, dentro do espaço delimitado pelas últimas posições das partes.

Como é óbvio, tal solução pode não se localizar num ponto intermédio, mas coincidir inteiramente, porventura, com uma das pretensões em presença.

O critério da equidade pode ser, além disso, temperado pelo da *viabilidade económico-social*.

Com efeito, e por um lado, a decisão arbitral há-de ser não apenas *justa* mas também *prudente*: pode dar-se o caso de a pretensão do sindicato ser abstractamente correcta e atendível, mas pôr em causa a sobrevivência da empresa e, portanto, a ser satisfeita (como seria «justo»), conduzir ao desemprego dos trabalhadores interessados, ou seja, à cessação das relações que se visa regular.

Por outro lado, ocorre frequentemente que os conflitos entre sindicatos e empregadores tenham subjacentes antagonismos de interesses entre os grupos profissionais envolvidos e outros que são aparentemente alheios à lide. A solução «equitativa» (no plano do confronto entre os interesses dos trabalhadores representados e os das entidades empregadoras) pode gerar *outras* injustiças e, por conseguinte, outros litígios. O *equilíbrio social* do juízo arbitral constitui, pois, um dos parâmetros a observar: a decisão de um conflito colectivo pode, noutros termos, implicar a introdução, no juízo da equidade, de interesses aparentemente exteriores aos que se acham em confronto directo.

O recurso à arbitragem pode decorrer da *lei*, com ou sem intervenção da Administração, ou de *acordo das partes* (a chamada "convenção de arbitragem"). No primeiro caso, está-se perante sistemas de *arbitragem obrigatória* (exemplo clássico é-nos fornecido pela Austrália; mas pode ocorrer também, excepcionalmente, em Portugal); no segundo, tem-se a *arbitragem facultativa ou voluntária* (que, como se verá, está consagrada no sistema português).

8. *Negociação e resolução de conflitos.* Num sistema dominado pela voluntariedade dos procedimentos colectivos, em que a lei desempenha, fundamentalmente, um papel supletivo, não existe nenhuma relação necessária entre a negociação directa, o recurso aos mecanismos de resolução de divergências e o uso de formas de luta laboral. Não pode, sequer, dizer-se que esteja pré-condicionada a escolha, de entre os possíveis, do processo de resolução de conflitos a aplicar em cada caso.

Assim, uma greve pode ser decretada sem que haja negociação prévia (como reacção a decisões de gestão de recursos humanos consideradas prejudiciais para os trabalhadores); a frustração da negociação sobre salários pode conduzir, directamente, à luta laboral; as partes num conflito podem recorrer, sem mais, à arbitragem, e, após a decisão que nesta seja proferida, prosseguir as negociações; o inêxito da conciliação pode dar lugar a uma mediação, ou a uma arbitragem, ou ao retorno às negociações, ou, ainda, à greve.

As relações entre os vários tipos de procedimento utilizáveis na gestão de uma divergência de interesses colectivos podem esquematizar-se do seguinte modo[12]:

[12] O quadro é adaptado de M. SALAMON, *Industrial Relations* cit. 365.

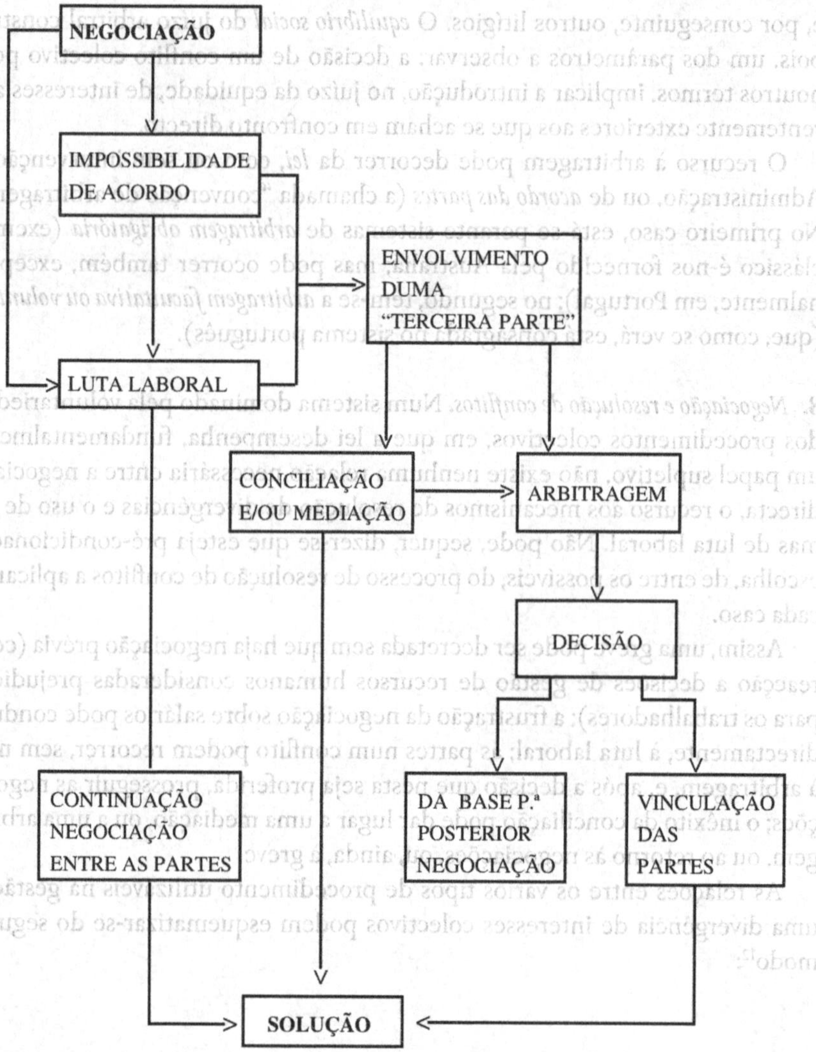

O desvio mais significativo que um tal esquema pode sofrer é o da instituição da arbitragem obrigatória, para a generalidade dos conflitos ou somente para aqueles que se revistam de maior relevância sob o ponto de vista do interesse geral.

III. A resolução de conflitos na lei portuguesa.

A) Observações preliminares.

9. *O modelo português.* O CT prevê e regula os três processos indicados (arts. 523º ss.). A posição do legislador sobre a matéria, encarada globalmente, obedece às seguintes ideias gerais:

a) o recurso a qualquer dos referidos expedientes é, em regra, *facultativo*;

b) não existe qualquer relação de precedência entre eles: pode ocorrer somente arbitragem, uma mediação frustrada sem que se lhe siga uma arbitragem, etc.;

c) a disciplina processual contida na lei é (com algumas ressalvas) puramente *supletiva*: cederá perante as regras eventualmente convencionadas pelas partes.

Estes traços são comuns à conciliação, à mediação e à arbitragem voluntária. Há, todavia, que considerar ainda a hipótese de arbitragem obrigatória[13]. Aí, o juízo de oportunidade do recurso à arbitragem e a regulação do processo de designação dos árbitros deixam de estar na disponibilidade das partes.

No quadro da lei que precedeu o Código, podia entender-se que, além dos expedientes apontados, também a intervenção regulamentar administrativa constituía um meio de resolução de conflitos colectivos de interesses.

Com efeito, a LRCT inseria a disciplina da *portaria de regulamentação do trabalho* no âmbito do regime da resolução desses dissídios. O legislador de 1979 mostrou-se, porventura, permeável ao modo por que, à época, era utilizado esse instrumento regulamentar pela Administração. Com efeito, e muito embora não pudesse considerar-se tal prática como correspondendo estritamente aos termos e pressupostos da autorização legal da emissão das (então) PRT, é verdade que, em várias situações, inclusivamente na década de oitenta, a regulamentação administrativa foi usada como forma última de superação de conflitos. Também na prática, a emissão de uma PRT constituía, amiúde, a sequência de uma conciliação frustrada[14].

[13] Esta possibilidade foi, no passado, admitida inicialmente apenas para os conflitos que envolvessem empresas públicas (na LRCT, com a redacção dada pelo DL 209/92), e só depois generalizada.

[14] Convém ter presente que, nos termos do regime supletivo da conciliação (artº 524º CT), esta compete hoje primacialmente aos serviços de conciliação do Ministério do Trabalho, embora possa ser confiada a terceiros.

De resto, a lei previa o recurso a portaria de regulamentação de trabalho em *situações tipicamente conflituais* (daí, também a inserção sistemática do regime dessas intervenções administrativas): a de *recusa reiterada de negociação* e a de *práticas dilatórias do processo negocial* (artº 36º/1 LRCT). Mas, do ponto de vista legal, eram essas e só essas as situações litigiosas legitimadoras da utilização de tal meio. Não bastava que se verificasse uma situação de impasse ou de ruptura negocial, era necessário que ela decorresse de comportamentos que manifestamente visassem impedir o normal desenvolvimento de um processo de negociação.

Isto permite compreender que a inclusão da PRT no elenco dos meios de resolução de conflitos de interesses não exprimia senão indirectamente a vocação que sempre foi a desse instrumento regulamentar, desde os tempos longínquos em que a legislação corporativa consagrou a via regulamentar administrativa como alternativa à contratação colectiva[15].

Tal vocação consistia fundamentalmente na cobertura das «zonas brancas» deixadas pela contratação colectiva – cobertura que, de resto, se produziria, em certos casos, por outro meio: a portaria de extensão. As «zonas brancas» podem resultar *da inviabilidade jurídica ou prática de regulamentação autónoma* (negocial e arbitral).

A inviabilidade jurídica ocorrerá quando não existam interlocutores negociais (associações sindicais e de empregadores); a inviabilidade prática poderá derivar da ausência de vontade negocial de uma ou ambas as partes, exteriorizada por atitudes de recusa expressa ou implícita de encetar ou prosseguir negociações efectivas.

A diferença fundamental entre o regime do Código e o da lei anterior consiste em que as PRT podiam ser chamadas a responder aos dois tipos de situações, ao passo que as (agora chamadas) *portarias de condições de trabalho* só são admissíveis na primeira.

B) Conciliação.

10. *Noção.* Em regra, o recurso à conciliação assenta no acordo das partes, mas a lei admite que o impulso pertença a uma delas em certos casos e condições (artº 523º/3)[16]. Como é óbvio, esta última possibilidade só terá, em princípio, lugar quando seja aplicável a disciplina processual que a lei supletivamente estabelece. O impulso unilateral consistirá então num pedido ou requerimento dirigido ao Ministério do Trabalho (art. 524º).

[15] A base jurídica mais importante para essa possibilidade encontrava-se no DL 32 749, de 15/4/43.

[16] No DL 164-A/76, de 28-2, previa-se a *obrigatoriedade da conciliação* para o caso de se tratar de conflito envolvendo empresas públicas ou nacionalizadas. Uma das alterações introduzidas naquele diploma pelo DL 887/76, de 29-2, consistiu justamente no alargamento da possibilidade de conciliação obrigatória a todos os conflitos de interesses. Por fim, a LRCT afastou totalmente esse mecanismo, mesmo relativamente às empresas públicas.

Se não existir acordo prévio quanto à entidade à qual será confiada a tentativa de conciliação (e não existe, a esse respeito, qualquer restrição legal), compete aos serviços de conciliação do Ministério do Trabalho realizar essa diligência, convocando as partes, no prazo de dez dias após a recepção do pedido, e orientando os contactos subsequentes.

11. *O objecto da conciliação.* Pode dar-se o caso de o conflito se referir apenas a *uma parte* das matérias que constituíram inicialmente o objecto de um processo de negociação directa. A conciliação (bem como, de resto, a mediação e a arbitragem) assume, nesses casos, um aspecto *residual* - que, desde logo, coloca o problema dos limites dentro dos quais há-de desenvolver-se. Está consumado o acordo das partes sobre um certo número de pontos; deverá a tentativa de conciliação cingir-se à procura de soluções de compromisso *avulsas* quanto ao resíduo litigioso – ou, ao invés, poderá ela traduzir-se num novo *balanço global* de interesses e pretensões, isto é, numa reconstrução total e orgânica do acordo?

A questão tem a sua razão de ser no facto de se encarar, ao menos para certos efeitos, a convenção colectiva (em cuja formação ou revisão surge o dissídio) como um conjunto de normas interdependentes, se não no plano técnico, pelo menos do ponto dos interesses dos outorgantes. É, como se sabe, esta concepção que inspira a preferência revelada na nossa lei pelo método da *conglobação*, quando se verifica concorrência de convenções no espaço ou no tempo (arts. 482º e 503º)[17].

Sendo assim, parece que deve admitir-se a hipótese de uma solução encontrada por via conciliatória vir a pôr em causa o equilíbrio global dos acordos anteriormente atingidos, requerendo o *reexame* de pelo menos algumas das matérias contempladas por elas. A conciliação poderia, em último termo, estender-se ao conjunto dos temas abrangidos pelo instrumento convencional de cuja formação se trata, embora, o conflito colectivo se houvesse manifestado apenas, de início, relativamente a alguns deles.

Cremos que a posição da lei é *adversa* a tal hipótese. O artº 524º/6, ao atribuir a prioridade, no processo conciliatório, à «definição das matérias sobre as quais vai incidir», revela a preocupação de que o objecto do conflito se *circunscreva* de início com o possível rigor, de modo a evitar-se a reabertura de questões já ultrapassadas ou ainda susceptíveis de encontrar solução negociada.

Não se pode, todavia, ignorar que o recurso à conciliação e os tipos de procedimento em que ela se traduza estão, em princípio, na disponibilidade das partes: o regime legal é, como se notou, supletivo. Por outro lado, as soluções

[17] De resto, e também pela razão indicada, o problema é comum à conciliação, à mediação e à arbitragem.

encontradas ao longo das negociações directas só se tornam definitivas e vinculantes com o depósito e a publicação do instrumento convencional que as englobe. Os protocolos reguladores dos processos negociais estabelecem mesmo, na maioria dos casos, o princípio da *livre retratabilidade dos acordos parcelares* até à conclusão das convenções em que virão a inserir-se.

Assim, afigura-se mais correcto o entendimento de que, definido embora, nos termos do artº 524º/6, o objecto inicial da conciliação, é admissível o subsequente alargamento desse objecto no próprio contexto do processo conciliatório.

12. *O produto da conciliação.* O produto da conciliação, quando tenha êxito, consiste num texto que integrará a convenção colectiva em cujo processo de formação o conflito surgiu.

Ao contrário do que já vigorou entre nós[18], a regulamentação estabelecida por via conciliatória não assume expressão formal autónoma: muito embora os resultados da diligência fiquem exarados em acta subscrita pelos intervenientes, trata-se de uma simples forma de integração (parcial ou total) do conteúdo de uma convenção colectiva. Nem outra coisa faria sentido, de resto: a conciliação é ainda uma modalidade de negociação e o resultado dela (quando positivo) assenta exclusivamente no acordo das partes.

Deste modo, a acta de conciliação não se destina, em si mesma, a depósito e publicação, mas apenas a condicionar, na parte correspondente, o *texto final da convenção colectiva* a que respeita.

C) Mediação[19].

13. *Noção.* A mediação consiste, basicamente, numa tentativa de resolução consensual do conflito colectivo, a partir de uma *proposta* ou *recomendação* formulada por um terceiro designado por acordo das partes (o mediador).

Tal como se observou a propósito da conciliação, o recurso à mediação pode resultar de acordo dos contendores ou de impulso unilateral de um deles. A segunda possibilidade depende, porém, de ter havido conciliação e esta ter durado, no mínimo, um mês (art. 526º/3-*b*)). A mediação pode ser realizada pelos serviços do Ministério do Trabalho, por «uma personalidade constante da lista de árbitros presidentes»[20] ou, ainda, por mediador escolhido pelas partes (art. 528º/3).

[18] O DL 49 212, de 28-8-69, autonomizava, em certa medida, *a acta de conciliação*.

[19] O processo de mediação foi introduzido no nosso sistema pelo DL 164-A/76, de 28-2, e só muito raramente tem sido utilizado, pelo menos de modo formal e publicitado.

[20] Trata-se da lista de árbitros existente no Conselho Económico Social, para efeitos de constituição de tribunais arbitrais, por sorteio, nos processos de arbitragem obrigatória (veja-se o art. 512º CT). A matéria está hoje regulada pelo DL 259/2009, de 25 de Setembro.

Muito embora a intervenção do mediador se destine, tal como a conciliação, a propiciar uma solução convencionada, mantendo assim as partes o pleno controlo do desenvolvimento do conflito, a verdade é que existe uma diferença importante relativamente ao procedimento que acima se examinou. A diferença reside na *formalização de um projecto de solução* (a proposta ou recomendação) correspondente ao juízo de *viabilidade* do *acordo* feito por uma entidade considerada, pelas próprias partes, como independente e idónea para o efeito.

Esta característica confere à mediação um potencial de persuasão mais elevado – com o eventual acréscimo resultante da publicidade que à proposta seja dada – do que o da conciliação. A recusa da proposta do mediador por uma das partes – e convém notar que as respostas delas são reciprocamente conhecidas ao mesmo tempo (artº 527º/9) – é uma atitude caracterizada por riscos negociais particularmente ponderosos.

A circunstância de a mediação se traduzir, caracteristicamente, por uma relação *angular* (a própria lei regula o processo em termos de o mediador comunicar *separadamente* com cada uma das partes) não pode ter-se por acessória. Visa-se com isso, por um lado, limitar os efeitos de eventuais factores emocionais e, por outro, possibilitar que o mediador obtenha informações que as partes não estariam dispostas a revelar em negociação directa.

Este aspecto, que constitui, por assim dizer, a «chave» da mediação, acarreta, no entanto, exigências deontológicas precisas. Assim, em especial, o *dever de sigilo* que o artº 527º/10 impõe ao mediador.

14. *A liberdade processual.* As regras processuais dos arts. 527º e 528º apontam para uma moderada celeridade das diligências mediatórias. Com efeito, somados os prazos que ali se fixam, atinge-se um total de mais de um mês – período que, assumindo porventura as vantagens de um *cooling off*, se tem que considerar excessivo face às características e exigências da maioria dos litígios.

É certo, por outro lado, que a mediação pode não se esgotar nos seus momentos típicos e formais – a proposta do mediador, as respostas das partes –, mas integrar diligências conciliatórias tendentes a facilitar o acordo. Rege aqui princípios de *eficiência* e de *liberdade processual.*

Não existem, obviamente, fronteiras estritas para a actuação do mediador; muito embora o art. 527º sugira que a mediação tem limite de tempo, mesmo não havendo resposta explícita dos contendores, nada impede que o processo se desenvolva para além do prazo, enquanto o seu fim útil se mostrar viável.

Embora – ao contrário do Código de 2003 – a lei não o diga, a falta de resposta à proposta do mediador equivale a *não aceitação.* Tal consequência produz-se com o decurso de dez dias sobre a data da recepção da proposta pelas partes –, mas, ainda aqui, e independentemente da prévia definição convencional a que se refere o art. 526º/2, a *utilidade* do processo prevalece sobre o rigor dos prazos: pode ser, com efeito, que as partes manifestem o propósito de responder, mas mais tarde, invocando, por exemplo, a complexidade dos pontos controvertidos – e, em tal hipótese, o esgotamento do prazo legal não permitirá que se ficcione a recusa da proposta. É, porventura, essa a razão pela qual, na revisão de 2009, não foi taxativamente estabelecida a equivalência entre omissão de aceitação e recusa da proposta.

Tal como se anotou relativamente ao produto da conciliação, o resultado (positivo) da mediação não assume expressão formal autónoma: trata-se, ainda aqui, da mera integração, parcial ou total, do *conteúdo da convenção colectiva* a que o litígio respeita.

D) Arbitragem.

15. *Noção.* A arbitragem é um processo *decisório*: uma entidade estranha ao conflito é chamada a estabelecer em termos definitivos a regulamentação das matérias controvertidas.

Entre nós (e desde 1992), a arbitragem pode ser voluntária (arts. 506 e 507º), obrigatória (artºs 506º e 508º CT) ou "necessária" (artºs 510 e 511º).

A arbitragem é *voluntária* quando a sua realização se fundamenta em acordo das partes (convenção de arbitragem), sendo também por elas feita a escolha dos árbitros e definidas as regras do processo (arts. 507º). A arbitragem voluntária pode basear-se em cláusula compromissória contida na convenção colectiva a que se refira o conflito (artº 492º/2-*a*)).

A arbitragem é *obrigatória* quando a sua realização é determinada por despacho do Ministro do Trabalho e a escolha dos árbitros pode não ser feita pelas partes no conflito (artº 508º e 509º). Aquela decisão pode corresponder a pedido de uma das partes no conflito ou a recomendação da Comissão Permanente de Concertação Social. Trata-se de uma *medida de recurso* na panóplia dos meios de resolução pacífica de litígios colectivos laborais: legitimam-na a frustração da conciliação e da mediação e a inexistência de acordo para a realização de arbitragem voluntária.

O Código de 2009 prevê, como se disse, uma terceira modalidade: a "arbitragem necessária". Ora trata-se de um procedimento susceptível de ser adoptado quando, após a caducidade de uma convenção colectiva, não seja celebrada convenção nova aplicável a, pelo menos, metade dos trabalhadores anteriormente cobertos (art. 510º). Mas, na realidade, não se está perante uma espécie diferenciada de arbitragem. A verdadeira arbitragem necessária realiza-se *por força da lei*, verificados que sejam certos pressupostos. O dispositivo previsto nos arts. 510º e 511º CT depende de uma *decisão* (um "despacho fundamentado"...) do

Ministro da área laboral, mediante solicitação de qualquer das partes interessadas – tal como na arbitragem *obrigatória* para resolução de conflitos a que se refere o art. 508º. Trata-se de um subtipo da arbitragem obrigatória, diferenciado apenas pela natureza dos pressupostos (caducidade de uma convenção, inexistência de convenção nova). Arbitragem *necessária* existe, sim – no caso de determinação dos serviços mínimos em caso de greve em "empresa do sector empresarial do Estado" (art. 538º/4-*b*)).

O «regime comum» da arbitragem nos conflitos colectivos de trabalho contém-se no arts. 505º CT, havendo, todavia, que considerar ainda, a título subsidiário, o regime geral da arbitragem voluntária, contido na L 63/2011, de 14 de Dezembro; e, no tocante à arbitragem obrigatória e necessária, a regulamentação constante do DL 259/2009, de 25 de Setembro.

16. *A designação dos árbitros.* As partes em conflito podem escolher os árbitros com bastante liberdade. Em regra, tratar-se-á de designar dois "árbitros de parte", que escolherão, por acordo, o "terceiro árbitro"; mas nada impede que a arbitragem seja confiada ao "árbitro único" a que se refere o art. 8º L. 63/2011.

A escolha dos árbitros (*de parte* e *terceiro*) era condicionada, tanto na legislação anterior ao Código, por certos requisitos de *independência* [21] que o CT não reproduz. A liberdade de escolha das partes deixou, pois, de encontrar, no regime da arbitragem laboral, limitações específicas. A nova posição do legislador explica-se pelo facto de que a realidade se distanciou consideravelmente dos propósitos dos diplomas publicados na segunda metade da década de setenta: nos escassos processos arbitrais que efectivamente ocorreram, o «árbitro de parte», embora juridicamente desvinculado de qualquer múnus representativo, actuou sempre (ou quase sempre) como um defensor das pretensões da parte que tinha designado. É o que, de resto, facilmente se recolhe da análise da limitada «jurisprudência arbitral» oriunda desse período, mormente das declarações de voto dos «árbitros de parte»[22].

[21] A circunstância de tais exigências serem comuns a qualquer das mencionadas qualidades permitia concluir que o legislador de 1979 concebia a figura do «árbitro de parte» à margem de qualquer ideia de representação dos interesses de quem procedia à sua designação: na visão da lei, o «árbitro de parte» era um componente do tribunal arbitral cuja idoneidade moral e técnica resultava atestada pela parte que o nomeava. Assim – e ainda na perspectiva da LRCT – o acto de designação do «árbitro de parte» exprimia uma atitude de confiança e não um mandato para a defesa de certos interesses ou pretensões.

[22] Podem ver-se, por exemplo, as decisões arbitrais de 24/5/76 (Bol.Min. Trab. nº 14, de 30/7/76, 1255 ss.); 18/11/76 (Bol.Min.Trab. nº 24, de 30/12/76, 2639 ss.); 3/8/77 (BTE, 1ª série, nº 42, de 15/11/77, 2603 ss.); 3/10/77 (BTE 1ª série nº 4, de 29/1/78, 336 ss.).

Nem sequer foi inédito que uma «comissão arbitral» surgisse, abertamente, constituída por autênticos *representantes das partes*, embora com o suporte de um compromisso arbitral constante da própria convenção a que o conflito respeita[23].

O padrão imposto pela realidade parece mais adequado, em termos pragmáticos (e já várias vezes se notou a prevalência que, neste domínio, deve ser atribuída à avaliação dos resultados), do que o modelo apontado na lei anterior ao CT. É vantajoso que os pontos de vista das partes e a respectiva fundamentação tenham eco no interior da arbitragem, e que a decisão seja o produto de uma indagação contraditória.

O "árbitro presidente" (ou «terceiro», ou «comum», ou "neutro", designações utilizadas nos textos de algumas decisões) é a verdadeira instância decisória: é o seu voto que faz pender, para um lado ou para o outro, a maioria necessária. É esse, com efeito, o único árbitro propriamente dito[24].

17. *O processo.* Não existem no CT regras definidoras de um *rito processual* da arbitragem voluntária. A condução do processo, a natureza e a ordem das diligências a realizar, a própria duração delas, são pontos que se acham na plena disponibilidade dos membros do tribunal (ou comissão), salvo se houver prévio acordo das partes sobre a disciplina processual a cumprir (artº 507º/1). Vai nesse sentido, também, o regime geral contido na L. 63/2011: se as partes não regularem o processo, deverão fazê-lo os próprios árbitros (art. 30º/3).

Por isso, o tribunal arbitral explicita, em regra, no início dos trabalhos, as regras de procedimento e os prazos que observará.

O processo arbitral desenvolve-se por uma série mais ou menos longa de reuniões do tribunal, sendo rara a audiência directa de representantes das partes. A estas pode ser, logo de início, solicitada a exposição escrita do que pretende e dos fundamentos respectivos, bem como o fornecimento dos dados técnicos que se tenham por necessários para a análise da controvérsia. A partir destes elementos, cada árbitro de parte enuncia a sua posição e, eventualmente, formula propostas de resolução do conflito. O terceiro árbitro terá que formar uma convicção e exprimi-la por um voto conclusivo.

Não raro, porém, e dada a estrutura do tribunal, o processo decisório evolui em termos para-negociais ou, mais precisamente, para-conciliatórios: o terceiro

[23] Referimo-nos, por exemplo, à comissão arbitral emergente do ACT/Sata, que emitiu uma decisão publicada no BTE, 1ª série, nº 31, de 22/8/78, 1982 ss.. No entanto, tratava-se nesse caso de um conflito jurídico e a comissão agiu mais propriamente nos moldes da comissão paritária a que se refere o artº 41º LRCT.

[24] Situou-se nesta linha de entendimento um projecto de diploma sobre as relações colectivas de trabalho que foi publicado, para discussão pública, na Separata nº 1 do BTE de 11/6/79 (projecto A). Aí se previa a realização da arbitragem por *um só árbitro* e dois assessores designados pelas partes (artº 54º).

árbitro procura uma fórmula que possa obter o voto concordante dos dois restantes (o efeito social da decisão é naturalmente potenciado pela unanimidade) e só enuncia uma opção própria quando se mostra inviável esse consenso.

Para além dos dados fornecidos pelas partes, o tribunal pode socorrer-se de informações (de ordem técnica, económica e financeira) obtidas de certos departamentos do Estado (artº 507º/4). Existe também a possibilidade do recurso a peritos.

Note-se que, relativamente à arbitragem obrigatória, o DL 259/2009, já citado, consagra também a competência do próprio tribunal para decidir sobre as regras processuais (art. 16º).

18. *A decisão arbitral.* O critério da decisão arbitral é, como se observou, o da *equidade*. Mas este critério há-de mover-se dentro de certas fronteiras, sob pena de *inutilidade* do processo e da solução emergente.

Em primeiro lugar, a arbitragem tem que respeitar as fronteiras da autonomia dos próprios litigantes: a decisão destina-se a constituir um sucedâneo do acordo entre eles, dispõe de eficácia idêntica (artº 505º/3) e tem, no caso de arbitragem voluntária, como suporte um compromisso básico das partes. É, meramente, a «solução justa» que os sujeitos não lograram fixar pelos seus meios.

Assim, e nos termos do artº 478º (que directamente se aplica às decisões arbitrais, por força do artº 2º CT), as soluções estabelecidas pelo tribunal arbitral não podem contrariar normas legais imperativas; estabelecer regulamentação das actividades económicas, nomeadamente no tocante aos períodos de funcionamento das empresas, ao regime fiscal e à formação dos preços; nem conferir eficácia retroactiva a qualquer disposição que não trate de matéria remuneratória[25].

Ao contrário da acta final de conciliação e do acordo obtido em mediação, a decisão arbitral, tanto na arbitragem voluntária como na obrigatória, é um *instrumento regulamentar autónomo* (artº 2º). Por isso, está sujeita às exigências de *depósito* e *publicação* (artºs 505º/2).

19. *A arbitragem obrigatória.* Já se sabe que a arbitragem pode ser tornada *obrigatória* em certas situações descritas pelo artº 508º/1 CT: a *requerimento de uma das partes*, quando «tenha havido negociações prolongadas e infrutíferas, conciliação ou mediação frustrada e não tenha sido possível dirimir o conflito por meio

[25] Na vigência da LRCT, o tribunal arbitral estava legalmente impedido de «diminuir direitos ou garantias consagradas em convenções colectivas de trabalho anteriores», o que restringia consideravelmente a possibilidade de novos "arranjos" normativos ditados pela necessidade de encontrar solução equitativa para o conflito. O CT não adoptou essa regra limitativa.

de arbitragem voluntária, em virtude má-fé negocial da outra parte»; mediante *recomendação da Comissão Permanente de Concertação Social*; e por *iniciativa do Ministro da área laboral*, «quando estejam em causa serviços essenciais destinados a proteger a vida, a saúde e a segurança das pessoas».

Trata-se, como foi observado, de uma medida extrema no quadro das possibilidades de solução pacífica de um conflito colectivo. Para se entender que assim é, basta notar que a decisão do recurso a arbitragem obrigatória só pode ser tomada após audição das partes e da «entidade reguladora e de supervisão do sector de actividade em causa», e mediante explícita ponderação de um conjunto de factores apontados pela lei (art. 509º). Mantendo-se dentro destes limites e condicionamentos, a arbitragem obrigatória não constitui, necessariamente, entorse a um sistema baseado na autonomia e na autotutela colectivas, constitucionalmente consagradas. De resto, em qualquer das hipóteses contempladas tem intervenção necessária a Comissão Permanente de Concertação Social – quer a título consultivo, quer mediante recomendação –, onde figuram os parceiros sociais mais relevantes.

O problema mais complexo que a montagem da arbitragem obrigatória levanta é, naturalmente, o da *escolha dos árbitros*, uma vez que, em regra, as partes em conflito se absterão de cooperar nela. O artº 7º do DL 259/2009, de 25 de Setembro trata deste ponto crucial. Aí se define, minuciosamente, um processo em degraus, tendo em vista garantir a constituição do tribunal arbitral.

O ponto de partida é, naturalmente, a designação de um árbitro por cada uma das partes, cabendo aos dois a escolha de um terceiro. A recusa ou omissão de qualquer das partes, ou de ambas, e ainda a falta de acordo quanto à escolha do terceiro árbitro, serão supridas por designação do secretário-geral do Conselho Económico e Social, mediante sorteio de entre árbitros constantes de uma "lista de árbitros dos representantes dos trabalhadores ou dos empregadores", no primeiro caso, ou da "lista de árbitros presidentes", no segundo caso. As listas são elaboradas mediante propostas das confederações patronais e sindicais e do presidente do Conselho Económico e Social.

Capítulo 34
OS MEIOS DE LUTA LABORAL

I. As modalidades clássicas e seu enquadramento jurídico.

1. O catálogo dos meios de luta; 2. O papel da lei; 3. A rejeição da "paridade de armas".

1. *O catálogo dos meios de luta.* Os conflitos colectivos de trabalho, esgotados que sejam os processos negociais e para-negociais de harmonização das posições em presença, manifestam-se, tipicamente, através do recurso a "meios de luta" com finalidade coactiva (quer dizer: comportamentos colectivos destinados a pressionar o interlocutor no sentido de este ceder).

Esses comportamentos colectivos podem assumir diversas formas:

Os que têm maior tradição, do lado dos trabalhadores são:

a) A greve (*huelga, grève, sciopero, strike, Streik*), abstenção colectiva de trabalho, resultante de acordo no seio dum grupo ou categoria de trabalhadores, com o propósito de forçar a aceitação, por parte do empregador, de um benefício exigido anterior ou simultaneamente;

b) O boicote (do alemão *Boykott*), que se traduz na obstrução sistemática e colectiva ao recrutamento de pessoal para uma empresa (bloqueio de trabalho) ou ao consumo dos seus produtos (bloqueio de consumo).

Do lado dos empregadores, as reacções a movimentos reivindicativos, traduzidos ou não em formas de "luta laboral", podem assumir modalidades muito diversas, e por vezes discretas ou não explícitas, de represália ou de pressão psicológica (jogando, por exemplo, com a hipótese de encerramento ou deslocalização da empresa), a maioria das quais inteiramente fora do alcance da lei. No entanto, a modalidade clássica é o locaute[1] (*cierre patronal, serrata, Aussperrung*), exclusão sistemática de um certo número de trabalhadores das suas actividades e dos seus locais de trabalho, com a perspectiva de extinção dos contratos de trabalho, para a obtenção de um objectivo litigioso do empregador.

2. *O papel da lei.* O Direito Colectivo do Trabalho encontra grande parte da sua razão de ser no tratamento dado a estes fenómenos conflituais. Em geral, embora com matizes bastante variados (segundo os pressupostos político-económicos do sistema vigente em cada país), esse núcleo do Direito do Trabalho adopta, perante as "lutas laborais", posições destinadas a combater os seus efeitos de desgaste, e a «integrá-los» ou «absorvê-los» na ordem jurídica, com maior ou menor restrição da legitimidade das formas que podem assumir.

No que respeita propriamente aos métodos de coacção directa, essas posições tendem a combinar duas linhas de orientação: em primeiro lugar, cura-se de estabelecer processos *preventivos*, destinado a funcionar, obrigatória ou facultativamente, no sentido da resolução dum conflito de interesses; depois, configura-se um dispositivo jurídico *enquadrante* dos "meios de luta", definindo regras para o seu uso, distinguindo modalidades lícitas e ilícitas, e prevendo, eventualmente, modalidades de intervenção pública no sentido de salvaguardar necessidades sociais intangíveis. Assim, dispõem-se meios de prevenção – e estabelece-se o "dirreito da guerra" para os casos em que aquela falhe.

Este enquadramento jurídico exclui, nomeadamente, as violências físicas e os danos patrimoniais – ou, mais amplamente, as condutas que configuram, nos termos da lei penal, crimes contra a vida, a integridade física e a honra das pessoas, contra o património e contra a realização do Estado de Direito[2].

É evidente que a configurabilidade criminal dessas condutas só pode dar-se quando não devam considerar-se cobertas pelo exercício de direitos – em especial, o direito de greve.

[1] Usaremos, a partir daqui, esta forma aportuguesada da designação inglesa "lock-out", para a qual não existe termo vernáculo equivalente na nossa língua. O uso deste neologismo parece ter sido iniciado por Jorge Leite, e, há alguns anos, reiterado no próprio título e no texto da monografia de Ronald Amorim e Souza, *Greve e locaute*, Coimbra (2004). Esse uso parece-nos inteiramente justificado – tanto como o da palavra "greve" que, à passagem do francês para o português, perdeu apenas um acento. Ou ainda, como se vê no texto, o caso do termo "boicote". A única dificuldade que esta opção formal envolve reside no embaraçoso facto de o termo inglês "lock-out" ter sido adoptado pela nossa lei, inclusivamente pela Constituição! No entanto, dada a equivalência fonética, esse óbice parece poder ser desprezado.

[2] Vejam-se, nomeadamente, os arts. 131º ss., 143º ss., 158º, 180º, 181º, 187º, 212º ss., 329º, 330º, todos CP.

3. *A rejeição da "paridade de armas"*. O ordenamento jurídico português adopta posições muito diferentes em face dos métodos coactivos mais característicos: a greve, pelo lado dos trabalhadores, e o locaute, no que respeita aos empregadores.

Enquanto a greve constitui objecto de um *direito* constitucionalmente consagrado – de resto nos termos mais amplos (artº 57º CRP) –, e cujo exercício é regulado pela lei, o locaute é alvo de sumária proibição constitucional (nº 3 do artº 57º CRP) e legal (artº 544º/2 CT).

Significa isto que o nosso ordenamento jurídico não acolhe nada de semelhante ao *princípio da paridade de armas* (*Waffengleichheit*)[3] consagrado no sistema germânico no que toca aos conflitos colectivos laborais[4], e de que se extrai a licitude do locaute.

Esta posição surge-nos, de resto, isolada no contexto europeu: nenhum outro sistema comporta a ideia de «paridade de armas» com a latitude que a jurisprudência alemã lhe reconhece. De um modo geral, e apesar do silêncio dos textos legais, o encerramento conflitual é encarado, pelos tribunais e pela doutrina, como um comportamento indutor de responsabilidade pelos prejuízos causados aos trabalhadores[5].

A «assimetria» revelada pelo ordenamento português em face do arsenal de meios de coacção directa – em correspondência, aliás, com a posição dominante nos sistemas europeus – justifica que a greve, enquanto objecto de um direito, seja tomada como centro de interesse preferencial na doutrina e na jurisprudência.

Nessa mesma linha, abordaremos em seguida, ainda que sumariamente, alguns dos tópicos mais importantes da teoria jurídica da greve, tomando como referência o regime legal vigente entre nós.

[3] Nesse sentido, e confrontando a probição do locaute com o princípio da igualdade consagrado no artº 13º CRP – na mira de verificar se o actual artº 57º/4 conteria uma «norma constitucional inconstitucional» –, pronunciou-se o Tribunal Constitucional pelo Ac. nº 480/89 (DR 2ª série, de 31-1-90).

[4] Trata-se de uma construção jurisprudencial desenvolvida a partir de um acórdão do Tribunal Federal do Trabalho de 28-1-55, e fundada no princípio constitucional da igualdade perante a lei.

[5] Cfr., em síntese comparativa, H. Sinay 364 ss..

II. A greve: noção e modalidades[6].

A) A noção de greve em sentido jurídico.

a) A ausência de uma definição legal.

4. *A abstenção da lei.* O regime legal do exercício do direito de greve (arts. 531º e segs. CT) não contém uma definição do conceito *normativo* de «greve». A lei adopta, nesse ponto, uma atitude abstensiva que tem dado margem a diversos exercícios interpretativos. Quase todos eles incorrem num risco sério de apriorismo: a abordagem ideológica do problema da determinação da greve *em sentido jurídico* encontra aí excelentes oportunidades. A ausência de uma noção legal de greve pode servir para a demonstração de postulados tão contrastantes como estes: todo o tipo de «perturbação» colectiva do trabalho *cabe* no direito de greve; só a abstenção colectiva de trabalho com fins «contratuais» merece a cobertura desse direito.

Mas o silêncio da lei não pode deixar de ser encarado como um «facto» significativo para a nossa questão.

O partido que, em sede hermenêutica, pode ser tirado de tal omissão – e que, como vimos, comporta direcções e consequências conflituantes – deve ser «afastado do caminho» do intérprete. Por outras palavras: *da falta de uma definição legal de greve não pode extrair-se nenhum conceito de greve.*

5. *A posição da Constituição.* Mas se a omissão da lei não «implica» um enunciado positivo acerca da noção jurídica da greve, ela representa, pelo menos, uma certa postura legal perante a questão da determinação da greve em sentido jurídico,

[6] Na profusão dos estudos (não só jurídicos) sobre o tema, deve salientar-se, para uma perspectiva de direito comparado, a notável exposição elaborada por Kahn-Freund para o Secretariado Geral do Conselho da Europa e por este publicada sob o título *Le droit de grève. Son étendue et ses limites*, Strasbourg (1974). Na literatura portuguesa, merece indiscutível destaque a monografia pioneira de Bernardo Xavier, *Direito da Greve*, Lisboa (1984). Mais recentemente, veja-se, numa perspectiva luso-brasileira, a obra de Ronald Amorim e Sousa, *Greve e locaute*, Coimbra (2004), assim como o nosso *A lei e as greves. Comentários a dezasseis artigos do Código do Trabalho*, Coimbra (2014).

isto é, acerca do problema (que o legislador não poderia, *a priori*, ignorar) da qualificação de comportamentos colectivos conflituais face à consagração constitucional de um direito de greve.

Deve, desde logo, evitar-se o apriorismo de uma visão «omnicompreensiva» da greve em sentido jurídico: não é legítimo afirmar-se que o legislador quis eliminar radicalmente qualquer possibilidade de «restrição definitória» e, portanto, admitir no âmbito protegido pela estruturação do direito de greve *todo* o tipo de comportamento colectivo conflitual que como «greve» seja apresentado ou proclamado.

Mas as coisas não são tão simples. Existe uma teoria dos «limites internos» do direito de greve que assume como referencial uma configuração «típica» do fenómeno regulado, ou seja, um *conceito de greve* previamente adoptado. Nessa perspectiva, haveria limites conaturais ao conceito de greve, ínsitos nele, e portanto susceptíveis de actuar como restrições jurídicas ao exercício da paralisação do trabalho[7]. Qualquer definição legal, se existisse, prestar-se-ia desde logo a uma utilização restritiva nesse sentido, mais ou menos precisa e «molecular».

Ora o regime constitucional do direito de greve mostra-se hostil à delimitação legal desse direito, pelo menos de um dos pontos de vista possíveis: o dos motivos. O artº 57º, depois da expressão de reconhecimento e «garantia» do direito de greve, *veda à lei ordinária a limitação do «âmbito de interesses a defender através da greve»* (nº 2). O objectivo ou motivação do comportamento colectivo é um dos elementos da noção de greve em sentido jurídico: em cada sistema, a amplitude dessa noção será, em grande parte, definida pela maior ou menor abertura do «leque» de motivações juridicamente admissíveis. Ora esse é um elemento sobre o qual a lei ordinária não pode dispor, nomeadamente em via definitória. A lei não pode *criar* motivações ilícitas da greve; estas existem só na medida em que derivam do próprio sistema normativo constitucional.

Esta restrição constitucional ajuda a explicar a omissão da lei no que toca à definição da greve como objecto de um direito. O legislador não terá «querido» definir a greve justamente porque, se o fizesse, teria que calar *qualquer* referência finalística; e, sem tal referência, o fenómeno ficaria por caracterizar. O elemento intencional da paralisação é, com efeito, decisivo para que possa ver-se nela uma

[7] A teoria dos «limites internos» foi sobretudo trabalhada na jurisprudência da *Corte di Cassazione* italiana, e desenvolvida por um importante sector da doutrina; todavia, foi abandonada no início dos anos 80, numa viragem de rumo daquele tribunal superior. Cfr. M. PERSIANI, *Diritto Sindacale*, 3ª ed., Pádua (1992) 128 ss.; CARINCI/DE LUCA TAMAJO/TOSI/TREU, *Diritto del Lavoro – 1. Il Diritto Sindacale* cit. 374 ss.. Estes AA. assinalam, porém, como a mais recente orientação da *Cassazione*, ao assentar em que o sentido jurídico do termo greve corresponde ao seu significado comum, e este consiste em uma «abstenção de trabalho», é ainda tributária de um critério de «limites internos» – tal como, de resto, a orientação que defendemos no texto.

greve e não um aglomerado de violações contratuais; definir a greve *em sentido jurídico* implica referir esse elemento, mas referi-lo poderia facilmente redundar em limitá-lo – e é isso que a lei ordinária não pode fazer.

b) A noção jurídica de greve.

6. *A greve "clássica"*. Mas daqui não se retira a inexistência, no pensamento da lei, de uma definida (e, portanto, delimitada) configuração dos fenómenos que integram a hipótese de referência para o regime do exercício do direito de greve.

Na jurisprudência italiana, tem-se considerado que o silêncio da lei aponta no sentido de que ao termo greve deve ser atribuído um significado jurídico coincidente com o «significado comum, acreditado no social», mas o significado comum entendido em termos «objectivos»: «só é greve o que está consolidado como tal no sentir e na prática social, isto é, um abandono do trabalho, colectivo no desenvolvimento e na finalidade»[8].

Esse é o entendimento comum do que seja um fenómeno chamado «greve». Para além da crescente diversidade que a experiência conflitual revela, e até dos particularismos nacionais no tocante ao seu tratamento jurídico, deve reconhecer-se que esse entendimento permanece suficientemente generalizado e difundido para, em qualquer caso, suprir a omissão de um explícito enunciado definitório do correspondente conceito normativo[9].

A literatura jurídico-laboral documenta cabalmente essa universalidade de entendimento: a greve é definida como «a suspensão colectiva e concertada da prestação de trabalho por iniciativa dos trabalhadores» (Alonso Olea); ou como «uma suspensão do trabalho efectuada de modo planeado e conjunto por uma pluralidade de trabalhadores para a obtenção de uma finalidade» (Brox//Ruthers); e no mesmo conceito distinguem-se «dois elementos: um é a cessação do trabalho, o outro é o elemento da acção concertada» (Kahn-Freund//Hepple)[10].

Temos assim, como certo que o regime legal da greve assenta num modelo de acção conflitual dos trabalhadores que corresponde, quanto ao modo de proceder, àquilo que usualmente se designa por «greve clássica» – embora se

[8] Carinci/Tosi/de Luca Tamajo/Treu, *Diritto del Lavoro. 1 – Il diritto sindacale*, 2ª ed., Torino (1989), p. 367.

[9] Isto significa que, como é óbvio, sempre prevalecerá o conceito (mais ou menos amplo) que a lei porventura defina de modo explícito – ou que dela seguramente se extraia por via interpretativa.

[10] Alonso Olea, *Derecho del Trabajo*, 9ª ed., Madrid (1985), p. 648; Brox//Ruthers, *Arbeitskampfrecht*, 2ª ed., Stuttgart, p. 17; Kahn-Freud/Hepple, *Laws against strikes*, London (1972), p. 4-5. Nesta última obra, lê-se ainda adiante: «A não ser que se verifique completa cessação de trabalho, não há greve. ... Pode haver acção conflitual concertada que não preencha uma greve: diminuição de rendimento (*go slow*), «greve de zelo», recusa de trabalho suplementar».

afaste dele no tocante ao elemento finalístico ou intencional, que, face ao texto constitucional, pode não se restringir a motivações de ordem exclusivamente contratual-profissional.

Esta convicção é impressivamente reforçada por soluções contidas no CT: a suspensão do contrato de trabalho (artº 536º) só é consequência jurídica adequada de uma cessação completa de actividade; a imposição de «serviços mínimos» (artº 537º) supõe a recusa total de trabalho; a avocação do regime das faltas injustificadas para o caso de greve ilegalmente exercida (art. 541º) aponta no mesmo sentido.

Tudo aponta no mesmo sentido: a greve em sentido jurídico só é preenchida por comportamentos conflituais consistentes na *abstenção colectiva e concertada da prestação de trabalho, através da qual um grupo de trabalhadores intenta exercer pressão no sentido de obter a realização de certo interesse ou objectivo comum*[11].

7. *Os elementos necessários: abstenção colectiva de trabalho.* Trata-se, em primeiro lugar, de uma *abstenção de trabalho.* Isso significa, desde logo, que, seja qual for a duração do fenómeno, haverá recusa da prestação de trabalho na sua inteireza qualitativa, isto é, na totalidade dos elementos que a constituem. Não é configurável como greve em sentido jurídico um comportamento consistente na exclusão de *parte* dos actos constitutivos da actividade contratualmente devida; ou na realização integral dessa actividade segundo cadências, sequências ou modos de articulação *diversos* dos que estão definidos pela entidade empregadora ou, simplesmente, são os usuais na organização de trabalho[12].

Trata-se, depois, de uma abstenção *colectiva* da prestação de trabalho. É necessário o carácter colectivo do comportamento e do fim (caso contrário, verificar-se-ia um conjunto de abstenções individuais).

Pode perguntar-se se (considerando a dimensão individual do direito de greve, que adiante se focará) pode ser qualificada como tal a paralisação de um só trabalhador (*greve monoplace*), ao menos quando seja o único membro da categoria interessada no conflito.

A orientação dominante, colocando o acento tónico na essencialidade do exercício *colectivo* da greve, tem apontado para a negativa[13].

[11] O contencioso da greve é, em Portugal, bastante escasso, tomando essencialmente por objecto a questão dos "serviços mínimos". Daí, também, a reduzida contribuição dos tribunais para a conceptualização deste direito. Vejam-se, todavia, no sentido do texto, os Acs. STJ 14/12/89, – P. 002258 (Mário Afonso), e 04/10/95 – P. 004218 (Loureiro Pipa).

[12] É a posição já acolhida, por exemplo, no Ac. STA 28/11/85, AD 319, 963, acerca da «greve de rendimento» ou *slow-down*.

[13] Vd., por exemplo, Ghidini 128; Rivero/Savatier 281.

No entanto, há que considerar duas hipóteses em que a solução deverá ser positiva: uma é a de o trabalhador ser, em certa empresa, o único elemento da categoria que, a nível de sector, se encontra em greve; outra é a de, na evolução de uma paralisação colectiva, os trabalhadores regressarem, um a um, ao trabalho, mantendo a postura conflitual um único e último que, como os outros, havia aderido à greve. Neste caso, porém, o grevista renitente pode ficar a descoberto a partir do momento em que o sindicato promotor da greve declarar o seu termo (art. 539º CT).

O carácter colectivo do fenómeno não postula exigências especiais quanto à importância relativa do número de trabalhadores parados: a circunstância de se tratar de uma minoria no efectivo da empresa atingida não rouba ao comportamento colectivo a qualificação de greve.

O enquadramento jurídico da paralisação colectiva (ao menos enquanto objecto de um direito) restringe-se aos *trabalhadores subordinados*, ou seja, aos sujeitos de contratos individuais de trabalho. Esta afirmação pareceria desnecessária, se não houvesse que tomar em conta certas realidades que, no plano sociológico, se têm manifestado a coberto do rótulo e do sentido funcional da «greve»: assim, as paralisações de estudantes, de médicos (enquanto profissionais livres)[14], de camionistas autónomos, de «mandatários» nos mercados de abastecimento de géneros alimentares, de abastecedores de combustíveis para automóveis. Essas diferentes situações fogem, inteiramente, ao domínio da greve como objecto de um direito constitucionalmente garantido[15].

8. *O motivo da greve*. O último aspecto a considerar na noção exposta diz respeito ao *móbil* da abstenção colectiva de trabalho. Existe uma pretensão comum aos trabalhadores envolvidos, a qual serve de fundamento à *decisão concertada* de empreender a greve.

O artº 2º DL 392/74, de 27 de Agosto (diploma que pretendeu, sem êxito, enquadrar a conflitualidade da época), ao enunciar o conceito de greve, atribuía-lhe como finalidade «a defesa e promoção dos interesses profissionais dos trabalhadores». E não parece poder duvidar-se que a correlação assim estabelecida entre o instituto da greve e *certo tipo de pretensões colectivas* se harmonizaria com a génese do fenómeno e com os próprios pressupostos da sua absorção nos quadros do ordenamento jurídico.

[14] O direito de greve só pode ser reconhecido aos médicos que exerçam a profissão em regime de trabalho subordinado, mas a Ordem dos Médicos – visto não ser uma associação sindical – não pode decretar uma paralisação colectiva de médicos: vd. Parecer PGR nº 91/82, de 9-6-82 (DR 2ª série, nº 70, de 25-3-83, 2171 ss.).

[15] Crf. Pera, *Lo Sciopero e la Serrata in Nuovo Trattato*, c.t., 586 s..

O artº 57º/2 CRP veio reservar aos próprios trabalhadores a competência para «definir o âmbito de interesses a defender através da greve», excluindo mesmo a possibilidade de «a lei limitar esse âmbito».

Na mesma linha se situou depois a L. 65/77, de 26/8, que expressamente revogou o citado DL 392/74, não consubstanciando qualquer tentativa no sentido de qualificar, em termos precisos, os *motivos* ou *fundamentos* da greve.

O CT reproduz o comando constitucional (art. 530º/2), abstendo-se também de interferir na configuração de motivos legítimos ou ilegítimos para fazer greve. Voltaremos ao ponto. Todavia, ainda que provisoriamente, poderá assentar-se em que o conceito de greve acentua a necessidade de uma *pretensão comum ou colectiva*, independentemente da natureza dela.

c) As "greves atípicas".

9. *Noção e modalidades.* Há fenómenos correntemente designados como «greves» que, sem deixarem de funcionar como meios, colectivamente assumidos, de coacção directa ou indirecta em conflitos laborais, oferecem dúvidas quanto ao acerto dessa qualificação.

Assim, existem meios de luta laboral, correntemente designados como «greves», em que *não ocorre abstenção de trabalho*:

a) a «greve de zelo», em que as tarefas ou funções são efectivamente exercidas, embora de modo tão detalhado e minucioso que acabam por causar a desorganização do processo produtivo;

b) a «greve de rendimento», caracterizada pela diminuição das cadências de trabalho, pela quebra do ritmo de produção e pela consequente redução do resultado.

Podem, por outro lado, apontar-se situações em *que a abstenção é meramente parcial*, quer dizer, respeita apenas a certos actos, tarefas ou formas de conduta, de entre os que se contêm nas funções normalmente exercidas. São exemplos desta modalidade:

a) a «greve da mala» nos transportes colectivos, que se manifesta pela abstenção da cobrança de bilhetes, muito embora os trabalhadores dela encarregados se encontrem presentes e realizem as restantes tarefas de que estão incumbidos;

b) a «greve da amabilidade», em estabelecimentos comerciais, caracterizada pela ausência de cortesia no contacto com os clientes[16];

c) a «greve das horas extraordinárias», sem prejuízo da regular prestação de trabalho no horário normal.

[16] *Apud* PERA 594.

Assinalem-se, enfim, as paralisações que, embora resultantes de concertação em grupos determinados, *não abrangem simultaneamente todos os trabalhadores envolvidos.*

Constituem modalidades dessa espécie, geralmente apontadas pela doutrina:

a) a «greve rotativa» ou «articulada», em que ocorre a paragem sucessiva ou alternada em sectores do processo produtivo ou de grupos profissionais nele envolvidos, ao abrigo de uma concertação que a todos abrange, de modo a inviabilizar a laboração, mantendo-se sempre a aparência da disponibilidade de uma parte importante dos trabalhadores[17];

b) a «greve trombose», caracterizada pela paralização de apenas uma parte dos trabalhadores empenhados no litígio, os quais ocupam um sector vital ou estratégico do processo produtivo, pelo que a Empresa deixa de poder funcionar, embora subsista, na aparência, a disponibilidade de todo o restante pessoal[18].

A diversidade de modos de actuação pelos quais se pode traduz a atitude colectiva de incumprimento da obrigação de trabalho explica-se por razões de *economia de meios* e de *potenciação do efeito coactivo* pretendido.

Trata-se, em suma, de procurar meios de obter *um máximo de mobilização* dos trabalhadores e *um máximo de prejuízos* para a entidade patronal, *com um mínimo de esforço persuasivo e de desvantagens* (nomeadamente pecuniárias) para os grevistas. É assim que o princípio clássico da correspectividade entre o trabalho e o salário, se possibilita a dedução da recusa do salário na pura e simples abstenção de trabalho, depara com alguma dificuldade de projecção sobre os casos em que os trabalhadores se achem presentes no local de trabalho e a executar as tarefas correspondentes[19].

10. *O confronto com a concepção legal.* Como se notou, a nossa lei abstém-se de estabelecer uma definição de greve[20]. Todavia, o regime jurídico da greve pressupõe a noção enunciada como seu suporte.

[17] Por exemplo: numa empresa de transportes rodoviários, param primeiro, durante quatro horas, as bilheteiras, depois por outras quatro, osmotoristas; enfim por novo período de quatro horas, o pessoal de manutenção e limpeza de viaturas. «Esta recente forma de greve parcelar constitui de algum modo a réplica ao trabalho parcelar, característico da sociedade industrial contenporânea» – observa H. SINAY 35.

[18] É um comportamento colectivo particularmente ajustado às condições do trabalho em cadeia. Ex.: numa linha de montagem de automóveis, pára o sector encarregado da colocação de carrocerias, mantendo-se os restantes em laboração.

[19] Convém notar que a existência dos chamados *fundos de greve* constitui, ao que parece, uma raridade no movimento sindical português.

[20] Não assim no DL 392/74, de 27-8, que, no artº 2º, dispunha: «Considera-se greve a recusa colectiva e concertada do trabalho tendente à defesa e promoção dos interesses colectivos profissionais dos trabalhadores».

Mas, para além de se abster de definir a greve, o legislador também não se pronuncia sobre as várias modalidades que o fenómeno da *perturbação da execução do contrato de trabalho* assume na realidade social e que, tendo propósito coactivos e conflituais, se não traduzem, todavia, *pela abstenção plena da prestação de trabalho.* Essas modalidades ficam, pois, entregues ao regime do incumprimento contratual, nas suas várias formas e gradações, pondo em marcha os mecanismos de responsabilidade inerentes.

Assim, o legislador do trabalho, pelo que respeita a comportamentos colectivos conflituais dos trabalhadores, toma em consideração, exclusivamente, um dos tipos possíveis: a abstenção colectiva do trabalho.

É o que, a nosso ver, decorre com suficiente clareza de preceitos como o artº 533º (em que se ressalva «a liberdade de trabalho dos não aderentes»), o artº 535º (proibição da substituição dos grevistas) e, sobretudo, o artº 536º, que associa à greve a suspensão do contrato de trabalho, com perda do salário e cessação dos «deveres de subordinação e assiduidade».

Capítulo 35
O DIREITO DE GREVE

I. O direito de greve: natureza e conteúdo.

A) A greve-liberdade. – 1. A liberdade de greve e suas consequências; 2. O suporte dogmático da liberdade de greve. – **B) A greve-direito.** – 3. O direito de greve e seus corolários. – **C) A dupla dimensão do direito de greve.** – 4. A dimensão individual e a dimensão colectiva do exercício do direito de greve; 5. O direito/liberdade de greve. – **D) O conteúdo do direito de greve.** – 6. Noções gerais; 7. Os fenómenos excluídos; 8. A exigência de total (real) abstenção de trabalho.

A) A greve-liberdade.

1. *A liberdade de greve e suas consequências.* Um preceito como o artº 57º/1 CRP – «É garantido o direito à greve» – sugere duas «leituras» diferentes, quer no plano conceitual, quer no seu alcance jurídico-prático.

Uma dessas leituras é a de que se não «garante» um verdadeiro *direito,* mas uma simples *liberdade,* semelhante, quanto à natureza, à liberdade de culto (artº 41º), ou ainda, na esfera propriamente colectiva, à liberdade de associação (artº 46º). E à objecção liminar que poderia fazer-se a partir do próprio termo usado, de pronto se responderia que coisa semelhante ocorre com o «direito» de deslocação no território nacional (nº 1 do artº 44º) e com o «direito» de reunião e manifestação (artº 45º).

A garantia do «direito» à greve traduzir-se-ia, segundo tal entendimento, na mera eliminação ou proscrição – nomeadamente pela via da inconstitucionalidade – de todos os obstáculos, factuais ou normativos, à possibilidade de os trabalhadores colectivamente se absterem de prestar os serviços prometidos através dos contratos de trabalho. Daí decorreriam o afastamento das normas incriminadoras da greve[1] (como as que existiram desde o início do período corporativo: DL 23 870, de 18-5-34), a denegação ao Estado da faculdade de intervir de modo impeditivo ou repressivo perante as paralisações de trabalho, e, inclusivamente, a exclusão da responsabilidade extracontratual dos trabalhadores parados pelos eventuais prejuízos sofridos pelos empregadores.

2. *O suporte dogmático da liberdade de greve.* O fundamento mais significativo de tal concepção é o de que, estando juridicamente conformados certos processos de resolução (pacífica) de conflitos colectivos – e, portanto, de prossecução de interesses colectivos juridicamente relevantes –, o exercício colectivo de coação directa não encontra espaço entre os instrumentos *positivamente* oferecidos pelo Direito à acção dos sujeitos colectivos, constituindo, em si mesmo, uma *negação* das formas jurídicas de tutela daqueles interesses[2].

Em poucas palavras, toma-se como ponto de partida a *intrínseca antijuridicidade da greve*, reconhecendo-se que, por vezes, ela é socialmente *justificada* em face das circunstâncias[3].

Dir-se-á pois, nesta ordem de pensamento, que a atitude do ordenamento jurídico, ao reconhecer a justificação social das abstenções de trabalho em certos contextos concretos, e sobretudo ao acolher, neste domínio específico, os reflexos das ideias gerais de liberdade pessoal e de inadmissibilidade do trabalho imposto, não poderia, em estrita coerência, ir além de uma «garantia de liber-

[1] É, de certo modo, o caso típico do direito italiano, em que a queda do regime corporativo foi entendida, por parte considerável da doutrina – mesmo para além dos corolários do artº 40º da constituição de 1948, que consagrou o «direito de greve» – como causa de abrogação das disposições do Código Penal de 1930 que tipificavam e puniam o crime de abstenção colectiva, em termos quase ilimitados – isto é, *com amplitude maior do que a do direito constitucionalmente consagrado.* Cfr., entre outros, Riva Sanseverino, *Diritto sindacale*, 2ª ed., Turim (1968) 451 ss.; Mazziotti, *Il diritto al lavoro*, Milão (1956) 268 ss.; d'Eufemia, *Diritto sindacale*, Nápoles (1967) 135 ss..

[2] Sustentando que a greve não constitui senão um «mero facto jurídico», explicável pela «insuficiência dos meios práticos de solução, através do Estado, do conflito colectivo de trabalho», escreve, em obra recente, um conceituado Autor brasileiro: «Reconhecer a greve como direito significa proclamar a impotência do ordenamento jurídico nacional em face daquele tipo de conflitos. (...) Como o ordenamento jurídico está longe de ser perfeito, em várias hipóteses se reconhece o *direito de auto-defesa directa*. Apenas nesse sentido se pode falar em direito de greve (...)» – M. Russomano, *Direito sindical – Princípios gerais*, Rio de Janeiro (1975) 232 ss..

[3] Cfr. Pera, *Lo sciopero e la serrata in Nuovo trattato di diritto del lavoro*, dir. por Sanseverino e Mazzoni Pádua (1971), vol. I 556.

dade», pelo menos no sentido de *imunidade* perante os mecanismos de responsabilidade criminal e civil extracontratual[4].

Porém, como nota SANTORO-PASSARELLI, o (eventual) reconhecimento da liberdade de greve não basta para descaracterizar a paragem do trabalho como *violação do contrato* [5]. Embora tal paragem se comporte nos limites de um direito *perante o Estado*, de um «direito público de liberdade»[6], nem por isso deixa de assumir, *perante o empregador*, a dimensão «individual» do incumprimento da obrigação laboral fundada no trabalho. O trabalhador é socialmente «livre» de participar na abstenção colectiva de trabalho, não pode ser por isso incriminado ou sancionado; mas tal participação envolve necessariamente o inadimplemento de um débito pelo qual permanece responsável. E a consequência normal dessa violação seria a legitimação do despedimento pelo empregador (da ruptura do contrato), com eventual ressarcimento de prejuízos.

Ora o regime jurídico da greve, em Portugal, aponta noutra direcção: a de que a paralisação, em tal contexto, normalmente não legitima a extinção do contrato, mas antes a sua *suspensão*.

Por outras palavras, a greve é colocada de par com as situações de impossibilidade superveniente temporária da prestação do trabalho, *não imputável ao trabalhador* – como as resultantes de doença, de acidente ou do cumprimento de deveres legais (vejam-se, no nosso sistema, os artºs 296º ss. CT).

Assim, no nosso ordenamento jurídico, a "resposta" que é dada à greve é esta: o contrato de trabalho permanece, não obstante a interrupção da prestação de actividade, por causa que a lei reconhece como apta a legitimar essa interrupção do lado do trabalhador, ou seja, *a descaracterizá-la como violação contratual* [7].

[4] Cfr. KAHN-FREUND, *Labour and law*, Londres (1972) 223. Tal é, sem termos diversos e na sequência de desenvolvimento histórico também dissemelhantes, a posição dos sistemas britânicos e alemão-federal; acresce que, neste último, a construção jurisprudencial da doutrina da «adequação social» (*Sozialadäquanz*) visou justamente delimitar o âmbito da exclusão de responsabilidade criminal e civil extracontratual, ou seja, no sentido exposto, a latitude da liberdade de greve – vd., por todos, HUECK-NIPPERDEY, *Compêndio* 423 ss.. Sobre o sistema britânico, vd., em síntese, DRAKE, *Labour law*, Londres (1973) 559 ss.. Note-se, por outro lado, que o termo «imunidade», correntemente usado na doutrina anglo-saxónica, com o sentido do texto, comporta acepção diversa, mais ampla, que recobre a própria responsabilidade contra-tual; cfr. GHEZZI, *Diritto di sciopero e attività creatrice dei suoi interpreti*, in «Riv. trim. proc. viv.», (1968), 24.

[5] SANTORO-PASSARELLI, *Nozioni* cit. 49.

[6] Cfr. PERA 561.

[7] Assim, entre nós, o artº 536º CT; em França, o artº 4º da Lei de Fevereiro de 1950; na Itália e na Alemanha, a jurisprudência construiu solução idêntica, à falta de legislação específica. Contudo, no último destes países, a suspensão do contrato e a inadmissibilidade de despedimento apenas se contêm no círculo relativamente apertado do critério de adequação social a que se fez referência – para além do facto de se admitir, mesmo dentro dele, o locaute com despedimento colectivo. Cfr. HUECK-NIPPERDEY 414.

B) A greve-direito.

3. *O direito de greve e seus corolários.* O exercício, em certos termos, da «liberdade» de não cumprir o compromisso contratualmente assumido pelo trabalhador face à outra parte não representa violação contratual porque, durante a paralisação colectiva, o trabalhador fica *exonerado do seu débito* perante o empregador.

Por outras palavras, o ordenamento jurídico afirma, aí, a prevalência do interesse do trabalhador (prosseguido por uma lícita abstenção de trabalho) sobre o interesse da outra parte na prestação de trabalho acordada, conferindo ao primeiro a faculdade de agir de certo modo. Qual seja o conteúdo de tal relação jurídica «anexa» e contingente é ponto que adiante retomaremos; por agora, reconheça-se nisto algo mais de uma simples liberdade – trata-se de um verdadeiro *direito*, oponível à contraparte no contrato e prevalente sobre a obrigação laboral.

A concepção do direito à greve – ou antes, porventura, do direito *de* greve – oferece algumas dificuldades de acomodação dogmática. Desde logo, aquelas que resultam do facto de certas modalidades de abstenção colectiva de trabalho – como a greve de solidariedade, verdadeiro exemplo de escola – visarem objectivos que estão *fora da área de disponibilidade do empregador* vinculado ao grevista. Mal se compreenderia, na visão de alguns autores – com saliência, na doutrina italiana, para Mengoni[8] – a afirmação de um direito do trabalhador perante a contraparte, com reflexo no conteúdo da relação laboral, sem que esteja em causa uma pretensão ou um motivo situado no domínio da mesma relação e na zona de influência do empregador. A construção da greve-direito relevaria, pois, necessariamente, duma concepção *restritiva* das modalidades lícitas de paralisação: cobriria apenas aquelas que se fundassem em reivindicações dirigidas ao conteúdo da relação laboral concreta de cada trabalhador envolvido – ou seja, noutros termos, as greves económico-profissionais[9].

Todavia, esta objecção não levanta, em si mesma, um escolho insuperável à construção do *direito* de greve, mormente se – como, pode dizer-se, propõe a

[8] Mengoni, *Lo sciopero nel diritto civile* in «Atti Primo Convegno di Dir. Proced. Penali» *apud* Pera 563.

[9] Cabe notar que era esta, segundo cremos, a posição expressa no DL 392/74, de 27-8. No artº 2º, definia-se a greve por referência à «defesa e promoção dos *interesses colectivos profissionais* dos trabalhadores»; no artº 6º, declaravam-se ilícitas as greves desencadeadas por motivos políticos ou religiosos, e ainda, em princípio, as de solidariedade; no artº 8º, enfim, estabelcia-se em termos obrigatórios, a articulação da greve com o *iter* da negociação colectiva e, am particular, com os processos de resolução pacífica de conflitos laborais (conciliação ou mediação).

maioria dos autores – ela não for amoldada pelo arquétipo do direito subjectivo, mas sim pelo do direito potestativo[10-11].

Porque a posição do empregador perante ele não assume carácter obrigacional, mas o perfil da sujeição – ou seja, traduz-se na necessidade de suportar as modificações introduzidas pelo titular do direito no conteúdo da relação laboral.

C) A dupla dimensão do direito de greve.

4. *A dimensão individual e a dimensão colectiva do exercício do direito de greve.* O exercício *individual* da greve comporta uma *dimensão individual* e uma *dimensão colectiva* inseparáveis.

Por um lado, o trabalhador, enquanto membro de uma categoria portadora de interesses colectivos, pode abster-se de trabalhar em conjunto com outros, sem que a sua conduta (individual e encarada na perspectiva de grupo) fique exposta à incriminação que poderia encarar-se tendo-se em vista o carácter *colectivo e concertado* da paralisação (as normas tipificadoras do delito de greve, quando existem, centram-se primacialmente, como é obvio, no aspecto *associativo* do facto, não no carácter abstensivo da conduta individual)[12].

Por outro lado, e agora sob o ponto de vista individual, o mesmo trabalhador tem a faculdade de, aderindo a uma paralisação colectiva, interromper a prestação de trabalho, sem que possa ser contratualmente responsabilizado, antes *determinando, mediante uma opção pessoal, o desencadeamento do mecanismo jurídico da suspensão do vínculo.*

A greve apresenta-se, pois, perante o ordenamento jurídico, como uma realidade bifronte[13], e a questão está, afinal, em saber se suporta ou não o esforço de uma construção conceitual unitária.

[10] É, na verdade, a posição dominante, designadamente na doutrina italiana, em que a controvérsia àcerca da natureza e estrutura do direito de greve é, há décadas, particularmente viva e profunda. Cfr., entre outros, e naturalmente em versões diferentes: SANTORO-PASSARELLI 50, PERA 564 ss..

[11] Na tipologia exposta por M. ANDRADE, tratar-se-á de um direito *potestativo modificativo*, pois que, no seu exercício, o conteúdo normal da relação de trabalho resulta efectivamente alterado: a abstenção intencional de actividade, pela circunstância de se inscrever no exercício da greve, não só se descaracteriza como violação do contrato, mas desencadeia efeitos atípicos, não apoiados no acordo das partes, em particular os que se condensam no estado de suspensão do contrato. Sobre a referida tipologia, vd. M. ANDRADE, *Teoria geral da relação jurídica*, Coimbra (1964), vol.I, 13 ss..

[12] Cabe, a este propósito, recordar que, na evolução do *common law*, as construções jurisprudenciais com maior significado para a restrição da licitude da greve se centraram na noção de *conspiracy* (*criminal conspiracy, civil conspiracy*, sucessivamente) ou seja, no momento colectivo ou associativo do fenómeno, que, justamente, lhe é essencial. Cfr. KAHN-FREUND 227 ss..

[13] Assinale-se, com esta fisionomia, a síntese de SANTORO-PASSARELLI, segundo o qual se trata, quanto ao *conteúdo*, de um *direito potestativo*, e, quanto ao *interesse tutelado*, de um *direito subjectivo colectivo*. Cfr. *Nozioni* 50.

Ora uma construção unitária só oferece dificuldades nos sistemas jurídicos em que estejam definidas restrições sérias à licitude da greve em razão dos motivos. Nesses sistemas, poderá dizer-se que a greve não é propriamente livre senão quando seja praticada com certos objectivos. E a "funcionalização" de uma liberdade acaba por a aniquilar. Torna-se, pois, muito difícil harmonizar o genérico reconhecimento da liberdade de greve – resultante da queda de normas especificamente incriminadoras –, e de uma particular restrição do exercício lícito da greve[14] ao campo de interesses especificamente profissionais[15] – pois tal é a referência que, usualmente, serve para delimitar o campo da greve lícita.

Não é esse o caso do nosso actual sistema jurídico. Nele confluem a não incriminabilidade e uma genérica descompressão das motivações lícitas da greve, como decorre do artº 57º CRP e do art. 530º CT. Estamos, pois, perante um verdadeiro direito de greve, articulando uma liberdade pública e um direito potestativo – como resulta do facto de não existir funcionalização a interesses económico-profissionais em sentido estrito, e, por outro lado, o seu exercício importar o efeito da suspensão dos contratos de trabalho[16].

Assim, o nº 2 do artº 57º da CRP visa superar a (pelo menos aparente) contradição formal e teleológica que, no seio de um complexivo direito à greve, existiria entre o factor *liberdade* e o factor *direito potestativo*, como reflexo do desajustamento das dimensões colectivas e individual que o mesmo direito comporta. Muito embora, no segundo aspecto, a faculdade de abstenção colectiva se projecte nas relações individuais de trabalho, reagindo sobre os interesses particulares nela se confrontam, não resulta daí qualquer restrição à largueza da licitude da greve: a actuação do «direito de greve» tem, à luz do nº 2 do artº 57º, o mesmo espaço (e sujeita-se portanto aos mesmos limites eventuais) que o exercício da «liberdade de greve», nas acepções anteriores propostas.

[14] Daí, entre outras, a laboriosa tese dualista de Suppiej, ao distinguir entre um *direito subjectivo público* (liberdade) *de greve*, com grande amplitude, mas sem ressalva das consequências da violação do contrato – a tanto se reconduzindo o alcance da consagração constitucional do referido direito; e um *poder* («potestà») *de greve* face ao empregador, fundado no predomínio da autonomia colectiva sobre a individual (deduzindo este de *outros* preceitos, *maxime* constitucionais), mas *ipso facto* cingido ao campo dos interesses económico-profissionais. Cfr., do A. citado, *Diritto di sciopero e potestà do sciopero nel sistema della Constituzione*, in «Riv. Dir. Lav.», 1965, I, 3 ss..

[15] Foi o que ocorreu na vigência do DL 392/74, atrás citado.

[16] A exoneração do débito salarial (artº 536º/1 CT) não pode ser invocada como um argumento no sentido de uma estrutural oponibilidade do direito de greve ao empregador. Ela é mera consequência do sinalagma funcional que conexiona a obrigação de trabalho e a obrigação retributiva (cfr., para o regime geral da suspensão do contrato de trabalho, o artº 295º CT). Trata-se de uma consequência jurídica da situação factual criada pelo exercício do *direito* de greve, não é um elemento da estrutura deste direito. A greve faz cessar o direito ao salário porque determina uma interrupção temporária (lícita) da prestação do trabalho não imediatamente imputável ao empregador.

5. *O direito/liberdade de greve.* O carácter unitário da concepção que, segundo cremos, está subjacente ao artº 57º CRP, nos termos expostos, encontra apoio na especial natureza dos interesses juridicamente tutelados e na relação dialéctica que se estabelece entre eles e os que se confrontam na relação individual de trabalho. Trata-se de interesses colectivos que se não confundem com o interesse singular de cada trabalhador envolvido, mas cuja tutela directa há-de necessariamente passar por *comportamentos individuais,* embora coligados ou agregados[17].

A autodefesa de direitos, admitida em certos termos no art. 21º CRP, concretiza-se aqui de forma peculiar, perante a figura do interesse colectivo[18] e o princípio da autonomia colectiva[19], ambos quase omnipresentes no capítulo II do título III da CRP.

Mas a circunstância de estarem em causa interesses colectivos, e de a defesa desses interesses implicar uma dimensão colectiva, não contende com a questão da *titularidade* do direito de greve. Essa titularidade recai sobre o trabalhador individualmente considerado[20]. O momento decisivo e crucial do exercício da greve é o da *adesão individual,* através da qual cada trabalhador interessado deixa de prestar o trabalho contratualmente devido. Pode haver deliberação da greve no âmbito do sindicato, aviso solene e formal de que ela vai realizar-se – mas não haverá greve alguma se não for tomada, no foro individual de cada trabalhador, e por ele concretizada, a decisão de parar o trabalho. Essa decisão, como se verá, é querida pela ordem jurídica como *livre* de condicionamento externo, nomeadamente de pressão colectiva por parte do grupo interessado.

Assim, a instrumentalidade colectiva do direito de greve não implica o reconhecimento da «titularidade colectiva» do mesmo direito[21]. Basta notar que, na nossa lei, são admitidas paralisações decretadas à margem do sindicato (artº 531º/2 CT). Os sindicatos, as próprias assembleias de trabalhadores e as comissões de greve previstas no artº 532º CT surgem como *instrumentos* do exercício da abstenção colectiva, não como *titulares* do direito correspondente – que é, repetimo-lo, um direito do trabalhador singular. Mas um direito instrumentalmente condicionado pela natureza dos interesses tutelados – interesses

[17] Na verdade, como alguém observou, os sindicatos não podem, por definição, *fazer* a greve, mas apenas declará-la e conduzir o inerente processo – CESARINI SFORZA, *Verso il «diritto di serrata»* in «Dir.Lav.», 1960, p. 1, 327.

[18] Cfr. GHIDINI 139.

[19] Vd., em síntese, HUECK/NIPPERDEY 323.

[20] Cfr., por exemplo, o Ac. Rel. Lisboa 20/1/93, BTE 2ª série, 10-11-12/94, 1103.

[21] Cfr., por exemplo, ZANGARI, *Principi di diritto sindacale nel sistema della costituzione formale,* Milão (1962) 363.

colectivos, de categoria ou de grupo – em termos de pressupor a coligação ou associação intencional com outros trabalhadores[22].

Dir-se-á então que, embora perfeita como direito individual na esfera de cada trabalhador, a faculdade de paralisação comporta apenas o elemento colectivo *como condição da sua efectivação*. Afinal, esse elemento colectivo participa do próprio *conteúdo* do direito de greve (tal como o direito de reunião) sem que lhe apague a fisionomia de direito individual. É um *direito colectivo de cada trabalhador*.

D) O conteúdo do direito de greve.

6. *Noções gerais*. O direito de greve surge como instrumento de autotutela de interesses colectivos. Situa-se no ponto de cruzamento do dogma da *liberdade pessoal* e do princípio da *autotutela de interesses colectivos*, ambos constitucionalmente consagrados[23].

Aos trabalhadores é reconhecida, pelo ordenamento jurídico, a possibilidade de agirem em defesa de fins colectivos que se proponham, negando por certo tempo ao empregador aquilo que originariamente lhes pertence e que alienaram em benefício dele através dos contratos individuais de trabalho: a disponibilidade da sua força de trabalho. Esta disponibilidade condiciona vantagens e utilidades visadas pelo empregador; pois bem: no contexto de um dissídio colectivo, é retirada àquele tal fonte de benefício, passando a desenvolver-se o confronto de capacidades de resistência entre o empresário privado de recursos humanos e os trabalhadores desprovidos de condições de subsistência.

Assim, o exercício da greve representa a sobreposição (lícita) da liberdade pessoal a um compromisso de actividade contratualmente assumido: os trabalhadores colocam-se provisoriamente «fora do contrato»[24].

Sendo a posição obrigacional do trabalhador subordinado constituída por um feixe de deveres principais e acessórios que convergem num complexivo *comportamento devido* (em si mesmo incindível) – correspondente, no essencial, a uma situação de disponibilidade condicionada perante outrem –, parece inviável conceber-se mais do que duas hipóteses: ou bem que aquela disponibilidade e o inerente comportamento são mantidos – e estar-se-á perante a normal execução do contrato –, ou bem que cessam na sua globalidade, e poderá tratar-se do exercício do direito de greve.

«Se a greve é abstenção colectiva do trabalho – escreve Pera[25] –, ou se faz greve ou se trabalha nas condições normais do contrato: *tertium nom datur*».

[22] Vd., neste sentido Ghidini 139.

[23] Sobre a noção de autotutela colectiva, vd. Giugni 197 ss..

[24] H. Sinay 135.

[25] *Lo sciopero* cit..

O que se entende (juridicamente) inviável é fazer «meia greve», observar apenas algumas obrigações acessórias e não outras, ou, em última análise, realizar o comportamento devido só em certos aspectos, aspirando-se simultaneamente (e na medida restante) à cobertura do direito de greve.

O direito de greve significa, para cada trabalhador, a possibilidade de, em certas condições (nomeadamente a do enquadramento colectivo), deixar de cumprir o compromisso contratual – mas não a de, exercendo porventura o *tipo* de actividade prometido, o fazer em termos *por si mesmo* ordenados ou predispostos a causar um prejuízo à contraparte. A negação da disponibilidade (e, por conseguinte, da subordinação) só pode ter-se por correspondente a um direito na medida em que se traduz na *omissão do comportamento devido*; não assim se se manifestar por um *comportamento diverso* e *substitutivo* daquele.

Comentando a orientação dominante na jurisprudência francesa (adversa à absorção no conceito de greve dos comportamentos colectivos que não envolvam paragem de actividade), escreveu H. SINAY: «pretendendo, ao mesmo tempo, fazer greve e continuar a trabalhar, o trabalhador procura conciliar o inconciliável. Pois, enquanto faz greve, escapa à alçada contratual, ao passo que, prosseguindo o trabalho, se sujeita necessariamente à autoridade do empresário e, portanto, à disciplina da empresa»[26].

7. *Os fenómenos excluídos*. Mas, como se viu, não dispomos de uma definição legal da greve, que permita separar formas lícitas e ilícitas de perturbação da prestação de trabalho.

No quadro de sistemas jurídicos em que ocorre idêntica omissão legislativa, a posição mais corrente na doutrina e na jurisprudência é a do reconhecimento da «regularidade de princípio da greve, exercício de um direito, sejam quais forem as normas utilizadas»[27]. Nesta linha parece situar-se a ousada – e pouco fundamentada – tese da Relação de Lisboa, segundo o qual, não havendo uma «tipicidade legal das formas de autodefesa de categoria» e *ainda quando se adopta um conceito restrito de greve*, «terão necessariamente de admitir-se a seu lado, também como legítimas, certas espécies que recebam designações distintas, como, v.g., o *boicote* (primário ou secundário) ou o próprio *picketing*»[28].

A inexistência de uma delimitação legal dos comportamentos cobertos pelo direito de greve, pode, assim, ser interpretada como expressão de uma atitude de «recepção», pela ordem jurídica, dos dados da experiência social, a qual

[26] *La grève* cit. 202.

[27] CAMERLYNCK/LYON-CAEN, *Droit du travail* 750.

[28] Esta doutrina, enunciada no Ac. Rel. Lisboa (Sec. Cível) 24-7-79, *CJ*, 79, 1194 ss., não prosperou na jurisprudência posterior.

por vezes se conjuga com tentativas doutrinais de «dar corpo a um processo de adequação dinâmica à experiência do fenómeno da abstenção colectiva de trabalho»[29].

Mas esse necessário ajustamento não pode contornar dados do direito positivo, já apontados, que supõem – aliás de acordo com a experiência historicamente gerada em torno do fenómeno da greve e da formação, em torno dela, de um "direito" – a ocorrência de *recusa ou abstenção colectiva* do cumprimento (total ou parcial) da prestação de trabalho enquanto objecto de obrigação contratual do trabalhador. E daí que devam excluir-se do conceito de greve comportamentos como «a greve de zelo» e o *slow down*, justamente porque não envolvem abstenção do trabalho, mas antes actividades em moldes diferentes dos devidos[30]; do mesmo modo, admite-se no âmbito do conceito todo o género de paralisações do trabalho de curta duração, intermitentes, rotativas, etc.[31]. Assim se tem entendido que «a greve selectiva, greve tampão ou greve trombose – greve num sector fundamental da empresa de tal modo que acaba por implicar a paralisação total – é, em princípio, lícita»[32].

8. *A exigência de total (real) abstenção de trabalho.* Assim, o conceito jurídico de greve requer que haja, por parte dos trabalhadores integrantes da concertação grevista, períodos (mais ou menos longos, simultâneos ou não) de *efectiva e total abstenção de actividade.* As questões que se suscitam, no plano dos *efeitos* da greve a propósito da tais comportamentos breves, intermitentes ou rotativos – questões a que pode ser necessário dar respostas não lineares, como adiante se observará –, não afectam, a nosso ver, o problema diverso da *legitimidade* dos mesmos comportamentos.

É o que não ocorre na «greve de zelo», na «greve de rendimento», e, de um modo geral, nas formas de paralisação fraccionária. Trata-se de situações alheias ao direito de greve, susceptíveis do tratamento próprio do comprimento defeituoso do contrato[33] ou (na perspectiva da doutrina italiana) da chamada *non collaborazione* (descrita na antiga lei penal como consistindo na prestação de actividade «de modo a perturbar a sua própria continuidade e irregularidade»)[34].

[29] Cf. G. Branca, *Sciopero, controversia collettiva, mediazione dei pubblicipoteri* in *L'organizzazione e l'azione sindacale,* 363. Vd. também Carinci/Tamajo/Tosi/Treu, *Il diritto sindacale,* cit., 367.
[30] Cfr. Ghidini 135.
[31] Cfr. Lyon-Caen/Pelissier, *Les grands arrêts de droit du travail.* 2ª edição Paris 1980 p. 32.
[32] Cfr. Parecer PGR 91/82, de 9/6/82, BMJ 324, 377. No mesmo sentido, por exemplo, o Ac. Rel. Lisboa 12/12/90, CJ 90, 5, 179.
[33] É a posição da jurisdiprudência francesa (cfr. H. Sinay 201). Em sentido semelhante, entre nós, quanto à «greve de rendimento», vd. Caupers/Magalhães 103.
[34] Cfr., por todos, Pera 593 ss..

O mesmo se não dirá de todas aquelas outras modalidades de conduta conflitual dos trabalhadores que, em condições diversas, têm de comum a ocorrência de verdadeira *abstenção de trabalho*. Poderá eventualmente discutir-se a sua licitude, em função do *modo* por que se opera essa abstenção e dos *efeitos* que produz, mas não cabem, a nosso ver, dúvidas de que se estará no domínio próprio da greve enquanto objecto de um direito dos trabalhadores.

Pode exemplificar-se com a *recusa colectiva de trabalho extraordinário* [35]. Por um lado, trata-se de um comportamento qualitativamente idêntico ao que caracteriza a greve «clássica»; consiste na não realização de uma prestação de trabalho devida, isto é, numa omissão ou abstenção que redunda em privar o empregador de um período de actividade necessária à realização dos seus fins. Por outro, tem uma suficiente homologia *funcional* com a recusa colectiva da prestação num período normal de trabalho, nos casos (mais frequentes) em que ela exprime o repúdio da contraprestação (isto é, do salário no valor oferecido pela entidade patronal). Pois será de recusar a legitimidade da recusa colectiva do trabalho extraordinário quando ela *vise obter um acréscimo da taxa de remuneração desse trabalho*, ou seja, quando essa recusa exprima o desacordo do conjunto dos trabalhadores perante o valor em aplicação para esse efeito? Se – como nos parece – a resposta a tal questão deve ser afirmativa, então não se vê maneira de obstar à generalização dessa resposta quanto à legitimidade e idoneidade do comportamento em causa como *espécie de greve sob o ponto de vista jurídico*[36].

Nem parece convincente a argumentação que poderia aduzir-se com base no carácter pretensamente *acessório* da prestação de trabalho extraordinário, relativamente à actividade convencionada.

Para o efeito da determinação da greve, um elemento decisivo consiste na *abstenção colectiva de trabalho devido*, independentemente das relações funcionais que tenha no seio da actividade da empresa. *Em referência ao período em que ocorre*, a recusa do trabalho extraordinário envolve uma abstenção total (temporária) e não apenas a omissão de *uma parte* ou de *um acessório* do comportamento devido. Não vemos, por isso, razão para configurar tal abstenção em moldes diversos dos da recusa de trabalho normal *numa fracção do horário* – fenómeno que não suscita dúvidas quanto à qualificação de greve.

[35] Esta modalidade de greve é também admitida pela jurisprudência da *Cassazione* italiana, depois de, durante décadas, ter tido dela apreciação negativa. Cfr. CARINCI/DE LUCA TAMAJO/TOSI/TREU, *ob. cit.* 380.

[36] Neste sentido, H. SINAY 40.

II. A greve no direito positivo português: esboço histórico.

9. A evolução legislativa até 1974; 10. Entre Abril de 1974 e a CRP; 11. A garantia constitucional do direito de greve.

9. *A evolução legislativa até 1974*. Em Portugal, a lei foi, durante muito tempo, expressa no sentido da proibição dos meios de luta laboral e na qualificação criminal de tais procedimentos. Reconhecido que fora o direito de greve (e também o direito de locaute) pelo Dec. de 6-12-1910, a Constituição de 1933 colocou-se em posição radicalmente oposta ao *proibir* o uso da «suspensão de actividade», tanto dos trabalhadores como das empresas, como meio de imposição de interesses colectivos (artº 39º)[37]. Na mesma linha se situou o E.T.N. (artº 9º), ao estabelecer expressamente a punibilidade de tais práticas.

Estes princípios foram concretizados, em primeiro lugar, pelo DL 23870, de 18-5-34, que abordava sucessivamente o locaute (artº 1º), a greve (artº 2º), o locaute e a greve «com fins políticos» (art.os 3º e 4º), o locaute e a greve «por solidariedade ou simpatia» (artº 5º), a suspensão colectiva de actividade nas empresas individuais (artº 6º), o boicote (artº 7º), a sabotagem (artº 9º), etc. – estabelecendo, para todos esses actos, penas que iam da multa ao «desterro», de 4 a 10 anos. Com particular severidade eram tratadas as mesmas situações quando nelas estivessem envolvidos funcionários públicos, trabalhadores de «empresas de interesse colectivo» ou de «quaisquer outras, singulares ou colectivas, que se destinem ao abastecimento e satisfação das necessidades gerais e impreteríveis das populações» (artº 13º ss.).

Mais tarde, o Código Penal, no artº 170º[38], veio, por seu turno, prever e sancionar «o encerramento de estabelecimentos comerciais ou industriais e a suspensão ou cessação do trabalho em qualquer serviço do Estado, serviços concessionários ou em outros de interesse público, bem como de qualquer actividade económica sem causa legítima».

10. *Entre Abril de 1974 e a CRP*. A atitude do Direito português perante a greve revelou, a partir de 1974, uma decisiva inflexão. O DL 392/74, de 28 de Agosto, reconheceu-a como um direito dos trabalhadores, embora regulando detalhadamente o seu exercício, quer no aspecto processual, quer no respeitante à natureza e amplitude dos objectivos (interesses) prosseguidos. Assim, o conceito de *greve ilícita* recobria, de igual modo, a paralisação de um sector-chave, a greve com ocupação dos locais de trabalho ou iniciada sem aviso-prévio, por um lado,

[37] Essa posição fora já iniciada com o decreto 13 138, de 15-11-27, ao revogar o diploma de 1910.
[38] Com redacção dada por DL 41736 de 17-7-58.

e a greve de solidariedade ou com propósitos políticos, por outro[39]. Dentro da mesma perspectiva, o exercício da greve foi integrado na lógica do processo de negociação colectiva, requerendo por isso a lei que houvesse tratativas prévias entre as partes e que fosse observada certa tramitação (incluindo um pré-aviso) no desencadeamento da greve.

Por outro lado, os efeitos da greve (conforme fosse lícita ou ilícita), sobre as relações individuais de trabalho, não resultavam com suficiente clareza do contexto legal. Apenas se dispunha (artº 16º) que a greve suspende os contratos de trabalho, continuando a correr a antiguidade dos trabalhadores grevistas. Ora, como se sabe, a suspensão do contrato pode assumir várias modalidades, particularmente no que toca aos seus efeitos sobre o *salário* (vd. agora os artºs 330º ss. CT); e, *a priori*, seriam paralelamente defensáveis (embora com razões dotadas de peso diferente) a posição segundo a qual a greve constitui facto ligado ao trabalhador e o entendimento de que se trata de situação inerente à empresa; como, por outro lado depararia com assinaláveis dificuldades o estabelecimento da *imputação* da greve, como pressuposto do destino a dar ao salário.

É, de todo o modo, princípio comum aos vários sistemas jurídicos que reconhecem o direito à greve o de que se, por um lado, o exercício deste direito não pode ser, em si mesmo, invocado pelo empregador para romper justificadamente o contrato, por outro lado ele determina a *perda do salário* por parte dos trabalhadores grevistas. Cremos que esta mesma ideia reproduz o espírito do artº 16º DL 392/74, embora nele apenas se referisse o fenómeno da suspensão do contrato – ou seja, o primeiro aspecto acima apontado.

De qualquer modo, e não apenas pelas notórias dificuldades técnicas que a sua aplicação suscita, o DL 392/74 teve, como se sabe, muita escassa ou nula projecção prática.

[39] O diploma em causa reflectiu claramente as influências de diversos sistemas estrangeiros, particularmente da Europa Ocidental. No que diz respeito, em especial, à demarcação da licitude da greve, são singularmente vincadas as semelhanças com o sistema francês – muito embora este seja ainda, fundamentalmente, o produto de uma longa e complexa sedimentação jurisprudencial. Acrescente-se que as divergências reveladas pelo dispositivo do DL 392/74 perante tais modelos apontavam sobretudo no sentido restritivo. Assim, por exemplo, a ausência de uma «cláusula geral» como a da adequação social (*Sozialadäquanz*) da greve – aceite pela jurisprudência alemã, na esteira do pensamento de Nipperdey (veja-se, em síntese, o *Compêndio* cit., 423 ss.) – acarretou a definição de uma apertada tipologia de situações, reduzindo ou eliminando quase a margem de apreciação qualificativa pelos tribunais. A greve de solidariedade ou simpatia (*Sympathiestreik*) é aceite pela jurisprudência alemã, não pela francesa, ainda sim pela italiana. Quanto à greve política, pesem embora as reconhecidas dificuldades que oferece o recorte de tal noção, é praticamente pacífico, na doutrina e na jurisprudência dos referidos países, o entendimento segundo o qual se trata de comportamento ilícito, quer no plano colectivo, quer no das relações individuais de trabalho. Para completa informação, veja-se *Jura Europa – Droit du travail/Asrbeitsrecht* cit..

11. *A garantia constitucional do direito de greve.* Com a entrada em vigor da CRP, verificou-se a consolidação do direito à greve, com o afastamento das aludidas restrições *legais ao âmbito e natureza dos interesses subjacentes.*

Dispõe, com efeito, o artº 57º: «1. É garantido o direito à greve. 2. Compete aos trabalhadores definir o âmbito de interesses a defender através da greve, não podendo a lei limitar esse âmbito».

À luz deste preceito, ficou naturalmente em causa a possibilidade de limitação do direito de greve em função dos motivos. Mas, por outro lado, permaneceu aberto o espaço para que o legislador ordinário limitasse o exercício do direito assim reconhecido, quer no plano das *formas* que tal exercício pode assumir (isto é, dos tipos de comportamento em que a própria greve se traduz: paralisação parcial, ocupação dos locais de trabalho, braços caídos, alteração de cadências, etc.), quer no das *regras processuais* a observar no seu desencadeamento (competência exclusiva, ou não, dos sindicatos e delegados sindicais; aviso prévio, comunicações a autoridades administrativas, etc.) – tudo aspectos que, como se notou, o DL 392/74 contemplou com certo detalhe.

A posição assumida pelo legislador constitucional perante o direito à greve projectou-se na L 65/77, de 26/8 (LG), que revogou o DL 392/74. O diploma de 1977 não consubstanciava qualquer tentativa no sentido de qualificar, em termos algo precisos, os *motivos* ou *fundamentos* da greve; nem mesmo no de introduzir alguma precisão do tocante às *formas* que o exercício daquele direito pode assumir. Apenas assumiam relevo notório os *aspectos processuais* relativos à deliberação e declaração da greve (artºs 2º, 3º e 5º), bem como os referentes à salvaguarda da liberdade de trabalho (artºs 4º e 10º) e dos serviços essenciais (artº 8º). No que toca aos efeitos da greve, mantinha-se, no essencial, a solução do DL 392/74.

A circunstância de o regime da LG ter revelado um grau importante de efectividade explica, talvez, o facto de o CT o ter absorvido quase literalmente, salvo no que toca à organização dos "serviços mínimos" que foi objecto de consideração parcialmente inovatória (arts. 538º). Tendo em vista a determinação desses serviços em organizações controladas pelo Estado, é consagrada a "arbitragem de serviços mínimos", hoje regulada pelo DL 259/2009, de 25/9.

III. Os motivos da greve.

12. O quadro constitucional; 13. Autonomia e autotutela colectivas.

12. *O quadro constitucional.* O art. 57º/2 CRP tem sido considerado obstáculo insuperável a qualquer tentativa de ilegitimação da greve em função dos *motivos*: ele veda mesmo a ingerência da legislação ordinária na delimitação do «âmbito de interesses» susceptível de fundar a licitude da paralisação colectiva de trabalho.

É certo que, tomada literalmente, a expressão da CRP (retomada na lei ordinária: art. 530º/2 CT) comporta uma leitura bastante menos radical acerca da relevância dos motivos da greve. O «âmbito» dos interesses é coisa diferente da «natureza» deles: diz respeito à maior ou menor *generalidade*, às dimensões *categorial e geográfica* da pretensão deduzida, não à *qualidade intrínseca* desta. Os trabalhadores que participam no concerto grevista podem *livremente* definir aquela amplitude, mesmo para além dos limites da sua esfera de interesses próprios. Daí, nomeadamente, a licitude da *greve de solidariedade*[40] e a admissibilidade de *qualquer âmbito geográfico* para a abstenção colectiva de trabalho. Mas os trabalhadores não podem, em contrapartida, fazer greve (ou melhor, não o farão sob a cobertura do correspondente directo) por motivos de qualquer natureza.

Por muito sugestiva que pareça, esta construção não se harmoniza, porém, com a presumível intenção do preceito – considerada à luz do debate na Assembleia Constituinte e das concepções dominantes na época. Que assim é, reconheceu-o, desde logo, o próprio legislador ordinário, ao abster-se de conferir qualquer relevância, no tocante à licitude da greve, à natureza dos motivos que a impelem. Não consta, efectivamente, do CT nenhum preceito condicionante do recurso à paralisação colectiva com um tal fundamento.

É, por outro lado, seguro que «os constituintes rejeitaram a vinculação dos objectivos da greve à prossecução ou à defesa de *interesses estritamente profissionais*»[41].

Mas mesmo que se admita a mais lata interpretação do disposto neste nº 2, é forçoso reconhecer que a motivação da greve *não é, não pode ser, constitucionalmente irrelevante.* A paralisação colectiva de trabalho não é objecto de um direito absoluto e restrito. A jurisprudência tem, de modo irrefutável, entendido que,

[40] Na escassa jurisprudência portuguesa sobre a licitude da greve, esta modalidade tem tido apreciações contraditórias. Assim, no sentido defendido no texto, veja-se o Ac. Rel. Coimbra 4/12/79, CJ 79, 5, 1434; e, sobretudo, o Ac. STJ 28/01/83 – P. 000371 (Miguel Caeiro). Mas contra, veja-se o Ac. Rel. Lisboa 24/7/79, BMJ 294, 395.

[41] Parecer PGR nº 123/76B, de 3/3/77, BMJ, 265, 57 ss..

além o mais, «há os limites que resultam de não poder prosseguir objectivos que colidam com os interesses fundamentais da Colectividade e dos Cidadãos, aos quais a mesma Constituição garante e protege, sem excluir os interesses políticos do próprio Estado»[42].

São, pois, ilícitas as greves que tenham por finalidade «atacar a organização política do Estado, quer no tocante à sua estrutura quer relativamente às instituições constitucionais, assim como as que colidem com os direitos fundamentais dos cidadãos legítima e legalmente atribuídos e tutelados»[43-44].

A colisão do exercício da greve com estes direitos não implica, no entanto, imediatamente, a ilicitude da paralisação. A lei admite um certo grau de prejuízo de direitos fundamentais por força da greve; o que não admite é a negação ou destruição de uns ou de outros. O regime dos serviços mínimos, estabelecido no art. 537º, exprime a preocupação de ressalvar, em certa medida – na medida *essencial* – tanto os direitos fundamentais como o direito de greve que com eles se encontre em colisão.

É, assim, necessário reconhecer certa relevância aos motivos da greve, nomeadamente para o efeito de se admitir o *abuso do direito* correspondente.

13. *Autonomia e autotutela colectivas.* Merece, a este propósito, menção especial a doutrina defendida por BERNARDO XAVIER[45]: o sentido do nº 2 do artº 57º CRP traduz-se basicamente na afirmação da *incondicionável coincidência entre o âmbito do direito de greve e o da autonomia colectiva dos trabalhadores.* «No fundo, há aqui ainda a ideia de preservação da autonomia colectiva das organizações dos trabalhadores, de modo a que a greve, como instrumento ou arma dessas organizações no sistema conflitual existente, possa garantir com plena eficácia a totalidade dos interesses que lhe pertencem. *Não será assim lícito ao legislador restringir, para efeitos de greve, a área confiada à autonomia colectiva dos trabalhadores* nisto se cifrando o conteúdo do nº 2 do artº 59º».

[42] Ac. Rel. Coimbra 4/12/79, CJ 79, 4, 1434.

[43] J. REVEZ, *Greve e «lock-out» na história e na Lei*, Lisboa (1980) 107.

[44] A Procuradoria Geral da República defende a mesma tese, desde o já citado Parecer nº 123/76-B. Aí se concluíu, nomeadamente, que «a greve com fins políticos é ilícita quando se propõe atacar o organismo político do Estado e lesa ou põe em perigo a sua personalidade, seja relativamente aos seus elementos constitutivos (soberania, autonomia, independência), seja relativamente às instituições constitucionais, seja relativamente aos direitos públicos dos cidadãos»; e, ainda, que «não é legítima a greve que tenha por objectivo a lesão de interesses que não seja consequência necessária imediata da abstenção ou cessação de trabalho, traduzindo antes uma exasperação de conflitos, susceptível de atingir interesses pessoais e patrimoniais legalmente protegidos».

[45] *A licitude dos objectivos da greve (A propósito do artº 59º, nº 2, da Constituição)*, RDES 2 (Jul/Dez 79) 267 ss..

A lógica da construção citada desemboca na conclusão operatória de que «o exercício do direito à greve tem de se circunscrever aos interesses a defender pelo sindicato»[46] – ou seja, os «interesses socioprofissionais» dos trabalhadores, como os define o art. 440º CT. E a questão que pode colocar-se é a de saber se a consagração do direito de greve, nos termos do art. 57º/2 CRP, não deverá, ao invés, induzir uma amplificação da acção sindical lícita, sob o ponto de vista teleológico, dada a instrumentalidade do sindicato no *iter* da actuação do direito de abstenção colectiva.

Antes da CRP, um diploma legal sobre o direito de greve – o DL 392/74, de 27/8 – atribuía explicitamente ao exercício da greve um tipo de objectivos: a «defesa e promoção dos *interesses colectivos profissionais dos trabalhadores*» (itálico nosso). O art. 57º/2 CRP tem que ser interpretado, também, no seu contexto histórico e face ao cenário legislativo contemporâneo. Ora, perante aquela postura do legislador ordinário, o constituinte quis, a nosso ver, impedir que ela se reproduzisse e prevalecesse. Afigura-se de todo inviável interpretar a posição do legislador constitucional como permissiva de que, por via jurisprudencial ou doutrinal, se produzisse o condicionamento anteriormente constante da lei.

Tudo está, afinal, na amplitude que se confira ao conceito de «interesses socioprofissionais»; tudo está, sobretudo, em que se não adopte *como ponto de partida* uma concepção desses interesses estritamente delimitada pelo círculo de matérias a que se reporta a negociação colectiva de trabalho.

Ora, na tese a que nos referimos, a conexão funcional entre o direito de greve e os «interesses socioprofissionais» dos trabalhadores verificar-se-á não só quando estejam em causa as condições contratuais a praticar nas concretas relações de trabalho em que eles se achem envolvidos, mas também quando se suscitem questões atinentes a quaisquer outros «interesses directos e próprios» dos mesmos trabalhadores enquanto tais[47] – isto é, diríamos, enquanto membros de uma categoria ou camada definida no seio da comunidade.

É assim – segundo cremos – que o Autor referenciado reputa lícitas as greves inseridas em *conflitos jurídicos* (não obstante a existência do dispositivo judicial) e certas greves *políticas* e de *solidariedade*, como as que se motivam pela *emissão* ou pela *carência* de legislação que afecte ou possa afectar a condição social e económica dos trabalhadores.

Não pode, a nosso ver, retirar-se o direito de greve do contexto que lhe é próprio, na CRP: o dos *direitos fundamentais* de conteúdo *económico*, fundados em interesses que se não esgotam na estreita qualificação socioprofissional. «O direito de greve, se é certo que não pode compreender abstenções de trabalho

[46] BERNARDO XAVIER, *Ob.Cit.*, 289.

[47] A expressão, ente aspas, é de BERNARDO XAVIER 299 com itálico nosso.

proclamadas com fins meramente políticos, é exercido legitimamente quando, embora sem conexão estrita com reivindicações contratuais, é posto em prática em função do interesse dos trabalhadores na realização daquele vasto complexo de bens que encontram reconhecimento e tutela na disciplina constitucional das relações económicas»[48].

[48] *Sentença da* Corte Costituzionale italiana de 14/1/74, MGL (1974) 145 ss., anot. MAZZONI.

IV. O exercício do direito de greve[49].

14. *Nota preliminar.* A questão da licitude da greve coloca-se, no nosso sistema, fundamentalmente, a propósito dos comportamentos pelos quais a paralisação é posta em prática.

Do ponto de vista jurídico, já vimos que há condutas conflituais que são greves e outras que o não são (muito embora apresentem afinidades ou aspectos coincidentes com as primeiras); neste último caso, o regime aplicável situa-se no plano da disciplina jurídica dos contratos de trabalho (como formas de *violação* destes), com a eventual qualificação decorrente do carácter colectivo e intencional das referidas condutas.

Mas, no primeiro caso, ou seja, no de o comportamento colectivo dos trabalhadores *corresponder à greve enquanto direito*, pode ser que o modo do seu exercício, o procedimento utilizado, se mostre violador das regras que estão estabelecidas pela lei – e ter-se-á então uma greve *irregular* ou *ilegal*.

Na verdade, o regime legal é, essencialmente, o regime do *exercício* do direito de greve. E o exercício do direito de greve desdobra-se, no padrão legal, por vários momentos: a decisão, a declaração (através de um pré-aviso), a adesão, a prestação de serviços essenciais, o termo da paragem.

A) A decisão de greve.

15. *A escolha do momento.* O juízo de *oportunidade* da greve não está legalmente condicionado: compete, em exclusivo, aos trabalhadores e às suas organizações representativas (as associações sindicais) escolher o momento em que a paralisação será posta em prática.

Significa isto, fundamentalmente, que, do ponto de vista legal, não existe qualquer articulação *necessária* entre o recurso à greve e a utilização dos processos de resolução de conflitos (conciliação, mediação e arbitragem): estes

[49] A exposição que se segue pode ser complementada com o nosso *A lei e as greves. Comentário a dezasseis artigos do Código do Trabalho*, Coimbra (2013).

podem ser rejeitados, ou deixados para uma fase posterior ao exercício da pressão directa[50].

Há, todavia, que introduzir neste ponto algumas precisões importantes.

A primeira diz respeito ao problema de saber se, durante a vigência de uma convenção colectiva, é admissível o desencadeamento de uma greve com o objectivo de se conseguir a alteração da mesma convenção – isto, naturalmente, sem que exista cláusula de paz social como a que se admite no art. 542º/1 CT.

Já vimos que, ao invés do que estabelecia a lei anterior, a denúncia das convenções pode fazer-se em qualquer momento (art. 500º). Ora a denúncia exprime simplesmente a pretensão de negociar alterações ao acordado, independentemente do início da *vigência* dessas alterações; em rigor, pois, o exercício da denúncia não contende com as regras alusivas à eficácia jurídica (normativa) das convenções. Sendo assim, parece claro que a greve pode ser exercida, desde que esteja legitimamente expressa uma pretensão modificativa.

Hipótese diferente seria a de se pretender conferir às alterações visadas uma eficácia *ante tempus*, isto é, neutralizar o período de vigência da convenção. A resposta teria que ser aí, em geral, negativa: uma greve decretada com tal objectivo careceria de objecto legalmente possível (estando-se na área de legítima intervenção do legislador ordinário). Mas a lei deixa entrever hoje uma excepção a essa regra: perante uma *alteração anormal de circunstâncias*, a greve pode ser exercida – mesmo havendo cláusula de paz – em apoio da pretensão de modificação antecipada da convenção. É o que parece poder depreender-se dos arts. 520º/2 e 542º/2 CT.

Por maioria de razão, se a greve decretada na vigência da convenção visa *forçar a aplicação pontual desta* (constituindo, portanto, uma reacção ao não cumprimento de alguma cláusula pela parte patronal) ou tem por objecto *uma pretensão alheia ao conteúdo da convenção*, nenhum condicionamento referente ao ciclo temporal da convenção prevalecerá e o procedimento adoptado pelos trabalhadores deverá ter-se por inteiramente lícito[51].

16. *Greve e processos de resolução de conflitos.* Outro problema se suscita a propósito dos poucos casos em que, seja por força de cláusulas das convenções colectivas, seja por virtude de disposições legais (é o caso, já visto, do art. 508º CT), o recurso aos processos de resolução de conflitos se mostre *obrigatório*.

[50] A doutrina alemã "clássica" construiu um conjunto de princípios que devem ser respeitados pelo desencadeamento dos conflitos de trabalho – entre eles o de que o recurso aos meios de coacção directa deve ser a *última ratio*, só justificável depois de esgotados todos os meios possíveis de resolução apssífica. O alcance deste princípio no contexto do sistema germânico, tem sido por vezes exagerado; com efeito, e além do mais, ele não permite pôr em causa uma greve decidida sem recurso a meios de resolução que não sejam *obrigatórios* (por anterior compromisso das partes).

[51] Cfr., neste sentido, embora quanto a um sistema normativo diferente. H. Sinay 204.

Haverá que extrair de tais preceitos a subordinação do exercício do direito de greve ao *prévio* esgotamento dos aludidos processos?

É, a nosso ver, necessário articular as disposições desse tipo com o princípio geral da *voluntariedade* do recurso aos processos de resolução de conflitos – princípio claramente implantado nos art.os 506º, 523º e 526º CT. Perante ele, o que as partes, ou a lei, fazem ao tornar obrigatória a adopção de certos procedimentos *não é*, ou *não pode ser*, limitar o *exercício* do direito de greve constitucionalmente garantido – ao que sempre obstaria de modo expresso o art. 478º/1-*a*), relativamente às cláusulas de convenções colectivas –, é apenas *isso mesmo*, quer dizer, *tornar forçoso o que, originariamente, se apresenta como dependente de um juízo «ad hoc» das partes.*

Todavia, no caso mais marcante – o de ser declarada obrigatória a arbitragem, nos termos do art. 508º –, o eventual desencadeamento ou a continuação de uma greve *contra* (e apesar de) *a decisão arbitral* não parece admissível. Sendo a decisão arbitral obrigatória um «sucedâneo» (heterónomo, é certo) de um acordo colectivo, o exercício da greve deve ser apreciado em termos paralelos aos desta última hipótese. Ora uma greve decretada ou mantida contra uma solução acabada de contratar constitui, manifestamente, procedimento *contrário à boa fé*. Só assim não será, naturalmente, se a paralisação for dirigida contra um aspecto não resolvido no acordo ou na decisão arbitral.

17. *A competência do sindicato*. A decisão de greve cabe, em primeira linha, *à associação sindical*.

Será essa a regra ao menos válida para as paralisações que abranjam um ramo da actividade ou toda uma profissão. Mas, nas paragens limitadas a uma só empresa, existe ainda a possibilidade de a decisão do recurso à greve ser tomada em *assembleia de trabalhadores*, quando a maioria deles não esteja sindicalizada (art. 531º/2). Nesta hipótese, porém, há que observar diversos requisitos de genuinidade da decisão: número mínimo de convocantes da assembleia (20% ou 200 trabalhadores); participação da maioria dos trabalhadores; maioria absoluta de votos favoráveis à paralisação. A mesma possibilidade existe quando se trate de empresa pertencente a um ramo de actividade abrangido por uma declaração de greve, mas em que a maioria ou a totalidade dos trabalhadores não seja filiada no sindicato promotor.

Põe-se ainda a questão de saber se assiste a uma *comissão negociadora sindical* legitimidade para decidir sobre o exercício da greve. A resposta não pode ser senão negativa[52]. A comissão negociadora não é um sujeito colectivo, não pode

[52] Neste sentido, vd. Parecer PGR in DR 2ª série, 121, 28-5-82, 4295 ss.: «esta (a comissão negociadora) poderá apenas desempenhar uma função de *núncio* da decisão tomada por aqueles orgãos,

ser tida como uma «associação de sindicatos»; é tão-somente, como se assinalou, um arranjo temporário e circunstancial tornado necessário pela negociação conjunta, e que pode mesmo não incluir representantes de todas as associações sindicais que, afinal, outorgarão o acordo. Não se confunde, pois, com os sindicatos que a constituem; e, o que é mais, não está, manifestamente legitimada para substituir o específico processo decisório interno que esteja definido nos estatutos das associações sindicais em causa – processo esse que é vinculante para os próprios orgãos dotados de competência para o efeito, no sentido de que esta competência se há-de ter por indelegável.

B) A declaração de greve: o pré-aviso.

> **"1. É de 10 dias o pré-aviso de greve que abrange trabalhadores que, num hospital, prestem serviços de limpeza ao abrigo de um contrato de prestação de serviços celebrado entre o hospital e a empresa de prestação de serviços de limpeza a que se encontram contratualmente vinculados por contrato de trabalho.**
>
> **2. O que releva para efeitos do pré-aviso a observar não é a actividade da empresa a que os trabalhadores estão vinculados, mas sim a actividade da empresa ou estabelecimento onde os trabalhadores prestam serviço.**
>
> **3. A greve é ilícita, se o pré-aviso não tiver sido inteiramente respeitado e faz incorrer os trabalhadores grevistas no regime de faltas injustificadas.**
>
> **4. Tais faltas constituem infracção disciplinar, desde que a entidade empregadora prove que os trabalhadores grevistas tinham conhecimento da ilicitude da greve." – STJ 13/02/2008 – P. 07S4006 (Sousa Peixoto).**

18. *A exigência legal.* A decisão de greve não basta para que produzam os efeitos do exercício do direito; é necessário que essa decisão seja *exteriorizada* com certa antecedência relativamente ao momento da sua concretização. O artº 534º impõe, com efeito, um *aviso prévio* «dirigido ao empregador ou à associação de empregadores» e ao Ministério do Trabalho.

Em geral, o prazo mínimo de antecipação é de 5 dias úteis; mas, para as «empresas ou estabelecimentos que se destinam à satisfação de necessidades sociais impreteríveis» (artº 537º), está fixado em 10 dias. O que releva, para a fixação do prazo aplicável, é a natureza da entidade beneficiária final das prestações de trabalho que vão ser interrompidas. Esta observação tem sobretudo sentido numa época, como a actual, em que é de regra que empresas e serviços públicos

para além de qualquer colaboração ou serviço prestado àquelas associações no decurso do processo grevistas, nomeadamente nas negociações a encetar com as entidades patronais».

contratem com prestadores de serviço externos (o *outsourcing*) diversas funções acessórias, embora condicionantes da actividade principal – a segurança, a limpeza, o fornecimento de refeições, o transporte de matérias-primas ou produtos acabados, ou até mesmo a facturação e o tratamento de todo o tipo de documentação. Uma greve que afecte esses prestadores de serviço é susceptível de perturbar seriamente, ou mesmo impedir, o funcionamento das entidades ou organizações servidas. Se estas têm por finalidade a "satisfação de necessidades sociais impreteríveis", o prazo de 10 dias deve considerar-se aplicável[53].

Não é, assim, legalmente admissível entre nós a chamada «greve surpresa»: o ordenamento jurídico reflecte a preocupação de permitir, às entidades empregadoras e aos destinatários dos bens e serviços produzidos pelas empresas atingidas, a prevenção de prejuízos excessivos ou desproporcionados. Acessoriamente, e no que toca às empresas contempladas pelo artº 537º, trata-se também de viabilizar o processo de determinação dos serviços mínimos a prestar durante a greve.

O requisito legal de aviso prévio da greve não está universalmente consagrado. Contra a sua consagração, argumenta-se que ele redundaria no enfraquecimento do impacto da greve e, portanto, na debilitação do correspondente direito, ao permitir que os empregadores e as autoridades públicas adoptem medidas de amortecimento e compensação antes do início da paralisação.

Na Itália, por exemplo, não existe regra geral que consagre tal exigência. Só em 1990 foi ela legalmente imposta para os «serviços públicos essenciais» (L 146/90, de 12-6): a duração mínima é aí, também, de 10 dias. Mas, quanto à generalidade das greves, a própria jurisprudência a tem negado: o interesse «preventivo» do empregador só tem sido valorizado quando se articula com a salvaguarda de direitos fundamentais constitucionalmente tutelados[54].

Não falta, porém, na doutrina italiana, quem considere «ilegítima, por violação do princípio da boa-fé, a greve exercida subitamente, sem qualquer aviso e em circunstâncias tais (por exemplo, logo em seguida à entrada da matéria prima em laboração) que podem demonstrar o propósito específico, por partes dos agentes, de infligirem dolosamente um dano exorbitante à empresa»[55].

Na França, igualmente, a lei abstém-se de impor a comunicação prévia, salvo no tocante às empresas nacionalizadas e aos serviço públicos – explorados por empresas

[53] Neste sentido, veja-se o Ac. STJ 13/2/2008 – P. 07S4006 respeitante a uma greve em empresa fornecedora de um hospital.

[54] Cfr. Persiani, *Diritto Sindacale* cit. 139.

[55] Pera cit. 625. Há que notar, todavia, a correlação existente entre esta postura doutrinal e a tese desenvolvida na própria jurisprudência italiana em torno da ideia de «proporcionalidade» dos danos emergentes da greve para cada um dos lados.

privadas ou de economia mista (lei de 31-7-63). Todavia, por vezes, as convenções colectivas (em particular os acordos de empresa) incluem cláusulas constitutivas da obrigação de pré-aviso: assim, por exemplo, nas indústrias alimentares[56].

Noutros países, pelo contrário, a comunicação prévia é requerida, mas *em conexão com o funcionamento dos meios de resolução de conflitos colectivos*: o prazo destina-se fundamentalmente a possibilitar a intervenção *in extremis* de um conciliador ou mediador oficial: é o mecanismo instituído nos países escandinavos.

19. *Sentido e conteúdo do pré-aviso.* No nosso ordenamento, a exigência de pré-aviso relaciona-se primacialmente com a necessidade de habilitar a empresa com o conhecimento antecipado da paralisação, a fim de poderem ser adoptadas (em particular naquelas que têm a seu cargo a satisfação de necessidades sociais impreteríveis – daí o prazo alongado que se lhes aplica) providências destinadas a evitar danos nos equipamentos e a minorar as perturbações nos abastecimentos, permitindo aos utentes ou consumidores que se preparem para as suportar. Acessoriamente, poderá apontar-se ao pré-aviso a função de possibilitar a intervenção conciliatória do Ministério do Trabalho, visto que a comunicação deve ser também enviada a este departamento do Estado.

Nestas condições, o pré-aviso deve constituir uma declaração inequívoca[57], contendo um conjunto de indicações acerca das modalidades do comportamento conflitual projectado. Entre elas, são decerto essenciais as que respeitam à identificação dos estabelecimentos ou serviços abrangido, bem como a indicação das associações sindicais (ou, no caso do artº 531º/2, da assembleia de trabalhadores) que promovem a paralisação. Esta última menção tem duplo alcance: através dela se pode verificar a observância do que exige o artº 531º; e, além disso, é ela que permite determinar a amplitude dos efectivos potencialmente envolvidos na greve (ou seja, noutros termos, o contingente de trabalhadores «cobertos» pela declaração de greve).

O pré-aviso há-de, por outro lado, conter o enunciado (embora sucinto) dos *objectivos* em vista[58]. A circunstância de o artº 530º/2 reconhecer aos trabalhadores a «competência exclusiva» para a fixação do «âmbito de interesses a defender» é irrelevante quanto ao ponto; a exigência da indicação expressa da finalidade da paralisação não põe em causa, de nenhum modo, tal prerrogativa – e a verdade é que, não obstante a mencionada posição da lei (derivada, como se viu, da CRP), não pode excluir-se de todo a ilicitude da greve em função dos motivos. A indicação destes é, ao menos, necessária para que se torne viável a correcta identificação do conflito através do seu objecto.

[56] Sinay 209.

[57] Ac. Rel. Porto 8-2-82 (Col. Jur., 1981, t. 1, 337).

[58] *Parecer* PGR in DR 2ª série, 121, 28-5-82, 4295 ss..

20. *A indicação da duração da greve.* O pré-aviso deve, naturalmente, conter no mínimo a *data* e a *hora do início* da greve, nada obrigando a que nele se aponte o momento em que terminará. A greve pode, pois, ser de duração indeterminada.

Mas se assim não for – quer dizer, se o pré-aviso indicar os momentos de início e fim de paragem –, deve entender-se tal comunicação como *vinculante* para quem a emitir e, em consequência para os trabalhadores aderentes.

Esta posição diverge da que se exprimiu em parecer da Procuradoria-Geral da República[59]: «se num pré-aviso se fixar um prazo para a duração da greve e no decurso desta, mas antes de expirado aquele prazo, vem a ser decidida a prorrogação da greve por tempo indeterminado, não é necessário observar um novo pré-aviso». Não cremos que a *ratio* da exigência de pré-aviso – aliás, expressamente reconhecida no parecer[60] – seja compatível com tal entendimento. Os interesses tutelados por aquela exigência – sejam eles os do empresário visado ou os dos consumidores e utentes dos bens e serviços produzidos e seja qual for a graduação da relevância desses interesses – indicam que o pré-aviso seja encarado como uma declaração que vincula o emissor nos seus precisos termos, apenas podendo ser inobservado o projecto que ela contenha no caso de menor prejuízo para os destinatários.

Se o pré-aviso se destina a transmitir o conhecimento antecipado de uma conduta é, obviamente, necessário que esta se contenha nos termos do declarado. O prolongamento da paragem além do momento anunciado carece pois, a nosso ver, de novo pré-aviso. Nem se diga que tal solução conduz, ou pode em certos casos conduzir (nomeadamente se o período de greve anunciado é de duração inferior ao do prazo de pré-aviso aplicável), a situações gravosas ou aberrantes para quem declare a greve: não pode esquecer-se que não é obrigatória a fixação antecipada do termo, e que essa fixação, quando ocorre, corresponde por certo, também, a interesses da entidade declarante.

21. *Os efeitos do pré-aviso.* O pré-aviso de greve desempenha um papel na delimitação do *âmbito da paralisação* – isto é, do âmbito dentro do qual a abstenção individual de trabalho *pode* ser juridicamente qualificada como *adesão à greve* no sentido de *exercício do direito correspondente.*

Esse âmbito será, sob o ponto de vista «espacial», o que venha declarado no pré-aviso; e, sob o ponto de vista «pessoal», o correspondente ao agregado profissional «potencialmente enquadrável pelo sindicato»[61].

[59] *Diário da República*, 2ª série, nº 236, 6232 ss..

[60] Lê-se, com efeito, a dado passo: «... os utentes, sempre interessados em saber, atempadamente, quando terminarão as incomodidades resultantes da cessão da actividade, em consequência da greve».

[61] BERNARDO XAVIER, *Direito da greve*, cit., 165.

O efeito delimitador do pré-aviso reflecte-se sobretudo na efectivação da *proibição de substituição dos trabalhadores em greve*, constante do art. 535º CT: os trabalhadores que constavam do efectivo do estabelecimento ou serviço no momento do pré-aviso não podem ser substituídos por outros vindos do exterior[62]. Se a empresa atingida pela greve é prestadora de serviços a terceiros, onde os trabalhadores efectivamente exercem a sua actividade, a proibição refere-se aos concretos locais de trabalho aos quais os grevistas estão afectos[63]. Nada impede, porém, que os trabalhadores aderentes sejam substituídos por outros já pertencentes ao quadro da empresa, nem que, antes e/ou depois do período de paralisação declarado, a entidade empregadora recorra a trabalhadores exteriores para recuperar a produção perdida. Igualmente está, em princípio[64], vedado o recurso, durante a greve, a outra empresa para realizar os serviços de que a mesma paralisação priva a entidade empregadora[65].

Mas o que importa salientar é que o pré-aviso, como «declaração» ou «proclamação» do projecto grevista funciona como condição formal, de natureza colectiva, para o exercício individual do direito, através da *adesão*, para todos os trabalhadores que, em abstracto, e de acordo com a razoabilidade, possam considerar-se dentro desse «âmbito».

Não é, em suma, seguramente, admissível restringir o efeito legitimador do pré-aviso aos trabalhadores filiados no sindicato que o emitiu. Como escreve Bernardo Xavier, «qualquer trabalhador inscrito num sindicato que não tenha declarado a greve pode aderir à paralisação decretada por um outro que potencialmente o enquadre»[66].

22. *Os meios de comunicação.* A lei exige que o pré-aviso seja feito «por meios idóneos, nomeadamente por escrito ou através dos meios de comunicação social». Como se disse, tudo está em que o instrumento de comunicação utilizado seja eficaz relativamente aos destinatários que o artº 534º/1 aponta: a entidade empregadora, ou a associação de empregadores, e o Ministério do Trabalho.

Na prática, o meio geralmente utilizado é a *carta*; mas, por vezes, o grande número de sindicatos envolvidos, ou a pluralidade e dispersão das empresas interessadas – mesmo que o «interlocutor conflitual» seja a associação patronal

[62] Cfr. Ac. Rel. Coimbra 16/1/90, *Col. Jur.* 90, 1, 121.

[63] Ac. STJ (Unif. Jur.) 30/11/2000 – P. 00S086 (Almeida Deveza).

[64] Exceptua-se – e, mesmo assim, só "na estrita medida necessária" –, nos termos do art. 535º/2, o caso de "incumprimento dos serviços mínimos necessários à satisfação das necessidades sociais impreteríveis ou à segurança e manutenção de equipamento e instalações".

[65] Cfr. Ac. Rel. Coimbra 20/04/2006 – P. 4122/05 (Fernandes da Silva).

[66] Ob. e loc. cit..

representativa de todas elas – leva a que seja preferido, ou utilizado cumulativamente, o *anúncio* em jornais de maior expansão.

Perguntar-se-á se a qualidade de «meio idóneo» comporta tão grande flexibilidade que possa ser reconhecida a qualquer forma de *exteriorização* do propósito de fazer uma greve – como, por exemplo, a distribuição de panfletos[67].

A questão não pode ser encarada abstractamente. A idoneidade do meio de comunicação utilizado depende das condições concretas do contexto e do ambiente em que o conflito se manifesta e desenvolve. A publicação num jornal de grande expansão pode ser «inidónea» se se trata de uma instalação fabril isolada aonde a imprensa não chega senão com grande atraso. A distribuição de panfletos é susceptível de preencher a exigência legal – desde que o texto contenha inequivocamente uma «declaração de greve» com todas as precisões que já vimos serem necessárias e não possa ser confundido com a expressão de uma simples «ameaça», ou de uma mera «proposta» aos trabalhadores, ou seja, com uma formulação «hipotética» e não definitiva.

De qualquer modo, a lei sinaliza expressamente dois destinatários forçosos do pré-aviso: o empregador ou associação de empregadores e o ministério da área laboral. Estabelece-se assim uma obrigação de *resultado*: o sindicato ou a comissão de greve têm que garantir que esses destinatários sejam atingidos. O pré-aviso é uma declaração receptícia, só pode considerar-se *feito* mediante a recepção por esses destinatários forçosos, e o momento em que isso ocorra.

C) A adesão à greve.

> **"Incorre na contraordenação de prejuízo ou discriminação de trabalhador por aderir a uma greve, p. e p. no artº 540 do Código do Trabalho, a empregadora que considera indevidamente, apesar de informação da inspeção do trabalho em contrário, que um aviso de greve não abrange certos trabalhadores e que a própria greve é ilícita por falta de cumprimento da obrigação de serviços mínimos, e que assim aplica o regime das faltas injustificadas a dezassete trabalhadores que fizeram greve." – Rel. Lisboa 12/06/2019 – P. 1060/17.0Y4FNC.L1-4 (Sérgio Almeida).**

23. *A adesão como decisão individual.* A decisão de greve não é juridicamente vinculante para cada trabalhador representado pelo sindicato ou participante na assembleia. Ela traduz uma vontade colectiva à qual os comportamentos individuais podem ajustar-se ou não; oferece o quadro colectivo necessário ao exercício do direito de greve como faculdade individual. Este exercício concretiza-se

[67] Este meio é tido por admissível nalguma jurisprudência: vd. Ac. Rel. Évora 5-11-87 (CJ 87, 5, 290).

pela *adesão* à greve, que é uma manifestação de vontade traduzível pela abstenção *individual* de trabalhar.

É pelo acto de adesão à greve, por conseguinte, que se perfecciona a situação típica de exercício do correspondente direito; e a lei toma em conta a possibilidade, de resto frequentemente verificada, de a adesão individual ser um acto posterior, não só à decisão da greve, mas ao próprio início dela. Assim, como adiante se verá melhor, o artº 533º CT prevê a formação de piquetes destinados a «persuadir os trabalhador a aderirem à greve», ressalvando a «liberdade de trabalho dos não aderentes».

Torna-se, assim, pelo menos imaginável a hipótese de uma greve decidida e declarada não ocorrer por falta de adesão dos trabalhadores individualmente considerados – o que contribui para reforçar a ideia de que a paralisação corresponde essencialmente a uma faculdade individual, ainda que revestida de pressupostos colectivos.

24. *O reconhecimento da adesão.* Cabe, então, abordar a questão de saber por que meios há-de detectar-se o *elemento intencional* da abstenção *individual* de trabalho, ou, por outras palavras, o *animus* que permite qualificar essa abstenção como *adesão a uma greve*.

Há quem, a este respeito, sustente a existência de «uma obrigação de *informação (do trabalhador)* quanto ao sentido do seu comportamento abstensivo»[68].

Mas a relevância do *animus* na adesão à greve não exige, a nosso ver, que se vá tão longe, sobretudo e desde logo no que respeita aos *trabalhadores filiados no sindicato declarante da paralisação*. Julgamos evidente que a mera ausência ou abstenção de trabalho de um desses trabalhadores constitui suporte bastante da presunção de adesão à greve; e a elisão desta presunção nem sequer implica uma específica conduta declaratória do trabalhador: basta, manifestamente, a apresentação de diversa *justificação* da ausência.

As situações remanescentes – as dos trabalhadores membros de sindicatos não declarantes de greve e as dos trabalhadores não sindicalizados – podem e devem, a nosso ver, ser tratadas de harmonia com um critério uniforme, pelo que respeita ao problema da determinação do *animus* de aderir à paralisação.

Na verdade, a «cobertura» do pré-aviso autoriza, sem mais, a presunção de adesão quanto aos trabalhadores que por ela estão «institucionalmente» abrangidos; a falta de tal cobertura coloca todos os restantes, no aspecto em referência, basicamente nas mesmas condições.

E, quanto a esses, não se vê, na verdade, que possa ser dispensada uma *expressa* manifestação da vontade de aderir à paralisação colectiva declarada, embora no

[68] Bernardo Xavier, *Direito da greve*, cit., 165.

quadro do processo normal de justificação de ausências e não, necessariamente, através de meio declarativo específico[69].

Não se afigura, com efeito, juridicamente possível, para além do reconhecimento da faculdade de adesão a uma greve declarada por sindicato ao qual o trabalhador não pertence, atribuir à ausência ou abstenção de trabalho deste, destituída de justificação específica e sem mais, o sentido do exercício dessa faculdade – o que até poderia representar uma contrafacção insuportável da sua real postura sócio-profissional perante o conflito (isto, naturalmente, dentro do âmbito espacial/organizativo em que este se manifesta).

Assim, quanto aos não sindicalizados e aos membros de sindicatos não declarantes, a adesão à greve sendo abstractamente lícita, só pode ter-se por verificada mediante *expressa «manifestação de vontade»* ou, melhor, *declaração de ciência* do trabalhador no quadro do processo de justificação de faltas ao trabalho.

D) Os piquetes de greve.

"I – A presença dum piquete de greve no interior das instalações da empresa, não é susceptível de, só por si, ser qualificada como ilícita.
II – Essa não ilicitude não confere aos dirigentes sindicais o direito de, sem comunicação prévia à entidade patronal, introduzirem-se nas instalações desta para ali se integrarem naquele piquete." – Rel. Lisboa 23/01/2002 – P. 00118743 (Adelino Salvado).

25. *Noção.* O artº 533º CT admite a constituição dos chamados *piquetes de greve*[70], grupos organizados de trabalhadores cuja função consiste em, no decurso da paralisação, «desenvolverem actividades tendentes a persuadir, por meios pacíficos, os trabalhadores a aderirem à greve, sem prejuízo do respeito pela liberdade de trabalho dos não aderentes».

Não falta quem aponte a quase impossível compatibilidade entre a admissão dos piquetes e a simultânea afirmação do primado da liberdade de trabalho.

Em França, por exemplo, o *picketing* é aceite pela jurisprudência em termos muito próximos dos do artº 533º. Mas alguma doutrina não deixa de vacilar perante a lógica de tal orientação. «Esse reconhecimento jurisprudencial da legitimidade do piquete de greve parece, a uma primeira abordagem, surpreendente porque a instituição mesma do piquete de greve tem por finalidade assegurar o êxito da greve, incitando o máximo de trabalhadores a não trabalharem. Isso parece, em si, um atentado

[69] Também neste sentido, Rel. Porto 05/03/2018 – P. 2292/16.4T8VFR.P1 (Jerónimo Freitas).

[70] Sobre a origem da designação, pode ver-se o nosso *A lei e as greves*, Coimbra, 2013, 55 s..

à liberdade de trabalho, que seria seguramente mais bem protegida se as imediações do estabelecimento estivessem inteiramente livres de modo a permitir que os trabalhadores desejosos de trabalhar se apresentassem com plena independência»[71].

Todavia, a admissibilidade dos piquetes encontra justificação noutra ordem de ideias.

Em simultâneo com a decisão de greve – que nem todos os trabalhadores terão inicialmente subscrito, mesmo quando ela seja tomada em assembleia plenária – age sobre a vontade individual dos trabalhadores a consciência da subordinação, dos seus deveres contratuais e dos riscos que se assumem com adesão à greve. A liberdade individual de trabalho está assim condicionada *a priori* pelo estatuto contratual de cada um dos trabalhadores a que se dirige a decisão de greve; a acção persuasiva dos piquetes pode, pois, ser encarada como uma forma de compensar tal condicionamento, convertendo a não adesão num acto de vontade responsável, isto é, numa opção entre os dois vectores que incidem sobre a liberdade individual do trabalhador e que justamente se contrapõem quando uma paralisação é empreendida: a subordinação e a disciplina da empresa, por um lado, e a solidariedade profissional, por outro.

26. *Actuações ilícitas dos piquetes.* Por vezes, os piquetes procuram desenvolver actividades de *fiscalização de entradas e saídas e de comunicações com o exterior* ou mesmo tendentes a *impedir fisicamente o acesso às instalações da empresa.* Tais procedimentos estão obviamente fora da cobertura oferecida pelo artº 533º à intervenção de piquetes de greve, sendo, por conseguinte, desqualificados como modalidades de exercício do direito de greve e perdendo a inerente imunidade criminal.

Neste sentido se tem pronunciado, de resto, a Procuradoria-Geral da República: «aliás, semelhante actuação na medida em que se traduz em actos atentatórios da liberdade individual, do direito ao trabalho e da livre circulação de pessoas e bens, nunca podia deixar de ter-se como ilícita. (...). Importa, por outro lado, salientar que o exercício do direito à greve não dirime a responsabilidade criminal decorrente da ofensa de interesses penalmente tutelados, através de actos ou comportamentos praticados ou assumidos por ocasião da greve, muitos dos quais se encontram tipificados na lei penal portuguesa (cfr. artº s 328º, 329º, 330º, 359º, 472º e seguintes e 481º do Código Penal»)[72].

É certo que a «persuasão» a que alude o artº 594º pode assumir diversas cambiantes. A jurisprudência francesa tem até procurado construir "critérios de graduação" das acções persuasivas, de modo a fixar a divisória a partir da qual existe coacção moral ou física e, portanto, comportamento ilícito. Mas é forçoso reconhecer que a

[71] H. Sinay 228.

[72] Parecer nº 106/79, publicado no DR, 2ª série, nº 82, de 8-4-80, 2412 ss.

fluidez desses critérios (com relevo para maior ou menor «firmeza» das intervenções dos piquetes junto dos trabalhadores) aponta para um casuísmo sem grande homogeneidade[73].

De todo o modo, o uso de violência física ou da simples ameaça dela tem que considera-se – pela sua relevância penal específica – como excluído do âmbito da conduta lícita do piquete de greve[74].

Por outro lado, as actividades de fiscalização de entradas e saídas de pessoas e veículos, bem como a obstrução a tais movimentos, ainda que se trate de elementos estranhos à empresa, fogem também à função própria dos piquetes, embora possam, noutros termos, constituir comportamentos lícitos e até obrigatórios dos grevistas, como se verá a seguir.

E) O termo da greve.

27. *A fórmula legal.* A greve *termina*, como diz a lei, «por acordo entre as partes ou por deliberação das entidades que a tiverem declarado» (artº 539º).

Este preceito seria dificilmente compreensível se nele se quisesse ver uma (decerto supérflua e deslocada) hetero-determinação de elementos que antes pertencem à órbita da dinâmica social e da experiência conflitual. A greve, neste sentido, termina quando ... terminar (nomeadamente se deixar de ter aderentes, embora não haja «acordo entre as partes» nem «deliberação» do sindicato).

Na verdade, o artº 539º pretende outra coisa: operar a determinação do termo dos *efeitos jurídicos* da paralisação colectiva, *maxime* a suspensão dos contratos de trabalho prevista no artº 536º.

Na prática, o artº 539º traduz-se em dois fundamentais comandos operatórios: antes de ocorrido o termo «formal» da greve, e não obstante (por exemplo) a totalidade dos trabalhadores se apresente ao trabalho, o empregador não pode *exigir-lhes* o cumprimento pontual das suas prestações; e, depois de verificadas algumas das condições previstas no artº 539º, os trabalhadores que persistam na recusa (mesmo concertada) da prestação de trabalho estarão fora da protecção do direito de greve e, nomeadamente, cairão no regime das ausências injustificadas, com possível relevância disciplinar.

[73] Cfr. H. Sinay 237.

[74] Neste sentido, o Ac. Rel. Coimbra 23/2/84, CJ 84, 1, 92.

V. Os efeitos jurídicos da greve (quanto às relações individuais de trabalho).

28. A suspensão dos contratos; 29. A protecção contra o despedimento; 30. A substituição dos grevistas; 31. O efeito nos salários; 32. As consequências da ilicitude da greve.

> **"I – Relativamente às consequências da greve, o trabalhador fica colocado numa situação de imunidade, o que significa que, salvaguardados os deveres de respeito, sigilo e não concorrência, por efeito da greve, não pode o trabalhador sofrer qualquer sanção ou prejuízo.**
> **II – Assim, a retirada do prémio de assiduidade aos trabalhadores que aderiram à greve, não tem qualquer fundamento válido." – Rel. Porto 19/03/2007 – P. 0644110 (ALBERTINA PEREIRA).**

28. *A suspensão dos contratos.* A consequência jurídica mais saliente do exercício da greve é apontada pelo artº 536º CT: o contrato individual de trabalho de cada um dos aderentes *suspende-se,* isto é, deixa provisoriamente de produzir os seus efeitos característicos. Sem que a vinculação das partes resulte destruída, cessam o dever de disponibilidade do trabalhador e o correspondente débito salarial do empregador. O contrato entra num estado idêntico ao que o art. 295º CT descreve para os casos de impossibilidade superveniente temporária da prestação de trabalho por facto ligado (mas não imputável) ao trabalhador[75].

O instituto da suspensão encontra-se estruturado, em termos gerais, no CT, de um modo que não se ajusta linearmente às características da situação que se estabelece com o exercício da greve. Desde logo, a suspensão por motivo atinente ao trabalhador está condicionada pela inimputabilidade desse motivo; ora, o facto que determina a suspensão é, no caso de greve, a *adesão* do trabalhador e a sua *recusa* da prestação de trabalho – ou seja, um comportamento voluntário por natureza.

Por outro lado, o regime geral da suspensão do contrato de trabalho supõe a existência de um impedimento *prolongado* à execução do trabalho; esse regime estrutura-se sobre a hipótese de uma situação mais ou menos duradoura, que

[75] A necessidade da expressa referência legal ao efeito suspensivo da greve entende-se bem se se tiver presente a possibilidade de, reconduzida a uma dimensão estritamente individual a paragem de trabalho ser qualificada como causa de cessação do contrato. Tal era a concepção da «greve-ruptura», mantida pela jurisprudência francesa antes da Constituição de 1946 e, sobretudo, antes da posição adversa que, em 1936, a *Cour Supérieure d'arbitrage* adoptou perante aquela corrente Vd. sobre a evolução do problema em França, BRUN-GALLAND 903 ss.; H. SINAY 244 ss..

justamente determina a *temporária* neutralização dos principais efeitos do contrato de trabalho.

Ora o exercício do direito de greve só muito raramente redundará em situações desse tipo. Abundam os casos de paralisação por algumas horas ou por um dia; outros caracterizam-se pela descontinuidade ou intermitência das paragens de trabalho – tudo fenómenos aos quais a suspensão do contrato, na sua fisionomia geral, manifestamente se não ajusta.

Não parece, também, que possa retirar-se, dedutivamente, da figura jurídica escolhida pela lei para caracterizar os efeitos «contratuais» da greve a identificação do fenómeno visado pela mesma lei como correspondente à «greve em sentido jurídico». Resultaria desse processo lógico que só a paragem *contínua* do trabalho seria apta a preencher esse noção – e já vimos não ser, sem mais, aceitável tal conclusão.

Nem mesmo é possível qualificar essas ausências do trabalho (com ou sem comparência no respectivo local) como *faltas*, mesmo para efeitos de atribuição de um prémio de assiduidade[76].

Muito embora o tempo de paralisação seja, de facto, um período de voluntária indisponibilidade do trabalhador, a antiguidade não deixa de correr: «a continuidade jurídica» subsiste, apesar da interrupção da prestação de trabalho (art. 536º/3).

29. *A protecção contra o despedimento.* Da suspensão do contrato por causa da greve decorre a inadmissibilidade do despedimento durante ou após a paralisação de trabalho, *com fundamento nela.* Abundam, na história do direito de greve, exemplos de represálias desse tipo: afastamento de todos os aderentes e, porventura, subsequente readmissão de alguns deles, os menos activos ou os considerados recuperáveis.

Assim, *qualquer despedimento se presume abusivo* se for pronunciado durante a greve ou até 6 meses depois dela, ainda que precedido de procedimento disciplinar e aparentemente fundado noutro comportamento do trabalhador (cfr. art. 331º/2).

Note-se, porém, que o exercício ilegal da greve, nos termos do artº 541º, faz incorrer os trabalhadores aderentes no regime das faltas injustificadas; e o art. 351º/2-*g*) possibilita o preenchimento de justa causa de despedimento com cinco faltas injustificadas consecutivas ou dez interpoladas. Significa isto que, ao menos num tipo de situações, é viável o despedimento por causa de exercício da greve – exercício ilegal, como é evidente.

[76] Ac. STJ 04/03/2009 – P. 08S1687 (Sousa Peixoto).

30. *A substituição dos grevistas.* Pode colocar-se a questão de saber se o empregador dispõe, durante a greve, da faculdade (admitida, em geral, pelo artº 140º/2, para os casos de suspensão do contrato por impedimento ligado ao trabalhador) de recrutar, ainda que a termo (isto é, a título manifestamente precário), substitutos para os aderentes à paralisação.

Mas a lei fornece-lhe resposta claramente negativa: o empregador não pode recrutar substitutos, nem sequer admitir novos trabalhadores desde a data do pré-aviso de greve até ao termo desta. Mais: a própria movimentação interna de trabalhadores, com vista ao preenchimento dos postos de trabalho temporariamente desguarnecidos, lhe é expressamente vedada pela lei (artº 535º).

Tratando-se de empresas prestadoras de serviço a terceiros (como as de segurança privada e de limpeza), entende-se a noção de "estabelecimento" ou "serviço", a que se refere a proibição de substituição constante do art. 535º/1, como "o local onde, de acordo com a distribuição de serviço organizada pela entidade patronal, estava prevista a apresentação do trabalhador para prestar a sua actividade durante a greve"; em consequência, constitui violação da proibição legal "a substituição de um trabalhador que aderiu à greve por outro, que, à data do pré-aviso de greve e até ao termo desta, não estava previsto trabalhar naquele local"[77].

Assim, a única possibilidade que resta ao empregador, para manter em funcionamento os serviços afectados, consiste em aplicar do modo mais conveniente o trabalho dos não-aderentes que *já pertencessem* aos mesmos serviços. Nem mesmo o recurso à contratação de outra empresa para esse fim lhe é permitido, salvo em caso de incumprimento dos "serviços mínimos" (art. 535º/2).

A lei pretende assim obviar ao «esvaziamento» do direito de greve por expedientes destinados a manter a laboração sem significativo acréscimo de encargos (a substituição, por qualquer das formas apontadas, cifrar-se-ia numa transferência de salários dos grevistas para os substitutos).

31. *O efeito nos salários.* A suspensão do contrato decorrente de greve faz cessar, temporariamente, o *direito à retribuição.*

Trata-se de uma solução geralmente consagrada nos sistemas jurídicos que reconhecem o direito de greve; e é usual explicá-la pelo carácter sinalagmático do contrato de trabalho, em virtude do qual a obrigação salarial fica privada de causa durante a interrupção do trabalho[78].

Havendo retribuição certa mensal, cabe proceder ao *desconto* da importância correspondente ao período de greve. Esse desconto há-de operar-se segundo as

[77] STJ 30/11/2000 (uniformização de jurisprudência) – P. 00S086 (Almeida Deveza).
[78] Cfr. H. Sinay 264.

regras de cálculo que vigorem para a determinação do salário-hora ou do salário diário – regras que, normalmente, as convenções colectivas de trabalho estabelecem tendo especialmente em vista a remuneração do trabalho extraordinário e o desconto dos dias de falta não pagáveis[79].

No que toca à retribuição variável, isto é, dependente do rendimento (número de unidades produzidas ou vendidas), deve utilizar-se um critério de *proporcionalidade*, tomando como ponto de partida o valor normal daquela retribuição, calculado de harmonia com o artº 261º.

No entanto, a greve *rotativa* ou *articulada* - em que, ao longo de certo período, se verificam sucessivas paralisações de curta duração, por parte de grupos ou serviços que se acham funcionalmente articulados na organização da empresa, de modo que esta fica parada em todo aquele período - reclama um ajustamento destas directrizes. Com efeito, a estrita correlação ou proporcionalidade entre o tempo de abstenção individual de trabalho e o desconto no salário implicaria a abstracção das características reais desse tipo de comportamento conflitual[80].

Se o concerto ou acordo de greve abrange todos os trabalhadores que procedem à paralisação - embora segundo a formula estruturalmente diversa da greve clássica - o desconto proporcional ao tempo de abstenção de cada um deles estaria, afinal, em desconformidade com o próprio substrato voluntário do comportamento conflitual: o que os grevistas pretendem é a suspensão *total* do trabalho durante o período coberto pela rotação ou articulação de paragens individuais ou sectoriais. Independentemente da questão da licitude desta conduta colectiva - perante a qual a nossa posição de princípio é afirmativa -, o problema (diverso) dos efeitos jurídicos (contratuais) dela há-de resolver-se mediante a extensão do dispositivo do art. 536º/1 ao *conjunto* dos trabalhadores envolvidos, por todo o tempo de paragem global[81].

[79] A fórmula mais usual do salário-hora (que reflecte a conexão do salário *aos dias de trabalho* e não ao conjunto dos dias do mês) está consagrada na lei (art. 271º CT) e nela *Rm* é a retribuição mensal e *Pts* o período normal de trabalho semanal.

[80] É, no entanto, necessário que haja "concertada e calculada paralisação da empresa por períodos sucessivos, por forma a resultar a impossibilidade total da laboração" - Ac. STJ 06/11/91 - P. 003120 (Prazeres Pais).

[81] Neste sentido, pronunciou-se claramente a PGR (*Parecer* no Proc. nº 156/81, in *Diário da República*, II série, nº 121, de 28/5/82, 4295 ss.), considerando aliás, de modo discutível, existir «fraude à lei» no procedimento colectivo em causa: «De facto, as entidades a quem cabe decidir do recurso à greve, ao anunciá-la por determinados períodos de tempo para cada um dos sectores, desejam-na, na prática, por um período maior, correspondente à soma das paralisações dos diversos sectores de serviço, conseguindo os seus objectivcs, nos termos apontados. É evidente a divergência, nos seus efeitos, entre a greve anunciada e a greve efectivamente posta em prática. Tratando-se de um processo fraudulento, assentando na divergência entre a declaração e a vontade real, deve prevalecer esta última». A verdade, porém, é que não ocorre diferença entre o comportamento anunciado

Mas é evidente que esta solução só se justifica no caso de a articulação de abstenções de trabalho tornar efectivamente *impossível* (e não apenas mais difícil ou menos produtiva[82]) a prestação de actividade dos trabalhadores que, sucessivamente, se coloquem em posição de aparente disponibilidade para a realizarem.

32. *As consequências da ilicitude da greve.* As causas de ilicitude da greve correspondem, praticamente, à violação das várias regras estabelecidas pela lei para o exercício do pertinente direito. Uma greve pode, pois, ser ilícita por:

a) a decisão inicial resultar de procedimento diferente dos que estão definidos no art. 531º CT;

b) o pré-aviso ser feito com antecedência insuficiente, ou por meios não idóneos, ou não ser endereçado aos destinatários obrigatórios (empregador ou associação de empregadores, ministério da área laboral), ou não conter qualquer proposta de serviços a prestar durante a greve, conforme o art. 537º;

c) os piquetes de greve, ou os trabalhadores em greve, usarem de violência ou outras formas de coacção sobre os trabalhadores não aderentes, sobre o empregador ou hierarquias da empresa, no sentido de obterem uma dimensão máxima da paralisação;

d) ser colectivamente recusada a prestação de serviços necessários à segurança do equipamento e instalações, e/ou de serviços mínimos, regularmente definidos, para a satisfação de necessidades sociais impreteríveis.

Nos termos do art. 541º/1, as consequências da ilicitude da greve são centradas no *indivíduo* – apesar de as respectivas causas serem, caracteristicamente, de índole colectiva. O trabalhador aderente a uma "greve declarada ou executada de forma contrária à lei" considera-se em situação de *faltas injustificadas* pelo tempo da paralisação, com as consequências definidas no art. 256º[83]. A relevância disciplinar dessas faltas será condicionada pela prova, a cargo do empregador, de que os trabalhadores tinham conhecimento da ilicitude da greve[84]. É manifesto

e o realizado; a distorção (se existe) verifica-se no *resultado*, e este depende do modo por que se acham articuladas as prestações de trabalho na organização da empresa – um dado conhecido e até determinado pelo empregador –, não é um produto originário da vontade do grupo grevista. Ao enunciar o projecto de paragem articulada, este grupo está desde logo a manifestar explicitamente a pretensão de um resultado – a paralisação total – cujas natureza e extensão se tornam imediatamente apreensíveis pelo destinatário do pré-aviso. A invocação da fraude à lei a este propósito parece assentar no apriorismo de que a paralisação da empresa supõe a abstenção «simultânea» de todos os trabalhadores interessados.

[82] Cfr. Ghezzi/Romagnoli, *Il diritto sindacale*, Bologna (1982) 60 ss.

[83] Cfr. Rel. Lisboa 29/05/2007 – P. 1509/2007-4 (Hermínia Gonçalves).

[84] STJ 13/02/2008 – P. 07S4006 (Sousa Peixoto).

que a redução da greve (lícita ou ilícita) a uma dimensão estritamente individual tem que se considerar, por definição, como desajustada ou insuficiente.

Para além disso, a lei refere-se à possível "aplicação dos princípios gerais em matéria de responsabilidade civil" (nº 2 do mesmo artigo). Esta alusão comporta duas projecções distintas. No plano individual, como "falta injustificada", podem estar em causa prejuízos decorrentes do incumprimento da obrigação de trabalho, ou seja, possível responsabilidade contratual. No plano colectivo (em que se situarão, nomeadamente, as situações geradas pelo comportamento dos piquetes ou pela recusa da prestação de serviços mínimos), poderá enveredar-se pela responsabilização extracontratual do sindicato – embora os limites à penhorabilidade dos seus bens (art. 453º CT) reduzam a pouco ou nada essa possibilidade.

Capítulo 36

AS OBRIGAÇÕES DOS TRABALHADORES DURANTE A GREVE: OS "SERVIÇOS MÍNIMOS"

A) Trabalhar em greve. – 1. As obrigações de trabalho durante a greve. – **B) A salvaguarda do equipamento e das instalações da empresa.** – 2. A salvaguarda da aptidão produtiva futura da empresa; 3. O âmbito dos serviços a prestar. – **C) A satisfação de necessidades sociais impreteríveis.** – ***a) Os "limites externos" do direito de greve.*** – 4. Nota preliminar; 5. Os conceitos-chave. – ***b) As "necessidades sociais impreteríveis".*** – 6. Os elementos de um critério. – ***c) A determinação dos "serviços mínimos".*** – 7. O grau de satisfação das necessidades; 8. A competência para a definição dos serviços mínimos; 9. Os antecedentes legislativos; 10. O regime legal actual; 11. A arbitragem de serviços mínimos; 12. A designação dos trabalhadores obrigados; 13. Exemplos. – ***d) A situação dos grevistas em serviço.*** – 14. A pendência da obrigação; 15. A situação contratual dos trabalhadores abrangidos. – ***e) O último recurso: a requisição civil.*** – 16. Noção e regime.

A) Trabalhar em greve.

1. *As obrigações de trabalho durante a greve.* Dispõe o artº 536º/1 que «a greve suspende o contrato de trabalho de trabalhador aderente, incluindo o direito à retribuição e os deveres de subordinação e assiduidade».

A greve coloca, em suma, os trabalhadores «fora do contrato» (quanto aos *efeitos característicos* deste), embora a vinculação jurídica se mantenha e, com ela, a antiguidade (nº 3) bem como a situação de beneficiário da segurança social (nº 2).

Todavia, e por outro lado, a lei investe os aderentes à paralisação em certos deveres *que podem mesmo implicar a necessidade do exercício da sua actividade normal.*

O CT estabelece, no art. 537º, *obrigações de trabalho durante a greve* correspondentes a duas finalidades e caracterizadas por graus diversos de generalidade; como *regra geral,* devem ser prestados, durante a greve, «os serviços necessários à segurança e manutenção de equipamentos e instalações» da empresa (nº 3); *em especial,* hão-de ser prestados os «serviços mínimos indispensáveis» à satisfação de «necessidades sociais impreteríveis» (nº 1).

Estas duas exigências legais – que, de resto, normalmente convergem num certo número de empresas ou sectores – merecem tratamento separado.

Desde logo, os *fundamentos* em que assentam são de diversa natureza; depois, os *critérios delimitadores* da obrigação de trabalho também não coincidem. Apenas é comum a consequência legalmente prevista para a hipótese de inobservância de qualquer dessas obrigações: a legitimação do recurso à «requisição ou mobilização, nos termos previstos em legislação específica» (artº 541º/3).

B) A salvaguarda do equipamento e das instalações da empresa.

2. *A salvaguarda da aptidão produtiva futura da empresa.* A obrigação estabelecida no art. 537º/3 redunda numa compressão do direito de greve que, de algum modo, pode relacionar-se com a funcionalidade do mecanismo de autotutela colectiva.

Supõe-se que todas as pessoas envolvidas num processo de greve têm interesse em que a organização produtiva se mantenha intacta e apta a funcionar após a paralisação de trabalho[1]. A destruição ou deterioração de equipamentos e instalações não cabe nos objectivos legalmente protegidos pelo direito de greve, nem mesmo é admissível como consequência do modo de exercício desse direito. A autotutela colectiva, como complexo de faculdades constitucionalmente reconhecidas e tuteladas, postula a salvaguarda da *operacionalidade futura da organização produtiva,* para além dos prejuízos económicos que a suspensão do trabalho actualmente determina. Trata-se de um dos vectores da boa-fé em contexto de conflito laboral (art. 522º). A garantia constitucional e legal do direito de greve não cobre a destruição ou inabilitação da empresa, cenário das relações de trabalho – ou seja, o aniquilamento do suporte da segurança do emprego e da liberdade de empresa (arts. 53º e 61º CRP).

Por isso se pode afirmar que a exigência geral da prestação dos «serviços necessários à segurança e manutenção do equipamento e instalações» tem um fundamento *imanente* à autotutela colectiva, ou, mais especificamente, ao direito de greve.

[1] Cfr. BROX/RÜTHERS, *Arbeitskampfrecht* cit. 178.

3. *O âmbito dos serviços a prestar.* Por outro lado, deve notar-se que a regra do artº 537º/3 não implica uma delimitação de «serviços mínimos» ou de um nível *mínimo* de laboração.

Em princípio, essa regra tem como consequência a necessidade de permanência ou continuidade dos serviços que, nas circunstâncias concretas e face ao modo porque a empresa se encontra estruturada, têm por finalidade garantir a *segurança* – no sentido de prevenção de acidentes (*safety*) e prevenção de desvios de bens, danos nos equipamentos, prejuízo da reserva do negócio (*security*) – e a *manutenção* (prevenção e reparação de avarias) dos componentes materiais da organização produtiva.

A lei portuguesa adopta, assim, uma posição de explícito acolhimento de limitações importantes ao exercício da greve, que, no quadro de outros sistemas, têm que ser (sempre com alguma margem para controvérsia) deduzidas de princípios como o da *fairness* na condução do conflito[2], mas que nem por isso deixam, como foi notado, de se relacionar estreitamente com a natureza genérica dos objectivos da greve.

C) A satisfação de necessidades sociais impreteríveis.

a) Os "limites externos" do direito de greve.

4. *Nota preliminar.* São mais problemáticos o fundamento e a amplitude do dever de prestação de «serviços mínimos» a que alude o artº 537º/1.

Esse artigo do Código tem o seu antecedente num preceito praticamente igual (o art. 8º) da LG que vigorava desde 1977. O debate parlamentar sobre o projecto dessa lei[3] evidencia que a necessidade da inclusão de um artigo como aquele a que nos reportamos reuniu largo consenso, inspirado no reconhecimento da possibilidade de *colisão* entre o direito de greve e outros direitos fundamentais com assento constitucional. Foi a ideia de que o preceito quis fornecer um quadro de referências para a obtenção, em concreto, do *ponto de equilíbrio* entre um e outros que levou a Procuradoria-Geral da República, num dos seus utilíssimos pareceres sobre o direito de greve, a resumir: «visando o questionado artº 8º conciliar o exercício do direito de greve com a subsistência de outros direitos fundamentais, da interpretação e aplicação do texto não pode resultar, de forma alguma, a prática inutilização do direito de greve»[4].

[2] HANAU/ADOMEIT, *Arbeitsrecht*, 8ª ed., Frankfurt a. Main (1987) 88.

[3] O texto do projecto havia sido elaborado pela Comissão de Trabalho da Assembleia da República, na sequência da apresentação de uma proposta de lei do Governo e de dois projectos de origem partidária.

[4] Parecer PGR 4-1-82, DR 2ª série, 8-6-83, 4.758-4.761.

Está-se, claramente, perante o problema dos chamados «limites externos» do direito de greve[5], isto é, das fronteiras de exercício desse direito que não estão traçadas em função das características do sistema de autotutela, mas a partir da necessidade de *respeito de outras garantias constitucionais* que podem entrar em contacto com o direito de greve.

Esta preocupação tem, há muito, na Constituição espanhola (artº 28º/2), uma explícita projecção – a lei reguladora do exercício do direito de greve deverá estabelecer «as garantias precisas para assegurar a permanência dos serviços essenciais da comunidade»[6] –, mas só em 1997 adquiriu entre nós relevância constitucional explícita (art. 57º/3).

5. *Os conceitos-chave.* A definição desses «limites externos» reveste-se de particulares complexidade e melindre, porque a sua abordagem envolve a articulação de dois conceitos difusos: o de «necessidade social impreterível» e o de «serviços mínimos».

O primeiro desses conceitos é, claramente, *subordinante*. É preciso identificar as «necessidades sociais impreteríveis» a que o artº 537º/1 faz referência para, num segundo momento lógico, definir a *medida* de prestação que está referenciada pela expressão «serviços mínimos indispensáveis».

A PGR, no citado parecer, pronunciou-se nestes termos «(...) aos elementos da comunidade social de que eles (os *trabalhadores*) inclusivamente fazem parte também cabe o direito de verem satisfeitas as necessidades sociais a cuja satisfação visa a actividade do correspondente complexo laboral, em termos de esse direito só dever ser sacrificado dentro de limites que não ponham em causa a própria subsistência da vida individual ou social pelo sacrifício, ou tão-só pelo incomportável agravamento das condições da sua satisfação, de necessidades, primárias e de concretização imediata, do agregado social em que o complexo laboral se insere».

E acrescentou, precisando, que as empresas e estabelecimentos a que (agora) alude o artº 537º/1 são «aquelas cuja actividade se proponha facultar aos membros da comunidade aquilo que, sendo essencial ao desenvolvimento da vida individual ou colectiva, envolvendo, portanto, uma *necessidade primária, careça de imediata utilização ou aproveitamento, sob pena de irremediável prejuízo daquela*».

A lei contém uma mera enumeração exemplificativa dos «sectores» em que está em causa a «satisfação de necessidades sociais impreteríveis» (art. 537º/2). Esse elenco – aliás susceptível, ele próprio, de originar dúvidas, como a respeitante à *amplitude* da referência aos «transportes» e às "minas" – pouco adianta

[5] Cfr. Giugni, *Diritto sindacale*, cit., 230.

[6] Cfr. Alonso Olea, *Derecho del trabajo*, 9ª ed., Madrid (1985) 655.

à questão, salvo na medida em que pode desempenhar um papel indiciário quanto à perspectiva que o legislador tem acerca da amplitude das necessidades sociais visadas.

Mas o problema deve colocar-se «a montante» da identificação de sectores, empresas ou estabelecimentos. Acompanhando a sugestão da jurisprudência constitucional espanhola, importa fundamentalmente fixar «a natureza dos interesses» ou dos «bens e interesses da pessoa» que se trata de salvaguardar, tendo em vista que «o essencial é o livre exercício dos direitos constitucionais e o livre disfrute dos bens constitucionalmente protegidos»[7]. No mesmo sentido básico, de resto, se pronuncia, há mais de duas décadas, a Corte Constitucional italiana, ao referenciar os «interesses gerais que encontram protecção em princípios consagrados na Constituição»[8].

É evidente que uma tal orientação assenta no acolhimento de uma *hierarquização* de interesses sociais, partindo da generalidade para a especialidade: os interesses e bens geralmente protegidos pela Constituição, no quadro do estatuto da personalidade e da cidadania, prevalecem, por princípio, sobre os interesses de âmbito pessoal mais restrito, como são os de ordem colectiva e sócio-profissional.

Mas essa prevalência, como observou a PGR, não significa que possa resultar aniquilado o interesse colectivo ou categorial; noutros termos, a salvaguarda a que se refere o artº 537º não implica a privação da titularidade do direito de greve[9], nem a exclusão absoluta do seu exercício. Trata-se, apenas, de assegurar o nível *mínimo* de prestação susceptível de cobrir aquilo que, no leque das necessidades constitucionalmente revestidas pela estruturação dos direitos fundamentais, mereça a qualificação restrita de «necessidades sociais impreteríveis».

Nalguns casos, existirá coincidência: é o que decerto sucede com os direitos à *vida* (artº 24º CRP), à *integridade pessoal* (artº 25º), à *liberdade e segurança* (artº 27º); eles evidenciam interesses que, pela sua inerência à vida individual e social, assumem carácter básico, «vital», insusceptível de compressão: a medida da sua satisfação é *irredutível*, por natureza.

Noutras hipóteses, poderá distinguir-se uma zona de necessidades básicas e impreteríveis no campo mais vasto dos interesses cobertos pela tutela constitucional. É o que ocorre com os direitos à *informação* (artº 37º/1), de *deslocação* (artº

[7] DURAN LOPEZ, *El Derecho del Trabajo en la Jurisprudencia del Tribunal Constitucional*, Madrid (1985) 107.

[8] CARINCI/TAMAJO/TOSI/TREU, *Diritto sindacale*, cit., 397 ss. Cfr. também TREU/GARILLI/ROCCELLA//PASCUCCI, *Sciopero e servizi essenziali, Pádua* (1991) 9. Aí se salienta que tanto os «serviços» como as «prestações indispensáveis» só podem definir-se por um critério teleológico, isto é, por referência aos interesses ou bens constitucionais a proteger.

[9] GIUGNI, *Diritto sindacale*, cit., 234.

44º) e à *saúde* (artº 64º). A vida comunitária cada vez menos é possível sem uma circulação mínima de informação; a possibilidade de deslocação (transporte) entre áreas do país é vital, desde logo em articulação com os direitos à vida e à saúde; a continuidade dos serviços de recolha de lixo e esgotos, a disponibilidade permanente de assistência médica da urgência são, de igual modo, necessidades básicas e de carácter universal.

b) As "necessidades sociais impreteríveis".

> **"I. Embora a greve constitua um dos direitos fundamentais dos trabalhadores, a mesma não é um direito absoluto, pelo que existindo a possibilidade de confronto ou colisão entre o direito de greve e outros direitos fundamentais, também previstos na Constituição, esse direito pode sofrer alguma sorte de restrição nas situações definidas pela lei e com observância de determinados limites.**
> **II. A definição dos serviços mínimos, não pode traduzir-se na anulação do direito de greve, ou reduzir substancialmente a sua eficácia. É de fixar tais serviços (artº 537º, nº 1, do Código do Trabalho), quando, como é o caso, os mesmos apenas consubstanciam uma continuidade mínima na satisfação das necessidades sociais vitais, como é o direito de deslocação, da liberdade de trabalho, do acesso à educação e à prestação de cuidados de saúde." – Rel. Lisboa 25/05/2011 – P. 88/11.7YRLSB.L1-4 (ALBERTINA PEREIRA).**

6. *Os elementos de um critério.* Há, em todo o caso, a possibilidade e a necessidade de desenvolver um critério qualificador das «necessidades sociais impreteríveis» a que alude o artº 537º/1, de *entre o conjunto das necessidades inerentes aos bens e interesses constitucionalmente protegidos em sede de direitos fundamentais.*

São traços desse critério:

a) a *insusceptilidade de auto-satisfação individual*, em termos de razoável onerosidade; é o que confere a essas necessidades o carácter social (embora, no fundo se trate de interesses individuais): elas supõem meios de solução comuns, «socializados», pertencentes ao suporte material da vida comunitária;

b) a *inexistência de meios paralelos sucedâneos ou alternativos viáveis* da satisfação das necessidades concretas em causa; não há aqui que tomar em conta a equivalência de custos: basta que, demonstradamente (dada a experiência anterior, por exemplo), existam recursos socialmente disponíveis para cobrir as necessidades básicas, tendo também em conta a antecipação com que a greve tenha sido declarada;

c) a *impreteribilidade ou inadiabilidade*, que significa não poderem as necessidades, pela sua natureza, ficar privadas de satisfação pelo tempo que a paralisação durará, ou melhor, pelo período em que se verificarão os efeitos práticos previsíveis da greve nesse capítulo; há aqui, naturalmente, que ter em conta a duração declarada no pré-aviso e o facto de haver necessidades básicas que não são prejudicadas, por exemplo, por uma greve de 24 horas nos serviços destinados a assegurar a satisfação delas.

A aplicação destes traços pode conduzir por exemplo a que:

a) paralisações em *sectores especificados pelo artº 537º/2* não activem a obrigação de serviços mínimos (embora, *sempre*, esteja em jogo a do artº 537º/3): será o caso de uma greve de curta duração nos serviços de distribuição de energia eléctrica ou de abastecimento de águas, que não provocará, sem mais, a *descontinuidade* dos fornecimentos;

b) no domínio dos *transportes*, haverá que considerar abrangidos o serviços que asseguram a deslocação de pessoas entre as ilhas e o continente (ligações aéreas) e aquelas que, em exclusivo, permitem o acesso de pessoas a zonas remotas;

c) no que respeita ao *abastecimento de géneros*, devam estar cobertos os serviços sem os quais em certas zonas poderão verificar-se carências alimentares;

d) na área dos serviços *médicos e hospitalares*, esteja em causa o atendimento da urgência e a dotação adequada de médicos e enfermeiros para assistência aos doentes internados;

e) no sector *funerário* e no dos *bombeiros*, fique assegurada a cobertura normal das específicas necessidades práticas que se destinam a satisfazer;

f) na área da *produção e distribuição de combustível*, seja prevenida a eventualidade de ruptura no abastecimento público e, antes do mais, nos fornecimentos necessários aos serviços que garantem a satisfação de outras necessidades sociais impreteríveis.

c) A determinação dos "serviços mínimos".

"(...) XIII – Se a greve convocada pelo Sindicato vai decorrer no aeroporto e se vai traduzir na ausência de qualquer atividade de limpeza dos espaços públicos e privados aí existentes, bem como dos aviões que por tal aeroporto vão circular, é manifesto que tal paralisação irá afetar, em abstrato e ainda que de uma forma indireta, as necessidades sociais impreteríveis derivadas do transporte de pessoas, animais, géneros alimentícios deterioráveis e de bens essenciais á economia nacional.

XIV – Os serviços mínimos requeridos pelo legislador – e que, segundo o mesmo devem ser definidos com respeito pelos princípios da necessidade, da adequação e da proporcionalidade – variam inevitavelmente em função do setor de atividade, época do ano, tipo de greve, duração da mesma, representatividade do sindicato ou sindicatos que a convocaram, trabalho prestado normalmente pelos grevistas, movimento ordinário ou extraordinário dos locais onde se desenvolve, etc.

XV – Os serviços mínimos não tinham que ser fixados pelo tribunal arbitral, dado a entidade empregadora visada diretamente pela greve é uma empresa privada que não se acha integrada no sector empresarial do Estado e que, por força de um contrato de prestação de serviços de limpeza firmado com uma empresa de hadling, com participação maioritária de capital privado, tem de desenvolver a atividade contratada nos aeroportos nacionais, que são geridos por uma empresa pública, e também nos aviões de diversas empresas privadas ou de capitais públicos, afetando a referida paralisação somente de forma mediata, as atividades de transporte e serviços conexos ou acessórios desenvolvidos pelas referidas empresas em tais espaços e aviões.

XVI – Os serviços mínimos reconduzem-se unicamente a operações básicas imprescindíveis (v. g., recolha de lixo e reposição da água potável) ou a casos imprevistos e excecionais de premente e indispensável necessidade de limpeza do aludido espaço público ou dos aparelhos em questão, por questões de operacionalidade imediata relacionada com a segurança, higiene e saúde dos passageiros e utentes do aeroporto, sob pena de contenção ou restrição inadmissível do direito de greve, nos seus contornos legais e constitucionais.

XVII – A fixação dos serviços mínimos tem de traduzir-se na determinação objetiva e concreta, até onde for materialmente possível, quer das necessidades sociais impreteríveis (fundamentação), quer da sua satisfação suficiente mediante a indicação dos correspondentes serviços mínimos, quer finalmente dos meios humanos destinados a garanti-los, o que tem de ser feito em termos quantitativos (número de trabalhadores ou percentagem dos mesmos, em função da execução habitual da atividade da entidade empregadora) e qualitativos (horários/turnos, locais e categorias profissionais), pois só assim se logra os objetivos procurados por essas normas: o decurso da greve dentro dos parâmetros da legalidade, normalidade e paz social, o que passa também pela efetiva prestação dos ditos serviços mínimos.(...)" – Rel. Lisboa 12/03/2014 – P. 2028/11.6TTLSB.L1-4 (José Eduardo Sapateiro).

7. *O grau de satisfação das necessidades.* Mas, como se disse, num segundo momento é ainda necessário encontrar o critério de aplicação do conceito de «serviços mínimos indispensáveis para ocorrer à satisfação daquelas necessidades».

O conceito de «serviços mínimos» comporta, a nosso ver, alternativamente, duas perspectivas definitórias.

A primeira exprime a correlação entre a *medida* (ou o volume) da prestação e a *natureza* das necessidades a satisfazer: trata-se de serviços *mínimos* (relativamente ao padrão normal de laboração de empresa ou estabelecimento) por serem os *adequados* a cobertura daquelas necessidades que são *impreteríveis* (dentro do campo mais vasto das utilidades garantidas pelo referido padrão *normal*). Neste sentido, os «serviços mínimos» têm como medida a *normal* e *plena* satisfação das referidas necessidades marginais.

De um outro ângulo, o carácter *mínimo* dos serviços a manter corresponderá a um certo grau de satisfação (porventura inferior ao normal) das necessidades identificadas como impreteríveis – um grau abaixo do qual se entraria em situação idêntica à de *insatisfação* dessas necessidades.

A título de exemplo, pense-se no caso de um serviço hospitalar de urgências normalmente dotado de um generalista e três especialistas. O primeiro entendimento levaria a considerar exigível, no contexto de uma greve de médicos dos hospitais, a manutenção integral da equipa. O segundo poderia levar a que se considerasse «suficiente» a permanência do generalista, com a inerente descida (qualitativa e quantitativa) do grau da satisfação das necessidades em causa.

A abordagem deste problema requer desde já uma precisão: nenhuma solução abstractamente enunciada será satisfatória. A medida dos «serviços mínimos», em si mesma portadora de uma conotação de relatividade, só pode ser determinada *em concreto* diante de estrutura dos serviços e da natureza das *necessidades práticas* que, em cada caso, seja posta em causa.

Em via de princípio, cremos que só a primeira das duas perspectivas expostas permite corresponder ao sentido da lei. É manifesto que a referência a necessidades *impreteríveis* transporta consigo uma exigência de satisfação *imediata e plena*; esta é que, por seu turno, pode corresponder a um nível de prestação inferior ao que constitui o padrão do funcionamento normal de empresa ou estabelecimento. Mas, encaradas as coisas com um inevitável esquematismo, a correlação, estabelecida pela lei, entre a *natureza* das necessidades e a *medida* dos serviços a manter implica que – pressuposta a racionalidade da organização do trabalho – não seja admissível uma «graduação» adicional dos recursos afectados à cobertura das primeiras.

A existência de excedentes de pessoal na área dos serviços a manter pode justificar a afectação de trabalhadores em número inferior ao que constitui a dotação «normal» nessa área; os suportes administrativos do serviço cuja continuidade deve ser assegurada (nomeadamente os departamentos de facturação e cobrança), na medida em que não condicionem *tecnicamente* essa continuidade, estão fora do âmbito da obrigação legal.

A ideia básica é a de que deve ser assegurado o volume de trabalho em cada momento necessário à *imediata e plena* satisfação das necessidades que, conforme o critério indicado, merecem a qualificação de impreteríveis.

8. *A competência para a definição dos serviços mínimos.* A doutrina exposta deixa, todavia, em aberto o problema de saber *quem* tem o poder e o dever de definir, em concreto, o âmbito e a natureza dos «serviços mínimos» a prestar durante a greve. Referimo-nos, obviamente, à *determinação prévia* desses pontos, em termos de se fixar o objecto e o conteúdo da obrigação imposta pelo artº 537º/1 e de se tornar, assim, exigível o seu cumprimento. *Depois* da greve, caberá, naturalmente, aos tribunais ajuizar sobre a correcção da observância de tal imperativo.

O problema deve ser colocado em três níveis distintos: o da *determinação das necessidades* a satisfazer e do *nível de serviço* adequado a essa satisfação; o da definição do *esquema organizativo* destinado a garantir a realização desse nível de serviço e a correspondente satisfação de necessidades públicas; o da designação das *pessoas*, em concreto, que, apesar de terem aderido à greve, deverão prestar trabalho no quadro desse esquema organizativo.

No primeiro nível, trata-se de identificar necessidades sociais inadiáveis, apontar bens e interesses gerais que são tutelados por direitos constitucionalmente consagrados. Não parece que a legitimidade para tais determinações possa ser reconhecida, de modo genérico, à entidade empregadora ou ao sindicato, isto é, aos titulares dos interesses (privados) em conflito. Esta reserva é tanto mais fundada quanto é certo que o conflito laboral tende, cada vez mais, a ser conduzido com recurso a medidas de privação incidentes sobre a vida comunitária.

Compreende-se, pois, a posição sustentada pela PGR, em parecer de 5/4/90: «A definição do nível, conteúdo e extensão dos serviços mínimos indispensáveis releva de interesses fundamentais da colectividade, depende em cada caso da consideração de circunstâncias específicas segundo juízos de oportunidade, está condicionada por critérios de acomodação constitucional, adequação e proporcionalidade e compete ao Governo».

Ao Governo cabe, como é sabido, decidir sobre se há incumprimento dos serviços mínimos que justifique o recurso a requisição civil (art. 541º); como lhe cabe também, por recurso a esse instrumento, «assegurar o regular funcionamento de serviços essenciais de interesse público ou de sectores vitais da economia nacional» (art. 1º/1 DL 637/74, de 20 de Novembro) (ver infra, nº 16).

No segundo nível, há que determinar o complexo organizado de meios tecnicamente adequados à prestação do nível de serviço que as necessidades públicas a satisfazer requerem. Que departamentos, que unidades, que equipamentos, que número e que categorias de trabalhadores, que cadeia hierárquica devem ser accionados com essa finalidade?

Não se vê que tais determinações possam ser mais certeiramente confiadas do que à entidade responsável pela gestão da organização afectada pela greve. E não se diga que estarão assim a ser reavivados os poderes patronais, enquanto a paralisação suspende os contratos de trabalho. O empregador estará a intervir, não no exercício da autoridade na empresa, nem como credor de trabalho, mas como agente do interesse público – assim como os trabalhadores grevistas que forem chamados a prestar serviços mínimos não estarão a efectivar os contratos de trabalho, nem a obedecer ao empregador, mas a cumprir uma obrigação legal fundada no interesse geral.

No terceiro nível, trata-se de identificar os trabalhadores que irão ocupar-se, durante a greve, na prestação dos serviços mínimos indispensáveis. Este é o ponto seguramente mais consensual: tratando-se da afectação de recursos ao cumprimento da obrigação, parece dever ser atribuído ao sindicato o encargo de proceder a essa designação. Localizar-se-á aqui, a nosso ver, o cerne da responsabilidade atribuída pela lei ao sindicato e aos trabalhadores: garantir, em concreto, a *disponibilidade dos meios* necessários à efectivação dos serviços mínimos.

9. *Os antecedentes legislativos.* Na versão originária da LG, não existia qualquer indicação explícita sobre o problema. Para além das divergências doutrinais – resultantes, quase sempre, da diversidade de pressupostos ideológicos –, manifestou-se, perante o silêncio da lei, uma tendência jurisprudencial no sentido de se atribuir ao *sindicato* a competência para a especificação do objecto da obrigação legal de prestação de serviços mínimos[10].

Um diploma de 1992 - a L 30/92, de 20-10 - veio dar uma resposta à questão, introduzindo no artº 8º LG um conjunto de regras novas sobre o processo de determinação dos serviços mínimos (nºs 4 a 9). O princípio inspirador de todo esse regime era o de que o âmbito e a natureza dos serviços mínimos deviam ser definidos por acordo das partes (nºs 4 e 5). Uma segunda ideia básica era a de que cabia ao sindicato designar os trabalhadores que ficariam adstritos à prestação desses serviços (nº 8)[11]. No entanto, o diploma veio a ser declarado formalmente inconstitucional.

10. *O regime legal actual.* A revisão constitucional de 1997 introduziu no art. 57º CRP um novo nº 3 que incumbiu o legislador ordinário de definir "as condições de prestação, durante a greve, de serviços necessários à segurança e manutenção

[10] Cfr., por exemplo, o Ac. STJ 04/10/95 - P. 004218 (Loureiro Pipa). Em sentido oposto, porém, o Ac. 21/06/95 - P. 004143 (Metello de Napoles).

[11] Não por razões substantivas, mas por motivos ligados à regularidade do processo de votação na Assembleia da República, vieram a ser declarados inconstitucionais os preceitos, introduzidos pela L 30/92, que regulavam, nos termos descritos, a determinação dos serviços mínimos. O Ac. TC 868/96 (publicado no DR 1ª série de 16/10/96) veio, assim, invalidar todo o sistema, incluindo as regras que apontavam para o primado da definição consensual do âmbito desses serviços, o que implicou a repristinação da redacção originária do art. 8º LG. Reabriu-se, assim, o espaço para dúvidas acerca do processo de determinação dos serviços mínimos e de designação dos trabalhadores a afectar à prestação de tais serviços. A recuperação das soluções de 1992 pelo CT não permitiu, porém, superar essas dúvidas.

de equipamentos e instalações, bem como de serviços mínimos indispensáveis para ocorrer à satisfação de necessidades sociais impreteríveis". O CT, agora nos arts. 537º e 538º, responde à delegação constitucional, retomando, em parte, as soluções da L. 30/92.

Em síntese, a definição dos serviços mínimos pode fazer-se pelas seguintes vias (art. 538º):

a) instrumento de regulamentação colectiva de trabalho;

b) acordo específico – que pode valer para a generalidade dos conflitos que ocorram a partir dele, ou somente para um conflito em concreto – entre o empregador e os «representantes dos trabalhadores», o que parece indicar que não é forçosa a intervenção do sindicato;

c) acordo entre as partes num conflito declarado, obtido durante o período de pré-aviso, mediante impulso do ministério encarregado da área do trabalho;

d) despacho conjunto do ministro da área laboral e do ministro responsável pelo sector de actividade;

e) no caso de empregador pertencente ao sector público, decisão de um tribunal arbitral.

Actualmente um grande número de greves ocorre no sector público – serviços públicos e empresas do Estado –, pelo que o assunto é resolvido através do processo de "arbitragem sobre serviços mínimos" que é regulado nos arts. 24º ss. DL 259/2009, de 25 de Setembro. Com efeito, a intervenção conciliatória a que se fez referência na al. c) só excepcionalmente produz resultados positivos, até porque, para esse efeito, a lei concede apenas um curtíssimo prazo de três dias após o pré-aviso (art. 538º/4 CT)[12]. Assim, após a referida tentativa de conciliação, os serviços que a promoveram comunicam a inexistência de acordo ao Conselho Económico e Social (CES), em cujo âmbito se procederá à organização da arbitragem.

11. *A arbitragem de serviços mínimos.* Para esse efeito, existem, no CES listas de árbitros (uma de árbitros "presidentes", uma de árbitros "dos trabalhadores" e outra de árbitros "dos empregadores" – assim se exprime o legislador no art. 2º DL 259/2009), que compõem o *colégio arbitral*. Dessas listas, são sorteados, nos termos do art. 8º do diploma citado, os membros do *tribunal arbitral* que é constituído para dirimir a questão dos serviços mínimos relativamente a cada greve. Da decisão cabe recurso para o tribunal da Relação, com efeito devolutivo, e

[12] Assinale-se que o critério de eficiência que domina toda esta matéria leva a que, na jurisprudência, esse prazo legal nem sempre mereça relevância peremptória: cfr., por exemplo, o Ac. Rel. Lisboa 16/03/2011 – P. 3/11.0YRLSB-4 (Maria João Romba).

segundo o regime da apelação (art. 22º)[13]. De um modo geral, as decisões têm sido consideradas correctas pelas Relações[14].

Alguns exemplos relativamente recentes: "O tribunal arbitral fixou como serviços mínimos a prestar nos dias da greve, apenas, uma carreira no período da manhã e outra no período da tarde, entre os quatro destinos que aquela empresa cobre e que são: Cacilhas - Cais do Sodré; Montijo - Cais do Sodré; Seixal - Cais do Sodré Trafaria - Porto - Brandão - Belém, pelo que ao estabelecer tal mínimo não houve violação dos invocados princípios da necessidade, adequação e proporcionalidade"[15]; "O tribunal arbitral, ao fixar como serviços mínimos a prestar, na empresa Soflusa e no dia da greve geral - 24 de Novembro de 2010 -, um total de 15 carreiras fluviais das 94 habitualmente realizadas, entre o Barreiro e o Terreiro do Paço, incidindo a sua grande maioria nas chamadas 'horas de ponta', não violou os princípios da necessidade, adequação e proporcionalidade"[16]; "A ocupação de cerca de 13% dos serviços normalmente prestados pela CARRIS não restringe ou comprime o direito à greve em contravenção dos limites constitucionais e legais"[17]; "A fixação dos serviços mínimos a prestar pela E... em 10% das suas linhas noturna e diurna e, no serviço de madrugada, em 2 linhas das 11 existentes, não restringe, nem desvirtua o direito à greve"[18].

O acolhimento favorável que é, em geral, dado às decisões arbitrais tem como limite a possibilidade de negação do direito de greve. Foi o que, por exemplo, ocorreu numa greve do transporte aéreo, relativamente à qual foram considerados "serviços mínimos" todos os vôos de e para os Açores e a Madeira: "Apesar da especificidade da insularidade, que só por si torna mais difícil e onerosa a liberdade de circulação no próprio território nacional, impondo-se que em caso de greve nos transportes aéreos as populações das ilhas não fiquem absolutamente isoladas, isso não justifica que se definam como serviços mínimos todos os voos programados de e para as Regiões Autónomas. Tampouco o justificam o facto de a greve em causa ter a duração de três dias e de ter lugar na semana anterior à Páscoa, que implica sempre aumento de passageiros. Sem dúvida que

[13] Cfr. Ac. Trib. Central Administrativo Sul de 21/05/2009 - P. 04883/09 (Gonçalves Pereira).

[14] Uma parte dos recursos assenta na alegação de inexistência ou insuficiência de fundamentação das decisões, mas as Relações tendem a satisfazer-se com as considerações necessariamente sucintas com que os tribunais arbitrais justificam os seus laudos. Na verdade, estes têm que ser elaborados em poucas horas, com suporte nas versões fornecidas pelas partes em conflito, reflectindo - mais do que ponderações técnicas e análises de dados objectivos - as percepções sociais e a sensibilidade pessoal dos árbitros.

[15] Ac. Rel. Lisboa 07/12/2010 - P. 906/10.9YRLSB-4 (Paula Sá Fernandes).

[16] Ac. Rel. Lisboa 16/03/2011 - P. 6/11.4YRLSB-4 (Ramalho Pinto).

[17] Ac. Rel. Lisboa 27/06/2012 - P. 505/12.0YRLSB-4 (José Eduardo Sapateiro).

[18] Ac. Rel. Porto 24/09/2012 - P. 83/12.0YRPRT.P1 (Paula Leal de Carvalho).

as necessidades de deslocação entre o Continente e as Ilhas são, em alguma medida, impreteríveis, mas não na sua totalidade, pois isso equivaleria à negação aos trabalhadores das empresas transportadoras aéreas do direito de greve"[19].

12. *A designação dos trabalhadores obrigados.* Seja qual for o processo utilizado, a lei atribui aos «representantes dos trabalhadores» (entendendo-se como tais os que, nos termos do artº 532º, intervêm no processo de greve: sindicato ou comissão de greve, conforme os casos) competência para a designação dos «trabalhadores que ficam adstritos à prestação dos serviços» – tanto aqueles que se destinam à satisfação de «necessidades sociais impreteríveis» como os «necessários à segurança e manutenção do equipamento e instalações». É, repete-se, uma solução congruente com a construção legal da imposição desses serviços como *obrigação das associações sindicais e dos trabalhadores*, recolhendo assim, em parte, os contributos da jurisprudência.

Se essa indicação não for feita até 24 horas antes do início da greve, cabe ao *empregador* proceder à designação em falta. Não se trata então do exercício de um poder patronal, mas do cumprimento de um dever legalmente imposto, em nome de interesses diferentes dos do empregador: este é obrigado a cooperar no processo de salvaguarda das necessidades em vista das quais os serviços haviam de ser prestados.

A apreciação deste regime sugere, desde logo, uma crítica: ele padece do defeito básico de, aparentemente, confiar às partes em conflito (actual ou potencial) a avaliação das necessidades sociais a salvaguardar e dos meios que a sua satisfação requer. Os acordos sobre «serviços mínimos» tenderão a constituir arranjos contingentes dos interesses colectivos em presença, que se não podem confundir com os visados pela lei no artº 537º; a salvaguarda do «bem comum» é assim confiada à arbitragem dos interesses categoriais[20].

13. *Exemplos.* Vale a pena atentar em dois curiosos exemplos, extraídos da realidade laboral italiana – que reflecte um nível de conflitualidade laboral, especialmente no sector público, muito mais alto do que o existente em Portugal –, e que em tudo se situam na perspectiva das observações que atrás dedicámos a esse ponto.

[19] Ac. Rel. Lisboa 19/06/2013 – P. 454/13.5YRLSB-4 (Maria João Romba).

[20] Este mesmo problema foi sentido pelo legislador italiano, ao regular o exercício da greve nos «serviços públicos essenciais» (L 146/90, de 12-6). Também aí se impõe a efectivação das «prestações indispensáveis» à satisfação das necessidades básicas dos utentes, e se prevê que a especificação de tais prestações seja feita pela contratação colectiva. Mas a tutela dos interesses gerais é entregue a uma «comissão de garantia» que deve verificar a adequação dos meios acordados e, eventualmente, propor o seu ajustamento.

O primeiro deriva da *lei* e respeita aos serviços de *controlo do tráfego aéreo.* A lei nº 242, de 23/5/80, impõe que, havendo greve por parte dos controladores, seja «em qualquer caso, assegurada, de acordo com as normas e as ordens de serviço, a assistência aos voos de Estado, quer nacionais quer estrangeiros, incluindo os militares que de qualquer modo operem, os de emergência e as ligações com as ilhas».

O segundo é de base *contratual*: extraímo-lo de um protocolo subscrito, em 16/7/84, pelas empresas e as confederações sindicais acerca da disciplina da greve nos *transportes* e nos *serviços instrumentais* em relação a eles. Esse protocolo contém regras deste tipo: a greve não será praticada nos períodos de 15/12 a 5/1, nas semanas anteriores e posteriores à Páscoa, nas datas de eleições, nos dias de «ponta» do início a fim das férias de Verão; a primeira greve num conflito não pode durar mais de 24 horas e as seguintes 48 horas; serão evitadas greves simultâneas em vários tipos de transportes públicos (comboios, aviões, barcos, rodoviários).

d) A situação dos grevistas em serviço.

> **"(...) A prestação dos serviços mínimos essenciais não significa a anulação do direito de greve na esfera jurídica dos trabalhadores grevistas afetados à realização dos mesmos e a recuperação pelo empregador de todos (ou pelo menos parte) dos poderes suspensos pela paralisação coletiva de prestação do trabalho. (...)" - Rel. Lisboa 12/03/2014 - P. 2028/11.6TTLSB.L1-4 (José Eduardo Sapateiro).**

14. *A pendência da obrigação.* A obrigação imposta pelo 537º/1 envolve a necessidade de permanência ao serviço de um certo número (variável, nos termos apontados) de trabalhadores, *ainda que participantes no concerto grevista e aderentes à paralisação*[21].

Não fica essa obrigação afastada pela circunstância de, desencadeada a greve e suspensa a satisfação de necessidades sociais impreteríveis, serem postos a funcionar, pela empresa ou pelo Governo, *dispositivos de emergência* destinados a cumprir essa função em termos mais ou menos precários.

É o que ocorre se, numa greve de bombeiros, as tarefas destes são atribuídas a unidades militares; ou se, numa paralisação dos transportes aéreos, a evacuação de doentes das regiões isoladas passa a fazer-se por aviões militares; ou se o fornecimento normal de um elemento gasoso indispensável para a produção de gás de cidade, interrompido por uma greve na refinaria de petróleo de que partem as res-

[21] No sentido de que ao sindicato compete *designar* esses trabalhadores, *não podendo o empregador fazê-lo em caso algum*, veja-se o Ac. Rel. Lisboa 26-9-90 (Col. Jur. 1990, t. 4, 190).

pectivas condutas, passa a ser precariamente assegurado por uma *navette* de camiões-cisternas a partir de outra empresa, envolvendo ainda a necessidade de dispositivos de emergência para a recomposição do mesmo componente gasoso.

15. *A situação contratual dos trabalhadores abrangidos.* O CT dispõe ainda sobre a situação em que ficam esses trabalhadores aderentes à greve durante o período em que são obrigados a trabalhar. O art. 537º/4 estabelece que os encarregados da prestação dos serviços mínimos se mantêm, "na estrita medida necessária a essa prestação, sob a autoridade e direcção do empregador, tendo nomeadamente direito a retribuição".

A solução, por razões que já resultam de observações precedentes, é criticável, inclusivamente sob o ponto de vista da conformidade constitucional. Ela traduz-se num desvio ao regime da suspensão do contrato definido no art. 536º, e representa, formalmente, a negação do direito de greve dos mesmos trabalhadores, na medida em que impõe a autoridade patronal numa situação em que ela se confronta com esse direito.

Seria possível configurar juridicamente a situação – em que se trata de reunir e conjugar meios e comportamentos para a realização de um objectivo legal, e não para a execução de contratos que estão, suspensos – de modo a garantir a operacionalidade dos "serviços mínimos" sem negar o direito de greve.

O desenho mais recomendável, sob o ponto de vista da conformidade constitucional, seria o do cumprimento de obrigações legais, tanto pelos trabalhadores como pelo próprio empregador (que, assim, se encarregaria da organização e direcção do trabalho, não no exercício de uma autoridade própria mas no cumprimento de uma incumbência legal), podendo fundar-se o direito à contrapartida económica desse trabalho na doutrina do enriquecimento sem causa.

O CT opta, aparentemente, pela artificial revitalização dos contratos de trabalho envolvidos e pela consequente reactivação das obrigações neles fundadas.

e) O último recurso: a requisição civil.

16. *Noção e regime.* A inobservância das obrigações impostas pelo artº 537º pode servir de fundamento à *requisição civil* do pessoal necessário para a cobertura dos «serviços mínimos» em falta, conforme dispõe o art. 541º/3.

O regime jurídico da requisição encontra-se, ainda hoje, no DL 637/74, de 20-11, diploma que só em termos muito genéricos refere os pressupostos de tal medida. A requisição pode incidir sobre pessoas (prestação de serviços) ou bens (cedência ou utilização temporária), ou sobre uns e outros (serviços públicos ou empresas) (nº 2 do artº 1º do diploma citado).

O processo de requisição inicia-se com o reconhecimento formal da sua necessidade, por *resolução do Conselho de Ministros* (nº 1 do artº 4º). Segue-se a efectivação da requisição por *portaria conjunta* dos Ministros responsáveis pelo sector ou ramo de actividade, ou, quando implique a intervenção das forças armadas[22], portaria do Chefe do Estado-Maior General das Forças Armadas, referendada pelo Ministro da Defesa e pelos Ministros interessados (nºs 2 e 3 do mesmo artº).

A decisão de requisição (expressa na portaria aludida) torna-se imediatamente eficaz com a sua difusão pelos meios de comunicação social (artº 8º). Não é, pois, necessária a publicação oficial do diploma para que a obediência à requisição (isto é, no caso de ela incidir sobre pessoas, para que a prestação dos serviços visados) seja devida[23].

A desobediência à requisição é sancionada em conformidade com o regime para o qual remeter a portaria que implementou tal medida. *À priori*, esse regime pode ser o da acção disciplinar na empresa ou o do estatuto disciplinar da função pública; e ainda o do regulamento de disciplina militar ou o regime criminal militar (com preenchimento do crime de deserção), quando a requisição envolva a intervenção das forças armadas (art. 5º).

Deve notar-se que a requisição civil surge na lei como uma providência de carácter *inespecífico*, destinando-se a actuar "em circunstâncias particularmente graves", com o objectivo de "se assegurar o regular funcionamento de serviços essenciais de interesse público ou de sectores vitais da economia nacional" (art. 1º DL 637/74). Tanto pode ser decidida a sua utilização no caso de uma greve, como no de um terramoto ou de uma séria ameaça à segurança nacional. Assim, o facto de o art. 541º/3 CT aludir à requisição civil como recurso para a hipótese de inobservância dos serviços mínimos determinados no âmbito de uma certa greve não significa que esse recurso fique inteiramente excluído por serem cumpridos aqueles serviços. A situação derivada de uma greve em sectores nevrálgicos da organização social pode desenvolver-se em termos que impeçam "o regular funcionamento de serviços essenciais de interesse público". As próprias decisões que definam esses serviços a prestar durante a greve não são infalíveis quanto às suas consequências práticas – e é destas que sobretudo se trata. A experiência mostra que, em muitos casos, os serviços decretados são

[22] Será o caso típico da requisição de meios de transporte rodoviários para serem conduzidos por militares, em caso de greve dos trabalhadores do sector.

[23] Nos casos, relativamente raros, em que se tem lançado mão da requisição, a determinação do momento exacto a partir do qual ela produziu efeitos nem sempre se mostrou isenta de dificuldades: basta pensar na diversidade dos meios de comunicação social existentes e na diferente acessibilidade de cada um deles.

excessivos (e como tais judicialmente qualificados), e que, noutros tantos, eles não bastam para efectivamente cobrir as necessidades vitais. A requisição civil, como medida de carácter absoilutamente excepcional, pode constituir a válvula de segurança para os casos mais notórios de insuficiência ou inconsequência dos serviços mínimos definidos pelo processo que a lei estabelece.

Capítulo 37
A PROIBIÇÃO DO LOCAUTE

I. O que é o locaute?[1]

1. Nota preliminar; 2. O conceito jurídico de locaute; 3. A finalidade do encerramento; 4. A diferente natureza da greve e do locaute.

1. *Nota preliminar.* Relativamente aos meios de coacção directa utilizados nos conflitos colectivos de trabalho, é usual colocar defronte da greve, do lado patronal, o locaute, isto é, o encerramento da empresa ou estabelecimento por decisão do empregador, com base em motivos ligados a um litígio laboral que o opõe aos trabalhadores ali ocupados.

O conceito de encerramento conflitual não está estabilizado. Condicionam-no, por um lado, as linhas fundamentais de cada ordenamento jurídico-laboral, no plano do direito positivo (sobretudo no que respeita aos regimes da suspen-

[1] Parece forçoso reiterar neste ponto uma explicação dada mais atrás. Optamos por utilizar esta forma aportuguesada da designação inglesa "lock-out", para a qual não existe termo vernáculo equivalente na nossa língua. O uso deste neologismo parece ter sido iniciado por Jorge Leite, e, há alguns anos, reiterado no próprio título e no texto da monografia de Ronald Amorim e Souza, *Greve e locaute*, Coimbra (2004). Mantivemos a prática no nosso *A lei e as greves*, Coimbra (2013). Esse uso terminológico parece-nos inteiramente justificado – tanto como o da palavra "greve" que, à passagem do francês para o português, perdeu apenas um acento. Ou ainda, como se vê no texto, o caso do termo "boicote". A única dificuldade que esta opção formal envolve reside no embaraçoso facto de o termo inglês "lock-out" ter sido adoptado pela nossa lei, inclusivamente pela Constituição! No entanto, dada a equivalência fonética, esse óbice parece poder ser desprezado.

são e da cessação do contrato de trabalho), e, por outro, as concepções dominantes acerca do modo de enquadrar juridicamente os conflitos sociais.

Vale a pena percorrer algumas formulações colhidas na doutrina de vários países.

Assim, Ghidini define o encerramento conflitual (*serrata*) nestes termos: «a suspensão do processo produtivo, actuada unilateralmente pelo empregador, com o propósito de não pagar as retribuições durante o período da suspensão, para impor aos trabalhadores a sua vontade no que respeita às condições de trabalho»[2].

Santoro-Passarelli, por seu turno, apresenta-o como «uma *suspensão da actividade da empresa*, por parte de um ou mais empresários, para tutelar um interesse *individual* ou *colectivo* e sempre *contra o interesse colectivo dos trabalhadores*»[3].

Na visão de Pera, trata-se da «suspensão da actividade empresarial, com a consequente perda da retribuição por parte dos trabalhadores, visando fins sindicais»[4].

Em sentido semelhante Rivero e Savatier: «encerramento, por um ou vários empregadores, das suas empresas, até que os trabalhadores tenham adoptado a atitude que aqueles pretendem impor-lhes. Privados de trabalho, portanto de salários, os trabalhadores podem, ao fim de certo tempo, ver-se constrangidos a capitular»[5]. Escreveu, por seu lado, H. Sinay: «em caso de locaute, a actividade da empresa económica ou de uma fracção desta é interrompida, por decisão da própria Direcção. A fábrica é encerrada e os trabalhadores que se apresentam para ocupar os seus postos encontram a porta fechada»[6].

Claramente noutra perspectiva, Hueck e Nipperdey formularam esta noção do encerramento conflitual (*Aussperrung*): «exclusão sistemática de um grande número de trabalhadores do trabalho, para a obtenção de um fim litigioso, com o propósito de readmissão depois de terminado o conflito»[7]. No entanto, o locaute, em qualquer das modalidades (ofensivo ou defensivo) não constitui mecanismo extintivo do contrato: o seu efeito é meramente suspensivo [8]

No contexto do sistema britânico, surge como «a exclusão de trabalhadores do seu local de trabalho ou a suspensão da laboração por um ou mais empregadores tendo em vista um conflito industrial de que esse empregador (ou empregadores) não tem necessariamente que ser parte»[9].

[2] *Diritto del lavoro*, cit. 142.
[3] *Nozioni* cit. 55-56.
[4] *Nuovo tratatto* cit., I 647. A expressão «fins sindicais» diz respeito à natureza dos motivos ou interesses subjacentes que se referem às condições de trabalho objecto do conflito colectivo.
[5] *Droit du travail* cit. 305.
[6] *La grève* cit. 333.
[7] *Compêndio* cit. 409.
[8] *Cfr.* Zöllner/Loritz, *Arbeitsrecht, 5ª ed., Munique (1998) 478.*
[9] Drake. *Labour Law* cit. 563.

Em Portugal, tanto a CRP como a lei adoptaram a expressão inglesa *lock-out*, para designar o encerramento conflitual. Apesar de ser digno de apreço o esforço de Menezes Cordeiro no sentido de criar uma designação em português – a de "despedimento colectivo conflituoso"[10] – , não parece que o resultado seja satisfatório. Na verdade, essa expressão, além do mais, parece corresponder a uma espécie de "impossibilidade jurídica": no direito português, o encerramento temporário decidido pelo empregador nunca pode ter efeito resolutivo, e muito menos tratando-se de acto proibido; e o encerramento definitivo supõe a observância de um procedimento que exclui a hipótese de utilização conflitual. Mesmo no direito alemão, como se notou, a admissão do locaute não supõe a atribuição de efeito resolutivo a tal decisão do empregador. De resto, Menezes Cordeiro não deixa de notar que o locaute "implica uma intenção de readmissão findo o conflito"[11].

2. *O conceito jurídico de locaute.* Estas formulações contêm duas referências comuns: uma, respeitante à *materialidade* do comportamento patronal, que consiste no encerramento temporário de locais de trabalho, assim vedados aos trabalhadores que neles exercem normalmente a sua actividade; outra, alusiva à *motivação* desse comportamento que necessariamente se relaciona com um conflito colectivo e, em geral, é a de «exercer pressão sobre os trabalhadores, para manter as condições existentes ou criar outras mais favoráveis ao empresário»[12].

Estes dois elementos do conceito são inseparáveis. Na verdade, o encerramento de uma fábrica pode dever-se a razões de ordem técnica ou económica (desde a necessidade de renovação de equipamentos até à falta de matérias primas por carência de fundos do empresário), ou mesmo a motivos de força maior, como no lugar próprio se mostrou.

Pode discutir-se – como no lugar próprio se fez – se, apesar do disposto no artº 309º CT, o empregador mantém plena liberdade de decisão, quanto à continuidade do funcionamento da empresa, mesmo quando existam motivos técnicos, económicos ou organizativos para o suspender; mas o que decerto se pode afirmar é que *não há locaute quando o encerramento temporário se funda nesses motivos*[13].

É verdade que um encerramento conflitual pode ser disfarçado mediante a invocação de razões objectivas, ligadas à economia ou à organização da empresa. Mas isso não basta para que se entenda, como alguns autores[14], que não é possível distinguir, devendo considerar-se, do ponto de vista jurídico, que há locaute

[10] *Direito do Trabalho* cit. I 841 ss..

[11] *Ob. cit.* 842.

[12] Alonso Garcia e outros, *La Huelga y el cierre empresarial*, Madrid (1979) 86.

[13] Cfr. H. Sinay 341.

[14] Zangari, *Serrata (libertà di) in Nuovissimo digesto italiano*, nº 1 apud Pera 647.

sempre que ocorra encerramento temporário. Tudo quanto pode justificar-se, a essa luz, é a sujeição de tal medida ao *controlo externo dos motivos* – mormente nos sistemas que adoptam a posição de princípio de proscrever o locaute como arma contraposta à greve. Não é outra a razão pela qual o legislador sujeita as decisões de encerramento temporário ao apertado regime dos arts. 311º ss. CT.

3. *A finalidade do encerramento.* Quanto à natureza do fim litigioso, o locaute pode ser *ofensivo* ou *defensivo*. Na primeira modalidade, o encerramento destina-se a pressionar os trabalhadores a aceitarem uma alteração das condições de trabalho favorável ao empregador. Na segunda, visa-se obter a desistência, por parte dos trabalhadores, de uma pretensão de melhoria por elas apresentada.

Em qualquer destas modalidades, o locaute propriamente dito constitui, nos nossos dias, *um fenómeno muito raro*. Mas há uma subespécie de locaute defensivo que ocorre com certa frequência: é aquilo que poderíamos designar como «encerramento reactivo» (*serrata di ritorsione* na terminologia italiana) e que consiste na «suspensão da actividade empresarial, não por razões de mérito relativas à pretensão em jogo, mas por reacção à luta sindical dos trabalhadores conduzida em formas anómalas e de duvidosa legitimidade»[15]. É o caso de encerramento por ocupação dos locais de trabalho, para evitar a destruição de equipamentos ou para prevenir a total desorganização da empresa por uma «greve de zelo».

4. *A diferente natureza da greve e do locaute.* A tradicional correlação entre a greve e o locaute – expressa no entendimento vulgar deste último como *greve patronal*[16] – encontra algum reforço justamente no facto de predominar a modalidade acima designada por «encerramento reactivo» ou «de represália».

Mas, aparte essa conexão, e naturalmente a que resulta do facto de se tratar de comportamentos conflituais atinentes ao domínio das relações colectivas de trabalho, é forçoso reconhecer que existe entre ambos os fenómenos uma *radical diferença de natureza e significado social.*

Assim:

a) O encerramento atinge um conjunto de trabalhadores que abrange ou pode abranger alguns (muitos ou poucos, tanto faz) alheios ao conflito, não aderentes à greve ou até positivamente dispostos a aceitar as condições oferecidas pelo empregador. Resulta, pois, dele uma limitação directa à *liberdade de trabalho* que a greve, quando licitamente exercida, não implica[17].

[15] Pera 649.

[16] Expressão muito usada na antiga doutrina francesa, sob a inspiração de Paul Pic. Cfr. H. Sinay 334.

[17] Alonso Garcia cit. 87; H. Sinay 335.

b) Dada a situação originariamente desnivelada entre as partes, a greve é um contrapeso, ao passo que o locaute é uma medida de reforço de poder. Se, no primeiro caso, há tendencial equilíbrio, no segundo há acentuação do desequilíbrio originário[18].

c) A greve, embora objecto de um direito individual, é um comportamento baseado numa *decisão colectiva* e funda-se em *interesses colectivos*; o encerramento é uma *decisão individual* do empresário (mesmo quando decorra de uma posição colectiva) visando a imposição de pretensões individuais.

[18] H. Sinay 335.

II. O quadro jurídico do locaute.

5. O princípio da "paridade de armas"; 6. Os antecedentes legislativos em Portugal; 7. O regime actual; 8. A definição legal; 9. O encerramento lícito em contexto de conflito; 10. A proibição do locaute e a Carta Social Europeia.

5. *O princípio da "paridade de armas".* Tais diferenças explicam a tendência actual no sentido do *não reconhecimento da paridade de posições* dos trabalhadores e dos empregadores no domínio dos conflitos laborais.

No tocante aos sistemas jurídicos nacionais, o princípio da *igualdade de armas* está radicado no ordenamento laboral alemão[19]. A jurisprudência extraiu-o do princípio constitucional da igualdade perante a lei, e combinou-o com um outro – o da liberdade de escolha dos meios de luta – para legitimar, em termos aliás bastante discutidos por sectores da doutrina germânica, o exercício do locaute (inclusivamente com efeito *resolutivo* sobe os contratos de trabalho), tanto defensivo como ofensivo[20].

Mas parece desenhada nos sistemas europeus uma tendência dominante no sentido do reconhecimento de que *não existe correspectividade ou simetria entre a greve e o locaute*, pelas razões acima indicadas.

Assim, na Itália, face à consagração do direito de greve no artº 40º da Constituição e ao *silêncio* desta relativamente ao locaute, a orientação dominante na doutrina é a de que assim se pretendeu privilegiar a posição dos trabalhadores nos conflitos colectivos (ou seja, negar o princípio da paridade). A jurisprudência propende para considerar afastadas as normas incriminadoras do encerramento conflitual (*serrata*) provenientes do ordenamento corporativo, mas parece não decorrer daí mais do que uma liberdade «de facto» (imunidade penal), coisa diversa de um «direito» ou de uma «liberdade constitucionalmente garantida». Nessa linha, e verificando-se a falta de expresso reconhecimento jurídico, a *serrata* deve ser considerada à luz das regras gerais do direito das obrigações – e, nessa perspectiva, como *violação dos contratos individuais de trabalho.* O efeito desta qualificação traduz-se no dever de pagamento do salário durante o período de encerramento[21].

Também na França se depara com o silêncio da Constituição perante o locaute – e com a expressa consagração do direito de greve. A doutrina mais moderna pronuncia-se quase em bloco no sentido da negação da igualdade de armas – mais precisa-

[19] Esta posição do direito germânico possibilita o tratamento conjunto, e segundo princípios tendencialmente comuns, da greve e do locaute, sob o conceito unitário de «luta laboral» (*Arbeitskampf*). Uma boa ilustração deste tipo de abordagem é BROX-RÜTHERS, *Arbeitskampfrecht* cit..

[20] A licitude do locaute depende da observância dos mesmos requisitos gerais (adequação social, etc.) a que está ligado o recurso à greve. Cfr., em síntese, HUECK/NIPPERDEY cit. 419 ss..

[21] Cfr., por todos, PERA cit. 650 ss..

mente, no da licitude de princípio do encerramento conflitual. A jurisprudência tem acompanhado esta posição no tocante ao locaute que se confronta com o exercício *lícito* da greve: o comportamento patronal é qualificado como *violação dos contratos*, geradora de indemnização que se resolve no pagamento dos salários. Admite-se, todavia, que essa responsabilidade seja excluída em caso de *força maior* (acto de autoridade, grave desorganização do serviço) que obste à continuidade da laboração, e, em especial, no caso de *greve ilícita* (greve de zelo, greve política)[22]. Ou seja: algo de semelhante à *serrata di ritorsione* a que atrás se aludiu.

Em síntese, pode dizer-se que o encerramento conflitual tende a ser encarado, pelos ordenamentos jurídicos que consagram o direito de greve, como uma arma cuja utilização (se admitida em algum caso) tem como limites as próprias fronteiras daquele direito. Em geral, com efeito, o locaute é tido por *insusceptível de se confrontar com o exercício lícito da greve*; numa palavra, a «igualdade de armas», no conflito colectivo, é uma ideia em crise.

Todavia, um tanto ao arrepio dessa tendência, o primeiro instrumento convencional internacional em que foi expressamente reconhecido o direito de greve – a Carta Social Europeia, quer na versão originária, de 1961, quer na revista, de 1996 – parece acolher esse princípio. O art. 6, nº 4, refere, com efeito, "o direito dos trabalhadores *e dos empregadores* a acções colectivas em caso de conflito de interesses, incluindo o direito de greve, sob reserva das obrigações que possam resultar das convenções colectivas em vigor" (itálico nosso). Na jurisprudência do Comité Europeu dos Direitos Sociais, considera-se evidente que o texto compreende os direitos de greve e de locaute, dado que este "é a principal forma de acção colectiva, senão a única, à disposição dos empregadores para a defesa dos seus interesses"[23]. Um pouco adiante, voltaremos a este ponto.

6. *Os antecedentes legislativos em Portugal.* No Direito português, o locaute só foi admitido – em paralelo com o direito de greve – pelo Decreto de 6 de Dezembro de 1910.

De resto, embora sob inspirações ideológicas diferentes, sempre o legislador encarou negativamente o fenómeno.

A Const. 1933, no artº 39º [24], dispunha que «nas relações económicas entre o capital e o trabalho não é permitida a suspensão de actividade por qualquer das

[22] Cfr. H. SINAY 356 ss.. As duas modalidades de greve assinaladas no texto são consideradas ilícitas pela jurisprudência e pela doutrina francesas.

[23] Cfr. LENIA SAMUEL, *Droits sociaux fondamentaux. Jurisprudence de la Charte Sociale Européenne*, 2ª ed., Strasbourg (2002) 162.

[24] A alteração da redacção deste artigo, pela L 3/71, de 16-8, não introduziu modificações relevantes quanto ao ponto aqui focado.

partes com o fim de fazer vingar os respectivos interesses». O ETN (DL 23048, de 23-9-33) veio, na mesma linha, considerar como «acto punível» a suspensão das actividades económicas pelas empresas «sem motivo justificado e com o objectivo único de obter vantagens da parte do pessoal empregado, ou dos seus fornecedores de matérias primas, produtos ou serviços, ou do Estado ou corpos administrativos» (nº 1 do artº 9º), dispondo aliás de modo idêntico quanto à greve.

Estes princípios foram desenvolvidos pelo DL 23870, de 18-5-34, que cominava penas diversas (desde a multa até ao desterro) para as diversas formas de coacção directa de trabalhadores e empregadores. O locaute clássico era aí definido como a suspensão total ou parcial de laboração «com o objectivo único de impor às pessoas suas subordinadas ou dependentes quaisquer modificações nos contratos estabelecidos, ou de impedir a modificação desses contratos (...)» (artº 1º).

A posição do ordenamento corporativo era pois a de *colocar no mesmo plano a greve e o locaute, qualificando-os como delitos*. Mas a própria circunstância de se tratar de normas incriminatórias permitiu recolher, ao menos, a utilidade de uma caracterização bastante precisa dos comportamentos visados. E, sob esse ponto de vista, cabe sublinhar a referência fundamental à *finalidade* («objectivo único») do encerramento como nota definidora do locaute.

Com a abolição do regime corporativo, a posição do ordenamento jurídico perante os meios de luta laboral alterou-se radicalmente, como é sabido. Pelo DL 392/74, foi reconhecido o direito de greve e regulado o seu exercício; mas foi também aceite aquilo que a própria lei rotulou de "locaute defensivo": reacção a uma greve irregularmente declarada, ocupação ilícita dos locais de trabalho, actos de destruição ou deterioração voluntária de mercadorias, de matérias-primas, equipamentos e instalações – e ainda a impossibilidade de continuação de laboração por razões de ordem técnica[25] (artº 21º do diploma citado).

Contudo, a *posição de princípio* do legislador de 1974 era a da *proibição do locaute*, definido em geral como «encerramento total ou parcial da empresa para impor condições de trabalho aos trabalhadores ao seu serviço» (nº 1 do artº 20º). Os empregadores não passavam, por conseguinte, a dispor de um meio de coacção ou de resistência simétrico da greve, mas apenas de um recurso de *autodefesa contra comportamentos ilícitos* dos trabalhadores ou uma solução de emergência para os casos de *força maior*.

[25] É aqui visível a influência da orientação doutrinal e jurisprudencial francesa no sentido da relevância da força maior derivada do próprio contexto da greve (desorganização total de um sistema de transportes, por exemplo).

Por outro lado, o encerramento «defensivo» ficava sujeito ao *controlo administrativo* (naturalmente sobre os seus motivos), podendo ser determinada, pelo Ministério do Trabalho, a reabertura da empresa (artº 25º).

Finalmente, o efeito do locaute sobre os contratos de trabalho era meramente suspensivo (artº 24º).

Este regime envolvia naturais consequências no que respeita à amplitude das faculdades de encerramento temporário ou diminuição da laboração. Essas consequências foram consideradas no lugar próprio, a propósito da disciplina da suspensão do contrato de trabalho.

De qualquer modo, a total inefectividade do DL 392/74 atingiu igualmente esse regime do locaute.

7. *O regime actual.* A posição actual do ordenamento jurídico nacional perante o locaute tem a sua raiz na CRP e foi concretizada na LG, relativamente à qual o CT se posicionou numa linha de continuidade rigorosa.

O art. 57º/4 CRP dispõe laconicamente: «É proibido o "lock out"»[26]. É do mesmo teor o nº 2 do artº 544º CT; mas o nº 1 adianta um conceito: trata-se de «qualquer paralisação total ou parcial da empresa ou a interdição do acesso a locais de trabalho a alguns ou à totalidade dos trabalhadores e, ainda, a recusa em fornecer trabalho, condições e instrumentos de trabalho que determine ou possa determinar a paralisação de todos ou alguns sectores da empresa, desde que, em qualquer caso, vise atingir finalidades alheias à normal actividade da empresa, por decisão unilateral do empregador».

Esta definição legal é manifestamente débil: a empresa pode encerrar por motivos diferentes da "normal actividade da empresa" - um incêndio que destruiu as instalações, uma crise de encomendas ou dificuldade no acesso a matérias-primas, par dar apenas dois exemplos - e ninguém ousaria qualificar esse encerramento como locaute. É evidente que o *animus* coactivo - exercício de pressão sobre os trabalhadores - constitui a chave do conceito.

O sistema sancionatório do locaute é complexo e inusitado. Em primeiro lugar, trata-se de um *crime* punido com prisão (até dois anos) ou multa até 240 dias (art. 545º). Mas, ao mesmo tempo, a prática de locaute é qualificada como *contra-ordenação* muito grave, punível, como tal, com uma coima (art. 544º/3). Esta duplicidade de sanções não é exclusiva do locaute: também ocorre nos casos de substituição de grevistas e de coacção ou discriminação exercida pelo

[26] Suscitada a questão da compatibilidade entre a proibição do locaute e o princípio da igualdade consagrado pelo artº 13º CRP, o Tribunal Constitucional decidiu afirmativamente: a desigualdade de armas é considerada condição da igualdade material. Cfr. Ac. TC. nº 480/89 (DR 2ª série, 31-1-90).

empregador em relação à adesão a uma greve (veja-se o art. 543º). Se, no primeiro caso, pode dizer-se que são cumulativamente atingidos o interesse público (dos utentes e consumidores) e o direito de greve, já no segundo essa cumulação não ocorre. De qualquer modo, este sistema sancionatório, desenhado no CT 2003, foi mantido na versão de 2009.

É pois inequívoca a rejeição, no nosso ordenamento jurídico, do "princípio da igualdade de armas", como justificação de um tratamento paralelo da greve e do locaute.

8. *A definição legal.* A noção legal do locaute engloba, como se observou, dois elementos incidíveis: um dado *comportamento* (a suspensão de laboração ou a recusa de trabalho) e uma certa *finalidade* (a de reforçar uma posição conflitual do empregador)[27].

O primeiro elemento sem o segundo coloca-nos no domínio das decisões gestionárias ou dos efeitos da força maior (art. 309º). Mas também é verdade que o empregador pode dissimular um encerramento conflitual sob a capa de uma reorganização de serviços ou de outras razões de idêntica natureza. Já noutro lugar[28] assinalámos as dificuldades que essa hipótese suscita, no confronto das citadas disposições do CT. Por outro lado, é também verdade que a noção de locaute surge, frequentemente, invocada a propósito de situações indiferenciadas de encerramento da empresa, quando elas de algum modo assumam carácter litigioso ou não consensual[29].

De todo o modo, a proibição do locaute implica a *relevância dos motivos* do encerramento temporário da empresa. E, se o encerramento ocorre em contexto litigioso, deve presumir-se que a sua motivação se relaciona com a posição conflitual do empregador: caber-lhe-á demonstrar que assim procedeu por razões técnicas ou económicas independentes dos termos do dissídio.

Na verdade, a proibição do locaute só se entende enquanto referida a uma particular forma de *reafirmação de poder* por parte do empregador, consistente no encerramento dos locais de trabalho com *fins coactivos*, isto é, com o objectivo de exercer pressão sobre os trabalhadores em conflito no sentido de cederem à vontade de quem pode dispor dos seus empregos. A inserção da proibição do

[27] Veja-se, neste sentido, o Ac. STJ 16/12/87, *BMJ* 372, 286.

[28] Vd. *supra*, nº 391.

[29] Veja-se, por exemplo, a situação tratada no Ac. Rel. Porto 21/02/2005 – P. 0540974: "o encerramento definitivo ocorreu por motivos de gestão empresarial, acompanhado de um contrato de trespasse simulado, efectuado com o propósito de despedir oito dos nove trabalhadores, sem responsabilização da entidade patronal pelo pagamento das prestações indemnizatórias. Trata-se, obviamente, de despedimentos ilícitos, que devem ser litigados e solucionados no foro laboral. Não se trata nem se configura conduta que integre a previsão do crime de Lock-out.".

locaute no artigo que, na CRP, consagra e *garante* o direito de greve tem este significado: trata-se de uma garantia deste direito, que atinge as situações de encerramento da empresa destinadas a esvaziar e neutralizar o exercício lícito da greve.

9. *O encerramento lícito em contexto de conflito.* Não pode, porém, excluir-se a possibilidade de *licitude do encerramento conexo a uma situação de conflito* – o qual, então, não pode qualificar-se como verdadeiro locaute. É que o desenvolvimento do conflito pode suscitar um circunstancialismo qualificável como de *força maior*, no quadro do artº 309º. Referimo-nos aos casos em que, por exemplo, uma greve rotativa, uma greve trombose ou mesmo a ocupação activa dos locais de trabalho determinem a total desorganização e a impossibilidade do funcionamento da empresa[30] – casos em que a continuidade da laboração deixa de ser exigível e em que *nem mesmo pode rigorosamente falar-se de locaute* em face do próprio art. 544º/1. Com efeito, é a viabilidade do retorno à laboração normal, após o conflito, que está em causa nessas situações: a finalidade do encerramento relaciona-se estreitamente com a «normal actividade da empresa» a que, de modo significativo, se refere a parte final daquele preceito[31].

O Tribunal Constitucional, chamado a examinar a compatibilidade da proibição do locaute com o princípio da igualdade – questão em cujo contexto se levantou, inclusivamente, a hipótese de "norma constitucional inconstitucional" –, teve oportunidade de pronunciar-se nesse sentido: "O *lock-out*, enquanto medida de defesa de bens como a vida ou a integridade física ou, mesmo, as instalações da empresa ou os seus bens, não pode deixar de ser admitido"[32].

A admissibilidade do encerramento «não conflitual» já antes dessa intervenção do Tribunal Constitucional tinha tido algum eco na jurisprudência. Assim, o Ac. Rel. Coimbra (Sec. Crim.) de 2/12/81[33](4), considerando que «o conflito laboral localizado numa das expressões em que pode aparecer não existe por si se não for impulsionado por espírito de reivindicação», configurava o locaute como «acção directa patronal tendente à satisfação das suas pretensões», e enfatizava assim o móbil do encerramento como peça fulcral do conceito. Daí que, no mesmo Acórdão, se fizesse, de algum modo, reviver a postura do DL 392/74 (artº 22º), segundo a qual «o encerramento da empresa sem características de luta laboral é regulamentado nos termos gerais da lei

[30] Exemplo de escola é o de uma greve nos caminhos de ferro que provoque a acumulação de comboios numa estação terminal; ou a neutralização dos dispositivos de segurança em instalações perigosas.

[31] Quanto a idêntica posição da jurisprudência francesa, cfr LYON-CAEN/ PELISSIER, *Les grands arrêts de Droit du Travail*, 2ª ed., Paris (1980) 66 ss..

[32] Ac. TC nº 480/89 - P. 604/88 (MESSIAS BENTO).

[33] CJ 81, 5, 91.

do contrato de trabalho», isto é, de acordo com o regime da suspensão dos contratos de trabalho por facto ligado à empresa (artº 309º)[34]. Também no Ac. STJ 16/12/87 – P. 039078 (Almeida Simões) se decidiu: "Só se configura como lock-out o encerramento de um estabelecimento ou a impossibilitação de acesso dos trabalhadores ao mesmo, sem se providenciar pela manutenção dos postos de trabalho, se tal ocorrer tendo por origem um conflito de ordem laboral, e no intuito de, exercendo coacção sobre os trabalhadores afectados pela paralisação, obter determinada vantagem nesse conflito". Alguns anos mais tarde, o Ac. Rel. Lisboa 28/06/95 – P. 0099534 (Diniz Roldão) pronunciou-se no mesmo sentido: "Só se configura como "lock out" o encerramento de um estabelecimento ou a impossibilidade de acesso dos trabalhadores ao mesmo sem se providenciar pela manutenção dos postos de trabalho se a origem do conflito for de ordem laboral e o intuito da entidade patronal for o de exercer coacção sobre os trabalhadores, afectados pela paralisação". E, mais recentemente, o Ac. Rel. Porto 21/12/2005 – P. 0540974 (António Gama) concluía: "O Lock-out só configura ilícito penal quando constitui forma de exercer pressão sobre os trabalhadores para tentar solucionar um conflito colectivo de trabalho".

Embora com alguma oscilação lógico-conceitual, uma vez que as situações em causa são, nuns casos, colocadas fora da noção de locaute, e, noutros, englobadas na de "locaute lícito", esta cadeia de decisões obedece a um mesmo tipo de valoração: o encerramento em contexto de conflito, se determinado exclusivamente pela necessidade de defender pessoas, bens ou a aptidão produtiva futura da empresa, ou outra decisão que abranja globalmente a organização do trabalho, se fundada em razões de organização ou gestão da empresa[35], são decisões legítimas do empregador. Cremos que esta finalidade descaracteriza o encerramento como locaute, mantendo intacto o perímetro da proibição constitucional.

[34] Sobre o ponto, vd. o nosso *Direito de greve*, Coimbra (1982) 80 ss..

[35] Será o caso de mudança do local em que se encontra instalada a empresa, envolvendo o encerramento de instalações em certa localização geográfica e a abertura delas noutra. Cfr. Rel. Lisboa 28/06/95 – P. 0099534 (Dinis Roldão): " (...) III – Não configura um verdadeiro "lock out" uma transferência de instalações e de local de trabalho pelos trabalhadores não aceites, estando previamente informados da data e local dessa transferência. – IV – Assim, a apresentação desses trabalhadores, no dia indicado pela entidade patronal para a transferência para as novas instalações, junto das antigas, onde encontraram as instalações encerradas, vazias de mobiliário e de equipamento, não configura o lock out". – V – Não está, pois, vedado às empresas a transferência dos seus trabalhadores do local de trabalho, em caso de mudança, total ou parcial, de um estabelecimento onde prestam serviço para outro. – VI – Segundo a causa de pedir da providência cautelar, no dizer dos agravantes, uma decisão unilateral da entidade patronal de encerrar as instalações para por termo a um conflito laboral existente, essa causa de pedir não encontra expressão nos factos descritos na petição inicial, sendo de indeferir liminarmente o pedido".

De qualquer modo, esse encerramento deverá ser encarado, nos termos do CT, como causa de suspensão do contrato por facto ligado à empresa, com o tratamento que corresponda à situação concreta – estando excluída a interrupção, por esse motivo, do pagamento do salário durante a paragem de laboração. Os salários poderão não ser devidos por se estar no decurso do período pré-definido de greve, sem que o levantamento desta seja declarado, mas não em consequência do encerramento.

10. *A proibição do locaute e a Carta Social Europeia.* Como vimos, a Carta Social Europeia parece consagrar em paralelo o direito de greve e um "direito de locaute". Embora o art. 6, nº 4, não refira expressamente este último, parece inviável atribuir outro significado ao reconhecimento do direito dos empregadores "a acções colectivas, em caso de conflito de interesses" que aí se declara inequivocamente.

Ora o Estado português ratificou a Carta, na sua totalidade, embora formulando uma reserva quanto ao significado da adesão ao art. 6º, nº 4. Com efeito, o instrumento de ratificação continha a seguinte declaração: "A vinculação ao artigo 6º não afecta, no que respeita ao parágrafo 4º, a proibição do *lock out*, estabelecida no nº 4 do artigo 57º da Constituição."

Esta declaração era consequência inevitável do preceito constitucional citado, mas não parecia susceptível de apagar a incompatibilidade entre este a disposição correspondente da Carta. Ora a verdade é que, no âmbito dos processos de controlo do cumprimento da carta pelos Estados ratificantes, essa não conformidade parece ter-se tornado irrelevante.

A explicação pode encontrar-se no sentido geral da jurisprudência do Comité Europeu dos Direitos Sociais sobre a matéria. Nesse quadro, admite-se que o encerramento seja limitado ou impedido quando tenha as características de "abuso de direito" ou não se justifique "quer por circunstâncias de força maior, quer pela desorganização da empresa por virtude da acção colectiva dos trabalhadores", podendo legitimar-se "quando a ordem e a segurança dos bens e das pessoas estejam em perigo na empresa", ou "quando a acção dos trabalhadores em greve assuma formas violentas ou extremas (sabotagem, impedimento de trabalhar para os não grevistas, violências)"[36].

Esta doutrina, que constitui interpretação autorizada da Carta, mostra-se perfeitamente harmonizável com o entendimento dado pelos nossos tribunais à proibição constitucional do locaute.

[36] LENIA SAMUEL, *Droits sociaux fondamentaux. Jurisprudence* cit., 180.

ÍNDICE

LIVRO I
INTRODUÇÃO
DIREITO INDIVIDUAL DO TRABALHO

I PARTE
INTRODUÇÃO

III PARTE
O CONTEÚDO DA RELAÇÃO INDIVIDUAL DE TRABALHO

IV PARTE
A RELAÇÃO DE TRABALHO NO TEMPO E NO ESPAÇO

V PARTE
A CESSAÇÃO DO CONTRATO DE TRABALHO

LIVRO II
DIREITO COLECTIVO DO TRABALHO

I PARTE
INTRODUÇÃO

II PARTE
AS ORGANIZAÇÕES

III PARTE
A NEGOCIAÇÃO